Christus Militans

Supplements
to
Novum Testamentum

Executive Editors

M.M. Mitchell (*Chicago*)
D.P. Moessner (*Fort Worth*)

Editorial Board

H.W. Attridge (*New Haven*) – C. Breytenbach (*Berlin*)
C. Gerber (*Hamburg*) – J.K. Elliott (*Leeds*)
C.R. Holladay (*Atlanta*) – D. Marguerat (*Lausanne*)
M.J.J. Menken (*Tilburg*) – J.C. Thom (*Stellenbosch*)
P. Trebilco (*Dunedin*) – C.M. Tuckett (*Oxford*)

VOLUME 165

The titles published in this series are listed at *brill.com/nts*

Christus Militans

Studien zur politisch-militärischen Semantik im Markusevangelium vor dem Hintergrund des ersten jüdisch-römischen Krieges

Von

Gabriella Gelardini

BRILL

LEIDEN | BOSTON

Want or need Open Access? Brill Open offers you the choice to make your research freely accessible online in exchange for a publication charge. Review your various options on brill.com/brill-open.

Typeface for the Latin, Greek, and Cyrillic scripts: "Brill". See and download: brill.com/brill-typeface.

ISSN 0167-9732
ISBN 978-90-04-28234-6 (hardback)
ISBN 978-90-04-30934-0 (e-book)

Copyright 2016 by Koninklijke Brill NV, Leiden, The Netherlands.
Koninklijke Brill NV incorporates the imprints Brill, Brill Hes & De Graaf, Brill Nijhoff, Brill Rodopi and Hotei Publishing.
All rights reserved. No part of this publication may be reproduced, translated, stored in a retrieval system, or transmitted in any form or by any means, electronic, mechanical, photocopying, recording or otherwise, without prior written permission from the publisher.
Authorization to photocopy items for internal or personal use is granted by Koninklijke Brill NV provided that the appropriate fees are paid directly to The Copyright Clearance Center, 222 Rosewood Drive, Suite 910, Danvers, MA 01923, USA. Fees are subject to change.

This book is printed on acid-free paper and produced in a sustainable manner.

Inhalt

Form, Abkürzungen, biblische Eigennamen   IX
Vorwort   X

1 Einleitung   1
   1.1   Zum „imperiumskritischen" Interpretationsansatz in der neueren
       Markusforschung   1
   1.2   Forschungsinteresse, Methode und Inhalt   22

TEIL 1
Methodisches Vorgehen und exegetische Analyse des Markusevangeliums

2 Methodisches Vorgehen   31
   2.1   Szenen und Episoden   31
   2.2   Text   32
   2.3   Inhalt   33
   2.4   Politisch-militärisches Profil   35

3 Exegetische Analyse des Markusevangeliums   37
   3.1   Episode A (Mk 1,1–15)   37
   3.2   Episode B (Mk 1,16–2,17)   60
   3.3   Episode C (Mk 2,18–3,35)   103
   3.4   Episode D (Mk 4,1–34)   136
   3.5   Episode E (Mk 4,35–8,9)   152
   3.6   Episode E' (Mk 8,10–9,29)   241
   3.7   Episode D' (Mk 9,30–10,52)   280
   3.8   Episode C' (Markus 11,1–12,44)   324
   3.9   Episode B' (Markus 13,1–14,31)   371
   3.10 Episode A' (Markus 14,32–16,8)   407

VIII INHALT

TEIL 2
Systematische Präsentation und Interpretation der exegetischen
Erträge und ihre intertextuell-historische Verortung

4 Systematische Präsentation und Interpretation der exegetischen
Erträge   459
4.1   Episoden und die makrotextliche Struktur   459
4.2   Szenentypologie   467
4.3   Namen und Titel   472
4.4   Raum und Zeit   492
4.5   Kriegsrelevante Lexeme   503
4.6   Politisch-militärische Profile   569

5 Intertextuell-historische Verortung der exegetischen Erträge   583
5.1   Einleitung   583
5.2   Kriegsanlass   585
5.3   Divinationen   600
5.4   Kriegsbefugnis   610
5.5   Feldherren   645
5.6   (Bürger)Heer   673
5.7   Kriegsführung   759
5.8   Kriegsfolgen   873

6 Erträge und Schlussfolgerungen   884
6.1   Erträge   884
6.2   Schlussfolgerungen   886

Literatur   895
   Hilfsmittel   895
   Quellen   896
   Markusforschung   898
   Übrige Forschung   905
Stellenregister   928
Stichwortregister   976
Namenregister   981

Form, Abkürzungen, biblische Eigennamen

Die vorliegende Untersuchung richtet sich hinsichtlich der „Form" – den Konventionen der Reihe entsprechend – hauptsächlich nach dem *SBL Handbook of Style* (1.[1] und 2.[2] Auflage),[3] hinsichtlich der „Abkürzungen" ferner auch nach dem *Internationalen Abkürzungsverzeichnis für Theologie und Grenzgebiete*[4] und hinsichtlich der „bliblischen Eigennamen" nach dem *Ökumenischen Verzeichnis der biblischen Eigennamen nach den Loccumer Richtlinien*,[5] welchem auch der Band *Namen und Orte der Bibel*[6] folgt.

---

1 (hg. von Patrick H. Alexander et al.; 7. Druck der 1. Aufl.; Peabody: Hendrickson, 2009).

2 (hg. von Billie Jean Collins, Bob Buller und John F. Kutsko; 2. Aufl.; Atlanta: SBL, 2014).

3 Sowie *Die Form der wissenschaftlichen Arbeit: Ein unverzichtbarer Leitfaden für Studium und Beruf* (Ewald Standop und Matthias L.G. Meyer; bearb. und erw. 17. Aufl.; Wiebelsheim: Quelle & Meyer, 2004).

4 (hg. von Siegfried M. Schwertner; 2., überarb. und erw. Aufl.; Berlin: de Gruyter, 1992).

5 (Stuttgart: Deutsche Bibelgesellschaft, 1980).

6 (hg. von Hellmut Haug; Bibelwissen; Stuttgart: Deutsche Bibelgesellschaft, 2002).

Vorwort

Das Titelbild[1] zeigt eine martialische Christusfigur, gekleidet in einer kurzen und mit einem Soldatengürtel (*cingulum militare*) fixierten Tunika und einem goldenen Brustpanzer darüber, Kothurne an den Füssen und umhüllt mit einem purpurnen Soldatenmantel, dem sogenannten Paludamentum, wie ihn üblicherweise Feldherren und/oder Herrscher trugen (vgl. 5.6.1[6]). Während dieser Christus in seiner Rechten einen Kreuzstab ähnlich einem Tropaion[2] geschultert hat, hält er in seiner pietätvoll verhüllten linken Hand ein aufgeschlagenes Buch in Richtung des Betrachters und der Betrachterin das die Worte aus Joh 14,6 zitiert: *„Ego sum via, veritas et vita."*[3] Den Gegenständen und dem Spruch entsprechend ist sein bartloses[4] Haupt von einem Kreuznimbus umgeben, das Göttlichkeit ausdrückt. Und als solcher steht er nach Vorlage eines biblischen Motivs aus Ps 91,13[5] vor dem Hintergrund goldener Tesserae siegreich auf dem Kopf sowohl eines Löwen als auch eines Drachens, Symbole der Macht und des Bösen.[6] Es ist ein *Christus militans*, ein Motiv das von paganen Darstellungen des siegreichen Kriegsgottes Mars auf Münzen römischer Kaiser bekannt ist,[7] und das sich in patristischer Literatur entfaltete.[8]

---

1 Aufnahme Gabriella Gelardini, 5. August 2010.

2 Der griechische Begriff, abgeleitet von τρέπω (wenden, fliehen) und τροπή (Wende, Flucht), bezeichnete ursprünglich ein Symbol, das genau an der Stelle aufgestellt wurde, an der die Feinde sich vom Schlachtfeld abgewandt und die Flucht ergriffen hatten. Es bestand aus einem meist hölzernen Pfahl oder Gerüst, an dem Waffen und Rüstungen der Unterlegenen in der Weise befestigt wurden, wie sie von einem Hopliten getragen wurden. Vermutlich gingen mit der Aufstellung einer solchen „militärischen Vogelscheuche" auch noch diverse religiöse Riten einher, zum Beispiel die Weihung an eine bestimmte Gottheit.

3 Joh 14,6 nach der rev. Elberfelderübersetzung: „Jesus spricht zu ihm: Ich bin der Weg und die Wahrheit und das Leben. Niemand kommt zum Vater als nur durch mich."

4 Bartlose Personendarstellungen Jesu sind erst seit dem 3. Jh. bezeugt und waren vermutlich vom heidnischen Schönheitsideal beeinflusst. Diese idealisierte Schönheit steht im Widerspruch zu den Bildnissen der Jünger, die meistens – bis auf den jungen Johannes – einen Bart tragen, was der Mode in Judäa zu jener Zeit entsprochen haben dürfte.

5 Ps 91,13: „Auf Löwen und Ottern trittst du, Junglöwen und Schlangen trittst du nieder."

6 Die beschädigte untere Körperpartie wurde originalgetreu restauriert.

7 Giuseppe Bovini, *Ravenna: Mosaiken und Monumente* (Ravenna: Longo, 2006), 117–129.

8 Erik Peterson, „Christus als Imperator," in *Zeuge der Wahrheit* (ders.; Leipzig: Hegner, 1937), 75–86.

VORWORT

XI

Das ins 5./6. Jahrhundert datierte Mosaik schmückt eine über dem Portal des Atriums befindliche Lünette, die zu dem von Bischof Pietro II. erbauten Oratorium des Heiligen Andreas gehört.[9] Die zum UNESCO-Weltkulturerbe zählende *Capella di Sant' Andrea* – wie das Oratorium vor Ort genannt wird – befindet sich im Erzbischöflichen Museum (*Museo Arcivescovile*), welches seinerseits in der für seine spätantiken und byzantinischen Mosaiken weltberühmten Stadt Ravenna steht. Ravenna aber stieg unter Kaiser Augustus zu einem der zwei bedeutenden Militärhäfen[10] Italiens auf, von welchem aus die östlichen Regionen[11] des römischen Reiches kontrolliert wurden und zu dem auch Syrien und mit ihm Judäa gehörten (vgl. 5.6.1[1]).

Das Mosaik zeigt eindrücklich und für den heutigen Betrachter und Betrachterin gewöhnungsbedürftig, dass in der Antike Religion – sei es jüdische, christliche oder römische – in konstitutiver Weise nicht nur zur Herrschaft, sondern auch zum Krieg gehörte, welcher seinerseits wiederum konstitutiver Teil des antiken Alltags war.[12] Kriege religiös zu legitimieren war daher ebenso üblich, wie die religiöse Deutung ihrer jeweiligen Hergänge als auch Ausgänge. Dass dabei in Anwendung religiöser „Kriegshermeneutik" Niederlagen in Siege umgedeutet werden konnten und auch wurden, lässt sich am Titelbild zweifelsfrei exemplifizieren. Von dieser Transformation handelt die vorliegende Arbeit, untersucht wird sie am älteren und textlichen Beispiel des Markusevangeliums, insbesondere vor dem Hintergrund des sogenannten ersten jüdisch-römischen Krieges (66–74 d. Z.).

Für die Aufnahme meiner 2013 von der Universität Basel angenommenen und leicht überarbeiteten Habilitation in die Reihe *Supplements to the Novum Testamentum* gilt mein aufrichtiger Dank ihren HerausgeberInnen David P. Moessner und Margaret M. Mitchell. Für wertvolle Verbesserungsvorschläge

---

9   Bischof Pietro II. ließ die Kapelle während der Regentschaft Theoderichs als privates Oratorium im dritten Stock eines Turmbaus errichten, dem heiligen Andreas wurde sie in einer späteren Epoche geweiht, möglicherweise zur Zeit des Erzbischofs Massimiano.

10   Das ursprüngliche Hafengelände (Classe) liegt wenige Minuten außerhalb von Ravenna in süd-südöstlicher Richtung und in Sichtweite der Friedhofskirche Sant' Apollinare in Classe. Die Stätte ist nur zu einem kleinen Teil ausgegraben und liegt heute still, obschon die Ausgrabungen gegen ein bescheidenes Eintrittsgeld besichtigbar sind.

11   Die westlichen Regionen des römischen Reiches wurden von dem bei Neapel gelegenen Militärhafen Misenum aus kontrolliert (vgl. 5.6.1[1]).

12   Vgl. Leonhard Burckhardt, *Militärgeschichte der Antike* (BsR 2447; München: Beck, 2008), 7; Susan Niditch, „Foreword," in *Writing and Reading War: Rhetoric, Gender, and Ethics in Biblical and Modern Contexts* (hg. von Brad E. Kelle und Frank Ritchel Ames; SBLSymS 42; Leiden: Brill, 2008), xi–xii.

schulde ich darüber hinaus einen nachdrücklichen Dank den verschiedenen (anonymen) Gutachtern. Und für die unermüdliche Begleitung dieser Arbeit von den Anfängen bis zu ihrem glücklichen Ende gebührt ein besonderer Dank Ekkehard W. Stegemann – ihm sei diese Arbeit daher gewidmet.

1. KAPITEL

Einleitung

1.1 Zum „imperiumskritischen" Interpretationsansatz in der neueren Markusforschung

Meine Untersuchung des Markusevangeliums schließt an eine Lektüre an, die dieses Buch im Kontext der Erfahrung des ersten jüdisch-römischen Krieges und als Reaktionsliteratur auf einen desaströsen Krieg betrachtet. Diese Interpretationsrichtung in der aktuellen Markusforschung unterstützt bereits eine wachsende Schar von Ausleger und Auslegerinnen und eine beachtliche Fülle von Studien in Form von Monographien, Aufsätzen und Essays, aber auch Kommentaren (vgl. 1.1.2). Wegen ihrer großen Nähe zu denjenigen Ansätzen in der Paulusforschung, die im Zusammenhang der breiteren „postcolonial studies" insbesondere den Römer- und Galaterbrief, aber auch andere Briefe des Apostels im Kontext des römischen Imperiums und näherhin als „counter imperial" oder „empire-critical" deuten[1], könnte auch diese neue Perspektive auf das Markusevangelium als „imperiumskritische" oder „antiimperiale" Interpretation bezeichnet werden.[2] In vergleichbarer Weise finden wir hier wie dort gelegentlich Bezugnahmen auf theoretische Anleihen an die politikwissenschaftliche Untersuchung des amerikanischen Autors James C. Scott[3], der bei

---

1 Vgl. dazu die umfassende Diskussion dieser Ansätze bei Christian Strecker, „Taktiken der Aneignung: Politische Implikationen der paulinischen Botschaft im Kontext der römischen imperialen Wirklichkeit," in *Neues Testament und politische Theorie: Interdisziplinäre Beiträge zur Zukunft des Politischen* (hg. von Eckart Reinmuth; ReligionsKulturen 9; Stuttgart: Kohlhammer, 2011), 114–161; ferner etwa Neil Elliott, *The Arrogance of Nations: Reading Romans in the Shadow of Empire* (Paul in Critical Contexts; Minneapolis: Fortress, 2008); Davina C. Lopez, *Apostle to the Conquered: Reimagining Paul's Mission* (Paul in Critical Contexts; Minneapolis: Fortress, 2008); Ekkehard W. Stegemann, „Coexistence and Transformation: Reading the Politics of Identity in Romans in an Imperial Context," in *Reading Paul in Context: Explorations in Identity Formation: Essays in Honour of William S. Campbell* (hg. von Kathy Ehrensperger und J. Brian Tucker; LNTS 428; London: T&T Clark, 2010), 3–23; und Magnus Zetterholm, *Approaches to Paul: A Student's Guide to Recent Scholarship* (Minneapolis: Fortress, 2009), 200–224.

2 Ein imperiumskritischer Ansatz wurde auch schon auf das lukanische Doppelwerk angewendet, vgl. etwa *Luke-Acts and Empire: Essays in Honor of Robert L. Brawley* (hg. von David Rhoads, David Esterline und Jae Won Lee; PTMS 15; Eugene: Pickwick Publications, 2011).

3 James C. Scott, *Domination and the Arts of Resistance: Hidden Transcripts* (New Haven: Yale University Press, 1990), bes. 1–16.

© KONINKLIJKE BRILL NV, LEIDEN, 2016 | DOI: 10.1163/9789004309340_002

2   1. KAPITEL

der Kommunikation von Herrschern und Beherrschten, Unterdrückern und Unterdrückten, Herren und Sklaven zwischen dem „public transcript" und dem „hidden transcript" unterscheidet.[4] Zudem wird hier wie dort von einem „Gegenevangelium" gesprochen.[5]

Abgesehen von diesen neueren Ansätzen besteht in der Markusforschung schon länger ein gewisser Konsens über die historische Kriegsnähe des ältesten Evangeliums,[6] auch wenn strittig blieb, ob das Evangelium anfangs, während oder kurz nach dem Krieg entstanden ist.[7] Diese historische Kontextualisierung hat beispielsweise den Kommentar von Joel Marcus durchgehend geprägt. Er setzt voraus, dass das Markusevangelium nur vor dem Hintergrund des ersten jüdisch-römischen Krieges verstanden werden könne.[8] Was die Markusforschung insgesamt betrifft, verweise ich auf forschungsgeschichtliche Berichte beziehungsweise Bibliographien von William R. Telford

---

4   Vgl. zu Paulus etwa: Strecker, „Taktiken der Aneignung," 131; Elliott, *The Arrogance of Nations*, 21; und zu Markus etwa: Stefan Schreiber, „Caesar oder Gott (Mk 12,17)? Zur Theoriebildung im Umgang mit politischen Texten des Neuen Testaments," *BZ* 48/1 (2004): 63–85, bes. 70–73.

5   Vgl. zu Paulus etwa Stefan Krauter, *Studien zu Röm 13,1–7: Paulus und der politische Diskurs der neronischen Zeit* (WUNT 243; Tübingen: Mohr Siebeck, 2009), 28–32; oder auch Stefan Schreiber, „Imperium Romanum und römische Gemeinden: Dimensionen politischer Sprechweise in Röm 13," in *Die Bedeutung der Exegese für Theologie und Kirche* (QD 215; Freiburg: Herder, 2005), 131–170; und zu Markus etwa: Martin Ebner, „Evangelium contra Evangelium: Das Markusevangelium und der Aufstieg der Flavier," *BN* 116 (2003): 28–42.

6   Sie wurde insbesondere von Mk 5,1–20 und Mk 13 abgeleitet. Zur Kriegsnähe vgl. z. B. Gerd Theißen, *Lokalkolorit und Zeitgeschichte in den Evangelien: Ein Beitrag zur Geschichte der synoptischen Tradition* (NTOA 8; Freiburg: Universitätsverlag; Göttingen: Vandenhoeck & Ruprecht, 1989), 270–284; Paula Fredriksen, „Jesus and the Temple, Mark and the War," in *Society of Biblical Literature: 1990 Seminar Papers* (hg. von David J. Lull; SBLSP 29; Atlanta: Scholars Press, 1990), 293–310; Joel Marcus, „The Jewish War and the Sitz im Leben of Mark," *JBL* 111/3 (1992): 441–462; Adela Yarbro Collins, „Christian Messianism and the First Jewish War with Rome," in *Biblical Traditions in Transmission: Essays in Honour of Michael A. Knibb* (hg. von Charlotte Hempel und Judith M. Lieu; JSJS 111; Leiden: Brill, 2006), 333–343; oder Udo Schnelle, *Einleitung in das Neue Testament* (UTB 1830; 6., neubearb. Aufl.; Göttingen: Vandenhoeck & Ruprecht, 2007), 238–260.

7   Besondere Beachtung fand Martin Hengel, „Entstehungszeit und Situation des Markusevangeliums," in *Markus-Philologie: Historische, literargeschichtliche und stilistische Untersuchungen zum zweiten Evangelium* (hg. von Hubert Cancik; WUNT 33; Tübingen: Mohr, 1984), 1–47; dazu jetzt auch Ivan Head, „Mark as a Roman Document from the Year 69: Testing Martin Hengel's Thesis," *JRH* 28/3 (2004): 240–259.

8   Joel Marcus, *Mark: A New Translation with Introduction and Commentary* (2 Bde.; AB 27; New York: Doubleday und New Haven: Yale University Press, 2000–2009), bes. 1:33–39.

EINLEITUNG 3

(2009),[9] Andreas Lindemann (2004),[10] Eve-Marie Becker (2006),[11] Klaus Scholtissek (2005),[12] Detlev Dormeyer (2005[13]; 2006[14]; 2011[15]) sowie Frans Neirynck (1992)[16].

1.1.1 Zum Ort des „imperiumskritischen" Interpretationsansatzes in der neueren Markusforschung

Die Kontextualisierung des zweiten Evangeliums mit dem römischen Imperium und dem ersten jüdisch-römischen Krieg ist in der Markusforschung der letzten Jahrzehnte vielfältig angelegt, nicht zuletzt in der narrativen Kritik und der vergleichenden oder historischen Gattungskritik. Folgt man der Systematisierung der neueren Forschungsgeschichte, wie Dormeyer[17] sie vorgenommen hat, so ist diese historisch-politische Kontextualisierung Teil der dritten Hauptströmung, die er „Neue Redaktionsgeschichte" nennt, und zugleich ein Produkt der beiden anderen Hauptströmungen, nämlich der „Erzähltextanalyse" und der „Historischen Gattungskritik." Die narrative Kritik und damit das Interesse am Text in seiner Endgestalt hat schon die ältere Redaktionsgeschichte vorbereitet, sofern sie der literarkritischen und formgeschichtlichen Dekomposition des Evangeliums eine Rekonstruktion der textlichen Endgestalt und die These vom „Redaktor" als „Schriftsteller" entgegen stellte.[18] Doch war die frühe Redaktionsgeschichte noch stark durch das literarkritische Paradigma und des-

---

9 William R. Telford, *Writing on the Gospel of Mark* (Guides to Advanced Biblical Research 1; Blandford Forum: Deo Publishing, 2009).

10 Andreas Lindemann, „Literatur zu den Synoptischen Evangelien 1992–2000 (III): Das Markusevangelium," *ThR* 69 (2004): 369–423.

11 Eve-Marie Becker, *Das Markus-Evangelium im Rahmen antiker Historiographie* (WUNT 194; Tübingen: Mohr Siebeck, 2006), bes. 6–36.

12 Klaus Scholtissek, „‚Grunderzählung' des Heils: Zum aktuellen Stand der Markusforschung," *ThLZ* 130 (2005): 858–880.

13 Detlev Dormeyer, *Das Markusevangelium* (Darmstadt: WBG, 2005).

14 Detlev Dormeyer, „Der gegenwärtige Stand der Forschung zum Markus-Evangelium und die Frage nach der historischen und gegenwärtigen Kontext-Plausibilität," in *The New Testament Interpreted: Essays in Honour of Bernard C. Lategan* (hg. von Cilliers Breytenbach, Johan C. Thom und Jeremy Punt; NovTSup 124; Leiden: Brill, 2006), 309–323.

15 Detlev Dormeyer, „Vom zweiten wieder auf den ersten Platz: Forschungsgeschichtlicher Überblick zum Markusevangelium," *BiKi* 66/2 (2011): 109–112.

16 F. Neirynck et al., *The Gospel of Mark: A Cumulative Bibliography 1950–1990* (BEThL 102; Leuven: Peeters, 1992).

17 Dormeyer, „Der gegenwärtige Stand der Forschung zum Markus-Evangelium," 309–323, bes. 310.

18 Vgl. Dormeyer, *Das Markusevangelium*, 67–77.

4 1. KAPITEL

sen Unterscheidung von „Tradition" und „Redaktion" geprägt. Den eigentlichen Durchbruch zu einem *linguistic turn* oder besser *literary turn* erzielten erst die Erzähltextanalyse und die literaturgeschichtliche Gattungsfrage, die innerhalb der Markusforschung ab den 1990er Jahren zur Priorisierung synchroner Ansätze vor diachronen führten.

Mit dieser neuen Wertschätzung der Endgestalt des Evangelientextes als Erzählung ging also seine Wahrnehmung als Literatur einher, welche zum Vergleich mit zeitgenössischen Literaturgattungen einlud. Die ältere Formgeschichte hatte dieser Endgestalt natürlich auch Aufmerksamkeit geschenkt. Doch war sie – nicht zuletzt unter dem Einfluss von Overbecks Konstruktion einer „Urliteratur"[19] – wenig geneigt, ihr eine literarische Bedeutung oder gar eine Nähe zur antiken Literatur und insbesondere zur biographischen Gattung des *Bios* oder der *Vita* zu bescheinigen.[20] Es ist jedoch ebendiese Einzeichnung auch und zumal des Markusevangeliums in die Gattungsgeschichte der hellenistischen Biographie (zum Teil verbunden mit den Propheten-Viten[21]), welche die Forschung in den letzten Jahrzehnten geprägt hat.[22] Auch wenn es

---

19 Franz Overbeck, „Über die Anfänge der patristischen Literatur," *HZ* (1882): 417–472; kritisch neu ediert in: *Schriften bis 1898 und Rezensionen* (hg. von Hubert Cancik und Hildegard Cancik-Lindemaier; Franz Overbeck: Werke und Nachlass 3; Stuttgart: Metzler 2010), 19–102.

20 Vgl. dazu Dormeyer, *Das Markusevangelium*, 101–137; Becker, *Das Markus-Evangelium im Rahmen antiker Historiographie*, 6–21.

21 Vgl. dazu grundlegend Klaus Baltzer, *Die Biographie der Propheten* (Neukirchen-Vluyn: Neukirchener, 1975); ferner Anna Maria Schwemer, *Studien zu den frühjüdischen Prophetenlegenden – Vitae Prophetarum: Einleitung, Übersetzung und Kommentar* (2 Bde.; TSAJ 49 und 50; Tübingen: Mohr, 1995–1996); und zum Markusevangelium speziell: Hubert Cancik, „Die Gattung Evangelium: Das Evangelium des Markus im Rahmen der antiken Historiographie," in *Markus-Philologie: Historische, literargeschichtliche und stilistische Untersuchungen zum zweiten Evangelium* (hg. von dems.; WUNT 33; Tübingen: Mohr, 1984), 85–113.

22 Vgl. z.B. die Forschungsberichte von Hubert Frankemölle, *Evangelium – Begriff und Gattung: Ein Forschungsbericht* (SBB 15; 2., aktual., stark erw. und durchges. Aufl.; Stuttgart: Katholisches Bibelwerk, 1994); Detlev Dormeyer, *Evangelium als literarische und theologische Gattung* (EdF 263; Darmstadt: WBG, 1989); ders., *Das Markusevangelium als Idealbiographie von Jesus Christus, dem Nazarener* (SBB 43; 2., verb. und erw. Aufl.; Stuttgart: Katholisches Bibelwerk, 2002); ferner: Dirk Frickenschmidt, *Evangelium als Biographie: Die vier Evangelien im Rahmen antiker Erzählkunst* (TANZ 22; Tübingen: Francke, 1997); Richard A. Burridge, *What Are the Gospels? A Comparison with Graeco-Roman Biography* (BRS; 2. Aufl.; Grand Rapids: Eerdmans, 2004); Wolfgang Stegemann, *Jesus und seine Zeit* (BE 10; Stuttgart: Kohlhammer, 2010), 383–391; und allgemein zur griechisch-römischen Viten-Literatur: Holger Sonnabend, *Geschichte der antiken Biographie: Von Isokrates bis zur Historia Augusta* (Stuttgart: Metzler 2002).

EINLEITUNG

durchaus kritische Anfragen an diese Gattungsbestimmung gibt, wie etwa in
der wichtigen Arbeit von Eve-Marie Becker, die das Markusevangelium eher
im literaturgeschichtlichen Zusammenhang der (ohnehin mit der Biographie
verwandten[23]) antiken Historiographie verortet,[24] so ist doch festzustellen,
dass die Anzahl der Gemeinsamkeiten mit der antiken Viten-Literatur deutlich höher ist als die der Unterschiede.[25] Wie Martin Ebner mit Hinweis auf
Burridge mit Recht herausstellt, gibt es ein ebenso „einfaches wie empirisch
unschlagbares Kriterium zum Erkennen einer Vita: Wenn die Mehrheit der Verben auf eine einzige Person bezogen ist."[26] Das ist in der Tat im Markusevangelium der Fall. Freilich ist die Zuordnung zur antiken Viten-Literatur noch insofern unterbestimmt, als es Biographien von Herrschern oder Philosophen gibt.
Burridge neigt dazu, die Philosophen-Viten zu bevorzugen, während natürlich
die „imperiumskritische Forschung" eher zu der Analogie zu den Herrscher-
Viten tendiert.[27] Ebner zum Beispiel stellt fest: „Das MkEv adaptiert die Form
der propagandistischen Kaiservita auf Jesus von Nazareth."[28] Dieses hat einiges
für sich, wenn das Markusevangelium in der Perspektive eines Herrschaftsdiskurses gedeutet wird. Dabei muss auch beachtet werden, dass „das plato-
nische Ideal der Einheit von Herrschaft und Philosophie" etwa in Plutarchs
Alexander-Vita dazu geführt hat, dass „[d]ie Philosophenbiographie zur Herrscherbiographie erweitert"[29] wurde, mithin ein unüberwindlicher Gegensatz
zwischen beiden Typen der antiken Biographie nicht waltet. Dormeyer stellt
darum mit Recht fest: „An die Philosophenbiographie hat sich unter Einfluss
der Hofgeschichtsschreibung die Herrscherbiographie als Erweiterung angela-

---

23 Vgl. dazu Dormeyer, *Das Markusevangelium als Idealbiographie von Jesus Christus*, 4–11.

24 Becker, *Das Markus-Evangelium im Rahmen antiker Historiographie*; vgl. auch Gerd Theißen, *Die Entstehung des Neuen Testaments als literaturgeschichtliches Problem* (Schriften
der Philosophisch-historischen Klasse der Heidelberger Akademie der Wissenschaften 40;
Heidelberg. Universitätsverlag Winter, 2007), 86.

25 Vgl. schon Folkert Fendler, *Studien zum Markusevangelium: Zur Gattung, Chronologie,
Messiasgeheimnistheorie und Überlieferung des zweiten Evangeliums* (GTA 49; Göttingen:
Vandenhoeck & Ruprecht, 1991), 13–80.

26 Martin Ebner, „Das Markusevangelium," in *Einleitung in das Neue Testament* (hg. von
dems. und Stefan Schreiber; Studienbücher Theologie 6; Stuttgart: Kohlhammer, 2008),
154–183, bes. 114 mit Verweis auf Burridge, *What are the Gospels?*, 110–111, 234–235.

27 Vgl. dazu auch Charles H. Talbert, „Biographies of Philosophers and Rulers as Instruments
of Religious Propaganda in Mediterranean Antiquity," in *Principat* (hg. von Wolfgang
Haase; ANRW 2/16:2; Berlin: de Gruyter, 1978), 1619–1651.

28 Ebner, „Das Markusevangelium," 121.

29 Dormeyer, *Das Markusevangelium als Idealbiographie von Jesus Christus*, 7.

gert und drängt ab dem Prinzipat die Philosophenbiographie an den Rand."[30] Es ist ebendieser Vorgang, der zugleich die Nähe der Viten-Literatur zur antiken Historiographie herstellt.[31] Bemerkenswert ist dabei für die „imperiumskritische" Markusforschung und ihre Kontextualisierung des Evangeliums mit der römischen Herrschaft, dass gerade diese Entwicklung zur Herrscherbiographie in der römischen Viten-Literatur stattfindet und diese im 1. Jahrhundert vor und nach der Zeit Konjunktur hat.[32] Auch wenn umstritten ist, ob das Stichwort εὐαγγέλιον, mit dem Markus prominent sein Werk eröffnet (Mk 1,1), die folgende Lebensdarstellung Jesu Christi literarisch benennen will, so kann es doch aufgrund seiner semantischen Prägung im Zusammenhang der kaiserzeitlichen Imperiumspropaganda in jedem Fall als Indiz dafür angesehen werden, dass er das Buch Jesus Christus in der Herrscherperspektive vorzustellen beabsichtigt.[33]

Bevor ich zur imperiumskritischen Markusforschung und verwandten Beiträgen komme, möchte ich einen kurzen Blick auf den weiteren forschungsgeschichtlichen Kontext werfen. In den Altertumswissenschaften ist das Thema des antirömischen Widerstands, und zwar vor allem bezogen auf jüdische Quellen, zumal mit der berühmten Schrift des Basler Latinisten Harald Fuchs aus dem Jahre 1938 verbunden.[34] Sie ist auch der Ausgangspunkt einer Forschungsgeschichte, in der so illustre Namen und Werke wie etwa die von E. Mary Smallwood[35], Günter Stemberger[36], Mireille Hadas-Lebel[37], Karl Leo Noethlichs[38] zu nennen sind. In der deutschsprachigen neutestamentlichen Wissenschaft hat dieses Thema vor allem Klaus Wengst[39] aufgenommen. Die mir bekannte umfangreichste Auseinandersetzung mit dem Thema der Reak-

---

30   Dormeyer, *Das Markusevangelium als Idealbiographie von Jesus Christus*, 8.

31   Vgl. Dormeyer, *Das Markusevangelium als Idealbiographie von Jesus Christus*, 8.

32   So schon Albrecht Dihle, „Die Evangelien und die biographische Tradition der Antike," *ZThK* 80 (1983): 33–49.

33   Vgl. Ebner, „Das Markusevangelium," 116–119.

34   Harald Fuchs, *Der geistige Widerstand gegen Rom* (erw. Basler Antrittsrede, Juni 1933; Berlin: de Gruyter, 1938).

35   Edith Mary Smallwood, *The Jews under Roman Rule: From Pompey to Diocletian* (SJLA 20; Leiden: Brill, 1976).

36   Günter Stemberger, *Die römische Herrschaft im Urteil der Juden* (EdF 195; Darmstadt: WBG, 1983).

37   Mireille Hadas-Lebel, *Jérusalem contre Rome* (Patrimoines: Judaïsme; Paris: Cerf, 1990).

38   Karl L. Noethlichs, *Das Judentum und der römische Staat: Minderheitenpolitik im antiken Rom* (Darmstadt: WBG, 1996).

39   Klaus Wengst, *Pax Romana: Anspruch und Wirklichkeit: Erfahrungen und Wahrnehmungen des Friedens bei Jesus und im Urchristentum* (München: Kaiser, 1986).

EINLEITUNG

tion bei Juden und Christen auf die römische Herrschaft ist die Basler Dissertation von Eric Noffke.[40] Er hat die intellektuellen *Reaktionen*, also die Rückwirkung römischer Imperiumsideologie beziehungsweise deren Einfluss auf jüdische und christliche Schriften des ersten Jahrhunderts insgesamt untersucht, also nicht nur den Widerstand, sondern eben auch Unterstützung und Zustimmung. Dabei stellt Noffke ausführlich an den Quellen, auch den nichtschriftlichen (nicht zuletzt den Münzen), den Vorgang der „Romanisierung" dar. Die Reaktionen auf die imperiale römische Ideologie sind durchaus nicht nur kritisch („contro-ideologia"), sondern auch unterstützend. In den Gesamtkontext der „Romanisierung," die seit Pompeius Magnus 63 v.d.Z. auch auf den Osten und zumal das Land Israel übergriff, gehört nach Noffke die Beobachtung, dass Widerstand gegen Rom im intellektuellen Sinn, also in der Form einer „Gegen-Ideologie," außer bei Juden und dann bei den frühen Christen kaum zu finden ist. Bezüglich des Judentums insbesondere während der seleukidischen Herrschaft hat kürzlich Anathea E. Portier-Young eine umfassen Monographie vorgelegt, in der sie vor alle die Anfänge der jüdischen Apokalyptik in den Kontext historischer Erfahrungen mit der hellenistischen Herrschaft stellt.[41] Obwohl das Buch nicht mehr die Epoche der Romanisierung beziehungsweise des Imperium Romanum einschließt, ist es insbesondere durch die Besprechung der theoretischen Diskurse (inklusive der erwähnten Arbeit von James C. Scott) und einer wertvollen Kontextualisierung jüdischer Texte mit den hellenistischen Machtstrategien von großer Bedeutung. Eine knappe Einführung zum Thema Römisches Imperium und Neues Testament hat Warren Carter vorgelegt.[42] Schließlich muss der schon erwähnte Artikel von Christian Strecker in diesem Zusammenhang genannt werden, da er viele unterschiedliche Diskursfelder, nicht zuletzt auch die altertumswissenschaftlichen Forschungen zusammenführt. Hervorzuheben sind besonders die Ausführungen zur Verwendung des Begriffs „imperiale Ideologie"[43].

---

40 Eric Noffke, *Cristo contro Cesare: Come gli ebrei e i cristiani del I secolo risposero alla sfida dell'imperialismo romano* (Piccola biblioteca teologica 71; Torino: Claudiana, 2006). Die Dissertation wurde 2002 unter dem Titel *La reazione intellettuale degli ebrei e dei cristiani nel I secolo d.C. all'ideologia imperiale romana e la sua influenza sui loro scritti: Un'esplorazione iniziale* an der Theologischen Fakultät angenommen.

41 Anathea E. Portier-Young, *Apocalypse Against Empire: Theologies of Resistance in Early Judaism* (Grand Rapids: Eerdmans, 2011).

42 Warren Carter, *The Roman Empire and the New Testament: An Essential Guide* (Nashville: Abingdon, 2006).

43 Strecker, „Taktiken der Aneignung," bes. 141–144.

8   1. KAPITEL

1.1.2   *„Imperiumskritische" Deutungen des Markusevangeliums*

(1)   Martin Ebner

Eine prominente Stellung hinsichtlich des imperiumskritischen Interpretationsansatzes nehmen heute die Arbeiten von Martin Ebner ein. Er hat sich zur Bedeutung der Gattung des Markusevangeliums in diesem Zusammenhang wiederholt geäußert, sowohl in seinem Kommentar[44] als auch in Aufsätzen[45] und Essays[46]. Er deutet den Text als die älteste Lebensdarstellung Jesu, als Vita, die er vor dem Hintergrund des flavischen Aufstiegs im Rom nach 70 d.Z.[47] plausibel als Gegenerzählung beziehungsweise Gegenevangelium versteht. Dazu führt er viele Aspekte im Markusevangelium an, die „mit Parallelisierungen und Kontrastierungen"[48] zum Aufstieg der Flavier spielen, und zwar nicht zuletzt nach der Darstellung des Josephus. Den „‚Evangelien' vom Herrschaftsantritt Vespasians als römischen Kaiser wird im MkEv das Evangelium vom Beginn der Gottesherrschaft, wie es von Jesus proklamiert wird, entgegengestellt."[49]

Markus behauptet den Anfang des Evangeliums von Jesus Christus allerdings als Beginn der Gottesherrschaft, obwohl die Vita Jesu als die Geschichte eines Absteigers erzählt wird. Der durch Petrus in Cäsarea Philippi Jesus zuerkannte Titel eines Messias deutet Jesus als König, obwohl sein irdischer Weg dem Bild nicht entspricht. Doch wird „in der letzten Szene des Evangeliums, der Grabesgeschichte, angedeutet, was eigentlich nur einem Kaiser zusteht: die Apotheose nach dem Tod. Sie wird vom jungen Mann im Grab verschlüsselt verkündet."[50] Für Ebner ist jedoch die letzte Szene im Markusevangelium ein offener Schluss. Denn weil die von den Frauen, die in der Erzählung adressierten Figuren dieser Botschaft, aus dem Grab geflüchtet sind und niemandem auch nur ein Wort gesagt haben, bleibt am Ende des Textes offen, ob diese aus der „anderen Welt" stammende Botschaft weitergesagt wurde oder verstummte.[51] Daraus folge, so Ebner, dass Menschen, die diesen Text lesen, selbst

---

44   Martin Ebner, *Das Markusevangelium: Neu übersetzt und kommentiert* (2. Aufl.; Stuttgart: Katholisches Bibelwerk, 2009).

45   Beispielsweise Ebner, „Das Markusevangelium," 154–183.

46   Martin Ebner, „Das Markusevangelium und der Aufstieg der Flavier: Eine politische Lektüre des ältesten ‚Evangeliums,'" *BiKi* 66/2 (2001): 64–69.

47   Ebner, „Das Markusevangelium," 170–172; Ebner, *Das Markusevangelium*, 14–16.

48   Ebner, „Das Markusevangelium," 175.

49   Ebner, „Das Markusevangelium," 175; Ebner, *Das Markusevangelium*, 5–10.

50   Ebner, *Das Markusevangelium*, 8.

51   Ibid.

EINLEITUNG

gefragt sind, ob „sie bereit sind, in diese Bresche zu springen und das ‚Evangelium' zu verkünden, indem sie Jesus auf dem Weg nachfolgen."[52] „Innerhalb der Erzählung des Evangeliums scheuen viele davor zurück," in die Nachfolge einzutreten oder in ihr zu bleiben, und zwar nicht nur wegen Todesgefahr, sondern vor allem deswegen, weil „in den Spuren Jesu" zu gehen einen Abstieg bedeutet, einen „Kreuzweg," „den Weg geradewegs nach unten."[53] Daher sei es aufschlussreich, dass Jesus gerade auf dem Weg nach Jerusalem „seinen Schülern den Kreuzweg als einen Dienstweg für andere deutet und in den ausdrücklichen Kontrast zu den Herrschaftsstrukturen des Römischen Reiches stellt."[54] Das Markusevangelium enthält für Ebner somit ein Angebot, „am Lebensweg Jesu die Praxis einer Gegengesellschaft abzulesen," eine Praxis, „die diesen Weg als dem Willen Gottes entsprechende und als Konkretion Gottesherrschaft" darstellt, und zwar als „Alternative zum gesellschaftlichen Trend [...], wie er unter den flavischen Aufsteigerkaisern virulent wird – und offensichtlich auch auf die christliche Gemeinde Anziehungskraft ausgeübt hat."[55] Das Bekenntnis der Rezipienten bestünde demnach darin, sich zwischen zwei Herrschaftsformen zu entscheiden.[56] Für Ebner erzählt das Markusevangelium also nicht nur eine Gegengeschichte zum Aufstieg Vespasians und der Flavier. Vielmehr entwirft es auch ein Gegen-Ethos, nämlich das des Dienens und nicht des Herrschens: „Aufsteigermentalität" versus „Statusverzicht."[57] Nicht unwichtig für Ebners Interpretation ist, dass er das Evangelium nicht nur „in die Zeit kurz nach 70 n.Chr."[58] datiert, sondern auch Rom als Entstehungsort und als Ort vermutet, an dem die Adressaten leben.[59] Diese gehören nach ihm zwar nicht zum Kern der jüdischen Minderheit in Rom, haben aber wie der Verfasser „Zugang zu den Bildungstraditionen des Judentums."[60] Diesen „Sitz im Leben" macht für Ebner die Gattung Vita ebenso plausibel wie die Erzählstrategie.

---

52   Ebner, *Das Markusevangelium*, 8–9.

53   Ebner, *Das Markusevangelium*, 9.

54   Ibid.

55   Ebner, „Das Markusevangelium," 180.

56   Ebner, „Das Markusevangelium und der Aufstieg der Flavier," 69.

57   Ebner, „Das Markusevangelium," 177; vgl. auch ders., „Die Rede von der ‚Vollmacht' Jesu im MkEv – und die realpolitischen Implikationen," *ZNT* 16/31 (2013): 21–30.

58   Ebner, „Das Markusevangelium." 170–171.

59   Ebner, „Das Markusevangelium," 171–172.

60   Ebner, „Das Markusevangelium," 172–173.

(2)   Stefan Schreiber und Bernhard Heininger

Ebners Untersuchungen verwandt sind die Beiträge von Bernhard Heininger[61] und Stefan Schreiber.[62] Während Ersterer mit ihm vor allem den Ansatz der politischen Analyse teilt,[63] folgt ihm Letzterer im Ansatz der historischen Gattungskritik. Und in der Einschätzung, dass das Markusevangelium die Geschichte eines Absteigers erzähle, der ein dem römischen Reich entgegengesetztes Herrschafts-/Dienstsystem propagiere, sind sich alle drei offensichtlich einig. Heininger stellt vor allem die zur Legitimation des Aufsteigers Vespasian erzählten Wundergeschichten in einen Zusammenhang mit den markinischen Berichten von Jesu Wundertaten. Die vielfältigen und teils vergleichbaren Wunder sind jedoch nur eines. Ein anderes ist, dass „nicht die Quantität, sondern die Qualität der Wunder"[64] und damit die göttliche Herkunft entscheidet. Und die weist nun Jesus nach Markus aus: „Nicht der Kriegsherr und durch allerlei religiöse Propaganda hochgejubelte Aufsteiger Vespasian, sondern der unter einem seiner Vorgänger am Kreuz hingerichtete ‚Absteiger' Jesus verdient den Titel υἱὸς θεοῦ wirklich."[65] Heininger betont jedoch, dass die Wunderüberlieferung im Evangelium eine gewisse Gebrochenheit aufweist, sofern als „in der galiläischen Wirkungsphase sich praktisch ein Wunder an das andere [reiht], jedoch der Kreuzestod am Ende steht und gerade hier und erst noch im Munde eines römischen Centurio das Bekenntnis zu Jesus als ‚Sohn Gottes'"[66] erklingt. Dieses und nicht das Messiasbekenntnis in Cäsarea Philippi ist der „eigentliche Ort" des Glaubens, weswegen an der Verleugnung des Petrus das „Fiasko" des ungebrochenen Wunderglaubens exemplifiziert wird.[67] Auch Stefan Schreiber betont, dass „[e]rst beim Sterben Jesu klar [wird], dass seine Gottessohnschaft nicht in politischer Machtausübung und gewaltsamer Durchsetzung gegen seine Feinde besteht."[68] Er nimmt eine „innere Erzähl-

---

61   Bernhard Heininger, „‚Politische Theologie' im Markusevangelium: Der Aufstieg Vespasians zum Kaiser und der Abstieg Jesu ans Kreuz," in *Die Inkulturation des Christentums: Aufsätze und Studien zum Neuen Testament und seiner Umwelt* (hg. von dems.; WUNT 255; Tübingen: Mohr Siebeck, 2010), 181–204.

62   Stefan Schreiber, „Die erste Lebensgeschichte Jesu: Das Markusevangelium," *BiKi* 66/2 (2011): 70–77; ders., „Caesar oder Gott (Mk 12,17)?," 65–85.

63   Einer politischen Analyse unterzog das Markusevangelium bereits Ched Myers, *Binding the Strong Man: A Political Reading of Mark's Story of Jesus* (Maryknoll: Orbis, 1988).

64   Heininger, „‚Politische Theologie' im Markusevangelium," 197.

65   Heininger, „‚Politische Theologie' im Markusevangelium," 199.

66   Heininger, „‚Politische Theologie' im Markusevangelium," 203.

67   Ibid.

68   Schreiber, „Die erste Lebensgeschichte Jesu," 73.

EINLEITUNG   11

achse"[69] im Markusevangelium an, die durch drei prominente Aussagen über
Jesus als „Sohn Gottes" (Mk 1,11; 9,7; 15,39) hergestellt wird. In der Rolle der Schü-
ler/Jünger Jesu sieht er „Identifikationsfiguren" für die Leser, durch die sie die
„Nachfolge als Kreuztragen und als alternative Sozialordnung" lernen sollen.[70]
In der Studie zu Mk 12,17 wendet Schreiber das erwähnte Theoriemodell von
James C. Scott an. Im Anschluss an die Deutung dieser drei Exegeten haben
beispielsweise Klara Butting und Gerard Minnaard[71] das von Jesus propagierte
Herrschaftssystem, die im Markusevangelium skizzierte Christologie, als von
Humanität gekennzeichnet beschrieben, die stärker sei als jede Gewalt. Hier
zeigt sich sehr deutlich der ethisch orientierte Aspekt dieser Interpretation. Die
Anfrage daran, die ich hier schon andeuten möchte, ist freilich die, ob damit
nicht der Herrschaftsanspruch des Markusevangeliums für Christus unterbestimmt bleibt.

(3)   Karl Matthias Schmidt

Eng an Ebner knüpft Karl Matthias Schmidt[72] an. Anders als bei Ebner liegt
das Forschungsinteresse von Schmidt jedoch bei der narrativen Kritik. Denn im
Rahmen seines Habilitationsprojekts geht es ihm darum, die – seiner Ansicht
nach eigenwilligen – Erzählstrukturen des Markusevangeliums darzulegen.
Diese Strukturen sucht er dann in einem zweiten Schritt mit der geschichtlichen Situation der ersten Leser in Beziehung zu setzen, wobei er insbesondere den Kriegsbericht des Flavius Josephus heranzieht und seine Ansichten mit reichlich Bildmaterial aus der Numismatik zu unterlegen weiß.[73] Der
intertextuelle Vergleich erlaubt es Schmidt, eine Reihe von Evangelienperikopen mit Szenen von Josephus' Kriegsbericht in Beziehung zu setzen. Schmidt
glaubt, anhand dieser Anknüpfungen aufzeigen zu können,[74] dass der Autor
ausgleichend in die markinische Gemeinde hineingesprochen haben soll. Die
Gemeinde war nämlich für seine Wahrnehmung von Spannungen zwischen
Juden- und Heidenchristen gekennzeichnet gewesen. Um dem Verdacht zu
entgehen, die Heidenchristen nicht mit dem römischen Sieger Vespasian und
die Judenchristen nicht mit dem jüdischen Verlierer Jesus zu identifizieren,

---

69   Ibid.

70   Schreiber, „Die erste Lebensgeschichte Jesu," 74–75.

71   Klara Butting und Gerard Minnaard, „Endlich ein Mensch: Das Jesusbild des Markusevan-
      geliums," *BiKi* 66/2 (2011): 78–82.

72   Karl Matthias Schmidt, *Wege des Heils: Erzählstrukturen und Rezeptionskontexte des Mar-
      kusevangeliums* (NTOA; Göttingen: Vandenhoeck & Ruprecht, 2010).

73   Schmidt, *Wege des Heils*, 287–522.

74   Schmidt, *Wege des Heils*, 289–290.

habe Markus Vespasian gleichsam vom Thron gestürzt und seiner Leserschaft – hier deutet Schmidt ähnlich wie Ebner – die Haltung der Niedrigkeit und Dienstbereitschaft eingeschärft. So wurde das Markusevangelium „als Gegenentwurf zur flavischen Erfolgsgeschichte verfasst"[75] und Jesus als der wahre Herrscher der Welt propagiert.[76] „Frühen Rezipienten, die das Markusevangelium vor dem Hintergrund des Jüdischen Krieges und dem Aufstieg der Flavier lasen, boten sich bei der Lektüre zahlreiche Anknüpfungspunkte, um den scheinbaren Abstieg Jesu als Aufstieg zu interpretieren, der den Erfolg Vespasians in den Schatten stellte."[77]

(4) Gerd Theißen

Eine frühe Anregung,[78] das Markusevangelium als „Anti-Evangelium"[79] und als „politisch-subversive Untergrundliteratur" zu verstehen,[80] hat Gerd Theißen anhand einer sozialgeschichtlichen Analyse geliefert.[81] Auch er lokalisiert das Markusevangelium in „Kriegsnähe," kurz nach der Tempelzerstörung im Jahre 70 d. Z.[82] Weil die Flavier nicht durch Herkunft legitimiert waren, mussten sie die Propagandatrommel rühren. Dazu gehörte auch, dass Josephus die jüdische Messiaserwartung auf die neue Kaiserdynastie übertrug.[83] Gegen die möglicherweise beschädigten messianischen Hoffnungen der markinischen Gemeinde soll der Autor geschrieben haben.[84] Der „Herrscher," dem die christliche Gemeinde allein verpflichtet war, sei ein Gegenbild zu den politischen Herrschern. Er werde bald kommen und in seiner Herrlichkeit offenbar werden. Noch die jetzt lebende Generation soll es erleben (Mk 13,30). Eine solche Weissagung impliziere, dass es mit den jetzigen politischen Herrschaftssystemen zu Ende gehen werde.[85] Über einen Ausgleich zwischen der sich in den

---

75 Schmidt, *Wege des Heils*, 289.

76 Schmidt, *Wege des Heils*, 287–288.

77 Schmidt, *Wege des Heils*, 522.

78 Gerd Theißen, „Evangelienschreibung und Gemeindeleitung: Pragmatische Motive bei der Abfassung des Markusevangeliums," in *Antikes Judentum und Frühes Christentum: Festschrift für Hartmut Stegemann zum 65. Geburtstag* (hg. von Bernd Kollmann, Wolfgang Reinbold und Annette Steudel; BZNW 97; Berlin: de Gruyter, 1999), 389–414; vgl. schon ders., *Lokalkolorit und Zeitgeschichte in den Evangelien*, 270–284.

79 Theißen, „Evangelienschreibung und Gemeindeleitung," 397.

80 Theißen, „Evangelienschreibung und Gemeindeleitung," 399.

81 Theißen, „Evangelienschreibung und Gemeindeleitung," 390.

82 Theißen, „Evangelienschreibung und Gemeindeleitung," 394.

83 Theißen, „Evangelienschreibung und Gemeindeleitung," 396.

84 Theißen, „Evangelienschreibung und Gemeindeleitung," 397.

85 Theißen, „Evangelienschreibung und Gemeindeleitung," 399, 413.

EINLEITUNG

Wundern spiegelnden *theologia gloriae* und der in der Passion sich spiegelnden *theologia crucis* hätte der Autor die Wundergeschichten durch Geheimnismotive auf Kreuz und Auferstehung ausgerichtet und implizit gesagt, dass sich in den Wundern ein Geheimnis zeigte, das erst in Kreuz und Auferstehung offenbar würde. Und dieses Geheimnis würde die Gemeinde erst verstehen, wenn sie Jesu Weg bis zum Kreuz nachvollziehen würde.[86]

(5)   Andreas Bedenbender

Mit dem Markusevangelium vor dem Hintergrund des ersten jüdisch-römischen Krieges hat sich auch Andreas Bedenbender eingehend beschäftigt und sich dabei zu einer Bandbreite von unterschiedlichen Themen im Rahmen mehrerer Beiträgen für die Zeitschrift *Texte & Kontexte* geäußert,[87] welche er zu einer aktualisierten Habilitationsschrift zusammengetragen und 2013 unter dem Titel *Frohe Botschaft am Abgrund* veröffentlichte.[88] Dabei gelangt Bedenbender zu einer Deutung des Markusevangeliums, die sich freilich deutlich unterscheidet von den bisher vorgestellten Interpretationen des Textes als antirömisches „Gegenevangelium." Vielmehr versteht er den Text als „Krisendokument" und fasst seinen „materialistisch-symbolichen"[89] Ansatz wie folgt zusammen:

---

86   Theißen, „Evangelienschreibung und Gemeindeleitung," 393.

87   Andreas Bedenbender, „Römer, Christen und Dämonen: Beobachtungen zur Komposition des Markusevangeliums I," *TuK* 67 (1995): 3–52; ders., „Der Feigenbaum und der Messias: Beobachtungen zur Komposition des Markusevangeliums II," *TuK* 68 (1995): 3–72; ders., „Echos, Spiegelbilder, Rätseltexte: Beobachtungen zur Komposition des Markusevangeliums III," *TuK* 77–78 (1998): 3–136; ders., „Orte mitten im Meer: Die geographischen Angaben des Markusevangeliums," *TuK* 86 (2000): 31–60; ders., „Neue Beobachtungen zum Markusevangelium," *TuK* 93/94 (2002): 17–98; ders., „Das Messiasgeheimnis im Markusevangelium," *TuK* 103–104 (2004): 1–88; ders., „Kampf der Menschen, Kampf der Götter I," *TuK* 108 (2005): 26–48; ders., „Topographie des Schreckens: Der Jüdische Krieg im Spiegel der Ortsangaben des Markusevangeliums," *TuK* 116–117 (2007–2008): 1–105.

88   Andreas Bedenbender, *Frohe Botschaft am Abgrund: Das Markusevangelium und der Jüdische Krieg* (SKI.NF 5; Leipzig: Evangelische Verlagsanstalt, 2013).

89   Bedenbender, „Echos, Spiegelbilder, Rätseltexte," 17: „[M]*aterialistisch* in dem oben beschriebenen Sinne des Versuchs, den Text aus der Erfahrung von Realität zu rekonstruieren, und *symbolisch*, insofern die Deutung davon ausgeht, dass der Text über weite Strecken gar nicht so gelesen werden will, als stünden seine Gestalten (Personen, Objekte, Handlungen) in einer unmittelbaren Entsprechung (als Abbildung bzw. als Analogie konzipiert) zu Gestalten außerhalb des Textes. Ein Symbol ist ein bildhafter Träger von Bedeutungen, für deren Zahl keine Obergrenze angegeben werden kann und die sich auch in ihrer Art nicht vorab bestimmen lassen." Vgl. dazu die materialistische Markuslektüre von

Das Mk-Ev ist etwa im Jahre 70 entstanden, gegen Ende des Jüdischen Krieges. *Angesichts der Zerstörung Jerusalems nun* (sie mag bereits geschehen sein oder dem Text nur als etwas unausweichlich Kommendes vor Augen stehen; das verschlägt nichts) *betrachtet Markus Jesus als einen gescheiterten Messias.* Obwohl Jesus sein Leben als Lösegeld für viele gegeben hatte (Mk 10,45; 14,25), war es ihm nicht gelungen, diese ungeheure humanitäre Katastrophe zu verhindern. Was aber mochte der Grund dafür sein? War der von Jesus bezahlte Preis nicht hoch genug gewesen? Das Mk-Ev lässt sich lesen als das Protokoll einer poetischen Suche nach den Ursachen des Scheiterns Jesu – reflektiert doch der Text nicht nur die Möglichkeiten eines Messias, sondern in auffälliger Intensität auch die ihm gesteckten *Grenzen.* Um diese sichtbar werden zu lassen, bezieht Markus die Geschichte Jesu konsequent auf die Vorgänge des jüdischen Krieges, oder anders: er legt den Passionsweg Jesu und den Leidensweg des jüdischen Volkes literarisch übereinander. Gleichzeitig setzt sein Text sich auch mit einer anderen Ausbildung urchristlicher Theologie auseinander, der zufolge der Untergang Jerusalems in Mord und Brand als der Vollzug eines göttlichen Gerichtes anzusehen war und die Zerstörung des Tempels durch die Römer geradezu auf Jesus selbst zurückging.[90]

Bedenbender sieht darum den Evangelisten keine Theologie treiben, die zwischen einer „christologisch begründeten Heilsgewissheit" auf der einen Seite und einer „Erfahrung realer Heillosigkeit" auf der anderen Seite zu vermitteln suche, vielmehr beabsichtige er – so die These – die Spannung zwischen den gegensätzlichen Polen „ohne den mindesten Versuch einer Abmilderung zur Geltung zu bringen und sie so als Aporie zu erweisen."[91]

(6) Brian J. Incigneri
Zahlreiche Bezüge („matches") zwischen Evangelienperikopen und dem Kriegsbericht des Josephus stellt auch Brian J. Incigneri her.[92] Sie konnten für die Hörer- beziehungsweise Leserschaft aber nur deshalb von Interesse

---

Kuno Füssel und Eva Füssel, *Der verschwundene Körper: Neuzugänge zum Markusevangelium* (Luzern: Edition Exodus, 2001).

90 Bedenbender, „Neue Beobachtungen zum Markusevangelium," 88.

91 Bedenbender, *Frohe Botschaft am Abgrund,* vii.

92 Brian J. Incigneri, *The Gospel to the Romans: The Setting and Rhetoric of Mark's Gospel* (BINS 65; Leiden: Brill, 2003), 363; vgl. auch Heads Artikel, der ihm sowohl in Orts- als auch Zeitbestimmung folgt („Mark as a Roman Document from the Year 69," 240–259).

EINLEITUNG

gewesen sein, weil sie diese Bezüge direkt und existentiell betrafen. Entsprechend lokalisiert Incigneri die Adressaten in einer plausiblen (aber naturgemäß nicht hieb- und stichfest zu machenden) Analyse im Rom nach dem Triumph des Jahres 71 d. Z.[93] Er sieht im Markusevangelium eine Auseinandersetzung mit dem flavischen Sieg inkodiert, und zwar unter der Perspektive, dass die Leser einerseits durch den römischen Triumph und Martyrien (zumal während der neronischen Verfolgung) traumatisiert sind, andererseits aber auch das Abfallen bestimmter einzelner Anhänger, die in den Jüngerrollen repräsentiert sind, aufgearbeitet werden muss. Mittels rhetorischer Analyse kommt Incigneri schließlich zum Schluss, dass der letzte Evangelienvers das ultimative Anliegen des Autors in sich berge, nämlich, „it challenges the readers to put aside their fear, risking death if necessary, to tell the world not just of life beyond the grave, but also that forgiveness and inclusion are freely available for all. This challenge appears last because Mark knew that the most important thing was to spread the word, regardless of the risk."[94]

(7)   Adam Winn

Das Forschungsinteresse Adam Winns[95] ist es, den Anlass, der zur Abfassung des Markusevangeliums führte, zu bestimmen. Unter Zuhilfenahme einer inklusiven historisch-kritischen als auch komparativ-historischen Kritik beginnt er mit einer Rekonstruktion der historischen Begebenheiten,[96] mit denen Markus und seine Gemeinde, die sich auch nach seiner Analyse in Rom nach 70 d. Z. befinden, konfrontiert sahen. Dabei kommt auch er zum Schluss, dass die Propaganda des neuen römischen Kaisers, insbesondere Vespasians Anspruch, die wahre Menschwerdung der jüdisch-messianischen Prophezeiung zu sein, Anlass zur Abfassung des ersten Evangeliums gab. In Form einer griechisch-römischen Biographie[97] hätte der Autor auf die so entstandene christologische Krise im Rom der frühen 70er Jahre reagiert.[98] Nicht etwa durch die Betonung von Leid und Kreuz, sondern durch die Propagierung einer „Christology of

---

93   Ganz gegensätzlich ist die Verortung des Markusevangeliums bei Hendrika N. Roskam (*The Purpose of the Gospel of Mark in its Historical and Social Context* [NTS 114; Leiden: Brill, 2004]). Sie sieht als Entstehungsort Galiläa an. Incigneris und Roskams Monographien werden eingehend und kritisch besprochen von Zeba A. Crook, *JBL* 124 (2005): 553–558.

94   Incigneri, *The Gospel to the Romans*, 366.

95   Adam Winn, *The Purpose of Mark's Gospel: An Early Christian Response to Roman Imperial Propaganda* (WUNT 2:245; Tübingen: Mohr Siebeck, 2008).

96   Winn, *The Purpose of Mark's Gospel*, 2.

97   Winn, *The Purpose of Mark's Gospel*, 4.

98   Winn, *The Purpose of Mark's Gospel*, 202.

power and glory" würde der Autor die Jünger dazu einladen, Jesu Identität zu erkennen, und ihm auch im Blick auf Verfolgung treu zu sein.[99] Diese Botschaft ließe sich neben der Christologie und Jüngerschaft auch am Evangelienanfang und an seiner Eschatologie nachweisen; entsprechend lautet seine abschließende Schlussfolgerung:

> Mark's primary purpose was to respond to Flavian propaganda that had created a Christological crisis for his community in Rome. However, Mark also seems to have two secondary purposes. He hoped to encourage his community to remain faithful to their Messiah in the face of persecution, persecution that was perceived to be imminent. He also sought to alleviate his community's eschatological anxiety and confusion by providing eschatological instruction.[100]

1.1.3 Vergleichbare Ansätze: Postkoloniale und feministische Deutungen des Markusevangeliums

(1)   Tat-siong Benny Liew

Ausdrücklich verortet Tat-siong Benny Liew seine Monographie[101] zwar im Kontext intertextueller Methoden. Doch fügt er dieser auch rein literarisch anwendbaren Fragestellung eine sozio-politische Kontextualisierung hinzu, da das Markusevangelium für ihn auf dem historischen Hintergrund des römischen Reiches und seines Kolonialismus gelesen werden sollte. Anstatt von „Imperium" spricht er aber spezifischer von „Kolonialismus," weswegen der Interpretationsansatz von Liew auch im Rahmen der „colonial/postcolonial studies" sich bewegt.[102] Treffend fasst er seine Methode so zusammen: „inter(con)textual reading of Mark."[103] Dabei legt er aber durchaus Wert darauf, dass er eine „postmodern literary theory" vertritt, und zwar insofern, als er sein „personal commitment to socio-political liberation"[104] als ein in Hong-

---

99   Ibid.

100   Winn, *The Purpose of Mark's Gospel*, 203–204.

101   Tat-siong Benny Liew, *Politics of Parousia: Reading Mark Inter(con)textually* (BINS 42; Leiden: Brill, 1999); vgl. auch ders., „Tyranny, Boundary, and Might: Colonial Mimicry in Mark's Gospel," *JSNT* 73 (1999): 7–31 = in *The Postcolonial Biblical Reader* (hg. von R.S. Sugirtharajah; Oxford: Blackwell, 2006), 206–223.

102   Im Anschluss an Liew, aber auch an Richard A. Horsley (vgl. 1.1.3[4]) interpretiert das Markusevangelium in postkolonialer Sicht auch C.I. David Joy, *Mark and its Subalterns: A Hermeneutical Paradigm for a Postcolonial Context* (London: Equinox, 2008).

103   Liew, *Politics of Parousia*, 21.

104   Liew, *Politics of Parousia*, 149.

EINLEITUNG 17

kong aufgewachsener Chinese immer selbstkritisch mitbedenkt. Doch ist ihm kaum zweifelhaft, dass das Markusevangelium aller Wahrscheinlichkeit nach von einem Autor stammt, der selbst „a colonized person" war und „under Roman colonization"[105] sein Werk verfasste. Diese Art der Lektüre wendet er auf das Markusevangelium insgesamt an. Doch stellt er die markinische Vorstellung von der Parusie Christi ins Zentrum. Entscheidend dafür ist, dass er mit diesem Thema eine Verbindung zwischen der entweder „politischen" oder „apokalyptischen" Lektüre des Markusevangeliums in der Forschung herstellen kann.[106] Die Politik des Evangeliums ist eben Teil eines apokalyptischen Diskurses und vice versa. Bemerkenswert ist nun aber, dass Liew entgegen mancher imperiumskritischen Interpretation, wie ich sie oben vorgestellt habe, durchaus das Zweischneidige eines solchen Diskurses herausstellt.[107] Einerseits leistet das Evangelium gegen Kolonialismus Widerstand. Andererseits geschieht dies jedoch so, dass es sich den Grundannahmen des Kolonialismus selbst verschreibt, weswegen Liew bezeichnenderweise von „Mimikry" spricht:

> What I find in Mark is a strong challenge against the existing (colonial) (dis)order, the „Gospel" has Jesus being tragically murdered by a collaborative scheme of the Jewish and Roman leaders, because Jesus is constantly questioning their authority and exposing their wickedness. At the same time, however, Mark's politics of parousia, by promising the utter destruction of both Jewish and Roman authorities upon Jesus' resurrected return, is one that mimics or duplicates the authoritarian, exclusionary, and coercive politics of his colonizers. Not only does Mark reinscribe colonial practice in his politics of parousia, he also subscribes to the traditional hierarchy of God, man, and woman.[108]

Das ist eine Kritik, die im Blick auf die imperiumskritische Pauluslektüre, aber auch ganz grundsätzlich, etwa Elisabeth Schüssler Fiorenza[109] vorgebracht hat.

---

105 Ibid.
106 Liew, *Politics of Parousia*, 63.
107 Ähnlich auch Hans Leander, *Discourses of Empire: The Gospel of Mark from a Postcolonial Perspective* (Semeia Studies 71; Atlanta: SBL, 2013).
108 Liew, *Politics of Parousia*, 149–150.
109 Vgl. Elisabeth Schüssler Fiorenza, *The Power of the Word: Scripture and the Rhetoric of Empire* (Minneapolis: Fortress, 2007), bes. 35–68.

(2)   Stephen D. Moore

Stephen D. Moore liest das Markusevangelium ebenfalls ausdrücklich im Kontext postkolonialer Interpretationsansätze.[110] Er weist darauf hin, dass das Evangelium deutlich weniger feindlich gegenüber Rom ist als etwa die Johannesoffenbarung. Als Schlüsselszene für eine postkoloniale Lektüre gilt ihm die Austreibung des Dämon mit dem Namen „Legion" (Mk 5,1–9), worin unter anderen schon Theißen,[111] den Moore jedoch nicht nennt, einen Hinweis auf die römische Besatzung sah. Die Vertreibung der Händler aus dem Tempelgebiet liest er als symbolische Zerstörung des Tempels. Dasselbe würden auch die Szenen mit dem Feigenbaum zeigen. Die Tempelzerstörung sei „das eschatologische Präludium für die Parusie,"[112] die das Ende des römischen Reiches bringen wird. Ist dies die Kernaussage des Textes, fragt er. Und antwortet: Einerseits ja, weswegen das Evangelium durchaus eine zelotische Tendenz zeige. Aber andererseits gibt es nach seiner Meinung noch eine andere, ambivalente Leseart: „We have seen, in miniature at least, one way in which an unreserved reading of Mark as anti-imperial resistance literature might proceed. It remains to inquire how else a reading of Mark attuned to issues of empire might unfold."[113] Das offensichtlichste Kennzeichen einer solchen Ambivalenz ist die schon erwähnte Beobachtung, dass dem Evangelium die Feindseligkeit fehle, wie sie in der Johannesoffenbarung zu finden sei: „[M]y working assumption instead is that Mark's attitude toward Rome is imbued with that simultaneous attraction and repulsion – in a word, ambivalence – to which Homi Bhabha, in particular, has taught us to be attuned when analyzing colonial or anticolonial discourses."[114] Es ist diese Ambivalenz, die Moore nun auch zur Frage führt, ob der radikale Apokalyptizismus nur Spiegel imperialer und kolonialer Ideologien ist, oder ob er auch eine im eigentlich Sinn antiimperiale und antikolonialistische Ethik vertritt.[115] Anders als Liew meint er, dass Markus in der Tat nicht einfach nur eine Imitation („mimicry") darstellt, sondern in den Szenen vom Almosen der Witwe (Mk 12,41–44) und der Salbung in Betaniën (Mk

---

110   Stephen D. Moore, „Mark and Empire: ,Zealot' and ,Postcolonial' Readings," in *The Postcolonial Biblical Reader* (hg. von R.S. Sugirtharajah; Oxford: Blackwell, 2006), 193–205 = in *Empire and Apocalypse: Postcolonialism and the New Testament* (ders.; The Bible in the Modern World 12; Sheffield: Sheffield Phoenix Press, 2006), 24–44.

111   Gerd Theißen, *Urchristliche Wundergeschichten: Ein Beitrag zur formgeschichtlichen Erforschung der synoptischen Evangelien* (StNT 8; Gütersloh: Mohn, 1974), 252.

112   Moore, „Mark and Empire," 196.

113   Moore, „Mark and Empire," 197.

114   Moore, „Mark and Empire," 198.

115   Moore, „Mark and Empire," 202.

EINLEITUNG 19

14,3–9) eine radikale Gegenkultur vorstelle. Beide Frauen würden Geschenke „beyond reciprocity" machen; und dies sei „radically countercultural" und verweise auf liminale Experimente in den Gemeinden.[116] Nicht Mk 13, sondern die Szene in Mk 12 sei darum die wahre „Apokalypse."

(3)   Simon Samuel

Auch Simon Samuel wendet in seiner Lektüre des Markusevangeliums den Ansatz der postkolonialen Kritik an.[117] Aber anders als Liew sieht er im Evangelium nicht eine antikolonialistische Imitation des Kolonialismus, die Homi Bhabha „mimicry" genannt hat,[118] sondern beurteilt die Darstellung Jesu als „neither an exclusively pro- nor anti-colonial discourse," sondern als „a postcolonial discourse."[119] „Postcolonial" meint bei ihm, dass das Evangelium gewissermassen in einem Zwischenraum zwischen Kolonialisten und Kolonisierten zu verorten ist. Für ihn ist darum der postkoloniale Diskurs bestimmt durch eine Ambivalenz, nämlich der „accommodative and disruptive dynamic towards both the native and the alien colonial discourses of power."[120]

(4)   Richard A. Horsley

Unter den zahlreichen sozialgeschichtlichen Untersuchungen neutestamentlicher Texte von Richard A. Horsley findet sich auch eine Monographie, die der politischen konstruierten Erzählstrategie des Markusevangeliums gewidmet ist.[121] Sie verbindet narratologische, postkolonial-imperiumskritische mit sozialgeschichtlichen und befreiungstheologischen Ansätzen. Für ihn ist das Evangelium in der Zeit des jüdisch-römischen Krieges entstanden und im Kontext des antiken Palästinas unter römischer imperialer Herrschaft als Geschichte von unterworfenen Subjekten zu lesen. Diesen will das Evangelium eine Stimme verleihen. Jesus sei ein Moses-Elija-ähnlicher Prophet,[122] der eine Erneuerung Israels verfolge durch ein Programm der Verkündigung von Got-

---

116 Moore, „Mark and Empire," 203.

117 Simon Samuel, *A Postcolonial Reading of Mark's Story of Jesus* (LNTS 340; London: T&T Clark, 2007).

118 Homi K. Bhabha, *Die Verortung der Kultur* (Stauffenburg Discussion 5; unveränd. Nachdr.; Tübingen. Stauffenburg, 2007).

119 Samuel, *A Postcolonial Reading of Mark's Story of Jesus*, 158.

120 Ibid.

121 Richard A. Horsley, *Hearing the Whole Story: The Politics of Plot in Mark's Gospel* (Louisville: Westminster John Knox, 2001).

122 Horsley, *Hearing the Whole Story*, bes. 101–108.

tes Königreich und der Manifestation von Gottes erneuernder Macht für sein Volk durch Exorzismus und Heilung.[123] Der Konflikt mit den (jüdischen und römischen) Herrschern erreicht nach Horsleys Lektüre mit dem Kreuzestod Jesu in Jerusalem seinen Höhepunkt. Aber im narratologisch konstruierten offenen Schluss ist eine Rehabilitation („vindication") des Märtyrer-Messias angedeutet, die „die Fortsetzung von Jesu Erneuerungsbewegung in Galiläa impliziert."[124] Markus 13 ist für Horsley zwar eine „prophetische Rede," aber die Kennzeichnung mit dem modernen Begriff „apokalyptisch" weist er als unangemessen zurück.[125] Er liest Mk 13 und die Exorzismen im Kontext des Erneuerungsprogramms als Heilung der Folgen von Unterdrückung. Es zeigt diese Lesart für ihn eine weitere (im doppelten Sinn) Dimension des vorherrschenden Plots an („indicates that both focus on Jesus' and/or his movement's opposition to the Roman imperial order and its treatment of and effects on subjected people – a further, wider dimension of the dominant plot of Mark's story"[126]). Das Erneuerungsprogramm der Jesusbewegung hat für Horsley seine Basis in den Dorfgemeinschaften. Sie versteht sich als Erneuerung „mosaischer Bundestheologie" und deren Adaption in Hinsicht auf eine ökonomisch-politisch egalitäre Gesellschaft.[127] Bemerkenswert ist, dass Horsley das Versagen der Jünger in der Nachfolge als Versagen von Führern versteht, die dem egalitären Erneuerungsprogramm widerstehen, während die Rollen der Frauen als exemplarisch für den Dienst in der gesellschaftlichen Erneuerung vorgestellt werden[128]: „And at the climax of the story, after the twelve have all disappeared, women are the only figures who faithfully follow and serve and the only witnesses to the crucifixion and empty tomb – and the only links to the implied continuation of the movement in Galilee and outwards."[129] Insgesamt sieht Horsley das Markusevangelium von „mündlichen und populären *scripts*"[130] geprägt, die in galiläischen und judäischen Dörfern existierten, in denen die Jesusbewegung entstanden ist. Er spricht darum von „prophetic and messianic ‚scripts,'"[131] in denen Propheten (wie Mose, Josua und Elija) und messianische Könige (wie

---

123 Horsley, *Hearing the Whole Story*, xiii.
124 Ibid.
125 Horsley, *Hearing the Whole Story*, 122–125.
126 Horsley, *Hearing the Whole Story*, xiv.
127 Ibid.
128 Horsley, *Hearing the Whole Story*, xv, 203–230.
129 Horsley, *Hearing the Whole Story*, xv.
130 Ibid.
131 Horsley, *Hearing the Whole Story*, 231.

EINLEITUNG 21

Saul, David und Jehu) eine Rolle spielten. „Prooftexts" findet Horsley dafür vor allem bei Josephus und in den Qumrantexten.[132]

(5)   Monika Fander

Im Kontext feministischer Lektüre hat Monika Fander sich zum Markusevangelium geäußert.[133] Insbesondere thematisiert sie in einem neueren Aufsatz den kontextuellen Zusammenhang mit dem ersten jüdisch-römischen Krieg.[134] Sie schließt dafür vor allem an die Arbeiten des schon erwähnten Andreas Bedenbender an. Bemerkenswert ist, dass Fander „das Markusevangelium als Verarbeitung der Kriegsereignisse" und der damit einhergehenden Traumatisierungen[135] „parallel zu dem Krieg der Römer gegen das jüdische Volk zu lesen"[136] vorschlägt. Sie selbst bringt dann auch einige Gründe dafür vor, dass der „Weg und Leidensweg Jesus [...] parallel zu dem Krieg der Römer gegen das jüdische Volk"[137] gelesen werden kann. So liest sie Mk 5,1–13 vor dem Hintergrund der Seeschlacht von Tarichea. Auch die Reiseroute Jesu spiegelt für Fander „Hauptschauplätze des Jüdischen Krieges"[138] wider. „Der Begriff ‚Evangelium,' der so kraftvoll gleich am Anfang des Markusevangeliums steht, darf daher als Gegenbegriff zu dem ‚Evangelium' vom Herrschaftsantritt Vespasians gelesen werden."[139] Für Fander ist es die transformative Kraft eines solchen Gegenevangeliums, an das sie mit ihrer feministischen Fragestellung anknüpft.

---

132   Horsley, *Hearing the Whole Story*, 239–247.

133   Monika Fander, „Das Evangelium nach Markus: Frauen als wahre Nachfolgerinnen Jesu," in *Kompendium Feministische Bibelauslegung* (hg. von Luise Schottroff und Marie-Theres Wacker; 2. Aufl.; Gütersloh: Kaiser und Gütersloher Verlagshaus, 1999), 499–512.

134   Monika Fander, „‚Mein Gott, mein Gott, warum hast du mich verlassen?' (Mk 15,34): (Kriegs-)Traumatisierung als Thema des Markusevangeliums," in *Christologie im Lebensbezug* (hg. von Elisabeth Moltmann-Wendel und Renate Kirchhoff; Göttingen: Vandenhoeck & Ruprecht, 2005), 116–156.

135   Vgl. dazu auch die bibliodramatische Markuslektüre von Peter Zürn, „Ein Weg mitten in der Katastrophe: ‚Markus' erzählt," *BiKi* 66/2 (2011): 103–105.

136   Fander, „‚Mein Gott, mein Gott, warum hast du mich verlassen?,'" 118.

137   Ibid.

138   Fander, „‚Mein Gott, mein Gott, warum hast du mich verlassen?,'" 120.

139   Fander, „‚Mein Gott, mein Gott, warum hast du mich verlassen?,'" 148.

22 1. KAPITEL

(6)   Elsa Tamez

Ein aktuelles Beispiel kontextueller Analyse legte Elsa Tamez[140] vor. Sie analysierte das Markusevangelium in eindrücklicher Weise vor dem Hintergrund des bewaffneten Konfliktes ihres Heimatlandes Kolumbien. Aus eigener Erfahrung zeigt sie plausibel auf, dass Schweigegebote in den Kontext von Krieg gehörten:

> There are peace demonstrations and marches against kidnappings, but people are very afraid to denounce the violent deaths that often occur because of guerrilla attacks, paramilitary genocides, official military rescues and crimes of army officials against poor civilians, combat between factions, the execution of drug dealers, kidnappings, and criminal assaults or vendettas.[141]

Und deshalb würde es nicht weiter erstaunen, dass diesen in Kriegsnähe geschriebenen Text von Anfang bis Ende das Thema des Schweigens und der Angst durchziehen würde, ein üblicher Reflex des Selbstschutzes von Menschen in Zeiten des Krieges und bewaffneten Konflikts.[142]

1.2   Forschungsinteresse, Methode und Inhalt

1.2.1   *Forschungsinteresse*

Aus der knappen Forschungsübersicht, die ich gegeben habe, ist deutlich geworden, dass gegenwärtig Interpretationen zunehmen, die das Markusevangelium im Kontext des jüdisch-römischen Krieges und des Aufstiegs der Flavier interpretieren. Sie verstehen es oft als ein „Gegenevangelium" und insofern als „imperiumskritisch," aber auch als Entwurf einer Unterrichtung in der Nachfolge des Leidens und Sterbens Jesu und der gewissen Hoffnung auf dessen Parusie und der universalen Aufrichtung seiner Herrschaft, die er mit der Auferstehung angetreten hat. Für nicht wenige Ausleger und Auslegerinnen spricht vieles dafür, dass das Evangelium noch während des Krieges oder kurz danach geschrieben worden ist. Und auch wenn es nicht mehr als eine plausible Hypothese sein kann, so nehmen doch einige an, dass das Evangelium in Rom und für ein römisches Publikum verfasst wurde.

---

140   Elsa Tamez, „The Conflict in Mark: A Reading from the Armed Conflict in Colombia," in *Mark* (hg. von Nicole Wilkinson Duran, Teresa Okure und Daniel M. Patte; übers. von Leticia Guardiola-Sáenz; Texts @ contexts; Minneapolis: Fortress, 2011), 101–125.

141   Tamez, „The Conflict in Mark," 101.

142   Tamez, „The Conflict in Mark," 102–103, 115.

EINLEITUNG 23

Meine eigene Fragestellung knüpft an diese, wenn auch in vielfältigen Variationen vorliegende kontextualisierende Interpretation an. Sie geht aber insofern neue Wege, als sie nicht einfach nur die „politische Theologie" oder die ideologischen Macht- oder Herrschaftsdiskurse im Markusevangelium dartun will. Vielmehr ist der Fokus meiner Analyse auch auf die militärischen Zusammenhänge und die Kriegssemantik im engeren Sinn gerichtet.[143] Denn auffallend ist bei den vorgestellten imperiumskritischen und verwandten Auslegungen, dass zwar die Kontextualisierung mit dem Krieg und die Kriegsnähe des Evangeliums in verschiedener Hinsicht betont wird, jedoch die große Bedeutung, die Militär und Krieg für die Herstellung und Aufrechterhaltung von Herrschaft hat, gleichsam und jedenfalls weithin unbeachtet bleibt. Der Anspruch auf Herrschaft und deren reale Begründung beruht aber auf dem Militär und impliziert notfalls die militärische Oberhand in Schlachten und Kriegen. Nicht zufällig hat Michael Mann in seiner makro-soziologischen Universalgeschichte der Macht als Hauptquelle der römischen Herrschaft und ihrer Ausbreitung zum Imperium die Legionen angesehen, und zwar auch als Basis der expansiven Wirtschaft, weswegen er den Begriff der „Legionärswirtschaft" geprägt hat.[144] Er unterschätzt nicht die wirtschaftlichen, politischen und ideologischen Quellen der Herrschaft. Aber für ihn steht fest: „Die wichtigste römische Institution war stets die Legion."[145] Gewiss wird einzuräumen sein, dass in Provinzen die Stabilität des römischen Herrschaftssystems gerade auch durch den Faktor der „imperialen Ideologie" gesichert wurde und nach der Unterwerfung das Militär nicht der einzige Machtfaktor war. Herfried Münkler hat die Bedeutung des Militärs differenzierter beurteilt als Michael Mann und sogar davon gesprochen, dass „das Überschreiten der augusteischen Schwelle[146] gleichbedeutend mit einem tiefgreifenden Machtsortentausch [war]," sofern eben die

---

143 In der Paulusforschung hat eine militär- und kriegsgeschichtliche Interpretation auch schon stattgefunden, vgl. z.B. Peter W. Mackey, *St. Paul's Cosmic War Myth: A Military Version of the Gospel* (The Westminster College Library of Biblical Symbolism 2; New York: Lang, 1998), 1: „[I]n Paul's writings we recognize that one of his ways of presenting the gospel was by using military symbolism, imagery taken from the realm of warfare – armies, soldiers, weapons and physical destruction. The conflict between good and evil, which is the inner driving force of the story of Christ, is pictured here as a long-running cosmic war: battles ebb and flow between two armies which face each other down through the ages until one wins the final confrontation by destroying the other completely."

144 Michael Mann, *Geschichte der Macht* (2 Bde.; Theorie und Gesellschaft 20; Frankfurt: Campus, 1994), bes. 2:45–56.

145 Mann, *Geschichte der Macht*, 2:80.

146 Zu dem Begriff „augusteische Schwelle" vgl. Michael W. Doyle, *Empires* (Cornell Studies in Comparative History; Ithaka: Cornell University Press, 1986), 93–97.

militärische Macht weniger bedeutend war und „das Gewicht politischer, wirtschaftlicher und vor allem ideologischer Macht [wuchs]."[147] Nur war das Militär natürlich weiter präsent und zumal für unruhige Provinzen wie Judäa nach Tiberius für den Machterhalt grundlegend. Stefan Schreiber hat mit Recht die römische Friedensideologie aus der Sicht der Herrschaftsunterworfenen und Abhängigen kritisch bewertet.[148]

Mein Interesse an militärischen – neben politischen – Aspekten gründet zudem in der Einsicht, dass Krieg in der Antike allgegenwärtig, ein alljährlich stattfindendes Ereignis war. Und dem entspricht auch, dass „Historiographie," worauf Leonhard Burckhardt hingewiesen hat,

> über weite Strecken Kriegsberichterstattung [ist], und es sich auch nicht leugnen [lässt], dass insgesamt viele Werke der Literatur und der bildenden Kunst in Griechenland und Rom Mord und Totschlag, Kampf und Krieg zum Gegenstand haben. Manche der heute bekanntesten Figuren des griechischen Mythos und der antiken Geschichte wie Odysseus, Alexander der Große, Hannibal und Caesar sind Kriegshelden oder Militärführer gewesen und haben ihre düstere Prominenz auf dem Schlachtfeld gewonnen. In der griechischen und römischen Welt gehört Krieg und Militärwesen mit verstörender Selbstverständlichkeit zum Dasein, während der Frieden eher ein Ausnahmezustand war.[149]

Und es gehört eben auch zu den der Historiographie nahen antiken Biographie, den Viten von Kaisern, hinzu, ihre militärischen Siege oder auch Niederlagen zu erzählen.

Herrschaftssysteme jener Zeit, sei es in Rom als auch Judäa, waren durch militärische Macht gestützt und gelten daher auch zu Recht als Militärmonarchien (vgl. 5.4.2[1]). Zu speziell desaströsen Kriegen und Bürgerkriegen kam es insbesondere bei System- oder Dynastiewechseln, etwa, wie hier von zentraler Bedeutung, von der julisch-claudischen zur flavischen Dynastie, aber nicht weniger gewalttätig war auch der Wechsel von der hasmonäischen zur herodianischen Dynastie (vgl. 5.4.3[1]). Und möglicherweise – wie noch zu zeigen ist –

---

147 Herfried Münkler, *Imperien: Die Logik der Weltherrschaft – vom Alten Rom bis zu den Vereinigten Staaten* (Rororo 62213; Reinbek: Rowohlt, 2007), 116.

148 Vgl. Stefan Schreiber, „Friede trotz Pax Romana: Politische und sozialgeschichtliche Überlegungen zum Markusevangelium," in *Inquire Pacem: Beiträge zu einer Theologie des Friedens: Festschrift für Bischof Dr. Viktor Josef Dammertz OSB zum 75. Geburtstag* (hg. von Franz Sedlmair und Thomas Hausmanninger; Augsburg: Sankt Ulrich, 2004), 85–104.

149 Burckhardt, *Militärgeschichte der Antike*, 7.

EINLEITUNG

bildet sich dies auch im markinischen Text ab, sofern er den Wechsel von der herodianischen und römischen Herrschaft zur eben der im Evangelium angedeuteten davidisch-messianischen Dynastie des Gottessohnes Jesus Christus darstellt.

Angesichts dieser zentralen Bedeutung von Militär und Krieg für die siegreiche oder auch nicht siegreiche Aufrichtung von Herrschaft wäre darum zu fragen, ob und in welcher Weise gerade diese Aspekte im Markusevangelium eine Rolle spielen. Wenn es zutrifft, dass im Markusevangelium von einem universalen Herrschaftsantritt Jesu Christi jedenfalls perspektivisch die Rede ist, dem jedoch ein Tod am römischen Kreuz vorausgeht, dann fragt sich, ob der künftige Sieg, auf den historischen Kontext bezogen, die Folge eines Krieges sein wird. Mein Forschungsinteresse gilt daher nicht nur den Folgen, sondern auch dem möglichen Hergang dieses Krieges und den vorhergehenden Schlachten in allen Aspekten. Entscheidend ist dabei, dass das Evangelium im Zusammenhang eines antiken politischen Herrschaftsdiskurses lesbar ist. Doch gerade dann muss danach gefragt werden, ob die unbedingt notwendige Basis der antiken Herrschaft, der Sieg beziehungsweise die Oberhand, welche nur durch Militär und gegebenenfalls eben durch Schlacht und Krieg zu erreichen ist, auch im Markusevangelium für das Handeln und die Vita des künftigen Herrschers Jesus Christus, des Gottessohnes, inkodiert ist.

Ich habe oben darauf hingewiesen, dass in den von mir sogenannten imperiumskritischen oder verwandten Interpretationen des Markusevangeliums zwei unterschiedliche Beurteilungen eine Rolle spielen. Einerseits verstehen manche Ausleger und Auslegerinnen das Markusevangelium auch als ein grundsätzlich herrschaftskritisches „Gegenevangelium," das ein Ethos des Dienstes propagiere. Andere lesen das Markusevangelium jedoch als eine Schrift, die zwar eine antirömische, aber nicht an sich eine herrschaftskritische Botschaft verkünde. Auch im Blick auf diese gegensätzlichen Lesarten ist die von mir gewählte Fragestellung geeignet, einen Beitrag zu leisten.

Kontextualisieren wir das Markusevangelium nicht nur mit der extratextuellen römischen imperialen Welt seiner historischen Entstehung, sondern speziell mit dem jüdisch-römischen Krieg, dann sind nicht nur die politischen „hidden transcripts" (James C. Scott), sondern auch die militärisch-kriegerischen zu erheben. Denn wenn Herrschaftswechsel im römischen Reich und nicht zuletzt im Zusammenhang des Aufstiegs des flavischen Kaiserhauses auf der Basis von Militär und Krieg sich vollziehen, dann wird aus der Perspektive eines „Gegenevangeliums" die Frage beantwortet werden müssen, ob und in welcher Weise denn auch auf der Seite des Protagonisten, den dieses Evangelium Jesu Christi proklamiert, eine militärische Macht zur Durchsetzung vorhanden ist. Dass gerade der erste jüdisch-römische Krieg und der römische Sieg, das

26   1. KAPITEL

„Judaea Capta," eine die flavische Dynastie propagandistisch legitimierende
Funktion hatte, symbolisiert durch den Triumphzug, ist zuletzt von Martin
Goodman[150] eindrücklich dargelegt worden. Der militärische Sieg Roms beziehungsweise die verheerende Niederlage Judäas als Kontext des Evangeliums
wirft darum auch die Frage nach inter- oder subtextuellen Reflexen oder „hidden transcripts" von Krieg und Militär im Markusevangelium auf.

1.2.2 *Methode und Inhalt*

Da eine Kontextualisierung des ganzen Evangeliums im Rahmen des jüdisch-
römischen Krieges bis anhin aussteht, beginnt meine Untersuchung mit der
Exegese des gesamten Markusevangeliums (Kapitel 3). Meine „entschleunigte
Lektüre"[151] erfolgte dabei mit dem Ziel, den in vierundachtzig Szenen und
in zehn chiastisch angeordneten Episoden gegliederten Text mit Hilfe insbesondere narrativer[152], semantischer[153] und historischer Methodik (Kapitel 2)
zunächst einer sorgfältigen Inhaltsanalyse zu unterziehen (vgl. die Abschnitte
mit dem Titel „Inhalt"), und hernach die zentralen politisch-militärischen Aussagen einer jeden Szene vor dem Hintergrund seines erweiterten – das heißt
die Zeit Jesu als auch die Zeit des jüdisch-römischen Krieges inkludierenden – literarisch-historischen Kontexts zu interpretieren und rekonstruieren
(vgl. die Abschnitte mit dem Titel „politisch-militärisches Profil"). Im Blick auf
die weitverzweigte Markusforschung fanden insbesondere solche Kommentare, Monographien und Artikel Berücksichtigung, die einer gleichen oder ähnlichen Fragestellung unterliegen.

Zur besseren Übersicht des politisch-militärischen Profils habe ich meine
exegetischen Erträge in systematischer Weise dargestellt (Kapitel 4), und mich
hernach dem literarisch-historischen Kontext des ersten jüdisch-römischen

---

150   Martin Goodman, *Rome and Jerusalem: The Clash of Ancient Civilizations* (London: Lane,
      2007).

151   Vgl. Thomas Söding, unter Mitarb. von Christian Münch, *Wege der Schriftauslegung:
      Methodenbuch zum Neuen Testament* (Freiburg i. B.: Herder, 1998), 16–21, bes. 17.

152   Wobei das „Eintreten" in die Erzählung als Beobachterin die emotive Ebene bewusst
      einbezieht.

153   Ein in Methodenbücher notorisch vernachlässigter Analyseschritt. Eine ältere aber keineswegs überholte Ausnahme bildet Wilhelm Egger, *Methodenlehre zum Neuen Testament: Einführung in linguistische und historisch-kritische Methoden* (5. Aufl.; Freiburg: Herder, 1999), kürzlich und unter Beibehaltung der Semantik neu aufgelegt von Wilhelm
      Egger und Peter Wick, *Methodenlehre zum Neuen Testament: Biblische Texte selbständig
      auslegen* (Grundlagen Theologie; 6., völlig neu bearb. und erw. Aufl.; Freiburg: Herder,
      2011).

EINLEITUNG 27

Krieges zugewendet (Kapitel 5). Neben Quellen der üblichen Historiker wie Flavius Josephus, Tacitus, Sueton und Cassius Dio, beziehe ich erstmals auch Quellen zeitgenössischer Militärhistoriker, nämlich von Onasander, Frontinus, Polyainos sowie Vegetius, ein. Dem Hergang des jüdisch-römischen Krieges folgend habe ich die Erträge der relevanten Kontexte in nachstehender Systematik dargelegt: (1) Kriegsanlass, (2) Divinationen, (3) Kriegsbefugnis, (4) Feldherren, (5) (Bürger)Heer, (6) Kriegsführung und schließlich (7) Kriegsfolgen. Und jedes dieser sieben Hauptthemen habe ich aus vier Perspektiven analysiert: (1) aus allgemein römischer Sicht, (2) aus spezifisch römischer Sicht, das heißt vor dem Hintergrund dieses Krieges, (3) aus spezifisch judäischer Sicht und schließlich (4) aus spezifisch markinischer Sicht.

Drei zentrale Erträge dieser Untersuchung seien an dieser Stelle bereits genannt. (1) Ein unerwartet hoher Anteil von mindestens 429 Leitworten tragen im Blick auf ihre Semantik auch oder ausschließlich militärische Bedeutung (vgl. 4.5). (2) Das Repertoire von Anknüpfungsmöglichkeiten des markinischen Texts an den literarisch-historischen Kontext des ersten jüdisch-römischen Krieges konnte um viele, neue und oft auch plausiblere Deutungsangebote erweitert werden. Konkret, es gibt keine markinische Szene, die sich nicht in einfacher bis hin zu mehrfacher Weise in den Kontext dieses ersten jüdisch-römischen Krieges einordnen lässt – Kontextualisierungen freilich, die als „Angebote" verstanden werden wollen, nicht mehr und nicht weniger. (3) Eine zentrale Rolle kommt dabei der sogenannten Passion Jesu zu. Denn einerseits steht der Kreuzestod als Sinnbild für die militärisch Niederlage, interpretiert man Jesu Tod aber konsequent im Kontext des „Triumphzugs," dann wäre er als sühnendes und von Kriegsschuld reinigendes Opfer zu deuten. Und als solches – lässt sich schlussfolgern – hätte Jesus die religiös zwingende Voraussetzung für eine gottgewollte und siegreiche, durchaus auch militärisch zu verstehende Rückkehr geschaffen (Kapitel 6).

TEIL 1

Methodisches Vorgehen und exegetische Analyse des Markusevangeliums

∵

2. KAPITEL

Methodisches Vorgehen

2.1 Szenen und Episoden

Militärische, politische Siege werden nicht allein von Einzelpersonen errungen, deshalb gilt mein besonderes exegetisches Interesse den narrativen Einzel- und Gruppenidentitäten. Und zwar, wie sie in der narrativen Welt je für sich entstehen, sich konsolidieren, sich nach außen abgrenzen und sich dabei nach innen strukturieren, wie sie mit anderen interagieren, aber auch wie sie zerfallen.

Um an diese Informationen zu gelangen, unterziehe ich den Text verschiedenen methodischen Analysen. Zunächst einer Segmentierung des griechischen Textes, denn auch das Markusevangelium besteht als Großgeschichte aus einer Anzahl von chronologisch aneinandergereihten Einzelerzählungen, die ihrerseits sowohl Rück- als auch Vorausblenden enthalten können; diesen gilt es je für sich gerecht zu werden. Doch wo narrative Einzelerzählungen, ich nenne sie „Szenen" (griech. σκηνή), beginnen und enden, ist nicht immer leicht zu bestimmen. Ihre Demarkation vom Kontext beruht in dieser Untersuchung einerseits auf literarisch-formalen und andererseits vor allem auf narrativ-inhaltlichen Kriterien.[1] Die Demarkation nach literarisch-formalen Kriterien berücksichtigt textliche Symmetrien, Ringkompositionen[2] beziehungsweise (konzentrische) Chiasmen und Parallelismen zumal,[3] und diejenige nach nar-

---

1 In durchaus eklektischer Art und Weise mache ich Anleihen bei der Erzähltheorie, etwa aus den Werken von: David Rhoads, Joanna Dewey und Donald Michie, *Mark as Story: An Introduction to the Narrative of a Gospel* (2. Aufl.; Minneapolis: Fortress, 1999); James L. Resseguie, *Narrative Criticism of the New Testament: An Introduction* (Grand Rapids: Baker Academic, 2005); Elizabeth Struthers Malbon, „Narrative Criticism: How Does the Story Mean?," in *Mark and Method: New Approaches in Biblical Studies* (hg. von Janice Capel Anderson und Stephen D. Moore; 2. Aufl.; Minneapolis: Fortress, 2008), 29–57; und Uta Poplutz, *Erzählte Welt: Narratologische Studien zum Matthäusevangelium* (BThSt 100; Neukirchen-Vluyn: Neukirchener, 2008).

2 Zur Bedeutung von Ringkompositionen in antiker Literatur, die vorgelesen wird, vgl. Mary Douglas, *Thinking in Circles: An Essay on Ring Composition* (The Terry Lectures; New Haven: Yale University Press, 2007); ferner John W. Welch, *Chiasmus in Antiquity: Structures, Analyses, Exegesis* (Hildesheim: Gerstenberg, 1981).

3 Ließen sich Symmetrien im griechischen Text ausmachen, wurden die entsprechenden Beobachtungen in einer Anmerkung den jeweiligen Übersetzungen beigefügt.

© KONINKLIJKE BRILL NV, LEIDEN, 2016 | DOI: 10.1163/9789004309340_003

rativ-inhaltlichen Kriterien berücksichtigt einen Wechsel von mindestens einer der folgenden der Kategorien: Akteure, Ort, Zeit, (Sprech)Handlung oder Thema.[4]

Ist eine jeweilige Szene mit Kapitel- und Verszahl identifiziert, versehe ich sie mit einer Nummer und einem dienlichen Titel, der sich nach Möglichkeit aus dem Wortschatz der Szene selbst zusammensetzt.[5] Er nennt dabei stets die zentralen Akteure, die zentrale Handlung wie auch den zentralen Handlungsort, und will dadurch eine schnelle Übersicht ermöglichen.

Ferner ordne ich die jeweilige Szene ihren anwesenden (und nicht bloß erwähnten) Hauptakteuren entsprechend einer eigens aus dem Text generierten formalen, aber vor allem inhaltlichen und auf (Gruppen)Identitäten ausgerichteten Szenentypologie zu, was eine inhaltlich differenzierte Quantifizierung erlaubt. Die formale Szenentypologie unterscheidet zwischen normalen, rahmenden und eingebetteten Szenen, und die inhaltliche Szenentypologie unterscheidet unter anderem zwischen Szenen, die sich auf jenseitige Wesen, auf Einzelbiographien, auf Nachfolgergruppen, auf Volksgruppen wie auch auf Gegnergruppen beziehen. Freilich lassen sich Szenen in inhaltlicher Hinsicht mehreren Typen zuordnen (vgl. 4.2).

Um allerdings die großen Linien der identitätsrelevanten Aspekte zu erfassen, gruppiere ich aufeinanderfolgende Szenen zu größeren Einheiten, ich nenne sie „Episoden" (griech. ἐπεισόδιον). Ihre Kohäsion ruht wiederum auf literarisch-formalen, aber vor allem auf narrativ-inhaltlichen Kriterien, welche jeweils zu Beginn einer Episode angeführt werden (vgl. 3.1; 3.2; 3.3; 3.4; 3.5; 3.6; 3.7; 3.8; 3.9; 3.10). Daraus resultiert eine (lose) chiastische Makrostruktur, innerhalb derer ich die sich symmetrisch entsprechenden Episoden inhaltlich in Beziehung bringe (vgl. 4.1; auch 4.6).

2.2   Text

Nach Festlegung des narrativen Verlaufs durch Segmentierung des Textes in Szenen, und nach Rekonstruktion der Textstruktur durch Feststellung der

---

4   Fragen zur Gliederung und (symmetrischen) Komposition des Evangeliums bilden ein eigenes Forschungsfeld, innerhalb dessen literarisch-formale wie auch narrativ-inhaltliche Strukturen thematisiert wurden. Punktuell gehe ich in den Kapiteln 3–4 darauf ein, für eine detaillierte Darlegung dieses Forschungsfeldes allerdings verweise ich beispielsweise auf Telfords Bibliographie, *Writing on the Gospel of Mark*, bes. 282–309, 387–391.

5   Ist dies nicht der Fall, sind die entsprechenden und implizit gegebenen Worte in Klammer gesetzt.

METHODISCHES VORGEHEN

Kohäsion von Szenen zu Episoden, gebe ich vor der exegetischen Analyse einzelner Szenen jeweils eine eigene Übersetzung inklusive Kapitel- und Verszahlen zur besseren Orientierung bei. Als Quellenbasis dient mir der griechische Text des Evangeliums nach Markus, wie ihn die 28. korrigierte Auflage des *Novum Testamentum Graece* rekonstruiert, und zwar unter Ausschluss des in eckigen und doppelten eckigen Klammern gegebenen Textes, was zum Beispiel und insbesondere auch den sogenannten sekundären Schluss Mk 16,9–20 betrifft.[6] Die jeweilige Übersetzung ist meine eigene, wobei ich der semantischen und syntaktischen Textnähe vor stilistischer Eleganz den Vorrang gebe, auch ziehe ich punktuell die formal-äquivalente *Elberfelder-*,[7] die *Luther-*, die *Einheitsübersetzung* und/oder die *New Revised Standard Version*[8] zu Rate. Auf die Anführungszeichen für Zitate und Reden verzichte ich ebenso wie etwa die Einheitsübersetzung.

2.3 Inhalt

2.3.1 *Akteure, Namen und Titel*
Nach Festlegung von Szenen und Episoden beziehungsweise der Beigabe einer Übersetzung kann die Arbeit der exegetischen Analyse der jeweiligen Szenen beginnen. Diese setzt bei der statistischen Untersuchung der menschlichen und nichtmenschlichen Akteure an, wobei ich zwischen Akteuren unterscheide, die in der jeweils zu untersuchenden Szene explizit anwesend sind, solchen, die implizit anwesend sind und solchen, die bloß erwähnt werden. Statistisch irrelevant bleiben Akteure, die ein Subjekt näher beschreiben, wie beispielsweise „Evangelium Gottes." Die Statistik bietet einerseits Namen und Titel der Subjekte, analysiert sie andererseits bei ihrer Ersterwähnung philologisch und damit qualitativ, ferner quantitativ, darüber hinaus distributiv und allenfalls auch intertextuell beziehungsweise historisch und nennt schließlich punktuell diejenigen, welche Namen oder Titel im Narrativ jeweils anführen,

---

6 Ich folge dabei der aktuellsten Ausgabe: Nestle-Aland, *Novum Testamentum Graece* (begründ. von Eberhard und Erwin Nestle; hg. von Barbara und Kurt Aland et al.; 28. rev. Aufl. hg. vom Institut für Neutestamentliche Textforschung Münster/Westfalen unter der Leitung Holger Strutwolf; Stuttgart: Deutsche Bibelgesellschaft, 2014), 102–176.

7 *Die Bibel in großer Schrift.* Elberfelder Übersetzung: Revidierte Fassung (4. Aufl.; Gütersloh. Brockhaus: 2004).

8 *The New Oxford Annotated Bible with the Apocryphal/Deuterocanonical Books: New Revised Standard Version* (hg. von Bruce M. Metzger und Roland E. Murphy; New York: Oxford University Press, 1994).

als auch jene, welche ihn oder sie hören. Systematisch zusammengetragen sind sämtliche im Text vorkommenden Akteure, Namen und Titel in 4.3, verfügen sie über eine kriegsrelevante Semantik, sind sie darüber hinaus noch in 4.5 aufgeführt.

2.3.2 *Raum und Zeit*

Der Untersuchung der Akteure folgt eine statistische Analyse von Raum und Zeit, wobei nur die expliziten wie auch impliziten räumlichen und temporalen Angaben, nicht jedoch die bloß erwähnten, gelistet werden. Die Statistik analysiert einerseits Lexeme und Namen bei Ersterwähnung philologisch und damit qualitativ, andererseits quantitativ, ferner distributiv und allenfalls intertextuell beziehungsweise historisch. Unterschieden wird bei räumlichen Angaben etwa nach sakral-profan, zentral-peripher, innen-außen oder nach oben-unten etc. Systematisch zusammengetragen sind sämtliche im Text vorkommenden räumlichen als auch temporalen Lexeme in 4.4, verfügen sie über eine kriegsrelevante Semantik, sind sie darüber hinaus noch in 4.5 aufgeführt.

2.3.3 *Rhetorik, thematische Bezüge*

Der Untersuchung der Akteure sowie von Raum und Zeit folgt schließlich eine statistische Analyse der rhetorischen Elemente. Einerseits werden direkte Reden als rhetorisches Mittel vermerkt, und andererseits die thematischen Bezüge einer Szene zum jeweils vorangehenden beziehungsweise nachfolgenden aber auch zum chiastisch gegenüber liegenden Text festgestellt.

2.3.4 *Handlung und Leitworte*

Nach einführender Rückschau zur vorhergehenden Szene widme ich mich endlich der eigentlichen (politisch-militärischen) Handlung, die in Form einer sorgfältigen Nacherzählung erfolgt, nicht selten unter Verwendung rhetorischer Fragen. Dabei achte ich abermals auf die jeweiligen Akteure, Einzelne wie Gruppen: Wie und durch wen werden sie beschrieben und allenfalls gewertet? Welche der folgenden Elemente werden dabei erwähnt, welche nicht: Herkunft und Geschichte etwa, Körper und Geschlecht, Alter und Gesundheit, Intellekt und Ideologie, Psyche und Emotion, Sprache(n) und Bildung, Stand und Rolle(n) etc.? Welche Funktion nehmen die Akteure im Narrativ ein, die eines Haupt- oder Nebenakteurs, eines aktiven oder passiven, eines dynamischen oder statischen beziehungsweise eines dazugehörenden, wohlwollenden, fernen oder gar feindlichen Akteurs? Und schließlich, welcher Gestalt ist ihre (Sprech)Handlung, was, weshalb, wie, wo, wann und wem gegenüber sagen oder tun sie Dinge beziehungsweise tun sie Dinge nicht? Sofern dies zu erken-

METHODISCHES VORGEHEN

nen ist, achte ich darüber hinaus auch auf den Standpunkt und die pragmatischen Absicht(en) des (impliziten) Narrators, nicht zuletzt auch im Blick auf seine Leserschaft.

Auch hier werden die die Handlung betreffenden Leitworte bei Ersterwähnung philologisch und damit qualitativ, ferner quantitativ, distributiv und punktuell auch intertextuell beziehungsweise historisch untersucht. Dabei konsultiere ich gezielt eine größere Bandbreite von Lexika, bewusst auch solche jenseits neutestamentlicher Exegese, da diese oft und ganz den wissenschaftlichen Gepflogenheiten ihrer Entstehungszeit entsprechend, den semantischen Gehalt von Lexemen abseits ihrer theologischen Bedeutung ausblenden. Verfügen Leitworte über eine kriegsrelevante Semantik, sind sie in 4.5 aufgeführt.

2.4 Politisch-militärisches Profil

Nach Segmentierung des Textes in Szenen, der Gruppierung von Szenen in Episoden, der Übersetzung des Textes als auch der Untersuchung seines (politisch-militärischen) Inhalts, erfolgt auf Basis meiner exegetischen Analyse die Erhebung zentraler identitätsrelevanter und damit auch politisch-militärische Aspekte.[9] Die Leitfrage, die mich bei der Rekonstruktion des politisch-militärischen Profils einer jeden Szene des markinischen Texts begleitet, lautet: Wer beansprucht in welcher Situation, in welchem Kontext oder aus welchem Grund wem gegenüber und mit welchen Argumenten oder Mitteln welche und wie gewertete Identität(en) (vgl. 4.6)?

Das *Wer* als auch das *Wem* des Leitsatzes umfasst einerseits den Narrator und die Leserschaft auf der Metaebene, andererseits die narrativen Akteure sowohl im Blick auf sich selbst als auch im Blick auf andere.

Die angedeutete, implizite oder subtextuelle (narrativ-)historische *Situation*, der *Kontext* oder *Grund* sind deshalb relevant, weil sie entweder aus gruppenexternen (etischen) oder gruppeninternen (emischen) Gründen Anlass zur Formulierung oder Bildung einer Identität geben können.

Die Formulierung oder Bildung von Identität aber bedarf bestimmter *Argumente* oder *Mittel*: Welchem Spektrum sind sie entnommen, wie werden sie verteidigt? Einer gemeinsamen Herkunft, Geschichte, oder Mythen bezie-

---

9 Hinsichtlich dieses methodischen Schrittes habe ich von den Einsichten der Identitätsforschung profitiert, u. a. von Eckhard Stephan, *Honoratioren, Griechen, Polisbürger: Kollektive Identitäten innerhalb der Oberschicht des kaiserzeitlichen Kleinasien* (Hypomnemata 143; Göttingen: Vandenhoeck & Ruprecht, 2002), bes. 9–41.

hungsweise Texte, einer gemeinsamen Abstammung und Ethnie, einem gemeinsamen Land und einer gemeinsamen Sprache, einem gemeinsamen Gemeinwesen und Gesetz, einem gemeinsamen Kult und einer gemeinsamen Religion und schließlich gemeinsamen Sitten und Bräuchen?

Die *Art* der *Identität* einzelner wie auch von Gruppen setzt sich als emisch beanspruchtes oder etisch zugeschriebenes Konstrukt aus zahlreichen Komponenten zusammen, die sich ihrerseits wiederum aus oben beschriebenen Gegebenheiten im Blick auf den Narrator, die Akteure und/oder deren Welt zwingend oder nicht zwingend bedingen. So lässt sich etwa fragen, ob eine jeweilige Identität singulärer oder multipler, primärer oder sekundärer, prozessualer oder statischer Natur ist. Von eminenter Bedeutung sind in diesem Zusammenhang die jeweiligen Rollen der Akteure: Wer schreibt sie zu, wie verhält sich die jeweilige Selbstzuschreibung zur Fremdzuschreibung, wie werden Rollen legitimiert; harmonieren oder konfligieren sie? Rollen führen zwingend zu Hierarchien und Strukturen in Gruppen: Wer sind die Wortführer, wer die Nutznießer, wer die Benachteiligten? Akteure und Kollektive interagieren nicht nur innerhalb, sondern auch jenseits ihrer Gruppe: Aus welchem Anlass geschieht dies, in welcher Form, mit welchen Mitteln? Interaktion erfolgt jedoch nicht grenzenlos, sie endet bei den gruppenerhaltenden und selbstdefinierten Grenzen: Welcher Art sind sie, wie werden sie verhandelt beziehungsweise bestimmt, wie legitimiert, wie nach innen oder außen verteidigt? Identitäten können auch scheitern: Aus welchem Anlass geschieht dies, und durch wen verursacht?

Und schließlich können Identitäten *gewertet* werden, sei es durch den Narrator, die Leserschaft als auch durch die Akteure, nämlich im Blick auf sich selbst, aber auch andere: Warum und nach welchen Maßstäben erfolgt eine jeweilige Wertung?

Die erhobenen Hauptthemen im Blick auf Identitäten und politisch-militärischer Aspekte werden abschließend und sofern möglich einerseits mit dem narrativen Kontext in Beziehung gebracht, das heißt mit der vorhergehenden oder der nachstehenden Szene, aber auch mit der gesamten Episode und ihrer symmetrischen Entsprechung, und andererseits mit seinem literarisch-historischen Kontext, demjenigen der narrativen Zeit, aber auch demjenigen der Abfassungszeit.

3. KAPITEL

Exegetische Analyse des Markusevangeliums

3.1   Episode A (Mk 1,1–15)

Markus 1,1–15 bildet die erste von zehn chiastisch angeordneten Episoden, wobei Episode A aus folgenden fünf Szenen besteht: Szene 01 (Mk 1,1): Anfang des Evangeliums Jesu Christi; Szene 02 (Mk 1,2–8): Johannes tauft und verkündigt in der Wüste Judäa; Szene 03 (Mk 1,9–11): Johannes tauft Jesus (in der Wüste Judäa); Szene 04 (Mk 1,12–13): Satan versucht Jesus in der Wüste (Judäa); und Szene 05 (Mk 1,14–15): Jesus verkündigt das Evangelium in Galiläa.

Ihre Demarkation ergibt sich in literarisch-formaler Hinsicht darin, dass sie durch das Lexem „Evangelium" (Mk 1,1.14.15) zusammengehalten wird,[1] und in narrativ-inhaltlicher Hinsicht darin, dass sie einerseits vom Anfang, andererseits der Vorbereitung Jesu in Judäa, welcher der noch nicht offenbarte „Christus" (Mk 1,1) und „Sohn (Gottes)" (Mk 1,11) ist, und schließlich seinem erstmaligen Eintreten in die Öffentlichkeit in Galiläa unter der Bedingung seines Alleinseins berichtet.[2]

3.1.1   *Szene 01 (Mk 1,1): Anfang des Evangeliums Jesu Christi*

(1)   Szene

Die erste Szene – oder ausnahmsweise besser: Abschnitt – Mk 1,1 enthält den Titel des Narrativs,[3] demgemäß der Text – in Absenz einer übergeordneten Ortsangabe – vom Anfang des Evangeliums Jesu Christi handelt. Der Abschnitt gehört somit als einziger zu den titelbetreffenden Szenen. Die Szene unterscheidet sich von der nachfolgenden im Blick auf Akteure, Ort, Zeit, Handlung und Thema, tauft und verkündigt doch dort Johannes in der Wüste Judäa.

(2)   Text

1[1] Anfang des Evangeliums Jesu Christi.[4]

---

1   Vgl. auch Marcus, *Mark*, 1:146.

2   Von der narrativen Einheit von Mk 1,1–15 geht auch Adela Yarbro Collins aus (*Mark: A Commentary* [hg. von Harold W. Attridge; Hermeneia; Minneapolis: Fortress Press, 2007], 133–135).

3   Vgl. auch Marcus, *Mark*, 1:143, 145.

4   Literarisch folgen die Szenen 01–05 einem chiastischen Schema: A: Mk 1,1–3 (Evangelium, Jesus, Bote [ἄγγελος], Rufender [Johannes], Wüste); B: Mk 1,4–8 (geschehen, Johannes, tau-

38   3. KAPITEL

(3)   Inhalt

Erwähnter *Akteur* dieser Szene ist „Jesus" (Mk 1,1: Ἰησοῦς), sein Name weist
ihn als hebr. „Josua" mit der Bedeutung „Jahwe hilft/ist Rettung" aus.[5] Es handelt sich um einen weit verbreiteten Namen, der diesen Namensträger von
Trägern mit selbigem Namen nicht unterscheidet. Das leistet erst der titulare
Beiname „Christus" (Mk 1,1: Χριστός), die Übersetzungsvokabel von „מָשִׁיחַ" mit
der Bedeutung „Gesalbter."[6] Gesalbt wurden nach den Schriften Israels vornehmlich Priester, Propheten und Könige, und im Blick auf Letztere wurde
dieser titulare Beiname insbesondere mit dem erwarteten Heils(priester)könig
aus der Nachkommenschaft Davids in Verbindung gebracht (2 Sam 7,1–16; 1 Chr
17,1–14; 22,7–10; 28,2–7). Mit ihm dürfte der Narrator Jesus identifiziert haben.
Dadurch zum „Gottmenschen" gekennzeichnet, wird er nicht nur mit der höchsten politisch-religiösen Rolle Israels auf Erden versehen, sondern auch mit
höchstem Prestige ausgestattet. Ein Hauptakteur ist geschaffen, und es gibt im
Folgenden keine Szene, in der er nicht explizit und selten mit Namen erwähnt,
aber stets in zentraler Bedeutung vorkäme. Dabei wird er vor allem über seinen Personennamen eingeführt und nur selten mit seinem titularen Beinamen
genannt, dies wird nur noch an den narrativ wie strukturell wichtigen Schlüs-
selstellen der Textmitte und des Textendes der Fall sein. Explizite Hinweise zu
Ort und *Zeit* gibt der Narrator nicht, vielmehr scheint er die Aussage des ersten
Verses außerhalb des textlichen Raumes stellen zu wollen, als solle dadurch
seine Gültigkeit – ganz nach den Regeln antiker Rhetorik – auf den Gesamt-

---

fen, Jordan, kommen, Stärkere [Jesus], er, Geist); ʙ': Mk 1,9–11 (geschehen, Jesus, kommen,
taufen, Jordan, Johannes, Geist, er); ᴀ': Mk 1,12–15 (Wüste, Engel [ἄγγελος], Johannes, Jesus,
Evangelium).

Da der Titel „Sohn Gottes" nach Jesus Christus an dieser Stelle nicht mit letzter Sicherheit
als ursprünglich angenommen werden kann (vgl. auch Marcus, *Mark*, 1:141; 145; Collins, *Mark*,
15, 125, 130), findet er erst in Mk 1,9 Berücksichtigung. Gleichwohl gibt es Übersetzungen und
Exegeten, die von seiner Ursprünglichkeit ausgehen (etwa Ebner, *Das Markusevangelium*, 17–
19; ders., „Das Markusevangelium und der Aufstieg der Flavier," 66).

5   Gerhard Schneider, „Ἰησοῦς," *EWNT* 2:440–452, bes. 442–443; Hellmut Haug, „Jesus," *Namen
und Orte der Bibel*, 190–193; Rudolf Hoppe, „Jesus von Nazaret," *Personenlexikon zum Neuen
Testament*, 124–133. Der Name findet sich 81mal im Text (Mk 1,1.9.14.17.24.25; 2,5.8.15.17.19; 3,7;
5,6.7.15.20.21.27.30.36; 6,4.30; 8,27; 9,2.4.5.8.23.25.27.39; 10,5.14.18.21.23.24.27.29.32.38.39.42.47.
47.49.50.51.52; 11,6.7.22.29.33.33; 12,17.24.29.34.35; 13,2.5; 14,6.18.27.30.48.53.55.60.62.67.72; 15,1;
15,5.15.34.37.43; 16,6.8).

6   Walter Bauer, „Χριστός," *Griechisch-deutsches Wörterbuch zum Neuen Testament*, 1768–1769;
Ferdinand Hahn, „Χριστός," *EWNT* 3:1147–1165, bes. 1148–1153; Hellmut Haug, „Christus," *Namen
und Orte der Bibel*, 86–87. Der Name findet sich 7mal im Text (Mk 1,1; 8,29; 9,41; 12,35; 13,21; 14,61;
15,32).

EXEGETISCHE ANALYSE DES MARKUSEVANGELIUMS   39

text gewährleistet sein. Dabei stattet der Narrator die Leserschaft mit einem
Mehrwissen aus, das sich die narrativen Akteure erst noch erarbeiten müssen.
Mit der Identifizierung von Jesus als dem Gesalbten qualifiziert der Autor Zeit
als Weiterführung der biblischen Erzählung, oder anders gesagt: die Gegenwart
und Zukunft der Leserschaft wird sinngebend an die Vergangenheit der Hei-
ligen Schriften angebunden. Ob mit Zukunft eine inner- oder außerweltliche
Existenz gemeint ist, wird sich noch weisen müssen (vgl. 3.10.10[4]). In *rhetori-
scher* Hinsicht sind keine direkten Reden zu vernehmen. Mit dem Thema des
Evangeliums knüpft dieses Narrativ an Szene 05 an, und mit dem Thema des
Christustitel an die Szenen 40, 63, 77 und 82.

In syntaktischer Hinsicht hat Jesus in diesem, den ersten Vers konstituierenden Nominalsatz lediglich eine attributive Funktion, und zwar zum „Anfang"
(Mk 1,1: ἀρχή) des Evangeliums. Dem Ersteren sind zwei Bedeutungsfelder
eigen, zum einen lässt sich das Lexem in temporaler Hinsicht verstehen, etwa
als „Anfang, Beginn, Ursprung, Ausgangspunkt, Geburt, Prinzip, Ursache,
Summe oder Ganzes," und zum anderen in politisch-räumlicher Hinsicht, etwa
als „Anführung, Oberleitung, Oberbefehl (an Truppen), Kommando, Herrschaft, Regierung, Souveränität, Staatsamt, Obrigkeit, Behörde, Statthalter-
schaft, Machtgebiet, Provinz, Reich und Imperium."[7] In der syntagmatischen
Verbindung mit dem Genetiv von „Evangelium" (Mk 1,1: εὐαγγέλιον), mit der
Bedeutung einerseits als „gute Botschaft, Freuden-, Heils- oder Siegesbotschaft," und andererseits als „Botenlohn, Lohn, Dankopfer für gute Botschaft,"
ergeben sich für die Semantik von „ἀρχή" mehrere Sinnmöglichkeiten.[8] Mit
„Anfang" könnte der Narrator in temporaler Hinsicht den „Beginn oder den
Ursprung" des Evangeliums meinen, also seine Entstehungsgeschichte entwe-
der innerhalb oder außerhalb des zeitlichen Ablaufs. Er könnte aber „ἀρχή"
nur oder auch politisch-räumlich und zum Königstitel passend verstehen, als
„Macht, Herrschaft, Regierung, Imperium" der messianischen Siegesbotschaft.
Wie passt das zum Ende des Textes? Meiner Ansicht nach löst der Autor den
krassen Kontrast in der Textmitte auf – aber ich will nicht vorgreifen (vgl. 3.6.6).

---

7   Liddell-Scott, „ἀρχή," *Greek-English Lexicon*, 252; Menge-Güthling, „ἀρχή," *Langenscheidts
    Großwörterbuch Altgriechisch-Deutsch*, 110; Walter Bauer, „ἀρχή," *Griechisch-deutsches Wörter-
    buch zum Neuen Testament*, 223–225; Konrad Weiß, „ἀρχή," EWNT 1:388–392, bes. 388–389. Das
    Substantiv findet sich 4mal im Text (Mk 1,1; 10,6; 13,8.19).
8   Liddell-Scott, „εὐαγγέλιον," *Greek-English Lexicon*, 704–705; Menge-Güthling, „εὐαγγέλιον," *Lan-
    genscheidts Großwörterbuch Altgriechisch-Deutsch*, 293; Walter Bauer, „εὐαγγέλιον," *Griechisch-
    deutsches Wörterbuch zum Neuen Testament*, 643–644; Georg Strecker, „εὐαγγέλιον," EWNT
    2:176–186, bes. 177. Das Kompositum findet sich 7mal im Text, und zwar wie Christus noch
    im Textzentrum und am Textende (Mk 1,1.14.15; 8,35; 10,29; 13,10; 14,9).

40 3. KAPITEL

(4)   Politisch-militärisches Profil

Als allwissend und daher mit Deutungshoheit ausgestattet, scheint der Autor der Leserschaft zu sagen, dass sie ungeachtet der am Textende festgehaltenen politischen und implizit auch militärischen Niederlage dennoch auf der Siegerseite stehe. Denn was als Narrativ folgt, hat er für sie als „Beginn des Evangeliums," als Anfang einer Siegesbotschaft gedeutet (vgl. 5.5.4[3]). Garant dafür ist ihm der Träger des messianischen Königstitels, Jesus Christus (vgl. 5.4.4[1]), und seine sieg- und heilbringende Macht beziehungsweise Herrschaft. Dieses Jesus zugeschriebene Evangelium wird als Gegengeschichte oder mit Theißen und Ebner als „Anti-Evangelium" vor den historischen Herrschern der Welt – den Römern und ihren Verbündeten – aufgebaut. Hier wie dort bedarf es freilich eines zweiten Kommens, um schließlich den Sieg zu erringen. Während Vespasian das Versagen des Cestius korrigieren musste, wird Jesus proleptisch das Versagen der Freiheitskämpfer sühnen – so scheint der Autor implizit zu sagen –, um beim zweiten Mal als Sieger kommen zu können. Und dieser Sieg wird ihm die Anerkennung als Herrscher und Gottessohn durch den Feind eintragen; diese Erwartung ist in der Aussage des Hauptmanns in Mk 15,39 bereits eingeschrieben (vgl. 3.10.8; 5.3.4[2]; 5.8.3[1]).[9]

3.1.2 Szene 02 (Mk 1,2–8): Johannes tauft und verkündigt in der Wüste Judäa

(1)   Szene

Die zweite Szene Mk 1,2–8 handelt davon, wie Johannes in der judäischen Wüste tauft, Busse verkündigt und dabei Jesu Ankunft ankündigt. Die Szene gehört somit zu den biographischen, und zwar das Leben des Johannes betreffenden Szenen, und ferner gehört sie auch zu den volksbezogenen, und zwar ihre Taufe betreffenden Szenen. Die Szene unterscheidet sich von der nachfolgenden nicht im Blick auf Ort und Handlung, wohl aber im Blick auf Akteure, Zeit und Thema, tauft doch Johannes dort Jesus.

(2)   Text

1[2] Wie in dem Propheten Jesaja geschrieben steht: Siehe ich sende meinen Boten vor deinem Angesicht her, der deinen Weg bereiten wird. [3] Eine Stimme eines Rufenden in der Wüste: Bereitet den Weg des Herrn, macht seine Pfade

---

9 Vgl. auch Bedenbender, „Römer, Christen und Dämonen," 22–24; Theißen, „Evangelienschreibung und Gemeindeleitung," 394–399; Marcus, *Mark*, 1:143–149; Ebner, „Evangelium contra Evangelium," 32–33; ders., „Das Markusevangelium," 175–176; ders., „Das Markusevangelium und der Aufstieg der Flavier," 64–67.

EXEGETISCHE ANALYSE DES MARKUSEVANGELIUMS

gerade! [4] Johannes war taufend in der Wüste und verkündigend die Taufe der Umkehr zur Vergebung der Sünden. [5] Und es ging zu ihm hinaus das ganze Land Judäa und alle Jerusalemer, und sie wurden von ihm im Jordanfluss getauft, indem sie ihre Sünden bekannten. [6] Und Johannes war mit Kamelhaaren und einem ledernen Gürtel um seine Hüften gekleidet und aß Heuschrecken und wilden Honig. [7] Und er verkündigte sagend: Es kommt der Stärkere als ich nach mir, dessen Riemen seiner Sandalen ich gebückt zu lösen nicht wert bin. [8] Ich taufte euch mit Wasser, er aber wir euch mit Heiligem Geist taufen.

(3)   Inhalt

Explizit anwesende *Akteure* dieser Szene sind einerseits der erstmals sprechende Gott (Mk 1,2), hier nur verbal und pronominal eingeführt (Mk 1,2), und andererseits der hörende Sohn, ebenfalls nur pronominal angeführt, und von Johannes mit „Herr" (Mk 1,3: κύριος)[10] betitelt und als der „Stärkere" (Mk 1,7 Komp.: ἰσχυρός)[11] charakterisiert. Ferner „Johannes" (Mk 1,4.6: Ἰωάννης)[12],

---

10   Liddell-Scott, „κύριος," *Greek-English Lexicon*, 1013; Menge-Güthling, „κύριος," *Langenscheidts Großwörterbuch Altgriechisch-Deutsch*, 411; Walter Bauer, „κύριος," *Griechisch-deutsches Wörterbuch zum Neuen Testament*, 932–935; Joseph A. Fitzmyer, „κύριος," *EWNT* 2:811–820: Das Substantiv meint stets mit Autorität, das heißt mit Besitz, Status, oder übermenschlichen Fähigkeiten ausgestattete Individuen im dies- wie auch jenseitigen Raum. Der Begriff meint „Besitzer, Meister, Gebieter, Herrscher, Machthaber, Souverän, Oberhaupt, Hausherr, Herr" und findet sich 16mal im Text (Mk 1,3; 2,28; 5,19; 7,28; 11,3.9; 12,9.11.29.29.30.36.36.37; 13,20.35). Dabei verweist er 10mal auf Gott (Mk 5,19; 11,9; 12,9.11. 29.29.30.36; 13,20.35) und mit Ausnahme von Mk 5,19 6mal auf Jesus (Mk 1,3; 2,28; 7,28; 11,3; 12,36.37).

11   Liddell-Scott, „ἰσχυρός," *Greek-English Lexicon*, 843–844; Menge-Güthling, „ἰσχυρός," *Langenscheidts Großwörterbuch Altgriechisch-Deutsch*, 349; Walter Bauer, „ἰσχυρός," *Griechisch-deutsches Wörterbuch zum Neuen Testament*, 76–77: Das Adjektiv meint einerseits „stark, kräftig, fest, befestigt, besetzt, jemanden schützend und stärkend" und andererseits „gewaltig, mächtig, entschlossen, mutig, einflussreich, gewaltsam, gewalttätig, heftig" und ist durch den Komparativ entsprechend potenziert. Der Begriff findet sich 3mal im Text (Mk 1,7; 3,27.27).

12   Hellmut Haug, „Johannes," *Namen und Orte der Bibel*, 201; Knut Backhaus, „Johannes (der Täufer)," *Personenlexikon zum Neuen Testament*, 137–143, bes. 137: Der Name ist die griech. Form des hebr. Eigennamens „Jehochanan" (kurz: Jochanan) mit der Bedeutung „Jahwe hat Gnade erwiesen." Der Beiname „Täufer" belegt, dass die Tauftätigkeit als sein charakteristisches Kennzeichen galt. Der nur 4mal mit Beinamen versehene (Mk 6,14.24.25; 8,28) Begriff findet sich 26mal im Text und verweist 16mal auf den Täufer (Mk 1,4.6.9.14; 2,18.18; 6,14.16.17.18.20.24.25; 8,28; 11,30.32), und 10mal auf den Jünger und Sohn des Zebedäus (Mk 1,19.29; 3,17; 5,37; 9,2.38; 10,35.41; 13,3; 14,33), der mit der Ausnahme von Mk 9,38 immer gemeinsam mit seinem Bruder genannt ist.

42   3. KAPITEL

der von Gott als Jesu „Bote" (Mk 1,2: ἄγγελος)[13] und Wegbereiter bezeichnet
wird (vgl. Mal 3,1.23–24), und der vom Narrator über seine Kleidung – einem
Gewand aus „Kamelhaar" (Mk 1,6) – sowie „Nahrung" (Mk 1,6: ἐσθίω)[14] als der
neue Elija identifiziert wird (vgl. 2Kön 1,8).[15] Und schließlich das Volk des
gesamten „Landes Judäa" (Mk 1,5: χώρα[16]; Mk 1,5: Ἰουδαία)[17] einschließlich der
„Jerusalemer" (Mk 1,5: Ἰεροσολυμίτης)[18]. Erwähnte Akteure sind der „Prophet
Jesaja" (Mk 1,2: προφήτης[19]; Mk 1,2: Ἡσαΐας)[20] einerseits, und der „Heilige Geist"

---

13   Liddell-Scott, „ἄγγελος," *Greek-English Lexicon*, 7; Menge-Güthling, „ἄγγελος," *Langen-*
      scheidts Großwörterbuch Altgriechisch-Deutsch, 4; Walter Bauer, „ἄγγελος," *Griechisch-*
      deutsches Wörterbuch zum Neuen Testament, 12–14: Das Substantiv meint neben „Bote"
      wie hier auch „Botschafter, Gesandter, Verkündiger, Engel, Apostel." Der Begriff findet sich
      6mal im Text (Mk 1,2.13; 8,38; 12,25; 13,27.32) und verweist mit Ausnahme dieser Stelle stets
      auf himmlische Engel im Plural.

14   Menge-Güthling, „ἔδω/ἐσθίω," *Langenscheidts Großwörterbuch Altgriechisch-Deutsch*, 202,
      290; Walter Bauer, „ἐσθίω," *Griechisch-deutsches Wörterbuch zum Neuen Testament*, 632–
      634: Das Verb meint im eigentlichen Sinn und wie hier „essen, fressen, ver- und aufzehren
      (durch Feuer etwa)" und im übertragenen „verprassen, durchbringen." Der Begriff findet
      sich 27mal im Text (Mk 1,6; 2,16.16.26.26; 3,20; 5,43; 6,31.36.37.37.42.44; 7,2.3.4.5.28; 8,1.2.8;
      11,14; 14,12.14.18.18.22).

15   Rainer Dillmann, „Elija,"*Personenlexikon zum Neuen Testament*, 61–63; Ebner, *Das Marku-*
      sevangelium, 19–20.

16   Walter Bauer, „χώρα," *Griechisch-deutsches Wörterbuch zum Neuen Testament*, 1772–1773:
      Das vom Verb „χωρέω" – „Raum geben, Platz machen" – abgeleitete Substantiv meint
      in seiner Grundbedeutung „Land," woraus sich einerseits auch „Landschaft, Landstrich,
      Gegend, Gebiet" ableiten lässt, aber auch „flaches oder festes Land," ferner „Acker, Feld"
      und schließlich auch „Platz." Der Begriff findet sich 4mal im Text (Mk 1,5; 5,1.10; 6,55).

17   Walter Bauer, „Ἰουδαία," *Griechisch-deutsches Wörterbuch zum Neuen Testament*, 768; Otto
      Betz, „Ἰουδαία,"*EWNT* 2:468–470; Hellmut Haug, „Judäa," *Namen und Orte der Bibel*, 212–
      215: Der Name für hebr. „danken, preisen" bezeichnet einerseits das mit wechselnden
      Grenzen und oft mit Jerusalem zusammen genannte ehemalige südliche Stammesgebiet,
      Königreich, Provinz oder Land, welches ab dem Jahre 6 d. Z. gemeinsam mit Samaria von
      Augustus zur Provinz Syria geschlagen und unter römische Verwaltung gestellt wurde, und
      andererseits auch das gesamte Palästina. Der Begriff findet sich 4mal im Text (Mk 1,5; 3,7;
      10,1; 13,14).

18   Walter Bauer, „Ἰεροσολυμίτης," *Griechisch-deutsches Wörterbuch zum Neuen Testament*,
      758. Der Begriff findet sich als *Hapax legomenon* nur hier im Text.

19   Menge-Güthling, „προφήτης," *Langenscheidts Großwörterbuch Altgriechisch-Deutsch*, 604;
      Walter Bauer, „προφήτης," *Griechisch-deutsches Wörterbuch zum Neuen Testament*, 1448–
      1449: Das aus „πρό" und „φημί" zusammengesetzte Kompositum meint neben „Prophet,
      Verkündiger, Ausleger" auch „Wahrsager, Seher." Das Substantiv findet sich 6mal im Text
      (Mk 1,2; 6,4.15.15; 8,28; 11,32).

20   Hellmut Haug, „Jesaja," *Namen und Orte der Bibel*, 187–188; Rainer Dillmann, „Jesaja,"

EXEGETISCHE ANALYSE DES MARKUSEVANGELIUMS   43

(Mk 1,8: πνεῦμα[21]; Mk 1,8: ἅγιον)[22] andererseits. Die Szene enthält zwei *Schauplätze*, einerseits einen ungenannten Ort außerhalb der *Zeit* – möglicherweise im Himmel –, und andererseits zu einer nicht genau bestimmbaren Tageszeit die „Wüste" (Mk 1,3.4: ἔρημος)[23] Judäas, die zum steinigen, vegetationsarmen Ostabfall des jüdäischen Gebirges gehört, und deren „Jordanfluss" (Mk 1,5: Ἰορδάνης[24]; Mk 1,5: ποταμός) die Ostgrenze Judäas hin zu Peräa bildet. Der Ort ist symbolisch aufgeladen, denn hier durchquerte die Exodusgemeinde unter Josua den Jordan ins verheißene Land (Jos 1–4). Als Wüste ist sie auch ein Ort, wo Propheten und Asketen stets die Gnadenerweise Gottes ersuchten und teilweise auch erlangten,[25] etwa als Elija an eben dieser Stelle im Sturmwind in den Himmel entrückt wurde (2Kön 2,1–17).[26] In *rhetorischer* Hinsicht begegnen einerseits Gott, der 1mal zum Sohn spricht, und andererseits Johannes, der 2mal zum Volk spricht. Mit dem Thema der Taufe knüpft das Narrativ an die Szenen 03, 53 und 58 an.

    Personenlexikon zum Neuen Testament, 122–123: Der Name meint hebr. „Jahwe ist Rettung" und findet sich 2mal im Text (Mk 1,2; 7,6).

21   Menge-Güthling, „πνεῦμα," *Langenscheidts Großwörterbuch Altgriechisch-Deutsch*, 561–562; Walter Bauer, „πνεῦμα," *Griechisch-deutsches Wörterbuch zum Neuen Testament*, 1355–1361, bes. 1358: Das Substantiv meint einerseits „Hauch, Wehen, Blasen," andererseits „Lufthauch, -strömung, Luft, Wind(stoss), Sturmwind, Fahrwind, Duft, Geruch, Klang, Schall, Ton, Schrei, treibende Kraft" und schließlich wie hier „Atmen, Atem, Schnauben, Lebensluft, Leben, belebende Macht, Seele, Gesinnung, Sinn, Stimmung, Geist, Heiliger Geist." Der Begriff findet sich 6mal im Text (Mk 1,8.10.12; 3,29; 12,36; 13,11), 4mal mit (Mk 1,8; 3,29; 12,36; 13,11) und 2mal ohne das Adjektiv „heilig" (Mk 1,10.12).

22   Horst Balz, „ἅγιος," *EWNT* 1:38–48, bes. 42: Das Verbaladjektiv ἅγιος hängt mit ἅζομαι „(sich) in Ehrfurcht scheuen" zusammen. Der Begriff findet sich 7mal im Text (Mk 1,8.24; 3,29; 6,20; 8,38; 12,36; 13,11), neben dem Heiligen Geist (Mk 1,8; 3,29; 12,36; 13,11) und den Engeln (Mk 8,38), werden nur noch Johannes (Mk 6,20) und Jesus (Mk 1,24) so bezeichnet.

23   Walter Bauer, „ἔρημος," *Griechisch-deutsches Wörterbuch zum Neuen Testament*, 625–626; Walter Radl, „ἔρημος," *EWNT* 2:128–130: Meint das Substantiv neben „Wüste" auch „Steppe und Einöde," qualifiziert das dazugehörige Adjektiv Orte als einerseits „verlassen, öde, leer und daher unwirtlich" und andererseits als „abgeschieden, ruhig und daher einsam." Der Begriff findet sich 9mal Text im insgesamt 9mal (Mk 1,3.4.12.13.35.45; 6,31.32.35).

24   Hellmut Haug, „Jordan," *Namen und Orte der Bibel*, 206–207: Der Name stammt von hebr. „der Herabsteigende." Der Begriff findet sich 4mal im Text (Mk 1,5.9; 3,8; 10,1).

25   Yohanan Aharoni, *Das Land der Bibel: Eine historische Geographie* (übers. von Almut Loew; Neukirchen-Vluyn: Neukirchener, 1984), 22, 30–31.

26   Philipp Vielhauer, „Tracht und Speise Johannes des Täufers," in *Aufsätze zum Neuen Testament* (hg. von dems.; TB 31; München: Kaiser, 1965), 47–54.

44   3. KAPITEL

Die zwei Schauplätze sind narrativ insofern verbunden, als der Autor über das vom Propheten Jesaja bekannte und jetzt durch Gott gesprochene Wort dem Sohn und der Leserschaft kund tut, was sich in der Wüste Judäas verwirklichen wird, nämlich, dass er seinen Boten „senden" (Mk 1,2: ἀποστέλλω)[27], und dieser vor seinem „Angesicht" (Mk 1,2: πρόσωπον)[28] hergehen und ihm den „Weg" (Mk 1,2.3: ὁδός)[29] „bereiten" (Mk 1,2 Akt.: κατασκευάζω)[30] wird (Jes 40,3). Damit weist der Narrator zwei aus den Schriften bekannte und zusammengehörende Rollen zwei historischen Figuren zu und verknüpft wie dort ihre temporale Abfolge, relationale Abhängigkeit als auch gemeinsame politische Aufgabe. Biographische Informationen der beiden werden ausgeblendet und durch die biblische Rollenzuweisung überlagert. Das Angekündigte voll-

---

27 Liddell-Scott, „ἀποστέλλω," *Greek-English Lexicon*, 219; Menge-Güthling, „ἀποστέλλω," *Langenscheidts Großwörterbuch Altgriechisch-Deutsch*, 97; Walter Bauer, „ἀποστέλλω," *Griechisch-deutsches Wörterbuch zum Neuen Testament*, 197–199; Jan-Adolf Bühner, „ἀποστέλλω," *EWNT* 1:340–342: Das Kompositum meint einerseits und wie hier „ab-, entsenden, abordnen, ausschicken, übersenden, (in LXX über hebr. „שׁלח") sich repräsentieren lassen," andererseits „vertreiben, verjagen, verbannen, wegschaffen" und schließlich „zurücksenden, -schicken, -drängen, entlassen." Das Verb findet sich 20mal im Text (Mk 1,2; 3,14.31; 4,29; 5,10; 6,7.17.27; 8,26; 9,37; 11,1.3; 12,2.3.4.5.6.13; 13,27; 14,13).

28 Menge-Güthling, „πρόσωπον," *Langenscheidts Großwörterbuch Altgriechisch-Deutsch*, 601; Walter Bauer, „πρόσωπον," *Griechisch-deutsches Wörterbuch zum Neuen Testament*, 1443–1445: Das Kompositum meint einerseits und wie hier „(An)Gesicht, Miene, (An)Blick, Auge, Ansehen, äußere Gestalt, Oberfläche," andererseits „Maske, Larve, Rolle," ferner „Person (nach ihrer sozialen und ethischen Stellung), Mensch" und schließlich „Vorderseite, Fassade." Das Substantiv findet sich 3mal im Text (Mk 1,2; 12,14; 14,65).

29 Liddell-Scott, „ὁδός," *Greek-English Lexicon*, 1199; Menge-Güthling, „ὁδός," *Langenscheidts Großwörterbuch Altgriechisch-Deutsch*, 479; Walter Bauer, „ὁδός," *Griechisch-deutsches Wörterbuch zum Neuen Testament*, 1123–1125: Das Substantiv meint einerseits „Weg, (Heer)Straße, Pfad, Bahn, Fährte, Eingang, Zugang, auf dem (Land)Weg, auf dem Marsch," andererseits „Gang, Fahrt, Reise, Marsch, Heereszug, Abreise, Heimweg, unterwegs, Wegstrecke, Lebenswandel" und schließlich „Art und Weise, Mittel, Gelegenheit, Möglichkeit, Verfahren, Methode, Ratschluss, Ausweg, Fortgang, Verlauf." Der Begriff findet sich 16mal im Text (Mk 1,2.3; 2,23; 4,4.15; 6,8; 8,3.27; 9,33.34; 10,17.32.46.52; 11,8; 12,14).

30 Liddell-Scott, „κατασκευάζω," *Greek-English Lexicon*, 911–912; Menge-Güthling, „κατασκευάζω," *Langenscheidts Großwörterbuch Altgriechisch-Deutsch*, 374; Walter Bauer, „κατασκευάζω," *Griechisch-deutsches Wörterbuch zum Neuen Testament*, 850: Das Kompositum meinte im Aktiv wie hier einerseits „bereit- oder zurechtmachen, zurichten, in Bereitschaft setzen, ausrüsten, ausstatten" und andererseits „veranstalten, ins Werk setzen, rüsten, besorgen, verfestigen, herstellen, bilden, an- oder beschaffen." Das Verb findet sich als *Hapax legomenon* nur hier im Text.

EXEGETISCHE ANALYSE DES MARKUSEVANGELIUMS

zieht sich zunächst darin, dass wiederum Prophetenworte, und zwar diesmal dem in der Wüste Rufenden, in den Mund gelegt werden, und die „Stimme" (Mk 1,3: φωνή)[31] besagt, dass die gleich anschließend eingeführten Judäer dem Herrn den Weg „bereiten" (Mk 1,3 Akt.: ἑτοιμάζω)[32] und seine Pfade gerade „machen" (Mk 1,3) sollen. Die Abfolge ist vorgezeichnet, und genauso wird sie sich vollziehen: Gott beruft seinen Boten, er soll den Weg bereiten, und dieser tut es dadurch, dass er die Judäer zu eben dem befähigt. Und wie befähigt er sie? Indem er die „Taufe" (Mk 1,4: βάπτισμα)[33] der „Um- oder Abkehr" (Mk 1,4: μετάνοια)[34], welche der „Vergebung" (Mk 1,4: ἄφεσις)[35] der „Sünden" (Mk 1,4.5:

---

31   Liddell-Scott, „φωνή," *Greek-English Lexicon*, 1967–1968; Menge-Güthling, „φωνή," *Langenscheidts Großwörterbuch Altgriechisch-Deutsch*, 740; Walter Bauer, „φωνή," *Griechisch-deutsches Wörterbuch zum Neuen Testament*, 1736–1738: Das Substantiv meint einerseits und wie hier „Stimme, Ton, Laut, Klang, Schall, Geräusch, Ruf, Schrei, Schlachtruf, Gesang" und andererseits „Rede, Sprache, Dialekt, Ausspruch, Äußerung, Ausdruck, Wort." Der Begriff findet sich 7mal im Text (Mk 1,3.11.26; 5,7; 9,7; 15,34.37).

32   Liddell-Scott, „ἑτοιμάζω," *Greek-English Lexicon*, 703; Menge-Güthling, „ἑτοιμάζω," *Langenscheidts Großwörterbuch Altgriechisch-Deutsch*, 292; Walter Bauer, „ἑτοιμάζω," *Griechisch-deutsches Wörterbuch zum Neuen Testament*, 640–641: Das Verb meint im Aktiv „bereitmachen, bereithalten, (vor)bereiten, in Bereitschaft setzen, rüsten, herbeischaffen, darbringen" und im Medium „für sich bereitmachen, in Bereitschaft setzen, sich etwas verschaffen, sich rüsten, Vorkehrungen treffen." Der Begriff findet sich 5mal im Text (Mk 1,3; 10,40; 14,12.15.16).

33   Liddell-Scott, „βάπτισμα," *Greek-English Lexicon*, 306; Menge-Güthling, „βάπτισμα," *Langenscheidts Großwörterbuch Altgriechisch-Deutsch*, 131; Walter Bauer, „βάπτισμα," *Griechisch-deutsches Wörterbuch zum Neuen Testament*, 266: Das Substantiv meint einerseits „Eintauchen, Waschung, Taufe" und andererseits „Martyrium." Der Begriff findet sich 4mal im Text (Mk 1,4; 10,38.39; 11,30).

34   Menge-Güthling, „μετάνοια/μετάγνοια," *Langenscheidts Großwörterbuch Altgriechisch-Deutsch*, 447, 449; Walter Bauer, „μετάνοια," *Griechisch-deutsches Wörterbuch zum Neuen Testament*, 1037–1038; Helmut Merklein, „μετάνοια," *EWNT* 2:1022–1031, bes. 1024–1025: Das Kompositum meint neben „Um- oder Abkehr" auch „Sinnesänderung, Reue, Busse (zur Sündenvergebung) und Bekehrung." Das Substantiv findet sich als *Hapax legomenon* nur hier im Text.

35   Liddell-Scott, „ἄφεσις," *Greek-English Lexicon*, 288; Menge-Güthling, „ἄφεσις," *Langenscheidts Großwörterbuch Altgriechisch-Deutsch*, 124; Walter Bauer, „ἄφεσις," *Griechisch-deutsches Wörterbuch zum Neuen Testament*, 250–251: Das Kompositum meint einerseits „Loslassen, Entsendung, Abschießen eines Geschosses, Eröffnung der Schranken, Ausgangspunkt des Wettlaufs, Start" und andererseits wie hier „Entlassung, Freilassung, Herausgabe, Erlassung, Vergebung (von Schuld, Strafe)." Das Substantiv findet sich 2mal im Text (Mk 1,4; 3,29).

46   3. KAPITEL

ἁμαρτία)[36] dient, „verkündigt" (Mk 1,4.7: κηρύσσω)[37], und sie seinem Ruf folgend „hinausgehen" (Mk 1,5: ἐκπορεύομαι)[38] und sich unter Bekennung ihrer Sünden von Johannes im Jordanfluss „taufen" (Mk 1,4.8: βαπτίζω)[39] lassen. Die Taufe also, und ihre dadurch bewirkte Entsühnung befähigt die Judäer, dem Herrscher den Weg zu bereiten. An was für Sünden und Verfehlungen denkt der Narrator? Und überhaupt, Entsühnung jenseits des nicht weit entfernten Tempels, die sich für alle Judäer aufdrängen soll? Ist das hier erwähnte Renommee des Johannes nicht etwas übertrieben oder nur rhetorisch als „ausgedehnt" zu verstehen? Und weshalb wird Johannes als nur in Judäa wirkend eingeführt? Anschließend an die Taufe verkündigt Johannes den Judäern, dass nach ihm ein nicht namentlich genannter Stärkerer kommen soll, dessen Riemen seiner Sandalen er nicht einmal gebückt zu „lösen" (Mk 1,7: λύω)[40] „wert sei" (Mk 1,7:

---

36   Menge-Güthling, „ἁμαρτία," Langenscheidts Großwörterbuch Altgriechisch-Deutsch, 41; Walter Bauer, „ἁμαρτία," Griechisch-deutsches Wörterbuch zum Neuen Testament, 84–85: Das Substantiv meint „Fehler, Vergehen, Verfehlung, (Kriegs)Schuld, Missetat, Sünde, Böses, Irrtum, Versehen, Missgriff" im Blick auf menschliches oder göttliches Recht. Der Begriff findet sich 6mal im Text (Mk 1,4.5; 2,5.7.9.10).

37   Menge-Güthling, „κηρύσσω," Langenscheidts Großwörterbuch Altgriechisch-Deutsch, 388; Walter Bauer, „κηρύσσω," Griechisch-deutsches Wörterbuch zum Neuen Testament, 877–878: Das Verb meint einerseits „verkündigen" und andererseits „ausrufen und bekanntmachen." Der Begriff findet sich 12mal im Text (Mk 1,4.7.14.38.39.45; 3,14; 5,20; 6,12; 7,36; 13,10; 14,9).

38   Liddell-Scott, „ἐκπορεύομαι," Greek-English Lexicon, 518; Menge-Güthling, „ἐκπορεύομαι," Langenscheidts Großwörterbuch Altgriechisch-Deutsch, 221; Walter Bauer, „ἐκπορεύομαι," Griechisch-deutsches Wörterbuch zum Neuen Testament, 492–493: Das Verb meint einerseits und wie hier „aus-, heraus-, weggehen, ausrücken, ab-, weitermarschieren" und andererseits „hervorgehen, -kommen, -brechen, -ragen." Der Begriff findet sich 11mal im Text (Mk 1,5; 6,11; 7,15.19.20.21.23; 10,17.46; 11,19; 13,1).

39   Liddell-Scott, „βαπτίζω," Greek-English Lexicon, 305–306; Menge-Güthling, „βαπτίζω," Langenscheidts Großwörterbuch Altgriechisch-Deutsch, 131; Walter Bauer, „βαπτίζω," Griechisch-deutsches Wörterbuch zum Neuen Testament, 265: Das Verb meint einerseits „taufen, eintauchen, untertauchen, benetzen, begießen, übergießen, waschen" und andererseits „betrunken machen, überschütten, überhäufen, überschwemmen (etwa eine belagerte Stadt mit angreifenden oder schutzsuchenden Menschen), ertränken, begraben." Der Begriff findet sich 13mal im Text (Mk 1,4.5.8.8.7.9; 6,14.24; 7,4; 10,38.38.39.39).

40   Liddell-Scott, „λύω," Greek-English Lexicon, 1068–1069; Menge-Güthling, „λύω," Langenscheidts Großwörterbuch Altgriechisch-Deutsch, 430; Walter Bauer, „λύω," Griechisch-deutsches Wörterbuch zum Neuen Testament, 980–981: Das Verb meint einerseits „losmachen, -binden, entfesseln, lockern, abspannen (Zugtiere), ausziehen (Kleider), losgeben, -lassen, freigeben (Gefangene), öffnen," andererseits „erlösen, befreien, freimachen, loskaufen," ferner „auflösen, trennen, entlassen, abbrechen, vernichten, zerstören,

EXEGETISCHE ANALYSE DES MARKUSEVANGELIUMS   47

ἱκανός)[41], deshalb nämlich, weil er sie nur mit „Wasser" (Mk 1,8: ὕδωρ)[42], jener aber sie mit Heiligem Geist taufen wird. Damit hat er ihnen die beabsichtigte Kausalfolge von Taufe und Wegbereitung des Herrn offenbart. Damit sagt er auch, dass er um die Bedeutung und gleichzeitige Beschränkung seiner Rolle weiß, er kann die Judäer entsühnen und sie dem Herrn zukehren, aber zu ihrer Ausrüstung mit der göttlichen Dynamis bedarf es eines anderen.

(4)   Politisch-militärisches Profil

Durch Heranziehung der Schriften, die der Narrator Gott in den Mund legt, erklärt er den Johannes einerseits als den Elija,[43] der dem Stärkeren,[44] das heißt, präexistenten[45] messianischen König vorausgeht (vgl. 5.5.4[2]). Im Blick auf die Zeitgeschichte könnte für ihn Johannes auch der Bote sein, der Josephus für Vespasian war. Als ein die Wahrheit kündender Prophet, gibt er ein zwingendes Vorzeichen davon, dass der Kommende der gottgewollte und daher künftige Herrscher aus dem Osten ist (vgl. 5.3.4[2]; 5.5.4[3]).[46] Eine Notwendigkeit, die sich aus der römischen Okkupation Judäas seit dem Jahr 6 d. Z., aber noch dringlicher aus der Niederlage im Krieg gegen die Römer ergibt. Denn durch das Blutvergießen darin, „könne Gott den Tempel nicht mehr als seine

---

    vertilgen, aufreiben, brechen, verletzen, übertreten, aufheben, abschaffen, umstoßen, zunichte, rückgängig machen, hintertreiben, vereiteln, aufgeben, zurücknehmen, beseitigen, schlichten, lindern, beschwichtigen, erleichtern, entkräften, (Krieg, Belagerung) abbrechen, beenden, bezahlen, erfüllen, wiedergutmachen, sühnen, büssen" und schließlich „nützen, helfen." Der Begriff findet sich 5mal im Text (Mk 1,7; 7,35; 11,2.4.5).

41   Menge-Güthling, „ἱκανός," *Langenscheidts Großwörterbuch Altgriechisch-Deutsch*, 341; Walter Bauer, „ἱκανός," *Griechisch-deutsches Wörterbuch zum Neuen Testament*, 760: Das Adjektiv meint einerseits „hinreichend, zureichend, hinlänglich, genügend, reichlich, groß, lang, weit, zahlreich, geeignet, tauglich, tüchtig, ordentlich, imstande, brauchbar, fähig, geschickt, passend, bevollmächtigt" und andererseits „ziemlich groß, viel, ansehnlich, bedeutend, stattlich, mächtig, gewaltig, zuverlässig, glaubwürdig." Der Begriff findet sich 3mal im Text (Mk 1,7; 10,46; 15,15).

42   Menge-Güthling, „ὕδωρ," *Langenscheidts Großwörterbuch Altgriechisch-Deutsch*, 700–701; Walter Bauer, „ὕδωρ," *Griechisch-deutsches Wörterbuch zum Neuen Testament*, 1661–1662: Das Substantiv meint einerseits und wie hier „(Trink)Wasser, Gewässer, Quelle, Flut, Regen, Schweiß" und andererseits „Wasseruhr und daher auch Zeit, Frist." Der Begriff findet sich 5mal im Text (Mk 1,8.10; 9,22.41; 14,13).

43   Vgl. auch Collins, *Mark*, 135–136.

44   Vgl. Collins, nach der diese Bezeichnung „connotations of the divine warrior and his (royal) messiah or other agent in battle" (*Mark*, 146) evozieren würde.

45   Jesu Präexistenz sieht auch Ebner angedeutet („Evangelium contra Evangelium," 34).

46   Vgl. auch Theißen, „Evangelienschreibung und Gemeindeleitung," 398; Ebner, „Evangelium contra Evangelium," 35–37; Schmidt, *Wege des Heils*, 308.

unbefleckte Wohnstätte anerkennen," schließt Josephus wiederholt (vgl. z. B. *Ant.* 20,166). Es bedarf einer sühnenden Alternative, die Johannes im Auftrag Gottes anbietet, und die das judäische Volk und potentielle Heer vielleicht von seiner verfehlten Romtreue und/oder von Blutschuld im Krieg zu „entsühnen" vermag (Mk 1,4.5; vgl. auch Hes 39,14–16; vgl. 5.3.4[2]; 5.7.3[1]). Die in der Taufe im Jordan vollzogene „Abkehr" (Mk 1,4) kann daher auch als Ablassen von Rom und als Einschwörung auf den kommenden Herrscher gelesen werden;[47] sie hat freilich einen Preis, bedenkt man ihre Konnotation mit Tod und Martyrium (vgl. 3.1.2[3]). Die Wegbereitung des Johannes kann aber nur einem konkreten Ziel dienen: dem Einzug des Königs nach Jerusalem und damit die Rückkehr Gottes in seinen gereinigten Tempel. Denn nur Letzterer vermag als Garant des Sieges auf Basis von Bundeserneuerung und den damit in Verbindung stehenden Bundessegnungen die abhanden gekommene nationale Integrität wieder herzustellen (Lev 26,7–8; Dtn 11,23–25; 28,7).

3.1.3 *Szene 03 (Mk 1,9–11): Johannes tauft Jesus (in der Wüste Judäa)*

(1)   Szene

Die dritte Szene Mk 1,9–11 handelt davon, wie Johannes (in der Wüste Judäa) Jesus im Jordan tauft, und wie der Heilige Geist in ihm Wohnung nimmt. Die Szene gehört somit zu den biographischen, und zwar das Leben Jesu betreffenden Szenen, und ferner gehört sie auch zu den auf jenseitige Wesen bezogenen, und zwar Gott betreffenden Szenen. Die Szene unterscheidet sich von der nachfolgenden nicht im Blick auf die Handlung, wohl aber im Blick auf Akteure, Ort, Zeit und Thema, versucht doch dort Satan den Jesus in der Wüste (Judäa).

(2)   Text

1[9] Und es geschah in jenen Tagen, (dass) Jesus von Nazareth in Galiläa kam und getauft wurde im Jordan von Johannes. [10] Und sobald heraufsteigend aus dem Wasser, sah er die Himmel sich teilen und den Geist wie eine Taube herabfahrend in[48] ihn. [11] Und eine Stimme ward aus den Himmeln: Du bist mein geliebter Sohn, an dir fand ich Wohlgefallen.

---

47   Vgl. auch Collins, *Mark*, 142: „The Jordan River also has symbolic significance as the site of the miraculous entrance of the tribes of Israel into the promised land, an event analogous to the miraculous crossing of the Red Sea. This foundational significance apparently gave rise to eschatological expectations in the late Second Temple period. The hope evidently was that God would restore the land to the people of Israel, driving out their enemies, who at this time were primarily the Romans and those who collaborated with them."

48   Die Präposition εἰς dürfte hier die Grundbedeutung „in ... hinein" haben.

(3)   Inhalt

Explizit anwesende *Akteure* dieser Szene sind einerseits „Jesus" (Mk 1,9; vgl. 3.1.1[3]), hier von Gott auch „geliebter Sohn" (Mk 1,11: υἱός[49]; Mk 1,11: ἀγαπη-τός)[50] bezeichnet, andererseits „Johannes" (Mk 1,9; vgl. 3.1.2[3]), ferner Gott, über seine „Stimme" (Mk 1,11; vgl. 3.1.2[3]) eingeführt, und schließlich sein „Geist" (Mk 1,10; vgl. 3.1.2[3]), der hier einer „Taube" (Mk 1,10) gleich beschrieben wird. Ob das in der vorhergehenden Szene anwesende judäische Volk noch vor Ort weilt und Zeuge des Geschehens und der Worte Gottes wird, lässt sich nicht sagen. Der Verweis auf den „Jordan" (Mk 1,9; vgl. 3.1.2[3]) zeigt allerdings, dass der *Ort* der Handlung gegenüber der vorhergehenden Szene unverändert blieb. Darüber hinaus informiert der Narrator, dass Jesus von „Nazaret" (Mk 1,9: Ναζαρά)[51] in „Galiläa" (Mk 1,9: Γαλιλαία)[52] angereist ist. In welchem Verhältnis Jesus zu Nazaret steht, kann der Formulierung höchstens implizit entnommen werden. Deutlicher identifizieren der Beiname „Nazarener" (vgl. Mk 1,24; 10,47; 14,67; 16,6) und die Bezeichnung „Vaterstadt" (vgl. Mk 6,1.4) sie als seinen Herkunftsort, ohne freilich zu explizieren, was das meint: etwa sein Wohnort, seinen Geburtsort oder derjenige seines biologischen Vaters, der jedoch im gesamten Text nicht vorkommt? Somit ist Jesus von Galiläa, dem Herrschaftsgebiet des Herodes Antipas, nach Judäa, das zu Syrien gehört und unter römischem Prokurat steht, angereist. Dass er dabei Samaria durchquert haben muss,

---

49   Menge-Güthling, „υἱός," *Langenscheidts Großwörterbuch Altgriechisch-Deutsch*, 701; Walter Bauer, „υἱός," *Griechisch-deutsches Wörterbuch zum Neuen Testament*, 1663–1665: Das Substantiv meint einerseits „Sohn, Junges, Spross, Nachkomme, Enkel" und andererseits „Schüler, Jünger, Anhänger." Der Begriff findet sich 34mal im Text (Mk 1,11; 2,10.19.28; 3,11.17.28; 5,7; 6,3; 8,31.38; 9,7.9.12.17.31; 10,33.35.45.46.47.48; 12,6.6.35.37; 13,26.32; 14,21.41. 61.62; 15,39).

50   Jacob Liver, S. David Sperling, Louis Isaac Rabinowitz und Avraham Melamed, „King, Kingship," *EJ* 12:163–169, bes. 163–164 (ähnlich auch Jarl Fossum, „Son of God," *ABD* 6:128–137): „Nevertheless the general notions of the nature of monarchy and of the figure of the king in the various cultures of the Ancient Near East have much in common. All shared the view that there was a direct relationship between the king and the deity – whether the king was actually considered divine or son of a god, or the god's representative on earth who makes known the god's will, or as the god's chosen servant." Das Syntagma findet sich 8mal im Text (Mk 1,11; 3,11; 5,7; 9,7; 12,6; 13,32; 14,61; 15,39).

51   Hellmut Haug, „Nazaret," *Namen und Orte der Bibel*, 273–274: Die Bedeutung des aus dem hebr. abgeleiteten Name lässt sich nicht mit Bestimmtheit rekonstruieren, er bezeichnet eine Stadt in Südgaliläa. Der Begriff findet sich als *Hapax legomenon* nur hier im Text.

52   Hellmut Haug, „Galiläa," *Namen und Orte der Bibel*, 121–122: Das Gebiet, wiederholter Kriegsschauplatz, trägt einen Namen mit der Bezeichnung hebr. „Kreis, Bezirk." Er findet sich 12mal im Text (Mk 1,9.14.16.28.39; 3,7; 6,21; 7,31; 9,30; 14,28; 15,41; 16,7).

wird vom Narrator nicht erwähnt. Was sich hier zuträgt, setzt auch eine Öffnung des irdischen Raums hin zu den „Himmeln" (Mk 1,10.11 Pl.: οὐρανός)[53] voraus. In *temporaler* Hinsicht lässt sich die Szene nur ungefähr verorten, es dürfte Tageszeit sein, „in jenen Tagen" (Mk 1,9 Pl.: ἡμέρα)[54] nennt es der Narrator, also wenige Tage nur, nachdem Johannes seine Wegbereitung qua Taufe der Judäer vollendet hat. In *rhetorischer* Hinsicht ist nur Gott wirkmächtig zu hören, wie er sich an Jesus wendet und ihn als seinen Sohn identifiziert beziehungsweise mit Blick auf Szene 02 wiedererkennt. Mit dem Thema der Wassertaufe knüpft das Narrativ an Szene 02 an, und mit dem Thema der Geisttaufe an Szene 82, wo der Geist den verschiedenen Jesus wieder verlässt.

Am Ort angekommen, wird Jesus von Johannes im Jordan „getauft" (Mk 1,9; vgl. 3.1.2[3]). Im Unterschied zu den Judäern jedoch geschieht seine Taufe nicht unter einem Sündenbekenntnis; trotzdem scheint sie Voraussetzung für die Geisttaufe, ohne dass der Narrator eine Erklärung dafür bereithält. Vermutet darf werden, dass Jesus – der Gottessohn – in dieser an ihm vollzogenen Taufhandlung die Autorität des Propheten anerkennt, und dass er sich anschickt, das, was die Judäer durchleben, am eigenen Leib zu erfahren. Jetzt ist auch er mit den Judäern bereit für die Ausstattung mit göttlicher Dynamis, die ihm hier als erstem zuteil wird, und die er an jene weitergeben soll. Als Jesus aus dem Wasser „heraufsteigt" (Mk 1,10: ἀναβαίνω)[55], „sieht" (Mk 1,10: ὁράω)[56]

---

53   Menge-Güthling, „οὐρανός," *Langenscheidts Großwörterbuch Altgriechisch-Deutsch,* 507; Walter Bauer, „οὐρανός," *Griechisch-deutsches Wörterbuch zum Neuen Testament,* 1201–1204: Das Substantiv meint einerseits und wie hier „als eherne oder eiserne Feste oberhalb des Äthers wie auch als Wohnung der Götter und Engel gedachtes Himmelsgewölbe, Himmel," andererseits „Luftraum, Luft, Atmosphäre" und schließlich personifiziert als „Himmelsgott Ouranos und überhaupt als Synonym für Gott, Götter." Der Begriff findet sich 17mal im Text (Mk 1,10.11; 4,32; 6,41; 7,34; 8,11; 10,21; 11,25.30.31; 12,25; 13,25.25.27.31.32; 14,62).

54   Menge-Güthling, „ἡμέρα," *Langenscheidts Großwörterbuch Altgriechisch-Deutsch,* 319; Walter Bauer, „ἡμέρα," *Griechisch-deutsches Wörterbuch zum Neuen Testament,* 700–704: Das Substantiv bezeichnet einerseits „Tag, Tageslicht," andererseits „Zeit, Lebenszeit, Menschenleben, Alter" und schließlich „Schicksal." Der Begriff findet sich 27mal im Text (Mk 1,9.13; 2,1.20.20; 4,27.35; 5,5; 6,21; 8,1.2.31; 9,2.31; 10,34; 13,17.19.20.20.24.32; 14,1.12.25.49.58; 15,29).

55   Liddell-Scott, „ἀναβαίνω," *Greek-English Lexicon,* 98; Menge-Güthling, „ἀναβαίνω," *Langenscheidts Großwörterbuch Altgriechisch-Deutsch,* 51; Walter Bauer, „ἀναβαίνω," *Griechisch-deutsches Wörterbuch zum Neuen Testament,* 97–98: Das Kompositum meint einerseits und wie hier „hinaufsteigen, -gehen, -treten, -marschieren, -reisen, -ziehen, -führen, be- und einsteigen, einschiffen, landen, vorrücken, verbreiten, wachsen" und andererseits „auftreten." Das Verb findet sich 9mal im Text (Mk 1,10; 3,13; 4,7.8.32; 6,51; 10,32.33; 15,8).

56   Menge-Güthling, „ὁράω," *Langenscheidts Großwörterbuch Altgriechisch-Deutsch,* 496; Wal-

EXEGETISCHE ANALYSE DES MARKUSEVANGELIUMS 51

er „sogleich" (Mk 1,10), wie sich die Himmel „teilen" (Mk 1,10 Pass.: σχίζω)[57] und der Geist leicht, einer Taube ähnlich und scheinbar körperlos[58] auf ihn „herunter- und hineinkommt" (Mk 1,10: καταβαίνω)[59]. Obwohl nicht mit dem Adjektiv „heilig" qualifiziert, dürfte mit Geist der heilige Geist gemeint sein (vgl. Mk 1,8), nicht zuletzt, weil er von den Himmeln, dem Wohnort Gottes herkommt. Was Jesus optisch sieht, wird akustisch sekundiert und bestätigt: Gott anerkennt den Menschen Jesus als seinen Sohn, an ihm habe er Wohlgefallen, und hier in der Wüste nimmt er in ihm und nicht im Tempel Wohnung. Übermenschlichkeit wird ihm von höchster Stelle, aus dem Munde Gottes, und wundersam attestiert. Das positive Urteil Gottes über Jesus dürfte bedeuten, dass dieser auch tun wird, was sein Geist ihm eingibt. Was begründet diese Anerkennung Gottes? Höherer Ratschluss, das bevorstehende Schicksal oder historische Umstände?

---

ter Bauer, „ὁράω," *Griechisch-deutsches Wörterbuch zum Neuen Testament*, 1170–1172: Das aktive Verb meint in seiner Grundbedeutung „sehen;" als intransitives Verb meint es einerseits „sehend sein, sehen können, schauen, blicken, hinsehen" und andererseits „zusehen, sich vorsehen, achtgeben, sich hüten, besorgt sein;" und als transitives Verb meint es einerseits „etwas sehen, ansehen, beschauen, besichtigen, erblicken, wahrnehmen, bemerken, wiedersehen, besuchen," andererseits „einsehen, erkennen, innewerden, merken, begreifen, bedenken, beachten, erwägen, prüfen, untersuchen" und schließlich „erfahren, erleben, finden, wissen." Der Begriff findet sich 50mal im Text (Mk 1,10.16.19.44; 2,5.12.14.16; 4,12; 5,6.14.16.22.32; 6,33.34.38.48.49.50; 7,2; 8,15.24.33; 9,1.4.8.9.14.15.20.25.38; 10,14; 11,13.20; 12,15.28.34; 13,14.26.29; 14,62.67.69; 15,32.36.39; 16,5.7).

57   Menge-Güthling, „σχίζω,"*Langenscheidts Großwörterbuch Altgriechisch-Deutsch*, 669; Walter Bauer, „σχίζω," *Griechisch-deutsches Wörterbuch zum Neuen Testament*, 1590: Das Verb meint im Passiv „sich spalten, sich trennen, sich teilen, zerreißen, zerspringen." Der Begriff findet sich 2mal im Text (Mk 1,10; 15,38).

58   Die Auslegungen schwanken hinsichtlich der Bestimmung des ὡς. Meines Erachtens spricht mehr dafür, dass das Herabkommen des Geistes mit dem Flug einer Taube verglichen wird und nicht der Geist in Gestalt einer Taube herabkommt. Das Vergleichbare ist aber nicht so sehr, dass Tauben durch ihre Flugfähigkeit Himmel und Erde verbinden können, sondern dass sie als Boten oder Überbringer von etwas fungieren.

59   Liddell-Scott, „καταβαίνω," *Greek-English Lexicon*, 884; Menge-Güthling, „καταβαίνω," *Langenscheidts Großwörterbuch Altgriechisch-Deutsch*, 365; Walter Bauer, „καταβαίνω," *Griechisch-deutsches Wörterbuch zum Neuen Testament*, 828–829: Das Kompositum meint einerseits und wie hier „hinab-, herab-, hinuntergehen, -steigen, -schreiten, -kommen, -ziehen, -marschieren" und andererseits „sich zu etwas herablassen, sich auf etwas einlassen." Das Verb findet sich 6mal im Text (Mk 1,10; 3,22; 9,9; 13,15; 15,30.32).

(4)   Politisch-militärisches Profil

Was Johannes den Judäern angekündigt hatte, nämlich dass ein Stärkerer nach ihm kommt (Mk 1,7), erfüllt sich hier. Er ist deshalb stärker, weil seine Königsherrschaft in Johannes Worten prophezeit war, aber auch, weil Gott nach seiner Entsühnung (vgl. 3.1.2[4]; 5.3.4[2]; 5.7.3[1]) in ihm Wohnung nimmt und ihm daraufhin eine übernatürliche Herkunft mittels Gottessohnschaft attestiert (vgl. Szene 42; 5.5.4[3]; 5.7.3[2]). Und schließlich, weil sich all dies in Judäa abspielt, dem Herkunftsland Davids, wo jenem gleichsam durch Prophetenmund ein Nachkomme wie auch ein Königtum von ewigem Bestand verheißen worden war (2 Sam 7,1–16; 1 Chr 17,1–14; 22,7–10; 28,2–7). All das adelt Jesus trotz seiner „niederen," nazarenischen Herkunft (vgl. Szenen 17 und 27), die vielleicht deshalb nicht expliziert wird, um implizieren zu können, dass er zwar nicht *von*, aber dafür *in* Judäa von Gott zu dessen Sohn und König erhoben wurde. Deshalb auch und vielleicht in Analogie zum Weltherrscher spricht Johannes von einem Stärkeren und nicht Edleren. Denn wie Vespasian und genauso Herodes kommt Jesus nicht seiner Abstammung, sondern seiner Tüchtigkeit wegen zu Macht und Stärke (Sueton, *Vesp.* 4,5–6), und wie bei jenem, werden seine Erfolge, Wohltaten und Tugenden die göttliche Abstammung beziehungsweise Adoption bestätigen (vgl. 5.5.1[3]).[60]

3.1.4   *Szene 04 (Mk 1,12–13): Satan versucht Jesus in der Wüste (Judäa)*
(1)   Szene

Die vierte Szene Mk 1,12–13 handelt davon, wie Satan Jesus vierzig Tage in der Wüste (Judäa) versucht. Wie bereits die Szene 03 gehört somit auch diese zu den biographischen, und zwar das Leben Jesu betreffenden Szenen, und wie Szene 03 gehört sie ferner auch zu den auf jenseitige Wesen bezogenen, und zwar Satan betreffenden Szenen. Die Szene unterscheidet sich von der nachfolgenden im Blick auf Akteure, Ort, Zeit, Handlung und Thema, verkündigt doch dort Jesus das Evangelium in Galiläa.

(2)   Text

1[12] Und sogleich treibt der Geist ihn in die Wüste hinaus. [13] Und er war in der Wüste vierzig Tage, versucht von dem Satan, und er war mit den wilden Tieren, und die Engel dienten ihm.

---

60   Vgl. dazu Michael Peppard, für den mit der Taufszene die Charakterisierung Jesu als „counter-emperor" beginnt, sie sei auf der Basis von „colonial mimicry" konstruiert („The Eagle and the Dove: Roman Imperial Sonship and the Baptism of Jesus [Mark 1.9–11]," *New Test. Stud.* 56/4 [2010]: 431–451).

EXEGETISCHE ANALYSE DES MARKUSEVANGELIUMS 53

(3)   Inhalt

Explizit anwesende *Akteure* dieser Szene sind einerseits der bereits genannte „Geist" (Mk 1,12; vgl. 3.1.2[3]), andererseits die erstmals eingeführten „Engel" (Mk 1,13 Pl.; vgl. 3.1.2[3]), ferner der namentlich nicht genannte Jesus (Mk 1,12), dann der erstmals eingeführte Widersacher „Satan" (Mk 1,13: σατανᾶς)[61] und schließlich die gleichsam erst- und letztmals genannten „wilden Tiere" (Mk 1,13 Pl.: θηρίον)[62]. Wie bereits die Szenen 02–03 handelt auch diese in der „Wüste" (Mk 1,12.13; vgl. 3.1.2[3]) und schließt sich *temporal* unmittelbar, das heißt „sogleich" (Mk 1,12), an Jesu Taufe an und währt „vierzig Tage" (Mk 1,13; vgl. 3.1.3[3]; Mk 1,13: τεσσεράκοντα). Die Szene enthält keine *diskursiven* Elemente, ist vielmehr rein narrativen Charakters und im Verhältnis zum langen Zeitabschnitt äußerst knapp gehalten. Dies ganz im Unterschied zu Szene 75, an welche das Narrativ mit dem Thema der Versuchung anknüpft.

Sogleich nachdem der Geist Gottes in Jesus Wohnung genommen hat, „treibt" (Mk 1,12: ἐκβάλλω)[63] dieser ihn in noch einsamere Gegenden derselben Wüste hinaus, und zwar vierzig Tage lang. Da die beiden Sätze über die koordinierende Konjunktion „καί" verbunden sind und nicht über eine kausale, legt sich zwar die Begründung des „Hinaustreibens *damit* Jesus versucht" werde nahe, lässt sich syntaktisch aber nicht zwingend belegen. Es scheint, als müsste die durch Einwohnung erlangte göttliche Dynamis auf einem ersten Kampffeld erprobt werden. Genau dieser Funktion des „Erprobens, Versuchens und Ver-

---

61   Liddell-Scott, „σατανᾶς," *Greek-English Lexicon*, 1585; Walter Bauer, „σατανᾶς," *Griechisch-deutsches Wörterbuch zum Neuen Testament*, 1490; Hellmut Haug, „Satan," *Namen und Orte der Bibel*, 323: Der Name von hebr. „Widersacher" bezeichnet hier den Widersacher Gottes und der Seinigen, meint aber auch den Versucher und Ankläger der Menschen. Der Begriff findet sich 6mal im Text (Mk 1,13; 3,23.23.26; 4,15; 8,33).

62   Liddell- Scott, „θηρίον," *Greek-English Lexicon*, 800; Walter Bauer, „θηρίον," *Griechisch-deutsches Wörterbuch zum Neuen Testament*, 733–734; August Strobel, „θηρίον," EWNT 2:367–369: Das Substantiv meint einerseits „Tier" und andererseits „wildes Tier." Der Begriff findet sich als *Hapax legomenon* nur hier im Text.

63   Liddell-Scott, „ἐκβάλλω," *Greek-English Lexicon*, 501; Menge-Güthling, „ἐκβάλλω," *Langenscheidts Großwörterbuch Altgriechisch-Deutsch*, 215; Walter Bauer, „ἐκβάλλω," *Griechisch-deutsches Wörterbuch zum Neuen Testament*, 477–478: Das Verb meint neben „hinaustreiben" wie hier auch „aus-, heraus-, hinauswerfen, -führen, aussetzen (Kind), landen oder verschlagen (Schiff), münden lassen (Fluss), ausschiffen (Truppen), hervorgehen lassen, verrenken, fällen, herausnehmen, -ziehen, -lassen, hinaus-, hinabstoßen, vertreiben, verjagen, verdrängen, verstoßen, verbannen, von Heimat fernhalten, berauben, hervorbringen, hinziehen, verzögern, weg-, fortwerfen, verlieren, einbüßen, verwerfen, durchfallen, umstoßen." Der Begriff findet sich 16mal im Text (Mk 1,12.34.39.43; 3,15.22.23; 5,40; 6,13; 7,26; 9,18.28.38.47; 11,15; 12,8).

führens" (Mk 1,13 Pass.: πειράζω)[64] dient der Auftritt Satans. Um welche Übungen und Proben handelt es sich?[65] Darüber schweigt der Narrator. Klar jedoch ist, dass der Satan kein leichtgewichtiger Herausforderer ist, identifiziert ihn doch der Autor andernorts mit niemand geringerem als mit Beëlzebul, dem Obersten der Dämonen (vgl. Mk 3,22). Mit welchen Mitteln aber obsiegt Jesus? Ist es der Geist? Auch darüber schweigt der Narrator. Wohl darf jedoch vermutet werden, dass Jesus über einen symbolischen Zeitraum hinweg erfolgreich kämpft und hernach geschwächt des „Dienstes" (Mk 1,13: διακονέω)[66] der Engel bedarf. Dieser wird ihm auch zuteil. Was genau aber der Narrator mit „dienen" meint, wäre interessant zu erfahren gewesen. Da der Text auf kein Fasten, wohl aber auf wilde Tiere und damit vielleicht auf unbarmherzige Bedingungen hinweist, müsste der Engel Dienst auch Jesu leibliche Versorgung meinen, aber bestimmt nicht nur, im umfassenderen Sinn muss es auch ein Dienst meinen, der einer vierzig Tage währenden Prüfung oder Kampf entspricht.

(4)   Politisch-militärisches Profil

Es ist der in Jesus herabgefahrene Geist, der ihn in eine noch entlegenere Wüste treibt. Darin mag Gott ihn einerseits gerettet haben, denn wenn Johannes in der nächsten Szene hier festgenommen wird, dann muss es bei der Taufstelle jenseits des Jordans und damit in herodianischem Gebiet sein, andererseits

---

64 Liddell-Scott, „πειράζω," *Greek-English Lexicon*, 1354; Menge-Güthling, „πειράζω/πειράω," *Langenscheidts Großwörterbuch Altgriechisch-Deutsch*, 536–537; Walter Bauer, „πειράζω," *Griechisch-deutsches Wörterbuch zum Neuen Testament*, 1290–1291; Wiard Popkes, „πειράζω," *EWNT* 3:151–158: Das Verb meint einerseits „versuchen," andererseits „sich dranmachen, sich bemühen, streben, unternehmen, wagen," ferner „etwas versuchen, erproben, auf die Probe stellen, prüfen, untersuchen, ausforschen, ausfragen, auskundschaften, sich versuchen, sein Glück versuchen, jemanden in Versuchung führen, verführen" und schließlich „sich um die Gunst bemühen, um eine Geliebte werben, aus Erfahrung kennenlernen, erfahren." Der Begriff findet sich 4mal im Text (Mk 1,13; 8,11; 10,2; 12,15).

65 Mit Verweis auf Mk 8,33, wo Petrus nach Ansicht von Ebner deshalb als „Satan" bezeichnet wird, weil er „Jesus seinen Weg nach Jerusalem nicht gehen lassen will," deutet er Satans Erprobung hier als Versuch, Jesus daran zu hindern auf dem „Weg des Herrn" zu gehen (*Das Markusevangelium*, 21–21).

66 Menge-Güthling, „διακονέω," *Langenscheidts Großwörterbuch Altgriechisch-Deutsch*, 170; Walter Bauer, „διακονέω," *Griechisch-deutsches Wörterbuch zum Neuen Testament*, 368; Alfons Weiser, „διακονέω," *EWNT* 1:726–732, bes. 726: Das Verb meint im Aktiv „dienstbar oder behilflich sein, Dienste leisten, dienen, ein Geschäft besorgen, (bei Tisch) aufwarten, bedienen, für jemandes Bedürfnisse sorgen" und im Passiv „sich bedienen lassen, Diakon sein, besorgen, verrichten, ausrichten, leisten, unterhalten." Der Begriff findet sich 5mal im Text (Mk 1,13.31; 10,45.45; 15,41).

EXEGETISCHE ANALYSE DES MARKUSEVANGELIUMS

aber schont Gott Jesus nicht, sondern er ist es, der ihn einer (militärischen) Erprobung aussetzt.[67] Als Gegner hat er für ihn Satan ausersehen, und dieser fordert Jesus seiner Rolle getreu vierzig Tage lang heraus. Vergebens, denn Jesus endet die Prüfung nicht als Gescheiterter, sondern vielmehr als in seiner Rolle Bestätigter: Er ist und bleibt der messianische König und Gottessohn zugleich; als solchen anerkennen ihn die Engel, die ihm dienen. Es scheint der Narrator demnach zu sagen, dass, wenn Jesus dem Obersten der Dämonen zu widerstehen vermag, er auch dem oder den Obersten der Menschen zu widerstehen weiß; so sagt es Jesus selbst gegenüber dem Hohepriester und dem versammelten Synedrium (vgl. Mk 14,62). Es nehme sich also ein jeder vor diesem, durch den Gottesgeist geführten und daher mit Gott in unverbrüchlichem Verhältnis lebenden, „Gottmenschen" in Acht. Zur Abfassungszeit verweist die oberste menschliche Macht auf Rom, und Satan gilt für antike Autoren[68], wie auch Brian J. Incigneri annimmt, als Chiffre dafür (vgl. 5.5.4[3]). Für seine römischen AdressatInnen nämlich würde der Autor Todeserfahrungen im Rahmen von Schauspielen ansprechen, bei welchen Christen unter Nero und Juden im Nachgang zum Krieg unter Titus massenweise und in lebensgefährlicher Weise wilden Tieren ausgesetzt worden waren (vgl. 5.8.2[1]). Wie dem Numen des Titus nach Martial sei auch dem von Gott bewohnten Jesus und zum Trost der AdressatInnen Macht über wilde Tiere verliehen worden.[69]

3.1.5 *Szene 05 (Mk 1,14–15): Jesus verkündigt das Evangelium in Galiläa*

(1)   Szene

Die fünfte Szene Mk 1,14–15 handelt davon, wie Jesus nach der Überlieferung des Johannes das Evangelium in Galiläa verkündigt. Wie bereits die Szenen 03–04 gehört somit auch diese zu den biographischen, und zwar das Leben Jesu betreffende Szenen, und wie bereits Szene 02 gehört sie ferner auch zu den biographischen, und zwar das Leben des Johannes betreffenden Szenen. Die Szene unterscheidet sich von der nachfolgenden im Blick auf Akteure, Ort, Zeit, Handlung und Thema, beruft doch dort Jesus beim See Galiläas den Simon und Andreas sowie den Jakobus und Johannes.

---

67   Die „große (militärische) Schlacht," die Jesus hier schlägt, vergleicht Ebner mit dem militärischen Sieg Vespasians im jüdisch-römischen Krieg („Das Markusevangelium und der Aufstieg der Flavier," 67).

68   Vgl. auch die Version der Versuchungsgeschichte in Lk 4,1–13, insbesondere v. 6 und dazu Robert Morgenthaler, „Roma – Sedes Satanae: Rom 13,1 ff. im Lichte von Luk 4,5–8," *ThZ* 12 (1956): 289–304.

69   Incigneri, *The Gospel to the Romans,* 108–115.

(2) Text

1¹⁴ Nach der Überlieferung des Johannes aber kam Jesus nach Galiläa verkündigend das Evangelium Gottes **¹⁵** und sagend: Die Zeit ist erfüllt und das Königreich Gottes ist nahe gekommen. Kehrt um und glaubt an das Evangelium.

(3) Inhalt

Explizit anwesende *Akteure* dieser Szene sind einerseits „Jesus" (Mk 1,14; vgl. 3.1.1[3]), der sich hier erstmals an eine nicht genannte Hörerschaft wendet, und andererseits das „Königreich Gottes" (Mk 1,15: βασιλεία; Mk 1,14.15: θεός)[70]. Und erwähnter Akteur ist „Johannes" (Mk 1,14; vgl. 3.1.2[3]). Da der Narrator bekannt gibt, dass Jesus sich nach *„Galiläa"* (Mk 1,14; vgl. 3.1.3[3]) begeben hat, könnte in Analogie zu Szene 02, wo sich Johannes an alle Judäer wendete, hier als implizite Hörerschaft alle Galiläer gemeint sein. Wo genau sich Jesus in Galiläa hinbegibt, verschweigt der Narrator, doch mit Blick auf den nachfolgenden Text, könnte er sich in die Nähe von Kapernaum begeben haben (vgl. Mk 1,21), und in Vorausschau auf die Folgeszene, könnte sich sein erster öffentlicher Auftritt an einem Arbeitstag abspielen. Eine weitere *Zeitangabe* offenbart, dass dieser Auftritt nach der wohl in Peräa erfolgten Festnahme des Johannes – dem Herrschaftsgebiet des Herodes Antipas – stattfindet (vgl. 3.1.4; 3.5.7).[71] Wann aber wurde Johannes überliefert? Etwa während der vierzig Tage von Jesu Versuchung? Genau das ist anzunehmen. In *rhetorischer* Hinsicht ist nur Jesu imperative Verkündigung zu vernehmen. Mit dem Thema des Evangeliums knüpft das Narrativ an Szene 01 an, und mit dem Thema des Verkündigens – wie bereits erwähnt – an Szene 02. Wie Johannes richtet sich Jesus ans Volk eines politischen Territoriums, wie er verkündigt er Umkehr, obschon er den Begriff „Sünde" nicht erwähnt, und wie Johannes verweist Jesus auf einen Größeren, dessen Repräsentant er auf Erden zu sein glaubt.

Nach Jesu Versuchung und nach der Überlieferung des Johannes kehrt Jesus nach Galiläa zurück. Die knappe Information von der Gefangensetzung des

---

70   Menge-Güthling, „θεός," *Langenscheidts Großwörterbuch Altgriechisch-Deutsch*, 328; Walter Bauer, „θεός," *Griechisch-deutsches Wörterbuch zum Neuen Testament*, 724–727: Das Substantiv meint einerseits „Gott" und andererseits auch „Göttin, Gottheit, Götterbild." Der Begriff findet sich 47mal im Text (Mk 1,14.15.24; 2,7.12.26; 3,11.35; 4,11.26.30; 5,7.7; 7,8.9.13; 8,33; 9,1.47; 10,9.14.15.18.23.24.25.27.27; 11,22; 12,14.17.17.24.26.26.26.27.29.30.34; 13,19; 14,25; 15,34.34.39.43).

71   Für eine Festnahme des Johannes in Peräa spricht auch die Information des Josephus, dass Herodes ihn daraufhin in die Festung Machärus, welche in Peräa liegt, bringen ließ (*Ant.* 18,119).

EXEGETISCHE ANALYSE DES MARKUSEVANGELIUMS 57

Johannes, denn das ist es, was „Überlieferung" (Mk 1,14: παραδίδωμι)[72] meint, wirkt auf den ersten Blick zufällig. Interpretiert man sie jedoch vor dem Hintergrund von Szene 02, wird sie tiefgründiger. Dort nämlich sagte Gott, dass Johannes vor Jesu Angesicht her geschickt würde, um ihm den Weg zu bereiten. Johannes war Jesus nach Judäa vorausgegangen und jetzt nach Galiläa. Den Grund seiner Gefangensetzung wird der Autor freilich erst in Szene 29 bekanntgeben, dann nämlich wenn von seiner rechtlich fragwürdigen Hinrichtung die Rede sein wird. Wenn der Narrator demnach vom Vorausgehen des Johannes spricht, schließt das seinen tragischen Tod ein, auch darin geht Johannes Jesus voraus, so weist entsprechend das Stichwort „überliefern" auch auf Jesu Schicksal voraus.[73] Jesus kommt, so der Narrator, um das „Evangelium Gottes" (Mk 1,14.15; vgl. 3.1.1[3]) zu „verkündigen" (Mk 1,14; vgl. 3.1.2[3]). Weshalb muss dies in Galiläa beginnen, weshalb hier enden (vgl. Mk 16,7)? Dieses Evangelium Jesu, wie es im Titel noch hieß (vgl. Mk 1,1), und das jetzt als Evangelium Gottes herausgestellt wird, besagt, dass die Zeit erfüllt und dass das Königreich Gottes nahe gekommen sei, weshalb die Galiläer umkehren und dem Evangelium glauben sollen. Was genau bedeutet das? Voraussetzung ist also ein erfüllter „Zeitpunkt" oder ein Punkt innerhalb eines bestimmten Zeitabschnitts (Mk 1,15: καιρός)[74], „gefährliche Umstände, eine Krise," die es – wohl aus Sicht Gottes – notwendig machte, dass sein Königreich nahe kommt.

---

72 Liddell-Scott, „παραδίδωμι," *Greek-English Lexicon*, 1308; Menge-Güthling, „παραδίδωμι," *Langenscheidts Großwörterbuch Altgriechisch-Deutsch*, 520; Walter Bauer, „παραδίδωμι," *Griechisch-deutsches Wörterbuch zum Neuen Testament*, 1242–1244; Wiard Popkes, „παραδίδωμι," *EWNT* 3:42–48: Das Kompositum meint einerseits „hin- und übergeben, über- und abliefern, überantworten, darbieten, sich ergeben," andererseits „hinter- und überlassen, an die Nachkommen vererben," ferner „anvertrauen, mitteilen, lehren," ferner „in jemandes Gewalt geben, preisgeben, verraten, bloßstellen," darüber hinaus „weitergeben und -verbreiten, bekannt machen, fortpflanzen, mitteilen, erzählen" und schließlich „zugeben und -gestehen, erlauben, gewähren, gestatten, ermöglichen." Der Begriff findet sich 20mal im Text (Mk 1,14; 3,19; 4,29; 7,13; 9,31; 10,33.33; 13,9.11.12; 14,10.11.18.21.41.42.44; 15,1.10.15), er verweist 1mal und hier auf die Überlieferung des Johannes, 14mal auf diejenige des Jesu (Mk 3,19; 9,31; 10,33.33; 14,10.11.18.21.41.42.44; 15,1.10.15), 2mal auf diejenige der Jünger (Mk 13,9.11), und 3mal auf anderes (Mk 4,29; 7,13; 13,12).

73 Vgl. auch Ebner, *Das Markusevangelium*, 22.

74 Menge-Güthling, „καιρός," *Langenscheidts Großwörterbuch Altgriechisch-Deutsch*, 356; Walter Bauer, „καιρός," *Griechisch-deutsches Wörterbuch zum Neuen Testament*, 800–803: Das Substantiv meint einerseits „rechtes Maß, richtiges Verhältnis, Richtige, Rechte, Passende, Angemessene," andererseits „rechter Ort, Platz, Stelle," ferner „rechter Zeitpunkt, gute Gelegenheit," dann „(End)Zeit, Stunde, Augenblick, Zeitumstände, Zeiten, Verhältnisse, Lage, kritischer Augenblick, Krisis, gefährliche Lage, schlimme Zeiten" und schließ-

58   3. KAPITEL

Königreich Gottes kann dabei entweder funktional als „Königsein, Königtum,
Königsmacht, Königsherrschaft" oder geographisch als „Königreich, Reich" verstanden werden.[75] Da ein Näherkommen des Königreichs im geographischen
Sinne nur schwerlich vorstellbar ist, neigt man auf den ersten Blick einer funk-
tionalen Ausdeutung des Begriffs zu. Weshalb aber plädieren die meisten Übersetzungen für das geographische Verständnis?[76] Ein genauerer Blick auf den
Bedeutungsgehalt von „nahe kommen" (Mk 1,15 Perf. indik.: ἐγγίζω) zeigt, dass
damit nicht nur räumliche, sondern auch zeitliche Annäherung gemeint sein
kann.[77] Letzteres scheint sich aber im Verbund mit Kairos eher anzubieten,
was der Aussage vom „Näherkommen des Königreiches Gottes" mit resulta-
tivem Aspekt und präsentischer Zeitbedeutung[78] einen erheblich politische-
ren Bedeutungsgehalt zuträgt: Der Narrator legt Jesus nichts geringeres in den
Mund, als dass die Zeit für einen politischen Herrschaftswechsel im Land,
hin zu einem „Königtum Gottes," oder präziser, zum „Regierungsantritt" – was
auch im semantischen Horizont von „βασιλεία" liegt – eines von Gott erwählten Königs (vgl. das Königsgesetz Dtn 17,14–20, und bes. Vers 15), wie dasjenige
Davids und seiner Söhne etwa (1 Chr 28,5; 2 Chr 13,8), für angebrochen sieht.[79]
Dass dieser von Gott erwählte König Jesus Christus ist, war der Leserschaft
bereits in Szene 01 nahegelegt worden, seinem Boten in Szene 02, Jesus selbst in
Szene 03, der Geisterwelt in Szene 04, und nun den Galiläern. Die angesprochenen Galiläer nun fordert Jesus – wie Johannes die Judäer zuvor – auf „um- oder

---

       lich „Wichtigkeit, Einfluss, Bedeutung." Der Begriff findet sich 5mal im Text (Mk 1,15; 10,30;
       11,13; 12,2; 13,33).

75   Liddell-Scott, „βασιλεία," *Greek-English Lexicon*, 309; Menge-Güthling, „βασιλεία," *Langen-
       scheidts Großwörterbuch Altgriechisch-Deutsch*, 132; Walter Bauer, „βασιλεία," *Griechisch-
       deutsches Wörterbuch zum Neuen Testament*, 270–271; Ulrich Lutz, „βασιλεία," *EWNT* 1:481–
       491. Der Begriff findet sich 20mal im Text (Mk 1,15; 3,24.24; 4,11.26.30; 6,23; 9,1.47; 10,14.15.23.
       24.25; 11,10; 12,34; 13,8.8; 14,25; 15,43), dabei verweist er in Verbindung mit der Person
       Gottes (und 1mal David) 15mal auf das „Königreich Gottes" (Mk 1,15; 4,11.26.30; 9,1.47;
       10,14.15.23.24.25; 11,10; 12,34; 14,25; 15,43) und 5mal auf andere „Königreiche."

76   So etwa die *Elberfelder-, Luther-* und *Einheitsübersetzung*, aber auch die *New Revised
       Standard Version*.

77   Menge-Güthling, „ἐγγίζω," *Langenscheidts Großwörterbuch Altgriechisch-Deutsch*, 198; Wal-
       ter Bauer, „ἐγγίζω," *Griechisch-deutsches Wörterbuch zum Neuen Testament*, 430. Das Verb
       meint einerseits „nahe kommen und sich nähern" und andererseits wie hier „nahe sein."
       Der Begriff findet sich 3mal im Text (Mk 1,15; 11,1; 14,42).

78   Reto Schoch, *Griechischer Lehrgang zum Neuen Testament* (UTB.W 2140; Tübingen: Mohr
       Siebeck, 2000), 167.

79   Vgl. auch Ebner, *Das Markusevangelium*, 22; ders., „Das Markusevangelium und der Auf-
       stieg der Flavier," 67.

EXEGETISCHE ANALYSE DES MARKUSEVANGELIUMS

vielleicht abzukehren" (Mk 1,15 Imp.: μετανοέω)[80], von der Romtreue vielleicht, und stattdessen dem Evangelium, der Siegesbotschaft Gottes, zu „glauben oder auch zu gehorchen" (Mk 1,15 Imp.: πιστεύω)[81], was damit auch gemeint sein kann.[82] Über eine solche politische Verkündigung kann sich Herodes Antipas, der als nicht genannter Vollstrecker von Johannes' Tod im Hintergrund die Szene mitprägt, nicht freuen, ebenso wenig dürfte sich die jüdische Selbstverwaltung in Jerusalem darüber freuen, und dass genau diese Personen Jesu Anspruch aufs heftigste hinterfragen werden, kann dann nicht mehr erstaunen.

(4)   Politisch-militärisches Profil

Jesus beansprucht den Bewohnern Galiläas gegenüber – wie einst Josephus – der von Gott erwählte Feldherr und gleichzeitig antretende (Gegen)König zu sein (vgl. Mk 12,11; vgl. 5.3.4[2]; 5.4.4[1]), dem es gelte, sich zuzuwenden und zu gehorchen (vgl. 5.6.4[5]). Er sagt ihnen dies, als sie möglicherweise noch unter dem schockierenden Eindruck der gewaltsamen Hinrichtung des Johannes stehen (vgl. 5.3.4[2]; 5.6.4[6]), als wolle er ihnen zusichern, dass sie politisch motivierte Ermordungen von Gottesboten unter seiner Herrschaft nicht zu fürchten hätten. Fürchten aber müssten sich solche, die sich in dieser Weise gegen Gott versündigten, allen voran Herodes Antipas, aber auch die jüdische Selbstverwaltung Judäas und Jerusalems (vgl. Mk 12,9), und beunruhigt oder provoziert sollen auch die Römer sein, wie etwa Tiberius, der zu narrativer Zeit

---

80   Menge-Güthling, „μετανοέω," *Langenscheidts Großwörterbuch Altgriechisch-Deutsch*, 449; Walter Bauer, „μετανοέω," *Griechisch-deutsches Wörterbuch zum Neuen Testament*, 1036–1037; Horst Balz und Gerhard Schneider, „μετανοέω," *EWNT* 2:1022: Das Kompositum meint neben „umkehren" auch „Sinn ändern, bereuen und Busse tun." Das Verb findet sich 2mal im Text (Mk 1,15; 6,12).

81   Liddell-Scott, „πιστεύω," *Greek-English Lexicon*, 1407–1408; Menge-Güthling, „πιστεύω," *Langenscheidts Großwörterbuch Altgriechisch-Deutsch*, 556; Walter Bauer, „πιστεύω," *Griechisch-deutsches Wörterbuch zum Neuen Testament*, 1329–1332; Gerhard Barth, „πιστεύω," *EWNT* 3:216–231: Das Verb meint einerseits „jemandem oder etwas (fest) glauben, trauen, vertrauen, sich auf etwas verlassen, jemandem etwas zutrauen, von jemandem etwas erwarten, für wahr halten, anerkennen, sicher erwarten, hoffen, überzeugt sein" und andererseits „(folgsam) versprechen, anvertrauen, übergeben, überlassen, gehorchen." Der Begriff findet sich 10mal im Text (Mk 1,15; 5,36; 9,23.24.42; 11,23.24.31; 13,21; 15,32).

82   Die „Königsherrschaft Gottes" sieht Ebner allerdings nicht durch „militärische Siege und diplomatische Verhandlungen herbeigeführt," sondern durch Umkehr und Glaube. Dabei bezieht er Umkehr auf die Lehre Jesu und Glaube auf das Evangelium, was er mit „Plan Gottes" gleichsetzt (*Das Markusevangelium*, 22–23).

60   3. KAPITEL

allein zur Verleihung von Titeln an Klientelkönige befugt war.[83] Im Blick auf die
Abfassungszeit sollte vielleicht insbesondere Vespasian diese Ankündigung als
Kampfansage verstehen (vgl. 5.5.2; 5.7.3[2]),[84] denn dessen Siegeszug hatte –
wie der gegenwärtige aber auch künftige (vgl. Mk 16,7) Weg Jesu – in Galiläa
begonnen (vgl. 5.6.4[9]; 5.7.2[4]; 5.7.3[4]).[85] Logisch folgt aus dieser Botschaft,
dass Jesus diesen Anspruch unter Beweis stellen muss, und dafür bedarf es
Verbündeter.

3.2   Episode B (Mk 1,16–2,17)

Markus 1,16–2,17 bildet die zweite von zehn chiastisch angeordneten Episoden,
wobei Episode B aus folgenden sechs Szenen besteht: Szene 06 (Mk 1,16–20):
Jesus beruft Simon und Andreas sowie Jakobus und Johannes beim See Galiläas;
Szene 07 (Mk 1,21–29a): Jesus lehrt und befreit einen Menschen in der Synagoge
Kapernaums; Szene 08 (Mk 1,29b–34): Jesus heilt die Schwiegermutter Simons
in und befreit viele vor dessen Haus; Szene 09 (Mk 1,35–45): Jesus verkündigt
und befreit in ganz Galiläa und heilt einen Aussätzigen; Szene 10 (Mk 2,1–12):
Jesus heilt einen Gelähmten in Kapernaum und vergibt ihm seine Sünden; und
Szene 11 (Mk 2,13–17): Jesus beruft Levi beim See und speist in dessen Haus mit
Zöllnern und Sündern.

   Ihre Demarkation ergibt sich in literarisch-formaler Hinsicht darin, dass
sie durch das Lexem „Nachfolge" (Mk 1,18; 2,14.14.15) zusammengehalten wird,
und in narrativ-inhaltlicher Hinsicht darin, dass Jesus nun in Begleitung eines
gesammelten engsten Stabs von vier erstberufenen Jüngern in „Vollmacht" (Mk
1,22.27; 2,10) wirkt.

3.2.1   *Szene 06 (Mk 1,16–20): Jesus beruft Simon und Andreas sowie Jakobus*
             und Johannes beim See Galiläas
(1)   Szene
Die sechste Szene Mk 1,16–20 handelt davon, wie Jesus die ersten vier Jünger,
Simon und Andreas sowie Jakobus und Johannes, beim See Galiläas beruft. Die
Szene gehört somit zu den jüngerbezogenen, und zwar die Vier betreffenden

---

83   Hans Conzelmann und Andreas Lindemann, *Arbeitsbuch zum Neuen Testament* (UTB.W
      52; 14. Aufl.; Tübingen: Mohr Siebeck, 2004), 178.

84   Mit dem Königstitel verband sich auch das Recht einen gerechten Krieg zu beginnen
      (Liver, Sperling, Rabinowitz und Melamed, „King, Kingship," 12:169).

85   Vgl. auch Schmidt, *Wege des Heils*, 290–294; Heininger, „Politische Theologie," 187; Thei-
      ßen, „Evangelienschreibung und Gemeindeleitung," 397.

EXEGETISCHE ANALYSE DES MARKUSEVANGELIUMS   61

Szenen. Die Szene unterscheidet sich von der nachfolgenden im Blick auf Akteure, Ort, Zeit, Handlung und Thema, lehrt und befreit doch dort Jesus einen Menschen in der Synagoge Kapernaums.

(2)   Text

1[16] Und entlanggehend am See von Galiläa, sah er Simon und Andreas, den Bruder Simons, ein Netz auswerfend in den See, denn sie waren Fischer. [17] Und es sagte zu ihnen Jesus: Folgt mir nach, und ich werde euch zu Menschenfischern machen. [18] Und sogleich die Netze verlassend folgten sie ihm nach. [19] Und ein wenig weitergehend sah er Jakobus, den (Sohn) des Zebedäus, und Johannes den Bruder von ihm, und sie waren im Boot die Netze ausbessernd. [20] Und sogleich rief er sie, und verlassend ihren Vater Zebedäus in dem Boot mit den Tagelöhnern, folgten sie ihm nach.[86]

(3)   Inhalt

Explizit erwähnte *Akteure* dieser Szene sind einerseits „Jesus" (Mk 1,17; vgl. 3.1.1[3]), andererseits das neu eingeführte „Brüderpaar" (Mk 1,16.19: ἀδελφός)[87] „Simon" (Mk 1,16.16: Σίμων)[88] und „Andreas" (Mk 1,16: Ἀνδρέας)[89], sie sind „Fischer" und Jesus verspricht ihnen, sie zu „Menschenfischern" (Mk 1,16.17; Mk 1,17 Pl.: ἄνθρωπος)[90] zu machen, ferner ein weiteres Brüderpaar „Jakobus"

---

86   Literarisch folgt Szene 06 einem parallelen Schema: A: Mk 1,16 (sehen, Simon und Andreas, Bruder, Netz auswerfen); B: Mk 1,17–18 (sie, verlassen, nachfolgen, ihm); A': Mk 1,19 (sehen, Jakobus und Johannes, Bruder, Netze ausbessern); B': Mk 1,20 (sie, verlassen, weggehen, ihm nach).

87   Menge-Güthling, „ἀδελφός,"*Langenscheidts Großwörterbuch Altgriechisch-Deutsch*, 11; Walter Bauer, „ἀδελφός," *Griechisch-deutsches Wörterbuch zum Neuen Testament*, 28–29: Johannes Beutler, „ἀδελφός," *EWNT* 1:67–72, bes. 68: Das Substantiv meint neben „leiblichem Bruder, Halbbruder und Geschwister (im Plural)" auch „Genosse." Der Begriff findet sich 20mal im Text (Mk 1,16.19; 3,17.31.32.33.34.35; 5,37; 6,3.17.18; 10,29.30; 12,19.19.19.20; 13,12.12).

88   Hellmut Haug, „Simeon/Simon," *Namen und Orte der Bibel*, 349–350; Rainer Dillmann, „Simeon," *Personenlexikon zum Neuen Testament*, 273–274: Der Name steht für hebr. „(er)hören" (vgl. Gen 29,33). Der Begriff findet sich 11mal im Text (Mk 1,16.16.29.30.36; 3,16.18; 6,3; 14,3.37; 15,21) und verweist 7mal auf Petrus (Mk 1,16.16.29.30.36; 3,16; 14,37), 1mal auf den Kananäer (Mk 3,18), 1mal auf Jesu Bruder (Mk 6,3), 1mal auf den Aussätzigen (Mk 14,3) und 1mal auf den Kyrenäer (Mk 15,21).

89   Hellmut Haug, „Andreas," *Namen und Orte der Bibel*, 43; Josef Hainz, „Andreas," *Personenlexikon zum Neuen Testament*, 24–25: Der Name steht für griech. „der Männliche, Mannhafte." Der Begriff findet sich 4mal im Text (Mk 1,16.29; 3,18; 13,3).

90   Menge-Güthling, „ἄνθρωπος," *Langenscheidts Großwörterbuch Altgriechisch-Deutsch*, 67; Walter Bauer, „ἄνθρωπος," *Griechisch-deutsches Wörterbuch zum Neuen Testament*, 134–

(Mk 1,19: Ἰάκωβος)[91] und „Johannes" (Mk 1,19; vgl. 3.1.2[3]) und schließlich ihr „Vater" (Mk 1,20: πατήρ)[92] „Zebedäus" (Mk 1,19.20: Ζεβεδαῖος)[93] mit den von ihm angeheuerten „Tagelöhnern" (Mk 1,20 Pl.: μισθωτός)[94]. In *räumlicher* Hinsicht befindet sich Jesus immer noch in „Galiläa" (Mk 1,16; vgl. 3.1.3[3]), genauer, am Ufer des dortigen „Sees" (Mk 1,16.16: θάλασσα),[95] während die übrigen Akteure

---

137: Das Substantiv meint einerseits „Mensch(heit), Leute, Welt," andererseits „jemand, irgendeiner, man, Ehemann, Ein- oder Bewohner, Sklave" und schließlich „Mannschaft, Soldat, Bemannung." Der Begriff findet sich 56mal im Text (Mk 1,17.23; 2,10.27.27.28; 3,1; 3.3.5.28; 4,26; 5,2.8; 7,7.8.11.15.15.15.18.20.20.21.23; 8,24.27.31.33.36.37.38; 9,9.12.31.31; 10,7.9.27. 33.45; 11,2.30.32; 12,1.14; 13,26.34; 14,13.21.21.21.21.41.62.71; 15,39).

91   Hellmut Haug, „Jakob/Jakobus," *Namen und Orte der Bibel*, 174–176; Robert Oberforcher, „Jakob," *Personenlexikon zum Neuen Testament*, 113; Boris Repschinski, „Jakobus," *Personenlexikon zum Neuen Testament*, 114–117: Der Name ist gräzisierte Form von hebr. Jakob mit der eigentlichen Bedeutung „er (Gott) beschützte" aber auch „Ferse" (vgl. Gen 25,26) und deshalb im übertragenen Sinn „betrügen" (vgl. Gen 27,36) oder „Verrat" (vgl. Pss 41,10; 49,6). Der Name findet sich 15mal im Text (Mk 1,19.29; 3,17.17.18; 5,37.37; 6,3; 9,2; 10,35.41; 13,3; 14,33; 15,40; 16,1), und verweist 11mal auf den Jünger und Sohn des Zebedäus (Mk 1,19.29; 3,17.17; 5,37.37; 9,2; 10,35.41; 13,3; 14,33), 1mal auf den Jünger und Sohn des Alphäus (Mk 3,18) und 3mal auf den Bruder Jesu (Mk 6,3; 15,40; 16,1).

92   Menge-Güthling, „πατήρ," *Langenscheidts Großwörterbuch Altgriechisch-Deutsch*, 534; Walter Bauer, „πατήρ," *Griechisch-deutsches Wörterbuch zum Neuen Testament*, 1281–1283: Das Substantiv meint einerseits und wie hier „Vater, Ahnherr, Vorfahr, Stammvater, Stammvolk" und andererseits „Schöpfer, Urheber, Gründer, Erfinder, Wohltäter, Beschützer, Versorger." Der Begriff findet sich 18mal im Text (Mk 1,20; 5,40; 7,10.10.11.12; 8,38; 9,21.24; 10,7.19.29; 11,10.25; 13,12.32; 14,36; 15,21) und verweist 14mal auf menschliche Väter (Mk 1,20; 5,40; 7,10.10.11.12; 9,21.24; 10,7.19.29; 11,10; 13,12; 15,21) und 4mal auf den himmlischen Vater (Mk 8,38; 11,25; 13,32; 14,36).

93   Lothar Wehr, „Zebedäus," *Personenlexikon zum Neuen Testament*, 315–316: Der Name ist die gräzisierte Form von aram. „Geschenk Gottes." Der Begriff findet sich 4mal im Text (Mk 1,19.20; 3,17; 10,35).

94   Liddell-Scott, „μισθωτός," *Greek-English Lexicon*, 1137; Menge-Güthling, „μισθωτός," *Langenscheidts Großwörterbuch Altgriechisch-Deutsch*, 457; Walter Bauer, „μισθωτός," *Griechisch-deutsches Wörterbuch zum Neuen Testament*, 1060: Das Substantiv meint neben „Tagelöhner" wie hier auch „Mietling, Söldling, Lohndiener, Söldner, Spion, Agent." Der Begriff findet sich als *Hapax legomenon* nur hier im Text.

95   Reinhard Kratz, „θάλασσα," *EWNT* 2:313–316, bes. 313: Das Substantiv meint in der Regel das „Galiläische Meer," nach heutigem Sprachgebrauch den See Gennesaret also, nur selten bezieht es sich auf das Rotes Meer oder das Mittelmehr. Der Begriff findet sich 19mal im Text (Mk 1,16.16; 2,13; 3,7; 4,1.1.1.39.41; 5,1; 5,13.13.21; 6,47.48.49; 7,31; 9,42; 11,23) und verweist 17mal auf den See Gennesaret und 2mal bleibt eine Zuordnung schwierig, da der Begriff in allgemeingültigen Beispielen verwendet wird (Mk 9,42; 11,23).

EXEGETISCHE ANALYSE DES MARKUSEVANGELIUMS   63

im Wasser und/oder im „Boot" (Mk 1,19.20: πλοῖον)[96] sind. Blickt man auf die Folgeszene, handelt diese möglicherweise in der Nähe Kapernaums (vgl. Mk 1,21) und somit an der östlichen Grenze des Fürstentums. Da der Narrator keine *temporalen* Angaben in der vorhergehenden Szene gemacht hatte, auch nicht, wie lange Jesus predigte, ist eine zeitliche Einordnung dieser Szene schwierig. Immerhin, lässt sich soviel sagen: da die Akteure arbeiten, handelt die Szene eher nicht an einem Sabbat, wie die folgende (vgl. Mk 1,21), vielleicht also am sechsten Wochentag. In *rhetorischer* Hinsicht spricht Jesus einerseits das erste Brüderpaar direkt, andererseits das zweite nur indirekt an. Mit dem Thema der Berufung knüpft das Narrativ an Szene 11 an.

Nachdem Jesus also das Evangelium in Galiläa gepredigt hat, „zieht" er in dieser Szene am Seeufer „entlang" (Mk 1,16: παράγω)[97]. Dieser Aussage haftet etwas Zufälliges an: Wieso hält er sich hier und jetzt am Wasser auf? Es darf vermutet werden, dass der messianische König fast wie bei einer Aushebung Mitstreiter sucht. Solche, die ihm beim Überzeugen, beim Menschenfang – wie er dem ersten Brüderpaar in Aussicht stellt – eines Volkes helfen sollen. Als er entlanggeht, sieht er Simon und Andreas. Was meint es, erstmals sehen oder wiedersehen? Hat er ihnen bereits verkündigt, haben sie ihn schon gehört oder wenigstens über ihn gehört? Der Leserschaft erklärt der Narrator, dass sie Fischer sind, sonst verlautet über ihre Vorgeschichte weiter nichts. Sie stammen aus Kapernaum, so erfahren wir in der nächsten Szene. Sie arbeiten offenkundig allein, sind also alt genug dazu. Von wo „werfen sie ihr Netz aus" (Mk 1,16: ἀμφιβάλλω)[98]? Vom Ufer, im Wasser stehend oder von

---

96   Liddell-Scott, „πλοῖον," *Greek-English Lexicon,* 1422; Menge-Güthling, „πλοῖον," *Langen-scheidts Großwörterbuch Altgriechisch-Deutsch,* 561; Walter Bauer, „πλοῖον," *Griechisch-deutsches Wörterbuch zum Neuen Testament,* 1353: Das Substantiv meint neben „Boot" wie hier auch „Schiff, Fahrzeug, Handels- oder Kriegsschiff (bes. in Verbindung mit „μακρά")." Der Begriff findet sich 17mal im Text (Mk 1,19.20; 4,1.36.36.37.37; 5,2.18.21; 6,32.45.47.51.54; 8,10.14).

97   Liddell-Scott, „παράγω," *Greek-English Lexicon,* 1307; Menge-Güthling, „παράγω," *Langen-scheidts Großwörterbuch Altgriechisch-Deutsch,* 519; Walter Bauer, „παράγω," *Griechisch-deutsches Wörterbuch zum Neuen Testament,* 1241: Das Verb meint einerseits „vorüber-, vorbeigehen, -ziehen, herankommen, marschieren, weitergehen" und andererseits „seitwärts vorbei-, vorüberführen, daran entlangführen, herbei-, vor-, wegführen, seitwärts aufmarschieren, vorbeimarschieren lassen." Der Begriff findet sich 3mal im Text (Mk 1,16; 2,14; 15,21).

98   Liddell-Scott, „ἀμφιβάλλω," *Greek-English Lexicon,* 89–90; Menge-Güthling, „ἀμφιβάλλω," *Langenscheidts Großwörterbuch Altgriechisch-Deutsch,* 47; Walter Bauer, „ἀμφιβάλλω," *Griechisch-deutsches Wörterbuch zum Neuen Testament,* 92: Das Kompositum meint im Aktiv und wie hier „aus-, herumwerfen, anlegen (Kleider, Waffen), umringen, umzingeln"

64 3. KAPITEL

einem Boot? Jesus fordert sie imperativisch auf, ihm zu folgen, und begründet dies mit besagtem Argument. „Sogleich" (Mk 1,18.20) heißt es, „verlassen" (Mk 1,18.20: ἀφίημι)[99] sie ihre Netze, und „folgen ihm nach" (Mk 1,18: ἀκολουθέω)[100] (wie Jünger, Schüler und/oder „Soldaten"). Das geht schnell; was hat sie überzeugt? Jesu Begründung, seine Person und vorgängige Verkündigung, Aussichten auf Prestige? Jesus, wohl gefolgt vom ersten Brüderpaar, „geht ein wenig weiter" (Mk 1,19: προβαίνω)[101] und sieht das zweite Brüderpaar in Begleitung des nicht weiter beschriebenen Vaters und von dessen Tagelöhnern. Sind sie ihres Alters wegen in Begleitung? Auch ihre Vorgeschichte bleibt ausgeblendet. Anders aber als das erste Brüderpaar, arbeiten diese mit Hilfe eines Bootes und Tagelöhnern, möglicherweise erfreuen sie sich also einer ökonomischen Besserstellung. Die besseren Voraussetzungen verhindern nicht, dass sie ihre Fangmittel, die Netze, auszubessern haben. Haben sie gehört, was Jesus den ersten beiden zurief? Er stellt eine erfolgreichere Ausrüstung in Aussicht. Sie

---

und im Passiv „sich etwas umwerfen, sich rüsten, sich waffnen." Das Verb findet sich als *Hapax legomenon* nur hier im Text, auch im Blick auf das gesamte Neue Testament.

99   Liddell-Scott, „ἀφίημι," *Greek-English Lexicon*, 289–290; Menge-Güthling, „ἀφίημι," *Langenscheidts Großwörterbuch Altgriechisch-Deutsch*, 125; Walter Bauer, „ἀφίημι," *Griechischdeutsches Wörterbuch zum Neuen Testament*, 252–253: Das Verb meint einerseits „ab-, weg-, fortschicken oder -senden, (weg)gehen lassen, wegjagen, auslaufen lassen (Schiffe), schleudern, werfen, abschießen," andererseits „loslassen, freilassen, entlassen, verstoßen, freisprechen, befreien" und schließlich „fahren lassen, ablassen, aufgeben, überlassen, preisgeben, geschehen lassen, zulassen, billigen, gestatten, erlauben, verzeihen, vergeben, begnadigen." Der Begriff findet sich 34mal im Text (Mk 1,18.20.31.34; 2,5.7.9.10; 3,28.28; 4,12.36; 5,19.37; 7,8.12.27; 8,13; 10,14.28.29; 11,6.16.25; 12,12.19.20.22; 13,2.34; 14,6.50; 15,36.37).

100 Liddell-Scott, „ἀκολουθέω," *Greek-English Lexicon*, 52; Menge-Güthling, „ἀκολουθέω," *Langenscheidts Großwörterbuch Altgriechisch-Deutsch*, 28; Walter Bauer, „ἀκολουθέω," *Griechisch-deutsches Wörterbuch zum Neuen Testament*, 60: Das Verb bezieht sich insbesondere auf Soldaten, Sklaven aber auch Anhänger oder Schüler und meint einerseits „mitgehen, (nach)folgen, begleiten, hinterhergehen, Heeresfolge leisten, mitkommen," andererseits „Folge leisten, beitreten, sich an etwas anschließen, sich von etwas leiten lassen, sich nach jemandem oder etwas richten, Anhänger oder Schüler sein," ferner „mit dem Verstand folgen, verstehen, begreifen" und schließlich „entsprechen, mit etwas übereinstimmen, sich aus etwas ergeben." Der Begriff findet sich 18mal im Text (Mk 1,18; 2,14.14.15; 3,7; 5,24; 6,1; 8,34.34; 9,38; 10,21.28.32.52; 11,9; 14,13.54; 15,41).

101 Liddell-Scott, „προβαίνω," *Greek-English Lexicon*, 1470; Menge-Güthling, „προβαίνω," *Langenscheidts Großwörterbuch Altgriechisch-Deutsch*, 580; Walter Bauer, „προβαίνω," *Griechisch-deutsches Wörterbuch zum Neuen Testament*, 1407: Das Kompositum meint einerseits und wie hier „vor(an)schreiten, vortreten, vorwärts gehen" und andererseits „(feindlich) vordringen und vorrücken, verstreichen, sich entwickeln, übertreffen." Das Verb findet sich als *Hapax legomenon* nur hier im Text.

EXEGETISCHE ANALYSE DES MARKUSEVANGELIUMS   65

sind überzeugt, offensichtlich so sehr, dass sie sich nicht scheuen, den anwesenden Vater umgehend zu verlassen und einem anderen „zu folgen" (Mk 1,20: ἀπέρχομαι)[102].

(4)   Politisch-militärisches Profil

Nachdem Jesus in der vorhergehenden Szene über seine Verkündigung des Evangeliums Gottes seinen Anspruch den Galiläern gegenüber bekannt gemacht hatte, beginnt er mit dem Aufbau einer diesem Selbstanspruch entsprechenden mitstreitenden Gefolgschaft. Aus ihrer Mitte wählt er sich zwei Brüderpaare, die er zu Menschenfischern machen will, ein Motiv das in Prophetenbüchern gewöhnlich im Kriegskontext steht (z. B. Jer 16,16; Ez 29,4–5; Am 4,2; Hab 1,14–17).[103] Die Tatsache, dass er sie zuerst erwählt, unterstreicht die Hierarchie, auf deren Basis diese Gruppe funktionieren wird, auch ist er es, der ihnen eine zweite Identität zuspricht (vgl. 5.6.4[5]). Er stellt ihnen eine bessere Ausrüstung und Ausbildung in Aussicht (vgl. 5.6.4[4]), und ohne diese expliziert zu haben, folgen sie ihm wortlos nach – sie müssen verstanden haben, dass sie hier ein Repräsentant Gottes anspricht, dem sie offensichtlich Glauben schenken. Trotz oder vielleicht wegen ihrer bedingungslosen Nachfolge wird im Verlaufe der Erzählung ihre Stellung eine herausragende sein: Sie werden sich in der hier eingeführten Reihenfolge zum innersten Kreise zählen dürfen, wobei Andreas von der zweiten auf die vierte Stelle zurückgesetzt werden wird. Ihre herausragende Stellung als Brüderpaar – und solche erhielten auch bei Josephus anerkennende Erwähnung (vgl. 5.7.2[4]) – zeigt sich auch daran, dass nur ihre Berufung oder „Aushebung"[104] aus den zwölf Mitstreitern

---

102   Menge-Güthling, „ἀπέρχομαι," *Langenscheidts Großwörterbuch Altgriechisch-Deutsch*, 85; Walter Bauer, „ἀπέρχομαι," *Griechisch-deutsches Wörterbuch zum Neuen Testament*, 168–169: Das Kompositum meint einerseits „weggehen, abziehen, sich entfernen" und andererseits wie hier „hin-, übergehen, überlaufen, abfallen, folgen." Das Verb findet sich 22mal im Text (Mk 1,20.35.42; 3,13; 5,17.20.24; 6,27.32.36.37.46; 7,24.30; 8,13; 9,43; 10,22; 11,4; 12,12; 14,10.12.39).

103   Marcus, *Mark*, 1:184; Ebner, *Das Markusevangelium*, 24–25.

104   Vgl. auch Marcus, der in dieser Szene mit dem heiligen Krieg in Verbindung stehende Rekrutierungstraditionen aus Richter und 1 Samuel aufgenommen sieht (*Mark*, 1:183–184, 190): „[A] charismatic military leader calls for the Israelites to follow him into holy war, and they go after him (see e. g. Judg 3:28; 6:34; 1 Sam 11:6–7) or follow him (Josephus, *Ant.* 6.77). In Judg 6:34 and 1 Sam 11:6–7, moreover, the call of the leader for followers is preceded by the coming of the Spirit upon him, just as Jesus' call of the first four disciples is preceded by his reception of the Spirit in 1:9–11. This tradition of summons to holy war continued in the intertestamental period; in 1 Macc 2:27–28, for example, the priest Mattathias exhorts those zealous for the Law to „come out after me" [...]; he and his sons then flee to the

ausgeführt ist (vgl. 5.6.4[2]). Aber was hier noch als exklusives Privileg anmutet, wird sich als fatale Pflicht erweisen und bittere Vorwürfe gegenüber Jesus evozieren (vgl. Szene 51).

3.2.2 Szene 07 (Mk 1,21–29a): Jesus lehrt und befreit einen Menschen in der Synagoge Kapernaums

(1)   Szene

Die siebte Szene Mk 1,21–29a handelt davon, wie Jesus in der Synagoge Kapernaums lehrt und einen Menschen von einem unreinen Geist befreit. Wie bereits die Szenen 03–04 gehört somit auch diese zu den auf jenseitige Wesen bezogenen, und zwar einen unreinen Geist betreffenden Szenen, und wie bereits Szene 02 gehört sie ferner auch zu den volksbezogenen, und zwar ihre Belehrung und Befreiung betreffenden Szenen. Die Szene unterscheidet sich von der nachfolgenden im Blick auf Akteure, Ort, Zeit, Handlung und Thema, heilt doch dort Jesus Simons Schwiegermutter in und befreit viele vor dessen Haus.

(2)   Text

1[21] Und sie gehen nach Kapernaum hinein. Und sogleich am Sabbat hineingehend in die Synagoge lehrte er. [22] Und sie gerieten außer sich über seine Lehre, denn er war sie lehrend wie einer, der Vollmacht hat, und nicht wie die Schriftgelehrten. [23] Und sogleich war in ihrer Synagoge ein Mensch mit unreinem Geist und er schrie auf [24] sagend: Was haben wir mit dir zu schaffen, Jesus, Nazarener? Kamst du, uns zu verderben? Ich weiß wer du bist, der Heilige Gottes. [25] Und Jesus tadelte ihn sagend: Verstumme und fahre aus ihm! [26] Und der unreine Geist, ihn zerrend und mit lauter Stimme schreiend, fuhr von ihm aus. [27] Und sie entsetzten sich alle, so dass sie sich untereinander befragend sagten: Was ist dies? Eine neue Lehre mit Vollmacht? Und den unreinen Geistern

---

hills, leaving all their possessions in the city. Here the wording of the call to follow, as well as the theme off abandonment of possessions, is similar to Mark 1:18, 20. This sort of holy war tradition was still very much alive among the Jewish revolutionaries who rose up against Roman rule closer to Mark's time. Act 5:37 says that Judas the Galilean „stirred up the people after him […]," and Josephus thrice applies the verb *hepesthai*, a synonym for *akolouthein*, to the enthusiastic crowds who followed various revolutionary leaders into the wilderness (*Ant.* 20.97, 167, and 188). It seems likely, then, that Jesus is being portrayed in our passage not only as prophet but also as a leader who demands from his followers the same sort of total dedication that the Jewish revolutionaries in the Markan environment demanded from their followers […]"; vgl. ferner auch Heininger, der im Zusammenhang dieser Jüngerberufung auch von „Truppenaushebung" spricht („Politische Theologie," 187).

EXEGETISCHE ANALYSE DES MARKUSEVANGELIUMS

gebietet er, und sie gehorchen ihm. [28] Und die Kunde von ihm ging sogleich aus überall in der ganzen Umgebung Galiläas. [29a] Und sogleich gingen sie aus der Synagoge hinaus.[105]

(3)   Inhalt

Explizit anwesende *Akteure* dieser Szene sind einerseits „Jesus" (Mk 1,24.25; vgl. 3.1.1[3]), der hier durch den Dämon auch „Nazarener" (Mk 1,24: Ναζαρηνός)[106] und „Heiliger Gottes" (Mk 1,24; vgl. 3.1.2[3]; Mk 1,24: vgl. 3.1.5[3]) bezeichnet wird, andererseits die vier zuvor berufenen Jünger (Mk 1,21.29), ferner die Synagogenbesucher (Mk 1,22) und schließlich ein von einem „unreinen Geist" (Mk 1,23.26 Sing.; Mk 1,27 Pl.: πνεῦμα; Mk 1,23.26 Sing.; Mk 1,27 Pl.: ἀκάθαρτος)[107] besessener „(männlicher; Mk 1,25.26.26: αὐτός) Mensch" (Mk 1,23; vgl. 3.2.1[3]). Erwähnte Akteure sind „Schriftgelehrte" (Mk 1,22 Pl.: γραμματεύς)[108], ob solche

---

105   Literarisch folgt Szene 07 einem chiastischen Schema: A: Mk 1,21 (hineingehen, Synagoge); B: Mk 1,22 (Lehre, Vollmacht); C: Mk 1,23 (unreiner Geist); D: Mk 1,24 (sagen, Jesus); D': Mk 1,25 (Jesus, sagen); C': Mk 1,26 (unreiner Geist); B': Mk 1,27 (Lehre, Vollmacht); A': Mk 1,28–29a (Synagoge, hinausgehen).

106   Walter Bauer, „Ναζαρηνός," *Griechisch-deutsches Wörterbuch zum Neuen Testament*, 1077; Horst Kuhli, „Ναζαρηνός," *EWNT* 2:1117–1121, bes. 1118: Der Name bezeichnet nach gemeinantiker Gepflogenheit Jesu geographische Herkunft. Der Begriff findet sich 4mal im Text (Mk 1,24; 10,47; 14,67; 16,6).

107   Jacob Kremer, „πνεῦμα," *EWNT* 3:279–291, bes. 283–284: Mit unreinen oder stummen Geistern sind einer damals verbreiteten Auffassung gemäß und nach Art von Personen (animistisch) vorgestellte Wesen gemeint, die in Menschen wohnen, sie beherrschen und krank machen. Unreine Geister sind im Text insgesamt 14mal erwähnt (Mk 1,23.26.27; 3,11.30; 5,2.8.13; 6,7; 7,25; 9,17.20.25.25) und konstituieren mit Satan als ihrem Oberhaupt die Gruppe der bösen Geistwesen in Markus.

108   Menge-Güthling, „γραμματεύς," *Langenscheidts Großwörterbuch Altgriechisch-Deutsch*, 151; Walter Bauer, „γραμματεύς," *Griechisch-deutsches Wörterbuch zum Neuen Testament*, 331; Günther Baumbach, „γραμματεύς," *EWNT* 1:624–627: Das Substantiv meint neben „(Staats)Schreiber, (Staats)Sekretär, Kanzler" insbesondere „Schriftgelehrter." Die synoptischen Evangelien bringen die Schriftgelehrten immer in Verbindung mit Hohepriestern und/oder Ältesten und verstehen sie somit als Mitglieder des Synedriums. Als Urbild des Schriftgelehrten (hebr. „סוֹפֵר" – „Schreiber") gilt Esra (um 450 v.d.Z.), der nach Esra 7,6 als „kundiger Schriftgelehrter im Gesetz des Mose, das der Herr, der Gott Israels, gegeben hatte" beschrieben wird. Von ihm wurde später die Reihe der Schriftgelehrten abgeleitet, die die ursprünglich priesterliche Aufgabe der Auslegung und Anwendung des Gesetzes übernahmen. Im Zeitalter des Hellenismus wuchs ihre Bedeutung als Gesetzeslehrer angesichts einer weithin hellenisierten höheren Priesterschaft, so dass unter Salome Alexandra (76–67 v.d.Z.) Schriftgelehrte pharisäischer Richtung in die Gerusie, die alte Ständevertretung und Vorform des Synedriums, Einzug hielten und zunehmend an Bedeutung

68   3. KAPITEL

allerdings anwesend sind, lässt sich nicht definitiv sagen. In *räumlicher* Hinsicht macht der Narrator in dieser Szene explizite Angaben: die Fünf haben sich nach „Kapernaum" (Mk 1,21: Καφαρναούμ), hebr. „Dorf des Nachum" begeben, eine seit alters her von jüdischer Bevölkerung bewohnte Grenzstadt zwischen zwei Teilfürstentümern, die ihrer spezifischen Lage wegen mit einer Zollstation (vgl. Mt 9,9) und einem römischen Polizeiposten (vgl. Mt 8,5–13; Lk 7,1–10: Zenturio) wie auch unter anderem mit einem kleinen Fischerhafen versehen war.[109] In Kapernaum begeben sich die Fünf „sogleich" (Mk 1,21.23.28.29) in die städtische „Synagoge" (Mk 1,21.23.29: συναγωγή)[110], womit auch der *temporale* Aspekt benannt wird: Es ist „Sabbat" (Mk 1,21 Pl.: σάββατον)[111], ein Feiertag,

---

gewinnen konnten. Die Schriftgelehrten betätigten sich (1) als Exegeten, die die Schrift interpretierten und ihre Weisungen für die Gegenwart verbindlich festlegten, (2) als Pädagogen, die möglichst vielen Schülern die Auslegungsmethoden der Schrift beizubringen suchten, und (3) als Juristen, die in der Funktion von Richtern bei Prozessen das Gesetz praktisch handhabten. Den größten Einfluss erhielten sie durch ihre Lehrtätigkeit in den Synagogen und in den seit dem 1. Jh. d. Z. bestehenden Knabenschulen. Mit der wachsenden Bedeutung der Synagogen im 1. Jh. d. Z. nahmen auch Macht und Ansehen der Schriftgelehrten zu, die jetzt mit „Rabbi" (oder „Rabbuni, Rab") angeredet wurden. Weil das Torawissen die Schriftgelehrten auszeichnete, bildeten nicht Geburt und Herkunft die Voraussetzung zum Eintritt in diesen geachteten Stand, sondern das intensive Studium zu Füssen eines berühmten Lehrers, das wesentlich im wiederholenden Einprägen des vom Rabbi Gelehrten bestand. Den erfolgreichen Abschluss des Studiums markierte später die Ordination mit Handauflegung. Die meisten Schriftgelehrten waren in Befolgung des Schöpfungsgebots Gen 1,28 verheiratet und übten eine manuelle Tätigkeit aus, um sich dadurch den Lebensunterhalt zu verdienen; denn ihre Lehrtätigkeit erfolgte unentgeltlich. Der Begriff findet sich 21mal im Text (Mk 1,22; 2,6.16; 3,22; 7,1.5; 8,31; 9,11.14; 10,33; 11,18.27; 12,28.32.35.38; 14,1.43.53; 15,1.31).

109   Hellmut Haug, „Kafarnaum," *Namen und Orte der Bibel*, 218; Horst Balz und Gerhard Schneider, „Καφαρναούμ," *EWNT* 2:690–691; Kurt Galling, „Kapernaum," *RGG3* 3:1133; Wolfgang Nauck, „Kapernaum," *BHH* 2:931. Der Begriff findet sich 3mal im Text (Mk 1,21; 2,1; 9,33).

110   Menge-Güthling, „συναγωγή," *Langenscheidts Großwörterbuch Altgriechisch-Deutsch*, 653; Walter Bauer, „συναγωγή," *Griechisch-deutsches Wörterbuch zum Neuen Testament*, 1562–1563: Das Kompositum, bestehend aus „zusammen" und „führen," meinte ursprünglich eine „Versammlung" von Menschen und insbesondere in der LXX die „Gemeinde." Später und im 1. Jh. d. Z. üblicher, wie auch an dieser Stelle im Text, bezeichnete es auch das „Versammlungsgebäude," namentlich die „Synagoge oder Schule." Wie der Tempel auch konnte die Synagoge in Zeiten der Krise punktuell zum Kriegsschauplatz mutieren (vgl. z. B. Josephus, *Vita* 276–308). Das Substantiv findet sich 8mal im Text (Mk 1,21.23.29.39; 3,1; 6,2; 12,39; 13,9).

111   Walter Bauer, „σάββατον," *Griechisch-deutsches Wörterbuch zum Neuen Testament*, 1479–

EXEGETISCHE ANALYSE DES MARKUSEVANGELIUMS 69

der durch Studium der Schriften den Schöpfergott in liturgischem Raum ehrt. Sollte die temporale Interpretation der letzten Szene als eines Werktags zutreffen, klafft im Narrativ eine zeitliche Lücke: Wo haben die Fünf ihre Zeit seit der Berufung bis zu diesem Zeitpunkt zugebracht? In *rhetorischer* Hinsicht sind einerseits die vorwurfsvolle und an Jesus gerichtete Rede des unreinen Geists und andererseits Jesu Antwort darauf zu vernehmen, und schließlich auch noch das entsetzte Fragen der Synagogenbesucher untereinander. Mit dem Thema des Exorzismus knüpft das Narrativ an die Szenen 08–09 und 34 an und insbesondere an die Szenen 24 und 44.

Am Sabbat begeben sich Jesus und die Vier in die Synagoge Kapernaums und tun damit das für ihre Zeit Übliche. Etwas Besonderes ist freilich, dass Jesus ebenda „lehrend" (Mk 1,21.22: διδάσκω)[112] auftritt, wobei ungesagt bleibt, wie es dazu kommt. Wurde er vom amtierenden Synagogenvorsteher zur Lehre eingeladen oder aufgefordert? Es bleibt ungesagt, doch darf impliziert werden, dass sein öffentliches Lehren Respekt wie auch seine Anerkennung als Schriftausleger voraussetzen. Über seine „Lehre" (Mk 1,22.27: διδαχή)[113] geraten die Anwesenden – schließt das die berufenen Vier mit ein? – „außer sich" (Mk 1,22 Pass.: ἐκπλήσσω)[114], denn anders als die „Schriftgelehrten" lehre er mit

---

1480; Wolfgang Beilner, „σάββατον," *EWNT* 3:523–529, bes. 524: Das vom hebr. Verb שׁבת – „aufhören, ruhen" – abgeleitete Substantiv kann neben dem siebten und als heilig erachteten Wochentag auch allgemeiner die ganze Woche bezeichnen. Beide Verwendungsweisen kennen ohne Bedeutungsveränderung den Singular als auch den Plural. Obschon Ruhetag hielt er Kriegsparteien nicht von Kriegshandlungen ab, im Gegenteil, seine Missachtung bot sich je nach dem als geeignete Krigslist geradezu an (vgl. z. B. Josephus, *Bell.* 4,97–111). Der Begriff findet sich 11mal im Text (Mk 1,21; 2,23.24.27.27.28; 3,2.4; 6,2; 16,1.2).

112 Menge-Güthling, „διδάσκω," *Langenscheidts Großwörterbuch Altgriechisch-Deutsch*, 179; Walter Bauer, „διδάσκω," *Griechisch-deutsches Wörterbuch zum Neuen Testament*, 386: Das Verb meint einerseits und wie hier „(be)lehren, unterrichten, unterweisen, ausbilden, auseinandersetzen, vorschreiben, warnen" und andererseits „einüben, einstudieren, aufführen." Der Begriff findet sich 17mal im Text (Mk 1,21.22; 2,13; 4,1.2; 6,2.6.30.34; 7,7; 8,31; 9,31; 10,1; 11,17; 12,14.35; 14,49).

113 Menge-Güthling, „διδαχή," *Langenscheidts Großwörterbuch Altgriechisch-Deutsch*, 179; Walter Bauer, „διδαχή," *Griechisch-deutsches Wörterbuch zum Neuen Testament*, 386–387: Das Substantiv meint „Das Lehren, Lehre, Belehrung, Unterricht, Anweisung." Der Begriff findet sich 5mal im Text (Mk 1,22.27; 4,2; 11,18; 12,38).

114 Menge-Güthling, „ἐκπλήσσω," *Langenscheidts Großwörterbuch Altgriechisch-Deutsch*, 221; Walter Bauer, „ἐκπλήσσω," *Griechisch-deutsches Wörterbuch zum Neuen Testament*, 492; Horst Balz und Gerhard Schneider, „ἐκπλήσσομαι," *EWNT* 1:1023: Das aus „ἐκ" und „πλήσσω" – „heraus" und „schlagen" – bestehende und stets im Passiv stehende Kompositum meint neben „außer sich geraten" auch „sich entsetzen, bestürzt, erschüttert, aus der Fassung

„Vollmacht" (Mk 1,22.27: ἐξουσία)[115]. Und als ob es darum geht, diese Aussage zu beweisen, lässt der Erzähler einen von unreinem Geist bewohnten Mann auftreten. Dieser scheint gänzlich von dem ihm einwohnenden Geist dominiert, entsprechend sind keine biographischen Informationen über den Mann zu vernehmen, wohl aber ein „Aufschrei" (Mk 1,23: ἀνακράζω)[116] in Reaktion auf Jesu Lehre. Rhetorisch effektvoll richtet er sich darin unaufgefordert in direkter Rede – und wie es scheint im Namen aller Dämonen – vorwurfsvoll an den Lehrer. Erstmals offenbart der Erzähler aus dem Mund des Dämons, was die Leserschaft schon länger weiß: Dieser nämlich behauptet, Jesus (mit dem Akkusativ der Person) „zu kennen oder um ihn zu wissen" (Mk 1,24: οἶδα),[117] und er legt – über die Nennung seines Namens und seines die ethnische Herkunft anführenden Beinamens sowie seines Ehrentitels – für alle hörbar zentrale Aspekte von Jesu Identität offen. Wie bereits Satan in Szene 04 weiß dieser um

---

geraten, die Besinnung verlieren, erschrecken, sich einschüchtern lassen, betäubt, betroffen, erstaunt, überrascht, verdutzt, verlegen, verwirrt, hingerissen sein und verblendet." Das Verb findet sich 5mal im Text (Mk 1,22; 6,2; 7,37; 10,26; 11,18).

115   Liddell-Scott, „ἐξουσία," *Greek-English Lexicon*, 599; Menge-Güthling, „ἐξουσία," *Langenscheidts Großwörterbuch Altgriechisch-Deutsch*, 252; Walter Bauer, „ἐξουσία," *Griechisch-deutsches Wörterbuch zum Neuen Testament*, 562–564: Das Kompositum meint einerseits „Können, Vermögen," andererseits „Berechtigung, Recht, Befugnis, Erlaubnis, Gelegenheit, Freiheit, Vollmacht," ferner „Macht(fülle), Gewalt, Herrschaft, hohe Stellung, Amtsgewalt, Obrigkeit, Behörde, Herrscher, Machthaber" und schließlich „Mittel, Überfluss, Reichtum." Damit zeigt der semantische Gehalt auf, dass der Begriff stets an ein Amt und der damit im Zusammenhang stehenden Autorität gebunden ist, weshalb er einerseits den Machthaber selbst, andererseits seine Macht und schließlich auch sein Recht bezeichnen kann. Das Substantiv findet sich 10mal im Text (Mk 1,22.27; 2,10; 3,15; 6,7; 11,28.28.29.33; 13,34), 7mal verweist er auf die Vollmacht Jesu (Mk 1,22.27; 2,10; 11,28.28.29.33) und 3mal auf diejenige der Jünger (Mk 3,15; 6,7; 13,34).

116   Menge-Güthling, „ἀνακράζω," *Langenscheidts Großwörterbuch Altgriechisch-Deutsch*, 55; Walter Bauer, „ἀνακράζω," *Griechisch-deutsches Wörterbuch zum Neuen Testament*, 110: Das Kompositum meint wie hier „aufschreien." Der Begriff findet sich 2mal im Text (Mk 1,23; 6,49).

117   Menge-Güthling, „οἶδα/εἴδω," *Langenscheidts Großwörterbuch Altgriechisch-Deutsch*, 205, 480; Walter Bauer, „οἶδα," *Griechisch-deutsches Wörterbuch zum Neuen Testament*, 1127–1129; Axel Horstmann, „οἶδα," *EWNT* 2:1206–1209: Im Unterschied zu dem inchoativen, den Erwerb von Wissen angebenden „γινώσκω" – „erkennen" – und dem eher auf eine praktische Fähigkeit deutenden „ἐπίσταμαι," bezeichnet der Begriff „οἶδα" – urspr. „(mit dem geistigen Auge) gesehen haben" – klassisch den resultativen und theoretischen Besitz von Wissen, also „wissen, kennen, verstehen, können," eine Unterscheidungen, die im Neuen Testament weitgehend gewahrt blieb. Der Begriff findet sich 21mal im Text (Mk 1,24.34; 2,10; 4,13.27; 5,33; 6,20; 9,6; 10,19.38.42; 11,33; 12,14.15.24; 13,32.33.35; 14,40.68.71).

EXEGETISCHE ANALYSE DES MARKUSEVANGELIUMS 71

Jesu verborgene Identität und anerkennt sie; denn „heilig" scheint hier weniger eine ethische oder persönliche Qualität des Lehrers und auch nicht die Heiligkeit des Göttlichen an sich zu bezeichnen, sondern vielmehr das machthafte in Erscheinung-Treten des Göttlichen, das unwiderruflich Respekt, Ehrfurcht und Scheu fordert. Seine Furcht kleidet der Geist in die rhetorische Frage, ob Jesus gekommen sei, sie alle zu „verderben" (Mk 1,24: ἀπόλλυμι)[118] beziehungsweise zu vernichten, also im kriegerischen Sinn auszulöschen und damit zu besiegen. Jesus geht auf diese Frage nicht ein, vielmehr „tadelt" (Mk 1,25: ἐπιτιμάω)[119] er und weist den Geist durch ein Machtwort zurecht, „verstummen" (Mk 1,25: φιμόω)[120] soll er und ausfahren, als ob Jesus weitere Preisgaben seiner Person unterbinden wolle. Zwar mit „Zerren" (Mk 1,26: σπαράσσω)[121] und „lauter Stimme schreiend" (Mk 1,26: φωνέω)[122] leistet der Geist dem Befehl Folge

---

118 Liddell-Scott, „ἀπόλλυμι," *Greek-English Lexicon*, 207; Menge-Güthling, „ἀπόλλυμι," *Langenscheidts Großwörterbuch Altgriechisch-Deutsch*, 92; Walter Bauer, „ἀπόλλυμι," *Griechisch-deutsches Wörterbuch zum Neuen Testament*, 190–191: Das Kompositum meint neben „verderben" wie hier einerseits auch „zugrunde richten, vernichten, umbringen, töten, ermorden, zerstören, unglücklich machen, preisgeben, verschwenden, vergeuden, verprassen" und andererseits „verlieren, einbüssen, um etwas kommen." Das Verb findet sich 10mal im Text (Mk 1,24; 2,22; 3,6; 4,38; 8,35.35; 9,22.41; 11,18; 12,9).

119 Liddell-Scott, „ἐπιτιμάω," *Greek-English Lexicon*, 666–667; Menge-Güthling, „ἐπιτιμάω," *Langenscheidts Großwörterbuch Altgriechisch-Deutsch*, 77; Walter Bauer, „ἐπιτιμάω," *Griechisch-deutsches Wörterbuch zum Neuen Testament*, 614; Heinz Giesen, „ἐπιτιμάω," *EWNT* 2:106–108: Das Kompositum meint einerseits „hinterher in ehren halten, die Totenehre erweisen, den Preis erhöhen," andererseits „richterlich zuerkennen, festsetzen, strafen, ahnden" und schließlich wie hier „gebieten, ernstlich zureden, schelten, tadeln, rügen, ermahnen, Vorwürfe machen." Der Begriff findet sich 9mal im Text (Mk 1,25; 3,12; 4,39; 8,30.32.33; 9,25; 10,13.48), davon tadelt Jesus 6mal (Mk 1,25; 3,12; 4,39; 8,30.33; 9,25), Petrus 1mal (Mk 8,32), die Jünger 1mal (Mk 10,13) und eine unbestimmte Gruppe von „vielen" 1mal (Mk 10,48).

120 Walter Bauer, „φιμόω," *Griechisch-deutsches Wörterbuch zum Neuen Testament*, 1718: Das vom Substantiv „φιμός" – „Maulkorb" – abgeleitete Verb meint einerseits „zubinden," und andererseits wie hier „zum Schweigen bringen, verstummen machen." Der Begriff findet sich 2mal im Text (Mk 1,25; 4,39).

121 Liddell-Scott, „σπαράσσω," *Greek-English Lexicon*, 1624; Menge-Güthling, „σπαράσσω," *Langenscheidts Großwörterbuch Altgriechisch-Deutsch*, 631; Walter Bauer, „σπαράσσω," *Griechisch-deutsches Wörterbuch zum Neuen Testament*, 1519: Das Verb meint einerseits neben „(ver)zerren" wie hier auch „reißen, zer- und herabreißen, zerfleischen" und andererseits „quälen, lästern, schmähen." Der Begriff findet sich 2mal im Text (Mk 1,26; 9,26).

122 Liddell-Scott, „φωνέω," *Greek-English Lexicon*, 1967–1968; Menge-Güthling, „φωνέω," *Langenscheidts Großwörterbuch Altgriechisch-Deutsch*, 740; Walter Bauer, „φωνέω," *Griechisch-deutsches Wörterbuch zum Neuen Testament*, 1735–1736: Das Verb meint neben „krähen"

72 3. KAPITEL

und „zieht ab" (Mk 1,25.26.28.29a: ἐξέρχομαι)[123] von dem durch ihn unrechtmäßig besetzten „Territorium." Die Synagogenbesucher reagieren mit „Entsetzen" (Mk 1,27 Pass.: θαμβέω)[124], als ob – und in der „gegenseitigen Befragung" (Mk 1,27: συζητέω)[125] „was ist dies?" trefflich zum Ausdruck gebracht – sie Zeugen einer ihnen anhin unbekannten Machtdemonstration wurden. Eine Lehre in Vollmacht, kraft derer und der ihm zugewiesenen Autorität er Geistern „gebietet" (Mk 1,27: ἐπιτάσσω)[126] und diese ihm „gehorchen" (Mk 1,27: ὑπακούω)[127]? Nicht die Frage, wohin sich der unreine Geist begibt, ist in dieser verhältnismä-

---

      auch „Stimme erheben, (Kriegs)Geschrei, tönen, erschallen, singen, jubeln, (zu)rufen, (laut) sprechen, (an)reden, befehlen, (herbei)rufen." Der Begriff findet sich 10mal im Text (Mk 1,26; 9,35; 10,49.49.49; 14,30.68.72.72; 15,35).

123   Liddell-Scott, „ἐξέρχομαι," *Greek-English Lexicon*, 591–592; Menge-Güthling, „ἐξέρχομαι," *Langenscheidts Großwörterbuch Altgriechisch-Deutsch*, 249; Walter Bauer, „ἐξέρχομαι," *Griechisch-deutsches Wörterbuch zum Neuen Testament*, 554–556: Das Kompositum meint einerseits und wie hier „hinaus-, herausgehen, hervor-, fort-, weggehen, hervortreten, aus-, abziehen, ausrücken, ausmarschieren, (zum Kampf) ausziehen, aufbrechen, auswandern" und andererseits „drankommen, vergehen, verfließen, verstreichen, sich erfüllen, erfunden werden." Der Begriff findet sich 38mal im Text (Mk 1,25.26.28.29.35.38.45; 2,12.13; 3,6.21; 4,3; 5,2.8.13.30; 6,1.10.12.24.34.54; 7,29.31; 8,11.27; 9,25.26.29.30; 11,11.12; 14,16.26.48.68; 16,8).

124   Menge-Güthling, „θαμβέω," *Langenscheidts Großwörterbuch Altgriechisch-Deutsch*, 324; Walter Bauer, „θαμβέω," *Griechisch-deutsches Wörterbuch zum Neuen Testament*, 712; Werner Grimm, „θαμβέω," *EWNT* 2:317–319: Das stets im Medium oder Passiv befindliche Verb meint neben „erschrecken, entsetzen, schaudern" wie hier auch „erstaunen." Der Begriff findet sich 3mal im Text (Mk 1,27; 10,24.32).

125   Menge-Güthling, „συζητέω," *Langenscheidts Großwörterbuch Altgriechisch-Deutsch*, 646; Walter Bauer, „συζητέω," *Griechisch-deutsches Wörterbuch zum Neuen Testament*, 1548: Das aus „σύν" und „ζητέω" bestehende Kompositum meint einerseits „zusammen suchen," andererseits „zusammen untersuchen, sich besprechen, verhandeln," ferner „disputieren und streiten" und schließlich „überlegen, nachdenken." Das Verb findet sich 6mal im Text (Mk 1,27; 8,11; 9,10.14.16; 12,28).

126   Liddell-Scott, „ἐπιτάσσω," *Greek-English Lexicon*, 664; Menge-Güthling, „ἐπιτάσσω," *Langenscheidts Großwörterbuch Altgriechisch-Deutsch*, 276; Walter Bauer, „ἐπιτάσσω," *Griechisch-deutsches Wörterbuch zum Neuen Testament*, 611–612; Werner Grimm, „ἐπιτάσσω," *EWNT* 2:103–104: Das aus „ἐπί" und „τάσσω" bestehende Kompositum meint einerseits „aufstellen" und andererseits „auftragen, anordnen, befehlen, auferlegen." Das Verb findet sich 4mal im Text (Mk 1,27; 6,27.39; 9,25).

127   Liddell-Scott, „ὑπακούω," *Greek-English Lexicon*, 1851; Menge-Güthling, „ὑπακούω," *Langenscheidts Großwörterbuch Altgriechisch-Deutsch*, 702; Walter Bauer, „ὑπακούω," *Griechisch-deutsches Wörterbuch zum Neuen Testament*, 1668–1669; Gerhard Schneider, „ὑπακούω," *EWNT* 3:942–945: Das Kompositum, bestehend aus dem Präfix „unter" sowie dem Verb „hören" meint einerseits und wie hier „gehorchen," und andererseits auch „hin-, an-,

EXEGETISCHE ANALYSE DES MARKUSEVANGELIUMS 73

ßig detaillierten Schilderung von Interesse, auch nicht ob und von welcher Art Leiden der namenlose und auch sonst unbeschriebene Mensch befreit wurde, ebenso wenig ob dieser Exorzismus am Sabbat unter die Kategorie „Arbeit" fällt oder was die Vier zu diesem Geschehen finden. Entscheidend ist vielmehr, dass Jesus als Gesetzeslehrer und Exorzist Vollmacht besitzt. Denn über den Vergleich mit den Schriftgelehrten erhebt der Erzähler Jesus auf ihre Höhe, und erstmals diesen gegenüber eine Grenze konstruierend, sagt er, dass Jesus über und wegen dieser Vollmacht das Amt des Schriftauslegers mit größerer Legitimation ausfüllt als sie. Die „Kunde" (Mk 1,28: ἀκοή)[128] verbreitete sich schlagartig in „ganz Galiläa" und/oder der „Umgegend von Galiläa" (Mk 1,28: περίχωρος[129]; Mk 1,28; vgl. 3.1.3[3]).

(4)   Politisch-militärisches Profil
Nachdem Jesus seinen – mit dem Narrator übereinstimmenden – Selbstanspruch als der von Gott gesandte König in Galiläa kund gemacht und sich daraufhin einen innersten Kreis erwählt hat, stellt er in Kapernaum erstmals seinen Machtanspruch in der Öffentlichkeit und somit vor Zeugen unter Beweis. Ein mögliches Motiv, weshalb Jesus aus allen galiläischen Ortschaften diese auswählt, könnte darin liegen, dass hier der aktive Widerstand des Feldherrn Josephus gegen die Truppen Agrippas II. – dem eifrigsten Verbündeten Vespasians – endet (vgl. 5.7.3[4]).[130] Publikumswirksam inszeniert sich Jesus über Lehre und Exorzismus im Rahmen eines städtischen Synagogengottesdienstes, bei dem die lokale Elite – auch schriftauslegende Elite – anwesend sein dürfte. Die wichtigere Machtdemonstration in dieser Szene erfolgt gegenüber einem

---

erhören, Befehle einholen." Das Verb findet sich 2mal im Text und verweist nur auf Jesus (Mk 1,27; 4,41).

128   Menge-Güthling, „ἀκοή,"*Langenscheidts Großwörterbuch Altgriechisch-Deutsch*, 28; Walter Bauer, „ἀκοή," *Griechisch-deutsches Wörterbuch zum Neuen Testament*, 59: Das vom Verb „ἀκούω" – „hören" – abgeleitete Substantiv meint einerseits „Gehör, Ohr, Hören," andererseits „Kunde, Nachricht, Sage, (Kriegs)Gerücht, Tradition, Ruf" und schließlich „Mitteilung, Erzählung, Botschaft, Predigt." Der Begriff findet sich 3mal im Text (Mk 1,28; 7,35; 13,7).

129   Walter Bauer, „περίχωρος," *Griechisch-deutsches Wörterbuch zum Neuen Testament*, 1316–1317: Im Verbund mit „Galiläa" könnte das Syntagma „die Umgegend *von* Galiläa" meinen, vorgeschlagen wurde auch, den Genitiv epexegetisch, also erklärend zu verstehen im Sinn von „die Umgegend, also *ganz* Galiläa." Der Begriff findet sich als *Hapax legomenon* nur hier im Text.

130   Vgl. Collins, die daran erinnert, dass Kapernaum bis zum jüdischen Aufstand römischem Prokurat unterstand (*Mark*, 162).

74   3. KAPITEL

unreinen Geistwesen, eine Kampffront,[131] die Jesus bereits aus seiner Begegnung mit Satan kennt; sie wird hier fortgeführt, und Jesus obsiegt hier wie dort. Nach Vorstellung antiker Dämonologie konnten unreine Geister nicht nur Seelen von Toten sein, sondern auch zur fremden Götterwelt gehörende Wesen.[132] Aus dem Mund des Geistes wird Jesu Selbstdefinition bestätigt. Das zur jenseitigen oder zur feindlichen Welt gehörende Geistwesen weiß demnach über die wahren Machtverhältnisse im Kosmos Bescheid und vermag sich Jesu Autorität als von Gott erwählter König Israels nicht zu widersetzen, muss schließlich das unrechtmäßig besetzte „anthropologische Territorium" verlassen. Die anwesenden Synagogenbesucher sprechen nach dieser Machtdemonstration nicht über die für alle hörbar gewordene Identifizierung Jesu als den Heiligen Gottes, vielmehr beschäftigt sie sein Machterweis. Wie König Salomon ist Jesus Herr über Geister und Dämonen (vgl. Josephus, *Ant.* 8,45–48).[133] Es ist diese Kunde, die sich im gesamten Fürstentum und darüber hinaus verbreitet. Damit eröffnet der Narrator an dieser Stelle eine weitere Front: Denn neben dem Umstand, dass er die Schriftgelehrten gegenüber Jesus mit dem Stigma der Schwäche versieht, der Absenz von Vollmacht also, und Jesus als den legitimeren Lehrer als jene stilisiert, zeichnet er Jesus als einen, dessen Vollmacht[134] mehr als nur Geistwesen vom Territorium zu vertreiben vermag (vgl. 5.4.2[1]; 5.5.4[3]).[135] Doch wie im militärischen Kontext üblich, gilt es dabei das erste und wichtigste Stratagem der Geheimhaltung zu berücksichtigen, und einen möglichen Verrat durch die Geistwesen zu unterbinden (vgl. 5.7.3[4]).[136]

---

131   Vgl. Marcus, der diesen und auch andere Exorzismen als „battles" oder „eschatological holy wars against demonic foes" umschreibt (*Mark*, 1:186, 195, 197).

132   Sarah Iles Johnston, „v. Dämonen," DNP 3:261–264; Peter Habermehl, „E. Dämonologie," DNP 3:269.

133   Vgl. auch John P. Meier, der darüber hinaus noch das Testament Salomos erwähnt (*Mentor, Message, and Miracles* [Bd. 2 von *A Marginal Jew: Rethingking the Historical Jesus*; ABRL; New York: Doubleday, 1994], 689).

134   Hilfreich macht Ebner darauf aufmerksam, dass „Vollmacht" für lat. *imperium* steht, das u. a. auch militärische Befehlsgewalt meint (*Das Markusevangelium*, 26; vgl. auch ders., „Die Rede von der ‚Vollmacht' Jesu im MkEv," 21–30).

135   Vgl. auch Ebner, der diese und auch andere Wunderszenen Jesu mit den Schauwundern Vespasians kontrastiert. Anders als jenem würden Jesus „Prestigegewinn und Ansehen auf dem Weg zur Macht" fernstehen („Das Markusevangelium und der Aufstieg der Flavier," 68–69).

136   Zum Thema der Geheimhaltung vgl. z. B. Bedenbender, „Das Messiasgeheimnis im Markusevangelium," 1–88.

EXEGETISCHE ANALYSE DES MARKUSEVANGELIUMS   75

3.2.3   Szene 08 (Mk 1,29b–34): Jesus heilt die Schwiegermutter Simons in und befreit viele vor dessen Haus

(1)   Szene

Die achte Szene Mk 1,29b–34 handelt davon, wie Jesus die Schwiegermutter Simons in dessen Haus heilt, und später auch viele Stadtbewohner vor der Tür heilt und befreit. Wie bereits die Szenen 02 und 07 gehört somit auch diese zu den volksbezogenen, und zwar ihre Heilung und Befreiung betreffenden Szenen, und wie bereits die Szenen 03–04 und 07 gehört sie ferner auch zu den auf jenseitige Wesen, und zwar Dämonen betreffenden Szenen. Die Szene unterscheidet sich von der nachfolgenden nicht im Blick auf Handlung, wohl aber im Blick auf Akteure, Ort, Zeit und Thema, verkündigt und befreit doch dort Jesus in ganz Galiläa und heilt einen Aussätzigen.

(2)   Text

[1,29b] Sie kamen in das Haus Simons und Andreas' mit Jakobus und Johannes. [30] Die Schwiegermutter Simons aber lag fieberkrank darnieder, und sogleich sagen sie ihm von ihr. [31] Und herzukommend richtete er sie die Hand ergreifend auf, und das Fieber verließ sie, und sie diente ihnen. [32] Als es aber Abend geworden war und die Sonne unterging, brachten sie zu ihm viele Kranke und Besessene. [33] Und es war die ganze Stadt versammelt vor der Tür. [34] Und er heilte viele Kranke von mancherlei Krankheiten und trieb viele Dämonen aus, und er erlaubte den Dämonen nicht zu reden, denn sie kannten ihn.[137]

(3)   Inhalt

Explizit anwesende *Akteure* dieser Szene sind einerseits Jesus, andererseits „Simon" (Mk 1,29.30; vgl. 3.2.1[3]) und „Andreas" (Mk 1,29; vgl. 3.2.1[3]), ferner „Jakobus" (Mk 1,29; vgl. 3.2.1[3]) und „Johannes" (Mk 1,29; vgl. 3.1.2[3]), dann die „Schwiegermutter" (Mk 1,30) des Simon und schließlich die „Stadt(bewohner)" (Mk 1,33: πόλις)[138] Kapernaums, unter denen auch Kranke weilen, das heißt solche, die „Schlechtes haben" (Mk 1,32.34: κακῶς[139]; Mk 1,32.34 Pz. Pl.:

---

137   Literarisch folgt die Szene 08 einem parallelen Schema: A: Mk 1,29b–30 (fieberkrank, sie); B: Mk 1,31 (sie, Fieber); A': Mk 1,32 (er, Dämonisierte); B': Mk 1,33–34 (Dämonen, er).

138   Menge-Güthling, „πόλις," *Langenscheidts Großwörterbuch Altgriechisch-Deutsch*, 566; Walter Bauer, „πόλις," *Griechisch-deutsches Wörterbuch zum Neuen Testament*, 1374–1375: Das Substantiv meint einerseits „Stadt, Haupt-, Oberstadt, Stadtburg, Stadtgebiet, Heimat, Vaterstadt, -land, Ortschaft" und andererseits wie hier „Stadtbewohner, Stadtgemeinde, Bürgerschaft, Staat, Freistaat, Demokratie." Der Begriff findet sich 8mal im Text (Mk 1,33.45; 5,14; 6,33.56; 11,19; 14,13.16).

139   Walter Bauer, „κακῶς," *Griechisch-deutsches Wörterbuch zum Neuen Testament*, 808;

ἔχω) oder an „Krankheiten" (Mk 1,34 Pl.: νόσος)[140] leiden, wie auch „Besessene"
(Mk 1,32: δαιμονίζομαι)[141] mitsamt den sie plagenden „Dämonen" (Mk 1,34.34
Pl.: δαιμόνιον)[142]. Mit den Bewohnern ist somit auch gesagt, dass der Erzähler
Kapernaum als *Stadt* qualifiziert, ein Umstand, der sich archäologisch (noch)
nicht hat verifizieren lassen. Die Heilung der Schwiegermutter findet dabei im
privaten „Haus" (Mk 1,29) des Simon und Andreas, die Heilungen und Befrei-
ungen der Stadtbewohner vor deren „(Haus)Tür" (Mk 1,33: θύρα)[143] – im semi-

---

Michael Lattke, „κακῶς," *EWNT* 2: 590–591: Das Adverb in der idiomatischen Verbindung
mit dem Verb „haben" kann neben physisch Schlechtem auch ethisch Schlechtes bezeichnen. Der Begriff findet sich 4mal im Text, und verweist stets auf Kranke (Mk 1,32.34; 2,17;
6,55).

140   Walter Bauer, „νόσος," *Griechisch-deutsches Wörterbuch zum Neuen Testament*, 1099–1100:
Das Substantiv meint einerseits „Krankheit" und andererseits „Laster." Als „krank" konnte
auch ein Kriegsgegener bezeichnet werden (vgl. z. B. Josephus, *Bell.* 1,4). Der Begriff findet
sich als *Hapax legomenon* nur hier im Text.

141   Walter Bauer, „δαιμονίζομαι," *Griechisch-deutsches Wörterbuch zum Neuen Testament*, 337:
Das Verb meint „von Dämonen besessen sein." Der Begriff findet sich 4mal im Text (Mk
1,32; 5,15.16.18).

142   Walter Bauer, „δαιμόνιον," *Griechisch-deutsches Wörterbuch zum Neuen Testament*, 337–338;
Otto Böcher, „δαιμόνιον," *EWNT* 1: 649–657: Hatte Israel nun ursprünglich Gutes und Böses
auf Jahwe zurückgeführt und in Schadensmächten Gottes strafende oder versuchende
Boten erblickt, so führte die Begegnung mit dem iranisch-chaldäischen Synkretismus im
Babylonischen Exil zu weitgehender Rezeption des gemeinantiken Dualismus durch das
biblische und nachbiblische Judentum. Als hilfreiche Geistmächte galten die Engel, als
teuflische Schädiger die Dämonen. Zwar bleib Gott der Schöpfer und Herr auch des Satans
und seiner Dämonen, doch verlor für die Volksfrömmigkeit diese Tatsache zunehmend an
Bedeutung; der reinen Sphäre Gottes und seiner Engel stand die unreine des Teufels und
seiner Dämonen nahezu gleichberechtigt gegenüber. Die Dämonen sind die Schädiger
und Verderber schlechthin; sie wurden als „unreine Geister" bezeichnet. Krankheiten des
Leibes und des Geistes und vor allem der Tod sind ihr Werk. Die Heilungen Kranker
und Besessener bestand deshalb im Austreiben der Krankheitsdämonen. Aus Gen 6,1–
4 schloss das nachbiblische Judentum, die Dämonen seien durch Geschlechtsverkehr
der Gestirnengel mit Menschentöchtern entstanden oder auch identisch mit den von
Gott auf die Erde gestürzten Gestirnengeln selbst. Das rabbinische Judentum führt die
Dämonen zurück auf Geschlechtsverkehr Adams mit weiblichen und Geschlechtsverkehr
Evas mit männlichen Geistwesen. Für die Endzeit erwartete die jüdische Eschatologie die
Entmachtung des Teufels und seiner Dämonen. Das Substantiv findet sich 11mal im Text
(Mk 1,34.34.39; 3,15.22.22; 6,13; 7,26.29.30; 9,38).

143   Menge-Güthling, „θύρα," *Langenscheidts Großwörterbuch Altgriechisch-Deutsch*, 336; Walter Bauer, „θύρα," *Griechisch-deutsches Wörterbuch zum Neuen Testament*, 743–744; Reinhard Kratz, „θύρα," *EWNT* 2:397–399: Das Substantiv meint einerseits und wie hier
„Tür(flügel), (Stadt- oder Lager)Tor, Pforte," andererseits „Haus, Wohnung, Palast, Königs-

EXEGETISCHE ANALYSE DES MARKUSEVANGELIUMS   77

privaten Raum – statt. Die erste Sequenz geschieht noch während des *Sabbats*, die zweite nach seinem Ende, d.h. „abends" (Mk 1,32: ὀψία)[144] nach Sonnen-untergang (vgl. Lev 23,32). In *rhetorischer* Hinsicht sind keine direkten Reden vorhanden, und die Erzählung nimmt der Absenz von Details wegen summa-rischen Charakter an. Mit dem Thema zusammenfassender Berichte von Hei-lungen und Exorzismen knüpft das Narrativ insbesondere an die Szenen 09, 15 und 32 an.

Von der Synagoge herkommend, begeben sich die vier Berufenen mit Jesus in Simons und Andreas' Haus, wo sie Simons Schwiegermutter fieberkrank „darniederliegend" (Mk 1,30) vorfinden. Die Leserschaft erfährt bei dieser Ein-leitung, dass Simon und Andreas gemeinsam ein Haus in Kapernaum besit-zen, das sie vermutlich auch gemeinsam bewohnen. Simon ist verheiratet, und neben seiner Frau scheint auch seine Schwiegermutter unter demselben Dach zu wohnen. Die Neuigkeit ihrer Krankheit berichten die Zwei oder Vier umge-hend Jesus. Ohne ein Wort zu entgegnen, begibt sich dieser zu ihr, „ergreift" (Mk 1,31: κρατέω)[145] ihre „Hand" (Mk 1,31: χείρ)[146], er berührt sie also, „rich-

---

hof, Residenz," ferner „Eingang, Zugang, Öffnung, Schwelle, Grenze" und schließlich „Platte, Tafel, Brett, Hürde." Der Begriff findet sich 6mal im Text (Mk 1,33; 2,2; 11,4; 13,29; 15,46; 16,3).

144   Menge-Güthling, „ὀψία," *Langenscheidts Großwörterbuch Altgriechisch-Deutsch*, 510; Wal-ter Bauer, „ὀψία," *Griechisch-deutsches Wörterbuch zum Neuen Testament*, 1216: Das Sub-stantiv meint „Nachmittag oder Abend(zeit)." Der Begriff findet sich 6mal im Text (Mk 1,32; 4,35; 6,47; 11,11; 14,17; 15,42).

145   Liddell-Scott, „κρατέω," *Greek-English Lexicon*, 991; Menge-Güthling, „κρατέω," *Langen-scheidts Großwörterbuch Altgriechisch-Deutsch*, 402–403; Walter Bauer, „κρατέω," *Grie-chisch-deutsches Wörterbuch zum Neuen Testament*, 910–912; Peter von der Osten-Sacken, „κρατέω,"*EWNT* 2:776–778: Das vom Substantiv „κρατός" – Kraft, Macht, Gewalt – abgelei-tete Verb meint einerseits „stark oder mächtig sein" andererseits „überlegen sein, beherr-schen" und schließlich „bezwingen, überwältigen, niederkämpfen, überwinden, besiegen, sich bemächtigen (fest- und gefangennehmen), ergreifen, fassen." Der Begriff findet sich 15mal im Text (Mk 1,31; 3,21; 5,41; 6,17; 7,3.4.8; 9,10.27; 12,12; 14,1.44.46.49.51).

146   Liddell-Scott, „χείρ," *Greek-English Lexicon*, 1983–1984; Menge-Güthling, „χείρ," *Langen-scheidts Großwörterbuch Altgriechisch-Deutsch*, 745; Walter Bauer, „χείρ," *Griechisch-deutsches Wörterbuch zum Neuen Testament*, 1755–1776: Das Substantiv meint einerseits die menschliche oder göttliche „Hand, Faust, Arm, Seite, Nähe, Nahkampf und Handge-menge (Plural)," andererseits die eigene oder feindliche „Tätigkeit, Tat, Tapferkeit, Kraft, Stärke, Macht, Gewalt(tätigkeit), Grausamkeit" und schließlich „Handschrift, Handvoll, Schar, Haufe, Mannschaft, Heeresmacht." Das Substantiv erscheint insgesamt 24mal im Text (Mk 1,31.41; 3,1.3.5.5; 5,23.41; 6,2.5; 7,2.3.5.32; 8,23.23.25; 9,27.31.43.43; 10,16; 14,41.46), und steht mit wenigen Ausnahmen (Mk 7,2.3.5; 9,31.43.43; 14,41.46) meistens im Zusammen-hang von Heilungsszenen (Mk 1,31.41; 3,1.3.5.5; 5,23.41; 6,2.5; 7,32; 8,23.23.25; 9,27; 10,16).

78   3. KAPITEL

tet sie auf" (Mk 1,31: ἐγείρω)[147], und schon ist sie gesund. Daraufhin „dient"
(Mk 1,31; vgl. 3.1.4[3]) sie ihnen, womit die Fünf gemeint sein dürften. Was
bedeutet es, dass die Schwiegermutter die Fünf bedient? Im naheliegenden
Sinn versorgt sie diese nach dem Synagogengottesdienst mit Speise. Diese
Interpretation würde die Vermutung untermauern, dass die Schwiegermutter nicht nur zu Gast im Hause Simons und Andreas' weilt, sondern auch da
wohnt, denn derlei Bedienung setzt gute Kenntnisse der Infrastruktur voraus.
Vielleicht ist sie deshalb Mitbewohnerin, weil sie verwitwet ist. In sozialer
Hinsicht könnte ihr Dienst Dankbarkeit ausdrücken, oder erfüllt sie lediglich
die von der sie bestimmenden Gesellschaft zugewiesene Rolle der Gastgebe-
rin? Beides ist denkbar, zumal in Szene 06 die Brüder Simon und Andreas
als möglicherweise ökonomisch nicht besonders gut situiert dargestellt wurden, und ihr – anstelle von Sklaven – die Helferdienste in der Familie obliegen, insbesondere gegenüber Fremden oder fernen Bekannten wie Jakobus
und Johannes, denen die vielleicht noch junge Ehefrau nicht ausgesetzt sein
sollte. In jedem Fall demonstriert ihr Verhalten die gelungene Heilung. Die
Schwiegermutter ist somit über ihr Geschlecht, ihre verwandtschaftlichen Banden und ihrer Aufgabe definiert, ansonsten bleibt sie nicht nur ohne Namen,
sondern auch geschichts- und konturenlos, auch tritt sie im weiteren Text
nicht mehr auf. Die Heilung der Schwiegermutter weist jedoch noch eine
andere, tiefere Dimension auf, denn nicht nur lässt Jesus die erste explizite
Heilung einer Frau angedeihen, die es ihm und anderen als einzige Geheilte
mit Gegenleistung dankt, er tut dies im privaten Hause Simons, demjenigen
Nachfolger, der der wichtigste werden sollte, und er tut es an einem Sabbat.
Indem Jesus nun sie – vielleicht in Anwesenheit aller oder auch nur im privaten Hinterzimmer – heilt, hat Jesus der Familie und insbesondere Simon,
seinem künftigen Intimus, zuerst gedient, und dieser Dienst wird der ganzen Gruppe verdankt, indem die Geheilte sich ihrer aller leiblichen Versorgung annimmt. Mit anderen Worten wird ihr die Rolle zugewiesen, als erste

---

147   Liddell-Scott, „ἐγείρω," *Greek-English Lexicon*, 469; Menge-Güthling, „ἐγείρω," *Langen-
      scheidts Großwörterbuch Altgriechisch-Deutsch*, 199; Walter Bauer, „ἐγείρω," *Griechisch-
      deutsches Wörterbuch zum Neuen Testament*, 432–433: Das Verb meint einerseits und wie
      hier „auf- und erwecken (Schlafende), auferwecken (Tote), aufstehen machen (Kranke),
      gesund machen, aufführen, errichten," andererseits „er- und anregen, antreiben, anfeu-
      ern, anfachen, entzünden, anstacheln (zum Krieg)" und schließlich „anheben, erheben
      (zur Klage)." Der Begriff findet sich 18mal im Text (Mk 1,31; 2,9.11.12; 3,3; 4,27.38; 5,41; 6,14.16;
      9,27; 10,49; 12,26; 13,8.22; 14,28.42; 16,6) und verweist 6mal auf Totenauferweckung (Mk 5,41;
      6,14.16; 12,26; 14,28; 16,6).

EXEGETISCHE ANALYSE DES MARKUSEVANGELIUMS 79

Gruppenidentität im Rahmen einer ersten Mahlgemeinschaft konstituiert zu haben.[148]

Seinen Dienst nun weitet Jesus auf die ganze Stadt aus, so berichtet der Narrator. Denn mit Beendigung des Sabbats „versammeln" (Mk 1,33: ἐπισυνάγω)[149] sich alle ihre Bewohner, einschließlich der Kranken und Besessenen, vor Simons und Andreas' Haustür. Diese spontane Versammlung an der Schwelle zwischen privatem und öffentlichem Raum – vermutlich in Anwesenheit der Vier und möglicherweise auch der Schwiegermutter – dürfte auf Jesu Exorzismus in der vorhergehenden Szene gründen, und der Sabbat hielt die Bewohner davon ab, sich nicht schon früher hilfesuchend versammelt zu haben. Die Bewohner wussten also, wohin sich Jesus nach der Synagoge begab, und die Vier dürften dadurch bereits als die ihm Nahestehenden wahrgenommen worden sein. Die Not der Bewohner scheint groß zu sein, ebenso ihre Hoffnung, von Jesus Hilfe zu bekommen, nicht für sich sondern für ihre zahlreichen Kranken und Besessenen, die sie gewiss mühevoll „heranführen oder -tragen" (Mk 1,32: φέρω)[150]. Jesus „heilt" (Mk 1,34: θεραπεύω)[151] und „befreit" (Mk 1,34; vgl. 3.1.4[3]) viele und „gestattet" (Mk 1,31.34; vgl. 3.2.1[3]) den Dämonen nicht zu reden, weil sie – wie der unreine Geist der vorhergehenden Szene – „wissen" (Mk 1,34; vgl. 3.2.2[3]), wer er ist. Da sie Bringer von physischen wie psychischen Leiden und damit des unnatürlichen Todes sind, ist ihre Austreibung Voraussetzung für Heilung, weshalb Heilungen und Exorzismen nicht unabhängig voneinander betrachtet werden dürfen. Dieses Verständnis legt auch der Text nahe (vgl. auch Josephus, *Bell.* 7,185), denn die

---

148 Vgl. auch Susan Miller, *Women in Mark's Gospel* (JSNTS 259; London: T&T Clark, 2004), 17–30.

149 Menge-Güthling, „ἐπισυνάγω," *Langenscheidts Großwörterbuch Altgriechisch-Deutsch*, 276; Walter Bauer, „ἐπισυνάγω," *Griechisch-deutsches Wörterbuch zum Neuen Testament*, 610–611: Das Kompositum meint „(ver)sammeln." Das Verb findet sich 2mal im Text (Mk 1,33; 13,27).

150 Walter Bauer, „φέρω," *Griechisch-deutsches Wörterbuch zum Neuen Testament*, 1704–1706: Das Verb meint neben „herbeibringen und herantragen" auch „tragen, schleppen, hervorbringen von Früchten." Der Begriff findet sich 15mal im Text (Mk 1,32; 2,3; 4,8; 6,27.28; 7,32; 8,22; 9,17.19.20; 11,2.7; 12,15.16; 15,22).

151 Menge-Güthling, „θεραπεύω," *Langenscheidts Großwörterbuch Altgriechisch-Deutsch*, 328–329; Walter Bauer, „θεραπεύω," *Griechisch-deutsches Wörterbuch zum Neuen Testament*, 729; Werner Grimm, „θεραπεύω," *EWNT* 2:354–357: Das Verb bezeichnet neben „sorgen, behandeln, heilen und beachten" auch „dienen und ehren" gegenüber Gottheiten. Angesichts dieses Bedeutungshorizonts verleiht der Autor dem Dienst Jesu eine tiefgründige Nuance, denn im Text ist es immer Gott, der den Menschen dient und nicht umgekehrt. Der Begriff findet sich 5mal im Text (Mk 1,34; 3,2.10; 6,5.13).

80   3. KAPITEL

Bewohner waren erst Zeugen einer Befreiung und „sogleich" (Mk 1,30: εὐθύς)
bringen sie auch ungefordert ihre Kranken herbei. Anders als in der vorhergehenden Szene, bedenkt der Erzähler Ärzte hier nicht mit einem desavouie-
renden Stigma, das wird erst in Szene 26 der Fall sein, fährt aber mit seiner
Machtdemonstration fort, auch außerhalb liturgischen Raums und jenseits von
Gottesdienst.

(4)   Politisch-militärisches Profil
Dadurch, dass Jesus sich in das Haus des Simon und Andreas – in ihren Privat-
bereich – begibt, können er und die Vier erstmals von einer größeren Öffentlichkeit – in diesem Falle den Bewohnern Kapernaums – als soziale Entität
sichtbar werden. Die Erwartungen der Vier an ihn scheinen in diesem Stadium
der Beziehung unbegrenzt, denn sogleich als sie von der darniederliegenden
Schwiegermutter erfahren, wenden sie sich hilfesuchend und ihm alles zutrau-
end zu. Er enttäuscht ihre Erwartungen seinerseits nicht, folgt der impliziten
Bitte um Heilung sogleich, und dient durch die Heilung der Schwiegermutter
dem Hause Simons.[152] Ihr rückwirkender Dienst an ihnen mittels eines ersten
gemeinsamen Mahls erweist sich für die im Aufbau begriffene Gruppe und ihre
Identität vielleicht als konstitutiv (vgl. 5.6.4[9]).

    Seinen Dienst weitet Jesus auf die ganze Stadt aus, wobei ihre Bewohner
sich hierzu zu Simons und Andreas' Haus begeben müssen. Dadurch setzt Jesus
seine in der Synagoge begonnene Machtdemonstration gegenüber der Geisterwelt – da es nun nicht ein Geist, sondern zahlreiche Dämonen sind – auf einer

---

152   Das Verb „dienen" – so Joanna Dewey – wird Jesus in Mk 10,45 (Szene 53) auf sich selbst
       beziehen und im Zusammenhang mit Todesbereitschaft als Merkmal wahrer Nachfolge
       herausstellen (vgl. „The Gospel of Mark," in Searching the Scriptures. Bd. 2: A Feminist
       Commentary [hg. von Elisabeth Schüssler Fiorenza; New York: Crossroad, 1998], 470–
       509, bes. 476–477). Gegen eine solche Verknüpfung von „dienen" in Mk 1,31 mit seiner
       Verwendung in Mk 10,45 oder gar Mk 15,41, mit dem Ziel die Schwiegermutter als egalitäre
       Jüngerin zu rekonstruieren, plädiert Deborah Krause: „I contend that the political struggle
       to liberate women and other ‚non persons' from patriarchal oppression requires a clear
       appreciation for, and challenge to, Simon's mother-in-law's context of service. Rather than
       a mascot in the parade of egalitarian discipleship, such work yields an appreciation for the
       various inequities among subjects, objects, and contexts of ‚service' at work in the Gospel
       traditions. Indeed, such insights might correspond to a renewed awareness for such
       inequities in the world today and the conviction to work to change them." („Simon Peter's
       Mother-in-Law – Disciple or Domestic Servant? Feminist Biblical Hermeneutics and the
       Interpretation of Mark 1.29–31," in A Feminist Companion to Mark [hg. von Amy-Jill Levine,
       unter Mitarb. von Marianne Blickenstaff; FCNTECW 2; Sheffield: Sheffield Academic Press,
       2001], 37–53, bes. 51).

EXEGETISCHE ANALYSE DES MARKUSEVANGELIUMS 81

größeren und quasi öffentlichen Bühne fort. Seine Heilungstätigkeit erweist sich dabei als Folgewirkung von Exorzismen, Jesus muss demnach die unreinen Geister zuerst vertreiben, will er jenen Menschen dienen. Insofern könnte Jesu Kampf gegen die Dämonen als Mittel zum Zweck seines Dienstes an den Menschen seines im Aufbau begriffenen Königreiches verstanden werden, etwas, was er später im Text explizit als Selbstaussage formulieren wird (vgl. Mk 10,45). Anders als in der Synagoge verweigert Jesus den Dämonen das Reden, womöglich wiederum im Interesse des gebotenen Stratagems der Geheimhaltung (vgl. 5.7.3[4]), und stellt wie schon in der Synagoge seine Vollmacht als Exorzist und diesmal auch wie König Salomo als Heiler vor, dabei einheimische wie römische Eliten überbietend (vgl. 5.5.4[3]).

3.2.4 Szene 09 (Mk 1,35–45): Jesus verkündigt und befreit in ganz Galiläa und heilt einen Aussätzigen

(1) Szene

Die neunte Szene Mk 1,35–45 handelt davon, wie Jesus in ganz Galiläa verkündigt und befreit und einen Aussätzigen heilt. Wie bereits die Szenen 02 und 07–08 gehört somit auch diese zu den volksbezogenen, und zwar ihre Belehrung, Befreiung und Heilung betreffenden Szenen, und wie bereits die Szenen 03–04 und 07–08 gehört sie ferner auch zu den auf jenseitige Wesen bezogenen, und zwar Dämonen betreffenden Szenen. Die Szene unterscheidet sich von der nachfolgenden im Blick auf Akteure, Ort, Zeit, Handlung und Thema, heilt doch dort Jesus einen Gelähmten in Kapernaum und vergibt ihm seine Sünden.

(2) Text

1[35] Und frühmorgens, als es noch sehr dunkel war, ging er aufstehend hinaus und ging fort an einen einsamen Ort und betete. [36] Und es eilte ihm Simon und die mit ihm nach, [37] und sie fanden ihn und sagen zu ihm: Alle suchen dich. [38] Und er sagt zu ihnen: Lasst uns anderswohin ziehen, in die Städte habende (Nachbarschaft), damit ich auch dort verkündige, denn dazu ging ich aus. [39] Und er ging verkündigend in ihren Synagogen in ganz Galiläa und die Dämonen austreibend. [40] Und es kommt zu ihm ein Aussätziger ihn bittend und zu ihm sagend: Wenn du willst kannst du mich reinigen. [41] Und innerlich bewegt berührte er (ihn) seine Hand ausstreckend und sagt zu ihm: Ich will, sei gereinigt! [42] Und sogleich wich von ihm der Aussatz und er war gereinigt. [43] Und ihn scheltend trieb er ihn fort [44] und sagt zu ihm: Siehe, sage niemand etwas, sondern geh und zeige dich dem Priester und opfere für deine Reinigung, was Mose gebot, ihnen zum Zeugnis! [45] Er aber hinausgehend begann viel zu verkündigen und auszubreiten das Wort, so dass er nicht mehr öffentlich in die

82   3. KAPITEL

Stadt hineingehen konnte, sondern war draußen an einsamen Orten, und sie kamen zu ihm von allen Seiten.[153]

(3)   Inhalt

Explizit anwesende *Akteure* dieser Szene sind einerseits Jesus, andererseits „Simon" (Mk 1,36; vgl. 3.2.1[3]) und „die mit ihm" (Mk 1,35), was die übrigen drei Berufenen meinen dürfte, ferner „Dämonen" (Mk 1,39 Pl.; vgl. 3.2.3[3]), dann ein an „Aussatz" leidender, das heißt „Lepröser" (Mk 1,40.42), und schließlich Hilfesuchende, wohl aus Kapernaum (Mk 1,45). Und erwähnte Akteure sind einerseits „Mose" (Mk 1,44: Μωϋσῆς)[154] und andererseits ein(e) nicht spezifizierte(r) „Priester oder Priesterschaft" (Mk 1,44: ἱερεύς)[155]. Eine *räumliche* Analyse dieser Szene gestaltet sich nicht ganz einfach: Ausgangspunkt ist zunächst ein „einsamer Ort" (Mk 1,35; Mk 1,45 Pl.; vgl. 3.1.2[3]; Mk 1,35; Mk 1,45 Pl.: τόπος)[156] wohl nicht weit von Kapernaum, von da – so scheint es – brechen die Fünf in die „Stadtdörfer" (Mk 1,38: κωμόπολις)[157] „Galiläas" (Mk 1,39; vgl. 3.1.3[3])

---

153   Literarisch folgt Szene 09 einem chiastischen Schema: A: Mk 1,35–38 (hinausgehen, einsamer Ort, sagen, ihnen, Städte, verkündigen, hinausgehen); B: Mk 1,39 (austreiben); C: Mk 1,40 (Aussätziger, sagen, ihm, wollen, reinigen); C': 1,41–42 Mk (sagen, ihm, wollen, reinigen, Aussatz); B': Mk 1,43 (austreiben); A': Mk 1,44–45 (sagen, ihm, hinausgehen, verkündigen, Stadt, hineingehen, einsamer Ort).

154   Hellmut Haug, „Mose," *Namen und Orte der Bibel*, 267; Martin Hasitschka, „Moses," *Personenlexikon zum Neuen Testament*, 218–221: Der Name steht für hebr. „der Herausziehende, Rettende," was als „(aus dem Wasser) herausgezogen" gedeutet wird, und auf denjenigen Führer verweist, der das Volk Israel aus Ägypten führte und diesem am Berg Sinai das Gesetz Gottes vermittelte. Der Begriff findet sich 8mal im Text (Mk 1,44; 7,10; 9,4.5; 10,3.4; 12,19.26).

155   Menge-Güthling, „ἱερεύς," *Langenscheidts Großwörterbuch Altgriechisch-Deutsch*, 340; Walter Bauer, „ἱερεύς," *Griechisch-deutsches Wörterbuch zum Neuen Testament*, 755–756: Das Substantiv meint „(Ober)Priester(schaft)," welche immer wieder auch Kriegspartei war. Der Begriff findet sich 2mal im Text (Mk 1,44; 2,26).

156   Menge-Güthling, „τόπος," *Langenscheidts Großwörterbuch Altgriechisch-Deutsch*, 690; Walter Bauer, „τόπος," *Griechisch-deutsches Wörterbuch zum Neuen Testament*, 1639–1641: Das Substantiv meint einerseits und wie hier „Ort, Stelle, Stätte, (Kampf)Platz, Gegend, Land(schaft), Gebiet, Raum, Örtlichkeit, Gelände" und andererseits „Lebensstellung, Stand, Rang, Amt, Gelegenheit, Möglichkeit, Anlass, Abschnitt, Stück, Teil, Kapitel." Der Begriff findet sich 10mal im Text (Mk 1,35.45; 6,11.31.32.35; 13,8; 15,22.22; 16,6).

157   Liddell-Scott, „κωμόπολις," *Greek-English Lexicon*, 1018; Menge-Güthling, „κωμόπολις," *Langenscheidts Großwörterbuch Altgriechisch-Deutsch*, 412; Walter Bauer, „κωμόπολις," *Griechisch-deutsches Wörterbuch zum Neuen Testament*, 937: Das Kompositum bezeichnet eine „Stadt," mit verfassungsmäßigem Status eines Dorfes. Das Substantiv findet sich als *Hapax legomenon* nur hier im Text, auch im Blick auf das gesamte Neue Testament.

EXEGETISCHE ANALYSE DES MARKUSEVANGELIUMS　　　　　　　83

auf, besuchen deren „Synagogen" (Mk 1,39; vgl. 3.2.2[3]) und Jesus endet –
quasi gezwungenermaßen – wieder an einsamem Ort „außerhalb" (Mk 1,45:
ἔξω) der „Stadt" (Mk 1,45; vgl. 3.2.3[3]), womit wiederum Kapernaum gemeint
sein dürfte (vgl. Mk 2,1). Wohin die Fünf unterwegs sind, ist nahezu unmöglich zu eruieren. Josephus führt an, dass Galiläa zu seiner Zeit über 204 Städte
und Dörfer verfügte (*Vit.* 235), wie viele von diesen sind als Stadtdörfer zu
bezeichnen, wie viele verfügen über eine Synagoge? Es darf vermutet werden,
dass es dem Erzähler darum geht zu zeigen, dass Jesus flächendeckend verkündigt, zumindest legt dies das Adjektiv in „ganz" Galiläa nahe (Mk 1,39).
Ebenso schwierig gestaltet sich die *temporale* Analyse: Jesus verkündigt in
ihren Synagogen, heißt es, tut er dies nur am Sabbat – was die Reisetätigkeit
erheblich verlängern würde – oder verkündigt er auch unter der Woche, beispielsweise an Markttagen? Immerhin lässt sich implizit festhalten, dass die
Reise am ersten Wochentag nach Sabbat beginnt. In *rhetorischer* Hinsicht ist
die Szene reich an direkten Reden, einerseits wendet sich Simon fragend an
Jesus, andererseits antwortet dieser ihm und seinen Begleitern, ferner spricht
der Aussätzige Jesus an, worauf dieser ihm schließlich antwortet und ihm vergeblich – wie es scheint – Handlungsanweisungen gibt. Mit dem Thema von
Einzelheilungen knüpft das Narrativ an die Szenen 08, 10, 14, 26, 35, 39 und 54
an.

Nachdem nun Jesus vielen Kranken und Besessenen Kapernaums gedient
hat, „steht" (Mk 1,35: ἀνίστημι)[158] er „frühmorgens" (Mk 1,35: πρωΐ)[159], noch bei
Dunkelheit und nach einer wohl im Hause Simons zugebrachten Nacht, auf,
geht aus der Stadt hinaus und „fort" (Mk 1,35.42; vgl. 3.2.1[3]) an einen einsamen Ort, um zu „beten" (Mk 1,35: προσεύχομαι)[160], etwas, das er noch in zwei

---

158　Liddell-Scott, „ἀνίστημι," *Greek-English Lexicon*, 144; Menge-Güthling, „ἀνίστημι," *Langen-
　　scheidts Großwörterbuch Altgriechisch-Deutsch*, 68; Walter Bauer, „ἀνίστημι," *Griechisch-
　　deutsches Wörterbuch zum Neuen Testament*, 138–139: Das Kompositum meint einerseits
　　und wie hier „aufstellen, aufstehen machen, auf(er)stehen, erheben, aufrichten, (wie-
　　der)erbauen" und andererseits „aufbrechen lassen, auftreten lassen, erscheinen, hervor-
　　treten, aufmuntern, aufreizen, vertreiben." Das Verb findet sich 16mal im Text (Mk 1,35;
　　2,14; 3,26; 5,42; 7,24; 8,31; 9,9.10.27.31; 10,1.34; 12,23.25; 14,58.60).

159　Menge-Güthling, „πρωΐ," *Langenscheidts Großwörterbuch Altgriechisch-Deutsch*, 605; Wal-
　　ter Bauer, „πρωΐ," *Griechisch-deutsches Wörterbuch zum Neuen Testament*, 1450–1451: Das
　　Adverb meint einerseits und wie hier „früh am Tag, frühmorgens, frühzeitig" und anderer-
　　seits „vor der Zeit, zu früh." Der Begriff findet sich 5mal im Text (Mk 1,35; 11,20; 13,35; 15,1;
　　16,2).

160　Menge-Güthling, „προσεύχομαι," *Langenscheidts Großwörterbuch Altgriechisch-Deutsch*,
　　594; Walter Bauer, „προσεύχομαι," *Griechisch-deutsches Wörterbuch zum Neuen Testament*,
　　1429–1430: Das Kompositum meint einerseits „zu jemandem beten, anbeten, verehren"

weiteren Situationen tun wird (vgl. Szenen 30 und 75) und was stets mit dem Bevorstehenden zusammenzuhängen scheint. Anders als in Szene 75 bleiben Adressat und Inhalt der Gebete ungenannt. Lange Zeit zum Gebet scheint Jesus nicht vergönnt, denn Simon und seine Begleiter „eilen oder laufen ihm nach" (Mk 1,36: καταδιώκω)[161]. Als sie ihn finden, weiß Simon zu berichten, dass ihn schon alle „suchen" (Mk 1,37: ζητέω)[162]. Durch diese Nachricht lässt sich Jesus jedoch nicht verpflichten, ignoriert sie geradezu und gebietet alternativ, sie sollten doch mit ihm anderswohin „ziehen" (Mk 1,38: ἄγω)[163], in die Stadtdörfer Galiläas und ihren Synagogen, damit er dort „verkündige" (Mk 1,38.39.45; vgl. 3.1.2[3]), denn dazu sei er ausgegangen. So kommt es; sie besuchen sämtliche Synagogen Galiläas, wohin die Kunde von ihm vorausgeeilt war (vgl. Mk 1,28), und im Zuge der Verkündigung „vertreibt" (Mk 1,39.43; vgl. 3.1.4[3]) er auch viele Dämonen.

Nach dieser flächendeckenden Verkündigung und Reinigung und wohl als Reaktion auf Jesu Rückkehr, kommt ein Aussätziger bittend zu ihm, er „könne" (Mk 1,40.45: δύναμαι)[164] ihn doch heilen, wenn er nur „wolle" (Mk 1,40.41:

---

und andererseits „(er)flehen, bitten." Das Verb findet sich insgesamt 10mal im Text (Mk 1,35; 6,46; 11,24.25; 12,40; 13,18; 14,32.35.38.39).

161 Liddell-Scott, „καταδιώκω," *Greek-English Lexicon*, 889; Menge-Güthling, „καταδιώκω," *Langenscheidts Großwörterbuch Altgriechisch-Deutsch*, 367; Walter Bauer, „καταδιώκω," *Griechisch-deutsches Wörterbuch zum Neuen Testament*, 833; Horst Balz und Gerhard Schneider, „καταδιώκω," *EWNT* 2:635: Das Kompositum meint einerseits „(feindlich) nachfolgen, wegjagen" und wie hier „nachgehen, nacheilen." Der Begriff findet sich als *Hapax legomenon* nur hier im Text.

162 Liddell-Scott, „ζητέω," *Greek-English Lexicon*, 756; Menge-Güthling, „ζητέω," *Langenscheidts Großwörterbuch Altgriechisch-Deutsch*, 312; Walter Bauer, „ζητέω," *Griechisch-deutsches Wörterbuch zum Neuen Testament*, 685–686: Das Verb meint neben „suchen" – wie hier – einerseits „aufsuchen (zum Zweck der Gefangennahme), aufspüren, untersuchen und nachforschen" und andererseits „trachten und anstreben, begehren und wünschen, verlangen und fordern." Der Begriff findet sich 10mal im Text (Mk 1,37; 3,32; 8,11.12; 11,18; 12,12; 14,1.11.55; 16,6).

163 Liddell-Scott, „ἄγω," *Greek-English Lexicon*, 17–18; Menge-Güthling, „ἄγω," *Langenscheidts Großwörterbuch Altgriechisch-Deutsch*, 9–10; Walter Bauer, „ἄγω," *Griechisch-deutsches Wörterbuch zum Neuen Testament*, 25–26: Das Verb meint einerseits „führen, abführen, verhaften, leiten, bringen, transportieren, rauben, plündern, mitnehmen, -bringen, leiten, lenken, anführen" und andererseits wie hier „marschieren, ziehen, vorrücken, gehen." Der Begriff findet sich 3mal im Text (Mk 1,38; 13,11; 14,42).

164 Liddell-Scott, „δύναμαι," *Greek-English Lexicon*, 451–452; Menge-Güthling, „δύναμαι," *Langenscheidts Großwörterbuch Altgriechisch-Deutsch*, 191–192; Walter Bauer, „δύναμαι," *Griechisch-deutsches Wörterbuch zum Neuen Testament*, 416–417: Das Verb meint einerseits und neben „können" wie hier auch „vermögen, imstande sein," andererseits „Macht oder

EXEGETISCHE ANALYSE DES MARKUSEVANGELIUMS 85

θέλω)[165]. Wie die Schwiegermutter in der vorhergehenden Szene, bleibt auch dieser Hilfsbedürftige namen- und geschichtslos, und auch er wird in der Erzählung nicht weiter auftreten. Dennoch lässt sich einiges implizit über ihn ableiten: Er ist männlich (Mk 1,41.42.43.43.44.45), vermutlich aus Galiläa stammend und hauptsächlich über seinen kranken, „leprösen" Körper definiert. Sein als unrein geltender „Aussatz" dürfte ihn in die soziale Isolation gezwungen haben (vgl. Lev 13,1–46). Bezeichnenderweise trifft er auch außerhalb der Stadt Kapernaums auf Jesus. Anders als die Schwiegermutter jedoch, begibt er sich selbst zu Jesus und tritt auch für sich selbst vor ihm ein. In seiner einleitenden Bitte wird deutlich, dass er Jesus die Fähigkeit der Heilung zutraut, woran er aber zu zweifeln scheint, ist Jesu Wille dazu, denn dieser könnte sich dabei mit Aussatz kontaminieren. Er hat sich getäuscht, denn „innerlich bewegt oder voll des Erbarmens" (Mk 1,41: σπλαγχνίζομαι)[166] streckt Jesus seine „Hand" (Mk 1,41; vgl. 3.2.3[3]) aus, „berührt" (Mk 1,41: ἅπτω)[167] ihn und vergewissert ihm, dass er seine „Reinigung" (Mk 1,40.41.42.44: καθαρίζω; Mk 1,44: καθαρισμός)[168] wolle. Was hat Jesus bewegt, ihm zu helfen: des Aussätzigen

---

Einfluss haben, mächtig, einflussreich, stark sein, gelten" und schließlich „sich entschließen, mögen, wollen." Der Begriff findet sich 33mal im Text (Mk 1,40.45; 2,4.7.19.19; 3,20.23. 24.25.26.27; 4,32.33; 5,3; 6,5.19; 7,15.18.24; 8,4; 9,3.22.23.28.29.39; 10,26.38.39; 14,5.7; 15,31).

165   Menge-Güthling, „θέλω/ἐθέλω," Langenscheidts Großwörterbuch Altgriechisch-Deutsch, 203, 327; Walter Bauer, „θέλω," Griechisch-deutsches Wörterbuch zum Neuen Testament, 721– 722: Das Verb meint einerseits „wollen, geneigt sein, bereit sein, sich entschließen," andererseits „wünschen, begehren, Gefallen haben, lieben" und schließlich „behaupten." Der Begriff findet sich 25mal im Text (Mk 1,40.41; 3,13; 6,19.22.25.26.48; 7,24; 8,34.35; 9,13.30.35; 10,35.36.43.44.51; 12,38; 14,7.12.36; 15,9.12).

166   Walter Bauer, „σπλαγχνίζομαι/σπλάγχνον," Griechisch-deutsches Wörterbuch zum Neuen Testament, 1523–1524: Das vom Substantiv „σπλάγχνον" – „Herz (als Sitz der Gefühle), Zuneigung, Liebe" – abgeleitete Verb meint im Passiv „erbarmen, Mitleid empfinden." Der Begriff findet sich 4mal im Text und bezieht sich stets auf Jesus (Mk 1,41; 6,34; 8,2; 9,22).

167   Liddell-Scott, „ἅπτω," Greek-English Lexicon, 231; Menge-Güthling, „ἅπτω," Langenscheidts Großwörterbuch Altgriechisch-Deutsch, 101; Walter Bauer, „ἅπτω," Griechisch-deutsches Wörterbuch zum Neuen Testament, 206–207: Das Verb meint in medialer Verwendung einerseits „für sich anknüpfen, anbinden," andererseits und wie hier „sich anheften, anfassen, zu-, ergreifen, berühren," ferner „feindlich berühren, angreifen, bekämpfen, jemandem nachsetzen" und schließlich „in der Rede berühren, erwähnen, behandeln, Hand an etwas legen, sich mit etwas befassen, an etwas gehen oder geraten, sich an etwas machen, etwas unternehmen, sich bemächtigen, etwas erreichen, erlangen." Der Begriff findet sich 11mal im Text und verweist ähnlich wie „Hand" in der Regel auf Krankenheilungen (Mk 1,41; 3,10; 5,27.28.30.31; 6,56.56; 7,33; 8,22; 10,13).

168   Menge-Güthling, „καθαρίζω," Langenscheidts Großwörterbuch Altgriechisch-Deutsch, 351; Walter Bauer, „καθαρίζω," Griechisch-deutsches Wörterbuch zum Neuen Testament, 785–786:

86   3. KAPITEL

Anblick, seine Frage, sein Glaube? „Umgehend" (Mk 1,42) werden Jesu Worte
Realität, der Aussatz weicht, und der Mann ist gereinigt. Dem Erbarmen jedoch
folgt unerwartet eine Emotion des Unmuts, denn Jesus „warnt oder scheltet"
(Mk 1,43: ἐμβριμάομαι)[169] den Geheilten in direkter Rede und treibt ihn von
sich mit den Worten, er solle „niemandem etwas" (Mk 1,44.44: μηδείς) sagen,
eine Anweisung, die er der Schwiegermutter nicht gab und die in derselben
Wortwahl noch in vier weiteren Szenen erteilt werden wird[170]. Stattdessen
solle er ihnen zum „Zeugnis" (Mk 1,44: μαρτύριον)[171] „(heimlich) weggehen" (Mk
1,44: ὑπάγω)[172] und sich dem Priester oder der Priesterschaft zeigen – denn sie
ist für die Bestimmung sowohl von Aussatz und damit Unreinheit wie auch
für die Wiederherstellung von kultischer Reinheit zuständig. Auch solle er für
seine Reinigung „opfern" (Mk 1,44: προσφέρω)[173], was Mose „gebot" (Mk 1,44:

      Das Verb meint einerseits und wie hier „reinigen, säubern (von kultischer, ethischer, phy-
      sischer Verunreinigung)" und andererseits auch „befreien, rein sprechen." Nach antiker
      Vorstellung kann eine Reinigung auch durch feindliches Feuer erfolgen (vgl. z. B. Josephus,
      Bell. 4,323), oder Gott kann das Land vom Feind befreien. Der Begriff findet sich insgesamt
      4mal (Mk 1,40.41.42; 7,19), das Substantiv als *Hapax legomenon* nur hier im Text.

169   Menge-Güthling, „ἐμβριμάομαι," *Langenscheidts Großwörterbuch Altgriechisch-Deutsch*,
      230–231; Walter Bauer, „ἐμβριμάομαι," *Griechisch-deutsches Wörterbuch zum Neuen Testa-
      ment*, 514: Das Kompositum meint im eigentlichen Sinn „hinein-, anschnauben" und im
      übertragenen wie hier „hart anfahren, ergrimmen, erzürnen, unwillig werden, schelten."
      Das Verb findet sich 2mal im Text (Mk 1,43; 14,5).

170   Nämlich in Mk 5,43: Totenauferweckung; Mk 7,36: Heilung eines Tauben; Mk 8,30: Offen-
      barung von Jesu Messianität und Mk 9,9: Verklärung. Darüber hinaus findet sich das
      Adjektiv noch 3mal im Text (Mk 5,26; 6,8; 11,14).

171   Menge-Güthling, „μαρτύριον," *Langenscheidts Großwörterbuch Altgriechisch-Deutsch*, 436;
      Walter Bauer, „μαρτύριον," *Griechisch-deutsches Wörterbuch zum Neuen Testament*, 1001:
      Das Substantiv meint einerseits „Bezeugen, Zeugnisablegung, Zeugenaussage" und ande-
      rerseits wie hier „(gutes) Zeugnis, Beweis, Ruhm, Predigt." Der Begriff findet sich 3mal im
      Text (Mk 1,44; 6,11; 13,9).

172   Liddell-Scott, „ὑπάγω," *Greek-English Lexicon*, 1850; Menge-Güthling, „ὑπάγω," *Langen-
      scheidts Großwörterbuch Altgriechisch-Deutsch*, 702; Walter Bauer, „ὑπάγω," *Griechisch-
      deutsches Wörterbuch zum Neuen Testament*, 1667–1668: Das Verb meint einerseits „darun-
      terführen, -bringen, anschirren, anspannen, unter Anklage stellen, belangen" und ande-
      rerseits wie hier „wegführen, heimlich wegschaffen, entrücken, entführen, wegziehen,
      verführen, täuschen, langsam zurückziehen, (heimlich) weggehen, langsam vorrücken,
      nachrücken, aufbrechen, hingehen, auf den Weg machen." Der Begriff findet sich 15mal
      im Text (Mk 1,44; 2,11; 5,19.34; 6,31.33.38; 7,29; 8,33; 10,21.52; 11,2; 14,13.21; 16,7).

173   Liddell-Scott, „προσφέρω," *Greek-English Lexicon*, 1529–1530; Menge-Güthling, „προσφέρω,"
      Langenscheidts Großwörterbuch Altgriechisch-Deutsch, 600–601; Walter Bauer, „προσφέρω,"
      Griechisch-deutsches Wörterbuch zum Neuen Testament, 1440–1442: Das Kompositum

EXEGETISCHE ANALYSE DES MARKUSEVANGELIUMS 87

προστάσσω)[174], was freilich nur in Jerusalem möglich ist. Das entsprechende Gebot aus Lev 14,1–32 sieht ein sich über acht Tage erstreckendes Opfer- und Reinigungsritual vor, das den einst vom Aussatz Befallenen auch kultisch und somit vor Gott wieder rein macht und ihm stufenweise den Zugang zu sozialen und kultischen Räumen wieder eröffnet. Diesem Gebot scheint der Geheilte – anders als die Dämonen etwa – nicht zu folgen, und vielleicht deshalb trifft ihn proleptisch der Unmut Jesu. Vielmehr begibt sich dieser wieder unter Menschen und „beginnt" (Mk 1,45: ἄρχω)[175] die „Kunde" (Mk 1,45: λόγος)[176] seiner

---

meint einerseits „heran-, herbei-, hintragen, -schaffen, -bringen, -führen" und andererseits wie hier „überbringen, überreichen, vorbringen, -führen, -tragen, darbringen, darreichen, opfern, (mit Krieg) überziehen." Das Verb findet sich 3mal im Text (Mk 1,44; 2,4; 10,13).

174 Liddell-Scott, „προστάσσω," *Greek-English Lexicon*, 1526; Menge-Güthling, „προστάσσω," *Langenscheidts Großwörterbuch Altgriechisch-Deutsch*, 599; Walter Bauer, „προστάσσω," *Griechisch-deutsches Wörterbuch zum Neuen Testament*, 1438–1439: Das Kompositum meint einerseits „dazuordnen, danebenstellen, zuordnen, zuteilen, zuweisen, unter jemandes Befehl stellen, in Reih und Glied stellen, aufstellen, zuweisen" und andererseits wie hier „ver-, anordnen, bestimmen, festsetzen, gebieten, befehlen, beauftragen." Der Begriff findet sich als *Hapax legomenon* nur hier im Text.

175 Liddell-Scott, „ἄρχω," *Greek-English Lexicon*, 254; Menge-Güthling, „ἄρχω," *Langenscheidts Großwörterbuch Altgriechisch-Deutsch*, 111; Walter Bauer, „ἄρχω," *Griechisch-deutsches Wörterbuch zum Neuen Testament*, 227: Das Verb meint im Aktiv einerseits „voran oder der erste sein," andererseits räumlich „vorangehen, Führer sein," ferner temporal „anfangen, den Anfang machen, beginnen, veranlassen," dann qualitativ „voran stehen, an der Spitze stehen, mächtig oder überlegen sein, anführen, den Oberbefehl haben, (be)herrschen, politisch-militärischer Herrscher" und schließlich im Medium „anfangen, beginnen." Der Begriff findet sich 27mal im Text (Mk 1,45; 2,23; 4,1; 5,17.20; 6,2.7.34.55; 8,11.31.32; 10,28. 32.41.42.47; 11,15; 12,1; 13,5; 14,19.33.65.69.71; 15,8.18), wobei 1mal im Aktiv und 26mal im Medium.

176 Liddell-Scott, „λόγος," *Greek-English Lexicon*, 1057–1059; Menge-Güthling, „λόγος," *Langenscheidts Großwörterbuch Altgriechisch-Deutsch*, 426–427; Walter Bauer, „λόγος," *Griechisch-deutsches Wörterbuch zum Neuen Testament*, 968–972; Hubert Ritt, „λόγος," *EWNT* 2:880–887: Das Substantiv meint einerseits „Sagen, Reden, Sprechen" und andererseits „Rechnen, Berechnen." Aus Ersterem lässt sich einerseits ableiten „Rede, Darstellung, Besprechung, Beschreibung, Unterredung, Gespräch, Frage," andererseits „einzelnes Wort, Ausdruck, Gegenstand, Sache," ferner „Spruch, Ausspruch, Behauptung, Erklärung, Aussage, (Grund)Satz, Sprichwort, Orakelspruch, Offenbarung, Verheißung, Befehl, Gebot, Gesetz, Vorschlag, Antrag" und schließlich „Kunde, Botschaft, Nachricht, Gerücht, Sage, Überlieferung, Ruf, Ruhm, Vortrag, Lehre, Predigt, Evangelium, Schrift, Bericht, Geschichtswerk, Buch, Disputation, Erzählung, Fabel, Sache, Stoff, Thema, Vorfall, Ereignis." Aus Letzterem lässt sich einerseits ableiten „(Be)Rechnung, Rechenschaft, Verantwortung, Erwägung, Überlegung, Gedanke, Grund, Zweck, Berücksichtigung, Beachtung, Wertschätzung, Bedeutung, Geltung, Ansehen" und andererseits „Denkvermögen, Vernunft, Schluss,

Heilung eifrig zu verbreiten. Jesus kann daraufhin die Stadt Kapernaum nicht mehr „öffentlich" betreten und bleibt vorläufig an einsamem Ort außerhalb,[177] wo er von überall her – wie damals Johannes – aufgesucht wird, ohne dass gesagt wird, was diese Menschen genau von ihm wollen.

(4)   Politisch-militärisches Profil

Jesus zieht in dieser neunten Szene verkündigend durch ganz Galiläa, kein weiteres Gebiet wird Jesus so gründlich bearbeiten. Der Inhalt seiner Botschaft war in der fünften Szene dargelegt worden als das Evangelium, die Siegesbotschaft, dass das Königreich Gottes, dessen legitimer Repräsentant er ist, zeitlich nahe gekommen sei (Mk 1,14–15). Erstmals nun ist die Proklamation, die dieses Evangelium impliziert, in den Worten Jesu vernehmbar, „damit ich auch dort (den Städten Galiläas) verkündige, denn dazu bin ich ausgegangen (Mk 1,38)." Diese zentrale Selbstdefinition seiner Aufgabe ist aus Sicht des Erzählers nicht bloß rhetorischer Herrschaftsanspruch, sie ist begleitet von Machtdemonstrationen gegenüber denjenigen, die im Verborgenen Leid und Versklavung bringen, die Dämonen nämlich, und somit kommt sein Durchschreiten Galiläas nach der „Einnahme" Kapernaums einem symbolischen Siegeszug gleich (vgl. 5.5.4[3]).[178] Diesen Siegeszug tritt er erst nach einem Gespräch mit Gott an, wofür er sich seinem innersten Kreis entzieht. Dies erinnert auch daran, dass Vespasian ebenfalls Galiläa – insbesondere nach Bezwingung Jotopatas – als erstes einnahm (vgl. 5.6.4[9]; 5.7.3[4]).

Die Dimension seines Plans haben die Vier noch nicht durchschaut, denn noch ganz den Bedürfnissen der Bewohner ihrer Heimatstadt verpflichtet, eilen sie ihm unter der Führung Simons mit dem Hinweis nach, er habe dort noch weitere Nöte zu stillen. Was aber sein Auftrag ist, entscheidet Jesus im Blick auf seine göttliche Bestimmung selbst. Er hat größere Ziele, die über diejenigen einer einzelnen Stadt hinausgehen. Diese Ziele betreffen nicht nur ihn, sondern auch die Vier. Entsprechend ist er es, der die Ziele der kommenden Wochen festlegt, sie haben sich diesen zu fügen, was sich auch in einer inklusiven Sprache – ähnlich wie im Blick auf Frauen und Sklaven – äußert. Dies

---

Logos." Der Begriff findet sich 23mal im Text (Mk 1,45; 2,2; 4,14.15.15.16.17.18.19.20.33; 5,36; 7,13.29; 8,32.38; 9,10; 10,22.24; 11,29; 12,13; 13,31; 14,39).

177   Nach Ebners Auffassung bleibt Jesus deshalb außerhalb der Stadt, weil er sich mit der Berührung des Aussätzigen kultisch verunreinigt habe. Und es sei dieser „Übertragungsvorgang," den Jesus dem Geheilten weiterzuerzählen verbiete (*Das Markusevangelium*, 28–30).

178   Vgl. auch Marcus, der Jesus Zug durch Galiläa, auf der Basis des Lexems „ausgehen" (Mk 1,38: ἐξέρχομαι), ebenfalls militärisch deutet (*Mark*, 1:204).

EXEGETISCHE ANALYSE DES MARKUSEVANGELIUMS   89

war bereits in der siebten und achten Szene beobachtbar, und es stellt sich die
Frage, ob sich damit auch ein juristisches Besitzverhältnis ausdrückt, wie etwa
zwischen Lehrern und Schülern oder Feldherrn und Soldaten (vgl. 5.6.4[5]).

Im Blick auf das bedürftige Volk gewährt der allwissende Narrator in dieser
Szene erstmals Einblick in Jesu emotionale Welt, denn er erbarmt sich über
den Aussätzigen,[179] der sich hilfesuchend an ihn wendet. Anders als erwartet scheut Jesus auch die physische Berührung des Unreinen nicht, denn in
Umkehrung des Prinzips wird er nicht kontaminiert, sondern der Aussätzige
mit Reinheit „angesteckt,“ und zwar mittels einer haptischen Komponente über
seine Hand, wie sie bereits bei der Heilung der Schwiegermutter anscheinend
notwendig war. Nach vollbrachter Tat zollt Jesus gegenüber dem Gesetzesgeber Mose Respekt, dessen Reinheitsgesetzen wie auch dem für die Wahrung
kultischer Reinheit zuständigen Personals, den Priestern. Aber nicht nur, er
scheint auch Legitimation durch sie zu suchen, denn ihnen zum Zeugnis soll
sich der Gereinigte nach Jerusalem begeben und die Reinigung bestätigen lassen. Darin – so scheint es – empfiehlt sich Jesus an der Seite oder über der
Priesterschaft stehend auch als Wächter über den Kult. Dass ihm der Gereinigte die Überbringung dieser „Visitenkarte“ vorenthält, erregt seinen Unmut;
und/oder ist er über dessen Befehlsverweigerung im Blick auf das Schweigegebot erzürnt (vgl. 5.7.3[4]), etwas, das sich keiner der Dämonen je leisten würde?

3.2.5 Szene 10 (Mk 2,1–12): Jesus heilt einen Gelähmten in Kapernaum und vergibt ihm seine Sünden

(1)   Szene

Die zehnte Szene Mk 2,1–12 handelt davon, wie Jesus in Kapernaum einen
Gelähmten heilt und ihm seine Sünden vergibt, was die Schriftgelehrten ihm
als Lästerung anrechnen. Wie bereits die Szenen 02 und 07–09 gehört somit
auch diese zu den volksbezogenen, und zwar ihre Heilung betreffenden Szenen, und ferner gehört sie auch zu den gegnerbezogenen und die Schriftgelehrten betreffenden Szenen. Die Szene unterscheidet sich von der nachfolgenden
im Blick auf Akteure, Ort, Zeit, Handlung und Thema, beruft doch dort Jesus
beim See den Levi und speist in dessen Haus mit Zöllnern und Sündern.

(2)   Text

2[1] Und wieder ging er nach einigen Tagen nach Kapernaum hinein, (und) es
wurde bekannt, dass er im Hause ist. [2] Und es versammelten sich viele, so

---

179   Aussatzheilungen werden sonst nur über Mose (Num 12,10–15) und Elisa (2Kön 5) berichtet (Ebner, *Das Markusevangelium*, 29).

90   3. KAPITEL

dass sie nicht mehr aufzunehmen waren, auch nicht vor der Tür, und er redete zu ihnen das Wort. [3] Und sie kommen zu ihm einen Gelähmten bringend, getragen von vier. [4] Und da sie nicht zu ihm hinkommen konnten wegen der Volksmenge, deckten sie das Dach ab, wo er war, und als sie es aufgebrochen hatten, lassen sie das Bett hinab, auf dem der Gelähmte lag. [5] Und ihren Glauben sehend, sagt Jesus zu dem Gelähmten: Kind, deine Sünden sind vergeben. [6] Es waren aber einige der Schriftgelehrten dort sitzend und überlegten in ihren Herzen: [7] Was redet dieser so? Er lästert. Wer kann Sünden vergeben außer einem, Gott? [8] Und sogleich erkannte Jesus in seinem Geist, dass sie so überlegen bei sich und sagt zu ihnen: Was überlegt ihr dies in euren Herzen? [9] Was ist leichter, zu dem Gelähmten zu sagen: Deine Sünden sind vergeben, oder zu sagen: Steh auf und nimm dein Bett und geh umher? [10] Damit ihr aber wisst, dass der Sohn des Menschen Vollmacht hat Sünden zu vergeben auf der Erde, sagte er zu dem Gelähmten: [11] Ich sage dir, steh auf, nimm dein Bett und geh in dein Haus! [12] Und er stand auf und nahm sogleich das Bett und ging vor allen hinaus, so dass alle außer sich geraten, Gott verherrlichen (und) sagen: So etwas sahen wir niemals![180]

(3)   Inhalt

Explizit erwähnte *Akteure* dieser Szene sind einerseits „Jesus" (Mk 2,5.8; vgl. 3.1.1[3]), er betitelt sich hier erstmals als „Menschensohn" (Mk 2,10: υἱός; Mk 2,10: ἄνθρωπος)[181], andererseits die „zahlreiche Stadtbevölkerung" (Mk 2,2: πολύς; Mk 2,4: ὄχλος)[182] Kapernaums mit einer Fraktion von „vier" (Mk 2,3), die einen

---

180   Literarisch folgt auch Szene 10 einem chiastischen Schema: A: Mk 2,1–4 (hineingehen, Haus, Bett); B: Mk 2,5 (sagen, Gelähmter, deine Sünden sind vergeben); C: Mk 2,6–7 (überlegen, Herzen); C': Mk 2,8 (überlegen, Herzen); B': Mk 2,9–10 (deine Sünden sind vergeben, sagen, Gelähmter); A': Mk 2,11–12 (Haus, Bett, hinausgehen). Von einer chiastischen Struktur dieser Szene geht auch Marcus aus (*Mark*, 1:219).

181   Walter Bauer, „υἱός," *Griechisch-deutsches Wörterbuch zum Neuen Testament*, 1663–1665: Das zeitgenössische Judentum kennt ein als „Menschensohn" oder „Mensch" angeschautes Himmelswesen, das messianische Funktionen, wie das Weltgericht ausübt (vgl. 1Hen 46–48; 4Esr 13,3.51–52). Diese Vorstellung hängt wohl mit Dan 7,13 zusammen, empfängt aber ihren eigentlichen Inhalt von einer letztlich aus dem Iran stammenden, eschatologischen Überlegung her, welche die Figur des vergöttlichten ersten Menschen kennt, der in der Endzeit wiederkehrt und das Gottesreich bringt. Diese titulare Sebstbezeichnung findet sich 14mal im Text (Mk 2,10.28; 8,31.38; 9,9.12.31; 10,33.45; 13,26; 14,21.21.41.62).

182   Liddell-Scott, „ὄχλος," *Greek-English Lexicon*, 1281; Menge-Güthling, „ὄχλος," *Langenscheidts Großwörterbuch Altgriechisch-Deutsch*, 509; Walter Bauer, „ὄχλος," *Griechisch-deutsches Wörterbuch zum Neuen Testament*, 1214–1215: Das Substantiv bezeichnet einerseits „Beunruhigung, Belästigung, Last, Beschwerde, Not, Mühsal, Last oder Mühe machen, zu schaf-

EXEGETISCHE ANALYSE DES MARKUSEVANGELIUMS   91

„Gelähmten" (Mk 2,3.4.5.9.10) herbei tragen, den Jesus wohlwollend mit „Kind"
(Mk 2,5: τέκνον)[183] anspricht, und schließlich erstmals eingeführte und wohl
ortsansässige „Schriftgelehrte" (Mk 2,6 Pl.; vgl. 3.2.2[3]). Implizit anwesende
Akteure sind einerseits die vier Jünger und andererseits allenfalls die Schwiegermutter des Petrus. Und erwähnter Akteur ist „Gott" (Mk 2,7.12; vgl. 3.1.5[3]).
Jesus kehrt hier nach „Kapernaum" (Mk 2,1; vgl. 3.2.2[3]) zurück, und zwar in
ein nicht weiter spezifiziertes „Haus" (Mk 2,1.11), womit dasjenige gemeint sein
dürfte, von dem er in der vorhergehenden Szene ausgegangen war, nämlich das
Haus der Brüder Simon und Andreas. Das Geschehen im Privaten weitet sich
wie bereits in Szene 08 aus ins Halbprivate vor die „Tür" (Mk 2,2; vgl. 3.2.3[3])
und auf das „Dach" (Mk 2,4) des Hauses. Eine *räumlich* Referenz macht Jesus
noch darin, dass er seine Vollmacht im Blick auf Sündenvergebung und gewiss
darüber hinaus auf „Erden" (Mk 2,10: γῆ)[184] wirksam sieht. Eine *temporale* Einordnung der Szene bleibt wie bei der vorhergehenden schwierig: Einige „Tage"
(Mk 2,1 Pl.; vgl. 3.1.3[3]) soll er an jenem einsamen Ort zugebracht haben, bevor
er in die Stadt zurückkehrt, und da Volksmitglieder den Gelähmten tragen,
müsste es sich um einen Arbeitstag handeln, im Blick auf Mk 2,23 vielleicht
der sechste Wochentag. In *rhetorischer* Hinsicht sind nicht weniger als fünf
direkte Reden zu vernehmen, einerseits Jesu Anrede des Gelähmten, andererseits das Selbstgespräch der Schriftgelehrten, ferner Jesu Reaktion darauf, dann

---

fen machen, lästig oder aufdringlich sein," andererseits und wie hier „Gewühl, Gedränge,
Gewirr, ungordneter Haufe, dichte Masse, Menge, Volksmenge, -haufe, Menschenmasse,
die große Menge," ferner „(gemeines) Volk, Pöbel, die Leute, (im Plural) Bevölkerung (als
ethnische Bezeichnung und als Synonym zu ,λαοί, ἔθνη')" und schließlich auch „Söldner-
haufe, Volksversammlung, Kriegsvolk, Tross, gemeine Soldaten, Wortschwall." Der Begriff
findet sich 38mal im Text und mit einer Ausnahme (Mk 10,1) stets im Singular (Mk 2,4.13;
3,9.20.32; 4,1.1.36; 5,21.24.27.30.31; 6,34.45; 7,14.17.33; 8,1.2.6.6.34; 9,14.15.17.25; 10,1.46; 11,18.32;
12,12.37.41; 14,43; 15,8.11.15).

183   Menge-Güthling, „τέκνον," *Langenscheidts Großwörterbuch Altgriechisch-Deutsch*, 677;
      Walter Bauer, „τέκνον," *Griechisch-deutsches Wörterbuch zum Neuen Testament*, 1612–1613:
      Das Substantiv meint einerseits „(männliches oder weibliches) Kind, Nachkomme, Jun-
      ges" und andererseits „geistliches Kind, Gemeindeglied, Kindschaft, Gläubiger," das auch
      im Rahmen vertraulicher Anrede wie hier Verwendung findet. Der Begriff findet sich 9mal
      im Text (Mk 2,5; 7,27.27; 10,24.29.30; 12,19; 13,12.12).

184   Menge-Güthling, „γῆ," *Langenscheidts Großwörterbuch Altgriechisch-Deutsch*, 146; Walter
      Bauer, „γῆ," *Griechisch-deutsches Wörterbuch zum Neuen Testament*, 315: Das Substantiv
      meint einerseits und wie hier „Erde (als Weltkörper und im Gegensatz zu Himmel, Unter-
      welt und Meer), Erdreich, Erdboden" und andererseits „Land, Feld, Acker, Grundstück,
      Landschaft, Vaterland." Der Begriff findet sich 19mal im Text (Mk 2,10; 4,1.5.5.8.20.26.28.
      31.31; 6,47.53; 8,6; 9,3.20; 13,27.31; 14,35; 15,33).

92   3. KAPITEL

sein heilender Zuspruch an den Behinderten und schließlich die Reaktion der Anwesenden. Mit dem Thema der Einzelheilung knüpft das Narrativ an die Szenen 08–09, 14, 26, 35, 39 und 54 an.

Nach einigen Tagen, also, kehrt Jesus – wohl in Begleitung der Vier – zurück nach Kapernaum. Seit der sechsten Szene hält er sich in oder vor dieser Stadt auf, so dass der Eindruck entsteht, Jesus habe sich diese als Stützpunkt seiner Aktivitäten in Galiläa erwählt. Weshalb dem so ist, und weshalb er die Vier wie auch den Levi in der nachfolgenden Szene ausgerechnet hier sucht und beruft, bleiben ungesagt. Dass Jesus nun ins Haus des Simon und Andreas zurückkehrt, wird „bekannt" (Mk 2,1: ἀκούω)[185], worauf sich viele dort versammeln (Mk 2,2: συνάγω)[186]. Wie es allerdings bekannt wurde und wie viel Zeit zwischen seiner Rückkehr und dem Eintreffen der Vielen verstreicht, gibt der Erzähler hier nicht preis, auch nennt er nicht den Grund, weshalb sie diesmal in solcher Vielzahl zu ihm kommen, ohne – mit der einen Ausnahme – weitere Kranke und Besessene bei sich zu haben. Anders als in der achten Szene wird ihnen nun, soweit es die Räumlichkeiten erlauben, Einlass gewährt. Ein weiterer Teil muss mit dem Platz vor der Tür vorlieb nehmen. Und in dieser halbprivaten Sphäre spricht Jesus das „Wort" (Mk 2,2; vgl. 3.2.4[3]) zu den Anwesenden. Über was spricht er zu ihnen? Über die Wirksamkeit seiner Siegesbotschaft, die er in ganz Galiläa unter Beweis zu stellen vermochte? Während er spricht, sucht eine Delegation von vier Männern einen Gelähmten auf einem „Bett" (Mk 2,4.9.11.12) „herbeizutragen" (Mk 2,3.9.11.12: αἴρω)[187]. Da sie jedoch

---

185 Liddell-Scott, „ἀκούω," Greek-English Lexicon, 53–54; Menge-Güthling, „ἀκούω," Langenscheidts Großwörterbuch Altgriechisch-Deutsch, 29; Walter Bauer, „ἀκούω," Griechisch-deutsches Wörterbuch zum Neuen Testament, 61–63: Das Verb meint einerseits die sinnliche Wahrnehmung im Sinne von „(an)hören," andererseits als terminus technicus des Rechtslebens „anhören, verhören," ferner „erfahren, Kunde von etwas erhalten" und schließlich „Gehör schenken, gehorchen." Der Begriff findet sich 43mal im Text (Mk 2,1.17; 3,8.21; 4,3.9.12.15.16.18.20.23.24.33; 5,27; 6,2.11.14.16.20.29.55; 7,14.25.37; 8,18; 9,7; 10,41.47; 11,14.18; 12,28.29.37; 13,7; 14,11.58.64; 15,35).

186 Liddell-Scott, „συνάγω," Greek-English Lexicon, 1691–1692; Menge-Güthling, „συνάγω," Langenscheidts Großwörterbuch Altgriechisch-Deutsch, 653; Walter Bauer, „συνάγω," Griechisch-deutsches Wörterbuch zum Neuen Testament, 1561–1562: Das Kompositum meint einerseits und wie hier „zusammenführen, -bringen, -stellen, -tragen, -treiben, -rufen, -fügen, sammeln, ver-, einsammeln, berufen, vereinigen, verbinden, gastlich aufnehmen, zuführen, (Truppen) aufbringen oder stellen, befreunden, versöhnen, erwecken, verursachen" und andererseits „zusammenziehen, verengen, zuspitzen." Das Verb findet sich 5mal im Text (Mk 2,2; 4,1; 5,21; 6,30; 7,1).

187 Liddell-Scott, „ἀείρω/αἴρω," Greek-English Lexicon, 27, 42; Menge-Güthling, „αἴρω," Langenscheidts Großwörterbuch Altgriechisch-Deutsch, 22; Walter Bauer, „αἴρω," Griechisch-

EXEGETISCHE ANALYSE DES MARKUSEVANGELIUMS 93

der Menge wegen nicht durchkommen, decken sie kurzerhand das Dach ab und lassen den Mann zu Jesus herab. Der Gelähmte, der im Narrativ nur an dieser Stelle erscheint, bleibt – wie bereits die Schwiegermutter und der Aussätzige zuvor – nicht nur namen-, sondern auch geschichts- und konturenlos. War er mit den Vieren einer derjenigen Stadtbewohner, die in der achten Szene keine Berücksichtigung fanden? Auf wessen Initiative wird der ausgewachsene Mann – so scheint es – zu Jesus gebracht, aus Eigeninitiative oder auf Initiative seiner Familie, zu der die vier Träger allenfalls gehören? Wie bereits der Aussätzige ist auch dieser über sein Leiden, in diesem Fall eine Lähmung, definiert, und wie bereits die Schwiegermutter und gewiss länger als diese, liegt er darnieder. Wie lange schon, durch Unfall, oder gar seit Geburt? Wir erfahren es nicht. Dermaßen groß scheint das Interesse der Bewohner, dass sie den Hilfesuchenden keinen Zugang gewähren, entweder nicht gewähren können oder wollen. So verschaffen sie sich gewaltsam Zugang zu Jesus, und dieser sieht ihren „Glauben" (Mk 2,5: πίστις)[188], worauf er den Gelähmten väterlich anspricht. Überraschenderweise aber redet er nicht über Heilung zu ihm, sondern über „Vergebung" (Mk 2,5.9.10; vgl. 3.2.1[3]) seiner „Sünden" (Mk 2,5.9.10; vgl. 3.1.2[3]). Hört der Gelähmte in diesen Worten das, was er sich erhoffte? Teilt er die Ansicht, dass seine Lähmung in Verbindung mit seinen Sünden steht? Eine Reaktion seinerseits, etwa der Empörung, ist nicht zu vernehmen. Empörung hingegen wird in den „Herzen" (Mk 2,6.8: καρδία)[189] einiger anwe-

---

     deutsches Wörterbuch zum Neuen Testament, 45–46: Das Verb meint einerseits „aufheben (auch Kampf), in die Höhe heben, er-, hervorheben, aufrichten (Feldzeichen), (Feldzug) unternehmen, (Sieg) davontragen, steigern" und andererseits „mit sich tragen, wegtragen, fortschaffen, ergreifen, (gewaltsam und deshalb widerrechtlich) wegnehmen und beseitigen." Der Begriff findet sich 19mal im Text (Mk 2,3.9.11.12.21; 4,15.25; 6,8.29.43; 8,8.19.20.34; 11,23; 13,15.16; 15,21.24).

188   Liddell-Scott, „πίστις," *Greek-English Lexicon*, 1408; Menge-Güthling, „πίστις," *Langenscheidts Großwörterbuch Altgriechisch-Deutsch*, 556; Walter Bauer, „πίστις," *Griechisch–deutsches Wörterbuch zum Neuen Testament*, 1332–1336: Das vom Verb „πείθω" – „überreden, glauben, vertrauen" – abgeleitete Substantiv meint einerseits und wie hier „Vertrauen, Zutrauen, Zuversicht, Glaube, Einvernehmen, Anerkennung, Ansehen, Geltung," andererseits „(Bundes)Treue, Zuverlässigkeit, Ehrlichkeit, Überzeugungskraft, Beglaubigung, Sicherheit, Garantie, Gewähr, Bürgschaft, Versprechen, Treueschwur, Bündnis, Vertrag," ferner „Glaubwürdigkeit, Wahrhaftigkeit, Wahrheit, Verantwortlichkeit, Beweis" und schließlich „Anvertrautes, Geheimnis." Der Begriff findet sich 5mal im Text (Mk 2,5; 4,40; 5,34; 10,52; 11,22).

189   Menge-Güthling, „καρδία," *Langenscheidts Großwörterbuch Altgriechisch-Deutsch*, 363; Walter Bauer, „καρδία," *Griechisch-deutsches Wörterbuch zum Neuen Testament*, 818–821: Das Substantiv meint einerseits „Herz (als Körperteil), Magen," andererseits ist es Sitz der

94 3. KAPITEL

sender Schriftgelehrter wach: Er „lästert" (Mk 2,7: βλασφημέω)[190], so „überlegen" (Mk 2,6.8.8: διαλογίζομαι)[191] sie allesamt und durchaus schriftgemäß bei sich (vgl. Dtn 6,4)[192], kann doch nur „einer" (Mk 2,7), nämlich Gott, Sünden vergeben. Die Anwesenheit einer repräsentativen Fraktion von nie namentlich und stets über Gruppentitel angeführten Schriftgelehrten ehrt Jesus, ihr schriftgemäßes Urteil jedoch müsste ihn beunruhigen, sind sie doch die Hüter der mündlichen Lehre und damit die zuständigen Ausleger der Schrift, ohne die ein Gott wohlgefälliges Leben unmöglich ist.[193] Die vermutlich ortsansässigen

---

„Gefühle, Neigungen, Leidenschaften (Gemüt, Zorn, Trauer, Freude, Mut, Beherztheit)" und schließlich Sitz des „Verstandes und der Intelligenz (Geist, Seele, Sinn, Herzensmeinung, Gewissen, Innere, Mittelpunkt)." Der Begriff findet sich 11mal im Text (Mk 2,6.8; 3,5; 6,52; 7,6.19.21; 8,17; 11,23; 12,30.33).

190 Liddell-Scott, „βλασφημέω," *Greek-English Lexicon*, 317; Menge-Güthling, „βλασφημέω," *Langenscheidts Großwörterbuch Altgriechisch-Deutsch*, 136; Walter Bauer, „βλασφημέω," *Griechisch-deutsches Wörterbuch zum Neuen Testament*, 284–285; Otfried Hofius, „βλασφημέω," *EWNT* 1:527–532: Das Verb meint einerseits Menschen oder Gegner „schmähen, verleumden, verunglimpflichen" und andererseits Gott „lästern, das heißt profan über Heiliges sprechen." Der Begriff findet sich 4mal im Text (Mk 2,7; 3,28.29; 15,29).

191 Menge-Güthling, „διαλογίζομαι," *Langenscheidts Großwörterbuch Altgriechisch-Deutsch*, 171; Walter Bauer, „διαλογίζομαι," *Griechisch-deutsches Wörterbuch zum Neuen Testament*, 372; Gerd Petzke, „διαλογίζομαι," *EWNT* 1:740–741: Das Kompositum meint einerseits „bei sich überlegen (auch berechnend), erwägen, sich nicht klar darüber sein" und andererseits wie hier „besprechen, gemeinsam untersuchen, disputieren." Der Begriff findet sich 7mal im Text (Mk 2,6.8.8; 8,16.17; 9,33; 11,31).

192 Dass Gott einer ist, weiß Jesus selbst auch (vgl. Mk 12,29).

193 *Mischnajot: Die sechs Ordnungen der Mischna* (Hebräischer Text mit Punktuation, deutscher Übersetzung und Erklärung von Moses Auerbach et al.; 6 Bde.; 3. Aufl.; Basel: Goldschmidt, 1986), 1:XI–XII: Die Schriftgelehrten konnten als gebildete Elite auf eine stolze Tradition zurückblicken. Ihnen kam nämlich die Rolle zu den zweiten Teil der durch Mose auf dem Sinai empfangenen Tora, die mündlichen Lehre, die nicht verschriftlicht werden durfte, weiter zu tradieren, ohne sie es ein Verstehen des schriftlichen Gesetzes Gottes nicht gab. Bereits die Mischna kennt eine Sukzession der Tradierung, die über Mose, zu Josua, den Ältesten und Propheten hin zu den Mitgliedern der großen Synode (mAv 1,1). Über Jahrhunderte also erhielt sich die mündliche Lehre durch Überlieferung von Geschlecht zu Geschlecht, ohne dass eine Veranlassung zu ihrer schriftlichen Fixierung vorhanden gewesen wäre. Auch während der Dauer des babylonischen Exils (586–537 v. d. Z.) und ebenso in den darauf folgenden Jahren fanden sich Männer in genügender Anzahl, die fähig waren, das Überlieferte im Gedächtnisse treu zu bewahren und durch Unterweisung weiterzupflanzen. Diese Männer hießen Schriftgelehrte (סופרים), deren berühmtester und bekanntester unter ihnen Esra war, der im Verein mit Serubabel und Nehemia die Juden aus dem Exil zurückführte. Aus der Vereinigung dieser Schriftgelehrten entstand die „große Synode" (כנסת הגדולה), die durch mehr als zwei Jahrhunderte alle

EXEGETISCHE ANALYSE DES MARKUSEVANGELIUMS | 95

Schriftgelehrten hielten sich bis jetzt zurück, dürften Jesus bereits in Szene 07 gehört und ihn Wunder wirken gesehen haben, und vermutlich neugierig begaben sie sich nach seiner Rückkehr hierhin. Dass Jesus nun in einem zentralen theologischen Punkt scheinbar irrt, ist für sie vielleicht willkommene Gelegenheit, den Konkurrenten neu zu beurteilen. Allerdings scheuen sie sich noch, dies öffentlich zu machen. Anders Jesus, weil er Gottessohn ist (vgl. Mk 1,11), „erkennt" (M 2,8: ἐπιγινώσκω)[194] er in seinem „Geist" (Mk 2,8: πνεῦμα; vgl. 3.1.2[3])[195] „sogleich" (Mk 2,8.12), was sie bei sich überlegen, und fordert sie öffentlich heraus. Weshalb bloß, weiß nur er, was sie denken? Haben ihn ihre Gedanken unter Druck gebracht, will er ihnen zuvorkommen, oder will er sie und die Anwesenden über ihn aufklären, oder beabsichtigt er gar sie öffentlich vorzuführen? Jesus greift die Schriftgelehrten über eine paradoxe Frage oder Vexierfrage, wie sie auch bezeichnet wurde, an: Was sei leichter, Sünden zu vergeben (A) oder dem Gelähmten zu sagen, er solle aufstehen, sein Bett nehmen und umhergehen (B). Wenn die Schriftgelehrten Jesu kausale Verknüpfung von Sünde und Lähmung teilen, kann die Antwort weder zugunsten von A noch zugunsten von B ausfallen, sondern müsste lauten, dass beides gleich leicht oder schwer sei. Um das allerdings zu sagen, müssten sie implizit Jesu Göttlichkeit bejahen, und da sie um diese nicht wissen oder nicht wissen wollen, antworten sie nicht, beziehungsweise Jesus wartet eine solche gar nicht ab, sondern gibt sie gleich selbst: Sie sollen wissen, sagt er, dass er, der Menschensohn, und damit spricht er sich vor ihnen Übermenschlichkeit zu, „Vollmacht" (Mk 2,10; vgl. 3.2.2[3]) habe, auf Erden Sünden zu vergeben. Um das vor ihren Augen

---

Angelegenheiten des jüdischen Staates, sowohl die kulturellen wie die politischen ordnete. Als letzter Vertreter dieser großen Synode wird Simon der Gerechte genannt (mAv 1,2). Darauf folgten die Paare (זוגות), deren letztes Schamai und Hillel waren (30 v.d.Z.), bestehend aus einem Fürsten (נָשִׂיא) und einem ihm zur Seite stehenden Präsidenten (דִין אַב בֵית), gemeinsam standen sie dem Synedrium, dem obersten Gerichtshof vor, deren Leitung später von den Hohepriestern übernommen wurde.

194   Menge-Güthling, „ἐπιγι(γ)νώσκω,"Langenscheidts Großwörterbuch Altgriechisch-Deutsch, 171; Walter Bauer, „ἐπιγινώσκω," Griechisch-deutsches Wörterbuch zum Neuen Testament, 589–590; Wolfgang Hackenberg, „ἐπιγινώσκω," EWNT 2:61–62: Das Verb meint einerseits und wie hier „(be)merken, erkennen, erfahren, verstehen, wissen, meinen, einsehen, wahrnehmen, erfahren, durchschauen, (wieder)erkennen" und andererseits „dazu ersinnen, erdenken, beschließen." Der Begriff findet sich 4mal im Text (Mk 2,8; 5,30; 6,33.54).

195   Walter Bauer, „πνεῦμα," Griechisch-deutsches Wörterbuch zum Neuen Testament, 1355–1361, bes. 1356: Gemeinsam mit dem Fleisch konstituiert der Geist den ganzen Menschen. Als seine immaterielle, innere Seite ist er Träger des menschlichen Innenlebens und somit Sitz von Einsicht, Gefühl und Wille. Jesu Geist ist im Text nur 2mal angesprochen (Mk 2,8; 8,12).

unter Beweis zu stellen, folgt, was in der Logik seiner Vexierfrage bereits angelegt war: Heilung nach Sündenvergebung. So wendet er sich dem Gelähmten zu, gebietet ihm aufzustehen, sein Bett zu nehmen und in sein Haus zu gehen, was dieser auch prompt tut. Über diese Vollmacht geraten alle Anwesenden „außer sich" (Mk 2,12: ἐξίστημι)[196], „verherrlichen" (Mk 2,12) Gott und beteuern, solches nie zuvor gesehen zu haben. Jesu Machterweis, der die bisherigen übertrifft, hat sein Ziel erreicht: Jesu Taten werden mit Gott, als dessen Repräsentant er sich versteht, in Verbindung gebracht. Was vermögen die Schriftgelehrten dem noch entgegenzustellen?

(4)   Politisch-militärisches Profil

Die seinem Amt als messianischer König zugewiesene Vollmacht wird hier in unhinterfragbarer Weise unter Beweis gestellt (vgl. 5.5.4[3]). Denn wenn das Volk einer ganzen Stadt Jesu Taten auf Gott zurückführt, bestätigt es seinen Selbstanspruch, der von Gott eingesetzte König zu sein. Und wer das anerkennt, und dazu eignen sich Kranke und Besessene insbesondere, ermöglicht Jesus, diese Vollmacht, welche Entsühnung voraussetzt, im Interesse der Empfänger zu entfalten. Insofern scheint sich Jesus den Schriftgelehrten gegenüber nicht als Konkurrent zu sehen, sie sind Schriftausleger, er ist König. Sollten sie aber darin Fehlen, ihn als denjenigen und in den Schriften angekündigten König anzuerkennen, erfüllen sie ihre Aufgabe nicht. Nicht, dass sie Jesu Siegeszug aufhalten könnten, aber sie würden sich bei Nichtanerkennung Gottes Zuwendung seinem Volk gegenüber diesem störend entgegenstellen.

3.2.6 Szene 11 (Mk 2,13–17): Jesus beruft Levi beim See und speist in dessen Haus mit Zöllnern und Sündern

(1)   Szene

Die elfte Szene Mk 2,13–17 handelt davon, wie Jesus das Volk belehrt und Levi beim See beruft und in dessen Haus mit Zöllnern und Sündern speist. Wie bereits die Szenen 02 und 07–10 gehört somit auch diese zu den volksbezogenen, und zwar ihre Belehrung betreffenden Szenen, wie bereits Szene 06 gehört sie ferner auch zu den jünger- und nachfolgerbezogenen, und zwar ihre Berufung betreffenden Szenen, und wie bereits Szene 10 gehört sie schließlich auch

---

196   Menge-Güthling, „ἐξίστημι," Langenscheidts Großwörterbuch Altgriechisch-Deutsch, 251; Walter Bauer, „ἐξίστημι," Griechisch-deutsches Wörterbuch zum Neuen Testament, 559: Das Kompositum mit der wörtlichen Bedeutung „hinausstellen" meint intransitiv verwendet einerseits „um seinen Verstand, von Sinnen kommen" und wie hier mit abgeschwächter Bedeutung andererseits „außer sich geraten." Das Verb findet sich 4mal im Text (Mk 2,12; 3,21; 5,42; 6,51), 3mal im letzteren und 1mal in ersterem Sinn (Mk 3,21).

EXEGETISCHE ANALYSE DES MARKUSEVANGELIUMS

zu den gegnerbezogenen, und zwar die Schriftgelehrten und Pharisäer betreffenden Szenen. Die Szene unterscheidet sich von der nachfolgenden im Blick auf Akteure, Ort, Zeit, Handlung und Thema, befragen doch dort die Johannesjünger und Pharisäer Jesus (in Kapernaum) zur Fastenpraxis seiner Jünger.

(2)   Text

2[13] Und er ging wieder hinaus, am See entlang, und die ganze Volksmenge kam zu ihm und er lehrte sie. [14] Und vorübergehend sah er Levi, den des Alphäus, sitzend am Zoll und sagt zu ihm: Folge mir nach! Und aufstehend folgte er ihm nach. [15] Und es geschieht, dass er (zu Tisch) liegt in seinem Haus, und viele Zöllner und Sünder lagen mit Jesus und seinen Jüngern (zu Tisch), denn es waren viele und sie folgten ihm nach. [16] Die Schriftgelehrten der Pharisäer aber sahen, dass er isst mit den Sündern und Zöllnern und sagten zu seinen Jüngern: Mit den Zöllnern und Sündern isst er? [17] Und es hörend sagt Jesus zu ihnen: Nicht die Starken bedürfen eines Arztes, sondern die Kranken. Ich kam nicht zu rufen Gerechte, sondern Sünder.[197]

(3)   Inhalt

Explizit anwesende *Akteure* dieser Szene sind einerseits „Jesus" (Mk 2,15.17; vgl. 3.1.1[3]), der sich hier implizit auch als „Arzt" (Mk 2,17: ἰατρός)[198] bezeichnet, andererseits „seine" (Mk 2,15.16) erstmals mit „Jünger" (Mk 2,15.16 Pl.: μαθητής)[199] betitelten vier Nachfolger, ferner der letztberufene „Levi" (Mk 2,14:

---

197   Literarisch folgt Szene 11 einem chiastischen Schema: A: Mk 2,13–14 (Levi, sagen, nachfolgen); B: Mk 2,15 (Zöllner und Sünder, seine Jünger); B': Mk 2,16 (Sünder und Zöllner, seine Jünger); A': Mk 2,17 (sagen, berufen, Sünder).

198   Menge-Güthling, „ἰατρός," *Langenscheidts Großwörterbuch Altgriechisch-Deutsch*, 338; Walter Bauer, „ἰατρός," *Griechisch-deutsches Wörterbuch zum Neuen Testament*, 750: Das Substantiv meint einerseits „Arzt" als Berufsbezeichnung und andererseits auch „Retter, Helfer, Heiland." Der Begriff findet sich nur 2mal im Text (Mk 2,17; 5,26).

199   Menge-Güthling, „μαθητής," *Langenscheidts Großwörterbuch Altgriechisch-Deutsch*, 432; Walter Bauer, „μαθητής," *Griechisch-deutsches Wörterbuch zum Neuen Testament*, 985–986; Poul Nepper-Christensen, „μαθητής," *EWNT* 2:915–921, bes. 916: Das Substantiv, das einerseits „Schüler, Lehrling" und andererseits „Jünger, Anhänger" meint, bezeichnet ein Individuum in einem Bildungsverhältnis zu einem Lehrer. Solche sind für das 1. Jh. d. Z. weitum bekannt und belegt, mitunter auch im Neuen Testament selbst. So traten Schriftgelehrte als Lehrer auf, die ihre Schüler in der Schrift und der Überlieferung der Väter unterrichteten. Der stets im Plural vorfindliche Begriff findet sich 46mal im Text (Mk 2,15.16.18.23; 3,7.9; 4,34; 5,31; 6,1.35.41.45; 7,2.5.17; 8,1.4.6.10.27.33.34; 9,14.18.28.31; 10,10.13.23.24.46; 11,1.14; 12,43; 13,1; 14,12.13.14.16.32; 16,7) und verweist 42mal auf Jesu Jünger, 3mal auf die des Johannes (Mk 2,18.18; 6,29) und 1mal auf die der Pharisäer (Mk 2,18).

Λευί)[200], Sohn des „Alphäus" (Mk 2,14: Ἀλφαῖος)[201], dann „Zöllner" (Mk 2,15.16.16 Pl.: τελώνης)[202] und „Sünder" (Mk 2,15.16.16.17 Pl.: ἁμαρτωλός)[203], die Jesus auch als „Kranke" (Mk 2,17; vgl. 3.2.3[3]) bezeichnet, darüber hinaus eine „Volksmenge" (Mk 2,13; vgl. 3.2.5[3]) und schließlich „Schriftgelehrte der Pharisäer" (Mk 2,16 Pl.; vgl. 3.2.2[3]; Mk 2,16 Pl.: Φαρισαῖος)[204], die Jesus implizit auch

---

200 Hellmut Haug, „Levi," *Namen und Orte der Bibel*, 235–237; Boris Repschinski, „Levi" *Personenlexikon zum Neuen Testament*, 184–185: Der Name meint hebr. „Begleiter oder verpfändete Person" und wird nach Anklang an hebr. „zugetan, verbunden sein, hängen an" gedeutet (vgl. Gen 29,34). Der Begriff findet sich als *Hapax legomenon* nur hier im Text.

201 Hellmut Haug, „Alphäus," *Namen und Orte der Bibel*, 36: Der Name entstammt der aram. Sprache und ist auch in hebr. bezeugt. Der Begriff findet sich 2mal im Text (Mk 2,14; 3,18).

202 Walter Bauer, „τελώνης," *Griechisch-deutsches Wörterbuch zum Neuen Testament*, 1619; Helmut Merkel, „τελώνης," *EWNT* 3:835–838, bes. 836: Ein Zöllner ist eine Person, welche die Ausübung staatlicher Besteuerungs- und Abgabenrechte dem Staat abkauft und die Abgaben von den Schuldnern eintreibt. Diese bereits in griechischen Stadtstaaten geübte jährliche Verpachtung von Abgaben an Privatleute wurde von den hellenistischen Diadochenreichen übernommen. Der Pächter musste die Pachtsumme im Laufe des Jahres erwirtschaften; der Überschuss verblieb ihm, für ein Defizit mussten er und seine Bürgen einstehen. Auch in der römischen Republik entwickelte sich das System der Abgabenverpachtung. Seit Ende des 3. Jh. v.d.Z. bildete sich eine eigene Pächterklasse, der *ordo publicanorum*, der dem Ritterstand angehörte. Um die Pacht der Zölle einer ganzen Provinz erstehen zu können, bedurfte es eines riesigen Kapitals, das durch Bildung von Pachtgesellschaften (*societas publicanorum*) zusammenkam. Die Eintreibung der Abgaben erfolgte durch Angestellte (*portitor*). Meist nimmt man an, die Römer hätten im besetzten Palästina dieses Steuersystem eingeführt; der synoptische Zöllner wäre dann Angestellter einer römischen Steuerpachtgesellschaft gewesen. Doch spricht besonders die Analogie zum benachbarten Ägypten für die Annahme, dass in Palästina – abgesehen von den Jahren 63–44 v.d.Z. – das hellenistische System der Kleinpacht bis zum Ende des 1. Jh. d.Z. beibehalten wurde. Der Zöllner zur Zeit Jesu war also ein wohlhabender Jude, der einzelne Gebühren (Marktgebühr, Weggeld) oder Steuern (Gewerbe-, Haus-, Verbrauchssteuern) gepachtet hatte. Hellenistische wie rabbinische Literatur beurteilte Zöllner sehr ungünstig.

203 Walter Bauer, „ἁμαρτωλός," *Griechisch-deutsches Wörterbuch zum Neuen Testament*, 85–86; Peter Fiedler, „ἁμαρτωλός," *EWNT* 1:157–165, bes. 159: Das Adjektiv bezeichnet in der LXX sowohl den einheimischen als auch, gefördert durch die Ausrichtung an der Tora, den heidnischen Widersacher als dem (gottlosen) Schuldigen. Der Begriff findet sich 6mal im Text und ist mit der Ausnahme von Mk 8,38 stets substantiviert (Mk 2,15.16.16.17; 8,38; 14,41).

204 Walter Bauer, „Φαρισαῖος," *Griechisch-deutsches Wörterbuch zum Neuen Testament*, 1702; Günther Baumbach, „Φαρισαῖος," *EWNT* 3:992–997: Das Substantiv, mit der Bedeutung

EXEGETISCHE ANALYSE DES MARKUSEVANGELIUMS   99

als „Starke" (Mk 2,17 Pz. Pl.: ἰσχύω)[205] und „Gerechte" (Mk 2,17 Pl.: δίκαιος)[206]
bezeichnet. *Ort* des Geschehens ist wiederum der „See" (Mk 2,13; vgl. 3.2.1[3]),
wohl bei Kapernaum, als auch das „Haus" (Mk 2,15) des Levi, oder genauer:
jener Raum, der als Esszimmer beziehungsweise Speisesaal dient. In *temporaler* Hinsicht scheint sich gegenüber der vorhergehenden Szene nichts geändert zu haben, es dürfte hier wie dort und mit Blick auf Mk 2,23 der sechste
Wochentag sein. In *rhetorischer* Hinsicht ist einerseits Jesus zu vernehmen, der
Levi zur Nachfolge auffordert, andererseits die pharisäischen Schriftgelehrten,
die die Jünger befragen, und schließlich Jesu Antwort an sie. Mit dem Thema
der Berufung knüpft das Narrativ auch hinsichtlich der Wortwahl an Szene 06
an.

Nachdem Jesus den Gelähmten im Hause Simons und Andreas wieder zum
Gehen gebracht hat, geht er von dort und/oder von der Stadt hinaus an den
See, ohne dass seine Beweggründe hierzu genannt werden. An dieser Stelle
versammelt sich das ganze (Stadt)Volk und Jesus „lehrt" (Mk 2,13: 3.2.2[3])
es, nun bereits zum dritten Mal (vgl. Mk 1,21; 2,2). Während er lehrend oder
nach Abschluss der Lehre am Wasser „entlangschreitet" (Mk 2,14; vgl. 3.2.1[3]),

---

„Abgesonderte," weist auf eines ihrer wichtigsten praktisch-ethischen Anliegen hin, nämlich der Trennung von Heiligem gegenüber Unheiligem. Nach der Aussage eines ihrer
wichtigsten Zeugen, Flavius Josephus, waren die Pharisäer auf ihre genaue Kenntnis der
väterlichen Gesetze stolz, und rühmten sich ihrer Gesetzesbefolgung wie auch genauen
Auslegung der schriftlichen Überlieferung als auch der mündlichen Tora. Nach der Aussage von Josephus soll es zur Zeit des Herodes nicht weniger als 6'000 Pharisäer gegeben haben. Nach schriftlichen Zeugnissen sollen sie in Genossenschaften zusammen-
gelebt und im Rahmen von Tischgemeinschaften regelmäßige Mahl- und Gebetszeiten
gepflegt haben. Das Substantiv, stets im Plural, findet sich insgesamt 12mal im Text (Mk
2,16.18.18.24; 3,6; 7,1.3.5; 8,11.15; 10,2; 12,13).

205 Liddell-Scott, „ἰσχύω," *Greek-English Lexicon*, 844; Menge-Güthling, „ἰσχύω," *Langenscheidts Großwörterbuch Altgriechisch-Deutsch*, 349; Walter Bauer, „ἰσχύω," *Griechisch-
deutsches Wörterbuch zum Neuen Testament*, 778: Das Verb meint einerseits „stark oder
kräftig sein oder werden, Kräfte haben oder gewinnen," andererseits „mächtig, gewaltig
sein oder werden, Macht, Einfluss, Ansehen haben oder gewinnen, in Blüte stehen, vermögen, gelten" und substantiviert „Starke, Machthaber." Der Begriff findet sich 4mal im
Text (Mk 2,17; 5,4; 9,18; 14,37).

206 Menge-Güthling, „δίκαιος," *Langenscheidts Großwörterbuch Altgriechisch-Deutsch*, 182–183;
Walter Bauer, „δίκαιος," *Griechisch-deutsches Wörterbuch zum Neuen Testament*, 393–395:
Das Adjektiv meint einerseits und wie hier „gerecht, Gerechtigkeit übend, rechtschaf-
fen, ehrlich, aufrichtig, tugendhaft, pflichtgetreu, gewissenhaft, gesittet, anständig" und
andererseits „rechtmäßig, gesetzlich, richtig, billig, gebührend, rechtlich, gerechtfertigt,
tüchtig, brauchbar, gut." Der Begriff findet sich 2mal im Text (Mk 2,17; 6,20).

erblickt er Levi – Sohn des Alphäus – am „Zoll" (Mk 2,14: τελώνιον)[207] sitzen. Ob Levi Zöllner ist, wird nicht explizit gesagt, mit Blick auf Szene 06 jedoch dürfte „Zoll" wie dort „Netze" auf seine berufliche Tätigkeit verweisen, nicht zuletzt auch deshalb, weil die Frage der Pharisäer ihn als gesellschaftlich ostraziert ausweist. Mehr als das, ist an Identifizierungshilfe dieses letzten Berufenen – der im Text auch nicht mehr erscheinen wird – nicht geboten, höchstens implizit, dass sein hebräischer Name auf eine jüdische Ethnie und sein Haus, welches eine solch beachtliche Zahl an Gäste zu fassen vermag, auf wirtschaftliche Besserstellung verweisen. Je nach Steuersystem, dem römischen oder dem hellenistischen, ergibt sich im Blick auf Levi und seine ihn umgebende Zöllnergesellschaft ein unterschiedliches Bild. Ist Levi Angestellter einer römischen Steuerpachtgesellschaft, dessen Zollstelle deshalb am See steht, weil die Küste gleichzeitig Grenzlinie zum Teilfürstentum des Philippus ist, und er Handelsbeziehungen zu eher nichtjüdischen Händlern von jenseits unterhält? „Sünder" könnte dann als von einem anderen Volk stammend gedeutet werden, beispielsweise Nichtgaliläer oder gar Römer. Oder ist Levi ein jüdischer, selbständiger und durchaus vermögender Kleinpächter von einzelnen Gebühren oder Steuern nach dem hellenistischen System, der seine Zollstelle deshalb am See hat, weil er am Hafen Gewerbe- oder Marktsteuern der dort tätigen Fischer eintreibt? „Sünder" wäre dann im Blick auf Levi und seine Freunde als ethisch verwerflich zu deuten. Eine Entscheidung im Blick auf ethnische Herkunft ist schwer, zumal Juden (vgl. Mk 8,38) als auch Römer (vgl. Mk 14,41) innermarkinisch als sündig bezeichnet werden. Angesicht der Aussage jedoch, dass diese Sünder Jesus nachfolgten, und wären sie nicht Juden, eine Bemerkung dazu zu erwarten wäre, gerade im Blick auf Jesu Selbstaussage sich zu den Kindern Israels berufen zu fühlen (Mk 7,27), neige ich dazu, in Levi einen jüdischen Kleinpächter nach dem hellenistischen Steuersystem zu sehen. Diesen Levi nun spricht Jesus an und fordert ihn imperativisch auf, seine ökonomisch einträgliche Beschäftigung aufzugeben und ihm nachzufolgen (Mk 2,14.14.15; vgl. 3.2.1[3]), was dieser wortlos und umgehend tut, ohne eine alternatives Berufsangebot als Menschenfischer erhalten zu haben wie etwa Simon und Andreas. Obschon Jesus den Umgang mit dem Ostrazierten nicht scheut, befreit er ihn sozusagen aus einer verachteten und die Menschen ausbeutenden Tätigkeit heraus. Wie nach der Berufung der Vier findet sich Jesus gemeinsam mit seinem engsten Stab im Hause Levis ein. Wie

---

207   Walter Bauer, „τελώνιον," *Griechisch-deutsches Wörterbuch zum Neuen Testament*, 1619: Das Substantiv meint „Zollhaus oder Zollstelle." Der Begriff findet sich als *Hapax legomenon* nur hier im Text.

EXEGETISCHE ANALYSE DES MARKUSEVANGELIUMS 101

kommt es dazu, handelt es sich um eine reflexartige Geste der Gastfreund-schaft, oder geht es Levi um eine öffentliche Zurschaustellung seiner Tisch-gemeinschaft mit dem Aufsehen erregenden Lehrer? Ihnen haben sich inzwi-schen viele Zöllner und Sünder angeschlossen, die Jesus wie Levi nachfolgen, wann und wo sich diese jedoch zur Nachfolge entschlossen, bleibt ungesagt. Gewiss ist, ihre Nachfolge setzt Levis Nachfolge voraus. Doch zwischen die-sen Nachfolgern und den Vieren zeichnet sich eine Unterscheidung ab, denn nur Letztere werden als „Jünger" und dazu noch als die „Seinen" qualifiziert,[208] die ihm überallhin wortlos folgen, auch wenn oft nicht eigens erwähnt. Auch ins Haus des Levi folgen sie, nun wäre aber gerade hier ihre Meinung interes-sant gewesen, zumal Levi derjenige gewesen sein könnte, der als unliebsamer Zöllner auch ihr Leben als Fischer erschwert hatte. Als sie nun zu Tisch lie-gen, lässt der Narrator pharisäische Schriftgelehrte auftreten, die es ebenso bei den Sadduzäern, Essenern als auch Zeloten gab. Begegnen bereits helle-nistische Autoren Zöllnern gegenüber mit Vorurteilen, zeichnet sich in rab-binischer Literatur des 1. Jahrhundert ein unüberbrückbarer Gegensatz zwi-schen diesen beiden Gruppen ab: Ein Zöllner, der einer Pharisäergenossen-schaft beitreten wollte, musste seinen Beruf aufgeben und allen Übervorteilten Genugtuung leisten. Verständlich also, dass sich diese pharisäischen Schrift-gelehrten – sind es die Schriftgelehrten der vorhergehenden Szene? – an die Jünger Jesu wenden. Hatten sie dort noch geschwiegen, wagen sie hier eine Konfrontation, obschon sie nicht Jesus ansprechen, sondern die schwächsten Glieder dieser in Entstehung befindlichen Gruppe, die vier Jünger. Mit Zöll-nern und Sündern „esse" (Mk 2,16.16) er? fragen sie rhetorisch. Wohl sehen sie ihr Reinheitsideal in Gefahr, da Gemeinschaft mit Unreinen kontaminiert, auch die Nahrung, und darüber hinaus die Einnahme unreiner Speise gegen das Gesetz verstößt. Seinen Jüngern zuvorkommend antwortet Jesus selbst auf die Frage, denn die Jünger sind zum jetzigen Zeitpunkt und als nicht Geset-zeskundige zur Antwort gegenüber den Experten möglicherweise nicht in der Lage. Jesus entgegnet, dass nicht die Starken, sondern die Kranken eines Arztes „bedürften" (Mk 2,17: χρεία)[209], und diesen Truismus auf sich selbst anwen-

---

208 Bei der 42maligen Erwähnung der Jünger ist das Substantiv 35mal – also mit der Aus-nahme von nur 7mal (Mk 6,41; 8,1; 9,14; 10,10.13; 10,24; 14,16) – mit einem Possessivpro-nomen als zu Jesus gehörig gekennzeichnet: 1mal als „meine" (Mk 14,4: ἐγώ), 2mal als „deine" (Mk 2,18; 7,5; 9,18: σύ) und 32mal als „seine" (Mk 2,15.16.23; 3,7.9; 5,31; 6,1.35.45; 7,2.17; 8,4.6.10.27.27.33.34; 9,18.28.31; 10,23.46; 11,1.14; 12,43; 13,1; 14,12.13.32; 16,7: αὐτός; Mk 4,34: ἴδιος).

209 Walter Bauer, „χρεία," Griechisch-deutsches Wörterbuch zum Neuen Testament, 1764–1765: Das Substantiv meint einerseits „Bedürfnis, Notwendigkeit" und andererseits „Bedarf,

dend, vermerkt er, dass er gekommen sei, Sünder und nicht Gerechte zu rufen. Und das ist ihm hier offensichtlich gelungen, denn die Sünder folgen ihm in Aufgabe ihrer sündigen Tätigkeit nach. Und vielleicht bekräftigen sie diesen Übertritt mit der Mahlgemeinschaft. So erreicht Jesus, was die Pharisäer auch verlangt hätten. Was also ist ihr Problem? Vielleicht und in Umdrehung der Anklage, dass sie, die Pharisäer, ihre Gruppengrenze viel zu eng ziehen, und ihre Gemeinschaft nur den Starken und Gerechten, als die sie sich selbst sehen, öffnen?

(4)   Politisch-militärisches Profil

Erstmals führt der Erzähler in dieser Szene eine Unterscheidung innerhalb der Gefolgschaft Jesu ein: Da sind auf der einen Seite „seine Jünger," bis anhin immer noch die Vier, und auf der anderen Seite „viele, die ihm nachfolgten," hier vor allem Zöllner und Sünder, wahrscheinlich aber auch Frauen (vgl. 5.6.4[3]; 5.6.4[4]). Im Blick auf Zöllner und Sünder erfolgt erstmals eine kritische Außensicht auf die Gefolgschaft Jesu durch die pharisäischen Schriftgelehrten. Mit dem impliziten Argument der Reinheit hinterfragen sie nämlich Jesu (Mahl)Gemeinschaft mit ethisch-kultisch Ostrazierten, das heißt seine Grenzziehung im Blick auf das, was in seiner Gefolgschaft Platz hat. Die kritische Rückfrage der Pharisäer offenbart, dass sie Jesus wie sich selbst als einen Schriftgelehrten wahrnehmen, der Nachfolger willkommen heißt, deshalb vergleichen sie sich mit ihm und wetteifern um die authentischste Repräsentation der Tradition. Jesus überlässt es seinen Jüngern (noch) nicht, diese Außensicht auf seine Gruppengrenze zu kommentieren. Vielmehr setzt er den Schriftgelehrten eine eigene Gegendefinition vor, die mehrfaches zu leisten vermag: Einerseits sagt er, dass die Gemeinschaft mit den Ostrazierten nicht eine unbewusste Vernachlässigung des Reinheitsgebots sei, vielmehr diene sie demselben Zweck, dem auch Schriftgelehrten nacheifern, nämlich Menschen für ein Gott wohlgefälliges Leben zu gewinnen, und genau das wurde bei Levi erreicht, indem er sich von seiner Tätigkeit ab- und Jesus zuwandte. Dies erreichte Jesus, indem er wie ein Arzt den Umgang mit Kranken nicht scheut, und sie über die Befreiung von Sünden heilt. Andererseits impliziert Jesu Selbstdefinition, die er ihnen entgegenhält, eine Kritik an den Schriftgelehrten: sie nämlich seien untätige Ärzte, die nur den Umgang mit Gesunden pflegten und deshalb nicht wirklich ihrer Aufgabe nachkommen würden. Aber gerade in Zeiten eines die

---

Mangel (an Lebensmittel), Not," – nicht zuletzt in Kriegszeiten – ferner „fehlende, nötige Sache" und schließlich „Amt, Pflicht, Dienst." Der Begriff findet sich 4mal im Text (Mk 2,17.25; 11,3; 14,63).

EXEGETISCHE ANALYSE DES MARKUSEVANGELIUMS   103

Provinzen ausplündernden Kaisers und Prokuratoren sei die Abkehr vom Zollgeschäft eine politische und die Bevölkerung unterstützende Notwendigkeit (vgl. 5.2.4[2]).

3.3   Episode c (Mk 2,18–3,35)

Markus 2,18–3,35 bildet die dritte von zehn chiastisch angeordneten Episoden, wobei Episode c aus folgenden sieben Szenen besteht: Szene 12 (Mk 2,18–22): Die Johannesjünger und Pharisäer befragen Jesus (in Kapernaum) zur Fastenpraxis seiner Jünger; Szene 13 (Mk 2,23–28): Die Jünger Jesu pflücken am Sabbat Ähren (bei Kapernaum); Szene 14 (Mk 3,1–6): Jesus heilt am Sabbat in der Synagoge (Kapernaums) einen Menschen mit vertrockneter Hand; Szene 15 (Mk 3,7–12): Jesus heilt viele beim See; Szene 16 (Mk 3,13–19): Jesus setzt auf dem Berg die Zwölf ein; Szene 17 (Mk 3,20–21.31–35): Die Mutter und Brüder Jesu bezichtigen ihn (in Kapernaum) des Wahnsinns; und Szene 18 (Mk 3,22–30): Die Jerusalemer Schriftgelehrten bezichtigen Jesus (in Kapernaum) der Besessenheit.

Ihre Demarkation ergibt sich in literarisch-formaler Hinsicht darin, dass sie durch Familien- und Verwandtschaftsvokabular, „Bräutigam und Hochzeitsgäste" (Mk 2,19–20) einerseits und die „Seinen, das heißt Mutter, Brüder und Schwestern" (Mk 3,21.31–35) andererseits, zusammengehalten wird, und in narrativ-inhaltlicher Hinsicht darin, dass Jesus seine Nachfolger nach außen verteidigend zur „Familie" derer konsolidiert, die den Willen Gottes tun (Mk 3,35).

3.3.1   *Szene 12 (Mk 2,18–22): Die Johannesjünger und Pharisäer befragen Jesus (in Kapernaum) zur Fastenpraxis seiner Jünger*

(1)   Szene

Die zwölfte Szene Mk 2,18–22 handelt davon, wie die Johannesjünger und Pharisäer Jesus (in Kapernaum) zur Fastenpraxis seiner Jünger befragen. Wie bereits die Szenen 10–11 gehört somit auch diese zu den gegnerbezogenen, und zwar die Johannesjünger und Pharisäer betreffenden Szenen. Die Szene unterscheidet sich der nachfolgenden im Blick auf Akteure, Ort, Zeit, Handlung und Thema, pflücken doch dort (bei Kapernaum) die Jünger Jesu am Sabbat Ähren.

(2)   Text

2^18 Und es waren die Jünger des Johannes und die Pharisäer fastend, und sie kommen und sagen zu ihm: Warum fasten die Jünger des Johannes und

104 3. KAPITEL

die Jünger der Pharisäer aber deine Jünger fasten nicht? [19] Und Jesus sagte zu ihnen: Können die Hochzeitsgäste, während der Bräutigam bei ihnen ist, fasten? Solange sie den Bräutigam bei sich haben, können sie nicht fasten. [20] Es werden aber Tage kommen, wenn der Bräutigam von ihnen genommen sein wird, und dann, an jenem Tag, werden sie fasten. [21] Niemand näht ein Stück ungeschrumpften Tuchs auf ein altes Kleid, sonst kommt der Flicken von ihm ab, der neue vom alten, und der Riss wird ärger. [22] Auch füllt niemand neuen Wein in alte Schläuche, sonst zerreist der Wein die Schläuche und der Wein und die Schläuche verderben, sondern (füllt) neuen Wein in neue Schläuche.[210]

(3)   Inhalt

Explizit anwesende *Akteure* dieser Szene sind einerseits „Jesus" (Mk 2,19; vgl. 3.1.1[3]), der sich hier selbst auch „Bräutigam" (Mk 2,19.19.20) bezeichnet, andererseits „seine Jünger" (Mk 2,18 Pl.; vgl. 3.2.6[3]), die er entsprechend zu seiner Selbstbezeichnung auch „Hochzeitsgäste" (Mk 2,19 Pl.) nennt, ferner die „Jünger" (Mk 2,18.18 Pl.; vgl. 3.2.6[3]) des „Johannes" (Mk 2,18.18; vgl. 3.1.2[3]) und schließlich die „Pharisäer" (Mk 2,18 Pl.; vgl. 3.2.6[3]). Implizit anwesende Akteure der vorhergehenden Szene sind einerseits Levi, und andererseits auch die Zöllner und Sünder. Und erwähnte Akteure sind die „Jünger der Pharisäer" (Mk 2,18 Pl.; vgl. 3.2.6[3]), von denen es sich nicht abschließend feststellen lässt, ob sie in der Szene anwesend sind. Sowohl in *räumlicher* als auch *temporaler* Hinsicht scheint sich gegenüber der vorhergehenden Szene nichts geändert zu haben, die Akteure befinden sich immer noch im oder beim Haus Levis in Kapernaum (vgl. Mk 2,1.15), möglicherweise und im Blick auf Mk 2,23 am sechsten Wochentag. In *rhetorischer* Hinsicht sind einerseits die Johannesjünger und Pharisäer als Kollektiv zu vernehmen, die fragend an Jesus herantreten, und andererseits Jesus, der ihnen ausführlich und mit Bildspruch entgegnet.[211] Mit dem Thema der impliziten Todesankündigung Jesu knüpft das Narrativ thematisch an die Szenen 41, 45, 52, 70–71 und 73–83 an.

---

210   Literarisch folgt Szene 12 einem parallelen Schema: A: Mk 2,18 (fasten, nicht fasten); A': 2,19–20 Mk (fasten, nicht fasten); B': 2,21 (neues Tuch, altes Kleid); B: Mk 2,22 (neuer Wein, alte Schläuche).

211   Walter Bühlmann und Karl Scherer, *Sprachliche Stilfiguren der Bibel: Von Assonanz bis Zahlenspruch – Ein Nachschlagewerk* (Monographien und Studienbücher; 2., verb. Aufl.; Gießen: Brunnen, 1994), 72: Im Unterschied zum Gleichnis besteht das „Bildwort," von anderen auch „Bildspruch" oder „bildliche Sentenz" genannt, nicht in einem geschilderten Geschehen, sondern in einer Sentenz (Sprichwort), die eine in der Welt der Erfahrung gewonnene Teilgesetzlichkeit im Bilde darstellt und deren Schwerpunkt in Beziehung zur Sache gebracht wird, sie besagt für Mk 2,21–22, dass Neues sich mit Altem nicht verträgt.

EXEGETISCHE ANALYSE DES MARKUSEVANGELIUMS 105

Nachdem Jesus eben den Schriftgelehrten der Pharisäer seine Tischgemein-schaft mit Sündern erklärt hatte, kommt eine Gruppe ungenannter Größe von Johannesjüngern und Pharisäern zu ihm. Sie „fasten" (Mk 2,18.18.18.19.19.20) und daher möchten sie wissen, weshalb seine Jünger dies nicht auch tun. Hat-ten sich die Schriftgelehrten der Pharisäer in der vorhergehenden Szene mit einer Jesus betreffenden Frage an die Jünger gewandt, wenden sich diese nun mit einer die Jünger betreffenden Frage an Jesus. Die Situation entbehrt nicht einer gewissen Komik, denn sie stellen ihre Frage just dann, als die Tischge-meinschaft – einschließlich der vier Jünger – am Speisen ist, und lässt diese gegenüber den Asketen weniger Gott als sinnlichen Freuden zugetan erschei-nen, und das auch noch in Gemeinschaft von Sündern. Die Fragenden dürften also ein regelmäßiges Fasten praktizieren (vgl. Lk 18,12; *Did.* 8,1),[212] denn es heißt im Imperfekt „sie waren" (Mk 2,18) Fastende, was wohl als durativ im ite-rativen Sinne von immerzu wiederholend zu verstehen ist.[213] Dass Jesus in sei-ner Antwort zweimal „können" anführt (Mk 2,19.19), dürfte darauf hinweisen, dass der Gesprächsgegenstand freiwilliges und nicht gebotenes Fasten ist, das der kultischen Reinigung dient und den jeweiligen Jünger näher zu Gott brin-gen soll.[214] Jesu Antwort überrascht, denn metaphorisch führt er an, dass sowe-nig wie die Hochzeitsgesellen, welche dem Bräutigam die Hochzeit ausrichten, fasten können, „solange" (Mk 2,19) der Bräutigam zugegen ist, sowenig könnten dies seine Jünger tun. Jesus ein Bräutigam und seine vier Jünger Hochzeitsge-sellen? Das erinnert einerseits an biblische Geschichten, wo Hochzeitsgesel-len – in der Regel dem eigenen Familienverband zugehörig – dem Bräutigam nicht nur eine Braut suchten, sondern ihm diese auch zum Zweck der Hochzeit zuführten (vgl. Gen 24), und andererseits an das weit gestreute Motiv, dass der Bräutigam der himmlische König, Gott selbst, ist und die Hochzeit der Bundes-schluss desselben mit seinem als Braut bezeichneten Volk Israel (Jes 61,10; 62,5; Ez 16; Hos 2,21–22; auch Hld). War das mit „Menschen fischen" gemeint (vgl. Mk 1,17)? Doch in abrupter Beendung dieser Idylle fährt er fort, dass Tage kommen werden, wo der Bräutigam von den Jüngern „genommen werden wird" (Mk 2,20: ἀπαίρω),[215] endgültig genommen, wenn man den punktuellen Aspekt des

---

212   Vgl. Ebner, *Das Markusevangelium*, 35.

213   Schoch, *Griechischer Lehrgang zum Neuen Testament*, 51–52.

214   Jacob Milgrom und Moshe David Herr, „Fasting and Fast Days," *EJ* 6: 719–723, bes. 722.

215   Liddell-Scott, „ἀπαίρω," *Greek-English Lexicon*, 175; Menge-Güthling, „ἀπαίρω," *Langen-scheidts Großwörterbuch Altgriechisch-Deutsch*, 80; Walter Bauer, „ἀπαίρω," *Griechisch-deutsches Wörterbuch zum Neuen Testament*, 159: Das Verb meint einerseits und wie hier „wegnehmen, -heben, zurückziehen, lichten, entreissen, (ein Heer, eine Flotte) aufbre-

106   3. KAPITEL

passiven Aorists im effektiven Sinn versteht.[216] An jenem Tage dann, würden sie – im Futur – fasten. Denkt Jesus dabei an ein einmaliges oder als Brauch etabliertes Fasten? Syntaktisch wäre sowohl eine durative als auch eine punktuelle Verbalhandlung denkbar.[217] Damit spricht Jesus erstmals von seinem gewaltsamen Ende, das sich noch vor seiner metaphorischen Hochzeit ereignen wird. Ob die Anwesenden diese Voraussage verstanden haben? Jesus ist also nicht gegen Fasten, das die Ausübenden näher zu Gott bringt, er weist diesem allerdings einen neuen Zeitpunkt und Sinn zu. Es wird ein Fasten der Trauer über den Tod eines Familienmitglieds sein, eines Lehrers, eines nationalen Führers, das üblicherweise als fester Gedenktag etabliert wurde (1 Sam 31,13; 2 Sam 1,12; 12,21; bNed 12a),[218] und auch dieses Fasten wird sie näher zu Gott bringen, und wird wie neuer Wein große Kraft entwickeln, der alte Schläuche „zerreißen" (Mk 2,22: ῥήσσω)[219] würde, deshalb sei er in neue zu „füllen" (Mk 2,22: βάλλω)[220].

(4)   Politisch-militärisches Profil
Nachdem der Narrator Jesus die Rolle und Identität des von Gott gesandten König Israels für sich reklamieren und durch vollmächtige Handlungen unter Beweis stellen lässt, lässt er ihn hier eine weitere und gewichtige Metapher der Schriften auf sich und seinen engsten Stab beziehen, nämlich die der Hochzeit. Kein bescheidener, jedoch aus dem Narrativ heraus logischer Selbstanspruch, denn was sonst nur Gott zusteht, bezieht Jesus auf sich, aber das tut

---

          chen oder absegeln lassen, abmarschieren oder -reisen," und andererseits „weggehen, sich
          entfernen, scheiden." Der Begriff findet sich als *Hapax legomenon* nur hier im Text.

216   Schoch, *Griechischer Lehrgang zum Neuen Testament*, 52–53.

217   Schoch, *Griechischer Lehrgang zum Neuen Testament*, 125–126.

218   Milgrom und Herr, „Fasting and Fast Days," 6:719–723; vgl. auch Ebner, *Das Markusevangelium*, 35.

219   Menge-Güthling, „ῥήσσω,"*Langenscheidts Großwörterbuch Altgriechisch-Deutsch*, 614; Walter Bauer, „ῥήσσω," *Griechisch-deutsches Wörterbuch zum Neuen Testament*, 1472–1473: Das Verb meint einerseits „(zer)reißen, verzerren, stampfen, stoßen, schlagen" und andererseits „niederschmettern, zu Boden werfen, fällen." Der Begriff findet sich 2mal im Text (Mk 2,22; 9,18).

220   Liddell-Scott, „βάλλω," *Greek-English Lexicon*, 304–305; Menge-Güthling, „βάλλω," *Langenscheidts Großwörterbuch Altgriechisch-Deutsch*, 131; Walter Bauer, „βάλλω," *Griechisch-deutsches Wörterbuch zum Neuen Testament*, 263–265: Das Verb meint einerseits „werfen, schleudern (Geschosse), ab- und beschießen (Speer), treffen, verwunden, (gewaltsam) hinwerfen, niederstürzen, fallen lassen, sinken lassen, neigen, münden, sich stürzen, rennen, hereinbrechen" und andererseits wie hier „setzen, (hin)einlegen, -füllen, stellen, bringen, treiben, lenken, richten." Der Begriff findet sich 18mal im Text (Mk 2,22; 4,26; 7,27.30.33; 9,22.42.45.47; 11,23; 12,41.41.42.43.43.44.44; 15,24).

EXEGETISCHE ANALYSE DES MARKUSEVANGELIUMS

er nur als Repräsentant Gottes: Sein messianisches Königtum dient nicht dem Selbstzweck, sondern dem Ziel, Gott sein Volk zuzuführen. Dabei spielen die Hochzeitsgesellen eine unerlässlich mediative Rolle, denn sie sollen als Menschenfischer Jesus und damit Gott diese Braut zuführen, und das über Jesu Tod hinaus. Da die Braut Israel meint, könnte dieses Bild einen Ethnozentrismus implizieren, der in Szene 34 noch expliziert werden wird. Damit stellt Jesus eine vermeintlich mangelnde Frömmigkeit seiner Jünger in einen größeren Kontext; er schreibt ihnen neue Rollen zu, noch bevor die Vier – so scheint es – verstehen, worum es geht. In der Frage der Außenstehenden wird deutlich, dass sie Jesu Jünger als ebenbürtig wahrnehmen, erwarten sie doch von ihnen ein ähnliches Fastenverhalten. Eine Praxis übrigens, die als Vorbereitung auf den heiligen Krieg sowohl in den Schriften (1 Sam 7,6; 14,24–31; 1 Makk 3,47) als auch bei Josephus bezeugt ist (*Vita* 290; vgl. 5.7.3[1]).[221] Demgegenüber jedoch nimmt Jesus eine Um- oder Neudefinition der gruppenspezifischen Fasten- oder Ritualpraxis vor, so dass er darin seine Gruppe von den anderen unterscheidet und als neu, das heißt über das Bild des neuen Weins als sehr kraftvoll in seiner Neuheit definiert. Implizit könnte er sagen, dass diese Kraft in der Trauer und Erinnerung *an* als auch Kult *um* einen nationalen Führer gründen wird. Damit wird die Erstehung eines posthumen Kultes um Jesus sowohl hier wie auch bei Vespasian deren Deifizierung geschuldet sein (vgl. 5.5.4[5]; 5.8.3[4]). Dass Jesus an dieser Stelle von sich selbst als dem Bräutigam spricht, ist noch aus einem anderen Grund bezeichnend. Ein Bräutigam, nämlich, war zu Friedenszeiten vom Krieg entbunden, nicht jedoch in Kriegszeit, das heißt bei einem nach Kriegsgesetz gebotenem Krieg. In solch einem Falle war er nach mischnischem Verständnis – wie Frauen auch – zum Abzug auf's Schlachtfeld verpflichtet (vgl. mSot 8,[1–]7; 5.4.4[2]).

3.3.2 *Szene 13 (Mk 2,23–28): Die Jünger Jesu pflücken am Sabbat Ähren (bei Kapernaum)*

(1)   Szene

Die dreizehnte Szene Mk 2,23–28 handelt davon, wie die Jünger Jesu am Sabbat Ähren pflücken (bei Kapernaum), worüber die Pharisäer Jesus befragen. Wie bereits die Szenen 10–12 gehört somit auch diese zu den gegnerbezogenen, und zwar die Pharisäer betreffenden Szenen. Die Szene unterscheidet sich von der nachfolgenden nicht im Blick auf Zeit und Thema, wohl aber im Blick auf Akteure, Ort und Handlung, heilt doch dort Jesus am Sabbat einen Menschen mit „vertrockneter" Hand in der Synagoge.

---

221   Marcus, *Mark*, 1:236; Collins, *Mark*, 198.

108   3. KAPITEL

(2)   Text
2²³ Und es geschah, dass er am Sabbat durch die Kornfelder geht, und seine
Jünger begannen unterwegs zu arbeiten, indem sie Ähren pflückten. ²⁴ Und
die Pharisäer sagten zu ihm: Siehe, warum arbeiten sie am Sabbat, was nicht
erlaubt ist? ²⁵ Und er sagt zu ihnen: Last ihr nie, was David tat, als er Mangel
hatte und ihn hungerte, ihn und die mit ihm, ²⁶ wie er hineinging in das
Haus Gottes zur Zeit des Hohepriesters Abjatars und die Schaubrote aß, die zu
essen nicht erlaubt sind außer den Priestern, und auch denen gab, die mit ihm
waren? ²⁷ Und er sagte zu ihnen: Der Sabbat wurde um des Menschen willen
geschaffen und nicht der Mensch um des Sabbat willens. ²⁸ Somit ist der Sohn
des Menschen auch Herr des Sabbats.²²²

(3)   Inhalt
Explizit anwesende *Akteure* dieser Szene sind einerseits Jesus, der sich hier
nicht nur abermals „Sohn des Menschen" (Mk 2,28; vgl. 3.2.5[3]) sondern auch
„Herr" (Mk 2,28; vgl. 3.1.2[3]) nennt, andererseits „seine Jünger" (Mk 2,23 Pl.; vgl.
3.2.6[3]) und schließlich wiederum „Pharisäer" (Mk 2,24 Pl.; vgl. 3.2.6[3]), möglicherweise dieselben der vorhergehenden Szene. Und erwähnte Akteure sind
einerseits „David" (Mk 2,25: Δαυίδ)²²³, andererseits seine Begleiter (Mk 2,25.26),
ferner der „Hohepriester Abjatar" (Mk 2,26: ἀρχιερεύς²²⁴; Mk 2,26: Ἀβιαθάρ)²²⁵

---

222   Literarisch folgt Szene 13 einem chiastischen Schema: A: Mk 2,23 (Sabbat); B: Mk 2,24–25
      (nicht erlaubt); B': Mk 2,26 (nicht erlaubt); A': Mk 2,27–28 (Sabbat).

223   Hellmut Haug, „David," *Namen und Orte der Bibel*, 90; Konrad Huber, „David," *Personen
      Lexikon zum Neuen Testament*, 51–55, bes. 51: Der Name steht für hebr. „(Viel-)Gelieber
      oder Liebling." Der Begriff findet sich 7mal im Text (Mk 2,25; 10,47.48; 11,10; 12,35.36.37).

224   Menge-Güthling, „ἀρχιερεύς," *Langenscheidts Großwörterbuch Altgriechisch-Deutsch*, 111;
      Walter Bauer, „ἀρχιερεύς," *Griechisch-deutsches Wörterbuch zum Neuen Testament*, 225–
      226; Ulrich Kellermann, „ἀρχιερεύς," *EWNT* 1:394–397: Das Kompositum bezeichnet einen
      „Ober- oder Hohepriester." Im Plural bezeichnet es im Neuen Testament in der Regel die
      Führungsgruppe des Synedriums, die neben dem amtierenden Jerusalemer Hohepriester,
      auch seine Vorgänger als vornehmste Glieder des Priesteradels (vgl. Apg 4,6) umfasst, und
      die als Gerichts- und Polizeiorgan aber auch als administratives Konsistorium am Tempel
      zusammen mit den Ältesten, Schriftgelehrten und Archonten wirkten. Als Vorsitzender
      des Synedriums wirkte der Hohepriester auch als Repräsentant Roms und war somit
      nicht nur politischer Akteur, sondern unter Umständen auch Kriegspartei. Das Substantiv
      findet sich 22mal im Text (Mk 2,26; 8,31; 10,33; 11,18.27; 14,1.10.43.47.53.53.54.55.60.61.63.66;
      15,1.3.10.11.31), 14mal im Plural (Mk 8,31; 10,33; 11,18.27; 14,1.10.43.53.55; 15,1.3.10.11.31) und
      8mal im Singular (Mk 2,26; 14,47.53.54.60.61.63.66).

225   Hellmut Haug, „Abjatar," *Namen und Orte der Bibel*, 22: Der Name steht für hebr. „der Vater
      hat Überfluss." Der Begriff findet sich als *Hapax legomenon* nur hier im Text.

EXEGETISCHE ANALYSE DES MARKUSEVANGELIUMS

und schließlich eher allgemein „Priester(schaft)" (Mk 2,26 Pl.; vgl. 3.2.4[3]) und „Mensch(en)" (Mk 2,27; vgl. 3.2.1[3]). *Ort* des Geschehens ist ein „Kornfeld" (Mk 2,23 Pl.) des wohl agrarisch bewirtschafteten und Kapernaum ernährenden Umlands (vgl. Mk 2,1). Und die Szene ereignet sich am *„Sabbat"* (Mk 2,23.24 Pl.; Mk 2,27.27.28). In *rhetorischer* Hinsicht wenden sich einerseits die Pharisäer mit einer Rechtsfrage an Jesus, auf die er andererseits unter Zuhilfenahme eines Schriftbeispiels entgegnet. Mit dem Thema der Sabbatarbeit knüpft das Narrativ an die Folgeszene 14 an.

Nachdem Jesus und seine Jünger das Haus Levi verlassen haben (vgl. Mk 2,15), sie dürften dort übernachtet haben, durchstreifen sie am Sabbat Kornfelder, vielleicht in Richtung der Synagoge, dem Schauplatz der nachfolgenden Szene (vgl. Mk 3,1). „Unterwegs" (Mk 2,23; vgl. 3.1.2[3]) nun beginnen sich die Jünger „arbeitend" (Mk 2,23.24) zu betätigen, indem sie „Ähren" (Mk 2,23) pflücken. Diese Tätigkeit in der Öffentlichkeit trägt Jesus sogleich eine nicht ungerechtfertigte Mahnung der Pharisäer ein, die hier einen „unerlaubten" (Mk 2,24.26: ἔξεστιν)[226] „Verstoß" gegen das zentrale Ruhegebot meinen ahnden zu müssen (vgl. Gen 2,3; Ex 16,23–30; 20,8–11; 23,12; 31,13–17; 34,21; Lev 19,30; Num 28,9; Dtn 5,12–15). Der theologisch tiefere Sinn dieses Gebots liegt darin, dass der Gläubige über die Achtung des Ruhegebots seinen Glauben an den einen, schöpfenden Gott zum Ausdruck bringt, und seine Missachtung einem Götzendienst gleich gestellt wird. Deshalb waren Strafen für die Missachtung des Sabbats streng bemessen, ein versehentliches Vergehen verlangte ein Sündopfer, ein vorsätzliches gar den Tod (vgl. Num 15,32–36).[227] Im Blick darauf, was nun als Arbeit zu gelten hatte und was nicht, war das Judentum auf die mündliche Lehre angewiesen, denn man hätte ja nicht nur das Pflücken von Ähren, sondern auch das Gehen in den Kornfeldern und das Verspeisen des Gepflückten als Arbeit ansehen können. Die mündliche Lehre hatte neununddreißig „Hauptarbeiten" am Sabbat als verboten erklärt, allesamt Arbeiten, welche mit dem Bau der Stiftshütte zusammenhingen, und deren dritte das „Ernten" war (vgl. mShab 7,2; 12,2), und das „Pflücken" – nicht aber das „Einsammeln" – eine

---

226   Menge-Güthling, „ἔξειμι," *Langenscheidts Großwörterbuch Altgriechisch-Deutsch*, 248; Walter Bauer, „ἔξεστιν," *Griechisch-deutsches Wörterbuch zum Neuen Testament*, 556–557; Horst Balz, „ἔξεστιν," *EWNT* 2:11–14, bes. 12: Das unpersönliches Verb meint, was nach dem (göttlichem) Recht, was Kriegsreicht einschliesst, „freisteht, möglich oder erlaubt beziehungsweise verboten ist." Der Begriff findet sich 6mal im Text (Mk 2,24.26; 3,4; 6,18; 10,2; 12,14), 5mal in Lehrdisputen Jesu mit den Pharisäern und 1mal (Mk 6,18) im Zusammenhang des Heiratsverbots, das Johannes dem Herodes gegenüber ausspricht.

227   *Mischnajot*, 2:2–3.

Unterarbeit davon (vgl. Dtn 23,25).[228] Die Anklage lautet demnach implizit „bezeugter Götzendienst," den es – wie gesagt – im schlimmsten Fall mit dem Tod zu ahnden galt. Das ist schweres Geschütz, und obwohl die Jünger fehlen, übernimmt Jesus deren Verteidigung und damit die Verantwortung für ihr Verhalten. Jesus rekurriert dabei auf die Schrift, die er offensichtlich nicht nur „gelesen" (Mk 2,25) hat, sondern auch gut und auswendig kennt. Er bezieht sich dabei auf eine Erzählung in 1 Sam 21,1–7 aus dem Leben des hier namentlich genannten Davids. Darin befindet sich der neu gesalbte König David vor dem abgesetzten, aber noch amtierenden Saul auf der Flucht. Unter dem Vorwand des Königs Botschafter zu sein, verschafft er sich allein Zugang zum Heiligtum und verlangt vom Hohepriester Ahimelech fünf der Schau-„Brote" (Mk 2,26: ἄρτος)[229] aus dem den Priestern anvertrauten Teil des Zeltes, dem Heiligen, was ihm dieser auch gestattet. Der Schrifttext drückt in dieser Erzählung keine unmittelbare „Not" oder „Mangel" aus (Mk 2,25; vgl. 3.2.6[3]), etwa, dass David „hungerte" (Mk 2,25: πεινάω)[230], kontextuell jedoch ist beides aus der Situation der Flucht heraus impliziert, Mangel aber auch Not und Gefahr, nicht nur für David, sondern auch für die Priesterschaft Nobs, die diese lebensspendende Geste – welche die Grenze zwischen Heiligem und Profanem verletzt – zu Unrecht mit dem Leben bezahlen mussten. Der von Jesus angeführte Abjatar, er ist der Sohn des Ahimelech, erweist sich im unmittelbaren und miteinzubeziehenden Kontext dieses Erzählstücks als der einzige, welcher diesem Vergeltungsschlag Sauls lebend zu entkommen vermochte. Jesus rekurriert also auf eine Schrifterzählung, die treffend seine und die Situation seiner Jünger widerspiegelt: Einerseits dürfte die Jünger vordergründig wohl tatsächlich ein Nahrungsmangel zu diesem Handeln veranlasst haben – sie haben ja kein Einkommen mehr – und andererseits und hintergründiger ist Jesus wie David – dessen Verheißungen er ja zu erfüllen beansprucht – der neu eingesetzte König Gottes, dem der verworfene, jedoch noch amtierende nach dem Leben trachtet.

---

228 Michael J. Graetz et al., „Sabbath," *EJ* 17:616–622, bes. 618–619.

229 Menge-Güthling, „ἄρτος," *Langenscheidts Großwörterbuch Altgriechisch-Deutsch*, 110; Walter Bauer, „ἄρτος," *Griechisch-deutsches Wörterbuch zum Neuen Testament*, 221–222: Das Substantiv meint einerseits „Brot, Brotopfer," andererseits „Nahrung, Speise" und schließlich „Lebensunterhalt, Ertrag." Der Begriff findet sich 21mal im Text (Mk 2,26; 3,20; 6,8.37. 38.41.41.44.52; 7,2.5.27; 8,4.5.6.14.14.16.17.19; 14,22).

230 Menge-Güthling, „πεινάω," *Langenscheidts Großwörterbuch Altgriechisch-Deutsch*, 536; Walter Bauer, „πεινάω," *Griechisch-deutsches Wörterbuch zum Neuen Testament*, 1290: Das Verb meint einerseits und wie hier „hungrig sein, hungern, Hunger leiden" und andererseits „Mangel haben," insbesondere in Kriegszeiten. Der Begriff findet sich 2mal im Text (Mk 2,25; 11,12).

EXEGETISCHE ANALYSE DES MARKUSEVANGELIUMS

Jesus nimmt damit voraus, was bereits in der nächsten Szene Wirklichkeit werden wird: Die Pharisäer werden dort mit den Herodianern Rat halten, wie sie Jesus am besten umbringen können (vgl. Mk 3,6). Einmal mehr vermag Jesus die Anklage in Gegenanklage umzuwandeln, nicht Götzendienst sei hier das Problem, sagt er, sondern der Umstand, dass sie im Begriff seien den Mord des Gesalbten Gottes zu beraten, und er nimmt vorweg, dass die jüdische Tradition später Sabbatprofanierung unter dem Vorzeichen der „Achtung vor dem Menschenleben" bedingt erlaubte.[231] Konsequent kann Jesus deshalb daraus folgern, dass die Sabbatheiligung so wenig das Leben der Menschen bedrohen darf, wie es dasjenige Davids tat. Und wenn der Mensch über dem Sabbat steht, ist auch der Menschensohn Herr desselben.

(4)   Politisch-militärisches Profil
Die pharisäische Fremddefinition, dass Jesus und seine Jünger nicht dem Gesetz entsprechen, verwirft Jesus mit einem Schriftargument. Anhand diesem – und er (beziehungsweise der Narrator) erweist sich darin nicht nur als belesener Schriftkenner, sondern auch als juristisch-theologisch Gebildeter – hält er ihnen entgegen, dass das Verhalten seiner Jünger nicht Gesetzesmissachtung ist, sondern vom Umstand der Not geboten, in der er sich mit ihnen wie David mit den seinen befindet,[232] als er – der zum König erwählte – vom verworfenen und noch amtierenden Saul verfolgt wurde. Auf einer semantischen Tiefenschicht bedient sich Jesus hier demnach des Erwählungskonzepts, das er gegen die Pharisäer und die politische Elite, zu der sie gehören (vgl. Mk 3,6) ausspielt, denn diesem Konzept ist inhärent, dass seine Verwirklichung historisch unvermeidlich ist, da sie wie damals Saul nicht länger der Sache Gottes, sondern anderen Herren dienen; somit sind sie die eigentlichen Götzendiener. Jesus übernimmt mit seiner Replik Verantwortung für die Jünger, stellt sich schützend vor sie, so dass in rechtlicher Hinsicht die Pharisäer ihrer Einheit nichts anhaben können – ein schweigendes Einverständnis seitens der Jünger dürfte ihm gewiss gewesen sein. Mit diesem auf (Kriegs)Not verweisenden Verhalten Jesu scheint der Autor vorwegzunehmen, was im zurückliegenden Aufstand gegen die Römer der Abfassungszeit in verschiedener Hinsicht eine Rolle spielte, nämlich das Sabbatgebot in Notsituationen brechen zu müssen (vgl. 5.7.3[4]), auch im Hinblick auf Lebensmittelknappheit (vgl. 5.6.4[8]).

---

231   Die Tradition entwickelte unter dem Stichwort „Achtung vor dem Menschenleben" (hebr. „Pikku'aḥ Nefesh") den Grundsatz, dass die Sabbatgebote missachtet werden dürfen, ja sollen, wenn es dazu dient, Menschenleben zu retten (vgl. Lev 18,5; 1 Makk. 2:40–41; mShab; Graetz et al., „Sabbath," 17:619; Redaktion, „Pikku'aḥ Nefesh," *EJ* 16:152–153).
232   Vgl. auch Marcus, *Mark*, 1:245.

112

3.3.3 *Szene 14 (Mk 3,1–6): Jesus heilt am Sabbat in der Synagoge (Kapernaums) einen Menschen mit vertrockneter Hand*

(1)   Szene

Die vierzehnte Szene Mk 3,1–6 handelt davon, wie Jesus am Sabbat in der Synagoge (Kapernaums) einen Menschen mit vertrockneter Hand heilt, worauf die Pharisäer mit den Herodianern über seinen Tod beraten. Wie bereits die Szenen 02 und 07–11 gehört somit auch diese zu den volksbezogenen, und zwar ihre Heilung betreffenden Szenen, und wie bereits die Szenen 10–13 gehört sie ferner auch zu den gegnerbezogenen, und zwar die Pharisäer und Herodianer betreffenden Szenen. Die Szene unterscheidet sich von der nachfolgenden nicht im Blick auf Zeit, Handlung und Thema, wohl aber im Blick auf Akteure und Ort, heilt doch dort Jesus viele beim See.

(2)   Text

3^1 Und wieder ging er in die Synagoge, und es war dort ein Mensch, der die Hand vertrocknet hatte. ^{2} Und sie beobachteten ihn, ob er ihn am Sabbat heilen würde, damit sie ihn verklagten. ^{3} Und er sagt zu dem die vertrocknete Hand habenden Menschen: Erhebe dich in die Mitte. ^{4} Und er sagt zu ihnen: Ist es erlaubt, am Sabbat Gutes oder Böses zu tun, ein Leben zu retten oder zu töten? Sie aber schwiegen. ^{5} Und umherblickend auf sie mit Zorn über die Härte ihrer Herzen, sagt er mitleidig zu dem Menschen: Strecke die Hand aus, und er streckte aus und seine Hand wurde wiederhergestellt. ^{6} Aber sogleich hinausgehend hielten die Pharisäer mit den Herodianern Rat über ihn, wie sie ihn umbrächten.[233]

(3)   Inhalt

Explizit anwesende *Akteure* dieser Szene sind einerseits Jesus, andererseits ein behinderter „Mensch" (Mk 3,1.3.5; vgl. 3.2.1[3]), ferner wiederum die „Pharisäer" (Mk 3,6 Pl.; vgl. 3.2.6[3]), es dürften dieselben wie in den Szenen 12–13 sein, und schließlich die neu eingeführten „Herodianer" (Mk 3,6 Pl.: Ἡρῳδιανοί), mit denen wohl die Soldaten des Herodes Antipas gemeint sein dürften.[234] Und

---

233   Literarisch folgt Szene 14 einem konzentrischen Schema: A: Mk 3,1–2 (hineingehen, sie [Pharisäer]); B: Mk 3,3 (Mensch, Hand); C: Mk 3,4 (erlaubt zu tun); B': Mk 3,5 (Mensch, Hand); A': Mk 3,6 (hinausgehen, Pharisäer).

234   Walter Bauer, „Ἡρῳδιανοί," *Griechisch-deutsches Wörterbuch zum Neuen Testament*, 706: Ulrich Kellermann, „Ἡρῳδιανοί," *EWNT* 2:307–308: In Abweichung von Bauer und Kellermann verstehe ich den Namen nicht als „Parteigänger" sondern als „Soldaten" des Herodes Antipas und beziehe mich auf die Usanzen des Tacitus, der in seinen *Historien* die Truppen oder Teile eines bestimmten Feldherrn nach dessen Namen nennt, beispielsweise

EXEGETISCHE ANALYSE DES MARKUSEVANGELIUMS   113

implizit anwesende Akteure sind Jesu Jünger (vgl. Mk 2,23; 3,7). In *räumlicher* Hinsicht führt der Narrator an, dass Jesus sich „wiederum" in die „Synagoge" (Mk 3,1; vgl. 3.2.2[3]) begibt, womit diejenige Kapernaums gemeint sein dürfte (vgl. Mk 2,1), und zwar tut er dies wie üblich am *„Sabbat"* (Mk 3,2.4 Pl.; vgl. 3.2.2[3]). In *rhetorischer* Hinsicht ist Jesus einerseits mit zwei Befehlen an den Behinderten zu vernehmen, und andererseits, wie er sich mit einer Gesetzesfrage an die Pharisäer richtet, so wie jene sich in der vorhergehenden Szene an ihn gewendet hatten. Aber anders als Jesus, wissen diese auf seine Frage nicht zu antworten und schweigen, somit steht dieses Narrativ in inhaltlichem Zusammenhang mit der vorhergehenden Szene 13.

Eben noch stand Jesus mit seinen Jüngern in den Kornfeldern und hatte den Pharisäern erklärt, weshalb seine Jünger, obschon sie Ähren rauften, nicht gearbeitet und deshalb auch nicht den Sabbat profaniert hatten. Seine Antwort scheint diese im Grundsatz nicht überzeugt zu haben, denn jetzt, wo er wieder in die Synagoge zurückkehrt, folgen sie dem „unter Beobachtung gestellten" (Mk 3,2: παρατηρέω)[235] um zu sehen, ob er am Sabbat „heilt" (Mk 3,2; vgl. 3.2.3[3]), um ihn – wohl bei Herodes – „unter Anklage zu stellen" (Mk 3,2: κατηγορέω)[236]. Jesus scheint in ihre Falle zu laufen, denn prompt ist da ein nicht näher beschriebener Mann mit „vertrockneter" (Mk 3,1.3) „Hand" (Mk 3,1.3.5.5; vgl. 3.2.4[3]), den Jesus auffordert, sich zu erheben und sich in die Mitte des Raumes zu begeben. Dieser erscheint durch diese Aufforderung nicht als besonders initiativ im Blick auf seine Wiederherstellung, vielleicht kam er um Jesu willen, vielleicht aber kommt er als Bewohner regelmäßig und hat sich mit seiner Behinderung seit Geburt – dafür spricht, dass Jesus keine Verbindung zur Sünde herstellt (vgl. Szenen 10–11) – längst eingerichtet. Der

---

„Vitellianer" (*passim* und erstmals *Hist.*, 1,75,1). Der Begriff findet sich 2mal im Text (Mk 3,6; 12,13).

235 Liddell-Scott, „παρατηρέω," *Greek-English Lexicon*, 1327; Menge-Güthling, „παρατηρέω," *Langenscheidts Großwörterbuch Altgriechisch-Deutsch*, 526; Walter Bauer, „παρατηρέω," *Griechisch-deutsches Wörterbuch zum Neuen Testament*, 1257–1258: Das Kompositum meint neben „beobachten" wie hier auch „bewachen, belauern, auflauern, aufpassen, achtgeben, danebenstehen." Das Verb findet sich als *Hapax legomenon* nur hier im Text.

236 Liddell-Scott, „κατηγορέω," *Greek-English Lexicon*, 926–927; Menge-Güthling, „κατηγορέω," *Langenscheidts Großwörterbuch Altgriechisch-Deutsch*, 380; Walter Bauer, „κατηγορέω," *Griechisch-deutsches Wörterbuch zum Neuen Testament*, 860–861; Horst Balz und Gerhard Schneider, „κατηγορέω," *EWNT* 2:672: Das Kompositum meint als juristischer *terminus technicus* einerseits „tadeln, missbilligen, sich beschweren, sich beklagen, an- und verklagen, beschuldigen" und andererseits „aussagen, behaupten, (an)zeigen, zu erkennen geben, verraten, be- und erweisen." Das Verb findet sich 3mal und stets als Anklage gegen Jesus im Text (Mk 3,2; 15,3.4).

114   3. KAPITEL

Aufforderung folgt der Mann stumm. Sich nun an die Pharisäer wendend fragt
Jesus, ob es „erlaubt" (Mk 3,4; vgl. 3.3.2[3]) sei, am Sabbat „Gutes" (Mk 3,4: ἀγαθός)[237] zu „tun" (vgl. Mk 3,4) und „Leben" (Mk 3,4: ψυχή)[238] zu „retten" (Mk
3,4: σῴζω)[239], oder „Böses zu tun, zu schädigen" (Mk 3,4: κακοποιέω)[240] und zu
„töten" (Mk 3,4: ἀποκτείνω)[241]. Diese Frage beinhaltet eine offensichtliche und
damit vordergründige Dimension, aber auch eine verborgene und hintergrün-

---

237   Liddell-Scott, „ἀγαθός," *Greek-English Lexicon*, 4; Menge-Güthling, „ἀγαθός," *Langenscheidts
      Großwörterbuch Altgriechisch-Deutsch*, 2; Walter Bauer, „ἀγαθός," *Griechisch-deutsches
      Wörterbuch zum Neuen Testament*, 4–6: Das Adjektiv meint einerseits „gut, tüchtig (zum
      Krieg), trefflich (im Geist)," andererseits „tapfer, kräftig, stark, geeignet, tauglich, geschickt,
      nützlich, heilsam, günstig, glückbringend, vornehm, edel, adlig" und schließlich „verstän-
      dig, wohlmeinend, wohlwollend, rechtschaffen, ehrenhaft, patriotisch." Der Begriff findet
      sich 4mal im Text (Mk 3,4; 10,17.18.18).

238   Menge-Güthling, „ψυχή," *Langenscheidts Großwörterbuch Altgriechisch-Deutsch*, 757; Wal-
      ter Bauer, „ψυχή," *Griechisch-deutsches Wörterbuch zum Neuen Testament*, 1781–1783: Das
      Substantiv meint einerseits und wie hier „Leben Lebensodem, -kraft," andererseits „Seele,
      belebtes Wesen, Person," ferner „Verstand, Bewusstsein, Klugheit, Gedanken, Gemüt, Herz,
      Gesinnung, Mut, Herzhaftigkeit" und schließlich „Verlangen, Neigung, Lust, Trieb, Hang,
      Begierde, Appetit." Der Begriff findet sich 8mal im Text (Mk 3,4; 8,35.35.36.37; 10,45; 12,30;
      14,34).

239   Liddell-Scott, „σῴζω," *Greek-English Lexicon*, 1748; Menge-Güthling, „σῴζω," *Langenscheidts
      Großwörterbuch Altgriechisch-Deutsch*, 670; Walter Bauer, „σῴζω," *Griechisch-deutsches
      Wörterbuch zum Neuen Testament*, 1591–1593; Walter Radl, „σῴζω," *EWNT* 3:765–770: Das
      Verb meint im Aktiv „heil oder gesund machen, unversehrt oder am Leben erhalten, behü-
      ten, bewachen, bewahren, sichern, retten (etwa aus Tod und Todesnot, Krankheit und
      Besessenheit, Sündenschuld, Gottesferne und ewigem Verderben)," im Passiv hingegen
      „gerettet oder erhalten werden, sich retten oder erhalten, gesund oder am Leben bleiben,
      fortbestehen, fortleben, sich erhalten, noch existieren." Der Begriff findet sich 14mal im
      Text (Mk 3,4; 5,23.28.34; 6,56; 8,35.35; 10,26.52; 13,13.20; 15,30.31.31).

240   Liddell-Scott, „κακοποιέω," *Greek-English Lexicon*, 862; Menge-Güthling, „κακοποιέω," *Lan-
      genscheidts Großwörterbuch Altgriechisch-Deutsch*, 357; Walter Bauer, „κακοποιέω," *Grie-
      chisch-deutsches Wörterbuch zum Neuen Testament*, 806: Das Kompositum meint neben
      „Böses tun oder zufügen, schaden, (be)schädigen" auch „Verbrechen begehen, feindlich
      behandeln." Das Verb findet sich als *Hapax legomenon* nur hier im Text.

241   Liddell-Scott, „ἀποκτείνω," *Greek-English Lexicon*, 205; Menge-Güthling, „ἀποκτείνω," *Lan-
      genscheidts Großwörterbuch Altgriechisch-Deutsch*, 91; Walter Bauer, „ἀποκτείνω," *Grie-
      chisch-deutsches Wörterbuch zum Neuen Testament*, 187–188: Das Kompositum meint
      einerseits „töten (lassen), erlegen, erschlagen, ermorden" und andererseits „zum Tode ver-
      urteilen, hinrichten (lassen)." Das Verb findet sich 11mal im Text (Mk 3,4; 6,19; 8,31; 9,31.31;
      10,34; 12,5.5.7.8; 14,1). Dabei verweist es 7mal auf den Tod Jesu (Mk 8,31; 9,31.31; 10,34; 12,7.8;
      14,1), 3mal auf den Tod von Propheten – einschließlich Johannes – (Mk 6,19; 12,5.5) und
      1mal auf das Töten im allgemeinen Sinn (Mk 3,4).

EXEGETISCHE ANALYSE DES MARKUSEVANGELIUMS 115

dige. Vordergründig ist offensichtlich, dass eine verdorrte Hand ein gelungenes Leben verhindert, ja gar gefährden kann. Wie denn nur soll der Behinderte in einer Handfertigkeit voraussetzenden Gesellschaft seinen Lebensunterhalt bestreiten, wie seine Gesetzesbefolgung bewerkstelligen und wie sich im Falle eines Angriffs verteidigen? Vielleicht verdankt dieser Mensch sein Überleben einer sorgenden Großfamilie, immerhin ist er erwachsen geworden, aber ohne Zweifel bleiben seine Lebenschancen einem Gesunden gegenüber geringer. So betrachtet folgt Jesus, wie bereits in vorhergehenden Szenen, als er am Sabbat heilte (vgl. Szenen 07–09), dem lebensbejahenden Prinzip wie es die mündliche Tora festhielt, denn „[…] schon die Möglichkeit einer Lebensgefahr lässt den Sabbat zurücktreten," heißt es in mJom 8,6 (vgl. auch bJom 84b). Und so darf die Rechtseinhaltung, die Leben verspricht (vgl. Lev 18,5), dasselbe nicht gefährden (vgl. bJom 85ab; bSan 74a), sondern soll es vielmehr erhalten, damit Gerettete nach dem Gesetz (vgl. Ex 31,16) noch viele Sabbate heiligen können (vgl. bJom 85b),[242] heißt es weiter. Dazu „schweigen" (Mk 3,4: σιωπάω)[243] die Pharisäer, wohl weislich, denn wer kann sich leisten, Jesu Menschenfreundlichkeit in aller Öffentlichkeit als Gesetzesbruch zu geißeln? Zumal sie im Begriffe sind, im Verborgenen den Tod dieses vollmächtigen Wohltäters zu beschließen. Und ist das nicht auch oder noch viel mehr Sabbatprofanierung, fragt Jesus sie hintergründig und überführend? Ob die Synagogenbesucher verstehen, was Jesus den Pharisäern hier vorhält? Was im Blick auf die narrativen Akteure unbestimmbar bleibt, darf für die Leserschaft angenommen werden, denn der Narrator weiht sie in die feindlichen Motive der Pharisäer über Mk 3,6 ein. Und auch wenn sie sich ihr Urteil über diese bilden werden, kennt Jesus keine irdische Instanz, an die er sich ob dieser Ungerechtigkeit wenden könnte, aber das scheint ihn nicht zu kümmern. Vielmehr trifft die Pharisäer sein „Zorn" (Mk 3,5: ὀργή; vgl. Mk 1,43)[244] über die „Hartherzigkeit" (Mk 3,5) ihrer „Herzen" (Mk 3,5;

---

242 Redaktion, „Pikku'aḥ Nefesh," 16:152–153.

243 Menge-Güthling, „σιωπάω/σιγάω," *Langenscheidts Großwörterbuch Altgriechisch-Deutsch*, 622, 624; Walter Bauer, „σιωπάω," *Griechisch-deutsches Wörterbuch zum Neuen Testament*, 1504: Das vom Substantiv „σιωπή" – „Stille" – abgeleitete Verb meint einerseits und wie hier „schweigen, still, ruhig sein, Stillschweigen beobachten, verstummen, sich beruhigen" und andererseits „verschweigen." Der Begriff findet sich 5mal im Text (Mk 3,4; 4,39; 9,34; 10,48; 14,61).

244 Menge-Güthling, „ὀργή," *Langenscheidts Großwörterbuch Altgriechisch-Deutsch*, 496–497; Walter Bauer, „ὀργή," *Griechisch-deutsches Wörterbuch zum Neuen Testament*, 1172–1174. Das Substantiv meint einerseits „Trieb, Sinnes-, Gemütsart" und andererseits wie hier „heftige Gemütsbewegung, Leidenschaft, Zorn, Wut, Erbitterung, Strafe, Ahndung." Der Begriff findet sich als *Hapax legomenon* nur hier im Text.

116 3. KAPITEL

vgl. 3.2.5[3]). Demgegenüber wendet er sich voll des „Mitleids" (Mk 3,5 Pass.)
zum Behinderten, gebietet, dass er seine Hand ausstrecke, worauf er diese ohne
Berührung „wiederherstellt" (Mk 3,5: ἀποκαθίστημι)[245]. Eine Freudenreaktion
zu beschreiben vergönnt sich der Narrator, vielmehr richtet er den Blick auf
die Pharisäer, die sich „sogleich" (Mk 3,6) herausstürzend zu den Soldaten des
Herodes begeben, um mit ihnen „Rat zu halten" (Mk 3,6: συμβούλιον)[246], wie sie
Jesus „umbrächten" (Mk 3,6; vgl. 3.2.2[3]).

(4) Politisch-militärisches Profil
Was in den Szenen 12–13 implizit mitgeschwungen hatte, nämlich die Gefährdung von Jesu Leben, angedeutet in seiner Neuauslegung des Fastens als
Gedenk- und Todestag, aber auch angeführt im Schriftzitat über Davids lebensbedrohende Verfolgung durch Saul, findet hier im Narrativ expliziten Ausdruck: Ginge es nach den Pharisäern und Herodianern, ist Jesus – wie viele
Aufständische vor und nach ihm – des Todes würdig, oder besser gesagt: des
Todes schuldig. Vermeintlich überführt als Gesetzesübertreter und Volksver-
hetzer, der das fragile politische Gleichgewicht zwischen Autonomie und Romtreue gefährdet, indem er durch seinen messianischen Anspruch, Letzteres
und damit auch die Herodianer, die im Aufstand auf der Seite Roms kämpften, in Frage stellt (vgl. 5.5.4[1]; 5.6.4[1]; 5.6.4[6]). Mit Juristerei ist ihm, der im
Volk grenzenlosen Rückhalt zu genießen scheint, nicht mehr beizukommen,
es bedarf eines politisch eindeutigen Schritts, der ihn lieber jetzt als später
zum Schweigen bringen soll. Dagegen demaskiert der Narrator die Pharisäer als
herzensharte, die Interessen des Volkes unterlaufende „Bande," die nicht davor
zurückschreckt genau mit denjenigen fragwürdigen Mitteln gegen Jesus vorzugehen, die sie ihm als Gesetzesüberschreitung vorwerfen; nicht einmal vor

---

245 Menge-Güthling, „ἀποκαθίστημι," *Langenscheidts Großwörterbuch Altgriechisch-Deutsch*,
      90; Walter Bauer, „ἀποκαθίστημι," *Griechisch-deutsches Wörterbuch zum Neuen Testament*,
      183–184: Das Kompositum meint neben „wiederherstellen" auch „(in den ursprünglichen
      Stand) zurückversetzen, zurückgeben, zurückkehren." Der Begriff findet sich 3mal im Text
      (Mk 3,5; 8,25; 9,12).

246 Liddell-Scott, „συμβούλιον," *Greek-English Lexicon*, 1677; Menge-Güthling, „συμβούλιον,"
      Langenscheidts Großwörterbuch Altgriechisch-Deutsch, 648; Walter Bauer, „συμβούλιον,"
      Griechisch-deutsches Wörterbuch zum Neuen Testament, 1552–1553; Gerhard Schneider,
      „συμβούλιον," *EWNT* 3:685–686: Das Kompositum meint einerseits „Beratung, Beschluss"
      und andererseits „Ratssitzung, (Rats)Versammlung, Kollegium." Im Verbund mit dem Verb
      „δίδωμι" allerdings – wie schon mit „λαμβάνω" – ist es als Latinismus (*consilium capere*) mit
      „Beschluss fassen" zu übersetzen. Das Substantiv findet sich 2mal im Text (Mk 3,6; 15,1) und
      ist beide Male gegen Jesus gerichtet.

EXEGETISCHE ANALYSE DES MARKUSEVANGELIUMS

Mord schrecken sie zurück. Offensichtlich scheinen sie nicht zu wissen, wen sie vor sich haben, einer, der wie Vespasian seine Vollmacht einmal mehr und hier durch Wiederherstellung einer verkrüppelten Hand – und zwar zu heiliger Zeit (vgl. 5.7.3[4]) – unter Beweis stellt (Tacitus, *Hist.* 4,81; vgl. 5.5.4[3]),[247] ein Körperteil, der bereits bei Vespasian auf die Herrschaft hingewiesen hatte (Sueton, *Vesp.* 5,4).

3.3.4 *Szene 15 (Mk 3,7–12): Jesus heilt viele beim See*

(1)   Szene

Die fünfzehnte Szene Mk 3,7–12 handelt davon, wie Jesus viele Menschen von überallher am See heilt, und droht den unreinen Geistern, ihn nicht zu offenbaren. Wie bereits die Szenen 02, 07–11 und 14 gehört somit auch diese zu den volksbezogenen, und zwar ihre Heilung betreffenden Szenen, und wie bereits die Szenen 03–04 und 07–09 gehört sie ferner auch zu den auf jenseitige Wesen bezogenen, und zwar unreine Geister betreffenden Szenen. Die Szene unterscheidet sich von der nachfolgenden im Blick auf Akteure, Ort, Zeit, Handlung und Thema, setzt doch dort Jesus die Zwölf auf dem Berg ein.

(2)   Text

3⁷ Und Jesus entwich mit seinen Jüngern zum See. Und eine große Menge von Galiläa und von Judäa ⁸ und von Jerusalem und von Idumäa und (von) jenseits des Jordans und um Tyrus und Sidon, eine große Menge, da sie hörten wie viel er tat, kamen zu ihm. ⁹ Und er sagte zu seinen Jüngern, dass ihm ein Boot bereitgehalten werde, damit die Volksmenge ihn nicht erdrücke. ¹⁰ Denn er heilte viele, so dass all jene, die Leiden hatten, auf ihn fielen, um ihn zu berühren. ¹¹ Und als die unreinen Geister ihn sahen, fielen sie vor ihm nieder und schrien sagend: Du bist der Sohn Gottes. ¹² Aber er bedrohte sie sehr, dass sie ihn nicht offenbar machten.[248]

(3)   Inhalt

Explizit anwesende *Akteure* dieser Szene sind einerseits „Jesus" (Mk 3,7; vgl. 3.1.1[3]), der durch der Dämonen Mund als „Sohn Gottes" (Mk 3,11; vgl. 3.1.5[3])

---

247   Vgl. auch Theißen, „Evangelienschreibung und Gemeindeleitung," 396; Ebner, „Evangelium contra Evangelium," 33; ders., „Das Markusevangelium," 176–177; ders., „Das Markusevangelium und der Aufstieg der Flavier," 65; Schmidt, *Wege des Heils*, 501–505; Heininger, „Politische Theologie," 187.

248   Literarisch folgt Szene 15 einem parallelen Schema: A: Mk 3,7 (Jünger, große Menge); A': Mk 3,8–9 (große Menge, Jünger); B: Mk 3,10 (viele, fallen auf); B': Mk 3,11–12 (fallen vor, viele).

118 3. KAPITEL

bezeichnet wird, andererseits „seine Jünger" (Mk 3,7.9 Pl.; vgl. 3.2.6[3]), ferner eine „große (Volks)Menge" (Mk 3,7.8: πλῆθος[249]; Mk 3,9; vgl. 3.2.5[3]) aus allen Himmelsrichtungen und mit „vielen" (Mk 3,10) Kranken darunter und schließlich auch „unreine Geister" (Mk 3,11 Pl.; vgl. 3.2.2[3]). In *räumlicher* Hinsicht spielt die Szene wohl einmal mehr bei Kapernaum am „See" (Mk 3,7; vgl. 3.2.1[3]), und wie die vorhergehende am Sabbat, so scheint es (vgl. Mk 3,2.4), werden doch keine *temporalen* Angaben gemacht, was freilich voraussetzt, dass dieser Tag der Volksmenge Ankunfts- und nicht ihr Aufbruchstag ist. In *rhetorischer* Hinsicht ist hier lediglich Jesus in indirekter Rede zu vernehmen, einerseits durch Anweisungen an die Jünger und andererseits durch Bedrohung der unreinen Geister, die sich zuvor über entsetztes Aufschreien hörbar machten. Mit dem Thema der Massenheilung knüpft das Narrativ an die Szenen 08–09, 27–28 und 32 an.

Nachdem Jesus in der Synagoge Kapernaums einen Behinderten am Sabbat geheilt hatte und die Pharisäer zu den Herodianern geeilt waren, um zu sehen, wie er zum Tode verurteilt werden könne, „entweicht" Jesus – wohl im Sinne eines Rückzugs – (Mk 3,7: ἀναχωρέω)[250] gemeinsam mit seinen vier Jüngern aus der Stadt und an den See, der über das Boot, das Jesus seine Jünger bereitzustellen in Auftrag gibt, im Falle der Notwendigkeit einen Fluchtweg bietet. Unbemerkt bleibt ihr Entweichen jedoch nicht, stattdessen begibt sich eine große Volksmenge zu ihm an den See, weil sie hörten, wie viel er für die Menschen „tue" (Mk 3,8.12). Hatte er in der Szene 08 den Bewohnern Kapernaums und in Szene 09 den Bewohnern Galiläas gedient, eilen sie jetzt aus allen Himmelrichtungen zu ihm, und lassen diesen Fleck am Wasser für einen Augenblick zum symbolischen Landeszentrum werden, aus dem Westen nämlich kommen Volksmitglieder „Galiläas" (Mk 3,7; vgl. 3.1.3[3]), aus dem Norden „aus

---

249 Liddell-Scott, „πλῆθος," *Greek-English Lexicon*, 1417–1418; Menge-Güthling, „πλῆθος," *Langenscheidts Großwörterbuch Altgriechisch-Deutsch*, 559; Walter Bauer, „πλῆθος," *Griechischdeutsches Wörterbuch zum Neuen Testament*, 1344–1345; Josef Zmijewski, „πλῆθος," *EWNT* 3:245–249: Das Substantiv meint einerseits und wie hier „Fülle, Menge Menschenmenge, Bevölkerung, Einwohner, Volk, Volksgemeinde, -versammlung, -herrschaft, Soldaten, Truppen, Streitmacht, Heer" und andererseits „Länge, Größe, Zeit." Der Begriff findet sich 2mal und nur hier im Text.

250 Liddell-Scott, „ἀναχωρέω," *Greek-English Lexicon*, 127; Menge-Güthling, „ἀναχωρέω," *Langenscheidts Großwörterbuch Altgriechisch-Deutsch*, 62; Walter Bauer, „ἀναχωρέω," *Griechisch-deutsches Wörterbuch zum Neuen Testament*, 125–126; Menge-Güthling, „ἀναχωρέω," *Langenscheidts Großwörterbuch Altgriechisch-Deutsch*, 62: Das Kompositum meint einerseits „weggehen, sich entfernen" und andererseits und wie hier „entweichen, zurückkehren, -gehen, -weichen, -ziehen, abziehen und den Rückzug antreten." Das Verb findet sich als *Hapax legomenon* nur einmal im Text.

EXEGETISCHE ANALYSE DES MARKUSEVANGELIUMS 119

Tyrus und Sidon" (Mk 3,8: Τύρος; Mk 3,8: Σιδών)[251], aus dem Osten von „jenseits" (Mk 3,8: πέραν[252]) des „Jordans" (Mk 3,8; vgl. 3.1.2[3]) und aus dem Süden aus „Judäa" (Mk 3,7; vgl. 3.1.2[3]), „Jerusalem" (Mk 3,8: Ἱεροσόλυμα)[253] als auch „Idumäa" (Mk 3,8: Ἰδουμαία)[254]. Das südlich an Galiläa grenzende Samaria wird dabei keiner Erwähnung gewürdigt, wie auch sonst nie im Text; ebenso fehlen, zumindest in dieser Aufzählung, Menschen aus der Tetrarchie des Philippus. Der Narrator macht sich keine Mühe die ethnische Herkunft dieser Menge zu explizieren, ich gehe jedoch davon aus, dass „Volksmenge" ein emisch determinierter Begriff ist und damit hauptsächlich Juden meint. Innertextlich stützt Szene 34 diese Annahme und außertextlich sind wir über Josephus gut informiert, dass in all den erwähnten Gebieten Juden lebten.[255] Beim Anblick Jesu

---

251 Hellmut Haug, „Sidon," *Namen und Orte der Bibel*, 348; ders., „Tyrus," *Namen und Orte der Bibel*, 367–368; Horst Balz und Gerhard Schneider, „Τύρος," EWNT 3:209; dies., „Σιδών," EWNT 3:579; H.J. Katzenstein und Douglas R. Edwards, „Tyre," ABD 6:686–692: Die zwei Namen, die meist als Paar und in der Reihenfolge „Tyrus und Sidon" im Neuen Testament erscheinen, bezeichnen die zwei bedeutendsten, mächtigsten und reichsten Hafenstädte Syrophöniziens, von denen zumindest Erstere als uneinnehmbar galt. Tyrus findet sich 3mal (Mk 3,8; 7,24.31) und Sidon 2mal (Mk 3,8; 7,31) im Text.

252 Hellmut Haug, „Peräa," *Namen und Orte der Bibel*, 293; Walter Bauer, „πέραν," *Griechisch-deutsches Wörterbuch zum Neuen Testament*, 1297: Der Name und Kriegsschauplatz bezeichnet griech. „Land jenseits (des Jordans)" und ist Synonym für Peräa, den schmalen Landstreifen auf der Ostseite des Jordans, der nach dem Tod von Herodes dem Grossen im Jahre 4 v.d.Z. bis 39 d.Z. zur Tetrarchie des Sohnes Herodes Antipas geschlagen wurde und nach dessen Verbannung an Herodes Agrippa 1. fiel. Der Begriff findet sich 4mal (Mk 3,8; 4,35; 5,1; 10,1) im Text und verweist 2mal auf Peräa (Mk 3,8; 10,1) und 2mal auf das Gebiet östlich vom See Gennesaret (Mk 4,35; 5,1).

253 Hellmut Haug, „Jerusalem," *Namen und Orte der Bibel*, 185–187: Der Name und Kriegsschauplatz bedeutet hebr. „Gründung des (Gottes) Schalem." Der Begriff findet sich nur in dieser Schreibweise 10mal im Text (Mk 3,8.22; 7,1; 10,32.33; 11,1.11.15.27; 15,41), er war in der zweiten Szene seine Bewohner bezeichnend, „Jerusalemer" (vgl. Mk 1,5), bereits aufgetreten.

254 Hellmut Haug, „Idumäa," *Namen und Orte der Bibel*, 159: Der Name und Kriegsschauplatz bezeichnet griech. „Edom" und meint das Gebiet südlich von Hebron bis zum Südende des Toten Meeres, es wurde in nachexilischer Zeit deshalb so benannt, weil es mehrheitlich von den Edomitern, den Nachkommen Esaus in Besitz genommen wurde. Später gehörte es zum Königreich Herodes des Grossen, wurde nach dessen Tod seinem Sohn Archelaus zugeschlagen, und nach dessen Verbannung im Jahre 6 d.Z. zusammen mit Judäa und Samaria der Provinz Syrien zugeschlagen und von einem dem syrischen Legaten unterstellten Prokurator verwaltet. Der Name findet sich als *Hapax legomenon* nur hier im Text.

255 Für Idumäa beispielsweise Josephus, *Bell.* 2,43, für Tyrus beispielsweise *Bell.* 2,478 oder auch Apg 21,4.

„werfen" (Mk 3,10: ἐπιπίπτω)[256] sich nun viele „Kranke" (Mk 3,10 Pl.: μάστιξ)[257] aus der Menge auf ihn, mit der Absicht ihn zu „berühren" (Mk 3,10; vgl. 3.2.4[3]) und so „Heilung" (Mk 3,10; vgl. 3.2.3[3]) zu erfahren. Sie werden nicht enttäuscht, denn Jesus heilt viele, trotz des Sabbats. Und statt im Blick auf Sabbatheilungen gewarnt zu sein, macht er sich in den Augen der Pharisäer erst recht schuldig. Sobald ihn nun die unreinen Geister „sehen" (Mk 3,11), „fallen" (Mk 3,11: προσπίπτω)[258] sie unterwürfig vor ihm nieder und „schreien" (Mk 3,11: κράζω)[259] schon fast aus einem Zwang heraus – so scheint es – und offenbaren Jesu Identität als Sohn Gottes, ein Titel der neben Königen und Kaisern explizit für den messianischen König reserviert war. Obwohl Umstehende der Dämonen Geschrei gehört haben dürften, „bedroht" (Mk 3,10; vgl. 3.2.2[3]) Jesus sie, seine Identität nicht zu „offenbaren" (Mk 3,12: φανερός)[260], verständlich, wenn man bedenkt, dass ihre Einsicht den mit den Herodianern beratenden Pharisäern genau das Argument liefert, das seinen Tod vorzeitig besiegeln würde. Die Gefahr, die Jesus bedroht, kommt also von den Pharisäern und Herodianern

---

256 Liddell-Scott, „ἐπιπίπτω," *Greek-English Lexicon*, 651; Menge-Güthling, „ἐπιπίπτω," *Langenscheidts Großwörterbuch Altgriechisch-Deutsch*, 272; Walter Bauer, „ἐπιπίπτω," *Griechisch-deutsches Wörterbuch zum Neuen Testament*, 602–603: Das Kompositum meint einerseits „dazu-, darauf-, hereinfallen, -stürzen, -brechen, überkommen, treffen, eintreten" und andererseits „(feindlich) anfallen, überfallen, angreifen, sich auf jemanden werfen, befallen, eindringen." Das Verb findet sich als *Hapax legomenon* nur hier im Text.

257 Walter Bauer, „μάστιξ," *Griechisch-deutsches Wörterbuch zum Neuen Testament*, 735: Das Substantiv meint einerseits „Geißeln, Geißelhiebe" und andererseits wie hier „Plage und (körperliche) Leiden." Der Begriff findet sich 3mal im Text (Mk 3,10; 5,29.34).

258 Liddell-Scott, „προσπίπτω," *Greek-English Lexicon*, 1523; Menge-Güthling, „προσπίπτω," *Langenscheidts Großwörterbuch Altgriechisch-Deutsch*, 598; Walter Bauer, „προσπίπτω," *Griechisch-deutsches Wörterbuch zum Neuen Testament*, 1437–1438: Das Kompositum meint einerseits „darauf-, hinein-, hinfallen, heran-, losstürzen, (feindlich) überfallen, anfallen, einfallen, über jemanden herfallen, angreifen, einen Ausfall machen, zu jemandem übertreten, sich jemandem zugesellen, anschließen" andererseits „auf jemanden stoßen, treffen, eintreten, vorfallen, sich zutragen, zustoßen" und schließlich „bei oder vor jemandem niederfallen, sich niederwerfen, niederknien, anflehen, beschwören." Das Verb findet sich 3mal im Text (Mk 3,11; 5,33; 7,25).

259 Walter Bauer, „κράζω," *Griechisch-deutsches Wörterbuch zum Neuen Testament*, 909–910: Das Verb meint neben „schreien und brüllen" auch „rufen und ausrufen." Der Begriff findet sich 10mal im Text (Mk 3,11; 5,5.7; 9,24.26; 10,47.48; 11,9; 15,13.14).

260 Menge-Güthling, „φανερός," *Langenscheidts Großwörterbuch Altgriechisch-Deutsch*, 722; Walter Bauer, „φανερός," *Griechisch-deutsches Wörterbuch zum Neuen Testament*, 1699–1700: Das Adjektiv meint einerseits „sichtbar, offenbar, offenkundig, deutlich, klar" und andererseits „kenntlich, bekannt und öffentlich." Der Begriff findet sich 3mal im Text (Mk 3,12; 4,22; 6,14).

EXEGETISCHE ANALYSE DES MARKUSEVANGELIUMS

und nicht von der Menge, die ihn auch nicht „erdrückt" (Mk 3,9: θλίβω)[261], wie eingangs befürchtet. Dass es aber bei dieser Popularität der zwölf Multiplikatoren bedarf, wird spätestens jetzt deutlich.

(4) Politisch-militärisches Profil

Der erstmals in Szene 03 durch Gott attestierte Titel, dass Jesus sein Sohn sei, und den Jesus in Szene 05 für sich selbst beanspruchte, ihm in Szene 07 aber auch durch einen einzelnen Geist attestierte wurde, wird ihm nun von einer ganzen Schar von Geistern aus allen Landesteilen unisono zugesprochen. Sie wissen mehr als ihre menschlichen Träger, denn ihnen ist klar, dass das anthropologische Territorium, ihre Körper, die sie sich unterworfen haben, und damit möglicherweise die Landesteile, welche diese Menschen repräsentieren, von diesem Gottessohn beansprucht werden. Und diesem Anspruch haben sie sich zu fügen. Eine Berührung – und das einmal mehr an einem Sabbat (vgl. 5.7.3[4]) – genügt, und die Körper und möglicherweise das mit ihnen repräsentierte „Territorium" ist befreit, ohne dass Jesus es begangen hätte, und ist unter ihm zu dem Land geeint, dem vorzustehen er erwählt wurde. Hier verwirklicht sich, was Johannes vorausgesagt hatte, dass nach ihm ein Stärkerer komme (vgl. Mk 1,7), und bereits so stark ist sein Zuspruch, dass ihm die Menschen aus dem proleptisch geeinten Königreich von überall her zuströmen und sich für seine Werte mobilisieren lassen (vgl. 5.4.4[1]; 5.6.4[1]; 5.6.4[2]; 5.6.4[9]). Das ist nicht ungefährlich, deshalb vielleicht unterdrückt Jesus die dämonische Proklamation oder den Verrat. Noch ist sein Werk nicht beendet, deshalb dürfen die über seinem Schicksal Rat haltenden Eliten noch nicht wissen, wer er ist (vgl. 5.7.3[4]).

3.3.5 *Szene 16 (Mk 3,13–19): Jesus setzt auf dem Berg die Zwölf ein*

(1) Szene

Die sechzehnte Szene Mk 3,13–19 handelt davon, wie Jesus die Zwölf auf dem Berg einsetzt. Wie bereits die Szenen 06 und 11 gehört somit auch diese zu den jüngerbezogenen, und zwar die Einsetzung der Zwölf betreffenden Szenen. Die Szene unterscheidet sich von der nachfolgenden im Blick auf Akteure, Ort, Zeit,

---

261 Liddell-Scott, „θλίβω," *Greek-English Lexicon*, 802; Menge-Güthling, „θλίβω,"*Langenscheidts Großwörterbuch Altgriechisch-Deutsch*, 332; Walter Bauer, „θλίβω," *Griechisch-deutsches Wörterbuch zum Neuen Testament*, 735: Das Verb meint einerseits „(er)drücken und drängen, zusammendrängen, reiben" und andererseits „bedrücken, bedrängen (auch in Schlacht), einengen, belästigen, schikanieren, quälen, ängstigen." Der Begriff findet sich als *Hapax legomenon* nur hier im Text.

122   3. KAPITEL

Handlung und Thema, bezichtigen doch dort die Mutter und Brüder Jesu ihn
(in Kapernaum) des Wahnsinns.

(2)   Text
3¹³ Und er steigt auf den Berg und ruft zu sich, die er wollte, und sie kamen
zu ihm. ¹⁴ Und er setzte zwölf ein, damit sie mit ihm seien und damit er sie
aussende zu verkündigen ¹⁵ und Vollmacht zu haben, die Dämonen auszutreiben. ¹⁶ Und er fügte Simon (den) Namen Petrus hinzu, ¹⁷ und Jakobus, den des
Zebedäus, und Johannes, den Bruder des Jakobus, ihnen fügte er den Namen
Boanerges hinzu, das ist Söhne des Donners, ¹⁸ und Andreas und Philippus und
Bartholomäus und Matthäus und Thomas und Jakobus, den des Alphäus, und
Thaddäus und Simon, den Kananäer, ¹⁹ und Judas Iskariot, der ihn auch über-
lieferte.²⁶²

(3)   Inhalt
Explizit anwesende *Akteure* dieser Szene sind einerseits Jesus, und andererseits seine Jünger, nämlich erstens „Simon" (Mk 3,16.18; vgl. 3.2.1[3]), dem er
den „(Bei)Namen" (Mk 3,16.17: ὄνομα)²⁶³ „Petrus" (Mk 3,16: Πέτρος)²⁶⁴ „hinzufügt" (Mk 3,16.17), zweitens und drittens die „Zebedaiden" (Mk 3,17; vgl. 3.2.1[3])
„Jakobus" (Mk 3,17.17.18; vgl. 3.2.1[3]) und sein „Bruder" (Mk 3,17; vgl. 3.2.1[3])
„Johannes" (Mk 3,17; vgl. 3.1.2[3]), denen er den Beinamen „Boanerges" (Mk

---

262   Wenn Szene 16 einem Schema folgt, dann vielleicht einem parallelen: A: Mk 3,13–16 (gab
      den Namen); A': Mk 3,17–19 (gab den Namen).

263   Menge-Güthling, „ὄνομα,"*Langenscheidts Großwörterbuch Altgriechisch-Deutsch*, 492; Wal-
      ter Bauer, „ὄνομα," *Griechisch-deutsches Wörterbuch zum Neuen Testament*, 1157–1162: Das
      Substantiv meint einerseits und wie hier „(Bei)Name, Benennung, Bezeichnung, Wort,
      Ausdruck" und andererseits „Person, Amt" und schließlich „Titel, Würde, Ruf, Ruhm,
      Schein." Der Begriff findet sich 14mal im Text (Mk 3,16.17; 5,9.9.22; 6,14; 9,37.38.39.41; 11,9;
      13,6.13; 14,32) und verweist 2mal auf einzelne Jünger (Mk 3,16.17), 2mal auf einen unreinen
      Geist (Mk 5,9.9), 1mal auf den Synagogenvorsteher Jairus (Mk 5,22), 7mal mit Jesus (Mk
      6,14; 9,37.38.39.41; 13,6.13), 1mal auf Gott (Mk 11,9) und 1mal auf den Ort Getsemani (Mk
      14,32).

264   Hellmut Haug, „Petrus," *Namen und Orte der Bibel*, 294–296; Peter Dschulnigg, „Simon
      Petrus," *Personenlexikon zum Neuen Testament*, 281–285, bes. 281; Rudolf Pesch, „Πέτρος,"
      EWNT 3:193–201, bes. 194: Sowohl der griech. Name wie auch sein aram. Äquivalent
      „Kephas" bedeuten „Stein," auch im Sinn von „Edelstein," der in Mt 16,18 über ein Wortspiel
      mit griech. „πέτρα" – „Fels" – gedeutet wird. Der Begriff findet sich 20mal im Text (Mk 3,16;
      5,37; 8,29.32.33; 9,2.5; 10,28; 11,21; 13,3; 14,29.33.37.54.66.67.70.72; 16,7.8) und verweist stets
      auf dieselbe Person.

EXEGETISCHE ANALYSE DES MARKUSEVANGELIUMS   123

3,17: Βοανηργές)[265] – das ist Söhne des „Donners" (Mk 3,17: βροντή)[266] – hinzufügt, viertens Simons Bruder „Andreas" (Mk 3,18; vgl. 3.2.1[3]), fünftens „Philippus" (Mk 3,18: Φίλιππος)[267], sechstens „Bartholomäus" (Mk 3,18: Βαρθολο-
μαῖος)[268], siebtens „Matthäus" (Mk 3,18: Μαθθαῖος)[269], achtens „Thomas" (Mk
3,18: Θωμᾶς)[270], neuntens ein weiterer Jakobus, den des „Alphäus" (Mk 3,18;
vgl. 3.2.6[3]), der obwohl denselben Beinamen wie Levi habend (vgl. Mk 2,14)
nie mit ihm in verwandtschaftliche Beziehung gesetzt wird, zehntens „Thaddäus" (Mk 3,18: Θαδδαῖος)[271], elftens ein weiterer Simon, mit Beinamen „Kananäer" (Mk 3,18: Καναναῖος)[272] und schließlich zwölftens „Judas" (Mk 3,19:

---

265 Hellmut Haug, „Boanerges," *Namen und Orte der Bibel*, 83: Der Name bezeichnet hebr.
„Söhne der Unruhe." Der Begriff findet sich als *Hapax legomenon* nur hier im Text.

266 Menge-Güthling, „βροντή," *Langenscheidts Großwörterbuch Altgriechisch-Deutsch*, 140;
Walter Bauer, „βροντή," *Griechisch-deutsches Wörterbuch zum Neuen Testament*, 294: Das
Substantiv meint einerseits „Donner(schlag)" und andererseits „Betäubung, Bestürzung."
Der Begriff findet sich als *Hapax legomenon* nur hier im Text.

267 Hellmut Haug, „Philippus," *Namen und Orte der Bibel*, 298; Jost Eckert, „Philippus," *Personenlexikon zum Neuen Testament*, 247–248: Der Name bezeichnet griech. „Pferdefreund."
Der Begriff findet sich 3mal im Text (Mk 3,18; 6,17; 8,27) und verweist 1mal und hier auf den
Jünger, 1mal auf den Halbbruder des Herodes Antipas (Mk 6,17) und 1mal auf den Beinamen einer Ortschaft (Mk 8,27).

268 Hellmut Haug, „Bartholomäus," *Namen und Orte der Bibel*, 68; Jost Eckert, „Bartholomäus,"
Personenlexikon zum Neuen Testament, 41–42: Der gräzisierte Name bezeichnet aram.
„Sohn des Talmai," der im Ersten Testament in seiner hebr. Fassung als „Furchenzieher"
begegnet (vgl. Num 13,22; 2 Sam 3,3). Der Begriff findet sich als *Hapax legomenon* nur hier
im Text.

269 Hellmut Haug, „Matthäus," *Namen und Orte der Bibel*, 252; Boris Repschinski, „Matthäus,"
Personenlexikon zum Neuen Testament, 211–213: Der Name bezeichnet hebr. „Mattanja" mit
der Bedeutung „Geschenk Jahwes." Der Begriff findet sich als *Hapax legomenon* nur hier
im Text.

270 Hellmut Haug, „Thomas," *Namen und Orte der Bibel*, 362; Alexander Bauer, „Thomas,"
Personenlexikon zum Neuen Testament, 303–305: Der Name bezeichnet aram. „Zwilling."
Der Begriff findet sich als *Hapax legomenon* nur hier im Text.

271 Josef Hainz, „Thaddäus," *Personenlexikon zum Neuen Testament*, 301: Der Name bezeichnet
hebr. „der Mutige," wurde aber auch von griech. „Theodotos, kurz Theuda" mit der Bedeutung „Gottesgeschenk" abgeleitet. Der Begriff findet sich als *Hapax legomenon* nur hier im
Text.

272 Franz Georg Untergassmair, „Simon (Kananäus)," *Personenlexikon zum Neuen Testament*,
279–280: Der Name leitet sich nicht von „Kanaan (Land) oder Kana (Stadt)" ab, sondern
bezeichnet aram. „Eiferer" und markiert Zugehörigkeit zur religiös-politischen Partei der
Zeloten, was auch Lk 6,15 nahelegt. Der Begriff findet sich als *Hapax legomenon* nur hier
im Text; vgl. auch Martin Hengel, *Die Zeloten: Untersuchungen zur jüdischen Freiheitsbe-*

'Ιούδας)[273] mit Beinamen „Iskariot" (Mk 3,19: 'Ισκαριώθ). Die hierbei angelegte Rangordnung widerspiegelt verlässlich die Bedeutung der Jünger im Narrativ: Als erster steht Simon, und als letzter Judas. Die Jünger 1–4 mit 12 finden mehrfache Erwähnung, und die Jünger 5–11 nur eine einmalige. Die Jünger 1–4 bestehen aus zwei Brüderpaaren, wobei Andreas von Platz 2 auf Platz 4 zurückfällt, und nur von ihnen liegt ein Berufungsnarrativ vor. Die Namen Jakobus und Simon sind doppelt vertreten und jeweils über einen Beinamen von den anderen unterschieden. Aus den Zwölfen verleiht Jesus nur den ersten drei einen neuen Beinamen und spricht ihnen möglicherweise in Übereinstimmung mit antiken Gesellschaften, die im Namen Wesentliches oder Typisches über seinen Träger ausgesagt sehen, eine neue Identität zu, dem Simon als Individuum und dem Jakobus mit Johannes als Brüderpaar.[274] Erstmals verleiht der Erzähler dieser Jüngergruppe die kollektive Bezeichnung „zwölf" (Mk 3,14.16: δώδεκα). Jesus bestellt demnach zwölf in seinen Dienst, eine symbolische Zahl, die an die genealogische Zurückführung des Volkes Israel auf die zwölf Jakobssöhne erinnert.[275] Mit Hilfe dieses Stabes gilt es, das Volk Gott wieder als *sein* Volk zurückzuführen. Insofern ist der Zahl ein restaurativer und auf Israel bezogener Sinn eigen.[276] Erwähnte Akteure sind „Dämonen" (Mk 3,15

---

wegung in der Zeit von Herodes I. bis 70 n.Chr. (hg. von Roland Deines und Claus-Jürgen Thornton; WUNT 283; 3., durchges. und erg. Aufl.; Tübingen: Mohr Siebeck, 2011), 73, 390–391, 411.

273 Hellmut Haug, „Judas," *Namen und Orte der Bibel*, 212–216: Der Name ist gräzisierte Form von hebr. „Juda" mit der Bedeutung „danken, preisen." Der Begriff findet sich 4mal im Text (Mk 3,19; 6,3; 14,10.43) und verweist 3mal auf den Jünger (Mk) und 1mal auf den Bruder Jesu (Mk 6,3).

274 Lars Hartmann, „ὄνομα," *EWNT* 2:1268–1277, bes. 1269–1270.

275 Diese Funktion stellt Ebner den Jüngern für's Markusevangelium in Abrede (*Das Markusevangelium*, 42).

276 Traugott Holtz, „δώδεκα," *EWNT* 1:874–880; Raymond F. Collins, „Twelve," *ABD* 6:670–671; Israel Abrahams, „Numbers, Typical and Important," *EJ* 15:333–337, bes. 336: Die Tatsache, dass in der Bibel die Anzahl der Stämme zwölf waren (vgl. Gen 35,22; 42,13.32; 49,28; Num 1,44), auch diejenigen Ismaels (vgl. Gen 17,20), verleiht der Nummer eine spezielle, politisch-religiöse Bedeutung (vgl. die griechische Amphiktyonie), die auch dann beizubehalten versucht wurde, als Levi aus der Zählung ausschied, indem Ephraim und Manasse als zwei Stämme gezählt wurden. Auch repräsentative Personen sowie Gegenstände korrespondierten mit der Anzahl der Stämme (vgl. Ex 24,4; 28,21; Lev 24,5; Num 7,3; 17,17.21; Jos 4,2; 1Kön 10,20; 18,31; Ez 48,31–35; Esra 6,17; 8,35), so finden sich Mengen von zwölf in den vierundzwanzig Klassen der Priester und Leviten (vgl. 1Chr 24,1; 25,31), den achtundvierzig levitischen Städten (vgl. Num 35,7) sowie den zwölf Abteilungen zu 24'000 Mann, die König David abwechslungsweise je einen Monat dienten (vgl. 1Chr 27,1–

EXEGETISCHE ANALYSE DES MARKUSEVANGELIUMS

Pl.; vgl. 3.2.3[3]). Die Jünger bestellt Jesus auf einen „*Berg*" (Mk 3,13: ὄρος)[277], womit ein nahe bei Kapernaum gelegener gemeint sein dürfte, etwa in Richtung Westen bis Norden hin, wo sich das Festland in einem starken Gefälle dem Seeufer zuneigt. Ein abgeschiedener und dem Himmel näher gelegener Ort. Da in *temporaler* Hinsicht der Narrator wiederum schweigt, ist anzunehmen, dass es immer noch Sabbat ist (vgl. Mk 3,2.4). In *rhetorischer* Hinsicht ist niemand in direkter Rede zu vernehmen. Mit dem Thema der Einsetzung knüpft das Narrativ an die Berufungsszenen 06 und 11 an.

Nachdem Jesus am See viele geheilt hatte und dabei an seine körperlichen Grenzen gelangt war, „besteigt" (Mk 3,13; vgl. 3.1.3[3]) er einen Berg, „ruft zu sich" (Mk 3,13 Med.: προσκαλέω)[278], die er „will" (Mk 3,13; vgl. 3.2.4[3]), worauf diese dem Ruf allesamt Folge leisten und „kommen" (Mk 3,13; vgl. 3.2.1[3]).[279] Diese von Jesus Ausgewählten „setzt er ein" (Mk 3,14), damit sie einerseits „mit ihm seien" (Mk 3,14) und andererseits, dass er sie „aussende" (Mk 3,14; vgl. 3.1.2[3]). Darin sollen sie – ihn „repräsentierend" – in „Vollmacht" (Mk 3,15; vgl. 3.2.2[3]) „verkündigen" (Mk 3,14; vgl. 3.1.2[3]) und Dämonen „auszutreiben" (Mk 3,15; vgl. 3.1.4[3]). Dass aber „Mit-ihm-sein" auch ein Mitgehen in den Tod bedeuten könnte, klingt hier noch nicht explizit an, schwingt jedoch in der semantischen Tiefenstruktur mit. Deshalb nämlich, weil über Judas preisgegeben wird, dass er Jesus „überliefern" (Mk 3,19; vgl. 3.1.5[3]) wird. Die Etymologie

---

15). Der Begriff findet sich 14mal im Text (Mk 3,14; 4,10; 5,25.42; 6,7.43; 8,19; 9,35; 10,32; 11,11; 14,10.17.20.43) und verweist 10mal auf die Jünger (Mk 3,14.16; 4,10; 6,7; 9,35; 10,32; 11,11; 14,10.17.20.43), 2mal auf eine Jahreszahl (Mk 5,25.42) und 2mal auf eine Mengenzahl (Mk 6,43; 8,19).

277 Menge-Güthling, „ὄρος," *Langenscheidts Großwörterbuch Altgriechisch-Deutsch*, 500; Walter Bauer, „ὄρος," *Griechisch-deutsches Wörterbuch zum Neuen Testament*, 1179–1180; Heribert Kleine, „ὄρος," *EWNT* 2:1304–1307: Das Substantiv meint neben „Berg" auch „Gebirge, Anhöhe." Der Begriff findet sich 11mal im Text (Mk 3,13; 5,5.11; 6,46; 9,2.9; 11,1.23; 13,3.14; 14,26).

278 Menge-Güthling, „προσκαλέω,"*Langenscheidts Großwörterbuch Altgriechisch-Deutsch*,596; Walter Bauer, „προσκαλέω," *Griechisch-deutsches Wörterbuch zum Neuen Testament*, 1432; Horst Balz und Gerhard Schneider, „προσκαλέω," *EWNT* 3:414–415: Das Kompositum, hier stets im Medium verwendet, bezeichnet einerseits „zu sich rufen (lassen), herbeirufen, zu Hilfe oder als Zeugen rufen, kommen lassen, herbitten, auffordern und auf seine Seite bringen" und andererseits dient es auch als *terminus technicus* der Gerichtssprache mit der Bedeutung „vorführen, vor Gericht laden (lassen) und anklagen" und schließlich „berufen (zu bestimmter Aufgabe, zum Glauben)." Das Verb findet sich 9mal im Text (Mk 3,13.23; 6,7; 7,14; 8,1.34; 10,42; 12,43; 15,44).

279 Nach Collins erinnert diese Szene an Ex 24,9–11, wo Mose mit Aaron und seinen Söhnen sowie siebzig der Ältesten Israels auf dem Sinai Gott begegneten (*Mark*, 215).

126   3. KAPITEL

des Beinamens Iskariot ist nicht eindeutig geklärt. Es wurde vorgeschlagen, ihn von der Ortschaft „Kerijot oder Kariot (קריות)" in Judäa herzuleiten (vgl. Jos 15,25; Jer 48,24.41; Am 2,2); Judas wäre dann vielleicht der einzige nicht aus Galiläa stammende Jünger. Ein weiterer Vorschlag leitet den Beinamen von lateinisch *sacarius* für „Dolchmann" ab; Judas hätte demnach der Gruppe der Sikarier angehört. Wieder ein anderer Vorschlag leitet den Beinamen von „rotharig (סקר)" beziehungsweise von „erwürgt (סכר)" her, und abermals andere von „lügen, täuschen (שרק)," beziehungsweise „überliefern (סגר, סכר).“[280] Ungewiss muss also bleiben, in welcher Weise Judas sich in seiner Rangstellung als Letzter von den Übrigen abhebt, in ethnischer, sozio-politischer, biographischer oder ethischer Art. Wenn auch in negativer Weise, wird ihm im Blick auf den Plot eine ebenso wichtige Rolle wie seinem positiven Antipoden Petrus zugewiesen sein.

(4)   Politisch-militärisches Profil

Der Ort, auf dem Berg, in Gottesnähe und Abgeschiedenheit, wie auch die Zeit, am Sabbat, verleiht der Einsetzung der Zwölf Feierlichkeit. Dies fügt sich gut zur Bedeutung dieser Szene hinsichtlich kollektiver Identität, denn hier kommt der Aufbau eines inneren Kreises um Jesus zu seinem Abschluss, entsprechend wird auch von keiner Berufung mehr die Rede sein. Die Zwölf sollen helfen, Gottes Volk ihm wieder zuzuführen. Wie? Indem sie sozusagen als „seine" und unter neuer Jurisdiktion stehende „Offiziere" mit ihm und auf seiner Seite seien (vgl. 5.6.4[2]), und er sie zu seiner „rechtmäßigen Vertretung" als vollmächtige Verkündiger und Exorzisten gegen dieselben Gegner vereidigt (vgl. 5.7.3[4]). Damit sollen sie konstitutiv zur Wiederherstellung[281] des Volkes Gottes beitragen und durch die Vollmacht schon beinahe quasigöttlichen Status in verwandtschaftlicher Nähe zu Jesus erlangen. Allen voran Simon Petrus und die Zebedaiden und als letzter Judas.[282] Weiß Jesus an dieser Stelle um Judas (vgl. 5.7.3[4])? Es darf angenommen werden, insinuiert er doch in Szene 13, dass ihm aus den Schriften wohl bekannt ist, dass dem Erwählten Gottes stets Feinde

---

280   Margareta Gruber, „Judas Iskariot," *Personenlexikon zum Neuen Testament*, 164–168; Meinrad Limbeck, „Ἰσκαριώθ," *EWNT* 2: 491–493; Joan E. Taylor, „„Iskarioth' (Iscariot)," *JBL* 129/2 (2010): 367–383. Der Begriff findet sich 2mal im Text (Mk 3,19; 14,10).

281   Nach Collins würde diese Szene wie auch 11QT 57,2–15 die Hoffnung auf Wiederherstellung der zwölf Stämme Israels in den letzten Tagen zum Ausdruck bringen. Hier wie dort würde es auf den idealen König verweisen, denn in der Tempelrolle, wo der Abschnitt im Zusammenhang der Königsgesetze steht, findet sich das Motiv des „Mit-ihm-Seins" als auch das der den König umgebenden Zwölferschaft (*Mark*, 215–216).

282   Vgl. auch Marcus, *Mark*, 1:268–269.

EXEGETISCHE ANALYSE DES MARKUSEVANGELIUMS

mit lebensbedrohenden Avancen erwachsen; zudem scheint er diesen Verrat seinen Jüngern bereits in Galiläa anzudeuten (vgl. Szene 45).

3.3.6 Szene 17 (Mk 3,20–21.31–35): Die Mutter und Brüder Jesu bezichtigen ihn (in Kapernaum) des Wahnsinns

(1) Szene

Die siebzehnte und rahmende Szene Mk 3,20–21.31–35 handelt davon, dass die Mutter und Brüder Jesu ihn (in Kapernaum) des Wahnsinns bezichtigen, und Jesus lehrend folgert, dass, wer den Willen Gottes tut, seine Familie sei. Wie bereits die Szenen 03–05 gehört somit auch diese zu den biographischen und das Leben Jesu betreffenden Szenen, wie bereits die Szenen 10–14 gehört sie ferner auch zu den gegnerbezogenen, und zwar Jesu biologische Familie betreffenden Szenen, und wie bereits die Szenen 02, 07–11 und 14–15 gehört sie schließlich auch zu den volksbezogenen, und zwar ihre Belehrung betreffenden Szenen. Die Szene unterscheidet sich einerseits von der eingebetteten nicht im Blick auf Ort und Zeit, wohl aber im Blick auf Akteure, Handlung und Thema, bezichtigen doch dort die Jerusalemer Schriftgelehrten Jesus der Besessenheit. Die Szene unterscheidet sich andererseits von der nachfolgenden im Blick auf Akteure, Ort, Zeit, Handlung und Thema, lehrt doch dort Jesus eine Volksmenge vom See aus in Gleichnissen, wobei er das Gleichnis vom Sämann den Jüngern erklärt.

(2) Text

3²⁰ Und er kommt in (das) Haus. Und wieder kommt eine Volksmenge zusammen, so dass sie nicht einmal Brot essen konnten. ²¹ Und als die Seinen es hörten, gingen sie aus, ihn zu greifen, denn sie sagten: Er ist von Sinnen.

³¹ Und es kommt seine Mutter und seine Brüder, und draußen stehend sandten sie ihn rufend zu ihm. ³² Und es saß um ihn eine Volksmenge, und sie sagen zu ihm: Siehe, deine Mutter und deine Brüder draußen suchen dich. ³³ Und antwortend sagt er ihnen: Wer ist meine Mutter und Brüder? ³⁴ Und herumblickend auf die um ihn im Kreis Sitzenden sagt er: Siehe meine Mutter und meine Brüder. ³⁵ Wer den Willen Gottes tut, dieser ist mein Bruder und Schwester und Mutter.[283]

---

283 Literarisch folgt die rahmende Szene 17 einem parallelen Schema: A: Mk 3,20–21.31 (Mutter, Brüder); B: Mk 3,32 (siehe, deine Mutter und deine Brüder); B': Mk 3,33–34 (siehe, meine Mutter und meine Brüder); B': Mk 3,35 (Bruder, Mutter).

128   3. KAPITEL

(3)   Inhalt

Explizit anwesende *Akteure* dieser Szene sind einerseits Jesus, andererseits
eine „Volksmenge" (Mk 3,20.32; vgl. 3.2.5[3]) aus Kapernaum, die er mit „Mutter" (Mk 3,31.32.33.34.35: μήτηρ),[284] „Brüder" (Mk 3,31.32.33.34 Pl.; Mk 3,35; vgl.
3.2.1[3]) und „Schwester" (Mk 3,35) anspricht, und schließlich die „Seinen" (Mk
3,21 Pl.; Mk 3,21.21), das sind seine Mutter als auch Brüder. Und implizit anwesende Akteure sind die zuvor eingesetzten Zwölf. *Ort* des Geschehens ist im
und „außerhalb" (Mk 3,31.32) eines nicht näher definierten „Hauses" (Mk 3,20),
mit welchem einmal mehr dasjenige von Simon und Andreas gemeint sein
dürfte. *Temporale* Spezifika fehlen, nahe läge deshalb, auch diese Szene demselben und in der dreizehnten Szene angebrochenen Sabbat zuzuordnen, was
freilich voraussetzt, dass „ergreifen" nicht als Arbeit verstanden wird und die
Seinen an diesem Tag nicht reisen, sondern bereits anwesend sind. In *rhetorischer* Hinsicht sind einerseits Jesu Angehörige vernehmbar, andererseits das
Volk, das ihm über sie berichtet, und schließlich Jesu lehrende Antwort. Für
das Verständnis dieser rahmenden Szene ist es wichtig im Auge zu behalten,
dass sich Mk 3,31–35 nach dem Disput mit den Jerusalemer Schriftgelehrten in
Szene 18 ereignet. Somit trifft Jesu Urteil über jene, zu sündigen, wenn sie den
Heiligen Geist in ihm lästern, auch die Seinen, weshalb das Narrativ nicht nur
an Szene 18 anknüpft, sondern mit dem Familienthema auch an Szene 27.

Nach dem Rückzug aus der Stadt, wo die Pharisäer mit den Herodianern
über ihn Rat hielten, hatte sich Jesus an den See begeben, nochmals viele
geheilt und von hier den Berg bestiegen und seine Zwölf eingesetzt. Womöglich
von diesen umgeben kehrt er trotzdem aber gestärkt in die Stadt zurück, ins
bekannte Haus Simons und Andreas', wo wiederum eine Volksmenge „zusam-
menkommt" (Mk 3,20: συνέρχομαι)[285], so dass ihnen für das Essen von „Brot"

---

284   Menge-Güthling, „μήτηρ,"*Langenscheidts Großwörterbuch Altgriechisch-Deutsch*, 454; Wal-
       ter Bauer, „μήτηρ," *Griechisch-deutsches Wörterbuch zum Neuen Testament*, 1052–1053: Das
       Substantiv meint einerseits und wie hier „Mutter Großmutter, Erzeugerin, Ernährerin,
       Ursprung, Quelle" und andererseits „Mutterland, -stadt, -heimat." Der Begriff findet sich
       17mal im Text (Mk 3,31.32.33.34.35; 5,40; 6,24.28; 7,10.10.11.12; 10,7.19.29.30; 15,40).

285   Liddell-Scott, „συνέρχομαι," *Greek-English Lexicon*, 1712; Menge-Güthling, „συνέρχομαι,"*Lan-
       genscheidts Großwörterbuch Altgriechisch-Deutsch*, 659; Walter Bauer, „συνέρχομαι," *Grie-
       chisch-deutsches Wörterbuch zum Neuen Testament*, 1571–1572: Das Kompositum meint
       einerseits „mit-, zusammengehen," andererseits und wie hier „sich versammeln, zu einem
       Feldzug zusammenkommen, einen Feldzug gemeinsam unternehmen, feindlich gegen-
       einanderrücken, heranrücken, aneinandergeraten, aufeinandertreffen, -stoßen, kämpfen,
       sich feindlich verbinden, (Weihe) beiwohnen," ferner „sich besprechen, übereinkommen"
       und schließlich „einsammeln, ernten." Das Verb findet sich 2mal im Text (Mk 3,20; 14,53).

(Mk 3,20; vgl. 3.3.2[3]) keine Zeit verbleibt. Als ob der Gefahren nicht genug lauerten, „rücken" (Mk 3,21; vgl. 3.2.2[3]) zu allem Übel auch noch die Seinen aus, mit der Absicht, ihn gewaltsam zu „ergreifen" (Mk 3,21; vgl. 3.2.3[3]), sind sie doch überzeugt, dass Jesus „von Sinnen" (Mk 3,21; vgl. 3.2.5[3]) ist.

Nach Abzug der Jerusalemer Schriftgelehrten – oder sind sie noch anwesend? – kommen seine Mutter und Brüder und lassen vor dem Hause stehend nach ihm rufen. Dass sie ihn „suchen" (Mk 3,32; vgl. 3.2.4[3]), wird ihm von der anwesenden Volksmenge ausgerichtet. Sich selbst schützend und die Situation recht einschätzend, kommt er dem Ruf der Seinen nicht nach. Stattdessen entgegnet er den Überbringern rhetorisch, wer denn seine Mutter und Brüder seien. Und mit Blick auf die ihn Umgebenden dissoziiert er sich von den Seinen und sagt auf seine Hörerschaft blickend, dass diejenigen ihm Mutter, Bruder und Schwester seien, die den „Willen" (Mk 3,35: θέλημα,[286]) „Gottes" (Mk 3,35; vgl. 3.1.5[3]) „täten" (Mk 3,35). Implizit spricht er dies seiner Familie ab, aber auf Grund welcher Unzulänglichkeiten tut er dies? Die narrative Hörerschaft weiß es nicht, wohl aber die Leserschaft, die vernahm, dass sich die Seinen insofern versündigten, als sie ihn für wahnsinnig halten und deshalb die Familie spalten (vgl. Mk 3,25). Sofern das anwesende Volk mit demjenigen in Szene 10 übereinstimmt, entbehrt die Wortwahl nicht einer leisen Ironie, denn dieses Volk hatte der Narrator mit „außer sich," dasselbe Wort für „wahnsinnig," bezeichnet. Als ob Jesus die negative Fremdbezeichnung für sich positiv umdeutet, und sich – ihm gleich – eine virtuelle Familie aus einem über Gott „außer sich" geratenen Volk zulegt. Es ist diese Verwandtschaft zum himmlischen Vater die zählt und als dessen Sohn er mehrfach schon er- und anerkannt wurde (vgl. Mk 1,11; 3,11), deshalb wohl, bleibt die Existenz eines leiblichen Vaters verschwiegen. Ist das der Grund für Jesu scheinbare Gelassenheit ob all der Gefahren?[287]

(4)   Politisch-militärisches Profil

In der vorausgehenden Szene hatte Jesus die Zwölf zu Repräsentanten seiner selbst und Teilhaber seiner von Gott verliehenen Vollmacht auf dem Berg eingesetzt, und sich durch diese präjudizielle Schaffung neuer Mitglieder der Gottesfamilie, auch sich selbst – und wie bereits in der ersten Szene dieser Episode

---

286   Menge-Güthling, „θέλημα," *Langenscheidts Großwörterbuch Altgriechisch-Deutsch*, 327; Meinrad Limbeck, „θέλημα," *EWNT* 2:338–340: Das Substantiv meint „Wille" und in Verbindung mit „Gott" ist es Synonym für „Gesetz Gottes." Der Begriff findet sich als *Hapax legomenon* nur hier im Text.

287   Vgl. auch Miller, *Women in Mark's Gospel*, 31–51.

angedeutet (vgl. Szene 12) – neue, göttliche Familienmitglieder geschaffen. Die Möglichkeit abiologischer, virtueller Verwandtschaftsverhältnisses wird in dieser Szene auf den weiteren, auch Frauen inkludierenden Nachfolgerkreis ausgedehnt, und präzisiert als ein juristisch-ethisches, dem biologischen vorangestelltes Verhältnis, denn Mutter, Bruder und Schwester sind ihm all diejenigen, die den Willen Gottes tun. Was einerseits demokratisch anmutet, denn Jesus gibt sich als „Bruder und Sohn" seiner Nachfolger, darf nicht darüber hinwegtäuschen, dass implizit gesagt wird, dass die Verwandtschaft mit ihm, und nur mit ihm, Teilhabe an der göttlichen Familie eröffnet. Ein wiederum wenig bescheidener, aber für das antike Lehrer-Schüler-Verhältnis nicht untypischer Anspruch, der – wäre er nicht der Messias, für den er sich hält – als ein „verrückter" Selbstanspruch gelten müsste. Jesus trägt dieses Wissen nicht nach außen zu seiner Familie, vielmehr bilden seine Aussagen eine ins Positive gewendete Selbstdefinition und gleichzeitig auch eine für die Insider bestimmte Gruppendefinition, der umso mehr Bindefähigkeit zugestanden werden darf, als er sie ihnen gegenüber im Kontext multipler externer Gefahren äußert. Implizit, und hier auch nur für Insider bestimmt, disqualifiziert Jesus die Seinen als solche, die den Willen Gottes nicht tun, wodurch sich der Wille Gottes in seinem Gesetz konkretisiert, als Mittel der Grenzziehung erweist. Der Thema des Wahnsinns ist im Zusammenhang des ersten jüdisch-römischen Krieges von zentraler Bedeutung, schließlich waren es Neros Wahnsinn und der seiner Prokuratoren und ebenso derjenige der folgenden Herrscher, der zum Krieg Anlass bot, wie auch der Wahnsinn der Aufständischen im Urteil des Josephus, der zum Niedergang Jerusalems und seines Tempels führte (vgl. 5.6.4[9]). Verständlich also, dass der Autor Jesus sich vom Vorwurf der Geisteskrankheit in deutlichster Weise distanzieren lässt, steht doch Wahnsinn bei den genannten Gruppen in einem Zusammenhang mit unvorstellbarer Gottlosigkeit und (Kriegs)Verbrechen. Sein Maßstab ist in entschiedener Abgrenzung zu anderen der Gotteswille, d.h. das Gesetz Gottes, welches auch das Militärrecht einschliesst, und dem auch seine Gefolgschaft oder neue Familie verpflichtet sein soll (vgl. 5.2.4[1]; 5.6.4[5]); Das könnte es sein, was ihn wie sie ähnlich wie die Flavier als „normal" und „göttlich" qualifiziert (vgl. 5.5.4[2]; 5.6.4[4]).

3.3.7 Szene 18 (Mk 3,22–30): Die Jerusalemer Schriftgelehrten bezichtigen Jesus (in Kapernaum) der Besessenheit

(1)   Szene

Die achtzehnte und eingebettete Szene Mk 3,22–30 handelt davon, dass die Jerusalemer Schriftgelehrten Jesus (in Kapernaum) der Besessenheit bezichtigen. Wie bereits die Szenen 03–05 und 17 gehört somit auch diese zu den

EXEGETISCHE ANALYSE DES MARKUSEVANGELIUMS   131

biographischen und das Leben Jesu betreffenden Szenen, und wie bereits die
Szenen 10–14 und 17 gehört sie ferner auch zu den gegnerbezogenen, und zwar
die Jerusalemer Schriftgelehrten betreffenden Szenen.

(2)   Text
3²² Und die von Jerusalem herabgekommenen Schriftgelehrten sagten: Er hat
(den) Beëlzebul, und: Durch den Obersten der Dämonen treibt er die Dämonen
aus. ²³ Und sie herzurufend sagte er in Gleichnissen zu ihnen: Wie kann Satan
(den) Satan austreiben? ²⁴ Und wenn ein Königreich mit sich selbst entzweit
ist, kann dieses Königreich nicht bestehen. ²⁵ Und wenn ein Haus mit sich
selbst entzweit ist, kann dieses Haus nicht bestehen. ²⁶ Und wenn der Satan
gegen sich selbst aufsteht und entzweit ist, kann er nicht bestehen, sondern er
hat ein Ende. ²⁷ Aber niemand kann in das Haus des Starken hineingehen und
seinen Hausrat rauben, wenn er nicht zuvor den Starken bindet, und dann sein
Haus berauben wird. ²⁸ Amen, ich sage euch: Alle Sünden werden den Söhnen
der Menschen vergeben werden, auch die Lästerungen, so viel sie auch lästern
mögen. ²⁹ Wer aber gegen den Heiligen Geist lästert, hat keine Vergebung in
Ewigkeit, sondern er ist ewiger Sünde schuldig, ³⁰ weil sie sagten: Er hat einen
unreinen Geist.²⁸⁸

(3)   Inhalt
Explizit anwesende *Akteure* dieser Szene sind einerseits Jesus, der sich implizit
als „Starker" (Mk 3,27.27; vgl. 3.1.2[3]) bezeichnet, und andererseits die „Jeru-
salemer" (Mk 3,22; vgl. 3.3.4[3]) „Schriftgelehrten" (Mk 3,22 Pl.; vgl. 3.2.2[3]).
Implizite anwesende Akteure sind einerseits die Zwölf und andererseits die
zuvor erwähnte Volksmenge aus Kapernaum (vgl. Mk 3,20). Und erwähnte
Akteure sind einerseits der „Heilige Geist" (Mk 3,29; vgl. 3.1.2[3]), der nach Jesu
Auffassung in ihm wohnt, andererseits „Beëlzebul" (Mk 3,22: Βεελζεβούλ)²⁸⁹,

---

288   Literarisch folgt Szene 18 einem chiastischen Schema: A: Mk 3,22 (sie sagten er hat den
      Beëlzebul); B: Mk 3,23 (können, Satan); C: Mk 3,24 (entzweit, kann nicht bestehen); C': Mk
      3,25–26 (entzweit, kann nicht bestehen); B': Mk 3,27 (können, Starken); A': Mk 3,28–30 (sie
      sagten er hat einen unreinen Geist).

289   Hellmut Haug, „Beëlzebul," *Namen und Orte der Bibel*, 70; Walter Bauer, „Βεελζεβούλ,"
      Griechisch-deutsches Wörterbuch zum Neuen Testament, 277–778; Otto Böcher, „Βεελζε-
      βούλ," *EWNT* 1:507–508: Der Name mit der Bedeutung „Herr der Erhabenheit" (hebr. זבול
      בעל) meint den philistäischen Gott Ekrons, vom dem Israels König Ahasja ein Orakel
      erbat. Da fremde Gottheiten jedoch den Jahweverehrern als Dämonen galten, forderten
      ihre Namen zur Verstümmelung heraus, was etwa aus 2Kön 1,2–16 ersichtlich wird, die
      aus seinem Namen Baal-Sebub (hebr. זבוב בעל) machten, mit der Bedeutung „Herr der

der „Oberste" (Mk 3,22: ἄρχων)[290] der „Dämonen" (Mk 3,22.22 Pl.; vgl. 3.2.3[3]), das ist „Satan" (Mk 3,23.23.26; vgl. 3.1.4[3]), den der Narrator einen „unreinen Geist" (Mk 3,30; vgl. 3.2.2[3]) nennt, und der nach Auffassung der Schriftgelehrten in Jesus wirken soll, ferner Dämonen, darüber hinaus ein „Königreich" (Mk 3,24.24; vgl. 3.1.5[3]) und schließlich „Menschensöhne" (Mk 3,28 Pl.; vgl. 3.2.5[3]). Der *Ort* dürfte gegenüber der rahmenden Szene derselbe geblieben sein, das Haus des Simon und Andreas in Kapernaum (vgl. Mk 3,20). Einmal mehr fehlen *temporale* Hinweise, was allenfalls bedeuten könnte, dass es immer noch Sabbat ist (vgl. Mk 3,2.4), freilich nur sofern die Schriftgelehrten an diesem narrativen Tag bereits angekommen und nicht gereist sind. In *rhetorischer* Hinsicht ist einerseits die Anklage der Schriftgelehrten zu vernehmen und andererseits auch Jesu längere Antwort in „Gleichnisrede" (Mk 3,23 Pl.: παραβολή)[291]. Thematische Bezüge weist dieses Narrativ mit seiner es rahmenden Szene 17 auf, denn während Jesus mit den Schriftgelehrten streitet, sind die Seinen im Anmarsch, um ihn zu ergreifen, und mit dem Thema von Jesu Befragung zu seiner Vollmacht durch die Jerusalemer Schriftgelehrten knüpft dieses Narrativ an Szene 58 an.

Nachdem Jesus mit den Zwölfen von deren Einsetzung auf dem Berg nach Kapernaum zurückgekehrt war, hatte er sich ins Haus von Simon und Andreas begeben, wo sich auch schon gleich wieder eine Volksmenge versammelte. Zu

---

Fliegen." Im Neuen Testament, und einmalig aus dem Mund der Jerusalemer Schriftgelehrten, wird er gar zum Dämonenfürsten. Der Begriff findet sich als *Hapax legomenon* nur hier im Text.

290 Liddell-Scott, „ἄρχων," *Greek-English Lexicon*, 254; Menge-Güthling, „ἄρχων," *Langenscheidts Großwörterbuch Altgriechisch-Deutsch*, 111; Walter Bauer, „ἄρχων," *Griechisch-deutsches Wörterbuch zum Neuen Testament*, 227–228: Das vom Verb „ἄρχω" – im eigentlichen Sinne „der erste sein" und im Aktiv „herrschen" – abgeleitete Substantiv meint einerseits „Anführer, Vorsteher, Herrscher, Gebieter, Oberster, Befehlshaber, Feldherr, König, Fürst, Machthaber, Häuptling, Archont" andererseits „Beamter, Behörde, Obrigkeit" und schließlich „Statthalter, Satrap." Der Begriff findet sich als *Hapax legomenon* nur hier im Text.

291 Menge-Güthling, „παραβολή," *Langenscheidts Großwörterbuch Altgriechisch-Deutsch*, 519; Walter Bauer, „παραβολή," *Griechisch-deutsches Wörterbuch zum Neuen Testament*, 1238–1239; Günter Haufe, „παραβολή," *EWNT* 3:35–38: Das vom Verb „παραβάλλω" abgeleitete Substantiv meint im eigentlichen Sinn „Nebeneinanderstellung," etwa als „Vergleichung, Gleichnis, Gleichnisrede, Parabel, Beispiel, Abbild, Gegenbild oder Sinnbild" und als „Denkspruch, Sprichwort oder Bildnisrede." Der Begriff findet 13mal im Text (Mk 3,23; 4,2.10.11.13.13.30.33.34; 7,17; 12,1.12; 13,28) und verweist auf ein „Bildwort" (Mk 3,23), eine „Rätselrede" (Mk 4,11), ein Gleichnis (Mk 4,13.30; 13,28), einen „Ausspruch" (Mk 7,17) und eine Parabel (Mk 12,12).

EXEGETISCHE ANALYSE DES MARKUSEVANGELIUMS 133

ihnen stoßen die vom 900 Meter höher gelegenen Jerusalem „herabgezoge-
nen" (Mk 3,22; vgl. 3.1.3[3]) und erstmals auftretenden Schriftgelehrten.[292] Das
alleine schon ist einschüchternd, denn sie sind Vertreter des höchsten Gerichts,
und ihr Auftreten hat zurechtweisende Funktion, ob im eigenen oder im Auftrag der Pharisäer und Herodianer. Das wird in ihrem Urteilsspruch deutlich: Dem Jesus würde der Beëlzebul, der Oberste der Dämonen, innewohne,
behaupten sie mit einer Stimme, und durch ihn würde er auch die Dämonen
„austreiben" (Mk 3,22.23; vgl. 3.1.4[3]). Er hat Macht, konzedieren sie implizit,
aber sie sei übernatürlicher Natur und vom ärgsten Menschenfeind verliehen,
ja, Jesus sei geradezu vom Schlimmsten besessen und eine innere Gefahr für
Fürstentum und Land. Auf das hin „ruft" Jesus sie herbei, ein Begriff, von dem
festgestellt worden war, dass er als *terminus technicus* der Gerichtssprache entnommen ist, er „führt sie vor, lädt sie zu Gericht oder klagt sie an" (Mk 3,23;
vgl. 3.3.5[3]), indem er den Vergleich in tiefgründiger Weise und in die Zukunft
blickend zu Ungunsten der Schriftgelehrten verschiebt. Mit der rhetorischen
Frage, wie denn Satan den Satan austreiben könnte entlastet sich Jesus einerseits. Denn wenn Satan gegen sich selbst „aufstehen" (Mk 3,26; vgl. 3.2.4[3]) und
kämpfen würde, oder ein Königreich oder ein „Haus" (Mk 3,25.25.27.27), so wäre
er und sie „entzweit" (Mk 3,24.25.26 Pass.: μερίζω)[293], könnten nicht „bestehen"
(Mk 3,24.25.26: ἵστημι)[294] und „hätten" (Mk 3,26) zwingend ein nahes „Ende"
(Mk 3,26: τέλος)[295], oder wären – was die Konstruktion auch impliziert – bereits

---

292   *Accordance Bible Atlas*: Version 2., in *Accordance Bible Software*: Version 11.0.3 (OakTree
      Software, Inc. November 2014).

293   Liddell-Scott, „μερίζω," *Greek-English Lexicon*, 1103; Menge-Güthling, „μερίζω," *Langen-
      scheidts Großwörterbuch Altgriechisch-Deutsch*, 445; Walter Bauer, „μερίζω," *Griechisch-
      deutsches Wörterbuch zum Neuen Testament*, 1022–1026: Das vom Substantiv „μέρος" – mit
      Bedeutung „Teil, Anteil" – abgeleitete Verb im Passiv meint einerseits „teilen," andererseits
      „in Teile zerlegen, zerteilen, verteilen, zuteilen, mitteilen" und schließlich „trennen, spal-
      ten, uneins machen, entzweien, zerfallen abtrennen." Der Begriff findet sich 4mal im Text
      (Mk 3,24.25.26; 6,41).

294   Liddell-Scott, „ἵστημι," *Greek-English Lexicon*, 841; Menge-Güthling, „ἵστημι," *Langen-
      scheidts Großwörterbuch Altgriechisch-Deutsch*, 348; Walter Bauer, „ἵστημι," *Griechisch-
      deutsches Wörterbuch zum Neuen Testament*, 773–776: Das Verb meint im Aktiv transitiv
      „(auf)stellen (in Schlachtordnung), hin-, feststellen, entstehen lassen, zum Stehen brin-
      gen, anhalten, abwägen," im Aktiv und Medium intransitiv wie hier „sich (hin)stellen,
      treten, hintreten, Herrscher werden, aufstehen, sich erheben, feststehen, standhalten,
      bestehen" und schließlich im Medium transitiv „für sich aufstellen, für sich einrichten,
      einsetzen, anordnen." Der Begriff findet sich 10mal im Text (Mk 3,24.25.26; 7,9; 9,1.36; 10,49;
      11,5; 13,9.14).

295   Liddell-Scott, „τέλος," *Greek-English Lexicon*, 1772–1774; Menge-Güthling, „τέλος," *Langen-*

134 3. KAPITEL

tot. Gleiches könne sich also auf Dauer nicht bekämpfen, nur Ungleiches. Deshalb vertreibe er gemeine Dämonen mit anderen Mitteln, einem heiligen Geist nämlich.[296] Aber es gibt auch die Umkehrung, dann nämlich, wenn das Heilige durch das Gemeine – und hier kommt die Verschiebung – nicht vertrieben, sondern „beraubt" wird, genauer, wenn das Haus des Starken beraubt wird. Das gelänge nur demjenigen, der den Starken zuvor „binden" (Mk 3,27: δέω)[297] bevor er sein „Haus- oder Kriegsgerät" (Mk 3,27 Pl.: σκεῦος)[298] „rauben würde" (Mk 3,27.27: διαρπάζω)[299]. Hatte nicht Johannes Jesus als den „Starken" bezeichnet (vgl. Mk 1,7), und wird nicht Jesus eben diese Schriftgelehrten – gemeinsam mit den Hohepriestern und Ältesten – beschuldigen, ihn seines Erbes berauben zu wollen (vgl. Mk 12,7), und werden sie ihn nicht eben deshalb binden (vgl. Mk 15,1)? Entsprechend holt Jesus zum Gegenschuldspruch aus: Denn den Menschen würden „Sünden" (Mk 3,28 Pl.; Mk 3,29: ἁμάρτημα)[300] und Lästerungen

---

scheidts *Großwörterbuch Altgriechisch-Deutsch*, 679; Walter Bauer, „τέλος," *Griechisch-deutsches Wörterbuch zum Neuen Testament*, 1617–1619: Das Substantiv meint einerseits und wie hier „Ende, Grenze, Endpunkt, Schluss, Ausgang, Lebensende, Tod, Ziel, Zweck," andererseits „Vollendung, Ausführung, Erfüllung, Ergebnis, Erfolg, Kampfpreis," ferner „Höhepunkt, Spitze, Vollkommenheit," ferner „(Staats)Amt, Behörde, Obrigkeit, Machthaber, Herrscher, Kriegsrat" und schließlich „Abgabe, Steuer, Zoll, Tribut, Zensus, Stand, Weihe, Einweihung." Der Begriff findet sich 3mal im Text (Mk 3,26; 13,7.13).

296 Demgegenüber fragt Ebner, ob Jesus deshalb Dämonen auszutreiben vermag, weil er den Satan als die Stärkere gebunden habe (*Das Markusevangelium*, 44–46).

297 Liddell-Scott, „δέω," *Greek-English Lexicon*, 383; Menge-Güthling, „δέω," *Langenscheidts Großwörterbuch Altgriechisch-Deutsch*, 162; Walter Bauer, „δέω," *Griechisch-deutsches Wörterbuch zum Neuen Testament*, 355–356: Das Verb meint einerseits und wie hier „binden, fest-, anbinden, fesseln (von Dingen und Personen), einkerkern," andererseits „an- und verbinden" und schließlich „nötigen, zwingen, hindern, hemmen." Der Begriff findet sich 8mal im Text (Mk 3,27; 5,3.4; 6,17; 11,2.4; 15,1.7).

298 Liddell-Scott, „σκεῦος," *Greek-English Lexicon*, 1607; Menge-Güthling, „σκεῦος," *Langenscheidts Großwörterbuch Altgriechisch-Deutsch*, 626; Walter Bauer, „σκεῦος," *Griechisch-deutsches Wörterbuch zum Neuen Testament*, 1507: Das Substantiv meint im Singular „angefertigter Gegenstand, Gefäß, Gerät, Werkzeug, Instrument, Rüstungs-, Waffenstück, Waffe" und im Plural wie hier „Gerätschaften, Hausrat, Habseligkeiten, bewegliche Habe, Kriegsgerät, -rüstung, Gepäck, Bagage." Der Begriff findet sich 2mal im Text (Mk 3,27; 11,16).

299 Liddell-Scott, „διαρπάζω," *Greek-English Lexicon*, 410; Menge-Güthling, „διαρπάζω," *Langenscheidts Großwörterbuch Altgriechisch-Deutsch*, 174; Bauer, „διαρπάζω," *Griechisch-deutsches Wörterbuch zum Neuen Testament*, 377: Das Kompositum meint einerseits „zerreißen, einreißen" und andererseits wie hier „(be)rauben, (aus)plündern, veruntreuen." Das Verb findet sich 2mal und nur hier im Text.

300 Menge-Güthling, „ἁμάρτημα," *Langenscheidts Großwörterbuch Altgriechisch-Deutsch*, 242; Walter Bauer, „ἁμάρτημα," *Griechisch-deutsches Wörterbuch zum Neuen Testament*, 83: Das

EXEGETISCHE ANALYSE DES MARKUSEVANGELIUMS 135

vergeben werden, sie aber seien in „Ewigkeit" (Mk 3,29) „schuldig" (Mk 3,29: ἔνοχος)[301], weil sie in Verkennung des Geistes Gottes diesen „lästernd" (Mk 3,28.:
βλασφημία[302]; Mk 3,28.29; vgl. 3.2.5[3]) als unrein bezeichnet hätten. Damit
hat Jesus die Schriftgelehrten vor Gott der Lästerung für schuldig erklärt, noch
lange bevor diese ihn vor Menschen in ungerechtfertigter Weise der Lästerung
für schuldig erklären und dafür in Jerusalem kreuzigen lassen werden (vgl. Mk
14,64).

(4)   Politisch-militärisches Profil
Vielleicht durch die lokalen Pharisäer und Herodianer aufgeboten, begeben
sich die Jerusalemer Schriftgelehrten nach Kapernaum und stigmatisieren
Jesus vermeintlich im Interesse der Ordnungshütung in aller Öffentlichkeit,
vor seinen Mitstreitern, vor der Stadtbevölkerung als einen, der vom Übelsten
besessen sei (vgl. 5.2.4[1]; 5.5.4[1]). Dagegen weiß sich Jesus effektvoll zu wehren. Er gehöre zu keinem Haus des Zwistes, wie etwa das neronische, das herodianische, oder das aufständische – man denke etwa an die durch Johannes
von Gischala veranlasste Jerusalemer Delegation gegen das Feldherrenamt des
Josephus (vgl. 5.5.3[3]). Innerer Zwist bringt Krieg und Krieg Fremdherrschaft,
erklärt Josephus, und im Falle des ersten jüdisch-römischen Krieges ortet Josephus darin gar den Grund für den Niedergang Jerusalems (vgl. 5.2.4[3]). Demgegenüber konstruiert der Erzähler Jesus als jemanden, der nicht raubt, wenn
er Dämonen austreibt. Vielmehr ist er als Träger des Heiligen Geistes in seiner
Herrschaft unbestritten, in seinem Haus eins wie das flavische, und braucht
nicht wie die Ankläger und andere Prätendenten zu nehmen (vgl. 5.6.4[5]), sondern kann Gott zurückgeben, was sein ist.

Substantiv als Synonym für „ἁμαρτία" meint neben „Sünde und Verfehlung" auch „Fehler,
Vergehen, Schuld, Missetat, Böses, Irrtum, Versehen, Missgriff." Der Begriff findet sich nur
2mal hier im Text.

301   Liddell-Scott, „ἔνοχος," *Greek-English Lexicon*, 572; Menge-Güthling, „ἔνοχος," *Langenscheidts Großwörterbuch Altgriechisch-Deutsch*, 242; Walter Bauer, „ἔνοχος," *Griechisch-
deutsches Wörterbuch zum Neuen Testament*, 540–541: Das Kompositum meint einerseits
„darin festgehalten, einer Sache ausgesetzt" und andererseits „unterworfen, ergeben, verfallen, schuldig, befangen." Das Adjektiv findet sich 2mal im Text (Mk 3,29; 14,64).

302   Menge-Güthling, „βλασφημία," *Langenscheidts Großwörterbuch Altgriechisch-Deutsch*, 136;
Walter Bauer, „βλασφημία," *Griechisch-deutsches Wörterbuch zum Neuen Testament*, 285:
Das vom Kompositum „βλασφημέω" – also „βλάπτω" („schaden") und „φημί" – abgeleitete
Substantiv meint neben „Lästerung" auch „Schmährede und -sucht, Verleumdung (sowohl
gegen Menschen als auch Gottheiten)." Der Begriff findet sich 3mal im Text (Mk 3,28; 7,22;
14,64).

136 3. KAPITEL

3.4 Episode D (Mk 4,1–34)

Markus 4,1–34 bildet die vierte von zehn chiastisch angeordneten Episoden, wobei Episode D aus folgenden vier Szenen besteht: Szene 19 (Mk 4,1–20): Jesus lehrt eine Volksmenge vom See aus in Gleichnissen, dasjenige vom Sämann erklärt er den Jüngern; Szene 20 (Mk 4,21–25): (Jesus lehrt vom See aus) das Gleichnis des Lichts und des Maßes; Szene 21 (Mk 4,26–32): (Jesus lehrt vom See aus) das Gleichnis des einem Senfkorn gleichenden Königreich Gottes; und Szene 22 (Mk 4,33–34): Jesus lehrt (vom See aus) in Gleichnissen, die er den Jüngern erklärt.

Ihre Demarkation ergibt sich in literarisch-formaler Hinsicht darin, dass sie durch das Lexem „Gleichnisrede" (Mk 4,2.10.11.13.13.30.33.34) zusammengehalten wird, und in narrativ-inhaltlicher Hinsicht darin, dass Jesus insbesondere die Jünger über soziale und Leidensbereitschaft (Mk 4,17) inkludierende Prinzipien im Königreich Gottes lehrt.

3.4.1 Szene 19 (Mk 4,1–20): Jesus lehrt eine Volksmenge vom See aus in Gleichnissen, dasjenige vom Sämann erklärt er den Jüngern

(1) Szene

Die neunzehnte Szene Mk 4,1–20 handelt davon, wie Jesus eine Volksmenge vom See aus in Gleichnissen lehrt und dasjenige vom Sämann den Jüngern erklärt. Wie bereits die Szenen 02, 07–11, 14–15 und 17 gehört somit auch diese zu den volksbezogenen, und zwar ihre Belehrung betreffenden Szenen, und wie bereits die Szenen 06, 11 und 16 gehört sie ferner auch zu den jüngerbezogenen, und zwar ihre Belehrung betreffenden Szenen. Die Szene unterscheidet sich von der nachfolgenden nicht im Blick auf Akteure, Ort, Zeit und Handlung, wohl aber im Blick auf Thema, lehrt doch dort Jesus vom See aus das Gleichnis des Lichts und Maßes.

(2) Text

4[1] Und wieder begann er zu lehren am See. Und es versammelt sich zu ihm eine große Volksmenge, sodass er in ein Boot steigend auf dem See saß, die ganze Volksmenge aber beim See auf dem Land war. [2] Und er lehrte sie vieles in Gleichnissen und sagte zu ihnen in seiner Lehre: [3] Hört! Siehe, der Sämann ging aus, um zu säen. [4] Und es geschah, indem er säte, fiel das eine an den Weg, und die Vögel kamen und fraßen es auf. [5] Und anderes fiel auf das Steinige, wo es nicht viel Erde hatte, und ging sogleich auf, weil es nicht tiefe Erde hatte. [6] Und als die Sonne aufging, wurde es verbrannt und weil es keine Wurzel hatte, verdorrte es. [7] Und anderes fiel in die Dornen; und die Dornen wuchsen und erstickten es, und es gab keine Frucht. [8] Und anderes fiel auf die gute Erde

EXEGETISCHE ANALYSE DES MARKUSEVANGELIUMS

und gab Frucht, indem es aufging und wuchs und einiges trug dreißig-, einiges sechzig- und einiges hundertfach. [9] Und er sagte, wer Ohren hat zu hören, der höre! [10] Und als er allein war, fragten ihn, die um ihn waren, samt den Zwölf nach den Gleichnissen. [11] Und er sagte zu ihnen: Euch ist das Geheimnis des Königreichs Gottes gegeben, jenen aber, die draußen sind, wird alles in Gleichnissen zuteil, [12] damit sie als Sehende sehen und nicht wahrnehmen, und als Hörende hören und nicht verstehen, damit sie nicht etwa umkehren und ihnen vergeben werde. [13] Und er sagte zu ihnen: Kennt ihr dieses Gleichnis nicht, wie aber werdet ihr alle die Gleichnisse erkennen? [14] Der Sämann sät das Wort. [15] Die aber am Weg sind die, bei denen das Wort gesät wird, und wenn sie es hören, kommt sogleich der Satan und nimmt das Wort weg, das in sie gesät worden ist. [16] Und ebenso sind die, die auf das Steinige gesät worden sind, die wenn sie das Wort hören es sogleich mit Freude aufnehmen, [17] und sie haben keine Wurzel in sich, sondern sind (solche) des Augenblicks; wenn nachher Drangsal oder Verfolgung um des Wortes willen entsteht, fallen sie sogleich ab. [18] Und andere sind die in die Dornen Gesäten, diese sind die, die das Wort gehört haben, [19] und die Sorgen der Zeit und der Betrug des Reichtums und die Begierde nach den übrigen Dingen kommen hinein und ersticken das Wort, und es bringt keine Frucht. [20] Und die auf gute Erde Gesäten sind jene, die das Wort hören und aufnehmen und Frucht bringen, einige dreißig- und einige sechzig- und einige hundertfach.[303]

(3)   Inhalt

Explizit anwesende *Akteure* dieser Szene sind einerseits Jesus, er stellt sich hier implizit als „Säender" (Mk 4,3.3.4.14.14.15.15.16.18.20: σπείρω)[304] dar, andererseits die „Zwölf" (Mk 4,10; vgl. 3.3.5[3]), ferner Nachfolger, „die um ihn" (Mk 4,10 Pl.: ὁ, περί, αὐτός) sind und schließlich eine wohl aus Kapernaum stammende „sehr große" (Mk 4,1 Superl.: πολύς) „Volksmenge" (Mk 4,1.1; vgl. 3.2.5[3]). Befin-

---

303 Literarisch folgt Szene 19 einem parallelen Schema: A: Mk 4,1–2 (Gleichnisse); B: Mk 4,3 (Sämann, sähen); C: Mk 4,4 (Weg); D: Mk 4,5–6 (Steinige); E: Mk 4,7 (Dornen, ersticken, keine Frucht); F: Mk 4,8–9 (gute Erde, Frucht tragen, dreißig-, sechzig-, hundertfach); A': Mk 4,10–13 (Gleichnisse); B': Mk 4,14 (Sämann, sähen); C': Mk 4,15 (Weg); D': Mk 4,16–17 (Steinige); E': Mk 4,18–19 (Dornen, ersticken, keine Frucht); F': Mk 4,20 (gute Erde, Frucht tragen, dreißig-, sechzig-, hundertfach).

304 Menge-Güthling, „σπείρω," *Langenscheidts Großwörterbuch Altgriechisch-Deutsch*, 631; Walter Bauer, „σπείρω," *Griechisch-deutsches Wörterbuch zum Neuen Testament*, 1520: Das Verb meint einerseits „(be)säen, ausstreuen, fortpflanzen" und andererseits „ausstreuen, verbreiten, zeugen." Der Begriff findet sich 12mal im Text (Mk 4,3.3.4.14.14.15.15.16.18.20. 31.32).

138   3. KAPITEL

den sich allenfalls unter Letzteren etwa auch die Jerusalemer Schriftgelehrten und allenfalls seine Angehörigen? In der Gleichnisrede erwähnte Akteure sind einerseits das „Königreich Gottes" (Mk 4,11; vgl. 3.1.5[3]), andererseits „Satan" (Mk 4,15; vgl. 3.1.4[3]), hier metaphorisch mit „(Raub)Vögel" (Mk 4,4 Pl.: πετεινόν)[305] angeführt, und schließlich eine Gruppe von vier Menschentypen, die beispielhaft für den Umgang mit dem in sie gesäten Wort stehen: es sind dies „die auf Weg" (Mk 4,4.15; vgl. 3.1.2[3]), „die auf Steinigem" (Mk 4,5.16: πετρώδης)[306], „die in Dornen" (Mk 4,7.7.18: ἄκανθα)[307] und schließlich „die auf guter Erde" (Mk 4,1.5.5.8.20; vgl. 3.2.5[3]). *Ort* des Geschehens ist zum vierten Mal der „See" (Mk 4,1.1.1; vgl. 3.2.1[3]), wohl bei Kapernaum, wobei sich Jesus, möglicherweise umgeben von den Jüngern, diesmal in ein „Boot" (Mk 4,1; vgl. 3.2.1[3]) begibt und zur Menge an „Land" spricht. In *temporaler* Hinsicht sind wiederum keine Angaben gemacht, allenfalls handelt die Szene immer noch an demselben Sabbat (vgl. Mk 3,2.4), einzig ist gesagt, dass im zweiten Teil der Szene Jesus mit den Zwölfen und denen um ihn „allein" (Mk 4,10) ist. In *rhetorischer* Hinsicht ist nur Jesus zu vernehmen, der hier zunächst zu allen und wie in der vorhergehenden Szene in „Gleichnissen" (Mk 4,2.10.11.13 Pl.; Mk 4,13; vgl. 3.3.7[3]) spricht, und diese hernach und erstmals seinen Jüngern erklärt. Mit dem Thema der Gleichnisrede knüpft dieses Narrativ an die vorhergehende Szene 18 aber auch an die nachfolgenden Szenen 20–22, 33, 59 und 69 an, und mit dem Thema des Wortes oder Evangeliums an die Szenen 01 und 05.

Nachdem Jesus im Hause des Simon und Andreas das Urteil der Jerusalemer Schriftgelehrten abgewiesen und sie seinerseits verurteilt hatte, und daraufhin das Volk über die wahre Familie gelehrt hatte, begab er sich mit den Zwölfen und denen um ihn erneut an das Seeufer, um zu „lehren" (Mk 4,1.2; vgl. 3.2.2[3]). Der Narrator berichtet, dass Jesus ob der sich „versammelten" (Mk 4,1; vgl. 3.2.5[3]) Volksmenge, aber vielleicht auch, um sich des Zugriffs durch die Pharisäer, Herodianer, Jerusalemer Schriftgelehrten und seiner Familie zu

---

305   Walter Bauer, „πετεινόν," *Griechisch-deutsches Wörterbuch zum Neuen Testament*, 1318; Das vom Verb „πέτομαι" – „fliegen" – abgeleitete Substantiv meint „(Raub)Vogel." Der Begriff findet sich 2mal im Text (Mk 4,4.32).

306   Walter Bauer, „πετρώδης," *Griechisch-deutsches Wörterbuch zum Neuen Testament*, 1320: Das aus „πέτρα" und „εἶδος" bestehende Kompositum meint „steinig, felsig." Das Adjektiv findet sich 2mal und nur hier im Text.

307   Menge-Güthling, „ἄκανθα,"*Langenscheidts Großwörterbuch Altgriechisch-Deutsch*, 26; Walter Bauer, „ἄκανθα," *Griechisch-deutsches Wörterbuch zum Neuen Testament*, 56: Das Substantiv meint einerseits und wie hier „Dornstrauch, Distel, Akazie," andererseits „Rückenwirbel, Rückgrat, Gräte, Borste" und schließlich „Spitzfindigkeit." Der Begriff findet sich 3mal und nur hier im Text.

EXEGETISCHE ANALYSE DES MARKUSEVANGELIUMS · 139

entziehen, ein Boot besteigt und vom Wasser aus seine „Lehre" (Mk 4,2; vgl. 3.2.2[3]) an die Hörenden richtet. Das Gleichnis, das alle zu Gehör bekommen, erzählt von einem Sämann, der ausging um zu säen. Dabei fallen von diesem Saatgut Samen an vier verschiedene Orte: Einerseits an den Weg, wo es von den Vögeln „gefressen" (Mk 4,4: κατεσθίω)[308] und daher am Aufgehen gehindert wird. Andererseits fällt Samen auf eine dünne Erdschicht mit steinigem Untergrund, wo er zwar „sogleich" (Mk 4,5.15.16.17) aufgeht, aber ebenso schnell unter der Hitze der Sonne verbrennt und des Fehlens von „Wurzeln" (Mk 4,6.17: ῥίζα)[309] wegen verdorrt. Ferner fällt Same unter die Dornen, wo er auch aufgeht, jedoch von den wachsenden Dornen erstickt und am Fruchttragen gehindert wird. Und schließlich fällt Samen auf gute Erde, wo er das entfaltet, wozu er ausgesät wurde, nämlich, indem er aufgeht und wächst und im Blick auf seinen ursprünglichen Zustand das Dreißig-, Sechzig- oder gar das Hundertfache an „Frucht" trägt (Mk 4,7.8: καρπός)[310]. Jesus endet mit der Aufforderung, wer „Ohren" (Mk 4,9: οὖς)[311] zum hören habe, solle hören. Hier endet das Lehrstück für die Volksmenge zunächst abrupt, denn ohne ihren Verbleib zu erwähnen wird sie vom Erzähler für den Moment ausgeblendet, und übrig bleiben neben Jesus die Zwölf und diejenigen um ihn. Gemeinsam ergreifen sie die Initia-

---

308 Liddell-Scott, „κατεσθίω," *Greek-English Lexicon*, 925; Menge-Güthling, „κατεσθίω," *Langenscheidts Großwörterbuch Altgriechisch-Deutsch*, 379; Walter Bauer, „κατεσθίω," *Griechisch-deutsches Wörterbuch zum Neuen Testament*, 858: Das Kompositum meint einerseits und wie hier „aufessen, -fressen, verschlingen, zerfressen, verzehren, aufzehren" und andererseits „vergeuden, durchbringen, zugrunde richten, umbringen." Das Verb findet sich 2mal im Text (Mk 4,4; 12,40).

309 Menge-Güthling, „ῥίζα," *Langenscheidts Großwörterbuch Altgriechisch-Deutsch*, 614–615: Das Substantiv meint einerseits „Wurzel," andererseits „Grundlage, Ursprung, Quelle, Abstammung, Stamm, Grund" und schließlich „Reis, Spross, Nachkommenschaft." Der Begriff findet sich 3mal im Text (Mk 4,6.17; 11,20).

310 Menge-Güthling, „καρπός," *Langenscheidts Großwörterbuch Altgriechisch-Deutsch*, 363; Walter Bauer, „καρπός," *Griechisch-deutsches Wörterbuch zum Neuen Testament*, 821–822; Hans-Theo Wrege, „καρπός," EWNT 2:619–623, bes. 620: Das Substantiv meint einerseits „Frucht, Feldfrüchte, Getreide, Ernte" und andererseits „Erzeugnis, Produkt, Wirkung, Werk, Nutzen, Vorteil, Gewinn, Lohn, Ertrag, Erfolg." Im Ersten Testament ist Frucht stets ein Ergebnis von Pflanzung und Wachstum, und wird mit Ernte und ihrem Verzehr assoziiert. Als Glied des Tun-Ergehen-Zusammenhangs wird sie auch auf menschliches Verhalten bezogen. Der Begriff findet sich 5mal im Text (Mk 4,7.8.29; 11,14; 12,2).

311 Menge-Güthling, „οὖς," *Langenscheidts Großwörterbuch Altgriechisch-Deutsch*, 507; Walter Bauer, „οὖς," *Griechisch-deutsches Wörterbuch zum Neuen Testament*, 1204–1205: Das Substantiv meint einerseits und wie hier „Ohr(en), Gehör" und andererseits „Ohr, Henkel, Griff." Der Begriff findet sich 4mal im Text (Mk 4,9.23; 7,33; 8,18).

140   3. KAPITEL

tive und befragen Jesu zum Sinn der Gleichnisrede, was sie unter Ausschluss der Öffentlichkeit und im Schutz der Intimität tun. Bemerkenswert ist die Antwort Jesu: Ihnen, dem inneren und weiteren Kreis seiner Gefolgschaft sei das „Geheimnis" (Mk 4,11: μυστήριον)[312] des Königreichs Gottes gegeben. Jenen „draußen" (Mk 4,11) jedoch würde alles nur in Gleichnissen zuteil, so dass sie zwar „sehen" (Mk 4,12.12: βλέπω)[313], jedoch nicht „wahrnehmen" (Mk 4,12; vgl. 3.1.3[3]), und „hören" (Mk 4,12; vgl. 3.2.5[3]), jedoch nicht „verstehen" (Mk 4,12: συνίημι)[314] würden, damit sie nicht etwa „umkehrten" (Mk 4,12: ἐπιστρέφω)[315] und ihnen vergeben würde. Mit Erstaunen – so scheint es – erkundigt sich Jesus, ob sie denn dieses Gleichnis nicht „kennten" (Mk 4,13; vgl. 3.2.2[3]), und wie sie denn all die anderen Gleichnisse „erkennen" (Mk 4,13: γινώσκω; vgl.

---

312   Menge-Güthling, „μυστήριον," *Langenscheidts Großwörterbuch Altgriechisch-Deutsch*, 463; Walter Bauer, „μυστήριον," *Griechisch-deutsches Wörterbuch zum Neuen Testament*, 1073–1074: Das Substantiv meint als religiöser *terminus technicus* einerseits „Geheimnis" und andererseits auch „Geheimnislehre." Der Begriff findet sich als *Hapax legomenon* nur hier im Text.

313   Menge-Güthling, „βλέπω," *Langenscheidts Großwörterbuch Altgriechisch-Deutsch*, 136; Walter Bauer, „βλέπω," *Griechisch-deutsches Wörterbuch zum Neuen Testament*, 285–287: Als das selteneres Synonym von „ὁράω" meint das Verb einerseits eine Tätigkeit, Sehvermögen der Augen im Sinne von „blicken, an-, er- und hinblicken, sehen, an-, be- und hinsehen, schauen, wahrnehmen, betrachten" und andererseits eine geistige Tätigkeit im Sinne von „beabsichtigen, beachten, berücksichtigen, sein Augenmerk auf etwas richten, achtgeben, vor- und zusehen, sich hüten, sorgen." Der Begriff findet sich 15mal im Text (Mk 4,12.12.24; 5,31; 8,15.18.23.24; 12,14.38; 13,2.5.9.23.33).

314   Liddell-Scott, „συνίημι," *Greek-English Lexicon*, 1718; Menge-Güthling, „συνίημι," *Langenscheidts Großwörterbuch Altgriechisch-Deutsch*, 661; Walte Bauer, „συνίημι," *Griechisch-deutsches Wörterbuch zum Neuen Testament*, 1575–1576: Das Kompositum meint einerseits „zusammenschicken, zusammenbringen, (feindlich) aneinanderbringen" und andererseits „vernehmen, wahrnehmen, merken, erfahren, hören, sehen, (er)kennen, verstehen, begreifen, einsehen, lernen, vermuten, genau wissen." Das Verb findet sich 5mal im Text (Mk 4,12; 6,52; 7,14; 8,17.21).

315   Liddell-Scott, „ἐπιστρέφω," *Greek-English Lexicon*, 661; Menge-Güthling, „ἐπιστρέφω," *Langenscheidts Großwörterbuch Altgriechisch-Deutsch*, 276; Walter Bauer, „ἐπιστρέφω," *Griechisch-deutsches Wörterbuch zum Neuen Testament*, 609–610: Das Kompositum meint im Aktiv einerseits „hinkehren, hinwenden, hinlenken, richten, anrücken lassen, an sich und mit sich fortreißen, fordern, (zur Umkehr) nötigen, umkehren, umwenden, zurückschlagen" und andererseits „ändern, zur Sinnesänderung oder Vernunft bringen, bekehren," und im Passiv einerseits „sich umkehren, wenden, umdrehen, zurück-, heimkehren, sich ändern, bekehren" und andererseits „sich gegen etwas wenden, besuchen, durchwandern, auf etwas achten, sich um etwas kümmern, berücksichtigen." Das Verb findet sich 4mal im Text (Mk 4,12; 5,30; 8,33; 13,16).

EXEGETISCHE ANALYSE DES MARKUSEVANGELIUMS

3.2.2[3])[316] wollten. Wenn nun Jesus sagt, dass diesem inneren und weiteren Jüngerkreis das „Geheimnis (im Singular) des Königtums Gottes" gegeben sei, so legt sich mit Blick auf Szene 05 nahe, dass er damit seine eigene Person meint, und dass das Gleichnis von ihm, dem Sämann und seinem Wort, handelt.[317] Dass die draußen, seine Angehörigen, die Jerusalemer Schriftgelehrten, die Pharisäer mit den Herodianern und das Volk, ihn nicht verstehen obwohl sie ihn hören und wirken sehen, ist ja nachvollziehbar, aber dass ausgerechnet sie das Geheimnis, von dem das Gleichnis erzählt, nicht „kennen" obwohl es unter ihnen weilt, provoziert eine erstaunte Rückfrage; oder handelt es sich gar um eine erste Rüge? Trotzdem legt er ihnen aus: Der Sämann würde das „Wort" (Mk 4,14.15.15.16.17.18.19.20; vgl. 3.2.5[3]) sähen. Die vier Orte, wohin der Same, das Wort des Evangeliums falle, entpuppen sich in der Erklärung als vier verschiedene Menschentypen: Die „am Weg" vermögen das in sie gesäte Wort nicht einmal aufzunehmen, denn sobald sie es hören wird es ihnen von Satan widerrechtlich „weggenommen" (Mk 4,15; vgl. 3.2.5[3]), eine Charakterisierung Satans und mit ihm die Jerusalemer Schriftgelehrten, die an Szene 18 erinnert. Demgegenüber „nehmen" die (Mk 4,16: λαμβάνω)[318], bei denen das Wort auf „Steiniges" fällt, es mit „Freude" auf (Mk 4,16). Sie hat jedoch keinen Bestand, ist nur „vorübergehend" (Mk 4,17), denn kommt „Drangsal" (Mk 4,17: θλῖψις)[319] und

---

316   Menge-Güthling, „γινώσκω," *Langenscheidts Großwörterbuch Altgriechisch-Deutsch*, 148; Walter Bauer, „γινώσκω," *Griechisch-deutsches Wörterbuch zum Neuen Testament*, 321–323: Das Verb meint einerseits „(er)kennen, kennen lernen, wissen," andererseits „verstehen, begreifen, einsehen, denken, meinen," ferner „erfahren, merken, wahrnehmen, anerkennen" und schließlich „richterlich (be)urteilen, entscheiden, beschließen, bestimmen." Der Begriff findet sich 12mal im Text (Mk 4,13; 5,29.43; 6,38; 7,24; 8,17; 9,30; 12,12; 13,28.29; 15,10.45).

317   In dieser Weise deutet auch Ebner das Geheimnis (*Das Markusevangelium*, 48–50).

318   Liddell-Scott, „λαμβάνω," *Greek-English Lexicon*, 1026–1027; Menge-Güthling, „λαμβάνω," *Langenscheidts Großwörterbuch Altgriechisch-Deutsch*, 415; Walter Bauer, „λαμβάνω," *Griechisch-deutsches Wörterbuch zum Neuen Testament*, 942–946: Das Verb meint einerseits „fassen, nehmen, ergreifen, fangen, gefangen nehmen, einnehmen, in seine Gewalt bringen, besetzen, erobern, erbeuten, rauben, durch Fluch oder Schwur binden, gewinnen, erlangen, erhalten, bekommen, empfangen," andererseits „hin-, an- aufnehmen, in Empfang oder Besitz nehmen, sich geben lassen, wegnehmen, beseitigen, entwenden," ferner „auffassen, begreifen, erkennen, verstehen" und schließlich „befallen, überfallen, ertappen, überwachen." Der Begriff findet sich 20mal im Text (Mk 4,16; 6,41; 7,27; 8,6.14; 9,36; 10,30; 11,24; 12,2.3.8.19.20.21.40; 14,22.22.23.65; 15,23).

319   Liddell-Scott, „θλῖψις," *Greek-English Lexicon*, 802; Menge-Güthling, „θλῖψις," *Langenscheidts Großwörterbuch Altgriechisch-Deutsch*, 332; Walter Bauer, „θλῖψις," *Griechisch-deutsches Wörterbuch zum Neuen Testament*, 735–736: Das vom Verb „θλίβω" abgeleitete

142   3. KAPITEL

„Verfolgung" (Mk 4,17: διωγμός)[320] um dieses Wortes willen, „fallen sie sogleich ab" (Mk 4,17 Pass.: σκανδαλίζω)[321]. Auch diejenigen, bei denen das Wort unter die „Dornen" fällt, nehmen es auf, dort jedoch wird es einerseits durch die ängstliche „Sorge" (Mk 4,19: μέριμνα)[322] andererseits durch den „Betrug" (Mk 4,19: ἀπάτη)[323] des Reichtums und schließlich durch die „Begierde" (Mk 4,19: ἐπιθυμία)[324] erstickt, so dass auch sie keine Frucht tragen. Und schließlich gibt es noch solche, bei denen das Wort auf „gute Erde" fällt, sie hören es, nehmen es auch auf und tragen Frucht. Hier wird deutlich, dass die von Jesus geforderte dreistufige Rezeption des Wortes – hören, aufnehmen, Frucht tragen – eine totale, die gesamte Weltsicht und Handeln der Menschen bestimmende

---

   Substantiv meint einerseits „Drücken, Druck," und andererseits „Bedrückung, Bedrängnis, Drangsal, Angst, Trübsal." Der Begriff findet sich 3mal im Text (Mk 4,17; 13,19.24).

320 Liddell-Scott, „διωγμός," *Greek-English Lexicon*, 440; Menge-Güthling, „διωγμός/δίωξις," *Langenscheidts Großwörterbuch Altgriechisch-Deutsch*, 187; Walte Bauer, „διωγμός," *Griechisch-deutsches Wörterbuch zum Neuen Testament*, 404; Otto Knoch, „διώκω," *EWNT* 1:816–819, bes. 817: Das vom Verb „διώκω" abgeleitete Substantiv meint einerseits „Verfolgung, (gerichtliche) Klage" und andererseits „Trachten, Streben." Der Begriff findet sich 2mal im Text (Mk 4,17; 10,30).

321 Liddell-Scott, „σκανδαλίζω," *Greek-English Lexicon*, 1604; Menge-Güthling, „σκανδαλίζω," *Langenscheidts Großwörterbuch Altgriechisch-Deutsch*, 625; Walter Bauer, „σκανδαλίζω," *Griechisch-deutsches Wörterbuch zum Neuen Testament*, 1504–1505; Heinz Giesen, „σκανδαλίζω," *EWNT* 3:592–594: Das Verb meint im Aktiv „Anstoß oder Ärgernis geben, ärgern, irre machen, Abfall verursachen, zur Sünde verleiten" und im Passiv „Anstoß nehmen, sich ärgern, unwillig sein, irre werden, abfallen, zur Sünde verleitet werden." Der Begriff findet sich 8mal im Text (Mk 4,17; 6,3; 9,42.43.45.47; 14,27.29).

322 Menge-Güthling, „μέριμνα," *Langenscheidts Großwörterbuch Altgriechisch-Deutsch*, 445; Walter Bauer, „μέριμνα," *Griechisch-deutsches Wörterbuch zum Neuen Testament*, 1023: Das Substantiv meint einerseits „Sorge, Besorgnis, Kummer, Gram" und andererseits „Bestrebung, Gedanke, Entschluss." Der Begriff findet sich als *Hapax legomenon* nur hier im Text.

323 Liddell-Scott, „ἀπάτη," *Greek-English Lexicon*, 181; Menge-Güthling, „ἀπάτη," *Langenscheidts Großwörterbuch Altgriechisch-Deutsch*, 82; Walter Bauer, „ἀπάτη," *Griechisch-deutsches Wörterbuch zum Neuen Testament*, 163–164: Das Substantiv meint einerseits „Täuschung, Betrug, Überlistung, Betörung, Verführung, Lust, Vergnügung, Ergötzlichkeit" andererseits „List, Verschlagenheit, Hinterlist, Kunstgriff, Ränke (Pl.)" und schließlich „Verlust, getäuschte Hoffnung." Der Begriff findet sich als *Hapax legomenon* nur hier im Text.

324 Liddell-Scott, „ἐπιθυμία," *Greek-English Lexicon*, 634–635; Menge-Güthling, „ἐπιθυμία," *Langenscheidts Großwörterbuch Altgriechisch-Deutsch*, 267; Walter Bauer, „ἐπιθυμία," *Griechisch-deutsches Wörterbuch zum Neuen Testament*, 594–592: Das Substantiv meint neben „Begierde (z.B. nach Beute)" auch „Verlangen, Sehnsucht, Leidenschaft, Lust, Wollust, Liebe, Streben, Wunsch, sinnlicher Trieb." Der Begriff findet sich als *Hapax legomenon* nur hier im Text.

EXEGETISCHE ANALYSE DES MARKUSEVANGELIUMS

Angelegenheit ist, und mit dem in Szene 05 Gesagten, dass an das Evangelium zu glauben, das heißt zu gehorchen sei, übereinstimmt. Ob seine Mitarbeiter diesen Sinn verstanden haben, ob sie sich gefragt haben, zu welchem Typ sie Jesus zählt, wird nicht erwähnt.

(4)   Politisch-militärisches Profil

Die letzte Episode hatte darin geendet, dass Jesus seinen inneren und weiteren Kreis der Gefolgschaft zur Familie erklärt hatte (vgl. Mk 3,33–35). Sie werden hier differenziert: zum einen als die „Zwölf" und zum anderen als „die um ihn" (Mk 4,10). Von ihnen abgesetzt wird der äußere Kreis der Gefolgschaft, das – wohl galiläische – „Volk" (vgl. 5.6.4[1]; 5.6.4[9]), das der Narrator Jesus mit den Worten „jene, die draußen sind" beschreiben lässt (Mk 4,11). Allen, ungeachtet der Nähe zu Jesus, wird das Gleichnis zuteil, und diesem entsprechend, wird in alle Menschen das Wort gesät. Da seine Gefolgschaft ihn nicht wie erwartet kennt, bekommen sie das Gleichnis erklärt. Aber nicht dieses Mehrwissen qualifiziert sie zu diesem Status der Insider, vielmehr ist es das Hören und Aufnehmen des Wortes mit der Konsequenz des Fruchttragens (Typus 4). Oder mit anderen Worten: die den Willen Gottes tun, was Voraussetzung ist, um zu seiner Familie zu gehören, wie zuvor erklärt worden war (vgl. Mk 3,35). Das ist auch der Maßstab, der festlegt, wer drinnen und wer draußen ist. Jeder der Typen 1–3 kann – unter Missachtung von Versuchungen und Sanktionen um des Wortes willen – sich zu einem Typus 4 verbessern, und ein Typus 4 kann jederzeit zu einem Typus 1, 2 oder 3 absinken. Dass nun Jesus gegenüber seiner Gefolgschaft ausgerechnet jetzt vom „Samen" spricht, ist nur logisch, denn was sich familiär bindet, tut es eben dieses Samens, das heißt der Nachkommenschaft wegen. Doch bevor die Braut – Jesu Gefolgschaft – fruchtbar werden kann, muss sie ihren Gatten kennen (Mk 4,13: οἶδα), und hierzu haben „die um ihn samt den Zwölf" soeben den ersten eigenständigen Schritt unternommen, indem sie ihn nach dem Gleichnis, und damit nach der Identität des Geheimnisträgers befragten (Mk 4,10). Vor militärischem Kontext ist eben Gesagtes genauso wichtig, die Offiziere, die Soldaten müssen ihren Feldherrn kennen und vor allem vertrauen (vgl. 5.6.4[4]), denn nur unter diesen Voraussetzungen kann der Träger strategischer Geheimnisse ihnen diese kundtun (vgl. 5.7.3[4]). Josephus war dies letztlich in Galiläa nicht gelungen, und er wurde allein über der Kunde des Anmarsches Vespasians angeblich von seinem gesamten Heer verlassen (vgl. 5.7.2[4]). Als zur selben Familie oder Einheit gehörend, so schein Jesus zu sagen, haben sie sich den geltenden Regeln, der Manneszucht – ungeachtet der Gefahren und Versuchungen – zu beugen (vgl. 5.6.4[3]; 5.6.4[4]). Nur auf diese Weise kann das Evangelium, die Siegesbotschaft, „wachsen" und Siegesfakten „erzeugen" (vgl. 5.7.3[4]).

144   3. KAPITEL

3.4.2   Szene 20 (Mk 4,21–25): (Jesus lehrt vom See aus) das Gleichnis des
         Lichts und des Maßes

(1)   Szene

Die zwanzigste Szene Mk 4,21–25 handelt davon, wie Jesus vom See aus der
Volksmenge und den Jüngern das Gleichnis des Lichts und Maßes lehrt. Wie
bereits die Szenen 02, 07–11, 14–15, 17 und 19 gehört somit auch diese zu den
volksbezogenen, und zwar ihre Belehrung betreffenden Szenen, und wie
bereits die Szenen 06, 11, 16 und 19 gehört sie ferner auch zu den jüngerbezogenen, und zwar ihre Belehrung betreffenden Szenen. Die Szene unterscheidet
sich von der nachfolgenden nicht im Blick auf Akteure, Ort, Zeit und Handlung,
wohl aber im Blick auf Thema, lehrt doch dort Jesus vom See aus das Gleichnis
des einem Senfkorn gleichenden Königreich Gottes.

(2)   Text

4[21] Und er sagte zu ihnen: Kommt etwa die Lampe, damit sie unter den Scheffel
oder unter das Bett gestellt wird? Nicht damit sie auf den Leuchter gestellt
wird? [22] Denn es ist nichts verborgen, das nicht offenbar gemacht wird, auch ist
nichts geheim geworden, das nicht ans Licht kommen wird. [23] Wenn jemand
Ohren hat zu hören, der höre. [24] Und er sagte zu ihnen: Seht zu was ihr hört;
mit welchem Maß ihr messt, wird euch zugemessen werden und es wird euch
hinzugefügt werden. [25] Denn wer hat, dem wird gegeben werden; und wer nicht
hat, von dem wird auch das, was er hat genommen werden.[325]

(3)   Inhalt

Explizit anwesende *Akteure* dieser Szene sind einerseits Jesus, der sich hier
implizit als „Licht" (Mk 4,21: λύχνος; Mk 4,21: λυχνία)[326] bezeichnet, andererseits
immer noch die Zwölf, ferner die um Jesus (Mk 4,21) und schließlich wieder
das vom Ufer lauschende Volk (vgl. Mk 4,1.1.33–34.36). Auch in *räumlicher* wie
temporaler Hinsicht bleiben die Dinge unverändert, Jesus befindet sich mit den

---

325   Literarisch folgt Szene 20 einem parallelen und antithetischen Schema: A: Mk 4,21
       (Lampe); B: Mk 4,22–23 (offenbar werden); A': Mk 4,24 (Maß); B': Mk 4,25 (gegeben).

326   Menge-Güthling, „λύχνος," *Langenscheidts Großwörterbuch Altgriechisch-Deutsch*, 430;
       Walter Bauer, „λύχνος," *Griechisch-deutsches Wörterbuch zum Neuen Testament*, 980; Ger-
       hard Schneider, „λύχνος," *EWNT* 2:906–909: Das Substantiv meint einerseits „Lampe,
       Leuchte(r), Fackel (mit Docht)" und andererseits „Licht," das aus Ton oder Metall gefertigt,
       mit Öl als Brennstoff gespiesen und entweder an einen Ständer gehängt oder auf einen
       Leuchter (Mk 4,21: λυχνία) gestellt wurde. Der Begriff findet sich als *Hapax legomenon* nur
       hier im Text.

EXEGETISCHE ANALYSE DES MARKUSEVANGELIUMS 145

genannten Personen auf dem See im Boot sitzend (vgl. Mk 4,1), allenfalls immer noch an demselben Sabbat (vgl. Mk 3,2.4). In *rhetorischer* Hinsicht ist nur Jesus als Redender und zwar durchwegs in Gleichnisrede zu hören. Mit dem Thema der Gleichnisrede knüpft dieses Narrativ deshalb an die Szenen 18–19, 21–22, 33, 59 und 69 an.

Jesus, der in der vorhergehenden Szene vom „Geheimnis des Königreichs Gottes" gesprochen hatte (vgl. Mk 4,11), fährt zu diesem Thema – sich vermutlich wieder an alle wendend – fort, indem er das Gleichnis der Lampe hinzufügt. Komme die Lampe etwa nicht, damit sie auf den Leuchter und nicht unter den „Scheffel" (Mk 4,21: μόδιος)[327] oder das „Bett" (Mk 4,21: κλίνη)[328] gestellt werde, fragt er rhetorisch. Mit „Lampe" ist freilich an eine Person gedacht, denn eine solche kann als Gegenstand nicht „kommen," und da dem Substantiv „Licht" auch eine Bedeutung im übertragenen Sinn anhaftet, dürfte damit der in der vorhergehenden Szene eingeführte Vertreter des Königtums Gottes gemeint sein, Jesus selbst. Und obschon ein Geheimnis, ist seine Funktion das Ausleuchten seiner Umgebung, weshalb er nicht unter den „Scheffel" – ein Hohlmaß – noch unter das Bett gehört. „Denn" dadurch – die beiden Verse sind mit dem folgernden Partikel „γάρ" (Mk 4,22) verbunden – gäbe es nichts das „verborgen" (Mk 4,22: κρυπτός)[329], nichts das „geheim" (Mk 4,22: ἀπόκρυφος)[330] und somit im Dunkeln sei, was hernach nicht „offenbar" (Mk 4,22 Pass.:

---

327 Menge-Güthling, „μόδιος," *Langenscheidts Großwörterbuch Altgriechisch-Deutsch*, 458; Walter Bauer, „μόδιος," *Griechisch-deutsches Wörterbuch zum Neuen Testament*, 1064: Das Substantiv meint als lat. Lehnwort ein antikes Getreidemaß von sechzehn *Sextarii* (ca. 8,75 Liter). Der Begriff findet sich als *Hapax legomenon* nur hier im Text.

328 Menge-Güthling, „κλίνη," *Langenscheidts Großwörterbuch Altgriechisch-Deutsch*, 393; Walter Bauer, „κλίνη," *Griechisch-deutsches Wörterbuch zum Neuen Testament*, 887: Das Substantiv meint mit „Bett" einerseits ein „Lager für Ruhende" – auch ewig Ruhende, daher „Bahre" –, andererseits ein „Lager für Leidende," ferner ein „Lager für Speisende," und schließlich ein „Lager für den Transport, das heißt Sänfte." Der Begriff findet sich 2mal im Text (Mk 4,21; 7,30).

329 Menge-Güthling, „κρυπτός," *Langenscheidts Großwörterbuch Altgriechisch-Deutsch*, 406; Walter Bauer, „κρυπτός," *Griechisch-deutsches Wörterbuch zum Neuen Testament*, 921–922: Das Adjektiv meint einerseits „verborgen, versteckt" und andererseits „geheim, einsam, verstohlen, trügerisch." Der Begriff findet sich als *Hapax legomenon* nur hier im Text.

330 Menge-Güthling, „ἀπόκρυφος," *Langenscheidts Großwörterbuch Altgriechisch-Deutsch*, 91; Walter Bauer, „ἀπόκρυφος," *Griechisch-deutsches Wörterbuch zum Neuen Testament*, 187: Das Kompositum meint einerseits „geheim, versteckt, verborgen" und andererseits „dunkel." Das Adjektiv findet sich als *Hapax legomenon* nur hier im Text.

146 3. KAPITEL

φανερόω)[331], was nicht „öffentlich" (Mk 4,22; vgl. 3.3.4[3]) gemacht werde. Die Aussage, dass das Kommen des Lichts, das Kommen des messianischen Königs, Verborgenes offenbar mache, hat für die Hörer- wie auch Leserschaft Konsequenzen, so erstaunt es denn nicht, dass Jesus bevor er zum Gleichnis des Maßes kommt, gleich zweimal das Hören anmahnt (Mk 4,23–24). Dieses Licht wird nämlich offenbaren, mit welchem „Maß" (Mk 4,24: μέτρον)[332] sie – die Hörer- und auch Leserschaft – gemessen haben und „messen" (Mk 4,24.24: μετρέω)[333], das heißt mit welchem Maß sie Menschen beurteilen. Und je nach Maß wird ihnen „hinzugefügt" (Mk 4,24 Pass.: προστίθημι)[334] oder „weggenommen" (Mk 4,25; vgl. 3.2.5[3]) werden. Mit anderen Worten: ein jeweiliges Sozialverhalten habe aus seiner und wohl auch aus Gottes Sicht entweder positive oder negative Konsequenzen für das handelnde Individuum. Jesus konkretisiert nicht, was genau hinzugefügt beziehungsweise weggenommen wird, noch wann. Aber der wesentliche Punkt dürfte die Kausalität menschlichen Urteilens und Verurteilens anderer sein. Vielleicht hat Jesus dabei noch die Urteilsworte der Jerusalemer Schriftgelehrten und seiner Angehörigen der zwei vorhergehenden Szenen im Blick – sie könnten ja unter der Hörerschaft weilen – aber gewiss erteilt er auch seiner Gefolgschaft ein erstes Lehrstück zum rech-

---

331 Menge-Güthling, „φανερόω," *Langenscheidts Großwörterbuch Altgriechisch-Deutsch*, 722; Walter Bauer, „φανερόω," *Griechisch-deutsches Wörterbuch zum Neuen Testament*, 1700–1701: Das Verb meint im Passiv und im Blick auf Dinge „sichtbar machen, bekannt werden, sich offenbaren," und im Blick auf Personen „bekannt (gemacht) werden, berühmt werden, sich offenbaren, sich zeigen, erscheinen." Der Begriff findet sich als *Hapax legomenon* nur hier im Text.

332 Walter Bauer, „μέτρον," *Griechisch-deutsches Wörterbuch zum Neuen Testament*, 1042–1043: Das Substantiv meint einerseits das Werkzeug des Messens (Hohl- aber auch Längenmass) und andererseits das Ergebnis des Messens. Der Begriff findet sich als *Hapax legomenon* nur hier im Text.

333 Menge-Güthling, „μετρέω," *Langenscheidts Großwörterbuch Altgriechisch-Deutsch*, 451; Walter Bauer, „μετρέω," *Griechisch-deutsches Wörterbuch zum Neuen Testament*, 1042: Das Verb meint einerseits „messen, ab-, aus- und zumessen" und andererseits „bemessen, abschätzen, genau untersuchen, beurteilen, prüfen." Der Begriff findet sich 2mal und nur hier im Text.

334 Menge-Güthling, „προστίθημι," *Langenscheidts Großwörterbuch Altgriechisch-Deutsch*, 600; Walter Bauer, „προστίθημι," *Griechisch-deutsches Wörterbuch zum Neuen Testament*, 1439–1440: Das Kompositum meint im Passiv einerseits „sich jemandem anschließen, beitreten," andererseits „sich zulegen, für sich gewinnen, sich zuziehen" und schließlich „hinzufügen, gewähren, angreifen." Der Begriff findet sich als *Hapax legomenon* nur hier im Text.

EXEGETISCHE ANALYSE DES MARKUSEVANGELIUMS 147

ten Sozialverhalten – das in seiner Kausalität entweder hin zum Mehren oder zum Mindern an das Sämannsgleichnis anschließt.

(4)   Politisch-militärisches Profil
Hatte Jesus im vorhergehenden Gleichnis des Sämanns von der Aufnahmefähigkeit und Fruchtbarkeit des Samens gesprochen, expliziert er hier den Schlüssel zur Fruchtbarkeit und ihren unterschiedlichen Maßen. Denn das Ausmaß, dreißig-, fünfzig oder hundertfach, hängt jeweils vom eigenen Maß ab, das an andere – und wohl insbesondere auch an ihn – gelegt wird. Wer ihn als Satan oder Wahnsinnigen einschätzt, wird fruchtlos bleiben, wer ihn aber als den, der er ist, anerkennt und folgt, dessen Glaube wird nicht nur Frucht tragen, sondern sich darüber hinaus noch vermehren. Und ausweitend, wer andere großzügig bemisst beziehungsweise mild urteilt, wird großzügig beurteilt werden, wer aber streng urteilt, wird ein gleich hartes Urteil finden. Darüber wird er als Ausleuchter von Verborgenem und Dunklem sorgen. Damit stellt Jesus für seine Gefolgschaft ethische Richtlinien für soziales Handeln auf, möglicherweise gerade auch im Kontext von Krieg und Verfolgung (vgl. 5.6.4[1]; 5.6.4[3]; 5.6.4[4]; 5.6.4[9]).

3.4.3   *Szene 21 (Mk 4,26–32): (Jesus lehrt vom See aus) das Gleichnis des einem Senfkorn gleichenden Königreich Gottes*

(1)   Szene
Die einundzwanzigste Szene Mk 4,26–32 handelt davon, wie Jesus vom See aus der Volksmenge und den Jüngern das Gleichnis vom Königreich Gottes lehrt, das einem Senfkorn gleicht. Wie bereits die Szenen 02, 07–11, 14–15, 17 und 19–20 gehört somit auch diese zu den volksbezogenen, und zwar ihre Belehrung betreffenden Szenen, und wie bereits die Szenen 06, 11, 16 und 19–20 gehört sie ferner auch zu den jüngerbezogenen, und zwar ihre Belehrung betreffenden Szenen. Die Szene unterscheidet sich von der nachfolgenden weder im Blick auf Akteure, Ort, Zeit, Handlung und Thema, lehrt doch dort Jesus vom See aus wiederum in Gleichnissen, die er den Jüngern erklärt.

(2)   Text
4 [26] Und er sagte: Das Königreich Gottes ist so, wie wenn ein Mensch den Samen auf die Erde wirft [27] und er schläft und steht auf, Nacht und Tag, und der Same sprießt und wächst empor und er weiß selbst nicht wie. [28] Die Erde bringt von selbst Frucht hervor, zuerst einen Halm, dann eine Ähre, dann vollen Weizen in der Ähre. [29] Wenn aber die Frucht es erlaubt, schickt er sogleich die Sichel, denn die Ernte ist da. [30] Und er sagte: Wie sollen wir das Königreich Gottes vergleichen? Oder in welchem Gleichnis sollen wir es darstellen? [31] Wie ein

148   3. KAPITEL

Senfkorn, das, wenn es auf die Erde gesät wird, kleiner ist als alle Samen, die auf der Erde sind; [32] und wenn es gesät ist, geht es auf und wird größer als alles Gewächs und treibt große Zweige, so dass unter seinem Schatten die Vögel des Himmels nisten können.[335]

(3)   Inhalt

Explizit anwesender *Akteur* dieser Szene ist einzig Jesus. Implizit anwesende Akteure sind einerseits die Zwölf, andererseits die, „die um ihn" sind (vgl. Mk 4,10), und schließlich wieder das Volk (vgl. Mk 4,1.1.33–34.36). Und erwähnte Akteure sind einerseits das „Königreich Gottes" (Mk 4,26.30; vgl. 3.1.5[3]), andererseits Gott (Mk 4,29), ferner ein „Mensch" (Mk 4,26; vgl. 3.2.1[3]) und schließlich „Vögel" (Mk 4,32 Pl.; vgl. 3.4.1[3]). In *räumlicher* wie *temporaler* Hinsicht bleiben die Dinge unverändert, Jesus befindet sich mit den genannten Personen auf dem See im Boot sitzend (vgl. Mk 4,1), allenfalls immer noch an demselben Sabbat (vgl. Mk 3,2.4). In *rhetorischer* Hinsicht ist nur Jesus als Redender und zwar durchwegs in „Gleichnisrede" (Mk 4,30; vgl. 3.3.7[3]) zu hören. Mit dem Thema der Gleichnisrede knüpft dieses Narrativ deshalb an die Szenen 18–20, 22, 33, 59 und 69 an.

An das Sämannsgleichnis und den Gleichnissen des Lichts und Maßes anknüpfend, fährt Jesus fort und sagt, dass das „Königreich Gottes" (Mk 4,26.30; vgl. 3.1.5[3]) so sei, wie wenn ein Mensch den „Samen" (Mk 4,26.27: σπόρος)[336] auf die „Erde" (Mk 4,26.28.31.31; vgl. 3.2.5[3]) werfe, er „schlafe" (Mk 4,27: καθεύδω)[337] und aufstehe, Tag und „Nacht" (Mk 4,27: νύξ)[338], und der Same

---

335   Literarisch folgt Szene 21 einem parallelen Schema: A: Mk 4,26 (Reich Gottes); B: Mk 4,27 (Same); C: Mk 4,28–29 (Frucht tragen); A': Mk 4,30 (Reich Gottes); B': Mk 4,31 (Same); C': Mk (aufgehen).

336   Menge-Güthling, „σπόρος," *Langenscheidts Großwörterbuch Altgriechisch-Deutsch*, 632; Walter Bauer, „σπόρος," *Griechisch-deutsches Wörterbuch zum Neuen Testament*, 1524: Das vieldeutige Substantiv meint einerseits „Säen, Aussaat, Saatzeit, Same, Saat, Frucht, Erzeugnis, Ertrag" andererseits „Zeugung, Geschlecht, Geburt, Abstammung, Herkunft, Spross, Sprössling, Sohn, Kind, Nachkommenschaft." Der Begriff findet sich 2mal und nur hier im Text.

337   Menge-Güthling, „καθεύδω," *Langenscheidts Großwörterbuch Altgriechisch-Deutsch*, 352; Walter Bauer, „καθεύδω," *Griechisch-deutsches Wörterbuch zum Neuen Testament*, 788–789: Das Kompositum meint einerseits „schlafen, ruhen" und andererseits „untätig, lässig sein, feiern." Der Begriff findet sich 8mal im Text (Mk 4,27.38; 5,39; 13,36; 14,37.37.40.41).

338   Menge-Güthling, „νύξ," *Langenscheidts Großwörterbuch Altgriechisch-Deutsch*, 475; Walter Bauer, „νύξ," *Griechisch-deutsches Wörterbuch zum Neuen Testament*, 1105–1106: Das Substantiv meint einerseits und wie hier „spät abends, Nacht(zeit), Mitternacht" und

EXEGETISCHE ANALYSE DES MARKUSEVANGELIUMS 149

dabei „sprießen" (Mk 4,27: βλαστάνω)[339] und „emporwachsen" würde (Mk 4,27 Med.: μηκύνω)[340], wobei dieser Mensch selbst nicht wüsste wie. Die Erde also brächte „von selbst" (Mk 4,28) Frucht hervor, zunächst einen „Halm" (Mk 4,28), dann eine „Ähre" (Mk 4,28.28), dann vollen „Weizen" (Mk 4,28: σῖτος)[341] in der Ähre. Und wenn es die „Frucht" (Mk 4,29; vgl. 3.4.1[3]) „erlaube" (Mk 4,29; vgl. 3.1.5[3]), würde der Mensch „sogleich" (Mk 4,29) die „Sichel" (Mk 4,29: δρέπανον)[342] schicken, denn die „Ernte" (Mk 4,29: θερισμός)[343] „sei da" (Mk 4,29: παρίστημι)[344]. Nimmt man Jesu Erklärungen aus Szene 19 unter Beach-

---

    andererseits „Finsternis, Dunkel, Todesnacht, Blindheit, Ohnmacht, Bild des Schreckens, Unterwelt, Totenreich, Unglück." Der Begriff findet sich 4mal im Text (Mk 4,27; 5,5; 6,48; 14,30).

339   Menge-Güthling, „βλαστάνω," *Langenscheidts Großwörterbuch Altgriechisch-Deutsch*, 135–136; Walter Bauer, „βλαστάνω," *Griechisch-deutsches Wörterbuch zum Neuen Testament*, 284: Das Verb mit der Grundbedeutung „treiben" meint bei intransitiver Verwendung wie hier einerseits „sprossen, hervorsprießen, keimen, aufmachen, sich entwickeln," und andererseits „entsprossen, geboren sein, abstammen, entspringen, entstehen, zum Vorschein kommen, (geboren) werden, in menschlicher Natur geschaffen sein, menschliche Natur haben" und bei transitiver Verwendung schließlich „hervorbringen, wachsen machen oder lassen." Der Begriff findet sich als *Hapax legomenon* nur hier im Text.

340   Menge-Güthling, „μηκύνω," *Langenscheidts Großwörterbuch Altgriechisch-Deutsch*, 453; Walter Bauer, „μηκύνω," *Griechisch-deutsches Wörterbuch zum Neuen Testament*, 1050: Das vom Substantiv „μῆκος" – „Länge" – abgeleitete Verb meint im Aktiv einerseits „verlängern, lang oder groß machen, in die Länge ziehen, ausdehnen" und andererseits „weitschweifig reden, ausführlich erörtern oder schildern," im Medium oder Passiv – wie hier – meint es hingegen „lang werden, emporwachsen." Der Begriff findet sich als *Hapax legomenon* nur hier im Text.

341   Menge-Güthling, „σῖτος," *Langenscheidts Großwörterbuch Altgriechisch-Deutsch*, 624; Walter Bauer, „σῖτος," *Griechisch-deutsches Wörterbuch zum Neuen Testament*, 1503: Das Substantiv meint einerseits „Weizen, Getreide, Korn, Mehl, Brot" und andererseits „Speise, Nahrung, Lebensmittel." Der Begriff findet sich als *Hapax legomenon* nur hier im Text.

342   Menge-Güthling, „δρέπανον," *Langenscheidts Großwörterbuch Altgriechisch-Deutsch*, 191; Walter Bauer, „δρέπανον," *Griechisch-deutsches Wörterbuch zum Neuen Testament*, 415: Das Substantiv meint einerseits „Sichel, Hippe, Sense" und andererseits „krummes Schwert und Säbel." Der Begriff findet sich als *Hapax legomenon* nur hier im Text.

343   Walter Bauer, „θερισμός," *Griechisch-deutsches Wörterbuch zum Neuen Testament*, 730: In Anlehnung an das Wort „θέρμη" – „Hitze, Wärme" – meint das Substantiv einerseits „Ernte, die zu erntende Frucht" und andererseits „zu gewinnende Menschen, zu vollziehendes Gericht." Der Begriff findet sich als *Hapax legomenon* nur hier im Text.

344   Liddell-Scott, „παρίστημι," *Greek-English Lexicon*, 1340–1341; Menge-Güthling, „παρίστημι," *Langenscheidts Großwörterbuch Altgriechisch-Deutsch*, 530–531; Walter Bauer, „παρίστημι," *Griechisch-deutsches Wörterbuch zum Neuen Testament*, 1267–1269: Das Kompositum meint neben „(zum Dienst bereit) dastehen" auch „danebenstellen, auf-, hin-, (zum

150   3. KAPITEL

tung des eigentlichen Wortsinnes hinzu, lässt sich aus diesem Gleichnis folgende Aussage ableiten: Im Königreich Gottes wird das Wort Jesu in den Menschen mit gutem Herzen Aufnahme finden, sprießen und von selbst wachsen. Wenn die Frucht in Form eines Gott wohlgefälligen Wandels und Werkes reif ist, wird Jesus zu gegebener Zeit diese Menschen zu dem einholen, dem die Ernte gehört, nämlich Gott selbst. Fügt man jedoch den übertragenen Wortsinn hinzu, eröffnet sich ein tiefsinnigerer, bereits in Szene 19 angedeuteter Textsinn: Im Königreich Gottes wird Jesus durch seinen von Gott empfangenen und in die guten Herzen gegebenen „Samen" ein Geschlecht zeugen, und dieser Same seinerseits wird eine göttliche „Nachkommenschaft" „hervorbringen." Und nach einem fruchtbaren Leben und/oder während der Hitze der Ernte, was vielleicht auf eine historische Katastrophe verweist, wird Jesus diese Menschen zu ihrem göttlichen Vater nach Hause bringen. Nach einleitenden rhetorischen Fragen vergleicht Jesus das Königreich Gottes weiter mit einem „Senfkorn" (Mk 4,31), das, wenn es auf die Erde „gesät" (Mk 4,31.32; vgl. 3.4.1[3]) würde, kleiner sei als alle „Samen" (Mk 4,31: σπέρμα)[345] der Erde. Wenn es aber gesät sei und aufgehe, würde es größer als alles „Gewächs" (Mk 4,32) und so große „Zweige" (Mk 4,32: κλάδος)[346] treiben, dass unter seinem „Schatten" (Mk 4,32) die Vögel des Himmels „nisten" (Mk 4,32) könnten. Der springende Punkt dieses Gleichnisses ist auf der Ebene eigentlichen Wortsinns derjenige, dass das Königreich Gottes zu Beginn den kleinsten und im Stadium der Reife den größtmöglichen Umfang eines Königtums – oder im Vergleich mit anderen Königstümern – aufweisen wird, was unter Einbezug übertragenen Wortsinns die Entstehung eines Kollektivs, vielleicht sogar eines Gottesvolks oder Nation meint.

     Schutz) bereitstellen, (feindlich) herantreten, dabeistehen, dastehen, beistehen, helfen." Das Verb findet sich 6mal im Text (Mk 4,29; 14,47.69.70; 15,35.39).

345   Menge-Güthling, „σπέρμα," *Langenscheidts Großwörterbuch Altgriechisch-Deutsch*, 632; Walter Bauer, „σπέρμα," *Griechisch-deutsches Wörterbuch zum Neuen Testament*, 1521–1522: Das Substantiv meint einerseits „Same (von Pflanzen, Tieren, Menschen und Göttern), (Aus)Saat, Säen," andererseits „Stamm, Geschlecht, Herkunft, Abkunft, Ursprung, Keim, Grundstoff, Ursache," und schließlich „Sprössling, Kind, Sohn, Abkömmling, Nachkommenschaft, Nachwuchs, Zeugen, Umarmung, Ehe." Der Begriff findet sich 5mal im Text (Mk 4,31; 12,19.20.21.22).

346   Menge-Güthling, „κλάδος," *Langenscheidts Großwörterbuch Altgriechisch-Deutsch*, 390; Walter Bauer, „κλάδος," *Griechisch-deutsches Wörterbuch zum Neuen Testament*, 880: Das vom Verb „κλάω" – „brechen" – abgeleitete Substantiv meint einerseits „Zweig, Schoss, Trieb, Reis" und andererseits „Spross, Nachkommenschaft." Der Begriff findet sich 2mal im Text (Mk 4,32; 13,28).

EXEGETISCHE ANALYSE DES MARKUSEVANGELIUMS 151

(4) Politisch-militärisches Profil

Wie bereits in Szene 19 rekurriert Jesus bei der Beschreibung des Königreiches Gottes weniger auf kosmische, jenseitige als vielmehr auf innerweltliche und der Natur und ihrem natürlichen Wachstumsprozess entliehenen Metaphern.[347] Es spricht für ein innerweltliches Königtum, das seine Autorität – einmal mehr – auf oder besser in „anthropologischem Territorium" entfaltet. Nämlich darin, dass über die Einpflanzung eines göttlichen Samens, Mk 1,14 nannte es das „Evangelium Gottes," ein automatischer, oder übernatürlich natürlicher Wachstumsprozess in Gang gesetzt werden wird, der über gesetzeskonformes und damit ethisches Wandeln und Handeln eine neue (vgl. 5.6.4[3]; 5.6.4[4]) und dem Wort entsprechend göttliche Nachkommenschaft zeuget, auf die semantisch mit nicht weniger als vier Begriffen verwiesen ist (vgl. 5.6.4[1]; 5.6.4[9]). Sowohl das Gleichnis des von selbst wachsenden Samens als auch dasjenige des Senfkorns implizieren – vielleicht nach dramatischen Zeiten des Krieges und erfolgreicher Unterwerfung des Feindes und somit in einer Zeit des Friedens – Raum für Wachstum und Fülle.

3.4.4 Szene 22 (Mk 4,33–34): Jesus lehrt (vom See aus) in Gleichnissen, die er den Jüngern erklärt

(1) Szene

Die zweiundzwanzigste Szene Mk 4,33–34 handelt davon, wie Jesus wiederum (vom See aus) die Volksmenge in Gleichnissen lehrt, die er den Jüngern erklärt. Wie bereits die Szenen 02, 07–11, 14–15, 17 und 19–21 gehört somit auch diese zu den volksbezogenen, und zwar ihre Belehrung betreffenden Szenen, und wie bereits die Szenen 06, 11, 16 und 19–21 gehört sie ferner auch zu den jüngerbezogenen, und zwar ihre Belehrung betreffenden Szenen. Die Szene unterscheidet sich von der nachfolgenden im Blick auf Akteure, Ort, Zeit, Handlung und Thema, stillt doch dort Jesus einen die Jünger bedrohenden Seesturm.

(2) Text

4[33] Und in vielen solchen Gleichnissen redete er zu ihnen das Wort, so wie sie zu hören vermochten. [34] Ohne Gleichnis aber redete er nicht zu ihnen, privat aber erklärte er seinen Jüngern alles.[348]

---

347 Vgl. Marcus, der im Motiv des weltweite Imperien symbolisierenden Baumes die Aufnahme biblischer und altorientalischer Traditionen aufgenommen sieht (vgl. z. B. Ez 17,23; 31,6; Dan 4,18; *Mark*, 1:330–331).

348 Literarisch folgt Szene 22 einem parallelen Schema: A: Mk 4,33 (Gleichnisse, sprechen, ihnen); A': Mk 4,34 (Gleichnis, sprechen, ihnen).

152   3. KAPITEL

(3)   Inhalt

Explizit anwesende *Akteure* dieser Szene sind einerseits Jesus, andererseits „seine" (Mk 4,34.34: ἴδιος)[349] „Jünger" (Mk 4,34 Pl.; vgl. 3.2.6[3]), ferner wohl auch, die um ihn (vgl. Mk 4,10) und schließlich das Volk (vgl. Mk 4,1.1.33–34.36). In *räumlicher* wie *temporaler* Hinsicht bleiben die Dinge unverändert, Jesus befindet sich mit den genannten Personen auf dem See im Boot sitzend (vgl. Mk 4,1), allenfalls immer noch an demselben Sabbat (vgl. Mk 3,2.4). In *rhetorischer* Hinsicht sind keine direkte Reden zu vernehmen, nur resümierend der Narrator über Jesu „Gleichnisrede" (Mk 4,33 Pl.; Mk 4,34; vgl. 3.3.7[3]). Mit dem Thema der Gleichnisrede knüpft dieses Narrativ deshalb an die Szenen 18–21, 33, 59 und 69 an.

Soviel wie die Hörerschaft zu hören vermag redet Jesus zu ihnen das „Wort" (Mk 4,33; vgl. 3.2.5[3]), das er seinen Jüngern im „Privaten" (Mk 4,34) „erklärt" (Mk 4,34: ἐπιλύω)[350].

(4)   Politisch-militärisches Profil

Mit Verweis auf 3.4.1(4) sei hier nur so viel erwähnt, als seine innere Gefolgschaft nicht mehr nach der Erklärung der Gleichnissen über (sozial)ethische Aspekte zu fragen braucht (vgl. 5.6.4[1]; 5.6.4[3]; 5.6.4[4]; 5.6.4[9]), sie wird ihnen von Jesus nach dieser Darstellung freiwillig und als Insiderwissen geliefert (vgl. 5.7.3[4]).

3.5   Episode E (Mk 4,35–8,9)

Markus 4,35–8,9 bildet die fünfte von zehn chiastisch angeordneten Episoden, wobei Episode E aus folgenden vierzehn Szenen besteht: Szene 23 (Mk 4,35–41):

---

349   Menge-Güthling, „ἴδιος," *Langenscheidts Großwörterbuch Altgriechisch-Deutsch*, 339; Walter Bauer, „ἴδιος," *Griechisch-deutsches Wörterbuch zum Neuen Testament*, 751–753: Das Adjektiv meint „eigen" und in Verbindung mit der Präposition „κατά" „eigens, für den einzelnen, für seine Person, persönlich, für sich allein, an und für sich, besonders, apart, im besondern, privatim, im Privatleben, aus eigenem Antrieb, im Stillen, insgeheim." Der Begriff findet sich 8mal im Text (Mk 4,34.34; 6,31.32; 7,33; 9,2.28; 13,3), und steht mit Ausnahme von Mk 4,34 immer in präpositionaler Verbindung.

350   Menge-Güthling, „ἐπιλύω," *Langenscheidts Großwörterbuch Altgriechisch-Deutsch*, 270; Walter Bauer, „ἐπιλύω," *Griechisch-deutsches Wörterbuch zum Neuen Testament*, 599: Das aus der Präposition „ἐπί" und dem Verb „λύω" zusammengesetzte Kompositum meint einerseits und wörtlich „auflösen," und andererseits „(er)klären, deuten, entscheiden und widerlegen." Der Begriff findet sich als *Hapax legomenon* nur hier im Text.

EXEGETISCHE ANALYSE DES MARKUSEVANGELIUMS 153

Jesus stillt einen die Jünger bedrohenden Seesturm; Szene 24 (Mk 5,1–20): Jesus befreit einen Menschen im Land der Gerasener; Szene 25 (Mk 5,21–24.35–43): Jesu Auferweckung der Tochter des Synagogenvorstehers Jaïrus in dessen Haus; Szene 26 (Mk 5,25–34): Jesus heilt eine blutflüssige Frau (am See); Szene 27 (Mk 6,1–6): Jesus vermisst Ehre in seiner Vaterstadt (Nazareth); Szene 28 (Mk 6,7–13.30–32): Jesus entsendet die Zwölf in Vollmacht (um Nazareth); Szene 29 (Mk 6,14–29): Herodes lässt Johannes (bei Nazareth) enthaupten, den er in Jesus auferstanden glaubt; Szene 30 (Mk 6,33–46): Jesus speist Fünftausend an ödem Ort; Szene 31 (Mk 6,47–52): Jesus kommt auf dem See wandelnd den Jüngern zu Hilfe; Szene 32 (Mk 6,53–56): Jesus heilt bei Gennesaret alle Kranken, die ihn berühren; Szene 33 (Mk 7,1–23): Die Pharisäer und Schriftgelehrten befragen Jesus (in Gennesaret) zur Speise- und Reinheitspraxis seiner Jünger; Szene 34 (Mk 7,24–30): Jesus befreit die Tochter einer Syrophönizierin in Tyrus; Szene 35 (Mk 7,31–37): Jesus heilt einen Taubstummen in der Dekapolis; und Szene 36 (Mk 8,1–9): Jesus speist Viertausend (in der Dekapolis).

Ihre Demarkation ergibt sich in literarisch-formaler Hinsicht darin, dass sie räumlich in der „Dekapolis" (Mk 5,20; 7,31) beginnt und endet, und in narrativ-inhaltlicher Hinsicht darin, dass Jesus sich durch über Heilungen und Exorzismen hinausreichende, furchterregende und gleichzeitig Leben erhaltende Wunder in seiner Identität zu offenbaren sucht, insbesondere seinen Jüngern gegenüber.

3.5.1 Szene 23 (Mk 4,35–41): Jesus stillt einen die Jünger bedrohenden Seesturm

(1)   Szene
Die dreiundzwanzigste Szene Mk 4,35–41 handelt davon, wie Jesu einen die Jünger bedrohenden Seesturm stillt. Wie bereits die Szenen 06, 11, 16 und 19–22 gehört somit auch diese zu den jüngerbezogenen, und zwar ihre Belehrung durch Wunder betreffenden Szenen. Die Szene unterscheidet sich von der nachfolgenden im Blick auf Akteure, Ort, Zeit, Handlung und Thema, befreit doch dort Jesus einen Menschen im Land der Gerasener.

(2)   Text
4[35] Und er sagt zu ihnen an jenem Tag als es Abend geworden war: Lasst uns übersetzten ans Jenseitige (Ufer). [36] Und zurücklassend das Volk nehmen sie ihn wie er war in das Boot, und andere Boote waren bei ihm. [37] Und es erhebt sich ein großer Sturmwind und die Wellen schlugen in das Boot, so dass das Boot sich schon füllte. [38] Er aber war im Bootsheck auf dem Kopfkissen schlafend. Und sie wecken ihn und sagen zu ihm: Lehrer, kümmert es dich nicht, dass wir umkommen? [39] Und aufwachend bedrohte er den Wind und

154 3. KAPITEL

sagte zum See: Schweig, verstumme! Und der Wind legte sich und es entstand eine große Stille. [40] Und er sagte zu ihnen: Warum seid ihr so furchtsam? Habt ihr noch keinen Glauben? [41] Und sie fürchteten sich mit großer Furcht und sagten zueinander: Wer ist denn dieser, dass auch der Wind und der See ihm gehorchen?[351]

(3) Inhalt

Explizit anwesende *Akteure* dieser Szene sind einerseits Jesus, andererseits seine Jünger (Mk 4,35), ferner eine implizit über „andere Boote" (Mk 4,36) angedeutete Gruppe von Nachfolgern, dann das zu entlassene „Volk" (Mk 4,36; vgl. 3.2.5[3]) und schließlich antikem Verständnis entsprechend wohl auch die Naturgewalt in Form des „(Sturm)Winds" (Mk 4,37: λαῖλαψ;[352] Mk 4,37.39.39.41: ἄνεμος)[353]. Mit dem *„Boot"* (Mk 4,36.37.37; Mk 4,36 Pl.; vgl. 3.2.1[3]), mit welchem Jesus und seine Jünger zu Kapernaum ankerten, durchqueren sie und die Begleitboote den „See" (Mk 4,39.41; vgl. 3.2.1[3]) zum „jenseitigen (Ufer)" (Mk 4,35; vgl. 3.3.4[3]), während Jesus sich im „Bootsheck" (Mk 4,38: πρύμνα)[354] befindet. Endlich neigt sich ein langer „Tag" (Mk 4,35; vgl. 3.1.3[3]) seinem Ende zu, die letzte *temporale* Angabe war in Szene 14 gewesen, indem „abends" (Mk 4,35; vgl. 3.2.3[3]) ein neuer anbricht. In *rhetorischer* Hinsicht ist die Szene reich ausgestattet, denn einerseits enthält sie Jesu Aufforderung überzusetzen, andererseits der Jünger sorgenvolle Rückfrage, ferner Jesu Befehl an den Seesturm, dann seine vorwurfsvolle rhetorische Frage und schließlich der Jünger furchtsame Rückfrage untereinander zu Jesu Identität. Mit dem Thema der in eine rhetorische Rückfrage gekleideten Kritik an die Jünger knüpft dieses Narrativ an die Szenen 19, 31 und 38 an.

---

351 Literarisch folgt Szene 23 einem chiastischen Schema: A: Mk 4,35–36 (er sagt zu ihnen); B: Mk 4,37–38 (groß, Wind); B': Mk 4,39 (Wind, groß); A': Mk 4,40–41 (er sagte zu ihnen).

352 Menge-Güthling, „λαῖλαψ," *Langenscheidts Großwörterbuch Altgriechisch-Deutsch*, 414; Walter Bauer, „λαῖλαψ," *Griechisch-deutsches Wörterbuch zum Neuen Testament*, 940: Das Substantiv meint „Sturm(wind), Orkan, Regenschauer." Der Begriff findet sich als *Hapax legomenon* nur hier im Text.

353 Menge-Güthling, „ἄνεμος," *Langenscheidts Großwörterbuch Altgriechisch-Deutsch*, 64; Walter Bauer, „ἄνεμος," *Griechisch-deutsches Wörterbuch zum Neuen Testament*, 128: Das Substantiv meint einerseits „Wind, Wehen, Sturm" und andererseits „Himmelsgegend, Unbeständigkeit." Der Begriff findet sich 7mal im Text (Mk 4,37.39.39.41; 6,48.51; 13,27).

354 Menge-Güthling, „πρύμνα," *Langenscheidts Großwörterbuch Altgriechisch-Deutsch*, 605; Walter Bauer, „πρύμνα," *Griechisch-deutsches Wörterbuch zum Neuen Testament*, 1450: Das Substantiv meint neben „Bootsheck" auch „Bootshinterteil, Steuerbord, Stern." Der Begriff findet sich als *Hapax legomenon* nur hier im Text.

EXEGETISCHE ANALYSE DES MARKUSEVANGELIUMS

Nachdem Jesus in mehreren Gleichnissen zu Jüngern, Nachfolgern, Volk und allenfalls auch Gegnern geredet hatte, fordert Jesus seine Jünger ausgerechnet mit Einbruch der Dunkelheit und scheinbar unbegründet auf, per Boot ans andere Ufer außerhalb Galiläas, ins Land der Gerasener (vgl. Mk 5,1), „überzusetzen" (Mk 4,35: διέρχομαι)[355]. Ein Widerstand seitens der Angeredeten ist nicht zu vernehmen, wohl aber wird gesagt, dass sie ihn „mitnehmen" (Mk 4,36: παραλαμβάνω)[356] wie er war. Mit dem pronominalen Hinweis „sie" müssten die Jünger gemeint sein, allenfalls verstärkt durch diejenigen in den Begleitbooten, die sie quasi eskortieren. Im Verbund mit der Aussage, dass sie ihn mitnehmen „wie er war," was Eile impliziert, kann „mitnehmen" auch als „in Schutz nehmen" verstanden werden. So fragt sich, insbesondere wenn unter der Hörerschaft seine Gegner mitlauschten, ob ein Gang in die Stadt für ihn, vielleicht auch für sie noch gefährlicher als die bevorstehende Überfahrt gewesen wäre? Unterwegs erhebt sich unvermittelt ein vorher nicht absehbarer großer Sturmwind. Eine Rückkehr nach Kapernaum ist um der Gegner willen unmöglich, es bleibt keine andere Wahl als voranzurudern. Hoch türmen sich die „Wellen" (Mk 4,37 Pl.: κῦμα)[357] und ergießen sich „schlagend" (Mk 4,37:

---

355 Liddell-Scott, „διέρχομαι," *Greek-English Lexicon*, 425–426; Menge-Güthling, „διέρχομαι," *Langenscheidts Großwörterbuch Altgriechisch-Deutsch*, 181; Walter Bauer, „διέρχομαι," *Griechisch-deutsches Wörterbuch zum Neuen Testament*, 391: Das Kompositum meint einerseits „hindurchgehen, -kommen, -marschieren, -ziehen, -fahren, -laufen, -bringen, sich durchschlagen, durchbrechen, überschreiten, übersteigen," andererseits „etwas durchmachen, überstehen, erdulden, hinziehen, ans Ende gelangen, vollenden, übergehen, vergehen, verstreichen, ablaufen" und schließlich „etwas durchgehen, -nehmen, auseinandersetzen, darstellen, erörtern, erzählen, besprechen, vortragen, durchlesen, erwägen, überdenken." Das Verb findet sich 2mal im Text (Mk 4,35; 10,25).

356 Liddell-Scott, „παραλαμβάνω," *Greek-English Lexicon*, 1315; Menge-Güthling, „παραλαμβάνω," *Langenscheidts Großwörterbuch Altgriechisch-Deutsch*, 522; Walter Bauer, „παραλαμβάνω," *Griechisch-deutsches Wörterbuch zum Neuen Testament*, 1251–1252: Das Kompositum meint einerseits „hinnehmen, zur Hand nehmen, übernehmen, annehmen, in Empfang, in seinen Schutz, in Besitz, in Unterricht oder Erziehung nehmen, (in die Hände) bekommen, erhalten, empfangen, überkommen," andererseits „erobern, einnehmen, besetzen, sich bemächtigen, sich aneignen, unterwerfen, in seine Gewalt bringen, vorfinden, antreffen," ferner „vernehmen, lernen, erfahren, Nachricht erhalten" und schließlich „an sich ziehen, zu Hilfe nehmen, mitnehmen, an sich locken, sich verbinden, einladen, abfangen, auffangen." Das Verb findet sich 6mal im Text (Mk 4,36; 5,40; 7,4; 9,2; 10,32; 14,33).

357 Menge-Güthling, „κῦμα," *Langenscheidts Großwörterbuch Altgriechisch-Deutsch*, 410; Walter Bauer, „κῦμα," *Griechisch-deutsches Wörterbuch zum Neuen Testament*, 929: Das Substantiv meint einerseits „Welle, Woge" und andererseits „Flut, Strömung, Brandung." Der Begriff findet sich als *Hapax legomenon* nur hier im Text.

156 3. KAPITEL

ἐπιβάλλω)[358] ins Boot, so dass dieses sich zu „füllen" (Mk 4,37 Med.) beginnt. Und was tut Jesus? Er „schläft" (Mk 4,38; vgl. 3.4.3[3]) auf dem „Kopf- oder Bootskissen" (Mk 4,38) im Bootsheck. Nach solch einem langen Tag einerseits durchaus verständlich, andererseits und aus Sicht der Jünger jedoch nicht, die sich – wie vielleicht die Gefolgschaft in den übrigen Booten auch – in ihrem Leben bedroht fühlen. Die Not macht sie erstmals aktiv, und ihn aufweckend fragen sie den „Lehrer" (Mk 4,38: διδάσκαλος)[359] im Kollektiv, ob es ihn denn nicht „kümmere" (Mk 4,38: μέλει)[360], dass sie „verderben" (Mk 4,38; vgl. 3.2.2[3]), denn noch haben sie nicht erfahren, dass Jesus den Tod abzuwenden vermag. Jesus beantwortet ihre Frage nicht, stattdessen „bedroht" (Mk 4,39; vgl. 3.2.2[3]) er den Wind und sagt zum See, als wären die Gewässer durch einen potenten Dämon aufgewühlt worden, er solle „schweigen" (Mk 4,39; vgl. 3.3.3[3]) und „verstummen" (Mk 4,39; vgl. 3.2.2[3]). Umgehend „legt" (Mk 4,39) sich der Wind und damit die Wellen und es entsteht – den großen Sturm von eben kontrastierend – eine große „Stille" (Mk 4,39). Die rhetorische Gegenfrage, zu der Jesus ansetzt ist darin schneidend, weshalb sie so „furchtsam" (Mk 4,40: δειλός) seien, was auch „feige und unmännlich" meint,[361] und doppelt nach, ob sie noch keinen „Glauben" (Mk 4,40; vgl. 3.2.5[3]) hätten. Sie haben ihm die Oberhand

---

358 Liddell-Scott, „ἐπιβάλλω," *Greek-English Lexicon*, 624; Menge-Güthling, „ἐπιβάλλω," *Langenscheidts Großwörterbuch Altgriechisch-Deutsch*, 262–263; Walter Bauer, „ἐπιβάλλω," *Griechisch-deutsches Wörterbuch zum Neuen Testament*, 587: Das Kompositum meint im Aktiv einerseits „darauf-, darüber-, daran-, hineinwerfen oder -legen, -setzen, -stellen, -stürzen, Hand an jemanden legen, auf etwas losgehen, angreifen, beginnen," andererseits „auferlegen, verhängen, verleihen," und das Medium schließlich „darauflegen, darüberwerfen, auf etwas stürzen, trachten." Das Verb findet sich 4mal im Text (Mk 4,37; 11,7; 14,46.72).

359 Menge-Güthling, „διδάσκαλος," *Langenscheidts Großwörterbuch Altgriechisch-Deutsch*, 179; Walter Bauer, „διδάσκαλος," *Griechisch-deutsches Wörterbuch zum Neuen Testament*, 385–386: Das Substantiv meint einerseits „Lehrer, Lehr-, Schulmeister, Rabbi, Chormeister" und andererseits „Führer, Ratgeber, Warner." Der Begriff findet sich 12mal im Text und meint stets Jesus (Mk 4,38; 5,35; 9,17.38; 10,17.20.35; 12,14.19.32; 13,1; 14,14).

360 Menge-Güthling, „μέλω/μέλει," *Langenscheidts Großwörterbuch Altgriechisch-Deutsch*, 442–443; Walter Bauer, „μέλει," *Griechisch-deutsches Wörterbuch zum Neuen Testament*, 1013–1014, 1016: Das Verb meint einerseits „sich um etwas kümmern" und andererseits „Sorge für etwas tragen, sich einer Sache annehmen." Der Begriff findet sich 2mal im Text (Mk 4,38; 12,14).

361 Liddell-Scott, „δειλός," *Greek-English Lexicon*, 374; Menge-Güthling, „δειλός," *Langenscheidts Großwörterbuch Altgriechisch-Deutsch*, 158; Walter Bauer, „δειλός," *Griechisch-deutsches Wörterbuch zum Neuen Testament*, 345: Das Adjektiv meint einerseits „furchtsam, feige, verzagt" und andererseits „hassenswert, nichtswürdig, elend, unglücklich." Der Begriff findet sich als *Hapax legomenon* nur hier im Text.

EXEGETISCHE ANALYSE DES MARKUSEVANGELIUMS 157

gegenüber diesem Gegner in Gestalt einer lebensbedrohenden Naturgewalt nicht zugetraut, hält er ihnen implizit vor, ihm nicht geglaubt, worin semantisch mitschwingt: nicht gehorcht zu haben? Wie er ihnen, antworten auch sie ihm nicht, bestätigen vielmehr Jesu Vorwurf darin, dass sie die Frage nach Jesu Identität stellen, wenn sie sich mit großer „Furcht" (Mk 4,41: φόβος)[362] „fürchtend" (Mk 4,41 Pass.: φοβέω)[363] untereinander fragen, wer dieser denn sei, dass selbst Wind und See ihm „gehorchten" (Mk 4,41; vgl. 3.2.2[3]). Dieser furchtsame Ausruf seiner Jünger zeigt, wie schon Szene 19, dass auch sie ihn noch nicht erkannt haben.

(4)   Politisch-militärisches Profil
In dieser Szene geht es erstmals um die Gruppenidentität von Jesus und seinen zwölf Jüngern unter Ausschluss der Öffentlichkeit. Noch nicht als einzelne, aber als Kollektiv und in einer Stimme wissen sie um ihren „Lehrer" und verweisen auf sich zusammen mit ihm als „wir" (Mk 4,38). Doch die Situation der Lebensgefahr, die allenfalls auch die in Kapernaum aber auch jenseits des Ufers lauernde Gefahr symbolisiert (vgl. Episode C) und hier als Naturgewalt und allenfalls auch im Verbund mit dämonischen Kräften eingeführt ist, fördert zu Tage, dass sie Jesus noch nicht in seinem Anspruch als messianischen König „(er)kennen" (Mk 4,13; vgl. 3.4.1[4]; 5.5.4[4]). Aber genau das scheint Jesus seinerseits für die Gruppe als konstitutiv vorauszusetzen, denn wer er- und anerkennt, ist furchtlos (vgl. 5.6.4[2]; 5.6.4[4]), kann glauben beziehungsweise gehorchen (vgl. 5.6.4[5]; 5.7.3[4]). Sie sind unabdingbare Zutaten, um angesichts von Gefahr in siegreicher Weise die eigenen Grenzen transzendieren zu können. Jesus macht es ihnen vor und entfaltet vor ihren Augen Kräfte, die auch schon anderen, römischen und sehr erfolgreichen Feldherren zugeschrieben

---

362   Liddell-Scott, „φόβος," *Greek-English Lexicon*, 1947; Menge-Güthling, „φόβος," *Langenscheidts Großwörterbuch Altgriechisch-Deutsch*, 732–733; Walter Bauer, „φόβος," *Griechischdeutsches Wörterbuch zum Neuen Testament*, 1721–1722: Das Substantiv meint einerseits „Flucht," andererseits „Scheu, Furcht, Befürchtung, Angst, Schrecken, Besorgnis" und schließlich „Ehrfurcht, Drohung, Gefahr." Der Begriff findet sich als *Hapax legomenon* nur hier im Text.

363   Liddell-Scott, „φοβέω," *Greek-English Lexicon*, 1946; Menge-Güthling, „φοβέω," *Langenscheidts Großwörterbuch Altgriechisch-Deutsch*, 732; Walter Bauer, „φοβέω," *Griechischdeutsches Wörterbuch zum Neuen Testament*, 1719–1721: Das Verb meint im Aktiv „scheuen, Ehrfurcht haben, in die Flucht jagen, erschrecken" und im Passiv wie hier „gescheucht werden, fliehen, sich scheuen, erschrecken, sich fürchten, Angst haben." Der Begriff findet sich 12mal im Text (Mk 4,41; 5,15.33.36; 6,20.50; 9,32; 10,32; 11,18.32; 12,12; 16,8) und verweist 9mal auf Jesus (Mk 4,41; 5,15.33.36; 6,50; 9,32; 10,32; 11,18; 16,8), 1mal auf Johannes (Mk 6,20) und 2mal auf die sich fürchtende Volksmenge (Mk 11,32; 12,12).

158 3. KAPITEL

wurden, etwa einem Pompejus (Cicero, *Manil. Ges.* 16,48)[364] oder Cäsar (Cassius Dio, *Röm. Gesch.* 41,46,2–3).[365] Wenn aber Jesus Vollmacht (vgl. 5.5.4[3]; 5.6.4[6]) über Naturgewalten hat (vgl. Szene 31; 5.7.3[4]), dann auch über die in Kapernaum von feindseligen Eliten ausgehende Gefahr, wie auch über diejenigen und durch den Namen Legion insinuierten römischen in Gergesa (vgl. 5.6.4[1]).

3.5.2 Szene 24 (Mk 5,1–20): Jesus befreit einen Menschen im Land der Gerasener

(1) Szene

Die vierundzwanzigste Szene Mk 5,1–20 handelt davon, wie Jesus einen Menschen im Land der Gerasener befreit. Wie bereits die Szenen 02, 07–11, 14–15, 17 und 19–22 gehört somit auch diese zu den volksbezogenen, und zwar ihre Befreiung, und wie bereits die Szenen 03–04, 07–09 und 15 gehört sie ferner auch zu den auf jenseitige Wesen bezogenen, und zwar unreine Geister betreffenden Szenen. Die Szene unterscheidet sich von der nachfolgenden im Blick auf Akteure, Ort, Zeit, Handlung und Thema, auferweckt doch dort Jesus die Tochter des Synagogenvorstehers Jaïrus in dessen Haus.

---

364 „Ich will also nicht rühmen, wie große Taten dieser Mann in der Heimat und im Felde, zu Wasser und zu Lande vollbrachte, und mit welchem Glück, wie seinen Absichten stets nicht nur die Bürger beistimmten, die Bündner sich fügten, die Feinde sich unterwarfen, sondern sogar Winde und Wetter günstig waren (*sed etiam venti temestatesque obsecundarint*); ich will nur in aller Kürze sagen, dass keiner je so unbescheiden war, von den unsterblichen Göttern kühnlich so viele und große Geschenke im stillen zu wünschen, als die unsterblichen Götter auf Gnaeus Pompeius häuften."

365 „Deshalb entschloss er [Cäsar] sich, persönlich und allein nach Italien überzusetzen. Er bestieg in Verkleidung ein kleines Schiff, erklärte, von Cäsar geschickt zu sein, und zwang den Kapitän trotz Wind abzufahren. Als sie sich aber vom Land entfernt hatten, brach der Sturm mit aller Macht über sie herein, und der Wogenschwall warf, das Fahrzeug schrecklich hin und her, so dass der Kapitän selbst unter Zwang sich nicht mehr weiterzufahren getraute, sondern sogar gegen den Willen seines Fahrgastes umzukehren suchte; da gab sich Cäsar zu erkennen, als wenn er damit den Sturm beruhigen könne, und erklärte: ‚Nur Mut! Cäsar fährst du!'" Nach Heininger, bezeugten diese Geschichte vor Cassius Dio bereits Lucan (*Bell. civ.*), Valerius Maximus (*Facta et dicta memor.* 9,8,2), Appian (*Bell. civ.* 2,21,150), Sueton (*Jul.* 58) sowie Plutarch (*Caes.* 37–38). Der dabei erwähnte Bootsheck (Mk 4,38) sei eher für Mittelmeerschiffe als für Fischerboote belegt, und soll einen Ehrenplatz für bevorzugte Passagiere bezeichnet haben. Soll aber auch der Ort gewesen sein, wo man Götterbilder zum Schutz des Schiffes, seiner Besatzung und Ladung aufstellte („Politische Theologie," 188–190).

EXEGETISCHE ANALYSE DES MARKUSEVANGELIUMS 159

(2)   Text

5¹ Und sie kamen an das jenseitige Ufer des Sees in das Land der Gerasener. ² Und als er ausgestiegen war aus dem Boot, trat ihm sogleich von den Grüften her ein Mensch mit unreinem Geist entgegen, ³ der die Wohnung in den Grabstätten hatte, und selbst mit einer Kette konnte ihn keiner mehr binden, ⁴ weil er oft mit Fußfesseln und Ketten gebunden worden war, und von ihm die Ketten zerrissen und die Fußfesseln zerschmettert worden waren, und niemand ihn zu bändigen vermochte. ⁵ Und bei Nacht und Tag war er in den Grabstätten und in den Bergen schreiend und sich selbst schlagend mit Steinen. ⁶ Und Jesus von ferne sehend, rannte er (herzu) und fiel vor ihm nieder, ⁷ und mit lauter Stimme schreiend sagt er: Was habe ich mit dir zu schaffen, Jesus, Sohn Gottes des Höchsten? Ich beschwöre dich bei dem Gott, quäle mich nicht! ⁸ Denn er sagte zu ihm: Der unreine Geist fahre aus dem Menschen! ⁹ Und er fragte ihn: Was ist dein Name? Und er sagt zu ihm: Legion ist mein Name, denn wir sind viele. ¹⁰ Und er bat ihn sehr, dass er sie nicht fortschicke aus dem Land. ¹¹ Es war aber dort an dem Berg eine große Herde von Schweinen weidend. ¹² Und sie baten ihn sagend: Schicke uns in die Schweine, damit wir in sie hineinfahren. ¹³ Und er erlaubte es ihnen. Und ausfahrend fuhren die unreinen Geister in die Schweine, und die Herde stürzte den Hang hinab in den See, etwa zweitausend, und sie ertranken im See. ¹⁴ Und ihre Hüter flohen und berichteten (es) in der Stadt und auf dem Land; und sie kamen zu sehen, was geschehen war. ¹⁵ Und sie kommen zu Jesus und sehen den Besessenen, der den Legion gehabt hatte, sitzend, bekleidet und vernünftig, und sie fürchteten sich. ¹⁶ Und die es gesehen hatten, erzählten ihnen, wie dem Besessenen geschehen war, und über die Schweine. ¹⁷ Und sie begannen ihn zu bitten, abzuziehen von ihrem Gebiet. ¹⁸ Und als er in das Boot stieg, bat ihn der Besessenen, dass er mit ihm sein dürfe. ¹⁹ Und er gestattete es ihm nicht, sondern sagte zu ihm: Geh fort in dein Haus zu den deinen und erzähle ihnen, wie viel der Herr dir getan und sich deiner erbarmt hat. ²⁰ Und er ging weg und begann zu verkündigen in der Dekapolis, wie viel Jesus an ihm tat, und alle wunderten sich.³⁶⁶

(3)   Inhalt

Explizit anwesende *Akteure* dieser Szene sind einerseits „Jesus" (Mk 5,6.7.15.20; vgl. 3.1.1[3]), der vom unreinen Geist „Sohn Gottes, des Höchsten" (Mk 5,7; vgl. 3.1.3[3]; Mk 5,7.7; vgl. 3.1.5[3]; Mk 5,7: ὕψιστος) genannt wird, mit den

---

366 Literarisch folgt Szene 24 einem chiastischen Schema: A: Mk 5,1–4 (er steigt aus dem Boot); B: Mk 5,5–11 (der unreine Geist fahre aus, Legion, Schweine); B': Mk 5,12–14 (Schweine, die unreinen Geister fahren aus, Legion); A': Mk 5,15–20 (er steigt in das Boot).

160   3. KAPITEL

Jüngern (Mk 5,1) als auch Begleitern (Mk 5,1), andererseits ein „Besessener" (Mk 5,15.16.18; vgl. 3.2.3[3]) „Mensch (Mk 5,2.8; vgl. 3.2.1[3])" männlichen Geschlechts (Mk 5,3.4.4.4.8.19.19.20: αὐτός), ferner ein in ihm wohnender „unreiner Geist" (Mk 5,2.8; Mk 5,13 Pl.; vgl. 3.2.2[3]) „namens" (Mk 5,9.9; vgl. 3.3.5[3]) „Legion" (Mk 5,9.15: λεγιών)[367], der sich als eine nicht sicher zu identifizierende „Vielzahl" (Mk 5,9 Pl.: πολύς) offenbart, da nicht mit Gewissheit gesagt werden kann, ob die „zweitausend Schweine" (Mk 5,11.12.13.16: χοῖρος[368]; Mk 5,13: δισχίλιοι) diese Vielzahl näher bestimmt, dann der Schweine „Hüter" (Mk 5,11.14: βόσκω)[369] und schließlich auch die dort ansässige „Stadt- und Landbevölkerung" (Mk 5,14). Und erwähnte Akteure sind einerseits „Gott" (Mk 5,7), der von Jesus „Herr" (Mk 5,19; vgl. 3.1.2[3]) genannt wird, und andererseits die „Angehörigen" (Mk 5,19: σός) des Befreiten. Die Szene ereignet sich am „*jenseitigen (Ufer)*" (Mk 5,1; vgl. 3.3.4[3]) zu Kapernaum, ein „Gebiet" (Mk 5,17 Pl.: ὅριον)[370], das Jesus, die Jünger als auch Begleiter in „Booten" (Mk 5,2.18; vgl. 3.2.1[3]) über die „See" (Mk 5,1.13.13; vgl. 3.2.1[3]) erreichen. Der Besessene seinerseits gelangt seitens der „Grüfte und Grabstätten" (Mk 5,2 Pl.: μνημεῖον; Mk 5,3.5 Pl.: μνῆμα)[371]

---

367   Liddell-Scott, „λεγιών," *Greek-English Lexicon*, 1033; Franz Annen, „λεγιών," EWNT 2:852–853: Für nähere Angaben zur römischen Legion vgl. 5.6.1 und 5.6.2. Der Begriff findet sich 2mal und nur hier im Text.

368   Menge-Güthling, „χοῖρος," *Langenscheidts Großwörterbuch Altgriechisch-Deutsch*, 749; Walter Bauer, „χοῖρος," *Griechisch-deutsches Wörterbuch zum Neuen Testament*, 1761: Das Substantiv meint den Gattungsbegriff dieser Tierart, sie schließt daher den männlichen „Eber" wie auch die weibliche „Sau" aber auch das Jungtier „Ferkel" ein. Der Begriff findet sich 4mal und nur hier im Text.

369   Menge-Güthling, „βόσκω," *Langenscheidts Großwörterbuch Altgriechisch-Deutsch*, 137; Walter Bauer, „βόσκω," *Griechisch-deutsches Wörterbuch zum Neuen Testament*, 289: Das Verb meint im Aktiv einerseits „weiden, auf die Weide treiben, hüten, (substantiviert) Hüter," andererseits „füttern, (er)nähren, unterhalten, hegen, pflegen," im Passiv ferner „geweidet werden, weiden, grasen, verzehren, essen, fressen, sich von etwas ernähren" und schließlich „sich trösten, in etwas schwelgen." Der Begriff findet sich 2mal und nur hier im Text.

370   Menge-Güthling, „ὅριον," *Langenscheidts Großwörterbuch Altgriechisch-Deutsch*, 498; Walter Bauer, „ὅριον," *Griechisch-deutsches Wörterbuch zum Neuen Testament*, 1177: Das stets im Plural angeführte Substantiv meint einerseits „Grenzen, Grenzgebiet, Gebiet, Gegend" und andererseits „Umzäunung, Schiffslagerplatz, Dock." Der Begriff findet sich 5mal im Text (Mk 5,17; 7,24.31.31; 10,1).

371   Menge-Güthling, „μνῆμα/μνημεῖον," *Langenscheidts Großwörterbuch Altgriechisch-Deutsch*, 458; Walter Bauer, „μνημεῖον," *Griechisch-deutsches Wörterbuch zum Neuen Testament*, 1061–1062: Das vom Verb „μιμνήσκομαι" – „erinnern" – abgeleitete Substantiv meint einerseits „Gedächtnismahl, Denkmal, Denk- und Erinnerungszeichen, -gabe, -mal, Andenken, Monument" und andererseits „Grabstätte, Grab(kammer, -anlage), Gruft." Der Begriff „μνημεῖον" findet sich 8mal (Mk 5,2; 6,29; 15,46.46; 16,2.3.5.8) und der Begriff „μνῆμα" 2mal und nur hier im Text.

EXEGETISCHE ANALYSE DES MARKUSEVANGELIUMS 161

herzu, wo er Tag und Nacht haust, obwohl er der „Dekapolis" (Mk 5,20: Δεκάπο-
λις)[372] entstammen dürfte, in das er nach seiner Befreiung auf Geheiß Jesu die
an ihm vollbrachten Taten verkündigt. Das vom Narrator angeführte Toponym
des „Landes" (Mk 5,1.10; vgl. 3.1.2[3]) der „Gerasener" (Mk 5,1: Γερασηνός), aus
„Stadt" (Mk 5,14; vgl. 3.2.3[3]) und „Umland" (Mk 5,14: ἀγρός)[373] bestehend,
bereitet Schwierigkeiten, da er nicht zu den topographischen Beschreibungen
der Erzählung passen will. Ein Blick in die synoptischen Parallelstellen beziehungsweise Geschichte der Textüberlieferung legt nahe, dass dem Narrator
hier ein Fehler unterlaufen ist. Denn neben „Gerasener" in Mk 5,1 und Lk 8,26.37
ist in Mt 8,28 auch der Name „Gadarener" bezeugt, und in Textvarianten all
dieser Stellen schließlich auch „Gergesener." Das Narrativ beschreibt einen Ort
in nicht allzu großer Entfernung zum Seeufer und an einer „Berg- oder besser Hanglage" (Mk 5,11; vgl. 3.3.5[3]) situiert, worüber sich die Schweine, in die
die unreinen Geister fahren, über den „Abhang" (Mk 5,13: κρημνός)[374] in den
Tod stürzen werden. In Anbetracht dessen muss „Gerasa"[375] – es handelt sich
um das heutige und in Jordanien gelegene Jerasch – ausscheiden, es liegt 59,5
Kilometer südöstlich des See Gennesarets und nahe der nordöstlichen Grenze
Peräas. Aus ähnlichen Gründen fällt auch „Gadara" dahin; es handelt sich um
das ebenfalls in Jordanien gelegene Umm Qais, das nicht nur 8 Kilometer südöstlich des Sees liegt, sondern auch hoch auf einem Plateau oberhalb des Flus-
ses Yarmouk thront, mit einem Höhenunterschied von nahezu 500 Metern. Als

---

372 Hellmut Haug, „Dekapolis," *Namen und Orte der Bibel*, 93: Der Name meint „Zehnstädte
(bund)," eine Konföderation von zehn Städten, die zur römischen Provinz Syrien gehören
und wiederholt Kriegsschauplatz waren. Der Begriff findet sich 2mal im Text (Mk 5,20;
7,31).

373 Menge-Güthling, „ἀγρός," *Langenscheidts Großwörterbuch Altgriechisch-Deutsch*, 8; Walter
Bauer, „ἀγρός," *Griechisch-deutsches Wörterbuch zum Neuen Testament*, 24: Das Substantiv
meint neben „Land" auch „Dorf, Hof, Feld, Acker, Garten." Der Begriff findet sich 8mal im
Text (Mk 5,14; 6,36.56; 10,29.30; 11,8; 13,16; 15,21).

374 Menge-Güthling, „κρημνός," *Langenscheidts Großwörterbuch Altgriechisch-Deutsch*, 404;
Walter Bauer, „κρημνός," *Griechisch-deutsches Wörterbuch zum Neuen Testament*, 914: Das
Substantiv meint neben „(jäher) Abhang" auch „Absturz, Böschung, Berghöhe, Anhöhe,
Uferöhre, Rand, Böschung." Der Begriff findet sich als *Hapax legomenon* nur hier im Text.

375 Vgl. dazu Matthias Klinghardt, der aus „methodischen Gründen" die Richtigkeit von
Gerasa annimmt, und diese Stadt dennoch mit der Präsenz der *legio X Fretensis* verbindet
(„Legionsschweine in Gerasa: Lokalkolorit und historischer Hintergrund von Mk 5,1–20,"
ZNW 98/1 [2007]: 28–48); aus „theologischen Gründen" optiert Ebner für Gerasa, welches
Jesus vor dem Hintergrund einer „theologischen Landkarte" als „Heidenland" betrachtet
habe (*Das Markusevangelium*, 57–60).

162 3. KAPITEL

plausibelste Variante verbleibt somit die antike und in der Tetrarchie des Philippus gelegene Ortschaft „Gergesa"; es handelt sich um das in Israel gelegene Kursi, das genau am Ostufer gegenüber von Kapernaum liegt. Glaubwürdigkeit erhält diese Annahme auch darin, dass Eusebius diese Erzählung in „Gergesa" lokalisiert (*Onom.* 74,13), und darüber hinaus, dass hier im Jahre 1970 – anders als in Gerasa – eine großzügige und aus dem 5. Jahrhundert stammende Kirche, aber auch eine Kapelle gefunden und ausgegraben wurden.[376] Trifft dies zu, so hat Jesus mit seinen Jüngern und Begleitern erstmals Galiläa verlassen und Fuß auf das Herrschaftsgebiet des Herodessohns Philippus gesetzt. Da keine *temporalen* Angaben gemacht werden, darf angenommen werden, dass auch diese Szene sich zur Abendzeit (vgl. Mk 4,35) im Wechsel vom siebten auf den ersten Wochentag ereignet. In *rhetorischer* Hinsicht sind nur der Geist und Jesus zu vernehmen: Als erstes ist ein verzweifelter Ausruf des Geistes zu hören, er erfolgt auf Jesu Befehl auszufahren; daraufhin erkundigt sich Jesus nach dessen Namen, worauf dieser ihm „Legion" nennt und Jesus ferner bittet, in die Schweine fahren zu dürfen; ein letztes Mal meldet sich Jesus zu Wort, der dem Befreiten nicht wie üblich zu schweigen gebietet, sondern, dass er die Taten Gottes den Seinen verkündigen soll. Mit dem Thema des im Exorzismus aufschreienden Dämons knüpft dieses Narrativ nicht nur inhaltlich sondern auch semantisch an die Szenen 07, 15 und 44 an.

Nachdem Jesus in für die Jünger furchterregender Weise einen Seesturm gestillt hatte, tritt ihm „sogleich" (Mk 5,2) nach Ankunft am jenseitigen Ufer ein von den Grüften und Grabstätten herangestürmter Mensch mit unreinem Geist „feindlich entgegen" (Mk 5,2: ὑπαντάω)[377]. Dieser wird als einer beschrieben, der bis anhin von niemandem „zu bändigen oder überwältigen" (Mk 5,4: δαμάζω)[378] „vermocht" (Mk 5,4; vgl. 3.2.6[3]) wurde, weder von „Ketten" (Mk

---

376 John McRay, „Gerasenes," *ABD* 2:291–292. Der Begriff findet sich als *Hapax legomenon* nur hier im Text.

377 Liddell-Scott, „ὑπαντάω," *Greek-English Lexicon*, 1852; Menge-Güthling, „ὑπαντάω," *Langenscheidts Großwörterbuch Altgriechisch-Deutsch*, 702; Walter Bauer, „ὑπαντάω," *Griechischdeutsches Wörterbuch zum Neuen Testament*, 1669: Das Kompositum meint einerseits „entgegengehen, -treten, -rücken, -ziehen, begegnen, antreffen, finden" und andererseits „entgegentönen." Das Verb findet sich als *Hapax legomenon* nur hier im Text.

378 Liddell-Scott, „δαμάζω," *Greek-English Lexicon*, 368; Menge-Güthling, „δαμάζω," *Langenscheidts Großwörterbuch Altgriechisch-Deutsch*, 155; Walter Bauer, „δαμάζω," *Griechischdeutsches Wörterbuch zum Neuen Testament*, 340: Das Verb meint einerseits „bändigen, zähmen," andererseits „überwältigen, bezwingen, besiegen" und schließlich „verheiraten, vermählen." Der Begriff findet sich als *Hapax legomenon* nur hier im Text.

EXEGETISCHE ANALYSE DES MARKUSEVANGELIUMS 163

5,3; Mk 5,4.4 Pl.: ἄλυσις)[379] noch „Fußfesseln" (Mk 5,4.4 Pl.: πέδη)[380], mit denen man ihn oft zu „binden" (Mk 5,3.4; vgl. 3.3.7[3]) suchte, da er diese stets und scheinbar mühelos „zerriss" (Mk 5,4: διασπάω)[381] und „zerschmetterte" (Mk 5,4: συντρίβω)[382]. Seine Aggression richtet dieser hauptsächlich gegen sich selbst, indem er – wenn er in den Bergen weilt – sich unter Geschrei mit „Steinen" (Mk 5,5 Pl.: λίθος)[383] „schlägt" (Mk 5,5: κατακόπτω)[384]. Der Besessene, dessen Identität von dem ihm innewohnenden Geist verdrängt scheint, wird so beschrieben, dass er mit seinem abnormen Gebaren bedrohlich auf Mitmenschen gewirkt haben dürfte, weshalb man versuchte ihn zu fesseln. Der Auto-

---

379 Liddell-Scott, „ἄλυσις," *Greek-English Lexicon*, 74; Menge-Güthling, „ἄλυσις," *Langenscheidts Großwörterbuch Altgriechisch-Deutsch*, 39; Walter Bauer, „ἄλυσις," *Griechisch-deutsches Wörterbuch zum Neuen Testament*, 80: Das Substantiv meint einerseits „(Panzer)Kette" und andererseits „Gefangenschaft." Der Begriff findet sich 3mal und nur hier im Text.

380 Liddell-Scott, „πέδη," *Greek-English Lexicon*, 1352; Menge-Güthling, „πέδη," *Langenscheidts Großwörterbuch Altgriechisch-Deutsch*, 535; Walter Bauer, „πέδη," *Griechisch-deutsches Wörterbuch zum Neuen Testament*, 1287: Das von „πούς" – „Fuß" – abgeleitete Substantiv meint einerseits „Fußfessel, Fußschelle und -eisen, Spannstrick, Fessel, Bande" und andererseits „Zwang." Der Begriff findet sich nur 2mal und hier im Text.

381 Liddell-Scott, „διασπάω," *Greek-English Lexicon*, 412; Menge-Güthling, „διασπάω," *Langenscheidts Großwörterbuch Altgriechisch-Deutsch*, 175; Walter Bauer, „διασπάω," *Griechisch-deutsches Wörterbuch zum Neuen Testament*, 378: Das Kompositum meint einerseits „auseinanderziehen, -reißen, zerreißen, zerbrechen, trennen, zerstreuen, abbrechen (Brücke), (Verschanzungen) durchbrechen, (Soldaten) in Abteilungen auflösen," andererseits „auseinanderkommen, spalten, zersplittern" und schließlich „verunreinigen, vernichten, (Gesetze) aufheben." Das Verb findet sich als *Hapax legomenon* nur hier im Text.

382 Liddell-Scott, „συντρίβω," *Greek-English Lexicon*, 1728–1729; Menge-Güthling, „συντρίβω," *Langenscheidts Großwörterbuch Altgriechisch-Deutsch*, 665; Walter Bauer, „συντρίβω," *Griechisch-deutsches Wörterbuch zum Neuen Testament*, 1582: Das Kompositum meint einerseits „zerschmettern, zerreiben, zertrümmern, zerstoßen, zerschlagen" und andererseits „misshandeln, aufreiben, mürbe machen." Der Begriff findet sich 2mal im Text (Mk 5,4; 14,3).

383 Liddell-Scott, „λίθος," *Greek-English Lexicon*, 1049; Menge-Güthling, „λίθος," *Langenscheidts Großwörterbuch Altgriechisch-Deutsch*, 424; Walter Bauer, „λίθος," *Griechisch-deutsches Wörterbuch zum Neuen Testament*, 962–963: Das Substantiv meint einerseits „Stein, Gestein, Felsblock, Fels, Schleuderstein, Steinwurf, steinerner Diskus, Baustein, Edelstein, Probierstein, Grabstein, Grabsäule" und andererseits „Sinnbild der Härte, Gefühllosigkeit, Festigkeit." Der Begriff findet sich 8mal im Text (Mk 5,5; 12,10; 13,1.2.2; 15,46; 16,3.4).

384 Liddell-Scott, „κατακόπτω," *Greek-English Lexicon*, 895; Menge-Güthling, „κατακόπτω," *Langenscheidts Großwörterbuch Altgriechisch-Deutsch*, 369; Walter Bauer, „κατακόπτω," *Griechisch-deutsches Wörterbuch zum Neuen Testament*, 836–837: Das Kompositum meint einerseits „schlagen, nieder- und zerschlagen" und andererseits „erschlagen, töten." Das Verb findet sich als *Hapax legomenon* nur hier im Text.

164   3. KAPITEL

aggression wegen, oder eines allfälligen Bedrohungspotentials auch anderen Mitmenschen gegenüber? Die Fragen müssen unbeantwortet bleiben. Problematisch dürfte aber vielleicht gewesen sein, dass er als Unreiner im Bewohnen der nahe gelegene unreine Grabanlagen den Ort der Erinnerung besetzte und die Mitmenschen möglicherweise an ihrer Pflicht des Gedenkens der Toten hinderte. Scheinbar in seiner Unbezwingbarkeit erschüttert, rennt er Jesus entgegen, und schreit nach ehrerbietigem „Niederfallen" (Mk 5,6: προσκυνέω)[385] – so scheint es – zwanghaft und mit lauter Stimme, was er denn mit Jesus, dem Sohn Gottes, des Höchsten, zu schaffen habe, unter gleichzeitiger „Beschwörung" (Mk 5,7: ὁρκίζω)[386] bei Gott, dass er ihn nicht „quälen" (Mk 5,7: βασανίζω)[387] möge. Mit dieser Anrede erkennt der Geist nicht nur Jesu überlegene Autorität, sondern billigt und fürchtet sie auch, nachdem Jesus ihm auszufahren geboten hatte. Die Frage wie auch des Dämons Aufforderung missachtend, fragt Jesus ihn – und das tut er nur hier – nach seinem Namen, obwohl er diesen doch – so wie der Geist den seinen – kennen müsste. Die Information gilt möglicherweise der Leserschaft, die nun darüber Aufschluss erhält, dass Jesus einem potenten, aber dennoch ihm unterlegenen, Feind namens Legion gegenüber steht, weshalb die Frage Jesu auch im Zusammenhang antiken Glaubens stehen könnte, dass Namen etwas Wesentliches oder Typisches über seinen Träger aussagen, und die Übereinstimmung von Name und Person beziehungsweise Wesen zur Annahme führte, dass, wer den Namen einer Person kennt, diese Person auch beherrschen könne.[388] Das scheint auf Jesus zuzutreffen,

---

385   Menge-Güthling, „προσκυνέω," *Langenscheidts Großwörterbuch Altgriechisch-Deutsch*, 596; Walter Bauer, „προσκυνέω," *Griechisch-deutsches Wörterbuch zum Neuen Testament*, 1434–1435: Das Kompositum verbindet mit „niederfallen, -werfen" stets ehrerbietende Aspekte wie „niederkniend huldigen, anbeten, (fußfällig) verehren, begrüßen, verabschieden, anflehen" von Göttern, Geistern, Großen, Königen und Triumphatoren. Das Verb findet sich 2mal im Text (Mk 5,6; 15,19).

386   Menge-Güthling, „ὁρκίζω," *Langenscheidts Großwörterbuch Altgriechisch-Deutsch*, 498; Walter Bauer, „ὁρκίζω," *Griechisch-deutsches Wörterbuch zum Neuen Testament*, 1178: Das vom Substantiv „ὅρκος" – „Eid" – abgeleitete Verb meint einerseits „beschwören" im Sinne von „jemanden schwören lassen" und andererseits „vereidigen." Der Begriff findet sich als *Hapax legomenon* nur hier im Text.

387   Liddell-Scott, „βασανίζω," *Greek-English Lexicon*, 308–309; Menge-Güthling, „βασανίζω," *Langenscheidts Großwörterbuch Altgriechisch-Deutsch*, 132; Walter Bauer, „βασανίζω," Griechisch-*deutsches Wörterbuch zum Neuen Testament*, 269–270: Das vom Substantiv „βάσανος" – „Folter, Marter" – abgeleitete Verb meint einerseits „prüfen, erproben, untersuchen, erforschen" und andererseits „verhören, foltern, quälen, peinigen, bedrängen, zwingen." Der Begriff findet sich 2mal im Text (Mk 5,7; 6,48).

388   Lars Hartmann, „ὄνομα," *EWNT* 2:1268–1277, bes. 1269–1270 (vgl. 3.3.5[3]).

EXEGETISCHE ANALYSE DES MARKUSEVANGELIUMS 165

nicht aber auf den Dämon, ist er es doch, der Jesus als Unterlegener bittet, nicht aus dem Land „vertrieben" (Mk 5,10; vgl. 3.1.2[3]) zu werden. Wer aber ist Legion? Der Name bezeichnet als lateinisches Lehnwort (*legio*) die größte römische Heereseinheit von ungefähr 6'000 Mann mit fast ebenso vielen Hilfstruppen, deren wichtigste im Palästina des 1. Jahrhunderts die *legio X Fretensis* war, mit dem Eber – dem männlichen Schwein – als ihrem Legionssymbol. Diese Legion dürfte der Geist symbolisieren. Dass dieser nun Jesus bittet, nicht „zurückgeschickt" (Mk 5,12: πέμπω)[389], sondern in die dort am Berg weidende und unreine (vgl. Lev 11,7–8) Herde von Schweinen einfahren zu dürfen, entbehrt nicht subversiver Ironie. Denn indem es ihm Jesus „gestattet" (Mk 5,13: ἐπιτρέπω)[390], wird Legion das, womit die *Fretensis* sich selbst identifiziert, eine Schweineherde. Der Leserschaft dürfte die ironische Identifizierung nicht entgangen sein, einerseits, weil ihr Schweine als unrein galten und andererseits, weil der Eber für todbringendes Treiben der römischen Soldaten stand.[391] Es kommt wie es kommen muss, wenn der Feind sich schon nicht durch Gefangenschaft oder Zwang besiegen lässt, symbolisiert in Ketten und Fußfesseln, dann doch wohl durch den Tod. So „stürzen" (Mk 5,13: ὁρμάω)[392] die zweitau-

---

389 Liddell-Scott, „πέμπω," *Greek-English Lexicon*, 1359; Menge-Güthling, „πέμπω," *Langenscheidts Großwörterbuch Altgriechisch-Deutsch*, 539; Walter Bauer, „πέμπω," *Griechisch-deutsches Wörterbuch zum Neuen Testament*, 1293–1294: Das Verb meint einerseits „(Gesandte, Meldung, Befehl) schicken, senden, ab-, ent- oder zusenden, hingehen, hinfahren, berufen, loslassen, werfen, schleudern," andererseits „entlassen, entfernen, fort-, weg-, zurückschicken, versetzen, heimsenden, befördern" und schließlich „geleiten, begleiten, übersetzen, (Prozession) aufführen, (Festzug) feiern, gleiten." Der Begriff findet sich als *Hapax legomenon* nur hier im Text.

390 Liddell-Scott, „ἐπιτρέπω," *Greek-English Lexicon*, 667–668; Menge-Güthling, „ἐπιτρέπω," *Langenscheidts Großwörterbuch Altgriechisch-Deutsch*, 278; Walter Bauer, „ἐπιτρέπω," *Griechisch-deutsches Wörterbuch zum Neuen Testament*, 416: Das Kompositum meint einerseits „hin-, zuwenden, überlassen, übergeben, anheimstellen, zulassen, gestatten, erlauben, auftragen, anweisen, beordern" und andererseits „sich zuwenden, sich anvertrauen, nachgeben, unterwerfen, unterliegen." Das Verb findet sich 2mal im Text (Mk 5,13; 10,4).

391 Vgl. Marcus, der daran erinnert, dass jüdische Quellen bereits früh (z.B. 1Hen 89,12) den Eber mit Esau identifizierten, der später prominentes Symbol für Rom wurde (*Mark*, 1:351).

392 Liddell-Scott, „ὁρμάω," *Greek-English Lexicon*, 1252–1253; Menge-Güthling, „ὁρμάω," *Langenscheidts Großwörterbuch Altgriechisch-Deutsch*, 499; Walter Bauer, „ὁρμάω," *Griechisch-deutsches Wörterbuch zum Neuen Testament*, 1178: Das Verb meint einerseits „antreiben, erregen, sich aufmachen, aufbrechen, (zu Waffen) greifen, ausrücken, abmarschieren, (ins Feld) ziehen, dahin-, losstürmen, (weg)eilen, sich stürzen, losbrechen, losschießen, anstürmen, eindringen, anrücken" und andererseits „sich getrieben fühlen, beabsichtigen, trachten, beginnen." Der Begriff findet sich als *Hapax legomenon* nur hier im Text.

166 3. KAPITEL

send Schweine[393] – anders als sich dies die Geister vorgestellt haben – symbolisch in den Tod und sterben durch „Ertrinken" (Mk 5,13: πνίγω)[394]. Ob sich darin subversive Ohnmachtsgefühle gegenüber einer unbesiegbaren Okkupationsmacht manifestieren, deren im Land stationierter Repräsentant *Fretensis* sich insbesondere auf seine Siege in Seeschlachten rühmte? Der Rest ist schnell erzählt, ihre Hüter „fliehen" (Mk 5,14: φεύγω)[395], „berichten" (Mk 5,14.19: ἀπαγγέλλω)[396] die Geschehnisse in Stadt und Land, worauf ihre Bewohner zu Jesus herzuströmen, um mit eigenen Augen den Besessenen gekleidet – war er demzufolge vorher nackt? – und „vernünftig" (Mk 5,15: σωφρονέω)[397] dasitzend zu sehen, und die Ereignisse nochmals von Augenzeugen „erzählt" (Mk 5,16: διηγέομαι)[398] zu bekommen. Voll „Furcht" (Mk 5,15; vgl. 3.5.1[3]) – vielleicht auch des

---

393   Unter der Annahme, dass die Zahlenangabe auf die Anzahl der Dämonen verweist, stellt Markus Lau diesen Hinweis in den Zusammenhang mit einer Schlacht in Chabulon, bei der es ihren Bewohnern gelang, 2'000 Mann der mehrheitlich syrischen Vexiliartruppen des Cestius zu töten („Die Legio X Fretensis und der Besessene von Gerasa: Anmerkungen zur Zahlenangabe ‚ungefähr Zweitausend' [Mk 5,13],"*Bib.* 88 [2007]: 351–364; vgl. 5.7.2[4]).

394   Liddell-Scott, „πνίγω," *Greek-English Lexicon*, 1425; Menge-Güthling, „πνίγω," *Langenscheidts Großwörterbuch Altgriechisch-Deutsch*, 562; Walter Bauer, „πνίγω," *Griechisch-deutsches Wörterbuch zum Neuen Testament*, 1363: Das Verb meint einerseits und wie hier „(er)würgen, ersticken, ersäufen, ertrinken, ängstigen, foltern" und andererseits „dämpfen, schmoren, schwitzen lassen." Der Begriff findet sich als *Hapax legomenon* nur hier im Text.

395   Liddell-Scott, „φεύγω," *Greek-English Lexicon*, 1924–1925; Menge-Güthling, „φεύγω," *Langenscheidts Großwörterbuch Altgriechisch-Deutsch*, 725; Walter Bauer, „φεύγω," *Griechisch-deutsches Wörterbuch zum Neuen Testament*, 1706–1707: Das Verb meint einerseits und wie hier „(ent)fliehen, entlaufen, in die Flucht geschlagen werden, wegeilen, entschwinden, entrinnen, entkommen, entziehen, meiden, sich scheuen, zurückhalten, sich hüten" und andererseits „verbannt sein oder werden, in der Fremde oder im Exil leben." Der Begriff findet sich 5mal im Text (Mk 5,14; 13,14; 14,50.52; 16,8).

396   Menge-Güthling, „ἀπαγγέλλω," *Langenscheidts Großwörterbuch Altgriechisch-Deutsch*, 80; Walter Bauer, „ἀπαγγέλλω," *Griechisch-deutsches Wörterbuch zum Neuen Testament*, 157: Das Kompositum meint neben „(zurück)berichten (an die Staatsbehörden) und melden" auch „ansagen und verkündigen." Das Verb findet sich 3mal im Text (Mk 5,14.19; 6,30).

397   Menge-Güthling, „σωφρονέω," *Langenscheidts Großwörterbuch Altgriechisch-Deutsch*, 671; Walter Bauer, „σωφρονέω," *Griechisch-deutsches Wörterbuch zum Neuen Testament*, 1598–1599: Das Kompositum meint einerseits „verständig, vernünftig, klug sein" andererseits „besonnen, mäßig, nüchtern, züchtig, tugendhaft, bescheiden, fügsam, gehorsam sein." Das Verb findet sich als *Hapax legomenon* nur hier im Text.

398   Menge-Güthling, „διηγέομαι," *Langenscheidts Großwörterbuch Altgriechisch-Deutsch*, 181; Walter Bauer, „διηγέομαι," *Griechisch-deutsches Wörterbuch zum Neuen Testament*, 392: Das aus „διά" und „ἄγω" zusammengesetzte Kompositum meint einerseits „durch etwas

EXEGETISCHE ANALYSE DES MARKUSEVANGELIUMS 167

wirtschaftlichen Schadens wegen – bitten sie Jesus, von ihrem Gebiet „abzuziehen" (Mk 5,17.20; vgl. 3.2.1[3]), weshalb Jesus mit seinen Jüngern das Boot
besteigt. Eine Bitte des Befreiten, mit ihm sein zu dürfen, schlägt Jesus aus,
das ist und bleibt nur seinen Jüngern vorbehalten (vgl. Mk 3,14). Stattdessen
beauftragt er ihn in sein Haus zu „gehen" (Mk 5,19; vgl. 3.2.4[3]) – und damit
wieder unter Menschen zu wohnen – und den Seinen zu erzählen, wie viel der
Herr ihm getan und sich seiner „erbarmt" (Mk 5,19: ἐλεέω)[399] habe. Der Erzähler
endet im Satz, dass dieser wegging (Mk 5,20; vgl. 3.1.2[3]) und in der zu Syrien
gehörenden Dekapolis zu verkündigen begann, nicht, wie viel der Herr, sondern wie viel Jesus an ihm getan hatte, worauf sich alle „wunderten" (Mk 5,20:
θαυμάζω)[400].

(4)   Politisch-militärisches Profil
Die vorhergehende Szene hatte in der Identitätsfrage der Jünger, „Wer ist denn
dieser, dass auch der Wind und der See ihm gehorchen" (vgl. Mk 4,41), geendet.
Was sie nicht wissen, weiß hingegen die Dämonengruppe Legion sehr wohl.
Denn nicht nur kennen sie seinen Namen, „Jesus, Sohn Gottes des Höchsten"
(Mk 5,7), sondern kennen damit auch seine Autorität und wissen sich a priori
als Besiegte. Dass Legion dabei das vor Ort stationierte römische Heer, das heißt
die von Titus zurückgelassene Besetzungsmacht der *legio X Fretensis* symbolisiert (Josephus, *Bell.* 7,4–5.17.164), legt sich nahe.[401] Die subversive Aussage auf
der Ebene semantischer Tiefenstruktur wäre somit diejenige, dass Jesus dieser römischen Legion unwiderruflich überlegen ist, selbst ohne Hilfe der ihm
nach Mt 26,53 zur Verfügung stehenden zwölf Legionen Engel. Der Exorzismus
soll Mittel genug gewesen sein, um die eine Legion symbolisch zu besiegen,
sie daraufhin – entgegen der Bitte der unreinen Geister (Mk 5,10) – aus der

---

führen," andererseits wie hier „(eingehend) erzählen" und schließlich „auseinandersetzen,
darstellen, berichten, schildern, beschreiben, verkündigen." Das Verb findet sich 2mal im
Text (Mk 5,16; 9,9).

399   Menge-Güthling, „ἐλεέω," *Langenscheidts Großwörterbuch Altgriechisch-Deutsch*, 226; Walter Bauer, „ἐλεέω," *Griechisch-deutsches Wörterbuch zum Neuen Testament*, 503: Das Verb
meint im Aktiv neben „sich erbarmen" auch „bemitleiden, bedauern, beklagen" und im
Passiv „Erbarmen finden." Der Begriff findet sich 3mal im Text (Mk 5,19; 10,47.48).

400   Menge-Güthling, „θαυμάζω," *Langenscheidts Großwörterbuch Altgriechisch-Deutsch*, 325–
326; Walter Bauer, „θαυμάζω," *Griechisch-deutsches Wörterbuch zum Neuen Testament*, 715–
716: Das Verb meint einerseits „(er)staunen, sich verwundern," andererseits „anstaunen,
bewundern, hochschätzen, verehren, loben," ferner „verwundert fragen, unbegreiflich
finden" und schließlich „zu wissen wünschen, zu sehen verlangen, neugierig, gespannt
sein." Der Begriff findet sich 4mal im Text (Mk 5,20; 6,6; 15,5.44).

401   Vgl. auch Ebner, *Das Markusevangelium*, 57–60.

168 3. KAPITEL

Philippus und später Agrippa II. unterstellten Gegend zu vertreiben und diese darin nicht nur zu befreien sondern auch zu reinigen (vgl. 5.5.4[1]; 5.6.4[1]; 5.7.3[2]). Hätten die Jünger genau hingesehen und -gehört, so hätten sie auf ihre Frage zu Jesu Identität in seinem Handeln hier einen Wesensanteil seiner Person erkennen können: Er ist König und siegreicher Feldherr zugleich, der geographisch wie auch anthropologisch okkupiertes Territorium vollmächtig seinem Gott zurückzuführen weiß (vgl. 5.5.4[3]; 5.6.4[6]).[402] Und in diesem „militärischen" Sieg eröffnet Jesus den Menschen des Gebiets – und stellvertretend vielleicht für alle – wieder den Zugang zu den Grabstätten und damit der eigenen Gedenkstätte. Jetzt dürfen und sollen sie sich wieder an die eigenen und vielleicht durch die Römer getöteten Angehörigen, und damit an ihren Stamm, ihr Volk erinnern und besinnen. Diese Botschaft wird vom Befreiten mit Erfolg außerhalb der Fürstentumsgrenze getragen, von den Einheimischen jedoch abgelehnt (vgl. 5.6.4[9]).

3.5.3 Szene 25 (Mk 5,21–24.35–43): Jesu Auferweckung der Tochter des Synagogenvorstehers Jaïrus in dessen Haus

(1) Szene

Die fünfundzwanzigste und rahmende Szene Mk 5,21–24.35–43 handelt davon, wie Jesus die Tochter des Synagogenvorstehers Jaïrus in dessen Haus auferweckt. Wie bereits die Szenen 02, 07–11, 14–15, 17, 19–22 und 24 gehört somit auch diese zu den volksbezogenen, und zwar ihre Heilung betreffenden Szenen. Die Szene unterscheidet sich einerseits von der eingebetteten nicht im Blick auf Thema, wohl aber im Blick auf Akteure, Ort, Zeit und Handlung, heilt doch dort Jesus eine blutflüssige Frau (am See). Die Szene unterscheidet sich andererseits von der nachfolgenden im Blick auf Akteure, Ort, Zeit, Handlung und Thema, vermisst doch dort Jesus Ehre in seiner Vaterstadt (Nazareth).

---

402 Vgl. auch J. Duncan M. Derrett, „Contributions to the Study of the Gerasene Demoniac," *JSNT* 3 (1979): 2–17; Richard Dormandy, „The Expulsion of Legion: A Political Reading of Mark 5:1–20," *ET* 111 (1999/2000): 335–337; Richard A. Horsley, *Jesus and Empire: The Kingdom of God and the New World Disorder* (Minneapolis: Fortress, 2003), 99–101; Heininger, „Politische Theologie," 190–191; und Martin Ebner, „Wessen Medium willst du sein? (Die Heilung des Besessenen von Gerasa): Mk 5,1–20 (EpAp 5,9 f.)," in *Kompendium der frühchristlichen Wundererzählungen: Band 1: Die Wunder Jesu* (hg. von Ruben Zimmermann, in Zusammenarb. mit Detlev Dormeyer, Judith Hartenstein, Christian Münch et al.; Gütersloh: Gütersloher Verlagshaus, 2013), 266–277.

EXEGETISCHE ANALYSE DES MARKUSEVANGELIUMS 169

(2)   Text

5²¹ Und als Jesus wieder an das jenseitige Ufer hinübergefahren war, versammelte sich eine große Volksmenge zu ihm, und er war am See. ²² Und es kommt einer der Synagogenvorsteher mit Namen Jaïrus zu ihm, und ihn sehend, fällt er ihm zu Füssen ²³ und bittet ihn sehr sagend: Mein Töchterchen liegt im Sterben, kommend lege die Hände auf sie, damit sie gerettet werde und lebe. ²⁴ Und er ging mit ihm, und es folgte ihm eine große Volksmenge und drängte ihn.⁴⁰³

³⁵ Wären er noch redete, kommen sie von des Synagogenvorstehers (Haus) sagend: Deine Tochter starb, was bemühst du den Lehrer noch? ³⁶ Jesus aber überhörend das gesprochene Wort sagt zu dem Synagogenvorsteher: Fürchte dich nicht, glaube nur! ³⁷ Und er erlaubte niemandem ihn zu begleiten, außer Petrus, Jakobus und Johannes, den Bruder von Jakobus. ³⁸ Und sie kommen in das Haus des Synagogenvorstehers, und er sieht eine Bestürzung und Heulende und laut Wehklagende. ³⁹ Und hineingehend sagt er zu ihnen: Was seid ihr bestürzt und heult? Das Kind starb nicht, sondern schläft. ⁴⁰ Und sie lachten ihn aus. Er aber nimmt alle hinaustreibend den Vater des Kindes und die Mutter und die mit ihm (waren) und geht hinein, wo das Kind war. ⁴¹ Und die Hand des Kindes ergreifend sagt er zu ihr: Talitha kum! Das ist übersetzt: Mädchen, ich sage dir, steht auf! ⁴² Und sogleich stand das Mädchen auf und ging umher, denn es war zwölf Jahre alt. Und sie waren außer sich mit großem Entsetzen. ⁴³ Und er befahl ihnen sehr, dass niemand dies erfahre, und er sagte, man solle ihr zu essen geben.⁴⁰⁴

(3)   Inhalt

Explizit anwesende *Akteure* des ersten Szenenteils sind einerseits „Jesus" (Mk 5,21.36; vgl. 3.1.1[3]), der von den Angehörigen des Synagogenvorstehers „Lehrer" (Mk 5,35; vgl. 3.5.1[3]) genannt wird, andererseits eine wohl aus Kapernaum stammende große „Volksmenge" (Mk 5,21.24; vgl. 3.2.5[3]), ferner einer der „Synagogenvorsteher" (Mk 5,22 Pl.; Mk 5,35.36.38: ἀρχισυνάγωγος)⁴⁰⁵ namens „Jaïrus" (Mk 5,22: Ἰάϊρος), mit der sinnfälligen Bedeutung „er (Gott) möge erwe-

---

403   Literarisch folgt Szene 25a einem chiastischen Schema: A: Mk 5,21 (große Volksmenge, er); B: Mk 5,22 (kommen, er); B': Mk 5,23 (er, kommen); A': Mk 5,24 (er, große Volksmenge).

404   Literarisch folgt Szene 25b einem chiastischen Schema: A: Mk 5,35 (Tochter, sterben); B: Mk 5,36–37 (Petrus, Jakobus, Johannes); C: Mk 5,38 (Aufregung, heulen); C': Mk 5,39 (aufregen, heulen); B': Mk 5,40 (die mit ihm); A': Mk 5,41–43 (aufstehen, Mädchen).

405   Menge-Güthling, „ἀρχισυνάγωγος," *Langenscheidts Großwörterbuch Altgriechisch-Deutsch*, 111; Walter Bauer, „ἀρχισυνάγωγος," *Griechisch-deutsches Wörterbuch zum Neuen Testament*, 226: Das Kompositum meint neben „Synagogenvorsteher" auch „Synagogenleiter." Das Substantiv findet sich 4mal und nur hier im Text.

cken" (vgl. 1 Chr 20,5)[406], und der als „Vater" (Mk 5,40; vgl. 3.2.1[3]) um das Leben seines „zwölfjährigen" (Mk 5,42) „Töchterchens" (Mk 5,23: θυγάτριον)[407] bittet, welche mit weiteren Bezeichnungen im zweiten Szenenteil angeführt ist: „Tochter" (Mk 5,35: θυγάτηρ)[408], „Kind" (Mk 5,39.40.40.41: παιδίον)[409], „Talitha" (Mk 5,41 Aram.: ταλιθά) und auch „Mädchen" (Mk 5,41.42: κοράσιον)[410], dann die „Mutter" (Mk 5,40; vgl. 3.3.6[3]) des Kindes als auch die Angehörigen des Jaïrus, und schließlich die drei Jünger, nämlich „Petrus" (Mk 5,37; vgl. 3.3.5[3]), „Jakobus" (Mk 5,37.37; vgl. 3.2.1[3]) und „Johannes" (Mk 5,37; vgl. 3.1.2[3]), der „Bruder" (Mk 5,37; vgl. 3.2.1[3]) des Jakobus. Und implizite Akteure sind – zumindest im ersten Szenenteil – auch die übrigen Jünger mit samt denen, die sie und Jesus nach Gergesa begleitet hatten. *Orte* des Geschehens sind zunächst das „diesseitige Ufer" (Mk 5,21; vgl. 3.3.4[3]) des „Sees" (Mk 5,21; vgl. 3.2.1[3]) bei Kapernaum, als auch das „Haus" (Mk 5,38) des Jaïrus. Da keine *temporalen* Angaben gemacht werden, könnte es immer noch Abend im Übergang vom siebten zum ersten Wochentag sein (vgl. Mk 4,35). In *rhetorischer* Hinsicht ist einerseits der flehende Jaïrus zu vernehmen, andererseits seine Angehörigen, die den Tod des Kindes vermelden, ferner Jesu Aufforderung an ihn zu glauben, dann Jesu Hinweis an die Wehklagenden, dass das Kind nur schlafe und schließlich seine Aufforderung an das Mädchen aufzustehen. Als gesteigerte

---

406 Rainer Dillmann, „Jaïrus," *Personenlexikon zum Neuen Testament,* 111–112: Der Name meint als griech. Variante des hebr. „Jair" je nach Schreibweise entweder „er (Gott) möge erstrahlen" oder „er (Gott) möge erwecken" (vgl. 1 Chr 20,5). Der Begriff findet sich als *Hapax legomenon* nur hier im Text.

407 Menge-Güthling, „θυγάτριον," *Langenscheidts Großwörterbuch Altgriechisch-Deutsch,* 335; Walter Bauer, „θυγάτριον," *Griechisch-deutsches Wörterbuch zum Neuen Testament,* 742: Als Diminutiv des Substantivs „θυγάτηρ" – „Tochter" – meint das Substantiv „Töchterchen." Der Begriff findet sich 2mal im Text (Mk 5,23; 7,25).

408 Menge-Güthling, „θυγάτηρ," *Langenscheidts Großwörterbuch Altgriechisch-Deutsch,* 335; Walter Bauer, „θυγάτηρ," *Griechisch-deutsches Wörterbuch zum Neuen Testament,* 741–742: Das Substantiv meint einerseits „Tochter, Mädchen, Enkelin oder Ein- und Bewohnerin" und ist andererseits auch freundliche Anrede. Der Begriff findet sich 5mal im Text (Mk 5,34.35; 6,22; 7,26.29).

409 Menge-Güthling, „παιδίον/παιδάριον," *Langenscheidts Großwörterbuch Altgriechisch-Deutsch,* 511–512; Walter Bauer, „παιδίον," *Griechisch-deutsches Wörterbuch zum Neuen Testament,* 1222: Als Diminutiv von „παῖς" – „Kind(lein)" – meint dieses Substantiv „(kleines) Kind." Der Begriff findet sich 12mal im Text (Mk 5,39.40.40.41; 7,28.30; 9,24.36.37; 10,13.14.15).

410 Menge-Güthling, „κοράσιον," *Langenscheidts Großwörterbuch Altgriechisch-Deutsch,* 399; Walter Bauer, „κοράσιον," *Griechisch-deutsches Wörterbuch zum Neuen Testament,* 902: Als Diminutiv von „κόρη" – „Jungrau, Braut" – meint das Substantiv „Mädchen." Der Begriff findet sich 5mal im Text (Mk 5,41.42; 6,22.28.28).

EXEGETISCHE ANALYSE DES MARKUSEVANGELIUMS 171

Heilungsszene knüpft diese Szene insbesondere an die eingebettete Szene 26 an, denn hätte Jesus sich nicht von der blutflüssigen Frau aufhalten lassen, wäre das Kind möglicherweise nicht gestorben. Nun aber dient sie dazu aufzuzeigen, dass Jesus selbst durch den Tod keine Grenzen gesetzt sind.

Nachdem Jesus den Besessenen von Legion befreit und die dortige Bevölkerung wieder dem Gedenken ihren Toten zugeführt hatte, verhilft er hier einer Toten zum Leben. Bald nach seiner „Überfahrt" (Mk 5,21: διαπεράω)[411], versammelt sich ebendort am See wieder eine große Menge aus dem Volk um Jesus, vielleicht dieselbe, die er und seine Jünger in Mk 4,36 unter Hast entlassen hatten. Dabei kommt einer der Synagogenvorsteher namens Jaïrus auf ihn zu, er dürfte Jesus bereits in Szene 07 begegnet sein. Er kommt aber nicht, um ihn zu verhaften, sondern fällt ihm – als er ihn sieht – zu „Füssen" (Mk 5,22 Pl.: πούς)[412] und bittet, dass er komme, um seiner im „Sterben" (Mk 5,23: ἐσχάτως)[413] liegenden Tochter die „Hände" (Mk 5,23 Pl.; Mk 5,41; 3.2.3[3]) aufzulegen, so dass sie „gerettet" (Mk 5,23; vgl. 3.3.3[3]) würde und „lebe" (Mk 5,23: ζάω)[414]. Der Mann ist somit Träger eines des am häufigsten in Text und Inschrift bezeugten jüdischen Amtstitels im Rahmen der antiken Synagoge. Und indem ihm die Verantwortung für praktische, aber vor allem auch geistliche, das heißt gottesdienstliche Belange der Synagoge obliegen, gehört er zu den lokalen Hono-

---

411 Menge-Güthling, „διαπεράω," *Langenscheidts Großwörterbuch Altgriechisch-Deutsch*, 376; Walter Bauer, „διαπεράω," *Griechisch-deutsches Wörterbuch zum Neuen Testament*, 376: Das Kompositum meint einerseits „übersetzen," andererseits und wie hier „hinüberfahren, durchsegeln, überschreiten" und schließlich „durchstehen." Das Verb findet sich 2mal im Text (Mk 5,21; 6,53).

412 Liddell-Scott, „πούς," *Greek-English Lexicon*, 1456–1457; Menge-Güthling, „πούς," *Langenscheidts Großwörterbuch Altgriechisch-Deutsch*, 575; Walter Bauer, „πούς," *Griechischdeutsches Wörterbuch zum Neuen Testament*, 1396: Das Substantiv meint einerseits „Fuß, Bein (von Lebewesen und Gegenständen)," andererseits „Schritt, Tritt, Gang, (Wett)Lauf, Schnelligkeit," ferner „Fuß als Längen- und Versmass" und schließlich „Sieg, Unterwerfung." Der Begriff findet sich 6mal im Text (Mk 5,22; 6,11; 7,25; 9,45.45; 12,36).

413 Menge-Güthling, „ἐσχάτως," *Langenscheidts Großwörterbuch Altgriechisch-Deutsch*, 291; Walter Bauer, „ἐσχάτως," *Griechisch-deutsches Wörterbuch zum Neuen Testament*, 636: Das Adverb meint „zuäußerst, zuletzt" und in Verbindung mit dem Verb „ἔχω" „sich im äußersten Elend befinden, in den letzten Zügen liegen." Der Begriff findet sich als *Hapax legomenon* nur hier im Text.

414 Menge-Güthling, „ζάω," *Langenscheidts Großwörterbuch Altgriechisch-Deutsch*, 311; Walter Bauer, „ζάω," *Griechisch-deutsches Wörterbuch zum Neuen Testament*, 679–682: Das Verb meint einerseits „am Leben sein, ein Leben führen, von etwas leben" und andererseits „ungeschwächt, kräftig, stark, wirksam sein, bestehen, fortleben, erfolgreich sein, gedeihen, blühen, gegenwärtig sein." Der Begriff findet sich 2mal im Text (Mk 5,23; 12,27).

172   3. KAPITEL

ratioren, ungeachtet ob er das Amt auf Lebenszeit geerbt oder – wie auch bezeugt – nur für eine befristete Amtsperiode innehat.[415] Was immer Jaïrus antreibt, sei es Verzweiflung oder Zustimmung oder gar beides, die Geste des Kniefalls ist eine ehrerbietende und für einen seines Ranges nicht selbstverständliche. Aber vielleicht legt er bewusst seine Stellung für sein Anliegen in die Waagschale, denn *er* bittet vertrauensvoll für die Tochter und nicht die Mutter, die auch, aber nur nebenbei Erwähnung findet. Jesus folgt ihm ins vielleicht immer noch gefährliche Stadtinnere, wobei er von der Volksmenge „gedrängt" (Mk 5,24: συνθλίβω)[416] wird. Unterwegs kommt es zur Heilung der blutflüssigen Frau (vgl. Szene 26), und noch als Jesus dieser zuspricht „Tochter, dein Glaube hat dich gerettet" (vgl. Mk 5,34), kommen die Angehörigen des Synagogenvorstehers und vermelden ihm, seine Tochter sei „gestorben" (Mk 5,35.39: ἀποθνήσκω)[417], wozu er denn den Lehrer noch „bemühe" (Mk 5,35: σκύλλω)[418]. Was in Jesu Worten freundliche Anrede einer erwachsenen Frau ist, meint im Bericht der Angehörigen die besagte leibliche Tochter, für die der Vater Hilfe erfleht. Überhaupt ist die Vielfalt ihrer Anrede auffallend an dieser Stelle, denn hatte der Vater sie „Töchterchen" bezeichnet, nennen die Angehörigen sie „Tochter," Jesus und der Narrator hingegen verwenden „Kind oder Mädchen" für aramäisch „Talitha." Trotz der vier Diminutive, wird die soeben Verstorbene – der Grund ihres Leidens wird nicht angeführt – als Zwölfjährige beschrieben. Sie befindet sich somit in einem Alter des Übergangs,

---

415 Claudia J. Setzer, „Rulers of the Synagogue," *ABD* 5:841–842. Das Kompositum findet sich 4mal und nur hier im Text.

416 Menge-Güthling, „συνθλίβω," *Langenscheidts Großwörterbuch Altgriechisch-Deutsch*, 661; Walter Bauer, „συνθλίβω," *Griechisch-deutsches Wörterbuch zum Neuen Testament*, 1575: Das Kompositum – es war als Simplex „θλίβω" in Mk 3,9 bereits begegnet – meint neben „drängen" auch „zusammendrücken, einengen." Das Verb findet sich 2mal im Text (Mk 5,24.31).

417 Liddell-Scott, „ἀποθνήσκω," *Greek-English Lexicon*, 199; Menge-Güthling, „ἀποθνήσκω," *Langenscheidts Großwörterbuch Altgriechisch-Deutsch*, 89; Walter Bauer, „ἀποθνήσκω," *Griechisch-deutsches Wörterbuch zum Neuen Testament*, 182–183: Das Kompositum meint einerseits „ver-, ab-, sterben, tot sein, getötet werden, zum Tode verurteilt, ermordet, erschlagen, hingerichtet werden" und andererseits „einer Sache absterben, völlig entsagen." Das Verb findet sich 8mal im Text (Mk 5,35.39; 9,26; 12,19.20.21.22; 15,44).

418 Liddell-Scott, „σκύλλω," *Greek-English Lexicon*, 1617; Menge-Güthling, „σκύλλω," *Langenscheidts Großwörterbuch Altgriechisch-Deutsch*, 628; Walter Bauer, „σκύλλω," *Griechisch-deutsches Wörterbuch zum Neuen Testament*, 1514–1515: Das Verb meint einerseits „zerreißen, zerfleischen" und andererseits wie hier „plagen, ermüden, misshandeln, schinden, belästigen, bemühen, behelligen." Der Begriff findet sich als *Hapax legomenon* nur hier im Text.

EXEGETISCHE ANALYSE DES MARKUSEVANGELIUMS 173

denn bis zwölf galten Töchter als Minderjährige, aber ab zwölf oder zwölfeinhalb als heiratsfähige Jungfrauen. Die Wortwahl um die Tochter überschneidet sich nicht nur in dieser Anrede mit der Beschreibung der blutflüssigen Frau. Auch dort erscheint die Zahl zwölf, aber nicht als Alter, sondern als Dauer ihrer Leidens. Beide sind unrein, diese durch den Tod und jene durch das Blut, das sie unkontrolliert verliert; es könnte insinuieren, dass das spezifische Leiden der Tochter mit dem Einsetzenden der Menstruation in diesem Alter zusammenhängt.[419] Abgesehen von ihrem vieldeutigen Alter – es ist das erste Kind, und der dritte Mensch weiblichen Geschlechts, den Jesus explizit heilt –, lassen sich über ihren Vater auch Herkunft (Kapernaum) und Ethnie (Jüdin) ableiten, aber ansonsten bleibt sie wie andere auch namen- und geschichtslos. Jesus „überhört" (Mk 5,36: παρακούω)[420] gezielt die Todesanzeige und fordert stattdessen den Synagogenvorsteher auf, sich nicht zu „fürchten" (Mk 5,36 Pass.; vgl. 3.5.1[3]), sondern zu „glauben" (Mk 5,36; vgl. 3.1.5[3]), nicht wie die Jünger angesichts des Sturmwindes (vgl. Szene 23), sondern wie die Blutflüssige und wie sein Name es verheißt. Von seinen Jüngern und Begleitern erlaubt Jesus nur Dreien, Petrus, Jakobs und Johannes, ihm nachzufolgen, weshalb aber die übrigen Jünger und das Volk außen vor bleiben müssen, wird nicht gesagt.[421] Dort angekommen findet er – wohl wie bei Totenklagen üblich – „Bestürzung" (Mk 5,38: θόρυβος)[422], „Heulen" (Mk 5,38.39:

---

419 Hans-Joachim Ritz, „θυγάτηρ," EWNT 2:392–394: Im Leiden des Vaters könnte die Sorge um einen ökonomischen Verlust mitschwingen, durfte er doch dank seiner väterlichen Autorität bald auf ein Brautgeld hoffen. Selbst in die Sklaverei hätte er sie verkaufen dürfen, hätte er das gewollt oder gebraucht. Da er jedoch besser situiert zu sein scheint, bin ich einer Sicht auf sie als kommerzielles Objekt eher abgeneigt.

420 Menge-Güthling, „παρακούω," Langenscheidts Großwörterbuch Altgriechisch-Deutsch, 522; Walter Bauer, „παρακούω," Griechisch-deutsches Wörterbuch zum Neuen Testament, 1251: Das Kompositum meint einerseits „nebenbei, heimlich, zufällig, belauschen," andererseits „falsch hören" und schließlich „überhören, ungehorsam sein, verachten." Das Verb findet sich als Hapax legomenon nur hier im Text.

421 Diese Dreiergruppe begegnet noch zweimal (Mk 9,2–13; 14,32–42); vgl. dazu Ekkehard W. Stegemann, „Zur Rolle von Petrus, Jakobus und Johannes im Markusevangelium," ThZ 42 (1986): 366–374.

422 Liddell-Scott, „θόρυβος," Greek-English Lexicon, 803–804; Menge-Güthling, „θόρυβος," Langenscheidts Großwörterbuch Altgriechisch-Deutsch, 333; Walter Bauer, „θόρυβος," Griechisch-deutsches Wörterbuch zum Neuen Testament, 737: Das Substantiv meint einerseits „Bestürzung, Getümmel, Aufruhr, Tumult, Wirrwarr, Verwirrung, Unordnung, Unruhe, Störung" und andererseits „Lärm, Geräusch, Geschrei, Alarm." Der Begriff findet sich 2mal im Text (Mk 5,38; 14,2).

174   3. KAPITEL

κλαίω)[423] und „Wehklagen" (Mk 5,38: ἀλαλάζω)[424] vor. Den Hinweis Jesu, dass das Kind nicht gestorben sei sondern nur schlafe, quittieren die Trauernden mit „Gespött" (Mk 5,40), worauf Jesus sie „hinaustreibt" (Mk 5,40; vgl. 3.1.4[3]). Einzig mit dem Vater, der Mutter und den Dreien begibt er sich zum Kind. Dort angelangt, ergreift er – wie zuvor schon bei der Schwiegermutter (vgl. Mk 1,31) – ihre Hand und sagt auf aramäisch, was der Narrator für die Leserschaft „übersetzt" (Mk 5,41), dass das Mädchen sich erheben solle. Durch die Heilkraft ins Leben zurückgeholt, leistet sie dem Befehl „sogleich" (Mk 5,42) Folge, „steht auf" (Mk 5,42; 3.2.4[3]) und geht umher, was die Umstehenden – wie schon bei der Heilung des Gelähmten im Hause Simons und Andreas (vgl. Mk 2,12) – „außer sich" (Mk 5,42; vgl. 3.2.5[3]) vor „Entsetzen" (Mk 5,42: ἔκστασις)[425] geraten lässt. Nachdem er sie zu speisen anhält, endet die Szene im „Befehl" (Mk 5,43: διαστέλλω)[426] an die Zeugen, dass niemand davon erfahren solle, weder die Noblen der Stadt noch die übrigen Jünger. Es ist das zweite Schweigegebot bezüglich einer Heilung (vgl. Mk 1,44) und dürfte die ähnliche Funktion haben, wie die mehrfach ergangenen Schweigegebote an unreine Geister.[427]

---

423   Menge-Güthling, „κλαίω,"*Langenscheidts Großwörterbuch Altgriechisch-Deutsch*, 390; Walter Bauer, „κλαίω," *Griechisch-deutsches Wörterbuch zum Neuen Testament*, 880–881: Das Verb meint einerseits „heulen" und andererseits „weinen, laut klagen, jammern." Der Begriff findet sich 3mal im Text (Mk 5,38.39; 14,72).

424   Liddell-Scott, „ἀλαλάζω," *Greek-English Lexicon*, 60; Menge-Güthling, „ἀλαλάζω," *Langenscheidts Großwörterbuch Altgriechisch-Deutsch*, 32; Walter Bauer, „ἀλαλάζω," *Griechisch-deutsches Wörterbuch zum Neuen Testament*, 67: Das Verb meint einerseits „Kriegsgeschrei erheben, laut schreien, jubeln, jammern, heulen, gellen, tönen, jubeln" und andererseits „(weh)klagen," wie es für Klageweiber bei der Totenklage üblich ist. Der Begriff findet sich als *Hapax legomenon* nur hier im Text.

425   Menge-Güthling, „ἔκστασις," *Langenscheidts Großwörterbuch Altgriechisch-Deutsch*, 222; Walter Bauer, „ἔκστασις," *Griechisch-deutsches Wörterbuch zum Neuen Testament*, 494: Das Kompositum meint neben „Entsetzen" auch „Außer-sich-geraten, Verwunderung, Staunen, Verzückung, Ekstase, Verwirrung, Verrücktheit." Das Substantiv findet sich 2mal im Text (Mk 5,42; 16,8).

426   Liddell-Scott, „διαστέλλω," *Greek-English Lexicon*, 391; Menge-Güthling, „διαστέλλω," *Langenscheidts Großwörterbuch Altgriechisch-Deutsch*, 175; Walter Bauer, „διαστέλλω," *Griechisch-deutsches Wörterbuch zum Neuen Testament*, 378–379: Das Kompositum meint einerseits „auseinanderbringen, -tun, trennen, öffnen, ausscharren," und andererseits „befehlen, unterscheiden, genau bestimmen, erklären, auftragen, anordnen." Das Verb findet sich 5mal im Text (Mk 5,43; 7,36.36; 8,15; 9,9).

427   Vgl. auch Miller, *Women in Mark's Gospel*, 52–72.

EXEGETISCHE ANALYSE DES MARKUSEVANGELIUMS

(4)   Politisch-militärisches Profil
Daran, dass Jesus den geistlichen und symbolisch auch den militärischen Feind
zu besiegen weiß, ließ der Autor in der vorhergehenden Szene alle zwölf Jünger
Jesu Anteil haben. Aber dem für die Antike selten bezeugten Wunder des wie-
dergeschenkten Lebens darf hier nur ein innerster Kreis von Dreien beiwohnen
(vgl. 5.6.4[1]). Sie gehören zu seinen ersten Jüngern, die er daher am längsten
kennt, wobei Simons Bruder Andreas hier zu den Zurückgesetzten zählt. Weshalb sind ausgerechnet sie es, denen das Privileg vergönnt ist, einer Totenauferweckung, einem Leben rettenden und spendenden Wunder wie sie etwa
von einem Elija, Elisa oder einem Asklepios bezeugt sind beizuwohnen?[428]
Lebensspendend übrigens nicht nur im eigentlichen Kontext von Alltag und
Kriegszeit (vgl. 5.6.4[6]), sondern auch im übertragenen Sinn, denn als Braut
wird das Mädchen jetzt wieder zum Fortbestand des Volkes beitragen können.
Aber was sie an prophetischer und gar gottähnlicher Vollmachtsbezeugung
zu sehen bekommen, scheint sie für den Augenblick nur zu überfordern (vgl.
5.5.4[3]); denn wie die Eltern reagieren sie mit Entsetzen und vermutlich mit
Sprachlosigkeit. Dies dürfte ganz im Sinne Jesu sein, der ihnen über das Auf-
erstehungswunder, möglicherweise aus strategischen Gründen, zu schweigen
gebietet (vgl. 5.7.3[4]).

3.5.4 *Szene 26 (Mk 5,25–34): Jesus heilt eine blutflüssige Frau (am See)*
(1)   Szene
Die sechsundzwanzigste und eingebettete Szene Mk 5,25–34 handelt davon,
wie Jesus eine blutflüssige Frau (am See) heilt. Wie bereits die Szenen 02, 07–
11, 14–15, 17, 19–22 und 24–25 gehört somit auch diese zu den volksbezogenen,
und zwar ihre Heilung betreffenden Szenen.

(2)   Text
5[25] Und (es war) eine Frau(, die) mit einem Blutfluss war zwölf Jahre, [26] und
vieles erlitten von vielen Ärzten und alle ihre Habe aufgewendet, aber keinen
Nutzen gehabt hatte, sondern schlimmer war es mit ihr geworden. [27] Als sie
von Jesus hörte, ging sie unter die Volksmenge (und) berührte von hinten sein
Kleid, [28] denn sie sagte: Wenn ich nur sein Kleid berühre, werde ich gerettet
werden. [29] Und sogleich vertrocknete die Quelle ihres Blutes und sie erkannte
am Körper, dass sie von der Plage geheilt war. [30] Und sogleich erkannte Jesus in

---

428   Zum Thema Totenauferweckung im Kontext antiker Literatur vgl. Wendy Cotter, „Mark's
       Hero of the Twelfth-Year Miracles: The Healing of the Woman with the Hemorrhage and
       the Raising of Jairus's Daughter (Mark 5.21–43)," in *A Feminist Companion to Mark*, 54–78.

176 3. KAPITEL

sich(, dass) von ihm die Kraft gegangen war, und sagte, sich in der Volksmenge
umdrehend: Wer berührte meine Kleider? [31] Und seine Jünger sagten zu ihm:
Du siehst die dich drängende Volksmenge und sagst: Wer hat mich berührt?
[32] Er aber blickte umher, um zu sehen, die dies getan hatte. [33] Die Frau aber
sich fürchtend und zitternd, wissend, was ihr geschehen war, kam und fiel
vor ihm nieder und sagte ihm die ganze Wahrheit. [34] Er aber sagte zu ihr:
Tochter, dein Glaube hat dich gerettet. Geh in Frieden und sei gesund von
deiner Plage.[429]

(3)   Inhalt

Explizit anwesende *Akteure* dieser Szene sind einerseits „Jesus" (Mk 5,27.30;
vgl. 3.1.1[3]), andererseits seine „Jünger" (Mk 5,31; vgl. 3.2.6[3]), ferner eine blutflüssige „Frau" (Mk 5,25.33: γυνή)[430], die Jesus liebevoll mit „Tochter" (Mk 5,34;
vgl. 3.5.3[3]) anspricht, und schließlich eine wohl aus Kapernaum stammende
„Volksmenge" (Mk 5,27.30.31; vgl. 3.2.5[3]). Implizit anwesende Akteure sind
auch diejenigen, die Jesus und die Jünger nach Gergesa begleitet hatten. Und
erwähnte Akteure sind noch die vergeblich aufgesuchten „Ärzte" (Mk 5,26 Pl.;
vgl. 3.2.6[3]). In *räumlicher* Hinsicht ereignet sich diese Szene auf dem Weg
vom See zum wohl in Kapernaum befindlichen Haus des Synagogenvorstehers (vgl. Mk 5,21.24.38). Sollten die zuletzt gemachten *temporalen* Angaben
noch Gültigkeit haben, dann wäre es immer noch am Abend im Übergang vom
siebten zum ersten Wochentag (vgl. Mk 4,35), und möglicherweise bereits ein-
gedunkelt. In *rhetorischer* Hinsicht ist einerseits die Frau im Selbstgespräch zu
vernehmen, andererseits Jesu Frage, wer ihn berührt habe, ferner die Entgegnung der Jünger darauf und schließlich Jesu wohlwollender Zuspruch an die
sich offenbarende Frau. Mit dem Thema der Heilung zweier Menschen weiblichen Geschlechts knüpft dieses Narrativ insbesondere an die sie rahmende
Szene 25 an.

Während Jesus soeben der Bitte des Synagogenvorstehers Jaïrus im Interesse der sterbenden Tochter nachkommt und ihm nach Hause folgt, mischt
sich eine Frau unter die Volksmenge, die von Jesus hörte und sich Heilung von

---

429   Literarisch folgt Szene 26 einem chiastischen Schema: A: Mk 5,25–26 (Frau, Blutfluss);
B: Mk 5,27–28 (berühren, Kleid); C: Mk 5,29 (sogleich, erkennen); C': Mk 5,30a (sogleich,
erkennen); B': Mk 5,30b–32 (berühren, Kleider); A': Mk 5,33–34 (Frau, Plage).

430   Menge-Güthling, „γυνή," *Langenscheidts Großwörterbuch Altgriechisch-Deutsch*, 153; Walter Bauer, „γυνή," *Griechisch-deutsches Wörterbuch zum Neuen Testament*, 335–336: Das
Substantiv meint einerseits „Frau, Magd, Braut, Ehefrau, Witwe" und andererseits „Her-
rin, Gebieterin." Der Begriff findet sich 17mal im Text (Mk 5,25.33; 6,17.18; 7,25.26; 10,2.7.11;
12,19.19.20.22.23.23; 14,3; 15,40).

EXEGETISCHE ANALYSE DES MARKUSEVANGELIUMS

ihm erhofft. Sie leidet seit „zwölf Jahren" (Mk 5,25; vgl. 3.5.3[3]) an „Blutfluss" (Mk 5,25: ῥύσις[431]; Mk 5,25.29: αἷμα)[432] und unter der Annahme, dass es sich um Menstruationsblutungen handelt, die ungefähr mit zwölf einsetzen, müsste sie mindestens fünfundzwanzigjährig sein, vielleicht jedoch älter und möglicherweise immer noch im reproduktionsfähigem Alter. Ihr Blutfluss macht sie allerdings zur Unreinen und zu einer, die Menschen – einschließlich ihres Ehemannes, wenn sie denn eine solchen hat – und Gegenstände mit dieser Unreinheit kontaminiert (vgl. Lev 15,19–30; 18,19); soziale Ostrazierung dürfte in diesen langen zwölf Jahren daher ihre ständige Begleiterin gewesen sein. Denn wenn schon Menstruationsblutungen, als Anzeige für zeitweiliges „Versagen" weiblicher Fruchtbarkeit, im (proto)rabbinischen Judentum mit Tod in Verbindung gebracht wurde,[433] wie viel mehr fortwährende Blutungen. In Rekonstruktion ihrer fragmentarischen Geschichte dürfte ihr Hauptproblem somit und typisch für ihre Gesellschaft Unfruchtbarkeit gewesen sein, was auch immer die gynäkologischen Ursachen der Blutungen waren, abnormale zyklische,[434] organische,[435] systemische[436] oder latrogene[437]. Dass sie unter solchen Umständen Ärzte, viele Ärzte aufsuchte, unterstreicht das Maß des Leidens. Statt der erhofften Linderung jedoch fügten sie ihr viel „Leid" (Mk 5,26: πάσχω)[438] zu, dessen Art nicht spezifiziert wird, und trotz Aufwendung ihres

---

431 Menge-Güthling, „ῥύσις," *Langenscheidts Großwörterbuch Altgriechisch-Deutsch*, 616; Walter Bauer, „ῥύσις," *Griechisch-deutsches Wörterbuch zum Neuen Testament*, 1478: Das vom Verb „ῥέω" – „fließen" – abgeleitete Substantiv meint neben „Fluss, Fliessen, Lauf, Strömung" auch „Blutfluss." Der Begriff findet sich als *Hapax legomenon* nur hier im Text.

432 Liddell-Scott, „αἷμα," *Greek-English Lexicon*, 38; Menge-Güthling, „αἷμα," *Langenscheidts Großwörterbuch Altgriechisch-Deutsch*, 20; Walter Bauer, „αἷμα," *Griechisch-deutsches Wörterbuch zum Neuen Testament*, 42–43: Das Substantiv meint einerseits „(Opfer)Blut, Blutvergießen, gewaltsamer Tod, Ermordung, Mord, Mordwaffe" und andererseits „Leben, Lebenskraft, Kraft, Stärke, Blutsverwandtschaft, Abstammung, Geschlecht, Nachkommenschaft, Mensch." Der Begriff findet sich 3mal im Text (Mk 5,25.29; 14,24).

433 Jacob Milgrom, Louis Isaac Rabinowitz und Judith R. Baskin, „Blood," *EJ* 3:771–772.

434 Zu denken wäre etwa an Polymenorrhoe (zu häufige Blutungen), Hypermenorrhoe (zu starke Blutungen), Menorrhagie (zu lange Blutungen) oder Metrorrhagie (Zwischenblutung).

435 Verursacht durch organische Erkrankungen, wie ein Ovarialtumor etwa.

436 Verursacht durch systemische, etwa internistische Erkrankungen.

437 Verursacht durch operative oder medikamentöse Eingriffe, wie ein Schwangerschaftsabbruch etwa.

438 Liddell-Scott, „πάσχω," *Greek-English Lexicon*, 1346–1347; Menge-Güthling, „πάσχω," *Langenscheidts Großwörterbuch Altgriechisch-Deutsch*, 533; Walter Bauer, „πάσχω," *Griechischdeutsches Wörterbuch zum Neuen Testament*, 1278–1280: Das Verb meint neben „(er)leiden

178   3. KAPITEL

gesamten Vermögens, blieb der „Nutzen" (Mk 5,26 Pass.: ὠφελέω)[439] aus und
ihr Zustand verschlechterte sich gar. Krank, isoliert, verarmt, also, und trotzdem nicht hoffnungslos oder ihres Glaubens beraubt,[440] mischt sie sich – als
sie von Jesus hört – unter die Volksmenge, vielleicht im Schutze der Dunkelheit und Anonymität. Als Unreine, die durch Berührung sowohl Menschen als
auch Gegenständen verunreinigt, weiß sie vielleicht, dass dies auch in umge-
kehrter Richtung möglich ist, Jesus und das „Kleid" (Mk 5,27.28; Mk 5,30 Pl.:
ἱμάτιον)[441], das er trägt, reinigen bei „Berührung" (Mk 5,27.28.30.31; vgl. 3.2.4[3]),
und weil sie reinigen, setzen sie „Heilung" (Mk 5,28.34; vgl. 3.3.3[3]) voraus. Aber
sie weiß auch, dass sie dieses Wissen nicht öffentlich, sondern im Verborgenen
unter Beweis stellen muss, und tritt „von hinten" (Mk 5,27) an ihn heran. Wie
angenommen trifft es ein, „sogleich" (Mk 5,29.30) „vertrocknet" (Mk 5,29; vgl.
3.3.3[3]) die „Quelle" (Mk 5,29: πηγή)[442], im übertragenen Sinn auch „Ursache,"
ihres Blutes und sie „erkennt" (Mk 5,29; vgl. 3.4.1[3]) an ihrem „Körper" (Mk 5,29:
σῶμα)[443], dass sie von der „Plage" (Mk 5,29.34; vgl. 3.3.4[3]) sogleich „geheilt"
(Mk 5,29: ἰάομαι)[444] ist. Was jedoch die Frau nicht wissen kann – da es nicht

---

(Leibes- oder Todesstrafe)" auch „erdulden, erleben, erfahren, umkommen, sterben." Der
Begriff findet sich 3mal im Text (Mk 5,26; 8,31; 9,12).

439   Menge-Güthling, „ὠφελέω," *Langenscheidts Großwörterbuch Altgriechisch-Deutsch*, 762;
Walter Bauer, „ὠφελέω," *Griechisch-deutsches Wörterbuch zum Neuen Testament*, 1796: Das
Verb meint im Aktiv einerseits „helfen, beistehen, unterstützen, nützen, fördern" und im
Passiv andererseits und wie hier „unterstützt, gefördert werden, Unterstützung erhalten,
Nutzen oder Vorteil haben." Der Begriff findet sich 3mal im Text (Mk 5,26; 7,11; 8,36).

440   Vgl. auch Dewey, „The Gospel of Mark," 481–482.

441   Menge-Güthling, „ἱμάτιον," *Langenscheidts Großwörterbuch Altgriechisch-Deutsch*, 343;
Walter Bauer, „ἱμάτιον," *Griechisch-deutsches Wörterbuch zum Neuen Testament*, 763–764:
Das Substantiv meint neben „Kleid(ungsstück), (Ober-)Gewand, Toga, Überwurf und
Mantel" auch „Tuch und Decke." Der Begriff findet sich 12mal im Text (Mk 2,21; 5,27.28.30;
6,56; 9,3; 10,50; 11,7.8; 13,16; 15,20.24).

442   Menge-Güthling, „πηγή," *Langenscheidts Großwörterbuch Altgriechisch-Deutsch*, 552; Walter Bauer, „πηγή," *Griechisch-deutsches Wörterbuch zum Neuen Testament*, 1320: Das Substantiv meint einerseits „Quelle" und andererseits „Ursprung, Ursache." Das Substantiv
findet sich als *Hapax legomenon* nur hier im Text.

443   Menge-Güthling, „σῶμα," *Langenscheidts Großwörterbuch Altgriechisch-Deutsch*, 670–671;
Walter Bauer, „σῶμα," *Griechisch-deutsches Wörterbuch zum Neuen Testament*, 1593–1595:
Das Substantiv meint einerseits „Körper, Leib (von Menschen, Tieren, Pflanzen, Gegen-
ständen wie z.B. Schriften), Leichnam, Person, Körperschaft," andererseits „Leben, Sinn-
lichkeit" und schließlich im Plural „Leibeigene, Sklaven." Der Begriff findet sich 4mal im
Text (Mk 5,29; 14,8.22; 15,43).

444   Menge-Güthling, „ἰάομαι," *Langenscheidts Großwörterbuch Altgriechisch-Deutsch*, 338; Walter Bauer, „ἰάομαι," *Griechisch-deutsches Wörterbuch zum Neuen Testament*, 748–749: Das

EXEGETISCHE ANALYSE DES MARKUSEVANGELIUMS   179

zu ihrem Erfahrungshorizont gehören dürfte zu „spüren," wenn sie andere(s)
verunreinigt – ist, dass Jesus seinerseits „erkennt" (Mk 5,30; vgl. 3.2.5[3]), wenn
„Kraft" (Mk 5,30: δύναμις)[445] von ihm ausgeht, auch jenseits seines bewussten
Entscheides solche einzusetzen. Dass er aber zu wissen wünscht, wer von ihm –
quasi unerlaubterweise – von hinten Heilkraft bezog, scheint nachvollziehbar.
Wenn er sich allerdings umdreht und sich nach der „Täterin" erkundigt, fragt er
wohl kaum deshalb, weil er sie nicht zu erkennen vermag, vielmehr dürfte er sie
zu dieser Offenlegung zwingen, um sie aus ihrer krankheitsbedingten Anonymität und Isolation zu befreien. Deshalb wohl ignoriert er die unverständig
wirkende Rückfrage der Jünger, wie er denn angesichts des „drängenden" (Mk
5,31; vgl. 3.5.3[3]) Volkes solches fragen könne. Sie ihrerseits gesteht ihm unter
Furcht und „Zittern" (Mk 5,33: τρέμω)[446] und vor ihm „niederfallend" (Mk 5,33;
vgl. 3.3.4[3]) die „Wahrheit" (Mk 5,33: ἀλήθεια)[447]. Er seinerseits anerkennt sie
für ihren sie rettenden „Glauben" (Mk 5,34; vgl. 3.2.5[3]), einer, der seinen Jüngern fehlt (vgl. Mk 4,40), schickt sie in „Frieden" (Mk 5,34: εἰρήνη)[448] nach Hause
und versichert ihr, dass sie „gesund" (Mk 5,34: ὑγιής)[449] von ihrer Plage sei. Mit

---

     Verb meint neben „heilen" auch „wiedergutmachen, wiederherstellen, befreien und ret-
     ten." Der Begriff findet sich als *Hapax legomenon* nur hier im Text.

445   Liddell-Scott, „δύναμις," *Greek-English Lexicon*, 452; Menge-Güthling, „δύναμις," *Langen-
     scheidts Großwörterbuch Altgriechisch-Deutsch*, 192; Walter Bauer, „δύναμις," *Griechisch-
     deutsches Wörterbuch zum Neuen Testament*, 417–419: Das vom Verb „δύναμαι" – „ver-
     mögen, können" – abgeleitete Substantiv meint einerseits „(Wunder)Kraft, (politische)
     Macht, Stärke," andererseits „Kriegsmacht, Streitkräfte, Truppen," „Vermögen, Fähigkeit"
     und schließlich „Bedeutung, Einfluss, Geltung." Der Begriff findet sich 10mal im Text (Mk
     5,30; 6,2.5.14; 9,1.39; 12,24; 13,25.26; 14,62).

446   Menge-Güthling, „τρέμω," *Langenscheidts Großwörterbuch Altgriechisch-Deutsch*, 692;
     Walter Bauer, „τρέμω," *Griechisch-deutsches Wörterbuch zum Neuen Testament*, 1645: Das
     Verb meint einerseits „zittern und beben" und andererseits „sich fürchten und scheuen."
     Der Begriff findet sich als *Hapax legomenon* nur hier im Text.

447   Menge-Güthling, „ἀλήθεια," *Langenscheidts Großwörterbuch Altgriechisch-Deutsch*, 34;
     Walter Bauer, „ἀλήθεια," *Griechisch-deutsches Wörterbuch zum Neuen Testament*, 69–70:
     Das Substantiv meint einerseits „Wahrheit, Richtigkeit, Wahrhaftigkeit, Aufrichtigkeit,
     Treue" und andererseits „Wirklichkeit, wahrer Sachverhalt, Zuverlässigkeit, wirklicher Ver-
     lauf, wirkliche oder rechte Beschaffenheit." Der Begriff findet sich 3mal im Text (Mk 5,33;
     12,14.32).

448   Menge-Güthling, „εἰρήνη," *Langenscheidts Großwörterbuch Altgriechisch-Deutsch*, 209–210;
     Walter Bauer, „εἰρήνη," *Griechisch-deutsches Wörterbuch zum Neuen Testament*, 457–459:
     Das Substantiv meint einerseits „Friede und Ruhe" und andererseits „Wohlbefinden, Heil
     und Segen." Der Begriff findet sich als *Hapax legomenon* nur hier im Text.

449   Menge-Güthling, „ὑγιής," *Langenscheidts Großwörterbuch Altgriechisch-Deutsch*, 700; Wal-
     ter Bauer, „ὑγιής," *Griechisch-deutsches Wörterbuch zum Neuen Testament*, 1661: Das Adjek-

180 3. KAPITEL

dieser öffentlichen und für die Volksmenge hörbaren Feststellung, dürfte konnotiert sein, dass er zugleich zur Wiederherstellung ihrer sozialen Integration beigetragen hat.[450]

(4) Politisch-militärisches Profil
Chronologisch ereignet sich die Heilung der Blutflüssigen Frau vor der Auferweckung der Tochter des Jaïrus. Unmittelbar nach der Heilung dürfen hier alle, Jünger wie Volk, an der Wiederherstellung der Reproduktionsfähigkeit dieser Frau Anteil haben (vgl. 5.6.4[1]). Sie stellt Jesus, wie auch die Auferweckung des Mädchens, als einen Protagonisten des Lebens im weiteren Sinn dar, als einer, der am Erhalt beziehungsweise Fortbestehen seines Volkes vollmächtig mitwirkt (vgl. 5.5.4[3]).

3.5.5 Szene 27 (Mk 6,1–6): Jesus vermisst Ehre in seiner Vaterstadt (Nazareth)

(1) Szene
Die siebenundzwanzigste Szene Mk 6,1–6 handelt davon, wie Jesus Ehre in seiner Vaterstadt (Nazareth) vermisst, entsprechend bleibt seine Lehre ungehört und er vermag nur wenige zu heilen. Wie bereits die Szenen 02, 07–11, 14–15, 17, 19–22 und 24–26 gehört somit auch diese zu den volksbezogenen, und zwar ihre Lehre und Heilung betreffenden Szenen, wie bereits die Szenen 03–05 und 17–18 gehört sie ferner auch zu den biographischen, und zwar das Leben Jesu betreffenden Szenen, und wie bereits die Szenen 10–14 und 17–18 gehört sie schließlich auch zu den gegnerbezogenen, und zwar Jesu biologische Familie und Verwandtschaft betreffenden Szenen. Die Szene unterscheidet sich von der nachfolgenden nicht im Blick auf den Ort, wohl aber im Blick auf Akteure, Zeit, Handlung und Thema, entsendet doch dort Jesus die Zwölf in Vollmacht (um Nazareth).

(2) Text
6[1] Und er ging hinaus von dort und kommt in seine Vaterstadt, und es folgen ihm seine Jünger. [2] Und als es Sabbat ward, begann er zu lehren in der Synagoge, und viele Hörende gerieten außer sich sagend: Woher (hat) dieser diese Dinge,

---

tiv meint einerseits „kräftig, gesund, munter, wohl," andererseits „wohlbehalten, unversehrt, unverdorben, noch gut, brauchbar," ferner „vernünftig, verständig, klug, gescheit, korrekt" und schließlich „wahr, unverfälscht, ehrlich, treu, redlich, richtig, tüchtig, gut, heilsam." Der Begriff findet sich als *Hapax legomenon* nur hier im Text.

450 Vgl. auch Cotter, „Mark's Hero of the Twelfth-Year Miracles," 54–78; Miller, *Women in Mark's Gospel*, 52–72.

EXEGETISCHE ANALYSE DES MARKUSEVANGELIUMS 181

und was (ist) die Weisheit, die diesem gegeben, und solche Wunderwerke geschehen durch seine Hände? 3 Ist dieser nicht der Zimmermann, der Sohn der Maria und Bruder Jakobs und Joses und Judas und Simons? Und sind nicht seine Schwestern hier mit uns? Und sie ärgerten sich über ihn. 4 Und Jesus sagte zu ihnen: Ein Prophet ist nicht ehrlos, außer in seiner Vaterstadt und unter seinen Verwandten und in seinem Haus. 5 Und er konnte dort kein Wunderwerk tun, außer wenigen Kranken die Hände auflegen und sie heilen. 6 Und er wunderte sich über ihren Unglauben. Und er zog durch die Dörfer ringsum lehrend.[451]

(3) Inhalt

Explizit anwesende *Akteure* dieser Szene sind einerseits „Jesus" (Mk 6,4; vgl. 3.1.1[3]), den die Nazarener als „Zimmermann" (Mk 6,3: τέκτων)[452], „Sohn" (Mk 6,3; vgl. 3.1.3[3]) und „Bruder" (Mk 6,3; vgl. 3.2.1[3]) betiteln, Jesus sich selbst aber als „Prophet" (Mk 6,4; vgl. 3.1.2[3]), andererseits seine „Jünger" (Mk 6,1; vgl. 3.2.6[3]), ferner „Hörende" (Mk 6,2 Pz. Pl.; vgl. 3.2.5[3]), womit Synagogenbesucher und damit wohl Bewohner Nazareths gemeint sein dürften, und schließlich auch wenige „Kranke" (Mk 6,5 Pl.: ἄρρωστος)[453]. Und erwähnte Akteure, von denen aber nicht abschließend festgestellt werden kann, ob sie anwesend sind, da sie als bei den Nazarenern „seiend" beschrieben werden, was „wohnend" aber auch „anwesend" meinen könnt, sind einerseits die von Jesus genannten „(seine) Verwandten" (Mk 6,4 Pl.: συγγενής)[454] und „(sein) Haus" (Mk 6,4),

---

451 Literarisch folgt Szene 27 einem chiastischen Schema: A: Mk 6,1–2a (hinausgehen, lehren); B: Mk 6,2b (Wunderwerke, Hände); C: Mk 6,3 (Sohn, Maria, Jakobus, Joses, Judas, Simon, Schwestern); C': Mk 6,4 (Prophet, sein Haus); B': Mk 6,5 (Wunderwerk, Hände); C': Mk 6,6 (herumgehen, lehren).

452 Menge-Güthling, „τέκτων," *Langenscheidts Großwörterbuch Altgriechisch-Deutsch*, 678; Walter Bauer, „τέκτων," *Griechisch-deutsches Wörterbuch zum Neuen Testament*, 1613: Das Substantiv meint einerseits „(Bau)Handwerker, Zimmermann, Schreiner, Wagner, Schiffbauer, Baumeister, Steinbauer, Maurer, Schmid, Hornarbeiter, Bildhauer, Künstler, Meister" und andererseits „Urheber, Schöpfer, Erzeuger, Verfertiger, Veranlasser, Anstifter." Der Begriff findet sich als *Hapax legomenon* nur hier im Text.

453 Menge-Güthling, „ἄρρωστος," *Langenscheidts Großwörterbuch Altgriechisch-Deutsch*, 109; Walter Bauer, „ἄρρωστος," *Griechisch-deutsches Wörterbuch zum Neuen Testament*, 220: Das Adjektiv – hier substantiviert im Plural – meint einerseits „schwach, kraftlos, krank" und andererseits „lässig, mutlos, unlustig." Der Begriff findet sich 2mal im Text (Mk 6,5.13).

454 Menge-Güthling, „συγγενής," *Langenscheidts Großwörterbuch Altgriechisch-Deutsch*, 642; Walter Bauer, „συγγενής," *Griechisch-deutsches Wörterbuch zum Neuen Testament*, 1541: Das Kompositum – hier substantiviert im Plural – meint einerseits „mitgeboren, angestammt," andererseits „(stamm)verwandt, verschwistert, (Stamm)Verwandter, Angehöriger, Volks-

und andererseits die von den Nazarenern angeführte Mutter Jesu „Maria" (Mk 6,3: Μαρία)[455], seine vier Brüder „Jakobus" (Mk 6,3; vgl. 3.2.1[3]), „Joses" (Mk 6,3: Ἰωσῆς)[456], „Judas" (Mk 6,3; vgl. 3.3.5[3]) und „Simon" (Mk 6,3; vgl. 3.2.1[3]) wie auch seine „Schwestern" (Mk 6,3 Pl.). Wären die letztgenannten Akteure als tatsächlich anwesend beschrieben, wäre die Szene ohne Zweifel brisanter, waren doch seine Mutter und Brüder in Szene 17 nach Kapernaum ausgegangen, um Jesus seines angeblichen Wahnsinns wegen (gewaltsam) zu ergreifen. Jesus hatte sich ihnen aber dort nicht gezeigt, hat er sich es anders überlegt? Auffallend ist, dass dort wie hier von einem Vater nicht die Rede ist. Er kommt lediglich implizit vor, denn Jesus hat sich in *räumlicher* Hinsicht „von dort" (Mk 6,1), dem Haus des Synagogenvorstehers in Kapernaum, nach Südgaliläa in seine „Vaterstadt" (Mk 6,1.4: πατρίς)[457] begeben, welche zwar nicht namentlich genannt ist, sich aber über Mk 1,9.24 als Nazareth erschließen lässt. Es ist das dritte Mal, dass er Kapernaum verlässt. Wann Jesus genau hier ankommt und wieder geht, lässt sich nicht bestimmen, sollte es zutreffen, dass die Szenen 25–26 sich in *temporaler* Hinsicht im Übergang vom siebten zum ersten Wochentag ereigneten, dann ergibt sich eine zeitliche Lücke vom ersten bis zum siebten Wochentag in dieser Szene, über die der Narrator keine Rechenschaft gibt. An diesem „Sabbat" (Mk 6,2; vgl. 3.2.2[3]), begibt sich Jesus einmal mehr in die „Synagoge" (Mk 6,2; vgl. 3.2.2[3]) und durchzieht nach seiner Ablehnung die „umliegenden Dörfer" (Mk 6,6: κώμη[458]; Mk 6,6: κύκλῳ). In *rhetori-*

---

genosse" und schließlich „ähnlich, übereinstimmend, entsprechend." Das Adjektiv findet sich als *Hapax legomenon* nur hier im Text.

455   Hellmut Haug, „Μαρία," *Namen und Orte der Bibel*, 249–250; Heinz Schumacher, „Μαρία," *Die Namen der Bibel und ihre Bedeutung im Deutschen*, 130: Der von hebr. Mirjam stammende Name meint nach Schumacher zum einen „bitter, Bitterkeit, Betrübnis" und zum anderen „widerspenstig, rebellisch, ungezähmt." Der Begriff findet sich 7mal im Text (Mk 6,3; 15,40.40.47.47; 6,1.1), er verweist 4mal die auf Jesu Mutter und 3mal auf Maria Magdalena (Mk 15,40.47; 6,1).

456   Alois Stimpfle, „Joses," *Personenlexikon zum Neuen Testament*, 159–160; Heinz Giesen, „Josef," *Personenlexikon zum Neuen Testament*, 151–152: Der Name ist die griech. Form des hebr. Namens Josef und bedeutet „(Gott) möge hinzufügen" (Gen 30,24). In Gen 30,23 wir er jedoch sprachspielerisch statt von „יָסַף" („hinzufügen") von „אָסַף" („hinwegnehmen") abgeleitet, so dass sich die Aussage ergibt: „(Gott) hat [die Schmach der Unfruchtbarkeit] hinweggenommen." Der Begriff findet sich 3mal im Text (Mk 6,3; 15,40.47).

457   Menge-Güthling, „πατρίς," *Langenscheidts Großwörterbuch Altgriechisch-Deutsch*, 534; Walter Bauer, „πατρίς," *Griechisch-deutsches Wörterbuch zum Neuen Testament*, 1284: Das Substantiv meint neben „Vaterstadt, heimatliches Dorf" auch „vaterländisch, Vaterland, Heimat." Der Begriff findet sich 2mal und nur hier im Text.

458   Menge-Güthling, „κώμη," *Langenscheidts Großwörterbuch Altgriechisch-Deutsch*, 412; Wal-

EXEGETISCHE ANALYSE DES MARKUSEVANGELIUMS   183

scher Hinsicht ist einerseits die kritische Rückfrage der Nazarener zu hören und
andererseits Jesu Kritik an ihnen. Mit dem Thema der Familie knüpft dieses
Narrativ – wie bereits erwähnt – an Szene 17 an, und mit dem Thema vollmächtiger Lehre an Szene 07.

Nachdem Jesus das Mädchen des Jaïrus auferweckt hat, verlässt er Kapernaum und begibt sich mit seinen ihm „nachfolgenden" (Mk 6,1; vgl. 3.2.1[3])
Jüngern in seine Vaterstadt. Als es Sabbat wird, geht er offensichtlich ungehindert in die Synagoge und „lehrt" (Mk 6,2.6; vgl. 3.2.2[3]), wobei der Erzähler
den Inhalt der Lehre der Leserschaft vorenthält. Darüber zu erfahren, wäre
allerdings interessant gewesen, denn viele Hörende geraten darüber – wie erstmals die Synagogenbesucher Kapernaums – „außer sich" (Mk 6,2 Med.; vgl.
3.2.2[3]), wohl eine implizite Andeutung auf die Vollmacht von Jesu Lehre.
Woher er diese Dinge habe, was das für eine „Weisheit" (Mk 6,2: σοφία)[459] und
was für „Wunderkräfte" (Mk 6,2 Pl.; Mk 6,5; vgl. 3.5.3[3]) seien, die er durch
seine „Hände" (Mk 6,2.5 Pl.; vgl. 3.2.3[3]) vollbringen würden, fragen sie denn
auch. Was sie hören, vermögen sie offensichtlich nicht mit ihrem Vorwissen
über Jesus zu vereinbaren. Dieser sei doch der Zimmermann, der (biologische)
Sohn der Maria, der (biologische) Bruder von Jakobus, Joses, Judas als auch
Simon, und seine (biologischen) Schwestern seien doch unter ihnen. Wie ist
es möglich, dass einer aus ihrer Mitte solches vermag? Die rhetorischen Fragen
werden nicht zu Gunsten, sondern zu Ungunsten von Jesus beantwortet, und –
vielleicht durch Neid motiviert – erklären sie ihn zwar nicht wie die Seinen
als „von Sinnen," nehmen aber „Anstoß an ihm," was auch „von ihm abfallen"
(Mk 6,3 Med.; vgl. 3.4.1[3]) bedeuten kann. Jesus ist auf sich selbst gestellt, er
ist allein, womit sich bewahrheitet, was er in Szene 17 implizit bereits gesagt
hatte, nämlich, dass er keine biologische Familie (mehr) habe, und jetzt auch
keine Vaterstadt mehr, hat sich diese doch als Kollektiv ganz auf die Seite seiner Familie gestellt. Und dass Letztere ausgerechnet jetzt – sofern sie anwesend
ist – schweigt, dürfte ihn empfindlich treffen. Es ist die zweite Ortschaft nach

---

ter Bauer, „κώμη," *Griechisch-deutsches Wörterbuch zum Neuen Testament*, 937: Das Substantiv meint einerseits „Dorf, Flecken, offener Ort," andererseits „Viertel, Quartier" und
schließlich „Dorfbewohner." Der Begriff findet sich 7mal im Text (Mk 6,6.36.56; 8,23.26.27;
11,2).

459 Menge-Güthling, „σοφία," *Langenscheidts Großwörterbuch Altgriechisch-Deutsch*, 630; Walter Bauer, „σοφία," *Griechisch-deutsches Wörterbuch zum Neuen Testament*, 1517–1518: Das
vom Adjektiv „σοφός" – „geschickt, geübt, kundig" – abgeleitete Substantiv meint einerseits
„Weisheit, Philosophie, Klugheit, Verstand, Scharfsinn, Wissen(schaft), Gelehrsamkeit"
und andererseits „Geschicklichkeit, Gewandtheit, Fertigkeit, Kunst." Der Begriff findet sich
als *Hapax legomenon* nur hier im Text.

184   3. KAPITEL

Gergesa, aus der ihm Ablehnung entgegenschlägt. Ist sie hier allenfalls politisch
motiviert, gehört doch Nazareth zur älteren Hauptstadt Galiläas und dient dem
Herodes Antipas zeitweilig als Wohnsitz, so dass ihre Bewohner allenfalls meinen, mit einem regimekritischen „Aufrührer" zu identifizieren sich nicht leisten zu können? Als hätte Jesus ihnen ihre Feigheit von den Lippen gelesen,
entgegnet er, dass Propheten, und in die Ahnenreihe solcher scheint er sich
eingliedern zu wollen, nicht der „Ehre ermangeln" (Mk 6,4: ἄτιμος)[460], außer
in ihrer Vaterstadt, unter ihren Verwandten und in ihrem Haus. Das ist keine
schmeichelnde Aussage für Nazareth, denn die Prophetenkritik, dass Israel
seine Propheten töte, ist alt und wohlbekannt, qualifiziert ihre Bewohner vielmehr als Feinde Gottes, und über diese „Untreue" (Mk 6,6: ἀπιστία)[461] „wundert" (Mk 6,6; 3.5.2[3]) sich Jesus. Nicht erstaunlich also, dass die vom Geist
Gottes verliehe Dynamis hier wenig ausrichtet, wenigen Kranken nur vermag
er hier heilend Hände aufzulegen. Jesus lässt Nazareth hinter sich, er wird es
auch nicht mehr besuchen, stattdessen durchzieht er die umliegenden Dörfer
lehrend.

(4)   Politisch-militärisches Profil
Seine Familie sind die, welche den Willen Gottes tun, hatte Jesus in Szene 17,
im geschlossenen Kreis seiner Nachfolger gesagt. Davon ausgeschlossen hatte
er damit implizit seine leibliche Familie (vgl. 5.5.4[2]; 5.6.4[9]). Diese Ablehnung zeigt sich darin, dass Jesus ihnen dort das Gespräch verweigert hatte. Was
treibt ihn denn angesichts dessen nach Nazareth, mag die Leserschaft sich fragen. Denn weder scheint er seine Familie gesucht, noch diese ihn kontaktiert
zu haben, und wenn sie überhaupt anwesend ist, dann nur schweigend im Hintergrund. Jesus kommt weder als Handwerker, Sohn oder Bruder in seine Vaterstadt, sondern er kommt als Prophet mit göttlicher Botschaft an die gesamte
Stadtbevölkerung. Diese hören sie zwar, geraten aber darüber außer sich, und
trotzdem, sie enden im Ärger über oder im Abfall von ihm. War er – wie zu
erwarten ist – in einem der zwei zentralen Machtzentren Galiläas mit messia-

---

460   Menge-Güthling, „ἄτιμος," Langenscheidts Großwörterbuch Altgriechisch-Deutsch, 117; Wal-
       ter Bauer, „ἄτιμος," Griechisch-deutsches Wörterbuch zum Neuen Testament, 241: Das Kom-
       positum meint einerseits „ehrlos, ungeehrt, verachtet, entehrt" und andererseits „unan-
       sehnlich, minder edel." Das Adjektiv findet sich als Hapax legomenon nur hier im Text.

461   Menge-Güthling, „ἀπιστία," Langenscheidts Großwörterbuch Altgriechisch-Deutsch, 86;
       Walter Bauer, „ἀπιστία," Griechisch-deutsches Wörterbuch zum Neuen Testament, 170: Das
       Kompositum meint neben „Unglaube, Ungewissheit, Zweifel, Misstrauen, Argwohn" auch
       „Unzuverlässigkeit, Treulosigkeit, Untreue, Unbeständigkeit." Das Substantiv findet sich
       2mal im Text (Mk 6,6; 9,24).

EXEGETISCHE ANALYSE DES MARKUSEVANGELIUMS 185

nischem Machtanspruch, der Siegesbotschaft eben, aufgetreten (vgl. 5.4.4[1])? Das erinnert an den zweiten im Sämannsgleichnis beschriebenen Menschentyp, bei dem der Samen auf Steiniges fällt, und kommt Drangsal oder Verfolgung, fallen solche umgehend ab (vgl. Szene 19). Solche Drangsal oder Verfolgung könnte den Nazarenern angesichts des vor der Haustüre residierenden Landesfürsten in der Tat drohen, würden sie sich mit Jesus identifizieren. Dazu passt, dass sich Sepphoris, zu dessen Einzugsgebiet Nazareth gehört, in diesem zweiten römischen Feldzug als romtreu – und das zum großen Schaden von Galiläa – positionierte hatte (vgl. 5.5.4[1]; 5.6.4[9]; 5.7.3[4]). Dies könnte Jesus durchschauen und hält für sie – einschliesslich seiner Familie – eine noch harschere Kritik bereit: Nicht nur verweigern sie sich dem Willen Gottes so scheint er implizit zu sagen, denn den Gesandten Gottes nicht zu ehren kann auch bedeuten, ihn dem Tod anheim zu geben, und davon weiß die übernächste Szene, mit der Enthauptung des Johannes, viel zu berichten (vgl. 5.4.3[1]).

3.5.6 Szene 28 (Mk 6,7–13.30–32): Jesus entsendet die Zwölf in Vollmacht (um Nazareth)

(1)   Szene

Die achtundzwanzigste und rahmende Szene Mk 6,7–13.30–32 handelt davon, wie Jesus die Zwölf in Vollmacht (um Nazareth) entsendet, und sich anschließend von ihnen berichten lässt. Wie bereits die Szenen 06, 11, 16 und 19–23 gehört somit auch diese zu den jüngerbezogenen, und zwar ihre Entsendung betreffenden Szenen, wie bereits die Szenen 02, 07–11, 14–15, 17, 19–22 und 24–27 gehört sie ferner auch zu den volksbezogenen, und zwar ihre Belehrung, Befreiung und Heilung betreffenden Szenen, und wie bereits die Szenen 03–04, 07–09, 15 und 24 gehört sie schließlich auch zu den auf jenseitige Wesen bezogenen, und zwar Dämonen betreffenden Szenen. Die Szene unterscheidet sich einerseits von der eingebetteten im Blick auf Akteure, Ort, Zeit, Handlung und Thema, lässt doch dort Herodes den Johannes (bei Nazareth) enthaupten, den er in Jesus auferstanden glaubt. Die Szene unterscheidet sich andererseits von der nachfolgenden im Blick auf Akteure, Ort, Zeit, Handlung und Thema, speist doch dort Jesus Fünftausend an ödem Ort.

(2)   Text

6⁷ Und er ruft die Zwölf herbei, und er begann sie auszusenden zwei und zwei und gab ihnen Vollmacht über die unreinen Geister. ⁸ Und er trug ihnen auf, dass sie nichts mitnehmen sollten auf den Weg als nur einen Stab, kein Brot, keine Tasche, keine Münze im Gürtel, ⁹ sondern untergebundene Sandalen, und keine zwei Unterkleider anziehen. ¹⁰ Und er sagte zu ihnen: Wo ihr hineingeht in ein Haus, dort bleibt, bis ihr ausgeht von dort. ¹¹ Und welcher Ort

186   3. KAPITEL

euch nicht aufnimmt und euch nicht anhört, geht hinaus von dort und schüt-
telt den Staub ab unter euren Füssen, ihnen zum Zeugnis. [12] Und hinausgehend
verkündigten sie, dass sie umkehren sollten, [13] und viele Dämonen trieben sie
aus, und salbten mit Öl viele Kranke und heilten sie.[462]

6[30] Und die Apostel versammeln sich bei Jesus und berichteten ihm alles,
was sie getan und was sie gelehrt hatten. [31] Und er sagt zu ihnen: Kommt ihr
selbst allein an einen einsamen Ort und ruht ein wenig aus, denn derer die
kamen und derer die gingen waren viele, und nicht einmal zu essen fanden sie
Zeit. [32] Und sie fuhren im Boot an einen einsamen Ort alleine.[463]

(3)   Inhalt

Explizit anwesende *Akteure* dieser Szene sind einerseits „Jesus" (Mk 6,30; vgl.
3.1.1[3]), andererseits die „Zwölf" (Mk 6,7; vgl. 3.3.5[3]), die der Narrator hier
mit „Apostel" (Mk 6,30: ἀπόστολος)[464] betitelt, ferner das von den Jüngern
angesprochene Volk (Mk 6,10–12.31), vielleicht der näheren Umgebung, dann
„Kranke" (Mk 6,13; vgl. 3.5.4[3]) und schließlich „Dämonen" (Mk 6,13 Pl.; vgl.
3.2.3[3]), die eingangs auch als „unreine Geister" (Mk 6,7 Pl.; vgl. 3.2.2[3]) angeführt werden. Die Szene ereignet sich *räumlich* an unterschiedlichen Orten,
einerseits da, wo an die Jünger die Anordnung ergeht und sie Jesus Bericht
erstatten, andererseits im Umland von Nazareth, „unterwegs" (Mk 6,8; vgl.
3.1.2[3]) zu „Häusern" (Mk 6,10) als auch „Orten" – wo sich Jesus derweil aufhält,
wird nicht gesagt – und schließlich an einem „einsamen" (Mk 6,31.32.35; vgl.
3.1.2[3]) „Ort" (Mk 6,11.31.32.35; vgl. 3.2.4[3]) am See, den Jesus wieder gemeinsam mit seinen Jüngern mit einem „Boot" (Mk 6,32; vgl. 3.2.1[3]) erreicht. *Wann*
genau die Jünger aufbrechen – ist es der erste Wochentag nach Sabbat (vgl. Mk
6,2)? – und wie lange die Jünger fortbleiben, gibt der Text nicht preis. In *rhetorischer* Hinsicht ist lediglich Jesus zu vernehmen, einerseits wie er den Jüngern
Anweisungen gibt und andererseits wie er ihnen auszuruhen gebietet. Mit dem
Thema der Aussendung knüpft dieses Narrativ an Szene 16 an, aber auch an die
eingebettete Szene 29.

---

462   Literarisch folgt Szene 28a einem chiastischen Schema: A: Mk 6,7–9 (unreine Geister); B:
       Mk 6,10 (von dort); B': Mk 6,11 (von dort); A': Mk 6,12–13 (Dämonen).

463   Literarisch folgt Szene 28b einem chiastischen Schema: A: Mk 6,30–31 (allein, einsamer
       Ort); A': Mk 6,32 (einsamer Ort, allein).

464   Liddell-Scott, „ἀπόστολος," *Greek-English Lexicon*, 220; Menge-Güthling, „ἀπόστολος," *Lan-
       genscheidts Großwörterbuch Altgriechisch-Deutsch*, 97; Walter Bauer, „ἀπόστολος," *Grie-
       chisch-deutsches Wörterbuch zum Neuen Testament*, 200: Das Substantiv meint einerseits
       „Apostel und (Ab)Gesandter" und andererseits „Bote, Botschafter, Truppensendung und
       Flotte." Der Begriff findet sich als *Hapax legomenon* nur hier im Text.

EXEGETISCHE ANALYSE DES MARKUSEVANGELIUMS 187

Nachdem Jesus in seiner Vaterstadt auf Ablehnung gestoßen war und sich mit seinen Jüngern in die umliegenden Dörfer zurückgezogen hatte, „ruft" (Mk 6,7; vgl. 3.3.5[3]) er die ihn begleitenden Zwölf herbei. Sie scheinen den ersten Teil ihrer in Szene 16 übertragenen Aufgabe – bei ihm zu sein – für den Augenblick Genüge geleistet zu haben; nun sollen sie der zweiten Aufgabe gerecht werden, zu verkündigen und Vollmacht über unreine Geister zu haben (vgl. Mk 3,14–15). Deshalb „sendet" (Mk 6,7; vgl. 3.3.5[3]) er die zwölf Stämme Israels repräsentierenden Jünger in nicht näher beschriebenen Paaren und Himmelsrichtungen aus und lässt sich im Umland und möglicherweise darüber hinaus durch sie repräsentieren, vielleicht als Vorsichtsmassnahme, nicht ohne dass er sie mit „Vollmacht" (Mk 6,7; vgl. 3.2.2[3]) ausstattet. Außer ihrer Kleidung, die auf Jesu „Anordnung" (Mk 6,8: παραγγέλλω)[465] unter anderem aus einem „Unterkleid" (Mk 6,9: χιτών)[466], „Gürtel" (Mk 6,8: ζώνη)[467] und untergebundenen „Sandalen" (Mk 6,9: σανδάλιον)[468] bestehen soll, sollen sie nur einen „Stab" (Mk 6,8: ῥάβδος)[469] auf den Weg mitnehmen, kein „Brot" (Mk 6,8;

---

465 Liddell-Scott, „παραγγέλλω," *Greek-English Lexicon*, 1306; Menge-Güthling, „παραγγέλλω," *Langenscheidts Großwörterbuch Altgriechisch-Deutsch*, 519; Walter Bauer, „παραγγέλλω," *Griechisch-deutsches Wörterbuch zum Neuen Testament*, 1240: Das Kompositum meint einerseits „melden, bekanntmachen, ankündigen, mitteilen, proklamieren, Aufruf erlassen" und andererseits „Weisung geben, auffordern, aufbieten, ermahnen, auftragen, anordnen, befehlen, (zu den Waffen) rufen, alarmieren." Das Verb findet sich 2mal im Text (Mk 6,8; 8,6).

466 Tonio Hölscher, *Klassische Archäologie: Grundwissen* (Darmstadt: WBG, 2002), 334; Walter Bauer, „χιτών," *Griechisch-deutsches Wörterbuch zum Neuen Testament*, 1759: Beim griechischen *Chiton* handelt es sich wie bei der römischen *Tunica* um ein hemdähnliches Kleidungsstück, bestehend aus einem zusammengenähten Vorder- und Rückenteil, das jeweils unter der Toga getragen und außerhalb des Hauses fast immer gegürtet war. Im Plural kann das Substantiv auch allgemein „Kleider" bezeichnen. Der Begriff findet sich 2mal im Text (Mk 6,9; 14,63).

467 Menge-Güthling, „ζώνη," *Langenscheidts Großwörterbuch Altgriechisch-Deutsch*, 313; Walter Bauer, „ζώνη," *Griechisch-deutsches Wörterbuch zum Neuen Testament*, 690: Das vom Verb „ζώννυμι" – „gürten" – abgeleitete Substantiv meint einerseits „(Leib)Gurt, (Soldaten)Gürtel," der auch als Geldbeutel diente, und andererseits „Taille, Hüften." Der Begriff findet sich 2mal im Text (Mk 1,6; 6,8).

468 Hölscher, *Klassische Archäologie*, 336; Menge-Güthling, „σανδάλιον," *Langenscheidts Großwörterbuch Altgriechisch-Deutsch*, 618; Walter Bauer, „σανδάλιον," *Griechisch-deutsches Wörterbuch zum Neuen Testament*, 1484: Das Substantiv meint „Sandale" und erinnert an *Caligae*, das heißt römische Militärsandalen. Das Substantiv findet sich als *Hapax legomenon* nur hier im Text.

469 Liddell-Scott, „ῥάβδος," *Greek-English Lexicon*, 1562; Menge-Güthling, „ῥάβδος," *Langenscheidts Großwörterbuch Altgriechisch-Deutsch*, 612; Walter Bauer, „ῥάβδος," *Griechisch-*

vgl. 3.3.2[3]), keine „Tasche" (Mk 6,8) und keine „Münzen" (Mk 6,8: χαλκός)[470] im Gürtel. Die Ausstattung besteht also in der nötigsten Kleidung und einer Gehhilfe. Doch wer nur so ausgestattet ist, hat eine eher unauffällige Identität und will bewusst darauf vertrauen, Gastfreundschaft zu finden, etwa zum Zweck des Auskundschaftens? Im Blick auf die vorhergehende Szene eröffnet sich noch ein weiteres Deutungsmodell, auf das Jerome H. Neyrey in anderem Zusammenhang hingewiesen hat: Der Verlust von Jesu verwandtschaftlichem Netzwerk in Nazareth impliziert auch einen ökonomischen Verlust, etwa durch Enterbung, die Jesus freilich nicht daran hindert seinem Anspruch Gott gegenüber treu zu bleiben, dafür wird er kompensiert. Weil aber die Jünger in dieser Szene in den Fußstapfen Jesu folgen, sollen sie es ihm auch in diesem Aspekt der Entbehrung gleich tun.[471] Nach Anweisungen zur Ausrüstung folgen solche im Blick auf ihre Hörerschaft. Wo sie in ein Haus eingehen würden, dort sollten sie „bleiben" (Mk 6,10 Imp.: μένω)[472] bis sie wieder hinausgehen, und wo sie kein Gehör und „Aufnahme" (Mk 6,11: δέχομαι)[473] fänden, von dort sollen sie hinausgehen, und jenen zum „Zeugnis" (Mk 6,11; vgl. 3.2.4[3]) und als symbolischen Akt der Aufkündigung jeglicher Gemeinschaft den „Staub" (Mk

---

deutsches Wörterbuch zum Neuen Testament, 1467–1468: Das Substantiv meint einerseits „Rute, Gerte, Stab, Stock, Hirten-, Wander-, Zauberstab, Angelrute" und andererseits „Richter-, Herrscherstab, Zepter." Der Begriff findet sich als *Hapax legomenon* nur hier im Text.

470   Liddell-Scott, „χαλκός," *Greek-English Lexicon*, 1974; Menge-Güthling, „χαλκός," *Langenscheidts Großwörterbuch Altgriechisch-Deutsch*, 742; Walter Bauer, „χαλκός," *Griechisch-deutsches Wörterbuch zum Neuen Testament*, 1746: Das Substantiv meint einerseits „Erz, Kupfer und Bronze," was einerseits das „Metall" selbst und andererseits alles, was damit hergestellt wird, meint, einerseits „Kupfermünze und Kleingeld" andererseits „ehernes Gerät, Geschirr, Erzgefäß, Urne, Waffe(n)." Der Begriff findet sich 2mal im Text (Mk 6,8; 12,41).

471   Jerome H. Neyrey, „Loss of Wealth, Loss of Family, Loss of Honor: The Cultural Context of the Original Makarisms in Q," in *The Social World of the New Testament: Insights and Models* (hg. von dems. und Eric C. Stewart; Peabody: Hendrickson, 2008), 87–102, bes. 101.

472   Liddell-Scott, „μένω," *Greek-English Lexicon*, 1103; Menge-Güthling, „μένω," *Langenscheidts Großwörterbuch Altgriechisch-Deutsch*, 445; Walter Bauer, „μένω," *Griechisch-deutsches Wörterbuch zum Neuen Testament*, 1020–1022: Das Verb meint einerseits „bleiben, zurückbleiben, (im Krieg) standhalten, weilen, sich aufhalten" und andererseits „Bestand haben, fortbestehen, warten, harren, ertragen." Der Begriff findet sich 2mal im Text (Mk 6,10; 14,34).

473   Menge-Güthling, „δέχομαι," *Langenscheidts Großwörterbuch Altgriechisch-Deutsch*, 162; Walter Bauer, „δέχομαι," *Griechisch-deutsches Wörterbuch zum Neuen Testament*, 354–355: Das Verb meint einerseits „(wohlwollend) auf-, annehmen, empfangen, beherbergen, bewirten," andererseits „nehmen, fassen" und schließlich „hinnehmen, sich gefallen lassen." Der Begriff findet sich 6mal im Text (Mk 6,11; 9,37.37.37.37; 10,15).

EXEGETISCHE ANALYSE DES MARKUSEVANGELIUMS 189

6,11) von ihren Füssen „schütteln" (Mk 6,11: ἐκτινάσσω)[474]. In der juristischen Redewendung „ihnen zum Zeugnis" könnte der Grund für die Aussendung „zu zweit" (Mk 6,7.7.9: δύο) liegen, denn darin gründet nicht nur ihre Glaubwürdigkeit als „Verkünder" (Mk 6,12; vgl. 3.1.2[3]) der „Umkehr" (Mk 6,12; 3.1.5[3]), sondern auch eine rechtskräftige Bezeugung von möglicher Ablehnung.[475] Im Rahmen ihrer Verkündigung gelingt es ihnen, nicht nur viele Dämonen zu vertreiben, sondern über „Salbungen" (Mk 6,13: ἀλείφω)[476] von vielen Schwachen mit „Öl" (Mk 6,13: ἔλαιον)[477] zu deren „Heilung" (Mk 6,13; vgl. 3.2.3[3]) beizutragen.

Nach ihrer Rückkehr „versammeln" (Mk 6,30; vgl. 3.2.5[3]) sich alle Abgesandten zu gleicher Zeit – so scheint es – bei Jesus und „berichten" (Mk 6,30; vgl. 3.5.2[3]) ihm alles, was sie getan und gelehrt haben, wobei der Erzähler keinen Einblick in Details gewährt. Semantisch allerdings schwingt eine politisch-militärische Konnotation mit, als ob sie auf ihrem Weg auch die Gegend um die andere Hauptstadt Galiläas, Tiberias, ausgekundschafteten hätten. Denn nicht weit von dort besteigen sie ein Boot, um sich auf Anweisung Jesu „allein" (Mk 6,31.32; vgl. 3.4.4[3]) mit ihm an einem einsamen Ort etwas „auszuruhen" (Mk 6,31 Med.: ἀναπαύω)[478], lassen ihnen doch die zahlreich Kommenden und Gehenden – wie schon in Kapernaum (vgl. Szene 17) – nicht einmal Zeit zu speisen.

---

474 Menge-Güthling, „ἐκτινάσσω," *Langenscheidts Großwörterbuch Altgriechisch-Deutsch*, 223; Walter Bauer, „ἐκτινάσσω," *Griechisch-deutsches Wörterbuch zum Neuen Testament*, 496. Das Verb meint einerseits „herausschlagen, -stoßen" und andererseits „aus-, abschütteln." Der Begriff findet sich als *Hapax legomenon* nur hier im Text.

475 Detlev Dormeyer, „δύο" *EWNT* 1:871–873. Das Adjektiv findet sich 17mal im Text (Mk 6,7.7.9.38.41.41; 9,43.45.47; 10,8.8; 11,1; 12,42; 14,1.13; 15,27.38).

476 Menge-Güthling, „ἀλείφω," *Langenscheidts Großwörterbuch Altgriechisch-Deutsch*, 33; Walter Bauer, „ἀλείφω," *Griechisch-deutsches Wörterbuch zum Neuen Testament*, 68: Das Verb meint neben „salben" wie hier auch „einölen, streichen, an- und bestreichen." Der Begriff findet sich 2mal im Text (Mk 6,13; 16,1).

477 Menge-Güthling, „ἔλαιον," *Langenscheidts Großwörterbuch Altgriechisch-Deutsch*, 225; Walter Bauer, „ἔλαιον," *Griechisch-deutsches Wörterbuch zum Neuen Testament*, 500: Das Substantiv meint neben „Öl" auch „Olivenöl, Baumöl und Salböl." Der Begriff findet sich als *Hapax legomenon* nur hier im Text.

478 Menge-Güthling, „ἀναπαύω," *Langenscheidts Großwörterbuch Altgriechisch-Deutsch*, 58; Walter Bauer, „ἀναπαύω," *Griechisch-deutsches Wörterbuch zum Neuen Testament*, 116: Im Medium meint das Kompositum neben „sich ausruhen, sich erholen" wie hier auch „aufhören und schlafen." Das Verb findet sich 2mal im Text (Mk 6,31; 14,41).

190   3. KAPITEL

(4)   Politisch-militärisches Profil
Jesus lässt sich im politischen Machtzentrum des Fürstentums um Sepphoris
und Tiberias durch seine unauffällig gekleideten und möglicherweise auskundschaftenden Jünger vertreten (vgl. 5.7.3[4]), was im Blick auf die eingebettete
Szene 29 vom Leser als weise Vorsichtsmassnahme verstanden werden kann.
Die Jünger waren in Szene 16 dazu eingesetzt worden auszugehen, zu verkündigen, zu befreien und zu heilen. Indem sie erstmals als selbständig Handelnde in
Erscheinung treten, sind sie zu Multiplikatoren von Jesu Auftrag herangereift,
tragen in gewisser Weise wie auch die Offiziere Vespasians zur „Rückeroberung"
bei und wissen nach ihrer Rückkehr von „Erfolgen" zu berichten (vgl. 5.6.4[2];
5.6.4[4]). Ihre Transformation zu „Menschenfischern" – die Simon und Andreas
vorausgesagt worden war (vgl. Mk 1,17) – hat einen vorläufigen Höhepunkt
erreicht; nicht länger spricht Jesus an ihrer statt, wenn sie auch noch gänzlich
widerspruchslos in den vorgezeichneten Bahnen wandeln. Und nicht länger
sind sie Objekte oder Beobachter von Gottes Vollmacht, durch ihre Anwendung
wurden sie zu deren Subjekt, zu Trägern der Verantwortung. Seinerseits lässt
Jesus sie damit nicht allein, nimmt quasi als „Feldherr" ihre Berichterstattung
entgegen und fordert sie – wie Vespasian seine Truppen – zu einer Ruhepause
nach dem „Kampf" auf (vgl. 5.7.3[4]).

3.5.7   *Szene 29 (Mk 6,14–29): Herodes lässt Johannes (bei Nazareth)*
          enthaupten, den er in Jesus auferstanden glaubt

(1)   Szene
Die neunundzwanzigste und eingebettete Szene Mk 6,14–29 handelt davon,
warum und wie Herodes Johannes (bei Nazareth) enthaupten lässt, den er in
Jesus auferstanden glaubt. Wie bereits die Szenen 02 und 05 gehört somit auch
diese zu den biographischen, und zwar das Leben des Johannes betreffenden
Szenen, und ferner gehört sie auch zu den auf Johannesgegner bezogenen, und
zwar den Herodes Antipas betreffenden Szenen.

(2)   Text
6[14] Und der König Herodes hörte – denn sein Name wurde bekannt – und sagte:
Johannes der Täufer ist aus den Toten auferstanden und deswegen wirken die
Kräfte in ihm. [15] Und andere sagten: Er ist Elija; andere aber sagten: Ein Prophet
wie einer der Propheten. [16] Hörend aber sagte Herodes: Johannes, den ich enthauptete, dieser wurde auferweckt. [17] Denn Herodes selbst ergriff aussendend
den Johannes und band ihn im Gefängnis der Herodias wegen, der Frau seines Bruders Philippus, weil er sie geheiratet hatte. [18] Denn Johannes sagte dem
Herodes: Es ist dir nicht erlaubt, die Frau deines Bruders zu haben. [19] Die Herodias aber grollte ihm und wünschte ihn umzubringen, aber sie konnte es nicht.

EXEGETISCHE ANALYSE DES MARKUSEVANGELIUMS   191

20 Herodes aber fürchtete den Johannes, wissend, (dass er) ein gerechter und heiliger Mann (sei), und er beschützte ihn, aber ihn hörend ward er sehr verlegen, und doch hörte er ihn gern. 21 Und ein geeigneter Tag ergab sich, als Herodes ein Festmahl machte an seinem Geburtstag für seine Großen und Obersten und Vornehmsten Galiläas. 22 Und hereinkommend die Tochter der Herodias und tanzend gefiel dem Herodes und denen, die mit ihm lagen. Und der König sagte zum Mädchen: Bitte mich, was du wünschst und ich werde es dir geben. 23 Und er schwor ihr: Das was du mich bitten wirst, ich werde es dir geben, bis zur Hälfte meines Königreichs. 24 Und hinausgehend sagte sie zu ihrer Mutter: Was soll ich erbitten? Sie aber sagte: Das Haupt Johannes des Täufers. 25 Und sogleich mit Eile zum König hineingehend erbat sie sagend: Ich wünsche, dass du mir umgehend in einer Schüssel das Haupt Johannes des Täufers gibst. 26 Und der König wurde sehr betrübt, (aber) der Eide und der Liegenden wegen wollte er sie nicht zurückweisen. 27 Und sogleich aussendend einen Henker befahl der König ihm sein Haupt zu bringen. Und hinausgehend enthauptete er ihn im Gefängnis. 28 Und brachte sein Haupt in einer Schüssel und er gab es dem Mädchen und das Mädchen gab es seiner Mutter. 29 Und es hörend kamen seine Jünger und nahmen seinen Leichnam und legten ihn in ein Grab.[479]

(3)   Inhalt

Explizit anwesende *Akteure* dieser Szene sind einerseits König Herodes (s. u.), „Herodias“ (Mk 6,17.19.22: Ἡρῳδιάς), die „Frau“ (Mk 6,17.18; 3.5.4[3]) seines Bruders und „Mutter“ (Mk 6,24.28; vgl. 3.3.6[3]) ihrer „Tochter“ (Mk 6,22; vgl. 3.5.3[3]), die vom Erzähler auch als „Mädchen“ (Mk 6,22.28.28; vgl. 3.5.3[3]) bezeichnet wird, und andererseits die „Großen“ des Herodes – wohl Hofbeamte – (Mk 6,21 Pl.: μεγιστᾶν; vgl. 5.6.4[2])[480], die „Obersten“ – wohl höheres Militär – (Mk 6,21 Pl.: χιλίαρχος; vgl. 5.6.4[2])[481] und „Vornehmsten“ (Mk

---

479   Literarisch folgt Szene 29 einem chiastischen Schema: A: Mk 6,14–15 (hören); B: Mk 6,16–20 (enthaupten, aussenden, Gefängnis); C: Mk 6,21–23 (bitten); C': Mk 6,24–25 (bitten); B': Mk 6,26–28 (aussenden, enthaupten, Gefängnis); A': Mk 6,29 (hören).

480   Walter Bauer, „μεγιστάν,“ *Griechisch-deutsches Wörterbuch zum Neuen Testament*, 1010: Das substantivierte Superlativ von „μέγας“ meint „Edler, Vornehmer des Hofstaats.“ Das Substantiv findet sich als *Hapax legomenon* nur hier im Text.

481   Liddell-Scott, „χιλίαρχος,“ *Greek-English Lexicon*, 1992; Menge-Güthling, „χιλίαρχος,“ *Langenscheidts Großwörterbuch Altgriechisch-Deutsch*, 747; Walter Bauer, „χιλίαρχος,“ *Griechisch-deutsches Wörterbuch zum Neuen Testament*, 1759: Das aus „χίλιοι“ und „ἄρχω“ bestehende Kompositum meint den „Anführer einer Tausendschaft, Befehlshaber, Oberst, höheres Militär, lat. *tribunus militum* und Befehlshaber der Kohorte.“ Das Substantiv findet sich als *Hapax legomenon* nur hier im Text.

192   3. KAPITEL

6,21 Pl.: πρῶτος[482]; vgl. 5.6.4[2]) „Galiläas" (Mk 6,21; vgl. 3.1.3[3]) als auch einer seiner „Henker" (Mk 6,27: σπεκουλάτωρ)[483], ferner letztmals „Johannes" (Mk 6,14.16.17.18.20.24.25; vgl. 3.1.2[3]) der „Täufer" (Mk 6,14.24; vgl. 3.1.2[3]; Mk 6,25: βαπτιστής)[484], von dem Herodes weiß, dass er ein „gerechter" (Mk 6,20; 3.2.6[3]) und „heiliger" (Mk 6,20; vgl. 3.2.2[3]) „Mann" (Mk 6,20: ἀνήρ)[485] ist, den er aber trotzdem enthaupten lässt (Mk 6,24.25.27.28: κεφαλή)[486] und aus den „Toten" (Mk 6,14 Pl.: νεκρός)[487] zurückgekehrt glaubt, und schließlich seine „Jünger" (Mk 6,29; vgl. 3.2.6[3]), die seinen „Leichnam" (Mk 6,29: πτῶμα)[488] zur Bei-

---

482   Liddell-Scott, „πρότερος/πρῶτος," *Greek-English Lexicon*, 1534–1535; Menge-Güthling, „πρῶτος," *Langenscheidts Großwörterbuch Altgriechisch-Deutsch*, 606; Walter Bauer, „πρῶτος," *Griechisch-deutsches Wörterbuch zum Neuen Testament*, 1452–1454, bes. 1453: Das Adjektiv meint einerseits „erster," andererseits (räumlich) „vorderster, äußerster, Front, Vorkämpfer, Vorhut, mil. Titel," ferner (zeitlich) „frühester" und schließlich (im Sinn des Rangs oder Wertes) „vornehmster, höchster, vorzüglichster, angesehenster, größter, wichtigster." Der Begriff findet sich 15mal im Text (Mk 3,27; 4,28; 6,21; 7,27; 9,11.12.35; 10,31.31.44; 12,20.28.29; 13,10; 14,12).

483   Liddell-Scott, „σπεκουλάτωρ," *Greek-English Lexicon*, 1626; Menge-Güthling, „σπεκουλάτωρ," *Langenscheidts Großwörterbuch Altgriechisch-Deutsch*, 631; Walter Bauer, „σπεκουλάτωρ," *Griechisch-deutsches Wörterbuch zum Neuen Testament*, 1520–1521: Das lat. Lehnwort *speculator* meint einerseits „Henker" und andererseits „Eilbote, Späher, Spion, Leibwächter und Scharfrichter." Der Begriff findet sich als *Hapax legomenon* nur hier im Text.

484   Menge-Güthling, „βαπτιστής," *Langenscheidts Großwörterbuch Altgriechisch-Deutsch*, 131; Walter Bauer, „βαπτιστής," *Griechisch-deutsches Wörterbuch zum Neuen Testament*, 266: Der Beiname meint „Täufer." Das Substantiv findet sich 2mal im Text (Mk 6,25; 8,28).

485   Liddell-Scott, „ἀνήρ," *Greek-English Lexicon*, 138; Menge-Güthling, „ἀνήρ," *Langenscheidts Großwörterbuch Altgriechisch-Deutsch*, 66; Walter Bauer, „ἀνήρ," *Griechisch-deutsches Wörterbuch zum Neuen Testament*, 131–132: Das Substantiv meint einerseits „Mann, Ehemann, Mensch" und andererseits „Ehrenmann, Held, Krieger." Der Begriff findet sich 4mal im Text (Mk 6,20.44; 10,2.12).

486   Menge-Güthling, „κεφαλή," *Langenscheidts Großwörterbuch Altgriechisch-Deutsch*, 386–387; Walter Bauer, „κεφαλή," *Griechisch-deutsches Wörterbuch zum Neuen Testament*, 874–875: Das Substantiv meint einerseits „Haupt, Kopf, Mund, Kehle, Leben," andererseits „Oberhaupt" und schließlich gegenständlich „Oberste, Äußerste, Ende, Spitze." Der Begriff findet sich 8mal im Text (Mk 6,24.25.27.28; 12,10; 14,3; 15,19.29).

487   Liddell-Scott, „νεκρός," *Greek-English Lexicon*, 1165; Menge-Güthling, „νεκρός," *Langenscheidts Großwörterbuch Altgriechisch-Deutsch*, 467; Walter Bauer, „νεκρός," *Griechisch-deutsches Wörterbuch zum Neuen Testament*, 1082–1083: Das hier stets substantivierte Adjektiv meint neben „Toter" auch „Verstorbener, Abgeschiedener, Gefallener, Leichnam und Leiche." Der Begriff findet sich 7mal im Text (Mk 6,14; 9,9.10.26; 12,25.26.27).

488   Liddell-Scott, „πτῶμα," *Greek-English Lexicon*, 1549; Menge-Güthling, „πτῶμα," *Langenscheidts Großwörterbuch Altgriechisch-Deutsch*, 607; Walter Bauer, „πτῶμα," *Griechisch-deutsches Wörterbuch zum Neuen Testament*, 1456–1457: Das vom Verb „πίπτω" – „fallen" –

EXEGETISCHE ANALYSE DES MARKUSEVANGELIUMS 193

setzung abholen kommen. Und erwähnte Akteure sind einerseits Jesus, von welchem Herodes hört, weil sein „Name" (Mk 6,14; vgl. 3.3.5[3]) „bekannt" (Mk 6,14; vgl. 3.3.4[3]) wurde, und den er für Johannes, „andere" (Mk 6,15.15 Pl.) aber für „Elija" (Mk 6,15: Ἠλίας)[489] beziehungsweise einen „Propheten" (Mk 6,15; Mk 6,15 Pl.; vgl. 3.1.2[3]) halten, andererseits des Herodes „Königreich" (Mk 6,23; vgl. 3.1.5[3]) und schließlich der „(Halb)Bruder" (Mk 6,17.18; vgl. 3.2.1[3]) des Herodes, namens „Philippus" (Mk 6,17; vgl. 3.3.5[3])[490]. Ein expliziter *Ort* der nachfolgenden Handlung, mit Ausnahme des „Gefängnisses" (Mk 6,17.27: φυλακή)[491], in welchem Johannes liegt, und dem „Grab" (Mk 6,29; 3.5.2[3]), in das er gebracht wird, ist nicht genannt. Implizit dürfte sie allerdings im fürstlichen Palast stattfinden, derer es zwei, einen älteren in Sepphoris und einen jüngeren in Tiberias gab. Da die rahmende Szene 28 in Nazareth beginnt und auch dort endet, bietet sich Sepphoris als der zu vermutende Ort an, da er nur ca. 6 Kilometer südöstlich von Nazareth liegt, und die Vaterstadt Jesu – wie gesagt – zu ihrem Einzugsgebiet gehörte. Ob diese aus dem Narrativ abgeleitete Annahme zutrifft, lässt sich freilich nicht verifizieren. Das ca. 30 Kilometer östlich von Nazareth liegende Tiberias wird nie erwähnt. Dort soll Herodes im Jahre 18 oder 20 in der eingeweihten und zu Ehren des römischen Kaisers so

---

      abgeleitete Substantiv meint einerseits „Fall, Sturz, Gefallener, Leichnam" und andererseits „Verderben, Unglück, Fehler, Vergehen." Der Begriff findet sich 2mal im Text (Mk 6,29; 15,45) und verweist hier 1mal auf Johannes und hernach 1mal auf Jesus.

489   Hellmut Haug, „Elija," *Namen und Orte der Bibel*, 106–107; Rainer Dillmann, „Elija," *Personenlexikon zum Neuen Testament*, 61–63; Joshua Gutmann, S. David Sperling, Moses Aberbach et al., „Elijah," *EJ* 6:331–337, bes. 333: Der biblische Prophet, dessen hebr. Name „mein Gott ist Jahwe" bedeutet, erlangte einerseits seines wundersamen Lebens und Entrückens und andererseits seiner Erwähnung in Maleachis letzter Prophetie als Wegbreiter des Herrn wegen (Mal 3,1.23–24) eine prominente Rolle als eschatologischer Prophet in Endzeitvorstellungen des 1. Jh. Der Name findet sich 9mal im Text und wird in der weiteren Entfaltung des Textes mit Johannes dem Täufer assoziiert werden (Mk 6,15; 8,28; 9,4.5.11.12.13; 15,35.36).

490   Sebastian Schneider, „Herodias," *Personenlexikon zum Neuen Testament*, 103: Mit Philippus kann nicht der Tetrarch gemeint sein, denn Herodias war in erster Ehe mit „Herodes Boethos" verheiratet, der auch den Beinamen „Philippos I." trug.

491   Liddell-Scott, „φυλακή," *Greek-English Lexicon*, 1960; Menge-Güthling, „φυλακή," *Langenscheidts Großwörterbuch Altgriechisch-Deutsch*, 737; Walter Bauer, „φυλακή," *Griechisch-deutsches Wörterbuch zum Neuen Testament*, 1730: Das vom Verb „φυλάσσω" – „wachen" – abgeleitete Substantiv meint einerseits „Wache," als Person andererseits „Wächter," als Handlung ferner „Bewachung, Beschützung, Wachsamkeit," als Ort dann wie hier „Gefängnis" und als Zeitbestimmung schließlich „Nachtwache," derer es nach römischem Verständnis zwischen 18h und 6h vier à drei Stunden gab. Der Begriff findet sich 3mal im Text (Mk 6,17.27.48).

194 3. KAPITEL

benannten Stadt neu Wohnsitz genommen haben. Zutreffend ist wohl, zumindest legen das die Ausführungen des Josephus nahe, dass das Verhältnis der beiden Städte durch eine antagonistische Konkurrenz gekennzeichnet war. Denn Herodes schmähte Sepphoris einerseits darin, dass er ihr zu Gunsten von Tiberias den Status der Hauptstadt aberkannte, andererseits aber ehrte er sie darin, dass er sich dort begraben ließ. So betrachtet lässt sich Jesu Gang nach Untergaliläa auch als eine Annäherung an das fürstliche Machtzentrum oder gar als dessen Herausforderung lesen.[492] In *temporaler* Hinsicht spielt die Szene auf zwei Ebenen, einerseits wohl während Jesus in Nazareth weilt, das war ein Sabbat gewesen (vgl. Mk 6,1), und andererseits blickt der Erzähler auf ein Ereignis in der Rückblende, das zur erzählten Hinrichtung von Johannes führte, und dieser „geeignete Tag" (Mk 6,21; vgl. 3.1.3[3]; Mk 6,21: εὔκαιρος) ist des Regenten „Geburtstag" (Mk 6,21 Pl.: γενέσια)[493]. In *rhetorischer* Hinsicht sind einerseits zweimal Herodes wie auch zweimal andere über Jesu Identität zu hören, andererseits Johannes wie er Herodes rügt, ferner Herodes zweimalige Einladung an das Mädchen, dann ein Gespräch zwischen Mutter und Tochter und schließlich der Tochter Wunsch an Herodes. Mit dem Thema von Johannes Schicksal knüpft dieses Narrativ an die Szenen 02–03 und 05 an, und wirft gleichzeitig einen langen Schatten auf Jesu eigenes Schicksal in Episode A' voraus.

Während die Jünger Jesu Dämonen austreiben und heilen, lässt der Narrator den „König Herodes" in dieser Szene, und nur in dieser spielt er eine aktive Rolle, als ersten auftreten. Sein stets vom Erzähler angeführter Name war zuvor nur als Kollektiv „Herodianer" (vgl. Mk 3,6; 12,13; 3.3.3[3]) begegnet und erscheint hernach nur noch einmal in einer warnenden Rede Jesu (vgl. Szene 38). Vom griechischen Wort „ἥρως" – „Held, Halbgott" – abgeleitet, bedeutet der Eigenname „Herodes" (Mk 6,14.16.17.18.20.21.22: Ἡρῴδης) so viel wie „Heldenspross."[494] Auffallend ist, dass der Vorname „Antipas," wohl Kurzform des verbreiteten griechischen Namens „Antipatros" mit der Bedeutung „an der Stelle des Vaters, Stellvertreter des Vaters," gänzlich fehlt. Diese Tatsache deckt sich mit epigraphischen und numismatischen Beobachtungen, denn ab seinem Regierungsantritt im Jahre 4 v.d.Z. tilgte Herodes offenkundig sei-

---

492   Eric M. Meyers, „Sepphoris," *EJ* 18:306–307; James F. Strange, „Sepphoris," *ABD* 5:1090–1093; Michael Avi-Yonah et al., „Tiberias," *EJ* 19:714–716; James F. Strange, „Tiberias," *ABD* 6:547–549.

493   Walter Bauer, „γενέσια," *Griechisch-deutsches Wörterbuch zum Neuen Testament*, 309: Vom Verb „γίνομαι" abgeleitete Substantiv meint „Geburtstag(sfeier)." Der Begriff findet sich als *Hapax legomenon* nur hier im Text.

494   Hellmut Haug, „Herodes," *Namen und Orte der Bibel*, 148–149. Der Name findet sich 8mal im Text (Mk 6,14.16.17.18.20.21.22; 8,15).

EXEGETISCHE ANALYSE DES MARKUSEVANGELIUMS   195

nen Vornamen und nannte sich offiziell nur noch „Herodes." Vielleicht suchte
er hervorzuheben, dass er nicht den Vater zu vertreten, sondern an seine Stelle
zu treten wünschte, zumindest symbolisch; denn ursprünglich war es so vorgesehen: Er als Haupterbe mit königlicher Oberhoheit über dem herodianischen
Reich und seine Brüder Archelaus und Philippus als Tetrarchen ihm unterstellt.
Bekanntlich kam es anders, denn der Vater besann sich angesichts anhaltender
Palastquerelen eines Besseren und setzte Archelaus als königlichen Haupter-
ben an Herodes Statt ein, was Augustus nach dem Tod des Vaters allerdings
nicht approbierte und die drei Söhne „nur" als Tetrarchen mit unabhängigen
Teilfürstentümern anerkannte. Vielleicht versah sich Herodes Antipas deshalb
und dem ungeachtet mit dem Titel „König" (Mk 6,14.22.25.26.27: βασιλεύς), was
sich hernach als Brauch einbürgerte und vom Erzähler hier fast selbstverständlich – oder ist es ironisch gemeint? – immerhin 5mal angeführt wird. Freilich
könnte der Titel neben „König und Kaiser" auch „Fürst, Prinz, Vorherrscher,
Gebieter oder Häuptling" meinen.[495] Doch darauf, dass sich Herodes Antipas selbst als „König" verstanden haben wollte, verweist der Umstand, dass er
der Herodias' Tochter die Hälfte seines „Königreichs" anbietet. Die Aberken-
nung der Königswürde durch den Vater muss Herodes Antipas tief gekränkt
haben, und dieser „Stachel in seinem Fleisch" dürfte zu jenem Zeitpunkt erneut
geschmerzt haben, als der übernächste Kaiser Gaius (Caligula) seinem Freund
und gleichzeitigen Bruder der Herodias, Herodes Agrippa I., gemeinsam zum
Gebiet des verstorbenen Philippus 37 d. Z. die Königswürde verlieh. Auf Drängen der Herodias begab sich der stets romtreue Herodes Antipas daraufhin
zum Kaiser, um sein – wie er glaubte – Anrecht auf den Königstitel geltend
zu machen. Diesen bekam er auch jetzt nicht, stattdessen und auf Grund einer
Intrige seines Schwagers wurde der zweifach Geprellte nach Gallien ins Exil
verbannt, wo er wahrscheinlich 39 d. Z. verstarb. Nutznießer seines Scheiterns
war derweil einmal mehr sein Schwager Herodes Agrippa I., an den sein Fürstentum noch im gleichen Jahr fiel.[496]

---

495   Liddell-Scott, „βασιλεύς," *Greek-English Lexicon*, 309–310; Menge-Güthling, „βασιλεύς," *Lan-
       genscheidts Großwörterbuch Altgriechisch-Deutsch*, 133; Walter Bauer, „βασιλεύς," *Grie-
       chisch-deutsches Wörterbuch zum Neuen Testament*, 272–273: Das Substantiv meint den
       jeweils höchsten Inhaber einer bestimmten politischen und damit auch militärischen
       Gewalt, die einerseits neben dem Genannten andererseits im Plural auch „Königshaus,
       königliche Familie oder Obrigkeit" meinen kann. Der Begriff findet sich insgesamt 12mal
       im Text (Mk 6,14.22.25.26.27; 13,9; 15,2.9.12.18.26.32) und verweist 6mal auf Jesus (Mk
       15,2.9.12.18.26.32), 5mal auf Herodes (Mk 6,14.22.25.26.27) und 1mal auf eine unspezifizierte
       Herrschaft (Mk 13,9).

496   Sebastian Schneider, „Herodes Antipas," *Personenlexikon zum Neuen Testament*, 97–99.

Dieser „König" Herodes nun, über den sich vom Text her leichter ein Psychogramm als eine Geschichte zu dessen Herkunft, Macht und Bildung erstellen lässt, hört vom sich in der Nähe befindlichen Jesus, nicht zuletzt deshalb, weil sein Name bekannt geworden war.[497] In zwei direkten Reden – wer dabei die Hörerschaft ist, sofern es sich nicht um Selbstgespräche handelt, wird nicht gesagt – schließt Herodes, dass es sich bei Jesus, um denjenigen, den er „enthauptete" (Mk 6,16.27: ἀποκεφαλίζω)[498], handeln müsse, er wurde aus den Toten „auferweckt" (Mk 6,14.16; vgl. 3.2.3[3]),[499] und „deshalb" würden die „Wunderkräfte" (Mk 6,14; vgl. 3.5.4[3]) in ihm „wirken" (Mk 6,14: ἐνεργέω)[500]. Das klingt implizit nach Schuldeingeständnis, als ob der unrechtmäßig Hingerichtete, der Ungerechtigkeit Herodes' wegen von Gott Auferweckte und mit besonderen Gnadenkräften Ausgestattete, nun ins Reich der Lebenden zurückkehrt. Herodes deutet Jesu Auftreten somit als eine Erscheinung, die mit seiner eigenen Ungerechtigkeit in Verbindung steht, mehr nicht, wenn allein das ihn schon beunruhigt haben muss. Ihn jedoch als den vom Erzähler kolportierten messianischen und von Gott eingesetzten König Israels zu erkennen, liegt verständlicherweise jenseits der Möglichkeiten eines gekränkten Mannes wie Herodes Antipas. Verkennen tut ihn auch diejenige unspezifizierte Gruppe von Menschen, wenngleich sie mehr in Jesus sehen als Herodes, weil sie in ihm einen Propheten oder den Elija *redivivus*, den eschatologischen Vorläufer und Vorboten des Messias, zu erkennen glauben. Was hatte zu Herodes' Unrechtstat geführt? Johannes der Täufer[501] war offensichtlich Herodes Antipas – vielleicht

---

497   Dass Jesus seiner Taten wegen in ganz Galiläa, ja ganz Israel bekannt wurde, war bereits in den Szenen 07 und 15 gesagt worden.

498   Liddell-Scott, „ἀποκεφαλίζω," *Greek-English Lexicon*, 202; Menge-Güthling, „ἀποκεφαλίζω," *Langenscheidts Großwörterbuch Altgriechisch-Deutsch*, 90; Walter Bauer, „ἀποκεφαλίζω," *Griechisch-deutsches Wörterbuch zum Neuen Testament*, 185: Das Kompositum meint neben „enthaupten" auch „köpfen." Das Verb findet sich 2mal und nur hier im Text (Mk 6,16.27).

499   Totenauferweckung war bereits in Szene 25 begegnet, Herodes glaubt somit wie Jesus und anders als die Sadduzäer an eine solche (vgl. Szene 61).

500   Liddell-Scott, „ἐνεργέω," *Greek-English Lexicon*, 564; Menge-Güthling, „ἐνεργέω," *Langenscheidts Großwörterbuch Altgriechisch-Deutsch*, 239; Walter Bauer, „ἐνεργέω," *Griechisch-deutsches Wörterbuch zum Neuen Testament*, 535: Das Verb meint einerseits „wirksam, tätig sein, arbeiten, wirken" und andererseits „bewirken, schaffen, tun, ausüben, -führen, sich wirksam oder kräftig erweisen (Truppen)." Der Begriff findet sich als *Hapax legomenon* nur hier im Text.

501   Den Eigennamen des Johannes führen sowohl der Narrator (Mk 6,17.18.20), als auch Herodes (Mk 6,14.16) sowie die Herodias (Mk 6,24) und ihre Tochter (Mk 6,25) in Direktreden an.

EXEGETISCHE ANALYSE DES MARKUSEVANGELIUMS 197

sogar öffentlich – gegenüber getreten und hatte ihm entsprechend dem Gesetz gesagt (vgl. Lev 18,16; 20,21), dass es nicht „erlaubt" (Mk 6,18; 3.3.2[3]) sei die Frau seines Bruders Philippus zu „heiraten" (Mk 6,17: γαμέω)[502]. Daraufhin hatte Herodes „aussendend" (Mk 6,17.27; vgl. 3.1.2[3]) den Johannes „ergreifen" (Mk 6,17; vgl. 3.2.3[3]) lassen und ihn „gebunden" (Mk 6,17; vgl. 3.3.7[3]) im Gefängnis verwahrt. Nicht zuletzt deswegen, weil Herodias „grollend" (Mk 6,19: ἐνέχω)[503] ihn zu „töten" (Mk 6,19; vgl. 3.3.3[3]) „wünschte" (Mk 6,19.22.25.26; vgl. 3.2.4[3]), er aber Johannes „beschütze" (Mk 6,20: συντηρέω)[504], da er ihn „fürchtet" (Mk 6,20: φοβέω; vgl. 3.5.1[3]) und für einen gerechten und heiligen Mann – nicht explizit als Propheten also – hielt, ihn außerdem gerne hörte aber darüber sehr „verlegen" (Mk 6,20: ἀπορέω)[505] wurde.

Herodes Antipas war mit idumäischen Wurzeln vater- und samaritanischen mutterseits und zugleich als romtreuer Klientelfürst wie sein Vater ein typischer Repräsentant hellenistischer Juden, das heißt er hatte einen gewissen Respekt seiner Ethnie gegenüber, jedoch ohne die politischen Ziele zu kompromittieren. Aus politischen Gründen vermählte er sich in erster Ehe daher wohl mit der Tochter des Nabatäerkönigs Aretas IV., dessen Reich an sein Territorium grenzte. Welche politischen Motive ihn leiteten, diese erste Frau zugunsten der Schwägerin Herodias zu verstoßen, lässt sich schwer sagen. Der Schritt muss sich retrospektiv als politischer Fehltritt, gar als Anfang eines desaströsen Endes erwiesen haben, denn Aretas IV. erklärte ihm 36 d.Z. den Krieg

---

502 Menge-Güthling, „γαμέω," Langenscheidts Großwörterbuch Altgriechisch-Deutsch, 142; Walter Bauer, „γαμέω," Griechisch-deutsches Wörterbuch zum Neuen Testament, 302–303: Das vom Substantiv „γάμος" – „Hochzeit" – abgeleitete Verb meint „heiraten." Der Begriff findet sich 4mal im Text (Mk 6,17; 10,11.12; 12,25).

503 Menge-Güthling, „ἐνέχω," Langenscheidts Großwörterbuch Altgriechisch-Deutsch, 239; Walter Bauer, „ἐνέχω," Griechisch-deutsches Wörterbuch zum Neuen Testament, 536: Das aus „ἐν" und „ἔχω" bestehende Kompositum meint in seiner Grundbedeutung „in sich haben" und daraus abgeleitet „grollen." Das Verb findet sich als Hapax legomenon nur hier im Text.

504 Liddell-Scott, „συντηρέω," Greek-English Lexicon, 1727; Menge-Güthling, „συντηρέω," Langenscheidts Großwörterbuch Altgriechisch-Deutsch, 664; Walter Bauer, „συντηρέω," Griechisch-deutsches Wörterbuch zum Neuen Testament, 1580–1581; Horst Balz und Gerhard Schneider, „συντηρέω," EWNT 3:742: Das Kompositum meint einerseits „beschützen, im Auge behalten, besorgt sein um, behüten" und andererseits „mitbewahren, bewachen, im Gefängnis behalten." Das Verb findet sich als Hapax legomenon nur hier im Text.

505 Menge-Güthling, „ἀπορέω," Langenscheidts Großwörterbuch Altgriechisch-Deutsch, 95; Walter Bauer, „ἀπορέω," Griechisch-deutsches Wörterbuch zum Neuen Testament, 195–196: Das aus „α" und „πορεω" bestehende Kompositum meint einerseits „ohne Wege und Mittel sein" und andererseits „verlegen sein, ratlos, unentschlossen und ungewiss sein sowie zweifeln." Das Verb findet sich als Hapax legomenon nur hier im Text.

198   3. KAPITEL

und bereitete ihm eine empfindliche Niederlage. Einem Hilferuf Herodes an die Adresse seines Freundes Tiberius entsprach dieser mit einem Vergeltungsbefehl, dessen Ausführung er seines kurz darauffolgenden Todes wegen aber nicht mehr gewährleisten konnte, zumal der beauftragte Legat Syriens, Vitellius, Herodes Antipas nicht gewogen war, und sich dem Befehl verweigerte. Wie bereits gesagt, verlor er seines neuen Schwagers und der Herodias wegen dazu noch die Gunst des nachrückenden Kaisers Gaius und büsste mit seiner Verbannung seine politische und gesellschaftliche Existenz ein. Herodias folgt ihrem gescheiterten Mann in die Verbannung, obwohl oder vielleicht trotz des Umstandes, dass sie ihren zweiten Gatten wie jener seine erste Frau aus politischem Kalkül geheiratet hatte. Denn als Tochter des Aristobul und der Berenike und somit Enkelin des Herodes des Grossen war sie mit ihrem Onkel, Herodes Philippus I., verheiratet gewesen, den sie aber um dessen Stiefbruder Herodes Antipas willen verließ, weil dieser als von der Thronfolge Ausgeschlossener ohne politische Ambitionen in Rom lebte. Die Tochter aus erster Ehe vermochte sie als Frau des Tetrarchen Philippus, beim Bruder ihres jetzigen Mannes, unterzubringen. Diesen Macht- und Prestigegewinn dürfte sie – wohl nicht zu unrecht – in der Freundschaft ihres Bruders mit Kaiser Gaius (Caligula) in Gefahr gesehen haben, an den nach Ableben ihres Schwiegersohns Philippus dessen Tetrarchie gemeinsam mit dem Königstitel ging. Deshalb vielleicht stiftete sie Herodes Antipas an, bei Caligula um den „verdienten" Königstitel anzuhalten. Ihre Nachfolge in die Verbannung war offensichtlich eine freiwillige gewesen, denn Caligula hatte sie um der Freundschaft mit ihrem Bruder willen angeblich zu schonen gesucht.[506]

Herodias, deren 3mal über den Narrator angeführte Eigenname dieselbe Bedeutung wie derjenige ihres Gatten hat, erscheint nur hier im Narrativ. Sie wird als nachtragende Ehefrau und Mutter geschildert, die – wie es scheint – sich ihres elitären Status und „Grolls" wegen und möglicherweise mittels einer überinterpretierten „Majestätsbeleidigung" (crimen laesae majestatis)[507] erlauben kann, dem Leben des Johannes nachzustellen, selbst gegen den Willen ihres Mannes. Ihre Stunde sieht Herodias nach der Erzählung am Geburtstag ihres Gatten gekommen, nämlich als er – nach Bereitung eines abendlichen „Festmahls" (Mk 6,21: δεῖπνον)[508] mit seinen Hofbeamten, Militär und

---

506   Hellmut Haug, „Herodias," Namen und Orte der Bibel, 149; Sebastian Schneider, „Herodias," Personenlexikon zum Neuen Testament, 102–104.

507   Christian Gizewski, „Maiestas," DNP 7:710–712.

508   Menge-Güthling, „δεῖπνον," Langenscheidts Großwörterbuch Altgriechisch-Deutsch, 159; Walter Bauer, „δεῖπνον," Griechisch-deutsches Wörterbuch zum Neuen Testament, 346; Joachim Wanke, „δεῖπνον," EWNT 1:673–675: Das Substantiv meint einerseits „Essen, Speise,

EXEGETISCHE ANALYSE DES MARKUSEVANGELIUMS 199

Vornehmsten Galiläas zu Tisch „liegt" (Mk 6,26: ἀνάκειμαι)[509]. Der für eine Adlige unübliche „Tanz" (Mk 6,22) der namentlich nicht genannten und auch sonst anonym belassenen Tochter der Herodias, der Narrator verwendet hier wie bei der Tochter des Synagogenvorstehers in Szene 25 das Diminutiv für „Jungfrau, Braut" – „gefällt" (Mk 6,22: ἀρέσκω)[510] dem Herodes und den Anwesenden in ästhetischer – vielleicht auch erotischer – Hinsicht dermaßen gut,[511] dass er ihr was immer sie „fordert" (Mk 6,22.23.24.25: αἰτέω)[512] zweifach „eidlich" (Mk 6,26 Pl.: ὅρκος)[513] zu geben „zuschwört" (Mk 6,23: ὀμνύω)[514], bis hin zur „Hälfte" seines Königreichs. Dies ist ein klassisches Motiv von Fabeln und Legenden. Unwissend was sie fordern soll, wendet sie sich an die Mutter, und diese lässt sie das Haupt des Täufers erbitten, was sie „sogleich" (Mk 6,25.27) und widerspruchslos, ja geradezu eifrig dem Herodes anträgt. Der Eide und der Anwesenden willen mag er sie nicht „zurückweisen" (Mk 6,26: ἀθετέω)[515] und

---

Futter" und andererseits wie hier „Mahlzeit, Fest-, Gastmahl, Festgelage." Juden war es festliche Hauptmahlzahl, die als Nachtmahl liegend und beim Festmahl gemeinsam mit Wein eingenommen wurde. Der Begriff findet sich 2mal im Text (Mk 6,21; 12,39).

509   Menge-Güthling, „ἀνάκειμαι," *Langenscheidts Großwörterbuch Altgriechisch-Deutsch*, 55; Walter Bauer, „ἀνάκειμαι," *Griechisch-deutsches Wörterbuch zum Neuen Testament*, 109: Das Kompositum meint einerseits und wie hier „daliegen, zu Tisch liegen, dastehen" und andererseits „aufgestellt, geweiht sein, gewidmet sein, bestimmt sein, zugesprochen sein, auf jemanden oder etwas beruhen, von jemandem oder etwas abhängen, ergeben sein, sich hingeben, anhangen." Das Verb findet sich 2mal im Text (Mk 6,26; 14,18).

510   Menge-Güthling, „ἀρέσκω," *Langenscheidts Großwörterbuch Altgriechisch-Deutsch*, 104; Walter Bauer, „ἀρέσκω," *Griechisch-deutsches Wörterbuch zum Neuen Testament*, 212: Das Verb meint einerseits „wiedergutmachen, ausgleichen ersetzten, zufriedenstellen, befriedigen" und andererseits wie hier „gefallen, zusagen, sich beliebt machen, annehmbar sein, erfreuen, billigen." Das Verb findet sich als *Hapax legomenon* nur hier im Text.

511   Vgl. auch Dewey, „The Gospel of Mark," 482–484; Marcus, *Mark*, 1:398.

512   Menge-Güthling, „αἰτέω," *Langenscheidts Großwörterbuch Altgriechisch-Deutsch*, 24; Walter Bauer, „αἰτέω," *Griechisch-deutsches Wörterbuch zum Neuen Testament*, 48–49: Das Verb meint neben „(er)bitten" auch „fordern, begehren, verlangen, anflehen, betteln, um eine Frau werben." Der Begriff findet sich 9mal im Text (Mk 6,22.23.24.25; 10,35.38; 11,24; 15,8.43).

513   Menge-Güthling, „ὅρκος," *Langenscheidts Großwörterbuch Altgriechisch-Deutsch*, 499; Walter Bauer, „ὅρκος," *Griechisch-deutsches Wörterbuch zum Neuen Testament*, 1178: Das Substantiv meint neben „Eid" auch „Schwur, eidliches Versprechen, Gelübde, vertragliche Bestimmung." Der Begriff findet sich als *Hapax legomenon* nur hier im Text.

514   Menge-Güthling, „ὀμνύω," *Langenscheidts Großwörterbuch Altgriechisch-Deutsch*, 489; Walter Bauer, „ὀμνύω," *Griechisch-deutsches Wörterbuch zum Neuen Testament*, 1147–1148: Das Verb meint „zuschwören und eidlich geloben." Der Begriff findet sich 2mal im Text (Mk 6,23; 14,71).

515   Menge-Güthling, „ἀθετέω," *Langenscheidts Großwörterbuch Altgriechisch-Deutsch*, 16; Wal-

„befiehlt" (Mk 6,27; vgl. 3.2.2[3]), „sehr traurig" (Mk 6,26: περίλυπος)[516] zwar, aber dennoch das Gesicht zu wahren suchend, einem Henker das Haupt zu bringen. Umgehend enthauptet dieser Johannes im Gefängnis und bringt – als ob das Gefängnis in der Nähe wäre – das Haupt dem Herodes in einer „Schüssel" (Mk 6,25.28), gibt es dem Mädchen und dieses der Mutter. Die schaurige Szene endet im Bericht so, dass die Jünger vom schmachvollen Tod ihres Lehrers hörten – die Enthauptung galt als die „schändlichste Todesart" (vgl. mSan 7,3) – und kamen, seinen Leichnam mitnahmen und in ein Grab legten. So dürfte Johannes nach dieser Erzählung entweder in Sepphoris oder Tiberias hingerichtet worden sein, und seine Jünger dürften sich vielleicht an Jesu prophetische Aussagen in Szene 12 erinnert haben.[517]

(4)   Politisch-militärisches Profil

In dieser Szene geht es unter anderem um Jesu Identität und Anspruch, und wie sie vom politisch mächtigsten Mann wie auch von anderen in demjenigen Fürstentums, dem Jesus entstammt, verkannt werden. Der Regent von Roms Gnaden Herodes Antipas – als romtreu wird sich im Krieg auch seine Stadt erweisen (vgl. 5.6.4[1]; 5.6.4[2]; 5.7.3[4]) – sieht in ihm „nur" den gerechten und heiligen Mann, den Johannes *redivivus*, der des Herodes' Schuld wegen auferweckt und mit Wunderkräften ausgestattet zurückkehrt. Andere sehen in ihm einen Propheten und wieder andere Elija, Jesus wird in Szene 40 explizit davon erfahren. Zum Glück mag man folgern, denn als Inhaber des *ius gladii* hätte Herodes von seiner Kapitalgewalt Gebrauch gemacht, hätte er in Jesus einen seine Macht bedrohendes Individuum geortet (vgl. 5.6.4[6]), so zumindest lehrt uns Josephus' Version von des Täufers Hinrichtung (*Ant.* 18,116–119). Freilich anderer Ansicht dementiert der Erzähler die hier angeführten Fremddefinitionen für seine Hörerschaft nicht, das ist auch nicht notwendig, denn seit Mk 1,1 sind sie über dessen Ansicht, dass Jesus der messianische König sei, aufgeklärt. Indem er Herodes als „König" einführt, stilisiert er ihn zu Jesu Antipoden, denn nur auf die beiden ist dieser Titel im Text angewendet (vgl.

---

ter Bauer, „ἀθετέω," *Griechisch-deutsches Wörterbuch zum Neuen Testament*, 39: Das aus „α" und „τίθημι" bestehende Kompositum meint einerseits „beseitigen," andererseits „ungültig, zunichte machen, aufheben, abweisen, verwerfen" und schließlich „sich vergehen." Das Verb findet sich 2mal im Text (Mk 6,26; 7,9).

516   Menge-Güthling, „περίλυπος," *Langenscheidts Großwörterbuch Altgriechisch-Deutsch*, 546; Walter Bauer, „περίλυπος," *Griechisch-deutsches Wörterbuch zum Neuen Testament*, 1307: Das aus „περί" und „λύπη" bestehende Kompositum meint neben „sehr traurig" auch „tief oder übermäßig betrübt." Das Adjektiv findet sich 2mal im Text (Mk 6,26; 14,34).

517   Vgl. auch Miller, *Women in Mark's Gospel*, 73–89.

EXEGETISCHE ANALYSE DES MARKUSEVANGELIUMS

5.4.4[1]). Aber in chiastischer Gegenüberstellung erscheint Herodes als der König, der keiner ist, und der den König, der einer ist, nicht zu erkennen vermag. Auch stellt der Narrator denjenigen, der den Vater nicht vertreten will, jenem gegenüber, der genau darin seine Erfüllung sieht. Beide sind sie einer höheren Macht verpflichtet, deren irdische Ausprägung in der Person des Kaiser sie letztlich zu Fall bringen wird. Ein Vorgeschmack solch einer Konfrontation mit politischen Mächten bietet das Schicksal des gesetzestreuen und nicht zuletzt deswegen von Herodias kriminalisierten Johannes (vgl. 5.6.4[9]), und obschon von keiner Begegnung noch einer Konfrontation zwischen Herodes und Jesus die Rede ist, waren die Herodianer in Szene 14 als Initiatoren eines Jesus zugedachten Todes bereits eingeführt worden. Ob sich auch sein Tod in Judäa einer Kette tragischer Umstände verdanken wird wie bei Johannes (vgl. 5.3.4[2]), wird sich noch zeigen (vgl. Szene 80).[518]

3.5.8 Szene 30 (Mk 6,33–46): Jesus speist Fünftausend an ödem Ort

(1)   Szene

Die dreißigste Szene Mk 6,33–46 handelt davon, wie Jesus Fünftausend an ödem Ort lehrt und speist. Wie bereits die Szenen 02, 07–11, 14–15, 17, 19–22 und 24–28 gehört somit auch diese zu den volksbezogenen, und zwar ihre Belehrung und Speisung betreffenden Szenen. Die Szene unterscheidet sich von der nachfolgenden im Blick auf Akteure, Ort, Zeit, Handlung und Thema, kommt doch dort Jesus auf dem See wandelnd den Jüngern zu Hilfe.

(2)   Text

6[33] Und wegziehend sahen und erkannten sie viele und eilten von allen Städten zusammen und kamen zu Fuß vor ihnen dorthin. [34] Und hinausgehend sah er eine große Volksmenge und hatte Mitleid mit ihnen, denn sie waren wie Schafe ohne einen Hirten habend, und er begann sie vieles zu lehren. [35] Und schon spät werdend, sagten seine Jünger zu ihm kommend: Der Ort ist öde, und (es ist) schon spät. [36] Entlasse sie, damit sie in die umliegenden Höfe und Dörfer hingehen, sich etwas zu essen kaufen! [37] Antwortend aber sagte er ihnen: Gebt ihr ihnen zu essen! Und sie sagten zu ihm: Sollen wir hingehend für zweihundert Denare Brot kaufen und ihnen zu essen geben? [38] Er aber sagt ihnen: Wie viele Brote habt ihr? Geht hin, seht! Und feststellend sagen sie: Fünf, und zwei Fische. [39] Und er ordnete ihnen an, dass alle in Tischgemeinschaften auf dem grünen Gras lagerten. [40] Und sie lagerten in Gruppen zu hundert und

---

518   Vgl. dazu auch Gabriella Gelardini, „The Contest for a Royal Title: Herod versus Jesus in the Gospel According to Mark (6,14–29; 15,6–15)," *ASE* 28/2 (2011): 93–106.

202   3. KAPITEL

zu fünfzig. [41] Und die fünf Brote und die zwei Fische nehmend dankte er zum Himmel blickend und brach die Brote und gab sie den Jüngern, damit sie ihnen vorlegten, auch die zwei Fische teilte er unter alle. [42] Und sie aßen alle und wurden gesättigt. [43] Und sie hoben an Brocken zwölf Körbe voll auf, auch von den Fischen. [44] Und derer, die gegessen hatten, waren fünftausend Männer. [45] Und sogleich nötigte er seine Jünger in das Boot zu steigen und ans jenseitige Ufer nach Betsaida vorauszuziehen, während er selbst die Volksmenge entlässt. [46] Und sie verabschiedend ging er auf den Berg zu beten.[519]

(3)   Inhalt

Explizit anwesende *Akteure* dieser Szene sind einerseits Jesus, den der Narrator implizit „Hirt" (Mk 6,34: ποιμήν)[520] bezeichnet, andererseits „seine" (Mk 6,35.45) „Jünger" (Mk 6,35.41.45; vgl. 3.2.6[3]) und schließlich eine „große" (Mk 6,33.34) „Volksmenge" (Mk 6,34.45; vgl. 3.2.5[3]), die der Narrator implizit als „Schafe" (Mk 6,34 Pl.: πρόβατον)[521] bezeichnet, und denen Jesus aufträgt, in „Tischgemeinschaften" (Mk 6,39.39: συμπόσιον)[522] zu lagern, was diese in „Gruppen" (Mk 6,40.40: πρασιά)[523] zu 100 und 50 tun, so dass es der Erzählung gemäß

---

519   Literarisch folgt Szene 30 einem chiastischen Schema: A: Mk 6,33–34 (Volksmenge); B: Mk 6,35–37 (essen); C: Mk 6,38–39 (fünf Brote, zwei Fische); C': Mk 6,40–41 (fünf Brote, zwei Fische); B': Mk 6,42–44 (essen); A': Mk 6,45–46 (Volksmenge).

520   Liddell-Scott, „ποιμήν," *Greek-English Lexicon*, 1430; Menge-Güthling, „ποιμήν," *Langenscheidts Großwörterbuch Altgriechisch-Deutsch*, 564; Walter Bauer, „ποιμήν," *Griechisch-deutsches Wörterbuch zum Neuen Testament*, 1371–1372; Horst Goldstein, „ποιμήν," *EWNT* 3:301–305: Das Substantiv meint einerseits „(Schaf)Hirte" und andererseits „Hüter, Führer, Lenker, Gebieter, Befehlshaber, König." Der Begriff, der anders als im Alten Testament im Neuen nie auf Gott angewendet wird, findet sich 2mal im Text (Mk 6,34; 14,27) und verweist stets auf Jesus.

521   Menge-Güthling, „πρόβατον," *Langenscheidts Großwörterbuch Altgriechisch-Deutsch*, 581; Walter Bauer, „πρόβατον," *Griechisch-deutsches Wörterbuch zum Neuen Testament*, 1408–1409; Johannes H. Friedrich, „πρόβατον," *EWNT* 3:365–368: Das aus „πρό" und „βαίνω" zusammengefügte Kompositum meint einerseits „Schaf(herde), Vieh, Weidevieh, Viehherde, Kleinvieh, Schlachtvieh, Rinder, Pferde" und andererseits „Menschen, Volk." Das Substantiv findet sich 2mal im Text (Mk 6,34; 14,27).

522   Menge-Güthling, „συμπόσιον," *Langenscheidts Großwörterbuch Altgriechisch-Deutsch*, 651; Walter Bauer, „συμπόσιον," *Griechisch-deutsches Wörterbuch zum Neuen Testament*, 1556–1557: Das aus „σύν" und „πίνω" zusammengesetzte Kompositum meint einerseits „Zusammentrinken, Trinkgelage, Gastmahl," andererseits wie hier „Tischgesellschaft, -gemeinschaft, gruppenweise" und schließlich „Trinkstube, Speisesaal." Das Substantiv findet sich 2mal und nur hier im Text.

523   Menge-Güthling, „πρασιά," *Langenscheidts Großwörterbuch Altgriechisch-Deutsch*, 577; Walter Bauer, „πρασιά," *Griechisch-deutsches Wörterbuch zum Neuen Testament*, 1399: Das

EXEGETISCHE ANALYSE DES MARKUSEVANGELIUMS   203

5'ooo „Mann" (Mk 6,44; vgl. 3.5.7[3]) sind, die Jesus speist; ob dieser Zahl noch Frauen und Kinder zuzurechnen sind, bleibt ungesagt. In *räumlicher* Hinsicht hatten Jesus und seine zurückgekehrten Jüngern ein Schiff bestiegen, damit sie sich auf seine Anordnung hin an einem ödem Ort ausruhten (vgl. Mk 6,31–32). Diesen nicht näher spezifizierten „öden" (Mk 6,35; vgl. 3.1.2[3]) „Ort" (Mk 6,35; vgl. 3.2.4[3]) erreichen sie im „Boot" (Mk 6,45; vgl. 3.2.1[3]), „dorthin" (Mk 6,33) ihnen aber die „von allen Städten" (Mk 6,33: πᾶς; Mk 6,33 Pl.; vgl. 3.2.3[3]) zusammenlaufende Volksmenge auf dem „Landweg" (Mk 6,33: πεζῇ)[524] zuvorkommt. Der Ort muss sich somit in der Nähe des Ufers befinden, denn unmittelbar nachdem Jesus aussteigt, findet er sich vor der Volksmenge. Dieser Ort kann keine Wüste sein, denn das Volk lagert auf grünem „Gras" (Mk 6,39) und ist in nicht allzu großer Entfernung umgeben von „Höfen" (Mk 6,36; vgl. 3.5.2[3]) und „Dörfern" (Mk 6,36; vgl. 3.5.5[3]). Wenn Jesus und seine Jünger das Boot in Tiberias bestiegen haben, so müssen sie, um ans „jenseitige Ufer" (Mk 6,45; vgl. 3.3.4[3]) nach „Betsaida" (Mk 6,45: Βηθσαϊδά)[525] zu gelangen, wohin sie Jesus vorausschicken wird, in Richtung Norden fahren, wo nur 20 Kilometer weiter bereits Kapernaum liegt. Handelt es sich um denselben öden Ort, den Jesus bereits in Szene 09 aufsuchte, und ist der „Berg" (Mk 6,46; vgl. 3.3.5[3]), wohin sich Jesus zum Gebet zurückzieht, und von wo aus er die in Seenot geratenen Jünger erblicken wird (vgl. Mk 6,47), derselbe wie in Szene 16? Möglich wäre es, und auch die historische Situierung dieses Narrativs in Tabgha, das nur 2 Kilometer südwestlich von Kapernaum liegt, wäre ein weiteres Argument dafür. Schwieriger gestaltet sich die Identifikation der Szene in *temporaler* Hinsicht. Jesus hatte seine Jünger nach einem Sabbat (vgl. Mk 6,2) ausgesandt, daraufhin waren sie nach unbestimmter Zeit zurückgekehrt, und an eben diesem Tag der Rückkehr brachen sie zu dem hier erreichten Ort auf, wobei sich die Erzählung bis zur fortgeschrittenen „Stunde" (Mk 6,35.35: ὥρα)[526] erstreckt, an der

---

     Substantiv meint einerseits „Gartenbeet" und andererseits „Abteilung, (Menschen)Gruppe, Schicht." Der Begriff findet sich 2mal und nur hier im Text.

524   Menge-Güthling, „πεζῇ," *Langenscheidts Großwörterbuch Altgriechisch-Deutsch*, 535; Walter Bauer, „πεζῇ," *Griechisch-deutsches Wörterbuch zum Neuen Testament*, 1287: Das Adverb meint neben „zu Fuß" auch und wie hier „zu Lande, auf dem Landweg." Der Begriff findet sich als *Hapax legomenon* nur hier im Text.

525   Hellmut Haug, „Betsaida," *Namen und Orte der Bibel*, 80: Der Ortsname steht für hebr. „Haus des Fischfangs." Der Begriff findet sich 2mal im Text (Mk 6,45; 8,22).

526   Menge-Güthling, „ὥρα," *Langenscheidts Großwörterbuch Altgriechisch-Deutsch*, 760; Walter Bauer, „ὥρα," *Griechisch-deutsches Wörterbuch zum Neuen Testament*, 1787–1789: Das Substantiv meint einerseits einen natürlichen Zeitabschnitt, wie etwa „(gute) Jahreszeit, Klima, Tageszeit, Stunde, Lebensalter," und in Verbindung mit „πολύς" wie hier eine fortge-

204   3. KAPITEL

die Frage der Nahrungsmittelbeschaffung aufkommt, was auf einen Wochentag hindeutet. In *rhetorischer* Hinsicht wenden sich die Jünger erstmals im Befehlston an Jesus, er solle das Volk entlassen, darauf entgegnet Jesus seinerseits mit dem Befehl, sie sollen das Volk speisen. Wie er das meint verstehen sie offensichtlich nicht und fragen zurück, woran Jesus erkennt, dass ihnen die zuvor empfangene und erfolgreich eingesetzte Vollmacht auch hier anzuwenden nicht in den Sinn kommt (vgl. Mk 6,7.13). So nimmt er die Angelegenheit selbst an die Hand, erkundigt sich nach den vorhandenen Broten, deren Zahl er von den Jüngern gemeldet bekommt. Mit dem Thema der Speisevermehrung knüpft dieses Narrativ an Szene 36 an.

Nachdem die Jünger Jesus von ihrer erfolgreichen Mission Bericht erstattet hatten, blieb ihnen eines regen Kommens und Gehens wegen weder Zeit zur Speise noch zur Ruhe, und um das nachzuholen, waren sie alleine an diesen Ort gefahren (vgl. Mk 6,31–32). Doch Ruhe ist ihnen auch hier nicht vergönnt, denn als sie „wegziehen" (Mk 6,33; vgl. 3.2.4[3]) von Untergaliläa, werden sie „erkannt" (Mk 6,33; vgl. 3.2.5[3]) und eine aus allen Städten „zusammeneilende" (Mk 6,33: συντρέχω)[527] große Volksmenge kommt ihnen dorthin zuvor. Spätestens beim Aussteigen aus dem Boot scheint Jesus dessen gewahr zu werden, denn er sieht sich vor einer großen und erwartungsvollen Menschenmenge stehen. Ihr „Anblick" erregt sein „Mitleid" (Mk 6,34; vgl. 3.2.4[3]), denn sie scheinen – wem, dem Erzähler, Jesus oder beiden? – wie Schafe ohne Hirten, weshalb er sie vieles, aber nicht näher bestimmtes „lehrt" (Mk 6,34; vgl. 3.2.2[3]). Dieses Gefühl der Zuneigung hatte Jesus bereits einem einzelnen – dem Aussätzigen in Szene 09 gegenüber – zum Ausdruck gebracht; hier gilt es dem ganzen Volk, was ihn diesem gegenüber wie ein Hirt, wie ihr König, der ihnen zu fehlen scheint, handeln lässt. Als es nun spät wird, fordern die Jünger Jesus proaktiv auf, die Menge zu „entlassen" (Mk 6,36.45: ἀπολύω)[528], damit diese in

---

schrittene, „späte" Tageszeit. Der Begriff findet sich 12mal im Text (Mk 6,35.35; 11,11; 13,11.32; 14,35.37.41; 15,25.33.33.34).

527 Liddell-Scott, „συντρέχω," *Greek-English Lexicon*, 1728; Menge-Güthling, „συντρέχω," *Langenscheidts Großwörterbuch Altgriechisch-Deutsch*, 664; Walter Bauer, „συντρέχω," *Griechisch-deutsches Wörterbuch zum Neuen Testament*, 1581–1582: Das Kompositum meint einerseits „mitlaufen, sich stürzen, begleiten" und andererseits „zusammenlaufen, sich vereinigen, -fließen, -strömen, -ziehen, versammeln, (feindlich) gegeneinanderstürmen, aneinandergeraten, zusammenstoßen, übereinstimmen, anheimfallen." Das Verb findet sich als *Hapax legomenon* nur hier im Text.

528 Liddell-Scott, „ἀπολύω," *Greek-English Lexicon*, 208–209; Menge-Güthling, „ἀπολύω," *Langenscheidts Großwörterbuch Altgriechisch-Deutsch*, 93; Walter Bauer, „ἀπολύω," *Griechisch-deutsches Wörterbuch zum Neuen Testament*, 193: Das Verb meint einerseits „ablösen,

EXEGETISCHE ANALYSE DES MARKUSEVANGELIUMS   205

den umliegende Höfen und Dörfern sich „Essen" (Mk 6,36.37.37.42.44) „kauften" (Mk 6,36.37: ἀγοράζω)[529]. Jesus entgegnet ihnen, dass sie ihnen doch zu
essen geben sollen. Perplex aber hilfsbereit fragen sie zurück, ob sie hingehen
und für zweihundert „Denare" (Mk 6,37: δηνάριον)[530] „Brot" (Mk 6,37.38.41.41;
vgl. 3.3.2[3]) kaufen sollen. Offenkundig traut er ihnen dieses Wunder zu, sie
jedoch – mittlerweile vielleicht selber hungrig – wären weder auf diese Idee
gekommen, noch darauf, dass das, was sie haben, sie mit dem Volk teilen könnten. Ohne zu antworten, entgegnet Jesus, sie sollten feststellen, wie viele Brote
sie hätten, und ihre Antwort lautet: fünf Brote, zwei „Fische" (Mk 6,38.41.41.43:
ἰχθύς)[531]. Daraufhin „ordnet" (Mk 6,38; 3.2.2[3]) Jesus an, dass alle in Tischge-

---

     losmachen, trennen, befreien, von etwas loskommen, frei werden, entrissen werden,"
     andererseits und wie hier „freigeben, losgeben, loslassen, entlassen, verabschieden, weg-
     schicken, verstoßen, scheiden" und schließlich „freisprechen, bezahlen." Der Begriff findet
     sich 12mal im Text (Mk 6,36.45; 8,3.9; 10,2.4.11.12; 15,6.9.11.15).

529   Menge-Güthling, „ἀγοράζω," *Langenscheidts Großwörterbuch Altgriechisch-Deutsch*, 7; Wal-
     ter Bauer, „ἀγοράζω," *Griechisch-deutsches Wörterbuch zum Neuen Testament*, 22: Das vom
     Substantiv „ἀγορά" abgeleitete Verb meint einerseits „auf dem Markt sein" und anderer-
     seits wie hier „einkaufen." Der Begriff findet sich 5mal im Text (Mk 6,36.37; 11,15; 15,46;
     16,1).

530   Walter Bauer, „δηνάριον," *Griechisch-deutsches Wörterbuch zum Neuen Testament*, 358;
     Benedikt Schwank, „δηνάριον," *EWNT* 1:711: Beim Denar handelt es sich um *die* Standard-
     silbermünze während 209 v. d. Z. bis 215 d. Z. Ihre Kaufkraft war zu neutestamentlicher
     Zeit von 10 auf 16 As gehoben worden, bei gleichzeitiger Senkung ihres Gewichts von 4,55
     auf 3,41 und später gar 2,3 Gramm; entsprechend verringerte sich auch sein Durchmes-
     ser von 22 auf 18 Millimeter. Erstmals durch Cäsar im Jahre 44 v. d. Z. wurde sein Kopf
     auf der Vorderseite abgebildet, ein Recht, das ausschließlich dem jeweiligen Herrscher
     zustand, und auch für den Aureus galt (= 25 Denare). Das Kursieren einer Münze verstand
     sich dabei als Herrschaftsbeweis eines jeweiligen Königs oder Kaisers, und seine Macht
     wurde sprichwörtlich als „Münze" bezeichnet. Die wichtigste Erwähnung des Denars steht
     im Zusammenhang mit dem in allen Synoptikern vorkommenden „Zinsgroschen" (Mt
     22,15–22; Mk 12,13–17; Lk 20,20–26). Sollte Jesus einen Tiberius-Denar gereicht bekommen
     haben, dürfte um das Kaiserbild *„TIBERIUS CAESAR DIVI AUGUSTI FILIUS AUGUSTUS"*
     gestanden haben. Auch andernorts begegnet im Neuen Testament diese Münze, etwa
     im Wert eines Tagelohnes, als geschuldeter Betrag von 50, 100, 500, oder als Wert einer
     Parfumflasche von 300. Wenn die Jünger im Wert von 200 Denaren Brot zu kaufen vor-
     schlagen, ist das nicht wenig Geld. Der Begriff findet sich 3mal im Text (Mk 6,37; 12,15;
     14,5).

531   Menge-Güthling, „ἰχθύς," *Langenscheidts Großwörterbuch Altgriechisch-Deutsch*, 350; Wal-
     ter Bauer, „ἰχθύς," *Griechisch-deutsches Wörterbuch zum Neuen Testament*, 779: Das Sub-
     stantiv meint „Fisch" und hatte für den Verzehr Schuppen aufzuweisen, nur so galt er als
     rein (Lev 11,9–12; Dtn 14,9–10). Der Begriff findet sich 4mal und nur hier im Text.

206 3. KAPITEL

meinschaften auf dem grünen Gras „lagern" (Mk 6,39: ἀνακλίνω;[532] Mk 6,40: ἀναπίπτω)[533], was die anwesenden 5'ooo Männer – sind dem Frauen und Kinder zuzurechnen? – in geordneten Gruppen zu 50 und 100 tun. Jetzt nimmt Jesus die fünf Brote und zwei Fische, blickt in den „Himmel" (Mk 6,41; vgl. 3.1.3[3]), „dankt" (Mk 6,41: εὐλογέω)[534] und „bricht" (Mk 6,41: κατακλάω)[535] die Brote, die die Jünger dem Volk „vorlegen" (Mk 6,41), und verteilt daraufhin auch die Fische. Alle essen – wohl einschließlich Jesu und seine Jünger – und werden „satt" (Mk 6,42 Pass.: χορτάζω)[536]. Übrig bleiben, um die Fülle anzuzeigen, zwölf „(Trag)Körbe" (Mk 6,43) voll „(Brot)Brocken" (Mk 6,43), wie auch Fische. Von zu erwartenden Reaktionen auf dieses Vermehrungswunder seitens der Anwesenden ist nicht die Rede. Stattdessen „nötigt" (Mk 6,45: ἀναγκάζω)[537]

---

532 Menge-Güthling, „ἀνακλίνω," *Langenscheidts Großwörterbuch Altgriechisch-Deutsch*, 55; Walter Bauer, „ἀνακλίνω," *Griechisch-deutsches Wörterbuch zum Neuen Testament*, 109–110: Das Kompositum meint neben „sich lagern" auch „hinlegen." Das Verb findet sich als *Hapax legomenon* nur hier im Text.

533 Liddell-Scott, „ἀναπίπτω," *Greek-English Lexicon*, 116; Menge-Güthling, „ἀναπίπτω," *Langenscheidts Großwörterbuch Altgriechisch-Deutsch*, 58; Walter Bauer, „ἀναπίπτω," *Griechisch-deutsches Wörterbuch zum Neuen Testament*, 117: Das aus „ἀνά" und „πίπτω" zusammengesetzte Kompositum meint einerseits und wie hier „sich niederlegen (bes. zum Essen), lagern," andererseits „sich zurücklegen, rückwärtsbeugen, zurückweichen, -stoßen (von Kriegsmaschinen)" und schließlich „den Mut sinken lassen, erschlaffen." Der Begriff findet sich 2mal im Text (Mk 6,40; 8,6).

534 Menge-Güthling, „εὐλογέω," *Langenscheidts Großwörterbuch Altgriechisch-Deutsch*, 298; Walter Bauer, „εὐλογέω," *Griechisch-deutsches Wörterbuch zum Neuen Testament*, 651–652: Das Kompositum meint einerseits „gut reden, loben, rühmen, preisen" und andererseits „beten, danken, segnen, glücklich machen." Das Verb findet sich 5mal im Text (Mk 6,41; 8,7; 11,9.10; 14,22).

535 Liddell-Scott, „κατακλάω," *Greek-English Lexicon*, 893–894; Menge-Güthling, „κατακλάω," *Langenscheidts Großwörterbuch Altgriechisch-Deutsch*, 368–369; Walter Bauer, „κατακλάω," *Griechisch-deutsches Wörterbuch zum Neuen Testament*, 836: Das Kompositum meint einerseits und wie hier „(ab)brechen, zerbrechen, zerknicken, zerstampfen" und andererseits „rühren, erweichen, bewegen, erschüttern, schwächen, lähmen." Der Begriff findet sich als *Hapax legomenon* nur hier im Text.

536 Menge-Güthling, „χορτάζω," *Langenscheidts Großwörterbuch Altgriechisch-Deutsch*, 749; Walter Bauer, „χορτάζω," *Griechisch-deutsches Wörterbuch zum Neuen Testament*, 1762–1763: Das vom Substantiv „χόρτος" – u. a. „Futter" – abgeleitete Verb meint „gesättigt, satt werden." Der Begriff findet sich 4mal im Text (Mk 6,42; 7,27; 8,4.8).

537 Liddell-Scott, „ἀναγκάζω," *Greek-English Lexicon*, 100–101; Menge-Güthling, „ἀναγκάζω," *Langenscheidts Großwörterbuch Altgriechisch-Deutsch*, 52; Walter Bauer, „ἀναγκάζω," *Griechisch-deutsches Wörterbuch zum Neuen Testament*, 101: Das vom Substantiv „ἀνάγκη" – „Notwendigkeit" – abgeleitete Verb meint einerseits „zwingen, nötigen, foltern, drän-

EXEGETISCHE ANALYSE DES MARKUSEVANGELIUMS

Jesus seine Jünger „sogleich" (Mk 6,45) wieder das Boot zu besteigen und ihm nach Betsaida „vorauszuziehen" (Mk 6,45: προάγω)[538], während er das Volk entlässt. Nach deren „Verabschiedung" (Mk 6,46 Med.) begibt er sich zum zweiten Mal auf einen Berg um gleichsam zum zweiten Mal zu „beten" (Mk 6,46; vgl. 3.2.4[3]). Wozu die Eile, wozu der Zwang, droht Jesus etwa aus Tiberias oder Kapernaum Ungemach?

(4)   Politisch-militärisches Profil
Nachdem die vorhergehende Szene einen Blick ins Leben und Umfeld des politischen Oberhauptes Galiläas (und Peräas), Herodes Antipas, gewährte, wird verständlich, weshalb dem Jesus des Erzählers das Volk wie Schafe ohne Hirten, das heißt ohne König, erscheinen muss (vgl. 5.4.4[1]). Er lässt Jesus das tun, was eigentlich Herodes anstünde, jener aber vielleicht seiner ethisch-juristischen Verstrickungen wegen nicht zu tun vermag: Das vielleicht in mehrfacher Weise hungrige Volk wie damals in der Wüste und später im Krieg (vgl. auch Szenen 36, 38; 5.6.4[8]) auf verantwortungsvoll und auch wundersame Art und Weise zu ernähren.[539] Es stellt sich die Frage, ob mit Volk hier zum „Kampf" willige Bürgerheerverbände gemeint sind (vgl. 5.6.4[1]; 5.6.4[9]),[540] da keine Frauen noch Kinder erwähnt sind, und die nach Aussage des Vegetius öfters durch Hunger als durch Krieg untergingen (*Mil.* 3,1.3)? Vermag Jesus vielleicht deshalb wie einst Mose (und später David) aus Gottes Vollmacht und Wundermächten

---

gen, veranlassen" und andererseits „(ausdrücklich) auffordern, (dringend) einladen." Der Begriff findet sich als *Hapax legomenon* nur hier im Text.

538   Liddell-Scott, „προάγω," *Greek-English Lexicon*, 1466; Menge-Güthling, „προάγω," *Langenscheidts Großwörterbuch Altgriechisch-Deutsch*, 579; Walter Bauer, „προάγω," *Griechisch-deutsches Wörterbuch zum Neuen Testament*, 1406: Das aus „πρό" und „ἄγω" zusammengesetzte Kompositum meint einerseits „vorwärts-, weiter- hinführen, -ziehen, -treiben, (Truppen) ausrücken, vorrücken lassen, vorwärts- oder emporbringen" und andererseits „jemanden zu etwas bringen, fortsetzen, bewegen, antreiben, verführen." Der Begriff findet sich 5mal im Text (Mk 6,45; 10,32; 11,9; 14,28; 16,7).

539   Ähnlich wie die Vorkriegspropheten würde der Autor nach Ansicht von Marcus Jesus als einen Mose- oder Josua-ähnlichen Volksführer zeichnen, der aber anders als jene aber nicht dem bewaffneten Widerstand zugeneigt, sondern lediglich darauf bedacht sei, sein Volk zu ernähren (*Mark*, 1:421).

540   Vielfach ist die politisch-militärische Organisation des Volkes Israel in Einheiten zu 1'000, 100, 50 und 10 literarisch bezeugt (etwa auch in CD 13,1–2; 1QS 2,21–23; 1Qsa 2,11–22), explizit in militärischem Kontext beispielsweise in Num 31,14.48.52.54; Ri 20,10; 2Sam 18,4; und v. a. 1Makk 3,55; aber auch 1QM 3,13–4,5. Für galiläische Bürgerheeresverbände über 5'000 Mann während dem ersten jüdisch-römischen Krieg vgl. beispielsweise Josephus, *Vita* 212–213 (vgl. dazu auch Collins, *Mark*, 324–325; Marcus, *Mark*, 1:408–409, 414, 419).

208 3. KAPITEL

zu schöpfen, weil er sein rechtmäßiger und königlicher Stellvertreter auf Erden ist, und Herodes wie einst Saul seine Legitimation schwinden sieht (vgl. Mk 6,14). Anders gesagt: So wie Herodes Jesus nicht als König erkennt, anerkennt auch der Erzähler (und mit ihm Jesus) Herodes' Herrschaftsanspruch nicht an. Nach ihrer Rückkehr scheinen ihm die Jünger in diesem Dienst zwar keine reife, jedoch eine weitaus aktivere Stütze als zuvor.[541]

3.5.9 Szene 31 (Mk 6,47–52): Jesus kommt auf dem See wandelnd den Jüngern zu Hilfe

(1) Szene

Die einunddreißigste Szene Mk 6,47–52 handelt davon, wie Jesus auf dem See wandelnd den Jüngern zu Hilfe kommt. Wie bereits die Szenen 06, 11, 16, 19–23 und 28 gehört somit auch diese zu den jüngerbezogenen, und zwar ihre Belehrung durch Wunder betreffenden Szenen. Die Szene unterscheidet sich von der nachfolgenden im Blick auf Akteure, Ort, Zeit, Handlung und Thema, heilt doch dort Jesus bei Gennesaret alle Kranken, die ihn berühren.

(2) Text

6⁴⁷ Und Abend werdend, war das Boot mitten auf dem See, und er allein auf dem Land. ⁴⁸ Und sie beim Rudern gequält sehend, denn der Wind war ihnen entgegen, kommt er um die vierte Nachtwache zu ihnen wandelnd auf dem See und wollte an ihnen vorübergehen. ⁴⁹ Sie aber ihn sehend auf dem See wandelnd meinten, dass es ein Gespenst sei, und schrien auf. ⁵⁰ Denn alle sahen ihn und wurden bestürzt. Er aber redete sogleich mit ihnen und sagt zu ihnen: Seid guten Mutes! Ich bin es. Fürchtet euch nicht! ⁵¹ Und er stieg zu ihnen in das Boot und der Wind legte sich, und sie gerieten über die Massen außer sich. ⁵² Denn sie waren hinsichtlich der Brote nicht verständiger geworden, sondern ihr Herz war verhärtet.[542]

(3) Inhalt

Explizit anwesende *Akteure* dieser Szene sind einerseits Jesus, der zunächst „allein" (Mk 6,47) ist, und den seine Jünger für ein „Gespenst" (Mk 6,49: φάντασμα)[543] halten, andererseits seine Jünger und schließlich allenfalls noch der

---

541 Vgl. auch Schmidt, *Wege des Heils*, 397–501.

542 Literarisch folgt Szene 31 einem chiastischen Schema: A: Mk 6,47–48 (Schiff, Wind, sie); B: Mk 6,49 (sehen, er); B': Mk 6,50 (er, sehen); A': Mk 6,51–52 (sie, Schiff, Wind). Von einer symmetrischen, d. h. konzentrischen Struktur geht auch Marcus aus, dessen Perikope allerdings bereits in Mk 6,45 beginnt (*Mark*, 1:429).

543 Menge-Güthling, „φάντασμα," *Langenscheidts Großwörterbuch Altgriechisch-Deutsch*, 722;

„Gegenwind" (Mk 6,48.51; vgl. 3.5.1[3]; Mk 6,48: ἐναντίος)[544] als (dämonische) Naturgewalt. Während sich zuvor Jesus noch auf dem „Land" (Mk 6,47; vgl. 3.2.5[3]) befindet, ereignet sich die Szene in *räumlicher* Hinsicht „mitten" (Mk 6,47) auf dem „See" (Mk 6,47.48.49; vgl. 3.2.1[3]) von Tabgha in Richtung Betsaida, wo sie im „Boot" (Mk 6,47.51; vgl. 3.2.1[3]) rudernd offensichtlich nie ankommen. In *temporaler* Hinsicht hatten die Jünger ihre Reise zu fortgeschrittener Tageszeit angetreten (vgl. Mk 6,35), mittlerweile ist es „Abend" (Mk 6,47; vgl. 3.2.3[3]) geworden, es ist der Zeitpunkt des Sonnenuntergangs und Nachteinbruchs, aber auch des Tageswechsels, der wie der Tag zuvor des Ruderns wegen ein Arbeitstag sein muss. Später ist von der „vierten" (Mk 6,48) „Nachtwache" (Mk 6,48; vgl. 3.7.5[3]; 3.4.3[3]) die Rede, deren Zählung um 18 Uhr – abends also – beginnt und 6 Uhr morgens endet, und die Nacht in vier dreistündige Perioden teilt. Die Not der Jünger dauert somit von ungefähr 18h – wo sie sich mitten auf dem See befinden (Mk 6,47) – bis frühestens 4 beziehungsweise spätestens 6 Uhr morgens, lange neun bis zwölf Stunden also, während derer Jesus an Land betet. Ganz der Sprachlosigkeit der Jünger entsprechend, ist in *rhetorischer* Hinsicht von ihnen nichts, sondern nur von Jesus zwei imperativische Aufforderungen an sie zu vernehmen, nämlich, dass sie guten Mutes sein und sich nicht fürchten sollen. Mit dem Thema der Seenot knüpft dieses Narrativ somit an Szene 23 an und macht deutlich, dass die Jünger gegenüber jener nichts dazugelernt haben.

Nach der Speisung der 5'000, erfolgt die Schiffsreise zur Abendstunde – hier wie in Szene 23 – auf Vorschlag von Jesus (vgl. Mk 4,35–36; 6,45–47). Der Text sagt nicht, weshalb Jesus ausgerechnet jetzt beten und die Jünger alleine in die bevorstehende Seenot schicken muss. Sie ihrerseits leisten dieser Anordnung Folge, auch Simon, der bei dessen ersten Rückzug Jesus noch nachgeeilt war (vgl. Mk 1,36–37). Bis zu Nachteinbruch schaffen sie es zur Seemitte, was danach geschieht ist in Schweigen gehüllt. Erst am Morgen, zur vierten

---

Walter Bauer, „φάντασμα," *Griechisch-deutsches Wörterbuch zum Neuen Testament*, 1701: Das vom Verb „φαίνω" – scheinen – abgeleitete Substantiv meint einerseits „(Geist)Erscheinung, Bild, Anblick, Gestalt, Gespenst, Spuk, Geist, Widerschein, Wundererscheinung" und andererseits „Traumbild, Trugbild, Gesicht, Schattenbild, Vorzeichen, Wahrzeichen, Vorstellung." Der Begriff findet sich als *Hapax legomenon* nur hier im Text.

544 Liddell-Scott, „ἐναντίος," *Greek-English Lexicon*, 554–555; Menge-Güthling, „ἐναντίος," *Langenscheidts Großwörterbuch Altgriechisch-Deutsch*, 237–238; Walter Bauer, „ἐναντίος" *Griechisch-deutsches Wörterbuch zum Neuen Testament*, 528: Das Adjektiv meint einerseits „gegenüber, entgegengesetzt, umgekehrt" und andererseits „im Widerspruch stehend, feindlich, feindselig, widrig, zuwider, abgeneigt, widerwärtig, hinderlich, ungünstig." Der Begriff findet sich 2mal im Text (Mk 6,48; 15,39).

210   3. KAPITEL

Nachtwache, es muss zwischen 4 und 6 Uhr sein, sieht Jesus vom Land aus, wie sie sich beim „Rudern" (Mk 6,48: ἐλαύνω)[545] unter der Bedingung starken Gegenwindes „quälen" (Mk 6,48 Med.; vgl. 3.5.2[3]), der Wind hatte ihnen auch in Szene 23 zugesetzt (vgl. Mk 4,37). Sodann begibt sich Jesus auf dem See(wasser) wandelnd zu ihnen und beabsichtigt, an ihnen „vorüberzugehen" (Mk 6,48: παρέρχομαι)[546], so wird meistens übersetzt. Da der Erzähler jedoch fortfährt, dass sie ihn „aber" (Mk 6,49) „sahen" (Mk 6,49: ὁράω) und heftig erschraken, scheint die Übersetzung, dass er „unbemerkt zu bleiben" beabsichtigte, präziser. Wieso Jesus von ihnen „unbemerkt zu bleiben" beabsichtigt, wird nicht erklärt. Offenbar wegen seines unvermittelten Auftretens „meinen" (Mk 6,49: δοκέω)[547] die Jünger, ein Gespenst zu sehen, erkennen ihn nicht und „schreien" (Mk 6,49; vgl. 3.2.2[3]) „bestürzt" (Mk 6,50 Pass.: ταράσσω)[548] vor Schrecken auf. Darauf antwortet Jesus „sogleich" (Mk 6,50), gibt sich mit „ich bin es" zu erkennen und weist sie imperativisch mit den Worten zurecht, sich nicht zu „fürchten" (Mk 6,50 Med.; vgl. 3.5.1[3]), sondern „mutig" oder auch „glaubend" zu sein (Mk 6,50: θαρσέω)[549]. Sowohl Furcht vor Jesus, feh-

---

545 Liddell-Scott, „ἐλαύνω," *Greek-English Lexicon*, 529; Menge-Güthling, „ἐλαύνω," *Langenscheidts Großwörterbuch Altgriechisch-Deutsch*, 225; Walter Bauer, „ἐλαύνω," *Griechischdeutsches Wörterbuch zum Neuen Testament*, 501: Das Verb meint neben „rudern und segeln" auch „fahren, reiten, marschieren, fortschreiten, ausziehen sowie ausrücken." Der Begriff findet sich als *Hapax legomenon* nur hier im Text.

546 Liddell-Scott, „παρέρχομαι," *Greek-English Lexicon*, 1337; Menge-Güthling, „παρέρχομαι," *Langenscheidts Großwörterbuch Altgriechisch-Deutsch*, 529; Walter Bauer, „παρέρχομαι," *Griechisch-deutsches Wörterbuch zum Neuen Testament*, 1264–1265: Das Kompositum meint einerseits „vorbei-, vorübergehen, durchwandern, vergehen, verstreichen," andererseits „hindurch- und darüber hinausgehen, eindringen, herankommen, hinzukommen," ferner „vorübergehen, vergehen, zu Ende, zu Grunde gehen" und schließlich „übergehen, übertreten, vernachlässigen, missachten, entgehen, unbemerkt bleiben." Das Verb findet sich 5mal im Text (Mk 6,48; 13,30.31.31; 14,35).

547 Menge-Güthling, „δοκέω," *Langenscheidts Großwörterbuch Altgriechisch-Deutsch*, 187–188; Walter Bauer, „δοκέω," *Griechisch-deutsches Wörterbuch zum Neuen Testament*, 405–406: Das Verb meint einerseits und wie hier „glauben, meinen, wähnen, dafür halten, denken, sich vorstellen, vermuten, erwarten, beschließen" und andererseits „(er)scheinen, befunden werden, sich zeigen, gelten, gehalten werden." Der Begriff findet sich 2mal im Text (Mk 6,49; 10,42).

548 Liddell-Scott, „ταράσσω," *Greek-English Lexicon*, 1757–1758; Menge-Güthling, „ταράσσω," *Langenscheidts Großwörterbuch Altgriechisch-Deutsch*, 674; Walter Bauer, „ταράσσω," *Griechisch-deutsches Wörterbuch zum Neuen Testament*, 1606: Das Verb meint im Passiv neben „in Bestürzung" auch „in Schrecken oder Erschütterung geraten." Der Begriff findet sich als *Hapax legomenon* nur hier im Text.

549 Menge-Güthling, „θαρσέω," *Langenscheidts Großwörterbuch Altgriechisch-Deutsch*, 325;

EXEGETISCHE ANALYSE DES MARKUSEVANGELIUMS   211

lender Glaube als auch Jesu Identitätsfrage waren in Szene 23 bereits begegnet (vgl. Mk 4,40–41). Nachdem Jesus zu ihnen ins Schiff steigt, „legt" (Mk
6,51; vgl. 3.5.1[3]) sich der Wind, ohne – und anders als in Szene 23 – dass es
eines Gebietens Jesu bedarf (vgl. Mk 4,39). Jetzt geraten die Jünger über die
Massen „außer sich" (Mk 6,51; 3.2.5[3]), ein intensiver emotionaler Ausdruck,
an dem die Vier in Szene 10 und die Drei in Szene 25 bereits Anteil gehabt
hatten. Der Narrator resümiert streng, dass die Jünger hinsichtlich des Ver-
mehrungswunders nicht „verständiger" (Mk 6,52; 3.4.1[3]) geworden seien, sondern ein „verhärtetes" (Mk 6,52 Med.: πωρόω)[550] „Herz" (Mk 6,52; vgl. 3.2.5[3])
hätten, ein Begriff, der in Szene 19 erstmals von Jesus selbst, und zwar auf
„jene draußen, denen alles nur in Gleichnissen zuteil wird, damit sie hören
und doch nicht verstehen," angewendet und mit ihnen, den Insidern, kontrastiert worden war. Mit dieser Wortwahl, die ein Verstehens- und Glaubens-
defizit offenbart; charakterisiert der Erzähler die Jünger als solche, die weit
hinter ihrer Bestimmung (und Identität) zurückgefallen sind, denn Herzenshärte war bis anhin nur den Pharisäern Kapernaums vorgeworfen worden (vgl.
Szene 14), wobei jene nicht Zeugen so zahlreicher Wunder geworden waren wie
diese.

(4)   Politisch-militärisches Profil
Das durch den Narrator angesprochene Problem der Jünger ist ihre Herzensverhärtung, die – wie schon in Szene 23 – Symptom dafür ist, dass sie Jesus
nicht (er)kennen. Doch anders als dort, machten sie in der Zwischenzeit Erfahrungen als Jesu Stellvertreter, mit Berufung auf seine Autorität und dem Einsatz göttlicher Wunderkräfte, und zwar mit Erfolg. Aber all das scheint vergessen, stattdessen mühen sie sich aus eigenen Kräften neun bis zwölf Stunden
rudernd, zwar tapfer, aber ergebnislos gegen die Naturgewalt des Sturmwinds
ab. Diesen im Namen Jesu zu stillen, kommt ihnen nicht in den Sinn, eben-
sowenig wie ihnen in den Sinn gekommen war, um eine Brotvermehrung zu
bitten (vgl. Szene 30). Auch rechnen sie offensichtlich nicht damit, dass Jesus
ihnen auf wundersame Weise zu Hilfe eilen kann; entsprechend groß ist ihr
Schrecken bei seinem Anblick (vgl. 5.6.4[4]). Jesus hingegen wird als treu dar-

---

Walter Bauer, „θαρσέω," *Griechisch-deutsches Wörterbuch zum Neuen Testament*, 715: Das
Verb meint neben „mutig und glauben" auch „kühn, zuversichtlich und hoffen." Der Begriff
findet sich 2mal im Text (Mk 6,50; 10,49).

550   Menge-Güthling, „πωρόω," *Langenscheidts Großwörterbuch Altgriechisch-Deutsch*, 611; Walter Bauer, „πωρόω," *Griechisch-deutsches Wörterbuch zum Neuen Testament*, 1464: Das Verb
meint im Medium neben „verhärtet" auch „verstocken, abstumpfen und gefühllos
machen." Der Begriff findet sich 2mal im Text (Mk 6,52; 8,17).

212   3. KAPITEL

gestellt, sowohl Gott – vor dem er die Nacht im Gebet verbringt – als auch ihnen gegenüber. Sind die Jünger es, haben *sie* sich an Gott gewandt? Das ist es, was Glauben gewesen wäre, ohne den sie der ihnen von Jesus zugedachten Aufgabe (und Identität) nicht gewachsen sein werden. Glaube aber, Treue, ist das Gegenteil von Herzensverhärtung. Es ist dies auch die Eigenschaft, die erforderlich gewesen wäre, angesichts einer Seeschlacht, wie sie sich an gleichem Ort, zu Tarichea, zutrug (vgl. 5.6.4[1]; 5.7.3[4]).[551]

3.5.10 *Szene 32 (Mk 6,53–56): Jesus heilt bei Gennesaret alle Kranken, die ihn berühren*

(1)   Szene

Die zweiunddreißigste Szene Mk 6,53–56 handelt davon, wie Jesus bei Gennesaret alle Kranken heilt, die ihn berühren. Wie bereits die Szenen 02, 07–11, 14–15, 17, 19–22, 24–28 und 30 gehört somit auch diese zu den volksbezogenen, und zwar ihre Heilung betreffenden Szenen. Die Szene unterscheidet sich von der nachfolgenden nicht im Blick auf den Ort, wohl aber im Blick auf Akteure, Zeit, Handlung und Thema, befragen doch dort Pharisäer und Schriftgelehrte Jesus (in Gennesaret) zur Essen- und Reinheitspraxis seiner Jünger.

(2)   Text

6[53] Und hinüberfahrend, kamen sie an Land bei Gennesaret und legten an. [54] Und aus dem Boot aussteigend (und) ihn sogleich erkennend, [55] liefen sie in jener ganzen Gegend umher und begannen, auf Betten die Kranken umherzutragen, wo immer sie hörten, dass er sei. [56] Und wo er hineinging in Dörfer oder in Städte oder in Gehöfte, legten sie auf den Marktplätzen die Kranken hin und baten ihn, dass sie nur die Quaste seines Gewandes berühren dürften, und alle, die ihn berührten wurden geheilt.[552]

(3)   Inhalt

Explizit anwesende *Akteure* dieser Szene sind einerseits Jesus, andererseits seine Jünger (Mk 6,53) und schließlich die Bewohner Gennesarets, insbesondere seine „Kranken" (Mk 6,55 Pl.: κακῶς; Mk 6,55: ἔχω; vgl. 3.2.3[3]; Mk 6,56: ἀσθενέω)[553]. In *räumlicher* Hinsicht begeben sich Jesus und seine Jünger von

---

551   Vgl. Marcus, der diese Szene auch vor dem Hintergrund des ersten jüdisch-römischen Krieges deutet, obschon er sie noch nicht spezifisch mit dieser Schlacht in Verbindung bringt (*Mark*, 1:431).

552   Literarisch folgt Szene 32 einem chiastischen Schema: A: Mk 6,53–55 (Kranke); A': Mk 6,56 (Kranke).

553   Menge-Güthling, „ἀσθενέω," *Langenscheidts Großwörterbuch Altgriechisch-Deutsch*, 112;

der Seemitte ans Westufer, und entsteigen dem „Boot" (Mk 6,54; vgl. 3.2.1[3])
im „Land" (Mk 6, 53; 3.2.5[3]) oder der „Gegend" (Mk 6,55; vgl. 3.1.2[3]) „Gennesarets" (Mk 6,53: Γεννησαρέτ)[554], wobei die Wahl auch dieses Ortes nicht
erklärt wird. An dieses nur 5,5 Kilometer südwestlich vom Ausgangsort Tabgha
liegende Ziel gelangen die Akteure nach einer ereignisreichen Seefahrt, die
sie offensichtlich nicht wie beabsichtigt nach Betsaida brachte. Gennesaret
bezeichnet eine 5,6 auf 2,4 Kilometer große (oder 30 auf 20 Stadien) und 200
Meter unter dem Meeresspiegel liegende Ebene, welche von einer gleichnami-
gen „Stadt" (Mk 6,56 Pl.; vgl. 3.2.3[3]) überblickt wird, die mit dem biblischen
Kinneret in Verbindung gebracht wird (Dtn 3,17; Jos 11,2; 12,3; 19,35). Bedeutung verlieh dem Land einerseits seine Fruchtbarkeit und daher wirtschaftliche
Macht, und andererseits seine Lage an einem der drei Abzweiger der wichtigen Nord-Süd-Achse, der Handelsstrasse *Via Maris*, die Megiddo mit der Mee-
resküste, mit Hazor, Syrien und Mesopotamien verband. Über Lokalstrassen
war es auch mit den wichtigsten Städten Galiläas, wie Sepphoris, Tiberias und
Kapernaum vernetzt; dementsprechend war dieses Gebiet in hellenistisch-
römischer Zeit dicht besiedelt.[555] Auf ihrem Weg durch das Land begehen
Jesus und seine Jünger neben Städten auch „Dörfer" (Mk 6,56; vgl. 3.5.5[3]),
„Gehöfte" (Mk 6,56; vgl. 3.5.2[3]) sowie „Marktplätze" (Mk 6,56: ἀγορά)[556]. In
temporaler Hinsicht müsste es angesichts der vorhergehenden Szene morgens,
vermutlich nach sechs Uhr, und zwar an einem Wochentag sein (vgl. Mk 6,48).

Walter Bauer, „ἀσθενέω," *Griechisch-deutsches Wörterbuch zum Neuen Testament*, 231: Das
aus „α" und „σθενόω" – „stark sein" – zusammengefügte Kompositum meint einerseits und
wie hier „kraftlos, schwach, krank, marode sein" und andererseits „machtlos, unbedeutend, (be)dürftig, unvermögend, arm sein." Der Begriff findet sich als *Hapax legomenon*
nur hier im Text.

554 Heinz Schumacher, „Gene'zareth," *Die Namen der Bibel und ihre Bedeutung im Deutschen*,
78; ders., „Kin'nereth," *Die Namen der Bibel und ihre Bedeutung im Deutschen*, 120; Hellmut
Haug, „Gennesaret," *Namen und Orte der Bibel*, 126; Walter Bauer, „Γεννησαρέτ," *Griechisch-
deutsches Wörterbuch zum Neuen Testament*, 312: Der Name „Gennesaret" – auch
„Gen(n)esar" und heute „Gin(n)osar" – ist die in griech. Texten gebräuchliche Form für
hebr. „Kinneret" (auch „Kin[a]rot"). Es bedeutet einerseits „Garten des Königs, Fürstengar-
ten," andererseits „Harfe, Zither, Leier" und schließlich „(Um)Kreis, Biegung." Der Begriff
findet sich als *Hapax legomenon* nur hier im Text.

555 Douglas R. Edwards, „Gennesaret," *ABD* 2:963.

556 Menge-Güthling, „ἀγορά," *Langenscheidts Großwörterbuch Altgriechisch-Deutsch*, 7; Walter
Bauer, „ἀγορά," *Griechisch-deutsches Wörterbuch zum Neuen Testament*, 21–22: Das Substantiv meint einerseits „Volks-, Heeresversammlung, öffentliche Rede, Beratung, Ver-
handlung" und andererseits „Markt, -platz, Marktwaren, Lebensmittel, Zufuhr, Verkauf,
Handel." Der Begriff findet sich 3mal im Text (Mk 6,56; 7,4; 12,38).

214 3. KAPITEL

In *rhetorischer* Hinsicht sind keine direkten Reden zu vernehmen, weshalb dieses Narrativ mit summarischem Charakter an die Szenen 08–09 und 15 anknüpft.

Nachdem Jesus die Jünger aus Seenot befreien konnte, nicht aber von ihrem Unglauben, „fahren" (Mk 6,53; vgl. 3.5.3[3]) sie gemeinsam von der Seemitte hinüber ans Ufer von Gennesaret und „legen an" (Mk 6,53: προσορμίζω)[557]. „Sogleich" (Mk 6,54) als sie dem Boot entsteigen, „erkennen" (Mk 6,54; vgl. 3.2.5[3]) ihn die Anwohner, wie dies die zu Tabgha Herzugelaufenen auch taten (vgl. Mk 6,33), aber wozu die Jünger in dieser Nacht nicht in der Lage waren. Sie „laufen umher" (Mk 6,55: περιτρέχω)[558] und beginnen, ihm ihre auf „Bahren" (Mk 6,55) gebetteten Kranken nachzutragen, wo immer sie hören, dass er sei. Und begibt er sich in eine Stadt, ein Dorf oder Gehöft, legen sie diese auf den Marktplatz und bitten ihn, dass sie auch nur die „Quaste" (Mk 6,56: κράσπεδον)[559] seines Gewandes „berühren" (Mk 6,56.56 Med.; vgl. 3.2.4[3]) dürften. Jesus scheint es ihnen nicht zu verwehren, denn wer immer ihn berührt, findet „Heilung" (Mk 6,56; vgl. 3.3.3[3]). Weshalb Jesus diese Orte aufsucht und was er dort tut, wird vom Erzähler nicht ausgeführt, denn weder ist von Lehre die Rede noch von Dämonenaustreibungen. Auch geschehen Heilungen nicht in Abgeschiedenheit oder im (Halb)Privaten, sondern geradezu im Zentrum öffentlichen Lebens, auf den Marktplätzen. Auch hier treten die Gesunden für ihre Kranken ein, diese bleiben inaktiv, anonym, und auch die Art ihrer Leiden bleibt ungenannt. Unverzichtbar hingegen sind die Berührungen, wobei nicht Jesus sie mit seiner Hand, sondern diese seine Quaste berühren, ähnlich wie die Blutflüssige, die sein Gewand antastete (vgl. Szene 26), aber bereits das

---

557 Menge-Güthling, „προσορμίζω," *Langenscheidts Großwörterbuch Altgriechisch-Deutsch*, 598; Walter Bauer, „προσορμίζω," *Griechisch-deutsches Wörterbuch zum Neuen Testament*, 1437: Das Verb meint neben „anlegen" auch „landen, in den Hafen einlaufen." Der Begriff findet sich als *Hapax legomenon* nur hier im Text, auch im Blick auf das gesamte Neue Testament.

558 Menge-Güthling, „περιτρέχω," *Langenscheidts Großwörterbuch Altgriechisch-Deutsch*, 550; Walter Bauer, „περιτρέχω," *Griechisch-deutsches Wörterbuch zum Neuen Testament*, 1316: Das Kompositum meint einerseits „herumlaufen, umlaufen, sich umtreiben, taumeln" und andererseits „befallen, durchgehen, besprechen." Der Begriff findet sich als *Hapax legomenon* nur hier im Text, auch im Blick auf das gesamte Neue Testament.

559 Liddell-Scott, „κράσπεδον," *Greek-English Lexicon*, 990; Menge-Güthling, „κράσπεδον," *Langenscheidts Großwörterbuch Altgriechisch-Deutsch*, 402; Walter Bauer, „κράσπεδον," *Griechisch-deutsches Wörterbuch zum Neuen Testament*, 910: Das Substantiv meint einerseits „äußerliches Ende, Rand, Saum" und andererseits „Abhang, Heeresflügel, Zipfel (der Toga), Troddel, Quaste (wie sie der Israelit nach Num 15,37–41; Dtn 22,12 an den vier Ecken seines Obergewandes trug)." Der Begriff findet sich als *Hapax legomenon* nur hier im Text.

EXEGETISCHE ANALYSE DES MARKUSEVANGELIUMS

ist ausreichend um das ersehnte Ergebnis der Heilung zu erlangen. Eine implizite Verbindung von Krankheit und Sünde, wie sie bereits in den Szenen 10–11 begegnet war, könnte darin bestehen, dass die Kranken seine Quasten berühren, ausgerechnet derjenige Teil der Kleidung, der an Gottes Gebote erinnern soll (Num 15,37–41), so als ob sie mit der Gabe der Heilung gleichzeitig auch einer Erinnerung an die Gebote Gottes bedürften.

(4)   Politisch-militärisches Profil

Was Jesus in königlichem Dienst in Szene 07 begonnen hatte, scheint er hier fortzuführen. Mit seinem Erfolg steigt auch seine Autorität, denn nicht mehr im Schutze von Gebäuden oder der Einsamkeit wirkt er vollmächtig, sondern im Zentrum des jeweils öffentlichen Geschehens (vgl. 5.5.4[3]). Auch scheint die Kraft seines Körpers potenziert, denn eines Einsatzes seiner Hand bedarf es nicht mehr, weil was immer seinen Körper berührt sich mit seinen Wunderkräften auflädt. Das Volk und seine Kranken trauen Jesus das von ihm Erbetene zu, entsprechend empfangen sie das Erglaubte, und werden gleichzeitig über das rituelle Medium der Gebetsriemen an das Halten der Gebote Gottes erinnert. Dies steht wie bereits im Übergang der Szenen 23 zu 24 im Kontrast zu den Jüngern, denn was dort die Dämonen und hier das Volk wissen, scheint ihnen abzugehen, das müsste sie eigentlich beschämen.

3.5.11   *Szene 33 (Mk 7,1–23): Die Pharisäer und Schriftgelehrten befragen Jesus (in Gennesaret) zur Speise- und Reinheitspraxis seiner Jünger*

(1)   Szene

Die dreiunddreißigste Szene Mk 7,1–23 handelt davon, wie Pharisäer und Schriftgelehrte Jesus (in Gennesaret) zur Speise- und Reinheitspraxis seiner Jünger befragen und dieser hernach die Volksmenge darüber lehrt. Wie bereits die Szenen 10–14, 17–18, 27 und 29 gehört somit auch diese zu den gegnerbezogenen, und zwar die Pharisäer und Jerusalemer Schriftgelehrten betreffenden Szenen, und wie bereits die Szenen 02, 07–11, 14–15, 17, 19–22, 24–28, 30 und 32 gehört sie ferner auch zu den volksbezogenen, und zwar ihre Belehrung betreffenden Szenen. Die Szene unterscheidet sich von der nachfolgenden im Blick auf Akteure, Ort, Zeit, Handlung und Thema, befreit doch dort Jesus die Tochter einer Syrophönizierin in Tyrus.

(2)   Text

7[1] Und es versammeln sich zu ihm die Pharisäer und einige der von Jerusalem gekommenen Schriftgelehrten. [2] Und sehend, dass einige seiner Jünger mit unreinen, das ist ungewaschenen Händen die Brote essen – [3] Denn die Pharisäer und alle Judäer essen nicht, wenn sie sich nicht die zur Faust geformten

216   3. KAPITEL

Hände gewaschen haben, festhaltend an den Überlieferungen der Ältesten; [4] auch vom Markt (kommend) essen sie nicht, wenn sie sich nicht gewaschen haben. Und vieles andere ist, das zu halten sie übernahmen: Waschungen der Becher und Krüge und Kupfergefäße. – [5] fragen ihn die Pharisäer und Schriftgelehrten: Warum wandeln deine Jünger nicht nach der Überlieferung der Ältesten, sondern essen das Brot mit unreinen Händen? [6] Er aber sagte zu ihnen: Trefflich weissagte Jesaja über euch Heuchler, wie geschrieben ist: Dieses Volk ehrt mich mit den Lippen, aber ihr Herz ist weit entfernt von mir. [7] Vergeblich aber verehren sie mich, indem sie als Lehren Menschengebote lehren. [8] Das Gebot Gottes verlassend, haltet ihr an der Überlieferung der Menschen fest. [9] Und er sagte zu ihnen: Trefflich verwerft ihr das Gebote Gottes, damit ihr eure Überlieferung aufrichtet. [10] Denn Mose sagte: Ehre deinen Vater und deine Mutter! Und: Wer Vater oder Mutter flucht soll des Todes sterben. [11] Ihr aber sagt: Wenn ein Mensch zu Vater oder Mutter sagt: Korban, Opfergabe ist, was dir von mir zusteht, [12] erlaubt ihr ihm nichts mehr für den Vater oder die Mutter zu tun, [13] aufhebend das Wort Gottes eurer Überlieferung wegen, die ihr überliefert; und Ähnliches dergleichen tut ihr viel. [14] Und wieder die Volksmenge herzurufend sagte er ihnen: Hört mich alle und versteht! [15] Nichts ist, was von außen des Menschen in ihn hineingehend, das ihn zu verunreinigen vermag, sondern das, was von dem Menschen hinausgehend ist (es), was den Menschen verunreinigt. [17] Und als er von der Volksmenge weg in ein Haus ging, befragten ihn seine Jünger zum Gleichnis. [18] Und er sagt zu ihnen: Seid auch ihr so unverständig? Begreift ihr nicht, dass alles, was von außen in den Menschen hineingehend (ist) ihn nicht zu verunreinigen vermag. [19] Denn es geht nicht in sein Herz, sondern in den Bauch und geht hinaus in den Abort, rein (erklärend) alle Nahrung? [20] Er sagte aber: Das aus dem Menschen Hinausgehende, das verunreinigt den Menschen. [21] Denn von innen, aus dem Herzen der Menschen, kommen die bösen Gedanken hervor: Unzucht, Diebstahl, Mord, [22] Ehebruch, Habsucht, Bosheit, Arglist, Ausschweifung, böses Auge [= Neid], Lästerung, Hochmut, Torheit. [23] Alle diese bösen Dinge kommen von innen heraus und verunreinigen den Menschen.[560]

---

560   Literarisch folgt Szene 33 einem chiastischen Schema: A: Mk 7,1–5 (Jünger, unrein); B: Mk 7,6–8 (ehren, ἀφίημι, Gebot Gottes, Überlieferung der Menschen); B': Mk 7,9–13 (Gebot Gottes, eure Überlieferung, ehren, ἀφίημι); A': Mk 7,14–23 (Jünger, unrein); ihre drei Unterabschnitte – Mk 7,1–5.6–13.14–23 – lassen sich dabei auch je für sich chiastisch gliedern.

EXEGETISCHE ANALYSE DES MARKUSEVANGELIUMS   217

(3)   Inhalt

Explizit anwesende *Akteure* dieser Szene sind einerseits Jesus, andererseits
„seine“ (Mk 7,2.5.17) bzw. „einige“ (Mk 7,2) „Jünger“ (Mk 7,2.5.17 Pl.; vgl. 3.2.6[3]),
ferner „Pharisäer“ (Mk 7,1.3.5 Pl.; vgl. 3.2.6[3]) und „einige“ (Mk 7,1) „Jerusalemer Schriftgelehrten“ (Mk 7,1.5 Pl.; vgl. 3.2.2[3]), die Jesus zum „Volk“ (Mk
7,6: λαός)[561] der „Heuchler“ (Mk 7,6: ὑποκριτής)[562] zählt, und schließlich eine
„Volksmenge“ (Mk 7,14.17; vgl. 3.2.5[3]). Und erwähnte Akteure sind einerseits
„Gott“ (Mk 7,8.9.13; vgl. 3.1.5[3]), andererseits „Moses“ (Mk 7,10; vgl. 3.2.4[3]) und
„Jesaja“ (Mk 7,6: Ἠσαΐας; vgl. 3.1.2[3]), ferner die „Ältesten“ (Mk 7,3.5 Pl.: πρεσβύτερος)[563] und „alle“ (Mk 7,3) „Judäer“ (Mk 7,3 Pl.: Ἰουδαῖος)[564] und schließlich
allgemein „Mensch(en)“ (Mk 7,7.8.21 Pl.; Mk 7,11.15.15.15.18.20.20.23; vgl. 3.2.1[3])
sowie „Vater“ (Mk 7,10.10.11.12; vgl. 3.2.1[3]) und „Mutter“ (Mk 7,10.10.11.12; vgl.
3.3.6[3]). In *räumlicher* Hinsicht dürfte der erste Szenenteil auf einem der zuvor
erwähnten Marktplätze Gennesarets handeln (vgl. Mk 6,56), zu welchem die
Schriftgelehrten aus „Jerusalem“ (Mk 7,1; vgl. 3.3.4[3]) angereist sind, und der
zweite in einem nicht näher spezifizierten „Haus“ (Mk 7,17). Im Blick auf seine
Lehre verweist Jesus mehrfach auf das „Äußere“ (Mk 7,15.18) beziehungsweise
„Innere“ (Mk 7,21.23) von Menschen. In *temporaler* Hinsicht dürfte es sich um
denselben Morgen oder Arbeitstag der vorhergehenden Szene handeln. In *rhetorischer* Hinsicht sind kurz die Pharisäer und Schriftgelehrten mit ihrer Frage
an Jesus zu vernehmen und hernach ausführlich Jesus, der ihnen antwortet,
das Volk hierzu lehrt und seine „Gleichnisrede“ (Mk 7,17; vgl. 3.3.7[3]) den Jün-

---

561   Liddell-Scott, „λαός,“ *Greek-English Lexicon*, 1029–1030; Menge-Güthling, „λαός,“ *Langen-
       scheidts Großwörterbuch Altgriechisch-Deutsch*, 416; Walter Bauer, „λαός,“ *Griechisch-
       deutsches Wörterbuch zum Neuen Testament*, 948–949: Das Substantiv bezeichnet einer-
       seits und wie hier das „politische Volk (Gottes), Volks-, Menschenmenge“ und andererseits
       „militärisches Kriegsvolk, Herrschaft, Mannschaft, Fußvolk, Landheer.“ Der Begriff findet
       sich 2mal im Text (Mk 7,6; 14,2).

562   Menge-Güthling, „ὑποκριτής,“ *Langenscheidts Großwörterbuch Altgriechisch-Deutsch*, 713;
       Walter Bauer, „ὑποκριτής,“ *Griechisch-deutsches Wörterbuch zum Neuen Testament*, 1684:
       Das aus „ὑπό“ und „κρίνω“ zusammengesetzte Kompositum meint einerseits „Ausleger,
       Deuter“ und andererseits „Schauspieler, Heuchler, Scheinheiliger.“ Das Substantiv findet
       sich als *Hapax legomenon* nur hier im Text.

563   Walter Bauer, „πρεσβύτερος,“ *Griechisch-deutsches Wörterbuch zum Neuen Testament*, 1402–
       1403: Das Adjektiv meint einerseits „älter“ und andererseits substantiviert „Alter,“ was
       auch Amtsbezeichnung, Titel ist. Der Begriff findet sich 7mal im Text (Mk 7,3.5; 8,31; 11,27;
       14,43.53; 15,1).

564   Hellmut Haug, „Judäer,“ *Namen und Orte der Bibel*, 215: Der Name meint Angehörige des
       Stammes Juda oder Bewohner des Stammlandes Juda oder Judäa, somit einerseits „Judäer“
       und andererseits „Jude.“ Das Adjektiv findet sich 6mal im Text (Mk 7,3; 15,2.9.12.18.26).

218 3. KAPITEL

gern eigens auslegt. Damit knüpft dieses Narrativ an die anderen, Lehrdispute enthaltenden Szenen 10–14 und 18 an.

Konkreter Streitpunkt dieser Szene ist das „Waschen der Hände" vor dem Essen von Brot, den es in historischer Perspektive und im Hinblick auf jüdische Reinheitskonzepte vorgängig zu erörtern gilt. Das Ritual des Händewaschens, allgemein bekannt unter dem Syntagma *„Netilat Yadayim"* (es wird entweder mit „Wasser zu den Händen *nehmen"* oder auf der Basis von Ps 134,2 *„erheben* der Hände" übersetzt), ist die am weitesten verbreitete Art ritueller Waschung im Judentum. Ihre Elemente wie ihr Ablauf sind in der mittelalterlichen und die religiösen Vorschriften zusammenfassenden Schrift *Schulchan Aruch* (hebr. „gedeckter Tisch"), genauer: im Abschnitt *Orach Chajim* 158–165, 181, geregelt, wobei die dort beschriebenen Gebote und Verbote je nach dem auf die Tora, die Midraschim und vor allem den babylonischen Talmud zurückgehen. Das Händewaschen kann demnach einerseits durch Eintauchen der Hände in Wasser oder andererseits durch Giessen von ca. ½ Liter Wasser über beide Hände mittels eines entsprechend hierfür vorgesehenen Gefäßes und jeweils bis zu den Handgelenken erfolgen. Die wichtigste Waschung war diejenige *vor* dem Essen. Den Rabbinen war allerdings die *nach* dem Essen und vor dem Segen ebenso wichtig, was damit begründet wurde, dass etwaige Salzreste an den Fingern den Augen schaden könnten (bEr 17b), selbst Waschungen *zwischen* den jeweiligen Gängen werden erwähnt (bHul 105a). Neben Handwaschung im Zusammenhang mit Speisen, legten die Rabbinen noch elf weitere Situationen fest, die des Händewaschens bedurften.[565] Das Händewaschen erscheint in der Tora nur in Lev 15,11 und ist dort keineswegs ein alle betreffendes und im Zusammenhang mit Speisen stehendes Gebot, vielmehr gilt es nur dem unreinen und an Ausfluss leidenden Mann. Das Gebot ist somit nicht biblisch, sondern ein durch die Pharisäer eingeführtes Gebot, um den Zustand – wie sie sagen – „unreiner Hände" (hebr. *tumat yadayim*) zu korrigieren. Die Tradition schreibt dieses Gebot Hillel und Schammai im frühen 1. Jahrhundert d.Z. zu (bShab 14a–b; mShab 1,7; jShab 3d), wobei der babylonische Talmud darauf verweist, dass sie bloß ein älteres Gebot König Salomos, das das Waschen der Hände vor dem

---

565 (1) Nach dem Schlaf, (2) nach Absonderung körperlicher Exkremente, (3) nach dem Schneiden von Nägeln, (4) nach dem Ablegen von Schuhen, (5) nach dem Kämmen der Haare oder Berühren von sonstigen bedeckten Körperteilen, (6) nach Verlassen eines Friedhofs oder Partizipation an einer Beerdigung, (7) nach dem Sexualverkehr, (8) vor dem Gebet und der Rezitation des Schma Israel, (9) vor dem Tischgebet, (10) vor dem Essen der Petersilie am Pessach Seder, (11) die Leviten waschen die Hände der Priester vor dem priesterlichen Segen (bBer 15a; 60b; bChul 105a; bPes 115a–116; Schulchan Aruch, Orach Chajim 4,1.18; 92,4; 128,6; 181,1; 473,6).

EXEGETISCHE ANALYSE DES MARKUSEVANGELIUMS 219

Berühren heiliger Dinge vorsah, ausweiteten (bShab 15a). Sie fixierten somit einen Brauch, der möglicherweise im priesterlichen Händewaschen vor Einnahme geweihter Speisen seinen Anfang genommen hatte (SifNum 116; mBik 2,1), und von dort über die freiwillige Aufnahme durch fromme und nach einem höheren Grad an Heiligkeit strebenden Gruppierungen – wie etwa die Pharisäer, aber auch die Essener (Josephus, *Bell.* 2,129) – zu seiner späteren Universalisierung führte; dass die Waschung(en) dabei mit römischen und griechischen Tischsitten korrespondierten (mJad 1,2; tJad 1,12), dürfte seiner/ihrer Verbreitung letztlich gedient haben. Die Vorschriften hinsichtlich „unreiner Hände" bildet dabei eine der achtzehn Anordnungen der Schule Schammais, die sich gegen die Schule Hillels durchsetzen konnte, weshalb sie anfänglich auf erheblichen Widerstand stieß; selbst Rabbi Akiva missbilligte das Gebot noch im 2. Jahrhundert, auch wenn er sich widerwillig daran hielt (bEr 21b). Um die Anordnung zwecks „Heiligung" des Volkes jedoch durchzusetzen – denn „Gott ist die Hoffnung (hebr. *Mikwe*) Israels (Jer 17,13), so wie die Mikwe den Unreinen reinigt, so wird Gott Israel reinigen" (bJoma 85b) – schreckten die Pharisäer und späteren Rabbinen nicht vor harschen Konsequenzen zurück, gingen gar so weit, frühzeitigen Tod vorauszusagen (bShab 62b; bSota 4b).[566] Für die Exegese dieser Szene gilt es daher erstens festzuhalten, dass das Händewaschen vor dem Essen – unter Annahme ihrer Unreinheit auch im Blick auf gemeine Mahlzeiten – wie es hier von den Pharisäern und Schriftgelehrten eingefordert wird, zur Zeit Jesu vielleicht ein verbreitetes, aber keineswegs universal praktiziertes und akzeptiertes Gebot gewesen war, auch wenn – neben anderen antiken Quellen (mChag 2,5; jChag 78b; bHag 18b) – der Narrator mit Mk 7,3–4 genau das zu insinuieren sucht. Jesu Ablehnung dieser Handwaschungen stellt daher eine plausible und im zeitgenössischen Judentum auch durch andere antike Quellen bezeugte Position dar (tAZ 3[6]10; tDemai 2,2–3.20–22).[567]

Die Bibel unterscheidet zwischen ethischer und ritueller Unreinheit, eine Differenzierung, die keineswegs nur auf die jüdische Religion beschränkt ist, sondern vielmehr zentraler und integraler Bestandteil der meisten, wenn nicht gar aller antiken Religionen war. Anders als ethische Unreinheit ist die rituelle, die von Leichen, Kadavern, genitalen Ausflüssen und Hautkrankheiten herrührt, ansteckend, und kann daher von Person zu Person aber auch von Per-

---

566 Raphael Posner und Judith R. Baskin, „Ablution," *EJ* 1:261–263, bes. 262–263; Redaktion, „Netilat Yadayim," *EJ* 15:112–113.

567 Vgl. auch zuletzt die Untersuchung von Yair Furstenberg, „Defilement Penetrating the Body: A New Understanding of Contamination in Mark 7.15," *New Test. Stud.* 54/2 (2008): 176–200. Auf sie greift Daniel Boyarin zurück (*The Jewish Gospels: The Story of the Jewish Christ* [New York: The New Press, 2012], 102–128).

son zu Objekt (sowie Ort) und umgekehrt übertragen werden, selbstverständlich auch über die Grenzen von heilig und profan hinweg. Die Kontamination erfolgt dabei über physische Berührung oder dem gleichzeitigen Aufenthalt mit einer unreinen Person oder einem unreinen Objekt in einem gedeckten Raum. Anders als ethische, ist rituelle Unreinheit – sofern nicht vermeidbar oder zwingend – erlaubt, weil sie sich unter Einbezug des Zeitfaktors anhand von Waschungen und spezieller Rituale mildern oder gänzlich beseitigen lässt. Ethische Unreinheit bedarf demgegenüber eines oder mehrerer sühnender Opfer, insbesondere im Rahmen des Jom Kippur, und verlangt in schwerwiegenden Fällen zusätzlich noch Strafen, bis hin zur Todesstrafe. Die Rabbinen machten sich später an die Kategorisierung biblischer Unreinheiten, indem sie die vier biblischen Verursacher von Unreinheit als „Väter der Unreinheit" (hebr. *avot ha-tumah*) bezeichneten, die neben Personen auch Geräte, Kleidung, Nahrung, Flüssiges und gar Betten und Stühle verunreinigten. Die durch Väter der Unreinheit kontaminierten Personen und Dinge wurden als „Kinder" (hebr. *yeladot*) oder als „Nachkommen von Unreinheit" (hebr. *toledot ha-tumah*) bezeichnet, die, was sie berührten, im ersten Grad verunreinigten. Die im ersten Grad verunreinigten Personen und Dinge würden darüber hinaus noch Nahrung und Flüssiges im zweiten Grad verunreinigen (bBQ 2b; Maimonides, Yad, Tumat Met 5,7)[568]. Hier endet die genealogische Kontaminationskette, wobei im zweiten Grad kontaminierte Hände, Nahrung und Flüssiges immer noch geweihte und heilige Produkte im dritten Grad kontaminieren würden, und im dritten Grad kontaminierte heilige Produkte würden immer noch Nahrung und Flüssiges im vierten Grad verunreinigen (mSota 5,2; mToh 2,3–5; Maimonides, Yad, Avot ha-Tumah 11,1–4)[569]. Etwas schärfer und auf eine Mehrdeutigkeit von Num 19,22 zurückreichend wurde die Verunreinigung durch Leichen eingestuft, denn „Väter der Unreinheit" wurden die durch Leichen verunreinigten Personen und Gegenstände bezeichnet, und die Leiche selbst als „Vater der Väter" (hebr. *avi avot*) von Unreinheit (bPes 14b; 17a et al.; R. Samson to mKel 1,1; mOhal 1,2). Für die Exegese dieser Szene gilt es daher zweitens festzuhalten, dass die Pharisäer und Schriftgelehrten entgegen dem biblischen Gebot, die Hände vor profanem Essen prinzipiell als „unrein" erklären, selbst wenn nachweislich keine Kontamination durch die Väter der Unreinheit stattgefunden hat. Nach diesem Verständnis vermochten unreine Hände als „Kinder der Unreinheit" daher Nahrung zu kontaminieren, und nach

---

568 Moše ben Maimon, *Mishneh Torah: A New Translation with Commentaries and Notes and Diagramms* (14 Bd.; hg. von Eliyahu Touger et al.; Brooklyn: Moznaim, 1989–2009), Kap. Yad Ḥazakah.

569 Maimon, *Mishneh Torah*, Kap. Yad Ḥazakah.

EXEGETISCHE ANALYSE DES MARKUSEVANGELIUMS   221

dem Verständnis der Tannaiten und vielleicht bereits der Pharisäer, die sich zum Heiligen zählten, vermochten sie Nahrung gar bis in den vierten Grad zu verunreinigen. Somit handelt diese Szene von Broten beziehungsweise von Nahrung, die durch unreine Hände kontaminiert ist, und nicht – wie öfters angenommen – von erlaubter oder unerlaubter Speise.[570] Dies wird auch von der narrativen Logik her unterstützt, denn Jesus kann die Pharisäer und Schriftgelehrten nicht der Missachtung von Gottesgeboten bezichtigen und gleichzeitig die Annullierung zahlreicher biblischer Speisegebote propagieren – das würde das Argument seiner „Schrifttreue" gänzlich unterwandern.

Nach Etablierung grundlegender Einsichten zu Reinheit und Unreinheit, insbesondere der Hände, sind die Ereignisse dieser Szene wie folgt deutbar: Nachdem Jesus Kranke dadurch heilt, dass sie ihn berühren, „versammeln" (Mk 7,1; vgl. 3.2.5[3]) sich auf einem von Gennesarets Marktplätzen die Pharisäer – woher stammen sie, aus Kapernaum etwa? – sowie einige der aus Jerusalem angereisten Schriftgelehrten bei Jesus. Mit beiden dürfte Jesus nicht die besten Erinnerungen verbinden, denn Erstere hatten sich in Szene 14 gemeinsam mit den Herodianern verbündet, um zu sehen wie sie ihn umbrächten, und Letztere waren in Szene 18 angereist und bezichtigten ihn der Besessenheit durch den höchsten aller Dämonen. Dabei beobachten sie wie einige seiner Jünger mit „unreinen" (Mk 7,2.5: κοινός)[571], das heißt „ungewaschenen" (Mk 7,2) „Händen" (Mk 7,2.3.5 Pl.; vgl. 3.2.3[3]) Brote essen, worauf sie Jesus – und nicht die Jünger – befragen, weshalb seine Jünger – hier wird verallgemeinert, denn es waren ja nur einige – nicht an der „Überlieferung" (Mk 7,3.5.8.9.13: παράδοσις[572]) der Ältesten „festhielten" (Mk 7,3.4.8; vgl. 3.2.3[3]), und mit unreinen

---

570   Christine Hayes, „Purity and Impurity, Ritual," *EJ* 16:746–756.

571   Menge-Güthling, „κοινός," *Langenscheidts Großwörterbuch Altgriechisch-Deutsch*, 395–396; Walter Bauer, „κοινός," *Griechisch-deutsches Wörterbuch zum Neuen Testament*, 890–891: Das Adjektiv meint einerseits „öffentlich, den Staat betreffend, gemeinsam, gemeinschaftlich" und andererseits „allgemein, gewöhnlich, profan, gemein, niedrig, vulgär, unheilig, unrein." Der Begriff findet sich 2mal und nur hier im Text.

572   Liddell-Scott, „παράδοσις," *Greek-English Lexicon*, 1309; Menge-Güthling, „παράδοσις," *Langenscheidts Großwörterbuch Altgriechisch-Deutsch*, 520; Walter Bauer, „παράδοσις," *Griechisch-deutsches Wörterbuch zum Neuen Testament*, 1245; Wiard Popkes, „παράδοσις," *EWNT* 3:48–50: Das aus „παρά" und „δίδωμι" zusammengefügte Kompositum meint einerseits „Übermittlung (militärischer Befehle), Übergabe, Auslieferung, Kapitulation, Vererbung" und andererseits wie hier „Überlieferung, überlieferte Lehre, mündliche Belehrung, Tradition." Überlieferung muss man sich allerdings als eine traditionelle „Regelung" vorstellen, die von Generationen mit dem Vollmachtsanspruch auf Befolgung weitergegeben bzw. entsprechend rezipiert wurde. Das bringt den Begriff in die Nähe von „Satzung, Gebot, Gesetzt," was jüdischer Praxis entspricht, die Tradition und Gesetz eng beieinander stehen

Händen Brote essen würden; wo doch – so der Narrator – Pharisäer und alle Juden stets und auch vom Markt kommend nicht ohne die zur „Faust" (Mk 7,3: πυγμή)[573] geformten Hände zu „waschen" (Mk 7,3 Med.: νίπτω;[574] Mk 7,4 Med.; vgl. 3.1.2[3]) essen und selbst „Becher" (Mk 7,4 Pl.: ποτήριον)[575], „Krüge" (Mk 7,4 Pl.) und „Kupfergefäße" (Mk 7,4 Pl.) einer „Waschung" (Mk 7,4) unterziehen würden. Sehen sie sich zu dieser Frage veranlasst, weil diese Jünger mit allenfalls unreinen Kranken, die Jesus in der vorhergehenden Szene heilte, in Berührung kamen? Jesus verweigert den Pharisäern und Schriftgelehrten eine Antwort zur rituellen Reinheit, stattdessen verurteilt er sie im Blick auf ethische Unreinheit mit einer Weissagung Jesajas als Heuchler (Jes 29,13). Deshalb nämlich, weil sie ihn als Volk – so Gott selbst – nur mit den „Lippen" (Mk 7,6 Pl.) „verehrten" (Mk 7,6.10: τιμάω)[576], ihr „Herz" (Mk 7,6.19.21; vgl. 3.2.5[3]) aber weit von ihm „entfernt" (Mk 7,6: ἀπέχω)[577] sei. Auch würden sie ihn vergeblich „vereh-

---

sah. Die „Regelung" wird daher auch ähnlich wie das Gebot „gelehrt, übergeben, übernommen, gehalten, ergriffen," auch „wandelt" man darin bzw. „übertritt" sie. Der Begriff findet sich 5mal und nur hier im Text.

573 Liddell-Scott, „πυγμή," *Greek-English Lexicon*, 1550; Menge-Güthling, „πυγμή," *Langenscheidts Großwörterbuch Altgriechisch-Deutsch*, 608; Walter Bauer, „πυγμή," *Griechisch-deutsches Wörterbuch zum Neuen Testament*, 1485: Das Substantiv meint einerseits „Faust, (Faust)Kampf" und andererseits „oftmals." Der Begriff findet sich als *Hapax legomenon* nur hier im Text, auch im Blick auf das gesamte Neue Testament.

574 Menge-Güthling, „νίζω/νίπτω," *Langenscheidts Großwörterbuch Altgriechisch-Deutsch*, 471–472; Walter Bauer, „νίπτω," *Griechisch-deutsches Wörterbuch zum Neuen Testament*, 1093: Das Verb meint im Aktiv „(ab)waschen, reinigen, (ent)sühnen" und im Medium wie hier „sich waschen." Der Begriff findet sich als *Hapax legomenon* nur hier im Text.

575 Menge-Güthling, „ποτήριον," *Langenscheidts Großwörterbuch Altgriechisch-Deutsch*, 574; Walter Bauer, „ποτήριον," *Griechisch-deutsches Wörterbuch zum Neuen Testament*, 1393; Hermann Patsch, „ποτήριον," *EWNT* 3:339–341: Das Substantiv meint einerseits „Trinkgefäss, Becher, Kelch," andererseits „Geschick" und schließlich in Anlehnung an seinen alttestamentlichen Gebrauch „Gericht," was Leid und Tod einschließt (vgl. z.B. Ps 75,9; Jer 25,15–38; Hab 2,16). Der Begriff findet sich 6mal im Text (Mk 7,4; 9,41; 10,38.39; 14,23.36).

576 Menge-Güthling, „τιμάω," *Langenscheidts Großwörterbuch Altgriechisch-Deutsch*, 686; Walter Bauer, „τιμάω," *Griechisch-deutsches Wörterbuch zum Neuen Testament*, 1628–1629: Das von „τιμή" abgeleitete Verb meint neben „abschätzen, taxieren" auch und wie hier „schätzen, würdigen, (ver)ehren, belohnen." Der Begriff findet sich 3mal im Text (Mk 7,6.10; 10,19).

577 Menge-Güthling, „ἀπέχω," *Langenscheidts Großwörterbuch Altgriechisch-Deutsch*, 85; Walter Bauer, „ἀπέχω," *Griechisch-deutsches Wörterbuch zum Neuen Testament*, 69–70: Das Kompositum meint einerseits „weg-, dahinhaben, empfangen haben," andererseits „ab-, fern-, zurückhalten, abwehren, entfernen" und schließlich „entfernt, fern sein." Der Begriff findet sich 2mal im Text (Mk 7,6; 14,41).

EXEGETISCHE ANALYSE DES MARKUSEVANGELIUMS   223

ren" (Mk 7,7 Med.), weil sie das „Wort" (Mk 7,13; vgl. 3.2.4[3]), die „Gebote" (Mk
7,8.9: ἐντολή)[578] Gottes „verlassend" (Mk 7,8.12; 3.2.4[3]), „verwerfend" (Mk 7,9;
vgl. 3.5.7[3]) und „aufhebend" (Mk 7,13: ἀκυρόω)[579], „Menschengebote" (Mk 7,7
Pl.: ἔνταλμα)[580] als „Lehren" (Mk 7,7 Pl.: διδασκαλία)[581] verbreiteten und an der
Überlieferung von Menschen festhielten, und den Vorwurf steigernd, ihre eigenen Überlieferungen aufrichteten. Jesus veranschaulicht diesen harschen Vorwurf – ähnliche Beispiele ortet er viele – am fünften Gebot, das Vater und Mutter zu ehren verpflichtet (vgl. Ex 20,12; Dtn 5,16), und er warnt, dass, wer Vater
oder Mutter „fluche" (Mk 7,10: κακολογέω)[582] des „Todes" (Mk 7,10: θάνατος)[583]
„sterben" (Mk 7,10: τελευτάω)[584] soll (vgl. Ex 21,15.17; Lev 19,3; 20,9; Dtn 21,18–

---

578   Menge-Güthling, „ἐντολή," *Langenscheidts Großwörterbuch Altgriechisch-Deutsch*, 243;
      Walter Bauer, „ἐντολή," *Griechisch-deutsches Wörterbuch zum Neuen Testament*, 543: Das
      Substantiv meint neben „Gebot" wie hier auch „Auftrag, Anweisung, Botschaft, Befehl,
      Gesetz." Der Begriff findet sich 6mal im Text (Mk 7,8.9; 10,5.19; 12,28.31).

579   Menge-Güthling, „ἀκυρόω," *Langenscheidts Großwörterbuch Altgriechisch-Deutsch*, 31; Wal-
      ter Bauer, „ἀκυρόω," *Griechisch-deutsches Wörterbuch zum Neuen Testament*, 66: Das aus „α"
      und „κῦρος" – „Macht" – zusammengesetzte Kompositum meint als juristischer *terminus
      technicus* neben „aufheben" auch „ungültig machen, abschaffen." Der Begriff findet sich
      als *Hapax legomenon* nur hier im Text.

580   Menge-Güthling, „ἔνταλμα," *Langenscheidts Großwörterbuch Altgriechisch-Deutsch*, 242;
      Walter Bauer, „ἔνταλμα," *Griechisch-deutsches Wörterbuch zum Neuen Testament*, 541: Das
      dem Wort „ἐντολή" verwandte Substantiv meint wie jenes „Gebot." Der Begriff findet sich
      als *Hapax legomenon* nur hier im Text.

581   Menge-Güthling, „διδασκαλία," *Langenscheidts Großwörterbuch Altgriechisch-Deutsch*, 179;
      Walter Bauer, „διδασκαλία," *Griechisch-deutsches Wörterbuch zum Neuen Testament*, 385:
      Das vom Verb „διδάσκω" abgeleitete Substantiv meint neben „Lehre" wie hier auch „Beleh-
      rung, Unterricht, Unterweisung." Der Begriff findet sich als *Hapax legomenon* nur hier im
      Text.

582   Menge-Güthling, „κακολογέω," *Langenscheidts Großwörterbuch Altgriechisch-Deutsch*, 357;
      Walter Bauer, „κακολογέω," *Griechisch-deutsches Wörterbuch zum Neuen Testament*, 805–
      806: Das Kompositum meint neben „Übles reden über" auch „schmähen, verleumden,
      lästern und verfluchen." Das Verb findet sich 2mal im Text (Mk 7,10; 9,39).

583   Liddell-Scott, „θάνατος," *Greek-English Lexicon*, 784; Menge-Güthling, „θάνατος," *Langen-
      scheidts Großwörterbuch Altgriechisch-Deutsch*, 325; Walter Bauer, „θάνατος," *Griechisch-
      deutsches Wörterbuch zum Neuen Testament*, 713–714: Das Substantiv meint einerseits und
      wie hier „Tod, Todschlag, Mord, Todesstrafe, Hinrichtung, Todesart, -gefahr, -opfer, zum
      Tode verurteilen, lebensbedrohender Prozess" und andererseits „Todesgott." Der Begriff
      findet sich 6mal im Text (Mk 7,10; 9,1; 10,33; 13,12; 14,34.64).

584   Liddell-Scott, „τελευτάω," *Greek-English Lexicon*, 1771; Menge-Güthling, „τελευτάω," *Langen-
      scheidts Großwörterbuch Altgriechisch-Deutsch*, 678; Walter Bauer, „τελευτάω," *Griechisch-
      deutsches Wörterbuch zum Neuen Testament*, 1616: Das vom Substantiv „τέλος" – „Ende,

224   3. KAPITEL

27,16). Der wirtschaftlichen „Verpflichtung" (Mk 7,11 Pass.; vgl. 3.5.4[3]) den
Eltern gegenüber könnten sich aber nach Ansicht der Gelehrten Menschen entziehen, indem sie diese materiellen Werte als „Opfergabe oder Weihgeschenk"
(Mk 7,11: δῶρον)[585], als „Korban" (Mk 7,11), deklarierten, etwa im Rahmen eines
Weihe- oder Verbotsgelöbnisses, mit der Konsequenz, dass sie nicht nur von der
Unterstützungspflicht entbunden, sondern ihnen etwas für die Eltern zu tun
im Kontext des Gelöbnisses gar untersagt sei (vgl. mNed). Der Erzähler gewährt
keinen Einblick, wem diese Opfergabe zugute kommt, es ist aber anzunehmen,
dass damit religiöse Institutionen und Gruppierungen gemeint sind, vielleicht
auch solche, denen die Angeprangerten angehören, was plausibel wäre, würde
man „δῶρον" – wie auch möglich – mit „Weih(Geschenk)" übersetzen.

Nach der harschen Mahnrede an die Pharisäer und Schriftgelehrten ruft
Jesus wieder die Volksmenge, es dürfte dieselbe aus Szene 32 sein, und lehrt
sie darüber, was Erstere auf ihre anfänglich Frage hin schon gerne früher gehört hätten: Nichts, was von außen in den Menschen gehe, vermöge ihn (rituell)
zu verunreinigen, womit er wohl durch unreine Hände kontaminierte „Nahrung" (Mk 7,19: βρῶμα)[586] meinen dürfte, die ergo „rein" (Mk 7,19; 3.2.4[3])
ist und auch bleibt. Vielmehr, was von ihm herausgehe, würde ihn (ethisch)
verunreinigen. Die Frage der Jünger zu diesem Gleichnis beantwortet Jesus
im Blick auf ihr „Unverständnis" (Mk 7,18: ἀσύνετος)[587] und „Nichtbegreifen"
(Mk 7,18: νοέω)[588], und zwar nicht ohne Tadel: Denn die Speise gehe

---

Tod" – abgeleitete Verb meint einerseits „beendigen, vollenden" und andererseits „enden,
sterben, umkommen, fallen, ablaufen." Der Begriff findet sich 2mal im Text (Mk 7,10; 9,48).

585   Menge-Güthling, „δῶρον," *Langenscheidts Großwörterbuch Altgriechisch-Deutsch*, 197; Walter Bauer, „δῶρον," *Griechisch-deutsches Wörterbuch zum Neuen Testament*, 424: Das Substantiv meint neben „(Opfer)Gabe" wie hier auch „(Weih)Geschenk." Der Begriff findet
sich als *Hapax legomenon* nur hier im Text.

586   Menge-Güthling, „βρῶμα," *Langenscheidts Großwörterbuch Altgriechisch-Deutsch*, 141; Walter Bauer, „βρῶμα," *Griechisch-deutsches Wörterbuch zum Neuen Testament*, 295: Das vom
Verb „βιβρώσκω" – „verzehren, essen" – abgeleitete Substantiv meint neben „Nahrung"
auch „Speise, Essen." Der Begriff findet sich als *Hapax legomenon* nur hier im Text.

587   Menge-Güthling, „ἀσύνετος," *Langenscheidts Großwörterbuch Altgriechisch-Deutsch*, 115;
Walter Bauer, „ἀσύνετος," *Griechisch-deutsches Wörterbuch zum Neuen Testament*, 237: Das
aus „α" und „συνίημι" zusammengesetzte Adjektiv meint neben „unverständig" auch „ohne
Einsicht, ungeschickt, töricht." Der Begriff findet sich als *Hapax legomenon* nur hier im
Text.

588   Menge-Güthling, „νοέω," *Langenscheidts Großwörterbuch Altgriechisch-Deutsch*, 472; Walter Bauer, „νοέω," *Griechisch-deutsches Wörterbuch zum Neuen Testament*, 1093–1094: Das
vom Substantiv „νοῦς" – „Sinn, Einsicht" – abgeleitete Verb meint einerseits und wie
hier „begreifen, wahrnehmen, bemerken, sehen merken, erkennen, verstehen, einsehen"

EXEGETISCHE ANALYSE DES MARKUSEVANGELIUMS   225

nicht ins Herz, führt er weiter aus, sondern in den „Bauch" (Mk 7,19: κοιλία)[589] und von dort in den „Abort" (Mk 7,19: ἀφεδρών)[590]. Aber was an bösen
„Gedanken" (Mk 7,21 Pl.: διαλογισμός)[591] aus dem menschlichen Herz heraus-
käme, wie „Unzucht" (Mk 7,21: πορνεία)[592], „Diebstahl" (Mk 7,21: κλοπή)[593],
„Mord" (Mk 7,21: φόνος)[594], „Ehebruch" (Mk 7,22: μοιχεία)[595], „Habsucht" (Mk

---

und andererseits „(be)denken, überlegen, erwägen, achtgeben, ahnen, achtsam, erdenken, ersinnen, sich vornehmen, bedeuten." Der Begriff findet sich 3mal im Text (Mk 7,18; 8,17; 13,14).

589   Menge-Güthling, „κοιλία," *Langenscheidts Großwörterbuch Altgriechisch-Deutsch*, 395; Walter Bauer, „κοιλία," *Griechisch-deutsches Wörterbuch zum Neuen Testament*, 889: Das vom Adjektiv „κοῖλος" – „hohl" – abgeleitete Substantiv meint einerseits und wie hier „Bauch(höhle), Unter-, Mutterleib, Magen, Eingeweide" und andererseits „Innere." Der Begriff findet sich als *Hapax legomenon* nur hier im Text.

590   Menge-Güthling, „ἀφεδρών," *Langenscheidts Großwörterbuch Altgriechisch-Deutsch*, 124; Walter Bauer, „ἀφεδρών," *Griechisch-deutsches Wörterbuch zum Neuen Testament*, 250: Das Substantiv meint neben „Abort" auch „Abtritt." Der Begriff findet sich als *Hapax legomenon* nur hier im Text.

591   Menge-Güthling, „διαλογισμός," *Langenscheidts Großwörterbuch Altgriechisch-Deutsch*, 171; Walter Bauer, „διαλογισμός," *Griechisch-deutsches Wörterbuch zum Neuen Testament*, 372: Das Kompositum meint einerseits „Gedanken, Überlegung, Erwägung, Zweifel, Bedenken, Zögern, Untersuchung" und andererseits „Unterredung, Gespräch." Das Substantiv findet sich als *Hapax legomenon* nur hier im Text.

592   Menge-Güthling, „πορνεία," *Langenscheidts Großwörterbuch Altgriechisch-Deutsch*, 573; Walter Bauer, „πορνεία," *Griechisch-deutsches Wörterbuch zum Neuen Testament*, 1389: Das im Zusammenhang mit „πόρνη" – „Prostituierte, Dirne" – stehende Substantiv meint neben „Unzucht" auch „Hurerei, Ehebruch, Abgötterei." Der Begriff findet sich als *Hapax legomenon* nur hier im Text.

593   Liddell-Scott, „κλοπή," *Greek-English Lexicon*, 962; Menge-Güthling, „κλοπή," *Langenscheidts Großwörterbuch Altgriechisch-Deutsch*, 393; Walter Bauer, „κλοπή," *Griechisch-deutsches Wörterbuch zum Neuen Testament*, 888: Das vom Verb „κλέπτω" abgeleitete Substantiv meint einerseits „Stehlen, Diebstahl, Beraubung, Unterschlagung" und andererseits „heimliches Tun (Flucht, Besetzung), List, Trug, Betrug, Täuschung, militärischer Überraschungsschlag." Der Begriff findet sich als *Hapax legomenon* nur hier im Text.

594   Liddell-Scott, „φόνος," *Greek-English Lexicon*, 1949–1950; Menge-Güthling, „φόνος," *Langenscheidts Großwörterbuch Altgriechisch-Deutsch*, 733; Walter Bauer, „φόνος," *Griechisch-deutsches Wörterbuch zum Neuen Testament*, 1724: Das Substantiv meint einerseits „Mord, Tötung, Blutschuld, Blutvergießen" und andererseits „Mordwerkzeug, Blut, Leiche, Mordstätte." Der Begriff findet sich 2mal im Text (Mk 7,21; 15,7).

595   Menge-Güthling, „μοιχεία," *Langenscheidts Großwörterbuch Altgriechisch-Deutsch*, 459; Walter Bauer, „μοιχεία," *Griechisch-deutsches Wörterbuch zum Neuen Testament*, 1065: Das von „μοιχός" abgeleitete Substantiv meint neben „Ehebruch" auch „Buhlerei." Der Begriff findet sich als *Hapax legomenon* nur hier im Text.

226   3. KAPITEL

7,22: πλεονεξία)[596], „Bosheit" (Mk 7,22: πονηρία)[597], „Arglist" (Mk 7,22: δόλος)[598], „Ausschweifung" (Mk 7,22: ἀσέλγεια)[599], „Neid" (Mk 7,22: ὀφθαλμός; Mk 7,22.23: πονηρός)[600], „Lästerung" (Mk 7,22; vgl. 3.3.7[3]), „Hochmut" (Mk 7,22: ὑπερηφανία)[601] und „Torheit" (Mk 7,22: ἀφροσύνη)[602] etwa, das sei es, was ihn unwiderruflich „verunreinigte" (Mk 7,15.15.18.20.23: κοινόω)[603].

596   Menge-Güthling, „πλεονεξία," *Langenscheidts Großwörterbuch Altgriechisch-Deutsch,* 559; Walter Bauer, „πλεονεξία," *Griechisch-deutsches Wörterbuch zum Neuen Testament,* 1342: Das Substantiv meint einerseits „Überlegenheit, Vorzug, Vorteil, Gewinnsucht" und andererseits wie hier „Habsucht, -gier, Eigennutz, Geiz." Der Begriff findet sich als *Hapax legomenon* nur hier im Text.

597   Menge-Güthling, „πονηρία," *Langenscheidts Großwörterbuch Altgriechisch-Deutsch,* 571; Walter Bauer, „πονηρία," *Griechisch-deutsches Wörterbuch zum Neuen Testament,* 1384: Das Substantiv meint neben „Bosheit" auch „Schlechtigkeit." Der Begriff findet sich als *Hapax legomenon* nur hier im Text.

598   Liddell-Scott, „δόλος," *Greek-English Lexicon,* 443; Menge-Güthling, „δόλος," *Langenscheidts Großwörterbuch Altgriechisch-Deutsch,* 188; Walter Bauer, „δόλος," *Griechisch-deutsches Wörterbuch zum Neuen Testament,* 408: Das Substantiv meint einerseits „Trugmittel, Falle, Hinterhalt" und andererseits „(Kriegs)List, Hinterlist, (Be)Trug, Tücke, Anschlag, Verrat." Der Begriff findet sich 2mal im Text (Mk 7,22; 14,1).

599   Menge-Güthling, „ἀσέλγεια," *Langenscheidts Großwörterbuch Altgriechisch-Deutsch,* 112; Walter Bauer, „ἀσέλγεια," *Griechisch-deutsches Wörterbuch zum Neuen Testament,* 229–230: Das Substantiv meint einerseits und wie hier „Ausschweifung, Zügellosigkeit, Üppigkeit, Lüsternheit" und andererseits „Frechheit, Übermut." Der Begriff findet sich als *Hapax legomenon* nur hier im Text.

600   Menge-Güthling, „ὀφθαλμός," *Langenscheidts Großwörterbuch Altgriechisch-Deutsch,* 508; Walter Bauer, „ὀφθαλμός," *Griechisch-deutsches Wörterbuch zum Neuen Testament,* 1212–1213: Das Substantiv meint einerseits „Auge, Gesicht" und andererseits „Licht(blick), Trost, Hilfe, Liebling, Zierde, Krone, Perle," in Verbindung mit dem Adjektiv „böse" wie hier drückt es bildsprachlich „Neid oder Missgunst" aus. Der Begriff findet sich 7mal im Text (Mk 7,22; 8,18.25; 9,47.47; 12,11; 14,40).

601   Menge-Güthling, „ὑπερηφανία," *Langenscheidts Großwörterbuch Altgriechisch-Deutsch,* 707; Walter Bauer, „ὑπερηφανία," *Griechisch-deutsches Wörterbuch zum Neuen Testament,* 1676: Das aus „ὑπέρ" und „φαίνω" zusammengesetzte Substantiv meint neben „Hochmut" auch „Übermut, Stolz." Der Begriff findet sich als *Hapax legomenon* nur hier im Text, auch im Blick auf das gesamte Neue Testament.

602   Menge-Güthling, „ἀφροσύνη," *Langenscheidts Großwörterbuch Altgriechisch-Deutsch,* 127; Walter Bauer, „ἀφροσύνη," *Griechisch-deutsches Wörterbuch zum Neuen Testament,* 256: Das Kompositum meint einerseits „Unverstand, Unvernunft, Unbesonnenheit, Torheit, Tollheit, Besinnungslosigkeit" und andererseits „Sorglosigkeit." Das Substantiv findet sich als *Hapax legomenon* nur hier im Text.

603   Menge-Güthling, „κοινόω," *Langenscheidts Großwörterbuch Altgriechisch-Deutsch,* 396; Walter Bauer, „κοινόω," *Griechisch-deutsches Wörterbuch zum Neuen Testament,* 891: Das

EXEGETISCHE ANALYSE DES MARKUSEVANGELIUMS 227

(4)   Politisch-militärisches Profil
Wiederum beginnen Pharisäer und Jerusalemer Schriftgelehrte Jesu Jünger
und damit ihn selbst als erste zu hinterfragen, und zwar in Anwesenheit des
Volks. Unter Berufung auf die Überlieferung der Ältesten, also auf von Tradition abgeleitetes Recht, hinterfragen sie die rituelle Reinheitspraxis einiger
Jünger Jesu im Blick auf profane Mahlzeiten. Die Praxis war nicht unbekannt,
gleichwohl dürfte sie die angeprangerten Jünger erschreckt haben. Der dahin-
terliegende Vorwurf ist derjenige der nicht Gott angemessenen Heiligkeit im
Lebenswandel. Diesen Vorwurf, diese kritische Fremddefinition hinsichtlich
seiner vermeintlich mangelhaften rituellen Reinheitspraxis, weist Jesus ab.
Und bezichtigt seinerseits unter Berufung auf die Schrift die Ankläger der ethischen Unreinheit und belegt diesen Vorwurf mit einem konkreten Beispiel der
Volksberaubung (vgl. 5.2.4[2]). Und dass er das unter anderem Jerusalemer
Schriftgelehrten vorwirft, ist nicht unerheblich, auch nicht, dass er ihnen nicht
direkt, sondern nur indirekt über die herzugerufene Volksmenge antwortet. In
ihrer Gegenwart und vor den Ohren der Ankläger definiert er daraufhin und in
provozierender Vorgehensweise rituelle Reinheitspraxis,[604] das heißt Reinheit
der Hände bei der Einnahme profaner Mahlzeiten, für sich, seine Jünger und
die Volksmenge als irrelevant. Somit erhebt Jesus im Zusammenhang mit profaner Einnahme von Mahlzeiten keinen Heiligkeitsanspruch, demgegenüber
aber bekräftigt er die Position, dass ethische Unreinheiten die gravierenderen
Vergehen seien. Solche ortet er bei den Anklägern, und indem er sie offenlegt
und listet, warnt der Erzähler durch Jesus gleichzeitig auch die übrige Hörerschaft davor. Unreinheit, vor allem ethischer Art, spielt auch in Kriegszeit eine
wichtige Rolle, gerade weil das Chaos des Krieges die Schwelle zu Unzucht,
Diebstahl, Beutegier und Mordlust senkt. Die Quellen zum ersten jüdisch-
römischen Krieg beklagen unzählige Verstöße auf beiden Seiten. Dabei sind
die ethischen Ermahnungen des markinischen Jesus mit den späteren Appel-
len eines Josephus oder Titus gegenüber ihren Soldaten, „Manneszucht" und
Treue gegenüber den Geboten Gottes einzuhalten, vergleichbar (vgl. 5.4.4[2];
5.6.4[3]; 5.6.4[4]; 5.6.4[5]; 5.7.3[5]).

Verb meint einerseits „gemeinsam machen, Anteil geben an, teilnehmen lassen, verunreinigen, verbinden," andererseits „mitteilen, Mitteilung machen, bekanntmachen" und
schließlich „gemein machen, verunreinigen, entweihen, für unrein halten." Der Begriff findet sich 5mal und nur hier im Text.

604 Vgl. Marcus, der das Thema der rituellen Reinheitspraxis vor dem Hintergrund des ersten
jüdisch-römischen Krieges liest, und zwar in dem Sinn, dass eifrige Juden die Kompromit-
tierung von gängiger Reinheitspraxis durch Juden Christen – wie angeblich Markus einer
war – zu Kriegszeit weniger zu tolerieren gewillt waren (Marcus, *Mark*, 1:450).

228   3. KAPITEL

3.5.12 *Szene 34 (Mk 7,24–30): Jesus befreit die Tochter einer Syrophönizierin in Tyrus*

(1)   Szene

Die vierunddreißigste Szene Mk 7,24–30 handelt davon, wie Jesus die Tochter einer Syrophönizierin in Tyrus befreit. Wie bereits die Szenen 02, 07–11, 14–15, 17, 19–22, 24–28, 30 und 32–33 gehört somit auch diese zu den volksbezogenen, und zwar ihre Befreiung betreffenden Szenen, und wie bereits die Szenen 03–04, 07–09, 15, 24 und 28 gehört sie ferner auch zu den auf jenseitige Wesen bezogenen, und zwar unreine Geister betreffenden Szenen. Die Szene unterscheidet sich von der nachfolgenden im Blick auf Ort, Akteure, Zeit, Handlung und Thema, heilt doch dort Jesus einen Taubstummen in der Dekapolis.

(2)   Text

7²⁴ Und von dort aufbrechend zog er weg in das Gebiet von Tyrus. Und hineingehend in ein Haus, wünschte er, dass niemand es erfahre, aber er konnte nicht verborgen bleiben. ²⁵ Aber sogleich von ihm hörend, kam eine Frau, deren Töchterchen einen unreinen Geist hatte, (und) fiel vor seine Füße. ²⁶ Die Frau aber war Hellenin, eine Syrophönizierin von Geburt, und sie bat ihn, dass er den Dämon von ihrer Tochter austreibe. ²⁷ Und er sagte zu ihr: Lass zuerst die Kinder satt werden, denn es ist nicht gut, das Brot der Kinder zu nehmen und den Hunden vorzuwerfen. ²⁸ Sie aber antwortete und sagt zu ihm: Herr auch die Hunde essen unter dem Tisch von den Krumen der Kinder. ²⁹ Und er sagte zu ihr: Dieses Wortes wegen geh hin! Der Dämon ist aus deiner Tochter ausgefahren. ³⁰ Und weggehend in ihr Haus, fand sie das Kind auf dem Bett liegend und den Dämon ausgefahren.[605]

(3)   Inhalt

Explizit anwesende *Akteure* dieser Szene sind einerseits Jesus, den die Bittende mit „Herr" (Mk 7,28; vgl. 3.1.2[3]) anspricht, und andererseits eine „(Ehe)Frau" (Mk 7,25.26; vgl. 3.5.4[3]), „von Geburt" (Mk 7,26: γένος)[606] „Syrophönizierin"

---

605   Literarisch folgt Szene 34 einem chiastischen Schema: A: Mk 7,24 (Haus); B: Mk 7,25–26 (Dämon, ihre Tochter); C: Mk 7,27 (Kinder, Hund); C': Mk 7,28 (Hunde, Kinder); B': Mk 7,29 (deine Tochter, Dämon); A': Mk 7,30 (Haus).

606   Menge-Güthling, „γένος," *Langenscheidts Großwörterbuch Altgriechisch-Deutsch*, 145; Walter Bauer, „γένος," *Griechisch-deutsches Wörterbuch zum Neuen Testament*, 312–313: Das vom Verb „γίνομαι" abgeleitete Substantiv meint einerseits „Geburt, Abstammung, Herkunft, Ursprung," andererseits „Geschlecht, Familie, Verwandtschaft, Stamm, Volk,

EXEGETISCHE ANALYSE DES MARKUSEVANGELIUMS 229

(Mk 7,26: Συροφοινίκισσα)[607] und der Sprache und Kultur nach eine „Hellenin"
(Mk 7,26: Ἑλληνίς)[608]. Implizit anwesende Akteure sind einerseits Jesu Jünger (vgl. Mk 7,2.5.17) und andererseits möglicherweise seine Gastgeber. Und
erwähnte Akteure sind einerseits das „Töchterchen" (Mk 7,25; vgl. 3.5.3[3]) der
Frau, alternativ auch „Tochter" (Mk 7,26.29; vgl. 3.5.3[3]) oder „Kind" (Mk 7,30;
vgl. 3.5.3[3]) bezeichnet, andererseits der sie quälende „unreine Geist" (Mk
7,25; vgl. 3.2.2[3]) beziehungsweise „Dämon" (Mk 7,26.29.30; vgl. 3.2.3[3]) und
schließlich die von Jesus eingeführten „Kinder (Gottes)" (Mk 7,27.27 Pl.; vgl.
3.2.5[3]; Mk 7,28 Pl.; vgl. 3.5.3[3]), mit denen er das Volk Israel meinen dürfte
und die „(Kinder von) Hunden" (Mk 7,27.28 Pl.: κυνάριον)[609], mit denen er pejorativ das unreine Volk der Phönizier beziehungsweise Syrer meinen dürfte. In
geographischer Hinsicht begibt sich Jesus von einem Haus (vgl. Mk 7,17) in
Gennesaret (vgl. Mk 6,53) wiederum in ein „Haus" (Mk 7,24.30) im Gebiet von

---

Nation," ferner „Nachkommenschaft, Sprössling, Kind" und schließlich „Gattung, Art." Im
Dativ – wie hier – ist es spezifische Redewendung im Sinne „von Geburt an." Der Begriff
findet sich 2mal im Text (Mk 7,26; 9,29).

607 Hellmut Haug, „Phönizien," *Namen und Orte der Bibel*, 299; Walter Bauer, „Συροφοινίκισσα,"
Griechisch-deutsches Wörterbuch zum Neuen Testament, 1584: Das Substantiv meint eine
Bewohnerin des zur römischen Provinz Syriens gehörenden Gebiets namens „Phönizien"
(griech. „Dattelpalmenland"). Der Begriff findet sich als *Hapax legomenon* nur hier im
Text, auch im Blick auf das gesamte Neue Testament.

608 Joachim Wanke, „Ἑλληνίς," *EWNT* 1:1061–1063, bes. 1062: Das Substantiv meint die seit
etwa 700 v.d.Z. durch Sprache, Kultur und Religion verbundenen griech. Stämme und
Stadtstaaten. In hellenistischer Zeit ist die Neigung zu bemerken, auch Nichtgriechen
mit griech. Sprache und Bildung als „Hellenen" zu bezeichnen. Die LXX setzt ihn für
hebr. „Ionier" ein (Sach 9,13; Dan 8,21; 10,20; 11,2), andernorts werden die „Seleukiden"
sogenannt (z.B. 1 Makk 1,10). Der Begriff findet sich als *Hapax legomenon* nur hier im
Text.

609 Menge-Güthling, „κυνάριον," *Langenscheidts Großwörterbuch Altgriechisch-Deutsch*, 410;
Walter Bauer, „κυνάριον," *Griechisch-deutsches Wörterbuch zum Neuen Testament*, 929;
Jehuda Feliks, „Dog," *EJ* 5:733; Edwin Firmage, „Zoology (Fauna)," *ABD* 6:1109–1167, bes.
1143–1144: Das Diminutiv von „κύων" – „Straßen- und Hofhund" – meint auf Stuben- oder
Schosshunde verweisend „Hündchen" aber auch „Hund." Biblische Verweise auf Hunde
sind stets abwertender Natur, weil sie herrenlos und wie Schweine aasfressend unbe-
wohntes Gebiet durchstreifen (Ps 59,6–7.14–15; 1Kön 14,11; 23,38; Offb 22,15) und wehrlose
Passanten angreifen (Ps 22,17), nicht zuletzt tollwütige Hunde (bJom 83b; 84a), schließlich verwies das Substantiv abwertend auch auf männliche Tempelprostituierte (Dtn 23,19;
2Kön 8,13). Trotz der Zucht von Schäferhunden (Jes 56,11; Job 30,1) äußerten sich auch die
Rabbinen meist negativ über Hunde (mBQ 7,7; bBQ 83a). Der Begriff findet sich 2mal und
nur hier im Text.

230 3. KAPITEL

„Tyrus" (Mk 7,24; vgl. 3.3.4[3]), dessen Umgebung nach Josephus an die nordwestliche Grenze Galiläas gereicht haben soll (*Bell.* 3,38), entsprechend lässt sich „Gebiet" (Mk 7,24 Pl.; vgl. 3.5.2[3]) auch mit „Grenzgebiet" übersetzen, ein Gebiet und Land, das von Juden dicht besiedelt gewesen sein soll (Josephus, *Bell.* 7,43). Wie bereits erwähnt, waren die kulturell-ökonomischen Beziehungen der beiden Gebiete zwar eng, aber alles andere als freundschaftlich, im Gegenteil, der jüdischen Gemeinde von Tyrus begegneten ihre Stadtbewohner feindlich (Josephus, *Apion* 1,70), und entluden ihren Unmut gar tätlich an deren Besitztümer während den Kriegen des Johannes Hyrkanos II., dem Hohepriester und Ethnarchen Judäas in den Jahren 63–40 v.d.Z. Dass Marcus Antonius sie zur Restauration gegenüber diesen zwang (Josephus, *Ant.* 14,313–322), erwies sich dabei nicht als hilfreich. Diese Demütigung entlud sich später in weiteren Übergriffen, zu Beginn des ersten jüdisch-römischen Krieges im Jahre 66 d.Z. etwa, als die Tyrer zahlreiche Juden töteten oder einkerkerten (Josephus, *Bell.* 2,478).[610] *Temporale* Angaben werden in dieser Szene keine gemacht. Soviel lässt sich hypothetisch sagen: Tyrus liegt von Gennesaret auf der Luftlinie ca. 55 Kilometer nordöstlich, bis zur Grenze zwischen Galiläa und Syrophönizien beträgt sie nur ca. 35 Kilometer. Bei einer Gehgeschwindigkeit von 5,4 Kilometer pro Stunde hätte Jesus die Grenze frühestens in ca. 6,5 Stunden erreichen können. Die letzte Zeitangabe war in Szene 31 gemacht worden. Der intensive Einsatz im Gebiet Gennesarets, einschließlich dem Disput mit den Pharisäern und Schriftgelehrten über Reinheit (Szenen 32–33) dürfte den dort angebrochenen Tag ausgefüllt haben. Jesus und seine Jünger könnten somit in jenem Haus übernachtet haben, und von dort nach Syrophönizien aufgebrochen sein. Der langen Wanderstrecke wegen, müsste dies an einem Werktag geschehen sein. In *rhetorischer* Hinsicht sind zunächst Jesus in direkter Rede zu hören, einerseits wie er abwehrend auf die Bitte der Frau reagiert, andererseits ihre kluge Antwort darauf und schließlich wie Jesus ihr gegenüber lobend ein Zugeständnis macht. Mit dem Thema des Einzelexorzismus knüpft dieses Narrativ an die Szenen 07 und 24 an. Aber anders als dort, kommt einerseits und zum ersten Mal ein Mädchen in den Genuss einer Befreiung, sie ist andererseits auch die erste Fremdstämmige, ferner erfolgt die Befreiung erstmals im Ausland und schließlich auch *in absentia* derselben, was eine Potenzierung von Jesu befreiender Kraft darstellt.

Nachdem Jesus mit den Pharisäern und Schriftgelehrten über das Essen mit ungewaschenen Händen debattiert und daraufhin diese Überlieferung gegenüber dem Volk und seinen Jüngern für entbehrlich erklärt hatte, bricht er mit

---

610   Eliyahu Ashtor, „Tyre," *EJ* 20:218–219; Katzenstein und Edwards, „Tyre," 6:686–692.

EXEGETISCHE ANALYSE DES MARKUSEVANGELIUMS

seinen Jüngern „von dort" (Mk 7,24), einem ihnen möglicherweise Unterkunft gewährenden Haus, auf und „zieht" (Mk 7,24; vgl. 3.2.1[3]) aus unbekannten Gründen in das Gebiet von Tyrus. Dort angekommen, begibt er sich in ein Haus und wünscht, dass niemand es erfahre; doch „verborgen zu bleiben" (Mk 7,24: λανθάνω)[611] gelingt ihm nicht, zumal er von Vertretern der – wohl jüdischen – Bevölkerung in Kapernaum bereits aufgesucht worden war (vgl. Szene 15). Was aber meint „verborgen bleiben"? Befindet sich Jesus etwa auf der Flucht? Eine Interpretation, welche die Bedeutung „sich verstecken" begünstigen würde. Oder kommt er in bedrohliche Nähe von römischen Truppen, die nördlich von Tyrus, in Antiochien, fest und südlich davon in Ptolemais punktuell stationiert waren? „Sogleich" (Mk 7,25) nun eine Frau von ihm hört, deren Töchterchen einen unreinen Geist hat, kommt sie und „fällt" (Mk 7,25; vgl. 3.3.4[3]) – wie der Synagogenvorsteher – bittend vor Jesu „Füße" (Mk 7,25 Pl.; vgl. 3.5.3[3]), er möge doch dem Kind den Dämon „austreiben" (Mk 7,26; vgl. 3.1.4[3]). Das ist nicht selbstverständlich, denn sie ist von Geburt Syrophönizierin, der Sprache und Kultur nach Hellenin (vielleicht also zweisprachig), und müsste um die angespannten Beziehungen über die Grenze hinweg, aber auch um ethnische Spannungen bestens im Bild sein. Die Namenlose rechnet eine Ablehnung möglicherweise bereits ein, und ist vielleicht deshalb Jesus gegenüber besonders ehrerbietend, spricht sie ihn doch in einer ihm verständlichen Sprache mit dem Ehrentitel „Herr" an. Die drei Bezeichnungen für das Kind fanden schon auf die Tochter des Jaïrus Anwendung (vgl. Szene 25), deren Alter mit zwölf angegeben worden war. Darüber hinaus bleibt gemeinsam mit der Mutter auch diese kleine und leidende Tochter völlig namen-, geschichts- und konturenlos. Selbst die Art des verursachten Leidens bleibt unerwähnt. Jesu Antwort ist metaphorischer Art und wenig überraschend harsch: „Lass" (Mk 7,27 Imp.; vgl. 3.2.1[3]) die Kinder zuerst „satt werden" (Mk 7,27 Pass.; vgl. 3.5.8[3]), sagt er zwar im Befehlston, jedoch um ihre Billigung werbend. Denn es sei nicht gut, diesen das für sie bestimmte Brot zu nehmen und es stattdessen den Hunden vorzuwerfen. Wie Gerd Theißen vermutet hat, könnte hier als Hintergrund auch das Problem von Nahrungsmittelknappheit in Betracht kommen, nämlich von Exporten von Lebensmitteln aus Galiläa in das Gebiet von

---

611 Liddell-Scott, „λανθάνω," *Greek-English Lexicon*, 1028; Menge-Güthling, „λανθάνω," *Langenscheidts Großwörterbuch Altgriechisch-Deutsch*, 416; Walter Bauer, „λανθάνω," *Griechischdeutsches Wörterbuch zum Neuen Testament*, 947–948: Das Verb meint neben „verborgen sein oder bleiben" auch „unbemerkt, geheim, unbekannt, unentdeckt sein oder bleiben, sich verstecken, jemandem entgehen, entfliehen." Der Begriff findet sich als *Hapax legomenon* nur hier im Text.

232   3. KAPITEL

Tyrus, wodurch Knappheit in Galiläa entstand.[612] Aber die Frau verstummt oder widerspricht nicht, vielmehr lässt der Erzähler sie die despektierliche Metapher aufnehmen und auf eben dieser rhetorischen Ebene antworten: Die Hunde, obschon unrein, hätten auch ihre Funktion und Rolle, indem sie unter dem „Tisch" (Mk 7,28: τράπεζα)[613] von den „Krumen" (Mk 7,28 Pl.) der Kinder hungrig essen würden und dies auch dürften. Von der aufgezeigten „Gnade der Kinder" belehrt, lässt der Erzähler Jesus den die beiden Völker trennenden Graben überschreitet und ihrem Wunsch entsprechen – es ist das einzige Mal im gesamten Neuen Testament, dass Jesus seine Meinung aufgrund eines Einspruchs einer anderen Person ändert.[614] Dieses „Wortes" (Mk 2,2; vgl. 3.2.4[3]) wegen, sagt er, solle sie hingehen, denn der Dämon sei aus dem Kind ausgefahren, was sie auch tatsächlich – zu Hause angekommen – so vorfindet.[615]

(4)   Politisch-militärisches Profil

In dieser Szene lässt der Autor Jesus nach außen explizieren, was in Szene 12 schon angedeutet war, nämlich, dass er seinen vollmächtigen Dienst auf die „Kinder," wohl Kinder Israels und/oder Gottes, im Prinzip beschränkt sieht (vgl. 5.5.4[3]). „Im Prinzip" meint aber eine zeitliche und qualitative Rangordnung eines endlichen Guts, von welchem auch an Nachbarn verteilt werden darf, nachdem die Kinder „zuerst" (Mk 7,27) satt geworden sind. Demgegenüber plädiert die Frau, unter (rhetorischer?) Anerkennung der qualitativen Rangordnung, für eine Gleichzeitigkeit der „Gnadengaben," denn schon während dem Essen entstünde für Nachbarn Brauchbares, was Jesus billigt. Die ethnische Grenzziehung nach außen ist somit gewollt durchlässig gemacht. Das Thema der Nahrung birgt aber auch eine politische Dimension, war es doch eine der

---

612   Vgl. Theißen, *Lokalkolorit und Zeitgeschichte in den Evangelien*, 63–84; vgl. auch Johannes Majoros-Danowski, *Elija im Markusevangelium: Ein Buch im Kontext des Judentums* (BWANT 180; Stuttgart: Kohlhammer, 2008), 186–187.

613   Menge-Güthling, „τράπεζα," *Langenscheidts Großwörterbuch Altgriechisch-Deutsch*, 691; Walter Bauer, „τράπεζα," *Griechisch-deutsches Wörterbuch zum Neuen Testament*, 1643: Das Substantiv meint einerseits „Tisch, Speisetisch, Tafel," andererseits „Mahlzeit, Speisen," ferner „Wechslertisch, Bank, Verkaufstisch, Laden" und schließlich „Inschriftstafel." Der Begriff findet sich 2mal im Text (Mk 7,28; 11,15).

614   Dewey, „The Gospel of Mark," 484–486. Vom Beispiel einer anderen hartnäckigen Frau erzählt Jesus in einer Parabel in Lk 18,1–8.

615   Vgl. auch Miller, welche der Syrophönizierin eine prophetische Rolle insofern zuschreibt, als sie auf die transethnische Mission Jesu vorausweisen würde (*Women in Mark's Gospel*, 90–111); vgl. ferner auch Sharon H. Ringe, „A Gentile Woman's Story, Revisited: Rereading Mark 7.24–31a," in *A Feminist Companion to Mark*, 79–100.

EXEGETISCHE ANALYSE DES MARKUSEVANGELIUMS

zentralen Aufgaben eines Herrschers, sein Volk zu versorgen (vgl. Szene 30; 5.6.4[8]). Dass sich eine unliebsame Nachbarin im Namen ihrer Ethnie um Nahrung beziehungsweise Befreiung ausgerechnet an Jesus wendet, soll seine Stärke und Fülle unterstreichen, die selbst gegenüber einem potentiell gefährlichen Feind zur Verfügung steht (vgl. 5.6.4[9]; 5.7.3[4]), der zum Auftakt des ersten jüdisch-römischen Krieges viele Juden ermordet und die meisten Soldaten in diesem Krieg gestellt hatte (vgl. 5.6.4[3]).[616]

3.5.13 Szene 35 (Mk 7,31–37): Jesus heilt einen Taubstummen in der Dekapolis

(1)   Szene

Die fünfunddreißigste Szene Mk 7,31–37 handelt davon, wie Jesus einen Taubstummen in der Dekapolis heilt. Wie bereits die Szenen 02, 07–11, 14–15, 17, 19–22, 24–28, 30 und 32–34 gehört somit auch diese zu den volksbezogenen, und zwar ihre Heilung betreffenden Szenen. Die Szene unterscheidet sich von der nachfolgenden nicht im Blick auf den Ort, wohl aber im Blick auf Akteure, Zeit, Handlung und Thema, speist doch dort Jesus Viertausend.

(2)   Text

7[31] Und wieder hinausgehend aus dem Gebiet von Tyrus, kam er über Sidon an den See von Galiläa, inmitten der Dekapolis. [32] Und sie bringen ihm einen Tauben und Stummen und bitten ihn, dass er ihm die Hand auflege. [33] Und ihn von der Volksmenge beiseite nehmend, legte er seine Finger in seine Ohren und berührte speiend seine Zunge. [34] Und aufblickend in den Himmel, seufzte er und sagt zu ihm: Ephata! Das ist: Werde aufgetan! [35] Und seine Ohren wurden aufgetan, und die Fessel seiner Zunge wurde gelöst, und er redete richtig. [36] Und er gebot ihnen, dass sie es keinem sagen sollten. Je mehr er ihnen aber gebot, desto mehr verkündigten sie es eifrig. [37] Und sie gerieten über die Maßen außer sich sagend: Er hat alles gut gemacht, sogar die Tauben macht er hören und Stumme reden.[617]

(3)   Inhalt

Explizit anwesende *Akteure* dieser Szene sind einerseits Jesus, andererseits ein männlicher (Mk 7,32.33.33.33.34.35.35) „Taubstummer" (Mk 7,32; Mk 7,37

---

616   Vgl. dazu auch Marcus, *Mark*, 1:471.

617   Literarisch folgt Szene 35 einem chiastischen Schema: A: Mk 7,31–32 (Taube und Stumme); B: Mk 7,33–34 (seine Ohren und seine Zunge); B': Mk 7,35–36 (seine Ohren und seine Zunge); A': Mk 7,37 (Taube und Stumme); vgl. auch Marcus, *Mark*, 1:477.

Pl.: κωφός[618]; Mk 7,32: μογιλάλος[619]; Mk 7,37 Pl.: ἄλαλος[620]) und schließlich eine „Volksmenge" (Mk 7,33; vgl. 3.2.5[3]). Implizit anwesende Akteure sind Jesu Jünger (vgl. Mk 7,2.5.17; 8,1.4.6). Und erwähnte Akteure sind „Taube und Stumme" (Mk 7,37), was alle an dieser Behinderung Leidende bezeichnet. Über „Sidon" (Mk 7,31; vgl. 3.3.4[3]) das nordwestlich gelegene „Gebiet" (Mk 7,31.31 Pl.; vgl. 3.5.2[3]) von „Tyrus" (Mk 7,31; vgl. 3.3.4[3]) verlassend, begibt sich Jesus mit seinen Jüngern in *räumlicher* Hinsicht über die Tetrarchie des Philippus wieder zurück an den „See" (Mk 7,31; vgl. 3.2.1[3]) „Galiläas" (Mk 7,31; vgl. 3.1.3[3]) und zwar erstmals „inmitten" (Mk 7,31) der zur römischen Provinz Syrien gehörenden und vornehmlich hellenistisch geprägten „Dekapolis" (Mk 7,31; 3.5.2[3]). Einmal mehr sind weder die Wahl des Weges noch des Ziels erklärt. Hier hatte der vom Dämonenkollektiv namens Legion Befreite zuvor eifrig von Jesus verkündigt (vgl. Szene 24). Diese Heilung hier scheint sich mit Blick auf die nächste Szene in der „Einöde" abzuspielen (vgl. Mk 8,4), und im Blick auf die übernächste am südöstlichen Ufer des Sees, denn Jesus und seine Jünger besteigen dort sogleich ein Schiff (vgl. Mk 8,10). Die Distanz von Sidon und dem südöstlichen Ufergebiet beträgt auf der Luftlinie ca. 93 Kilometer. Bei einer Gehgeschwindigkeit von 5,4 Kilometer pro Stunde, dürften Jesus und seine Jünger in *temporaler* Hinsicht das Gebiet frühestens nach 17 Stunden, nach 2–3 Reisetagen also, erreicht haben; eine Distanz, die nur an Werktagen zurückzulegen erlaubt ist. In *rhetorischer* Hinsicht sind nach einer ungewöhnlich detaillierten Schilderung des Heilungshergangs in direkter Rede nur Jesus und die außer sich geratende Menge zu vernehmen. Als eine

---

618 Menge-Güthling, „κωφός," *Langenscheidts Großwörterbuch Altgriechisch-Deutsch*, 413; Walter Bauer, „κωφός," *Griechisch-deutsches Wörterbuch zum Neuen Testament*, 938: Das dem Verb „κόπτω" – „abschlagen" – verwandte Adjektiv meint in seiner Grundbedeutung „stumpf," wovon sich einerseits „stumm, sprachlos, taub, taubstumm," andererseits „dumpftönend, unverständlich, dunkel, still, lautlos, ruhig, leise," ferner „ohnmächtig, wirkungslos, kraftlos" und schließlich „(geistig) stumpfsinnig, unempfindlich, gefühllos, töricht, dumm, blind, nichtig, eitel" ableitet. Der Begriff findet sich 3mal im Text (Mk 7,32.37; 9,25).

619 Menge-Güthling, „μογιλάλος," *Langenscheidts Großwörterbuch Altgriechisch-Deutsch*, 458; Walter Bauer, „μογιλάλος," *Griechisch-deutsches Wörterbuch zum Neuen Testament*, 1063–1064: Das Kompositum meint neben „stumm" auch „mit schwerer Zunge, mit Mühe redend und lallend." Das Adjektiv findet sich als *Hapax legomenon* nur hier im Text, auch im Blick auf das gesamte Neue Testament.

620 Menge-Güthling, „ἄλαλος," *Langenscheidts Großwörterbuch Altgriechisch-Deutsch*, 32; Walter Bauer, „ἄλαλος," *Griechisch-deutsches Wörterbuch zum Neuen Testament*, 67: Das Kompositum meint neben „stumm" wie hier auch „nichtsprechend." Das Adjektiv findet sich 3mal im Text (Mk 7,37; 9,17.25), auch im Blick auf das gesamte Neue Testament.

EXEGETISCHE ANALYSE DES MARKUSEVANGELIUMS

Einzelheilung enthaltende Szene knüpft dieses Narrativ an die Szenen 08–10, 14 und 25–26 an. Wie in den Szenen 09–10 und 14 ist der Empfänger ein Mann, die eigentliche Heilung erfolgt wie in Szene 25 abseits der Menge, wobei diese das Wunder der Wiederherstellung anschließend bezeugt. Erstmals heilt Jesus im Ausland. Die Berührung, als wichtiges Element von Heilungen, ist hier in ungewohnter Weise gesteigert, denn Jesus berührt die physisch defekten und für die Behinderung als verantwortlich gedachten Körperteile direkt. Wie in Szenen 10 und 25 äußern sich die Zeugen mit Erstaunen, an sie ergeht dann auch wie in Szene 25 ein Schweigegebot, das diese – wie andernorts die Geheilten – missachten.

Nachdem Jesus die Tochter einer Syrophönizierin bei Tyrus geheilt hatte, begibt er sich mit seinen Jüngern über Sidon gehend zurück an den See Galiläas, mitten hinein in die Dekapolis, wobei der Narrator, weder die gewählte Reiseroute noch die Wahl des Zielorts erklärt. Dort angekommen „bringt" (Mk 7,32; vgl. 3.2.3[3]) ihm eine nicht näher definierte Volksmenge – ist sie mit derjenigen der folgenden Szene identisch? – in dieser offenkundigen Einöde (vgl. Mk 8,4) einen Taubstummen mit der Bitte, diesem seine „Hand" (Mk 7,32; vgl. 3.2.3[3]) aufzulegen. Der Mann ist hierbei nur über seine Krankheit eingeführt und als Tauber und gleichzeitig Stummer, als Taubstummer also, definiert. Er dürfte ein Bewohner der Dekapolis sein, gehört er aber auch ethnisch dazu? Der Text gibt es nicht preis, wobei auffällt, dass der Narrator eine fremde Ethnie nicht anführt wie in der vorhergehenden Szene, so könnte der Taubstumme theoretisch – und angesichts der vorhergehenden Szene plädiere ich dafür – auch einer jüdischen Gruppierung in der Dekapolis angehören, derer es bekanntlich auch hier viele gab (vgl. Josephus, *Bell.* 2,461–468.477–480; 7,364–367: z.B. in Skytopolis, Hippos, Gadara und Gerasa). Der Erzähler schweigt sich auch über dessen Geschichte, seinen sozialen Status und seinen Bildungsstand aus. Bezeichnend ist allerdings, dass der Kranke nicht selber kommt, vielleicht wird er dazu als unfähig erachtet, er hätte schließlich eine entsprechende Kunde über Jesu Kommen nicht hören noch verstehen können. Diese gewisse vom Text implizierte Passivität entspricht der Einschätzung von Taubstummen (hebr. חֵרֵשׁ) in der Mischna und dem Talmud, eine Sicht die möglicherweise auch der Narrator voraussetzt. In Unterscheidung von entweder Tauben oder Stummen, die als „normal" galten, wurden (von Geburt an) Taubstumme stets zusammen mit Minderjährigen und Schwachsinnigen (auch Blödsinnigen) in absteigender Reihenfolge gezählt: Minderjährige, Taubstumme und Schwachsinnige gruppiert (bShab 153a–b), und zwar als Individuen, die der Verantwortlichkeit und eines unabhängigen Willens ermangelten, was freilich juristischrituelle Konsequenzen nach sich zog, die in zahlreichen Einschränkungs- und Ausnahmegeboten ausformuliert wurden. Trotz ihres „schwachen Intellekts"

236   3. KAPITEL

durften Taubstumme ihrer „partiellen Normalität" wegen einen gesunden oder selbst auch taubstummen Partner heiraten und sich gar von diesem wieder scheiden (mJev 14,1; bYev 113a–b), wenn auch unter erschwerten Auflagen (mJev 13–14).[621] Jesus entspricht der Bitte der Volksmenge, „nimmt" (Mk 7,33: ἀπολαμβάνω)[622] den Taubstummen „zur Seite" (Mk 7,33; vgl. 3.4.4[3]), legt seine „Finger" (Mk 7,33 Pl.) in dessen „Ohren" (Mk 7,33 Pl.; vgl. 3.4.1[3]; Mk 7,35 Pl.; vgl. 3.2.2[3]) und „berührt" (Mk 7,33; vgl. 3.2.4[3]) gleichzeitig mit seinem „Speichel" (Mk 7,33) dessen „Zunge" (Mk 7,33.35: γλῶσσα)[623]. Daraufhin blickt er wie schon in Szene 30 in den „Himmel" (Mk 7,34; vgl. 3.1.3[3]), „seufzt" (Mk 7,34) und befiehlt auf Aramäisch „ephata!," was der Narrator mit „es werde aufgetan!" (Mk 7,34 Pass.: διανοίγω;[624] Mk 7,35 Pass.: ἀνοίγω)[625] übersetzt. Weshalb wird Jesu Diskretion thematisiert? Will er, dass sein ungewöhnlich wirkendes Heilungsprozedere vor der Menge verborgen bleibt? Die Ohren des Taubstummen werden „geöffnet" und die „Fessel" (Mk 7,35: δεσμός)[626] seiner Zunge

---

621   Louis Isaac Rabinowitz, „Deaf-Mute," *EJ* 5:508–510.

622   Liddell-Scott, „ἀπολαμβάνω," *Greek-English Lexicon*, 205; Menge-Güthling, „ἀπολαμβάνω," *Langenscheidts Großwörterbuch Altgriechisch-Deutsch*, 91; Walter Bauer, „ἀπολαμβάνω," *Griechisch-deutsches Wörterbuch zum Neuen Testament*, 188–189: Das Kompositum meint einerseits „davon-, weg-, heraus-, beiseite-, vornehmen, absondern, -schließen, -sperren, trennen, (militärisch) abschneiden, -fangen, einschließen, umzingeln," andererseits „zurück-, fest-, aufhalten, hemmen, hindern" und schließlich „hinnehmen, empfangen, (wieder)bekommen, (zurück)erhalten, aufnehmen." Das Verb findet sich als *Hapax legomenon* nur hier im Text.

623   Menge-Güthling, „γλῶσσα," *Langenscheidts Großwörterbuch Altgriechisch-Deutsch*, 149; Walter Bauer, „γλῶσσα," *Griechisch-deutsches Wörterbuch zum Neuen Testament*, 324: Das Substantiv meint einerseits und wie hier „Zunge, Mund," andererseits „Sprachfähigkeit, Aussprache, Sprache, Mundart," ferner „Ausspruch, Wort, Rede, Glosse, Gerücht, Nachrede" und schließlich „züngelnde Flamme." Der Begriff findet sich 2mal und nur hier im Text.

624   Menge-Güthling, „διανοίγω," *Langenscheidts Großwörterbuch Altgriechisch-Deutsch*, 173; Walter Bauer, „διανοίγω," *Griechisch-deutsches Wörterbuch zum Neuen Testament*, 375: Das Verb meint einerseits „(ein wenig) öffnen" und andererseits „eröffnen, erläutern, erklären, auslegen." Der Begriff findet sich als *Hapax legomenon* nur hier im Text.

625   Menge-Güthling, „ἀνοίγω," *Langenscheidts Großwörterbuch Altgriechisch-Deutsch*, 69; Walter Bauer, „ἀνοίγω," *Griechisch-deutsches Wörterbuch zum Neuen Testament*, 140–141: Das Verb meint einerseits und wie hier „öffnen, aufmachen, aufschließen, zurückschieben, abheben" und andererseits „eröffnen, enthüllen." Der Begriff findet sich als *Hapax legomenon* nur hier im Text.

626   Liddell-Scott, „δεσμός," *Greek-English Lexicon*, 880; Menge-Güthling, „δεσμός," *Langenscheidts Großwörterbuch Altgriechisch-Deutsch*, 161; Walter Bauer, „δεσμός," *Griechisch-deutsches Wörterbuch zum Neuen Testament*, 352: Das vom Verb „δέω" – „binden" – abge-

EXEGETISCHE ANALYSE DES MARKUSEVANGELIUMS 237

„gelöst" (Mk 7,35 Pass.; vgl. 3.1.2[3]), so dass er „richtig" (Mk 7,35) spricht. Was er wohl gesagt haben mag? Aber gleichzeitig mit Wiedererlangung der Hör- und Sprachfähigkeit, ist dem „Schwachsinnigen" aus Sicht der Akteure und des Narrators auch sein Verstand und damit zivilrechtliche Mündigkeit gegeben worden. Die Volksmenge, die darüber „außer sich gerät" (Mk 7,37 Med.; 3.2.2[3]), ruft überwältigt, er habe alles gut gemacht, die Tauben hörend und die Stummen redend. Je mehr aber Jesus ihnen „gebietet" (Mk 7,36.36; vgl. 3.5.3[3]), es niemandem zu sagen, umso mehr „verkünden" (Mk 7,36; vgl. 3.1.2[3]) es jene in Vielzahl.

(4)   Politisch-militärisches Profil
Nach einer ersten Befreiung im angrenzenden „Ausland" nordwärts, folgt hier eine erste Heilung im südöstlich gelegenen gleichsam syrischen Ausland. Nutznießer dieser Heilung, so sollen wir mit Blick auf Jesu abgrenzende Tendenzen gegenüber der Syrophönizierin wohl verstehen, dürfte ein jüdischer und in der Provinz Syrien wohnender Mann gewesen sein. Jesus heilt hierbei einen Menschen, der nach antiker Auffassung als „schwachsinnig" und damit als unmündig galt. Dass der Mann nach Jesu Behandlung „richtig zu reden" vermag, ist nicht nur Beweis für seine Heilung, sondern auch Basis für die Wiederherstellung oder erstmalige Zusprechung seiner Mündigkeit und damit seines zivilrechtlichen Standes wie auch sozialen Status als erwachsener Mann. Mit der „Verkündigung" dieser Heilung durch die anwesende Volksmenge, verbreitet sich Jesu Ruhm um ein Vielfaches; gemeint sein dürfte unter Juden, aber gewiss auch unter der griechischen Ethnie. Neben der sozialgeschichtlichen Deutung lässt sich dieses Narrativ auch vor dem Hintergrund des ersten jüdisch-römischen Krieges lesen. Denn wie in Tyrus waren auch in den Dekapolisstädten Skytopolis, Hippos und Gadara im Auftakt zum Krieg Juden ermordet worden, in Skytopolis nicht weniger als 13'000. Ethnische Spannungen und der Hass, den der Aufstand den Juden eingetragen hatte, ließ sie aber auch nach dem verlorenen Krieg in Spannung und Furcht vor ihren Nachbarn zurück (vgl. 5.6.4[3]). Es ist vielleicht vor diesem geschichtlichen Hintergrund, dass Jesus proleptisch und vielleicht auch künftig in Vollmacht Gehör und Sprache zurück bringen soll (vgl. 5.5.4[3]), der Gefahr wegen aber für den Moment Schweigen gebietet (vgl. 5.7.3[4]).

---

leitete Substantiv meint einerseits „Band, Binde, Strick, Seil, Riemen, Halter, (Anker)Tau, Haarband, Knoten, Stift," andererseits und wie hier „Bande, Kette, Fessel" und im Plural schließlich „Gefängnis, Kerker, Gefangenschaft, Fesselung." Der Begriff findet sich als *Hapax legomenon* nur hier im Text.

238   3. KAPITEL

3.5.14   Szene 36 (*Mk 8,1–9*): *Jesus speist Viertausend* (*in der Dekapolis*)

(1)   Szene

Die sechsunddreißigste Szene Mk 8,1–9 handelt davon, wie Jesus Viertausend (in der Dekapolis) speist. Wie bereits die Szenen 02, 07–11, 14–15, 17, 19–22, 24–28, 30 und 32–35 gehört somit auch diese zu den volksbezogenen, und zwar ihre Speisung betreffenden Szenen. Die Szene unterscheidet sich von der nachfolgenden im Blick auf Akteure, Ort, Zeit, Handlung und Thema, verweigert doch dort Jesus dem Pharisäergeschlecht bei Dalmanuta ein Himmelszeichen.

(2)   Text

8[1] Als in jenen Tagen wieder eine große Volksmenge war und sie nichts zu essen hatten, rief er die Jünger zu sich und sagt zu ihnen: [2] Ich habe Mitleid mit der Volksmenge, denn schon drei Tage verweilen sie bei mir und haben nichts zu essen. [3] Und wenn ich sie hungrig in ihre Häuser entlasse, würden sie auf dem Weg ermatten, und einige von ihnen kommen von weither. [4] Und seine Jünger antworteten ihm: Woher wird irgendjemand diese hier in der Einöde mit Broten sättigen können? [5] Und er fragte sie: Wie viele Brote habt ihr? Sie aber sagten: Sieben. [6] Und er ordnet der Volksmenge an, auf der Erde zu lagern. Und nehmend die sieben Brote, brach er sie dankend und gab sie seinen Jüngern, damit sie vorlegten, und sie legten der Volksmenge vor. [7] Auch hatten sie einige kleine Fische, und sie segnend sagte er auch diese seien vorzulegen. [8] Sie aßen und wurden gesättigt, und hoben der übriggebliebenen Brocken sieben Körbe auf. [9] Es waren aber etwa Viertausend, und er entließ sie.[627]

(3)   Inhalt

Explizit anwesende *Akteure* dieser Szene sind einerseits Jesus, andererseits „seine" (Mk 8,4.6) „Jüngern" (Mk 8,1.4.6 Pl.; vgl. 3.2.6[3]) und schließlich eine „große" (Mk 8,1) „Volksmenge" (Mk 8,1.2.6.6; vgl. 3.2.5[3]) von „etwa" (Mk 8,9) „4'000" (Mk 8,9: τετρακισχίλιοι)[628], es dürfte dieselbe der vorhergehenden Szene sein. In *räumlicher* Hinsicht scheint sich gegenüber der vorhergehenden Szene nichts geändert zu haben. Die Akteure befinden sich in Ufernähe der Dekapolis (vgl. Mk 7,31; 8,10), und zwar an „ödem Ort" (Mk 8,4: ἐρημία)[629]. Aus der Volks-

---

627 Literarisch folgt Szene 36 einem chiastischen Schema: A: Mk 8,1–4 (Volk, essen, entlassen, Jünger, sättigen, Brot); A': Mk 8,5–9 (Brot, Jünger, Volk, essen, sättigen, entlassen).

628 Menge-Güthling, „τετρακισχίλιοι," *Langenscheidts Großwörterbuch Altgriechisch-Deutsch*, 681; Walter Bauer, „τετρακισχίλιοι," *Griechisch-deutsches Wörterbuch zum Neuen Testament*, 1622: Das Adjektiv meint „4'000," eine in militärischer Hinsicht nicht unbedeutende Zahl (vgl. 3.5.14[4]). Der Begriff findet sich 2mal im Text (Mk 8,9.20).

629 Menge-Güthling, „ἐρημία," *Langenscheidts Großwörterbuch Altgriechisch-Deutsch*, 285;

EXEGETISCHE ANALYSE DES MARKUSEVANGELIUMS   239

menge sind einige „von weither" (Mk 8,3) angereist, und Jesus wird sie nach
ihrer Sättigung auf der „Erde" (Mk 8,6; vgl. 3.2.5[3]) lagernd, auf dem „Weg" (Mk
8,3; vgl. 3.1.2[3]) zurück in „ihre Häuser" (Mk 8,3) entlassen. Im Verbund mit
der vorhergehenden Szene hat das Volk bereits „drei" (Mk 8,2) „Tage" (Mk 8,1.2;
vgl. 3.1.3[3]) bei Jesus verweilt, darüber hinaus lässt sich in *temporaler* Hinsicht
nichts sagen. In *rhetorischer* Hinsicht sind lediglich Gespräche zwischen ihm
und seinen Jüngern vernehmbar, einerseits Jesu geäußertes Mitleid mit dem
hungernden Volk und die ausweichende Antwort der Jünger in Form einer rhetorischen Frage und andererseits Jesu Nachfrage im Blick auf vorhandene Brote
und der Jünger Antwort. Mit dem Thema der Speisevermehrung knüpft dieses
Narrativ an Szene 30 an, ihre Übereinstimmungen als auch Unterschiede sollen
im Folgenden festgehalten werden.

Nachdem Jesus an eben diesem Ort einen Taubstummen geheilt hatte, „ruft"
(Mk 8,1 Med.; vgl. 3.3.5[3]) er angesichts einer großen und vermutlich in der
Dekapolis wohnhaften Volksmenge ohne Nahrung seine Jünger zu sich: Er
hat – wie schon in Szene 30 – „Mitleid" (Mk 8,2; vgl. 3.2.4[3]) mit ihnen, denn
bereits drei Tage würden sie ohne zu „essen" (Mk 8,1.2.8) bei ihm „verweilen"
(Mk 8,2: προσμένω)[630]; aber würde er sie in dieser Weise „hungrig" (Mk 8,3:
νῆστις)[631] „entlassen" (Mk 8,3.9; vgl. 3.5.8[3]), würden sie auf ihrem teilweise
langen Heimweg (Mk 8,3) „ermatten" (Mk 8,3 Pass.: ἐκλύω)[632]. Was ist in den

---

       Walter Bauer, „ἐρημία," *Griechisch-deutsches Wörterbuch zum Neuen Testament*, 625: Das
       Synonym zu „ἔρημος" meint einerseits „Einsamkeit," andererseits „Einöde, Wüste, unbe-
       wohnte Gegend" und schließlich „Zurückgezogenheit, Hilflosigkeit, Mangel." Das Substan-
       tiv findet sich als *Hapax legomenon* nur hier im Text.

630   Menge-Güthling, „προσμένω," *Langenscheidts Großwörterbuch Altgriechisch-Deutsch*, 597;
       Walter Bauer, „προσμένω," *Griechisch-deutsches Wörterbuch zum Neuen Testament*, 1436:
       Das aus „πρός" und „μένω" bestehende Kompositum meint einerseits „bleiben bei," ande-
       rerseits „dableiben, bei etwas (ver)bleiben, ausharren, verweilen" und schließlich „erwar-
       ten, abwarten, auf etwas warten." Das Verb findet sich als *Hapax legomenon* nur hier im
       Text.

631   Menge-Güthling, „νῆστις," *Langenscheidts Großwörterbuch Altgriechisch-Deutsch*, 471; Wal-
       ter Bauer, „νῆστις," *Griechisch-deutsches Wörterbuch zum Neuen Testament*, 1090: Das aus
       „νη-" und „ἐσθίω" bestehende Kompositum meint einerseits „ohne zu essen," andererseits
       „fastend, nüchtern, sich enthaltend" und schließlich – wie so oft im Krieg – „Hunger
       erregend oder verursachend." Das Adjektiv findet sich als *Hapax legomenon* nur hier im
       Text.

632   Menge-Güthling, „ἐκλύω," *Langenscheidts Großwörterbuch Altgriechisch-Deutsch*, 219; Wal-
       ter Bauer, „ἐκλύω," *Griechisch-deutsches Wörterbuch zum Neuen Testament*, 489: Das aus
       „ἐκ" und „λύω" bestehende Kompositum meint einerseits „sich auflösen, abbrechen" und
       andererseits „ermatten, erlahmen, kraftlos, gelockert, schlaff, schwach, müde, mutlos,

240   3. KAPITEL

drei langen Tagen, seit der Heilung des Taubstummen geschehen? Lehrte Jesus,
wie etwa auch in Szene 30? Anders als dort ist er es, der im Interesse des Volkes
die Initiative ergreift, wobei er darauf verzichtet, die Jünger aufzufordern ihnen
Essen zu geben. Wohl weislich, denn mit kurzem Gedächtnis ausgestattet – so
scheint es – und einer Empathie für das Volk ermangelnd, antworten sie sich
rechtfertigend, wie denn irgendjemand – und das inkludiert Jesus – eine solche
Zahl in dieser Einöde mit „Broten" (Mk 8,4.5.6 Pl.; vgl. 3.3.2[3]) zu „sättigen" (Mk
8,4; Mk 8,8 Pass.; vgl. 3.5.8[3]) vermöge. Sie haben gut reden, denn anders als
das Volk verfügen sie noch über wenige Vorräte, und diese mit dem Volk zu
teilen, kommt ihnen einmal mehr nicht in den Sinn. Wie bereits in Szene 30
geht Jesus auf ihre Frage nicht ein, erkundigt sich stattdessen nach der Anzahl
der vorhandenen Brote, derer es nach ihrer Auskunft „sieben" (Mk 8,5.6.8:
ἑπτά)[633] gäbe, zusammen mit einigen „kleinen" (Mk 8,7 Pl.) „Fischen" (Mk 8,7
Pl.: ἰχθύδιον[634]). Daraufhin, „ordnet" (Mk 8,6; vgl. 3.5.6[3]) Jesus wie in Szene
30 an, dass sich das Volk auf der Erde „lagere" (Mk 8,6; vgl. 3.5.8[3]). Wie dort
nimmt er die Brote, „dankt, segnet" (Mk 8,6: εὐχαριστέω[635]; Mk 8,7; vgl. 3.5.8[3])
und „bricht" (Mk 8,6: κλάω)[636] sie, gibt sie seinen Jüngern, damit diese sie dem

---

träge werden, verzagen, abnehmen." Das Verb findet sich als *Hapax legomenon* nur hier
im Text.

633   Israel Abrahams, „Numbers, Typical and Important," *EJ* 15:333–337, bes. 335; Horst Balz,
„ἑπτά" *EWNT* 2:118–119: Die Zahl sieben spielte eine außerordentlich wichtige Rolle in der
Antike, sie war den semitischen, aber auch ägyptischen, assyrischen, persischen und vedi-
schen Völkern Indiens heilig. Ihre Wichtigkeit wurde von der Anbetung der sieben Him-
melskörper, der Sonne, des Mondes, der fünf Planeten, abgeleitet; auch stellte man sich
die Plejaden als Siebengestirn vor (vgl. Am 5,8). Ferner war in diesem Zusammenhang
von Bedeutung, dass eine Sieben-Tage-Woche ein Viertel eines lunaren Monats ausmachte
(29,5 Tage), und schließlich dass sich die Zahl aus der heiligen Drei und Vier zusammensetzt. Die Zahl drückt somit Fülle und Geschlossenheit aus, und verweist jeweils auf eine
besondere – nicht zu kleine und nicht zu große – Menge. Das Adjektiv findet sich 8mal
im Text (Mk 8,5.6.8.20.20; 12,20.22.23).

634   Menge-Güthling, „ἰχθύδιον," *Langenscheidts Großwörterbuch Altgriechisch-Deutsch*, 350;
Walter Bauer, „ἰχθύδιον," *Griechisch-deutsches Wörterbuch zum Neuen Testament*, 779: Das
Deminutiv von „ἰχθύς" meint entsprechend „Fischlein, kleiner Fisch." Das Substantiv fin-
det sich als *Hapax legomenon* nur hier im Text.

635   Menge-Güthling, „εὐχαριστέω," *Langenscheidts Großwörterbuch Altgriechisch-Deutsch*, 304;
Walter Bauer, „εὐχαριστέω," *Griechisch-deutsches Wörterbuch zum Neuen Testament*, 663–
664: Das aus „εὖ" und „χάρις" bestehende Kompositum meint neben „danken" auch „dankbar sein und beten." Das Verb findet sich 2mal im Text (Mk 8,6; 14,23).

636   Menge-Güthling, „κλάω," *Langenscheidts Großwörterbuch Altgriechisch-Deutsch*, 391; Walter Bauer, „κλάω," *Griechisch-deutsches Wörterbuch zum Neuen Testament*, 882: Das Syn-

EXEGETISCHE ANALYSE DES MARKUSEVANGELIUMS 241

Volk „vorlegen" (Mk 8,6.6.7), dasselbe tut er mit den Fischen. Auf wundersame Art und Weise werden alle satt, und wie dort können nicht zwölf aber sieben „Körbe" (Mk 8,8) voll übriggebliebener „Brocken" (Mk 8,8) „aufgehoben" (Mk 8,8; vgl. 3.2.5[3]; 3.5.8[3]) werden. Abschließend entlässt Jesus die Viertausend, ohne dass von ihnen eine Reaktion zu vernehmen ist, ob das wie in Szene 30 nur Männer zählt, bleibt dabei ungesagt.

(4) Politisch-militärisches Profil

Der Text macht nicht explizit, welcher Ethnie(n) das Volk oder die „Heeres-verbände" angehören (vgl. 5.6.4[1]; 5.6.4[9]), angesichts von Szene 34 jedoch, tendiere ich dazu, dass der Erzähler eine mehrheitlich jüdische Ethnie impli-ziert. Ihnen dient Jesus hier, „jenseits" des Sees, in gleicher Weise, wie er jenen dort in Gennesaret, „diesseits" des Sees, gedient hatte. Jesus versteht sich auch als ihr König und damit Versorger (vgl. 5.6.4[8]). Wichtiger jedoch als die Bezie-hung von Jesus zum Volk oder Heer, scheint hier diejenige zu seinen Jüngern zu sein. Über die gesamte Episode hinweg sucht Jesus, sich ihnen über aufsehen-erregende und vollmächtige Wunder zu offenbaren. Was dabei die Außenste-henden über Jesu Identität begreifen, scheint den Jüngern zu entgehen, denn ihr Kenntnisstand über ihn hat seit der ersten Szene dieser Episode nicht zuge-nommen. Dass sie nun in einer identischen Situation zum zweiten Mal und trotz all der Erfahrungen verfehlt reagieren, lässt sie als dumpf und schwer von Begriff erscheinen. Obwohl äußerlich zu Jesus gehörend, wirken sie innerlich seinem Auftrag fern, sie können sein Mitleid für das Volk nicht nachvollziehen, weshalb ihnen auch nicht in den Sinn kommt, die ihnen verfügbar gemachte Autorität in deren Interesse einzusetzen. Die Beziehung des Lehrers zu seinen Schülern hat einen vorläufigen Tiefpunkt erreicht, Jesus wirkt beinahe einsam, trotzdem bleibt Kritik seinerseits beziehungsweise seitens des Narrators an den Jüngern aus – für den Moment jedenfalls.

3.6 Episode ε' (Mk 8,10–9,29)

Markus 8,10–9,29 bildet die sechste von zehn chiastisch angeordneten Epi-soden, wobei Episode ε' aus folgenden acht Szenen besteht: Szene 37 (Mk 8,10–13): Jesus verweigert dem Pharisäergeschlecht bei Dalmanuta ein Him-melszeichen; Szene 38 (Mk 8,14–21): Jesus warnt Jünger (auf dem See) vor dem

---

onym zu „κατακλάω" meint neben „brechen" auch „zer- oder abbrechen." Das Verb findet sich 3mal im Text (Mk 8,6.19; 14,22).

242   3. KAPITEL

Sauerteig der Pharisäer und des Herodes; Szene 39 (Mk 8,22–26): Jesus heilt
einen Blinden in Betsaida; Szene 40 (Mk 8,27–30): Jesus befragt die Jünger
bei Cäsarea Philippi zu seiner Identität; Szene 41 (Mk 8,31–9,1): Jesus lehrt die
Jünger (bei Cäsarea Philippi) über seine bevorstehenden Leiden, seinen Tod
und seine Auferstehung und ruft zur Nachfolge und Selbstverleugnung auf;
dem Textzentrum Szene 42 (Mk 9,2–8): Jesus wird vor drei Jüngern auf einem
hohen Berg umgestaltet; Szene 43 (Mk 9,9–13): Jesus lehrt die drei Jünger auf
dem Berg über Elija und seine bevorstehenden Leiden; und Szene 44 (Mk 9,14–
29): Jesus befreit einen besessenen Knaben (bei Cäsarea Philippi).

Ihre Demarkation ergibt sich in literarisch-formaler Hinsicht darin, dass sie
räumlich vornehmlich um „Cäsarea Philippi" (Mk 8,27) handelt und auch, dass
sie durch das Lexem „Geschlecht" (Mk 8,12.38; 9,19) zusammengehalten wird,
und in narrativ-inhaltlicher Hinsicht darin, dass Jesus nicht dem Zeichen fordernden, sondern dem glaubenswilligen Geschlecht sich zu offenbaren willens
ist, endlich erkennen die Jünger seine Identität, die Gott dem innersten Kreis
der Drei gegenüber bestätigt. Deshalb gilt mir Szene 42 als das Textzentrum der
insgesamt 84 Szenen.

3.6.1 Szene 37 (Mk 8,10–13): Jesus verweigert dem Pharisäergeschlecht bei Dalmanuta ein Himmelszeichen

(1)   Szene

Die siebenunddreißigste Szene Mk 8,10–13 handelt von einem Lehrdisput Jesu
mit den Pharisäern Dalmanutas, denen er ein Himmelszeichen verweigert.
Wie bereits die Szenen 10–14, 17–18, 29 und 33 gehört somit auch diese Szene
zu den gegnerbezogenen, und zwar die Pharisäer betreffenden Szenen. Die
Szene unterscheidet sich von der nachfolgenden im Blick auf Akteure, Ort, Zeit,
Handlung und Thema, warnt doch dort Jesus unterwegs im Boot seine Jünger
vor dem Sauerteig der Pharisäer und des Herodes.

(2)   Text

8[10] Und sogleich das Boot mit seinen Jüngern besteigend ging er in die Gegend
Dalmanutas. [11] Und die Pharisäer kamen heraus und begannen mit ihm zu disputieren, von ihm ein Zeichen vom Himmel begehrend, ihn versuchend. [12] Und
in seinem Geist seufzend sagt er: Was begehrt dieses Geschlecht ein Zeichen?
Amen, ich sage euch: Es wird diesem Geschlecht kein Zeichen gegeben werden. [13] Und sie wieder verlassend fuhr er (das Boot) besteigend an das jenseitige
Ufer.[637]

---

637   Literarisch folgt Szene 37 einem chiastischen Schema: A: Mk 8,10 (besteigen); B: Mk 8,11
       (begehren, Zeichen); B': Mk 8,12 (begehren, Zeichen); A': 8,13 (besteigen).

EXEGETISCHE ANALYSE DES MARKUSEVANGELIUMS   243

(3)   Inhalt

Explizit anwesende *Akteure* dieser Szene sind einerseits Jesus, andererseits „seine" (Mk 8,10) „Jünger" (Mk 8,10 Pl.; vgl. 3.2.6[3]) und schließlich eine unbekannte Zahl vielleicht lokaler „Pharisäer" (Mk 8,11; vgl. 3.2.6[3]), die Jesus mit „dieses" (Mk 8,12.12) „Geschlecht oder Gattung" (Mk 8,12.12: γενεά)[638] anspricht. In *räumlicher* Hinsicht erreichen Jesus und seine Jünger von der Dekapolis herkommend das Gebiet „Dalmanutas" (Mk 8,10: Δαλμανουθά) mit dem „Boot" (Mk 8,10; vgl. 3.2.1[3]), mit welchem sie den Ort in Richtung „jenseitiges Ufer" (Mk 8,13; vgl. 3.3.4[3]) wieder verlassen werden. Die Lage dieses Ortes ist allerdings unbekannt, der Name nur 1mal im Neuen Testament und darüber hinaus nie bezeugt; verschiedentlich jedoch, wird er in Verbindung gebracht mit der 7 Kilometer nördlich von Tiberias gelegenen und unter mehreren Namen überlieferten Stadt Magdala.[639] Der Name und sein mögliches Verhältnis zu der Stadt soll im Folgenden erörtert werden. Eine textkritische Analyse zeigt, dass dieser Name den Kopisten Mühe bereitete, einerseits verstanden sie darunter einen Berg, ein Gebiet oder ein Distrikt, und andererseits – sofern sie sich gegen „Dalmanuta" und seine Varianten („Dalmanounta oder Dalmounai") entschieden – orientierten sie sich an der matthäischen Parallelstelle Mt 15,39 und setzten stattdessen entweder „Magadan" („Mageda[n]") oder „Magdala" ein, wobei auch „Melegada" bezeugt ist. Die Endung verweist auf das Aramäische, wobei die Wurzel *dlm* nie in biblischem, vereinzelt jedoch in Adverbien des targumischen Aramäisch bezeugt ist. Als geradezu genial erachtet James F. Strange die linguistische Lösung Nestles, der den Namen vom Partikel *„dy"* („welche") und *„l"* („gehört zu") und *„mnatah"* oder *„manah"* („Teil, Land, Gebiet") ableitete, als ob der Autor die aramäische Phrase „welches zum Gebiet von …" vorfand und diese fälschlicherweise als Toponym verstand und entsprechend übersetzte. Als im Jahre 1970 der Pegelstand des See Gennesarets außerordentlich tief lag, wurde es möglich, einige antike Ankerplätze zu erforschen. Solche aus Steinblöcken gebaute Unterwasseranlagen

---

638   Menge-Güthling, „γενεά," *Langenscheidts Großwörterbuch Altgriechisch-Deutsch*, 114; Walter Bauer, „γενεά," *Griechisch-deutsches Wörterbuch zum Neuen Testament*, 308: Das Substantiv meint einerseits „Entstehung, Geburt, Abstammung, Herkunft," andererseits „Geschlecht, Familie, Stamm, Sippschaft, Verwandtschaft," ferner „Volksstamm, Nation, Gattung, Schar," dann „Nachkommen, Kind, Sprössling," darüber hinaus „Geburtsort, Heimat, Vaterland," auch – und wie hier „Menschenalter, Generation, Geschlecht" und schließlich „Zeitalter, Zeitraum." Der Begriff findet sich 5mal im Text (Mk 8,12.38; 9,19; 13,30).

639   Walter Bauer, „Δαλμανουθά," *Griechisch-deutsches Wörterbuch zum Neuen Testament*, 339; Hellmut Haug, „Dalmanuta," *Namen und Orte der Bibel*, 88.

in der Nähe des Ufers konnten in Kapernaum aber auch Magdala gefunden werden. Eine mögliche dritte Ankeranlage, vielleicht mit dem Namen Dalmanuta (möglicherweise aram. für „Ankeranlage," mit späterer Verwendung als Eigenname), wurde nördlich – in der Nähe von Gennesaret – und möglicherweise zum Bezirk von Magdala gehörend gefunden. Dass der Narrator hier für „Gebiet" in Mk 8,10 den Begriff „μέρος" im Plural verwendet, das in seiner Grundbedeutung „Teil" meint und daher auch mit „Landesteil, Landstrich, Landschaft, Strecke, Gebiet, Bezirk und Gegend" aber auch mit „Platz, Stelle, Seite" wiedergegeben werden kann,[640] unterstützt die These der Ankeranlage.[641] Auch in narrativer Hinsicht wäre diese These plausibel, denn Jesus und seine Jünger scheinen sich in der Nähe ihres Bootes aufzuhalten, aus dem sie aussteigen und hernach sogleich wieder einsteigen (Mk 8,10.13); auch heißt es, dass die Pharisäer „herauskommen" (Mk 8,11). Freilich könnte „Dalmanuta" auch für die 1971–1974 ausgegrabene Stadt „Magdala" (aram. „Migdal" für „Turm oder Festung") stehen, auch sie liegt nicht fern vom Ufer, und unterhalb einer steilen Felsklippe. Ihr griech. Name „Tarichea" verweist auf ihre wirtschaftliche Hauptstütze im Bereich der Fischverarbeitung (vgl. bPes 46a), darüber hinaus lebte sie vom Schiffsbau. In der Beschreibung des Josephus „westlich von Kapernaum gelegen" (*Vita* 59; 72), war sie landwärts befestigt und verfügte über ein Stadium, auch soll sie Heimatstadt verschiedener bedeutender Persönlichkeiten gewesen sein, nicht zuletzt der Maria Magdalena.[642] Dalmanuta könnte aber in der Tat auch auf eine ehemalige Nachbarstadt von Magdala verweisen, wie jüngst und nach Entdeckung entsprechender Überreste vertreten wird.[643] Ob nun Toponym (Ankeranlage Dalmanuta) oder Urbanonym (Magdala bzw. Dalmanuta), interessant an Dalmanuta ist in narrativer Hinsicht, dass es in der Nähe von Gennesaret liegt, der Ankerplatz noch mehr als die Stadt; insofern könnten die hier auftretenden Pharisäer dieselben meinen, mit denen Jesus in Szene 33 länglich disputiert hatte. Das war in *temporaler* Hinsicht frühestens vor vier Tagen, und immer noch derselbe

---

640   Menge-Güthling, „μέρος," *Langenscheidts Großwörterbuch Altgriechisch-Deutsch*, 445; Walter Bauer, „μέρος," *Griechisch-deutsches Wörterbuch zum Neuen Testament*, 1024–1026. Der Begriff findet sich als *Hapax legomenon* nur hier im Text.

641   James F. Strange, „Dalmanutha," *ABD* 2:4; Klaus Seybold, „Dalmanutha (Mk 8,10)," *ZDPV* 116 (2000): 42–48.

642   Lidia Domenica Matassa, „Magdala," *EJ* 13:335.

643   Owen Jarus, „Biblical-Era Town Discovered Along Sea of Galilee," *Live Science* (September 2013). Zitiert 17. Juni 2015. Online: http://www.livescience.com/39661-biblical-era-town-discovered-sea-of-galilee.html.

EXEGETISCHE ANALYSE DES MARKUSEVANGELIUMS 245

Tag wie derjenige in Szene 36. In *rhetorischer* Hinsicht ist lediglich Jesu in direkter Rede zu vernehmen, nämlich wie er den Pharisäern antwortet. Mit dem Thema des Lehrdisputs knüpft dieses Narrativ an die Szenen 10–14, 18 und 33 an, und mit dem Thema des Versuchens an Szene 04.

Nach der Speisung der 4'000 besteigt Jesus – begleitet von seinen Jüngern – „sogleich" (Mk 8,10) das Boot und ankert vor oder bei Dalmanuta. Wie und welche Pharisäer davon hören, wird nicht gesagt, wenn es dieselben aus Szene 33 sind, hatten sie ihn von dort aufbrechen sehen, und hätten jetzt bei seiner Rückkehr das Boot von weitem erkennen können. Die Pharisäer kommen zum Ankerplatz heraus und beginnen zu „disputieren" (Mk 8,11; vgl. 3.2.2[3]), genauer: sie trachten unter Ausschluss von Zeugen danach, ihn zu „versuchen" (Mk 8,11; vgl. 3.1.4[3]). Versuchen – so wurde festgestellt – meint neben „prüfen" und auf die „Probe stellen" auch „zur Sünde verlocken" oder „zum Ungehorsam gegenüber Gott," zum „Treuebruch" verleiten. Ihre Absicht scheint nach dem Erzähler somit diejenige zu sein, an seinem Scheitern zu arbeiten. Wie? Nicht indem sie wie zuvor seine Jünger kritisieren, sondern indem sie von ihm ein Zeichen vom „Himmel" (Mk 8,11; vgl. 3.1.3[3]) „begehren" (Mk 8,11.12; vgl. 3.2.4[3]), was hier im Sinn von „Wunderzeichen" (Mk 8,11.12.12: σημεῖον)[644] zu verstehen ist, ein solches etwa, wie er es in der Speisevermehrung eben gerade vollbrachte hatte. Sie locken ihn zu einer „Machtdemonstration," das heißt, von Gottes Vollmacht Gebrauch zu machen, wo es *ihm* und nicht dem Volk dient. Mose war daran gescheitert, mit gravierenden Folgen (Num 20,1–13), Jesus hingegen widersteht. In seinem „Geist" (Mk 8,12; vgl. 3.1.2[3]; 3.2.5[3]) tief „aufseufzend" (Mk 8,12: ἀναστενάζω)[645] – es schwingt semantisch Wehklagen mit – fragt

---

644 Liddell-Scott, „σημεῖον," *Greek-English Lexicon*, 1593; Menge-Güthling, „σημεῖον," *Langenscheidts Großwörterbuch Altgriechisch-Deutsch*, 621; Walter Bauer, „σημεῖον," *Griechisch-deutsches Wörterbuch zum Neuen Testament*, 1495–1497: Das Substantiv meint einerseits „Zeichen (Wahrzeichen, Anzeichen, Vorzeichen, Wunderzeichen, Wunder), Kennzeichen und Signal (Spur, militärisches Zeichen, Kommando, Warnzeichen), Merkmal," andererseits „Bild, Bildnis (Siegel, Schriftzeichen, Abzeichen, Feldzeichen, Fahne, Grenzzeichen, Grabmahl, Denkmahl, Beweis, Beleg)" und schließlich „Himmelszeichen, Sternbild." Der Begriff findet sich 5mal im Text (Mk 8,11.12.12; 13,4.22).

645 Menge-Güthling, „ἀναστενάζω," *Langenscheidts Großwörterbuch Altgriechisch-Deutsch*, 60; Walter Bauer, „ἀναστενάζω," *Griechisch-deutsches Wörterbuch zum Neuen Testament*, 121: Das Kompositum und Synonym zu „στενάζω" (vgl. Mk 7,34) meint neben „seufzen" auch „(laut oder tief) aufseufzen, wehklagen, (be)jammern, laut (be)klagen." Das Verb findet sich als *Hapax legomenon* nur hier im Text, auch im Blick auf das gesamte Neue Testament.

246   3. KAPITEL

er rhetorisch und ohne eine Antwort abzuwarten, wozu dieses Geschlecht oder Gattung ein Zeichen begehre, und fährt in Schwurformel fort, dass diesem ein solches nicht gegeben werden wird. Daraufhin „verlässt" (Mk 8,13; vgl. 3.2.1[3]) er sie und besteigt – angesichts der nachstehenden Szene mit Jüngern – das Boot und fährt ans jenseitige Ufer. Reaktionen der Jünger, oder der Pharisäer werden nicht berichtet.

(4)   Politisch-militärisches Profil
Das Begehren der Pharisäer an dieser Stelle des Narrativs erscheint dem Leser grotesk, zumal Jesus in der vorhergehenden Episode mehrfach wunderwirkend zu sehen war. Aber nie hatte *er* sie vollbracht, noch waren sie erbeten worden als Voraussetzung ihm – Jesus – und seiner von Gott verliehenen Autorität zu glauben. Ein Zeichen erhält nur, wer vorgängig glaubt, wer mit „guter Erde" ausgestattet ist, um es mit dem Sämannsgleichnis zu sagen (vgl. Szene 19). Die Umkehrung dieses Prinzips, nämlich zu verlangen, dass Jesus sich durch Wunderzeichen legitimiere, bevor ihm geglaubt, bevor er respektiert wird, tangiert für den Erzähler Jesu Beziehung zu Gott. Die Pharisäer rechnen offensichtlich mit Jesu Narzissmus, der dieser Einladung, diesem Druck erliegt, ja, ihrer Ansicht nach erliegen muss, denn dass Jesus legitim ist, kann für sie nicht sein. Jesus bereitet ihnen eine weitere Niederlage; nicht nur das, die endgültige Verweigerung eines Zeichens ihnen gegenüber kommt aus Sicht des Erzählers ihrer Verwerfung durch Gott gleich. Über ihre politische Bedeutung hinaus, hatten Zeichen noch eine militärische Bedeutung. Als stimmliche, akustische oder optische Zeichen waren sie zentrale Träger der Kommunikation, einerseits um Befehle zu erteilen und andererseits als Erkennungszeichen. Die täglich wechselnde Parole oder das Losungswort – das durchaus theologischen Inhalts sein konnte – diente in diesem Zusammenhang beispielsweise als geheimes Erkennungswort, um feindliche Spione aus den eigenen Reihen abzuwehren (vgl. 5.7.3[2]; 5.7.3[4]). Verständlich also, dass der Erzähler Jesus dies den Pharisäern verweigern lässt, und das bei Tarichea, der politisch-militärischen Basis des später auftretenden Feldherren Josephus (vgl. 5.7.3[4]).[646]

---

646   Vor dem Hintergrund des ersten jüdisch-römischen Krieges liest auch Marcus diese Szene, und zwar in dem Sinn, dass der Autor Jesus von den im Vorfeld des Krieges auftretenden Zeichenpropheten absetzen wolle (*Mark*, 1:505).

EXEGETISCHE ANALYSE DES MARKUSEVANGELIUMS 247

3.6.2 Szene 38 (Mk 8,14–21): Jesus warnt Jünger (auf dem See) vor dem Sauerteig der Pharisäer und des Herodes

(1)   Szene

Die achtunddreißigste Szene Mk 8,14–21 handelt davon, wie Jesus die Jünger (auf dem See) vor dem Sauerteig der Pharisäer und des Herodes warnt. Wie bereits die Szenen 06, 11, 16, 19–23, 28 und 31 gehört somit auch diese zu den jüngerbezogenen, und zwar ihre Belehrung betreffenden Szenen. Die Szene unterscheidet sich von der nachfolgenden im Blick auf Akteure, Ort, Zeit, Handlung und Thema, heilt doch dort Jesus einen Blinden in Betsaida.

(2)   Text

8[14] Und sie vergaßen Brote mitzunehmen, und außer einem Brot hatten sie keines bei sich im Boot. [15] Und er befahl ihnen sagend: Seht euch vor, hütet euch vor dem Sauerteig der Pharisäer und vor dem Sauerteig des Herodes. [16] Und sie überlegten untereinander, weil sie nicht Brote hatten. [17] Und es erkennend sagt er ihnen: Was überlegt ihr, weil ihr keine Brote habt? Begreift ihr noch nicht und versteht ihr nicht? Habt ihr euer Herz verhärtet? [18] Augen habend seht ihr nicht, und Ohren habend hört ihr nicht? Und erinnert ihr euch nicht, [19] als ich die fünf Brote unter die Fünftausend brach, wie viele Handkörbe voll Brocken hobt ihr auf? Sie sagen zu ihm: Zwölf. [20] Als (ich) die sieben unter die Viertausend (brach), wie viele Körbe voll Brocken hobt ihr auf? und sie sagen: Sieben. [21] Und er sagte zu ihnen: Versteht ihr noch nicht?[647]

(3)   Inhalt

Explizit anwesende *Akteure* dieser Szene sind einerseits Jesus und andererseits seine Jünger. Erwähnte Akteure sind einerseits die „Pharisäer" (Mk 8,15 Pl.; vgl. 3.2.6[3]) und andererseits „Herodes" (Mk 8,15; vgl. 3.5.7[3]). In *räumlicher* Hinsicht spielt die Szene auf dem See, welchen sie im „Boot" (Mk 8,14; vgl. 3.2.1[3]) von Dalmanuta (vgl. Mk 8,10) in Richtung Betsaida überqueren (vgl. Mk 8,22). In *temporaler* Hinsicht scheint es immer noch derselbe Tag wie in Szene 36 zu sein. In *rhetorischer* Hinsicht ergeht an die Jünger ein Befehl in Bildsprache. Weil sie Jesus missverstehen, reagiert er mit einer Zurechtweisung in Form von nicht weniger als sieben rhetorischen Fragen – ein Kulminationspunkt und wohl sein Mittel der Kritik, denn in Szene 33 hatte er ihnen drei, in Szene 23 zwei und in Szene 19 eine kritische Frage gestellt. Sie ihrerseits antworten

---

647   Literarisch folgt Szene 38 einem chiastischen Schema: A: Mk 8,14–15 (Brote); B: Mk 8,16 (überlegen, Brote, nicht haben); B': Mk 8,17 (überlegen, Brote, nicht haben); A': Mk 8,18–21 (Brote).

2mal, und der Schelte entsprechend ein- beziehungsweise zweisilbig. Mit dem Thema der Pharisäerkritik knüpft dieses Narrativ an die vorhergehende Szene an, und mit dem Thema der Jüngerkritik an die Speisevermehrungsszenen 30 und 36.

Nachdem Jesus die Pharisäer, die ihm mit ihrem als Falle getarnten Wunsch nach einem Himmelszeichen entgegengetreten waren, stehen ließ und mit seinen Jüngern wiederum das Boot in Richtung Nordosten bestiegen hatte, „befiehlt" (Mk 8,15; vgl. 3.5.3[3]) er ihnen, noch unter dem Eindruck von Dalmanuta, sich vor dem Sauerteig der Pharisäer und demjenigen des Herodes „vorzusehen" (Mk 8,15; vgl. 3.1.3[3]), sich „zu hüten" (Mk 8,15.18; vgl. 3.4.1[3]). Die Jünger verstehen diese offenkundig negative und warnende Bildsprache nicht, eine Erörterung dessen, was ihnen hier in der Darstellung des Erzählers entgangen sein könnte, tut daher Not. Das vom Verb „ζέω" – „gären" – abgeleitete Substantiv „Sauerteig" (Mk 8,15.15: ζύμη)[648] übersetzt den hebräischen Begriff „חָמֵץ" und ist zu unterscheiden vom ungesäuerten Teig „מַצָּה." In zwei Situationen ist der Verzehr oder die Verwendung von gesäuertem Brot untersagt: Einerseits am Wallfahrtsfest Pessach (z. B. Ex 12,15.18; 13,6–7; Dtn 16,4), genauer, ab dem Abend des 14. bis zum Abend des 21. Nissan (sieben Tage), und andererseits für die auf dem Altar und damit Gott geopferten Speiseopfer (z. B. Lev 2,4–5.11; 7,12). Das Verbot von gesäuertem Brot zu Pessach wird wie folgt begründet: „Und sie backten aus dem rohen Teig, den sie aus Ägypten mitbrachten, ungesäuerte Brote; denn er war nicht gesäuert, weil sie aus Ägypten weggetrieben wurden und sich nicht länger aufhalten konnten und keine Wegzehrung zubereitet hatten (Ex 12,39)." Deshalb, „Haltet das Gebot der ungesäuerten Brote. Denn eben an diesem Tage habe ich eure Scharen aus Ägyptenland geführt; darum sollt ihr diesen Tag halten, ihr und alle eure Nachkommen, als ewige Ordnung (Ex 12,17; vgl. auch 23,15; 34,18; Dtn 16,3)."[649] Ungesäuertes an Pessach zu verzehren bedeutet daher, die Befreiung Israels aus Ägypten durch Gottes starken Arm anzuerkennen, aber nicht nur, es bedeutet auch, ihn als den einzigen Gott anzuerkennen, der diese Schar daraufhin als sein Volk über Bund und Gesetz konstituierte. Wer diese Ordnung missachtet, missachtet den Befreier und Begründer Israels, und das wiederum kommt Götzendienst gleich. Entsprechend wird dieser Verstoß mit Ausrottung geahndet (Ex 12,15.19). Das Verbot von gesäuerten Speiseopfern findet sich am prägnantesten in Lev 2,11: „Alle

---

648 Menge-Güthling, „ζύμη," *Langenscheidts Großwörterbuch Altgriechisch-Deutsch*, 313; Walter Bauer, „ζύμη," *Griechisch-deutsches Wörterbuch zum Neuen Testament*, 687; Wiard Popkes, „ζύμη," *EWNT* 2:259–261: Das Substantiv meint im eigentlichen wie übertragenen Sinn „Sauerteig." Der Begriff findet sich 2mal und nur hier im Text.

649 Nach der rev. Lutherübersetzung.

EXEGETISCHE ANALYSE DES MARKUSEVANGELIUMS

Speisopfer, die ihr dem Herrn opfern wollt, sollt ihr ohne Sauerteig machen; denn weder Sauerteig noch Honig sollt ihr dem Herrn zum Feueropfer in Rauch aufgehen lassen." Weshalb Sauerteig wie Honig verboten waren, erschließt sich aus der Bedeutung von „Salz" im Kontext der Opferpraxis zwei Verse weiter: „Alle deine Speisopfer sollst du salzen, und dein Speisopfer soll niemals ohne Salz des Bundes deines Gottes sein; bei allen deinen Opfern sollst du Salz darbringen (Lev 2,13)."[650] Als Konservierungsmittel symbolisiert Salz Beständigkeit und Stabilität, demgegenüber Sauerteig und Honig als Gärungsmittel – so wurde angenommen – Verfall und Dekomposition. Entsprechend seiner chemischen Qualität, entwickelte sich „Sauerteig" (Chamez) zum Symbol von Korruption und Unreinheit, so pflegte Rabbi Alexandri nach seinen Gebeten zu sagen: „Herr des Weltalls, offen und bekannt ist es von dir, dass es unser Wille ist, deinen Willen zu vollziehen, doch verhindert dies nichts anderes, als das Saure im Teig (sc. der böse Trieb im Herzen) und die Knechtschaft der Regierungen. Möge es dein Wille sein, dass du sie vor und hinter uns unterwirfst, und dass wir zurückkehren, die Gesetze deines Willens mit ganzem Herzen auszuüben (bBer 17a)."[651] Als unrein gilt Sauerteig wenn es mit unvermischtem Mehl kontrastiert wird, was im Traktat Qiddushin wiederum auf die Reinheit beziehungsweise Unreinheit von Ahnenlinien und Völker übertragen wurde (bQid 69a–71a). Beide in der Kabbala vielfach weiterentwickelte Gedanken, derjenige der Korruption und Unreinheit durch Vermischung, finden sich auch im Neuen Testament. Ersteres etwa, wenn in den entsprechenden Parallelstellen die Lehre (juristisch) oder die Haltung (ethisch) der Pharisäer als korrupt bezeichnet wird (Mt 16,12; Lk 12,1), und Letzteres, wenn Paulus die Korinther auffordert ein „neuer, ungesäuerter Teig" zu sein, weil auch Christus, ihr Passah, geschlachtet wurde (1 Kor 5,7).[652]

Mit „Sauerteig" der Pharisäer und des Herodes könnte der Erzähler Jesus daher vor der Durchdringungskraft zweierlei Eliten warnen lassen, die daran hindern, den Willen Gottes zu tun: Einerseits innerlich, nämlich, durch ein korruptes ethisches Verhalten und Beispiel und/oder unreiner Abkunft wie auch durch juristisch unreiner Lehre der Pharisäer, und andererseits äußerlich durch eine unrechtmäßige politische Herrschaft des Herodes. Trifft diese Einschätzung zu, dann ist hier den Jüngern die erste explizite Grenzziehung Jesu gegenüber diesen zwei einflussreichen Kräften entgangen. Stattdessen glauben sie untereinander „überlegend" (Mk 8,16.17; vgl. 3.2.5[3]) eine Rüge gegen

---

650 Nach der rev. Lutherübersetzung.
651 Nach der Übersetzung von Lazarus Goldschmidt.
652 Louis Isaac Rabinowitz, „Salt," EJ 17:708–709; ders., „Ḥamez," EJ 8:301–303.

250 3. KAPITEL

ihre Unterlassung vernommen zu haben, da sie – außer einem – „Brot" (Mk
8,14.16.17.19 Pl.; Mk 8,14; vgl. 3.3.2[3]) solches mit ins Schiff zu nehmen „vergaßen" (Mk 8,14: ἐπιλανθάνομαι)[653], ob sie wohl für die leibliche Versorgung
zuständig sind? Eine Rüge ist offensichtlich nicht die Absicht Jesu, und eine
Gelegenheit, sich ihnen zu erklären bieten sie ihm nicht, weil sie es vorzie-
hen, sich untereinander zu beraten statt ihn direkt zu fragen. Aber die Art ihres
Missverstehens „erkennend" (Mk 8,17; vgl. 3.4.1[3]) geben sie Jesus gemäß der
Erzählung Anlass, etwas ganz anderes zu monieren, und eine längst überfällige
Rüge diesbezüglich zu äußern: Ob sie denn immer noch nicht „begreifen" (Mk
8,17; vgl. 3.5.11[3]), „verstehen" (Mk 8,17.21; vgl. 3.4.1[3]) würden, und ob sie ihr
„Herz" (Mk 8,17; vgl. 3.2.5[3]) „verhärtet" (Mk 8,17 Med.; vgl. 3.5.9[3]) hätten, alles
Vorwürfe, die schon einmal an sie ergangen waren (vgl. Mk 6,52; 7,18). „Augen"
(Mk 8,18: ὀφθαλμός)[654] hätten sie und sähen nicht, wie auch Ohren und hörten
nicht, als ob ihnen das Geheimnis des Reiches Gottes nicht gegeben wäre, wie
jenen draußen (vgl. Mk 4,11–12). Daraufhin nötigt er sie, sich an die Speisung
der Fünftausend wie diejenige der Viertausend zu „erinnern" (Mk 8,18: μνημονεύω)[655] und an die Zahl der mit übriggebliebenen Brocken gefüllten Körbe:
zwölf und sieben, erinnern sie sich nun richtig, vielleicht waren es ausgerechnet und symbolhaft Letztere gewesen, die sie mitzunehmen vergaßen.

(4)   Politisch-militärisches Profil

Das in der vorhergehenden Szene von den Pharisäern verlangte Zeichen ist
den Jüngern längst gegeben worden, und zwar mehrfach, trotzdem haben sie
in ihrer Herzenshärte noch nicht verstanden, wer Jesus ist (vgl. 5.6.4[5]). Die-

---

653   Menge-Güthling, „ἐπιλανθάνομαι," *Langenscheidts Großwörterbuch Altgriechisch-Deutsch*,
       269; Walter Bauer, „ἐπιλανθάνομαι," *Griechisch-deutsches Wörterbuch zum Neuen Testa-
       ment*, 598–599: Das aus „ἐπί" und „λανθάνω" – „verborgen sein, entgehen" – bestehende
       Kompositum meint einerseits und wie hier „vergessen, absichtlich vergessen, übersehen"
       und andererseits „verschweigen, unterlassen, nicht ausführen, vernachlässigen, sich nicht
       kümmern." Das Verb findet sich als *Hapax legomenon* nur hier im Text.

654   Menge-Güthling, „ὀφθαλμός," *Langenscheidts Großwörterbuch Altgriechisch-Deutsch*, 508;
       Walter Bauer, „ὀφθαλμός," *Griechisch-deutsches Wörterbuch zum Neuen Testament*, 1212–
       1213: Das Substantiv meint einerseits und wie hier „Auge, Angesicht," andererseits „Licht,
       Trost, Hilfe" und schließlich „Liebling, Zierde, Krone, Perle." Der Begriff findet sich 7mal
       im Text (Mk 7,22; 8,18.25; 9,47.47; 12,11; 14,40).

655   Menge-Güthling, „μνημονεύω," *Langenscheidts Großwörterbuch Altgriechisch-Deutsch*, 458;
       Walter Bauer, „μνημονεύω," *Griechisch-deutsches Wörterbuch zum Neuen Testament*, 1062–
       1063: Das Verb meint einerseits und wie hier „sich erinnern, an etwas denken, gedenken,
       im Gedächtnis haben, erwähnen" und andererseits „in Erinnerung bringen, erwähnen,
       berichten, wiederholen." Der Begriff findet sich als *Hapax legomenon* nur hier im Text.

EXEGETISCHE ANALYSE DES MARKUSEVANGELIUMS
251

ser Zustand trennt ihn von ihnen, die Erinnerung an bezeugte Vermehrungswunder soll dem abhelfen (vgl. 5.6.4[8]). Aber sein Anliegen war ein anderes
gewesen, so scheint es, nämlich der Verweis auf eine Grenzziehung, zwischen
sich und ihnen einerseits, und einer juristisch-religiösen wie politisch romtreuen Eliten andererseits (vgl. 5.6.4[1]). Denn seiner Ansicht nach und unter
Zuhilfenahme einer kulturell wohletablierten Metapher würden jene den Willen Gottes nicht erfüllen, ganz im Gegenteil zu ihm und potentiell zu ihnen.
Abgesehen davon aber, sieht Jesus von den zwei Gruppen eine reale Lebensgefahr ausgehen, erstmals setzt er die Jünger darüber in Kenntnis (vgl. 5.5.4[3];
5.6.4[4]).

3.6.3 Szene 39 (Mk 8,22–26): Jesus heilt einen Blinden in Betsaida
(1)   Szene
Die neununddreißigste Szene Mk 8,22–26 handelt davon, wie Jesus einen Blinden in Betsaida heilt. Wie bereits die Szenen 02, 07–11, 14–15, 17, 19–22, 24–28, 30
und 32–36 gehört somit auch diese zu den volksbezogenen, und zwar ihre Heilung betreffenden Szenen. Die Szene unterscheidet sich von der nachfolgenden
im Blick auf Akteure, Ort, Zeit, Handlung und Thema, befragt doch dort Jesus
die Jünger bei Cäsarea Philippi zu seiner Identität.

(2)   Text
8[22] Und sie kommen nach Betsaida. Und sie bringen ihm einen Blinden und
bitten ihn, dass er ihn berühre. [23] Und die Hand des Blinden nehmend führte
er ihn aus dem Dorf hinaus, und in seine Augen speiend (und) ihm die Hände
auflegend fragte er ihn: Siehst du etwas? [24] Und aufblickend sagte er: Ich sehe
die Menschen als ob ich umhergehende Bäume sähe. [25] Dann legte er wieder
die Hände auf seine Augen, und er sah deutlich und war wiederhergestellt und
sah alles klar. [26] Und er sandte ihn in sein Haus sagend: Nicht aber sollst du in
das Dorf gehen.[656]

(3)   Inhalt
Explizit anwesende *Akteure* dieser Szene sind einerseits Jesus, andererseits
seine Jünger (Mk 8,22), ferner ein „Blinder" (Mk 8,22.23: τυφλός)[657] und schließ-

---

656   Literarisch folgt Szene 39 einem chiastischen Schema: A: Mk 8,22–23a (das Dorf); B: Mk
       8,23b–24 (seine Augen, die Hände auflegen, sehen); B': Mk 8,25 (die Hände auflegen, seine
       Augen, sehen); A': Mk 8,26 (das Dorf).

657   Menge-Güthling, „τυφλός," *Langenscheidts Großwörterbuch Altgriechisch-Deutsch*, 698;
       Walter Bauer, „τυφλός," *Griechisch-deutsches Wörterbuch zum Neuen Testament*, 1656: Das
       Adjektiv meint einerseits „umdunkelt," andererseits „blind, nicht sehend," ferner „geistig

252 3. KAPITEL

lich Dorfbewohner (Mk 8,22), die der Wiederhergestellte als „Menschen" (Mk 8,24; vgl. 3.2.1[3]) erkennt, jedoch unscharf, und sie deshalb mit „Bäumen" (Mk 8,24 Pl.: δένδρον)[658] vergleicht. Von *Dalmanuta* in Galiläa gelangen Jesus und seine Jünger via Schiff nach Betsaida (vgl. Mk 8,10.13), das in der Tetrarchie des Philippus liegt, ein die Gaulanitis, Batanaea, Trachonitis und Auranitis umfassendes Territorium in welchem Jesus nach der Erzählung bereits exorzierend gewirkt hatte, nämlich in Gergesa, und welches sie von Tyrus und Sidon kommend in Richtung Dekapolis durchwandert haben dürften (vgl. Szenen 24 und 35). Nach Betsaida waren die Jünger im Anschluss an die Speisung der Fünftausend auf Geheiß Jesu hin schon einmal aufgebrochen, haben es aber der Sturmwinde wegen wohl nie erreicht (vgl. Szenen 31). Anders als in Lk 9,10 und Joh 1,44 wird Betsaida hier nicht als „Stadt" sondern als „Dorf" (Mk 8,23.26; vgl. 3.5.5[3]) bezeichnet. Wie erklärt sich diese Diskrepanz? Ausgrabungen des 19. Jahrhunderts identifizierten mit dem literarisch bezeugten Namen zwei Orte, einerseits ein an der Küste gelegenes Fischerdorf namens „el-Araj" und andererseits eine ca. 2,7 Kilometer nordnordöstlich gelegene Stadt namens „et-Tell." Neueste Surveys haben jene Einsichten präzisierend bestätigt, nämlich dass es sich bei der Stadt um die Akropolis von „Julias" handeln muss und beim Dorf um das ursprüngliche Betsaida, zu welchem auch Überreste des ca. 800 Meter östlich gelegenen „el-Mes'adiyye" gehören. Bei der Stadt handelt es sich um den vom Tetrarchen im Jahre 30 d. Z. ausgebauten und um weitere Bevölkerung angereicherte Ort, den er gemäß dem Zeugnis von Josephus nach der Tochter des Kaisers Augusts benannte und ihn in den Rang einer Stadt, der zweiten Hauptstadt seines Territoriums gar, erhob (*Ant.* 18,28.108). Auch soll er dort im Jahre 34 d. Z. mit viel Pomp in der von ihm vorgängig errichteten Grabstädte beigesetzt worden sein (*Ant.* 18,108). Diese Identifizierung stimmt auch mit den Beschreibungen des Josephus zur Lage der Stadt überein, nämlich in der unteren Gaulanitis (*Bell.* 2,168), und östlich des in den See mündenden Jordanlaufs gelegen (*Bell.* 3,515; *Vita* 399), soll sie auch über einen Hafen mit Ankeranlage verfügt haben (*Vita* 406). Als Hafen dürfte der Stadt somit das mit ihr über eine Strasse verbundene große Fischerdorf Betsaida gedient haben, wo in der

---

und moralisch blind, verblendet, stumpf(sinnig), nicht offen, ohne Ausweg, verschlossen, verstopft, versandet," darüber hinaus „ungesehen, verborgen, versteckt, unsichtbar" und schließlich „lichtlos, dunkel, finster, unklar, undeutlich, heimlich, geheim, unberechenbar." Der Begriff findet sich 5mal im Text (Mk 8,22.23; 10,46.49.51).

658 Menge-Güthling, „δένδρον," *Langenscheidts Großwörterbuch Altgriechisch-Deutsch*, 160; Walter Bauer, „δένδρον," *Griechisch-deutsches Wörterbuch zum Neuen Testament*, 248: Das Substantiv meint einerseits „Baum" und andererseits wie hier „Menschen." Der Begriff findet sich als *Hapax legomenon* nur hier im Text.

EXEGETISCHE ANALYSE DES MARKUSEVANGELIUMS

Tat eine antike Ankeranlage gefunden wurde.[659] Der Identifizierung des Narrators von Betsaida mit dem am Ufer gelegenen Fischerdorf darf somit Glauben geschenkt werden, denn nicht umsonst bedeutet sein Name Betsaida „Haus des Fischfangs" (Mk 8,22; vgl. 3.5.8[3])[660] und das Narrativ vermittelt den Eindruck, dass der Blinde Jesus sogleich nach Ankunft, noch am Ankerplatz also, zugeführt wird. Dennoch darf vermutet werden, dass Jesus sich über Betsaida dem Machtzentrum dieses Territoriums und gewiss nicht ohne Ansprüche genähert hat. Abschließend wird noch das „Haus" (Mk 8,26) des Blinden erwähnt, in das sich dieser begeben soll und welches offenkundig außerhalb des Dorfes liegt (Mk 8,26). In *temporaler* Hinsicht muss es sich immer noch um denselben Tag wie in Szene 36 handeln. In *rhetorischer* Hinsicht erkundigt sich einerseits Jesus zur Sehleistung des Blinden im Verlauf des Heilungsakts, andererseits antwortet ihm dieser und schließlich erteilt Jesus ihm abschließende Anweisungen. Mit dem Thema der Blindenheilung knüpft dieses Narrativ an andere Szenen mit Einzelheilungen an, die meisten Überschneidungen weist sie allerdings mit Szene 35 auf, sie werden im Folgenden festgehalten.

Nach Ankunft von Jesus und seiner Jünger, die vielleicht noch unter dem Eindruck der Rüge stehen solche zu sein, die Augen haben und doch nicht sehen (vgl. Mk 8,18), „bringt" wie in Szene 35 eine Gruppe aus der Lokalbevölkerung einen Blinden zu Jesus, mit der „Bitte," er möge ihn „berühren" (Mk 8,22; vg. 3.2.4[3]). Wie diese von der Ankunft Jesu erfahren erzählt der Narrator nicht. Wie so oft, bleibt auch dieser Behinderte, es ist ein Mann (Mk 8,22.23.23.23.23.25.26.26), ohne Namen. Abgesehen von einer implizit ableitbaren jüdischen Ethnie (vgl. Szene 34), schweigt sich der Narrator über Herkunft, Geschichte, Bildung und Status aus; einzig daraus, dass er nach der Erzählung ein Haus außerhalb des Dorfes zu haben scheint, lässt sich ableiten, dass er nicht von Geburt an blind ist, weil er benennen kann, was er sieht und weil Jesus ihn „*wieder*herstellt." Der Bitte der Bevölkerung entspricht Jesus, „nimmt" (Mk 8,23 Med.: ἐπιλαμβάνω)[661] den Blinden an der Hand und führt ihn aus dem

---

659 Michael Avi-Yonah und Shimon Gibson, „Bethsaida," *EJ* 3:536; James F. Strange, „Beth-Saida," *ABD* 1:692–693.

660 Haug, „Betsaida,"*Namen und Orte der Bibel*, 80.

661 Liddell-Scott, „ἐπιλαμβάνω," *Greek-English Lexicon*, 642; Menge-Güthling, „ἐπιλαμβάνω," *Langenscheidts Großwörterbuch Altgriechisch-Deutsch*, 269; Walter Bauer, „ἐπιλαμβάνω," *Griechisch-deutsches Wörterbuch zum Neuen Testament*, 598: Im Medium meint das Kompositum einerseits und wie hier „anfassen, ergreifen, berühren, festhalten, geistig begreifen," anderseits „angreifen, bekämpfen, tadeln, einwenden, widerlegen" und schließlich „auf etwas treffen, stoßen, erreichen, bekommen." Das Verb findet sich als *Hapax legomenon* nur hier im Text.

254 3. KAPITEL

Dorf und damit wie in Szene 35 aus der Öffentlichkeit hinaus, ob in Begleitung der Jünger sagt der Narrator nicht. Wie in Szene 35 heilt Jesus ohne Gegenwehr des Behinderten über die Applikation von „Speichel" (Mk 8,23), und zwar in dessen „Augen" (Mk 8,23 Pl.: ὄμμα[662]; Mk 8,25 Pl.; vgl. 3.6.2[3]), im Verbund mit „Handauflegung" (Mk 8,23; Mk 8,23.25 Pl.; vgl. 3.2.3[3]) und ohne Worte. Auf die Frage, was er „sähe" (Mk 8,23.24; vgl. 3.4.1[3]), entgegnet der Blinde „aufblickend" (Mk 8,24: ἀναβλέπω)[663], Menschen zu sehen als „sähe" (Mk 8,24; vgl. 3.1.3[3]) er umhergehende Bäume – wer diese Menschen sind bleibt ungesagt. Anders als in Szene 35 muss Jesus ein zweites Mal die Hände auf des Blinden Augen legen, worauf dieser dann „deutlich" (Mk 8,25: διαβλέπω)[664] und „klar sieht" (Mk 8,25: ἐμβλέπω[665]; Mk 8,25: τηλαυγῶς) und „wiederhergestellt" (Mk 8,25; vgl. 3.3.3[3]) ist. Anders als in Szene 35 sind hier keine Reaktionen auf die Heilung, weder vom Blinden noch von allfälligen Zeugen, vernehmbar. Und anders als dort fehlt auch ein explizites Schweigegebot, nur dass der Wiederhergestellte in sein Haus statt ins Dorf gehen soll, wird gesagt, ob er es befolgt bleibt unausgesprochen.

(4)   Politisch-militärisches Profil
Auch in der Tetrarchie des „Herodes Philippus I." (4 v. d. Z. bis 34 d. Z.), Sohn des Herodes d. G. und der Kleopatra Jerusalems und Gatte der Salome, Tochter der Herodias, wird Jesus als ein mit Wunderkräften ausgestatteter Mann Gottes, als

---

662 Menge-Güthling, „ὄμμα," Langenscheidts Großwörterbuch Altgriechisch-Deutsch, 488–489; Walter Bauer, „ὄμμα," Griechisch-deutsches Wörterbuch zum Neuen Testament, 1147: Das Synonym zu „ὀφθαλμός" meint einerseits und wie hier „Auge, Angesicht," andererseits „Licht, Trost, Heil" und schließlich „Liebling." Das Substantiv findet sich als Hapax legomenon nur hier im Text.

663 Menge-Güthling, „ἀναβλέπω," Langenscheidts Großwörterbuch Altgriechisch-Deutsch, 51; Walter Bauer, „ἀναβλέπω," Griechisch-deutsches Wörterbuch zum Neuen Testament, 99: Das aus „ἀνά" und „βλέπω" bestehende Kompositum meint einerseits „aufblicken" und andererseits „die Augen wieder öffnen, wieder sehen." Das Verb findet sich 6mal im Text (Mk 6,41; 7,34; 8,24; 10,51.52; 16,4).

664 Menge-Güthling, „διαβλέπω," Langenscheidts Großwörterbuch Altgriechisch-Deutsch, 167; Walter Bauer, „διαβλέπω," Griechisch-deutsches Wörterbuch zum Neuen Testament, 363: Das Kompositum meint einerseits und wie hier „scharf oder deutlich (zu)sehen oder hinblicken, starr vor sich hinsehen, um sich blicken" und andererseits „genau betrachten, überlegen." Das Verb findet sich als Hapax legomenon nur hier im Text.

665 Menge-Güthling, „ἐμβλέπω," Langenscheidts Großwörterbuch Altgriechisch-Deutsch, 230; Walter Bauer, „ἐμβλέπω," Griechisch-deutsches Wörterbuch zum Neuen Testament, 513: Das Kompositum meint „(an)sehen, anblicken, betrachten." Das Verb findet sich 4mal im Text (Mk 8,25; 10,21.27; 14,67).

EXEGETISCHE ANALYSE DES MARKUSEVANGELIUMS

Johannes der Täufer, als Elija oder als Prophet wahrgenommen (vgl. Mk 8,28). Entsprechend bringen sie ihm einen Behinderten; dass es ausgerechnet ein Blinder ist, ist in narratologischer Hinsicht – besonders im Blick auf die vorhergehende und nachstehende Szene – vieldeutig und vermutlich gewollt. Denn gewiss soll dieser eine Blinde sehend werden, aber als *pars pro toto* soll Jesus auch um das „klare Sehen" der Bevölkerung werben. Denn er ist der Christus auch dieses Fürstentums und der von Gott legitimierte König. Der Autor lässt Jesus wie Philippus als gerecht erscheinen, Josephus rühmt ihn auch noch als friedliebenden und guten Administrator (*Ant.* 18,106–108). Aber jener bleibt der von Augustus Legitimierte und diesem wie seinem Nachfolger Tiberius Ergebene, schließlich war er gemeinsam mit seinem Halbbruder Archelaus in Rom erzogen worden.[666] Jesus soll aber auch um das Sehen seiner Jünger werben, denn Blinde kann er zwar wie Vespasian heilen (Sueton, *Vesp.* 7,2; Tacitus, *Hist.* 4,81; vgl. 5.5.4[3]; 5.7.3[4]),[667] aber das „geistige Sehen" kann er nicht bewerkstelligen, das müssen sie schon selbst wollen.

3.6.4 *Szene 40 (Mk 8,27–30): Jesus befragt die Jünger bei Cäsarea Philippi zu seiner Identität*

(1)   Szene

Die vierzigste Szene Mk 8,27–30 handelt davon, wie Jesus die Jünger bei Cäsarea Philippi zu seiner Identität befragt, Petrus attestiert ihm dabei Messianität. Wie bereits die Szenen 03–05, 17–18 und 27 gehört somit auch diese zu den biographischen, und zwar das Leben Jesu betreffenden Szenen. Die Szene unterscheidet sich von der nachfolgenden nicht im Blick auf Akteure, Ort und Zeit, wohl aber im Blick auf Handlung und Thema, lehrt doch dort Jesus die Jünger (bei Cäsarea Philippi) über seine bevorstehenden Leiden, seinen Tod und seine Auferstehung und ruft zur Nachfolge und Selbstverleugnung auf.

(2)   Text

8[27] Und Jesus ging mit seinen Jüngern hinaus in die Dörfer Cäsarea Philippis. Und auf dem Weg fragte er seine Jünger zu ihnen sagend: Was sagen die Menschen, wer ich bin? [28] Sie aber entgegneten ihm sagend: Johannes der

---

666   Edna Elazary und Shimon Gibson, „Herod Philip I.," *EJ* 9:39–40; Gary A. Herion, „Herod Philip," *ABD* 3:160–161.

667   Vgl. auch Theißen, „Evangelienschreibung und Gemeindeleitung," 396; Ebner, „Evangelium contra Evangelium," 40; ders., „Das Markusevangelium," 176–177; ders., „Das Markusevangelium und der Aufstieg der Flavier," 65; Heininger, „Politische Theologie," 187; Collins, *Mark*, 396; Marcus, *Mark*, 2:599; Eric Eve, „Spit in Your Eye: The Blind Man of Bethsaida and the Blind man of Alexandria," *New Test. Stud.* 54 (2008): 1–17.

256   3. KAPITEL

Täufer, und andere: Elija; andere aber: einer der Propheten. [29] Und er fragte sie:
Ihr aber, was sagt ihr, wer ich bin? Antwortend sagte Petrus zu ihm: Du bist der
Christus. [30] Und er gebot ihnen, dass sie mit niemandem über ihn redeten.[668]

(3)   Inhalt
Explizit anwesende *Akteure* dieser Szene sind einerseits „Jesus" (Mk 8,27; vgl.
3.1.1[3]), der durch Petrus richtigerweise als „Christus" (Mk 8,29; vgl. 3.1.1[3]),
aber durch Menschen fälschlicherweise als „Johannes der Täufer" (Mk 8,28;
vgl. 3.1.2[3]), „Elija" (Mk 8,28; vgl. 3.5.7[3]) oder einer der „Propheten" (Mk 8,28
Pl.; vgl. 3.1.2[3]) identifiziert wird, und andererseits „seine" (Mk 8,27.27) „Jünger" (Mk 8,27.27 Pl.; vgl. 3.2.6[3]), insbesondere „Petrus" (Mk 8,29; vgl. 3.3.5[3]).
Und erwähnte Akteure sind die „Menschen" – wohl im Sinne der Lokalbevölkerung – (Mk 8,27 Pl.; vgl. 3.2.2[3]), die Jesus nicht als das erkennen, was er
nach Meinung des Erzählers ist. Von *Betsaida* aus (vgl. Mk 8,22) begeben sich
Jesus und seine Jünger in die „Dörfer" (Mk 8,27 Pl.; vgl. 3.5.5[3]) der 40 Kilometer
nördlich gelegenen und über eine Strasse verbundenen Stadt Cäsarea Philippi
(Mk 8,27: Καισάρεια; Mk 8,27: Φίλιππος), und damit noch näher ans Machtzentrum der Tetrarchie. Ursprünglich hieß die am Fuße des Hermongebirges und
an der Quelle des Hermonflusses gelegene Stadt „Peneas," ein Name der auf den
Hirtengott Pan verweist, dem an dieser Stelle in hellenistischer Zeit ein Tempel gestiftet wurde, und das als wichtiges Heiligtum an die Stelle einer früheren
Verehrungsstätte Baals getreten war (vgl. Jos 11,17; 12,7; 13,5; Ri 3,3; 1 Chr 5,23). Die
Stadt und sein Umland hatte Philippus von seinem Vater Herodes dem Großen geerbt, welcher sie wiederum von Augustus geschenkt bekommen hatte,
und zu dessen Ehren dieser nahe der Quellhöhle einen Marmortempel errichten ließ (Josephus, *Ant.* 15,360–364; *Bell.* 1,404–406). Philippus seinerseits baut
die Stadt zu seiner Haupt- und Residenzstadt aus, und verleiht ihr zu Ehren
desselben Kaisers den Namen Cäsarea (Josephus, *Ant.* 17,189; 18,28). Um sie
allerdings von der größeren Stadt Cäsarea Maritima zu unterscheiden, bürgert
sich seit dem 1. Jahrhundert der Beiname „Philippi" ein, seltener auch „Paneas,"
mit seiner heutigen arabischen Version „Banyas, Banjas oder Banias."[669] Da der
Narrator keine *temporalen* Marker anführt, scheint sich gegenüber Szene 36 in
dieser Hinsicht nichts geändert zu haben. In *rhetorischer* Hinsicht wendet sich
Jesus im Blick auf seine Identität zweimal fragend an alle Jünger, die erste Frage

---

668   Literarisch folgt Szene 40 einem chiastischen Schema: A: Mk 8,27–28 (Jesus, er fragt sie,
       was sagen die Menschen, wer ich bin); A': Mk 8,29–30 (er fragt sie, was sagt ihr, wer ich bin,
       Christus).

669   Michael Avi-Yonah, Gideon Biger und Shimon Gibson, „Banias," *EJ* 3:109; John Kutsko,
       „Caesarea Philippi," *ABD* 1:803; Hellmut Haug, „Cäsarea," *Namen und Orte der Bibel*, 85.

EXEGETISCHE ANALYSE DES MARKUSEVANGELIUMS

beantworten sie als Kollektiv, die zweite beantwortet Petrus alleine und vielleicht stellvertretend. Mit dem Thema von Jesu messianischer Identität knüpft dieses Narrativ an Szene 01 an, und mit dem Thema der verkannten Identität an Szene 29.

Nach der Heilung eines Blinden in Betsaida fragt Jesus – wohl nur von seinen Jüngern umgeben – „unterwegs" (Mk 8,27; vgl. 3.1.2[3]) zu diesem in Namengebung und Kult dem römischen Kaiser geweihten fürstlichen Machtzentrum, was die Menschen – vielleicht die Lokalbevölkerung – sagen würden, wer er sei. Ihre Antwort entspricht in Inhalt und Reihenfolge den Aussagen des Narrators zu Beginn von Szene 29: Johannes der Täufer, der messianische Vorbote Elija oder einer der Propheten. Weiter fragt er sie, was aber *sie* sagen würden, wer er sei. Worauf der bei seinem Beinamen eingeführte Petrus antwortend entgegnet, als wäre er wie der Blinde der vorhergehenden Szene sehend geworden, er sei der Christus. Die Szene endet damit, dass Jesus ihnen „gebietet" (Mk 8,30; vgl. 3.2.2[3]), mit „niemandem" (Mk 8,30: μηδείς; vgl. 3.2.4[3]) über ihn zu reden. Abgesehen oder gerade wegen seiner Zentralstellung lassen sich im Blick auf diese Erzählung interessante Beobachtungen anstellen: Jesus hat sich bis anhin im Text verschiedentlich und in direkter Rede an die Jünger gewandt, seltener wandten sich seine Jünger an ihn, und ganz selten kam es zu einem eigentlichen Gespräch, wo der oder die Angesprochenen auf die entsprechende Frage antworten; dies war bis anhin nur in den Szenen 30, 36 und 38 der Fall. Insofern muss ein „Gespräch" zwischen Jesus und seinen Jüngern in narrativer Hinsicht auffallen. Jesus erkundigt sich bei seinen Jüngern über die Fremdsicht der Menschen auf ihn; verfügen sie hier über ein Mehrwissen, oder ist die Frage rhetorischer Natur? Dass er sich nach ihrer eigenen Meinung erkundigt, zeigt an, dass aus der Perspektive des Erzählers Jesus durchaus einschließt oder erwartet, dass sich die Sicht der Jünger auf ihn von derjenigen der Menschen unterscheidet. Endlich erfüllt sich diese Erwartung, auf die der Narrator bis zur vorhergehenden Szene mit spannungsvollen Kontrasten zugearbeitet hatte. Die Antwort erfolgt aus dem Munde des Petrus, unklar bleibt, ob er für sich selbst oder stellvertretend für die Zwölf spricht. Auffallend jedoch ist, dass erstmals im Narrativ ein einzelner Jünger als Individuum spricht, dass dies der Erstberufene und stets Erstgenannte Simon Petrus tut, erstaunt nicht. Im Namen aller wohl spricht Petrus Jesus also diejenige Rolle zu, die bis anhin erst einmal, nämlich durch den Narrator im Titel, genannt worden war: Christus. Es ist die höchste Rolle, die das Judentum einem Menschen auf Erden zuzuweisen hat, endzeitlicher König(priester) und Feldherr, ultimativer Repräsentant Gottes im Land Israel, zu welchem auch dieses Territorium zählt. Die Aussage impliziert somit einen politisch-religiösen Machtanspruch auch auf diese Tetrarchie und gegenüber Rom, der ihre Hauptstadt geweiht ist. Aber der

258 3. KAPITEL

Narrator lässt es nicht Jesus selbst sagen – noch nicht – sondern seine oder einen seiner Jünger. Weshalb? Wie Jesus erfüllen auch sie eine Rolle, und dieser können sie potenziell und effektiv nur dann gerecht werden, wenn sie wissen wer der ist, mit dem sie assoziiert werden. Nur auf Basis dieses Wissens können sie verstehen, wer sie selber sind. Vielleicht will der Erzähler sagen, dass der Umstand, sich außerhalb des gewohnten Kernlandes Galiläa zu befinden für die Jünger hilfreich war, um das Offensichtliche deutlicher zu erkennen.

(4)   Politisch-militärisches Profil

Allein und im benachbarten Fürstentum unterwegs, befragt Jesus in dieser Szene seine Insidergruppe nach seiner Identität. Sehenden Auges erkennen sie ihn – insbesondere Petrus – als den in den heiligen Texten erwarteten, endzeitlichen und daher messianischen König und Feldherrn (vgl. 5.4.4[1]; 5.6.4[4]).[670] Was diesen Durchbruch in der Erkenntnis erzeugte, bleibt ungesagt. Trugen die aus eigener Erfahrung bezeugten Exorzismen, Heilungen, Wunder und rhetorisch überlegenen Lehrdispute dazu bei? Matthäus wird ihn in seiner Version als göttliche Offenbarung deuten (vgl. Mt 16,17). Diese Fremd(ein)sicht auf Jesus muss zwingend Auswirkungen auf die Selbstsicht zeitigen, denn ist er König und Feldherr, dann sind sie Teil seines Hofstaats und Heeres, allen voran Petrus – ein erheblicher Prestigegewinn. Aber Privilegien verpflichten, und Pflichten sind ohne (soziale) Privilegien nicht zu erfüllen. Eine solche Last ist der Umstand, dass Selbstdefinition und Fremddefinition divergieren, und für den Moment im Narrativ auch divergieren sollen, denn die Menschen denken über Jesus wie jene Galiläas und ihr Herrscher Herodes Antipas. Wie sein Halbbruder Philippus Jesus wohl eingeschätzt hat? Doch aus Sicht des Narrators soll der Zeitpunkt, an welchem die Fremddefinition der Selbstdefinition angeglichen wird, kommen, nämlich dann, wenn man das stellvertretende und durch Petrus bezeugte Erkennen als *dies imperii*, als Erhebung des Feldherrn durch sein Heer zum König und Prinzeps verstehen wird (vgl. 5.5.4[3]; 5.7.3[4]).[671] Denn darauf verweisen nicht nur der Name Cäsarea (vgl. 5.4.4[1];

---

670   Vgl. auch Marcus, der insbesondere die militärische Komponente des messianischen Titels betont (*Mark*, 2:610): „The association of this city with Caesar (i.e., the Roman emperor) is probably significant in view of the continuation of the pericope; the ground is being laid for Peter's confession of Jesus as the Christ, the Messiah, the Jewish leader whose advent was expected to terminate the oppressive rule of Rome – an expectation that was probably well known to Mark's audience because of the messianic dimension of the Jewish revolt of 66–73 C. E."

671   Ähnlich Ebner, der aber nicht von „Akklamation" sondern von „Proklamation" spricht („Das Markusevangelium und der Aufstieg der Flavier," 68); Schmidt demgegenüber, deu-

EXEGETISCHE ANALYSE DES MARKUSEVANGELIUMS   259

5.7.3[4]),[672] denn auch Vespasian feierte seinen *dies imperii* in einem Cäsarea, dem anderen zwar, zudem ist der Ort Hauptstadt des Verbündeten Herodianers Agrippa II., den Jesus aus Sicht des Autors womöglich proleptisch beerben soll (vgl. 5.4.4[1]).[673] Für den Moment gilt es aus Gründen des Selbstschutzes aber auch aus Gründen des strategisch rechten Zeitpunkts darüber noch zu schweigen (vgl. 5.7.3[4]).

3.6.5 *Szene 41 (Mk 8,31–9,1): Jesus lehrt die Jünger (bei Cäsarea Philippi) über seine bevorstehenden Leiden, seinen Tod und seine Auferstehung und ruft zur Nachfolge und Selbstverleugnung auf*

(1)   Szene

Die einundvierzigste Szene Mk 8,31–9,1 handelt davon, wie Jesus die Jünger (bei Cäsarea Philippi) über seine bevorstehenden Leiden, seinen Tod und seine Auferstehung lehrt und zur Nachfolge und Selbstverleugnung aufruft. Wie bereits die Szenen 03–05, 17–18, 27 und 40 gehört somit auch diese zu den biographischen, und zwar das Leben Jesu betreffenden Szenen, wie bereits die Szenen 06, 11, 16, 19–23, 28, 31 und 38 gehört sie ferner auch zu den jüngerbezogenen, und zwar ihre Belehrung betreffenden Szenen, und wie bereits die Szenen 02, 07–11, 14–15, 17, 19–22, 24–28, 30, 32–36 und 39 gehört sie schließlich auch zu den volksbezogenen, und zwar ihre Belehrung betreffenden Szenen. Die Szene unterscheidet sich von der nachfolgenden im Blick auf Akteure, Ort, Zeit, Handlung und Thema, wird doch dort Jesus vor drei Jüngern auf einem hohen Berg umgestaltet.

(2)   Text

8[31] Und er begann sie zu lehren: Es ist notwendig, dass der Menschensohn viel leide und verworfen werde von den Ältesten und den Hohepriestern und den

---

tet diese Szene weniger als eine Akklamation der Jünger mit Petrus als ihrem Wortführer, vielmehr sieht er Petrus in der Rolle des Herolds, der wie zuvor schon der Täufer und ähnlich Josephus dem Anwärter die Herrschaft kündet (*Wege des Heils*, 307–311, bes. 308).

672   Vgl. auch Ebner, der darauf hinweist, wie der Name „Cäsarea Philippi" die politische Allianz zwischen römischem Cäsar und jüdischem Kleinfürst zum Sprechen bringen würde („Evangelium contra Evangelium," 30; „Das Markusevangelium und der Aufstieg der Flavier," 67–68).

673   Vgl. auch Gudrun Guttenberger, „Why Caesarea Philippi of all Sites? Some Reflections on the Political Background and Implications of Mark 8:27–30 for the Christology of Mark," in *Zwischen den Reichen: Neues Testament und Römische Herrschaft: Vorträge auf der Ersten Konferenz der European Association for Biblical Studies* (hg. von Michael Labahn und Jürgen Zangenberg; TANZ 36; Tübingen: Francke, 2002), 119–131; Ebner, „Evangelium contra Evangelium," 30–32.

260   3. KAPITEL

Schriftgelehrten und getötet werde und nach drei Tagen auferstehe. [32] Und in Offenheit redete er das Wort. Und ihn beiseite nehmend begann Petrus ihn zu tadeln. [33] Er aber sich umdrehend und seine Jünger sehend tadelte Petrus und sagt: Geh weg hinter mich, Satan, denn nicht auf Dinge Gottes, sondern auf Dinge der Menschen, sinnst du. [34] Und herbeirufend das Volk mit seinen Jüngern sagte er ihnen: Wenn jemand hinter mir nachfolgen will, verleugne er sich selbst und nehme sein Kreuz und folge mir nach. [35] Denn wer sein Leben retten will, wird es verlieren, wer aber sein Leben um meiner und des Evangeliums willen verliert, wird es erretten. [36] Denn was nützt es einem Menschen die ganze Welt zu gewinnen und sein Leben zu verlieren? [37] Denn was kann ein Mensch, als Lösegeld für sein Leben geben? [38] Denn wer sich meiner und meiner Worte schämt unter diesem ehebrecherischen und sündigen Geschlecht, dessen wird sich auch der Menschensohn schämen, wenn er kommen wird in der Herrlichkeit seines Vaters mit den heiligen Engeln. 9[1] Und er sagte ihnen: Amen, ich sage euch, es sind einige der hier Stehenden, welche einen Tod nicht schmecken werden, bis sie sehen das Königreich Gottes in Kraft gekommen.[674]

(3)   Inhalt

Explizit anwesende *Akteure* dieser Szene sind einerseits Jesus, der sich selbst „Menschensohn" (Mk 8,31.38; vgl. 3.2.5[3]) bezeichnet, andererseits „seine" (Mk 8,33.34) „Jünger" (Mk 8,33.34 Pl.; vgl. 3.2.6[3]), insbesondere „Petrus" (Mk 8,32.33; vgl. 3.3.5[3]), den Jesus mit „Satan" (Mk 8,33; vgl. 3.1.4[3]) anspricht, und schließlich die wohl lokale „Volksmenge" (Mk 8,34; vgl. 3.2.5[3]). Und erwähnte Akteure sind einerseits „sein" (Mk 8,38) „Vater" (Mk 8,38; vgl. 3.2.1[3]), Jesus nennt ihn erstmals so, mitsamt seinem „Königreich Gottes" (Mk 9,1; vgl. 3.1.5[3]), andererseits die „heiligen Engel" (Mk 8,38 Pl.; vgl. 3.1.2[3]), ferner erstmals die „Hohepriester" (Mk 8,31 Pl.; vgl. 3.3.2[3]), „Schriftgelehrten" (Mk 8,31 Pl.; vgl. 3.2.2[3]; 3.2.2[4]) und „Ältesten" (Mk 8,31 Pl.; vgl. 3.5.11[3]) und schließlich ganz allgemein „Menschen" (Mk 8,33 Pl.; Mk 8,36.37; vgl. 3.2.1[3]), die Jesus als ehebrecherisches und daher sündiges, das heißt götzendienerisches „Geschlecht" (Mk 8,38; vgl. 3.6.1[3]) bezeichnet. In *räumlicher* Hinsicht hat sich in dieser Szene zur vorhergehenden nichts geändert, noch immer sind Jesus und seine Jünger unterwegs zu oder in einem der Dörfer um Cäsarea Philippi (vgl. Mk 8,27). Unverändert ist diese Szene auch in *temporaler* Hinsicht, denn

---

674 Literarisch folgt Szene 41 einem chiastischen Schema: A: Mk 8,31 (töten); B: Mk 8,32–33 (das Wort); C: Mk 8,34–35 (sein Leben, sein Leben); C': Mk 8,36–37 (sein Leben, sein Leben); B': Mk 8,38 (die Worte); C': Mk 9,1 (Tod). Vgl. auch Marcus, der seine in Mk 8,34 beginnende Perikope auch chiastisch angeordnet sieht (*Mark*, 2:623).

EXEGETISCHE ANALYSE DES MARKUSEVANGELIUMS   261

eine Angabe diesbezüglich erfolgte letztmals in Szene 36. In *rhetorischer* Hinsicht ist dreimal Jesus zu vernehmen, zunächst lehrend, dann Petrus scharf ermahnend, und hernach alle Jünger mitsamt dem Volk unterweisend. Mit dem Thema von Jesu Identität knüpft dieses Narrativ an die vorhergehende Szene an, mit dem Thema der Leidensankündigung an Szene 12, und mit dem Thema der Nachfolge an Szene 19.

Um Cäsarea Philippi und nachdem Jesus von Petrus und damit von allen seinen Jüngern erkannt wurde, beginnt er ihnen in „Offenheit" (Mk 8,32: παρρησία)[675] das „Wort" (Mk 8,32; Mk 8,38 Pl.; vgl. 3.2.4[3]) zu „lehren" (Mk 8,31; vgl. 3.2.2[3]): Nämlich, dass es „notwendig" (Mk 8,31: δεῖ)[676] sei, dass der Menschensohn viel „leiden" (Mk 8,31; vgl. 3.5.4[3]) und von den Ältesten, den Hohepriestern wie auch den Schriftgelehrten „verworfen" (Mk 8,31 Pass.: ἀποδοκιμάζω)[677] und „getötet" (Mk 8,31 Pass.; vgl. 3.3.3[3]), aber nach „drei" (Mk 8,31) „Tagen" (Mk 8,31 Pl.; vgl. 3.1.3[3]) „auferstehen werde" (Mk 8,31; vgl. 3.2.4[3]). Erstmals expliziert Jesus seinen Jüngern, was er mit „von ihnen genommen werden" (vgl. Mk 2,20) in Szene 12 gemeint hatte: Für den Menschensohn – so lehrt er – sei es von *Gott* gesetzt, dass er getötet werde. Doch zugleich wird auch ein vollständiges Martyriumsschicksal angesagt, nicht nur Verwerfung, Leiden und Tod, sondern auch die Aufnahme in den Himmel durch Auferweckung. Daraufhin wagt Petrus Ungewöhnliches, vielleicht deshalb, weil er sich dem Lehrer nahe wähnt, hat er ihn doch als ersten erkannt. So „nimmt" (Mk 8,32: προσ-

---

675 Menge-Güthling, „παρρησία," *Langenscheidts Großwörterbuch Altgriechisch-Deutsch*, 532; Walter Bauer, „παρρησία," *Griechisch-deutsches Wörterbuch zum Neuen Testament*, 1273–1274: Das Substantiv meint einerseits und wie hier „Freie Sprache, Redefreiheit, Freimütigkeit, Offenheit, Unverschämtheit, Dreistigkeit" und andererseits „Freiheit, Mut, Zuversicht, Freudigkeit." Der Begriff findet sich als *Hapax legomenon* nur hier im Text.

676 Menge-Güthling, „δεῖ," *Langenscheidts Großwörterbuch Altgriechisch-Deutsch*, 158; Walter Bauer, „δεῖ," *Griechisch-deutsches Wörterbuch zum Neuen Testament*, 343–344; Wiard Popkes, „δεῖ," *EWNT* 1:668–671: Das Verb mit der Bedeutung „man muss, es ist notwendig, man soll, darf oder braucht" meint im Neuen Testament eine unbedingte Notwendigkeit, meist in Form einer göttlichen Setzung und als Teil seiner Planung, die auch über einen Schrifthinweis – wie in Mk 9,11–13 etwa – eingeführt werden kann. Der Begriff findet sich 6mal im Text (Mk 8,31; 9,11; 13,7.10.14; 14,31).

677 Menge-Güthling, „ἀποδοκιμάζω," *Langenscheidts Großwörterbuch Altgriechisch-Deutsch*, 89; Walter Bauer, „ἀποδοκιμάζω," *Griechisch-deutsches Wörterbuch zum Neuen Testament*, 181: Das Kompositum meint einerseits und wie hier „Menschen (von der Wahl) ausschließen, zurückweisen, nicht bestätigen, (aus dem Amt) ausstoßen, (als untüchtig) verwerfen, verschmähen, tadeln" und andererseits „abschaffen (von Gesetzen), aufheben, für unbrauchbar erklären." Das Verb findet sich 2mal im Text und bezieht sich stets auf Jesus (Mk 8,31; 12,10).

262   3. KAPITEL

λαμβάνω)[678] er Jesus beiseite und „tadelt" (Mk 8,32.33; vgl. 3.2.2[3]) ihn – etwas
das sich bis anhin niemand Jesus gegenüber gewagt hatte. Dies stellt auch die
erste Interaktion eines einzelnen Jüngers dar. Macht er ihm etwa „Vorwürfe" –
wie der Begriff auch übersetzt werden kann –, dass er sie – nachdem erkannt –
schon wieder zu verlassen gedenkt? Petrus verkennt, so scheint der Erzähler
zu insinuieren, dass Leid und Tod göttlich gesetzte Notwendigkeit sind; daher
entspricht das, was er anmahnt dem, was Satan Jesus gegenüber beabsichtigt:
Gottes für ihn beschlossenen Weg zu verhindern. Sogleich „dreht" (Mk 8,33; vgl.
3.4.1[3]) sich Jesus um, als ob er hinter sich – den im Text letztmals genannte –
Satan vermutet, der ihn vierzig Tage in der Wüste versucht hatte (vgl. Szene 04),
erblickt jedoch nur „seine" (Mk 8,33.34) „Jünger" (Mk 8,33.34 Pl.; vgl. 3.2.6[3]),
trotzdem aber „schickt" (Mk 8,33; vgl. 3.2.4[3]) er Petrus fort, hinter sich, mit dis-
ziplinarischem Tadel (vgl. 5.6.4[5]), dass er auf Dinge der Menschen und nicht
auf Dinge Gottes „sinnen" (Mk 8,33: φρονέω)[679] würde. Dass der Erzähler keine
Zeugen dieser Begebenheit auf der Ebene der Szene nennt, betont wohl die
Wirkung, die sie pragmatisch auf die Leserschaft haben soll: Sie wird Zeuge
davon, dass nur in der Anerkennung der göttlichen Notwendigkeit des Marty-
riums, nur „hinter" Jesus, die Nachfolge geschieht. Daraufhin „ruft" (Mk 8,34
Med.; vgl. 3.3.5[3]) Jesus die Volksmenge samt den übrigen Jüngern hinzu, ein
Begriff mit auch militärischer Bedeutung.[680] Was er sagt, nimmt die auf Mar-
tyriumsvermeidung zielende oder Verlustangst ausdrückende Intervention des
Petrus auf, lenkt diese allerdings in eine unerwartete Richtung: Jesu Tod wird
sie nicht von ihm trennen, sagt er, aber nur, wenn ihre „Nachfolge" (Mk 8,34;
Mk 8,34 Imp.; vgl. 3.2.1[3]) „Selbstverleugnung oder Selbstverwerfung" (Mk 8,34

---

678   Liddell-Scott, „προσλαμβάνω," *Greek-English Lexicon*, 1518–1519; Menge-Güthling, „προσ-
       λαμβάνω," *Langenscheidts Großwörterbuch Altgriechisch-Deutsch*, 597; Walter Bauer, „προσ-
       λαμβάνω," *Griechisch-deutsches Wörterbuch zum Neuen Testament*, 1436: Das Kompositum
       meint einerseits „mit anfassen, mit Hand anlegen oder zugreifen, mithelfen" und ande-
       rerseits „zu sich nehmen, auf-, ein-, hinzu-, dazu-, beiseite-, hinnehmen, sich zugesellen,
       erlangen, erhalten, gewinnen, auf seine Seite oder in seine Gewalt bringen, sich zuziehen,
       ausbeuten, missbrauchen." Das Verb findet sich als *Hapax legomenon* nur hier im Text.

679   Menge-Güthling, „φρονέω," *Langenscheidts Großwörterbuch Altgriechisch-Deutsch*, 736;
       Walter Bauer, „φρονέω," *Griechisch-deutsches Wörterbuch zum Neuen Testament*, 1726–1727:
       Das vom Substantiv „φρήν" – „Inneres, Sinn, Seele, Geist" – abgeleitete Verb meint einer-
       seits und wie hier „(be)denken, sinnen, überlegen, erwägen, erkennen, einsehen," ande-
       rerseits „gesinnt sein, Gesinnung, fühlen, urteilen, meinen" und schließlich „gedenken, im
       Sinn haben, den Sinn richten auf, beabsichtigen, bedacht sein, streben, wollen, trachten
       nach, wünschen, bezwecken." Der Begriff findet sich als *Hapax legomenon* nur hier im
       Text.

680   Vgl. Marcus, *Mark*, 2:615, 624.

EXEGETISCHE ANALYSE DES MARKUSEVANGELIUMS 263

Med. Imp.: ἀπαρνέομαι)[681] und „Kreuz" (Mk 8,34: σταυρός)[682] einschließt, denn ein so verlorenes „Leben" (Mk 8,35.35.36.37; vgl. 3.3.3[3]) um Jesu und des „Evangeliums" (Mk 8,35; vgl. 3.1.1[3]) willen wird zum Lohn „errettet" (Mk 8,35.35; vgl. 3.3.3[3]) werden und mit ihm Gemeinschaft haben; wer es jedoch zu retten sucht, wird mit diesem auch seine Gemeinschaft „verlieren" (Mk 8,35.35; vgl. 3.2.2[3]). Ein wahrhaft hoher Preis! Oder vielleicht doch nicht? Denn Jesu fortführende Argumentation scheint zu implizieren, dass jedes Leben der bevorstehenden Strafe wegen „verloren" (Mk 8,36: ζημιόω)[683] sei, selbst dasjenige jenes Menschen, der die ganze „Welt" (Mk 8,36: κόσμος)[684] „gewinnt" (Mk 8,36: κερδαίνω)[685] – ein „Lösegeld" (Mk 8,37: ἀντάλλαγμα)[686] für sein Leben vermöge

---

681   Liddell-Scott, „ἀπαρνέομαι," *Greek-English Lexicon*, 180; Menge-Güthling, „ἀπαρνέομαι," *Langenscheidts Großwörterbuch Altgriechisch-Deutsch*, 82; Walter Bauer, „ἀπαρνέομαι," *Griechisch-deutsches Wörterbuch zum Neuen Testament*, 161; Wolfgang Schenk, „ἀρνέομαι/ ἀπαρνέομαι," *EWNT* 1:278.368–374: Das Kompositum meint einerseits „ableugnen, leugnen, verleugnen" und andererseits „ablehnen, verweigern, lossagen, abfallen, abschlagen, zurück-, abweisen, verwerfen." Das Verb findet sich 4mal im Text (Mk 8,34; 14,30.31.72).

682   Liddell-Scott, „σταυρός," *Greek-English Lexicon*, 1635; Menge-Güthling, „σταυρός," *Langenscheidts Großwörterbuch Altgriechisch-Deutsch*, 634; Walter Bauer, „σταυρός," *Griechisch-deutsches Wörterbuch zum Neuen Testament*, 1527–1528: Das Substantiv meint neben „Kreuz" auch „(Marter)pfahl." Der Begriff findet sich 4mal im Text (Mk 8,34; 15,21.30.32).

683   Liddell-Scott, „ζημιόω," *Greek-English Lexicon*, 755–756; Menge-Güthling, „ζημιόω," *Langenscheidts Großwörterbuch Altgriechisch-Deutsch*, 312; Walter Bauer, „ζημιόω," *Griechisch-deutsches Wörterbuch zum Neuen Testament*, 684–685: Das vom Substantiv „ζημία" – „Schaden, Verlust, Strafe" – abgeleitete Verb meint einerseits und wie hier „schaden, schädigen, Schaden erleiden, verlieren" und andererseits „(be)strafen, züchtigen." Der Begriff findet sich als *Hapax legomenon* nur hier im Text.

684   Menge-Güthling, „κόσμος," *Langenscheidts Großwörterbuch Altgriechisch-Deutsch*, 401; Walter Bauer, „κόσμος," *Griechisch-deutsches Wörterbuch zum Neuen Testament*, 905–908: Das Substantiv meint einerseits und wie hier „Anordnung, Einrichtung, Bau(art), Ordnung, Verfassung, Weltordnung, Welt(all), Himmel, Erdkreis, Menschheit" und andererseits „Gebühr, Anstand" aber auch „Schmuck, Zierde." Der Begriff findet sich 2mal im Text (Mk 8,36; 14,9).

685   Menge-Güthling, „κερδαίνω," *Langenscheidts Großwörterbuch Altgriechisch-Deutsch*, 385–386; Walter Bauer, „κερδαίνω," *Griechisch-deutsches Wörterbuch zum Neuen Testament*, 873: Das Verb meint einerseits und wie hier „gewinnen, Gewinn machen, Vorteil erlangen oder erzielen" und andererseits „sich etwas ersparen oder vermeiden." Der Begriff findet sich als *Hapax legomenon* nur hier im Text.

686   Menge-Güthling, „ἀντάλλαγμα," *Langenscheidts Großwörterbuch Altgriechisch-Deutsch*, 70; Walter Bauer, „ἀντάλλαγμα," *Griechisch-deutsches Wörterbuch zum Neuen Testament*, 144: Das Kompositum meint neben „Lösegeld" wie hier auch „Tauschmittel und Gegenwert." Das Substantiv findet sich als *Hapax legomenon* nur hier im Text.

264   3. KAPITEL

auch dieser nicht zu geben. Denn sie alle seien ein sündiges und daher ehebrecherisches, das heißt götzendienerisches Geschlecht. Nein, als Gegenwert
eines Lebens reicht ein „Lösegeld" nicht, der Gegenwert eines Lebens ist vielmehr ein Leben, einen Preis, den Jesus selbst zu entrichten bereit ist (vgl. Mk
10,45). Und wer sich unter ihnen Jesu und seiner Worte „schäme" (Mk 8,38.38:
ἐπαισχύνομαι)[687], dessen werde sich auch der Menschensohn schämen, wenn
er in der „Herrlichkeit" (Mk 8,38: δόξα)[688] seines Vaters – Jesus bezeichnet Gott
erstmals so – und mit den heiligen Engeln als seinem Heer kommen werde. Das
Kommen des Königreichs Gottes in „Kraft" (Mk 9,1 Dat.: δύναμις; vgl. 3.5.4[3]),
was auch mit „Heer" übersetzt werden kann und bei Josephus auch oft wird,
erwartet Jesus noch zu Lebzeit einiger Beistehender, die den „Tod" (Mk 9,1; vgl.
3.5.11[3]) nicht „schmecken" (Mk 9,1) werden, bevor sie es in Kraft haben gekommen sehen.

(4)   Politisch-militärisches Profil

Auf den gruppendynamischen Höhepunkt, die Jünger und allen voran Petrus
hatten Jesus in seiner messianischen Rolle und damit sich selbst in ihrer Rolle
erkannt, folgt eine erschütternde Vorhersage: Was wird mit ihnen sein, wenn
ihnen der messianische König und Feldherr durch Verwerfung und Tod genommen werden wird? In seiner Verwerfung und Tod würde göttliche Logik walten, lässt der Erzähler Jesus erklären, daher seien sie unumgänglich, stünden
aber nicht im Widerspruch mit seiner noch ihrer vorherbestimmten Rolle.[689]

---

687   Menge-Güthling, „ἐπαισχύνομαι," *Langenscheidts Großwörterbuch Altgriechisch-Deutsch*,
      254; Walter Bauer, „ἐπαισχύνομαι," *Griechisch-deutsches Wörterbuch zum Neuen Testament*,
      571: Das Kompositum meint neben „sich schämen" wie hier auch „sich scheuen." Das Verb
      findet sich 2mal und nur hier im Text.

688   Liddell-Scott, „δόξα," *Greek-English Lexicon*, 444; Menge-Güthling, „δόξα," *Langenscheidts
      Großwörterbuch Altgriechisch-Deutsch*, 189; Walter Bauer, „δόξα," *Griechisch-deutsches
      Wörterbuch zum Neuen Testament*, 409–410: Das Substantiv meint neben „Meinung, An-
      sicht, Vorstellung, Glaube, Schein" auch und wie hier „Ruf, Ruhm, Ansehen, Herrlichkeit,
      Majestät, Glanz, Ehre." Der Begriff findet sich 3mal im Text (Mk 8,38; 10,37; 13,26).

689   Vgl. Marcus, der das Verhalten von Petrus auf ein Missverständnis über die Art und
      Weise des Siegs zurückführt (*Mark*, 2:614, 628–630): „For Peter, steeped in traditional
      versions of Davidic messiahship, the struggle anticipated is one in which victory will be
      accomplished through a military assault on flesh-and-blood enemies (cf. the Qumran
      War Scroll). According to such a scenario, the premature death of Jesus, the Messiah and
      therefore the captain of the armies of God, would be a devastating blow to God's forces
      and a spectacular coup for the opposition. For Jesus, however, the messianic victory will
      in the first instance be a cosmic one over supernatural foes (cf. 1:24; 3:23–27), and it will
      be achieved not by a conventional battle but by death and resurrection" (*Mark*, 2:614).

EXEGETISCHE ANALYSE DES MARKUSEVANGELIUMS 265

In der schon länger erkannten Rhetorik einer Feldherrenrede (παρακέλευσις oder *cohortatio*)[690] weist Jesus ihnen und auch den Übrigen den Weg (vgl. 5.5.4[3]), indem er sie einlädt, wie er ihrer Rolle gemäß zu handeln. Das bedeutet, statt ihr Leben „auszulösen" (vgl. Ex 30,11–16), ihrem messianischen König und Feldherrn kompromisslos zu folgen, auch in den Tod (vgl. 5.6.4[4]; 5.7.3[5]; 5.8.3[4]);[691] eine im militärischen Kontext und in Verbindung mit dem römischen Militäreid übliche und von Vespasian als auch Titus vor entscheidenden Schlachten explizit an ihre Soldaten gestellte Forderung (vgl. 5.4.4[1]; 5.6.4[5]). Das würde der befürchteten Trennung vorbeugen. Die Kosten jedoch scheinen hoch, aber vor dem Horizont jenseitigen Lebens sei ihr Leben ohnehin der Sünde wegen preisgegeben, so Jesu Argumentation. Diese Art der Nachfolge kann sich daher nur lohnen (vgl. 5.7.3[4]). Aber Tod allein ginge noch, viel unerträglicher scheint der unehrenhafte, schamvolle Tod. Darin nämlich, dass sie aus Sicht jüdischer Obrigkeit mit einem – seines messianischen Anspruchs wegen – Gotteslästerer und aus Sicht der Okkupationsmacht mit einem politischen Aufwiegler assoziiert werden könnten. Deshalb ermahnt Jesus Petrus, dass es den Sinn auf das zu richten gelte, was Gottes und nicht auf das, was der Menschen sei. Dann nämlich werde der Menschensohn bei seiner Rückkehr mit (Heeres)Macht inmitten eines Engelheers und in absehbarer Zeit sich seiner Nachfolger auch nicht schämen (vgl. 5.4.4[2]; 5.5.4[5]; 5.6.4[1]; 5.6.4[6]; 5.7.3[4]; 5.7.3[5]; 5.8.3[3]).[692]

---

690   Dazu liefert Johannes B. Bauer zahlreiche Beispiele aus der Hebräischen Bibel, den Texten Qumrans, des Altertums (griechische als auch lateinische) als auch der Patristik (etwa des Chrysostomos; „,Wer sein Leben retten will ...': Mk 8,35 Parr," in *Neutestamentliche Aufsätze: Festschrift für Prof. Josef Schmid zum 70. Geburtstag* [hg. von J. Blinzler, O. Kuss und F. Mußner; Regensburg: Pustet, 1963], 7–10); vgl. auch Marcus, *Mark*, 2:624–626.

691   Vgl. auch den Artikel von Joanna Dewey, die aufzeigt, dass dieser Vers vor seinem antiken Hintergrund eine Ermahnung sei, Jesus und der Gottesherrschaft auch angesichts von Verfolgung und selbst Exekution treu zu bleiben („,Let Them Renounce Themselves and Take Up Their Cross': A Feminist Reading of Mark 8.34 in Mark's Social and Narrative World," in *A Feminist Companion to Mark*, 23–36).

692   Vgl. auch Heininger, dem diese Szene u. a. entscheidend zum Verständnis des Evangeliums als *theologia crucis* dient („Politische Theologie," 193–199).

266   3. KAPITEL

3.6.6 Szene 42 (Mk 9,2–8): Jesus wird vor drei Jüngern auf einem hohen Berg umgestaltet

(1)   Szene

Die zweiundvierzigste Szene Mk 9,2–8 handelt davon, wie Jesus vor drei Jüngern auf einem hohen Berg umgestaltet wird. Wie bereits die Szenen 03–05, 17–18, 27, 40 und 41 gehört somit auch diese zu den biographischen, und zwar das Leben Jesu betreffenden Szenen, wie bereits die Szenen 06, 11, 16, 19–23, 28, 31, 38 und 41 gehört sie ferner auch zu den jüngerbezogenen, und zwar die Belehrung der Drei betreffenden Szenen, und wie bereits die Szenen 03–04, 07–09, 15, 24, 28 und 34 gehört sie schließlich auch zu den auf jenseitige Wesen, und zwar Gott betreffenden Szenen. Die Szene unterscheidet sich von der nachfolgenden nicht im Blick auf Akteure, Ort und Zeit, wohl aber im Blick auf Handlung und Thema, lehrt doch dort Jesus die drei Jünger auf dem Berg über Elija und seine bevorstehenden Leiden.

(2)   Text

9² Und nach sechs Tagen nimmt Jesus den Petrus und den Jakobus und den Johannes und führt sie auf einen hohen Berg für sich allein. Und er wurde umgestaltet vor ihnen. ³ Und seine Kleider wurden glänzend, sehr weiß, so wie ein Bleicher auf Erden nicht weiß zu machen vermag. ⁴ Und es erschien ihnen Elija mit Mose, und sie waren redend mit Jesus. ⁵ Und entgegnend sagt Petrus zu Jesus: Rabbi, es ist gut für uns hier zu sein; und wir wollen drei Zelte machen, dir eines und Mose eines und Elija eines. ⁶ Denn er wusste nicht was entgegnen, da sie sehr erschrocken waren. ⁷ Und es entstand eine sie überschattende Wolke, und eine Stimme entstand aus der Wolke: Dies ist mein geliebter Sohn, hört auf ihn. ⁸ Und sich umsehend sahen sie plötzlich niemanden mehr bei sich als Jesus allein.[693]

(3)   Inhalt

Explizit anwesende *Akteure* dieser Szene sind einerseits und letztmals Gott, angeführt über die „Stimme" (Mk 9,7; vgl. 3.1.2[3]), andererseits „Elija" (Mk 9,4.5; vgl. 3.5.7[3]), „Mose" (Mk 9,4.5; vgl. 3.2.4[3]; 3.5.11[3]) und „Jesus" (Mk 9,2.4.5.8; vgl. 3.1.1[3]), der von Gott als „geliebter Sohn" (Mk 9,7; vgl. 3.1.3[3]) und von Petrus als „Rabbi" (Mk 9,5: ῥαββί; hebr. „רַבִּי" für „mein Lehrer, oder

---

693   Literarisch folgt Szene 42 einem chiastischen Schema: A: Mk 9,2 (allein); B: Mk 9,3 (glänzen); C: Mk 9,4 (Elija, Mose, Jesus); C': Mk 9,5–6 (Jesus, Mose, Elija); B': Mk 9,7 (überschatten); A': Mk 9,8 (allein). Vgl. auch Marcus, der seine Perikope ebenfalls chiastisch angeordnet sieht (*Mark*, 2:635).

EXEGETISCHE ANALYSE DES MARKUSEVANGELIUMS   267

auch Herr, Meister, Gebieter") bezeichnet wird, das als Synonym zu „διδάσκαλος" über das enthaltene Adjektiv „רַב" („zahlreich, groß, Herr") besser Ehrfurcht
gegenüber dem angesprochenen „Gesetzeslehrer" zum Ausdruck zu bringen
vermag,[694] und schließlich „Petrus" (Mk 9,2.5; vgl. 3.3.5[3]), „Jakobus" (Mk 9,2;
vgl. 3.2.1[3]) und „Johannes" (Mk 9,2; vgl. 3.1.2[3]). Die vorhergehende Szene
hatte um Cäsarea Philippi geendet (vgl. Mk 8,27), von wo aus Jesus und drei seiner Jünger sich nach „sechs Tagen" (Mk 9,2; vgl. 3.1.3[3]) auf einen hohen „Berg"
(Mk 9,2; vgl. 3.3.5[3]) begeben. Zum dritten Mal nun spielt sich eine Handlung
auf einem Berg ab, in Szene 16 waren die Zwölf dort eingesetzt worden und in
Szene 30 hatte sich Jesus nach der Speisung der Fünftausend auf einen solchen
zum Gebet zurückgezogen. Jene Berge lagen in Galiläa, auch waren sie nicht als
„hoch" bezeichnet worden; bei diesem liegt es nahe, dass der Erzähler auf den
Berg Hermon anspielt; er ist der einzige in unmittelbarer Nähe, an dessen Fuß
die Hauptstadt liegt (vgl. 3.6.4[3]). Auch ist er hoch, der höchste gar im herodianischen Gebiet beziehungsweise in Israel, und als südlicher Ausläufer der Anti-
Libanon-Gebirgskette misst er ganze 2'814 Meter. Das Adjektiv „hoch(gelegen)"
(Mk 9,2: ὑψηλός) bezeichnet substantiviert „Höhe," aber auch „Himmel,"[695] was
nicht nur das innertextliche auf „Erden" (Mk 9,3; vgl. 3.2.5[3]) kontrastiert, sondern auch mit der weitverbreiteten altorientalischen Annahme übereingeht,
dass hohe Gipfel und Berge als Wohnstätten von Göttern angenommen wurden. Dass dies auch hier vorausgesetzt wird, bestätigt eine Aussage von Eusebius, der berichtet, dass der „Hermon bei Cäsarea Philippi (Paneas) von den
Nationen als Heiligtum verehrt werde" (*Onom.* 20,12). Im Rahmen archäolo-
gischer Surveys konnten dementsprechend eine ungewöhnlich hohe Anzahl
von Tempeln gezählt werden, neben Spuren von älteren unbedeckten und aus
dem Felsen geschlagenen Anlagen, auch jüngere, ins 1. Jahrhundert d. Z. datie-
rende und einst im klassischen Stil erbaute Tempel.[696] In *rhetorischer* Hinsicht
ist einerseits Petrus zu vernehmen, der sich geängstigt an Jesus wendet, und

---

694 Menge-Güthling, „ῥαββί/ῥαββυνί," *Langenscheidts Großwörterbuch Altgriechisch-Deutsch*,
611; Walter Bauer, „ῥαββί/ῥαββυνί," *Griechisch-deutsches Wörterbuch zum Neuen Testament*,
1467; Gerhard Schneider, „ῥαββί/ῥαββυνί," *EWNT* 3:493–495. Der Titel findet sich 3mal im
Text (Mk 9,5; 11,21; 14,45).

695 Menge-Güthling, „ὑψηλός," *Langenscheidts Großwörterbuch Altgriechisch-Deutsch*, 719;
Walter Bauer, „ὑψηλός," *Griechisch-deutsches Wörterbuch zum Neuen Testament*, 1693–1694:
Das Adjektiv meint einerseits „hoch" und andererseits „erhaben, hochmütig, stolz." Der
Begriff findet sich als *Hapax legomenon* nur hier im Text.

696 Michael Avi-Yonah und Efraim Orni, „Hermon, Mount," *EJ* 9:30–31; Rami Arav, „Hermon,
Mount," *ABD* 3:158–160; vgl. auch Gudrun Guttenberger, *Die Gottesvorstellung im Markusevangelium* (BZNW 123; Berlin de Gruyter, 2004), 85–116, bes. 85–87.

268 3. KAPITEL

andererseits Gott, der sich an die drei Jünger wendet. Mit dem Thema von Jesu Identität knüpft dieses Narrativ an die (An)Erkennungsszenen 03, 40 und 41 an.

Nach Jesu Leidensankündigung und Aufruf zur Selbstverleugnung, es sind mittlerweile sechs Tage vergangen, nimmt Jesus die drei Jünger Petrus, Jakobus und Johannes und „führt" (Mk 9,2: ἀναφέρω)[697] sie für sich allein auf diesen hohen Berg. „Allein" hatte bis anhin 3mal die Zwölf bezeichnet (Szenen 22, 28) und 1mal den Taubstummen (Szene 35), und nun zum ersten Mal diese Drei, sie hatten bereits in Szene 25 als Bevorzugte der Auferweckung der zwölfjährigen Tochter beiwohnen dürfen. Weshalb nur die Drei eingeweiht werden, könnte mit der notwendigen Zeugenschaft von zwei oder drei zusammenhängen (vgl. Dtn 17,6; 19,15; Mt 18,16; 2 Kor 13,1; 1 Tim 5,19; Hebr 10,28). Es könnte aber auch mit der von Ekkehard W. Stegemann geäußerten Vermutung in Verbindung stehen, dass diese drei als Märtyrer bekannt waren, hatte doch Jesus in der vorhergehenden Szene von seinem und implizit vielleicht auch von ihrem Martyrium gesprochen.[698] Dann jedenfalls kann das „Naherwartungslogion" aus Mk 9,1 durchaus als eine Prophezeiung verstanden werden, die sich in Mk 9,2–8 erfüllt: Die bevorzugten drei Jünger dürfen das Königreich Gottes in Kraft schon sehen.[699] Vor ihnen jedenfalls wird Jesus „umgestaltet" (Mk 9,2 Pass.: μεταμορφόω),[700] in sein göttliches Wesen sichtbar verwandelt: Einerseits darin, dass seine Kleider – und nicht etwa das Gesicht wie im Falle des Mose – „glänzend" (Mk 9,3), das heißt so „weiß" (Mk 9,3) werden wie kein „Bleicher" (Mk 9,3: γναφεύς)[701] auf Erden „weiß zu machen" (Mk 9,3) vermag; andererseits darin,

---

697 Menge-Güthling, „ἀναφέρω," *Langenscheidts Großwörterbuch Altgriechisch-Deutsch*, 61; Walter Bauer, „ἀναφέρω," *Griechisch-deutsches Wörterbuch zum Neuen Testament*, 124–125: Das Kompositum meint einerseits und wie hier „hinauftragen, -bringen, -führen, opfern, zurückbringen, -führen," andererseits „auswerfen, ausstoßen, annehmen, aufheben, emporbringen, erheben, aufrichten" und schließlich „zuschreiben, beimessen, zuschieben, berichten, vorlegen, ertragen." Das Verb findet sich als *Hapax legomenon* nur hier im Text.

698 Stegemann, „Zur Rolle von Petrus, Jakobus und Johannes im Markusevangelium," 366–374.

699 Vgl. auch Majoros-Danowski, *Elija im Markusevangelium*, 216.

700 Menge-Güthling, „μεταμορφόω," *Langenscheidts Großwörterbuch Altgriechisch-Deutsch*, 449; Walter Bauer, „μεταμορφόω," *Griechisch-deutsches Wörterbuch zum Neuen Testament*, 1036: Das aus „μετά" und „μορφή" – hier „hinter" und „Gestalt" – bestehende Kompositum meint „umgeformt, -gestaltet, verwandelt werden." Das Verb findet sich als *Hapax legomenon* nur hier im Text.

701 Menge-Güthling, „γναφεύς/κναφεύς," *Langenscheidts Großwörterbuch Altgriechisch-Deutsch*, 149, 394; Walter Bauer, „γναφεύς," *Griechisch-deutsches Wörterbuch zum Neuen Testament*, 325: Das Substantiv meint neben „Bleicher" auch „Walker und Tuchscherer."

EXEGETISCHE ANALYSE DES MARKUSEVANGELIUMS 269

dass sich der messianische Prophet und Vorbote Elija und der Gesetzesgeber Mose, die ihnen „erscheinen" (Mk 9,4 Pass.; 9,8 Akt.; vgl. 3.1.3[3]), mit Jesus „unterreden" (Mk 9,4: συλλαλέω)[702]. Zwei gewichtige Persönlichkeiten, deren Erste ohne den Tod zu sehen in den Himmel entrückt worden war, was auch von der Zweiten behauptet worden war, weil nie ein Grab gefunden werden konnte. Was sie wohl mit Jesus besprechen? Implizit wird durch die Gegenüberstellung von Elija und Jesus einmal mehr verdeutlicht, was bereits in den Szenen 29 und 40 offenkundig wurde, nämlich, dass Jesus nicht mit Elija zu identifizieren ist. Über dieser Erscheinung „erschrecken" (Mk 9,6: ἔκφοβος)[703] die Jünger sehr – wie schon zweimal unterwegs im Schiff (vgl. Szenen 23 und 31). Der Erzähler lässt wieder – und scheinbar verlegen – Petrus stellvertretend und unaufgefordert das Wort ergreifen, als ob er auf die Furcht sprechend zu „antworten" (Mk 9,5.6) sucht, indem er nämlich feststellt, dass es gut für „sie" (Mk 9,5) sei hier zu sein.[704] Er spricht Jesus dabei erstmals mit Rabbi an. Drei „(Lager)Zelte" (Mk 9,5 Pl.: σκηνή)[705] sollten sie machen, eines für Jesus, eines für Mose und eines für Elija, womit er aus einem nicht erklärten Impuls heraus – und ohne an sich und die anderen zwei Jünger zu denken – Wohn- und/oder Lager- beziehungsweise Feldherrenzelte meinen dürfte; Zelte, mit denen sich im Kriegslager durchaus sakrale Konnotationen verbanden. Auch wird deutlich, dass mit Petrus die Drei die Identität des Mose und des Elijas erkannt haben. Niemand der Anwesenden geht auf Petrus' Vorschlag ein, stattdessen

---

Der Begriff findet sich als *Hapax legomenon* nur hier im Text, auch im Blick auf das gesamte Neue Testament.

702 Menge-Güthling, „συλλαλέω," *Langenscheidts Großwörterbuch Altgriechisch-Deutsch*, 646; Walter Bauer, „συλλαλέω," *Griechisch-deutsches Wörterbuch zum Neuen Testament*, 1549: Das aus „σύν" und „λάλος" – „reden mit" – bestehende Kompositum meint neben „sich unterreden" auch „sich besprechen." Das Verb findet sich als *Hapax legomenon* nur hier im Text.

703 Menge-Güthling, „ἔκφοβος," *Langenscheidts Großwörterbuch Altgriechisch-Deutsch*, 224; Walter Bauer, „ἔκφοβος," *Griechisch-deutsches Wörterbuch zum Neuen Testament*, 498: Das Kompositum meint neben „sehr erschrecken" auch „voll Angst sein." Das Adjektiv findet sich als *Hapax legomenon* nur hier im Text.

704 Vgl. auch Majoros-Danowski, *Elija im Markusevangelium*, 217.

705 Liddell-Scott, „σκηνή," *Greek-English Lexicon*, 1608; Menge-Güthling, „σκηνή," *Langenscheidts Großwörterbuch Altgriechisch-Deutsch*, 626; Walter Bauer, „σκηνή," *Griechisch-deutsches Wörterbuch zum Neuen Testament*, 1508: Das Substantiv meint einerseits und wie hier „Zelt, Baracke, Quartier, Kriegs- und Lagerzelt, Hütte, Bude, Wohnung, Behausung, Aufenthaltsort," andererseits „Stiftshütte, Tempel," ferner „Laden, Bühne, Szene, Theater, Laube" und schließlich „Mahlzeit, Schmaus." Der Begriff findet sich als *Hapax legomenon* nur hier im Text.

270   3. KAPITEL

gesellt sich zu den drei Autoritätsfiguren und drei Jünger als siebter Akteur Gott selbst. Aus einer sie „überschattenden" (Mk 9,7: ἐπισκιάζω)[706] „Wolke" (Mk 9.7.7: νεφέλη)[707] nämlich vernehmen die Jünger die wohl an sie gerichtete Stimme Gottes. Was die anwesenden Autoritätspersonen bereits wissen, bestätigt Gott den Dreien: Jesus ist sein geliebter Sohn, und deshalb wohl der Christus, auf ihn sollten sie hören, gebietet er. Es ist das zweite Mal in der Erzählung, dass Gott Jesus als seinen Sohn identifiziert, war dies am Textanfang nach Jesu Taufe lediglich für seine Ohren bestimmt gewesen (vgl. Szene 03), sind die Adressaten hier im Textzentrum die drei bevorzugten Jünger.[708] Damit kommen die Drei Gott fast so nahe wie damals Mose, doch nicht für vierzig Tage wie jener, denn schneller als möglicherweise erwünscht, haben sie plötzlich wieder nur Jesus allein bei sich.

(4)   Politisch-militärisches Profil
Der Autor lässt Jesus gezielt drei seiner Jünger auf den höchsten und als Wohnstätte einer (oder mehrerer) Gottheit(en) erachteten Berg führen, wo er in

---

706   Menge-Güthling, „ἐπισκιάζω," *Langenscheidts Großwörterbuch Altgriechisch-Deutsch*, 274; Walter Bauer, „ἐπισκιάζω," *Griechisch-deutsches Wörterbuch zum Neuen Testament*, 605: Das aus „ἐπί" und „σκιά" – „Schatten" – bestehende Kompositum meint einerseits „beschatten, überschatten" und andererseits „verbergen, verstecken, bedecken, verdunkeln, verschleiern, umnebeln." Das Verb findet sich als *Hapax legomenon* nur hier im Text.

707   Menge-Güthling, „νεφέλη," *Langenscheidts Großwörterbuch Altgriechisch-Deutsch*, 469; Walter Bauer, „νεφέλη," *Griechisch-deutsches Wörterbuch zum Neuen Testament*, 1086: Das Substantiv meint einerseits und wie hier „Wolke, Gewölk, Nebel, Dunkel, Finsternis," andererseits „Umnachtung, Umhüllung, Kummer" und schließlich „dichte Menge, Schar, Schwarm." Der Begriff findet sich 4mal im Text (Mk 9,7.7; 13,26; 14,62).

708   Öfters als in Szene 42 wurde in der Forschung das Textzentrum in Szene 40 geortet. Gleichwohl hat es in der Forschung aber an gut begründeten Vorschlägen, das Zentrum dennoch und bewusst in der Verklärungszene zu sehen, nicht gefehlt. Ein solchen legte beispielsweise Philipp Vielhauer bereits 1964 vor und begründete es christologisch, man könnte auch sagen politisch, denn – vor dem Hintergrund eines Inthronisationsschema und im Zusammenhang mit Mk 1,11 bzw. Mk 15,39 – sah er Mk 9,7 besonders akzentuiert: „Unter diesem Gesichtspunkt ergibt sich zwischen den drei Szenen ein sinnvoller Zusammenhang. Die Taufe entspricht der Apotheose; Jesus erhält die göttliche Gabe des Pneuma und wird zum Gottessohn adoptiert. Die Verklärung entspricht der Präsentation; er wird himmlischen und irdischen Wesen in seiner Würde vorgestellt und proklamiert. Die Kreuzigung entspricht der eigentlichen Inthronisation; dem Gekreuzigten wird die Weltherrschaft übertragen, wie die kosmischen Wunder, die Akklamation des Centurio als des Vertreters der Welt und dann das Wort des Engels (16,6) deutlich machen" („Erwägungen zur Christologie des Markusevangeliums," in *Aufsätze zum Neuen Testament* [hg. von dems.; TB 31; München: Kaiser, 1965], 199–214, bes. 213).

EXEGETISCHE ANALYSE DES MARKUSEVANGELIUMS

Abgeschiedenheit und nur vor ihren Augen umgestaltet wird, und in seinem göttlichen Wesen sichtbar wird für sie. Als solcher bewegt er sich gelassen im Kreise der vornehmsten biblischen-historischen Gestalten, dem Gesetzesgeber Mose und dem messianischen Vorboten Elija, als wären ihm diese längst bekannt. Doch er ist größer als sie, denn diese unterreden sich mit ihm und nicht er mit ihnen. Das bestätigt den Jüngern auch die Stimme Gottes, die Jesus als „geliebten Sohn" vor ihnen legitimiert (vgl. 5.6.4[4]; 5.7.3[4]), gleichzeitig aber zeigt sie auch Jesu Grenzen auf: Auch er ist einer Autorität unterstellt, und wie sie Empfänger von Befehlen. Den Dreien gebietet Gott, auf den Sohn zu hören, womit er sie in Denken und Handeln – so scheint es – auf Gehorsam dem König und Feldherrn gegenüber verpflichtet. Sie weiht er hiermit ins Geheimnis um Jesu göttliche Herkunft und Identität ein (vgl. 5.5.4[4]). Jesus wird sie in der nächsten Szene im Blick auf dieses Wissen zum Schweigen auf Zeit verpflichten, auch den anderen Jüngern gegenüber. Es verbindet die Drei mit Jesus hinfort ein strategisches Geheimnis und nach Ablauf der Zeit eine Verantwortung. Der Umstand, dass sich die Volksführer Mose und der Prophet Elija mit Jesus unterreden, und dass die drei Jünger eine Bestätigung und einen Befehl von Gott erhalten, erinnert an einen (himmlischen) Kriegsrat mit den höchsten Offizieren im Sinne der eingangs angekündigten Siegesbotschaft (vgl. 3.1.1[3]). Dazu passt, dass Petrus von (Lager)Zelten spricht, in welchen Offiziere untergebracht waren, und dass Josephus das Feldherrenzelt einem Tempel gleichstellt, was wiederum der Berg als Ganzes symbolisiert, Wohnstätte Gottes eben (vgl. 5.6.2[7]; 5.6.4[7]).

3.6.7 Szene 43 (Mk 9,9–13): Jesus lehrt die drei Jünger auf dem Berg über Elija und seine bevorstehenden Leiden

(1)   Szene
Die dreiundvierzigste Szene Mk 9,9–13 handelt davon, wie Jesus die drei Jünger auf dem Berg über Elija und seine bevorstehenden Leiden lehrt. Wie bereits die Szenen 03–05, 17–18, 27, 40 und 41–42 gehört somit auch diese zu den biographischen, und zwar das Leben Jesu betreffenden Szenen, und wie bereits die Szenen 06, 11, 16, 19–23, 28, 31, 38 und 41 gehört sie ferner auch zu den jüngerbezogenen, und zwar die Belehrung der Drei betreffenden Szenen. Die Szene unterscheidet sich von der nachfolgenden im Blick auf Akteure, Ort, Zeit, Handlung und Thema, befreit doch dort Jesus einen besessenen Knaben (bei Cäsarea Philippi).

(2)   Text
9⁹ Und als sie hinabgestiegen von dem Berg, gebot er ihnen, dass sie niemandem erzählen sollten, was sie sahen, ehe nicht der Menschensohn von

den Toten auferstanden sei. [10] Und sie hielten das Wort fest und besprachen untereinander: Was ist das aus den Toten auferstehen? [11] Und sie fragten ihn sagend: Warum sagen die Schriftgelehrten, dass es notwendig ist, dass Elija zuvor komme? [12] Er aber spricht zu ihnen: Elija zuvor kommend stellt zwar alles wieder her. Und wie ist über den Menschensohn geschrieben, dass er viel leiden und verachtet werden soll? [13] Aber ich sage euch, dass auch Elija gekommen ist, und sie taten ihm soviel sie wollten, wie geschrieben ist über ihn.[709]

(3)   Inhalt

Explizit anwesende *Akteure* dieser Szene sind einerseits Jesus, der sich selbst abermals als „Menschensohn" (Mk 9,9.12; vgl. 3.2.5[3]) bezeichnet, und andererseits die drei Jünger Petrus, Jakobus und Johannes (Mk 9,9). Und erwähnte Akteure sind einerseits „Elija" (Mk 9,11.12.13; vgl. 3.5.7[3]), den Jesus als „gekommen" beschreibt, und andererseits die „Schriftgelehrten" (Mk 9,11 Pl.; vgl. 3.2.2[3]). Vom „*Berg*" (Mk 9,9; vgl. 3.3.5[3]) Hermon, auf den Jesus die drei Jünger zuvor hinaufgeführt hatte, steigen sie nun wieder hinab, wohl in Richtung Cäsarea Philippi, der an seinem Fuße gelegenen Hauptstadt der Tetrarchie. In *temporaler* Hinsicht werden keine Hinweise gemacht, was nahe legt, dass Abstieg wie auch Aufstieg und Umgestaltung der vorhergehenden Szene sich an demselben Tag ereignen – aber ist das möglich? In *rhetorischer* Hinsicht sind einerseits ein Selbstgespräch und eine Frage der Jünger und andererseits Jesu Antwort darauf zu vernehmen. Mit der Leidens- und Auferstehungsthematik Jesu knüpft dieses Narrativ an die Szenen 12, 14, und 41 an, und mit dem Elijathema an die Szenen 29, 40 und 42.

Nach der Metamorphose Jesu „gebietet" (Mk 9,9; vgl. 3.5.3[3]) dieser den Dreien „hinabsteigend" (Mk 9,9; vgl. 3.1.3[3]), dass sie „niemandem" (Mk 9,9: μηδείς; vgl. 3.2.4[3]) von der bezeugten Umgestaltung seiner Person, der Erscheinung des Mose und Elija, seinem Gespräch mit ihnen sowie der vernommenen Stimme Gottes „erzählen" (Mk 9,9; vgl. 3.5.2[3]) sollen, solange nicht, bis der Menschensohn von den „Toten" (Mk 9,9.10 Pl.; vgl. 3.5.7[3]) „auferstanden" (Mk 9,9.10; vgl. 3.2.4[3]) sei. Sein „Wort" (Mk 9,10; vgl. 3.2.4[3]) „halten sie fest" (Mk 9,10; vgl. 3.3.6[3]), so der Narrator, „besprechen" (Mk 9,10; vgl. 3.2.2[3]) sich jedoch untereinander, was denn aus den Toten auferstehen bedeute, denn offensichtlich hatten sie dies schon in Szene 41 nicht verstanden. Merkwürdig eigentlich, denn ausgerechnet sie hatten – neben den Eltern – der Toten-

---

709   Literarisch folgt Szene 43 einem chiastischen Schema: A: Mk 9,9–10 (Menschensohn); B: Mk 9,11 (Elija, kommt zuvor); B': Mk 9,12a (Elija, kommt zuvor); A': Mk 9,12b–13 (Menschensohn).

EXEGETISCHE ANALYSE DES MARKUSEVANGELIUMS 273

auferstehung der zwölfjährigen Tochter in Szene 25b beigewohnt. Auch dort waren sie auf Schweigen verpflichtet worden, was zusammen mit dem Umgestaltungswunder bereits das zweite Geheimnis ist, das sie mit Jesus und der Leserschaft und in Abgrenzung zu den anderen Jüngern teilen. Aber sie befragen Jesus zur Totenauferstehung des Menschensohns nicht, stattdessen befragen sie ihn dazu, weshalb die Schriftgelehrten sagten, dass Elija zuvor kommen müsse, das heißt „notwendigerweise" (Mk 9,11; vgl. 3.6.5[3]) vor dem Gottessohn kommen müsse. Sie beziehen sich damit auf eine Lehre, die ihren Ursprung beim Propheten Maleachi hat, sofern sich dort die Prophezeiung findet, nach der der endzeitlichen Wiederherstellung das Kommen Elijas als Elija *redivivus* vorausgeht. Diese Lehre der Schriftgelehrten zu Elija bestätigt Jesus den Dreien, Elija komme zuvor und werde alles „wieder herstellen" (Mk 9,12; vgl. 3.3.3[3]), „spricht" (Mk 9,12: φημί)[710] er zu ihnen. Was mit „alles" und „wiederherstellen" gemeint ist, wird offenbar vorausgesetzt. Entscheidend ist jedoch, dass Jesus feststellt, dieser Elija *redivivus* sei schon gekommen, wie zuvor einige in Galiläa und hier vermuten (vgl. Szene 29 und 40), aber man hätte ihm getan wie man wollte, wie geschrieben stünde. Damit lässt der Erzähler Jesus auf Johannes den Täufer und den für dessen Tod verantwortlichen Herodes Antipas anspielen, ohne dies für die Drei zu explizieren. Er analogisiert dann mit dem Mund Jesu, dass dies auch für ihn, den Menschensohn, nach der Schrift gilt, womit kontextuell deutlich wird, dass Jesus sich mit dieser biblischen Figur identifiziert: auch er muss viel „leiden" (Mk 9,12; vgl. 3.5.4[3]) und werde „verachtet werden" (Mk 9,12 Pass.: ἐξουδενέω)[711].

---

710   Menge-Güthling, „φημί," *Langenscheidts Großwörterbuch Altgriechisch-Deutsch*, 726; Walter Bauer, „φημί," *Griechisch-deutsches Wörterbuch zum Neuen Testament*, 1707–1708: Das Verb meint einerseits „sprechen, sagen, reden, äußern, aussagen, aussprechen, verkünden, erzählen, mitteilen, melden, erwidern, antworten, fortfahren, sich rühmen, prahlen, schwatzen, behaupten, versichern, erklären, vorgeben, versprechen, raten und beantragen," andererseits „bejahen, zugestehen, verneinen, leugnen, ablehnen, verweigern, verbieten" und schließlich „meinen, glauben, denken sowie wähnen." Der Begriff findet sich 6mal im Text (Mk 9,12.38; 10,20.29; 12,24; 14,29).

711   Liddell-Scott, „ἐξουδενέω," *Greek-English Lexicon*, 598; Menge-Güthling, „ἐξουδενέω," *Langenscheidts Großwörterbuch Altgriechisch-Deutsch*, 252; Walter Bauer, „ἐξουδενέω," *Griechisch-deutsches Wörterbuch zum Neuen Testament*, 561: Das vom Adjektiv „οὐδείς" abgeleitete Verb meint einerseits „für niemanden halten," anderseits „verachtet werden" und schließlich „für nichts halten, geringschätzig behandeln und misshandeln." Der Begriff findet sich als *Hapax legomenon* nur hier im Text, auch im Blick auf das gesamte Neue Testament.

274   3. KAPITEL

(4)   Politisch-militärisches Profil
Die auf den ersten Blick harmlos anmutende Szene ist theologisch aufschlussreich, auch im Blick auf die Gruppenidentität: Das Erlebnis, das Gesehene der
Umgestaltung, die Bestätigung Gottes, dass Jesus sein Sohn – also Gottessohn –
sei, sollen die Jünger verschweigen, bis zum Zeitpunkt seiner Auferstehung
aus den Toten nämlich. Weshalb wird das Schweigen mit diesem Ereignis verknüpft? Der Erzähler, so lese ich, der im Evangelium am Ende die Botschaft von
der Auferweckung Jesu als an den Frauen im leeren Grab vermittelt berichtet
(Mk 16,1–8), konzentriert damit die Legitimität und Glaubwürdigkeit Jesu darauf. Seine Worte und Taten sind nicht leer gewesen, da die vorhergesagte Auferstehung auf der Ebene der Erzählzeit schon stattgefunden hat. Die Begrenzung
der Schweigepflicht auf diesen Ausgang ist also als ein literarisches oder narratives Mittel zu verstehen, das das Wissen des Lesers aktiviert, um die Deutung
der Heilsgeschichte zum erzählten Zeitpunkt als gültig zu unterstreichen. Auf
der Ebene der erzählten Zeit in dieser Szene unterstützt dies aber auch Jesu
Aussage über Johannes als Elija *redivivus*. Auch ihm wurde (durch Herodes) das
Martyrium bereitet. Aber wie die Erscheinung des Elija auf dem Berg zeigt, ist er
bereits im himmlischen Königreich wieder angekommen. Ein Garant oder Zeichen soll den Jüngern also sein, dass Elija gekommen ist (vgl. 5.3.4[2]), und dass
ihm getan wurde, wie geschrieben steht. Dieses Schicksal des Elija/Johannes ist
deshalb ein zwingender Garant dafür, dass auch der Tod des Menschensohns
nicht abzutrennen ist von seiner Auferweckung, durch die er sich als sieghaft
erweist – auch dies schriftgemäß. Erst wenn dieser Kreis sich schließt, dürften sich die Jünger über die Wahrheit des Evangeliums Gottes gewiss sein, dass
nicht jeder der göttlich zu sein vorgibt, dies auch ist, sondern nur derjenige,
dem der Tod durch den Feind nichts anhaben kann. Erst wenn dieser von der
Schrift geforderte Beweis erfolgt ist, steht dem Königreich Gottes auf Erden
verwirklicht im Sohn Gottes nichts mehr im Wege, und sofern sie, die Zeugen, das im Verborgenen Bezeugte verkündend nach außen tragen würden (vgl.
5.7.3[4]).

3.6.8   *Szene 44 (Mk 9,14–29): Jesus befreit einen besessenen Knaben (bei Cäsarea Philippi)*

(1)   Szene
Die vierundvierzigste Szene Mk 9,14–29 handelt davon, wie Jesus einen besessenen Knaben (bei Cäsarea Philippi) befreit. Wie bereits die Szenen 02, 07–11,
14–15, 17, 19–22, 24–28, 30, 32–36, 39 und 41 gehört somit auch diese zu den
volksbezogenen, und zwar ihre Befreiung betreffenden Szenen, und wie bereits
die Szenen 03–04, 07–09, 15, 24, 28 und 34 gehört sie ferner auch zu den auf jenseitige Wesen bezogenen, und zwar unreine Geister betreffenden Szenen. Die

EXEGETISCHE ANALYSE DES MARKUSEVANGELIUMS   275

Szene unterscheidet sich von der nachfolgenden im Blick auf Akteure, Ort, Zeit, Handlung und Thema, lehrt doch dort Jesus die Jünger in Galiläa über seine bevorstehenden Leiden, seinen Tod und seine Auferstehung.

(2)   Text

9[14] Und kommend zu den Jüngern sahen sie eine große Volksmenge um sie und Schriftgelehrte mit ihnen disputierend. [15] Und sogleich die ganze Volksmenge ihn sah, erstaunten sie und begrüßten ihn herzulaufend. [16] Und er fragte sie: Was disputiert ihr mit ihnen? [17] Und einer aus der Volksmenge antwortete ihm: Lehrer, ich brachte meinen einen stummen Geist habenden Sohn zu dir. [18] Und wo er ihn ergreift, reißt er ihn, und er schäumt und knirscht mit den Zähnen und erstarrt. Und ich sagte zu deinen Jüngern, dass sie ihn austreiben mögen, aber sie konnten es nicht. [19] Er aber sagt antwortend: Oh, ungläubiges Geschlecht. Bis wann soll ich bei euch sein? Bis wann euch ertragen? Bringt ihn zu mir! [20] Und sie brachten ihn zu ihm. Und ihn sehend zerrte der Geist ihn sogleich, und auf die Erde fallend wälzte er sich schäumend. [21] Und er fragte seinen Vater: Wie viel Zeit ist es her, dass ihm dies geschehen ist? Er aber sagte: Von Kindheit an. [22] Und oft warf er ihn auch ins Feuer und ins Wasser, damit er ihn vernichte. Aber wenn du etwas kannst, hilf uns (dich) unserer erbarmend. [23] Jesus aber sagte zu ihm: Wenn du das kannst? Alles ist möglich dem Glaubenden. [24] Sogleich sagte der Vater des Kindes schreiend: Ich glaube, hilf meinem Unglauben. [25] Als aber Jesus sah, dass eine Volksmenge zusammenläuft, gebot er dem unreinen Geist zu ihm sagend: stummer und tauber Geist, ich befehle dir, fahre aus ihm und fahre nicht mehr in ihn hinein. [26] Und schreiend und heftig zerrend fuhr er aus. Und er wurde wie ein Toter, so dass viele sagen: Er starb. [27] Jesus aber ergriff seine Hand und richtete ihn auf und er stand auf. [28] Und als er in ein Haus gegangen war, fragten ihn seine Jünger allein: Warum konnten wir ihn nicht austreiben? [29] Und er sagte zu ihnen: Diese Art kann durch nichts ausfahren als durch Gebet.[712]

(3)   Inhalt

Explizit anwesende *Akteure* dieser Szene sind einerseits „Jesus" (Mk 9,23.25.27; vgl. 3.1.1[3]), der vom Bittsteller mit „Lehrer" (Mk 9,17; vgl. 3.5.1[3]) angesprochen wird, und „seine" (Mk 9,18.28) „Jünger" (Mk 9,14.18.28 Pl.; vgl. 3.2.6[3]), andererseits eine „große/ganze" (Mk 9,14.15) „Volksmenge" (Mk 9,14.15.17.25;

---

712   Literarisch folgt Szene 44 einem chiastischen Schema: A: Mk 9,14–16 (die Jünger, er fragt); B: Mk 9,17–18 (stummer Geist); C: Mk 9,19–21 (ungläubig, der Vater); C': Mk 9,22–24 (der Vater, Unglaube); B': Mk 9,25–27 (stummer Geist); A': Mk 9,28–29 (die Jünger, sie fragen).

vgl. 3.2.5[3]), die Jesus als „ungläubiges und ungehorsames Geschlecht" (Mk 9,19; vgl. 3.6.1[3]; Mk 9,19: ἄπιστος)[713] geißelt, darunter „ein" (Mk 9,17) „Vater" (Mk 9,21.24; vgl. 3.2.1[3]) mit „seinem" (Mk 9,17) „Sohn" (Mk 9,17; vgl. 3.1.3[3]) und „Kind" (Mk 9,24; vgl. 3.5.3[3]), ferner lokale „Schriftgelehrte" (Mk 9,14 Pl.; vgl. 3.2.2[3]) und schließlich ein „(unreiner) Geist" (Mk 9,17.20.25.25; vgl. 3.2.2[3]) der „stummen und tauben Art" (Mk 9,29; vgl. 3.5.12[3]; Mk 9,17.25; vgl. 3.5.13[3]; Mk 9,25; vgl. 3.5.13[3]). In *räumlicher* Hinsicht dürfte diese Szene in der Öffentlichkeit in oder bei Cäsarea Philippi (vgl. Mk 8,27) handeln, wo Jesus mit den Dreien die neuen übrigen Jünger zurückgelassen hatten, beziehungsweise in einem nicht näher beschriebenen „Haus" (Mk 9,28) ebendort. Von einem *Tageswechsel* ist nicht die Rede, wenn auch der Abstieg seine Zeit gedauert haben dürfte, soll davon ausgegangen werden, dass es derselbe Tag ist, an welchem auch das Verklärungswunder stattfand (vgl. Mk 9,2). In *rhetorischer* Hinsicht lebt die Szene von insgesamt elf direkten Reden: Einerseits von einer Frage Jesu an die Volksmenge, des Vaters Antwort darauf gefolgt von Jesu Ausruf. Andererseits von einer Frage Jesu an den Vater, dessen Antwort und gleichzeitige Bitte, gefolgt von Jesu kritischer und rhetorischer Rückfrage, die vom Vater mit einem Aufschrei quittiert wird. Ferner Jesu Befehl an den aufschreienden Geist und eine Volksmeinung, und schließlich eine Frage der Jünger an Jesus, gefolgt von dessen Antwort. Mit dem Thema des Exorzismus knüpft dieses Narrativ an die Szenen 07, 24 und 34 an, Überschneidungen und Abweichungen werden im Folgenden festgehalten.

Nach Jesu „Verklärung" auf dem Hermon und seiner Belehrung der Drei über Elija sowie seiner bevorstehenden Leiden kehren sie zu den neun zurückgebliebenen Jüngern zurück und finden diese in der Öffentlichkeit und ähnlich wie in Szene 07 umringt von einer große Volksmenge und Schriftgelehrten, die mit ihnen „disputieren" (Mk 9,14.16; vgl. 3.2.2[3]). Als sie sich nähern, werden sie von der Volksmenge „sogleich" (Mk 9,15.20.24) erblickt, die nicht wenig „staunend" (Mk 9,15 Pass.: ἐκθαμβέω)[714] herzu läuft, um ihn willkommen heißend

---

713   Menge-Güthling, „ἄπιστος," *Langenscheidts Großwörterbuch Altgriechisch-Deutsch*, 86; Walter Bauer, „ἄπιστος," *Griechisch-deutsches Wörterbuch zum Neuen Testament*, 170–171: Das Adjektiv meint einerseits „unglaubwürdig, unzuverlässig, treulos, tückisch, unglaublich, unwahrscheinlich, verdächtig" und andererseits wie hier „ungläubig, misstrauisch, argwöhnisch, ungehorsam." Der Begriff findet sich als *Hapax legomenon* nur hier im Text.

714   Menge-Güthling, „ἐκθαμβέω," *Langenscheidts Großwörterbuch Altgriechisch-Deutsch*, 217; Walter Bauer, „ἐκθαμβέω," *Griechisch-deutsches Wörterbuch zum Neuen Testament*, 483–484: Das aus „ἐκ" und „θάμβος" – „Staunen" – bestehende Kompositum findet sich nur im Medium oder Passiv und meint einerseits „erstaunen" und andererseits „entsetzen." Der

EXEGETISCHE ANALYSE DES MARKUSEVANGELIUMS 277

zu „begrüßen" (Mk 9,15: ἀσπάζομαι)[715]. Daraufhin befragt Jesus diese, was sie denn mit den Neun disputieren. Es antwortet ihm einer aus der Menge, indem er Jesus respektvoll mit Lehrer anspricht. Er berichtet, wie er seinen Sohn zu ihm, dem Angesprochenen, gebracht hatte, weil dieser einen stummen Geist hat. Einen Geist, der, wo immer er seinen Sohn „ergreife" (Mk 9,18: καταλαμβάνω)[716], ihn zu Boden „reißt" (Mk 9,18; vgl. 3.3.1[3]), so dass dieser „schäume" (Mk 9,18.20), mit den „Zähnen" (Mk 9,18 Pl.) „knirsche" (Mk 9,18) und daraufhin „erstarre" (Mk 9,18 Med.). Anstelle von Jesus, den er nicht vorfand, hat er sich mit der Bitte an die neun anwesenden Jünger gewandt, damit sie ihn „austreiben" (Mk 9,18.28: ἐκβάλλω; vgl. 3.1.4[3]) mögen, was jene allerdings nicht „vermochten" (Mk 9,18; vgl. 3.2.6[3]). Auf diese Erzählung reagiert Jesus in ungewohnter Weise, mit einem Ausruf nämlich, nicht über die neun Jünger oder den Vaters etwa, sondern über die ganze umstehende Volksmenge. Als ungläubiges und damit auch ungehorsames Geschlecht tadelt er sie, bis wann er bei ihnen sein, bis wann er sie „ertragen" soll (Mk 9,19 Med.: ἀνέχω)[717] fragt er. Daraufhin befiehlt er, dass man ihm den Knaben bringe, was diese auch tun. Und als der Geist Jesus erblickt, reagiert er entsprechend der Erzählung des Vaters und ähnlich wie in Szene 07: er „zerrt" (Mk 9,20) das Kind, worauf die-

---

Begriff findet sich 4mal im Text (Mk 9,15; 14,33; 16,5.6), auch im Blick auf das gesamte Neue Testament.

715 Liddell-Scott, „ἀσπάζομαι," *Greek-English Lexicon*, 258; Menge-Güthling, „ἀσπάζομαι," *Langenscheidts Großwörterbuch Altgriechisch-Deutsch*, 113; Walter Bauer, „ἀσπάζομαι," *Griechisch-deutsches Wörterbuch zum Neuen Testament*, 233–234: Das Verb meint einerseits „freundlich aufnehmen, bewillkommnen, begrüßen und besuchen" und andererseits „Abschied nehmen, gutheißen, danken, liebkosen, schmeicheln, verehren, huldigen, (als Herrscher) bejubeln." Der Begriff findet sich 2mal im Text (Mk 9,15; 15,18).

716 Liddell-Scott, „καταλαμβάνω," *Greek-English Lexicon*, 897; Menge-Güthling, „καταλαμβάνω," *Langenscheidts Großwörterbuch Altgriechisch-Deutsch*, 269–370; Walter Bauer, „καταλαμβάνω," *Griechisch-deutsches Wörterbuch zum Neuen Testament*, 838–839: Das Kompositum meint einerseits „ergreifen, erfassen, hin-, ein-, übernehmen (Oberbefehl), in Besitz nehmen, besetzen, erobern," andererseits „erreichen, treffen (mit Steinen), einholen, überfallen, überraschen, begegnen, heimsuchen" und schließlich „fest-, zurück-, aufhalten, bedrängen, hemmen, einschließen, befestigen, sichern." Das Verb findet sich als *Hapax legomenon* nur hier im Text.

717 Menge-Güthling, „ἀνέχω," *Langenscheidts Großwörterbuch Altgriechisch-Deutsch*, 65; Walter Bauer, „ἀνέχω," *Griechisch-deutsches Wörterbuch zum Neuen Testament*, 130: Das aus „ἀνά" und „ἔχω" bestehende Kompositum meint im Medium einerseits „hochhalten, emporhalten, ausholen, aufrecht halten, standhalten" und andererseits „ertragen, aushalten, dulden, sich gefallen lassen, zulassen, billigen, leiden, zurückhalten." Der Begriff findet sich als *Hapax legomenon* nur hier im Text.

278   3. KAPITEL

ses zur „Erde" (Mk 9,20; vgl. 3.2.5[3]) fällt und sich „wälzt" (Mk 9,20 Med.) und schäumt. Auf Jesu Nachfrage, wie lange „Zeit" (Mk 9,21) dies dem Kind so widerfuhr, antwortet der Vater: von „Kindheit" (Mk 9,21) an, hinzufügend, dass dieser ihn oft auch ins „Feuer" (Mk 9,22: πῦρ)[718] und „Wasser" (Mk 9,22: ὕδωρ; vgl. 3.1.2[3]) warf, um ihn zu „vernichten" (Mk 9,22; vgl. 3.2.2[3]). Wie üblich teilt der Narrator Einzelheiten zu den Bedürftigen und weiter nicht vorkommenden Individuen kaum mit; der Vater, einer aus der (lokalen) Volksmenge bleibt, wie sein – wohl nicht volljähriges – Kind namenlos, ebenso wenig ist über ihre Herkunft und Geschichte bekannt. Als problemrelevant werden jedoch die lange Leidensdauer genannt, sowie die existenzielle Lebensgefahr, welcher der Knabe durch den Geist ausgesetzt ist. Der Erzähler vermittelt der Leserschaft, dass der Vater verzweifelt ist, denn dieser fügt flehend hinzu – ähnlich wie die Mutter in Szene 34 –, dass wenn Jesus „könne" (Mk 9,22.23.28.29; vgl. 3.2.4[3]), er sich ihrer doch „erbarmen" (Mk 9,22; vgl. 3.2.4[3]) und „helfen" soll (Mk 9,22.24: βοηθέω)[719]. Entgegen dem Aussätzigen in Szene 09 setzt der Vater Jesu übernatürliche Fähigkeiten nicht voraus, sondern stellt sie in Frage. Entsprechend fällt Jesu Reaktion abweisend aus. Nicht um Jesu Vermögen geht es, sondern darum, dass alles dem „Glaubenden" (Mk 9,23.24; vgl. 3.1.5[3]) „möglich" (Mk 9,23: δυνατός)[720] ist, wodurch er das Problem des Vaters und der Grund des missglückten Befreiungsversuchs der neun Jünger entlarvt. Sein Problem erkennend, „schreit" (Mk 9,24.26; vgl. 3.3.4[3]) der Vater sogleich, dass er glaube,

---

718 Liddell-Scott, „πῦρ," *Greek-English Lexicon*, 1555; Menge-Güthling, „πῦρ," *Langenscheidts Großwörterbuch Altgriechisch-Deutsch*, 609–610; Walter Bauer, „πῦρ," *Griechisch-deutsches Wörterbuch zum Neuen Testament*, 1460–1461: Das Substantiv meint einerseits „Feuer, Feuersbrunst, Wach-, Opfer-, Herdfeuer, Feuer des Scheiterhaufens, Fackel, Blitz, Strahl" und andererseits „Feuerglanz, -röte, -glut, Schein, Licht." Der Begriff findet sich 4mal im Text (Mk 9,22.43.48.49).

719 Liddell-Scott, „βοηθέω," *Greek-English Lexicon*, 320; Menge-Güthling, „βοηθέω," *Langenscheidts Großwörterbuch Altgriechisch-Deutsch*, 137; Walter Bauer, „βοηθέω," *Griechisch-deutsches Wörterbuch zum Neuen Testament*, 288: Das vom Substantiv „βοή" – „Hilfsgeschrei" – abgeleitete Verb meint einerseits „zu Hilfe eilen, zur Beschützung oder Verteidigung kommen, ins Feld rücken, zur Abwehr ausrücken, ausziehen" und andererseits „helfen, beistehen, schützen, verteidigen, rächen." der Begriff findet sich 2mal und nur hier im Text.

720 Menge-Güthling, „δυνατός," *Langenscheidts Großwörterbuch Altgriechisch-Deutsch*, 192; Walter Bauer, „δυνατός," *Griechisch-deutsches Wörterbuch zum Neuen Testament*, 419–420: Das Adjektiv meint einerseits „möglich, vermögend, leistungsfähig, imstande," andererseits „kräftig, stark, rüstig, arbeitsfähig," ferner „fähig, befähigt, geschickt" und schließlich „mächtig, einflussreich, angesehen, vornehm, reich." Der Begriff findet sich 5mal im Text (Mk 9,23; 10,27; 13,22; 14,35.36).

EXEGETISCHE ANALYSE DES MARKUSEVANGELIUMS 279

Jesus aber seinem „Unglauben" (Mk 9,24; vgl. 3.5.5[3]) helfen soll. Als eine noch
größere Volksmenge zusammenläuft, „gebietet" (Mk 9,25; vgl. 3.2.2[3]) Jesus wie
in Szene 07 dem stummen und tauben Geist, indem er ihm „befiehlt" (Mk 9,25;
vgl. 3.2.2[3]) auszufahren und nicht wieder zurückzukehren. Schreiend fährt
der stumme Geist aus und verlässt den Knaben wie in Szene 07 „zerrend" (Mk
9,26; vgl. 3.2.2[3]), vorauf dieser wie ein „Toter" (Mk 9,26; vgl. 3.5.7[3]) daliegt, so
dass viele der Umstehenden ähnlich wie der Vater die Fähigkeit Jesu in Zweifel
ziehen, weil sie davon ausgehen, dass dieser „gestorben" (Mk 9,26; vgl. 3.5.3[3])
ist. Doch Jesus greift die „Hand" (Mk 9,27; vgl. 3.2.3[3]) des Knaben, richtet
ihn auf, worauf dieser aufsteht. Von einer erstaunten Reaktion derer, die eben
noch zweifelten, ist ähnlich wie in Szene 34 nicht die Rede. Als Jesus daraufhin mit seinen Jüngern ein Haus betritt, fragen ihn diese „allein" (Mk 9,28; vgl.
3.4.4[3]), weshalb sie nicht vermochten, was er vollzog, worauf Jesus entgegnet,
dass diese Art – es gibt also eine dämonologische Typologie – nur durch vor-
gängiges „Gebet" (Mk 9,29: προσευχή)[721] auszutreiben sei. Ein Vorwurf aus Jesu
Entgegnung ist nicht abzuleiten, weshalb dieser die Beschämung, die den Neun
in der Öffentlichkeit widerfahren war, zwar nicht anrechnet, sie aber auch nicht
verhindert hat.

(4)   Politisch-militärisches Profil
In der vorhergehenden Szene waren die drei Jünger im Blick auf die Metamorphose Jesu zum Schweigen verpflichtet geworden, das sie erst zum Zeitpunkt seiner Auferstehung durch glaubendes Erzählen brechen sollten. Im
Gegensatz dazu, ist das Schweigen hier kein Gebot, sondern seit langem dämo-
nisch bedingt und von lebensbedrohenden Umständen begleitet, aber wie
dort durch Glauben aufhebbar. Weil dieser beim ersten Versuch fehlt (vgl.
5.6.4[4]), scheitert die Rückkehr der Sprache zunächst. Erst als die Ursache
beim Vater stellvertretend erkannt und eingestanden ist, vermag Jesus vollmächtig den Weg hin zu einer Rückkehr der Sprachfähigkeit des Kindes zu
ebnen (vgl. 5.5.4[3]). Auch das glaubende Reden oder das bezeugende Erzählen
ist somit ein Geschenk. Diese Beschämung der Neun wäre den Dreien vermutlich nicht widerfahren, sie scheinen andere Voraussetzungen zu haben, auch
hätte Jesus sie vermutlich nicht zugelassen. Ein Gefälle zwischen den drei und
den neun Jünger ist unübersehbar. Abgesehen von diesen sich intern abzeich-
nenden Spannungen, vermag Jesus auch hier große Massen zu mobilisieren

---

721 Menge-Güthling, „προσευχή," *Langenscheidts Großwörterbuch Altgriechisch-Deutsch*, 594;
Walter Bauer, „προσευχή," *Griechisch-deutsches Wörterbuch zum Neuen Testament*, 1429:
Das Kompositum meint einerseits und wie hier „Gebet, Bitte" und andererseits „Bethaus,
Synagoge." Das Substantiv findet sich 2mal im Text (Mk 9,29; 11,17).

280　　　　　　　　　　　　　　　　　　　　　　　　　　　　　　　　　3. KAPITEL

(vgl. 5.6.4[1]; 5.6.4[9]) und wird bei Ankunft in einer Weise begrüßt, wie es für siegreiche Feldherren üblich war (vgl. 5.8.3[3]).

3.7　Episode D' (Mk 9,30–10,52)

Markus 9,30–10,52 bildet die siebte von zehn chiastisch angeordneten Episoden, wobei Episode D' aus folgenden zehn Szenen besteht: Szene 45 (Mk 9,30–32): Jesus lehrt die Jünger in Galiläa über seine bevorstehenden Leiden, seinen Tod und seine Auferstehung; Szene 46 (Mk 9,33–37.42–50): Jesus lehrt die Jünger in Kapernaum über menschliche Größe; Szene 47 (Mk 9,38–41): Jesus lehrt die Jünger (in Kapernaum) denen nicht zu wehren, die nicht gegen sie sind; Szene 48 (Mk 10,1–12): Die Pharisäer befragen Jesus in Judäa zur Ehescheidung; Szene 49 (Mk 10,13–16): Jesus verbietet den Jüngern (in Judäa) den Kindern zu wehren; Szene 50 (Mk 10,17–22): Jesus zeigt einem Begüterten (in Judäa) auf, wie das ewige Leben zu erben sei; Szene 51 (Mk 10,23–31): Jesus lehrt die Jünger (in Judäa) über die Schwierigkeiten Reicher und den Lohn der Nachfolge; Szene 52 (Mk 10,32–34): Jesus lehrt die Jünger auf dem Weg nach Jerusalem über seine bevorstehenden Leiden, seinen Tod und seine Auferstehung; Szene 53 (Mk 10,35–45): Jakobus und Johannes begehren von Jesus (bei Jericho) einen Vorrang; und Szene 54 (Mk 10,46–52): Jesus heilt bei Jericho den blinden Bartimäus.

Ihre Demarkation ergibt sich in literarisch-formaler Hinsicht darin, dass sie durch die Lexeme „größte, groß" (Mk 9,34; 10,43) und „erster" (Mk 9,35; 10,44) zusammengehalten wird, und in narrativ-inhaltlicher Hinsicht darin, dass Jesus insbesondere die Jünger über soziale und Leidensbereitschaft (Mk 9,31; 10,30.33–34.45) inkludierende Prinzipien im Königreich Gottes lehrt.

3.7.1　Szene 45 (Mk 9,30–32): Jesus lehrt die Jünger in Galiläa über seine bevorstehenden Leiden, seinen Tod und seine Auferstehung

(1)　Szene

Die fünfundvierzigste Szene Mk 9,30–32 handelt davon, wie Jesus die Jünger in Galiläa über seine bevorstehenden Leiden, seinen Tod und seine Auferstehung lehrt. Wie bereits die Szenen 03–05, 17–18, 27, 40 und 41–43 gehört somit auch diese zu den biographischen, und zwar das Leben Jesu betreffenden Szenen, und wie bereits die Szenen 06, 11, 16, 19–23, 28, 31, 38, 41 und 43 gehört sie ferner auch zu den jüngerbezogenen, und zwar ihre Belehrung betreffenden Szenen. Die Szene unterscheidet sich von der nachfolgenden nicht im Blick auf die Akteure, wohl aber im Blick auf Ort, Zeit, Handlung und Thema, lehrt doch dort Jesus die Jünger in Kapernaum über menschliche Größe.

EXEGETISCHE ANALYSE DES MARKUSEVANGELIUMS 281

(2)   Text

9³⁰ Und von dort hinausgehend zogen sie durch Galiläa, und er wollte nicht, dass es jemand erfuhr. ³¹ Denn er lehrte seine Jünger und sagte zu ihnen: Der Menschensohn wird überliefert in die Hände der Menschen, und sie werden ihn töten, und getötet wird er nach drei Tagen auferstehen. ³² Sie aber verstanden die Rede nicht und fürchteten sich, ihn zu fragen.[722]

(3)   Inhalt

Explizit anwesende *Akteure* dieser Szene sind einerseits Jesus, der sich selbst abermals mit „Menschensohn" (Mk 9,31; vgl. 3.2.5[3]) betitelt, und andererseits „seine" (Mk 9,31) „Jünger" (Mk 9,31 Pl.; vgl. 3.2.6[3]). Und erwähnte Akteure sind „Menschen" (Mk 9,31 Pl.; vgl. 3.2.1[3]), in deren Hände Jesus überliefert werden soll. „*Von dort*" (Mk 9,30), der Umgebung Cäsarea Philippis, der Hauptstadt der Tetrarchie des Philippus (vgl. Szenen 40–44), durchziehen Jesus und seine Jünger ein letztes Mal das Fürstentum „Galiläa" (Mk 9,30; vgl. 3.1.3[3]) in Richtung Kapernaum, das sie in der nachfolgenden Szene erreichen werden. Diese Wortwahl verweist auf eine Reiseroute über den Landweg, wobei Kapernaum auf der Luftlinie ca. 41,6 Kilometer südwestlich von der Hauptstadt und die Grenze zum Fürstentum ca. 24 Kilometer liegt. Bei einer Gehgeschwindigkeit von 5,4 Kilometer ergibt das im besten Fall eine Reisezeit von mindestens 7,7 Stunden, so dass im Blick auf den in Szene 42 angebrochenen *Tag* von mindestens einem impliziten Tageswechsel ausgegangen werden muss. In *rhetorischer* Hinsicht ist nur Jesu Lehrstück an die Jünger in direkter Rede zu vernehmen. Mit der Leidens- und Auferstehungsthematik Jesu knüpft dieses Narrativ an die Szenen 12, 14, 41 und 43 an.

Nach der Befreiung eines Knaben von einem stummen und tauben Geist, ziehen Jesus und seine Jünger Richtung Süden, die Tetrarchie des Philippus verlassend und die Tetrarchie Galiläas ein letztes Mal durchziehend, und zwar in Richtung Kapernaum. Wie schon in Szene 34 wünscht Jesus, dass niemand davon „erfahre" (Mk 9,30; vgl. 3.4.1[3]), und da von keinen weiteren Akteur die Rede ist, dürfte dieser Wunsch für die überschaubare Reisezeit für einmal in Erfüllung gegangen sein, auch wenn ungesagt bleibt, weshalb Jesus dies wünscht. Allein unterwegs „lehrt" (Mk 9,31; vgl. 3.2.2[3]) Jesus wie in Szene 41 seine Jünger. Hatte er dort über Leiden und Verwerfung wie auch Tod durch die Ältesten, Hohepriester und Schriftgelehrten gesprochen, redet er hier von der „Überlieferung" (Mk 9,31; vgl. 3.1.5[3]) des Menschensohns in die „Hände"

---

722 Literarisch folgt Szene 45 einem chiastischen Schema: A: Mk 9,30 (wissen); B: Mk 9,31a (töten); B': Mk 9,31b (töten); A': Mk 9,32 (nicht wissen).

(Mk 9,31 Pl.; vgl. 3.2.3[3]) der Menschen und von seinem „Tod" (Mk 9,31.31; vgl. 3.3.3[3]) durch jene. Das Verb „überliefern," das auch „verraten" meinen kann, war im Blick auf Jesus erstmals in Mk 3,19 eingeführt worden und stand dort im Zusammenhang mit Judas. Somit nennt diese Szene über die in Szene 41 genannten Vollstrecker hinaus einen Verräter aus dem inneren Kreis, auch wenn dieser namentlich nicht genannt wird. Wie die das Zentrum rahmenden Szenen 41 und 43 erzählt auch diese von der „Auferstehung" (Mk 9,31; vgl. 3.2.4[3]) nach „drei Tagen" (Mk 9,31 Pl.; vgl. 3.1.3[3]) sowie vom „Unverständnis" (Mk 9,32: ἀγνοέω)[723] der Jünger hinsichtlich dieser „Lehre" (Mk 9,32: ῥῆμα)[724]. Aus „Furcht" (Mk 9,32; vgl. 3.5.1[3]) jedoch, vielleicht des für sie neu eingeführten Verräters wegen, sehen sie – einschließlich Petrus – von einer klärenden Rückfrage ab.

(4)   Politisch-militärisches Profil
Die Aussage von Jesu bevorstehendem Leiden, Tod und Auferstehung wird nun zum dritten Mal aufgenommen, womit einmal mehr Todesbereitschaft zum Ausdruck kommt (vgl. 5.4.4[1]; 5.6.4[6]). Zusätzlich deutet Jesus erstmals seinen Jüngern an, was er – und mit ihm die Leserschaft – seit Szene 16 wissen muss, nämlich, dass sein Tod einem Verräter aus den eigenen Reihen verschuldet sein wird (vgl. 5.7.3[4]). Aber der Zeitpunkt dazu scheint noch nicht gekommen, deshalb womöglich setzt er sich beim letzten Aufenthalt in Galiläa nicht unnötigen Gefahren aus und will entsprechend unerkannt bleiben (vgl. 5.7.3[4]). Ob diese Information von den Jüngern verstanden wird, lässt sich nicht explizit aus dem Text ableiten, sie gewinnt jedoch an Brisanz im Blick auf die folgende Szene, denn Jesus spricht hier vom Niedrigsten, Verwerflichsten unter ihnen, während seine Jünger dort vom Größten in ihrer Mitte sprechen.

---

723   Menge-Güthling, „ἀγνοέω," *Langenscheidts Großwörterbuch Altgriechisch-Deutsch*, 6; Walter Bauer, „ἀγνοέω," *Griechisch-deutsches Wörterbuch zum Neuen Testament*, 19–20: Das Kompositum meint einerseits und wie hier „nicht (er)kennen, nicht wissen, nicht einsehen, nicht verstehen, verkennen, unbedacht lassen, nicht merken, übersehen" und andererseits „irren, sich verfehlen und sündigen." Das Verb findet sich als *Hapax legomenon* nur hier im Text.

724   Menge-Güthling, „ῥῆμα," *Langenscheidts Großwörterbuch Altgriechisch-Deutsch*, 614; Walter Bauer, „ῥῆμα," *Griechisch-deutsches Wörterbuch zum Neuen Testament*, 1472: Das Substantiv meint einerseits „das Gesprochene, Rede, Wort, Ausdruck, Redensart, Verbum, Äußerung, (Aus)Spruch, Satz," andererseits „Gespräch, Unterhaltung, Erörterung, Befehl, Gebot, Gesetz, Beschluss, Lehre, Sache, Ding, Rechtssache, Rechtsfall, Handlung" und schließlich „Sage, Erzählung, Botschaft, Kunde." Der Begriff findet sich 2mal im Text (Mk 9,32; 14,72).

EXEGETISCHE ANALYSE DES MARKUSEVANGELIUMS

283

3.7.2 Szene 46 (Mk 9,33–37.42–50): Jesus lehrt die Jünger in Kapernaum über menschliche Größe

(1)   Szene

Die sechsundvierzigste und rahmende Szene Mk 9,33–37.42–50 handelt davon, wie Jesus die Jünger in Kapernaum über menschliche Größe lehrt, und zwar anhand eines Kindes. Wie bereits die Szenen 06, 11, 16, 19–23, 28, 31, 38, 41, 43 und 45 gehört somit auch diese zu den jüngerbezogenen, und zwar ihre Belehrung betreffenden Szenen. Die Szene unterscheidet sich einerseits von der eingebetteten nicht im Blick auf Akteure, Ort, Zeit und Handlung, wohl aber im Blick auf das Thema, lehrt doch dort Jesus die Jünger (in Kapernaum), denen nicht zu wehren, die nicht gegen sie sind. Die Szene unterscheidet sich andererseits von der nachfolgenden im Blick auf Akteure, Ort, Zeit, Handlung und Thema, befragen doch dort die Pharisäer Jesus in Judäa zur Ehescheidung.

(2)   Text

9[33] Und sie kamen nach Kapernaum. Und im Haus seiend fragte er sie: Was habt ihr unterwegs disputiert? [34] Sie aber schwiegen, denn unterwegs hatten sie untereinander disputiert, wer (der) Größte (sei). [35] Und sitzend rief er die Zwölf und sagt zu ihnen: Wenn jemand wünscht, Erster zu sein, sei er Letzter von allen und aller Diener. [36] Und ein Kind nehmend stellte er es in ihre Mitte, und es in den Arm nehmend sagte er zu ihnen. [37] Wer eines von solchen Kindern aufnimmt in meinem Namen, nimmt mich auf; und wer mich aufnimmt, nimmt nicht mich auf, sondern den mich Sendenden.

[42] Und wer einem dieser Kleinen, die glauben, zur Sünde Anlass gibt, für ihn wäre es besser, wenn ein (großer) Mühlstein um seinen Hals gelegt und er ins Meer geworfen würde. [43] Und wenn deine Hand dir Anlass zu Sünde gibt, hau sie ab! Es ist besser für dich als Krüppel in das Leben einzugehen als zwei Hände habend in die Hölle fortzugehen, in das unauslöschliche Feuer. [45] Und wenn dein Fuß dir Anlass zur Sünde gibt, hau ihn ab! Es ist besser für dich, lahm in das Leben einzugehen als zwei Füße habend in die Hölle geworfen zu werden. [47] Und wenn dein Auge Anlass zur Sünde gibt, wirf es weg. Es ist besser für dich einäugig in das Königreich Gottes einzugehen als zwei Augen habend, in die Hölle geworfen zu werden. [48] Wo der Wurm von ihnen nicht stirbt und das Feuer nicht erlischt. [49] Denn jeder wird mit Feuer gesalzen werden. [50] Das Salz (ist) gut, wenn aber das Salz salzlos wurde, womit wollt ihr es würzen? Habt Salz in euch und haltet Frieden untereinander.[725]

---

725   Literarisch folgt Szene 46 einem chiastischen Schema: A: Mk 9,33–34 (miteinander dis-

284 3. KAPITEL

(3)   Inhalt

Explizit anwesende *Akteure* dieser Szene sind einerseits Jesus, andererseits die „Zwölf" (Mk 9,35; vgl. 3.3.5[3]) und schließlich ein „Kind" (Mk 9,36; Mk 9,37 Pl.; vgl. 3.5.3[3]) unter den „Kleinen" (Mk 9,42 Pl.: μικρός)[726], vermutlich ein Knabe,[727] der je nach Handlungsort zur Familie des Simon und Andreas gehören könnte. Und erwähnte Akteure sind einerseits der Jesus „sendende (Gott)" (Mk 9,37 Pz.; vgl. 3.1.2[3]), andererseits sein „Königreich" (Mk 9,47; vgl. 3.1.5[3]) und schließlich der wohl auf Satan verweisende „unsterbliche Wurm" (Mk 9,48: σκώληξ[728]; Mk 9,48: τελευτάω; vgl. 3.5.11[3]), wobei Satan im folgenden Text nicht mehr vorkommen wird. Von *Cäsarea Philippi* zurückkehrend (vgl. Szenen 40–45), erreichen Jesus und seine Jünger den Ausgangspunkt ihrer öffentlichen Tätigkeit – „Kapernaum" (Mk 9,33; vgl. 3.2.2[3]), und begeben sich in ein nicht weiter beschriebenes „Haus" (Mk 9,33), da Jesus ja unerkannt zu bleiben sucht (vgl. Szene 45). Dass der Erzähler auf das als Unterkunfts- und Wirkungsort aus den Szenen 08–10, 17 bereits bekannte Haus des Simon und Andreas anspielt, darf vermutet werden, lässt sich jedoch nicht mit letzter Sicherheit sagen. Eine *temporale* Referenz enthält diese Szene nicht, angenommen jedoch, die Rückreise habe mehr als einen Tag beansprucht, wäre es nun ein Tag nach dem Umwandlungswunder in Szene 42. In *rhetorischer* Hinsicht ist nur Jesus in direkter Rede zu vernehmen, einerseits wie er die Jünger in Szene 46a zu ihren Gesprächen unterwegs befragt, dazu schweigen sie, und andererseits, wie er sie in Szene 46b nach einer Figur der Wiederholung und dem Schema einer Symploke lehrt.[729] Anders als in den bisherigen Jüngerbelehrung enthalten-

---

putieren); в: Mk 9,35–37 (Kinder); в': Mk 9,42–48 (Kleine); а': Mk 9,49–50 (habt Frieden miteinander).

726   Menge-Güthling, „μικρός," *Langenscheidts Großwörterbuch Altgriechisch-Deutsch*, 455–456; Walter Bauer, „μικρός," *Griechisch-deutsches Wörterbuch zum Neuen Testament*, 1055–1056: Das Adjektiv meint einerseits räumlich „klein, kurz," andererseits qualitativ „gering, wenig, unbedeutend, kleinlich, leise, demütig, niedrig, machtlos, schwach, arm, Kleinigkeit, kleines Stück und Summe, kurze Strecke und Zeit" und schließlich temporal „jung, Kinder (Pl.)." Der Begriff findet sich 5mal im Text (Mk 4,31; 9,42; 14,35.70; 15,40).

727   Während das grammatikalische Geschlecht des Kindes in Mk 9,36–37 neutral ist, ist es in Mk 9,42 männlich.

728   Menge-Güthling, „σκώληξ," *Langenscheidts Großwörterbuch Altgriechisch-Deutsch*, 629; Walter Bauer, „σκώληξ," *Griechisch-deutsches Wörterbuch zum Neuen Testament*, 1515: Das Substantiv meint einerseits und wie hier „(Regen)Wurm" und andererseits auch „Faden." Der Begriff findet sich als *Hapax legomenon* nur hier im Text, auch im Blick auf das gesamte Neue Testament.

729   Bühlmann und Scherer, *Sprachliche Stilfiguren der Bibel*, 31.

EXEGETISCHE ANALYSE DES MARKUSEVANGELIUMS 285

den Szenen geht es hier nicht um die Beziehung der Jünger zu Jesus oder ihrer Beziehung nach außen, sondern erstmals um ihr Verhältnis untereinander.

Nachdem Jesus den Jüngern seinen Verrat angekündigt hatte, gelangen sie nach einer längeren Abwesenheit in verschiedenen Nachbargebieten (vgl. Szenen 27–45) vermutlich aus Sicherheitsgründen unauffällig in ihren (Wahl)Heimatort und zu ihren Familien zurück, derjenigen von Simon und Andreas zumal. Dass sie noch unter dem Eindruck des Erlebten stehen, insbesondere den Ereignissen um Cäsarea Philippi, zeigt die einführende Frage Jesu an sie, nach Ankunft im Haus: Was sie denn „unterwegs" (Mk 9,33.34; vgl. 3.[3]) „disputiert" (Mk 9,33.34; vgl. 3.2.5[3]) hätten. Sie „schweigen" (Mk 9,34; vgl. 3.3.3[3]), vielleicht, weil sie sich über den Inhalt des Gesprächs schämen. Denn sie hatten sich untereinander und abseits von Jesus gestritten, wer unter ihnen der „Größte" (Mk 9,34 Komp.: μέγας)[730] sei, und zwar qualitativ größer, im Sinn von „bedeutender, wichtiger, vorzüglicher, angesehener, berühmter." Verständlicherweise, denn offensichtlich hat Jesus drei bevorzugt, ihnen das Geheimnis seiner Identität durch Gott offenbart, was das egalitäre Kräfteverhältnis in der Gruppe nachhaltig und zugunsten von Petrus, Jakobus und Andreas verschoben haben dürfte. Der Narrator verwehrt Einblicke in ihr Streitgespräch, aber eine Vorausschau in Szene 53 lässt erahnen, wie es verlaufen sein könnte. Mehr als eine Ahnung über seinen Inhalt scheint aber Jesus zu haben – und auch dieser dekuvrierende Einblick in ein Gespräch, das nicht für seine Ohren bestimmt war, dürfte sie beschämen. Jesu Wissen drängt ihn zu einem Lehrstück über gruppeninternes Verhalten. Nachdem er sich gesetzt hat, ruft er die Zwölf zu sich und lehrt sie über wahre menschliche Größe. Wer nämlich „wünscht" (Mk 9,35; vgl. 3.2.4[3]), danach trachtet oder auch in diese Position versetzt wurde, hinsichtlich des Ranges „Erster" (Mk 9,35; vgl. 3.5.7[3]) zu sein, dieser sei stattdessen im qualitativen Sinn „Letzter" (Mk 9,35: ἔσχατος)[731] und

---

730 Menge-Güthling, „μέγας," Langenscheidts Großwörterbuch Altgriechisch-Deutsch, 438; Walter Bauer, „μέγας," Griechisch-deutsches Wörterbuch zum Neuen Testament, 1008–1010: Das Adjektiv meint einerseits räumlich-quantitativ „groß, geräumig, umfangreich, hoch, lang, weit, breit, dick, viel, beträchtlich," andererseits qualitativ „bedeutend, wichtig, hervorragend, vorzüglich, ehrenvoll, stark, gewaltig, mächtig, erhaben, vermögend, reich, angesehen, berühmt" und schließlich pejorativ „vermessen, verwegen, stolz." Der Begriff findet sich 18mal im Text (Mk 1,26; 4,32.32.37.39.41; 5,7.11.42; 9,34; 10,42.43; 12,31; 13,2; 14,15; 15,34.37; 16,4).

731 Menge-Güthling, „ἔσχατος," Langenscheidts Großwörterbuch Altgriechisch-Deutsch, 291; Walter Bauer, „ἔσχατος," Griechisch-deutsches Wörterbuch zum Neuen Testament, 635–636: Das Adjektiv meint einerseits räumlich „äußerster, letzter, hintester, oberster, untester,

286   3. KAPITEL

„Diener" (Mk 9,35: διάκονος)[732] aller. Jesus exemplifiziert die paradoxe Aussage anhand eines anwesenden Kindes, das er in ihre Mitte stellt. Dieses „in den Arm nehmend" (Mk 9,36) fährt er fort, dass wer ein solches Kind „aufnehme" (Mk 9,37.37.37.37; vgl. 3.5.6[3]) in seinem „Namen" (Mk 9,37; vgl. 3.3.5[3]), *ihn* aufnehmen würde. Und wer ihn aufnehme, nehme nicht ihn, sondern den, der ihn gesandt hat auf, und das ist Gott. Wer aber Gott aufnimmt ist wahrhaftig groß, nicht seiner selbst sondern Gottes wegen, dürfte die Quintessenz dieses Lehrstücks gewesen sein. Dabei negiert Jesus Vorrang nicht, er hat ihn ja selbst eingeführt, aber den Ersten unter den Zwölf schärft er zweierlei ein, einerseits tragen sie in der Gruppe Verantwortung, und andererseits ist es Gott und nicht sie selbst oder ein Amt, das wahre Größe verleiht. Sie sollen ihn, Jesus, nachahmen, der sich in Szene 53 selbst auch als Diener erweisen wird. Jesu Wort enthält aber neben Ermahnendem für die Drei auch Ermutigendes für die neun Zurückgestellten, denn zur wahren Größe bedarf es keines vorzüglichen Amtes, die Nachfolge und der Dienst an den Kleinsten – zu dem auch sie berufen sind – ist ausreichend.

Aber dieser Dienst an den Kleinsten ist nicht weniger verantwortlich, im Gegenteil. Denn wer einem von diesen Kleinen, die „glauben" (Mk 9,42; vgl. 3.1.5[3]), zur „Sünde Anlass gibt" (Mk 9,42.43.45.47; vgl. 3.4.1[3]), für den wäre es besser, mit einem „großen Mühlstein" (Mk 9,42: μύλος; Mk 9,42: ὀνικός)[733] am „Hals" (Mk 9,42) ins „Meer" (Mk 9,42; vgl. 3.2.1[3]) geworfen und dadurch ertränkt zu werden, als derjenigen Strafe entgegenzugehen, die ihn von Gott erwartet. Sei es „Hand" (Mk 9,43; Mk 9,43 Pl.; vgl. 3.2.3[3]), „Fuß" (Mk 9,45; Mk 9,45 Pl.; vgl. 3.5.3[3]) oder „Auge" (Mk 9,47; Mk 9,47 Pl.; vgl. 3.5.11[3]), die dazu Anlass bieten, sie sollen „abgehauen" (Mk 9,43.45: ἀποκόπτω)[734] oder weg-

---

fernster," andererseits temporal „letzter, jüngster, spätester," ferner qualitativ „äußerster, höchster" und schließlich pejorativ „niedrigster, geringster, schlechtester, ärgster, schlimmster." Der Begriff findet sich 5mal im Text (Mk 9,35; 10,31.31; 12,6.22).

732   Menge-Güthling, „διάκονος," *Langenscheidts Großwörterbuch Altgriechisch-Deutsch*, 170; Walter Bauer, „διάκονος," *Griechisch-deutsches Wörterbuch zum Neuen Testament*, 369–370: Das Substantiv meint neben „Diener" wie hier auch „Gehilfe, Bote." Der Begriff findet sich 2mal im Text (Mk 9,35; 10,43).

733   Menge-Güthling, „μύλος," *Langenscheidts Großwörterbuch Altgriechisch-Deutsch*, 462; Walter Bauer, „μύλος," *Griechisch-deutsches Wörterbuch zum Neuen Testament*, 1071: Das Syntagma verweist auf einen durch Esel und nicht Hand angetriebenen und daher großen Mühlstein. Der Begriff findet sich als *Hapax legomenon* nur hier im Text.

734   Liddell-Scott, „ἀποκόπτω," *Greek-English Lexicon*, 203; Menge-Güthling, „ἀποκόπτω," *Langenscheidts Großwörterbuch Altgriechisch-Deutsch*, 91; Walter Bauer, „ἀποκόπτω," *Griechisch-deutsches Wörterbuch zum Neuen Testament*, 186: Das aus „ἀπό" und „κόπτω" zusam-

EXEGETISCHE ANALYSE DES MARKUSEVANGELIUMS 287

geworfen werden, denn besser sei es, als „Krüppel" (Mk 9,43), „Lahmer" (Mk 9,45) oder „Einäugiger" (Mk 9,47) ins „Leben" (Mk 9,43.45: ζωή)[735], das heißt ins Königreich Gottes einzugehen, als körperlich unversehrt in die „Hölle" (Mk 9,43.45.47: γέεννα), in das „unauslöschliche Feuer" (Mk 9,43.48.49; vgl. 3.6.8[3]; Mk 9,43: ἄσβεστος[736]; Mk 9,48 Med.: σβέννυμι)[737] und zum unsterblichen Wurm zu kommen. Mit Hölle, Gehenna, ist ursprünglich die gräzisierte Form des hebräischen Toponyms „Tal des Hinnom" oder „Tal des Sohnes/der Söhne Hinnoms" gemeint (Jos 15,8; 18,16; 2Kön 23,10), einem südsüdwestlich von Jerusalem gelegenen Tal, das die nördliche Grenze zwischen dem Stammesgebiet Benjamin und Judas markierte. Das Tal war Schauplatz götzendienerischer Anbetung zu Ehren der kanaanitischen Gottheiten Baal und Moloch geworden, denen – und vor allem Letzterem – an der Opferstätte namens Tofet auch Kinder zum Opfer gefallen waren, indem man diese durch das Feuer ziehend in die Hand der Gottheiten übergeben hatte (Jer 7,31; 19,4–5; 32.35). Solche Praxis ist vor allem während der Königszeit des Ahas und Manasse belegt, welche sich offensichtlich nicht gescheut hatten, ihre eigenen Kinder zu opfern (2Kön 16,3; 21,6; 2Chr 28,3; 33,6). König Joschija ließ daraufhin das Hinnomtal im Zuge seiner Reformen für unrein erklären (2Kön 23,10.13–14), um eine Fortsetzung dieser frevelhaften Praxis zu unterbinden. Der Prophet Jeremia nennt es prophetisch um, nämlich zum „Tal des Schlachtens" angesichts der durch

---

mengesetzte Kompositum meint einerseits „abschlagen," andererseits „abhauen, kappen, abbrechen, abschneiden, entmannen" und schließlich „mit Gewalt vertreiben, verdrängen." Der Begriff findet sich 2mal und nur hier im Text.

735 Menge-Güthling, „ζωή," *Langenscheidts Großwörterbuch Altgriechisch-Deutsch*, 313; Walter Bauer, „ζωή," *Griechisch-deutsches Wörterbuch zum Neuen Testament*, 688–690: Das Substantiv meint neben „Leben" wie hier auch „Lebenszeit, -dauer, -weise, -art" und „Lebensunterhalt, Erwerb, Existenz, Lebensgut, Vermögen." Der Begriff findet sich 4mal im Text (Mk 9,43.45; 10,17.30), und 2mal als Syntagma „ewiges Leben" (Mk 10,17.30).

736 Menge-Güthling, „ἄσβεστος," *Langenscheidts Großwörterbuch Altgriechisch-Deutsch*, 112; Walter Bauer, „ἄσβεστος," *Griechisch-deutsches Wörterbuch zum Neuen Testament*, 228–229: Das aus „α" und „σβέννυμι" bestehende Kompositum meint einerseits „unauslöschlich" und andererseits „unaufhörlich, unendlich, unvergänglich, unermesslich, ratlos." Der Begriff findet sich als *Hapax legomenon* nur hier im Text.

737 Menge-Güthling, „σβέννυμι," *Langenscheidts Großwörterbuch Altgriechisch-Deutsch*, 619; Walter Bauer, „σβέννυμι," *Griechisch-deutsches Wörterbuch zum Neuen Testament*, 1491: Das Verb meint als Medium einerseits „erlöschen, ausgehen" und andererseits „übertragen sich legen, aufhören, verschwinden, verfliegen, schwach werden, nachlassen, dämpfen, unterdrücken, ersterben," wobei sich über die Negation der Sinn ins Gegenteil kehrt. Der Begriff findet sich als *Hapax legomenon* nur hier im Text.

288   3. KAPITEL

die Babylonier zahlreich getöteten und dort begrabenen Judäer (Jer 7,29–34; 19,1–15). Gehenna und insbesondere die Opferstätte Tofet dürften dann als Eingangstor zu der von Moloch regierten Unterwelt gedacht worden sein. Das Konzept der Gehenna wurde in jüdischer Apokalyptik und früher rabbinischer Literatur verallgemeinernd zur „Hölle" als Ort des feurigen Gerichts und der Reinigung weiterentwickelt. Wenn Jesus demnach die Verletzlichkeit von Kindern gemeinsam mit der Gehenna anführt, dann dürfte er auf eine feste Motivverbindung zurückgegriffen haben, und dies nicht zuletzt deshalb, weil sie in der nächsten Szene erstmals in das Gebiet Judäa aufbrechen werden.[738] Jesus endet sein Lehrstück in dem Satz, der zu dieser Lehre Anlass gab, nämlich dem Rangstreit der Jünger. Er ermahnt sie „Frieden untereinander zu halten" (Mk 9,50: εἰρηνεύω)[739], und zwar dadurch, dass sie „Salz" (Mk 9,50.50.50: ἅλας)[740] in sich haben sollen. Dem Salz als zentrales und reichlich vorhandenes Gewürz, so war bereits in Szene 38 festgestellt worden, wurde anders als dem Sauerteig eine konservierende, reinigende und gar heilende Wirkung zugedacht. Ausgehend von den Fleischopfern, die in der Regel zu salzen waren, wurde das Salzen als Sinnbild von Reinigung auch auf die alltägliche Essenspraxis übertragen. Wenn die Jünger demnach statt „salzlos" (Mk 9,50) mit Salz „gewürzt oder zugerüstet" (Mk 9,50: ἀρτύω)[741] sein sollen, dann sind sie nicht nur gereinigt, was sich auf den Frieden untereinander festigend auswirkt, sondern vielleicht auch

---

738 Menge-Güthling, „γέεννα," *Langenscheidts Großwörterbuch Altgriechisch-Deutsch*, 143; Walter Bauer, „γέεννα," *Griechisch-deutsches Wörterbuch zum Neuen Testament*, 306; Otto Böcher, „γέεννα," *EWNT* 1:574–576; Duane F. Watson, „Gehenna," *ABD* 2:927–928. Der Begriff findet sich 3mal und nur hier im Text.

739 Menge-Güthling, „εἰρηνεύω," *Langenscheidts Großwörterbuch Altgriechisch-Deutsch*, 209; Walter Bauer, „εἰρηνεύω," *Griechisch-deutsches Wörterbuch zum Neuen Testament*, 457: Das vom Substantiv „εἰρήνη" – „Frieden" – abgeleitete Verb meint „Frieden haben, Frieden halten, im Frieden leben." Der Begriff findet sich als *Hapax legomenon* nur hier im Text.

740 Menge-Güthling, „ἅλας," *Langenscheidts Großwörterbuch Altgriechisch-Deutsch*, 32; Walter Bauer, „ἅλας," *Griechisch-deutsches Wörterbuch zum Neuen Testament*, 67; Rabinowitz, „Salt," 17:708–709: Das Substantiv meint einerseits „Salz" als Würzmittel von Speisen und Düngermittel und andererseits „Würze" als gesteigerte Wirkkraft. Der Begriff findet sich 3mal und nur hier im Text.

741 Menge-Güthling, „ἀρτύω," *Langenscheidts Großwörterbuch Altgriechisch-Deutsch*, 110; Walter Bauer, „ἀρτύω," *Griechisch-deutsches Wörterbuch zum Neuen Testament*, 222: Das Verb meint einerseits „würzen," andererseits „zusammenfügen, anfügen, bereiten, zurüsten, zurechtmachen, herrichten, veranstalten, beginnen" und schließlich „ersinnen, anordnen, besorgen." Der Begriff findet sich als *Hapax legomenon* nur hier im Text.

für ein anderes „Gesalzen werden" (Mk 9,49 Pass.: ἁλίζω)[742], für eine andere „Läuterung" bereit, derjenigen durch „Feuer," Feuer des Leidens nämlich.

(4)　　Politisch-militärisches Profil

Im Kollektiv der Jünger klaffen Bruchlinien. Sie entstanden dadurch, dass drei Jünger größere Nähe zu Jesus beanspruchen dürfen als die übrigen neun. Daraus leiten sie für sich im Rahmen der Gruppe größere Bedeutung ab, zum Unmut der übrigen. Jesus seinerseits negiert die sozialen Bruchlinien zwar nicht, deutet sie jedoch qua theologisch-sozialer Argumentation und sinnbildlich in heimatlichem Umfeld um, woraus sich Selbstwert auch im Rahmen der Gruppe ableitet. Ihre Berufung war im Auftrag Gottes und zum Zweck des Dienstes an den Menschen erfolgt (vgl. Szenen 06, 16 und 28). Daher leitet sich ihr Wert nicht aus der Nähe zu Jesus, sondern aus der Qualität ihres Dienstes ab. Denn selbst der Dienst an den gesellschaftlich Unbedeutendsten, Kindern nämlich, bringt sie in die Nähe von Gott. Und Gott in diesen Kleinen wird sie im Dienst an ihnen messen. Das ist das Urteil, das Wert verleiht. In diesem Sinn verpflichten Vorrang und/oder Stärke stets, als Sklave auch zur Todesbereitschaft, ganz nach dem Vorbild Jesus in der vorhergehenden Szene (vgl. 5.6.4[2]). Selbst Jesus, als der größte unter ihnen, ist sich selbst nicht Herr, sondern auch er steht – obwohl messianischer König – im Dienst eines größeren, wodurch menschliche Macht zum Nutzen aller relativiert wird. Dieses Konzept von Selbstwert, gedeutet als rechenschaftspflichtige Leiterschaft in Verantwortung für den Besitz eines anderen, expliziert in gewissem Sinne das Amt des Sämanns in der gegenüberliegenden Episode: Jesus, aber auch die Jünger säen Samen des Lebens. Findet er Boden, so wächst er hernach von selbst, ihre Pflicht bleibt es, die Frucht demjenigen zurückzutragen, dem sie gehört, und das ist Gott. Vor dem Hintergrund des ersten jüdisch-römischen Krieges ist die Aufforderung zur Einheit zentral, vor allem im Blick auf Josephus' Deutung, der dem inneren Zwist Fremdherrschaft und die Niederlage in diesem Krieg anlastet (vgl. 5.2.4[3]; 5.5.4[1]). Ihm fielen auch unzählige Kinder zum Opfer, etwa durch Hunger in Jerusalem, durch Suizid in Masada oder durch römische Hand in Gamla; zu Letzterem war es gekommen, weil sich die Römer dort besonders indigniert gefühlt und aus Vergeltung die Kinder (samt den Frauen), statt wie üblich in die Sklaverei zu verkaufen, zu Tausenden in die die Stadt umgebenden Schluchten geworfen hatten (vgl. 5.7.2[4]). Das Beispiel

---

742　Menge-Güthling, „ἁλίζω," *Langenscheidts Großwörterbuch Altgriechisch-Deutsch*, 35; Walter Bauer, „ἁλίζω," *Griechisch-deutsches Wörterbuch zum Neuen Testament*, 73: Das vom Substantiv „ἅλας" – „Salz" – abgeleitete Verb meint einerseits „salzen" und andererseits „läutern." Der Begriff findet sich als *Hapax legomenon* nur hier im Text.

290   3. KAPITEL

zur Illustration des Dienstes, nämlich „ein solches Kind aufzunehmen," könnte
also durchaus die konkrete soziale Aufnahme von Findelkindern, ausgesetzten
Kindern oder gar Waisenkindern als Opfer von Kriegswirren als Hintergrund
haben (vgl. 5.6.4[5]).[743]

3.7.3 Szene 47 (Mk 9,38–41): Jesus lehrt die Jünger (in Kapernaum) denen nicht zu wehren, die nicht gegen sie sind

(1)   Szene

Die siebenundvierzigste und eingebettete Szene Mk 9,38–41 handelt davon, wie
Jesus die Jünger (in Kapernaum) lehrt, denen nicht zu wehren, die nicht gegen
sie sind. Wie bereits die Szenen 06, 11, 16, 19–23, 28, 31, 38, 41, 43 und 45–46
gehört somit auch diese zu den jüngerbezogenen, und zwar ihre Belehrung
betreffenden Szenen.

(2)   Text

9[38] Johannes sprach zu ihm: Lehrer, wir sahen jemanden in deinem Namen
Dämonen austreibend und wir wehrten ihm, weil er uns nicht nachfolgte. [39]
Jesus aber sagte: Wehrt ihm nicht! Denn es ist niemand, der ein Wunderwerk in
meinem Namen tun und bald darauf wird übel reden können von mir. [40] Denn
wer nicht gegen uns ist, ist für uns. [41] Denn wer euch einen Becher Wasser zu
trinken gibt im Namen, weil ihr des Christus seid, amen, ich sage euch, nicht
soll er verlieren seinen Lohn.[744]

(3)   Inhalt

Explizit anwesende *Akteure* dieser Szene sind einerseits „Jesus" (Mk 9,39; vgl.
3.1.1[3]), der von Johannes ehrerbietig „Lehrer" (Mk 9,38; vgl. 3.5.1[3]) und durch
sich selbst erstmals „Christus" (Mk 9,41; vgl. 3.1.1[3]) betitelt wird, und andererseits „Johannes" (Mk 9,38; vgl. 3.1.2[3]). Implizit anwesende Akteure sind einerseits die übrigen Jünger und andererseits das im Arm Jesu ruhende Kind. Und
erwähnt Akteure sind einerseits eine nicht weiter beschriebene männliche Person, ein „jemanden" (Mk 9,38), und andererseits die „Dämonen" (Mk 9,38 Pl.;
vgl. 3.2.3[3]), die dieser vertreibt. In *räumlicher* wie auch *temporaler* Hinsicht
stimmt diese eingebettete Szene mit der sie rahmenden Szene 46 überein: Sie

---

743   Christina Tuor-Kurth, „Nochmals: ‚Wer eines solcher Kinder aufnimmt': Ein Beitrag zur
       sozialgeschichtlichen Auslegung von Mk 9,35–37," in *Text, Ethik, Judentum und Christen-
       tum, Gesellschaft: Ekkehard W. Stegemann zum 60. Geburtstag* (Bd. 1 von *Kontexte der
       Schrift*; hg. von Gabriella Gelardini; Stuttgart: Kohlhammer, 2005), 87–99.

744   Literarisch folgt Szene 47 einem chiastischen Schema: A: Mk 9,38 (Namen); B: Mk 9,39
       (übel reden); B': Mk 9,40 (gegen uns); A': Mk 9,42 (Namen).

EXEGETISCHE ANALYSE DES MARKUSEVANGELIUMS 291

handelt in Kapernaum, im Hause des Simon und Andreas, und zwar unmittelbar nach ihrer Rückkehr von einer langen Reise, deren letzte Etappe Cäsarea Philippi gewesen war. In *rhetorischer* Hinsicht ist einerseits erstmals – es ist gleichzeitig auch das letzte Mal – der Jünger Johannes mit einer stellvertretend für alle gestellten Frage an Jesus zu vernehmen, und andererseits Jesu Antwort an alle. Mit dem Thema der Gruppengrenze knüpft dieses Narrativ an Szene 38 an, ging es dort darum, wen es zwingend auszuschließen gilt, geht es hier darum, wer nicht auszuschließen ist.

Jesus hatte im Lehrstück hinsichtlich des Rangstreits mit dem Satz geendet, dass, wer ein Kind in seinem Namen aufnehme, letztlich Gott aufnehme. Johannes fällt ihm an dieser Stelle ins Wort, vielleicht der Redewendung „in seinem Namen" wegen, oder vielleicht auch, weil die Ausführungen Jesu ihn beunruhigen, gehört er doch zu denen, die als Mitwisser des Umwandlungsgeheimnisses einen Vorrang beanspruchen, wie Szene 53 zeigen wird. Es ist das erste und letzte Mal, dass Johannes sich als einzelner zu Wort meldet, und neben Petrus der zweite Jünger, der als einzelner die Rolle des Wortführers einnimmt. Jesus respektvoll mit Lehrer ansprechend berichtet Johannes, was sich zugetragen hat: Sie „sahen" nämlich (im Aorist und daher punktuell) jemanden, im „Namen" (Mk 9,38.39.41; vgl. 3.3.5[3]) Jesu ständig oder wiederholt Dämonen „austreiben" (Mk 9,38; vgl. 3.1.4[3]; Präsens, daher linear oder iterativ), worauf sie, die Jünger, ihm „wehrten" (Mk 9,38.39: κωλύω; Imperfekt und daher linear)[745], ihn daran „hinderten" oder es ihm „verboten," weil dieser „ihnen" – Jesus *und* den Jüngern – nicht „nachgefolgt ist" (Mk 9,38; vgl. 3.2.1[3]). Anzunehmen ist, dass es sich bei diesem Nachahmer um einen Ortsansässigen handelt, der Jesus vielleicht lange genug beobachten konnte, so dass er zwar sein Exorzieren wiederholt und offensichtlich mit Erfolg zu imitieren wusste, ohne sich dabei über Jesus zu stellen, denn er tat es in seinem Namen, aber auch ohne ihm nachzufolgen. Dadurch scheint für die Jünger eine Konkurrenzsituation entstanden zu sein, die sie unaufgefordert zu Einhalt gebietendem Handeln bewegt, welches sie jetzt vor Jesus auf diese Weise rechtfertigen, dass die Jüngerrolle zwingend eine Nachfolge voraussetze, die sie dekuvrierend mit der Begründung „weil er *uns* nicht nachfolgte" auch für sich in Anspruch neh-

---

745 Liddell-Scott, „κωλύω," *Greek-English Lexicon*, 1017; Menge-Güthling, „κωλύω," *Langenscheidts Großwörterbuch Altgriechisch-Deutsch*, 412; Walter Bauer, „κωλύω," *Griechisch-deutsches Wörterbuch zum Neuen Testament*, 936–937: Das Verb meint einerseits und wie hier „(ver)wehren, (ver)hindern, hemmen, abhalten, zurückhalten, im Wege stehen, verzögern, entgegentreten, dagegen sein, Widerstand leisten" andererseits „ausschließen, verbieten, versagen, verweigern" und schließlich im militärischen Sinn „den Marsch aufhalten, die Strasse verlegen." Der Begriff findet sich 3mal im Text (Mk 9,38.39; 10,14).

292   3. KAPITEL

men. Jesus billigt diese Kontrolle seitens der Jünger über Expansion, Grenzen und Autorität der Gruppe nicht. Sie sollen ihm nicht wehren, gebietet er imperativisch, denn niemand, der in seinem Namen ein „Wunderwerk" (Mk 9,39; vgl. 3.5.4[3]) vollbringe, womit Jesus selbst Exorzismen als solche klassifiziert, könne ihm bald darauf „fluchen" (Mk 9,39; vgl. 3.5.11[3]). Denn wer nicht „gegen" (Mk 9,40) „uns" sei – auch Jesus spricht für das Kollektiv – sei „für" (Mk 9,40) uns. Der Ermahnung jedoch fügt er eine die Jünger erhebende Feststellung an, denn jegliche Geste der Freundlichkeit ihnen gegenüber, sei es etwa, dass man ihnen einen „Becher" (Mk 9,41; vgl. 3.5.11[3]) Wasser zu „trinken" (Mk 9,41: ποτίζω)[746] reiche in seinem Namen und weil sie des Christus seien, würde jenen einen nicht zu „verlierenden" (Mk 9,41; vgl. 3.2.2[3]) „Lohn" (Mk 9,41: μισθός)[747] eintragen.

(4)   Politisch-militärisches Profil

Was in der vorhergehenden Szene unwichtig schien – die Nähe zu Jesus –, wird hier zum tragenden Argument in einer Szene, wo es um Grenzziehung gegenüber Ähnlichem, das heißt Menschen, die im Namen Jesu Wunderwerke vollbringen, geht. Sowohl Jesus als auch die Jünger – stellvertretend durch Johannes – verweisen zum ersten Mal auf sich über die 1. Person Plural. Ferner wendet Jesus erstmals selbst auf sich den Titel „Christus" an und definiert seine Jünger als „die des Christus seiend," das heißt ihm – und für einen König und Feldherrn nicht unüblich – gehörend (vgl. 5.6.4[5]). Was aus heutiger Sicht fremd und entmündigend anmutet, ist hier kaum negativ gemeint, sondern dürfte darauf zielen, die unter Konkurrenzdruck geratenen und im Rangstreit liegenden Jünger in ihrer Identität zu stärken, denn „des Christus zu sein" adelt sie als dem göttlichen Bereich zugehörend, und zwar alle zwölf. In dieser Sicherheit bedarf es ihrer Kontrolle gegenüber Nachahmern und Wohlgesinnten nicht, die Grenzen zu Ähnlichem soll durchlässig bleiben, wie die weite Formel „wer nicht gegen uns ist, ist für uns" nahe legt. Ihrer Kontrolle bedarf es

---

746   Menge-Güthling, „ποτίζω," Langenscheidts Großwörterbuch Altgriechisch-Deutsch, 575; Walter Bauer, „ποτίζω," Griechisch-deutsches Wörterbuch zum Neuen Testament, 1394: Das Verb meint neben „zu trinken geben" auch „trinken lassen, zur Tränke führen, begießen und bewässern." Der Begriff findet sich Mk 2mal im Text (Mk 9,41; 15,36).

747   Liddell-Scott, „μισθός," Greek-English Lexicon, 1137; Menge-Güthling, „μισθός," Langenscheidts Großwörterbuch Altgriechisch-Deutsch, 457; Walter Bauer, „μισθός," Griechisch-deutsches Wörterbuch zum Neuen Testament, 1059–1060: Das Substantiv meint einerseits „Lohn, Entgelt, Löhnung, Sold, Befolgung, Bezahlung, Miete, Soldatenentlöhnung, Gehalt, Schulgeld, Honorar" und andererseits „Vergeltung, Belohnung, Strafe." Der Begriff findet sich als Hapax legomenon nur hier im Text.

EXEGETISCHE ANALYSE DES MARKUSEVANGELIUMS   293

auch deshalb nicht, weil Gott schon selbst weiß, wo er seine Wunderkraft verleihen will, denn es geht um die Expansion seines Königreichs, dessen König
der Christus ist, seine Machterweise zu beschneiden, steht den Jüngern deshalb nicht zu, erst recht nicht aus einer allfälligen Unsicherheit heraus.

3.7.4 Szene 48 (Mk 10,1–12): Die Pharisäer befragen Jesus in Judäa zur Ehescheidung

(1)   Szene

Die achtundvierzigste Szene Mk 10,1–12 handelt davon, wie die Pharisäer Jesus
in Judäa zur Ehescheidung befragen; während er den Jüngern seine Antwort
erklärt, lehrt er das Volk. Wie bereits die Szenen 02, 07–11, 14–15, 17, 19–22, 24–
28, 30, 32–36, 39, 41 und 44 gehört somit auch diese zu den volksbezogenen, und
zwar ihre Belehrung betreffenden Szenen, wie bereits die Szenen 10–14, 17–18,
27, 29, 33 und 37 gehört sie ferner auch zu den gegnerbezogenen, und zwar die
Pharisäer betreffenden Szenen, und wie bereits die Szenen 06, 11, 16, 19–23, 28,
31, 38, 41, 43 und 45–47 gehört sie schließlich auch zu den jüngerbezogenen,
und zwar ihre Belehrung betreffenden Szenen. Die Szene unterscheidet sich
von der nachfolgenden nicht im Blick auf Ort und Zeit, wohl aber im Blick
auf Akteure, Handlung und Thema, verbietet doch dort Jesus den Jüngern (in
Judäa) Kindern zu wehren.

(2)   Text

10[1] Und von dort aufbrechend geht er in das Gebiet Judäas (und) jenseits des
Jordans, und es versammeln sich wieder Volksmengen zu ihm, und wie er
gewohnt war, lehrte er sie wieder. [2] Und herzukommend fragten ihn Pharisäer,
ihn versuchend: Ist es einem Mann erlaubt, eine Frau zu entlassen? [3] Er aber
sagte ihnen antwortend: Was gebot euch Mose? [4] Und sie antworteten: Mose
gestattete einen Scheidebrief zu schreiben und zu entlassen. [5] Jesus aber sagte
zu ihnen: Eurer Hartherzigkeit wegen schrieb er euch dieses Gebot. [6] Und
von Beginn der Schöpfung an machte er sie männlich und weiblich. [7] Wegen
diesem wird ein Mensch seinen Vater und seine Mutter verlassen, [8] und die
zwei werden ein Fleisch sein, daher sind sie nicht mehr zwei, sondern ein
Fleisch. [9] Was nun Gott zusammenfügte, scheide ein Mensch nicht. [10] Und im
Haus fragten ihn die Jünger über dieses noch einmal. [11] Und er sagt zu ihnen:
Wer seine Frau entlässt und eine andere heiratet, begeht Ehebruch gegen sie.
[12] Und heiratet sie von ihrem Mann freikommend einen anderen, begeht sie
Ehebruch.[748]

---

748   Literarisch folgt Szene 48 einem chiastischen Schema: A: Mk 10,1–2 (Pharisäer fragen

294 3. KAPITEL

(3)   Inhalt

Explizit anwesende *Akteure* dieser Szene sind einerseits „Jesus" (Mk 10,5; vgl. 3.1.1[3]), andererseits die „Jünger" (Mk 10,10 Pl.; vgl. 3.2.6[3]), ferner verschiedene „Volksmengen" (Mk 10,1 Pl.; vgl. 3.2.5[3]) und schließlich „Pharisäer" (Mk 10,2 Pl.; vgl. 3.2.6[3]). Und erwähnte Akteure sind einerseits „Gott" (Mk 10,9; vgl. 3.1.5[3]), andererseits „Moses" (Mk 10,3.4; vgl. 3.2.4[3]) und schließlich „Mensch(en)" (Mk 10,7.9; vgl. 3.2.1[3]), die „Vater" (Mk 10,7; vgl. 3.2.1[3]) und „Mutter" (Mk 10,7; vgl. 3.3.6[3]) verlassen, um „Ehemänner" (Mk 10,2.12; vgl. 3.5.7[3]; Mk 10,6: ἄρσην)[749] oder „Ehefrauen" (Mk 10,2.11; vgl. 3.5.4[3]; Mk 10,6: θῆλυς)[750] zu werden. Die vermeintliche Rückkehr nach *Kapernaum* entpuppt sich als Durchgangsereignis (vgl. Szenen 46–47), wenn nicht gar als Abschiedsszene, denn von einer Rückkehr dahin wird nicht mehr die Rede sein. Als Rückkehr hingegen lässt sich Jesus Gang ins „Gebiet" (Mk 10,1 Pl.; vgl. 3.5.2[3]) „Judäas" (Mk 10,1; vgl. 3.1.2[3]) und „jenseits des Jordans" (Mk 10,1; vgl. 3.1.2[3]; 3.3.4[3]) verstehen, wo sich in den Szenen 03–04 Taufe und Versuchung zugetragen hatten. Der Narrator bleibt sowohl im Blick auf Örtlichkeit als auch Reiseroute dieser Szene unspezifisch. Der Lehrdisput wird sich in der Öffentlichkeit zugetragen haben, und die private Jüngerbelehrung in einem „Haus" (Mk 10,10), dessen Lage oder Besitzer nicht näher beschrieben werden. Es ist anzunehmen, dass Jesus und seine Jünger in Kapernaum übernachteten und am nächsten *Tag* die über Bet-Schean führend Reiseroute wählten, mittels derer sie später im Text auf dem Weg in Richtung Jerusalem auch Jericho erreichen werden (vgl. Szenen 52 und 54). Auf dieser Route hätten sie das im Text verschwiegene Samaria nach ungefähr 56 Kilometern und mindestens 10,5 Stunden Reisezeit und Jericho nach ungefähr 135 Kilometern und mindestens 25 Stunden Reisezeit erreicht. Diese Berechnung scheint auch angesichts der Aussage des Josephus, dass Jerusalem von Galiläa aus und über

---

ihn, Mann, Frau, entlassen); B: Mk 10,3–5 (Mose: erlaubt Scheidebrief); B': Mk 10,6–9 (Gott: Mensch darf nicht scheiden); A': Mk 10,10–12 (Jünger fragen ihn, entlassen, Frau, Mann).

749   Menge-Güthling, „ἄρσην," *Langenscheidts Großwörterbuch Altgriechisch-Deutsch*, 109; Walter Bauer, „ἄρσην," *Griechisch-deutsches Wörterbuch zum Neuen Testament*, 220: Das Adjektiv meint einerseits und wie hier „männlich" und andererseits „mannhaft, kräftig, stark, gewaltig, wild." Der Begriff findet sich als *Hapax legomenon* nur hier im Text.

750   Menge-Güthling, „θῆλυς," *Langenscheidts Großwörterbuch Altgriechisch-Deutsch*, 331; Walter Bauer, „θῆλυς," *Griechisch-deutsches Wörterbuch zum Neuen Testament*, 732: Das Adjektiv meint einerseits und wie hier „weiblich, weiblichen Geschlechts" und andererseits „weibisch, weichlich, schwach, zart, befeuchtend, erfrischend." Der Begriff findet sich als *Hapax legomenon* nur hier im Text.

EXEGETISCHE ANALYSE DES MARKUSEVANGELIUMS

Samaria reisend in drei Tagen zu erreichen sei, übereinstimmend (vgl. *Vita* 269). In *rhetorischer* Hinsicht sind einerseits die Pharisäer mit einer Fangfrage zu vernehmen, dem entgegnet Jesus andererseits mit einer Frage, worauf ferner sie als auch Jesus antworten, und im Haus schließlich ist Jesus ein letztes Mal zu vernehmen, wie er den Jüngern lehrend antwortet. Mit dem Thema des Lehrdisputs knüpft dieses Narrativ an die Szenen 10, 12–14 und 33 an.

Nach einem möglichen Abschied in Kapernaum und Jesu Gebot an die Jünger Frieden untereinander zu halten, gelangen sie „von dort" (Mk 10,1) aufbrechend in das Gebiet Judäas und Peräas. Der Narrator begründet das Reiseziel nicht, aber, wie bereits in den Tetrarchien des Herodes und Philippus, zeichnet sich auch hier kulminativ ein Streben in Richtung Machtzentrale des seit dem Jahre 6 d. Z. unter römische Aufsicht gestellten Gebiets ab, das mit dem Jerusalemer Tempel gleichzeitig auch die verbliebene Infrastruktur jüdischer Selbstverwaltung beherbergt. Es „versammeln" (Mk 10,1: συμπορεύομαι)[751] sich Volksmengen zu Jesus, wohl an verschiedenen Orten, und seiner „Gewohnheit entsprechend" (Mk 10,1: εἴωθα)[752] „lehrt" (Mk 10,1; vgl. 3.2.2[3]) er sie wiederholt. Das „wieder" könnte Verweis darauf sein, dass es sich um diejenigen Menschen aus diesem Gebiet handelt, die Jesus in Szene 15 bei Kapernaum aufgesucht hatten. Diese Lehre im öffentlichen Raum und an unbekanntem Ort wird von einer Gruppe Pharisäer unbekannter Herkunft unterbrochen, die zu ihm gekommen sind, um ihn mit der Frage zur Ehescheidung auszuforschen, zu prüfen oder gar zu „versuchen" (Mk 10,2; vgl. 3.1.4[3]). Ob es einem Ehemann „erlaubt" sei (Mk 10,2; vgl. 3.3.2[3]), seine Ehefrau zu „entlassen" (Mk 10,2.4.11.12; vgl. 3.5.8[3]), fragen sie. Jesus antwortet nicht, sondern setzt rhetorisch geschickt zur Gegenfrage mit den Worten an, was Mose denn „geboten" (Mk 10,3 Med.: ἐντέλλω)[753]

---

751   Liddell-Scott, „συμπορεύομαι," *Greek-English Lexicon*, 1685; Menge-Güthling, „συμπορεύομαι," *Langenscheidts Großwörterbuch Altgriechisch-Deutsch*, 651; Walter Bauer, „συμπορεύομαι," *Griechisch-deutsches Wörterbuch zum Neuen Testament*, 1556: Das Kompositum meint einerseits und wie hier „mitreisen, -ziehen, -marschieren, -umherwandern, begleiten, zusammenkommen, sich versammeln" und andererseits „(sexuell) beiwohnen." Das Verb findet sich als *Hapax legomenon* nur hier im Text.

752   Menge-Güthling, „εἴωθα/ἔθω," *Langenscheidts Großwörterbuch Altgriechisch-Deutsch*, 214; Walter Bauer, „εἴωθα," *Griechisch-deutsches Wörterbuch zum Neuen Testament*, 471: Das Verb meint einerseits und wie hier „wie gewohnt, gewohnt sein, nach seine Gewohnheit, pflegen," andererseits „gewöhnlich, üblich, alltäglich" und schließlich „das Gewöhnliche, gewohnter Ort, Gewohnheit." Der Begriff findet sich als *Hapax legomenon* nur hier im Text.

753   Liddell-Scott, „ἐντέλλω," *Greek-English Lexicon*, 575; Menge-Güthling, „ἐντέλλω," *Langen-*

habe. Das zwingt die Pharisäer zur Positionierung in dieser Frage. Korrekt antworten sie nach Dtn 24,1–4, dass Mose einen „Scheidebrief" (Mk 10,4: βιβλίον[754]; Mk 10,4: ἀποστάσιον)[755] zu schreiben und zu entlassen „gestattete" (Mk 10,4; vgl. 3.5.2[3]). In der Tat war Scheidung nicht nur eine erlaubte, sondern weithin – wenn auch nicht leichtherzig – akzeptierte Praxis (vgl. Lev 21,7.14; 22,13; Num 30,10; Dtn 22,19.29). Inwiefern ist dann die Frage der Pharisäer als „versuchend" zu verstehen? Wohl insofern, als die Einzelheiten zu Scheidungen im mosaischen Gesetz nicht festgelegt waren und ausgerechnet die Stelle Dtn 24,1–4 zwar Einzelheiten liefert, aber gleichzeitig damit auch Interpretationsschwierigkeiten aufgab, die in den Schulen Hillel und Schammai aber auch von Akiva intensiv debattiert wurden (mJev 112b; bGit 90a). Nicht etwa das Verfassen eines Scheidebriefs, dessen Übergabe und die Verweisung der Frau von ihres Mannes Haus waren Gegenstand der Debatte (Dtn 24,1; vgl. Jes 50,1; Jer 3,8), vielmehr der Anlass, der zur Aushändigung eines Scheidungsbriefs führte; er wird hier mit „keine Gunst in seinen Augen finden" aufgrund von „etwas Anstößigem, dass er an ihr gefunden hat" genannt (Dtn 24,1). Während Schammai „Anstößiges" in sexuellem Vergehen allein ortete, war Hillels Interpretation weitaus breiter, indem sie auch körperliche, insbesondere reproduktionsspezifische, soziale, kultische wie kulturelle Aspekte einschloss (vgl. Dtn 23,15). Diese Auslegung verschaffte dem Ehemann auf weiter Ebene das Recht, seine Frau zu entlassen, das nur zwei Ausnahmen kannte, nämlich dann, wenn er seine Frau fälschlicherweise vorehelichen Sexualverkehrs beschuldigt, oder bei Schändung einer nie zuvor verlobten Jungfrau (Dtn 22,28–29). Aber nach biblischem Zeugnis war die Frau nicht gänzlich ausgeliefert, insbesondere dann, wenn ihr Mann seinen Pflichten ihr gegenüber nicht nachkam (vgl. Ri 19,1–3; Jer 3,20); in solchen Fällen war ihr das moralische Recht zugestan-

---

scheidts Großwörterbuch Altgriechisch-Deutsch, 243; Walter Bauer, „ἐντέλλω," Griechisch-deutsches Wörterbuch zum Neuen Testament, 541–542: Das vom Substantiv „ἐντολή" – „Gebot" – abgeleitete Verb meint neben „gebieten" auch „(be)auftragen, befehlen und darauf bringen." Der Begriff findet sich 2mal im Text (Mk 10,3; 13,34).

754 Menge-Güthling, „βιβλίον/βίβλος," Langenscheidts Großwörterbuch Altgriechisch-Deutsch, 135; Walter Bauer, „βιβλίον," Griechisch-deutsches Wörterbuch zum Neuen Testament, 281–282: Das Substantiv meint einerseits „Bast der Papyrusstaude" und andererseits „(Blatt) Papier, Buch, Schrift(stück), Verzeichnis, Brief." Der Begriff findet sich als Hapax legomenon nur hier im Text.

755 Menge-Güthling, „ἀποστάσιον," Langenscheidts Großwörterbuch Altgriechisch-Deutsch, 97; Walter Bauer, „ἀποστάσιον," Griechisch-deutsches Wörterbuch zum Neuen Testament, 197: Das Kompositum meint neben „Scheidung" wie hier auch „Scheidebrief." Das Substantiv findet sich als Hapax legomenon nur hier im Text.

EXEGETISCHE ANALYSE DES MARKUSEVANGELIUMS   297

den, ihn zu verlassen (vgl. Ex 21,10–11). Geschiedenen stand die Wiederheirat offen, sie blieben jedoch untauglich für den ersten Ehegatten und geschiedene Frauen für Priester (Dtn 24,2–4; Lev 21,7). Die Position Hillels setzte sich bei den Rabbinen und wohl auch bei den hier Jesus herausfordernden Pharisäern durch, so dass auch zu rabbinischer Zeit Scheidung sowohl vom Ehemann wie auch der Ehefrau aufgrund einerseits physischer Defekte (wie unreine Krankheiten, Impotenz oder Unfruchtbarkeit etc.) oder andererseits schädigenden Verhaltens (Versäumnisse im Unterhalt, wiederkehrende Beleidigungen, Treulosigkeit, Hinderung an Gesetzeseinhaltung etc.) eingefordert werden durfte, und über ein zuständiges Gericht entweder einvernehmlich, solange der Ehemann zur Ausstellung des Scheidebriefs zu bewegen war, oder uneinvernehmlich erlangt werden konnte. Schammais und wohl auch Jesu engere Auslegung von Anstößigem als ausschließlich sexuelles Vergehen ist jedoch nicht von der Hand zu weisen, zumal wenn es im engen Kontext der vier Verse Dtn 24,1–4 verstanden wird. Dann könnte das angeführte Anstößige nach Dtn 24,2 in ihrem Heiraten eines anderen gelesen werden und wäre als Treulosigkeit ihrerseits zu verstehen (vgl. Jer 3,1–5). Nimmt man dann noch das in Gen 1,27; 2,22–24 formulierte Eheideal als permanente und essentiell verstandene Vereinigung zweier Individuen – auch jenseits von Scheidung und Tod – hinzu, wäre Wiederheirat desselben Ehegattens konsequenterweise Inzest und deshalb unerlaubt (vgl. Lev 18).[756] Im Sinne von Schammai könnte also Jesus Dtn 24,1–4 verstanden haben, nämlich als Heirat eines anderen Partners, weshalb er Scheidung unter diesen Umständen ablehnt, Mose ein Zugeständnis unterstellt, und die Einführung dieses „Gebots" (Mk 10,5; vgl. 3.5.11[3]) aufgrund menschlicher „Hartherzigkeit" (Mk 10,4: σκληροκαρδία; vgl. Szene 14)[757] zustande gekommen sieht. Während die Pharisäer gerne von Jesus „Anstößiges" aus Dtn 24,1 definiert bekommen hätten, ergründet Jesus stattdessen – und gewiss nicht ohne Hintergedanken – Scheidung unter den Umständen von Treulosigkeit, pharisäischer Treulosigkeit gegenüber Gott, etwas, zu dem die Pharisäer Jesus versuchen, jedoch ohne Erfolg. Entsprechend bedient sich Jesus besagter Belegstellen und sich auf Gott statt auf Mose berufend, führt er an, dass dieser die Menschen von „Beginn der Schöpfung" (Mk 10,6: ἀρχή;

---

756   David L. Lieber, Ben-Zion Schereschewsky und Moshe Drori, „Divorce," *EJ* 5:710–721; Robert W. Wall, „Divorce," *ABD* 2:217–219.

757   Menge-Güthling, „σκληροκαρδία," *Langenscheidts Großwörterbuch Altgriechisch-Deutsch*, 627; Walter Bauer, „σκληροκαρδία," *Griechisch-deutsches Wörterbuch zum Neuen Testament*, 1510: Das Kompositum meint neben „Hartherzigkeit" auch „Herzenshärtigkeit, Starrsinn und Verstocktheit." Das Substantiv findet sich als *Hapax legomenon* nur hier im Text.

298   3. KAPITEL

Mk 10,6: κτίσις)[758] an als männlich und weiblich schuf (Gen), als Paare, deren „Fleisch" (Mk 10,8.8: σάρξ)[759] er nach „verlassen" (Mk 10,7: καταλείπω)[760] ihrer Eltern zu einem einzigen zusammenfügte (Gen 1,27; 2,24; 5,2). Und was Gott „zusammenfüge" (Mk 10,9: συζεύγνυμι)[761], darf der Menschen nicht „scheiden" (Mk 10,9 Imp.: χωρίζω[762]; vgl. Mal 2,16). Im Schutze eines Privathauses befragen ihn die Jünger zu diesem Thema noch einmal. Vielleicht, weil Jesu Rigorosität nicht im Einklang mit ihren Beobachtungen steht, vielleicht weil sie mit der Nachfolge ihre Frauen verlassen haben – zumindest von Petrus wurde deutlich, dass er verheiratet ist (vgl. Mk 1,30)? Die Gründe ihrer Initiative werden nicht deutlich, vielleicht aber dürfte Jesu Erklärung, dass „Ehebruch" (Mk

758   Menge-Güthling, „κτίσις,"Langenscheidts Großwörterbuch Altgriechisch-Deutsch, 407; Walter Bauer, „κτίσις," Griechisch-deutsches Wörterbuch zum Neuen Testament, 925–926: Das vom Verb „κτίζω" – „bewohnbar machen" – abgeleitete Substantiv meint einerseits „Gründung, Erbauung, Ansiedlung, Stiftung" und andererseits wie hier „Schöpfung, Erschaffung, Einrichtung, Ordnung, Geschöpf, Kreatur, Menschheit." In Verbindung mit „Anfang" erhält der Begriff eine zeitliche Spezifizierung. Das Syntagma findet sich 2mal im Text (Mk 10,6; 13,19).

759   Menge-Güthling, „σάρξ," Langenscheidts Großwörterbuch Altgriechisch-Deutsch, 619; Walter Bauer, „σάρξ," Griechisch-deutsches Wörterbuch zum Neuen Testament, 1487–1489: Das Substantiv meint einerseits und wie hier „Fleisch(stück), Leib, Körper" und andererseits „Irdisches, Sterbliches, Ungöttliches, Mensch(heit), menschliche Natur, Sündhaftigkeit." Der Begriff findet sich 4mal im Text (Mk 10,8.8; 13,20; 14,38).

760   Liddell-Scott, „καταλείπω," Greek-English Lexicon, 898; Menge-Güthling, „καταλείπω," Langenscheidts Großwörterbuch Altgriechisch-Deutsch, 370; Walter Bauer, „καταλείπω," Griechisch-deutsches Wörterbuch zum Neuen Testament, 840–841: Das Kompositum meint einerseits „zurück-, hinterlassen," andererseits „übrig lassen, freilassen, offen lassen, am Leben lassen, bestehen lassen, unangetastet lassen, zurückbehalten" und schließlich wie hier „verlassen, sich entfernen, weggehen, hinter sich lassen, absitzen (vom Pferd), aufgeben, preisgeben, überlassen, im Stich lassen, schutzlos lassen, unterlassen, verlieren." Das Verb findet sich 4mal im Text (Mk 10,7; 12,19.21; 14,52).

761   Menge-Güthling, „συζεύγνυμι,"Langenscheidts Großwörterbuch Altgriechisch-Deutsch, 646; Walter Bauer, „συζεύγνυμι," Griechisch-deutsches Wörterbuch zum Neuen Testament, 1548: Das aus „σύν" und „ζυγός" zusammengefügte Kompositum meint einerseits „zusammenjochen," andererseits „zusammenspannen, zusammenfügen, verbinden, verstricken, vereinigen, paaren" und schließlich „ehelich verbinden, verheiraten." Der Begriff findet sich als Hapax legomenon nur hier im Text.

762   Menge-Güthling, „χωρίζω," Langenscheidts Großwörterbuch Altgriechisch-Deutsch, 755; Walter Bauer, „χωρίζω," Griechisch-deutsches Wörterbuch zum Neuen Testament, 1774: Das Verb meint einerseits „einen Platz anweisen, aufstellen, postieren" und andererseits wie hier „entfernen, absondern, trennen, scheiden, vereinzeln." Der Begriff findet sich als Hapax legomenon nur hier im Text.

EXEGETISCHE ANALYSE DES MARKUSEVANGELIUMS

10,11.12 Med.: μοιχάω)[763] begeht, wer den Ehepartner für eine(n) andere(n) verlässt und „heiratet" (Mk 10,11.12; vgl. 3.5.7[3]), die Gemüter der Jünger beruhigt haben.

(4)   Politisch-militärisches Profil
Die Episode hatte in Szene 45 mit einem impliziten Hinweis auf den treulosen Verrat von Jesus begonnen, dann den Frieden nach innen in Szene 46 und den Frieden nach außen in Szene 47 thematisiert. Und wenn der Narrator hier mit Treulosigkeit in denjenigen Beziehungen, die Gott zusammenfügte, fortfährt, schreibt er Jesu Soziallehre weiter. Auf der Oberfläche verwirft er vor den Pharisäern und der Volksmenge über Schriftzitate aus Gottes – und nicht Mose – Mund die Ehescheidung aufgrund von Untreue. Auf einer tieferen Ebene dürfte er Treulosigkeit auch als Grundübel für Unfrieden untereinander, wie er in Szene 46 Thema war, ansprechen. Vielleicht ein zutreffendes Thema in dem einem römischen Prokurator unterstellten Judäa, und auf demselben Weg in Richtung Jerusalem wie auch Vespasian (vgl. 5.7.3[4]). Und schließlich könnte die geforderte Treue gegenüber demjenigen, was Gott zusammenfügte, auch ihre Beziehung, die vom messianischen König und seinem engsten Stab, ansprechen wollen (vgl. 5.6.4[5]), eine militärische Nuance, die den Jünger hier – ebenso wie in Szene 45 – entgangen zu sein scheint. Jesus stellt sich somit mit Schriftargumenten auf die Seite der (Bundes)Treuen und die, die diesen Wert propagieren.

3.7.5 Szene 49 (Mk 10,13–16): Jesus verbietet den Jüngern (in Judäa) den Kindern zu wehren

(1)   Szene
Die neunundvierzigste Szene Mk 10,13–16 handelt davon, wie Jesus den Jüngern (in Judäa) verbietet, Kindern zu wehren. Wie bereits die Szenen 06, 11, 16, 19–23, 28, 31, 38, 41, 43 und 45–48 gehört somit auch diese zu den jüngerbezogenen, und zwar ihre Belehrung betreffenden Szenen. Die Szene unterscheidet sich von der nachfolgenden nicht im Blick auf Ort und Zeit, wohl aber im Blick auf Akteure, Handlung und Thema, antwortet doch dort Jesus einem Begüterten (in Judäa), wie das ewige Leben zu erben sei.

---

763   Menge-Güthling, „μοιχάω," *Langenscheidts Großwörterbuch Altgriechisch-Deutsch*, 459; Walter Bauer, „μοιχάω," *Griechisch-deutsches Wörterbuch zum Neuen Testament*, 1064–1065: Das vom Substantiv „μοιχεία" abgeleitete Verb meint im Medium „Ehebruch begehen oder treiben." Der Begriff findet sich 2mal und nur hier im Text.

300   3. KAPITEL

(2)   Text

10[13] Und sie brachten ihm Kinder, damit er sie berühre. Die Jünger aber schalten sie. [14] Es aber sehend wurde Jesus ärgerlich und sagte zu ihnen: Lasst die Kinder zu mir kommen, wehrt ihnen nicht, denn solchen ist das Königreich Gottes. [15] Amen, ich sage euch, wer das Königreich Gottes nicht aufnimmt wie ein Kind, wird nicht in es hineingehen. [16] Und in den Arm nehmend segnete er sie die Hände auf sie legend.[764]

(3)   Inhalt

Explizit anwesende *Akteure* dieser Szene sind einerseits „Jesus" (Mk 10,14; vgl. 3.1.1[3]), andererseits die „Jünger" (Mk 10,13 Pl.; vgl. 3.2.6[3]), ferner eine ungenannte Anzahl von (kleinen) „Kindern" (Mk 10,13.14 Pl.; Mk 10,15; vgl. 3.5.3[3]) und schließlich diejenigen, vielleicht ihre Eltern (Mk 10,13), die sie Jesus bringen. Und erwähnter Akteur ist das „Königreich Gottes" (Mk: 10,14.15; vgl. 3.1.5[3]). Von Kapernaum in Galiläa waren Jesus und seine Jünger in die Gebiete Judäas und Peräas gelangt (vgl. Mk 10,1) und nach öffentlicher Disputation in ein *Haus* eingekehrt (vgl. Mk 10,10), worin sich diese Szene abspielt und worin sie möglicherweise auch die Nacht zubringen werden. Der *Tag* dürfte daher derselbe wie in Szene 48 sein, freilich fortgeschrittener, sich vielleicht seinem Ende zuneigend. In *rhetorischer* Hinsicht ist nur Jesus an seine Jünger gewandt zu vernehmen. Mit dem Thema Gruppengrenzziehung knüpft dieses Narrativ an Szene 47 an, wobei mit einem ungehalteneren Jesus als dort.

Nachdem Jesus mit den Pharisäern unter Beisein einer Volksmenge über Ehescheidung disputiert hatte, bringt diese anonym gebliebene Gruppe aus der Gegend eine ebenso anonyme Gruppe von (Klein)Kindern zu Jesus ins Haus, so viele wohl, wie er gleichzeitig „in die Arme zu nehmen" (Mk 10,16) vermag, also vermutlich zwei,[765] damit er sie „berühre" (Mk 10,13 Med.; vgl. 3.2.4[3]). Nicht weil sie besessen und/oder krank wären, sondern um sie zu „segnen" (Mk 10,16: κατευλογέω)[766], indem er ihnen nach der Umarmung die „Hände" (Mk 10,16 Pl.;

---

764   Literarisch folgt Szene 49 einem chiastischen Schema: A: Mk 10,13 (Kinder); B: Mk 10,14 (Königreich Gottes); B': Mk 10,15 (Königreich Gottes); A': Mk 10,16 (sie).

765   Das Verb steht im Aorist, womit in erster Linie eine punktuelle, also einmalige und nicht iterative Handlung gemeint sein dürfte.

766   Menge-Güthling, „κατευλογέω," *Langenscheidts Großwörterbuch Altgriechisch-Deutsch*, 379; Walter Bauer, „κατευλογέω," *Griechisch-deutsches Wörterbuch zum Neuen Testament*, 859: Das Kompositum meint noch deutlicher als „εὐλογέω" „segnen oder Gutes wünschen." Das Verb findet sich als *Hapax legomenon* nur hier im Text, auch im Blick auf das gesamte Neue Testament.

EXEGETISCHE ANALYSE DES MARKUSEVANGELIUMS   301

3.2.3[3]) auflegt. Die Praxis der Kindersegnung durch (Groß)Eltern ist in der
Schrift reichlich dokumentiert (vgl. Gen 9,26–27: Noah; Gen 27; 28,1–4: Isaak;
Gen 48,13–22; 49: Jakob) und etablierte sich zum festen Brauch in der Synagoge
aber auch im Privathaus, vornehmlich an Vorabenden zum Sabbat, zu heiligen
Tagen – wie dem Versöhnungstag etwa – und auch vor Reisen. Gesegnet wurden sowohl kleine als auch erwachsene Kinder, und zwar durch den Vater, und
an besonderen Anlässen ergänzt durch die Mutter, über Handauflegung auf
den Kopf und mittels der Rezitation von Gen 48,20 für Knaben und Ruth 4,11 für
Mädchen, gefolgt vom Priestersegen nach Num 6,24–26. Der Segen ist als Anru-
fung Gottes ein Gebet um Gutes, wie Gesundheit, langes Leben, Fruchtbarkeit,
Reichtum, Ehre und Sieg. Der Segen war auch besonderes Privileg der Priester, denen in zunehmendem Masse magische Kräfte zugesprochen wurden.[767]
Nicht zuletzt wird Segen für Kinder biblisch auch verbunden mit Abschieds-
szenen des Vaters vor dem Tod. Der Erzähler könnte darauf anspielen, so dass
die Eltern von Jesus gleichsam seinen Abschiedssegen für ihre Kinder erbitten.
Möglich ist auch anzunehmen, dass die Szene voraussetzt, dass sie seine Kraft
als magischer Wunderheiler für ihre Kinder erstrebten. Jedenfalls erzählt der
Narrator zum ersten Mal von einer Segnungsbitte, die zur Folge hat, dass ausgerechnet die Jünger die Kinder „schelten" (Mk 10,13; vgl. 3.2.2[3]). Am imperativi-
schen Tadel Jesu an die Adresse der Jünger wird deutlich, dass sie den Kindern
„wehren" (Mk 10,14 Imp.; vgl. 3.7.3[3]), weil sie diese nicht zu Jesus kommen
„lassen" (Mk 10,14 Imp.; vgl. 3.2.1[3]) wollen. Dieses Verhalten lässt der Narrator
Jesus „erzürnt" (Mk 10,14: ἀγανακτέω)[768] quittieren. Hatten sie seine am Vortag
zum Ausdruck gebrachte Wertschätzung von Kindern bereits vergessen (vgl.
Szene 46)? Oder geht es darum, dass im Zugang zu Jesus auch diese Kleinen als
Konkurrenz wahrgenommen werden, ein bis anhin ausschließlich den Jüngern
vorbehaltenes Privileg (vgl. Szene 47)? Oder widerspiegeln sie in ihrem Handeln unbedacht soziale Wertmassstäbe? Wer Kinder aufnehme, nehme ihn und
letztlich auch Gott auf, hatte Jesus in Szene 46 gesagt. Jesus resumiert schroff
und vielleicht – angesichts der beobachtenden Eltern – beschämend, dass den
Kindern das Königreich Gottes sei, und wer es nicht „aufnehme" (Mk 10,15; vgl.

---

767 Redaktion, „Blessing of Children,"*EJ* 3:752; Herbert Chanan Brichto, „Blessing and Cursing,"
      EJ 3:750–752; ders., „Priestly Blessing,"*EJ* 16:510–511.

768 Menge-Güthling, „ἀγανακτέω," *Langenscheidts Großwörterbuch Altgriechisch-Deutsch*, 3;
      Walter Bauer, „ἀγανακτέω," *Griechisch-deutsches Wörterbuch zum Neuen Testament*, 7: Das
      Verb meint einerseits und wie hier „zornig, ärgerlich, aufgebracht, aufgeregt, erregt, unwil-
      lig oder unzufrieden sein" und andererseits „sich beschweren, Beschwerde führen." Der
      Begriff findet sich 3mal im Text (Mk 10,14.41; 14,4).

302   3. KAPITEL

3.5.6[3]) wie sie, wird in dieses nicht eingehen. Gefragt werden kann, ob das ὡς παιδίον eine vergleichende Bedeutung hat oder eine Eigenschaft beschreibt.[769]

(4)   Politisch-militärisches Profil
Ähnlich wie in Szene 47 lässt der Autor hier in Judäa/Peräa (vgl. 5.7.3[4]) Jesus die enge Grenzziehung der Jünger in Bezug auf (potentiell) Nahestehende korrigieren. Die Motive der Jünger können nur erahnt werden, wollen sie vordergründig dem Lehrer einen störungsfreien Abend gönnen oder verteidigen sie das Privileg ihrer Nähe zu Jesus? Vergeblich, belehrt sie Jesus implizit, denn der Kinder „sei" (Mk 10,14) das Königreich Gottes, das in der Person Jesu nahe gekommen ist (vgl. Szene 05) und in seinem väterlichen Segen Ausdruck findet; das Privileg der Nähe teilen die Kinder mit den Jüngern also. Wie diese aber sollen die Jünger dieses Königreich aufnehmen (vgl. 5.6.4[5]), wenn sie in dieses eingehen wollen, fährt Jesus mit der Belehrung fort, und zeigt ihnen auf, dass ihre Distanz zu ihm größer ist als sie dies selbst einschätzen.

3.7.6   *Szene 50 (Mk 10,17–22): Jesus zeigt einem Begüterten (in Judäa) auf, wie das ewige Leben zu erben sei*

(1)   Szene
Die fünfzigste Szene Mk 10,17–22 handelt davon, wie Jesus einem Begüterten (in Judäa) aufzeigt, wie das ewige Leben zu erben sei. Wie bereits die Szenen 02, 07–11, 14–15, 17, 19–22, 24–28, 30, 32–36, 39, 41, 44 und 48 gehört somit auch diese zu den volksbezogenen, und zwar ihre Belehrung betreffenden Szenen. Die Szene unterscheidet sich von der nachfolgenden nicht im Blick auf Ort, Zeit und Thema, wohl aber im Blick auf Akteure und Handlung, lehrt doch dort Jesus die Jünger (in Judäa) über die Schwierigkeiten Reicher und den Lohn der Nachfolge.

(2)   Text
10[17] Und als er auf den Weg hinausging, fragte ihn einer herzulaufend und vor ihm kniend: Guter Lehrer, was muss ich tun, damit ich ewiges Leben erbe? [18] Jesus aber sagte zu ihm: Was nennst du mich gut? Keiner ist gut als einer: Gott. [19] Die Gebote kennst du: Du sollst nicht töten; du sollst nicht ehebrechen; du sollst nicht stehlen; du sollst nicht falsches Zeugnis geben; du sollst nicht

---

769   Vgl. dazu Wolfgang Stegemann, „Lasset die Kinder zu mir kommen: Sozialgeschichtliche Aspekte des Kinderevangelium," in *Methodische Zugänge* (Bd. 1 von *Traditionen der Befreiung: Sozialgeschichtliche Bibelauslegungen*; hg. von Willy Schottroff und dems.; München: Kaiser 1980), 114–144; ferner mit Tuor-Kurth, „Nochmals: ‚Wer eines solcher Kinder aufnimmt,'" 87–99.

EXEGETISCHE ANALYSE DES MARKUSEVANGELIUMS   303

wegnehmen; ehre deinen Vater und Mutter. [20] Er aber sagte zu ihm: Lehrer, dies alles habe ich befolgt seit meiner Jugend. [21] Ihn aber anblickend liebte Jesus ihn und sagte zu ihm: Eines fehlt dir: Geh, verkaufe soviel du hast und gib es Armen, und du wirst einen Schatz im Himmel haben, und komm, folge mir nach! [22] Er aber entsetzt über das Wort ging trauernd weg, denn er hatte viele Güter.[770]

(3)   Inhalt

Explizit anwesende *Akteure* dieser Szene sind einerseits „Jesus" (Mk 10,18.21; vgl. 3.1.1[3]), der vom Fragenden mit „Lehrer" (Mk 10,17.20; vgl. 3.5.1[3]) angesprochen wird, und andererseits eben dieser „eine" (Mk 10,17) Begüterte aus dem Volk. Implizit anwesende Akteure sind die Jünger (vgl. Mk 10,23.24). Und erwähnte Akteure sind einerseits „Gott" (Mk 10,18; vgl. 3.1.5[3]), andererseits „Vater und Mutter" (Mk 10,19; vgl. 3.2.1[3]; 3.3.6[3]) und schließlich „Arme" (Mk 10,21 Pl.: πτωχός)[771]. Nach vermutlich einer Übernachtung in irgendeinem Haus in Judäa unterwegs nach Jerusalem (vgl. Szenen 48 und 52), begibt sich Jesus – wohl am nächsten *Morgen* – hinaus auf den „*Weg*" (Mk 10,17: ὁδός; vgl. 3.1.2[3]). In *rhetorischer* Hinsicht sind einerseits der Begüterte in direkter Rede zu vernehmen, der sich an Jesus wendet, andererseits Jesu Antwort, ferner die Entgegnung des Reichen darauf und schließlich ein dekuvrierendes Lehrstück Jesu. Im Vergleich zu den übrigen das Volk lehrenden Szenen wendet sich Jesus hier erstmals lehrend einem Einzelnen zu.

Nachdem Jesus seinen Jüngern verboten hatte, den Kindern zu wehren, begibt er sich am folgenden Tag gemeinsam mit ihnen wieder auf den Weg. Dort kommt eine namentlich nicht identifizierte Person herzu gelaufen, kniet wie schon andere vor ihm nieder und fragt, Jesus ehrfurchtsvoll als „guten" (Mk 10,17.18; vgl. 3.3.3[3]) Lehrer ansprechend, was er tun müsse, um ewiges „Leben" (Mk 10,17; vgl. 3.7.2[3]) zu „erben" (Mk 10,17: κληρονομέω)[772]. Jesus antwortet –

---

770   Literarisch folgt Szene 50 einem chiastischen Schema: A: Mk 10,17 (einer lief herzu); B: Mk 10,18 (Jesus); C: Mk 10,19 (die Gebote); C': Mk 10,20 (diese alle); B': Mk 10,21 (Jesus); A': Mk 10,22 (er ging weg).

771   Menge-Güthling, „πτωχός," *Langenscheidts Großwörterbuch Altgriechisch-Deutsch*, 608; Walter Bauer, „πτωχός," *Griechisch-deutsches Wörterbuch zum Neuen Testament*, 1457: Das Adjektiv meint „bettelnd, (bettel)arm, armselig, ärmlich, dürftig" und substantiviert wie hier „Arme, Bettler." Der Begriff findet sich 5mal im Text (Mk 10,21; 12,42.43; 14,5.7).

772   Menge-Güthling, „κληρονομέω," *Langenscheidts Großwörterbuch Altgriechisch-Deutsch*, 392; Walter Bauer, „κληρονομέω," *Griechisch-deutsches Wörterbuch zum Neuen Testament*, 884: Das aus „κληρόω" und „νόμος" zusammengefügte Kompositum meint einerseits „auf der Grundlage des Gesetzes durch das Los zuteilen," andererseits „(be)erben, erhalten,

304   3. KAPITEL

wie so oft – mit einer Gegenfrage, wozu er ihn denn gut nenne, da keiner außer
einem gut sei – das heißt „tüchtig" oder „trefflich" – nämlich Gott. Obschon
die erste Begegnung, scheint Jesus Wesentliches über ihn erkannt zu haben,
und weiß, dass er die „Gebote" (Mk 10,19 Pl.; vgl. 3.5.11[3]) ja kenne, zählt aus
den zehn nur die sozialrelevanten, nämlich das sechste bis zehnte gefolgt vom
fünften auf: nicht töten, nicht ehebrechen, nicht stehlen, nicht „falsches Zeugnis geben" (Mk 10,19: ψευδομαρτυρέω)[773], nicht wegnehmen und auch Vater und
Mutter ehren (vgl. Ex 20,12–17; Dtn 5,16–21; vgl. auch Szene 33). Darauf entgegnet der Mann dem Lehrer, dass er diese seit seiner „Jugend" (Mk 10,20: νεότης)[774]
„befolgt habe" (Mk 10,20 Med.: φυλάσσω)[775]. Ihn anblickend, so der Narrator,
überkommt Jesus erstmals ein Gefühl nicht des Mitleids, sondern der „Liebe"
(Mk 10,21: ἀγαπάω)[776] für ihn. Er möchte ihn für sich gewinnen, fordert seit
langem wieder einen Menschen zur „Nachfolge" (Mk 10,21; vgl. 3.2.1[3]) auf,
nachdem Levi in Szene 11 der letzte gewesen war. Zuvor jedoch legt er ihm dar,
was ihm zum Erben des ewigen Lebens noch „fehle" (Mk 10,21: ὑστερέω)[777]: Er

---

erlangen, bekommen" und schließlich „als Anteil oder Erbe bekommen, Erbe sein." Das
Verb findet sich als *Hapax legomenon* nur hier im Text.

773   Menge-Güthling, „ψευδομαρτυρέω," *Langenscheidts Großwörterbuch Altgriechisch-Deutsch,*
       756; Walter Bauer, „ψευδομαρτυρέω," *Griechisch-deutsches Wörterbuch zum Neuen Testa-
       ment,* 1778: Das Kompositum meint neben „Falsches Zeugnis ablegen" wie hier auch „falsch
       zeugen." Das Verb findet sich 3mal im Text (Mk 10,19; 14,56.57).

774   Menge-Güthling, „νεότης," *Langenscheidts Großwörterbuch Altgriechisch-Deutsch,* 469;
       Walter Bauer, „νεότης," *Griechisch-deutsches Wörterbuch zum Neuen Testament,* 1085: Das
       vom Adjektiv „νέος" – „jung" – abgeleitete Substantiv meint neben „Jugend" auch „Jugend-
       alter, junge Mannschaft, Jugendlichkeit, jugendlicher Sinn, Leichtsinn." Der Begriff findet
       sich als *Hapax legomenon* nur hier im Text.

775   Liddell-Scott, „φυλάσσω," *Greek-English Lexicon,* 1961; Menge-Güthling, „φυλάσσω," *Langen-
       scheidts Großwörterbuch Altgriechisch-Deutsch,* 738; Walter Bauer, „φυλάσσω," *Griechisch-
       deutsches Wörterbuch zum Neuen Testament,* 1731–1732: Das Verb meint im Medium einer-
       seits und wie hier „für sich bewahren, für sich bewachen lassen, festhalten, beobachten,
       befolgen, einhalten" und andererseits „sich hüten, sich in acht nehmen, vorsichtig sein,
       wachsam sein, verhüten, vermeiden." Der Begriff findet sich als *Hapax legomenon* nur hier
       im Text.

776   Menge-Güthling, „ἀγαπάω," *Langenscheidts Großwörterbuch Altgriechisch-Deutsch,* 3; Wal-
       ter Bauer, „ἀγαπάω," *Griechisch-deutsches Wörterbuch zum Neuen Testament,* 9: Das Verb
       meint einerseits und wie hier „freundlich oder liebevoll aufnehmen oder behandeln,
       bewillkommnen, begrüßen, jemanden schützen, lieb, gern haben, zugetan sein, hoch-
       schätzen, anerkennen" und andererseits „zufrieden sein, sich begnügen, beruhigen, gefal-
       len lassen, froh sein." Der Begriff findet sich 5mal im Text (Mk 10,21; 12,30.31.33.33).

777   Menge-Güthling, „ὑστερέω," *Langenscheidts Großwörterbuch Altgriechisch-Deutsch,* 718;
       Walter Bauer, „ὑστερέω," *Griechisch-deutsches Wörterbuch zum Neuen Testament,* 1692: Das

EXEGETISCHE ANALYSE DES MARKUSEVANGELIUMS

solle hingehen, alles „verkaufen" (Mk 10,21 Imp.: πωλέω)[778], was er besitzt und es den Armen geben, damit er sich im „Himmel" (Mk 10,21; vgl. 3.1.3[3]) einen „Schatz" (Mk 10,21: θησαυρός)[779] anlege, gebietet Jesus. Der Erzähler aber lässt den Reichen mit „Entsetzen" (Mk 10,22: στυγνάζω)[780] reagieren und sich „trauernd" und „unwillig" (Mk 10,22 Med.: λυπέω)[781] über den „Befehl" (Mk 10,22; vgl. 3.2.4[3]) entfernen, was der Narrator mit der Information begründet, dass er über viele irdische „Schätze" (Mk 10,22 Pl.: κτῆμα)[782] verfügte. Aus dem Narrativ lässt sich rekonstruieren, dass der Namenlose vermutlich in Judäa an Jesus herantrat und vielleicht auch aus dieser Gegend stammt. Er befolgt seit

---

Verb meint einerseits „spät sein, hinterher oder später kommen oder abreisen, nachkommen, verfehlen, versäumen, verpassen, nicht rechtzeitig erreichen, meiden, entbehren, ermangeln, nachstehen, zurückstehen, zurückbleiben, geringer oder schwächer sein, zu kurz kommen," andererseits „zu spät kommen, sich verspäten, zögern, säumen, ausbleiben," ferner und wie hier „mangeln, fehlen" und schließlich „zurückgeblieben sein, Mangel oder Not leiden." Der Begriff findet sich als *Hapax legomenon* nur hier im Text.

778 Liddell-Scott, „πωλέω," *Greek-English Lexicon*, 1560; Menge-Güthling, „πωλέω," *Langenscheidts Großwörterbuch Altgriechisch-Deutsch*, 611; Walter Bauer, „πωλέω," *Griechischdeutsches Wörterbuch zum Neuen Testament*, 1463: Das Verb meint einerseits und wie hier „verkaufen, verhandeln" und andererseits „verraten, preisgeben." Der Begriff findet sich 3mal im Text (Mk 10,21; 11,15.15).

779 Liddell-Scott, „θησαυρός," *Greek-English Lexicon*, 801; Menge-Güthling, „θησαυρός," *Langenscheidts Großwörterbuch Altgriechisch-Deutsch*, 331; Walter Bauer, „θησαυρός," *Griechischdeutsches Wörterbuch zum Neuen Testament*, 734–735: Das Substantiv meint einerseits und im Sinne von Aufbewahrungsort „Vorratskammer, Schatzkammer, Schatzhaus, Behältnis, Schatzkästchen, Geldkasten" und andererseits wie hier im Sinne des Aufbewahrten „Vorrat, Schatz, wertvoller Besitz, kostbare Beute, wertvoller Fund, Gewinn." Der Begriff findet sich als *Hapax legomenon* nur hier im Text.

780 Menge-Güthling, „στυγνάζω," *Langenscheidts Großwörterbuch Altgriechisch-Deutsch*, 641; Walter Bauer, „στυγνάζω," *Griechisch-deutsches Wörterbuch zum Neuen Testament*, 1514: Das Verb meint neben „sich entsetzen" wie hier auch „finster, trübe, traurig sein oder werden." Der Begriff findet sich als *Hapax legomenon* nur hier im Text.

781 Menge-Güthling, „λυπέω," *Langenscheidts Großwörterbuch Altgriechisch-Deutsch*, 429; Walter Bauer, „λυπέω," *Griechisch-deutsches Wörterbuch zum Neuen Testament*, 976–977: Das vom Substantiv „λύπη" – „Betrübnis" – abgeleitete Verb meint im Medium einerseits „betrübt oder gekränkt werden" und andererseits wie hier „sich betrüben, betrübt werden oder sein, trauern, Kummer oder Sorge haben, Schmerz oder Unlust empfinden, sich grämen, unwillig sein." Der Begriff findet sich 2mal im Text (Mk 10,22; 14,19).

782 Menge-Güthling, „κτῆμα," *Langenscheidts Großwörterbuch Altgriechisch-Deutsch*, 407; Walter Bauer, „κτῆμα," *Griechisch-deutsches Wörterbuch zum Neuen Testament*, 407: Das vom Verb „κτάομαι" – „sich etwas erwerben, gewinnen, erlangen" – abgeleitete Substantiv meint im Singular „Erwerb, Besitz, Eigentum, Habe, Gut" und im Plural wie hier „Güter, Schätze, Vermögen." Der Begriff findet sich als *Hapax legomenon* nur hier im Text.

306   3. KAPITEL

Jugend – und ab hier scheint das Gesetz bindend – (die) Gebote Gottes und
ehrt ihre Lehrer, ist demnach einerseits jüdisch in seiner Ethnie und andererseits aus dem Jungendalter heraus, auf das er sich bezieht. Er wirkt rüstig, denn
er vermag eilig herzuzulaufen und niederzuknien, aber angesichts dieses Alters
erstaunt seine Beschäftigung mit jenseitigem Leben. Was kümmert ihn das jenseitige Erbe, wenn er im diesseitigen Leben bereits ausreichend zu erben oder
zu erwerben vermochte? Und weshalb zweifelt er trotz Einhaltung von Geboten am jenseitigen Lohn? Sind es die Güter? Die nachfolgende Szene scheint
diese Befürchtung zu bestätigen. Eine grundsätzliche Ablehnung gegen Besitz
um des Besitzes willen lässt sich bei Jesus nicht ausmachen, aber es scheint,
als ob er den Ersten in der Gesellschaft himmlischen Lohn und somit ewiges
Leben weniger zutraut. Und weshalb traut er es auch diesem Gerechten nicht
zu? Der Text erlaubt nur Vermutungen, zum Beispiel diejenige, dass Jesus in der
aufgezählten Liste von Geboten zwar die sozialrelevanten Gebote fünf bis zehn
aufzählt, nicht jedoch eins bis vier, die das Verhältnis vom Einzelnen mit Gott
regeln. Könnte es sein, dass die Güter wichtiger als Gott wurden, wie die Unwil-
ligkeit des Reichen nachzufolgen insinuiert? Es wäre die Verletzung des ersten
Gebots. Und die Weigerung, sich von Privilegien zu lösen, impliziert hier auch
die Weigerung Bedürftigen zu dienen, das wiederum ist der Kern der Nachfolge,
der Kern von Gottes und nicht Jesu Auftrag, weshalb nur Ersterem das Prädikat
„gut" gebührt. Ewiges Leben, Auferstehung und Unsterblichkeit, die bis anhin
nur im Zusammenhang mit dem Gottessohn Jesus thematisiert waren (vgl. Szenen 41, 43 und 45), stehen hier auch sterblichen und gewöhnlichen Menschen
offen, setzen aber „himmlische Verdienste" voraus, was hier neben Einhaltung
von Gesetzen auch Nachfolge unter Preisgabe von Besitz und sozialen Netzen
einschließt.

(4)   Politisch-militärisches Profil
Angesicht der Frage des Reichen unterwegs (vgl. 5.7.3[4]) lässt der Autor Jesus
die juristischen Eintrittsanforderungen seiner Gefolgschaft nach außen arti-
kulieren, die angesichts dessen, was dieser zu verlieren hat, besonders hoch
wirken. Sie machen jedoch auch deutlich, dass dem Preis – mit dem sozialen Nebeneffekt der Armenunterstützung – der Lohn des ewigen Lebens folgt
(vgl. 5.6.4[8]). Dieser sozialbezogenen Deutung entspricht auch eine kriegs-
bezogene Deutung, denn ewiges Leben verspricht Titus denjenigen Soldaten,
die zu außerordentlichen und lebensgefährlichen Operationen bereit sind (vgl.
5.6.4[4]; 5.7.2[4]). Solche erwerben sich himmlische Schätze, dies aber setzt
kompromisslose Nachfolge einem Feldherrn voraus (vgl. 5.6.4[5]). Sowieso sind
Güter im Kontext von Kriegen als potentielle Beute wichtig und deshalb auch
nichtig; das hat sich in diesem Krieg unzählige Male gezeigt, wo nämlich jüdi-

EXEGETISCHE ANALYSE DES MARKUSEVANGELIUMS

sche Reichtümer durch Raub und gleichwohl durch römisches Militärgesetz legitimiert ihren Besitzer wechselten (vgl. 5.8.3[2]).

3.7.7 Szene 51 (Mk 10,23–31): Jesus lehrt die Jünger (in Judäa) über die Schwierigkeiten Reicher und den Lohn der Nachfolge

(1)   Szene

Die einundfünfzigste Szene Mk 10,23–31 handelt davon, wie Jesus die Jünger (in Judäa) über die Schwierigkeiten Reicher und den Lohn der Nachfolge lehrt. Wie bereits die Szenen 06, 11, 16, 19–23, 28, 31, 38, 41, 43 und 45–49 gehört somit auch diese zu den jüngerbezogenen, und zwar ihre Belehrung betreffenden Szenen. Die Szene unterscheidet sich von der nachfolgenden nicht im Blick auf Akteure und Handlung, wohl aber im Blick auf Ort, Zeit, und Thema, lehrt doch dort Jesus die Jünger auf dem Weg nach Jerusalem über seine bevorstehenden Leiden, seinen Tod und seine Auferstehung.

(2)   Text

10²³ Und sich umblickend sagt Jesus zu seinen Jüngern: Wie schwer werden Güter Habende ins Königreich Gottes hineinkommen! ²⁴ Die Jünger aber erschraken über seine Worte. Jesus aber wieder entgegnend sagt zu ihnen: Kinder, wie schwer ist es ins Königreich Gottes hineinzukommen! ²⁵ Es ist leichter, dass ein Kamel durch ein Nadelöhr hindurch kommt als ein Reicher ins Königreich Gottes hineinkommt. ²⁶ Sie aber gerieten übermäßig außer sich zu einander sagend: Wer aber kann gerettet werden? ²⁷ Sie anblickend sagt Jesus: Bei Menschen (ist es) unmöglich, nicht aber bei Gott, denn alle Dinge (sind) möglich bei Gott. ²⁸ Petrus begann ihm zu sagen: Siehe, wir verließen alles und sind dir nachgefolgt. ²⁹ Jesus sprach: Amen, ich sage euch, niemand ist, der verließ Haus oder Brüder oder Schwestern oder Mutter oder Vater oder Kinder oder Äcker um meinetwillen und des Evangeliums willen, ³⁰ der nicht empfängt hundertfach jetzt in dieser Zeit Häuser und Brüder und Schwestern und Mütter und Kinder und Äcker unter Verfolgungen, und im kommenden Zeitalter ewiges Leben. ³¹ Aber viele Erste werden Letzte sein und Letzte Erste.[783]

(3)   Inhalt

Explizit anwesende *Akteure* dieser Szene sind einerseits „Jesus" (Mk 10,23.24.27. 29; vgl. 3.1.1[3]) und andererseits „seine" (Mk 10,23) „Jünger" (Mk 10,23.24 Pl.; vgl.

---

783   Literarisch folgt Szene 51 einem chiastischen Schema: A: Mk 10,23–25 (Reiche, Königreich Gottes, Jünger); B: Mk 10,26 (δύναμαι); B': Mk 10,27 (δυνατός); A': Mk 10,28–31 (wir, ewiges Leben, Erste).

308   3. KAPITEL

3.2.6[3]), die Jesus mit „Kinder" (Mk 10,24 Pl.; vgl. 3.2.5[3]) anspricht, und insbesondere „Petrus" (Mk 10,28; vgl. 3.3.5[3]). Und erwähnte Akteure sind einerseits „Gott" (Mk 10,27.27; vgl. 3.1.5[3]) und sein „Königreich" (Mk 10,23.24.25; vgl. 3.1.5[3]), andererseits „Menschen" (Mk 10,27 Pl.; vgl. 3.2.1[3]), ferner „Vater und Mutter" (Mk 10,29; vgl. 3.2.1[3]; Mk 10,29; Mk 10,30 Pl.; vgl. 3.3.6[3]), „Brüder" (Mk 10,29.30 Pl.; vgl. 3.2.1[3]) und „Schwestern" (Mk 10,29.30 Pl.; vgl. 3.3.6[3]) sowie „Kinder" (Mk 10,29.30 Pl.; vgl. 3.2.5[3]), dann „Begüterte" (Mk 10,23 Pl.: χρῆμα[784]) und ein „Reicher" (Mk 10,25: πλούσιος)[785] sowie „Erste" (Mk 10,31.31 Pl.; vgl. 3.5.7[3]) und „Letzte" (Mk 10,31.31 Pl.; vgl. 3.7.2[3]) und schließlich ein „Kamel" (Mk 10,25). In *räumlicher* wie auch *temporaler* Hinsicht der vorhergehenden Szene gegenüber unverändert, befinden sich Jesus und seine Jünger nach wie vor in Judäa, auf dem Weg in Richtung Jerusalem (vgl. Szenen 50 und 52). In *rhetorischer* Hinsicht ist einerseits Jesus zu vernehmen, andererseits die Jünger in Reaktion darauf, ferner Jesu Antwort an die Jünger, dann des Petrus Reaktion darauf und schließlich Jesu Lehrstück über den Lohn der Nachfolge. Mit dem Thema des Lohns knüpft dieses eine Jüngerbelehrung enthaltende Narrativ an die Szenen 41 und 47 an.

Da, auf dem Weg, wo der Reiche eben gerade traurig, unwillig und die Einladung zur Nachfolge ausschlagend Jesus und die Jünger zurückließ, blickt sich Jesus um, ihm vielleicht hinterher und stellt nachdenklich fest, wie schwer es Begüterte hätten, ins Königreich Gottes zu kommen. Über seine „Worte" (Mk 10,24 Pl.; vgl. 3.2.4[3]) „erschrecken" (Mk 10,24 Med.; vgl. 3.2.2[3]) die Jünger, ohne dass ersichtlich würde worüber, sind sie doch nicht reich. Als wolle er sie beruhigen, indem er sie liebevoll und erstmals mit „Kinder" anspricht, wiederholt Jesus seine Aussage unter Verwendung eines Vergleichs: Leichter käme ein Kamel durch ein Nadelöhr als ein Reicher ins Königreich. Offensichtlich ohne Wirkung, denn wie in der Szene, als Jesus ihnen auf dem Wasser entgegen kam (vgl. Szene 31), „geraten sie vollends außer sich" (Mk 10,26; vgl.

---

784   Liddell-Scott, „χρῆμα," *Greek-English Lexicon*, 2004–2005; Menge-Güthling, „χρῆμα," *Langenscheidts Großwörterbuch Altgriechisch-Deutsch*, 751; Walter Bauer, „χρῆμα," *Griechisch-deutsches Wörterbuch zum Neuen Testament*, 1765: Das vom Verb „χράομαι" – „bedürfen" – abgeleitete Substantiv meint im Plural neben „Güter" wie hier auch „Schätze, Geld, Vermögen, Besitz, Macht, Handelsgut, Waren, Viehherde, (Kriegs)Beute, Besoldung, Löhnung, Bezahlung, Honorar." Der Begriff findet sich als *Hapax legomenon* nur hier im Text.

785   Menge-Güthling, „πλούσιος," *Langenscheidts Großwörterbuch Altgriechisch-Deutsch*, 561; Walter Bauer, „πλούσιος," *Griechisch-deutsches Wörterbuch zum Neuen Testament*, 1353–1354: Das vom Substantiv „πλοῦτος" – „Reichtum" – abgeleitete Adjektiv meint neben „reich und begütert" auch „vornehm und mächtig." Der Begriff findet sich 2mal im Text (Mk 10,25; 12,41).

EXEGETISCHE ANALYSE DES MARKUSEVANGELIUMS 309

3.2.2[3]) und fragen sich untereinander, wer denn „gerettet" (Mk 10,26 Pass.; vgl. 3.3.3[3]) werden könne. Der Erzähler lässt sie offenbar den Vergleich nicht als hyperbolisch, sondern so verstehen, dass das Hineinkommen in das Königreich Gottes nahezu unmöglich ist. Wie beim Reichen der vorgängigen Szene sehen sie ihren jenseitigen Lohn, das heißt ein Fortleben im himmlischen König- reich, offenkundig gefährdet. Als ob dem nicht genug wären, fügt Jesus den Vergleich explizierend und sie anblickend hinzu, dass Rettung bei Menschen in der Tat unmöglich sei, nicht jedoch bei Gott, dem alles möglich ist. Das Maß scheint voll, die Jünger sehen sich in ihrer Identität hinterfrag, weshalb es aus Petrus stellvertretend und das Kernproblem erkennend herausbricht (vgl. Sze- nen 40–42), dass sie – anders als der Begüterte – doch alles „verlassen" (Mk 10,28.29; vgl. 3.2.1[3]) und ihm „nachgefolgt" (Mk 10,28; vgl. 3.2.1[3]) sind und ihren Preis somit bezahlt haben. Jesus scheint zu beschwichtigen, und entgeg- net ihnen, die sie Besitz und Sozialnetz preisgaben, dass niemand, der seinet- und des „Evangeliums" (Mk 10,29; vgl. 3.1.1[3]) wegen „Haus" (Mk 10,29; Mk 10,30: Pl.) oder Brüder oder Schwestern oder Mutter oder Vater oder Kinder oder „Äcker" (Mk 10,29.30 Pl.; vgl. 3.5.2[3]) verlassen habe, nicht „hundertfach" (Mk 10,30) „empfange" (Mk 10,30; vgl. 3.4.1[3]). Er empfange einerseits jetzt und in dieser „Zeit oder Krisenzeit" (Mk 10,30; vgl. 3.1.5[3]), und nicht etwa das eine oder andere, sondern alles Aufgezählte zusammen, jedoch unter „Verfolgun- gen" (Mk 10,30 Pl.; vgl. 3.4.1[3]), nämlich Häuser und Brüder und Schwestern und Mütter und Kinder und Äcker; und andererseits im kommenden „Zeit- alter" (Mk 10,30) ewiges „Leben" (Mk 10,30; vgl. 3.7.2[3]). Ob diese faktische Zusicherung eines dies- wie auch jenseitigen Lohnes die Jünger beruhigt, sagt der Narrator nicht. Aber zumindest im Blick auf die diesseitige Entlohnung geben Jesu Worte Anlass zur Beunruhigung. Auf welche Weise sollen ihnen Sozialnetz und Güter zurückerstattet werden? Wundersam oder doch eher in kriegerischem Kontext? Die angekündigten Verfolgungen verweisen auf Letz- teres, weshalb „empfangen" im Rahmen seines semantischen Sinnpotentials auch „erbeuten" meinen kann. Dazu passt auch, dass ihnen die Zurückerstat- tung eines „Vaters" vorenthalten wird, ein solcher findet sich in der zweiten Aufzählung nicht mehr, und wenn er sie hier zärtlich mit „Kinder" ansprach, darf implizit gefolgert werden, dass er sich selbst als ihr „Vater" versteht, der ihnen – so wurde mehrmals angekündigt und so auch in der nachfolgenden Szene – verloren gehen wird. In einem kriesenhaften und womöglich kriege- rischen Kontext ist eine Neuorganisation der Macht- und Besitzverhältnisse wie sie Jesus ausführt, dass nämlich viele Erste Letzte und Letzte Erste sein werden, vorstellbar, darauf hatte er schon im Rangstreit der Jünger verwie- sen (vgl. Szene 46). Alle drei Lexeme finden sich nur hier und im Sämanns- gleichnis der gegenüberliegenden Episode D, nämlich „Verfolgung(en)" (vgl.

310   3. KAPITEL

Mk 4,17) wie auch „hundertfaches empfangen/erbeuten" (vgl. Mk 4,8.20). Positiver klingt der in Aussicht gestellte Lohn im künftigen Zeitalter, denn was dem Reichen vorenthalten werden wird, ewiges Leben, wird ihnen hier zugesichert.

(4)   Politisch-militärisches Profil

Jesu Aussagen hinsichtlich des Reichen haben die Jünger – so scheint es – in eine Identitätskrise gestürzt. Weshalb? Wäre es so, dass sie auf Einladung von Jesus alles aufgegeben und ihm nachgefolgt wären ohne Lohn, dann wäre das Gleichgewicht einer ungleichen Beziehung in der Tat aus dem Lot geraten. Jeder König, jeder Feldherr entsoldet seine Beamten, seine Offiziere und Soldaten, sofern sie tun, wozu sie berufen wurden. Selbst Gott verpflichtet sich qua Bundesvertrag auf Segnungen, sofern sein Volk, der Einzelne, die Bundesgesetze einhalten. Das entspricht dem Verständnis einer Klientelgesellschaft. Wäre ihnen ewiges Leben wie dem Reichen vorenthalten, so müssten sie daraus schließen, dass sie entweder in der Gesetzesbefolgung oder Nachfolge versagten, oder einem Schwindler aufsaßen, der nicht Gottes Sohn, der messianische König und Feldherr ist, und dessen Dienst auch nicht der gerechten Sache Gottes dient – eine verständlicherweise besorgniserregende Sicht. Jesus lässt diese Sichtweise auf sich nicht gelten. Beschwörend und mit theologisch-kulturellen Argumenten versichert er, dass die sekundäre Sozialisation, Preisgabe und Nachfolge, sich lohnen werden, denn als König, Feldherr und väterlicher Patron wird er seiner Pflicht der Entlohnung im Verbund mit Gott gewiss nachkommen (vgl. 5.6.4[5]; 5.7.3[4]), weil, wer wie im Sinne des Sämannsgleichnisses Sozialnetz und Besitz aufgibt und das Evangelium aufnimmt bis hin zu Krieg, Verfolgung und damit Todesbereitschaft (vgl. mSot 8), wird auch empfangen, hundertfältig gar. Das Verhältnis zu seinen Jüngern definiert Jesus somit als ein ungleiches, aber immerhin als eines, das von Geben und Nehmen gekennzeichnet ist (vgl. 5.6.4[4]; 5.6.4[8]). Der Zusicherung dieses Lohnes, der denen zusteht, die sich ungeachtet der bevorstehenden Gefahren auf Jesu und somit Gottes Seite stellen, bedürfen sie jetzt, ganz besonders im Blick auf das näher rückende Jerusalem, demjenigen Ort, aus dem Titus mit seinen ebenso todesbereiten Soldaten den Grossteil der Beute dieses Krieges aushob (vgl. 5.8.1[2]).[786]

---

786   Vgl. auch Schmidt, *Wege des Heils*, 323–324.

EXEGETISCHE ANALYSE DES MARKUSEVANGELIUMS 311

3.7.8   *Szene 52 (Mk 10,32–34): Jesus lehrt die Jünger auf dem Weg nach*
        Jerusalem über seine bevorstehenden Leiden, seinen Tod und seine
        Auferstehung

(1)   Szene

Die zweiundfünfzigste Szene Mk 10,32–34 handelt davon, wie Jesus die Jünger
auf dem Weg nach Jerusalem über seine bevorstehenden Leiden, seinen Tod
und seine Auferstehung lehrt. Wie bereits die Szenen 03–05, 17–18, 27, 40, 41–
43 und 45 gehört somit auch diese zu den biographischen, und zwar das Leben
Jesu betreffenden Szenen, und wie bereits die Szenen 19–23, 31, 38, 41, 45–49
und 51 gehört sie ferner auch zu den jünger- und nachfolgerbezogenen, und
zwar ihre Belehrung betreffenden Szenen. Die Szene unterscheidet sich von der
nachfolgenden nicht im Blick auf Ort und Zeit, wohl aber im Blick auf Akteure,
Handlung und Thema, begehren doch dort Jakobus und Johannes von Jesus
(bei Jericho) einen Vorrang.

(2)   Text

10³² Sie aber waren auf dem Weg hinaufgehend nach Jerusalem, und Jesus war
ihnen vorausziehend, und sie erschraken, die Nachfolgenden aber fürchteten
sich. Und wieder die Zwölf beiseite nehmend begann er ihnen zu sagen, was
ihm künftig widerfahren werde: ³³ Siehe, wir gehen hinauf nach Jerusalem,
und der Sohn des Menschen wird den Hohepriestern und den Schriftgelehrten
überliefert werden, und sie werden ihn zum Tod verurteilen und werden ihn
den Nationen überliefern. ³⁴ Und sie werden ihn verspotten und ihn anspeien
und ihn schlagen und töten, und nach drei Tagen wird er auferstehen.

(3)   Inhalt

Explizit anwesende *Akteure* dieser Szene sind einerseits „Jesus" (Mk 10,32; vgl.
3.1.1[3]), der sich selbst mit „Menschensohn" (Mk 10,33; vgl. 3.2.5[3]) betitelt,
andererseits die „Zwölf" (Mk 10,32; vgl. 3.3.5[3]) und schließlich eine nicht
näher definierte Gruppe von „Nachfolgern" (Mk 10,32; vgl. 3.2.1[3]) im Hintergrund. Und erwähnte Akteure sind einerseits die „Hohepriester" (Mk 10,33
Pl.; vgl. 3.3.2[3]), andererseits „Schriftgelehrte" (Mk 10,33 Pl.; vgl. 3.2.2[3]) und
schließlich die „Nationen" (Mk 10,33 Pl.: ἔθνος)[787], womit die Okkupationsmacht Rom gemeint sein muss. Wiederum auf dem „*Weg*" (Mk 10,32; vgl.

---

787   Menge-Güthling, „ἔθνος," *Langenscheidts Großwörterbuch Altgriechisch-Deutsch*, 204; Wal-
       ter Bauer, „ἔθνος," *Griechisch-deutsches Wörterbuch zum Neuen Testament*, 440: Das Sub-
       stantiv meint einerseits „Schar, Haufe, Schwarm, Herde" und andererseits wie hier „Nation,
       Volk, Völkerschaft, Stamm, Menschenklasse, Berufsgenossenschaft, Sippe, Geschlecht."
       Der Begriff findet sich 6mal im Text (Mk 10,33.42; 11,17; 13,8.8.10).

312   3. KAPITEL

3.1.2[3]) hat dieser in Richtung „Jerusalem" (Mk 10,32.33; vgl. 3.3.4[3]) – jedoch noch vor Jericho (vgl. Szene 54) – an Steigung zugenommen, weshalb der Autor die Akteure als „hinaufgehend" (Mk 10,32.33; vgl. 3.3.5[3]) beschreibt. Tatsächlich weist die gewählte Route im westlichen Gebirge des Jordangrabenbruchs vor Jericho – das auf dessen Gebirgskamm liegt – eine Steigung auf und von Jericho bis Jerusalem beträgt der Höhenunterschied sogar 925 Meter. *Zeitangaben* fehlen gänzlich, vermutlich aber ereignet sich die Szene immer noch am Tag, der in Szene 50 angebrochen war. In *rhetorischer* Hinsicht ist lediglich Jesus in direkter Rede vernehmbar, und zwar wie er die Jünger lehrt. Mit der Leidens- und Auferstehungsthematik Jesu knüpft dieses Narrativ an die Szenen 12, 14, 41, 43 und 45 an, und ist die ausführlichste unter ihnen. Übereinstimmungen wie Abweichungen werden im Rahmen der folgenden Ausführungen festgehalten.

Unterwegs und hinaufgehend in Richtung Jerusalem und nachdem Jesus die Jünger über den Lohn der Nachfolge aufklärte, berichtet der Narrator, dass Jesus seinen Jüngern „vorauszieht" (Mk 10,32; vgl. 3.5.8[3]), worüber diese wie in der vorhergehenden Szene „erschrecken" (Mk 10,32 Med.) und eine anonyme Gruppe von Nachfolgern in „Furcht versetzt" (Mk 10,32 Med.; vgl. 3.5.1[3]); ob es sich dabei um diejenigen in Mk 2,15 Erwähnten handelt, lässt sich nicht sagen. Da beide Gruppen, die Insider wie auch die Sympathisanten, gleichermaßen erschrecken, muss es durch das Verhalten Jesu hervorgerufen worden sein, welches nur sein „vorausziehen" meinen kann. Das Verb bedeutet – wie gezeigt wurde – neben schlichtem „vorwärtsziehen oder vorwärtsführen" auch „ausrücken oder vorrücken" und zwar im militärischen Sinn. Kommt hinzu, dass die hiesige Schreibweise „προάγων" im Partizip Präsens aktiv als maskuliner Nominativ Singular substantiviert „Vorkampf, Vorübung, Vorspiel, Vorbereitung"[788] meint. Könnte es sein, dass der mit dem Begriff „Vorrücken" in Verbindung stehende (militärische) Machtanspruch Jesu die Begleiter erschreckt? Dazu will die ausführliche Leidensankündigung nicht recht passen, oder etwa doch? Trotz des Schreckens der Jünger weiht Jesus wie bereits in den Szenen 41 und 45 sie allein in das Bevorstehende ein, wobei dies in Szene 41 um die Hauptstadt der Tetrarchie des Philippus geschah, in Szene 45 bei Kapernaum in der Tetrarchie des Herodes Antipas und hier vor der Hauptstadt des unter römischer Herrschaft stehenden Judäa. Dies tut Jesus hier, indem er die Zwölf wiederum zur Seite nimmt und ihnen „sagt" – und sie nicht „lehrt" wie in den Szenen 41 und 45 –, was ihm nach göttlichem Willen „bevorsteht" (Mk 10,32 Pl.: μέλλω)[789]

---

788   Menge-Güthling, „προάγων," *Langenscheidts Großwörterbuch Altgriechisch-Deutsch*, 580.

789   Menge-Güthling, „μέλλω," *Langenscheidts Großwörterbuch Altgriechisch-Deutsch*, 443; Walter Bauer, „μέλλω," *Griechisch-deutsches Wörterbuch zum Neuen Testament*, 1015–1016: Das

EXEGETISCHE ANALYSE DES MARKUSEVANGELIUMS 313

beziehungsweise widerfahren wird. War in den Szenen 41 und 45 allgemeiner von der Verwerfung, Überlieferung, Leiden und Tod des Menschensohns durch die Hohepriester, Schriftgelehrten und Ältesten beziehungsweise Menschen die Rede, lässt der Erzähler Jesus hier hinsichtlich des Ortes wie auch Ablaufs spezifischer werden: In Jerusalem soll der Menschensohn zunächst den Hohepriestern und Schriftgelehrten „überliefert" (Mk 10,33.33; vgl. 3.1.5[3]) werden, wobei Älteste hier nicht genannt sind, was den Verrat durch Judas implizit insinuiert. Diese werden ihn hernach im Rahmen des Synedriums (vgl. Mk 14,55; 15,1) zum (gewaltsamen) Tod (Mk 10,33; vgl. 3.5.11[3]) „verurteilen" (Mk 10,33: κατακρίνω)[790]. Daraufhin werden sie ihn den Nationen überliefern. Die Nationen ihrerseits werden durch „Verspottung" (Mk 10,34: ἐμπαίζω)[791] über seine Niederlage triumphierend, ihn „anspeien" (Mk 10,34: ἐμπτύω)[792], „schlagen oder geißeln" (Mk 10,34: μαστιγόω)[793] und schließlich „töten" (Mk 10,34; vgl. 3.3.3[3]). Wie auch in den Szenen 41 und 45 schließt die Vorhersage mit dem Hinweis auf seine „Auferstehung" (Mk 10,34; vgl. 3.2.4[3]) nach drei „Tagen" (Mk 10,34; vgl. 3.1.3[3]). Abgesehen von dem eingangs erwähnten Schrecken der

---

Verb meint einerseits „vermögen, können," andererseits „gedenken, beabsichtigen, wollen," ferner „(nach göttlichem Willen) sollen, bestimmt sein, Auftrag haben," ferner „müssen, scheinen zögern, zaudern" und schließlich substantiviert und im Plural wie hier meint es „Zukunft, Zukünftige, Bevorstehende, Vorhaben." Der Begriff findet sich 2mal im Text (Mk 10,32; 13,4).

790   Menge-Güthling, „κατακρίνω," *Langenscheidts Großwörterbuch Altgriechisch-Deutsch*, 369; Walter Bauer, „κατακρίνω," *Griechisch-deutsches Wörterbuch zum Neuen Testament*, 837: Das aus „κατά" und „κρίνω" bestehende Kompositum meint einerseits und wie hier „verurteilen" und andererseits „gegen jemanden etwas erkennen, jemandem etwas zuerkennen, verdammen." Der Begriff findet sich 2mal im Text (Mk 10,33; 14,64).

791   Liddell-Scott, „ἐμπαίζω," *Greek-English Lexicon*, 543; Menge-Güthling, „ἐμπαίζω," *Langenscheidts Großwörterbuch Altgriechisch-Deutsch*, 231; Walter Bauer, „ἐμπαίζω," *Griechisch-deutsches Wörterbuch zum Neuen Testament*, 516: Das aus „ἐν" und „παῖς" bestehende Kompositum meint einerseits „in, bei, auf etwas spielen" und andererseits „sein Spiel mit jemand treiben, frohlocken, verspotten, täuschen." Das Verb findet sich 3mal im Text (Mk 10,34; 15,20.31).

792   Liddell-Scott, „ἐμπτύω," *Greek-English Lexicon*, 548; Menge-Güthling, „ἐμπτύω," *Langenscheidts Großwörterbuch Altgriechisch-Deutsch*, 234; Walter Bauer, „ἐμπτύω," *Griechisch-deutsches Wörterbuch zum Neuen Testament*, 519: Das Verb meint neben „anspeien" wie hier auch „hineinspucken." Der Begriff findet sich 3mal im Text (Mk 10,34; 14,65; 15,19).

793   Liddell-Scott, „μαστιγόω," *Greek-English Lexicon*, 1083; Menge-Güthling, „μαστιγόω," *Langenscheidts Großwörterbuch Altgriechisch-Deutsch*, 436; Walter Bauer, „μαστιγόω," *Griechisch-deutsches Wörterbuch zum Neuen Testament*, 1003: Das Verb meint neben „schlagen" wie hier auch „peitschen, geißeln, züchtigen, strafen, plagen, quälen, misshandeln." Der Begriff findet sich als *Hapax legomenon* nur hier im Text.

314   3. KAPITEL

Beteiligten, ist hier von einem Tadel durch Petrus wie in Szene 41 oder einem Unverständnis der Jünger über dieses Wort nicht die Rede.

(4)   Politisch-militärisches Profil

Jesu Verhalten, dessen bevorstehender Einzug in die Hauptstadt als Macht beanspruchend und militärisch gedeutet werden kann (vgl. 5.7.3[4]), steht in scheinbarem Widerspruch zu seinen Ausführungen hinsichtlich eines von Gott gewollten und bevorstehenden, Verrats, Verurteilung, Verspottung, Demütigung und Tod ebendort (vgl. 5.4.4[1]; 5.6.4[6]). Drei aus seinem Jüngerkreis jedoch, wie auch die Leserschaft, wissen um seine Gottessohnschaft, ob diese die Zusatzinformation „Auferstehung in drei Tagen" jetzt einzuordnen wissen? Dies scheint wie in Szene 45 eher nicht der Fall zu sein, wahrscheinlicher ist, dass sie die übermächtige Präsenz Roms in der Stadt schon jetzt in Furcht versetzt.[794] Dass Jesus seinen Tod und darin die Niederlage durch diese Macht ankündigt, und damit auch die ihrige, dürfte nicht zu ihrer Beruhigung beigetragen haben. Demgegenüber hält Jesus fest, dass der Römer Triumph über ihm, erstens zeitlich begrenzt und zweitens von Gott – vielleicht auch aus taktischen Gründen – so gewollt ist. Dies wird sich frühestens dann allen offenbaren, wenn deutlich wird, dass ihre Gewalt an seinem Leib ihm nichts anhaben kann, sondern bloße Episode und Mittel zum Zweck eines Planes Gottes war, der Jesus in Macht zurückbringen wird (vgl. Szene 41).[795]

3.7.9   *Szene 53 (Mk 10,35–45): Jakobus und Johannes begehren von Jesus (bei Jericho) einen Vorrang*

(1)   Szene

Die dreiundfünfzigste Szene Mk 10,35–45 handelt davon, wie Jakobus und Johannes von Jesus (bei Jericho) einen Vorrang in der Herrlichkeit begehren. Wie bereits die Szenen 19–23, 31, 38, 41, 45–49 und 51–52 gehört somit auch diese zu den jüngerbezogenen, und zwar ihre Belehrung betreffenden Szenen. Die Szene unterscheidet sich von der nachfolgenden im Blick auf Akteure, Ort, Zeit, Handlung und Thema, heilt doch dort Jesus bei Jericho den blinden Bartimäus.

---

794   Vgl. Marcus, nach dessen Ansicht sich die Nachfolger Jesu hier weniger vor den Römern als vor den jüdischen und Messianität beanspruchenden Feldherren des ersten jüdisch-römischen Krieges fürchten würden. Zu dieser Ansicht kommt er, weil im Zusammenhang mit ihren militärischen Aktivitäten Josephus das Verb „προάγω" verwendet (*Mark*, 2:744), was er freilich auch im Zusammenhang mit militärischen Aktivitäten der Römer tut (vgl. z. B. *Bell.* 4,48; 5,47 oder 6,59).

795   Vgl. auch Marcus, *Mark*, 2:746.

EXEGETISCHE ANALYSE DES MARKUSEVANGELIUMS   315

(2)   Text

10^35 Und es kommen zu ihm Jakobus und Johannes, die Söhne des Zebedäus zu ihm sagend: Lehrer, wir wollen, dass, was wir dich bitten, du uns tust. **36** Er aber sagte zu ihnen: Was wollt ihr, (dass) ich euch tue? **37** Sie aber sagten zu ihm: Gib uns, dass wir einer zu deiner Rechten und einer zu deiner Linken sitzen in deiner Herrlichkeit. **38** Jesus aber sagte zu ihnen: Ihr wisst nicht, um was ihr bittet. Könnt ihr den Kelch trinken, den ich trinke, oder mit der Taufe getauft werden, mit der ich getauft bin? **39** Sie aber sagten zu ihm: Wir können. Jesus aber sagte zu ihnen: Den Kelch, den ich trinke, werdet ihr trinken, und mit der Taufe, mit der ich getauft bin, werdet ihr getauft werden. **40** Das Setzen aber zu meiner Rechten oder zu meiner Linken ist mir nicht gegeben, sondern denen, für die es bereitet wurde. **41** Als die Zehn es hörten, begannen sie zornig über Jakobus und Johannes zu werden. **42** Und sie herzurufend sagt Jesus zu ihnen: Ihr wisst, dass die, welche als Herrscher der Nationen gelten, sie beherrschen und ihre Grossen Gewalt gegen sie ausüben. **43** So aber ist es nicht unter euch, sondern wer groß unter euch sein will, werde aller Diener, **44** Und wer erster unter euch sein will, werde aller Sklave. **45** Denn auch der Sohn des Menschen kam nicht um bedient zu werden, sondern um zu dienen und sein Leben zu geben als Lösegeld für viele.[796]

(3)   Inhalt

Explizit anwesende *Akteure* dieser Szene sind einerseits „Jesus" (Mk 10,38.39.42; vgl. 3.1.1[3]), der sich selbst abermals mit „Menschensohn" (Mk 10,45; vgl. 3.2.5[3]) bezeichnet und von den Zebedaiden mit „Lehrer" (Mk 10,35; vgl. 3.5.1[3]) angesprochen wird, und andererseits die Jünger, das heißt zunächst die „Söhne des Zebedäus" (Mk 10,35 Pl.; vgl. 3.2.1[3]), „Jakobus" (Mk 10,35.41; vgl. 3.2.1[3]) und „Johannes" (Mk 10,35.41; vgl. 3.1.2[3]), und hernach die übrigen „Zehn" (Mk 10,41). Implizit anwesende Akteure sind die in der vorhergehenden Szene als „Nachfolgende" (vgl. Mk 10,32) eingeführte Gruppe. Und erwähnte Akteure sind einerseits „Herrscher" (Mk 10,42; vgl. 3.2.4[3]) und „Große" (Mk 10,42 Pl.; Mk 10,43; vgl. 3.7.2[3]) der „Nationen" (Mk 10,42 Pl.; vgl. 3.7.8[3]), und andererseits die „vielen" (Mk 10,45 Pl.), denen Jesu Leben als Lösegeld gelten soll. In *räumlicher* Hinsicht hat sich gegenüber der vorhergehenden Szene nichts geändert, die Jünger befinden sich auf dem Weg nach Jerusalem vor Jericho und in *temporaler* Hinsicht dürfte es immer noch der in Szene 50

---

796   Literarisch folgt Szene 53 einem chiastischen Schema: A: Mk 10,35–36 (Jakobus, Johannes); B: Mk 10,37 (zur Rechten, zur Linken, sitzen); C: Mk 10,38 (Kelch, trinken, Taufe, taufen); C': Mk 10,39 (Kelch, trinken, Taufe, taufen); B': Mk 10,40 (sitzen, zur Rechten, zur Linken); A': Mk 10,41–45 (Jakobus, Johannes).

316   3. KAPITEL

angebrochene Tag sein. In *rhetorischer* Hinsicht sind einerseits die Zebedaiden zu hören, die Jesus gegenüber ihr Begehren aussprechen und Jesu Nachfrage, andererseits ihr Vortragen des Begehren und Jesu Antwort darauf, ferner Jesu Rückfrage und ihre Antwort darauf und schließlich Jesu Prophezeiung und sein Lehrstück an alle. Mit dem Thema des Rangstreits knüpft dieses Narrativ an Szene 46 und mit dem Thema der Todesbereitschaft an Szene 41 an.

Nach Jesu düsterer Leidens- und Todesankündigung sucht man vergeblich nach einer Reaktion der Betroffenheit seitens der Jünger. Stattdessen wendet sich das Zebedaiden Brüderpaar mit einem „Begehren" (Mk 10,35.36.43.44; vgl. 3.2.4[3]) an Jesus, nämlich, dass der Lehrer ihnen tue, worum sie ihn fordernd „bitten" (Mk 10,35.38; vgl. 3.5.7[3]). Auf Jesu Rückfrage ist zu vernehmen, dass er ihnen geben soll, dass einer auf dem Ehrenplatz zu seiner „Rechten" (Mk 10,37.40: δεξιός)[797] und einer auf demjenigen zu seiner „Linken" (Mk 10,37: ἀριστερός[798]; Mk 10,40: εὐώνυμος)[799] sitze in Jesu „Herrlichkeit und Majestät" (Mk 10,37; vgl. 3.6.5[3]). Was hat zu dieser Dreistigkeit geführt? Das Brüderpaar war unmittelbar nach Simon und Andreas bei Kapernaum berufen worden (vgl. Szene 06) und bildete mit diesen bis zur Einsetzung der Zwölf, wo Jesus sie Söhne des Donners oder der Unruhe nannte, den innersten Zirkel der Vier (vgl. Szene 16). Das blieb so, denn nur sie und Simon durften die Totenauferweckung in Szene 25 bezeugen, wie auch Jesu Verklärung auf dem Hermon

---

797   Menge-Güthling, „δεξιός," *Langenscheidts Großwörterbuch Altgriechisch-Deutsch*, 160–161; Walter Bauer, „δεξιός," *Griechisch-deutsches Wörterbuch zum Neuen Testament*, 349; Peter von der Osten-Sacken, „δεξιός," *EWNT* 1:685–687; Chayim Cohen, Louis Isaac Rabinowitz und Stephen G. Wald, „Right and Left," *EJ* 17:301–302; Joel F. Drinkard, „Right, Right Hand," *ABD* 5:724: Das Adjektiv meint einerseits „zur Rechten, auf der Rechten Seite (insbesondere in Verbindung mit der Präposition „ἐκ"), rechts, rechte Hand oder Flügel, Rechte, Handschlag, Vertrag, Versprechen, Zusage, Freundschaft, Treue" und andererseits „glückbedeutend oder -bringend, glücklich, günstig, willkommen, geschickt, gewandt, gescheit, tüchtig, klug." Der Begriff findet sich 6mal im Text (Mk 10,37.40; 12,36; 14,62; 15,27; 16,5).

798   Menge-Güthling, „ἀριστερός," *Langenscheidts Großwörterbuch Altgriechisch-Deutsch*, 106; Walter Bauer, „ἀριστερός," *Griechisch-deutsches Wörterbuch zum Neuen Testament*, 214: Das Adjektiv meint einerseits „zur Linken, zur linken Seite (insbesondere in Verbindung mit der Präposition „ἐκ"), links, linke Hand oder Flügel, Linke" und andererseits „unglücksverkündend, linkisch, ungeschickt, verkehrt, unvernünftig, töricht." Der Begriff findet sich als *Hapax legomenon* nur hier im Text.

799   Menge-Güthling, „εὐώνυμος," *Langenscheidts Großwörterbuch Altgriechisch-Deutsch*, 305; Walter Bauer, „εὐώνυμος," *Griechisch-deutsches Wörterbuch zum Neuen Testament*, 666: Das Adjektiv meint einerseits „zur linken Hand (insbesondere in Verbindung mit der Präposition „ἐκ"), links, linker Flügel, unheilvoll" und andererseits „mit gutem Namen, rühmlich, ruhmvoll, geehrt, löblich." Der Begriff findet sich 2mal im Text (Mk 10,40; 15,27).

EXEGETISCHE ANALYSE DES MARKUSEVANGELIUMS 317

sowie die Offenbarung von Elijas Identität während des Abstiegs (vgl. Szenen 42–43). An ihren Ansprüchen leistete Jesus somit seinen Anteil. Ein solches Begehren hätte man sich auch von Petrus vorstellen können, aber vielleicht hat ihn Jesu harte Rüge in Szene 41 dazu unfähig gemacht. Hatten bis anhin weder die Drei noch die Zwölf das Konzept von Auferstehung verstanden (vgl. Szenen 43, 45), erstaunt, dass die Zebedaiden hier von „Herrlichkeit" sprechen, was Jesus bis anhin nur in Szene 41 auf sich bezog und noch einmal in Szene 68 auf sich beziehen wird. Haben sie nun erkannt? Wohl eher nicht, weshalb Jesus folgerichtig schließt, dass sie nicht wüssten, worum sie bitten würden. Denn Mk 12,36 und 14,62 ist zu entnehmen, dass selbst Jesus in seiner Herrlichkeit keinen Platz beansprucht, sondern einen solchen zugewiesen bekommt, nach Ps 110,1 nämlich zur Rechten Gottes. So bitten die Brüder wohl unwissend nichts Geringeres als in den Thronrat Gottes im Allerheiligsten des himmlischen Heiligtums zu kommen. Jesus befreit sie nicht von ihrer Unkenntnis, noch nicht. Stattdessen fragt er, ob sie den „Kelch" (Mk 10,38.39; vgl. 3.5.11[3]), den er trinke, trinken „könnten" (Mk 10,38.39; vgl. 3.2.4[3]), oder mit der „Taufe" (Mk 10,38.39; vgl. 3.1.2[3]), mit der er getauft ist, getauft werden. Sie bejahen, tun sie das im Wissen um die Konnotation von „Gericht" und „Martyrium" der Worte „Kelch" und „Taufe"? Jesus scheint mit Blick auf Szene 41 davon auszugehen. So prophezeit er ihnen das Trinken „seines Kelchs" und das Getauftwerden mit „seiner Taufe," unter Verweis, dass ihm das Vergeben der Sitze zu seiner Rechten und Linken nicht gegeben ist, vielmehr seien sie für diejenigen bestimmt, für die sie (von Gott) „bereitet würden" (Mk 10,40 Med.; vgl. 3.1.2[3]).[800]

Verständlicherweise „erzürnen" (Mk 10,41; vgl. 3.7.5[3]) die Zehn über die Zebedaiden, als sie von ihrem Begehren vernehmen, so wie Jesus über sie alle zornig war, als sie den Kindern wehrten (vgl. Szene 49). Jesus nutzt die Gelegenheit, alle zu sich zu rufen, und setzt das in Szene 46 begonnenen Lehrstück über den Vorrang unter den Zwölfen fort: Sie wüssten, dass, wer als politisch-militärischer Herrscher der Nationen „gelte" (Mk 10,42; vgl. 3.5.9[3]), diese „(gewaltsam) beherrsche" (Mk 10,42: κατακυριεύω)[801], und ihre Grossen

---

800 Vgl. auch Ebner, *Das Markusevangelium*, 112–113.

801 Liddell-Scott, „κατακυριεύω," *Greek-English Lexicon*, 896; Menge-Güthling, „κατακυριεύω," *Langenscheidts Großwörterbuch Altgriechisch-Deutsch*, 369; Walter Bauer, „κατακυριεύω," *Griechisch-deutsches Wörterbuch zum Neuen Testament*, 838: Das aus „κατά" und „κύριος" bestehende Kompositum meint einerseits „Herr werden, überwältigen, unterjochen, niederzwingen" und andererseits wie hier „Herr sein, (gewalttätig) beherrschen, gebieten." Das Verb findet sich als *Hapax legomenon* nur hier im Text.

318   3. KAPITEL

„Gewalt" (Mk 10,42: κατεξουσιάζω)[802] gegen sie ausübten. So aber solle es unter ihnen – den Jüngern – nicht sein, vielmehr, wie bereits in Szene 46 angeführt, wer groß sein will, werde aller „Diener" (Mk 10,43; vgl. 3.7.2[3]), und wer „erster" (Mk 10,44; vgl. 3.5.7[3]) sein will, werde aller „Sklave" (Mk 10,44: δοῦλος)[803]. Denn auch der Menschensohn sei nicht gekommen, um „bedient" (Mk 10,45 Pass.; 10,45; vgl. 3.1.4[3]) zu werden, sondern um zu dienen, und – wie in Szene 41 bereits präfiguriert – sein „Leben" (Mk 10,45; vgl. 3.3.3[3]) zu geben als „Lösegeld" (Mk 10,45: λύτρον)[804] für viele. Es fällt auf, dass Jesus seine Jünger mit den Grossen und Ersten der Nationen vergleicht, bei denen es sich angesichts ihres Aufenthaltsortes – dem römisch verwalteten Judäa – um eben dieselben handeln muss. Grosse und Erste waren auch im Zusammenhang mit Herodes Antipas genannt worden (vgl. Szene 29), womit seine Hofbeamten und Offiziere gemeint waren. Somit ist das die Rolle, die Jesus den Jüngern zuschreibt, zumindest symbolisch und vielleicht auch darüber hinaus: Sie sind die zwölf Stämme Israels repräsentierenden Jünger, seine „Hofbeamten" und „Offiziere." Nur, sie sollen sich im Blick auf die ihnen Anvertrauten, von anderen unterscheiden; nicht Gewalt soll sie leiten, sondern – neben Frieden untereinander (vgl. Szene 46) – soll das Wesen ihrer Leiterschaft seinem Beispiel entsprechen: dem Dienst am andern bis in den Tod (vgl. Szene 41).[805]

---

802 Liddell-Scott, „κατεξουσιάζω," *Greek-English Lexicon*, 924; Menge-Güthling, „κατεξουσιάζω," *Langenscheidts Großwörterbuch Altgriechisch-Deutsch*, 379; Walter Bauer, „κατεξουσιάζω," *Griechisch-deutsches Wörterbuch zum Neuen Testament*, 857: Das Kompositum meint „seine Macht oder (Amts)Gewalt gegen jemanden gebrauchen oder missbrauchen." Das Verb findet sich als *Hapax legomenon* nur hier im Text.

803 Menge-Güthling, „δοῦλος," *Langenscheidts Großwörterbuch Altgriechisch-Deutsch*, 190; Walter Bauer, „δοῦλος," *Griechisch-deutsches Wörterbuch zum Neuen Testament*, 413–414: Das Substantiv meint neben „Sklave" wie hier auch „Knecht, Magd, Leibeigner(r), Diener, Untertan, Vasall." Der Begriff findet sich 5mal im Text (Mk 10,44; 12,2.4; 13,34; 14,47).

804 Menge-Güthling, „λύτρον," *Langenscheidts Großwörterbuch Altgriechisch-Deutsch*, 430; Walter Bauer, „λύτρον," *Griechisch-deutsches Wörterbuch zum Neuen Testament*, 979: Das Substantiv und Synonym zu „ἀντάλλαγμα" (Mk 8,37) meint im eigentlichen Sinn „Lösegeld" und im übertragenen „Sühnung(smittel)." Der Begriff findet sich als *Hapax legomenon* nur hier im Text.

805 Der von Jesus hier propagierte „Dienstweg" deutet Ebner in „sozialen Kategorien"; er würde nicht im „Nachgehen des Martyriumsweges" bestehen, sondern im „freiwilligen Statusverzicht," wie er am „Weg des Menschensohnes" abzulesen sei (*Das Markusevangelium*, 113–114).

EXEGETISCHE ANALYSE DES MARKUSEVANGELIUMS

(4)   Politisch-militärisches Profil

Diese Szene handelt von der (symbolischen) Machtorganisation des messianischen „Hofstaates" kurz vor Jerusalem (vgl. 5.7.3[4]). Hierarchische Unterschiede akzeptierend zeigt sich Jesus allerdings weniger am jenseitigen Gefüge, dessen effektive Struktur er nicht erklärt, sondern am diesseitigen interessiert. Wie im flavischen Haus bestimmt Gott die Erbfolge (vgl. 5.5.4[1]), sie gebührt dort dem Brüderpaar Titus und Domitian.[806] Wer aber hier in der Jesusnachfolge nach der Rolle der Grossen oder Ersten trachte, könne dies zwar, hält er aber einmal politisch Machtfülle in der Hand, tue er (oder sie) es nicht als Gewaltherrscher (vgl. Josephus, *Bell.* 7,260), das hatte zum Krieg geführt (vgl. 5.2.4[3]; 5.4.4[1]; 5.6.4[6]), sondern als einer, der sich nach dem Geringeren orientierend, in einer „dienenden" Art und Weise sich für den Lebensunterhalt seiner Anvertrauten einsetzt.[807] Und hält er militärische Machtfülle (vgl. 5.6.4[2]),[808] so scheint der Autor Jesus in den Mund zu legen, tue er dies wie ein „Sklave," dessen eigenes Leben nicht ihm, sondern seinem Herrn gehört und der bereit ist – wenn erforderlich – es im Martyrium,[809] im Krieg für die Zwecke des Königs und seines Gottes zu verlieren (vgl. 5.6.4[2]; 5.6.4[4]).[810] Darin ist ihnen Jesus ein Vorbild, indem sein Leben als Lösegeld,[811] als Sühne für viele dient.[812] Und das in einem durch den Feind und Kriegshandlungen verunreinigten Land (vgl. 5.8.3[4]), zu dem es nach Annahme Jesu durch ethisches Versagen gegen Gott gekommen ist.[813]

---

806   Vgl. Schmidt, *Wege des Heils*, 325–327.

807   Vgl. auch Ebner, „Die Rede von der ‚Vollmacht' Jesu im MkEv," 21–30.

808   Ebner, „Evangelium contra Evangelium," 39 mit Anm. 48: „Zeitgenossen mag das Bild von Triumphzügen vor Augen stehen, wo sich der siegreiche Kaiser rechts und links von den ranghöchsten Generälen flankieren lässt und damit ‚Macht durch Solidarität' demonstriert. Davon träumen auch die zu allem Einsatz bereiten Zebedaiden (vgl. Mk 10,38 f.)."

809   Vgl. auch Ekkehard W. Stegemann, der sich die Auswahl der drei Jünger Petrus, Jakobus und Johannes durch Jesus als seinen engsten Kreis darin erklärt, dass diese den Lesern bereits als Märtyrer bekannt gewesen sein mussten („Zur Rolle von Petrus, Jakobus und Johannes im Markusevangelium," 366–374).

810   Vgl. auch Alberto De Mingo Kaminouchi, *„But it is not so among You": Echoes of Power in Mark 10.32–45* (JSNT.S 249; London: T&T Clark International, 2003).

811   Vgl. auch Collins, *Mark*, 499–504; Schmidt, *Wege des Heils*, 311–319.

812   Vgl. auch Marcus, *Mark*, 2:749–750, 757.

813   Vgl. Ebner, der diese Szene als Aufforderung an die Gemeinde liest, im Gegenüber zum Flavischen Triumph „Kontrastgesellschaft" zu sein, die Jesu Weg des „Statusverzichts" folgen soll („Evangelium contra Evangelium," 37–39; ders., „Das Markusevangelium und der Aufstieg der Flavier," 67, 69; ders., „Das Markusevangelium," 177–178.180).

320   3. KAPITEL

3.7.10 *Szene 54 (Mk 10,46–52): Jesus heilt bei Jericho den blinden Bartimäus*
(1)   Szene
Die vierundfünfzigste Szene Mk 10,46–52 handelt davon, wie Jesus bei Jericho den blinden Bartimäus heilt. Wie bereits die Szenen 02, 07–11, 14–15, 17, 19–22, 24–28, 30, 32–36, 39, 41, 44, 48 und 50 gehört somit auch diese zu den volksbezogenen, und zwar ihre Heilung betreffenden Szenen. Die Szene unterscheidet sich von der nachfolgenden im Blick auf Akteure, Ort, Zeit, Handlung und Thema, zieht doch dort Jesus in den Tempel Jerusalems ein.

(2)   Text
10⁴⁶ Und sie kommen nach Jericho. Und als er hinausgeht aus Jericho und seine Jünger und eine große Volksmenge, saß der Sohn des Timäus, Bartimäus, ein blinder Bettler, am Weg. **⁴⁷** Und hörend, dass es Jesus, der Nazarener, ist, begann er zu schreien und zu sagen: Sohn Davids, Jesus, erbarme dich meiner. **⁴⁸** Und viele ermahnten ihn, er solle schweigen; er aber schrie umso mehr: Sohn Davids, erbarme dich meiner. **⁴⁹** Und stehen bleibend sagte Jesus: Ruft ihn! Und sie rufen den Blinden zu ihm sagend: Sei zuversichtlich, erhebe dich, er ruft dich. **⁵⁰** Er aber sein Gewand abwerfend, kam aufspringend zu Jesus. **⁵¹** Und antwortend sagte Jesus zu ihm: Was willst du, dass ich dir tue? Der Blinde aber sagte zu ihm: Rabbuni, dass ich sehend werde. **⁵²** Und Jesus sagte zu ihm: Geh hin, dein Glaube hat dich geheilt! Und sogleich wurde er sehend und folgte ihm nach auf dem Weg.[814]

(3)   Inhalt
Explizit anwesende *Akteure* dieser Szene sind einerseits „Jesus" (Mk 10,47.47.49. 50.51.52; vgl. 3.1.1[3]), der indirekt vom Bittsteller als „Nazarener" (Mk 10,47: Ναζαρηνός; vgl. 3.2.2[3]) und direkt als „Sohn Davids" (Mk 10,47.48; vgl. 3.1.3[3]; 3.3.2[3]) beziehungsweise „Rabbuni" (Mk 10,51; vgl. 3.6.6[3]) angesprochen wird, andererseits „seine" (Mk 10,46) „Jünger" (Mk 10,46 Pl.; vgl. 3.2.6[3]), ferner der „blinde" (Mk 10,46.49.51; vgl. 3.6.3[3]) „Bettler" (Mk 10,46: προσαίτης)[815] namens „Bartimäus" (Mk 10,46: Βαρτιμαῖος), das aram. „Sohn des Timäus"

---

814   Literarisch folgt Szene 54 einem chiastischen Schema: A: Mk 10,46 (Bartimäus, sitzt am Weg); B: Mk 10,47–48 (Jesus, er schreit); C: Mk 10,49 (Jesus, ruft ihn); C': Mk 10,50 (er kommt zu Jesus); B': Mk 10,51 (er antwortet, Jesus); A': Mk 10,52 (er folgt nach auf dem Weg).

815   Menge-Güthling, „προσαίτης," *Langenscheidts Großwörterbuch Altgriechisch-Deutsch*, 591; Walter Bauer, „προσαίτης," *Griechisch-deutsches Wörterbuch zum Neuen Testament*, 1425: Das aus „πρός" und „αἰτέω" bestehende Kompositum meint als Verb „anbetteln" und als Substantiv wie hier „Bettler." Der Begriff findet sich als *Hapax legomenon* nur hier im Text.

EXEGETISCHE ANALYSE DES MARKUSEVANGELIUMS 321

bedeutet (Mk 10,46: υἱός; Mk 10,46: Τιμαῖος)[816], und schließlich eine „Volksmenge" (Mk 10,46; vgl. 3.1.2[3]), deren Umfang über das Adjektiv „ἱκανός" (Mk 10,46; vgl. 3.1.2[3]) beschrieben ist, was alles von „ziemlich groß" über „groß" bis hin zu „gewaltig" meinen kann. Und implizit anwesende Akteure sind ferner die in Szene 52 erwähnten „Nachfolgende" (vgl. Mk 10,32). In *räumlicher* Hinsicht, scheint der Narrator der hier erstmals eingeführten Stadt „Jericho" (Mk 10,46.46: Ἰεριχώ) keine größere Bedeutung zuzumessen, ja, es scheint, als ob sie Jesus und seinen Jüngern, allenfalls gemeinsam mit den Nachfolgern, nur als Durchgangsstation in Richtung Jerusalem dient (Mk 10,46). Dennoch lohnt sich eine historische Erörterung. In der Tat, von Jericho aus führt eine vielbegangene und durch ödes Gebirge führende und ihrer Unsicherheit wegen gefürchtete Strasse in das 150 Stadien (ca. 27,7 km) südwestlich aber nahezu 1'000 Meter höher gelegene Jerusalem (vgl. Josephus, *Bell.* 4,474). Die Jerusalemer Aristokratie wusste Jericho zu dieser Zeit seiner milden Winter wegen zu schätzen, vielen diente Jericho daher als bevorzugte Winterresidenz. Auch Herodes hatte sich hier auf den Trümmern einer hasmonäischen Palastanlage eine etappenweise wieder aufgebaute und erweiterte Residenz geschaffen, nicht zuletzt deshalb, weil Jericho – an der Ostflanke Judäas situiert – in militärischer Hinsicht große strategische Bedeutung zukam. Dass der 250 Meter unter dem Meeresspiegel und daher tiefstgelegenen Oasenstadt in der Jordansenke und nordöstlich vom Toten Meer darüber hinaus noch große wirtschaftliche Bedeutung beschieden war, allem voran ihres Wasserreichtums und Fruchtbarkeit wegen, vermehrte ihre Attraktivität. Mit gutem Grund darf sie sich rühmen, eine der ältesten befestigten und am längsten besiedelten Städte der antiken Welt gewesen zu sein, wenn auch sie während des jüdisch-römischen Krieges in Trümmer gelegt (66–70 d. Z.), jedoch bald darauf von Hadrian – einschließlich der militärischen Anlagen – wieder aufgebaut worden war. Aus biblischer Sicht kommt Jericho mit dem alternativen Namen „Palmenstadt" (vgl. Dtn 34,3; Ri 3,13; 2 Chr 28,15) insofern Bedeutung zu, als sie die erste Stadt gewesen sein soll, die im Zuge der Landnahme erobert wurde; sie wurde später dem Stamm Benjamin zugeschlagen (Jos 18,12.21).[817] Nicht weit von hier dürfte auch der Ort gewe-

---

816 Hellmut Haug, „Bartimäus," *Namen und Orte der Bibel*, 68; ders., „Timothëus," *Namen und Orte der Bibel*, 363; Sebastian Schneider, „Bartimäus," *Personenlexikon zum Neuen Testament*, 42–43, 305: Der Name meint aram. „Sohn des Timäus," und in „Timäus" meint man das Verb „τιμάω" – „schätzen, ehren" – erkannt zu haben. Trifft es zu, dass diese gräzisierende Form „Timotheus" abkürzt, dann wäre das geehrte Objekt im theophoren Namen, nämlich Gott, mitgenannt. Beide Begriffe finden sich als *Hapax legomena* nur hier im Text, auch im Blick auf das gesamte Neue Testament.

817 Hellmut Haug, „Jericho," *Namen und Orte der Bibel*, 183–184; Walter Bauer, „Ἰεριχώ," *Grie-

322 3. KAPITEL

sen sein, wo Jesus seine Taufe erhielt und hernach in der Einöde vierzig Tage versucht wurde (vgl. Szenen 03–04). Wie lange sich Jesus und seine Gefolgschaft hier aufhält, sagt der Erzähler nicht. Dass ihm jedoch auf dem „Weg" (Mk 10,46.52; vgl. 3.1.2[3]) hinaus aus der Stadt eine Volksmenge, wohl auch aus Lokalbevölkerung bestehend, folgt, deutet darauf hin, dass Jesus vielleicht *Zeit* fand, sie entweder durch Lehre oder exorzierenden und heilenden Dienst für sich einzunehmen. So könnte er hier mindestens eine Nacht zugebracht haben. In *rhetorischer* Hinsicht sind einerseits zweimal Bartimäus zu vernehmen und Jesu Befehl ihn zu rufen, andererseits die tröstenden Worte der Rufenden als auch Jesu Frage an den Blinden und schließlich dessen Antwort sowie Jesu Heilungszuspruch. Mit dem Thema der Blindenheilung knüpft dieses Narrativ an Szene 39 an, Überschneidungen wie Abweichungen werden im Folgenden festgehalten.

Nachdem Jesus die Jünger über Rangordnung gelehrt hatte, kommen er und sie als auch eine große Volksmenge an einem am Weg sitzenden blinden Bettler namens Bartimäus vorbei. Anders als üblich, gibt der Narrator nicht nur seinen Namen, sondern damit auch denjenigen seines Vaters und wohl seinen – wenn nicht Heimatort – so doch gegenwärtigen Wohnort preis, womit sich implizit ebenfalls eine jüdische Ethnie ableiten lässt. Die Verbindung von Blindheit und Betteln verweist auf den nicht ungewöhnlichen sozialen Status der Armut; ob dies im Blick auf den Vaternamen „Timäus" – „Geehrter" – einst anders war, lässt sich nicht sagen, wohl aber darf vermutet werden, dass die Blindheit angeboren ist, sonst hätte der Narrator Jesus etwas zur Sündenvergebung sagen lassen (vgl. Szenen 10–11). Bartimäus bringt Jesu Identität als den Nazarener in Erfahrung, er muss daher bereits von ihm gehört haben, und assoziiert ihn – für die Leserschaft – einsichtsvoll und hellsichtig mit Davids Sohn, dem messianischen König. Sogleich und anders als der Blinde in Szene 39 ergreift er im Rahmen seiner Möglichkeiten die Initiative, indem er flehend und gleichzeitig fordernd schreit, Jesus möge sich seiner „erbarmen" (Mk 10,47.48 Imp.; vgl. 3.5.2[3]). Er wird deshalb von vielen nicht weiter spezifizierten Umstehenden „ermahnt" (Mk 10,48; vgl. 3.2.2[3]) zu „schweigen" (Mk 10,48; vgl. 3.3.3[3]), wie die Kinder durch die Jünger in Szene 49. Erfolglos. Umso lauter wiederholt er seinen Ruf. Jetzt bleibt Jesus stehen und befiehlt, ihn herbeizuholen, was die Ermahner umgehend tun. Ermunternd sprechen sie ihm nun „Zuversicht" (Mk 10,49 Imp.; vgl. 3.5.9[3]) zu, da Jesus ihn rufe. Umgehend springt dieser,

---

chisch-deutsches Wörterbuch zum Neuen Testament, 756; Nachman Avigad, Shimon Gibson, Efraim Orni et al., „Jericho," *EJ* 11:137–140; T.A. Holland und Ehud Netzer, „Jericho (Place)," *ABD* 3:724–740. Der Name finden sich als *Hapax legomena* nur hier im Text.

EXEGETISCHE ANALYSE DES MARKUSEVANGELIUMS 323

sein Gewand abwerfend, auf und begibt sich selbständig – wie es scheint – zu Jesus. Auf die Bittschreie antwortend fragt er ihn, was er „wolle" (Mk 10,51; vgl. 3.2.4[3]), dass er ihm „tue" (Mk 10,51). Eine rhetorische Frage, so scheint es, da doch nicht nur für den hellsichtigen Jesus das Problem des Blinden offensichtlich sein dürfte. Offenbar geht es dem Erzähler jedoch darum, dass der Blinde Gelegenheit bekommt, sein Vertrauen in Jesu Heilungskraft zu äußern. Dieser antwortet, indem er Jesus mit dem Titel anspricht, den bis anhin nur Petrus verwendete: Rabbuni, dass ich „sehend werde" (Mk 10,51.52; vgl. 3.6.3[3]). Jesu entgegnet, dass er hingehen solle, sein „Glaube" oder „Zutrauen" (Mk 10,52; vgl. 3.2.5[3]) hätte in „geheilt" (Mk 10,52; vgl. 3.3.3[3]). Anders als in Szene 39 wird erzählt, dass der Blinde sogleich geheilt wird und keiner Berührung bedarf. Bartimäus jedoch geht nicht dahin, wie Jesus gebietet, sondern „folgt ihm nach" (Mk 10,52; vgl. 3.2.1[3]) auf dem Weg, was dieser gewährt, und ihm vielleicht dadurch die Aufnahme in einen neuen sozialen Kontext ermöglicht. Es ist der letzte Bericht eines Einzelnen, in dem gesagt wird, dass er Jesus nachfolgt, und es ist die letzte Blindenheilung wie Heilung überhaupt, wobei bezeichnend ist, dass sie sich wie in Szene 39 vor der Hauptstadt des Territoriums ereignet.

(4)   Politisch-militärisches Profil

Ein letztes Mal demonstriert Jesus in dieser Szene dem Volk und insbesondere seinen Jüngern in Jericho – wo auch Vespasian durchkam bevor er sich nach Jerusalem begab – exemplarisch (vgl. 5.6.4[1]; 5.7.3[4]), was er mit „Dienst der Großen" meint, nämlich für die ihm Anvertrauten in einer Weise zu sorgen, dass sie den Lebensunterhalt bestreiten können. Zu einer solchen Verbesserung verhilft Jesus dem Bartimäus. Dass dieser – ganz im Sinne seines Namens – Jesus darin „ehrt," als er ihn – trotz seiner Blindheit – in seiner Identität und Größe als den in der Schrift angekündigten Davidssohn und messianischen König er- und anerkennt,[818] ist gleichsam praktische Fortsetzung der in Szene 53 erteilten Lehre. Dienst zieht in diesem Beispiel keinen Verlust an Reputation nach sich – im Gegenteil, und darum geht es in dieser siebten Episode. Für Sehende dieser Art sind Jesu Tore stets offen; wird Jerusalem nach diesem „Legitimationswunder" die seinen Jesus öffnen, wie Rom sie nach vergleichbaren und seine Majestät bestätigenden Wundern für Vespasian öffnete (vgl. 3.3.3[4]; 3.6.3[4]; 5.5.2[4]; 5.5.4[3])?[819]

---

818   Vgl. Marcus, nach dessen Ansicht der Autor hier betonen wolle, dass Jesus der legitimere Davidsohn sei als die jüdischen und Messianität beanspruchenden Feldherren, weil Jesus – anders als jene – ähnlich wie der Davidssohn Salomon zu heilen vermag (*Mark*, 2:766).

819   Vgl. Wolfgang Stegemann, der ferner drauf hinweist, dass die Bitte um Erbarmen auch

324   3. KAPITEL

3.8   Episode c' (Markus 11,1–12,44)

Markus 11,1–12,44 bildet die achte von zehn chiastisch angeordneten Episoden, wobei Episode c' aus folgenden elf Szenen besteht: Szene 55 (Mk 11,1–11): Jesus zieht in den Tempel Jerusalems ein; Szene 56 (Mk 11,12–14.20–25): Jesus lehrt die Jünger über Glauben anhand eines Feigenbaums in Betaniën; Szene 57 (Mk 11,15–19): Jesus vertreibt die Händler und Wechsler vom Tempel; Szene 58 (Mk 11,27–33): Die Hohepriester, Schriftgelehrten und Ältesten befragen Jesus im Tempel über seine Vollmacht; Szene 59 (Mk 12,1–12): Jesus offenbart (Hohepriestern, Schriftgelehrten und Ältesten im Tempel) durch ein Weinberggleichnis ihre mörderischen Absichten; Szene 60 (Mk 12,13–17): Die Pharisäer und Herodianer befragen Jesus (im Tempel) zur Kaisersteuer; Szene 61 (Mk 12,18–27): Die Sadduzäer befragen Jesus (im Tempel) zur Auferstehung; Szene 62 (Mk 12,28–34): Ein Schriftgelehrter befragt Jesus (im Tempel) zum ersten Gebot; Szene 63 (Mk 12,35–37): Jesus lehrt das Volk im Tempel, dass er nicht nur Davids Sohn, sondern auch sein Herr ist; Szene 64 (Mk 12,38–40): Jesus warnt das Volk (im Tempel) vor den Schriftgelehrten; und Szene 65 (Mk 12,41–44): Jesus lobt (im Tempel) die Gabe der Witwe.

Ihre Demarkation ergibt sich in literarisch-formaler Hinsicht darin, dass sie durch den „Tempel" (Mk 11,11.15.16.27; 12,35) als den vorwiegenden Handlungsort zusammengehalten wird, und in narrativ-inhaltlicher Hinsicht darin, das Jesus anhand von Familien- und Verwandtschaftsvokabular seine Besitzansprüche auf diesen für sich und seine Jünger reklamiert, so haben er als auch seine Jünger Gott zum Vater (Mk 11,25; 12,6), weshalb er in erster Line als Gottes Sohn und nicht Davids Sohn (Mk 12,35.37) der rechtmäßige Erbe Gottes ist (Mk 12,7), der in den Tempel als seines Vaters Haus einzieht und als solcher dessen Unordnung moniert (Mk 11,17).

3.8.1   *Szene 55 (Mk 11,1–11): Jesus zieht in den Tempel Jerusalems ein*
(1)   Szene
Die fünfundfünfzigste Szene Mk 11,1–11 handelt davon, wie Jesus in den Tempel Jerusalems einzieht. Wie bereits die Szenen 03–05, 17–18, 27, 40–43, 45 und 52 gehört somit auch diese zu den biographischen, und zwar das Leben Jesu betreffenden Szenen. Die Szene unterscheidet sich von der nachfolgenden im Blick auf Akteure, Ort, Zeit, Handlung und Thema, lehrt doch dort Jesus die Jünger über Glauben anhand eines Feigenbaums in Betaniën.

---

an irdische Herren gerichtet wurde (*Jesus und seine Zeit*, 341–342). Deshalb deutet Ebner diese Szene als kaiserliche Audienz („Evangelium contra Evangelium," 39–40; *Das Markusevangelium*, 114–115).

EXEGETISCHE ANALYSE DES MARKUSEVANGELIUMS   325

(2)   Text

11[1] Und als sie sich bei Betfage und Betaniën am Ölberg Jerusalem nähern, sendet er zwei seiner Jünger [2] und sagt zu ihnen: Geht in das Dorf gegenüber von euch, und sogleich in es hineinkommend werdet ihr ein angebundenes Fohlen finden, auf dem noch kein Mensch saß. Bindet es los und bringt es. [3] Und wenn jemand zu euch sagt: Warum tut ihr dies? Sagt: Der Herr bedarf seiner, und er sendet es sogleich wieder hierher. [4] Und sie gingen und fanden ein angebundenes Fohlen an der Tür draußen auf der Strasse und binden es los. [5] Und einige der dort Stehenden sagten zu ihnen: Warum tut ihr das Fohlen losbinden? [6] Sie aber sagten zu ihnen wie Jesus sagte, und sie erlaubten (es) ihnen. [7] Und sie bringen das Fohlen zu Jesus und werfen ihre Kleider auf es, und er setzte sich auf es. [8] Und viele breiteten ihre Kleider auf dem Weg, andere aber von den Feldern abgeschnittene Zweige. [9] Und die Vorangehenden und die Nachfolgenden schrien: Hosianna, gesegnet, der Kommende im Namen des Herrn! [10] Gesegnet, das kommende Königreich unseres Vaters David! Hosianna in der Höhe! [11] Und er ging in Jerusalem in den Tempel und als er alles ringsum besehen hatte, ging er mit den Zwölfen nach Betaniën hinaus, da es schon Abend an der Zeit war.[820]

(3)   Inhalt

Explizit anwesende *Akteure* dieser Szene sind einerseits „Jesus" (Mk 11,6.7; vgl. 3.1.1[3]), der sich selbst mit „Herr" (Mk 11,3.9; vgl. 3.1.2[3]) betitelt, andererseits die „Zwölfergruppe" (Mk 11,11; vgl. 3.3.5[3]) und insbesondere zwei ungenannte „seiner" (Mk 11,1) „Jünger" (Mk 11,1 Pl.; vgl. 3.2.6[3]), ferner eine „Vielzahl" (Mk 11,8.8 Pl.) von „Vorausziehenden" (Mk 11,9 Pz. Pl.; vgl. 3.5.8[3]) und „Nachfolgenden" (Mk 11,9 Pz. Pl.; vgl. 3.2.1[3]), unter denen sich auch – obschon nicht erwähnt – der geheilte Bartimäus befinden könnte (vgl. Mk 10,52), dann „einige" (Mk 11,3; Mk 11,5 Pl.) der Dorfbewohner und schließlich das „Fohlen" (Mk 11,2.4.5.7: πῶλος) selbst. Da das griech. Wort in der Septuaginta das hebr. „עַיִר" – „Eselsfüllen" – übersetzt, auch in Sach 9,9, auf das die Parallelstellen in Matthäus und Johannes rekurrieren (vgl. Mt 21,1–10; Joh 12,12–19), darf angenommen werden, dass auch hier – in Erfüllung der Schrift – der messianische König (noch) nicht triumphal auf einer Wolke (Dan 7,13), sondern „demütig" – wenn auch „gerecht und siegreich" – „auf einem (männlichen) Eselfoh-

---

820   Literarisch folgt Szene 55 einem chiastischen Schema: A: Mk 11,1 (Jerusalem, Betaniën); B: Mk 11,2–3 (finden, Fohlen, angebunden, sitzen, lösen, bringen, warum, tun, Herr); B': Mk 11,4–10 (finden, Fohlen, angebunden, lösen, warum, tun, bringen, sitzen, Herr); A': Mk 11,11 (Jerusalem, Betaniën).

326 3. KAPITEL

len reitend" nach Jerusalem einzieht (Sach 9,9).[821] Und erwähnte Akteure sind einerseits Gott über das Wort „Herr" (Mk 11,9), und andererseits das „Königreich" (Mk 11,10; vgl. 3.1.5[3]) des „(Stamm)Vaters David" (Mk 11,10; vgl. 3.2.1[3]; 3.3.2[3]). Nach *Jerusalem* (Mk 11,1.11; vgl. 3.3.4[3]) gelangen Jesus, seine Jünger wie Nachfolger vom Osten her, denn sie waren im 20 Kilometer entfernten Jericho aufgebrochen und auf der römischen Strasse bei Jerusalem nach Betfage gelangt, wo Jesus die zwei Jünger ins gegenüberliegende „Dorf" (Mk 11,2; vgl. 3.5.5[3]) „Betaniën" (Mk 11,1.11: Βηθανία)[822] zum Holen des Füllens aussendet. „Betfage" (Mk 11,1: Βηθφαγή), für aram. „Haus der (unreifen, grünen) Feigen, Frühfeigen," lag, wie der Text besagt, nur ein Kilometer östlich des Scheitels des „Ölbergs" (Mk 11,1; vgl. 3.3.5[3]), und markierte nach mischnischem und talmudischem Zeugnis, obwohl außerhalb der Stadtmauer, zu jener Zeit Jerusalems Ostgrenze, und dürft mit einer eigenen Mauer umgeben gewesen sein (mMen 11,2; bMen 75b).[823] In Jerusalem selbst macht Jesus mit den Zwölfen noch einen ersten Abstecher in den „Tempel" (Mk 11,11: ἱερόν)[824]. Trifft es zu, dass Jesus am *Morgen* eines neu angebrochenen Tages Jericho verließ (vgl. Szene 54), dürfte er bei einer Gehgeschwindigkeit von 5,4 Kilometer pro Stunde Betfage frühestens in vier Stunden erreicht haben, das Holen des Füllens im 2 Kilometer entfernten Betaniën dürfte weitere ein bis zwei Stunden beansprucht haben, so dass ein Einzug nach Jerusalem am späteren Nachmittag und Besichtigung des

---

821 Menge-Güthling, „πῶλος," *Langenscheidts Großwörterbuch Altgriechisch-Deutsch*, 611; Walter Bauer, „πῶλος," *Griechisch-deutsches Wörterbuch zum Neuen Testament*, 1463; Horst Balz und Gerhard Schneider, „πῶλος," *EWNT* 3:487; Harold Louis Ginsberg, David Flusser, Gerald J. Blidstein, Joseph Dan und Louis Jacobs, „Messiah," *EJ* 14:110–115, bes. 113: Das Substantiv meint einerseits „Jungtier, insbesondere Fohlen des Esels oder Maultiers, Pferd" und andererseits „junger Mann oder Mädchen." Der Begriff findet sich 4mal und nur hier im Text.

822 Walter Bauer, „Βηθανία," *Griechisch-deutsches Wörterbuch zum Neuen Testament*, 279; Hellmut Haug, „Betaniën," *Namen und Orte der Bibel*, 76; Michael Avi-Yonah, „Bethany," *EJ* 3:527; L.J. Perkins, „Bethany," *ABD* 1:702–703: Der Name steht für hebr. „Haus des Armen" oder „Haus von Hananias" und liegt 3 Kilometer östlich von Jerusalem. Der Begriff findet sich 4mal im Text (Mk 11,1.11.12; 14,3).

823 Walter Bauer, „Βηθφαγή," *Griechisch-deutsches Wörterbuch zum Neuen Testament*, 280; Hellmut Haug, „Betfage," *Namen und Orte der Bibel*, 77; Michael Avi-Yonah und Shimon Gibson, „Bethphage," *EJ* 3:536; Scott T. Carroll, „Bethphage," *ABD* 1:715. Der Begriff findet sich als *Hapax legomenon* nur hier im Text.

824 Menge-Güthling, „ἱερόν," *Langenscheidts Großwörterbuch Altgriechisch-Deutsch*, 340; Walter Bauer, „ἱερόν," *Griechisch-deutsches Wörterbuch zum Neuen Testament*, 756–757: Das Substantiv meint einerseits und wie hier „Heiligtum, Tempel, geweihter Bezirk, Orakelstätte" und andererseits „Opfer(tier), Opfergabe, Weihgeschenk, Tempelgut, -vermögen, -schatz." Der Begriff findet sich 10mal im Text (Mk 11,11.15.15.16.27; 12,35; 13,1.3; 14,49; 16,8).

EXEGETISCHE ANALYSE DES MARKUSEVANGELIUMS

327

Tempels zu „Nachteinbruch" (Mk 11,11; vgl. 3.2.3[3]; 3.5.8[3]), ungefähr um die zwölfte Stunde – um 18h also –, durchaus realistisch scheinen. In *rhetorischer* Hinsicht sind einerseits Jesu Anordnungen an die zwei Jünger zu vernehmen, andererseits die angekündigten Fragen der Dorfbewohner an die Zwei und schließlich die akklamierenden Ausrufe von Jesu Nachfolger. Mit dem Thema des akklamierten Königs, der hier in den Tempel einzieht, knüpft dieses Narrativ an die Szenen 01, 03, 05, 40, 42, 59, 63, 77 und 79–82 an.

Nachdem Jesus Bartimäus sehend gemacht und Jericho verlassen hatte „nähern" sich Jesus und sein innerer wie äußerer Nachfolgekreis Jerusalem über Betfage und Betaniën am Ölberg (Mk 11,1; vgl. 3.1.5[3]), wo er zwei seiner Jünger mit dem Befehl „aussendet" (Mk 11,1.3; vgl. 3.1.2[3]), um im gegenüberliegenden Dorf ein angebundenes Fohlen zu finden, auf welchem noch kein Mensch saß. Dieses sollen sie losbinden und herbeibringen. Prophetisch fügt er hinzu, dass wenn jemand sie nach dem Grund fragt, sie antworten sollen, dass der Herr seiner bedürfe und es sogleich zurücksenden werde. Die Jünger machen sich auf den Weg und finden, wie angekündigt, das auf der „Strasse" (Mk 11,4: ἄμφοδον)[825] an eine Tür gebundene Fohlen, welches sie losbinden. Auch erkundigen sich der Ankündigung gemäß umstehende Dorfbewohner nach dem Grund ihres Tuns; sie antworten, wie Jesus ihnen vorgab, worauf diese ihnen „erlauben" (Mk 11,6; vgl. 3.2.1[3]) fortzufahren, so dass sie wie aufgetragen das vorgesehene Tier zu Jesus bringen. Nachdem sie ihre „(Ober)Gewänder" (Mk 11,7.8 Pl.; vgl. 3.5.4[3]) über das Tier „geworfen haben" (Mk 11,7; vgl. 3.5.1[3]), setzt sich Jesus auf dieses. Jesu Befehl hatte den Grund für das Holen des Fohlens nicht genannt. Dennoch tun sie was die messianische Prophetie verlangt, sie bereiten es mit ihren Kleidern zum reitenden Einzug Jesu nach Jerusalem vor. Sie sind Eingeweihte, solche, die um Jesu Messianität wissen. Derer gibt es nur drei unter den Jüngern: Petrus, Johannes und Jakobus; und da es zwei Jünger sind, dürfte es sich um das Brüderpaar handeln, hatten sie sich doch in Szene 53 für ihre Vorrangstellung eingesetzt. Dem ehrerbietenden Beispiel der Brüder folgt die Nachfolgergruppe, indem viele ihre Gewänder und andere von den „Feldern" (Mk 11,8 Pl.; vgl. 3.5.2[3]) abgeschnittene „Zeige" (Mk 11,8 Pl.) auf den „Weg" (Mk 11,8; vgl. 3.1.2[3]) legen. Vorangehende wie Nachfolgende rufen akklamierend in den Worten von Ps 118,25–26 „Hosianna" – hilf doch (Herr) – (Mk 11,9.10: ὡσαννά)[826], „gesegnet" (Mk 11,9.10; vgl. 3.5.8[3]) sei der Kommende im

---

825 Menge-Güthling, „ἄμφοδον," *Langenscheidts Großwörterbuch Altgriechisch-Deutsch*, 49; Walter Bauer, „ἄμφοδον," *Griechisch-deutsches Wörterbuch zum Neuen Testament*, 92: Das Kompositum meint neben „Strasse" auch „Gasse, Stadtviertel." Der Begriff findet sich als *Hapax legomenon* nur hier im Text, auch im Blick auf das gesamte Neue Testament.

826 Menge-Güthling, „ὡσαννά," *Langenscheidts Großwörterbuch Altgriechisch-Deutsch*, 762;

328   3. KAPITEL

„Namen" (Mk 11,8; vgl. 3.3.5[3]) des Herrn und gesegnet sei auch das kommende
Königreich ihres (Stamm)Vaters David. Hosianna in der Höhe. Abschließend
berichtet der Narrator, dass Jesus erstmals in den Tempel „hinein geht." Dort
besieht er alles – wozu? –, und begibt sich angesichts der fortgeschrittenen
Zeit mit den Zwölfen nach Betaniën zurück. Unerwähnt bleibt dabei das versprochene Retournieren des Fohlens (vgl. Mk 11,3b), und auch, wohin sich die
weitere Gefolgschaft begeben hat.[827]

(4)   Politisch-militärisches Profil
Jesus ist mit den Seinen in Jerusalem angekommen. So wenig wie sein Gang
nach Nazareth nahe Sepphoris oder Cäsarea Philippi erklärt wurde, sowenig erläutert der Narrator die anscheinende Notwendigkeit, den Protagonisten
nach Jerusalem führen zu müssen. Eine Notwendigkeit scheint sich vielmehr
implizit aufzudrängen, denn wer den politischen Machtanspruch des messianischen Königtums erhebt,[828] muss die Hauptstadt des gesamten Landes – wie
damals David – vom Feind befreien und sie einnehmen.[829] Seiner Gottessohnschaft entsprechend, lässt der Narrator Jesus die Stadt von Osten her betreten, zwar demütig auf einem Esel und ohne Kenntnisnahme der gegnerischen
Gruppen oder des ortsansässigen Volks, wirken doch die Bewohner Betaniëns
befremdlich und unwissend, aber dennoch in Erfüllung der Verheißung und
„siegreich" (vgl. 5.4.4[1]).[830] Denn seine Gefolgschaft hat ihn als den, der er ist,
anhand seiner Worte und Taten erkannt und anerkannt, ihn deshalb – orche-
striert durch die Jünger – akklamiert und begrüßt,[831] weshalb er nun als „Herr"

     Walter Bauer, „ὡσαννά," *Griechisch-deutsches Wörterbuch zum Neuen Testament*, 1793: Das
     vom Hebr.-Aram. abgeleitete Partikel findet sich 2mal und nur hier im Text.

827   Für Ebner ist Jesu Einzug nach Jerusalem eine „literarische Inszenierung eines Königs-
     einzugs." Aber anders als für einen Königsprätendenten – auch denjenigen des ersten
     jüdisch-römischen Krieges – würde Jesus weder Stadt noch Tempel in Besitz nehmen, son-
     dern sähe sich „wie ein Tourist" nur um. Daran, und auch am Umstand, dass er nur seitens
     seiner Anhänger und nicht seitens der Stadtbewohner Huldigng erfahre, würde sich die
     „Invertierung seines Königwegs" zeigen (*Das Markusevangelium*, 116–118).

828   Vgl. auch Marcus, *Mark*, 2:778–780.

829   Vgl. auch Stegemann, *Jesus und seine Zeit*, 342–343.

830   Vgl. auch Collins, *Mark*, 521.

831   Liver, Sperling, Rabinowitz und Melamed, „King, Kingship," 12:163–169, bes. 165: Hatte der
     designierte König vor Gott seine Salbung empfangen, riefen die Anwesenden: „Es lebe der
     König!" (1 Sam 10,24; 2 Sam 15,10; 1 Kön 1,39; 2 Kön 9,13; 11,12). Diese Akklamation als Teil
     der Zeremonie sollte seine Anerkennung und die Annahme seiner Herrschaft ausdrücken
     (2 Sam 16,16), worauf er feierlich – gefolgt von seinem Volk – zum königlichen Palast
     geleitet wurde, um dort als Ausdruck königlicher Autorität feierlich auf seinem Thron

EXEGETISCHE ANALYSE DES MARKUSEVANGELIUMS

(Mk 11,3) – ähnlich wie Vespasian und Titus in Rom[832] – in seine „Königsstadt" (vgl. 5.6.4[7]), dem Wohnort seines „Herrn" (Mk 11,9), bejubelt kehren kann (vgl. 5.6.4[9]; 5.7.3[4]; 5.8.3[3]). Dass über den Begriff „Herr" eine gewisse Nivellierung der Grenzen zwischen Jesus und Gott stattfindet, scheint der Autor auf sprachlicher Ebene dabei bewusst herzustellen. Die Szene stellt vor Verrat, Verurteilung und Kreuzestod eine einsame Klimax dar.[833]

3.8.2 Szene 56 (Mk 11,12–14.20–25): Jesus lehrt die Jünger über Glauben anhand eines Feigenbaums in Betaniën

(1)   Szene

Die sechsundfünfzigste und rahmende Szene Mk 11,12–14.20–25 handelt davon, wie Jesus die Jünger über Glauben anhand eines Feigenbaums in Betaniën lehrt. Wie bereits die Szenen 06, 11, 16, 19–23, 28, 31, 38, 41, 43, 45–49 und 51–53 gehört somit auch diese zu den jüngerbezogenen, und zwar ihre Belehrung betreffenden Szenen. Die Szene unterscheidet sich einerseits von der eingebetteten im Blick auf Akteure, Ort, Zeit, Handlung und Thema, vertreibt doch dort Jesus die Händler und Wechsler vom Tempel. Die Szene unterscheidet sich andererseits von der nachfolgenden im Blick auf Akteure, Ort, Zeit, Handlung und Thema, befragen doch dort die Hohepriester, Schriftgelehrte und Älteste Jesus im Tempel über seine Vollmacht.

(2)   Text

11[12] Und als sie am folgenden Tag hinausgingen von Betaniën, hungerte ihn. [13] Und von weitem einen Blätter habenden Feigenbaum sehend, ging er (sehen), ob er wohl etwas an ihm fände, und zu ihm gekommen, fand er nichts als Blätter, denn es war nicht die Zeit der Feigen. [14] Und entgegnend sagte er ihm: Nimmermehr in Ewigkeit esse jemand Frucht von dir. Und seine Jünger hörten es.[834]

Platz zu nehmen (1Kön 1,45–46; 2Kön 11,19). Im Falle von Jesus kann mit Verweis auf Mk 11,17 der Tempel sehr wohl als „sein" Palast interpretiert werden.

832   Zum *adventus* des Vespasian und anderen vgl. Collins, *Mark*, 514–516, 519; Schmidt, *Wege des Heils*, 327–331.

833   Vgl. auch Paul Brooks Duff, der den Einzug Jesu als mit einem „ironic twist" versehen glaubt („The March of the Divine Warrior and the Advent of the Greco-Roman King: Mark's Account of Jesus' Entry into Jerusalem," *JBL* 111/1 [1992]: 55–71) und Hans Leander, der ihn als „interstitial third space in-between a clear-cut anti- and pro-Roman position" interpretiert („With Homi Bhabha at the Jerusalem City Gates: A Postcolonial Reading of the ‚Triumphant' Entry [Mark 11.1–11]," *JSNT* 32/3 [2010]: 309–335).

834   Literarisch folgt Szene 56a einem chiastischen Schema: A: Mk 11,12 (hungern); B: Mk 11,13a (Feige, Blätter); B': Mk 11,13b (Blätter, Feigen); A': Mk 11,14 (essen).

330   3. KAPITEL

[20] Und frühmorgens vorbeigehend sahen sie den Feigenbaum verdorrt von der Wurzel weg. [21] Und sich erinnernd sagt Petrus zu ihm: Rabbi, siehe, der Feigenbaum, den du verfluchtest, ist verdorrt. [22] Und entgegnend sagt Jesus zu ihnen: Habt Glauben an Gott! [23] Amen, ich sage euch, dass wer zu diesem Berg sagt: Erhebe dich und wirf dich ins Meer! und nicht zweifelt in seinem Herzen, sondern glaubt, dass was er sagt geschieht, dem wird es werden. [24] Deswegen sage ich euch, alles worum ihr betet und bittet, glaubt, dass ihr empfangen habt, und es wird euch werden. [25] Und wenn ihr betend steht so vergebt, wenn ihr etwas gegen jemanden habt, damit auch euer Vater, der in den Himmeln (ist), euch vergebe eure Übertretungen.[835]

(3)   Inhalt

Explizit anwesende *Akteure* dieser Szene sind einerseits „Jesus" (Mk 11,22; vgl. 3.1.1[3]), den Petrus mit „Rabbi" (Mk 11,21; vgl. 3.6.6[3]) anspricht, und andererseits „seine" (Mk 11,14) „Jünger" (Mk 11,14 Pl.; vgl. 3.2.6[3]), insbesondere „Petrus" (Mk 11,21; vgl. 3.3.5[3]). Und erwähnter Akteur ist „Gott" (Mk 11,22; vgl. 3.1.5[3]), der von Jesus als der „Vater" (Mk 11,25; vgl. 3.2.1[3]) der Jünger bezeichnet wird, was Jesus genealogisch zu ihrem Bruder macht. In *räumlicher* Hinsicht hatten sich Jesus und seine Jünger von Jerusalem nach „Betaniën" (Mk 11,12; vgl. 3.8.1[3]) zurückgezogen (vgl. Mk 11,11), von wo sie nach einer Übernachtung am *„folgenden Tag"* (Mk 11,12: ἐπαύριον)[836] in Richtung Jerusalem aufbrechen (vgl. Mk 11,15) und an einem fruchtlosen Feigenbaum vorbeikommen. Die Stadt hernach wieder verlassend (vgl. Mk 11,19), dürften sie sich – wenn auch nicht explizit erwähnt – für die Übernachtung wieder in das 2–3 Kilometer entfernte Betaniën begeben haben, um „frühmorgens" (Mk 11,20; vgl. 3.2.4[3]) des nächsten Tages wiederum in Richtung Jerusalem (vgl. Mk 11,27) an demselben Feigenbaum vorbeizukommen. In *rhetorischer* Hinsicht ist einerseits Jesu Fluch über dem Feigenbaum zu hören, andererseits die Erinnerung des Petrus daran und schließlich Jesu längeres Lehrstück an die Jünger über Glauben unter der Voraussetzung von Vergebung. Mit dem Thema der Vollmacht, der die Jünger nacheifern sollen, knüpft dieses Narrativ an die Szenen 16, 28 und 30 an, und mit dem unterschwelligen Thema der Beilegung des Rangstreits an die Szenen 46 und 53.

---

835   Literarisch folgt Szene 56b einem chiastischen Schema: A: Mk 11,20–21 (verdorren); B: Mk 11,22–23 (glauben, werden); B': Mk 11,24 (glauben, werden); A': Mk (vergeben).

836   Menge-Güthling, „ἐπαύριον," *Langenscheidts Großwörterbuch Altgriechisch-Deutsch*, 257; Walter Bauer, „ἐπαύριον," *Griechisch-deutsches Wörterbuch zum Neuen Testament*, 574: Das Adverb meint neben „morgen" auch „der folgende Tag." Der Begriff findet sich als *Hapax legomenon* nur hier im Text.

EXEGETISCHE ANALYSE DES MARKUSEVANGELIUMS   331

Nach Jesu Einzug in den Jerusalemer Tempel und einer ersten Nacht in Betaniën, genauere Umstände werden nicht genannt, verlassen Jesus und seine
Jünger am folgenden Tag den Ort erneut in Richtung Jerusalemer Tempel. Erstmals erzählt der Narrator, dass Jesus unterwegs „Hunger" (Mk 11,12; vgl. 3.3.2[3])
verspürt, wie damals die Jünger in Szene 13. Bei dieser Gelegenheit erspäht er
von weitem einen mit Blättern ausgestatteten Feigenbaum. Und da sie west-
wärts gehen, dürfte dieser Baum in der Nähe von Betfage gestanden haben;
eine implizite Lokalisierung mit einer möglicherweise subtextuellen Referenz
auf den Ortsnamen, der soviel wie „Haus der (unreifen, grünen) Feigen, der
Frühfeigen" bedeutet (vgl. Szene 55). Doch Feigen trägt der Baum nicht, auch
Frühfeigen nicht, stattdessen findet Jesus nichts als „Blätter" (Mk 11,13.13 Pl.:
φύλλον)[837], ein impliziter Hinweis auf eine frühsommerliche Jahreszeit, berücksichtigt man Mk 13,28. Dass der „Feigenbaum" (Mk 11,13.20.21: συκῆ; lat. *ficus
carica*) – neben dem Weinstock – wichtigster Nahrungsmittellieferant Israels war, belegen nicht nur das Alte Testament, das den Feigenbaum als ersten
Fruchtbaum bereits in Gen 3,7 nennt, sondern auch mischnische wie talmudi-
sche Texte. Und wenn von „Honig" die Rede ist, der hier zusammen mit Milch
überfließen soll, so ist damit Feigenhonig gemeint (vgl. Dtn 32,13; Ps 81,17; bKet
111b), denn der Feigenbaum steht als Symbol für Wohlstand (vgl. Dtn 8,8; 1Kön
5,5; Mi 4,4; Joël 2,22), Frieden und Sicherheit und seine Zerstörung für das
Gegenteil (vgl. Jes 34,4; Jer 5,17; 8,13; Hos 2,14; Hab 3,17). Neben ihrem Wert als
frisches oder getrocknetes Grundnahrungsmittel (Sam 25,18; 1Chr 12,40) wurden Feigen auch in medizinischer Hinsicht geschätzt (2Kön 20,7; Jes 38,21) und
ihre Blätter dienten der Herstellung von Haushaltsgeräten. Der gesunde Feigenbaum verliert seine Blätter im Winter, dem – noch bevor das neue Grün
erscheint – kleine Früchte, Grünfeigen, zu erwachsen beginnen (Hld 2,13), die
innerhalb von 80–100 Tagen zu reifen Früchten heranwachsen, nicht simultan,
sondern versetzt und bis in den Spätsommer hinein, was den kultivierten Baum
pflegeintensiv macht. Nicht alle Frühfeigen erreichen die volle Reife, dann fallen sie verdorrt ab (Jes 34,4), und die qualitativ besten Früchte sind die ersten
(Jes 28,4; Jer 24,2) und die letzten (Mi 7,1), minderwertig hingegen überreife
oder geplatzte (Jer 29,17).[838] Dass nun Jesus am Baum „nichts" (Mk 11,13) fin-

---

837   Menge-Güthling, „φύλλον," *Langenscheidts Großwörterbuch Altgriechisch-Deutsch*, 738;
      Walter Bauer, „φύλλον," *Griechisch-deutsches Wörterbuch zum Neuen Testament*, 1732: Das
      Substantiv meint neben „Blatt" wie hier auch „Laub, (Heil)Kraut, Pflanze." Der Begriff fin-
      det sich 3mal im Text (Mk 11,13.13; 13,28).

838   Menge-Güthling, „συκῆ," *Langenscheidts Großwörterbuch Altgriechisch-Deutsch*, 646; Wal-
      ter Bauer, „συκῆ," *Griechisch-deutsches Wörterbuch zum Neuen Testament*, 1549; Jehuda

332   3. KAPITEL

det, erklärt der Narrator damit, dass es nicht die geeignete „Zeit" (Mk 11,13; vgl.
3.1.5[3]) für reife „Feigen" (Mk 11,13 Pl.: σῦκον)[839] sei, immerhin jedoch, hätte er
für die Jahreszeit üblich, grüne Feigen vorfinden müssen. Dass dem nicht so ist,
kündigt Unheilvolles an. So „verflucht" Jesus den Baum mit den für die Jünger
hörbaren Worten, dass in „Ewigkeit" (Mk 11,14) niemand mehr von ihm „Frucht"
(Mk 11,14; vgl. 3.4.1[3]) „essen" soll (Mk 11,14).

Als sie am nächsten Morgen wiederum in Richtung des Jerusalemer Tempels
am Feigenbaum vorbeikommen, nachdem Jesus am Vortag und nach dem
geäußerten Fluch die Wechsler und Händler von dort vertrieben hatte, sehen
zwar alle, dass dieser von der „Wurzel" (Mk 11,20; vgl. 3.4.1[3]) weg „verdorrt" ist
(Mk 11,20.21 Med.), aber nur Petrus scheint sich zu „erinnern" (Mk 11,21 Pass.:
ἀναμιμνήσκω)[840] und stellt, sich an Jesus wendend und ihn zum zweiten Mal
über den Ehrentitel Rabbi ansprechend, fest, dass der Feigenbaum, den Jesus
am Vortag „verfluchte" (Mk 11,21: καταράομαι)[841], verdorrt sei. Jesus antwortet –
wie so oft – nicht ihm, sondern allen, indem er sie auffordert, „Glauben" (Mk
11,22; vgl. 3.2.5[3]) an Gott zu haben. Denn ähnlich wie er, könne jemand
diesem „Berg" (Mk 11,23; vgl. 3.3.5[3]) befehlen – welchen meint er, etwa den
Ölberg oder den Tempelberg?[842] – sich zu erheben und sich ins „Meer" (Mk
11,23; vgl. 3.2.1[3]) zu werfen. Und ihm werde, was er bitte, zuteil, solange er
im „Herzen" (Mk 11,23; vgl. 3.2.5[3]) nicht „zweifle," wörtlich sich nicht „(von
Gott) scheide" (Mk 11,23 Pass.: διακρίνω)[843], sondern „glaube" (Mk 11,23.24; vgl.

Feliks, „Fig," *EJ* 7:18; Irene Jacob und Walter Jacob, „Fig," *ABD* 2:803–817, bes. 807–808. Das
Substantiv findet sich 4mal im Text (Mk 11,13.20.21; 13,28).

839   Menge-Güthling, „σῦκον," *Langenscheidts Großwörterbuch Altgriechisch-Deutsch*, 646; Walter Bauer, „σῦκον," *Griechisch-deutsches Wörterbuch zum Neuen Testament*, 1549: Das Substantiv meint „Feige." Der Begriff findet sich als *Hapax legomenon* nur hier im Text.

840   Menge-Güthling, „ἀναμιμνήσκω," *Langenscheidts Großwörterbuch Altgriechisch-Deutsch*,
57; Walter Bauer, „ἀναμιμνήσκω," *Griechisch-deutsches Wörterbuch zum Neuen Testament*,
113–114: Das Kompositum meint im Passiv neben „erinnert werden, sich erinnern" auch
„bedenken, an etwas denken." Das Verb findet sich 2mal im Text (Mk 11,21; 14,72).

841   Menge-Güthling, „καταράομαι," *Langenscheidts Großwörterbuch Altgriechisch-Deutsch*,
373; Walter Bauer, „καταράομαι," *Griechisch-deutsches Wörterbuch zum Neuen Testament*,
848: Das aus „κατά" und „ἀρά" – „Gebet, Bitte, Wunsch, Verwünschung, Fluch gegen jemanden aussprechen" – zusammengefügte Kompositum meint einerseits und wie hier „verfluchen, verwünschen" und andererseits „etwas auf jemanden herabwünschen, jemandem
etwas anwünschen." Der Begriff findet sich als *Hapax legomenon* nur hier im Text.

842   Von Letzterem und mit Verweis auf Sach 4,7 geht Marcus aus, der hier einen impliziten
Verweis auf die Tempelzerstörung ortet (*Mark*, 2:785–786).

843   Liddell-Scott, „διακρίνω," *Greek-English Lexicon*, 399; Menge-Güthling, „διακρίνω," *Langenscheidts Großwörterbuch Altgriechisch-Deutsch*, 170; Walter Bauer, „διακρίνω," *Griechisch-*

EXEGETISCHE ANALYSE DES MARKUSEVANGELIUMS　　　333

3.1.5[3]). Entsprechend sollten sie glauben, empfangen zu haben, worum sie „beten" (Mk 11,24.25; vgl. 3.2.4[3]) und „bitten" (Mk 11,24; vgl. 3.5.7[3]), und es werde auch ihnen zuteil. Zuvor jedoch, gelte es beim Beten anderen zu „vergeben" (Mk 11,25.25; vgl. 3.2.1[3]) – denkt Jesus etwa an den Rangstreit (vgl. Szenen 46 und 53) und der vielleicht aus diesem Grund missglückten Dämonenbefreiung (vgl. Szene 44)? – damit auch ihr „himmlischer" (Mk 11,25; vgl. 3.1.3[3]) Vater ihnen ihre „Übertretungen" (Mk 11,25 Pl.: παράπτωμα)[844] vergebe.

(4)　　　Politisch-militärisches Profil
Auf dem Weg von Betaniën in den Tempel Jerusalems nimmt Jesus seinen Hunger und die missglückte Nahrungsfindung zum Anlass, seine Jünger über das Vollbringen von Wundertaten zu lehren. Dass sein Fluch ausgerechnet einen Feigenbaum trifft, haftet etwas Zufälliges an, als ob unerfüllte Wünsche der Antwort eines Fluches bedürften. Dem ist wohl nicht so, denn sein Wunderwirken geschieht im Rahmen seiner Lehre, dem Sämannsgleichnis zumal. War doch dort vom zweiten Menschentyp gesagt worden, dass dieser das Wort zwar mit Freude aufnehme, aber weil es auf Steinigem wachsend der Hitze von Drangsal und Verfolgung nicht widerstünde, aufgrund von Sünde und Abfall vordorre (vgl. Mk 4,5–6.16–17). Wie das Beispiel dieses Samens, das auf Steiniges fällt und fruchtlos bleibt, finden sich auch am Feigenbaum keine Früchte, auch Frühfrüchte nicht, weshalb er seinen Zweck nicht erfüllt, und daher den Fluch verdient. Aber verdorrte, zerstörte Feigenbäume stehen – wie gezeigt wurde – auch als Symbol des Mangels, der Gefahr, des Krieges und damit des potentiellen Staatsniedergangs, was auch für Rom zutrifft (vgl. 5.3.4[1]).[845] Ein

---

deutsches Wörterbuch zum Neuen Testament, 370–371: Das aus „διά" und „κρίνω" bestehende Kompositum meint im Aktiv „durchschneiden," im Passiv einerseits „getrennt, gesondert, geschieden werden, sich unterscheiden, (gerichtlich) entschieden werden," andererseits „sich trennen, sich sondern, sich scheiden, auseinandergehen, sich entfernen, abfallen," ferner „sich mit jemandem messen, kämpfen, streiten, rechten," dann „sich vergleichen, sich versöhnen" und schließlich wie hier „sich irremachen lassen, zweifeln." Der Begriff findet sich als *Hapax legomenon* nur hier im Text.

844　　Menge-Güthling, „παράπτωμα," *Langenscheidts Großwörterbuch Altgriechisch-Deutsch*, 524; Walter Bauer, „παράπτωμα," *Griechisch-deutsches Wörterbuch zum Neuen Testament*, 1256: Das aus „παρά" und „πίπτω" bestehende Kompositum meint einerseits „danebenfallen" und andererseits „Fehltritt, Fehler, Vergehen, Sünde." Das Substantiv findet sich als *Hapax legomenon* nur hier im Text.

845　　Vgl. auch Petra von Gmünden, für die der verdorrte Feigenbaum auf einen eschatologischen Machtwechsel hinweist („Die Verfluchung des Feigenbaums Mk 11,13 f.20 f.," *WuD* 22 [1993]: 39–50); demgegenüber sehen Marcus und Ebner Jesu Fluch aus narrativer Sicht –

Thema zu dem Jesus sich gegenüber seinen nächsten vier Jüngern im dreizehnten Kapitel ausgiebig äußern wird. Doch jetzt, kurz bevor er von den Jerusalemer Schriftgelehrten – gemeinsam mit den Hohepriestern und Ältesten – zu seiner Vollmacht befragt werden wird, dieselben hatten dies über die Bezichtigung der Besessenheit schon einmal, nämlich in der gegenüberliegenden Episode getan (vgl. Szene 18), offenbart er seinen Jüngern den Schlüssel zu dieser wunderwirkenden Vollmacht. Verblüffend einfach ist sein Geheimnis: Wie er sollen sie das, was sie in ihren Gebeten erbitten und erbeten, glauben empfangen zu haben, und es würde sich erfüllen (vgl. 5.7.3[4]). Da sie ihre Gebete an Gott richteten, ist er es und nicht Jesus, an den es zu glauben und von dem es zu empfangen gelte, denn er ist ihr Vater. Eine bemerkenswerte Aussage, denn Gott hat er zuvor – er wird es danach wieder tun – „seinen Vater" genannt (vgl. Mk 8,38; 14,36). Damit erklärt er sie zu Söhnen Gottes wie er selbst, und führt das Thema der Verwandtschaft mit seinen Nachfolgern, das in der gegenüberliegenden Episode prominent war, weiter aus. Voraussetzung dabei bleibt allerdings ihre Vergebung untereinander (vgl. 5.2.4[3]), waren doch die Aufständischen heillos zerstritten (vgl. 5.2.3[3]), denn durch die daraus folgende Vergebung Gottes, könne sich dieser wieder auf ihre Seite stellen. Einen Beistand, dessen sie und Jesus bedürfen, angesichts der vor ihnen liegenden Kämpfe in der heiligen Stadt und ihrem Tempel (vgl. 5.6.4[3]; 5.6.4[5]).

3.8.3 Szene 57 (Mk 11,15–19): Jesus vertreibt die Händler und Wechsler vom Tempel

(1)   Szene

Die siebenundfünfzigste und eingebettete Szene Mk 11,15–19 handelt davon, wie Jesus die Händler und Wechsler vom Tempel zum Unmut der Hohepriester und Schriftgelehrten vertreibt. Wie bereits die Szenen 10–14, 17–18, 27, 29, 33, 37 und 48 gehört somit auch diese Szene zu den gegnerbezogenen, und zwar die Hohepriester und Schriftgelehrten betreffenden Szenen.

(2)   Text

11[15] Und sie kommen nach Jerusalem. Und hineingehend in den Tempel begann er hinauszuwerfen die Verkaufenden und die Kaufenden im Tempel, und die Tische der Geldwechsler und die Sitze der Taubenverkäufer stieß er um. [16] Und er erlaubte nicht, dass jemand ein Gerät durch den Tempel trug. [17] Und

---

der Bericht rahmt die Szene der Händler und Wechslervertreibung – auf den Niedergang des Tempel bezogen (Mark, 2:790; Das Markusevangelium, 118–121).

EXEGETISCHE ANALYSE DES MARKUSEVANGELIUMS

er lehrte und sagte zu ihnen: Steht nicht geschrieben, dass mein Haus ein Bethaus genannt werden wird für alle Nationen? Ihr aber habt es zu einer Räuberhöhle gemacht. [18] Und die Hohepriester und Schriftgelehrten hörten (es) und suchten, wie sie ihn umbrächten; denn sie fürchteten ihn, da die ganze Volksmenge außer sich geriet über seine Lehre. [19] Und als es Abend wurde, gingen sie aus der Stadt hinaus.[846]

(3)   Inhalt

Explizit anwesende *Akteure* dieser Szene sind einerseits Jesus und seine Jünger (Mk 11,15), andererseits die „Hohepriester" (Mk 11,18 Pl.; vgl. 3.3.2[3]) und „Schriftgelehrten" (Mk 11,18 Pl.; vgl. 3.2.2[3]), ferner die „Händler," das heißt „Verkäufer" (Mk 11,15.15 Pz. Pl.; vgl. 3.7.6[3]) von „Tauben" (Mk 11,15 Pl.; vgl. 3.1.3[3]), „Käufer" (Mk 11,15 Pz. Pl.; vgl. 3.5.8[3]) und „Wechsler" (Mk 11,15 Pl.: κολλυβιστής)[847], und schließlich die „Volksmenge" (Mk 11,18; vgl. 3.2.5[3]). Und erwähnte Akteure sind „Nationen" (Mk 11,17 Pl.; vgl. 3.7.8[3]). *Schauplatz* dieser Szene ist der „Tempel" (Mk 11,15.15.16; vgl. 3.8.1[3]) in der „Stadt" (Mk 11,19; vgl. 3.2.3[3]) „Jerusalem" (Mk 11,15; vgl. 3.3.4[3]), genauer: sein auch den Nationen zugänglicher Vorhof, der aus Sicht Jesu ein „Bethaus" (Mk 11,17; vgl. 3.6.8[3]) und nicht eine „Räuberhöhle" (Mk 11,17: σπήλαιον[848]; Mk 11,17 Pl.: λῃστής)[849] sein soll. In *temporaler* Hinsicht war in Szene 56a implizit ein neuer Tag angebrochen (vgl. Mk 11,11–12), den Jesus und seine Jünger bis zum „Abend" (Mk 11,19: ὀψέ)[850] im Tempel verbringen. Die Szene ist von Jesu zorniger Handlung, die

---

846   Literarisch folgt Szene 57 einem chiastischen Schema: A: Mk 11,15a (Jerusalem); B: Mk 11,15b–16 (Tempel); B': Mk 11,17–18 (Haus); A': Mk 11,19 (Stadt).

847   Menge-Güthling, „κολλυβιστής," *Langenscheidts Großwörterbuch Altgriechisch-Deutsch*, 397; Walter Bauer, „κολλυβιστής," *Griechisch-deutsches Wörterbuch zum Neuen Testament*, 897–898: Das Substantiv meint „Geldwechsler." Der Begriff findet sich als *Hapax legomenon* nur hier im Text.

848   Menge-Güthling, „σπήλαιον," *Langenscheidts Großwörterbuch Altgriechisch-Deutsch*, 632; Walter Bauer, „σπήλαιον," *Griechisch-deutsches Wörterbuch zum Neuen Testament*, 1522: Das Substantiv meint „Höhle, Grotte." Der Begriff findet sich als *Hapax legomenon* nur hier im Text.

849   Liddell-Scott, „λῃστής," *Greek-English Lexicon*, 1046; Menge-Güthling, „λῃστής," *Langenscheidts Großwörterbuch Altgriechisch-Deutsch*, 423; Walter Bauer, „λῃστής," *Griechisch-deutsches Wörterbuch zum Neuen Testament*, 960: Das Substantiv meint im Singular „Räuber, Plünderer, Seeräuber, Pirat, Freibeuter" und im Plural „Freischaren, Guerillas, bewaffnete Bande, Plänkler, Streifzügler." Der Begriff findet sich 3mal im Text (Mk 11,17; 14,48; 15,27).

850   Menge-Güthling, „ὀψέ," *Langenscheidts Großwörterbuch Altgriechisch-Deutsch*, 510; Walter Bauer, „ὀψέ," *Griechisch-deutsches Wörterbuch zum Neuen Testament*, 1215–1216: Das

336   3. KAPITEL

an Szene 14 erinnert, dominiert, so beschränkt sich der Narrator in *rhetorischer* Hinsicht darauf, nur Jesu scheltendes Lehrstück an die Händler und Wechsler der Leserschaft nahe zu bringen. Mit dem Thema des Tempels, auf das Jesus als sein Erbe Anspruch erhebt, knüpft dieses Narrativ an die Szenen 55 und 59 an.

Nachdem Jesus und seine Jünger nach Verfluchen des Feigenbaums zum zweiten Mal nach Jerusalem gekommen und in den Tempel hineingegangen sind, beginnt Jesus die Verkaufenden und Kaufenden im Tempelvorhof „hinauszuwerfen" (Mk 11,15; vgl. 3.1.4[3]), ein bis anhin mit Exorzismus in Zusammenhang stehender *terminus technicus*. Hernach stürzt er auch die „(Wechsel)Tische" (Mk 11,15 Pl.; vgl. 3.5.12[3]) der Geldwechsler als auch die „Sitze" (Mk 11,15 Pl.: καθέδρα)[851] der Taubenverkäufer um. Diese bislang aggressivste Handlung Jesu, der mit dem Verb „umstürzen" (Mk 11,15: καταστρέφω)[852] auch ein militärischer, das heißt unterwerfender, Sinn innewohnt, bedarf der Erklärung. Die Tätigkeit des Geldwechselns war eine verbreitete im römischen Nahen Osten angesichts zahlreicher Währungssysteme und -standards. Sowohl im antiken Palästina als auch in Ägypten verfügte – zurückgehend auf hellenistische Zeit (Josephus, *Vita* 38) – jeder Distrikt über seine *basilikai trapezai* („königliche Bank"), und jede Stadt dürfte ihre Vertreter aus der Gilde der Geldwechsler am Stadttor gehabt haben (vgl. SifDtn, 306). Da nun in Erfüllung jüdischer Gesetzespflicht zur Zeit des Zweiten Tempels sich große Massen von Juden zumal zu Wallfahrtsfesten aus „allen Ländern unter dem Himmel" (Apg 2,5) nach Jerusalem begaben, brachten sie große Summen an Geld in Fremdwährung in die Stadt, und dieses galt es nicht nur zu wechseln (vgl. tSheq 2,13; Mt 21,12) und zu verkleinern (vgl. SifDtn 306; mMSh 2,9), sondern auch sicher zu lagern. Hierfür eigneten sich die Tempelgewölbe bestens, wes-

---

Adverb meint neben „spät am Tage und abends" wie hier auch „lange nachher, (zu) spät, zuletzt, endlich." Der Begriff findet sich 2mal im Text (Mk 11,19; 13,35).

851   Menge-Güthling, „καθέδρα," *Langenscheidts Großwörterbuch Altgriechisch-Deutsch*, 352; Walter Bauer, „καθέδρα," *Griechisch-deutsches Wörterbuch zum Neuen Testament*, 788: Das Kompositum meint einerseits „Sitz, Lager, Stuhl, Sessel, Lehrstuhl" und andererseits „Stellung des Sitzenden, Stillsitzen, Verweilen, Zaudern." Der Begriff findet sich als *Hapax legomenon* nur hier im Text.

852   Liddell-Scott, „καταστρέφω," *Greek-English Lexicon*, 915; Menge-Güthling, „καταστρέφω," *Langenscheidts Großwörterbuch Altgriechisch-Deutsch*, 375; Walter Bauer, „καταστρέφω," *Griechisch-deutsches Wörterbuch zum Neuen Testament*, 852: Das Kompositum meint im eigentlichen Sinn „umkehren, -wenden, -werfen, umstürzen, niederreißen, zerstören, vernichten" und im übertragenen „unterwerfen, unterjochen, endigen, beschließen, sterben, abschneiden." Der Begriff findet sich als *Hapax legomenon* nur hier im Text.

EXEGETISCHE ANALYSE DES MARKUSEVANGELIUMS

halb die Gelder den Tempelautoritäten zur Aufbewahrung anvertraut wurden (Josephus, *Bell.* 6,281–282), und der Tempelvorhof im Dienste der jüdischen und nichtjüdischen Pilger auch als geeigneter Arbeitsplatz diente; das haben nicht zuletzt Ausgrabungen bestätigt, die Ladenkonstruktionen, geeignet auch zu diesem Zweck, zum Vorschein brachten. Die Gebühr, die die Wechsler im Zusammenhang mit Fremdwährung und Brechens in kleinere Münzen erhoben, nennt die rabbinische Literatur *kolbon* (vermutlich von griech. „κόλλυβον") und dürfte zwischen 4–8 % betragen haben (vgl. mSheq 1,6; ySheq 46b). Und weitere Einnahmequelle war ihre Tätigkeit als Bankier und Financier, indem sie, obschon gesetzeswidrig, Geldeinlagen für Investitionen gegen Zins entgegennahmen (vgl. mSheq 1,6; Mt 25,27). Das Neue Testament kennt drei Begriffe für Geldwechsler, die von ihrer Etymologie her für je eine der drei Tätigkeiten der Wechsler stehen dürften: (1) Für das Wechseln von Fremdwährung zu Lokalwährung und *vice versa* findet der Begriff „κολλυβιστής" Verwendung (von griech. „κόλλυβον" für „Wechsel[gebühr]"; vgl. Mt 21,12; Mk 11,15; Joh 2,15), (2) für das Wechseln von großen zu kleinen Nennwerten und *vice versa* „κερματιστής" (von griech. „κερματίζω" – „zerstückeln, zerlegen"; vgl. Joh 2,14) und schließlich (3) für Investitionen gegen Zins „τραπεζίτης" (von griech. „τράπεζα" für „Tisch, Bank"; vgl. Mt 25,27). Möglicherweise dürften die Geldwechsler dem Tempel mit einem Gegendienst zur Seite gestanden haben, denn alljährlich galt es, die Tempelsteuer einzusammeln, was nach der Mischna jeweils am 15. Adar sowohl in den Provinzen als auch Jerusalem begann, ungefähr ein Monat vor Pessach also, und ab dem 25. Adar darin kulminierte, dass zu diesem Zweck im Vorhof des Tempels eine Infrastruktur eingerichtet wurde (vgl. mSheq 1,3). Da diese Steuer nach rabbinischer Vorschrift in tyrischen Silberdidrachmen zu entrichten war (= ½ Schekel), bedurften auch Einheimische des Dienstes der Wechsler. Dass diese Wechsler, wie übrigens auch die Taubenverkäufer, bei diesen Transaktionen die Pflicht der Gläubigen zu ihren wirtschaftlichen Gunsten ausnutzten, wird verschiedentlich beklagt. An einer Stelle ordnet Rabban Simeon ben Gamaliel gar an, die Zahl der gesetzlichen Opfer deshalb zu reduzieren (mKer 1,7).[853] Der Narrator verwendet an dieser Stelle den Begriff „κολλυβιστής," was auf zweierlei hinweisen könnte, einerseits das Wechseln von Fremdwährung für jüdische und nichtjüdische Pilger außerhalb Judäas oder gar außerhalb Jerusalems, und andererseits auf das Geldwechseln im Zusammenhang mit der Tempelsteuer, da es die Zeit vor Pessach ist (vgl. Szenen 70 und 72). Der folgende Text scheint letztere Sichtweise zu stützen, denn er

---

853 Daniel Sperber, „Money Changers," *EJ* 14:435–436; John W. Betlyon, „Coinage," *ABD* 1:1076–1089.

„lehrt" (Mk 11,17; vgl. 3.2.2[3]) sie scheltend und anhand von Jes 56,7, dass Gottes Haus ein Bethaus für alle Nationen genannt werden soll, sie es aber zu einer Räuberhöhle gemacht hätten, was vordergründig unrechtmäßige Bereicherung auf Kosten der aus aller Welt angereisten Pilger impliziert. Daraufhin „erlaubte" (Mk 11,16; vgl. 3.2.1[3]) er niemandem, ein „Gerät" (Mk 11,16; vgl. 3.3.7[3]) durch den Tempel zu tragen. Ohne Zweifel musste dieses Verbot aus Sicht der Hohepriester und Schriftgelehrten als inakzeptable Grenzüberschreitung innerhalb ihres Autoritätsgebiets aufgefasst worden sein, was nicht nur ihrer ökonomische Grundlage[854] – der Tempelsteuern – und dem Opferdienst schadete, sondern auch ihre Autorität in der Öffentlichkeit untergrub. Denn die ganze Volksmenge „geriet außer sich" (Mk 11,18 Med.; vgl. 3.2.2[3]) über Jesu „Lehre" (Mk 11,18; vgl. 3.2.2[3]), die Tempeleliten ihrerseits aber, nehmen die Provokation zum Anlass, an Jesu endgültiger Beseitigung, seiner „Vernichtung" (Mk 11,18; vgl. 3.2.2[3]) zu elaborieren, ungeachtet ihrer „Furcht" (Mk 11,18 Med.; vgl. 3.5.1[3]) vor ihm.

(4)   Politisch-militärisches Profil

Das von Jesus angeführte Schriftargument gegen die Händler und Wechsler, und vielleicht auch gegen die Hohepriester und Schriftgelehrten, vermeidet den Namen Gottes, so dass „mein Haus" auch als dasjenige des Sprechers verstanden werden kann, und vielleicht auch soll. Mit biblischem Argument, also, lässt der Autor Jesus unter dem Applaus des Volkes den Tempel für seinen Vater und damit auch für sich reklamieren (vgl. 5.6.4[9]).[855] Im Kontext theokratischen Denkens bedeutet den Tempel und seinen Gott auf seiner Seite zu haben, die politisch-religiöse Legitimation zu haben. Und wer Gott auf seiner Seite hat, ist proleptisch auch Herr über den Feind, was im übertragenen Sinn im Begriff „umstürzen" auch insinuiert wird. Ohne Zweifel, nicht nur eine hochpolitische, sondern auch äußerst provozierende (Sprech)Handlung (vgl. 5.6.4[6]), die aber Jesu messianischen Anspruch unterstreicht.[856] Eine, die an die mehrfache Entheiligung des Tempels als Kriegslager und Sammelplatz von Kriegsgerät erinnert,[857] welche im Aufstand des Eleazar – wie die Römer nennt auch Josephus Aufständische „Räuber" – gegen das kaiserliche Opfer und damit dem Ausschluss der Nationen am Tempeldienst seinen Anfang nahm, und was

---

854 Deswegen sieht Ebner den Tatbestand des potentiellen „Tempelraubs" vorliegen, auf welchen in der Antike die Todesstrafe stand (Ebner, *Das Markusevangelium*, 122–123).

855 Vgl. auch Marcus, *Mark*, 2:849.

856 Vgl. auch Stegemann, *Jesus und seine Zeit*, 344.

857 Vgl. auch Collins, *Mark*, 748; Marcus, *Mark*, 2:784.

EXEGETISCHE ANALYSE DES MARKUSEVANGELIUMS

für Josephus unter anderem auch im Sinne der Römer legitimer Kriegsanlass gewesen war (vgl. 5.2.3[2]; 5.2.4[2]; 5.5.4[4]; 5.6.4[7]).[858]

3.8.4 Szene 58 (Mk 11,27–33): Die Hohepriester, Schriftgelehrten und Ältesten befragen Jesus im Tempel über seine Vollmacht

(1)   Szene

Die achtundfünfzigste Szene Mk 11,27–33 handelt davon, wie die Hohepriester, Schriftgelehrten und Ältesten Jesus im Tempel über seine Vollmacht befragen. Wie bereits die Szenen 10–14, 17–18, 27, 29, 33, 37, 48 und 57 gehört somit auch diese zu den gegnerbezogenen, und zwar die Hohepriester, Schriftgelehrten und Ältesten betreffenden Szenen. Die Szene unterscheidet sich von der nachfolgenden nicht im Blick auf Akteure, Ort, Zeit, wohl aber im Blick auf Handlung und Thema, offenbart doch dort Jesus (den Hohepriestern, Schriftgelehrten und Ältesten im Tempel) durch das Weinberggleichnis ihre mörderischen Absichten.

(2)   Text

11²⁷ Und sie kommen wieder nach Jerusalem. Und als er im Tempel herumging, kommen die Hohepriester und die Schriftgelehrten und die Ältesten zu ihm ²⁸ und sie sagten zu ihm: In welcher Vollmacht tust du diese Dinge? Oder wer gab dir diese Vollmacht diese Dinge zu tun? ²⁹ Jesus aber sagte zu ihnen: Ich werde euch ein Wort fragen, und antwortet ihr mir, werde auch ich euch sagen, in welcher Vollmacht ich diese Dinge tue: ³⁰ War die Taufe des Johannes vom Himmel oder von den Menschen? Antwortet mir! ³¹ Und sie überlegten untereinander sagend: Wenn wir sagen: vom Himmel, wird er sagen: Warum glaubtet ihr ihm nicht? ³² Aber sollen wir sagen: von den Menschen? Sie fürchteten das Volk, denn alle meinten, dass Johannes wirklich Prophet war. ³³ Und antwortend sagen sie Jesus: Wir wissen es nicht. Jesus aber sagte zu ihnen: Auch ich sage euch nicht, in welcher Vollmacht ich diese Dinge tue.[859]

(3)   Inhalt

Explizit anwesende *Akteure* dieser Szene sind einerseits „Jesus" (Mk 11,29.33.33; vgl. 3.1.1[3]) und seine Jünger (Mk 11,27), andererseits die „Hohepriester" (Mk

---

858   vgl. auch Marcus, *Mark*, 1:35; vgl. ferner Schmidt, der diese Szene als Reinigung und Opferunterbrechung deutet (*Wege des Heils*, 343–391, bes. 349–351).

859   Literarisch folgt Szene 58 einem chiastischen Schema: A: Mk 11,27–28 (in welcher Vollmacht tust du diese Dinge); B: Mk 11,29–30 (Johannes, vom Himmel, von Menschen); B': Mk 11,31–32 (vom Himmel, von Menschen, Johannes); A': Mk 11,33 (in welcher Vollmacht ich diese Dinge tue).

11,27 Pl.; vgl. 3.3.2[3]), „Schriftgelehrten" (Mk 11,27 Pl.; vgl. 3.2.2[3]) und „Ältesten" (Mk 11,27 Pl.; vgl. 3.5.11[3]) und schließlich das „Volk" (Mk 11,32; vgl. 3.2.5[3]). Und erwähnte Akteure sind einerseits Gott, über den räumlichen Begriff „Himmel" (Mk 11,30.31; vgl. 3.1.3[3]), und andererseits im Kontrast dazu irdische „Menschen" (Mk 11,30.32; vgl. 3.2.1[3]), und schließlich letztmals der Täufer „Johannes" (Mk 11,30.32; vgl. 3.1.2[3]), den das Volk für einen „Propheten" (Mk 11,32; vgl. 3.1.2[3]) hält. *Schauplatz* dieser Szene ist wiederum und zum dritten Mal der „Tempel" (Mk 11,27; vgl. 3.8.1[3]) „Jerusalems" (Mk 11,27; vgl. 3.3.4[3]), genauer: ein für das Volk zugänglicher Ort, vermutlich der Vorhof. Was die *Zeit* betrifft, so ist es der dritte Tag in Jerusalem, nämlich der in Mk 11,19 angebrochene (vgl. Szene 57). In *rhetorischer* Hinsicht lebt auch diese Szene von direkten Rede, denn einerseits stellen die Hohepriester, Schriftgelehrten sowie Ältesten als Vertreter der drei Gruppen des Synedriums, also diejenigen, die auf der Seite der Juden die Vollmacht innehaben, Jesus eine Frage, die er und wie so oft mit einer Gegenfrage beantwortet, andererseits beraten sie sich untereinander und stellen sich aus Furcht nichtwissend, worauf schließlich auch Jesus die gewünschte Auskunft verweigert. Mit dem Thema der Vollmacht knüpft dieses Narrativ an Szene 18 an, wo Schriftgelehrte aus Jerusalem sich Jesu Wirkmacht so erklärt hatten, dass sie ihn als vom Beëlzebul besessen erachteten.

Noch unter dem Eindruck des verdorrten Feigenbaums und Jesu Aufforderung an die Jünger zu Glauben, etwas, das den Hohepriestern, Schriftgelehrten und Ältesten fehlt, so wird sich gleich herausstellen, kommen Jesus und seine Jünger wiederum und zum dritten Mal in den Jerusalemer Tempel. Während Jesus umherwandert – vielleicht wachend, damit die am Vortag vertriebenen Händler und Wechsler nicht zurückkehren – kommen die besagten, als sie von seiner Ankunft vernehmen, mit der Frage zu ihm, in „was für einer (welcher)" (Mk 11,28.29.33) oder durch wen verliehenen „Vollmacht" (Mk 11,28.28.29.33; vgl. 3.2.2[3]) er diese Dinge tue. Vollmacht – so wurde gezeigt – bezieht sich auf eine von Amtes wegen verliehen Autorität und kann sowohl den Machtinhaber selbst, seine Macht als auch das ihn legitimierende Recht meinen. Mir scheint, dass die Frage der Hohepriester, Schriftgelehrten als auch Ältesten – deren Auftreten ohne Zweifel Aufsehen erregt haben dürfte – auf die letzten zwei Aspekte zielt, also wer ihn mit was für einer Befugnis ausstattete, um diese Dinge zu tun, und zwar an einem Ort, an dem *sie* doch Vollmacht haben. Dabei sind „diese Dinge" (Mk 11,28.28.29.33 Pl. n.) mehrdeutig; beziehen sie sich auf den Rauswurf der Wechsler und Händler und Jesu Verbot des Herumtragens von Geräten oder auf Jesu Wundertaten oder gar auf beides? Aus dem unmittelbaren Kontext erscheint ersteres naheliegender, weil Jesus damit nicht nur ihre Autorität, sondern auch ihre ökonomische Basis tangiert hat. Wollen sie Recht und Ordnung als auch die Unversehrtheit ihrer Autorität wieder her-

EXEGETISCHE ANALYSE DES MARKUSEVANGELIUMS 341

stellen, ist ihre Konfrontation mit Jesus in ihrem Autoritätsgebiet und in der Öffentlichkeit, das zu erwartende Vorgehen. Jesus antwortet ihnen selbstbewusst mit einer „Gegenfrage" (Mk 11,29; vgl. 3.2.4[3]), indem er gleichzeitig seine Antwort an die Bedingung ihrer Antwort auf seine Gegenfrage knüpft. Ob die „Taufe" (Mk 11,30; vgl. 3.1.2[3]) des Johannes vom Himmel oder von den Menschen war, fragt Jesus scheinbar zusammenhangslos. Die Frage lässt erahnen, dass sich Jesus in der Tradition des Johannes sieht; eine implizite Information, von der der Erzähler nichts berichtete, dass sie den Fragestellern bekannt wäre. Aber wissen sie, dass Jesus den Johannes als den endzeitlichen Propheten, als seinen Elija erachtet? Vermutlich nicht, aber die Leserschaft weiß darum (vgl. Szene 43) und sieht die Jerusalemer politische Elite in die rhetorische Falle tappen. Folgerichtig „überlegen" (Mk 11,31; vgl. 3.2.5[3]) sie untereinander, dass sie des „gefürchteten" (Mk 11,32 Med.; vgl. 3.5.1[3]) und anwesenden Volkes wegen nicht antworten können, dass die Taufe des Johannes „von den Menschen" sei, aber auch nicht, dass sie „vom Himmel" sei, weil Jesus daraufhin ihren fehlenden „Glauben" (Mk 11,31; vgl. 3.1.5[3]) an Johannes in aller Öffentlichkeit bloßstellen würde. Was sie mit der Antwort „vom Himmel" implizit auch eingestanden hätten wäre, dass Jesus mit göttlicher Autorität ausgestattet wirke, war er doch von jenem getauft worden. In selbsterhaltendem Instinkt optieren sie für keine der Möglichkeiten und antworten stattdessen mit: wir „wissen" (Mk 11,33; vgl. 3.2.2[3]) es nicht. Ein scheinbares Nichtwissen, hinter dem sich eine Infragestellung von Johannes und damit auch Jesu Autorität offenbart, und ein Nichtwissen, das sie die von Jesus verlangte Antwort schuldig lassen bleibt. Angesichts dieser impliziten Ablehnung, verweigert auch Jesus sich, ihnen gegenüber seine Gottessohnschaft zu erklären. Müsste diese für die Insider und Leserschaft offenkundige Ablehnung von Jesu Anspruch die anwesenden Jünger nicht an dessen Vorhersage in Mk 8,31 erinnern?

(4)   Politisch-militärisches Profil

Jesu Begegnung mit den Jerusalemer Schriftgelehrten in Kapernaum (vgl. Szene 18) hatte darin geendet, dass er sie der unentschuldbaren Sünde wider den Heiligen Geist bezichtigt hatte. Er hatte ihnen dort – in der gegenüberliegenden Episode – deutlich gemacht, dass nicht Satan, sondern der Geist Gottes in ihm wirke. Hätten sie sich daran erinnert, dann hätte sich ihre Frage, wer ihn bevollmächtige, hier erübrigt. Aber er hat sie mit dem Rauswurf der Händler und Wechsler öffentlich herausgefordert, und das bedarf einer öffentlichen Antwort in Form einer Konfrontation. Im Grunde genommen ist Jesu Frage eine Fortsetzung seiner in der Händler- und Wechslervertreibung begonnene Provokation, denn wie könnten sie die angeblich sühnende Taufe des Johannes als Gegenprogramm zu ihrem Tempelkult gutheißen (vgl. Szene 02)? Beide

342 3. KAPITEL

halten an diesem Punkt des (rhetorischen) Kampfes inne, denn weder behauptet Jesus hier in der Öffentlichkeit seine Gottessohnschaft – er hätte verspottet werden können –, das wird er erst in der folgenden Szene und das auch nur in verschlüsselter Gleichnisrede tun, noch bestreiten die Hohepriester, Schriftgelehrten und Ältesten dies öffentlich, denn sie fürchten das Volk, denn wenn dieses Johannes für einen Propheten hält, dann dürften sie mindestens ähnlich über Jesus denken oder gar noch höher (vgl. Szenen 29 und 40; 5.5.4[3]).

3.8.5 *Szene 59 (Mk 12,1–12): Jesus offenbart (Hohepriestern, Schriftgelehrten und Ältesten im Tempel) durch ein Weinberggleichnis ihre mörderischen Absichten*

(1) Szene

Die neunundfünfzigste Szene Mk 12,1–12 handelt davon, wie Jesus (den Hohepriestern, Schriftgelehrten und Ältesten im Tempel) durch das Weinberggleichnis ihre mörderischen Absichten offenbart. Wie bereits die Szenen 10–14, 17–18, 27, 33, 37, 48 und 57–58 gehört somit auch diese Szene zu den gegnerbezogenen, und zwar die Hohepriester, Schriftgelehrten und Ältesten betreffenden Szenen, und wie bereits die Szenen 03–05, 17–18, 27, 29, 40–43, 45, 52 und 55 gehört sie ferner auch zu den biographischen, und zwar das Leben Jesu betreffenden Szenen. Die Szene unterscheidet sich von der nachfolgenden nicht im Blick auf Ort und Zeit, wohl aber im Blick auf Akteure, Handlung und Thema, befragen doch dort die Pharisäer und Herodianer Jesus (im Tempel) zur Kaisersteuer.

(2) Text

12[1] Und er begann in Gleichnissen zu ihnen zu reden: Ein Mensch pflanzte einen Weinberg und stellte einen Zaun darum und grub eine Kelter und baute einen Turm und verpachtete ihn an Weingärtner und verreiste. [2] Und er sandte zu bestimmter Zeit einen Knecht zu den Weingärtnern, damit er von den Früchten des Weinbergs von den Weingärtnern empfange. [3] Sie aber schlugen ihn ergreifend und sandten ihn leer fort. [4] Und wieder sandte er zu ihnen einen anderen Knecht, ihn schlugen sie sogar über den Kopf und beschimpften ihn. [5] Und er sandte einen anderen, (ihn) töteten sie sogar, und viele andere, die einen schlugen sie und die anderen töteten sie. [6] Noch einen hatte er, einen geliebten Sohn, den sandte er als letzten zu ihnen sagend: Sie werden sich vor meinem Sohn scheuen. [7] Jene Weingärtner aber sagten zueinander: Dieser ist der Erbe, kommt lasst uns ihn töten, und das Erbe wird unser sein. [8] Und ihn ergreifend töteten sie ihn und warfen ihn aus dem Weinberg hinaus. [9] Was wird der Herr des Weinbergs tun? Er wird kommen und die Weingärtner töten und den Weinberg anderen geben. [10] Und habt ihr nicht diese Schrift gelesen: Der Stein, den die Bauleute verwarfen, dieser wurde zum Eckstein. [11] Vom Herrn

EXEGETISCHE ANALYSE DES MARKUSEVANGELIUMS

her wurde er dies, und er ist wunderbar in unseren Augen. [12] Und sie suchten ihn zu ergreifen, aber sie fürchteten das Volk, denn sie erkannten, dass er das Gleichnis zu ihnen sagte. Und von ihm lassend gingen sie fort.[860]

(3)   Inhalt

Explizit anwesende *Akteure* dieser Szene sind einerseits Jesus, der Gott im Blick auf sich selbst die Anrede „geliebter, letzter" (Mk 12,6; vgl. 3.1.3[3]; 3.7.2[3]) „Sohn" (Mk 12,6.6; vgl. 3.1.3[3]) wie auch „Erbe" (Mk 12,7: κληρονόμος)[861] in den Mund legt, und der sich über ein Schriftzitat selbst auch „Stein" (Mk 12,10; vgl. 3.5.2[3]) oder „Eckstein" (Mk 12,10; vgl. 3.5.7[3]) bezeichnet, andererseits die Hohepriester, Schriftgelehrten, und Ältesten, hier als „Weingärtner" (Mk 12,1.2.2.7.9 Pl.: γεωργός)[862] und „Bauleute" (Mk 12,1; Mk 12,10 Pz. Pl.: οἰκοδομέω)[863] angeführt, und schließlich das „Volk" (Mk 12,12; vgl. 3.2.5[3]). Implizit anwesende Akteure sind die Jünger. Und erwähnte Akteure sind einerseits Gott, hier als „Herr" (Mk 12,9.11; vgl. 3.1.2[3]) und „Mensch" (Mk 12,1; vgl. 3.2.1[3]) bezeichnet, und andererseits seine „Knecht(e)" (Mk 12,2.4; vgl. 3.7.9[3]), womit Propheten gemeint sein dürften. In *räumlicher* wie *temporaler* Hinsicht hat sich gegenüber der vorhergehenden Szene nichts geändert, die Akteure befinden sich im Vorhof des Jerusalemer Tempels, und zwar am dritten Tag ihres Aufenthalts in der heiligen Stadt. In *rhetorischer* Hinsicht kommt das angesprochene Kollektiv der Elite nicht zu Wort, vielmehr ist die Szene von Jesu „Gleichnisrede" (Mk 12,1 Pl.; Mk 12,12; vgl. 3.3.7[3]) beherrscht, im Rahmen derer Jesus

---

860   Literarisch folgt Szene 59 einem chiastischen Schema: A: Mk 12,1 (sie, Gleichnisse, Weinberg, Mensch, verpachten, Weingärtner); B: Mk 12,2–5 (senden, Knecht, töten); B': Mk 12,6–8 (Sohn, senden, töten); A': Mk 12,9–12 (Herr, Weinberg, töten, Weingärtner, sie, Gleichnis).

861   Menge-Güthling, „κληρονόμος," *Langenscheidts Großwörterbuch Altgriechisch-Deutsch*, 392; Walter Bauer, „κληρονόμος," *Griechisch-deutsches Wörterbuch zum Neuen Testament*, 885: Das aus „κληρόω" und „νόμος" bestehende Kompositum meint neben „Erbe" auch „Besitzer." Das Substantiv findet sich als *Hapax legomenon* nur hier im Text.

862   Menge-Güthling, „γεωργός," *Langenscheidts Großwörterbuch Altgriechisch-Deutsch*, 146; Walter Bauer, „γεωργός," *Griechisch-deutsches Wörterbuch zum Neuen Testament*, 314–315; Wolfgang Hackenberg, „γεωργός," *EWNT* 1:591–592: Das aus „γῆ" und „ἔργον" bestehende Kompositum meint neben „Weingärtner, Winzer" auch „Ackerbauer, Landmann, -wirt, -arbeiter, Pächter." Das Substantiv findet sich 5mal und nur hier im Text.

863   Menge-Güthling, „οἰκοδομέω," *Langenscheidts Großwörterbuch Altgriechisch-Deutsch*, 482; Walter Bauer, „οἰκοδομέω," *Griechisch-deutsches Wörterbuch zum Neuen Testament*, 1131–1133: Das Kompositum meint einerseits und wie hier „bauen, er-, bebauen, aufführen, errichten, künstlich anlegen, befestigen, wiederherstellen" und andererseits „gründen, fördern." Das Verb findet sich 4mal im Text (Mk 12,1.10; 14,58; 15,29).

344   3. KAPITEL

den Angesprochenen auch ihre Frage der Vollmacht beantwortet. Mit diesem
Thema knüpft dieses Narrativ an die vorhergehende Szene 58, aber auch an
Szene 18 an, und mit dem Leidens- und Todesthema Jesu an die Szenen 12, 14,
41, 43, 45 und 52.

Was Jesus den Hohepriestern, Schriftgelehrten und Ältesten in der vorhergehenden Szene vorenthielt, offenbart er ihnen hier, und Mannigfaches darüber
hinaus. Aber er offenbart es ihnen in Gleichnissen, so dass vermutlich nur sie,
nicht jedoch das umstehende Volk, verstehen. Ein Mensch „pflanzte" (Mk 12,1:
φυτεύω)[864] einen „Weinberg" (Mk 12,1.2.8.9.9: ἀμπελών),[865] womit er in Anlehnung an alttestamentliche Bildsprache Israel meint (vgl. Hos 10,1; Jer 2,21; Jes
5,1–2; 27,2), das von Gott – im übertragenen Sinn für „pflanzen" – „gezeugt, groß-
gezogen und herangebildet" wurde. Den Weinberg „umstellt" (Mk 12,1: περιτίθημι)[866] er – vielleicht Hinweis für die „Auferlegung des Gesetzes" – mit einem
„schützenden Zaun" (Mk 12,1: φραγμός)[867], versieht ihn mit einem „Turm" (Mk
12,1: πύργος)[868] – vielleicht Hinweis auf einen aus Engel bestehenden „Befesti-

---

864   Menge-Güthling, „φυτεύω," Langenscheidts Großwörterbuch Altgriechisch-Deutsch, 739;
       Walter Bauer, „φυτεύω," Griechisch-deutsches Wörterbuch zum Neuen Testament, 1734–1735:
       Das Verb meint einerseits und wie hier „(an)pflanzen, bepflanzen," andererseits „(er)zeu-
       gen, gebären, großziehen, heranbilden," und schließlich „hervorbringen, schaffen, verur-
       sachen, ersinnen, planen, anstiften." Der Begriff findet sich als Hapax legomenon nur hier
       im Text.

865   Menge-Güthling, „ἀμπελών," Langenscheidts Großwörterbuch Altgriechisch-Deutsch, 45;
       Walter Bauer, „ἀμπελών," Griechisch-deutsches Wörterbuch zum Neuen Testament, 91; Felix
       Porsch, „ἀμπελών," EWNT 1:172–173: Das Substantiv meint einerseits „Weinberg" und ande-
       rerseits „Israel." Das Substantiv findet sich 5mal und nur hier im Text.

866   Liddell-Scott, „περιτίθημι," Greek-English Lexicon, 1390; Menge-Güthling, „περιτίθημι," Lan-
       genscheidts Großwörterbuch Altgriechisch-Deutsch, 549; Walter Bauer, „περιτίθημι," Grie-
       chisch-deutsches Wörterbuch zum Neuen Testament, 1315: Das aus „περί" und „τίθημι" beste-
       hende Kompositum meint einerseits „herumstellen, -legen," andererseits „umgeben,
       umtun, umlegen, umhängen, anlegen, anziehen" und schließlich „etwas beilegen, ver-
       leihen, auferlegen, erteilen, bereiten, verschaffen, beibringen, einflößen, jemanden mit
       etwas ausrüsten." Das Verb findet sich 3mal im Text (Mk 12,1; 15,17.36).

867   Liddell-Scott, „φραγμός," Greek-English Lexicon, 1952; Menge-Güthling, „φραγμός," Langen-
       scheidts Großwörterbuch Altgriechisch-Deutsch, 734; Walter Bauer, „φραγμός," Griechisch-
       deutsches Wörterbuch zum Neuen Testament, 1725: Das Substantiv meint einerseits und wie
       hier „das Einzäunen, Befestigen, Verstopfen, Verschluss, Zaun, Hecke, Wall, Mauer, Wand,
       Verschanzung, Bollwerk, Schutzwehr, Geländer, Scheidewand" und andererseits und auf
       der Basis von Eph 2,14 allenfalls auch das „Gesetz." Der Begriff findet sich als Hapax lego-
       menon nur hier im Text.

868   Liddell-Scott, „πύργος," Greek-English Lexicon, 1556; Menge-Güthling, „πύργος," Langen-
       scheidts Großwörterbuch Altgriechisch-Deutsch, 610; Walter Bauer, „πύργος," Griechisch-

EXEGETISCHE ANALYSE DES MARKUSEVANGELIUMS 345

gungswall" –, gräbt schließlich noch einen „Keltertrog" (Mk 12,1) und „verpachtet" (Mk 12,1: ἐκδίδωμι)[869] ihn an Weingärtner – abgabenpflichtige Verantwortliche – und „reist außer Landes" (Mk 12,1), das heißt, er kehrt in den Himmel zurück. Zu „bestimmter Zeit" (Mk 12,2; vgl. 3.1.5[3]) „sendet" (Mk 12,2.3.4.5.6; vgl. 3.1.2[3]) er einen Knecht, einen Propheten, damit er durch diesen von den Weingärtnern „Früchte" (Mk 12,2 Pl.; vgl. 3.4.1[3]) des Weinbergs „empfange" (Mk 12,2.3.8; vgl. 3.4.1[3]). Doch dazu kommt es nicht, stattdessen senden sie ihn, nachdem sie ihn „geschlagen" (Mk 12,3.5: δέρω)[870] haben, mit „leeren" (Mk 12,3: κενός)[871] Händen fort. Dem zweiten Knecht gar „schlagen sie über den Kopf" (Mk 12,4: κεφαλιόω)[872] und „beschimpfen" (Mk 12,4: ἀτιμάζω)[873] ihn, den

deutsches Wörterbuch zum Neuen Testament, 1461: Das Substantiv meint einerseits „Festungs-, Mauer-, Wachturm, Mauerwerk, Burgmauer, Stadt-, Ringmauer, turmartiges Gebäude, Burg, Schloss, Feste" und andererseits „Bollwerk, Schutzwehr, Schutz, Schirm, Hort, geschlossene Kriegerschar, geordnete Schar, Kolonne." Der Begriff findet sich als Hapax legomenon nur hier im Text.

869 Liddell-Scott, „ἐκδίδωμι," Greek-English Lexicon, 504; Menge-Güthling, „ἐκδίδωμι," Langenscheidts Großwörterbuch Altgriechisch-Deutsch, 216; Walter Bauer, „ἐκδίδωμι," Griechisch-deutsches Wörterbuch zum Neuen Testament, 480: Das Kompositum meint einerseits „herausgeben, übergeben, ausliefern, preisgeben, verraten, verheiraten, weggeben, ausleihen, vermieten, verpachten" und andererseits „sich ergießen, münden." Das Verb findet sich als Hapax legomenon nur hier im Text.

870 Liddell-Scott, „δέρω," Greek-English Lexicon, 380; Menge-Güthling, „δέρω," Langenscheidts Großwörterbuch Altgriechisch-Deutsch, 161; Walter Bauer, „δέρω," Griechisch-deutsches Wörterbuch zum Neuen Testament, 351: Das Verb meint einerseits „Haut abziehen, abhäuten, schinden, gerben" und andererseits „prügeln, schlagen." Der Begriff findet sich 3mal im Text (Mk 12,3.5; 13,9).

871 Liddell-Scott, „κενός," Greek-English Lexicon, 938; Menge-Güthling, „κενός," Langenscheidts Großwörterbuch Altgriechisch-Deutsch, 384; Walter Bauer, „κενός," Griechisch-deutsches Wörterbuch zum Neuen Testament, 870: Das Adjektiv meint einerseits und wie hier „leer, hohl, öde, Leere, Vakuum, Lücke, Öffnung," andererseits „ledig, entblößt, beraubt, ermangelnd, verlassen, unbemannt, unbeladen, ungeladen (Waffe), menschenleer, kraftlos, erschöpft" und schließlich „gehaltlos, grundlos, unbegründet unwahr, töricht, unnütz, vergeblich, umsonst, eitel, hoffärtig, ungetan, unausgeführt, unmöglich." Der Begriff findet sich als Hapax legomenon nur hier im Text.

872 Liddell-Scott, „κεφαλιόω," Greek-English Lexicon, 945; Menge-Güthling, „κεφαλιόω/κεφαλαιόω," Langenscheidts Großwörterbuch Altgriechisch-Deutsch, 386–387; Walter Bauer, „κεφαλιόω," Griechisch-deutsches Wörterbuch zum Neuen Testament, 875: Das Verb meint einerseits „kurz zusammenfassen, summieren" und andererseits „auf den Kopf schlagen, misshandeln." Der Begriff findet sich als Hapax legomenon nur hier im Text, auch im Blick auf das gesamte Neue Testament.

873 Liddell-Scott, „ἀτιμάζω," Greek-English Lexicon, 270; Menge-Güthling, „ἀτιμάζω," Langen-

346   3. KAPITEL

dritten „töten" (Mk 12,5.5.7.8.9; vgl. 3.3.3[3]) sie in kulminierender Gewalt; und
so fahren sie fort, einschließlich dem zweitletzten – der im Kontext des Evangeliums Johannes den Täufer beziehungsweise den Elija *redivivus* meint. Nur
noch einer ist Gott geblieben, sein geliebter Sohn, den Gott als letzten sendet,
in der Annahme, dass sich die Weingärtner vor ihm „scheuen werden" (Mk 12,6
Pass.: ἐντρέπω)[874]. Dem ist nicht so, stattdessen beschließen sie leichtfertig, den
Erben und Besitzer zu töten, um sich sein „Erbe" (Mk 12,7: κληρονομία)[875] anzueignen. Den Erben ergreifend töten sie ihn und „werfen" (Mk 12,8; vgl. 3.1.4[3])
ihn aus dem Weinberg. Dass dieses Verhalten Konsequenzen nach sich ziehen
wird, muss aus seiner Sicht selbst ihnen einleuchten, weshalb er rhetorisch
fragt, was wohl der Herr des Weinbergs tun werde. Die Antwort: Ihr Schicksal wird ebenso dramatisch sein wie dasjenige des Erben: Gott selbst wird sie
töten prophezeit Jesus, ihnen Israel entreißen und es anderen – im Plural –
geben. Jesus endet mit dem passenden Schriftzitat aus Ps 118,22–23 indem er
scharfzüngig fragt, ob sie nicht die „Schrift" (Mk 12,10 Pl.: γραφή)[876] „gelesen hätten" (Mk 12,10), worin gesagt wird, dass der Stein, den die Bauleute „verwarfen"
(Mk 12,10; vgl. 3.6.5[3]), zum Ecksein wurde, und zwar durch den Herrn selbst.

---

     scheidts *Großwörterbuch Altgriechisch-Deutsch*, 117; Walter Bauer, „ἀτιμάζω," *Griechisch-*
     deutsches Wörterbuch zum Neuen Testament, 240: Das aus „α" und „τιμή" bestehende Kom-
     positum meint einerseits „ohne Ehre," andererseits „verachten, missachten, entehren, ver-
     unehren, entwürdigen, verächtlich oder schmachvoll behandeln, zurücksetzen, beleidi-
     gen, beschimpfen, ächten" und schließlich „für unwürdig, für gering halten, missgönnen,
     entziehen." Das Verb findet sich als *Hapax legomenon* nur hier im Text.

874   Menge-Güthling, „ἐντρέπω," *Langenscheidts Großwörterbuch Altgriechisch-Deutsch*, 244;
     Walter Bauer, „ἐντρέπω," *Griechisch-deutsches Wörterbuch zum Neuen Testament*, 544: Das
     aus „ἐν" und „τρέπω" bestehende Kompositum meint einerseits „hinwenden" und im Passiv
     „umgewandt werden, zögern, säumen, sich nach etwas hinwenden, sich kehren an, sich
     um etwas kümmern, auf etwas Rücksicht nehmen, achten, etwas beachten, jemanden
     verehren, Scheu haben, sich schämen." Das Verb findet sich als *Hapax legomenon* nur hier
     im Text.

875   Menge-Güthling, „κληρονομία,"*Langenscheidts Großwörterbuch Altgriechisch-Deutsch*, 392;
     Walter Bauer, „κληρονομία," *Griechisch-deutsches Wörterbuch zum Neuen Testament*, 884–
     885: Das aus „κληρόω" und „νόμος" bestehende Kompositum meint neben „Erbe" auch
     „Erbschaft, Erbteil, Eigentum, Besitz, Heilsbesitz." Das Substantiv findet sich als *Hapax*
     legomenon nur hier im Text.

876   Menge-Güthling, „γραφή,"*Langenscheidts Großwörterbuch Altgriechisch-Deutsch*, 152; Wal-
     ter Bauer, „γραφή," *Griechisch-deutsches Wörterbuch zum Neuen Testament*, 331–332: Das
     Substantiv meint einerseits „Zeichnen, Malen, Malerei" und andererseits wie hier „Schrei-
     ben, Schrift, Inschrift, Anklageschrift, Heilige Schrift(en)." Der Begriff findet sich 3mal im
     Text (Mk 12,10.24; 14,49).

EXEGETISCHE ANALYSE DES MARKUSEVANGELIUMS

„Erkennend" (Mk 12,12; vgl. 3.4.1[3]), dass dieses Gleichnis auf sie gemünzt und mit „Weingärtner" sie gemeint sind, suchen die erzürnten Hohepriester, Schriftgelehrten und Ältesten Jesus zu „ergreifen" (Mk 12,12; vgl. 3.2.3[3]), lassen jedoch einmal mehr aus „Furcht" (Mk 12,12 Pass.; vgl. 3.5.1[3]) vor dem umstehenden Volk davon ab, und gehen Jesus „verlassend" (Mk 12,12; vgl. 3.2.1[3]) davon. Das Gleichnis ist offenbar selbstklärend, denn eine Auslegung bietet der Narrator nicht: Gott ging mit Israel einen Bund ein, gab ihm Gesetze, zog es auf, umgab es mit Engeln, bestellte Führer, so dass diese ihm die Frucht eintragen. Doch eine solche bekam Gott nicht zu sehen, so sandte er Boten zu den Führern, auch den Hohepriestern, Schriftgelehrten und Ältesten,[877] sie wurden von ihnen beschimpft, verprügelt, getötet, allesamt, bis keiner mehr übrig blieb – das geduldige Gottesbild erstaunt. So sandte er den letzten, seinen geliebten Sohn, den Erben, Jesus, den jedoch dasselbe Schicksal traf. Deswegen wird er kommen und ihnen abnehmen, was nie als ihr Besitz gedacht war, er wird sie dafür töten oder in den Tod durch die Feinde geben, und sein Erbe – es war Nachkommenschaft und Land (vgl. Gen 15) – anderen, Jesu Nachfolgern, geben, schon stehen sie bereit. Raum zu einer Entgegnung, oder gar Verteidigung gesteht der Narrator der Elite nicht zu, vielmehr lässt er sie überführt und betroffen wirken. Und ihre zugeschriebene Schuld wird darin offenbar, dass ihre Antwort nicht Reue, sondern der bekräftigte Wille ist, Jesus für diese wahren Worte zu töten. Würden sie jedoch unmittelbar in diesem Sinne handeln, würden sie ihn in den Augen des Volkes legitimieren und sich selbst vor diesem delegitimieren, es muss einen alternativen Weg geben, noch kennen sie ihn nicht, ganz im Gegensatz zu Jesus und zur Leserschaft.

(4)   Politisch-militärisches Profil
Jesu Auftreten begann mit einer Provokation, nämlich dem Rauswurf der Händler und Wechsler. Sie hatte die Frage der Hohepriester, Schriftgelehrten und Ältesten nach Jesu Vollmacht provoziert, aber auch ihre Mordabsichten offenbart, welche sie jedoch aus Furcht vor dem Volk (noch) nicht in die Praxis umsetzen (vgl. 5.6.4[9]). Damit nicht genug, der Erzähler lässt Jesus in Deutungshoheit zur ultimativen „Kriegserklärung" ausholen: Das Motiv für ihre Mordabsicht sieht er offenkundig in einer aus Neid geleiteten und unrechtmäßigen Aneignung *seines* Erbes. Nicht er will, was sie haben, sondern sie wollen, was er hat. Seine Vollmacht, nach der sie fragen, ist nicht durch den Kaiser verliehen, vielmehr ist sie gottgegeben für gottbestimmte Zeit, ihre hingegen – so lässt der Autor Jesus urteilen – ein Raub der Zeit (vgl. 5.4.4[1]; 5.7.3[5]). Sie ste-

---

877   Vgl. auch Ebner, *Das Markusevangelium*, 123–125.

348 3. KAPITEL

hen also in Konkurrenz zu ihm, und nicht umgekehrt. Diese Kriegserklärung und Durchführung des Willen Gottes ist ihm, dem ergebenen „Feldherrn,“ den äußersten Preis – sein Leben – wert, diese Preisgabe hat er nach dem Erzähler von Anfang an in sein Vorhaben eingeplant (vgl. 5.6.4[6]). Darin ist er Eckstein für eine Zukunft, welche die Zurückholung des Erbes durch den Vater für ihn und seine Nachfolgerschaft nach sich zieht. Und das wiederum will so verstanden werden, dass Jesus damit auch den Grundstein für einen neuen Tempel setzt, denn den alten wird Gott verlassen (vgl. 5.3.4[1]; 5.8.3[4]).[878] Aber mit Gottes Rückkehr wird die Eliten für ihren Frevel Gottes Todesurteil treffen (vgl. 5.4.4[2]; 5.6.4[5]).[879]

3.8.6 Szene 60 (Mk 12,13–17): Die Pharisäer und Herodianer befragen Jesus (im Tempel) zur Kaisersteuer

(1) Szene

Die sechzigste Szene Mk 12,13–17 handelt davon, wie die Pharisäer und Herodianer Jesus (im Tempel) zur Kaisersteuer befragen. Wie bereits die Szenen 10–14, 17–18, 27, 29, 33, 37, 48 und 57–59 gehört somit auch diese Szene zu den gegnerbezogenen, und zwar die Pharisäer und Herodianer betreffenden Szenen. Die Szene unterscheidet sich von der nachfolgenden nicht im Blick auf Ort und Zeit, wohl aber im Blick auf Akteure, Handlung und Thema, befragen doch dort die Sadduzäer Jesus (im Tempel) zu Auferstehung.

(2) Text

12[13] Und sie senden zu ihm einige der Pharisäer und der Herodianer, um ihn in einer Rede zu fangen. [14] Und kommend sagen sie zu ihm: Lehrer, wir wissen, dass du wahrhaftig bist und dich um niemanden kümmerst, denn du siehst nicht auf die Person der Menschen, sondern lehrst den Weg Gottes in Wahrheit. Ist es erlaubt, (dem) Kaiser eine Steuer zu geben oder nicht? Sollen wir geben oder nicht geben? [15] Er aber ihre Heuchelei erkennend sagte zu ihnen: Was versucht ihr mich? Bringt mir einen Denar, damit ich sehe. [16] Sie aber brachten (einen). Und er sagt zu ihnen: Wessen (ist) dieses Bild und die Aufschrift? Sie aber sagten zu ihm: Des Kaisers. [17] Jesus aber sagte zu ihnen: Die Dinge des Kaisers gebt (dem) Kaiser zurück, und die Dinge Gottes Gott. Und sie wunderten sich sehr über ihn.[880]

---

878 Vgl. Collins (Mark, 548) und Schmidt (Wege des Heils, 344, 362–367), die einen neuen Tempel im Leib Jesu angekündigt sehen.

879 Vgl. Marcus, der die Beseitigung der Eliten im Rahmen des ersten jüdisch-römischen Krieges angedeutet sieht (Mark, 2:813–814).

880 Literarisch folgt Szene 60 einem chiastischen Schema: A: Mk 12,13 (er, sie wollen fangen);

EXEGETISCHE ANALYSE DES MARKUSEVANGELIUMS   349

(3)   Inhalt

Explizit anwesende *Akteure* dieser Szene sind einerseits „Jesus" (Mk 12,17; vgl.
3.1.1[3]), der von seinen Herausfordern mit „Lehrer" (Mk 12,14; vgl. 3.5.1[3]) angesprochen wird, und andererseits „einige" (Mk 12,13 Pl.) „der Pharisäer und Herodianer" (Mk 12,13 Pl.; vgl. 3.2.6[3]; 3.3.3[3]). Implizit anwesende Akteure sind
einerseits die Jünger, und andererseits das schaulustige Volk (vgl. Mk 12,12). Und
erwähnte Akteure sind einerseits „Gott" (Mk 12,14.17.17; vgl. 3.1.5[3]), andererseits der „Kaiser" (Mk 12,14.16.17.17: Καῖσαρ; s. u.), ferner über das Verb „abordern"
(Mk 12,13) die Hohepriester, Schriftgelehrten und Ältesten, und schließlich ganz
allgemein „Menschen" (Mk 12,14; vgl. 3.2.1[3]). In *räumlicher* wie *temporaler*
Hinsicht bleibt die Situation gegenüber der vorhergehenden Szene unverändert: Die Szene ereignet sich im Vorhof des Jerusalemer Tempels, am dritten
Tag nach ihrer Ankunft in der Stadt (vgl. Szene 58). In *rhetorischer* Hinsicht
sind einerseits die Pharisäer und Herodianer mit einer Fangfrage an Jesus zu
vernehmen, andererseits Jesu Enttarnung derselben in Form einer Gegenfrage,
ferner Jesu Befehl und Befragung der Herausforderer und schließlich ihre Antwort und Jesu abschließendes Fazit. Mit dem Thema, Gott zu Geben was Gottes
ist, knüpft dieses Narrativ an die vorhergehenden Szenen 57–59 an, und über
die Pharisäer zusammen mit den Herodianern an die Szenen 14 und 38.

Nachdem Jesus den Hohepriestern, Schriftgelehrten und Ältesten den Tod
durch Gottes Hand vorausgesagt hatte und sie aus Furcht vor dem Volk davon
absahen, ihn zu ergreifen, „ordnen" (Mk 12,13; vgl. 3.1.2[3]) sie stattdessen einige
Pharisäer und Herodianer ab, um ihn in einem „juristischen Streitgespräch"
(Mk 12,13; vgl. 3.2.4[3]) zu „ergreifen oder zu fangen" (Mk 12,13: ἀγρεύω)[881],
besinnt man sich auf Szene 14, ein Anliegen, dass diese mit ihren Auftraggebern
teilen. Nach Ankunft auf dem Tempelplatz schmeicheln sie Jesus zunächst.
„Lehrer," beginnen sie vermeintlich ehrerbietig, sie wüssten, dass er „wahrhaftig, redlich" (Mk 12,14: ἀληθής)[882] sei und sich um niemanden „kümmere" (Mk

---

B: Mk 12,14 (Kaiser, geben); B': Mk 12,15–17a (Kaiser, zurückgeben); A': Mk 12,17b (er, sie
wundern sich).

881   Liddell-Scott, „ἀγρεύω," *Greek-English Lexicon*, 14; Menge-Güthling, „ἀγρεύω," *Langenscheidts Großwörterbuch Altgriechisch-Deutsch*, 7–8; Walter Bauer, „ἀγρεύω," *Griechisch-
deutsches Wörterbuch zum Neuen Testament*, 23: Das vom Substantiv „ἄγρα" – „Fang, Jagd" –
abgeleitete Verb meint neben „fangen" wie hier auch „(er)jagen, ergreifen." Der Begriff
findet sich als *Hapax legomenon* nur hier im Text, auch im Blick auf das gesamte Neue
Testament.

882   Menge-Güthling, „ἀληθής," *Langenscheidts Großwörterbuch Altgriechisch-Deutsch*, 34; Walter Bauer, „ἀληθής," *Griechisch-deutsches Wörterbuch zum Neuen Testament*, 70–71: Das
Adjektiv meint einerseits und wie hier „wahr, wahrheitsliebend, wahrhaftig, aufrichtig,

12,14; vgl. 3.5.1[3]). Deshalb – fahren sie hinterlistig fort – würde er auf keine „Person" (Mk 12,14; vgl. 3.1.2[3]) der Menschen und ihrer sozialen Stellung achten, und damit auch auf den Kaiser nicht, sondern nur den „Weg" (Mk 12,14; vgl. 3.1.2[3]) Gottes in „Wahrheit oder Zuverlässigkeit" (Mk 12,14; vgl. 3.5.4[3]) „lehren" (Mk 12,14; vgl. 3.2.2[3]). Ob es „erlaubt" (Mk 12,14; vgl. 3.3.2[3]) sei – ein juristischer Begriff – dem Kaiser Steuern zu entrichten, oder nicht, fragen sie endlich. Um diese vor dem sozialgeschichtlichen Hintergrund gefährliche Frage zu verstehen, bedarf es einer Erörterung des Begriffs „Steuer" (Mk 12,14: κῆνσος). Er ist *terminus technicus* des römischen Steuerwesens und bezeichnet im Neuen Testament – im Unterschied zu den Zöllen beziehungsweise Verbrauchs- oder Verkehrssteuern – den unmittelbar mit der Herrschaftsausübung des Kaisers verbundenen Tribut, der in Palästina seit Pompeius eingeführt worden war (Josephus, *Bell.* 1,154). Dieser Tribut wurde bei den Landbesitzern als Abgabe von den Bodenerträgen (*tributum agri*) und bei der übrigen Bevölkerung – mit Ausnahme von Kindern und Greisen – als Abgabe vom persönlichem Vermögen (*tributum capitis*) erhoben. Seitdem für Judäa (mit Samaria und Idumäa) im Jahre 6 d. Z. erstmalig nachgewiesenen Provinzialzensus unter dem syrischen Statthalter P. Sulpicius Quirinus waren für den Zensus die römischen Prokuratoren zuständig, die sich bei der Steuereinziehung auf ausgewählte Steuerbevollmächtigte aus den jüdischen Behörden stützten (Josephus, *Bell.* 2,403–405; vgl. auch 3.2.6[3]). Als Steuermünze diente zur Zeit Jesu im gesamten Imperium der Silberdenar, der, dadurch dass er das Bild und die Titelaufschrift des Kaisers trug, selbst schon Herrschaftsinsignie war, was die meisten nicht daran hinderte, ihn im alltäglichen Geldverkehr bedenkenlos zu verwenden, wie etwa auch die Jünger (vgl. Mk 6,37). Andere jedoch, so zum Beispiel die Essener oder der Galiläer Judas und seine Anhängerschaft, leisteten erbitterten Widerstand gegen die Steuer (vgl. Apg 5,37; Josephus, *Ant.* 18,1–5; *Bell.* 2,118), vor allem wegen der mit dem Tribut verbundenen Anerkennung des Kaisers als dem Fremdherrscher des Landes, was im Konflikt mit dem Glauben an Gott als dem alleinigen Herrn stand (vgl. Josephus, *Ant.* 18,23; *Bell.* 2,433).[883] Die eigentliche Frage der romtreuen Pharisäer und Herodianer, die sich hinter der Steuerfrage verbirgt, dient vor diesem Hintergrund somit

---

zuverlässig, redlich, ehrlich, offen" und andererseits „wirklich, wahrhaft, zutreffend, echt, recht, richtig, gehörig, natürlich." Der Begriff findet sich als *Hapax legomenon* nur hier im Text.

883 Menge-Güthling, „κῆνσος," *Langenscheidts Großwörterbuch Altgriechisch-Deutsch*, 388; Walter Bauer, „κῆνσος," *Griechisch-deutsches Wörterbuch zum Neuen Testament*, 876; Horst Balz, „κῆνσος," *EWNT* 2:708–710: Das Substantiv meint neben „(Kopf)Steuer" auch „Zensus." Der Begriff findet sich als *Hapax legomenon* nur hier im Text.

EXEGETISCHE ANALYSE DES MARKUSEVANGELIUMS   351

nicht dem Rechtsgespräch zu Steuern, sondern dem Zweck herauszufinden, ob Jesus den Machtanspruch des Kaisers anerkennt oder nicht, und Letzteres wäre Grund genug, ihn gerichtlich anzuklagen und „beseitigen" zu können. Diese Absicht durchschaut Jesus, und ihre „Heuchelei" (Mk 12,15: ὑπόκρισις)[884] wohl kennend (vgl. Szene 14) reagiert mit der Frage, wozu sie ihn „versuchten" (Mk 12,15; vgl. 3.1.4[3]), und das bereits zum dritten Mal (vgl. Szenen 37 und 48). Er befiehlt ihnen, ihm einen „(Silber)Denar" (Mk 12,15; vgl. 3.5.8[3]) zu bringen, und fragt danach, wessen „Bild" (Mk 12,16: εἰκών)[885] und „Aufschrift" (Mk 12,16: ἐπιγραφή)[886] darauf seien, worauf sie entgegnen: des Kaisers. Dabei identifiziert der Narrator weder die Identität des Kaisers noch was die Inschrift besagt. Wird es als bekannt vorausgesetzt? Mit Kaiser ist zunächst der von „Cäsar" abgeleitete Nachname gemeint, der legitimerweise dem adoptierten Nachkommen, dem Sohn des Augustus, zustand. Ein Nachname, der erst später Herrschertitel wurde.[887] Zu dieser erzählten Zeit war der Nachkomme des Augusts

---

884   Menge-Güthling, „ὑπόκρισις," *Langenscheidts Großwörterbuch Altgriechisch-Deutsch*, 713; Walter Bauer, „ὑπόκρισις," *Griechisch-deutsches Wörterbuch zum Neuen Testament*, 1684: Das Kompositum meint einerseits „Deutung, Antwort, Bescheid" und andererseits wie hier „Schauspielerei, Heuchelei, Verstellung, Schein." Das Substantiv findet sich als *Hapax legomenon* nur hier im Text.

885   Menge-Güthling, „εἰκών," *Langenscheidts Großwörterbuch Altgriechisch-Deutsch*, 206; Walter Bauer, „εἰκών," *Griechisch-deutsches Wörterbuch zum Neuen Testament*, 448–449: Das Substantiv meint einerseits und wie hier „(Ab)Bild, Bildnis, Bildsäule, Standbild, Statue," andererseits „Gemälde, Porträt, Aussehen, Gestalt" und schließlich „Ebenbild, bildliche Darstellung, Vergleich, Gleichnis, Bild im Geiste, Vorstellung." Der Begriff findet sich als *Hapax legomenon* nur hier im Text.

886   Menge-Güthling, „ἐπίγραμμα/ἐπιγραφή," *Langenscheidts Großwörterbuch Altgriechisch-Deutsch*, 264; Walter Bauer, „ἐπιγραφή," *Griechisch-deutsches Wörterbuch zum Neuen Testament*, 590: Das Kompositum meint neben „Aufschrift" wie hier auch „Inschrift und Epigramm." Der Begriff findet sich 2mal im Text (Mk 12,16; 15,26).

887   Menge-Güthling, „Καῖσαρ," *Langenscheidts Großwörterbuch Altgriechisch-Deutsch*, 356; Walter Bauer, „Καῖσαρ," *Griechisch-deutsches Wörterbuch zum Neuen Testament*, 803; Alfons Weiser, „Καῖσαρ," *EWNT* 2:579–581; Brian W. Jones, „Caesar," *ABD* 1:797–798: Ursprünglich bezeichnete der Begriff den auf Gaius Julius Caesar zurückgehenden Nachnamen. Dem gängigen Brauch entsprechend, sich den Namen des Adoptiervaters anzueignen, übernahm ihn auch sein Erbe Octavian, der spätere Augustus. Und dieser Name wurde auch denjenigen gegeben, die Augustus adoptiert hatte wie auch ihren direkten Nachkommen: Einerseits nämlich dem Tiberius (sowie seinem Sohn Drusus und dessen zwei Söhne), andererseits dem Germanicus (sowie seinen fünf Söhnen einschließlich dem Imperator Gaius) und schließlich den drei Söhnen des Marcus Agrippa. Ohne von Augustus adoptiert worden zu sein, legten sich diesen Namen – quasi unrechtmäßig – auch Claudius und Nero zu (wie auch spätere Kaiser), da sie ihn vermutlich als einen weiteren

3. KAPITEL

Tiberius Iulius Caesar Augustus, das zweite Glied der julisch-claudischen Dynastie, mit einer der längsten Regierungszeiten, nämlich von 14–37 d. Z. Als eben diesen Sohn des göttlichen Augustus wies ihn die Inschrift aus. Die so als Eigentum des Kaisers ausgewiesene Münze, die Dinge des Kaisers – so Jesus – sind dem Kaiser „zurückzugeben" (Mk 12,17 Imp.: ἀποδίδωμι)[888], und die Dinge Gottes Gott. Der Frage der Pharisäer und Herodianer entsprechend lässt der Erzähler auch Jesu Antwort vieldeutig ausfallen, war doch das Fazit des Weinberggleichnisses in der vorhergehenden Szene gewesen, dass sich die Hohepriester, Schriftgelehrten und Ältesten am Erbe und Eigentum Jesu bereicherten. Der Narrator endet damit, dass sie sich sehr über ihn „wunderten" (Mk 12,17). Etwa deswegen, weil sich Jesus wider Erwartet nicht im Sinne zelotischer oder essenischer Romopposition äußert? Bringt ihn das stattdessen in die Nähe sadduzäischer und herodianischer Romloyalität oder pharisäischer Anpassung? Jesu Antwort dürfte, gemessen an der Reaktion der Pharisäer und Herodianer, diese überrascht haben und ihnen keine Angriffsfläche – wie erhofft – geboten haben. Im Blick auf das Weinberggleichnis der vorhergehenden Szene aber, das diese Kollaborateure der Hohepriester, Schriftgelehrten und Ältesten nicht gehört hatten, betreibt Jesus keineswegs ein Appeasement Rom gegenüber,[889] im Gegenteil: Gott wird kommen und *sein* Königreich anderen anvertrauen, wurde dort gesagt. Dass dies aus Sicht Jesu die rechtmäßige Machtergreifung und das Wegfegen des Feindes voraussetzt, versteht sich von selbst. Im Kontext des Weinberggleichnisses, also, legitimiert Jesus den kaiserlichen Anspruch nicht, sondern relativiert ihn anhand des göttlichen. Ein rhetorisch geschickter Schachzug, den Jesus als ein kluger und überlegener Taktiker erscheinen lässt.

Herrschaftstitel erachteten, und vielleicht auch erachten wollten. Vom Nachnamen und späteren Titel leitet sich auch der deutsche Begriff „Kaiser" ab, er findet sich 4mal und nur hier im Text.

888 Liddell-Scott, „ἀποδίδωμι," *Greek-English Lexicon*, 197; Menge-Güthling, „ἀποδίδωμι," *Langenscheidts Großwörterbuch Altgriechisch-Deutsch*, 88–89; Walter Bauer, „ἀποδίδωμι," *Griechisch-deutsches Wörterbuch zum Neuen Testament*, 180–181: Das Kompositum meint einerseits und wie hier „her-, weggeben, wieder-, zurückgeben, wiedererstatten, ersetzen, abtragen, abliefern, entrichten, bezahlen, leisten, (ab)büßen, vergelten" und andererseits „hingeben, ausliefern, angeben, mitteilen, darlegen, vortragen, Bericht erstatten, sich äußern, abgeben, übergeben, überlassen, verleihen, zugeben, erstatten, einräumen, verkaufen." Das Verb findet sich als *Hapax legomenon* nur hier im Text.

889 Eine Interpretation, der beispielsweise Ebner folgt (*Das Markusevangelium*, 125–126).

EXEGETISCHE ANALYSE DES MARKUSEVANGELIUMS

(4)   Politisch-militärisches Profil

Wen besser könnte der Erzähler im Namen der Hohepriester, Schriftgelehrten und Ältesten Jesu Loyalität Rom gegenüber testen lassen als die royalistischen Herodianer, die im Krieg die Verbündeten Roms waren, und die gemäßigten Pharisäer, welche gemeinsam bereits in der gegenüberliegenden Episode in Erscheinung getreten waren (vgl. 5.6.4[1]). Exemplarisch dafür ist auch das Thema der Kaisersteuer, insbesondere im Tempelvorhof zurzeit des Eintreibens der Tempelsteuer (vgl. Szene 57), die symbolisch Gott gehört, weil sie dem Unterhalt des Tempels, seines Hauses, dient. Die Meinung der Pharisäer und Herodianer scheint gemacht, sie lokalisieren Jesus innerhalb der Fraktion der Romopponenten. Jesu Antwort scheint dem aber zu widersprechen, sie jedenfalls sind überrascht. Betrachtet man allerdings Jesu Fazit von seinem Ende her – „gebt Gott zurück, was Gottes ist" – und interpretiert es im Lichte des Weinberggleichnisses, „der Herr des Weinbergs wird den Weinberg den Weingärtnern wegnehmen und anderen geben," muss man zum Schluss kommen, dass Jesus genau die Ansicht vertritt, die die Pharisäer und Herodianer bei Jesus anzutreffen gehofft hatten. Sie ist jedoch subversiv verborgen, für die Pharisäer und Herodianer nicht erkennbar, weil sie anders als die Leserschaft den Gleichniskontext nicht haben; vielmehr richtet sich Jesu Antwort indirekt an die Hohepriester, Schriftgelehrten und Ältesten, die eigentlichen Machtinhaber, welche die Pharisäer und Herodianer zu Jesus schickten, und dies nicht ohne dass es dem allwissenden Jesus entgangen wäre. Ihnen scheint Jesus in der Erzählung die Gelegenheit einzuräumen, jetzt das unrechtmäßig Angeeignete – Israel – freiwillig Gott „zurückzugeben." Als Besitz Gottes aber kann Israel nicht dem Kaiser gehören, wenn auch rechtens Erworbenes und jenseits vom Erbe Gottes sein Eigentum bleiben mag (vgl. 5.6.4[8]). Mit Blick auf die Abfassungszeit würden nach Ansicht von Incigneri Jesu Aussagen auch kritischen Bezug auf den nach dem Krieg durch Vespasian auferlegten *fiscus Iudaicus* nehmen (vgl. 5.8.3[4]).[890] Vielleicht verweist sie darüber hinausgehend auch auf den Tempelraub durch die Römer, aber auch Zeloten (vgl. 5.6.2[8]; 5.6.3[8]). Und schließlich könnte der Narrator die Wieder-Inbesitznahme Judäas durch Vespasian darin kritisieren, dass er den Weinberg Israels als Gottesbesitz reklamiert (vgl. 5.4.4[2]; 5.8.3[2]). Positiv gewendet, könnte er durch Jesus aber auch diejenigen Aufständischen kritisieren, die aus Protest Nero die Steuer vorenthielten und dadurch Anlass zum Krieg boten (vgl. 5.2.4[2])[891]

---

890   Incigneri, *The Gospel to the Romans*, 194–202, bes. 197.

891   Vgl. auch Schreiber, „Caesar oder Gott (Mk 12,17)?," 63–85; Marcus, *Mark*, 2:826.

354   3. KAPITEL

3.8.7 Szene 61 (Mk 12,18–27): Die Sadduzäer befragen Jesus (im Tempel) zur Auferstehung

(1)   Szene

Die einundsechzigste Szene Mk 12,18–27 handelt davon, wie die Sadduzäer Jesus (im Tempel) zur Auferstehung befragen. Wie bereits die Szenen 10–14, 17–18, 27, 29, 33, 37, 48 und 57–60 gehört somit auch diese Szene zu den gegnerbezogenen, und zwar die Sadduzäer betreffenden Szenen. Die Szene unterscheidet sich von der nachfolgenden nicht im Blick auf Ort und Zeit, wohl aber im Blick auf Akteure, Handlung und Thema, befragt doch dort ein Schriftgelehrter Jesus (im Tempel) zum ersten Gebot.

(2)   Text

12[18] Und es kommen Sadduzäer zu ihm, die sagen, es gebe keine Auferstehung, und fragten zu ihm sagend: [19] Lehrer, Mose schrieb uns, dass, wenn jemandes Bruder stirbt und hinterlässt eine Frau, aber hinterlässt kein Kind, sein Bruder die Frau nehme und seinem Bruder Nachkommenschaft erwecke. [20] Es waren sieben Brüder. Und der Erste nahm eine Frau und sterbend hinterließ er keine Nachkommenschaft. [21] Und der Zweite nahm sie und starb keine Nachkommenschaft hinterlassend, und der Dritte ebenso. [22] Und die Sieben hinterließen keine Nachkommenschaft. Als letzte von allen starb auch die Frau. [23] Wessen Frau von ihnen wird sie in der Auferstehung sein? Denn die Sieben hatten sie zur Frau. [24] Jesus sprach zu ihnen: Irrt ihr nicht deswegen, nicht kennend die Schriften noch die Kraft Gottes? [25] Denn wenn sie aus den Toten auferstehen, heiraten sie nicht, noch werden sie verheiratet, sondern sind wie Engel in den Himmeln. [26] Aber über die Toten, dass sie auferweckt werden: Habt ihr nicht im Buch Mose gelesen über den Dornbusch, wie Gott zu ihm sagend sagte: Ich (bin) der Gott Abrahams und der Gott Isaaks und der Gott Jakobs? [27] Er ist nicht Gott von Toten sondern Lebenden, ihr irrt sehr.[892]

(3)   Inhalt

Explizit anwesende *Akteure* dieser Szene sind einerseits „Jesus" (Mk 12,24; vgl. 3.1.1[3]), den die Herausforderer mit „Lehrer" (Mk 12,19; vgl. 3.5.1[3]) ansprechen, und andererseits die „Sadduzäer" (Mk 12,18: Σαδδουκαῖος; s. u.). Implizit anwesende Akteure sind einerseits die Jünger, andererseits mindestens ein Schriftgelehrter (vgl. Mk 12,28) und schließlich schaulustiges Volk (vgl. Mk

---

892   Literarisch folgt Szene 61 einem chiastischen Schema: A: Mk 12,18–23 (Auferstehung, Mose); A': Mk 12,24–27 (auferstehen, Mose). Vgl. auch Marcus, der diese Perikope ebenfalls chiastisch gegliedert sieht (*Mark*, 2:831).

EXEGETISCHE ANALYSE DES MARKUSEVANGELIUMS

12,12). Und erwähnte Akteure sind einerseits „Gott" (Mk 12,24.26.26.26.26.27; vgl. 3.1.5[3]), „Abraham" (Mk 12,26: Ἀβραάμ)[893], „Isaak" (Mk 12,26: Ἰσαάκ)[894], „Jakob" (Mk 12,26: Ἰακώβ)[895] und „Mose" (Mk 12,19.26; vgl. 3.2.4[3]), andererseits allgemein „Tote" (Mk 12,25.26.27 Pl.; vgl. 3.5.7[3]), welche durch Auferstehung „Engeln" (Mk 12,25 Pl.; vgl. 3.1.2[3]) gleich zu „Lebenden" (Mk 12,27 Pz. Pl.; vgl. 3.5.3[3]) werden, und schließlich im Beispiel ein „jemand" (Mk 12,19), sein „Bruder oder Brüder" (Mk 12,19.19.19 Sing.; Mk 12,20 Pl.; vgl. 3.2.1[3]), dessen „Frau" (Mk 12,19.19.20.22.23.23; vgl. 3.5.4[3]) als auch das ausbleibende „Kind" (Mk 12,19; vgl. 3.2.5[3]) und damit „Nachkommenschaft" (Mk 12,19.20.21.22; vgl. 3.4.3[3]). Auch in dieser Szene bleibt die Situation in *räumlicher* wie auch *temporaler* Hinsicht unverändert: sie spielt sich im Vorhof des Jerusalemer Tempels ab, am dritten Tag in der heiligen Stadt (vgl. Szene 58). In *rhetorischer* Hinsicht wenden sich einerseits die Sadduzäer mit einer Lehrfrage an Jesus, auf die Jesus andererseits das Lehrgebäude der Herausforderer untergrabend entgegnet. Mit dem Thema der Auferstehung knüpft dieses Narrativ an die Szenen 25, 41, 43, 45 und 52 an, mit dem implizite Thema des ewigen Lebens an die Szenen 50–51 und dem vordergründigen Ehethema an Szene 48.

Nach dem Disput mit einigen Pharisäern und Herodianern über die Kaisersteuer führt der Narrator zu Beginn die „Sadduzäer" als Kollektiv ein, ohne ihre Zahl zu spezifizieren, aber vermerkend oder vielleicht erklärend, dass es sich um diejenigen handle, die eine Auferstehung negierten. Mit den Sadduzäern ist eine der vier Hauptgruppen – neben Pharisäern, Essenern und Zeloten – des palästinischen Judentums späthellenistischer beziehungsweise frührömischer Zeit gemeint, deren Name auf den zur Zeit Davids und Salomos lebenden Hohepriester Zadok zurückgehen dürfte (vgl. 2 Sam 8,17; 15,24; 1 Kön 1–2; 4; 1 Chr 5,27–41; 12,29; 24), und auf dessen Familie Hesekiel die Aufsicht über den Tempel übertrug, und welche hinfort die priesterliche Tempelhierarchie stellte und auch dominierte, nicht zuletzt als führende Fraktion des Synedriums (Hes 40,46; 43,19; 44,10–15). Nach dem Zeugnis des Josephus sollen sie

---

893   Hellmut Haug, „Abraham," *Namen und Orte der Bibel*, 22; Maria Neubrand, „Abraham," *Personenlexikon zum Neuen Testament*, 14–18, bes. 15: Der Name steht für hebr. „der Vater liebt," was in Gen 17,5 als „Vater vieler Völker/einer großen Menge" gedeutet wird. Der Begriff findet sich als *Hapax legomenon* nur hier im Text.

894   Hellmut Haug, „Isaak," *Namen und Orte der Bibel*, 161; Sebastian Schneider, „Isaak," *Personenlexikon zum Neuen Testament*, 107–109: Der Name steht für hebr. „er (Gott) lacht (freundlich)" (vgl. Gen 17,17; 18,12–15; 21,6). Der Begriff findet sich als *Hapax legomenon* nur hier im Text.

895   Zur Namensbedeutung siehe „Jakobus" (vgl. 3.2.1[3]). Der Begriff findet sich als *Hapax legomenon* nur hier im Text.

356   3. KAPITEL

sich als Gruppe im 2. Jh. v. d. Z. konstituiert und die nationale Tempelstaatideologie der Hasmonäer übernommen haben (vgl. Josephus, *Ant.* 13,171–173.288–298). Nichtpriesterliche Zadokiden waren auch Teil der wirtschaftlichen und aristokratischen Elite (vgl. *Ant.* 13,298; 18,17), die sich dem hellenistischen Einfluss nicht entzogen hatten und sich deshalb hinter die römischen Herrscher stellten, weil sie sich von diesen die Sicherung ihrer aristokratischen Privilegien erhofften. Diese Fixierung auf Eigeninteressen machte sie im eigenen Volk unpopulär, zu dem sie deshalb auf Distanz gingen. Dennoch dürften sie Sympathisanten gehabt haben, die allenfalls wie sie „Sadduzäer" und alternativ auch „Boethusianer" genannt wurden. Die Macht der Sadduzäer dürfte durch zwei Faktoren untergraben worden sein, einerseits durch das hellenistische Konzept von Priesterschaft als Volksdiener und nicht Volksführer, als auch durch Laienbewegungen wie die Schriftgelehrten, aber insbesondere die Pharisäer, ihre härtesten Kritiker, denen es in den letzten zwei Jahrzehnten des Tempels gelungen war, ihre Macht dort entscheidend einzuschränken. Die Konkurrenz der beiden Gruppierungen ähnelt einer Neuauflage der vorexilischen Konkurrenz, nämlich zwischen auf Genealogie bedachten Priestern und auf Frömmigkeit bedachten Propheten. Während die Sadduzäer als konservativ und in juristischen Dingen streng an den gesetzlichen Buchstaben gebunden blieben, insbesondere und ausschließlich gegenüber der schriftlichen Tora, akzeptierten die Pharisäer die mündliche Tora als autoritativ auch hinsichtlich der Gesetzesinterpretation der Tora. Den pharisäischen Glauben an Leibesauferstehung (Mt 22,23; Mk 22,18; Lk 20,27; Apg 23,8), Unsterblichkeit der Seele (Josephus, *Bell.* 2,162–163; *Ant.* 18,16), Engel- wie Dämonenglauben (Apg 23,8) und göttliche Vorsehung (Josephus, *Ant.* 13,173) lehnten sie als nicht in der schriftlichen Tora begründete Phantastereien ab. Kritik finden die Sadduzäer im Neuen Testament auch seitens Johannes des Täufers (vgl. Mt 3,7–12), die hier und nur hier Explizierung durch Jesus findet. Schriftliche Zeugnisse der Sadduzäer sind keine erhalten; ihre enge Anbindung an den Tempel dürfte für ihr Verschwinden nach dessen Untergang verantwortlich sein.[896] Mit der Ablehnung der „Auferstehung" (Mk 12,18.23: ἀνάστασις)[897]

---

896   Menge-Güthling, „Σαδδουκαῖος," *Langenscheidts Großwörterbuch Altgriechisch-Deutsch*, 617; Walter Bauer, „Σαδδουκαῖος," *Griechisch-deutsches Wörterbuch zum Neuen Testament*, 1480; Günther Baumbach, „Σαδδουκαῖος," *EWNT* 3:530–531; Hellmut Haug, „Sadduzäer," *Namen und Orte der Bibel*, 316; Menahem Mansoor, „Sadducees," *EJ* 17:654–655. Der Begriff findet sich als *Hapax legomenon* nur hier im Text.

897   Liddell-Scott, „ἀνάστασις," *Greek-English Lexicon*, 121; Menge-Güthling, „ἀνάστασις," *Langenscheidts Großwörterbuch Altgriechisch-Deutsch*, 60; Walter Bauer, „ἀνάστασις," *Griechisch-deutsches Wörterbuch zum Neuen Testament*, 119–120: Das aus „ἀνά" und „ἵστημι" beste-

EXEGETISCHE ANALYSE DES MARKUSEVANGELIUMS

wenden sich die Sadduzäer nicht gegen irgendein, sondern gegen ein zentrales Lehrstück antiken Judentums (vgl. mSan 10), das im Konzept eines Leben schaffenden Gottes, eines gerechten Schöpfergottes seinen Ursprung hat und sich in den heiligen Schriften nur am Rande wiederfindet. Dabei fand die Idee der Auferstehung seit Beginn der hellenistischen Epoche Ausgestaltung in unterschiedlichen Konzepten, zu denen die Auferweckung des Leibes gehört, oder die Auferweckung der Seele und des Geistes, ewiges Leben, Aufnahme in den Himmel – entweder unmittelbar nach oder bald nach dem Tod, ewiges Leben als Lohn nur der Gerechten oder Kompensation für auf Erden erlittenes Unrecht.[898]

So begibt sich diese Gruppe von Sadduzäern oder Sympathisanten von ihnen in unbekannter Größe zu Jesus an den Tempel. Anders als die Pharisäer und Herodianer scheinen sie nicht von den Hohepriestern, Schriftgelehrten und Ältesten geschickt worden zu sein. Als aristokratisches Kollektiv ihn ehrerbietend Lehrer ansprechend, wählen sie für ihr Streitgespräch das Thema der Levirats- oder Schwagerehe gemäß dem Mosegebot in Dtn 25,5–10, demnach ein Israelit seinem „verstorbenen" (Mk 12,19.20.21.22; vgl. 3.5.3[3]) Bruder mit dessen Frau, sofern kein Kind vorhanden ist, Nachkommenschaft zeugen soll. Gründe für diese Themenwahl werden nicht genannt, es hätten sich auch – wie gezeigt wurde – andere interessante Fragen angeboten. Ihr fiktives Beispiel erzählt von sieben Brüdern, deren erster sich eine Frau nimmt, stirbt und keine Nachkommenschaft hinterlässt. Dem Gebot entsprechend heiratet der zweite sie, ihm ergeht es jedoch wie dem ersten, so auch dem dritten bis zum letzten. Nach den sieben Brüdern stirbt auch die Frau, ohne Nachkommenschaft hinterlassen zu haben. Wessen Frau nun sei sie nach der Auferstehung, fragen sie gespannt, womit sie an eine Auferstehung auf Erden gedacht haben dürften, glauben sie doch nicht an ein Konzept eines bevölkerten Himmels. Jesu Antwort beginnt mit der Feststellung in Form einer rhetorischen Frage, ob sie sich nicht deshalb „irrten" (Mk 12,24.27 Med.: πλανάω)[899], weil sie weder die „Schrif-

---

hende Kompositum meint einerseits „Aufstellen, Errichtung, Wiederaufbau," andererseits „Vertreibung (aus dem Wohnsitz), Verpflanzung (der Bewohner), Räumung, Entvölkerung, Zerstörung, Vernichtung, Ruin" und schließlich „Aufstehen, Erwachen, Weggang, Aufbruch, Abzug, Abmarsch, Auferstehung." Der Begriff findet sich 2mal und nur hier im Text.

898 Moshe Greenberg, Daniel Boyarin und Seymour Siegel, „Resurrection," *EJ* 17:240–244; George W.E. Nickelsburg, „Resurrection: Early Judaism and Christianity," *ABD* 5:684–691.

899 Menge-Güthling, „πλανάω," *Langenscheidts Großwörterbuch Altgriechisch-Deutsch*, 557; Walter Bauer, „πλανάω," *Griechisch-deutsches Wörterbuch zum Neuen Testament*, 1337–1338: Das Verb meint im Aktiv „vom rechten Weg abführen, irreführen, verführen, täuschen,

358   3. KAPITEL

ten" (Mk 12,24 Pl.; vgl. 3.8.5[3]) noch die „Kraft" (Mk 12,24; vgl. 3.5.4[3]) Gottes
kennten. Eine wichtige und gewiss herabsetzende Behauptung in den Ohren
der priesterlichen Sadduzäer. Jesus seinerseits stützt sich bei dieser Aussage
auf Erfahrung, hatte er doch im Beisein der Eltern und der drei nächsten Jünger in Szene 25 das verstorbene Mädchen des Jaïrus wieder zum Leben erweckt.
Ein Ereignis über welches zwar die Leserschaft, nicht aber die Sadduzäer im
Bilde zu sein scheinen. Denn aus den Toten im Jenseits „Auferstandene" (Mk
12,25; vgl. 3.2.4[3]) würden nicht „heiraten" (Mk 12,25; vgl. 3.5.7[3]), fährt er fort,
noch würden sie „verheiratet" (Mk 12,25 Med.: γαμίζω)[900], vielmehr seien sie wie
Engel in den „Himmeln" (Mk 12,25 Pl.; vgl. 3.1.3[3]). Was meint Jesus hier, „wie
Engel" oder „im Himmel" oder beides? Im Blick auf Folgendes scheint mir, dass
er hier „Auferweckung" (Mk 12,26; vgl. 3.2.3[3]) mit einer jenseitigen, himmlischen Existenz verbindet. Denn auf der Basis von Ex 3,1–15, verweist Jesus auf
Gottes Anrede des Mose aus dem brennenden Dornbusch, und fragt überlegen,
ob sie denn nicht im „Buch" (Mk 12,26: βίβλος)[901] Mose „gelesen" (Mk 12,26) hätten, dass sich Gott dort dem Mose als der Gott Abrahams, Isaaks und Jakobs zu
erkennen gab, woraus er „exegetisch" ableitet, dass er deshalb Gott von Lebenden sein muss, weil diese Erzväter lebten und bei ihm seien und nicht unter
den Toten weilten. Jesu Antwort ist „gut," zu diesem Schluss kommt auch ein
Schriftgelehrter, der Zeuge dieser Debatte ist (vgl. Mk 12,28; Szene 62), nicht
zuletzt deshalb, weil Jesus den nur die Tora als Autorität akzeptierenden Sadduzäern auf ein Gebot des Mose mit einem Schriftargument aus dem zweiten
Mosebuch entgegnet. Somit gestaltet der Erzähler diese Schriftinterpretation
als rhetorischen Sieg für Jesus, denn Raum für eine Replik seitens der Sadduzäer räumt er den nach Jesu Auffassung irrenden Sadduzäern nicht mehr ein.

(4)   Politisch-militärisches Profil
Nach Auffassung des Narrators ist Jesus Antwort gelungen, denn nicht nur
„widerlegt" Jesus die Sadduzäer hinsichtlich der Leibesauferstehung, gleich-

---

betrügen" und im Medium wie hier „irregehen, fehlgehen, sich (ver)irren, im Irrtum sein."
Der Begriff findet sich 4mal im Text (Mk 12,24.27; 13,5.6).

900   Menge-Güthling, „γαμίζω," *Langenscheidts Großwörterbuch Altgriechisch-Deutsch*, 142;
       Walter Bauer, „γαμίζω," *Griechisch-deutsches Wörterbuch zum Neuen Testament*, 303: Das
       Verb meint „verheiraten, in die Ehe geben." Der Begriff findet sich als *Hapax legomenon*
       nur hier im Text.

901   Menge-Güthling, „βίβλος," *Langenscheidts Großwörterbuch Altgriechisch-Deutsch*, 135; Wal-
       ter Bauer, „βίβλος," *Griechisch-deutsches Wörterbuch zum Neuen Testament*, 282: Das Sub-
       stantiv meint neben „Buch" wie hier auch „Papier, Blatt, Schrift, Brief." Der Begriff findet
       sich als *Hapax legomenon* nur hier im Text.

EXEGETISCHE ANALYSE DES MARKUSEVANGELIUMS 359

zeitig sagt er auch, dass es eine jenseitige Existenz in den Himmeln – ähnlich derjenigen der Engel – gibt. Wenn er auf Abraham, Isaak und Jakob als Lebende verweist, verweist er auf Erzväter, „gerechte" Erzväter, die dieses ewige Leben ihrer „Gerechtigkeit" willen erbten, so, wie auch er und seine verdienstvollen Nachfolger ewiges Leben erben werden. Dieses Konzept einer jenseitigen Belohnung wird beispielsweise auch Titus zugeschrieben, denn auch jener hatte zu lebensbedrohenden Operationen mit der Aussicht auf jenseitiges Leben gelockt (vgl. 5.6.4[4]; 5.6.4[8]). Damit hat er auch das Konzept der Vorsehung „belegt" und die Sadduzäer mit seiner Antwort in allen Punkten scharfsinnig überführt, geradezu überrumpelt, denn er schlägt sie mit ihrer eigenen Waffe, der schriftlichen Tora. Wenn sie aber nicht an eine jenseitige Existenz glauben,[902] so lässt sich folgern, können sich die Sadduzäer auch nicht „Nachkommen" Gottes nennen, und können somit auch nicht Anteil am göttlichen Erbe haben. Das sind vernichtende Aussichten.

3.8.8 Szene 62 (Mk 12,28–34): Ein Schriftgelehrter befragt Jesus (im Tempel) zum ersten Gebot

(1)   Szene

Die zweiundsechzigste Szene Mk 12,28–34 handelt davon, wie ein Schriftgelehrter Jesus (im Tempel) zum ersten Gebot befragt. Wie bereits die Szenen 10–14, 17–18, 27, 29, 33, 37, 48 und 57–61 gehört somit auch diese zu den gegnerbezogenen, und zwar die Schriftgelehrten betreffenden Szenen. Die Szene unterscheidet sich von der nachfolgenden nicht im Blick auf Ort und Zeit, wohl aber im Blick auf Akteure, Handlung und Thema, lehrt doch dort Jesus das Volk im Tempel über Davids Sohn.

(2)   Text

12[28] Nachdem er gehört hatte wie sie disputiert und gesehen hatte, dass er ihnen gut geantwortet hatte, kam einer der Schriftgelehrten hinzu und fragte ihn: Welches Gebot ist das erste von allen? [29] Jesus antwortete: Erstes ist: Höre Israel, der Herr, unser Gott, ist ein Herr, [30] und: Du sollst den Herrn, deinen Gott, lieben aus deinem ganzen Herzen, und aus deiner ganzen Seele, und aus deinem ganzen Verstand und aus deiner ganzen Kraft. [31] Zweites dies: Liebe deinen Nächsten wie dich selbst. Größer als diese ist kein anderes Gebot. [32] Und der Schriftgelehrte sagte zu ihm: Gut Lehrer, über die Wahrheit sprachst

---

902   Nach Ansicht von Marcus dient diese Szene dem pragmatischen Ziel, der Leserschaft zur Zeit des ersten jüdisch-römischen Krieges neben Leiden und Tod auch Auferstehung in Aussicht zu stellen (Marcus, *Mark*, 2:836).

360 3. KAPITEL

du: Er ist einer und kein anderer ist neben ihm. [33] Und ihn zu lieben aus ganzem Herzen und aus ganzem Verstand und aus ganzer Kraft und zu lieben den Nächsten wie sich selbst ist mehr als alle Brandopfer und Schlachtopfer. [34] Und sehend, dass er verständig geantwortet hatte, sagte Jesus zu ihm: Du bist nicht fern vom Königreich Gottes. Und niemand wagte mehr ihn zu befragen.[903]

(3)   Inhalt

Explizit anwesende *Akteure* dieses Szene sind einerseits „Jesus" (Mk 12,29.34; vgl. 3.1.1[3]), der vom Befrager mit „Lehrer" (Mk 12,32; vgl. 3.5.1[3]) angesprochen wird, und andererseits „einer" (Mk 12,28) der „Schriftgelehrten" (Mk 12,28 Pl.; Mk 12,32; vgl. 3.2.2[3]). Implizit anwesende Akteure sind einerseits die Jünger, und andererseits das umstehende Volk (vgl. Mk 12,12). Und erwähnte Akteure sind einerseits „Gott" (Mk 12,29.30.34; vgl. 3.1.5[3]), der „Herr" (Mk 12,29.29.30; vgl. 3.1.2[3]) und sein „Königreich" (Mk 12,34; vgl. 3.1.5[3]), andererseits „Israel" (Mk 12,29: Ἰσραήλ)[904] und schließlich der „Nächste" (Mk 12,31.33: πλησίον)[905]. In *räumlicher* wie auch *temporaler* Hinsicht ist die Situation gegenüber der vorhergehenden Szene dieselbe geblieben: sie handelt im Vorhof des Jerusalemer Tempels am dritten Tag in der heiligen Stadt (vgl. Szene 58). In *rhetorischer* Hinsicht ist einerseits der Schriftgelehrte mit einer Frage an Jesus zu hören, worauf dieser für einmal antwortet und nicht bloß mit einer Gegenfrage entgegnet, andererseits nochmals der Schriftgelehrte mit einer bestätigenden Reaktion und schließlich Jesu mit einer Anerkennung desselben. Als Disputszene ist diese insofern ungewöhnlich und singulär, als sich die Debattanten für einmal einig sind.

Nach dem Streitgespräch mit den Sadduzäern tritt in dieser Szene ein einzelner Schriftgelehrter an Jesus heran, er war Zeuge der vorhergehenden „Debatte"

---

903   Literarisch folgt Szene 62 einem chiastischen Schema: A: Mk 12,28 (sehen, antworten, fragen); B: Mk 12,29–31 (ist einer, von ganzem Herzen, von ganzer Kraft, liebe Nächsten, wie dich selbst); B': Mk 12,32–33 (ist einer, von ganzem Herzen, von ganzer Kraft, liebe Nächsten, wie dich selbst); A': Mk 12,34 (sehen, antworten, fragen).

904   Hellmut Haug, „Israel," *Namen und Orte der Bibel*, 163: Der Beiname des Stammvaters Jakob (vgl. Gen 32,28–29) wie auch des mit Gott verbündeten Volkes meint hebr. „Gott herrsche" in der Bedeutung von „Gotteskämpfer." Der Begriff findet sich 2mal im Text (Mk 12,29; 15,32).

905   Menge-Güthling, „πλησίον," *Langenscheidts Großwörterbuch Altgriechisch-Deutsch*, 560; Walter Bauer, „πλησίον," *Griechisch-deutsches Wörterbuch zum Neuen Testament*, 1351–1352: Das substantivierte Adverb meint neben „Nächster" auch „der Nahestehende, Nachbar, Mitmensch, Mitbürger, Kamerad, der andere." Der Begriff findet sich 2mal und nur hier im Text.

EXEGETISCHE ANALYSE DES MARKUSEVANGELIUMS   361

(Mk 12,28; vgl. 3.2.2[3]), vielleicht sogar der letzten drei Debatten gewesen
(vgl. Szene 58), und hatte Jesu Antwort, zumindest an die Sadduzäer, für „gut"
oder „trefflich" befunden. Möglicherweise jedoch, war ein Zweifel geblieben,
weshalb er ihn nun nach dem ersten, das heißt wichtigsten aller „Gebote"
(Mk 12,28.31; vgl. 3.5.11[3]) befragt. Jesus antwortet mit Dtn 6,4–5, indem es
darum geht, dass Gott für Israel „ein" (Mk 12,29.32) Herr ist, den es von ganzem „Herzen" (Mk 12,30.33; vgl. 3.2.5[3]), von ganzer „Seele" (Mk 12,30; vgl.
3.3.3[3]), von ganzem „Verstand" (Mk 12,30: διάνοια[906]; Mk 12,33: σύνεσις)[907]
und von ganzer „Kraft" (Mk 12,30.33: ἰσχύς)[908] zu „lieben" (Mk 12,30.31.33.33;
vgl. 3.7.6[3]) gilt. Ungefragt fügt er dem ersten das zweite aus Lev 19,18 hinzu,
indem es darum geht, seinen Nächsten wie sich selbst zu lieben. Jesus endet
in der Aussage, dass es kein größeres Gebot als diese zwei gebe. Auch diese
Antwort wertet der Schriftgelehrte als „gut," mehr noch, der Schriftexperte
erkennt oder anerkennt die Antwort des Lehrers für „Wahrheit" (Mk 12,32; vgl.
3.5.4[3]), womit seine Zweifel – anders wohl als diejenigen seiner Standesge-
nossen – verflogen sein dürften. Die Schriftzitate wiederholend wertet er sie
mit Hos 6,6 kultkritisch als kostbarer denn alle „Brandopfer" (Mk 12,33 Pl.)
und „Schlachtopfer" (Mk 12,33 Pl.) zusammen. Eine mutige Aussage, deshalb
weil sie öffentlich und vor dem Kultzentrum per se geäußert wird. Die Antwort des Schriftgelehrten in diesem Kontext wiederum weiß Jesus seinerseits
als weise zu schätzen, und versichert ihm, nicht weit vom Königreich Gottes
zu sein. Der Narrator endet mit der Notiz, dass es von hier an keiner mehr

---

906   Menge-Güthling, „διάνοια," *Langenscheidts Großwörterbuch Altgriechisch-Deutsch*, 173;
      Walter Bauer, „διάνοια," *Griechisch-deutsches Wörterbuch zum Neuen Testament*, 374–375:
      Das Kompositum meint einerseits und wie hier „Denken, Reflexion, Denkkraft,
      -vermögen, Überlegung, Verstand, Geist, Seele, Gesinnung" und andererseits „Gedanke,
      Meinung, Ansicht, Vorhaben, Absicht, Entschluss, Plan." Das Substantiv findet sich als
      Hapax legomenon nur hier im Text.

907   Menge-Güthling, „σύνεσις," *Langenscheidts Großwörterbuch Altgriechisch-Deutsch*, 659;
      Walter Bauer, „σύνεσις," *Griechisch-deutsches Wörterbuch zum Neuen Testament*, 1572: Das
      Kompositum meint einerseits „Zusammentreffen, Vereinigung, Zusammenschluss," ande-
      rerseits und wie hier „Fassungskraft, Begriffsvermögen, Verstand, Einsicht, Klugheit,
      Urteil" und schließlich „Kennen, Kenntnis, Bewusstsein, Gewissen." Das Substantiv findet
      sich als *Hapax legomenon* nur hier im Text.

908   Liddell-Scott, „ἰσχύς," *Greek-English Lexicon*, 844; Menge-Güthling, „ἰσχύς," *Langenscheidts
      Großwörterbuch Altgriechisch-Deutsch*, 349; Walter Bauer, „ἰσχύς," *Griechisch-deutsches
      Wörterbuch zum Neuen Testament*, 777–778: Das Substantiv meint einerseits und wie
      hier „Stärke, Kraft, Gewalt, (Heeres)Macht" und andererseits „Fertigkeit, Tüchtigkeit." Der
      Begriff findet sich 2mal und nur hier im Text.

362   3. KAPITEL

„wagte" (Mk 12,34: τολμάω)[909], Jesus zu befragen oder zu hinterfragen. Was dürfte die Frage des Schriftgelehrten provoziert haben? War er angesichts Jesu Vorgehen mit den Händlern und Wechslern oder seiner Worte im Weinberggleichnis besorgt, in der Hinsicht etwa, dass Jesus sich mehr anmaßen würde als es ihm von der Schrift her zusteht? Für ihn wohl beruhigend, bekräftigt Jesu seine monotheistische Ansicht, und auferlegt damit auch seiner Person klare Grenzen. Ein eindrückliches Schlusswort im letzten Disput dieses Textes.

(4)   Politisch-militärisches Profil
Ein Schriftgelehrter und Gesetzeskundiger attestiert Jesus, dass der Kern von Jesu Lehre nicht nur der Schrift und damit der Wahrheit, sondern auch der Lehre der Schriftgelehrten entspricht, und Jesus sich offensichtlich nicht mehr Macht anmaßt als ihm gebührt. Eine erstaunliche, vielleicht auch erschütternde Einsicht, denn damit ist Jesus nach Darstellung des Erzählers auf Basis seiner Lehre nicht zu schlagen, denn er kämpft mit denselben Waffen, weshalb niemand mehr es wagt, ihn zu hinterfragen (vgl. 5.5.4[3]). Diese Einsicht bringt den Schriftgelehrten jedoch nicht dazu, damit auch Jesu Anspruch als Gottessohn anzuerkennen (vgl. Szene 59), zumindest ist davon nicht die Rede. Er ist vorsichtiger, er erlaubt Relativierungen gegenüber derjenigen Kultinstitution, zu deren Elite er sich zählen darf (vgl. 5.8.2[4]). Die Feindeslinie scheint erste Risse bekommen zu haben. „Überläufer" wird Jesus genau so wenig wie Titus ablehnen, im Gegenteil, er sieht sie dem Königreich Gottes, der wohlgefälligen Gottesfamilie näher gekommen (vgl. 5.7.3[4]).

3.8.9   *Szene 63 (Mk 12,35–37): Jesus lehrt das Volk im Tempel, dass er nicht nur Davids Sohn, sondern auch sein Herr ist*

(1)   Szene
Die dreiundsechzigste Szene Mk 12,35–37 handelt davon, wie Jesus das Volk im Tempel lehrt, dass er nicht nur Davids Sohn, sondern auch sein Herr ist. Wie bereits die Szenen 02, 07–11, 14–15, 17, 19–22, 24–28, 30, 32–36, 39, 41, 44, 48, 50 und 54 gehört somit auch diese zu den volksbezogenen, und zwar ihre Belehrung betreffenden Szenen. Die Szene unterscheidet sich von der

---

909   Liddell-Scott, „τολμάω," *Greek-English Lexicon*, 1803; Menge-Güthling, „τολμάω," *Langenscheidts Großwörterbuch Altgriechisch-Deutsch*, 689; Walter Bauer, „τολμάω," *Griechischdeutsches Wörterbuch zum Neuen Testament*, 1638: Das Verb meint einerseits „ertragen, (er)dulden, aushalten, ausharren, sich gefallen lassen," andererseits und wie hier „über sich gewinnen, sich entschließen, unternehmen, mögen, zulassen, wagen, sich erdreisten." Der Begriff findet sich 2mal im Text (Mk 12,34; 15,43).

EXEGETISCHE ANALYSE DES MARKUSEVANGELIUMS 363

nachfolgenden nicht im Blick auf Akteure, Ort, Zeit und Handlung, wohl aber im Blick auf das Thema, warnt doch dort Jesus das Volk (im Tempel) vor den Schriftgelehrten.

(2) Text

12^{35} Und entgegnend sagte Jesus im Tempel lehrend: Wie sagen die Schriftgelehrten, dass der Christus der Sohn Davids ist? ^{36} David selbst sagte im Heiligen Geist: (Der) Herr sagte zu meinem Herrn: Setze dich zu meiner Rechten, bis ich lege deine Feinde unter deine Füße! ^{37} David selbst sagt Herr zu ihm, und woher ist er sein Sohn? Und die große Volksmenge hörte ihn gern.[910]

(3) Inhalt

Explizit anwesende *Akteure* dieser Szene sind einerseits „Jesus" (Mk 12,35; vgl. 3.1.1[3]), der sich selbst – wenn vielleicht nicht für jeden offensichtlich – „Christus" (Mk 12,35; vgl. 3.1.1[3]) als auch „Herr" (Mk 12,36.36.37; vgl. 3.1.2[3]) und daher nicht nur „Sohn" (Mk 12,35.37; vgl. 3.1.3[3]) Davids nennt, und andererseits eine „große" (Mk 12,37) „Volksmenge" (Mk 12,37; vgl. 3.2.5[3]). Implizit anwesende Akteure sind einerseits die Jünger und andererseits der eine Schriftgelehrte (vgl. Mk 12,28.32). Und erwähnte Akteure sind einerseits Gott der „Herr" (Mk 12,36) und sein „Heiliger Geist" (Mk 12,36; vgl. 3.1.2[3]), andererseits „David" (Mk 12,35.36.37; vgl. 3.3.2[3]), ferner die „Schriftgelehrten" (Mk 12,35 Pl.; vgl. 3.2.2[3]) und schließlich „Feinde" (Mk 12,36 Pl.: ἐχθρός)[911]. Wiederum unverändert bleibt die Situation in *räumlicher* wie *temporaler* Hinsicht: Die Szene ereignet sich im Vorhof des Jerusalemer „Tempels" (Mk 12,35; vgl. 3.8.1[3]) am dritten Tage in der heiligen Stadt (vgl. Szene 58). In *rhetorischer* Hinsicht ist nur Jesus zu vernehmen, einerseits in einer Lehrfrage und damit allenfalls auch dem einen Schriftgelehrten der vorangehenden Szene noch entgegnend, andererseits sie über ein Schriftzitat selbst beantwortend und schließlich in einem Fazit in Frageform endend. Mit dem Thema von Jesu Identität knüpft dieses Narrativ an die Szenen 01, 29 und 40 an.

---

910 Literarisch folgt Szene 63 einem chiastischen Schema: A: Mk 12,35–36 (Sohn, selbst, David, sagen, Herr); A': Mk 12,37 (selbst, David, sagen, Herr, Sohn). Vgl. auch Marcus, der diese Szene ebenfalls chiastisch gegliedert sieht (*Mark*, 2:849).

911 Liddell-Scott, „ἐχθρός," *Greek-English Lexicon*, 748; Menge-Güthling, „ἐχθρός," *Langenscheidts Großwörterbuch Altgriechisch-Deutsch*, 308; Walter Bauer, „ἐχθρός," *Griechisch-deutsches Wörterbuch zum Neuen Testament*, 669–670: Das Adjektiv meint einerseits „verhasst, feindlich," andererseits substantiviert im Singular „Feind, Gegner" und schließlich im Plural „Gegenpartei." Der Begriff findet sich als *Hapax legomenon* nur hier im Text.

Nachdem Jesus dem einen verständigen Schriftgelehrten Nähe zum Königreich Gottes attestiert hatte, ergreift er wiederum das Wort und „lehrt" (Mk 12,35; vgl. 3.2.2[3]) die umstehende und beachtliche Volksmenge – wohl einschließlich des Schriftgelehrten – über die Identität des Christus, über seine eigene Identität, vielleicht ohne dass jene sich dessen gewahr sind, mit Ausnahme freilich der eingeweihten drei Jünger. Würden nicht die Schriftgelehrten sagen, der Christus sei Davids Sohn? beginnt er. Die Frage ist geschickt, denn sie porträtiert Nathans Verheißung als Behauptung, die in Tat und Wahrheit jedoch der Schrift entnommen ist, wenn auch vielleicht nicht von allen so interpretiert. Mit dem David zugeschriebenen Psalm 110 lässt Jesus David im Heiligen Geist widersprechen, ein solcher ist im Psalm freilich nicht erwähnt, und legt ihm in den Mund, dass der „Herr" – hier Gott – zu Davids Herrn – nach Jesu Interpretation hier der Christus – sagt, dass er sich (Christus) zu Gottes „Rechten" (Mk 12,36) setzten soll, bis er (Gott) ihm (Christus) die Feinde unter seine Füße lege. Da Gott dies nun zu Davids Sohn sagt, der gleichzeitig auch Davids Herr sein soll, erklärt sich Jesus für mehr als nur einen davidischen König,[912] er ist auch ein göttlicher König. Diese implizite und brisante Aussage könnte in gewisser Weise als Relativierung seines vorgängigen Bekenntnisses zum Monotheismus verstanden werden. Das scheint er allerdings nicht zu beabsichtigen, zwar sei er göttlich und präexistent, sagt er implizit, und die eingeweihten drei Jünger haben es aus dem Munde Gottes gehört, aber eben „nur" als Sohn, als diesen jedoch darf er sich militärischer Überlegenheit gewiss sein, weil Gott für ihn streitet und streiten wird. Eine Feststellung, die nach rhetorischen Siegen gegenüber sämtlichen jüdischen Eliten ihren guten Sinn hat. Der großen Volksmenge scheint Gehörtes zu gefallen, wenn ihnen auch – aber möglicherweise nicht der Leserschaft – die Brisanz dieser Aussage entgangen sein dürfte.

(4) Politisch-militärisches Profil

Scheinbar unbeteiligt spricht Jesus in Anwesenheit des Volkes die Abkunft des Davidsohns an (vgl. 5.6.4[1]). Anhand einer bestimmten Interpretation von Ps 110,1 soll der Christus nicht nur Davids Sohn sein, sondern auch Gottes messianischer König (vgl. 5.4.4[1]).[913] Dass er dabei von sich selbst spricht, dürfte zwar für die Leserschaft, nicht aber für alle Anwesenden offensichtlich sein. Göttliche Königsherrschaft aber impliziert, wie demselben Vers zu entnehmen, nicht nur einen Sitz zur Rechten Gottes (vgl. 5.7.3[5]; 5.8.3[4]), sondern

---

912 In der Interpretation Ebners würde Jesus in Mk 12,37 Nachkommenschaft aus dem Hause Davids für sich ausschließen. Eine Sichtweise, die sich mit seiner Interpretation von Mk 10,48 nicht verträgt, und die Ebner nicht erklärt (*Das Markusevangelium*, 129–130).

913 Vgl. auch Collins, *Mark*, 582; Marcus, *Mark*, 1:35.

EXEGETISCHE ANALYSE DES MARKUSEVANGELIUMS   365

eben auch von Gott geschenkte militärische Siege (vgl. 5.4.4[2]; 5.8.3[1]) gegen
all diejenigen jüdischen wie nichtjüdischen Gruppierungen nämlich, die den
Weinberg Gottes unrechtmäßig als ihr Eigentum betrachten (vgl. Szene 59).

3.8.10   *Szene 64 (Mk 12,38–40): Jesus warnt das Volk (im Tempel) vor den Schriftgelehrten*

(1)   Szene

Die vierundsechzigste Szene Mk 12,38–40 handelt davon, wie Jesus das Volk (im
Tempel) vor den Schriftgelehrten warnt. Wie bereits die Szenen 02, 07–11, 14–
15, 17, 19–22, 24–28, 30, 32–36, 39, 41, 44, 48, 50, 54 und 63 gehört somit auch
diese zu den volksbezogenen, und zwar ihre Belehrung betreffenden Szenen.
Die Szene unterscheidet sich von der nachfolgenden nicht im Blick auf Ort und
Zeit, wohl aber im Blick auf Akteure, Handlung und Thema, lobt doch dort Jesus
(im Tempel) die Gabe der Witwe.

(2)   Text

12³⁸ Und in seiner Lehre sagte er: Hütet euch vor den Schriftgelehrten, die
in langen Gewändern einhergehen und Begrüßungen auf den Marktplätzen
wollen, **³⁹** und die ersten Sitze in den Synagogen und die ersten Plätze bei den
Gastmählern, **⁴⁰** die die Häuser der Witwen verschlingen und zum Schein lange
beten. Diese werden ein schweres Urteil empfangen.

(3)   Inhalt

Explizit anwesende *Akteure* dieser Szene sind einerseits Jesus und andererseits
das Volk (Mk 12,38). Implizit anwesende Akteure sind einerseits die Jünger
und andererseits der eine Schriftgelehrte (vgl. Mk 12,28.32). Und erwähnte
Akteure sind einerseits die „Schriftgelehrten" (Mk 12,38 Pl.; vgl. 3.2.2[3]) und
andererseits „Witwen" (Mk 12,40 Pl.: χήρα)[914]. *Ort* und *Zeit* sind gegenüber
der vorhergehenden Szene dieselben geblieben: der Vorhof des Jerusalemer
Tempels, am dritten Tag in der heiligen Stadt (vgl. Szene 58). In *rhetorischer*
Hinsicht ist nur Jesu warnende Lehre an das Volk vernehmbar, weshalb dieses
Narrativ an die Szenen 18, 33, 38 und 59 anknüpft.

Nachdem Jesus in seiner „Lehre" (Mk 12,38; vgl. 3.2.2[3]) vorgängig die Abstammung des Christus thematisiert hatte, setzt er hier erneut zu einer Warnung vor den Schriftgelehrten an, einige der Jerusalemer Schriftgelehrten hatte

---

914   Menge-Güthling, „χῆρος/χήρα,"*Langenscheidts Großwörterbuch Altgriechisch-Deutsch,*747;
       Walter Bauer, „χήρα," *Griechisch-deutsches Wörterbuch zum Neuen Testament,* 1758: Das
       vom Adjektiv „χῆρος" – „leer, entblößt, beraubt, verwitwet, verwaist" – abgeleitete Sub-
       stantiv meint „Witwe." Der Begriff findet sich 3mal im Text (Mk 12,40.42.43).

366   3. KAPITEL

er bereits in Szene 33 gemeinsam mit Pharisäern ihrer menschlichen Lehre wegen als Heuchler charakterisiert. Das Volk solle sich vor ihnen „hüten" (Mk 12,38; vgl. 3.4.1[3]), sagt er, weil sie danach trachteten in „langen Gewändern" (Mk 12,38 Pl.: στολή)[915] einherzugehen, auf den „Marktplätzen" (Mk 12,38 Pl.; vgl. 3.5.10[3]) „begrüßt" (Mk 12,38 Pl.: ἀσπασμός)[916] zu werden, in den „Synagogen" (Mk 12,39 Pl.; vgl. 3.2.2[3]) die „ersten oder Ehrensitze" (Mk 12,39 Pl.) und bei den „Gastmählern" (Mk 12,39 Pl.; vgl. 3.5.7[3]) die „ersten oder Ehrenplätze" (Mk 12,39 Pl.) zugewiesen zu bekommen. Zudem „verschlingen" (Mk 12,40; vgl. 3.4.1[3]) sie die Häuser der Witwen und „beteten" (Mk 12,40; vgl. 3.2.4[3]) hernach lange zum „Schein" (Mk 12,40: πρόφασις)[917]. Dafür würde sie ein hartes „Urteil" (Mk 12,40: κρίμα)[918] Gottes empfangen. Wie in Szene 33 werden die Schriftgelehrten – sind jene pharisäischer Richtung gemeint? – als solche dargestellt, die ihre Position zur materiellen Bereicherung ausnutzten. Nicht zuletzt mit dem Gewicht dieses Reichtums trachten sie nach sozialer Anerkennung. Weshalb nun die Schriftgelehrten – nicht aber die Hohepriester und Ältesten – ein zweites Mal mit Kritik bedacht werden, belässt der Narrator ungesagt. Dennoch lassen sich wichtige semantische „Bezüge" feststellen. Der insgesamt zwei Mal erwähnte Begriff „verschlingen" war erstmals im Rah-

---

915 Liddell-Scott, „στολή," *Greek-English Lexicon*, 1648; Menge-Güthling, „στολή," *Langenscheidts Großwörterbuch Altgriechisch-Deutsch*, 638; Walter Bauer, „στολή," *Griechisch-deutsches Wörterbuch zum Neuen Testament*, 1535: Das Substantiv meint neben einem „langwallenden Gewand" auch „Kleidung, Kleid, Anzug, Tracht, langer und weiter Mantel, Rüstung, Talar, Kaftan, Prachtkleid, Staatskleid." Der Begriff findet sich 2mal im Text (Mk 12,38; 16,5).

916 Menge-Güthling, „ἀσπασμός," *Langenscheidts Großwörterbuch Altgriechisch-Deutsch*, 113; Walter Bauer, „ἀσπασμός," *Griechisch-deutsches Wörterbuch zum Neuen Testament*, 234: Das Substantiv meint einerseits und wie hier „Gruß, (feierliche oder erzwungene) Begrüßung, Bewillkommnung" und andererseits „freundliche Aufnahme, Liebkosung, Umarmung." Der Begriff findet sich als *Hapax legomenon* nur hier im Text.

917 Menge-Güthling, „πρόφασις," *Langenscheidts Großwörterbuch Altgriechisch-Deutsch*, 603–604; Walter Bauer, „πρόφασις," *Griechisch-deutsches Wörterbuch zum Neuen Testament*, 1446–1447: Das Kompositum meint einerseits „Voraussagung, Rat," andererseits und wie hier „angeblicher Grund, Vorwand, Ausrede, Ausflucht, Scheingrund, Schein" und schließlich „Grund, Ursache, Veranlassung, Anlass, Gelegenheit, Absicht, Zweck, Ziel." Das Substantiv findet sich als *Hapax legomenon* nur hier im Text.

918 Menge-Güthling, „κρίμα," *Langenscheidts Großwörterbuch Altgriechisch-Deutsch*, 404; Walter Bauer, „κρίμα," *Griechisch-deutsches Wörterbuch zum Neuen Testament*, 915–916: Das Substantiv meint einerseits „richterliche Entscheidung, Urteil, Beschluss, Ratschluss" und andererseits „Verurteilung, Anklage, Rechtshandel, (Straf)Gericht." Der Begriff findet sich als *Hapax legomenon* nur hier im Text.

EXEGETISCHE ANALYSE DES MARKUSEVANGELIUMS 367

men des Sämannsgleichnis in Mk 4,4 verwendet worden, wo gesagt wurde, dass die Vögel den ausgesäten Samen „auffressen" würden. In der darauffolgenden Interpretation Mk 4,15 identifiziert Jesus die Vögel mit Satan, der das von Gott ausgesäte Wort unrechtmäßig raube, damit es nicht aufgenommen werde und Frucht trage. Dass nun Diebstahl und unrechtmäßige Bereicherung nicht nur in den Szenen 33, 57 und 59 sondern auch hier wiederholt wird, kann somit kein Zufall sein. Konkret weist es auf Bereicherungen im Zusammenhang des Erbwesens hin, das diese in ihrer Tätigkeit als Juristen zu ihren Gunsten zu manipulieren scheinen, vielleicht auch im Zusammenhang der Bildung, wo sie in ihrer Tätigkeit als Lehrer die Lehre Jesu als unwahr und gefährlich disqualifizieren.

(4)   Politisch-militärisches Profil
Dass Jesus die Schriftgelehrten in der Öffentlichkeit als trickreiche und sich nicht nur an seinem, sondern auch am Erbe des Volkes bereichernde Juristen darstellt, ist ein weiterer Angriff auf ihr elitäres Selbstbild. Ihr räuberisches Treiben auf Kosten der gesellschaftlich Schwächsten, Witwen hier und betagte Eltern in Szene 33 und das vielleicht im Kontext des Krieges, wird als etwas nicht nur ihm und dem Volk, sondern auch Gott Bekanntes charakterisiert (vgl. 5.2.4[2]). Ein Urteil gegen sie ist deshalb schon gefallen (vgl. 5.6.4[8]), eine entsprechende Verurteilung sei nur noch eine Frage der Zeit, womit auch ihre Existenz als einflussreiche Fraktion am Jerusalemer Tempel als zu Ende gehend gekennzeichnet wird. Vielleicht ist Jesus die Zustimmung durch das Volk gewiss, sein Urteilsspruch über Mitglieder des höchsten Gerichts ist aber allemal gewagt, wenn auch der Autor es ihn im Selbstbewusstsein eines höheren Wissens und im Namen des höchsten Richters, Gott selbst nämlich, tun lässt.

3.8.11   Szene 65 (Mk 12,41–44): Jesus lobt (im Tempel) die Gabe der Witwe
(1)   Szene
Die fünfundsechzigste Szene Mk 12,41–44 handelt davon, wie Jesus (im Tempel) den Jüngern gegenüber die Gabe der Witwe lobt. Wie bereits die Szenen 06, 11, 16, 19–23, 28, 31, 38, 41, 43, 45–49, 51–53 und 56 gehört somit auch diese zu den jüngerbezogenen, und zwar ihre Belehrung betreffenden Szenen. Die Szene unterscheidet sich von der nachfolgenden nicht im Blick auf Akteure und Zeit, wohl aber im Blick auf Ort, Handlung und Thema, sagt doch dort Jesus den Jüngern dem Tempel gegenüber sitzend dessen Zerstörung und den Vieren den Beginn der Wehen voraus.

368   3. KAPITEL

(2)   Text

12**41** Und gegenüber dem Schatzkasten sitzend, beobachtete er wie das Volk Geld in den Schatzkasten einlegte. Und viele Reiche legten viel ein. **42** Und eine arme Witwe kommend legte zwei kleine Kupfermünzen ein, das ist ein Pfennig. **43** Und herbeirufend seine Jünger sagte er zu ihnen: Amen, ich sage euch, diese arme Witwe legte mehr ein als alle, die in den Schatzkasten einlegten. **44** Denn alle legten aus ihrem Überfluss ein, diese aber aus ihrem Mangel, alles was sie hatte legte sie ein, ihren ganzen Lebensunterhalt.[919]

(3)   Inhalt

Explizit anwesende *Akteure* dieser Szene sind einerseits Jesus, andererseits „seine" (Mk 14,43) „Jünger" (Mk 12,43 Pl.; vgl. 3.2.6[3]) und schließlich das „Volk" (Mk 12,41; vgl. 3.2.5[3]), darunter im Allgemeinen „viele Reiche" (Mk 12,41 Pl.; vgl. 3.7.7[3]) und im Speziellen eine „arme" (Mk 42.43; vgl. 3.7.6[3]) „Witwe" (Mk 12,42.43; vgl. 3.8.10[3]). Gegenüber der vorhergehenden Szene gleich geblieben ist sowohl der *Ort* als auch die *Zeit*: im Jerusalemer Tempel, hier allenfalls im Frauen- und nicht im Heidenvorhof, am dritten Tag in der heiligen Stadt (vgl. Szene 58). In *rhetorischer* Hinsicht ist auch hier nur Jesus vernehmbar, der seine Beobachtungen, in ein Lehrstück an die Jünger fließen lässt. Mit dem Thema von Reichtum, Armut sowie Lohn knüpft dieses Narrativ an die Szenen 50 und 51 an.

Nach der Verurteilung der sich unrechtmäßig an Witwen bereichernden und nach Sozialstatus strebenden Schriftgelehrten wird erzählt, dass sich Jesus offensichtlich hinsetzte, und zwar gegenüber dem oder einem der im Tempel vorfindlichen „Schatzkästen" (Mk 12,41.41.43: γαζοφυλάκιον; s.u.). Dieses aus „γάζα" und „φυλάσσω" zusammengefügte Kompositum meint wörtlich „bewachte Schatzkammer," wovon sich einerseits „Vorrats- und Schatzkammer (des Tempels)" (vgl. z.B. in der LXX 2Esr 20,38; 22,44; 1Makk 14,49; Joh 8,20) und andererseits auch „Opferkasten" ableiten lassen. In der Bedeutung von „Schatzkammer" dürfte die durch Herodes erbaute prächtige Schatzkammer im Nordteil des Frauenvorhofs gemeint sein (vgl. Josephus, *Bell.* 5,200; 6,282; *Ant.* 19,294), und in der Bedeutung von „Schatzkasten" die in mSheq 6,1.5–6 erwähnten dreizehn Opferstöcke in Form eines sich nach oben verengenden Schofars, zur Verhinderung von Dienstählen, mit demselben Namen im Plural „Schofarot." Sieben Schofarot dienten zur Aufnahme spezifischer Steuern

---

919   Literarisch folgt Szene 65 einem chiastischen Schema: A: Mk 12,41–42 (Schatzkasten, viele Reiche, einwerfen viel; eine arme Witwe, einwerfen, zwei kleine Kupfermünzen); A': Mk 12,43–44 (Schatzkasten, sie [Pl.], einwerfen, aus Überfluss; sie [sing.], einwerfen, aus Mangel).

EXEGETISCHE ANALYSE DES MARKUSEVANGELIUMS 369

beziehungsweise Tempelabgaben und waren mit folgender Aufschrift versehen (mSheq 6,5): (1) Neue Schekelsteuer (vom laufenden Jahr), (2) alte Schekelsteuer (vom vergangenen Jahr), (3) Vogelopfer (Turteltauben zum Ganzopfer), (4) Tauben zum Ganzopfer (junge Tauben zum Ganzopfer), (5) Hölzer, (6) Weihrauch und (7) Gold zum Deckel (war doch die Anfertigung einer neuen Bundeslade vorgesehen). Die sechs übrigen Schofarot trugen die Aufschrift „Spende" und waren für Ganzopfer vorgesehen, die einer Sünde oder Schuld wegen geopfert werden mussten. Ihr Opfer sollte ganz auf dem Altar für Gott geopfert werden, und die Felle gingen – wie für Ganzopfer üblich – an die Priester (mSheq 6,5–6). Angeblich erforderte die jeweilige Abgabe eine Prüfung durch den Priester, eine gute Gelegenheit zur öffentlichen Selbstdarstellung (vgl. Mt 6,2), aber auch Ort öffentlicher Demütigung, wenn die Opfergabe – sei es für den Altar oder die Priester – gering war (vgl. etwa LevR 3 zu Lev 2,1).[920] Mit Schatzkasten dürfte hier ein „Schofar" gemeint sein, seine Position im Tempel kann nicht mit letzter Sicherheit bestimmt werden; dass er sich im auch jüdischen Männern zugänglichen Frauenhof befindet, ist denkbar. Von hier aus beobachtet er, also, wie das Volk „Geld" (Mk 12,41; vgl. 3.5.6[3]) in einen oder mehrere dieser Schofarot „einlegt" (Mk 12,41.41.42.43.43.44.44; vgl. 3.3.1[3]). Der für die Interpretation relevante Zweck der Einlage wird nicht erwähnt. Ist es Geld für einen der ersten sieben Schofarot? Oder für einen der übrigen sechs für Sündopfer bestimmte Schofarot? Einzig, dass viele Reiche viel und eine arme Witwe bloß zwei „kleine Kupfermünzen" (Mk 12,42 Pl.: λεπτόν)[921] im Wert eines „Pfennigs" (Mk 12,42: κοδράντης)[922] – der kleinsten römischer Münzen – einlegen, erwähnt der Erzähler. Sofern die Lokalisierung im Frauenvorhof plausibel ist, lässt sich über die eingeführten Reichen und die Witwe nur ihre jüdische Ethnie bestimmen. Darüber hinaus bleiben sie anonym. Daraufhin sagt er seinen herzugerufenen Jüngern, dass diese Witwe mehr als alle einlegte, weil sie

---

920 Menge-Güthling, „γαζοφυλάκιον," *Langenscheidts Großwörterbuch Altgriechisch-Deutsch*, 142; Walter Bauer, „γαζοφυλάκιον," *Griechisch-deutsches Wörterbuch zum Neuen Testament*, 300; Horst Balz, „γαζοφυλάκιον," *EWNT* 1:556. Das Substantiv findet sich 3mal und nur hier im Text.

921 Menge-Güthling, „λεπτόν," *Langenscheidts Großwörterbuch Altgriechisch-Deutsch*, 420; Walter Bauer, „λεπτόν," *Griechisch-deutsches Wörterbuch zum Neuen Testament*, 958: Das vom Adjektiv „λεπτός" – „dünn, fein, klein, schwach" – abgeleitete Substantiv meint „kleine Kupfermünze, Pfennig." Der Begriff findet sich als *Hapax legomenon* nur hier im Text.

922 Menge-Güthling, „κοδράντης," *Langenscheidts Großwörterbuch Altgriechisch-Deutsch*, 395; Walter Bauer, „κοδράντης," *Griechisch-deutsches Wörterbuch zum Neuen Testament*, 889: Das Substantiv meint vom lat. „quadrans" abgeleitet ein „Viertel eines Asses, das heißt ein Pfennig," was die kleinste römische Münze war. Der Begriff findet sich als *Hapax legomenon* nur hier im Text.

370 3. KAPITEL

nicht wie die Übrigen aus ihrem „Überfluss" (Mk 12,44: περισσεύω)[923], sondern aus ihrem „Mangel" (Mk 12,44: ὑστέρησις)[924] alles, was sie besitzt, ihren gesamten „Lebensunterhalt" (Mk 12,44: βίος),[925] einlegte. Nun trägt „βίος" auch die Bedeutung von „Leben" und erinnert an die erwähnte tiefgründige Passage aus LevR 3 zu Lev 2,1: „Eine Frau brachte eine Hand voll Mehl, welches aber von dem Priester verächtlich behandelt wurde. Er sprach: Seht, was ist das für eine Darbringung! Was soll davon zum Essen, was zum Opfern sein! Da erschien dem Priester aber im Traum: Schätze sie nicht gering, sondern achte sie, als hätte sie sich selbst zum Opfer dargeboten. Siehe, wenn schon von dem, der nicht sich selbst (נפש seine Seele, sein Leben) darbringt, es heißt: נפש (er habe sich selbst dargebracht), um wie viel mehr von dem, welcher sich selbst als Opfer darbietet!"[926] Sollte in Jesu Lehrstück etwas diesem semantischen Gehalt von Darbringung des Lebens mitschwingen, dann lobt er nicht nur ihre Gabe an Gott, sondern ihre Selbsthingabe, ungeachtet der Frage, wie sie den nächsten Tag überleben soll, als Vorbild.[927] Ist es eine Ermahnung an die Jünger, selbiges zu tun angesichts der prophezeiten Wehen in der folgenden Szene? Ist es ein weiterer impliziter Verweis auf seinen eigenen Tod (vgl. Szene 12, 14, 41, 43, 45, 52)?[928]

---

923 Menge-Güthling, „περισσεύω," Langenscheidts Großwörterbuch Altgriechisch-Deutsch, 548; Walter Bauer, „περισσεύω," Griechisch-deutsches Wörterbuch zum Neuen Testament, 1311–1312: Das Verb meint einerseits und wie hier „reichlich, überreich, im Überfluss vorhanden sein, Überfluss an etwas haben, etwas in Fülle haben, übermäßig, überflüssig, überzählig, übrig sein oder bleiben, wachsen, zunehmen" und andererseits „sich auszeichnen, überlegen sein." Der Begriff findet sich als Hapax legomenon nur hier im Text.

924 Menge-Güthling, „ὑστέρησις," Langenscheidts Großwörterbuch Altgriechisch-Deutsch, 718; Walter Bauer, „ὑστέρησις," Griechisch-deutsches Wörterbuch zum Neuen Testament, 1692: Das Substantiv meint „Entbehren, Fehlen, das Fehlende, Mangel, Bedürftigkeit, Armut." Der Begriff findet sich als Hapax legomenon nur hier im Text.

925 Menge-Güthling, „βίος," Langenscheidts Großwörterbuch Altgriechisch-Deutsch, 135; Walter Bauer, „βίος," Griechisch-deutsches Wörterbuch zum Neuen Testament, 282–283: Das Substantiv meint einerseits „(irdisches) Leben, (volle) Lebenskraft, -zeit, -dauer," andererseits „Lebensweise, -art, -wandel, -gewohnheit, -los, Gewerbe," ferner „Lebensunterhalt, -gut, Proviant, Nahrung, Habe, Vermögen, Güter, Besitz, Auskommen" und schließlich „Lebensbeschreibung, lebende Menschen, Lebende, jetzige Generation, Welt." Der Begriff findet sich als Hapax legomenon nur hier im Text.

926 Der Midrasch Wajikra Rabba: Das ist die haggadische Auslegung des dritten Buches Mose (übers. von August Wünsche und J. Fürst; Bibliotheca Rabbinica 5; Hildesheim: Olms, 1993), 22.

927 Vgl. auch Dewey, „The Gospel of Mark," 499.

928 Vgl. auch Elizabeth Struthers Malbon, „The Poor Widow in Mark and her Poor Rich

EXEGETISCHE ANALYSE DES MARKUSEVANGELIUMS   371

(4)   Politisch-militärisches Profil
Vor den gefüllten Schatzkammern des Tempels erkennt Jesus, der stets tiefer sieht, dass die Gabe der armen Witwe Selbsthingabe, Selbstopferung ist.
Hierfür findet er lobende Worte vor seinen Jüngern, sie hingegen dürfte es
nicht gehört haben. Sie soll vor den Jüngern als nachahmenswertes Beispiel der
Selbsthingabe und damit auch Todesbereitschaft sein (vgl. 5.6.4[4]). Wer weniger hat, kann sich leichter Gott hingeben als Reiche – scheint er zu sagen –,
ein Lehrstück, das er vielleicht auch als Nachtrag zu demjenigen in Szene 51
verstanden haben will. Gott seinerseits werde es anerkennen, erst recht, wenn
sie oder er einer ist, der durch die Schriftgelehrten um seinen Besitz betro-
gen wurde (vgl. Szene 64). Und erst recht, weil die Großzahl der Kriegsopfer
Jerusalems Arme – und davon dürfte es auch in der Antike mehr Frauen als
Männer gegeben haben – waren, denen das Geld fehlte, sich freizukaufen (vgl.
5.8.3[2]).

3.9   Episode B' (Markus 13,1–14,31)

Markus 13,1–14,31 bildet die neunte von zehn chiastisch angeordneten Episoden, wobei Episode B' aus folgenden neun Szenen besteht: Szene 66 (Mk
13,1–8): Jesus sagt den Jüngern vor dem Tempel dessen Zerstörung und den
Vieren den Beginn der Wehen voraus; Szene 67 (Mk 13,9–13): Jesus sagt den
Vieren (auf dem Ölberg) ihre Überlieferung voraus; Szene 68 (Mk 13,14–27):
Jesus sagt den Vieren (auf dem Ölberg) das Kommen des Menschensohns nach
der Drangsal voraus; Szene 69 (Mk 13,28–37): Jesus mahnt (auf dem Ölberg)
die Jünger zur Wachsamkeit; Szene 70 (Mk 14,1–2.10–11): Judas vereinbart (in
Jerusalem) mit den Hohepriestern und Schriftgelehrten Jesu Überlieferung;
Szene 71 (Mk 14,3–9): Eine Frau salbt Jesus in Betaniën zum Begräbnis; Szene
72 (Mk 14,12–16): Jesus weist (in Betaniën) zwei Jünger zu Sedervorbereitung
an; Szene 73 (Mk 14,17–26): Jesus offenbart seinen Jüngern am Sedermahl (in
Jerusalem) seinen Überlieferer; und Szene 74 (Mk 14,27–31): Jesus sagt den Jüngern (auf dem Ölberg) sein Leid, ihre Zerstreuung, Abfall und Verleugnung
voraus.

Ihre Demarkation ergibt sich in literarisch-formaler Hinsicht darin, dass
sie durch „Voraussagen" (Mk 13,23) Jesu an seine Jünger, vornehmlich an seinen engsten Stab der vier erstberufenen Jünger, geprägt ist, und in narrativ-

----

Readers," in *A Feminist Companion to Mark*, 111–127; und Miller, *Women in Mark's Gospel*,
112–127.

inhaltlicher Hinsicht darin, dass Jesus diesem engsten Stab für die Zeit seiner Abwesenheit und ihrer kriegsbedingten Zerstreuung die „Vollmacht" (Mk 13,34) überträgt.

3.9.1 Szene 66 (Mk 13,1–8): Jesus sagt den Jüngern vor dem Tempel dessen Zerstörung und den Vieren den Beginn der Wehen voraus

(1) Szene

Die sechsundsechzigste Szene Mk 13,1–8 handelt davon, wie Jesus den Jüngern vor dem Tempel dessen Zerstörung und den Vieren den Beginn der Wehen voraussagt. Wie bereits die Szenen 06, 11, 16, 19–23, 28, 31, 38, 41, 43, 45–49, 51–53, 56 und 65 gehört somit auch diese zu den jüngerbezogenen, und zwar ihre Belehrung betreffenden Szenen. Die Szene unterscheidet sich von der nachfolgenden nicht im Blick auf Akteure, Ort, Zeit und Handlung, wohl aber im Blick auf das Thema, sagt doch dort Jesus den Vieren (auf dem Ölberg) ihre Überlieferung voraus.

(2) Text

13[1] Und hinausgehend aus dem Tempel, sagt einer seiner Jünger zu ihm: Lehrer, siehe was für Steine und was für Bauwerke. [2] Und Jesus sagte zu ihm: Siehst du diese großen Bauwerke? Es wird hier nicht ein Stein auf einem (anderen) Stein bleiben, der nicht niedergerissen werden wird. [3] Und als er auf dem Ölberg gegenüber dem Tempel saß, fragten ihn Petrus und Jakobus und Johannes und Andreas für sich allein: [4] Sage uns, wann wird dies sein und was ist das Zeichen, wenn dies alles vollendet sein soll? [5] Jesus aber begann ihnen zu sagen: Seht zu, dass euch niemand verführe. [6] Viele werden in meinem Namen kommen sagend: Ich bin es! Und sie werden viele verführen. [7] Wenn ihr aber von Kriegen und Kriegsgerüchten hören werdet, erschreckt nicht. Es muss geschehen, (ist) aber noch nicht das Ende. [8] Denn es wird sich Nation gegen Nation und Königreich gegen Königreich erheben, es werden Erdbeben an verschiedenen Orten sein, es werden Hungersnöte sein. Dies (ist) der Anfang der Wehen.[929]

(3) Inhalt

Explizit anwesende *Akteure* dieser Szene sind einerseits „Jesus" (Mk 13,2.5; vgl. 3.1.1[3]), der hier von einem Jünger mit „Lehrer" (Mk 13,1; vgl. 3.5.1[3]) angesprochen wird, und andererseits seine „Jünger" (Mk 13,1 Pl.; vgl. 3.2.6[3]), zunächst

---

929 Literarisch folgt Szene 66 einem parallelen Schema: A: Mk 13,1 (Steine, Gebäude); A': Mk 13,2 (Gebäude, Stein); B: Mk 13,3 (Petrus, Jakobus, Johannes, Andreas); B': Mk 13,4 (uns); C: Mk 13,5 (verführen); C': Mk 13,6 (verführen); D: Mk 13,7 (Kriege); D': Mk 13,8 (Nation gegen Nation; Königreich gegen Königreich).

EXEGETISCHE ANALYSE DES MARKUSEVANGELIUMS 373

alle, dann „ein einzelner seiner" (Mk 13,1) nicht beim Namen genannten Jünger und schließlich insbesondere die vier, nämlich „Petrus" (Mk 13,3; vgl. 3.3.5[3]), die Brüder „Jakobus" (Mk 13,3; vgl. 3.2.1[3]) und „Johannes" (Mk 13,3; vgl. 3.1.2[3]) und Petrus' Bruder „Andreas" (Mk 13,3; vgl. 3.2.1[3]). Und erwähnte Akteure sind einerseits „Nationen" (Mk 13,8.8; vgl. 3.7.8[3]) und andererseits „Königreiche" (Mk 13,8.8; vgl. 3.1.5[3]). Den *„Tempel"* (Mk 13,1.3; vgl. 3.8.1[3]) verlassend begeben sie sich – noch immer im Verlaufe des dritten *Tages* in der heiligen Stadt (vgl. Szene 58) – auf den „Ölberg" (Mk 13,3; vgl. 3.3.5[3]). In *rhetorischer* Hinsicht richtet sich einerseits ein ungenannter Jünger mit einer bewundernden Feststellung über die Tempelanlage an Jesus, worauf dieser ihm andererseits mit einer Frage und einer Voraussage entgegnet. Darauf reagieren die Vier ferner mit einer Rückfrage, die Jesus ihnen schließlich beantwortet. Das Thema der Verführung ist neu, nicht jedoch dasjenige der Belehrung des inneren Zirkels, weshalb dieses Narrativ an die Szenen 25 und 42–43 anknüpft, wobei dort allerdings Andreas gefehlt hatte.

Das Urteil Jesu über die verantwortlichen Amtsträger des Tempels war in der vorangehenden Episode vernichtend ausgefallen. Eine vernichtende Voraussage macht Jesus nun auch den Tempel selbst betreffend. Während des Verlassens der Kultstätte – Jesus wird in den Tempel nicht mehr zurückkehren – äußert sich einer seiner Jünger, ihn als Lehrer ansprechend, bewundernd über die gewaltigen „(Quader)Steine" (Mk 13,1 Pl.; Mk 13,2.2; vgl. 3.5.2[3]) und die aus ihnen gefertigten „Bauwerke" (Mk 13,1.2 Pl.), der Tempelanlage wohl (vgl. Szenen 77 und 82). Vermutlich für alle vernehmbar, entgegnet Jesus diesem im Blick auf den Tempel, dass kein Stein auf dem anderen bleiben, vielmehr alles „niedergerissen" (Mk 13,2 Pass.: καταλύω)[930] werden wird, was in seinem politisch-militärischen Gehalt auch „bezwingen, unterwerfen, stürzen" heißen kann, nämlich durch ein mit „Härte" gekennzeichnetes Regime, die andere Bedeutung für „Stein." Was die Galiläer beeindruckt an diesem ereignisreichen dritten Tag, ist dem Untergang geweiht, wiederholt er für sie. Jetzt scheinen sie es verstanden zu haben, zumindest die Vier, denn auf dem Ölberg, gegenüber diesem dem Untergang geweihten Tempel sitzend, erkundigen sie sich „privat"

---

930   Liddell-Scott, „καταλύω," *Greek-English Lexicon*, 899–900; Menge-Güthling, „καταλύω,"*Langenscheidts Großwörterbuch Altgriechisch-Deutsch*, 371; Walter Bauer, „καταλύω," *Griechisch-deutsches Wörterbuch zum Neuen Testament*, 841–842: Das Kompositum meint einerseits „losbinden, ausspannen" und andererseits „auflösen, abbrechen, zerstören, vernichten, verderben, ruinieren, bezwingen, unterwerfen, demütigen, unterdrücken, beendigen, beilegen, aufheben, abschaffen, beseitigen, stürzen (Herrschaft, Herrscher), absetzen, entthronen, verdrängen (Herrschaft), entlassen, auflösen, auseinander gehen lassen, verabschieden." Das Verb findet sich 3mal im Text (Mk 13,2; 14,58; 15,29).

374   3. KAPITEL

(Mk 13,3; vgl. 3.4.4[3]) nach dem Zeitpunkt und den „Zeichen" (Mk 13,4; vgl. 3.6.1[3]), wann dies alles „vollendet" (Mk 13,4 Med.: συντελέω)[931] sein soll. Jesus nennt sie ihnen, und sie sind erschütternd. Erstens: „Verführungen" (Mk 13,5.6; vgl. 3.8.7[3]), davor sollen sie sich in Acht nehmen, denn es werden viele unter seinem „Namen" (Mk 13,6; vgl. 3.3.5[3]) kommen und viele verführen. Zweitens: „Kriege" (Mk 13,7.7 Pl.: πόλεμος)[932] und „Gerüchte" (Mk 13,7 Pl.; vgl. 3.2.2[3]) darüber. Dies soll sie nicht „erschrecken" (Mk 13,7 Med.: θροέω)[933], vielmehr „müssten" (Mk 13,7; vgl. 3.6.5[3]) sie nach göttlicher Satzung geschehen, indem sich Nation gegen Nation und Königreich gegen Königreich erheben wird. Drittens: „Erdbeben" (Mk 13,8 Pl.: σεισμός)[934] an verschiedenen „Orten" (Mk 13,8 Pl.: τόπος; vgl. 3.2.4[3]) und viertens: „Hungersnöte" (Mk 13,8 Pl.: λιμός)[935]. Dem nicht genug, all dies sei nicht das „Ende" (Mk 13,7; vgl. 3.3.7[3]), sondern erst der „Beginn" (Mk 13,8; vgl. 3.1.1[3]) der „Wehen" (Mk 13,8 Pl.: ὠδίν)[936]. Jesus erklärt

---

931   Menge-Güthling, „συντελέω," *Langenscheidts Großwörterbuch Altgriechisch-Deutsch*, 664; Walter Bauer, „συντελέω," *Griechisch-deutsches Wörterbuch zum Neuen Testament*, 1579–1580: Das Kompositum meint einerseits und wie hier „mit- oder zugleich oder ganz vollenden, abschließen, zustande bringen, (völlig) ausführen, vollbringen, in Erfüllung gehen lassen, errichten, abschaffen, liefern," andererseits „Abgaben entrichten, mitsteuern, mitbezahlen, beisteuern, beitragen, zu einem Stand, einer Abteilung gehören, tributpflichtig, untertänig sein" und schließlich „zugleich wohin kommen." Das Verb findet sich als *Hapax legomenon* nur hier im Text.

932   Liddell-Scott, „πόλεμος," *Greek-English Lexicon*, 1432–1433; Menge-Güthling, „πόλεμος," *Langenscheidts Großwörterbuch Altgriechisch-Deutsch*, 565; Walter Bauer, „πόλεμος," *Griechisch-deutsches Wörterbuch zum Neuen Testament*, 1373–1374: Das Substantiv meint einerseits und wie hier „Krieg, Schlacht, Kampf" und andererseits „Streit, Zwist, Zank, Hader." Der Begriff findet sich 2mal und nur hier im Text.

933   Menge-Güthling, „θροέω," *Langenscheidts Großwörterbuch Altgriechisch-Deutsch*, 334; Walter Bauer, „θροέω," *Griechisch-deutsches Wörterbuch zum Neuen Testament*, 740: Das Verb meint einerseits „ertönen lassen, schreien, rufen," andererseits „aussprechen, reden, sagen, erzählen, berichten, erwähnen, verkünden, ansagen" und schließlich „erschrecken (lassen), sich fürchten." Der Begriff findet sich als *Hapax legomenon* nur hier im Text.

934   Menge-Güthling, „σεισμός," *Langenscheidts Großwörterbuch Altgriechisch-Deutsch*, 620; Walter Bauer, „σεισμός," *Griechisch-deutsches Wörterbuch zum Neuen Testament*, 1493: Das Substantiv meint neben „Erdbeben" wie hier auch „Erschütterung, Erbeben, Sturm, heftige Bewegung." Der Begriff findet sich als *Hapax legomenon* nur hier im Text.

935   Liddell-Scott, „λιμός," *Greek-English Lexicon*, 1051; Menge-Güthling, „λιμός," *Langenscheidts Großwörterbuch Altgriechisch-Deutsch*, 424; Walter Bauer, „λιμός," *Griechisch-deutsches Wörterbuch zum Neuen Testament*, 964: Das Substantiv meint einerseits und wie hier „Hunger, Hungersnot, Mangel an Lebensmittel" und andererseits „Verlangen, Gier." Der Begriff findet sich als *Hapax legomenon* nur hier im Text.

936   Menge-Güthling, „ὠδίν/ὠδίς," *Langenscheidts Großwörterbuch Altgriechisch-Deutsch*, 758;

EXEGETISCHE ANALYSE DES MARKUSEVANGELIUMS 375

den vier Jüngern den Begriff „Wehen" nicht. Was bezeichnen sie, die Geburt von wem kündigen sie an? Vielleicht bedarf es auch keiner Erklärung, weil sein messianischer Anspruch die Entstehung einer göttlichen Königherrschaft und damit eines Königreichs Krieg und Erschütterung implizieren. Auch die Leserschaft dürfte nicht überrascht sein, denn das Nahekommen dieses neuen Königreichs war in Szene 05 angekündigt worden, und seine Umsetzung bedarf des göttlich gesetzten Sturzes dieser gegenwärtigen Institutionen, sei es in der Gaulanitis, Galiläa als auch Judäa, und zwar der romhörigen jüdischen wie auch der römischen. Weshalb nun diese Information nur an die Vier ergeht, sagt der Narrator nicht. Klar ist, es sind seine ersten und nächsten vier Jünger. Will er sie vorbereiten, dass sie diese traumatische Phase ohne ihn, alleine also, zu durchstehen haben, denn genau das implizieren seine Ausführungen?

(4)   Politisch-militärisches Profil

Nach einer Reihe rhetorischer Gefechte gegen politische, juristische, kultische Amtsträger Jerusalems sagt Jesus einem seiner Jünger und vermutlich für die übrigen vernehmbar, dass deren institutionelles Zentrum dem Untergang geweiht ist.[937] Darüber befragt ihn der innerste Zirkel, welchem er deutlicher als je zuvor sagt, dass dieses Ereignis von Kriegen, Hungersnöten, Erdbeben und Verführern begleitet sein wird. Wenn auch nicht explizit erwähnt, kann dies die vier nur in äußerste Besorgnis stürzen, zumal es in seiner Abwesenheit geschehen wird. Darüber aber, sagt Jesus, sollen sie nicht erschrecken, weil Kriege und damit die Zerstörung des Tempels nach der Logik göttlicher Geschichtslenkung geschehen müssen. Aber es sei nicht das Ende, bloß der Beginn der Wehen und gleichzeitig Voraussetzung – wie sich in den Ausführungen der nachfolgenden Szenen zeigen wird – für sein, das heißt des Menschensohns und messianischen Königs Kommen in großer Macht und Herrlichkeit (vgl. Szene 68). Damit offenbart in dieser Szene Jesus nur seinem innersten Zirkel eine Ereignisabfolge, die geheim zu halten strategisch sinnvoll ist: (1) von Gott zugelassene(r) und bei Dynastiewechsel auch für Rom übliche und das Reich erschütternde (Bürger)Krieg(e) (vgl. 5.2.4[2]; 5.3.4[1]; 5.6.4[6]; 5.7.3[4]), der insbesondere in Jerusalem und nach Josephus effektiv von falschen Pro-

---

Walter Bauer, „ὠδίν," *Griechisch-deutsches Wörterbuch zum Neuen Testament*, 1786: Das Substantiv meint im Plural wie hier „(messianische) Wehen" und im Singular einerseits „Geburtsschmerz, Geburt, Geborenes, Kind," andererseits „Mutterleib, -schoss" und schließlich „heftiger Schmerz, Seelenschmerz, schwere Sorge." Der Begriff findet sich als *Hapax legomenon* nur hier im Text.

937   Vgl. Marcus, der Jesu Vorhersage als Urteil (*judgment*) deutet, ähnlich dem des Jesus im Kriegsbericht des Josephus (*Bell.* 6,300–309; *Mark*, 2:871–872).

376   3. KAPITEL

pheten[938] (vgl. 5.7.3[2]; 5.7.3[4]) und entsetzlicher Hungersnot begleitet war
(vgl. 5.6.4[8]; 5.7.3[4]), (2) die Tempelzerstörung (und nicht etwa Zerstörung
Jerusalems), was aber als pars pro toto für die Zerstörung und Unterwerfung
der ganzen Stadt durch die Römer stehen muss (vgl. *Bell.* 6,73), nicht zuletzt
auch deshalb, weil der Tempel den Besiegten als Kriegslager diente (vgl. 5.3.4[1];
5.6.4[7]; 5.7.3[2]; 5.7.3[4]; 5.8.3[4]), dann (3) Wehen als möglicher Hinweis auf
die desaströsen Kriegsfolgen und schließlich (4) Jesu Rückkehr in Vollmacht
mit der Konsequenz seines Sieges.[939]

3.9.2 Szene 67 (Mk 13,9–13): Jesus sagt den Vieren (auf dem Ölberg) ihre Überlieferung voraus

(1)   Szene

Die siebenundsechzigste Szene Mk 13,9–13 handelt davon, wie Jesus den Vieren
(auf dem Ölberg) ihre Überlieferung voraussagt. Wie bereits die Szenen 06,
11, 16, 19–23, 28, 31, 38, 41, 43, 45–49, 51–53, 56 und 65–66 gehört somit auch
diese zu den jüngerbezogenen, und zwar die Belehrung der Vier betreffenden
Szenen. Die Szene unterscheidet sich von der nachfolgenden nicht im Blick auf
Akteure, Ort, Zeit und Handlung, wohl aber im Blick auf das Thema, sagt doch
dort Jesus den Vieren (auf dem Ölberg) das Kommen des Menschensohns nach
der Drangsal voraus.

(2)   Text

13 [9] Ihr selbst aber, seht euch vor, sie werden euch an Gerichte überliefern und
in Synagogen werden sie euch schlagen und vor Statthalter und Könige werden
sie euch stellen meinetwegen, ihnen zum Zeugnis. [10] Und allen Nationen muss
zuvor das Evangelium verkündet werden. [11] Und wenn man euch überliefernd
abführt, sorgt euch nicht, was ihr sprechen sollt, sondern was euch in jener
Stunde gegeben wird, dies sprecht, denn nicht ihr seid die Redenden, sondern
der Heilige Geist. [12] Und ein Bruder wird einen Bruder zum Tod überliefern,
und ein Vater ein Kind, und Kinder werden sich gegen Eltern erheben und sie
zu Tode bringen. [13] und ihr werdet von allen um meines Namens willen gehasst
werden. Wer aber ausharrt bis zum Ende, dieser wird gerettet werden.[940]

---

938   Vgl. Collins, die die Entstehung des Markusevangeliums während des Krieges datiert, und
       seinen Autor mit Mk 13,5–6 auf messianische Prätendenten – insbesondere auf Simon ben
       Giora – reagieren sieht („Christian Messianism and the First Jewish War with Rome," 334;
       Mark, 600–619).

939   Vgl. auch Marcus, *Mark*, 1:34.

940   Literarisch folgt Szene 67 einem chiastischen Schema: A: Mk 13,9 (um meinetwillen); B: Mk
       13,10–11 (überliefern); B': Mk 13,12 (überliefern); B': Mk 13,13 (um meines Namens willen).

EXEGETISCHE ANALYSE DES MARKUSEVANGELIUMS

(3)   Inhalt

Explizit anwesende *Akteure* dieser Szene sind einerseits Jesus und andererseits die vier Jünger Petrus, Jakobus und Johannes sowie Andreas. Und erwähnte Akteure sind einerseits der „Heilige Geist" (Mk 13,11; vgl. 3.1.2[3]), andererseits „Statthalter (auch Kaiser und/oder Feldherr)" (Mk 13,9 Pl.: ἡγεμών)[941], „Könige oder Fürsten" (Mk 13,9 Pl.; vgl. 3.5.7[3]) und „Nationen" (Mk 13,10 Pl.; vgl. 3.7.8[3]), und schließlich „Eltern" (Mk 13,12 Pl.: γονεύς)[942], „Väter" (Mk 13,12; vgl. 3.2.1[3]), „Kinder" (Mk 13,12; Mk 13,12 Pl.; vgl. 3.2.5[3]) und „Brüder" (Mk 13,12.12; vgl. 3.2.1[3]). In *räumlicher* wie *temporaler* Hinsicht bleibt die Szene gegenüber der vorhergehenden unverändert: Jesus und die Vier sitzen auf dem Ölberg gegenüber dem Tempel, und zwar immer noch an demselben dritten Tag in der heiligen Stadt (vgl. Szene 58). In *rhetorischer* Hinsicht ist nur Jesus vernehmbar, der seine Vorhersage an die Vier fortsetzt. Mit dem Thema der Jüngerüberlieferung knüpft dieses Narrativ an die Szenen 53 und 66 an, und dem Thema des Heiligen Geistes auch an Szene 03, dieser soll nämlich wie einst in ihm auch in ihnen Wohnung nehmen.

Nach Jesu Voraussage des Tempelniedergangs und dem Beginn der Wehen, wird er in dieser Szene im Blick auf die Vier spezifischer: Sie nämlich sollen sich vorsehen, denn sie würden von „ihnen" an Gerichte überliefert, in „Synagogen" (Mk 13,9 Pl.; vgl. 3.2.2[3]) „geschlagen" (Mk 13,9; vgl. 3.8.5[3]) und vor Statthalter (Kaiser, Feldherren) und Könige seinetwegen gestellt werden. Wer mit dem Pronomen „ihnen" gemeint ist, wird nicht spezifiziert; aber angesichts der Blickrichtung auf den Tempel könnten seine Amtsträger und diejenigen gemeint sein, denen sie dienen, der römischen Okkupationsmacht. Darauf verweist der Begriff Statthalter, der bei Josephus wie auch im Neuen Testament üblicherweise den kaiserlichen Statthalter meint, den mit politischer Macht,

---

941   Liddell-Scott, „ἡγεμών," *Greek-English Lexicon*, 763; Menge-Güthling, „ἡγεμών," *Langenscheidts Großwörterbuch Altgriechisch-Deutsch*, 315; Walter Bauer, „ἡγεμών," *Griechischdeutsches Wörterbuch zum Neuen Testament*, 695–696; Alfons Weiser, „ἡγεμών," EWNT 2:277–279.: Das Substantiv meint einerseits und wie hier „Führer(in), Leiter(in), Wegweiser, Rädelsführer, Anleiter, Berater, Ratgeber, Urheber, Veranlasser, Anführer, Fürst, römischer Kaiser, (kaiserlicher) Stadthalter, Prokurator, Präfekt, Landpfleger, hoher Stadtbeamter, Vorsteher, Chef" und andererseits „Heerführer, Feldherr, Befehlshaber, Offizier, Herr, Herrscher, Gebieter, Oberhaupt." Der Begriff findet sich als *Hapax legomenon* nur hier im Text.

942   Menge-Güthling, „γονεύς," *Langenscheidts Großwörterbuch Altgriechisch-Deutsch*, 150; Walter Bauer, „γονεύς," *Griechisch-deutsches Wörterbuch zum Neuen Testament*, 329: Das von „γίνομαι" abgeleitete Substantiv meint im Singular „Erzeuger, Vater, Ahn" und im Plural wie hier „Eltern, Vorfahren." Der Begriff findet sich als *Hapax legomenon* nur hier im Text.

378 3. KAPITEL

richterlicher Funktion und militärischer Kommandogewalt ausgestattete Prokurator. Auch Könige sind genannt, ein Titel, den der Narrator Herodes Antipas als Fürsten zugestanden hatte. Weder im judäischen, galiläischen noch gaulanitischen Gebiet also werden sie vor ihrer „Überlieferung" (Mk 13,9.11.12; vgl. 3.1.5[3]) an „Gerichte" (Mk 13,9 Pl.: συνέδριον)[943] sicher sein. Vielmehr dürfte gemeint sein, dass es ihnen nicht anders als Johannes dem Täufer und Jesus selbst ergehen wird. Selbst aus ihren Familien wird ihnen Feindschaft erwachsen, denn weder Brüder gegen Brüder, Väter gegen Kinder noch Kinder gegen Eltern würden sich scheuen, sich gegeneinander „zu erheben" (Mk 13,12: ἐπανίστημι)[944], sie zum „Tod" (Mk 13,12; vgl. 3.5.11[3]) und zur „Hinrichtung" (Mk 13,12: θανατόω)[945] „abzuführen" (Mk 13,11: ἄγω; vgl. 3.2.4[3]). Von allen werden sie „gehasst" (Mk 13,13 Med.: μισέω)[946] werden um seines „Namens" (Mk 13,13; vgl. 3.3.5[3]) willen. Zugleich wird ihnen aber Beistand vor Gericht verheißen,

---

943 Liddell-Scott, „συνέδριον," *Greek-English Lexicon*, 1704; Menge-Güthling, „συνέδριον," *Langenscheidts Großwörterbuch Altgriechisch-Deutsch*, 657; Walter Bauer, „συνέδριον," *Griechisch-deutsches Wörterbuch zum Neuen Testament*, 1568: Das aus „σύν" und „ἔζομαι" bestehende Kompositum meint einerseits „sich zusammensetzen," andererseits „Sitzung, Beratung, Rat, Ratssitzung," ferner „Hohe Rat (höchstes Gericht Jerusalems), (Lokal)Gericht(e) (in Städten), Bundesrat, Bundesversammlung, Kriegsrat, Gerichtshof, Versammlung, Verein" und schließlich „Versammlungsort, Sitzungssaal, -lokal, Rathaus." Der Plural könnte hier einerseits auf unterschiedliche „(Kriegs)Gerichte" verweisen, solche der Römer, Herodes Antipas oder der Aufständischen, aber auch auf „Lokalgerichte," deren Einrichtung nach mSan 1,5 dem Jerusalemer Synedrium oblag. Das Substantiv findet sich 3mal im Text (Mk 13,9; 14,55; 15,1) und bezeichnet nur 2mal das „Synedrium" (Mk 14,55; 15,1).

944 Liddell-Scott, „ἐπανίστημι," *Greek-English Lexicon*, 609; Menge-Güthling, „ἐπανίστημι," *Langenscheidts Großwörterbuch Altgriechisch-Deutsch*, 256; Walter Bauer, „ἐπανίστημι," *Griechisch-deutsches Wörterbuch zum Neuen Testament*, 573: Das Kompositum meint einerseits „aufstellen, wiederaufrichten, aufstehen" und andererseits „entgegen aufstehen, sich (revoltierend) erheben, sich empören." Das Verb findet sich als *Hapax legomenon* nur hier im Text.

945 Liddell-Scott, „θανατόω," *Greek-English Lexicon*, 784; Menge-Güthling, „θανατόω," *Langenscheidts Großwörterbuch Altgriechisch-Deutsch*, 325; Walter Bauer, „θανατόω," *Griechisch-deutsches Wörterbuch zum Neuen Testament*, 714: Das Verb meint „töten, zum Tode verurteilen, zur Hinrichtung führen, hinrichten (lassen), umbringen, ertöten." Der Begriff findet sich 2mal im Text (Mk 13,12; 14,55).

946 Menge-Güthling, „μισέω," *Langenscheidts Großwörterbuch Altgriechisch-Deutsch*, 457; Walter Bauer, „μισέω," *Griechisch-deutsches Wörterbuch zum Neuen Testament*, 1058: Das Verb meint „hassen, mit Hass verfolgen, verabscheuen, verschmähen, unwillig sein, vernachlässigen, sich nicht kümmern, nicht wollen." Der Begriff findet sich als *Hapax legomenon* nur hier im Text.

EXEGETISCHE ANALYSE DES MARKUSEVANGELIUMS

weswegen „Sorgen" (Mk 13,11 Imp.: προμεριμνάω)[947] darüber, was sie reden sollen, unangebracht sind; denn den Überlieferern zum „Zeugnis" (Mk 13,9; vgl. 3.2.4[3]) wird ihnen in jener „Stunde" (Mk 13,11; vgl. 3.5.8[3]) durch den Heilige Geist gegeben werden, was sie sagen sollen. Nur wer „ausharrt" (Mk 13,13: ὑπομένω)[948], auch mit der Bedeutung „nicht flieht" oder „im Kampf bestehe" bis zum „Ende" (Mk 13,13; vgl. 3.3.7[3]), wird „gerettet werden" (Mk 13,13 Pass.; vgl. 3.3.3[3]) (vgl. Szenen 41 und 51). Doch vor diesen Gefährdungen hat „Gott gesetzt" (Mk 13,10; vgl. 3.6.5[3]), dass allen Völkern das „Evangelium" (Mk 13,10; vgl. 3.1.1[3]), die „Siegesbotschaft" seiner bevorstehenden Herrschaft „verkündet" (Mk 13,10; vgl. 3.1.2[3]) werden soll (vgl. Szene 05). Das reklamiert einen Anspruch, der nur dem römischen Kaiser in dieser Zeit zusteht. Eine Reaktion seitens der Jünger ist nicht vernehmbar, aber immerhin, so mag man argumentieren, werden sie – im Gegensatz zu den übrigen Jüngern – vorgewarnt.

(4)   Politisch-militärisches Profil

Mit diesen Vorhersagen für die Vier (vgl. 5.7.3[4]), die zum „Menschenfischen" beauftragt worden waren (vgl. Szene 06), zeigt der Erzähler noch einmal den Preis der Jesusnachfolge auf. Denn sie ist Grund dafür, dass sie von allen – in der Öffentlichkeit wie auch im Privaten – verhasst sein werden. Man wird sie Anhänger eines Gotteslästerers (vgl. Szene 77; 5.6.4[1]), eines politischen Provokateurs nennen, und dafür werden sie vor Gerichte (vgl. 5.6.4[5]) geführt und – für Bürgerkrieg nicht untypisch (vgl. 5.2.4[2]; 5.7.3[4])[949] – von den eigenen Familienangehörigen in den Tod geliefert und verraten werden (vgl. 5.3.4[1];

---

947   Menge-Güthling, „προμεριμνάω," *Langenscheidts Großwörterbuch Altgriechisch-Deutsch,* 587; Walter Bauer, „προμεριμνάω," *Griechisch-deutsches Wörterbuch zum Neuen Testament,* 1419: Das aus „πρό" und „μεριμνάω" bestehende Kompositum meint einerseits „vorher sorgen oder besorgt sein." Das Verb findet sich als *Hapax legomenon* nur hier im Text, auch im Blick auf das gesamte Neue Testament.

948   Liddell-Scott, „ὑπομένω," *Greek-English Lexicon,* 1888–1889; Menge-Güthling, „ὑπομένω," *Langenscheidts Großwörterbuch Altgriechisch-Deutsch,* 714; Walter Bauer, „ὑπομένω," *Griechisch-deutsches Wörterbuch zum Neuen Testament,* 1685–1686: Das Kompositum meint einerseits „zurückbleiben, stehen bleiben, nicht fliehen, warten, im Lande oder zu Hause oder am Leben bleiben, verharren, ausharren, ausdauern, (länger) verweilen" und andererseits „aushalten, ertragen, erdulden, sich gefallen lassen, (ruhig) geschehen lassen, zulassen, auf sich nehmen, übernehmen, sich entschließen, sich unterziehen, sich getrauen, sich erdreisten, wagen, standhalten, im Kampfe bestehen, es mit jemandem aufnehmen, sich widersetzen, etwas erwarten oder abwarten." Das Verb findet sich als *Hapax legomenon* nur hier im Text.

949   Vgl. auch Marcus, *Mark,* 2:885.

5.7.3[4]; 5.8.3[1]).[950] Doch dieser falschen Fremddefinition sollen sie sich nicht beugen, vielmehr an der an ihm und Johannes dem Täufer ausgerichteten und im Bild des messianischen Königs begründeten wahren Selbstdefinition festhalten. Der Heilige Geist wird ihnen in der Zwischenzeit so beistehen, wie er ihm beistand. Und nachdem die Siegesbotschaft seines nahegekommenen messianischen Königreichs allen Nationen verkündet sein wird (vgl. 5.4.4[1]; 5.8.3[1]), wird sich als wahr erweisen, dass er der Sohn Gottes ist, und sie die ersten seiner Erwählten (vgl. Szene 68).

3.9.3 Szene 68 (Mk 13,14–27): Jesus sagt den Vieren (auf dem Ölberg) das Kommen des Menschensohns nach der Drangsal voraus

(1)   Szene

Die achtundsechzigste Szene Mk 13,14–27 handelt davon, wie Jesus den Vieren (auf dem Ölberg) das Kommen des Menschensohns nach der Drangsal voraussagt. Wie bereits die Szenen 06, 11, 16, 19–23, 28, 31, 38, 41, 43, 45–49, 51–53, 56 und 65–67 gehört somit auch diese zu den jüngerbezogenen, und zwar die Belehrung der Vier betreffenden Szenen. Die Szene unterscheidet sich von der nachfolgenden nicht im Blick auf Ort, Zeit und Handlung, wohl aber im Blick auf Akteure und Thema, mahnt doch dort Jesus (auf dem Ölberg) die Jünger zur Wachsamkeit.

(2)   Text

13[14] Wenn ihr aber den Gräuel der Verwüstung stehend seht, wo er nicht darf – der Lesende begreife – dann sollen die in Judäa in die Berge fliehen! [15] Wer auf dem Dach ist, steige nicht hinab und gehe nicht in sein Haus um etwas zu holen, [16] und wer auf dem Feld ist, kehre nicht zurück, um seinen Mantel zu holen! [17] Wehe aber den Schwangeren und den Stillenden in jenen Tagen! [18] Betet aber, dass es nicht im Winter geschehe! [19] Denn jene Tage werden eine Drangsal sein, wie sie nicht gewesen ist von Anfang der Schöpfung, die Gott schuf, und bis jetzt nicht war. [20] Und hätte (der) Herr die Tage nicht verkürzt, würde kein Fleisch gerettet, aber um der Auserwählten willen, die er für sich auserwählte, verkürzte er die Tage. [21] Und wenn dann jemand zu euch sagt: Siehe, hier (ist) der Christus, siehe dort, glaubt nicht! [22] Denn es werden sich falsche Christusse und falsche Propheten erheben und Zeichen und Wunder tun, um die Auserwählten zu verführen, wenn möglich. [23] Ihr aber seht zu, ich habe euch alles vorhergesagt. [24] Aber in jenen Tagen nach jener Drangsal, wird die Sonne verfinstert werden und der Mond wird seinen Schein nicht geben.

---

950   Vgl. auch Marcus, *Mark*, 1:34.

EXEGETISCHE ANALYSE DES MARKUSEVANGELIUMS 381

²⁵ Und die Sterne werden vom Himmel fallen, und die Kräfte in den Himmeln werden erschüttert werden. ²⁶ Und dann werden sie den Sohn des Menschen kommen sehen in den Wolken mit großer Kraft und Herrlichkeit. ²⁷ Und dann wird er die Engel aussenden und die Auserwählten versammeln von den vier Winden her vom Ende der Erde bis zum Ende des Himmels.[951]

(3)   Inhalt

Explizit anwesende *Akteure* dieser Szene sind einerseits Jesus, der sich abermals „Menschensohn" (Mk 13,26; vgl. 3.2.5[3]) betitelt, und andererseits die vier Jünger Petrus, Jakobus, Johannes und Andreas. Und erwähnte Akteure sind einerseits „Gott" (Mk 13,19; vgl. 3.1.5[3]) der „Herr" (Mk 13,20; vgl. 3.1.2[3]) und die „Engel" (Mk 13,27 Pl.; vgl. 3.1.2[3]), andererseits das der „Auserwählten" (Mk 13,20 Med.: ἐκλέγω[952]; Mk 13,20.22.27 Pl.: ἐκλεκτός)[953] „Fleisch" (Mk 13,20: σάρξ; vgl. 3.7.4[3]) gemeinsam mit „Schwangeren" (Mk 13,16) und „Stillenden" (Mk 13,16 Pz. Pl.), ferner „Pseudochristusse" (Mk 13,22 Pl.: ψευδόχριστος)[954], die sich als „Christusse" ausgeben (Mk 13,21; vgl. 3.1.1[3]), und „Pseudopropheten" (Mk 13,22 Pl.: ψευδοπροφήτης)[955] und schließlich „Lesende" (Mk 13,14 Part.). In *räumlicher* wie *temporaler* Hinsicht ist die Situation gegenüber der vorhergehenden Szene dieselbe geblieben: die Akteure sitzen auf dem Ölberg, gegenüber dem

---

951   Literarisch folgt Szene 68 einem chiastischen Schema: A: Mk 13,14–18 (fliehen); B: Mk 13,19–20 (jene Tage, Drangsal); C: Mk 13,21 (Christus); C': Mk 13,22–23 (Pseudochristusse); B': Mk 13,24–26 (jene Tage, Drangsal); A': Mk 13,27 (sammeln).

952   Menge-Güthling, „ἐκλέγω," *Langenscheidts Großwörterbuch Altgriechisch-Deutsch*, 219; Walter Bauer, „ἐκλέγω," *Griechisch-deutsches Wörterbuch zum Neuen Testament*, 487–488: Das Verb meint im Aktiv „heraus-, auslesen, auswählen, heraussuchen, -nehmen" und im Medium wie hier „für sich auswählen, erwählen, auflesen, einsammeln, einnehmen, einfordern, eintreiben (Geld), erheben (Abgaben)." Der Begriff findet sich als *Hapax legomenon* nur hier im Text.

953   Menge-Güthling, „ἐκλεκτός," *Langenscheidts Großwörterbuch Altgriechisch-Deutsch*, 219; Walter Bauer, „ἐκλεκτός," *Griechisch-deutsches Wörterbuch zum Neuen Testament*, 488–489: Entsprechend dem Verb meint das Adjektiv neben „auserwählt" wie hier auch „auserlesen." Der Begriff findet sich 3mal und nur hier im Text.

954   Menge-Güthling, „ψευδόχριστος," *Langenscheidts Großwörterbuch Altgriechisch-Deutsch*, 756; Walter Bauer, „ψευδόχριστος," *Griechisch-deutsches Wörterbuch zum Neuen Testament*, 1779: Das Kompositum meint „falscher Christus oder Messias." Das Substantiv findet sich als *Hapax legomenon* nur hier im Text.

955   Menge-Güthling, „ψευδοπροφήτης," *Langenscheidts Großwörterbuch Altgriechisch-Deutsch*, 756; Walter Bauer, „ψευδοπροφήτης," *Griechisch-deutsches Wörterbuch zum Neuen Testament*, 1779: Das Kompositum meint „falscher Prophet." Das Substantiv findet sich als *Hapax legomenon* nur hier im Text.

382 3. KAPITEL

Tempel am dritten Tag in der heiligen Stadt (vgl. Szene 58). In *rhetorischer* Hinsicht ist nur Jesus zu vernehmen, und zwar in Fortsetzung seiner in den Szenen 66–67 begonnen Vorhersage. Mit dem Thema der Wiederkunft des Menschensohnes knüpft dieses Narrativ an die Szene 41 an.

Nach Vorhersage ihrer Überlieferung, gebietet Jesus den Vieren weiterfahrend, dass wenn sie das „Gräuel" (Mk 13,14: βδέλυγμα; s.u.) der „Verwüstung" (Mk 13,14: ἐρήμωσις) da stehen sehen, wo *er*[956] nicht darf, sollen die in „Judäa" (Mk 13,14; vgl. 3.1.2[3]) – wohl diejenigen seiner Gefolgschaft – in die „Berge" (Mk 13,14 Pl.; vgl. 3.3.5[3]) „fliehen" (Mk 13,14 Imp.; vgl. 3.5.2[3]). Mit dem neutrischen Substantiv „Gräuel" in Verbindung mit „Verwüstung" legt der Narrator Jesus ein im Danielbuch angeführtes apokalyptisches Idiom in den Mund. Es bezieht sich dort auf Antiochus IV., der 168/167 v.d.Z. im Tempel zu Jerusalem einen Zeusaltar aufstellen ließ und diesen dadurch schändete und zu mehrjährigem Gottesdienstunterbruch führte (vgl. 1 Makk 1,54; Dan 9,27; 11,31; 12,11; auch Josephus, *Ant.* 12,322: ἐρήμωσις). Angesichts dessen sowie des semantischen Gehaltes von „βδέλυγμα," nämlich „Gräuel, (von Gott) Verabscheutes," wie Unreines, Unheiliges aber insbesondere Götzendienerisches, lässt sich der aktuelle Bezug dieser Wendung zwar nicht eindeutig bestimmen, immerhin aber auf ein den Tempel durch eine gottfeindliche Macht schändendes Ereignis eingrenzen. Etwa den kaiserlichen Erlass Caligulas an P. Petronius um das Jahr 40 d.Z., im Jerusalemer Tempel ein Kaiserbild zu errichten, was jener nicht ausführte; oder, und was im Blick auf Mk 13,2 wahrscheinlicher ist, die Schändung des Allerheiligsten (vgl. Josephus, *Bell.* 6,260) sowie die Tempelzerstörung und Siegesbezeugung des Titus dort im Jahre 70 d.Z. (vgl. Josephus, *Bell.* 6,295: ἐρημία, wonach diese „Verwüstung" sich bereits im Jahre 66 d.Z. durch Divination angekündigt hatte). Dazu würde der *ad sensum* konstruierte maskuline Zusatz „wo *er* nicht stehen darf" (Mk 13,14; vgl. 3.6.5[3]) gut passen, und als zerstörende Macht den römischen Feldherrn und sein Heer umschreiben.[957] Der Narrator konstruiert es hier als warnende oder befehlende „Vorhersage" (Mk 13,23: προλέγω)[958] Jesu, die er mit der ersten expliziten Leserlenkung

---

956 Die Inkongruenz zwischen dem neutrischen Substantiv τὸ βδέλυγμα τῆς ἐρημώσεως und dem maskulinen Partizip ἑστηκότα ὅπου οὐ δεῖ ist auffällig.

957 Liddell-Scott, „βδέλυγμα," *Greek-English Lexicon,* 312; Menge-Güthling, „βδέλυγμα," *Langenscheidts Großwörterbuch Altgriechisch-Deutsch,* 133; Walter Bauer, „βδέλυγμα," *Griechisch-deutsches Wörterbuch zum Neuen Testament,* 275–276; Josef Zmijewski, „βδέλυγμα," EWNT 1:502–504. Der Begriff findet sich als *Hapax legomenon* nur hier im Text.

958 Menge-Güthling, „προλέγω," *Langenscheidts Großwörterbuch Altgriechisch-Deutsch,* 587; Walter Bauer, „προλέγω," *Griechisch-deutsches Wörterbuch zum Neuen Testament,* 1418: Das Kompositum meint einerseits und wie hier „vorher-, voraussagen, vorher ankündigen,

EXEGETISCHE ANALYSE DES MARKUSEVANGELIUMS 383

im Text, der Lesende „begreife" (Mk 13,14 Imp.; vgl. 3.5.11[3]), mit dem historischen Ereignis zu verknüpfen sucht. Angesichts dieser Übermacht sei Eile geboten, Zeit etwas zu holen würde keine bleiben. Umso desaströser sei es für Schwangere und Stillende, umso schlimmer, wenn es zur „Winterzeit" (Mk 13,18: χειμών)[959] geschähe. Die „Drangsal" (Mk 13,19.24; vgl. 3.4.1[3]) jener „Tage" (Mk 13,17.19.20.20.24Pl.; vgl. 3.1.3[3]) sei unvergleichlich mit allem was bisher geschah, seit Beginn der Schöpfung, die Gott schuf. Hätte der Herr die Tage um der Auserwählten willen nicht verkürzt, würde kein Fleisch „gerettet" (Mk 13,20 Pass.; vgl. 3.3.3[3]) werden. Nicht zuletzt deshalb weil falsche Christusse und falsche Propheten auftreten würden, um durch Zeichen und Wunder die Auserwählten zu verführen. Diesen sollten sie keinen „Glauben" (Mk 13,21 Imp.; vgl. 3.1.5[3]) schenken, was auch „nicht anvertrauen" oder „nicht gehorchen" meinen kann. Nach jener Drangsal jedoch, würde der Sohn des Menschen, er also, von ihnen – es könnte die in Mk 13,9 eingeführten Statthalter (Kaiser und/oder Feldherren) und Könige meinen – gesehen werden, wie er mit großer „Kraft" oder auch „Kriegsmacht" (Mk 13,25 Pl.; Mk 13,26; vgl. 3.5.4[3]) und „Herrlichkeit" oder „Majestät" (Mk 13,26; vgl. 3.6.5[3]) in den „Wolken" (Mk 13,26 Pl.; vgl. 3.6.6[3]) komme, begleitet nämlich von kosmischen Begleitzeichen wie einer Sonnen- und Mondfinsternis etwa, fallenden Sternen und Erschütterungen der Himmelkräfte. Dann schließlich werde er seine Engel „aussenden" oder „abordnen" (Mk 13,27; vgl. 3.1.2[3]) die Auserwählten – die Geflohenen vielleicht – von überallher, vom Ende der „Erde" (Mk 13,27; vgl. 3.2.5[3]) bis zum Ende des „Himmels" (Mk 13,25.27; Mk 1,25 Pl.; vgl. 3.1.3[3]), (wieder zu sich) zu „sammeln" (Mk 13,27; vgl. 3.2.3[3]).

(4)   Politisch-militärisches Profil

Die kosmischen Dimensionen der hier gemachten Aussagen sind zu beachten. Der Schauplatz dieser Geschehnisse dürfte Jerusalem sein, der heiligsten Stadt, am heiligsten Ort, dem Zentrum der Welt, dem Tempelbezirk, auf das Jesus mit seinen Jüngern blickt, während er spricht. Denn mit der Eroberung des Tempels

---

erklären, vorbemerken, warnen," andererseits „öffentlich oder feierlich bekannt machen, laut ankündigen, gebieten, befehlen" und schließlich „vor anderen auswählen, vor anderen preisen." Das Verb findet sich als *Hapax legomenon* nur hier im Text.

959   Liddell-Scott, „χειμών," *Greek-English Lexicon*, 1983; Menge-Güthling, „χειμών," *Langenscheidts Großwörterbuch Altgriechisch-Deutsch*, 745; Walter Bauer, „χειμών," *Griechischdeutsches Wörterbuch zum Neuen Testament*, 1754–1755: Das Substantiv meint im eigentlichen Sinn und wie hier „Winter(zeit), Frost, Kälte, Sturm, Unwetter" und im übertragenen „Leidensturm, Not, Drangsal, Gefahr, Wut, Leidenschaft." Der Begriff findet sich als *Hapax legomenon* nur hier im Text.

384   3. KAPITEL

war der „Höhepunkt" dieses Krieges erreicht (vgl. Josephus, *Bell.* 6,164; 5.3.4[1]),
der es Titus in einer für die Antike üblichen Weise erlaubte,[960] seinem Sieg
durch Opfer im östlichen Tempelbezirk und Akklamation durch seine Soldaten als Imperator Ausdruck zu verleihen (*Bell.* 6,316; vgl. 5.7.3[4]; 5.8.3[4]).[961]
Die vorhergesagte und hoffentlich nicht zu Winterzeit eintreffende Drangsal in
Form von Verwüstung durch das feindliche Heer (vgl. 5.3.4[1]; 5.7.3[4]), die die
Vier bezeugen werden, ist von Gott zugelassen, aber zeitlich begrenzt, lässt der
Autor Jesus sagen; den Besitz sollen sie deshalb preisgeben (vgl. 5.8.3[2]) und
sich nicht – wie es im belagerten Jerusalem der Fall war – verführen lassen, es
starben deswegen 6'000 Menschen (vgl. 5.7.3[2]; 5.7.3[4]).[962] Die Erwähnung
von Schwangeren und Stillenden als verbreitete Metapher für die Todesleiden
von Kämpfern könnte ein impliziter Hinweis dafür sein (vgl. 5.7.3[4]).[963] Die
Drangsal wird leisten, was er den Hohepriestern, Schriftgelehrten und Ältesten
im Weinberggleichnis angekündigt hatte (vgl. Szene 59), es wird im bundes-
theologischen Sinn die sündigen Institutionen und Eliten in diesem kathar-
tischen Ereignis wegfegen. Dass damit auch der Herrschafts- und Besitzan-
spruch des römischen Kaisers über Judäa in Frage gestellt ist, versteht sich von
selbst.[964] So ist diese Drangsal notwendige Voraussetzung für sein Kommen,
das nicht aufzuhalten ist. Für alle jetzigen Volksführer sichtbar wird er in großer
(Heeres)Macht und Herrlichkeit zur Errichtung seiner Königherrschaft und
in den Wolken sichtbar hierher zurückkehren (vgl. 5.3.4[2]; 5.4.4[2]; 5.5.4[5];
5.6.4[1]; 5.6.4[6]; 5.7.3[2]; 5.7.3[5]), und das geflohene Gottesvolk mit den Jüngern als neuen Machthabern um sich sammeln.

---

960   Incigneri, *The Gospel to the Romans*, 126–133 bes. 131 Anm. 58: Incigneri stützt sich dabei
      auf Duffs Aufsatz „The March of the Divine Warrior and the Advent of the Greco-Roman
      King," 58–62.

961   Vgl. auch Helmut Schwier, der mit „Gräuel" nicht die Tempelbegehung des Titus, sondern
      seine Siegesopfer im Tempelbezirk identifiziert (*Tempel und Tempelzerstörung: Unter-
      suchungen zu den theologischen und ideologischen Faktoren im ersten jüdisch-römischen
      Krieg [66–74 n.Chr.]* [NTOA 11; Freiburg: Universitätsverlag; Göttingen: Vandenhoeck &
      Ruprecht, 1989], 359; ähnlich auch Ebner, *Das Markusevangelium*, 137–139); demgegen-
      über verweist für Marcus die Tempelprofanierung nicht auf diejenige der Römer, sondern
      auf die durch die jüdischen Feldherren verschuldete (*Mark*, 2:889–891, 895).

962   Vgl. auch Collins, *Mark*, 600–619; Marcus, *Mark*, 1:34; 2:901.

963   Vgl. Claudia D. Bergmann, „We Have Seen the Enemy, and He Is Only a ‚She': The Portrayal
      of Warriors as Women," in *Writing and Reading War: Rhetoric, Gender, and Ethics in Biblical
      and Modern Contexts* (hg. von Brad E. Kelle und Frank Ritchel Ames; SBLSymS 42; Leiden:
      Brill, 2008), 129–142.

964   Vgl. dazu Guttenberger, „Why Caesarea Philippi of all Sites?," 129.

EXEGETISCHE ANALYSE DES MARKUSEVANGELIUMS   385

3.9.4   *Szene 69 (Mk 13,28–37): Jesus mahnt (auf dem Ölberg) die Jünger zur Wachsamkeit*

(1)   Szene

Die neunundsechzigste Szene Mk 13,28–37 handelt davon, wie Jesus (auf dem Ölberg) die Jünger zur Wachsamkeit mahnt. Wie bereits die Szenen 06, 11, 16, 19–23, 28, 31, 38, 41, 43, 45–49, 51–53, 56 und 65–68 gehört somit auch diese zu den jüngerbezogenen, und zwar ihre Belehrung betreffenden Szenen. Die Szene unterscheidet sich von der nachfolgenden im Blick auf Akteure, Ort, Zeit, Handlung und Thema, vereinbart doch dort Judas (in Jerusalem) mit den Hohepriestern und Schriftgelehrten Jesu Überlieferung.

(2)   Text

13^{28} Von dem Feigenbaum aber lernt das Gleichnis: Wenn sein Zweig schon weich geworden ist und die Blätter hervortreibt, erkennt ihr, dass der Sommer nahe ist. ^{29} So auch ihr: Wenn ihr dies geschehen seht, erkennt, dass er nahe vor den Toren ist. ^{30} Amen, ich sage euch, dass dieses Geschlecht nicht vergehen wird, bis dies alles geschehen ist. ^{31} Der Himmel und die Erde werden vergehen, aber meine Worte werden nicht vergehen. ^{32} Aber von jenem Tag oder Stunde weiß niemand, weder die Engel im Himmel noch der Sohn, nur der Vater. ^{33} Seht zu, wacht! Denn ihr wisst nicht, wann die Zeit ist. ^{34} Wie ein Mensch, der außer Landes reiste, sein Haus verließ und seinen Knechten die Vollmacht gab, einem jeden nach seiner Arbeit, und dem Torhüter gebot, dass er wache. ^{35} Wacht nun, denn ihr wisst nicht wann der Herr des Hauses kommt, ob des Abends oder um Mitternacht oder um den Hahnenschrei oder frühmorgens, ^{36} damit er nicht, wenn plötzlich kommend euch schlafend finde. ^{37} Was ich aber euch sage, sage ich allen: Wacht![965]

(3)   Inhalt

Explizit anwesende *Akteure* dieser Szene sind einerseits Jesus, der sich selbst „Sohn (Gottes)" (Mk 13,32; vgl. 3.1.3[3]), „Herr" (Mk 13,35; vgl. 3.1.2[3]) aber auch „Mensch" (Mk 13,34; vgl. 3.2.1[3]) nennt, und andererseits seine Jünger, zunächst wiederum die vier Jünger, Petrus, Jakobus, Johannes und Andreas (vgl. Mk 13,2), sie nennt er hier „Knechte" (Mk 13,34 Pl.; vgl. 3.7.9[3]) und „Torhüter" (Mk 13,34: θυρωρός)[966], und hernach „alle" (Mk 13,37). Und erwähnte Akteure sind

---

965   Literarisch folgt Szene 69 einem chiastischen Schema: A: Mk 13,28 (lernt, der Sommer ist nahe); B: Mk 13,29–31 (er ist nahe, vor den Toren); C: Mk 13,32 (Tag, Stunde kennt niemand); C': Mk 13,33 (ihr kennt Zeit nicht); B': Mk 13,34–35 (Torhüter, wann der Herr kommt); A': Mk 13,36–37 (wenn er kommend, wacht).

966   Liddell-Scott, „θυρωρός," *Greek-English Lexicon,* 812; Menge-Güthling, „θυρωρός," *Langen-*

386   3. KAPITEL

einerseits Gott, den Jesus zum zweiten Mal „Vater" (Mk 13,32; vgl. 3.2.1[3]) nennt, andererseits „Engel" (Mk 13,32 Pl.; vgl. 3.1.2[3]) und schließlich „dieses" (Mk 13,30) „Geschlecht" (Mk 13,30; vgl. 3.6.1[3]). In *räumlicher* wie auch *temporaler* Hinsicht bleibt diese Szene gegenüber der vorhergehenden unverändert: die Akteure befinden sich auf dem Ölberg, gegenüber vom Tempel sitzend und am dritten Tag in der heiligen Stadt (vgl. Szene 58). In *rhetorischer* Hinsicht ist nur Jesus zu vernehmen, der sich wiederum in „Gleichnisrede" (Mk 13,28; vgl. 3.3.7[3]) an die Vier, doch mit der Quintessenz an alle wendet. Mit dem Thema der Vorhersage knüpft dieses Narrativ direkt und fortsetzend an die Szenen 66–68 an, über den Feigenbaum an Szene 56 und über den verreisten Menschen und seine Knechte an Szene 59.

Nachdem Jesus seinen vier Jüngern das machtvolle Kommen des Menschensohns vorausgesagt hatte, geht es in der Rede hier um den Zeitpunkt dieses Geschehens, der niemandem bekannt ist außer Gott, dem Vater. Selbst nicht der Sohn – Jesus also – noch die himmlischen Helfer Gottes, seine Engel, kennen „Tag" (Mk 13,32; vgl. 3.1.3[3]) oder „Stunde" (Mk 13,32; vgl. 3.5.8[3]). Wie sollen die Jünger mit dieser Ungewissheit umgehen? Jesus erteilt Anweisungen diesbezüglich anhand zweier Gleichnisse: Einerseits sollen sie vom „Feigenbaum" (Mk 13,28; vgl. 3.8.2[3]) – demjenigen aus Szene 56 – „lernen" (Mk 13,28 Imp.: μανθάνω)[967], denn an seinem weichen und wie jener „Blätter" (Mk 13,28 Pl.; vgl. 3.8.2[3]) treibenden „Zweig" (Mk 13,28; vgl. 3.4.3[3]) sei „erkennbar" (Mk 13,28.29; vgl. 3.4.1[3]), dass der „Sommer" (Mk 13,28: θέρος)[968] „nahe" (Mk 13,28.29: ἐγγύς)[969] ist. Nicht nur zeitlich nahe, denn nach der in Szene 68

---

      scheidts *Großwörterbuch Altgriechisch-Deutsch*, 336; Walter Bauer, „θυρωρός," *Griechisch-deutsches Wörterbuch zum Neuen Testament*, 744: Das aus „θύρα" und „ὁράω" bestehende Kompositum meint „türbewachend" und substantiviert wie hier „Türhüter, Pförtner, Portier, Hausmann." Das Substantiv findet sich als *Hapax legomenon* nur hier im Text.

967   Menge-Güthling, „μανθάνω," *Langenscheidts Großwörterbuch Altgriechisch-Deutsch*, 434; Walter Bauer, „μανθάνω," *Griechisch-deutsches Wörterbuch zum Neuen Testament*, 994–995: Das Verb meint einerseits „(er)lernen, sich gewöhnen" und andererseits „kennen lernen, erfahren, benachrichtigt werden, vernehmen, hören, wahrnehmen, fühlen, merken, erkennen, verstehen, einsehen, begreifen, sich erkundigen, fragen, forschen." Der Begriff findet sich als *Hapax legomenon* nur hier im Text.

968   Menge-Güthling, „θέρος," *Langenscheidts Großwörterbuch Altgriechisch-Deutsch*, 329; Walter Bauer, „θέρος," *Griechisch-deutsches Wörterbuch zum Neuen Testament*, 730: Das Substantiv meint einerseits „Wärme, Hitze, warme Jahreszeit, Sommer(zeit)" und andererseits „Ernte, Sommerfrüchte, (reife) Saat." Der Begriff findet sich als *Hapax legomenon* nur hier im Text.

969   Menge-Güthling, „ἐγγύς," *Langenscheidts Großwörterbuch Altgriechisch-Deutsch*, 199; Wal-

EXEGETISCHE ANALYSE DES MARKUSEVANGELIUMS

eingeführten Drangsal, die sie bezeugen werden, ist er damit auch räumlich nahe, nämlich vor den „Toren" (Mk 13,29 Pl.; vgl. 3.2.3[3]) der Stadt oder des Landes wohl. Noch in der Lebensspanne dieses Geschlechts, dieser Generation, wird sich dies ereignen, versichert Jesus in der Szene, indem er seine Zusicherung mit den Worten schwurähnlich bekräftigt, dass „Himmel" (Mk 13,31.32; vgl. 3.1.3[3]) und „Erde" (Mk 13,31; vgl. 3.2.5[3]) vergehen würden, nicht jedoch seine „Worte" (Mk 13,31 Pl.; vgl. 3.2.4[3]). Weil sie aber nicht „wüssten" (Mk 13,32.33.35; vgl. 3.2.2[3]) wann die „Zeit" (Mk 13,33; vgl. 3.1.5[3]) seines Kommens sei, sollten sie andererseits „wachen" (Mk 13,33: ἀγρυπνέω)[970]. So nämlich, wie wenn ein „Mensch" – und damit meint der Erzähler wohl nicht Gott wie in Szene 59, sondern wohl Jesus selbst – „außer Landes" (Mk 13,34) geht, das heißt in den Himmel, sein „Haus" (Mk 13,34.35) verlässt – was auch „Tempel" meinen kann, gegenüber dem sie sitzen (vgl. Szene 57), und jedem der Knechte, ihnen den neuen „Hofbeamten" (vgl. Szene 53) und nicht den ausgedienten Knechte von Szene 59, das die Hohepriester, Schriftgelehrten und Ältesten gemeint hatte, nach ihrem „(Kriegs)Werk" (Mk 13,34: ἔργον)[971] „Vollmacht" oder „Amtsgewalt" (Mk 13,34; vgl. 3.2.2[3]) verleiht, und dem Torhüter „gebietet" (Mk 13,34 Med.; vgl. 3.7.4[3]) zu wachen. Weil sie nun wie jene Knechte nicht wissen, wann der Herr des „Hauses" – Tempels und/oder Israels – kommt, des „Abends" (Mk 13,35; vgl. 3.8.3[3]), zu „Mitternacht" (Mk 13,35), zum „Hahnenschrei" (Mk 13,35) oder des „Morgens" (Mk 13,35; vgl. 3.2.4[3]), sollen auch sie „wach, lebend" (Mk 13,34.35.37: γρηγορέω)[972] bleiben, damit dieser sie nicht „schlafend" (Mk 13,36;

---

ter Bauer, „ἐγγύς," *Griechisch-deutsches Wörterbuch zum Neuen Testament*, 431–432: Das Adverb meint – ähnlich wie das bereits begegnete Verb „ἐγγίζω" – „nahe (bevorstehend)," sowohl in räumlichem wie auch temporalem Sinn. Der Begriff findet sich 2mal und nur hier im Text.

970   Liddell-Scott, „ἀγρυπνέω," *Greek-English Lexicon*, 16; Menge-Güthling, „ἀγρυπνέω," *Langenscheidts Großwörterbuch Altgriechisch-Deutsch*, 8; Walter Bauer, „ἀγρυπνέω," *Griechisch-deutsches Wörterbuch zum Neuen Testament*, 24–25: Das Kompositum meint einerseits „schlaflos oder wach sein, wachen" und andererseits „wachsam oder aufmerksam sein." Das Verb findet sich als *Hapax legomenon* nur hier im Text.

971   Liddell-Scott, „ἔργον," *Greek-English Lexicon*, 682–683; Menge-Güthling, „ἔργον," *Langenscheidts Großwörterbuch Altgriechisch-Deutsch*, 283–284; Walter Bauer, „ἔργον," *Griechisch-deutsches Wörterbuch zum Neuen Testament*, 623–625: Das Substantiv meint einerseits „Werk, Tat, Vorfall, Tatsache, Wirklichkeit," andererseits „Arbeit, Beschäftigung, Geschäft, Krieg, Kampf, Gefecht," ferner „Kunstwerk" und schließlich „Sache, Angelegenheit." Der Begriff findet sich 2mal im Text (Mk 13,34; 14,6).

972   Liddell-Scott, „γρηγορέω," *Greek-English Lexicon*, 360; Menge-Güthling, „γρηγορέω," *Langenscheidts Großwörterbuch Altgriechisch-Deutsch*, 152; Walter Bauer, „γρηγορέω," *Griechisch-deutsches Wörterbuch zum Neuen Testament*, 334: Das von „ἐγείρω" abgeleitete Verb

388   3. KAPITEL

vgl. 3.4.3[3]) und mangels Wachsamkeit tot auffinde. Jesus endet seine Ermahnung darin, dass er das Gebot des Wachens an die Vier allen seinen Jüngern zuspricht.

(4)   Politisch-militärisches Profil
Allen zwölf Jüngern war verschiedentlich Jesu „Fortgehen" durch Tod angekündigt worden. Den Vieren hier sagt Jesus darüber hinaus, dass er zurückkehren wird vom Himmel (vgl. 5.5.4[5]; 5.6.4[6]; 5.8.3[3]) und sie zwischenzeitlich und anstelle der Knechte von Szene 59 mit Vollmacht ausgestattet sein werden (vgl. 5.6.4[2]). Wozu? Zum Bewachen des „Hauses," was – sei es Tempel, Stadt oder Israel – das Eigentum oder Erbe Jesu bezeichnet (vgl. 5.6.4[4]). In welcher Form sich dieses „Wachen" gestalten soll, erklärt Jesus weder den Akteuren noch der Narrator der Leserschaft. Die Metapher impliziert weniger einen „Angriffskrieg" als einen wachsamen „Verteidigungskrieg" im Interesse eines ihnen zwischenzeitlich anvertrauten Guts (vgl. 5.3.4[1]). Und das auch nur solange, bis der Herr mit seinen Engeln machtvoll zurückkehrt, und zwar auf der Basis eines Fahrplans, der freilich nur ihrem gemeinsamem Vater bekannt ist, sich aber mittels Zeichen ankündigt, etwa durch die für den Krieg geeignete Sommerzeit (vgl. 5.7.3[4]). Wie unterschiedlich sich doch die bevorstehende Zukunft für die Vier mit diesem Wissen gestaltet, im Unterschied zu den übrigen Jüngern, die nur um Jesu Tod wissen, und jetzt noch etwas abstrakt mit einem Gebot des Wachens bedacht werden. Gut möglich, dass diese Zurückstellung Mitauslöser ist, dass Judas sich zur Überlieferung Jesu in der folgenden Szene entschließt.

3.9.5 *Szene 70 (Mk 14,1–2.10–11): Judas vereinbart (in Jerusalem) mit den Hohepriestern und Schriftgelehrten Jesu Überlieferung*
(1)   Szene
Die siebzigste und rahmende Szene Mk 14,1–2.10–11 handelt davon, wie Judas (in Jerusalem) mit den Hohepriestern und Schriftgelehrten Jesu Überlieferung vereinbart. Wie bereits die Szenen 06, 11, 16, 19–23, 28, 31, 38, 41, 43, 45–49, 51–53, 56 und 65–69 gehört somit auch diese zu den jüngerbezogenen, und zwar Judas betreffenden Szenen, und wie bereits die Szenen 10–14, 17–18, 27, 29, 33, 37, 48 und 57–62 gehört sie ferner auch zu den gegnerbezogenen, und zwar die Hohepriester und Schriftgelehrten betreffenden Szenen. Die Szene unterscheidet sich einerseits von der eingebetteten im Blick auf Akteure, Ort,

---

meint einerseits „wachen, leben" und andererseits „(im Krieg) wachsam sein, auf der Hut sein." Der Begriff findet sich 6mal im Text (Mk 13,34.35.37; 14,34.37.38).

EXEGETISCHE ANALYSE DES MARKUSEVANGELIUMS   389

Zeit, Handlung und Thema, salbt doch dort eine Frau Jesus in Betaniën zum
Begräbnis. Die Szene unterscheidet sich andererseits von der nachfolgenden
nicht im Blick auf den Ort, wohl aber im Blick auf Akteure, Zeit, Handlung und
Thema, weist doch dort Jesus (in Betaniën) zwei Jünger zur Sedervorbereitung
an.

(2)   Text

14[1] Es war aber das Pessach und das Fest der ungesäuerten Brote nach zwei
Tagen. Und die Hohepriester und Schriftgelehrten suchten, wie sie ihn mit List
ergreifen und töten könnten. [2] Denn sie sagten: Nicht an dem Fest, damit nicht
ein Aufruhr des Volkes entstehe.

[10] Und Judas Iskariot, einer der Zwölf, ging zu den Hohepriestern hin, damit
er ihn an sie überliefere. [11] Sie aber es hörend freuten sich und versprachen, ihm
Geld zu geben. Und er suchte, wie er ihn zu gelegener Zeit überliefern könne.

(3)   Inhalt

Explizit anwesende *Akteure* dieser Szene sind einerseits die „Hohepriester"
(Mk 14,1.10 Pl.; vgl. 3.3.2[3]), andererseits die „Schriftgelehrten" (Mk 14,1 Pl.;
vgl. 3.2.2[3]) und schließlich „Judas Iskariot" (Mk 14,10; vgl. 3.3.5[3]), einer
der „Zwölf" (Mk 14,10; vgl. 3.3.5[3]). Und erwähnte Akteure sind einerseits
Jesus und andererseits das „Volk" (Mk 14,2; vgl. 3.5.11[3]). Im Blick auf 70a ist
weder von einem Ort- noch Zeitwechsel die Rede, die Szene dürfte somit in
Jerusalem handeln und allenfalls immer noch an demselben *dritten Tag* (vgl.
Szene 58), wobei dieser über den Hinweis des in zwei „Tagen" (Mk 14,1 Pl.;
vgl. 3.1.3[3]) stattfindenden „Pessach" (Mk 14,1: πάσχα)[973] und „Fest" (Mk 14,2:
ἑορτή)[974] der „ungesäuerten Brote" (Mk 14,1 Pl.: ἄζυμος)[975] auf den 12. Nissan
zu datieren ist. Mit Szene 71 geht dieser Tag zur Neige, weshalb sich Szene 70b

---

973 Menge-Güthling, „πάσχα," *Langenscheidts Großwörterbuch Altgriechisch-Deutsch*, 533;
      Walter Bauer, „πάσχα," *Griechisch-deutsches Wörterbuch zum Neuen Testament*, 1278; Her-
      mann Patsch, „πάσχα," *EWNT* 3:117–120: Das Substantiv meint neben „Pessachopfer" wie
      hier auch „Pessachmahl und -fest." Der Begriff findet sich 5mal im Text (Mk 14,1.12.12.14.16).

974 Menge-Güthling, „ἑορτή," *Langenscheidts Großwörterbuch Altgriechisch-Deutsch*, 253; Wal-
      ter Bauer, „ἑορτή," *Griechisch-deutsches Wörterbuch zum Neuen Testament*, 567: Das Sub-
      stantiv meint „Fest(tag), Feier, Festzug." Der Begriff findet sich 2mal im Text (Mk 14,2;
      15,6).

975 Menge-Güthling, „ἄζυμος," *Langenscheidts Großwörterbuch Altgriechisch-Deutsch*, 15; Wal-
      ter Bauer, „ἄζυμος," *Griechisch-deutsches Wörterbuch zum Neuen Testament*, 36–37: Das
      Kompositum meint einerseits „Fest der ungesäuerten Brote und ungesäuertes Brot selbst"
      und andererseits „rein, lauter, heilig." Das Substantiv findet sich 2mal im Text (Mk 14,1.12).

390 3. KAPITEL

am 13. Nissan ereignen muss (vgl. Mk 14,12). In *rhetorischer* Hinsicht sind nur die Hohepriester und Schriftgelehrten zu vernehmen, ansonsten erzählt der Narrator. Mit dem Überlieferungs- und Todesthema knüpft dieses Narrativ an die Szenen 5, 12, 14, 16, 41, 43, 45, 52, 59 und freilich auch zur eingebetteten Szene 71 an.

Während das ermahnende Wort Jesu an seine Jünger zu wachen noch im narrativen Raum nachklingt, schildert diese Szene, wie die Hohepriester und Schriftgelehrten andernorts in der Stadt danach suchen oder sich beraten, wie sie ihn mit „List" (Mk 14,1; vgl. 3.5.11[3]) „ergreifen" (Mk 14,1; vgl. 3.2.3[3]) und „töten" (Mk 14,1; vgl. 3.3.3[3]), das heißt gefangen setzen und zum Tode verurteilen könnten. Diese Absicht hegten sie zusammen mit den Ältesten schon früher an diesem Tag (vgl. Szene 59), ließen jedoch aus Furcht vor dem Volk davon ab. Diese Furcht ist geblieben, insbesondere auch der Tatsache wegen, dass in zwei Tagen mit Pessach das Fest der ungesäuerten Brote beginnt, deren Verbindung seit biblischer Zeit gegeben ist (vgl. Ex 12; Num 9; Dtn 16; Job 49,22), und sich die Stadt wie alljährlich zu diesem ersten siebentägigen Wallfahrtsfest mit Pilgern zu füllen begonnen haben dürfte (vgl. Lk 2,41; Josephus, *Bell.* 2,280; bPes 64b). Ein „Aufruhr" (Mk 14,2; vgl. 3.5.3[3]) in solchen Umständen können sie sich auch angesichts der okkupierenden Ordnungsmacht nicht leisten.

Dass sie allerdings genau das dennoch zu Pessach tun werden, Jesus gefangen setzen und zum Tode verurteilen, schreibt der Erzähler Judas Iskariot zu. Dieser begibt sich anderntags zu den Hohepriestern, seine Absicht erklärend, dass er ihnen diesen „überliefern" (Mk 14,10.11; vgl. 3.1.5[3]) wolle. Ein Einblick in das Gespräch wäre interessant gewesen, wie begründet er die Notwendigkeit seines Verrats? Beschuldigt er Jesus eines gesetzeswidrigen Verhaltens, und wenn ja, welches Gebot soll er übertreten haben? Oder sind es niedere, allenfalls persönliche Motive die ihn zu dieser von Jesus abfallenden Tat veranlassen (vgl. Mk 4,5–6.17)? Die Hohepriester „freut es" (Mk 14,11: χαίρω)[976], und ohne, dass Judas dies gefordert hätte, „versprechen" (Mk 14,11 Med.: ἐπαγγέλλω)[977] sie

---

976 Menge-Güthling, „χαίρω," *Langenscheidts Großwörterbuch Altgriechisch-Deutsch*, 740–741; Walter Bauer, „χαίρω," *Griechisch-deutsches Wörterbuch zum Neuen Testament*, 1743: Das Verb meint einerseits „sich freuen, fröhlich oder heiter sein, Freude oder Wohlgefallen haben, zufrieden sein, gern haben, lieben" und ist andererseits Grußformel (u.a. auch eines neugewählten Herrschers) „sei(d) gegrüßt." Der Begriff findet sich 2mal im Text (Mk 14,11; 15,18).

977 Liddell-Scott, „ἐπαγγέλλομαι," *Greek-English Lexicon*, 602; Menge-Güthling, „ἐπαγγέλλομαι," *Langenscheidts Großwörterbuch Altgriechisch-Deutsch*, 253; Walter Bauer, „ἐπαγγέλλομαι," *Griechisch-deutsches Wörterbuch zum Neuen Testament*, 568: Das Kompositum meint im

EXEGETISCHE ANALYSE DES MARKUSEVANGELIUMS   391

ihm „Geld" (Mk 14,11: ἀργύριον)[978] zu geben. Ob sie es denn auch wirklich tun,
sagt der Narrator nicht. Derweil sucht Judas nach einem geeigneten Moment,
Jesus zu überliefern, nachdem er sich den Hohepriestern in der Nacht des 13.
Nissans angedient hat.

(4)   Politisch-militärisches Profil
Dass er überliefert würde, lässt der Narrator Jesus seinen Jüngern 2mal voraussagen (vgl. Szenen 45, 52), nicht jedoch wer es sein würde – noch nicht. Demgegenüber kennt die Leserschaft die Identität des Verräters bereits seit Szene
16, wo Jesus die Zwölf einsetzte, darunter auch Judas, trotz seines Vorwissens
um ihn. Im Gefüge der Gruppe hatten sich durch unterschiedliche Behandlung seitens Jesu mittlerweile Risse gebildet, einerseits zwischen den Dreien
beziehungsweise Vieren gegenüber den Übrigen und vielleicht auch von den
Elfen gegenüber dem Einen. Jetzt kommt es zum Bruch, noch nicht ist er für
alle Beteiligten offenbar, denn nicht die List der Hohepriester, Schriftgelehrten
und Ältesten führt sie an ihr Ziel, sie fürchten nämliche einen Volksaufstand
(vgl. 5.6.4[9]), sondern der Wille zum Verrat eines Einzelnen aus Jesu eigener
Gruppe; ein Mittel, dessen sich beispielsweise Johannes von Gischala mehrfach
bedient haben soll (vgl. 5.7.3[4]). Diesen Judas setzte Jesus nach dem Evangelium trotz seines Wissens um ihn ein, demgegenüber kann und will sich
dieser offenkundig nicht länger mit Jesus und seiner Gruppe identifizieren,
muss die stigmatisierte Gruppe verlassen, mehr noch, entschließt sich zu deren
Zerschlagung. Spricht hier Rache oder ist er letzten Endes doch nur göttliches
Instrument? Und weshalb bedarf es seiner, hätte Gott nicht auch ohne ihn seinen Sohn in die Hände der Menschen geraten lassen können? Eines ist gewiss,
ein Verrat aus den eigenen Reihen, macht es den Hohepriestern, Schriftgeleh-
ten und Ältesten leichter, noch vor Festbeginn an ihr Ziel zu gelangen, genießt
Jesus doch legitimierenden Rückhalt im Volk (vgl. 5.5.4[1]). Aber kam Jesus
nicht zu Pessach – wie die Genese des Festes insinuiert – um zu befreien, stattdessen wird seine Gefangennahme zum Zweck seiner Tötung besiegelt (vgl.
5.4.4[1]; 5.6.4[6]); will es etwa Hinweis darauf sein, dass dieses Schicksal Jeru-

---

Medium einerseits und wie hier „ankündigen, Bekanntmachung erlassen, (freiwillig) sich
an(er)bieten, bereiterklären, verheißen, versprechen, geloben, sich zu etwas bekennen"
und andererseits „für sich fordern, verlangen, befehlen, anraten." Das Verb findet sich als
Hapax legomenon nur hier im Text.

978   Menge-Güthling, „ἀργύριον," *Langenscheidts Großwörterbuch Altgriechisch-Deutsch*, 104;
       Walter Bauer, „ἀργύριον," *Griechisch-deutsches Wörterbuch zum Neuen Testament*, 211: Das
       Substantiv meint einerseits und wie hier „Silber(münze), Geld" und andererseits „Silber-
       gefäß, -gerät." Der Begriff findet sich als *Hapax legomenon* nur hier im Text.

392　　　　　　　　　　　　　　　　　　　　　　　　　　　3. KAPITEL

salem unter der Belagerung des Titus zu gleicher Zeit, dem letzten Pessach vor
seiner Einnahme, ereilen sollte (vgl. 5.7.3[4])?[979]

3.9.6　Szene 71 (Mk 14,3–9): Eine Frau salbt Jesus in Betaniën zum Begräbnis

(1)　　　Szene

Die einundsiebzigste und eingebettete Szene Mk 14,3–9 handelt davon, wie
eine Frau Jesus in Betaniën zum Begräbnis salbt. Wie bereits die Szenen 03–05,
17–18, 27, 40–43, 45, 52, 55 und 59 gehört somit auch diese zu den biographischen, und zwar das Leben Jesu betreffenden Szenen.

(2)　　　Text

14[3] Und als er in Betaniën war, im Haus Simons des Aussätzigen, kam, während
er zu Tisch lag, eine Frau, die ein Alabastergefäß mit Salböl von echter, kostbarer Narde hatte; das Alabastergefäß zerbrechend goss sie es auf sein Haupt. [4]
Aber es waren einige bei sich selbst aufgebracht: Wozu ist die Verschwendung
dieses Salböls geschehen? [5] Denn dieses Salböl hätte für mehr als dreihundert
Denare verkauft und den Armen gegeben werden können, und sie schalten sie.
[6] Jesus aber sagte: Lasst sie! was macht ihr ihr Mühen? Sie tat ein gutes Werk
an mir. [7] Denn die Armen habt ihr allezeit bei euch, und wenn ihr wollt, könnt
ihr ihnen Gutes tun, mich aber habt ihr nicht allezeit. [8] Sie tat, was sie konnte,
sie salbte meinen Leib im Voraus zum Begräbnis. [9] Amen, ich aber sage euch,
wo das Evangelium verkündigt werden wird in der ganzen Welt, wird auch das,
was sie tat, erzählt werden zu ihrem Gedächtnis.[980]

(3)　　　Inhalt

Explizit anwesende *Akteure* dieser Szene sind einerseits „Jesus" (Mk 14,6; vgl.
3.1.1[3]), andererseits „einige" (Mk 14,4 Pl.) wohl seiner Jünger, ferner eine ungenannte „Frau" (Mk 14,3; vgl. 3.5.4[3]) und schließlich wohl der Gastgeber „Simon
der Aussätzige" (Mk 14,3; vgl. 3.2.1[3]). Und erwähnte Akteure sind „Arme" (Mk
14,5.7 Pl.; vgl. 3.7.6[3]). In *räumlicher* Hinsicht hat sich die Szene von Jerusalem nach „Betaniën" (Mk 14,3; vgl. 3.8.1[3]), ins „Haus" (Mk 14,3) des erwähnten
Simon verlagert. In *temporaler* Hinsicht insinuiert das Tischgelage das abendliche Mahl, nach einem langen und ereignisreichen Tag, es wäre gleichzeitig der
Tageswechsel vom 12. auf den 13. Nissan (vgl. Szenen 70a und 72) und implizit
die zweite dort verbrachte Nacht (vgl. Szenen 55–56). In *rhetorischer* Hinsicht

---

979　Vgl. auch Schmidt, *Wege des Heils*, 398–400.

980　Literarisch folgt Szene 71 einem chiastischen Schema: A: Mk 14,3 (Frau, Kopf); B: Mk 14,4–5
　　　(die Armen); B': Mk 14,6–7 (die Armen); A': Mk 14,8–9 (Leib, sie).

EXEGETISCHE ANALYSE DES MARKUSEVANGELIUMS   393

erlaubt der Narrator einerseits Einblick in das empörte Selbstgespräch einiger
Jünger, worauf Jesus in seiner Reaktion die Frau verteidigt. Mit dem Todesthema knüpft dieses Narrativ an die Szenen 12, 14, 41, 43, 45, 52, 59 und auch
an die rahmende Szene 70 an.

Während die Hohepriester und Schriftgelehrten in Jerusalem nach Wegen
seiner gewaltsamen Beseitigung suchen, liegt Jesus in dieser Szene wohl
gemeinsam mit seinen Jüngern und nach einem langen Tag bei Simon dem
Aussätzigen zu Tisch. Wie Simon, hier erstmals und letztmals erwähnt, zu seiner Aufgabe als Gastgeber kam, bleibt gänzlich unerwähnt, auch, ob er seinen
Beinamen einer vergangenen oder gegenwärtigen (unreinen) Krankheit verdankt. In diese abendliche Privatsphäre dringt eine ungenannte Frau ein, in
der Hand ein „Alabastergefäß" (Mk 14,3.3: ἀλάβαστρος)[981] gefüllt mit „Salböl"
(Mk 14,3.4.5: μύρον)[982] aus echter und kostbarer „Narde" (Mk 14,3), dessen Inhalt
sie – das Gefäß „brechend" (Mk 14,3; vgl. 3.5.2[3]) – über Jesu „Haupt" (Mk 14,3;
vgl. 3.5.7[3]) gießt. Von einer Berührung ist nicht die Rede, dennoch kommt sie
Jesus in ihrer Handlung, die keinem gängigen Brauch zu entsprechen scheint,
nahe. Darüber erzürnen einige Jünger, es bedarf daher der Deutung Jesu. Was
waren ihre Beweggründe, die doch weder Jesu Voraussagen über seinen Tod
bezeugte noch um die Todesabsichten der Hohepriester und Schriftgelehrten
weiß? Wollte sie Jesus zum König salben mit diesem kostbaren Salböl, woran
die Handlung unweigerlich erinnert, das sie sich dreihundert „Denare" (Mk 14,5
Pl.; vgl. 3.5.8[3]) – nahezu ein Jahresgehalt eines Tagelöhners – hat kosten lassen?[983] Wie kam sie zu diesem Geld, gehört sie zu den besser Situierten? Den
„Zorn" (Mk 14,4; vgl. 3.7.5[3]) einiger Jünger hat sie auf sich gezogen, ähnlich
wie in Szene 53, als Jakobus und Johannes gegenüber den Zehn Vorrang bean-
spruchten. Als „Verschwendung" (Mk 14,4: ἀπώλεια)[984] prangern sie ihre Tat
an, und die Aufwendung wäre besser den Armen verfügbar gemacht worden,

---

981   Menge-Güthling, „ἀλάβαστρος," *Langenscheidts Großwörterbuch Altgriechisch-Deutsch*, 32;
       Walter Bauer, „ἀλάβαστρος," *Griechisch-deutsches Wörterbuch zum Neuen Testament*, 66:
       Das Substantiv bezeichnet ein aus „Alabaster" – heute auch Onyxmarmor – gefertigtes
       Salbengefäß. Der Begriff findet sich 2mal und nur hier im Text.

982   Menge-Güthling, „μύρον," *Langenscheidts Großwörterbuch Altgriechisch-Deutsch*, 463; Wal-
       ter Bauer, „μύρον," *Griechisch-deutsches Wörterbuch zum Neuen Testament*, 1072: Das Sub-
       stantiv meint neben „Salböl" wie hier auch „wohlriechendes Öl, Duftöl, Salbe, Balsam." Der
       Begriff findet sich als *Hapax legomenon* nur hier im Text.

983   Liver, Sperling, Rabinowitz und Melamed, „King, Kingship," 12:163–169, bes. 165: Auch
       David, und vor ihm bereits Saul wurden im verborgenen gesalbt und sogleich vom Geist
       inspiriert (1 Sam 9,1 ff.; 16,13).

984   Liddell-Scott, „ἀπώλεια," *Greek-English Lexicon*, 232: Menge-Güthling, „ἀπώλεια," *Langen-
       scheidts Großwörterbuch Altgriechisch-Deutsch*, 101; Walter Bauer, „ἀπώλεια," *Griechisch-*

394   3. KAPITEL

„schelten" (Mk 14,5; vgl. 3.2.4[3]) sie. Ein beredtes Argument, vordergründig
zumindest, insbesondere in Betaniën, das wörtlich Haus des Armen meint.
Hintergründig jedoch werden diese Jünger als solche offenbar, denen Jesus dieses Geld nicht wert ist; ein Einblick, der hinsichtlich der folgende Teilszene
geradezu heuchlerisch anmutet, wird dem Verräter doch dort für seinen Verrat Geld angeboten. Eine Absicht, die hier möglicherweise im Wort „verkaufen"
(Mk 14,5 Pass.: πιπράσκω)[985] durch den oder die aufgebrachten Jünger bewusst
oder unbewusst eingeführt wird, es meint nämlich auch „verraten oder preisgeben." Jesus nimmt die Frau angesichts dieser Jüngerschelte in Schutz, sie sollen
von ihr „lassen" (Mk 14,6 Imp.; vgl. 3.2.1[3]), gebietet er. Wozu würden sie ihr
„Mühen" (Mk 14,6 Pl.: κόπος)[986] bereiten? was auch „Schläge" meinen kann. Ein
gutes „Werk" (Mk 14,6; vgl. 3.9.4[3]) hätte sie an ihm vollbracht, urteilt er, denn
sie hätte seinen „Leib" (Mk 14,8; vgl. 3.5.4[3]) – es war aber sein Haupt – im
Voraus zum „Begräbnis" (Mk 14,8: ἐνταφιασμός)[987] „gesalbt" (Mk 14,8: μυρίζω)[988];
etwas, was nach seinem Tod, des Sabbats und seiner Auferstehung wegen nicht
mehr möglich sein wird (vgl. Szene 84). Eine einmalige und punktuelle Tat,
die hier verständlicherweise über die Armenpflege gestellt wird, weil es Arme
allezeit geben wird, demgegenüber aber seine Tage gezählt sind (vgl. Szene 12).

---

     deutsches Wörterbuch zum Neuen Testament, 208: Das Kompositum meint neben „Ver-
schwendung" wie hier auch „Vernichtung, Untergang, Verderben, Verlust." Das Substantiv
findet sich als *Hapax legomenon* nur hier im Text.

985   Liddell-Scott, „πέρνημι/πιπράσκω," *Greek-English Lexicon*, 1394–1395, 1406; Menge-Güthling, „πιπράσκω," *Langenscheidts Großwörterbuch Altgriechisch-Deutsch*, 555; Walter Bauer,
„πιπράσκω," *Griechisch-deutsches Wörterbuch zum Neuen Testament*, 1326–1327: Das Verb
meint im Passiv einerseits „verkäuflich sein" und andererseits „verraten, preisgeben." Der
Begriff findet sich als *Hapax legomenon* nur hier im Text.

986   Liddell-Scott, „κόπος" *Greek-English Lexicon*, 978–979; Menge-Güthling, „κόπος" *Langenscheidts Großwörterbuch Altgriechisch-Deutsch*, 399; Walter Bauer, „κόπος," *Griechisch-
deutsches Wörterbuch zum Neuen Testament*, 901: Das vom Verb „κόπτω" – „schlagen" –
abgeleitete Substantiv meint einerseits „das Schlagen, Schlag, Wehklagen" und andererseits „Zerschlagenheit vor Anstrengung, Ermüdung, Mattigkeit, Übermüdung, Erschöpfung, Anstrengung, Arbeit, Mühe, Mühsal, Beschwerde, Unglück." Der Begriff findet sich
als *Hapax legomenon* nur hier im Text.

987   Menge-Güthling, „ἐνταφιασμός," *Langenscheidts Großwörterbuch Altgriechisch-Deutsch*,
243; Walter Bauer, „ἐνταφιασμός," *Griechisch-deutsches Wörterbuch zum Neuen Testament*,
541: Das Kompositum meint neben „Bestattung, Begräbnis" auch „Einbalsamierung." Das
Substantiv findet sich als *Hapax legomenon* nur hier im Text.

988   Menge-Güthling, „μυρίζω," *Langenscheidts Großwörterbuch Altgriechisch-Deutsch*, 462;
Walter Bauer, „μυρίζω," *Griechisch-deutsches Wörterbuch zum Neuen Testament*, 1072: Das
vom Substantiv „μύρον" abgeleitete Verb meint „salben." Der Begriff findet sich als *Hapax
legomenon* nur hier im Text, auch im Blick auf das gesamte Neue Testament.

EXEGETISCHE ANALYSE DES MARKUSEVANGELIUMS 395

Wenn dies in künftiger „Evangeliumsverkündigung" (Mk 14,9; vgl. 3.1.1[3]) in der ganzen „Welt" (Mk 14,9; vgl. 3.6.4[3]) stets und zu ihrem „Gedächtnis" (Mk 14,9: μνημόσυνον)[989] erzählt werden wird, lässt der Erzähler die Tat der Frau in einzigartiger Weise auszeichnen. Keine andere Person und/oder Tat innerhalb des übrigen Textes wird der künftigen Erinnerung gewürdigt. Beschämend, dass einige Jünger angesichts seines nun mehrfach angekündigten Todes und ihrer Nähe zu ihm dieser Frau nichts voraus haben.[990]

(4)   Politisch-militärisches Profil

Zum wiederholten Male werden gruppeninternen Spannungen erwähnt, bei denen die Nähe zu Jesus das zugrundeliegende Thema zu sein scheint (vgl. Szenen 46–47, 49, 51 und 53). Die unerwartet auftretende Frau kommt Jesus nahe und erregt – wie erwartet – der Jünger Unmut. Dabei prallen implizit zwei Fremdwahrnehmungen Jesu aufeinander. Da ist zum einen eine Unbekannte, eine Frau noch dazu, die durch diese Handlung Jesu Selbstwahrnehmung als Messias und damit als König bestätigt, und da sind zum anderen einige seiner Jünger, denen Arme mehr wert sind als Jesus und ein würdiger Abschied ihres Herrn. Jesus ermahnt (vgl. 5.6.4[5]) und sagt implizit, dass wo das Evangelium, die gute Botschaft der siegreichen Rückkehr und Errichtung von Gottes Königreich verkündigt werden wird in der Welt, sie Teil dieser Anfangsgeschichte sein wird, weil sie ihm mit dieser Totensalbung (vgl. 5.4.4[1]) gleichzeitig auch in prophetischer Weise die königliche Salbung verlieh (vgl. 5.4.4[1]; 5.6.4[9]).[991] Damit weist Jesus die aus Konkurrenz erwachsene Fremdwahrnehmung einiger Jünger entschieden zurück und erhebt die Unbekannte zu einer wichtigen Akteurin in der narrativen Entfaltung seiner Identität und Geschichte, der bei Verkündig des Evangeliums, der Siegesbotschaft, in der ganzen Welt Rechnung getragen werde wird (vgl. 5.4.4[1]; 5.8.3[1]).[992]

---

989 Menge-Güthling, „μνῆμα/μνημόσυνον," *Langenscheidts Großwörterbuch Altgriechisch-Deutsch*, 458; Walter Bauer, „μνημόσυνον," *Griechisch-deutsches Wörterbuch zum Neuen Testament*, 1063: Das Substantiv meint einerseits „Gedächtnis, Gedächtnisopfer, -mahl, Denkmal, Denk-, Erinnerungszeichen, -gabe, -mahl, Andenken" und andererseits „Monument, Grabmahl, Grabstätte, Grab, Gruft." Der Begriff findet sich als *Hapax legomenon* nur hier im Text.

990 Vgl. auch Dennis R. MacDonald, „Renowned Far and Wide: The Women Who Anointed Odysseus and Jesus," in *A Feminist Companion to Mark*, 128–135; und Miller, *Women in Mark's Gospel*, 128–144.

991 Vgl. auch Dewey, „The Gospel of Mark," 501–502; Ebner, *Das Markusevangelium*, 142–144.

992 Vgl. Schmidt, der Mk 14,3 ebenfalls als Königssalbung deutet (*Wege des Heils*, 331, 397).

3.9.7 Szene 72 (*Mk 14,12–16*): *Jesus weist (in Betaniën) zwei Jünger zur Sedervorbereitung an*

(1)   Szene

Die zweiundsiebzigste Szene Mk 14,12–16 handelt davon, wie Jesus (in Betaniën) zwei Jünger zur Sedervorbereitung anweist, was sie entsprechend ausführen. Wie bereits die Szenen 03–05, 17–18, 27, 40–43, 45, 52, 55, 59 und 71 gehört somit auch diese zu den biographischen, und zwar das Leben Jesu betreffenden Szenen. Die Szene unterscheidet sich von der nachfolgenden nicht im Blick auf Akteure und Zeit, wohl aber im Blick auf Ort, Handlung und Thema, offenbart doch dort Jesus seinen Jünger am Sedermahl (in Jerusalem) seinen Überlieferer.

(2)   Text

14**12** Und am ersten Tag der ungesäuerten Brote, als sie das Pessach schlachteten, sagen seine Jünger zu ihm: Wo willst du, dass wir gehend vorbereiten, damit du das Pessach essen kannst? **13** Und er sendet zwei seiner Jünger und sagt zu ihnen: Geht in die Stadt, und es wird euch ein einen Wasserkrug tragender Mensch begegnen, folgt ihm! **14** Und wo er hineingeht, sprecht zu dem Hausherrn: Der Lehrer sagt: Wo ist mein Gastzimmer, wo ich mit meinen Jüngern das Pessach essen kann? **15** Und er wird euch einen großen Obersaal zeigen, eingerichtet und bereit. Und dort bereitet für uns. **16** Und die Jünger gingen hinaus und kamen in die Stadt und fanden es, wie er ihnen sagte, und sie bereiteten das Pessach.[993]

(3)   Inhalt

Explizit anwesende *Akteure* dieser Szene sind einerseits Jesus, der sich selbst „Lehrer" (Mk 14,14; vgl. 3.5.1[3]) nennt, und andererseits „seine" (Mk 14,12.13.14) „Jünger" (Mk 14,12.13.14.16 Pl.; vgl. 3.2.6[3]) und davon insbesondere „zwei" (Mk 14,13; vgl. 3.5.6[3]). Und erwähnte Akteure sind einerseits ein ungenannter „Mensch" (Mk 14,13; vgl. 3.2.1[3]) und andererseits ein „Hausherr" (Mk 14,14). Der Auftrag Jesu dürfte in *Betaniën* an die Zwei ergangen sein (vgl. Szene 71), seine Ausführung erfolgt nach Anweisung jedoch in der „Stadt" (Mk 14,13.16; vgl. 3.2.3[3]) Jerusalem, wo sie am „ersten *Tag*" (Mk 14,12; vgl. 3.1.3[3]) – am 14. Nissan – des bereits eingeführten Festes der „ungesäuerten Brote" (Mk 14,12; vgl. 3.9.5[3]) dasjenige taten, was das Gesetz ganz Israel vorschreibt: Ein männli-

---

993   Literarisch folgt Szene 72 einem chiastischen Schema: A: Mk 14,12 (Jünger, bereiten, Pessach); B: Mk 14,13–14 (Gastzimmer); B': Mk 14,15 (Obersaal); A': Mk 14,16 (Jünger, bereiten, Pessach).

EXEGETISCHE ANALYSE DES MARKUSEVANGELIUMS

ches, einjähriges und fehlerloses „Pessachopfer" (Mk 14,12.12.14.16; vgl. 3.9.5[3])
pro (Vater)Haus, meist Schaf- oder Ziegenlamm, am Tempel rituell zwischen
der neunten bis zur elften Stunde zu „schlachten" (Mk 14,12: θύω)[994], um es
mit Einbruch der Dunkelheit und somit am 15. Nissan bis spätestens Mitternacht zu verzehren (vgl. Ex 12,3–5; Josephus, *Bell.* 6,423). Das Fest gedenkt
des Exodus aus Ägypten, wo Gott an den Häusern Israels „vorüberschritt" und
dieses verschonte, während er die Erstgeburt Ägyptens schlug (vgl. Ex 12,12–
14.26–27). Mit der josianischen Reform (2Kön 23,21–23) war das Fest zu einem
zentralen Tempelfest umgestaltet worden, das die Verzehrung der Opfertiere
im Tempelvorhof vorsah (2Chr 30; 35,1–19; Esr 6,19–22), was sich allerdings
nicht ungebrochen durchsetzen ließ, zumal nicht unter römischer Herrschaft,
wo das geschlachtete Opfertier deshalb mitgenommen und in Privathäusern
im Rahmen einer mindestens zehn Männer umfassenden Mahlgemeinschaft
gebraten und mit Vorspeisen, Wein und Gesang – einer Vorform des später festgelegten Sederablaufs – verzehrt wurde (vgl. Josephus, *Bell.* 6,423; mPes 10; vgl.
Szene 73).[995] In *rhetorischer* Hinsicht sind einerseits die Jünger mit einer Frage
an Jesus vernehmbar, und andererseits Jesus mit seiner Entgegnung, in Form
von Anweisungen an zwei Jünger. Mit dem Thema der praktischen Anweisung
knüpft dieses Narrativ an Szene 55 an.

Nachdem Judas die Nacht zuvor den Hohepriestern angekündigt hatte,
ihnen Jesus zu geeigneter Zeit zu überliefern, richten sich am Tag danach,
am sogenannten Rüsttag, seine Jünger in dieser Szene proaktiv und geschlossen – wie es scheint – an Jesus mit der Frage, wo sie hingehen sollten, um
für ihn das im Tempel geschlachtete Pessach „vorzubereiten" (Mk 14,12.15.16;
vgl. 3.1.2[3]). Weder ihre noch seine Familie, mit der sie dieses Fest in der
Vergangenheit begangen haben dürften, sind dabei im Blickfeld. Die Lehrer-
Jünger-Gemeinschaft hat die Familie – wie insbesondere Szene 17 thematisiert
hatte – ersetzt. Jesus antwortet nur zweien seiner Jünger, welche das sind bleibt
ungesagt, mit der Anweisung, in die Stadt zu gehen. Dort würden sie einem
Menschen – einem Diener oder Sklaven vielleicht – „begegnen" (Mk 14,13: ἀπαντάω)[996], der einen Wasserkrug trägt, und diesem sollten sie „folgen" (Mk 14,13;

---

994 Liddell-Scott, „θύω," *Greek-English Lexicon*, 813; Menge-Güthling, „θύω," *Langenscheidts
Großwörterbuch Altgriechisch-Deutsch*, 336–337; Walter Bauer, „θύω," *Griechisch-deutsches
Wörterbuch zum Neuen Testament*, 746: Das Verb meint einerseits „töten, morden,
(ab)schlachten, opfern, räuchern" und andererseits „heftig bewegen, stürmen." Der Begriff
findet sich als *Hapax legomenon* nur hier im Text.

995 Hermann Patsch, „πάσχα," *EWNT* 3:117–120.

996 Liddell-Scott, „ἀπαντάω," *Greek-English Lexicon*, 178; Menge-Güthling, „ἀπαντάω," *Langenscheidts Großwörterbuch Altgriechisch-Deutsch*, 81; Walter Bauer, „ἀπαντάω," *Griechisch-*

vgl. 3.2.1[3]) und im Hause, in welches jener eintritt, zum dortigen Hausherrn sagen, dass ihr Lehrer ein „Gastzimmer" (Mk 14,14: κατάλυμα)[997] sucht, worin er mit seinen Jüngern das Pessachopfer „essen" (Mk 14,12.14) könne. Daraufhin wird jener ihnen einen eingerichteten und bereiten, das heißt wohl kultisch und damit von Sauerteig gereinigten, „Obersaal" (Mk 14,15: ἀνάγαιον)[998] zeigen, gewiss ein rares Gut in einer aufgrund des Festes überfüllten Stadt. Weshalb bedarf es der wundersamen Zuweisung dieses ansonsten nicht weiter lokalisierten Raumes? Will insinuiert werden, dass Jesus aus Gründen der Sicherheit so vorgeht, was bedeuten würde, dass Judas im Blick auf die Lage des Obersaals zunächst unwissend bleibt und ihn noch nicht überliefern kann? Dort sollten sie das Mahl zubereiten, was die beiden entsprechend der Anweisung und Vorhersage Jesu ausführen.

(4)   Politisch-militärisches Profil

Der Narrator erklärt nicht, welche Motive die Jünger leitet, wenn sie sich nach Anweisungen bezüglich der Vorbereitungen zum Sedermahl fragend an Jesus wenden; sind sie als Jünger dazu verpflichtet, ist es üblich, oder entspricht es ihrem expliziten Wunsch, gemeinsam mit Jesus die Mahlfeier zu begehen? Angesichts des bevorstehenden Verrats durch Judas und der Flucht der Übrigen, entbehrt der Wunsch nach einer ritueller „Familienfeier," die der Rettung und auch Entstehung der Volksgemeinschaft und vielleicht auch der Entstehung ihrer eigenen Gemeinschaft gedenken soll, nicht einer gewissen Ironie, wenn nicht gar eines Zynismus (vgl. 5.7.3[4]). Jesus willigt zwar zu

---

deutsches Wörterbuch zum Neuen Testament, 160: Das Verb meint einerseits und wie hier „(freundlich oder feindlich) entgegengehen, zusammenkommen, -treffen, zu jemandem stoßen, sich einfinden, sich einstellen, hinkommen, erscheinen," andererseits „feindlich entgegentreten, -ziehen, -fahren, sich entgegenstellen, in den Weg treten, widerstreben, bewaffnet ausrücken" und schließlich „entgegnen, erwidern, begegnen (Geschicken), widerfahren, zustoßen, sich ereignen." Der Begriff findet sich als *Hapax legomenon* nur hier im Text.

997 Menge-Güthling, „κατάλυμα," *Langenscheidts Großwörterbuch Altgriechisch-Deutsch*, 371; Walter Bauer, „κατάλυμα," *Griechisch-deutsches Wörterbuch zum Neuen Testament*, 841; Horst Balz und Gerhard Schneider, „κατάλυμα," EWNT 2:650–651: Das vom Kompositum „καταλύω" – „einkehren, rasten" – abgeleitete Substantiv meint einerseits „Gastraum, Herberge, Unterkunft, Speisesaal" und andererseits auch jegliche Art von Aufenthalts- und Wohnraum. Der Begriff findet sich als *Hapax legomenon* nur hier im Text.

998 Menge-Güthling, „ἀνάγαιον," *Langenscheidts Großwörterbuch Altgriechisch-Deutsch*, 51; Walter Bauer, „ἀνάγαιον," *Griechisch-deutsches Wörterbuch zum Neuen Testament*, 99: Das aus „ἀνά" und „γῆ" zusammengefügte Kompositum meint „Obersaal oder -zimmer." Der Begriff findet sich als *Hapax legomenon* nur hier im Text.

EXEGETISCHE ANALYSE DES MARKUSEVANGELIUMS

ihrem vorläufig letzten Sedermahl ein, vielleicht ist er dazu verpflichtet, aber er nimmt dieses Sedermahl nicht zum Anlass ihre harmonische Gemeinschaft zu beschwören, sondern um die innere Unterwanderung aufzudecken.

3.9.8 Szene 73 (Mk 14,17–26): Jesus offenbart seinen Jünger am Sedermahl (in Jerusalem) seinen Überlieferer

(1)   Szene

Die dreiundsiebzigste Szene Mk 14,17–26 handelt davon, wie Jesus seinen Jünger am Sedermahl (in Jerusalem) seinen Überlieferer offenbart. Wie bereits die Szenen 03–05, 17–18, 27, 40–43, 45, 52, 55, 59 und 71–72 gehört somit auch diese zu den biographischen, und zwar das Leben Jesu betreffenden Szenen. Die Szene unterscheidet sich von der nachfolgenden nicht im Blick auf Akteure und Zeit, wohl aber im Blick auf Ort, Handlung und Thema, sagt doch dort Jesus den Jüngern (auf dem Ölberg) sein Leid, ihre Zerstreuung, Abfall und Verleugnung voraus.

(2)   Text

14^{17} Und als es Abend geworden war, kommt er mit den Zwölfen. ^{18} Und als sie liegend und essend waren, sagte Jesus: Amen, ich sage euch, dass einer unter euch mich überliefern wird, der welcher mit mir essend ist. ^{19} Und sie begannen betrübt zu werden und sagen einer nach dem anderen zu ihm: Doch nicht etwa ich? ^{20} Er aber sagte zu ihnen: Einer der Zwölf, der, welcher mit mir in die Schüssel eintaucht. ^{21} Zwar geht der Menschensohn dahin, wie über ihn geschrieben ist, wehe aber jenem Menschen, durch den der Menschensohn übergeben wird! Es ist besser für ihn, wenn jener Mensch nicht geboren worden wäre. ^{22} Und während sie aßen, nahm er Brot, segnete, brach und gab es ihnen und sagte: Nehmt, dies ist mein Leib! ^{23} Und er nahm einen Kelch, gab ihnen dankend, und alle tranken aus ihm. ^{24} Und er sagte zu ihnen: Dies ist mein Blut des Bundes, das für viele vergossen wird. ^{25} Amen, ich sage euch, dass ich nicht mehr von dem Gewächs des Weinstocks trinke bis zu jenem Tag, wo ich es neu trinke im Königreich Gottes. ^{26} Und als sie gesungen hatten, gingen sie hinaus zum Ölberg.[999]

---

999   Literarisch folgt Szene 73 einem chiastischen Schema: A: Mk 14,17 (er kommt mit den Zwölfen); B: Mk 14,18–21 (als sie aßen); B': Mk 14,22–25 (als sie aßen); A': Mk 14,26 (sie gehen hinaus).

400 3. KAPITEL

(3)   Inhalt

Explizit anwesende *Akteure* dieser Szene sind einerseits „Jesus" (Mk 14,18; vgl.
3.1.1[3]), der sich selbst „Menschensohn" (Mk 14,21.21; vgl. 3.2.5[3]) betitelt, und
andererseits die „Zwölf" (Mk 14,17.20; vgl. 3.3.5[3]), mit insbesondere „einem"
(Mk 14,18.20) ungenannten „Menschen" (Mk 14,21.21; vgl. 3.2.1[3]) aus ihrer
Reihe, der der Leserschaft bereits als Judas Iskariot bekannt ist. Und erwähnte
Akteure sind „viele" (Mk 14,24 Pl.: πολύς), womit der Erzähler Nachfolgewil-
lige meinen dürfte. In *räumlicher* Hinsicht beginnt die Szene im vorbereiteten
Obersaal an einem nicht genauer definierten Ort in Jerusalem und endet auf
dem „Ölberg" (Mk 14,26; vgl. 3.3.5[3]; 3.8.1[3]). Die kultisch-liturgische Feier
setzt den Einbruch der Dunkelheit am *„Abend"* (Mk 14,17: ὀψία; vgl. 3.2.3[3])
und damit den Beginn des 15. Nissans voraus, und wenn im Blick auf diese
Zeitangabe mPes 10,9 Relevanz zukommt, dann muss das Mahl spätestens um
Mitternacht beendet sein. In *rhetorischer* Hinsicht ist einerseits Jesu Überliefe-
rungsankündigung zu vernehmen, andererseits eine diesbezügliche Rückfrage
der Jünger, ferner Jesu vage Identifizierung und Verurteilung des Schuldigen
und schließlich seine Mahlsliturgie. Mit der Überlieferungsthematik knüpft
dieses Narrativ an die Szenen 16, 45, 52 und 70 an.

Wohl aus Betaniën kommend (vgl. Szene 71), erreicht Jesus mit den Zwölfen (oder Zehn) abends den durch die zwei Jünger vorbereiteten Obersaal, um
gemeinsam mit allen das Sedermahl zu feiern, das wie vorgängig erwähnt, lit-
urgisch der Befreiung Israels aus Ägypten und dadurch seiner Erwählung als
Gottes Volk gedenkt. Da mPes 10 einen alten Ablauf dieses Mahls tradiert, lohnt
eine vergleichende Lektüre. Die Ausführungen des Narrators beginnen in der
Feststellung, dass allesamt „zu Tisch liegen" (Mk 14,18; vgl. 3.5.7[3]), etwas, das
mPes 10,1 von allen jüdischen Feiernden geradezu fordert, weil es üblicherweise
das Privileg des Freien ist, und ganz Israel dadurch zum Ausdruck bringen soll,
dass es befreit wurde.[1000] Ferner fährt der Narrator fort, dass sie „essen" (Mk
14,18.18.22), ohne die für die eigentliche Feier erforderlichen Nahrungsmittel
einzeln aufzuzählen: Es sind dies einerseits das Fleisch des Pessachlamms (vgl.
Szene 72), andererseits ungesäuertes Brot, ferner in Essigmus einzutauchende
bittere Kräuter (auch als Lattich bezeichnet) und schließlich vier Becher Wein.
Nach der Mischna symbolisiere das Opferfleisch Gottes Hinwegschreiten über
die Häuser Israels, das ungesäuerte Brot die Erlösung der Väter aus Ägypten,
das Bitterkraut der Väter Verbitterung ebendort (vgl. mPes 10,3.5), und die vier
Becher Wein, nach Ex 6,6–7, das vierfach durch den Auszug erlangte Gute: Frei-

---

1000   *Mischnajot: Die sechs Ordnungen der Mischna,* 2:237, Anm. 7.

EXEGETISCHE ANALYSE DES MARKUSEVANGELIUMS 401

heit, Rettung, Erlösung und Erwählung.[1001] Als liturgische Elemente erwähnt die Mischna ferner die Erzählung der das Fest konstituierenden geschichtlichen Ereignisse (mPes 10,4–6), Segnungen (mPes 10,2.7), die Rezitation des Hallels aus Pss 113–118[1002] (mPes 10,5) sowie Gesang (mPes 10,7). Den Ablauf des Sedermahls, dem kein Trinkgelage folgen darf und das vor Mitternacht beendet sein muss (mPes 10,8–9), verläuft nach der Rekonstruktion aus mPes 10 wie folgt:[1003]

(1) Mit dem ersten Weinbecher erfolgt der Segen über denselben wie auch den Tag oder umgekehrt (mPes 10,2).

(2) Das in Essigmus einzutauchende bittere Kraut (oder Lattich) wird gemeinsam mit dem ungesäuerten Brot vor anschließenden zwei Gerichten verspiesen (mPes 10,3).

(3) Mit dem zweiten Weinbecher fragt das Kind nach den das Fest konstituierenden Ereignissen, die ihm vom Vater erklärt werden, und worauf die Rezitation des Hallels folgt (mPes 10,4–6).

(4) Mit dem dritten Becher erfolgt ein Segen über dem Mahl, und mit dem vierten Becher das Ende des Hallels sowie ein Segen über den Gesang (mPes 10,7).

Angesichts dieser die Entstehung des israelitischen Kollektivs kommemorierenden Liturgie, erstaunt es, dass Jesus während des Essens die bevorstehende Zerstörung ihrer neu entstandenen Gemeinschaft in dieser Szene ankündigt. Offenbarend und gleichzeitig verschleiernd wird für alle vernehmbar, dass ihn „einer" unter ihnen „überliefern werden wird" (Mk 14,18 Fut.; Mk 14,21; vgl. 3.1.5[3]), nämlich derjenige, der mit ihm esse. Da alle gegenwärtig mit ihm essen, reagieren die Jünger mit „Betrübnis" (Mk 14,19 Med.; vgl. 3.7.6[3]) und der betroffenen Rückfrage eines jeden einzelnen: „Doch nicht etwa ich?" Die Leserschaft jedoch weiß, dass einer von ihnen lügt. Jesus spezifiziert, es sei tatsächlich einer der Zwölf, und zwar derjenige, der gerade mit ihm in die Schüssel eintauche. Weshalb nennt er seinen Namen nicht? Ist diese Identifikation für die übrigen Jünger ausreichend, den Schuldigen zu erkennen? Es ist anzunehmen, und dennoch verweilt der Schuldige im Raum und muss sich das überaus harte Urteilswort Jesu anhören. Der Menschensohn wird, wie geschrieben steht, dahingehen, sagt Jesus ihn vielleicht anblickend, wehe aber jenem Men-

---

1001 *Mischnajot: Die sechs Ordnungen der Mischna*, 2:166, 238 Anm. 9.

1002 *Mischnajot: Die sechs Ordnungen der Mischna*, 2:253, Anm. 50.

1003 Louis Jacobs, Ernst Kutsch, Rela M. Geffen und Abram Kanof, „Passover," *EJ* 15:678–683.

402 3. KAPITEL

schen, durch den der Menschensohn übergeben wird. Es wäre besser er wäre nicht „geboren worden" (Mk 14,21 Pass.: γεννάω)[1004], urteilt Jesus. Seine Nichtexistenz wäre also besser als seine Existenz, oder sein Tod besser als sein Leben. Ein vernichtendes Wort. Was dürfte Judas, was die Elf jetzt gedacht oder empfunden haben? Über eine Reaktion lässt sich der Narrator nicht aus. Während sie nun weiter speisen, nimmt Jesus das offensichtlich die Erlösung aus Ägypten symbolisierende ungesäuerte „Brot" (Mk 14,22; vgl. 3.3.2[3]), „segnet" (Mk 14,22; vgl. 3.5.8[3]) es, bricht es und gibt es den Jüngern, auch Judas, und sagt, sie sollen nehmen, es sei sein „Leib" (Mk 14,22; vgl. 3.5.4[3]). Hernach nimmt er einen – wohl mit Wein gefüllten – „Kelch" (Mk 14,23; vgl. 3.5.11[3]), der nach Ex 6,6–7 Freiheit, Rettung, Erlösung und Erwählung symbolisiert, „dankt" (Mk 14,23; vgl. 3.5.14[3]), gibt ihnen und sie alle trinken davon; diesen Wein deutet er als sein „Blut" (Mk 14,24; vgl. 3.5.4[3]) des „Bundes" (Mk 14,24; διαθήκη)[1005], das für viele vergossen werde. Seine Rede beendet Jesus mit dem Schwur, dass er vom Gewächs des „Weinstocks" (Mk 14,25; ἄμπελος)[1006], Wein also, nicht mehr bis zu jenem „Tag" (Mk 14,25; vgl. 3.1.3[3]) trinke, bis er es neu im – lokal nicht weiter spezifizierten – „Königreich Gottes" (Mk 14,25; vgl. 3.1.5[3]) trinken werde. Nach gemeinsamem – wohl Gott besingendem – „Gesang" (Mk 14,26) beenden sie das Mahl und begeben sich zum Ölberg.

Der Vergleich zeigt, dass von den möglichen Nahrungsmitteln nicht dem Fleisch des Überschreitungsopfers, wohl aber Brot und Wein rhetorisch den Vorzug gegeben wird.[1007] Damit wird nicht ein Akzent auf die Verschonung

---

1004 Menge-Güthling, „γεννάω," Langenscheidts Großwörterbuch Altgriechisch-Deutsch, 145; Walter Bauer, „γεννάω," Griechisch-deutsches Wörterbuch zum Neuen Testament, 310–312: Das Verb meint „(er)zeugen, gebären, hervorbringen, -rufen, wachsen lassen." Der Begriff findet sich als Hapax legomenon nur hier im Text.

1005 Menge-Güthling, „διαθήκη," Langenscheidts Großwörterbuch Altgriechisch-Deutsch, 169; Walter Bauer, „διαθήκη," Griechisch-deutsches Wörterbuch zum Neuen Testament, 366–367: Das Substantiv meint neben „Bund" auch „Anordnung, Verfügung, Testament, letzter Wille, Vertrag, Bundesschrift." Der Begriff findet sich als Hapax legomenon nur hier im Text.

1006 Menge-Güthling, „ἄμπελος," Langenscheidts Großwörterbuch Altgriechisch-Deutsch, 45; Walter Bauer, „ἄμπελος," Griechisch-deutsches Wörterbuch zum Neuen Testament, 91: Das Substantiv meint neben „Weinstock" auch „Rebe" und diente den Aufständischen als Freiheitssymbol (vgl. 3.9.8[4]). Der Begriff findet sich als Hapax legomenon nur hier im Text.

1007 Die Verlagerung weg vom Opfer und hin zum Sedermahl, sei eine Tendenz, die sich liturgiehistorisch allgemein beobachten lässt, nach Lee I. Levine („Jewish Identities in Antiquity: An Introductory Essay," in Jewish Identities in Antiquity: Studies in Memory of Menahem Stern [TSAJ 130; Tübingen: Mohr Siebeck, 2009], 12–40, bes. 15).

EXEGETISCHE ANALYSE DES MARKUSEVANGELIUMS 403

Israels gelegt, sondern über das Brot auf „Erlösung,“ über den Wein auf „Freiheit, Rettung, Erlösung und Erwählung" und über das Zu-Tisch-Liegen nochmals auf „Freiheit." Als zentrales liturgisches Element scheint die Erzählung der das Fest konstituierenden Ereignisse zu fehlen. Das Freiheitsmotiv ist aber in Jesu Interpretation von Brot und Wein aufgenommen, worüber der Narrator Jesus sich als Garant einer neuen, durch Gott gewollten Befreiung und Errettung von Oppressoren in den liturgischen Deutungshorizont einbinden lässt. Dass diese Aussage bei der intendierten (historischen) Leserschaft von Bedeutung war, darf angesichts der Tatsache, dass Titus die Belagerung Jerusalems im Jahre 70 d. Z. kurz vor Pessach antrat, angenommen werden.[1008] Gott wird durch Jesu getöteten Leib und durch sein gewaltsam vergossenes Blut erneut Freiheit bringen und den Bund erneuern; es wird nicht ohne den Preis von Menschenleben möglich sein, aber der Tag des nahe gekommenen Königreich Gottes ist bereits im Blick, und als sein König wird er den „Freiheit, Rettung, Erlösung und Erwählung" symbolisierenden Wein unter siegreichen Vorzeichen neu trinken. Und der Verrat des Judas wird dies nicht verhindern sondern beschleunigen.

(4)   Politisch-militärisches Profil

Die Szene ist vor dem symbolisch-liturgischen Hintergrund des Sedermahls zu Pessach zu deuten (vgl. 5.3.4[2]; 5.4.4[1]). In diesem Zusammenhang lässt der Autor Jesus über die Symbole Brot und Wein die Freiheitsthematik aufnehmen, lässt ihn diese allerdings aktualisieren, indem er ihn diese auf seinen Leib und sein Blut ausdeuten lässt. Dadurch nämlich werde die gottgewollte Freiheit durch ihn, den Menschensohn – wie damals durch Mose – wieder erreicht und der Bund zwischen Gott und seinem Volk – gemäß der Schrift – erneuert werden (vgl. 5.7.3[4]; 5.7.3[5]; 5.8.3[4]).[1009] Zwar ist Blutvergießen nicht zu vermeiden (vgl. 5.6.4[6]; 5.8.3[4]), aber es trägt zur Konstituierung des Königreichs Gottes bei, dessen Königherrschaft Jesus dann innehaben wird. Die Speise von Brot und Wein ist somit nicht nur Erinnerung, sondern auch auf die Gegenwart bezogene Hoffnung oder proleptische Realität (vgl. 5.8.3[2]),[1010] die es in sich aufzunehmen gilt, und sich in denjenigen entfalten wird, die dem Anspruch Jesu folgen können. Zu ihnen wird der Verräter Judas nicht zählen (vgl. 5.6.4[5]; 5.7.3[4]). Wein wird Jesus – in möglicher Aufnahme eines biblischen Motivs –

1008   Lea Roth und Aaron Rothkoff, „Titus, Flavius Vespasianus," *EJ* 19:743–745, bes. 743.

1009   Vgl. auch Horsley, *Hearing the Whole Story*, 177–201 *et passim.*

1010   Vgl. Marcus, der auf die messianische Konnotation des Kelches und der Weinrebe verweist, erschienen diese doch oft auf Münzen der Aufständischen des ersten jüdisch-römischen Krieges (*Mark*, 2:959, 965–967).

404 3. KAPITEL

erst wieder zur Friedenszeit trinken können (vgl. negativ: Dtn 28,30; Am 5,11; Zef 1,13; positiv: Jes 65;21; Jer 31,5; 5.8.3[2]).[1011]

3.9.9 Szene 74 (Mk 14,27–31): Jesus sagt den Jüngern (auf dem Ölberg) sein Leid, ihre Zerstreuung, Abfall und Verleugnung voraus

(1)   Szene

Die vierundsiebzigste Szene Mk 14,27–31 handelt davon, wie Jesus den Jüngern (auf dem Ölberg) sein Leid, ihre Zerstreuung, Abfall und Verleugnung voraussagt. Wie bereits die Szenen 03–05, 17–18, 27, 40–43, 45, 52, 55, 59 und 71–73 gehört somit auch diese Szene zu den biographischen, und zwar das Leben Jesu betreffende Szenen, und wie bereits die Szenen 06, 11, 16, 19–23, 28, 31, 38, 41, 43, 45–49, 51–53, 56 und 65–70 gehört sie ferner auch zu den jüngerbezogenen, und zwar ihre Belehrung betreffenden Szenen. Die Szene unterscheidet sich von der nachfolgenden nicht im Blick auf Akteure und Zeit, wohl aber im Blick auf Ort, Handlung und Thema, gerät doch dort Jesus in Getsemani in Entsetzen und Angst.

(2)   Text

14[27] Und Jesus sagt zu ihnen: Ihr alle werdet abfallen, denn es steht geschrieben: Ich werde den Hirten schlagen und die Schafe werden zerstreut werden. [28] Aber nach meiner Auferstehung werde ich euch nach Galiläa vorausziehen. [29] Petrus aber sprach zu ihm: Wenn auch alle abfallen werden, ich aber nicht. [30] Und Jesus sagt zu ihm: Amen, ich sage dir, dass du heute, in dieser Nacht, ehe ein Hahn zweimal kräht, mich dreimal verleugnen wirst. [31] Er aber sprach emphatisch: Wenn ich mit dir sterben müsste, werde ich dich nicht verleugnen. Dasselbe aber sagten alle auch.[1012]

(3)   Inhalt

Explizit anwesende *Akteure* dieser Szene sind einerseits „Jesus" (Mk 14,27.30; vgl. 3.1.1[3]), der sich selbst „Hirte" (Mk 14,27; vgl. 3.5.8[3]) nennt, und anderseits „alle" (Mk 14,27.29.31 Pl.) Jünger, die Jesus „Schafe" (Mk 14,27 Pl.; vgl. 3.5.8[3]) nennt, aber insbesondere „Petrus" (Mk 14,29; vgl. 3.3.5[3]). Und er-

---

1011   Jeremy D. Smoak, „Assyrian Siege Warfare Imagery and the Background of a Biblical Curse," in *Writing and Reading War: Rhetoric, Gender, and Ethics in Biblical and Modern Contexts* (hg. von Brad E. Kelle und Frank Ritchel Ames; SBLSymS 42; Leiden: Brill, 2008), 83–91.

1012   Literarisch folgt Szene 74 einem parallelen Schema: A: Mk 14,27–28 (abfallen); A': Mk 14,29 (abfallen); B: Mk 14,30 (verleugnen); B': Mk 14,31 (verleugnen).

EXEGETISCHE ANALYSE DES MARKUSEVANGELIUMS

wähnte Akteure sind ein „Hahn" (Mk 14,30: ἀλέκτωρ)[1013], der in Szene 78 vorkommen wird. *Ort* des Geschehens ist derjenige, wohin sich die Akteure in der vorhergehenden Szene begeben hatten, nämlich der „Ölberg" (vgl. Mk 14,26) und zwar an „demselben *Tag*" (Mk 14,30: σήμερον)[1014] beziehungsweise am „späten Abend und/oder Nacht" (Mk 14,30; vgl. 3.4.3[3]) des 15. Nissan. In *rhetorischer* Hinsicht ist einerseits Jesus mit der unheilvollen Voraussage an alle Jünger zu vernehmen, andererseits die beteuernde Entgegnung des Petrus, ferner Jesu Vorhersage über seine Verleugnung und schließlich die abwehrende Beschwörung des Petrus, der sich die übrigen Jünger anschließen. Mit dem Thema des Abfalls knüpft dieses Narrativ an Szene 19 an, mit dem Thema der Verleugnung an Szene 41 und mit dem Thema des Schlagen des Hirten an die Szenen 12, 14, 41, 43, 45, 52, 59, 70–71 und 73.

Nach dem gemeinsamen Sedermahl und Jesu Ankündigung seines Verrats durch einen der Zwölf, sagt er in dieser Szene in dramatischer Weise den Jüngern voraus, dass sie alle „abfallen" (Mk 14,27.29 Fut. Pass.; vgl. 3.4.1[3]) werden, aus der Gemeinschaft mit ihm desertieren. Dazu wird Gottes Stimme aus Sach 13,7 selbst zitiert, nach der Gott ihn – den königlichen Hirten – „schlagen oder töten" (Mk 14,27 Fut.: πατάσσω)[1015] und sie – die Schafe – wohl kriegsbedingt „zerstreuen" (Mk 14,27 Pass.: διασκορπίζω)[1016] wird. Für die Zeit nach seiner „Auferweckung" (Mk 14,28 Pass.; vgl. 3.2.3[3]) wird jedoch auch angekündigt,

---

1013   Liddell-Scott, „ἀλέκτωρ," *Greek-English Lexicon*, 62; Menge-Güthling, „ἀλέκτωρ," *Langenscheidts Großwörterbuch Altgriechisch-Deutsch*, 33; Walter Bauer, „ἀλέκτωρ," *Griechisch-deutsches Wörterbuch zum Neuen Testament*, 68: Das Substantiv meint einerseits „Hahn" und andererseits „(Truppen)Trompeter." Der Begriff findet sich 3mal im Text (Mk 14,30.72.72).

1014   Menge-Güthling, „σήμερον," *Langenscheidts Großwörterbuch Altgriechisch-Deutsch*, 622; Walter Bauer, „σήμερον," *Griechisch-deutsches Wörterbuch zum Neuen Testament*, 1497: Das Adverb meint „heute." Der Begriff findet sich als *Hapax legomenon* nur hier im Text.

1015   Liddell-Scott, „πατάσσω," *Greek-English Lexicon*, 1347; Menge-Güthling, „πατάσσω," *Langenscheidts Großwörterbuch Altgriechisch-Deutsch*, 533; Walter Bauer, „πατάσσω," *Griechisch-deutsches Wörterbuch zum Neuen Testament*, 1280: Das Verb meint neben „schlagen" auch „stoßen, treffen, stechen, verwunden, erschlagen, niederschlagen, töten, angreifen." Der Begriff findet sich als *Hapax legomenon* nur hier im Text.

1016   Liddell-Scott, „διασκορπίζω," *Greek-English Lexicon*, 412; Menge-Güthling, „διασκορπίζω," *Langenscheidts Großwörterbuch Altgriechisch-Deutsch*, 175; Walter Bauer, „διασκορπίζω," *Griechisch-deutsches Wörterbuch zum Neuen Testament*, 378: Das Kompositum meint neben „zerstreuen (dem Schlachtfeld etwa; vgl. Josephus, *Ant.* 8,404)" auch „verschwinden und demütigen." Das Substantiv findet sich als *Hapax legomenon* nur hier im Text.

dass er ihnen nach „Galiläa" (Mk 14,28; vgl. 3.1.3[3]) „vorausziehen" (Mk 14,28; vgl. 3.5.8[3]) wird. Obwohl seine Jünger desertieren werden, will er ihnen – ungeachtet dieses Versagens – nach drei Tagen in Richtung Galiläa vorausziehen. Weshalb und warum ausgerechnet dahin? Eine Ausdeutung scheint dem Narrator an dieser Stelle nicht angesagt, auch die Jünger scheint es wenig zu interessieren. Vielmehr hat die Vorhersage ihres Abfalls sie, und insbesondere Petrus, erregt. Beteuernd versichert er – für sich selbst sprechend – seine Loyalität zu Jesus. Doch kündigt ihm Jesus stattdessen eine dreimalige „Leugnung" – auch „Verwerfung" – (Mk 14,30.31 Med.; vgl. 3.6.5[3]) noch in dieser Nacht an, noch vor zweimaligem „Krähen" (Mk 14,30; vgl. 3.2.2[3]) des Hahns. Darauf entgegnet Petrus noch emphatischer, dass selbst wenn es „gesetzt wäre" (Mk 14,31; vgl. 3.6.5[3]), dass er „mit ihm sterbe müsste" (Mk 14,31: συναποθνή-σκω)[1017], er ihn nicht verleugnen wird. Die dramatische rhetorische Beteuerung der Loyalität bis in den Tod wird vom Erzähler in Jesu Ankündigung der Verleugnung geradezu in antiklimaktisch nüchterner Rhetorik konterkariert. Spätestens jetzt wird deutlich, dass die wiederholten Todesankündigungen Jesu bei den Jüngern angekommen sind; Petrus möchte ihn nicht alleine lassen, dem pflichten die übrigen Jünger nach seinem Beispiel beteuernd zu, wobei Judas erneut lügen dürfte.

(4)   Politisch-militärisches Profil

Kurz vor seiner Gefangennahme und nachdem er den Jüngern seinen Verrat durch einen aus den eigenen Reihen ankündigt, offenbart Jesus ihnen in dieser Szene, dass er nicht nur geschlagen und durch den einen verraten (vgl. 5.6.4[6]), sondern gerade sein Nächster ihn darüber hinaus noch verleugnen (vgl. 5.7.3[2]) und schließlich alle desertieren werden, das heißt ihm ihre Treue aufkündigen werden (vgl. 5.6.4[5]; 5.7.3[4]). Eine bittere Erfahrung, die auch dem Feldherrn Josephus in Galiläa widerfuhr (vgl. 5.7.2[4]). Ist diese Illoyalität wie Jesu Tod auch Teil des göttlichen Plans (vgl. Szene 82)? Genau das scheint Mk 14,27 zu implizieren. Aber dieser Abfall scheint der Solidarität Jesu seinen Jüngern gegenüber keinen Abbruch zu tun. Auch bei den Jüngern scheint die Vision einer Auflösung des Kollektivs Bindekraft zu entfalten, denn erstmals erklären sie sich im Blick auf Jesus, ihrem Feldherrn, des Todes willig;

1017   Liddell-Scott, „συναποθνῄσκω," *Greek-English Lexicon*, 1697; Menge-Güthling, „συναπο-θνῄσκω," *Langenscheidts Großwörterbuch Altgriechisch-Deutsch*, 655; Walter Bauer, „συναποθνῄσκω," *Griechisch-deutsches Wörterbuch zum Neuen Testament*, 1566: Das Kompositum meint „mitsterben, zugleich den Tod finden, mitfallen." Der Begriff findet sich als *Hapax legomenon* nur hier im Text.

EXEGETISCHE ANALYSE DES MARKUSEVANGELIUMS · 407

ist das endlich der am Ende einer jeden Offiziers- und Soldatenausbildung fällige „Militäreid" (vgl. 5.6.4[4]; 5.6.4[5]; 5.7.3[4])? Der Narrator deutet das Ende der Gemeinschaft zwar als gottgewollt, aber nur vorläufig an, denn nach Jesu Auferstehung wird sie unter neuen Vorzeichen in Galiläa einer Fortsetzung gewürdigt; Galiläa vielleicht auch deshalb, weil dort sowohl der fehlgeschlagene Feldzug des Cestius als auch der siegreiche des Vespasian begann (vgl. 5.5.4[5]; 5.6.4[5]; 5.6.4[6]; 5.7.3[4]; 5.8.3[3]).

3.10 Episode A' (Markus 14,32–16,8)

Markus 14,32–16,8 bildet die zehnte von zehn chiastisch angeordneten Episoden, wobei Episode A' aus folgenden zehn Szenen besteht: Szene 75 (Mk 14,32–42): Jesu Entsetzen und Angst in Getsemani; Szene 76 (Mk 14,43–54): Jesu Festnahme (in Getsemani) durch eine Menge der Hohepriester, Schriftgelehrten und Ältesten; Szene 77 (Mk 14,55–65): Das Synedrium verurteilt Jesus (in Jerusalem) wegen Lästerung zum Tod; Szene 78 (Mk 14,66–72): Petrus verleugnet Jesus (in Jerusalem) drei Mal; Szene 79 (Mk 15,1–5): Das Synedrium (in Jerusalem) überliefert Jesus dem Pilatus; Szene 80 (Mk 15,6–15): Pilatus gibt dem Volk (im Prätorium) Barabbas frei und überliefert Jesus zur Kreuzigung; Szene 81 (Mk 15,16–20): Soldaten verspotten Jesus im Prätorium; Szene 82 (Mk 15,21–39): Soldaten kreuzigen Jesus in Golgota; Szene 83 (Mk 15,40–47): Josef von Arimatäa bestattet Jesus in einer Gruft; und Szene 84 (Mk 16,1–8): Ein Jüngling offenbart den entsetzten Frauen in der Gruft Jesu Auferstehung.

Ihre Demarkation ergibt sich in literarisch-formaler Hinsicht darin, dass sie durch das Lexem „Entsetzen" (Mk 14,33; 16,5.6) zusammengehalten wird, und in narrativ-inhaltlicher Hinsicht darin, dass sie vom vorläufigen Ende des Dienstes und Lebens Jesu in Judäa – genauer: Jerusalem – unter der Bedingung seines Alleinseins berichtet, aber auch, von der machtvollen Rückkehr des nun offenbarten „Christus" (Mk 14,61–62; 15,32) und „Sohn des Hochgelobten beziehungsweise Gottes" (Mk 14,61; 15,39) und daher „König der Juden beziehungsweise Israels" (Mk 15,2.9.12.18.26.32), und seinem Vorausziehen nach „Galiläa" (Mk 16,7).

3.10.1 *Szene 75 (Mk 14,32–42): Jesu Entsetzen und Angst in Getsemani*
(1)   Szene
Die fünfundsiebzigste Szene Mk 14,32–42 handelt davon, wie Jesus in Getsemani in Entsetzen und Angst gerät. Wie bereits die Szenen 03–05, 17–18, 27, 40–43, 45, 52, 55, 59 und 71–74 gehört somit auch diese zu den biographischen, und zwar das Leben Jesu betreffenden Szenen. Die Szene unterscheidet sich

408 3. KAPITEL

von der nachfolgenden nicht im Blick auf Ort und Zeit, wohl aber im Blick auf Akteure, Handlung und Thema, wird doch dort Jesus (in Getsemani) durch eine Menge der Hohepriester, Schriftgelehrten und Ältesten festgenommen.

(2)   Text

14[32] Und sie kommen an einen Ort mit dem Namen Getsemani, und er sagt zu seinen Jüngern. Setzt euch hier während ich bete! [33] Und er nimmt den Petrus und Jakobus und Johannes mit sich und begann entsetzt und geängstigt zu werden. [34] Und er sagt zu ihnen: Meine Seele ist sehr betrübt, bis zum Tod. Bleibt hier und wacht! [35] Und ein wenig weitergehend fiel er auf die Erde und betete, dass, wenn es möglich sei, die Stunde an ihm vorübergehe. [36] Und er sagte: Abba, Vater, alles ist dir möglich. Nimm diesen Kelch von mir! Aber nicht was ich will, sondern was du (willst). [37] Und er kommt und findet sie schlafend, und er sagt zu Petrus: Simon, schläfst du? Konntest du nicht eine Stunde wachen? [38] Wacht und betet, damit ihr nicht in Versuchung kommt! Der Geist ist zwar willig, aber das Fleisch schwach. [39] Und wieder fortgehend, betete er dasselbe Wort sagend. [40] Und wieder kommend fand er sie schlafend, denn ihre Augen waren beschwert, und sie wussten nicht, was sie ihm antworten sollten. [41] Und er kommt zum dritten Mal und sagt zu ihnen: Schlaft ihr weiter und ruht aus? Genug! Siehe die Stunde ist gekommen, der Menschensohn wird in die Hände der Sünder überliefert. [42] Steht auf, lasst uns gehen! Siehe, der mich überliefert ist nahe.[1018]

(3)   Inhalt

Explizit anwesende *Akteure* dieser Szene sind einerseits Jesus, der sich selbst „Menschensohn" (Mk 14,41; vgl. 3.2.5[3]) nennt, und andererseits „seine" (Mk 14,32) „Jünger" (Mk 14,32 Pl.; vgl. 3.2.6[3]), insbesondere „Simon" (Mk 14,37; vgl. 3.2.1[3]) mit Beinamen „Petrus" (Mk 14,33.37; vgl. 3.3.5[3]), und die Brüdern „Jakobus" (Mk 14,33; vgl. 3.2.1[3]) und „Johannes" (Mk 14,33; vgl. 3.2.1[3]). Und erwähnte Akteure sind einerseits Gott, den Jesus mit „Abba" (Mk 14,36: ἀββά)[1019] und zum dritten Mal mit „Vater" (Mk 14,36; vgl. 3.2.1[3]) anspricht

---

1018   Literarisch folgt Szene 75 einem chiastischen Schema: A: Mk 14,32 (setzen); B: Mk 14,33–36 (Petrus, wachen, beten, Stunde); B': Mk 14,37–41 (Petrus, wachen, beten, Stunde); A': Mk 14,42 (aufstehen).

1019   Menge-Güthling, „ἀββά," *Langenscheidts Großwörterbuch Altgriechisch-Deutsch*, 1; Walter Bauer, „ἀββά," *Griechisch-deutsches Wörterbuch zum Neuen Testament*, 1; Heinz-Wolfgang Kuhn, „ἀββά," *EWNT* 1:1–3: Der aram. Partikel meint ursprünglich „(mein) Vater," er fand später auch Anwendung als Anrede, Titel und Eigenname. Der Begriff findet sich als *Hapax legomenon* nur hier im Text.

EXEGETISCHE ANALYSE DES MARKUSEVANGELIUMS 409

und der trotz Anrede abwesend zu sein scheint, andererseits derjenige, der
Jesus überliefern wird (Mk 14,42), gemeint ist damit Judas, und schließlich die
„Sünder" (Mk 14,41 Pl.; vgl. 3.2.6[3]), womit die jüdischen Eliten Jerusalems
als auch die Vertreter der römischen Okkupationsmacht gemeint sein dürften. *Ort* des Geschehens ist immer noch der Ölberg (vgl. Mk 14,26), genauer
eine „Stätte" (Mk 14,32: χωρίον)[1020] „namens" (Mk 14,32; vgl. 3.3.5[3]) „Getsemani" (Mk 14,32: Γεθσημανί), deren Lokalisierung im Kidrontal (vgl. Joh 18,1),
am Abhang dieses Berges, allenfalls gezielt auf 2 Sam 15,23 anspielt und von
seiner Bedeutung hebr. „Ölkelter" her den „Druck" versinnbildlicht, unter den
Jesus hier kommt.[1021] Es ist immer noch später *Abend* oder Nacht des 15. Nissan,
wobei sich diese Szene über eine Zeitspanne von mindestens einer „Stunde"
(Mk 14,35.37.41; vgl. 3.5.8[3]) erstrecken muss. In *rhetorischer* Hinsicht ist in
dieser Szene Jesus allein zu vernehmen, indem er sich einerseits einmal an
die Zwölf, andererseits dreimal an die Drei, ferner einmal an den Einen und
schließlich zweimal an Gott wendet. Auffällig ist, dass Jesus in dieser schweren
Stunde keine einzige Antwort vergönnt wird! Mit dem Thema der bevorstehenden Überlieferung knüpft dieses Narrativ an die Überlieferungserzählungen
des Johannes in den Szenen 05 und 29 an, und mit dem Thema des Entsetzens
an Jesu eigene Überlieferungs- und Todesankündigungen in den Szenen 12, 14,
41, 43, 45, 52, 59, 70–71 und 73–74.

Nachdem Jesus seinen Jüngern ihren Abfall von ihm und Petrus seine drei-
fache Leugnung offenbarte, gelangen die Akteure an eine Stätte namens Getsemani, wo er ihnen gebietet sich zu setzen während er „bete" (Mk 14,32.35.38.39;
vgl. 3.2.4[3]). Die Präsenz der Jünger ist ungewöhnlich, denn die zwei anderen
Male, wo von seinem Gebet berichtet wird, hatte er sich gänzlich in die Einsamkeit zurückgezogen (vgl. Szenen 09 und 30). Ungewöhnlich ist auch, dass der
Narrator nicht spezifiziert, ob mit „Jünger" die Zwölf oder die Elf – ohne Judas –
gemeint sind. Von einem Fortgehen des Letzteren war nirgends berichtet worden, gleichwohl aber sagt der Narrator hier, dass der Überlieferer „nahe" ist. Wie
ist das zu verstehen? Ist jener implizit nach seiner Identifizierung in Szene 73

1020   Menge-Güthling, „χώρα/χωρίον," *Langenscheidts Großwörterbuch Altgriechisch-
        Deutsch*, 754–755; Walter Bauer, „χωρίον," *Griechisch-deutsches Wörterbuch zum Neuen
        Testament*, 1775: Das Substantiv meint einerseits „Platz, Raum, Fläche," andererseits
        und wie hier „Ort, Stelle, Stätte, Festung, Kastell, Gegend, Gebiet, Land(stück), Grund-
        stück, Stadtbereich" und schließlich „Posten, Standort, Stellung." Der Begriff findet sich
        als *Hapax legomenon* nur hier im Text.

1021   Hellmut Haug, „Γεθσημανί," *Namen und Orte der Bibel*, 128; Bauer, „Γεθσημανί," *Grie-
        chisch-deutsches Wörterbuch zum Neuen Testament*, 307; Wolfgang Schenk, „Γεθσημανί,"
        EWNT 1:576–577. Der Begriff findet sich als *Hapax legomenon* nur hier im Text.

410   3. KAPITEL

ausgeschieden? Dann wüsste er nicht, wo sich Jesus mit den Übrigen nach dem Mahl hinbegab. Oder ist er allenfalls weiterhin bewusst geblieben und von den anderen dabei geduldet worden, um die Behörden während Jesu einstündigen Ringens zu holen? Ich optiere für Letzteres. Aus der sitzenden Jüngergruppe nimmt sich Jesus wiederum die Drei heraus und lässt die Neun auf sich selbst gestellt und mit keinen weiteren Anweisungen bedacht zurück. In diesem intimen Kreis nun lässt er seinem „Entsetzen" (Mk 14,33 Med.; vgl. 3.6.8[3]) und seiner „Furcht" (Mk 14,33: ἀδημονέω)[1022] über Bevorstehendes freien Lauf, seine „Seele" (Mk 14,34; vgl. 3.3.3[3]) sei zu „Tode" (Mk 14,34; vgl. 3.5.11[3]) „betrübt" (Mk 14,34; vgl. 3.5.7[3]), lässt der Erzähler Jesus sagen, und gebietet ihnen an diesem Ort „wachend" (Mk 14,34.37.38; vgl. 3.9.4[3]) „(in Stellung) zu bleiben" (Mk 14,34 Imp.; vgl. 3.5.6[3]). Diese Anordnung gewinnt angesichts des Umstands, dass Judas währenddessen die todbringenden Behörden herbeiruft, Tiefendimension. Sich etwas entfernend, fällt Jesus durch die Last erdrückt zur Erde. Wenn es möglich sei, ruft er Gott mit der aramäischen Anrede für eine nahestehende wie auch respektable Person als „Abba" und Vater an, möge diese Stunde an ihm vorüber gehen und dieser „Kelch" (Mk 14,36; vgl. 3.5.11[3]) von ihm genommen werden, sei Gott doch alles möglich. Diesen Wunsch jedoch sogleich zurücknehmend fügt er hinzu, dass nicht sein, sondern Gottes „Wille" (Mk 14,36; vgl. 3.2.4[3]) geschehe. Gott schweigt, was bis zur Kreuzigung reichen wird. Als Jesus zu den Dreien zurückkehrt, findet er sie statt wachend „schlafend" (Mk 14,37.37.40.41; vgl. 3.4.3[3]), worauf er sich vorwurfsvoll nicht an alle drei, sondern nur an Petrus wendet. Ungläubig erkundigt er sich, ob er schlafe. Wir vernehmen keine Antwort, vielmehr die ungläubige Frage, ob er – mit Simon und nicht Petrus („Fels") angesprochen – nicht in der Lage gewesen sei, wenigstens eine Stunde zu wachen. Hätte dieser dann Judas an seinem Vorhaben hindern „können" (Mk 14,37; vgl. 3.2.6[3])? Wiederum keine Antwort. Die Anweisung zu wachen wiederholt Jesus und fügt diejenige des Betens hinzu, damit sie nicht in „Versuchung" (Mk 13,38: πειρασμός)[1023] kommen, denn der

---

1022   Menge-Güthling, „ἀδημονέω," *Langenscheidts Großwörterbuch Altgriechisch-Deutsch*, 11; Walter Bauer, „ἀδημονέω," *Griechisch-deutsches Wörterbuch zum Neuen Testament*, 30: Das Verb meint neben „ängstigen" wie hier auch „unruhig, verdrießlich, betrübt, betroffen, in Unruhe sein." Der Begriff findet sich als *Hapax legomenon* nur hier im Text.

1023   Liddell-Scott, „πειρασμός," *Greek-English Lexicon*, 1355; Menge-Güthling, „πειρασμός," *Langenscheidts Großwörterbuch Altgriechisch-Deutsch*, 537; Walter Bauer, „πειρασμός," *Griechisch-deutsches Wörterbuch zum Neuen Testament*, 1291–1292: Das von „πεῖρα" – „Versuch, Probe, Anschlag, Überfall, Angriff" – abgeleitete Substantiv meint neben „Versuchung" auch „Prüfung, Erprobung, Anfechtung, Zumutung." Der Begriff findet sich als *Hapax legomenon* nur hier im Text.

EXEGETISCHE ANALYSE DES MARKUSEVANGELIUMS 411

„Geist" (Mk 13,38; vgl. 3.1.2[3]) sei zwar „willig" und im Blick auf das Wachen auch „mutig" (Mk 13,38: πρόθυμος)[1024], das „Fleisch" (Mk 13,38; vgl. 3.7.4[3]) jedoch „schwach oder kraftlos" (Mk 13,38: ἀσθενής)[1025], eine Erfahrung die er gerade selbst in dieser Szene durchlebt. Denn zum zweiten Mal betet Jesus abseits dasselbe „Wort" (Mk 14,39; vgl. 3.2.4[3]), und zum zweiten und dritten Mal findet er sie schlafend und „ausruhend" (Mk 14,41; vgl. 3.5.6[3]) nach seine Rückkehr, denn ihre „Augen" (Mk 14,40 Pl.; vgl. 3.5.11[3]) waren „beschwert" (Mk 14,40). Eine Antwort auf ihr Versagen „wissen" (Mk 14,40; vgl. 3.2.2[3]) sie nicht zu geben, was nun auch keine Rolle mehr spielt, denn es sei genug, ruft er. Die Stunde ist gekommen, in welcher der Menschensohn in die „Hände" (Mk 14,41; vgl. 3.2.3[3]) der Sünder überliefert wird. Aufzustehen fordert Jesus die drei Jünger auf, denn der einmal mehr nicht namentlich genannte „Überlie-ferer" (Mk 14,41.42; vgl. 3.1.5[3]) ist „nahe" (Mk 14,42 Perf.; vgl. 3.1.5[3]) gekom-men.

(4)   Politisch-militärisches Profil

Obwohl Jesus die vorläufige Auflösung des Kollektivs durch Abfall und Verleug-nung angesagt und daraufhin die Jünger ihre unverbrüchliche Treue zu Jesus beteuert hatten, wird Jesus in seiner schwächsten Stunde von ihnen alleinge-lassen (vgl. 5.6.4[6]). Sie trifft ihn zutiefst; nie war Jesus schwächer gezeichnet als hier. Die Nächsten, denen er sich darin anvertraut, sind der Situation nicht gewachsen, selbst Petrus nicht, sie entfliehen ihr, noch nicht explizit, doch durch Schlaf. Der Anblick des leidenden, hadernden und sich dennoch nicht entziehenden Gerechten, erregt Mitleid, umso mehr vor dem Hintergrund der sich bald erfüllenden Freude seiner Häscher. Die Auswahl des Ölbergs, um die Todesangst Jesu zu beschreiben, ist vielleicht nicht zufällig, war es doch hier, wo auch Titus, gemeinsam mit der zehnten Legion, in Todesgefahr geriet (vgl. auch

---

1024   Liddell-Scott, „πρόθυμος," *Greek-English Lexicon*, 1481; Menge-Güthling, „πρόθυμος," *Lan-genscheidts Großwörterbuch Altgriechisch-Deutsch*, 584; Walter Bauer, „πρόθυμος," *Grie-chisch-deutsches Wörterbuch zum Neuen Testament*, 1415: Das Kompositum meint einerseits „geneigt, bereitwillig, gewogen, wohlwollend sein" und andererseits „eifrig, dienstbeflissen, strebsam, entschlossen, mutig, kampflustig." Das Adjektiv findet sich als *Hapax legomenon* nur hier im Text.

1025   Liddell-Scott, „ἀσθενής," *Greek-English Lexicon*, 256; Menge-Güthling, „ἀσθενής," *Langen-scheidts Großwörterbuch Altgriechisch-Deutsch*, 112; Walter Bauer, „ἀσθενής," *Griechisch-deutsches Wörterbuch zum Neuen Testament*, 231–232: Das Kompositum meint neben „schwach" auch „kraftlos, krank, machtlos (auch im Krieg), unbedeutend, dürftig, arm." Das Adjektiv findet sich als *Hapax legomenon* nur hier im Text.

412 3. KAPITEL

Szenen 74 und 76; 5.7.3[4]).[1026] Wie die Jünger hatten die Legionäre das Wachen beim Schanzen vernachlässigt, worauf sie von Ausfällen der Judäer überrascht wurden, so dass sie die Flucht ergreifen mussten. Statt dass der Feldherr von seiner Legion beschützt wurde, war er es gewesen, der nach dem Zeugnis des Josephus unter zweifacher Todesgefahr ihre vollständige Vernichtung zu verhindern wusste (vgl. 5.6.4[4]; 5.7.2[4]; 5.7.3[4]).

3.10.2 *Szene 76 (Mk 14,43–54): Jesu Festnahme (in Getsemani) durch eine Menge der Hohepriester, Schriftgelehrten und Ältesten*

(1) Szene

Die sechsundsiebzigste Szene Mk 14,43–54 handelt davon, wie Jesus (in Getsemani) durch eine Menge der Hohepriester, Schriftgelehrten und Ältesten festgenommen wird. Wie bereits die Szenen 03–05, 17–18, 27, 40–43, 45, 52, 55, 59 und 71–75 gehört somit auch diese zu den biographischen, und zwar das Leben Jesu betreffenden Szenen, wie bereits die Szenen 06, 11, 16, 19–23, 28, 31, 38, 41–43, 45–49, 51–53, 56, 65–70 und 74 gehört sie ferner auch zu den jüngerbezogenen, und zwar Judas betreffenden Szenen, und wie bereits die Szenen 10–14, 17–18, 27, 29, 33, 37, 48, 57–62 und 70 gehört sie schließlich auch zu den gegnerbezogenen, und zwar die Hohepriester, Schriftgelehrten und Ältesten betreffenden Szenen. Die Szene unterscheidet sich von der nachfolgenden im Blick auf Akteure, Ort, Zeit, Handlung und Thema, verurteilt doch dort das Synedrium Jesus (in Jerusalem) wegen Lästerung zum Tod.

(2) Text

14[43] Und sogleich, während er noch redet, kommt Judas, einer der Zwölf, herbei und mit ihm eine Menge von den Hohepriestern und den Schriftgelehrten und den Ältesten mit Schwertern und Stöcken. [44] Der ihn aber überliefert, hatte ihnen ein Zeichen gegeben sagend: Wen ich küssen werde, der ist es, ergreift ihn und führt ihn sicher fort! [45] Und kommend, trat er sogleich zu ihm (und) sagt: Rabbi! und küsste ihn. [46] Sie aber legten die Hände an ihn und ergriffen ihn. [47] Einer aber der Dabeistehenden das Schwert ziehend verwundete den Knecht des Hohepriesters und hieb ihm das Ohr ab. [48] Und entgegnend sagte Jesus zu ihnen: Wie gegen einen Räuber seid ihr mit Schwertern und Stöcken ausgezogen mich festzunehmen? [49] Täglich war ich bei euch im Tempel lehrend und nicht habt ihr mich festgenommen, aber damit die Schriften erfüllt werden. [50] Und ihn verlassend flohen alle. [51] Und ein bestimmter junger Mann, der um das Nackte ein Leinen(hemd) geworfen hatte, folgte ihm, und sie ergriffen

---

1026 Vgl. auch Schmidt, *Wege des Heils*, 400–403.

EXEGETISCHE ANALYSE DES MARKUSEVANGELIUMS 413

ihn. [52] Er aber das Leinen(hemd) fahren lassend floh nackt. [53] Und sie führten Jesus zum Hohepriester, und alle Hohepriester und Ältesten und Schriftgelehrten versammeln sich. [54] Petrus aber folgte ihm von fern, bis hinein in den Hof des Hohepriesters, und er war mit den Leibwachen zusammensitzend und sich wärmend bei dem Lichtträger.[1027]

(3)   Inhalt

Explizit anwesende *Akteure* dieser Szene sind einerseits „Jesus" (Mk 14,48.53; vgl. 3.1.1[3]), der von Judas vermeintlich respektvoll mit „Rabbi" (Mk 14,45; vgl. 3.6.6[3]) angesprochen wird, und der sich weigert, wie ein „Räuber" (Mk 14,48; vgl. 3.8.3[3]) behandelt zu werden, andererseits „alle" (Mk 14,50 Pl.) Jünger (vgl. Mk 14,17.27.31), insbesondere „Petrus" (Mk 14,54; vgl. 3.3.5[3]) und „Judas" (Mk 14,43; vgl. 3.3.5[3]), „einer" (Mk 14,43) „der Zwölf" (Mk 14,43; vgl. 3.3.5[3]), schwierig einzuordnen sind dabei „einer" (Mk 14,47) „der Dabeistehenden" (Mk 14,47 Pz. Pl.; vgl. 3.4.3[3]) wie auch „ein bestimmter" (Mk 14,51) „junger Mann" (Mk 14,51: νεανίσκος)[1028], die ich beide zu den Jüngern zähle, ferner eine zu den Hohepriestern, Schriftgelehrten und Ältesten gehörende „Menge" (Mk 14,43; vgl. 3.2.5[3]), zu welcher auch der „Knecht" (Mk 14,47; vgl. 3.7.9[3]) und die „Leibwachen" (Mk 14,54 Pl.: ὑπηρέτης)[1029] des Hohepriesters gehören, und schließlich „alle" (Mk 14,53 Pl.) das Synedrium Jerusalems konstituierenden „Hohepriester" (Mk 14,43.53 Pl.; Mk 14,47.53.54; vgl. 3.3.2[3]), „Schriftgelehrten" (Mk 14,43.53 Pl.; vgl. 3.2.2[3]) und „Ältesten" (Mk 14,43.53 Pl.; vgl. 3.5.11[3]). *Ort* des Geschehens ist zunächst Getsemani und dann der Wohnsitz des amtieren-

---

1027   Literarisch folgt Szene 76 einem chiastischen Schema: A: Mk 14,43 (die Hohepriester, die Schriftgelehrten, die Ältesten); B: Mk 14,44–47 (ergreifen, das Schwert); B': Mk 14,48–52 (Schwerter, ergreifen); A': Mk 14,53–54 (die Hohepriester, die Ältesten, die Schriftgelehrten).

1028   Menge-Güthling, „νεανίας/νεανίσκος," *Langenscheidts Großwörterbuch Altgriechisch-Deutsch*, 466; Walter Bauer, „νεανίσκος," *Griechisch-deutsches Wörterbuch zum Neuen Testament*, 1081: Das Substantiv meint neben „Jüngling" auch „junger oder kräftiger Mann (bis 40 Jahre), Junge, Bursche, Diener, junger Krieger." Der Begriff findet sich 2mal im Text (Mk 14,51; 16,5).

1029   Liddell-Scott, „ὑπηρέτης," *Greek-English Lexicon*, 1872; Menge-Güthling, „ὑπηρέτης,"*Langenscheidts Großwörterbuch Altgriechisch-Deutsch*, 709; Walter Bauer, „ὑπηρέτης," *Griechisch-deutsches Wörterbuch zum Neuen Testament*, 1679: Das Substantiv meint einerseits „Ruderer, Ruderknecht, Matrose," andererseits „Diener, Knecht, Aufwärter, Gehilfe, Genosse, Handlanger, Beistand, Scherge, Henkersknecht" und schließlich wie hier im militärischen Sinn „Gepäckträger, Knappe, Bursche, Ordonnant, Adjutant, Leibwächter, Liktor." Der Begriff findet sich 2mal im Text (Mk 14,54.65).

414 3. KAPITEL

den Hohepriesters, genauer, dessen „Vor- oder Innenhof" (Mk 14,54: αὐλή)[1030], wobei der Narrator eine genauere Lokalisierung nicht vornimmt. Immerhin darf geschlossen werden, dass sich der Wohnsitz nicht allzu weit von Getsemani entfernt befinden dürfte. Die *Zeit* ist gegenüber Szene 73 unverändert geblieben, es ist immer noch später Abend oder Nacht des 15. Nissan. In *rhetorischer* Hinsicht kommt einerseits und erstmals Judas zu Wort, andererseits gefolgt von Jesu empörter Frage an die ihn verhaftende Menge, die freilich unbeantwortet bleibt. Mit dem Thema der Festnahme knüpft dieses Narrativ an die Szenen 12, 14, 41, 43, 45, 52, 59, 70–71 und 73–75 an.

Während Jesus den drei abermals eingeschlafenen Jüngern, Petrus, Jakobus und Johannes gebietet aufzustehen, da der Überlieferer nahe ist (vgl. Szene 75), erscheint schon Judas mit einer zu den Hohepriestern, Schriftgelehrten und Ältesten gehörenden Menge. Hatte Jesus in den Szenen 73 und 75 noch andeutend von „Überlieferer" gesprochen, dürfte die Identität des mit Namen eingeführten Verräters nun auch für die narrativen Akteure – insbesondere die Jünger – eindeutig geklärt sein. Einer der Zwölf ist somit und wie in Szene 74 angekündigt von der Gruppe „abgefallen" und hat sich als der wahre Schuldige identifiziert, indem er sich mit dem Gegner, hier auffallend unspezifisch als „Menge" bezeichnet, solidarisiert. Mit dieser nun „kommt er herbei" (Mk 14,43: παραγίνομαι)[1031], was auch „angreifen" meinen kann, damit die mit „Schwertern" (Mk 14,43.48 Pl.; Mk 14,47 Sing.: μάχαιρα)[1032] und „Stöcken" (Mk 14,43.48

1030   Menge-Güthling, „αὐλή," *Langenscheidts Großwörterbuch Altgriechisch-Deutsch*, 120; Walter Bauer, „αὐλή," *Griechisch-deutsches Wörterbuch zum Neuen Testament*, 243: Das Substantiv meint einerseits und wie hier „Gehöft, Hof, Vorhof, innerer Hof, Tempelvorhof" und andererseits „Vorzimmer, Wohnung, Haus, Hütte, Behausung, Residenz, Palast, Fürstenhof." Der Begriff findet sich 3mal im Text (Mk 14,54.66; 15,16).

1031   Liddell-Scott, „παραγίνομαι," *Greek-English Lexicon*, 1306; Menge-Güthling, „παραγίνομαι," *Langenscheidts Großwörterbuch Altgriechisch-Deutsch*, 519; Walter Bauer, „παραγίνομαι," *Griechisch-deutsches Wörterbuch zum Neuen Testament*, 1240–1241: Das Kompositum meint einerseits „dabei, zugegen, gegenwärtig, anwesend sein, beiwohnen, teilnehmen" und andererseits wie hier „herbei-, dazukommen, hin-, ankommen, eintreffen, sich einstellen, einfinden, erscheinen, zu Hilfe kommen, beistehen (im Kampf), (feindlich) angreifen." Das Verb findet sich als *Hapax legomenon* nur hier im Text.

1032   Liddell-Scott, „μάχαιρα," *Greek-English Lexicon*, 1085; Menge-Güthling, „μάχαιρα," *Langenscheidts Großwörterbuch Altgriechisch-Deutsch*, 437; Walter Bauer, „μάχαιρα," *Griechisch-deutsches Wörterbuch zum Neuen Testament*, 1005–1006: Das Substantiv meint einerseits „(großes) Messer, Schlachtmesser, Opfermesser" und andererseits wie hier „kurzer Säbel, Degen, Schwert, Dolch." Der Begriff findet sich 3mal und nur hier im Text.

EXEGETISCHE ANALYSE DES MARKUSEVANGELIUMS 415

Pl.: ξύλον)[1033] ausgerüstete Menge ihn festnehme. Mit diesen hatte der „Über-lieferer" (Mk 14,44; vgl. 3.1.5[3]) vorgängig – wohl während Jesu Gebetszeit (vgl. Szenen 75) – ein „(Erkennungs)Zeichen" (Mk 14,44: σύσσημον)[1034] vereinbart, nämlich dass sie denjenigen, den er „küsst" (Mk 14,44: φιλέω[1035]; Mk 14,45: κατα-φιλέω)[1036], „ergreifen" (Mk 14,44.46.49.51; vgl. 3.2.3[3]) und „sicher" (Mk 14,44: ἀσφαλῶς)[1037] „fortführen oder verhaften" (Mk 14,44.53: ἀπάγω)[1038] sollten. Das Adverb „sicher" ist dabei interessant, denn es deutet an, dass Judas und/oder die Häscher entweder mit einer Flucht oder einem vollmächtigen – vielleicht bewaffneten – Widerstand rechnen. Dem vereinbarten Zeichen entsprechend

---

1033   Liddell-Scott, „ξύλον," *Greek-English Lexicon*, 1191–1192; Menge-Güthling, „ξύλον," *Lan-genscheidts Großwörterbuch Altgriechisch-Deutsch*, 477; Walter Bauer, „ξύλον," *Grie-chisch-deutsches Wörterbuch zum Neuen Testament*, 1112–1113: Das Substantiv meint einerseits „Baum, Holz(stück), Scheit, Brenn-, Bauholz, Balken, Holzgerät, -geschirr," andererseits und wie hier „Stock, Knüppel, Prügel, Stange, Speer" und schließlich „Marterholz, Kreuz." Der Begriff findet sich 2mal und nur hier im Text.

1034   Liddell-Scott, „σύσσημον," *Greek-English Lexicon*, 1734; Walter Bauer, „σύσσημον," *Grie-chisch-deutsches Wörterbuch zum Neuen Testament*, 1585: Das Kompositum meint einerseits „Signal, Abzeichen, Flagge," andererseits „Zeichen, Kenn-, Wahr-, Erken-nungszeichen," ferner „Stempel, (Reichs)Insignien" und schließlich „Pfand." Das Sub-stantiv findet sich als *Hapax legomenon* nur hier im Text, auch im Blick auf das gesamte Neue Testament.

1035   Menge-Güthling, „φιλέω," *Langenscheidts Großwörterbuch Altgriechisch-Deutsch*, 728; Walter Bauer, „φιλέω," *Griechisch-deutsches Wörterbuch zum Neuen Testament*, 1713: Das Verb meint einerseits „lieben, gern haben, zugetan, gewogen sein, gastlich aufnehmen, bewirten, verpflegen," andererseits und wie hier „küssen, liebkosen," ferner „gutheißen, billigen" und schließlich „etwas gerne tun, pflegen." Der Begriff findet sich als *Hapax legomenon* nur hier im Text.

1036   Menge-Güthling, „καταφιλέω," *Langenscheidts Großwörterbuch Altgriechisch-Deutsch*, 377; Walter Bauer, „καταφιλέω," *Griechisch-deutsches Wörterbuch zum Neuen Testament*, 854–855: Das Kompositum meint „abküssen, (zärtlich) küssen, herzen." Das Verb findet sich als *Hapax legomenon* nur hier im Text.

1037   Walter Bauer, „ἀσφαλῶς," *Griechisch-deutsches Wörterbuch zum Neuen Testament*, 238: Das Adverb meint einerseits „in sicherer Gewahrsam halten" und andererseits wie hier „unter sicherer Bedeckung abführen." Der Begriff findet sich als *Hapax legomenon* nur hier im Text.

1038   Liddell-Scott, „ἀπάγω," *Greek-English Lexicon*, 174; Menge-Güthling, „ἀπάγω," *Langen-scheidts Großwörterbuch Altgriechisch-Deutsch*, 80; Walter Bauer, „ἀπάγω," *Griechisch-deutsches Wörterbuch zum Neuen Testament*, 158: Das Kompositum meint einerseits „ab-, fort-, weg-, herbei-, zurückführen, weg-, abziehen, weggehen, weg-, beiseite-, fort-schaffen," andererseits „verhaften, jemanden vor Gericht, ins Gefängnis oder zum Tod abführen" und schließlich „(Truppen) abmarschieren (lassen), abziehen, zum Abzug nötigen." Das Verb findet sich 3mal im Text (Mk 14,44.53; 15,16).

416   3. KAPITEL

tritt Judas sogleich zu Jesus, spricht ihn makaber mit „Rabbi" an, ein Ehrentitel, den bislang nur Petrus im Mund führte, und küsst ihn Zuneigung vortäuschend. Die Funktion dieses Erkennungszeichens dürfte dabei wohl weniger der Identifizierung Jesu dienen – denn er sollte auch dieser Menge bekannt sein, wie Jesus in Mk 14,49 selbst feststellt – als vielmehr der Kontrastierung einer vorgespielten Intimität mit der verräterischen Handlung. Sogleich legt die Menge „Hand" (Mk 14,46 Pl.; vgl. 3.2.3[3]) an Jesus und ergreift ihn, ob sie dabei von ihren Waffen Gebrauch machen, wird nicht gesagt. Der Narrator dramatisiert aber die Szene insofern, als geschildert wird, dass ein „Dabeistehender" das Schwert „ziehend" (Mk 14,47 Med.: σπάω)[1039] den Knecht des Hohepriesters „verwundet" (Mk 14,47: παίω)[1040], indem er ihm das „Ohr" (Mk 14,47) „abschlägt" (Mk 14,47: ἀφαιρέω)[1041]. Die Identität dieses Akteurs scheint rätselhaft, zur verhaftenden Menge kann er seiner feindlichen Handlung dieser gegenüber wohl kaum gehören, also müsste er auf der Seite Jesu sein. Jesus – so das Narrativ – ist jedoch seit Szene 73 einzig von seinen Jüngern und ab Szene 75 gar nur von den Drei umringt. Sofern also nicht zufälligerweise ein neuer Akteur dazugestoßen ist, müsste es sich um einen dieser drei Jünger handeln, denen er in Mk 14,34 den Auftrag zu wachen erteilt hatte. Die reflexartige Reaktion des einen Jüngers, sie könnte der Schuld erwachsen sein, von Jesus beim Schlafen statt beim Wachen ertappt worden zu sein, und Jesu Stillschweigen zu seiner Verteidigungstat passt zwar semantisch zu „dabeistehen," das auch „zum Dienst bereit dastehen" meinen kann, ist aber gleichwohl auffällig. Weshalb derje-

---

1039   Liddell-Scott, „σπάω," *Greek-English Lexicon*, 1625; Menge-Güthling, „σπάω," *Langenscheidts Großwörterbuch Altgriechisch-Deutsch*, 631; Walter Bauer, „σπάω," *Griechischdeutsches Wörterbuch zum Neuen Testament*, 1519: Das Verb meint im Medium einerseits und wie hier „(heraus)ziehen, (Schwert) zücken" und andererseits „an sich reißen, nehmen, nach etwas trachten." Der Begriff findet sich als *Hapax legomenon* nur hier im Text.

1040   Liddell-Scott, „παίω," *Greek-English Lexicon*, 1289; Menge-Güthling, „παίω," *Langenscheidts Großwörterbuch Altgriechisch-Deutsch*, 512; Walter Bauer, „παίω," *Griechischdeutsches Wörterbuch zum Neuen Testament*, 1224–1225: Das Verb meint einerseits „schlagen, los-, erschlagen, (ein)hauen, (nieder)stoßen, stechen" und andererseits „treffen, verwunden." Der Begriff findet sich als *Hapax legomenon* nur hier im Text.

1041   Liddell-Scott, „ἀφαιρέω," *Greek-English Lexicon*, 285–286; Menge-Güthling, „ἀφαιρέω," *Langenscheidts Großwörterbuch Altgriechisch-Deutsch*, 123; Walter Bauer, „ἀφαιρέω," *Griechisch-deutsches Wörterbuch zum Neuen Testament*, 249: Das Kompositum meint einerseits „ab-, fort-, wegnehmen," andererseits und wie hier „entfernen, absondern, trennen, wegschaffen, -räumen, beseitigen, verbannen, abhauen, -schlagen" und schließlich „entreißen, -ziehen, rauben, absprechen, befreien, vermindern." Das Verb findet sich als *Hapax legomenon* nur hier im Text.

EXEGETISCHE ANALYSE DES MARKUSEVANGELIUMS   417

nige nicht namentlich genannt ist, bleibt ungeklärt und überraschend zugleich, schließt der Erzähler doch so nicht aus, dass ein naher Jünger Jesu bewaffnet ist. Sind es die übrigen Jünger auch? Weshalb dieser (oder die) Jünger nun nicht Judas angreift, sondern den Knecht und diesem ausgerechnet das Ohr abschlägt, bleibt unerläutert – macht ihn das vielleicht zum Dienst untauglich, so wie sein Herr, der Hohepriester, von körperlichen Verstümmelungen frei sein muss? Endlich verleiht jemand, es ist Jesus allein, seiner Empörung Worte. Aber auch diese richten sich nicht an den Verräter, vielmehr an die Menge. Wie gegen einen Räuber seien sie mit ihren Schwertern und Stöcken „ausgezogen" (Mk 14,48; vgl. 3.2.2[3]) ihn „festzunehmen" (Mk 14,48: συλλαμβάνω)[1042]? fragt er – der Räuberei hatte er selbst schon die Jerusalemer Hohepriester, Ältesten, und insbesondere die Schriftgelehrten (mit den Pharisäern) bezichtigt (vgl. Szenen 18, 33, 57–59, 64) –, wo er doch „täglich" (Mk 14,49; vgl. 3.1.3[3]), genau genommen waren es zwei Tage, (öffentlich) im „Tempel" (Mk 14,49; vgl. 3.8.1[3]) lehrte und unbehelligt geblieben war. Damit leistet sich Jesu – ungeachtet der situativer Dramatik – eine spitze oder ironisch Bemerkung über die Furcht der Auftraggeber vor dem Volk, und sieht darin die „Schriften" (Mk 14,49 Pl.; vgl. 3.8.5[3]) erfüllt. Es sollte nicht die einzige Erfüllung einer Vorhersage bleiben, denn in diesem Augenblick trifft ein, was Jesu den Jüngern in Szene 74 prophezeit hatte: Alle seine Jünger, was Judas ausschließen muss, „fliehen oder desertieren" (Mk 14,50.52; vgl. 3.5.14[3]) ihn „verlassend" (Mk 14,50; vgl. 3.2.1[3]), und zwar in richtiger Beurteilung der Gefahr, denn der eine, seinen „nackten" (Mk 14,51.52: γυμνός)[1043] Körper bloß mit einem „Leinen(hemd)" (Mk 14,51.52: σινδών)[1044] umhüllte junge Mann, wird, als er Jesus nachfolgt, von

---

1042   Liddell-Scott, „συλλαμβάνω," *Greek-English Lexicon*, 1627; Menge-Güthling, „συλλαμβάνω," *Langenscheidts Großwörterbuch Altgriechisch-Deutsch*, 646; Walter Bauer, „συλλαμβάνω," *Griechisch-deutsches Wörterbuch zum Neuen Testament*, 1549–1550: Das Kompositum meint einerseits „zusammennehmen, -fassen, umfassen, -schließen," andererseits „mit sich nehmen, wegführen, -schaffen, -reißen," ferner und wie hier „festnehmen, -halten, ergreifen, gefangen nehmen, verhaften, erfassen, verstehen" und schließlich „mit Hand anlegen, teilnehmen, beistehen." Das Verb findet sich als *Hapax legomenon* nur hier im Text.

1043   Liddell-Scott, „γυμνός," *Greek-English Lexicon*, 362–363; Menge-Güthling, „γυμνός," *Langenscheidts Großwörterbuch Altgriechisch-Deutsch*, 153; Walter Bauer, „γυμνός," *Griechisch-deutsches Wörterbuch zum Neuen Testament*, 334–335: Das Adjektiv meint einerseits „bloß, nackt, unbekleidet, leicht oder dürftig bekleidet, ohne Obergewand, entblößt, unverhüllt, beraubt, leer, ledig, bar, ohne" und andererseits „unbewaffnet, leicht bewaffnet, wehrlos, unbedeckt (durch den Schild)." Der Begriff findet sich 2mal und nur hier im Text.

1044   Liddell-Scott, „σινδών," *Greek-English Lexicon*, 1600; Menge-Güthling, „σινδών," *Langen-

418   3. KAPITEL

der Menge ergriffen, der er knapp und nackt – da sich des Lein(tuches) ent-
ledigend – entfliehen kann. Auch bei diesem Akteur müsste es sich um einen
Jünger handeln, und auch hier stellt sich die Frage seiner Funktion im Narrativ. Angesichts der Handlung einerseits, in welcher der Held, hier im Spezifischen der messianische König, der auch Feldherr ist, dem Feind schließlich
unterliegt, und andererseits der Möglichkeit, das hier verwendete Vokabular
auch militärisch deuten zu können, könnte man überlegen, ob Mk 14,51–52 als
Bekräftigung dieser Niederlage militärische Untertöne hat, kann doch „junger
Mann" auch „Krieger," „nackt" auch „unbewaffnet oder ungenügend bewaffnet"
und „Leinen" auch „Flagge" im Sinne von „Feldzeichen" (aufgenähtes Zeichen,
Armbinde, Fahne, Standarte, figurgeschmückte Stange) meinen, dessen Verlust
an den Feind als Symbol der Gemeinschaft und Orientierungspunkt im Kampf
besondere Schmach symbolisiert.[1045] Nach diesem narrativen Tiefpunkt wird
Jesus durch die Menge zum amtierenden Hohepriester (im Singular) geführt,
wo sich alle Hohepriester (Plural), Schriftgelehrten und Älteste „versammeln"
(Mk 14,53; vgl. 3.3.6[3]). Jesus von fern „folgend (auch Heeresfolge leistend)"
(Mk 15,54; vgl. 3.2.1[3]), gelingt es Petrus in den Vorhof des hohepriesterlichen
Sitzes einzudringen, wo er sich unauffällig zu den Leibwachen beim „Licht(träger)" (Mk 14,54), in Form einer Fackel oder Feuers, setzt und wärmt – jedoch
nicht für lange, wie sich bald herausstellen wird.

(4)   Politisch-militärisches Profil
Jesu empörte Feststellung in der Szene, dass sie – die Menge der Hohepriester, Schriftgelehrten und Ältesten – wie gegen einen „Räuber" ausgezogen
sei,[1046] verrät wieder etwas von der feindlichen Fremdwahrnehmung, dem auf-
oktroyierten Stigma ihm gegenüber. Nicht zufällig wird er neben zwei „Räubern" gekreuzigt werden (vgl. Szene 82). Was aber Räuber meint, hat Jesus der
auftraggebenden Führungselite gegenüber in den Szenen 57 und 59 deutlich
formuliert:[1047] Die unrechtmäßige Aneignung, der Führungsanspruch von Gottes Erbe, welches Israel ist. Deshalb müssen sie Jesus als Aufrührer sehen, ein

---

scheidts *Großwörterbuch Altgriechisch-Deutsch*, 623; Walter Bauer, „σινδών," *Griechisch-
deutsches Wörterbuch zum Neuen Testament*, 1502: Das Substantiv meint einerseits „Lei-
nentuch, -hemd, -kleid" und andererseits auch „Fahne, Segel, Schlinge." Der Begriff
findet sich 4mal im Text (Mk 14,51.52; 15,46.46).

1045   Dass Kleidungsstücke als Mittel zur Übermittlung von Signalen verwendet werden
konnten, wird in Josephus, *Bell.* 5,85 explizit erwähnt.

1046   Vgl. Collins, die in dieser Anrede den Versuch des Evangelisten sieht, Jesus mit den
Revolutionären des Aufstandes zu kontrastieren (*Mark*, 686).

1047   Vgl. auch Ebner, *Das Markusevangelium*, 151.

EXEGETISCHE ANALYSE DES MARKUSEVANGELIUMS

Schicksal, das andere Lehrer vor Jesus auch schon ereilte (vgl. 5.4.4[1]), und bedürfen der Hilfe des Insiders Judas. Sie wird nicht nur Jesu unehrenhaften Tod, sondern auch die vollständige Auflösung des Kollektivs zur Folge haben. Doch dieser machtpolitische, juristisch-polizeiliche Triumph sei nicht endgültig, sondern von Gott vorherbestimmt und in den Schriften belegt, versichert Jesus. Dabei tritt er – anders als in der vorhergehenden Szene – sowohl dem zeichengebenden Judas (vgl. 5.7.3[2]) als auch seinen bewaffneten Häschern gegenüber souverän auf (vgl. 5.6.4[6]), sich in das Unrecht hineinschickend aber nicht ohne es anzuklagen (vgl. 5.8.3[1]). Anders die Jünger, nach einem anfänglichen Beschützerreflex und gescheiterten Nachfolgeversuchen, versagen sie. Ihrer Aufgabe „bei ihm zu sein" (vgl. Mk 3,14) vermögen sie jetzt nicht gerecht zu werden, für den Tod sind sie – anders als Jesus gegenüber bekräftigt – nicht bereit (vgl. Szene 74; 5.6.4[2]). Sie fliehen aus der stigmatisierten Gruppe, sie „desertieren" (vgl. 5.7.3[4]), wohin, bleibt ungesagt, und lassen den Häschern ein Gewand als Beute zurück (vgl. 5.7.3[2]). Es erfüllt sich, was Jesus den Jünger vorausgesagt hatte, nämlich, dass sie abfallen und zwar ruhmlos (vgl. Szene 74; 5.6.4[5]), um so die Niederlage zu dokumentieren (vgl. 5.7.3[2]). Aber von der Zerstreuung war dort im Passiv die Rede, weshalb für dieses geächtete Vergehen keine zu erwartende Androhung der Todesstrafe an sie ergeht, einer solchen würdig aber ist offensichtlich des Judas' Verrat (vgl. Szene 73; 5.7.3[2]; 5.7.3[4]). Sie sollen nicht sterben – zumindest nicht jetzt, sondern zu gegebener Zeit mit dem auferstandenen Jesus gemeinsam regieren.

3.10.3   *Szene 77 (Mk 14,55–65): Das Synedrium verurteilt Jesus (in Jerusalem) wegen Lästerung zum Tod*

(1)   Szene

Die siebenundsiebzigste Szene Mk 14,55–65 handelt davon, wie das Synedrium Jesus (in Jerusalem) wegen Lästerung zum Tod verurteilt. Wie bereits die Szenen 03–05, 17–18, 27, 40–43, 45, 52, 55, 59 und 71–76 gehört somit auch diese zu den biographischen, und zwar das Leben Jesu betreffenden Szenen, und wie bereits die Szenen 10–14, 17–18, 27, 29, 33, 37, 48, 57–62, 70 und 76 gehört sie ferner auch zu den gegnerbezogenen, und zwar die Hohepriester, Schriftgelehrten und Ältesten betreffenden Szenen. Die Szene unterscheidet sich von der nachfolgenden nicht im Blick auf die Zeit, wohl aber im Blick auf Akteure, Ort, Handlung und Thema, verleugnet doch dort Petrus den Jesus (in Jerusalem) drei Mal.

(2)   Text

14^{55} Die Hohepriester aber und das ganze Synedrium suchten Zeugnis gegen Jesus zu seiner Tötung, aber sie fanden keines. ^{56} Denn viele legten falsches

420   3. KAPITEL

Zeugnis gegen ihn ab, und die Zeugnisse waren nicht übereinstimmend. [57] Und
einige legten aufstehend falsches Zeugnis gegen ihn ab sagend: [58] Wir hörten
ihn sagend: Ich werde diesen von Menschenhänden gemachten Tempel zerstören und in drei Tagen einen anderen, nicht von Menschenhänden gemachten
erbauen. [59] Auch in diesem war ihr Zeugnis nicht übereinstimmend. [60] Und
aufstehend (trat) der Hohepriester in die Mitte und fragte Jesus sagend: Antwortest du nichts auf das, was diese gegen dich zeugen? [61] Er aber schwieg und
antwortete nichts. Wieder fragte der Hohepriester ihn und sagt zu ihm: Bist du
der Christus, der Sohn des Hochgelobten? [62] Jesus aber sagte: Ich bin es, und
ihr werdet den Sohn des Menschen zur Rechten der Macht sitzen und kommen
sehen mit den Wolken des Himmels. [63] Der Hohepriester aber sagt seine Kleider zerreißend: Was brauchen wir noch Zeugen? [64] Ihr hörtet die Lästerung.
Was scheint euch? Sie alle aber verurteilten ihn, dass er des Todes schuldig sei.
[65] Und einige begannen ihn anzuspeien und sein Angesicht zu verhüllen und
ihn zu schlagen und sagen zu ihm: Weissage! Auch die Leibwachen erteilten
ihm Schläge.[1048]

(3)   Inhalt

Explizit anwesende *Akteure* dieser Szene sind einerseits „Jesus" (Mk 14,55.60.62;
vgl. 3.1.1[3]), der die Frage, ob er der „Christus" (Mk 14,61; vgl. 3.1.1[3]) und
„Sohn des Hochgelobten" (Mk 14,61; Mk 14,61: εὐλογητός)[1049] sei, bejaht, und
sich selbst einmal mehr mit „Menschensohn" (Mk 14,62; vgl. 3.2.5[3]) betitelt,
andererseits das „ganze Synedrium" (Mk 14,55: ὅλος; Mk 14,55; vgl. 3.9.2[3]),
bestehend aus allen „Hohepriestern" (Mk 14,55 Pl.; Mk 14,60.61.63; vgl. 3.3.2[3]),
Schriftgelehrten und Ältesten (vgl. Mk 14,53), ferner „viele beziehungsweise
einige" (Mk 14,56 Pl.; Mk 14,57.65) Falschzeugen und schließlich „Leibwachen"
(Mk 14,65 Pl.; vgl. 3.10.2[3]). Und erwähnte Akteure sind einerseits Gott über
den Begriff „Macht" (Mk 14,62; vgl. 3.5.4[3]) und andererseits echte „Zeugen"
(Mk 14,63 Pl.: μάρτυς)[1050], die gar nicht gesucht und deshalb auch nicht befragt

---

1048   Literarisch folgt Szene 77 einem chiastischen Schema: A: Mk 14,55–59 (Tötung, Zeug-
        nisse); B: Mk 14,60–61 (Jesus, Sohn des Hochgelobten); B': Mk 14,62 (Jesus, Sohn der
        Menschen); A': Mk 14,63–65 (Zeugen, Tod).

1049   Menge-Güthling, „εὐλογητός," *Langenscheidts Großwörterbuch Altgriechisch-Deutsch*,
        298; Walter Bauer, „εὐλογητός," *Griechisch-deutsches Wörterbuch zum Neuen Testament*,
        652–653: Das Kompositum meint neben „hochgelobt" oder substantiviert „Hochge-
        lobter" für Gott auch „gepriesen und gesegnet." Das Adjektiv findet sich als *Hapax
        legomenon* nur hier im Text.

1050   Menge-Güthling, „μάρτυς," *Langenscheidts Großwörterbuch Altgriechisch-Deutsch*, 436;

EXEGETISCHE ANALYSE DES MARKUSEVANGELIUMS 421

werden. *Ort* und *Zeit* sind gegenüber der vorhergehenden Szene unverändert geblieben, der Wohnsitz des Hohepriesters in der Nacht des 15. Nissan. In *rhetorischer* Hinsicht sind einerseits die Falschaussagen einiger Zeugen zu vernehmen, andererseits zwei Fragen des amtierenden Hohepriesters an Jesus, ferner dessen Antwort, dann die Reaktion des Vorsitzenden und schließlich die höhnische Aufforderung einiger, er solle weissagen. Mit dem Thema des Verhörs knüpft dieses Narrativ an die Passionsszenen 12, 14, 41, 43, 45, 52, 59, 70–71 und 73–76 an.

Nachdem sich sämtliche Hohepriester, Schriftgelehrten und Ältesten zum Synedrium versammelt und den Angeklagten herbeigeführt haben, wird nach einem „Zeugnis" (Mk 14,55.59; Mk 14,56 Pl.: μαρτυρία)[1051] zur „Tötung" (Mk 14,55; vgl. 3.9.2[3]) Jesu gesucht, als ob ein todeswürdiges Urteil schon vor der Zeugenanhörung feststünde, aber gefunden wird keines. Da die einundsiebzig (vgl. Num 11,16) das Synedrium konstituierenden Richter nicht auch Zeugen sein können, erstaunt die fehlende Information zu denselben. Wer sind die „vielen" und sind sie gesetzlich zur Zeugenaussage tauglich (vgl. mSan 3,1–5)? Woher wurden sie so eilig herbeigeschafft? Von welchem Interesse sind sie geleitet? Befindet sich Judas etwa unter ihnen? Der Erzähler gibt dazu keine Auskunft, er stellt nur fest, dass „allesamt" „falsches Zeugnis" (Mk 14,56.57; vgl. 3.7.6[3]) ablegen, ein Verstoß gegen das neunte Gebot (vgl. Ex 20,16; Dtn 5,20), weshalb sie auch nicht „übereinstimmen" (Mk 14,56.59: ἴσος[1052]; vgl. mSan 3,6; 5,1–4). Unter diesen berichten einige – gleichsam falsch zeugend und nicht übereinstimmend – gehört zu haben, wie Jesus gesagt habe, er wolle diesen von „Menschenhand gemachten" (Mk 14,58) „Tempel" (Mk 14,58: ναός)[1053] „zerstören"

Walter Bauer, „μάρτυς," *Griechisch-deutsches Wörterbuch zum Neuen Testament*, 1001–1002: Das Substantiv meint neben „Zeuge, Zeugin" wie hier auch „Beweis, Blutzeuge, Märtyrer." Der Begriff findet sich als *Hapax legomenon* nur hier im Text.

1051   Menge-Güthling, „μαρτυρία," *Langenscheidts Großwörterbuch Altgriechisch-Deutsch*, 436; Walter Bauer, „μαρτυρία," *Griechisch-deutsches Wörterbuch zum Neuen Testament*, 1000–1001: Das Substantiv meint einerseits „Bezeugen, Zeugnisablegung, Zeugenaussage" und andererseits wie hier „Zeugnis, Beweis, Ruhm, Predigt." Der Begriff findet sich 3mal und nur hier im Text.

1052   Menge-Güthling, „ἴσος," *Langenscheidts Großwörterbuch Altgriechisch-Deutsch*, 347; Walter Bauer, „ἴσος," *Griechisch-deutsches Wörterbuch zum Neuen Testament*, 772: Das Adjektiv meint einerseits wie hier „gleich, derselbe, übereinstimmend, gleichberechtigt" und andererseits „entsprechend, angemessen, gehörig, gerecht, billig, unparteiisch." Der Begriff findet sich 2mal und nur hier im Text.

1053   Menge-Güthling, „ναός," *Langenscheidts Großwörterbuch Altgriechisch-Deutsch*, 464; Walter Bauer, „ναός," *Griechisch-deutsches Wörterbuch zum Neuen Testament*, 1079–1080: Das Substantiv meint neben „Tempel" wie hier auch „Feldherrenzelt" oder „inne-

422 3. KAPITEL

(Mk 14,58; vgl. 3.9.1[3]) und in drei Tagen einen anderen, „nicht von Menschenhand gemachten" (Mk 14,58) „erbauen" (Mk 14,58; vgl. 3.8.5[3]). Etwas Ähnliches hatte Jesus in Szene 66 in der Tat gesagt, jedoch nur zu seinen Jüngern und zwar, dass vom Tempel kein Stein auf dem anderen bleibt, der nicht niedergerissen werden wird (vgl. Mk 13,2). In einen Kriegskontext hatte er dieses Wort allerdings nur für die Vier, Petrus, Jakobus, Johannes und Andreas gestellt (vgl. Mk 13,7–8). War die erste Aussage möglicherweise die Insiderinformation, die Judas den Hohepriestern in Szene 70 weitergeleitet hatte? Und wer verfälschte die Aussagen Jesu, Judas oder die Zeugen, allenfalls im Auftrag und gegen Bezahlung der Hohepriester? Nach diesem Zeugendebakel begibt sich der vorstehende Hohepriester in die Mitte und erkundigt sich bei Jesus, ob er auf diese „Zeugenaussagen gegen ihn" (Mk 14,60: καταμαρτυρέω)[1054] nichts sagen wolle, worauf dieser „schweigt" (Mk 14,61; vgl. 3.3.3[3]). Daraufhin fragt er ihn erneut, und zwar, ob er der Christus sei, der Sohn des Hochgelobten, worauf dieser klar und deutlich antwortet: Er ist es, und sie – die Anwesenden – werden den Sohn des Menschen zur „Rechten" (Mk 14,62; vgl. 3.7.9[3]) der Macht, die da Gott ist, sitzen und mit den „Wolken des Himmels" (Mk 14,62 Pl.; vgl. 3.1.3[3]; 3.6.6[3]) kommen sehen. Eine Kriegserklärung. Erschüttert zerreißt der Hohepriester seine „Kleider" (Mk 14,63 Pl.; vgl. 3.5.6[3]) und fragt, wozu es denn noch der Zeugen „bedürfe" (Mk 14,63; vgl. 3.2.6[3]), ein implizites Eingeständnis, dass die Zeugnisse zu einer Verurteilung zum Tod nichts taugen, und eine Handlung, die Jesu Aussage als „Lästerung" (Mk 14,64; vgl. 3.3.7[3]) deutet und sie mit Worten auch als solche qualifiziert.[1055] Darauf folgt ein „einstimmig" (Mk 14,64 Pl.) gefälltes „Urteil" (Mk 14,64; vgl. 3.7.8[3]), und da bereits die absolute Mehrheit genügt hätte (vgl. mSan 5,5), unterstreicht der Erzähler die Dramatik der Situation, wonach Jesus für des „Todes" (Mk 14,64; vgl. 3.5.11[3]) „schuldig" (Mk 14,64; vgl. 3.3.7[3]) befunden wird. Inwiefern ist Jesu Antwort „lästerlich" und inwiefern des Todes würdig? Wichtig ist festzuhalten, dass der Narrator von „Lästerung" und nicht explizit von „Gotteslästerung" spricht. Freilich kann sie Letzteres meinen, ist aber nach Lev 24,16 und mSan 7,5 nur dann des Todes würdig, wenn explizit und hörbar der „Name Gottes"

---

rer Tempelraum, Allerheiligstes." Der Begriff findet sich 3mal im Text (Mk 14,58; 15,29.38).

1054 Menge-Güthling, „καταμαρτυρέω," *Langenscheidts Großwörterbuch Altgriechisch-Deutsch*, 371; Walter Bauer, „καταμαρτυρέω," *Griechisch-deutsches Wörterbuch zum Neuen Testament*, 842: Das Kompositum meint neben „gegen jemanden zeugen" wie hier auch „etwas Nachteiliges bezeugen." Das Verb findet sich als *Hapax legomenon* nur hier im Text.

1055 Vgl. Collins, *Mark*, 705.

EXEGETISCHE ANALYSE DES MARKUSEVANGELIUMS   423

gelästert wurde, was Jesus hier in keiner Weise angelastet werden kann. So sagt Jesus selbst in Szene 18 zu den Jerusalemern Schriftgelehrten, dass die Lästerungen der Menschen vergeben würden. Nun mag in den Ohren des Hohepriesters und dem gesamten Synedrium die Tatsache, dass sich aus ihrer Sicht ein Mensch zum Gottessohn erklärt,[1056] tatsächlich unerträglich lästerlich erklingen, aber aus dem Kontext wie auch mit Blick auf die Mischna eröffnet sich eine weitere Deutungsperspektive: Prozesse über Kapitalverbrechen dürfen nie des Nachts, an Vorabenden des Sabbats oder Feiertagen stattfinden; auch darf Zeugenanhörung und Urteil in solchen Prozesse nicht innerhalb desselben Tages stattfinden, sondern hat an darauffolgenden Tagen zu geschehen (mSan 4,1). Mit einer Ausnahme allerdings, so müssen nämlich nach mSan 11,3–4 solche, die sich gegen die Worte der Schriftgelehrten auflehnen, explizit vor das Hohe Gericht nach Jerusalem gebracht und während der Festzeit getötet werden, so dass „das ganze Volk es höre und sich fürchte und fortan nicht frevle" (vgl. Dtn 17,13).[1057] Dieser Anklage nun machte sich Jesus mehrfach schuldig, am deutlichsten im Weinbergleichnis in Szene 59. Empört sich das Synedrium deshalb „zu recht" (auch) über die lästerliche Hinterfragung ihrer Autorität, quasi als „Majestätsbeleidigung," die Jesu Antwort letztlich so unmissverständlich und deutlich wie nie zuvor impliziert? Muss die oberste jüdische und mit Jurisdiktions- und Polizeigewalt ausgestatte Behörde Jerusalems und Judäas deshalb ein Exempel statuieren? Vielleicht beginnen deshalb einige – wohl Gerichtsmitglieder – ihn verächtlich „anzuspeien" (Mk 14,65; vgl. 3.7.8[3]), sein „Angesicht" (Mk 14,65; vgl. 3.1.2[3]), wie dasjenige des Mose zu verhüllen[1058] und ihn höhnisch zur Weissagung aufzufordern, ihn gar brachial und gemeinsam über die Leibwachen mit „Schlägen" (Mk 14,65 Pl.: ῥάπισμα)[1059]

1056   Vgl. Collins, für welche dies mit Verweis auf Philo einer weiteren Fassung von Blasphemie entspricht (*Mark*, 706).

1057   Die Todesursache wegen „Widerspruch gegen die Weisen" bestätigt auch bGitt 57a: „Hierauf ließ er Jesus durch Nekromantie erscheinen und fragte ihn, wer in jener Welt am geachtetsten sei. Dieser erwiderte: Jisraél. – Soll man sich ihnen anschließen? Dieser erwiderte: Suche ihr Bestes und nicht ihr Böses; wer an ihnen rührt, rührt an seinen Augapfel. Sodann fragte er ihn: Womit wirst du gerichtet? Dieser erwiderte: Mit siedendem Kote. Der Meister sagte nämlich: Wer über Worte der Weisen spottet, wird mit siedendem Kote gerichtet. Komm und sieh den Unterschied zwischen den Abtrünnigen Jisraéls und den Propheten der weltlichen Völker."

1058   Collins erachtet dieses Detail als eine sekundäre und von Lk 22,64 beeinflusste Hinzufügung (*Mark*, 696).

1059   Liddell-Scott, „ῥάπισμα," *Greek-English Lexicon*, 1565; Menge-Güthling, „ῥάπισμα," *Langenscheidts Großwörterbuch Altgriechisch-Deutsch*, 612; Walter Bauer, „ῥάπισμα," *Griechisch-deutsches Wörterbuch zum Neuen Testament*, 1470: Das Substantiv meint neben

424　　　　　　　　　　　　　　　　　　　　　　　　　　3. KAPITEL

zu „schlagen" (Mk 14,65: κολαφίζω)[1060]. Ganz offenbar will der Erzähler die Richter als eine Art Mob darstellen.

(4)　　　　Politisch-militärisches Profil

Nicht nur bejaht Jesus in dieser Szene die Frage nach seiner messianischen Identität, ja, er sei der Gesalbte, der Christus, mehr noch, darüber hinaus sei er auch der Sohn Gottes. In dieser Rolle würden sie ihn spätestens dann, wenn sie ihn neben Gott sitzen und auf den Wolken kommen sehen werden, er- und anerkennen müssen. Das Synedrium hat trotz dieses Selbstanspruchs, der seine Legitimität hinterfragt (vgl. 5.5.4[1]), von seiner noch vorhandenen Machtfülle Gebrauch gemacht. Es stehen sich Selbstwahrnehmung und Fremdwahrnehmung unversöhnlich gegenüber. Zudem beginnt sich das, was im Blick auf sein Ende angekündigt wurde, zu erfüllen: die Verspottung Jesu, die Anspeiung und die Schläge (vgl. Szene 52). Auch im Kontext des Bürgerkriegs unter den – wie Josephus sie nennt – „Tyrannen" Johannes und Simon waren Scheinprozesse an der Tagesordnung (vgl. 5.3.4[1]; 5.6.4[5]; 5.7.3[4]).[1061] Mit dem Mittel der Falschaussage, meistens wurde den Angeklagten angedichtet, dass sie zu den Römern überlaufen wollten, dienten sie dort dem Zweck, potentielle Konkurrenten aus der Jerusalemer Elite zu eliminieren (vgl. 5.6.3[5]). Hier scheint die Lage umgekehrt, die Elite fühlt sich vom Machtanspruch des messianischen Prätendenten hinterfragt. Aber weil Judäa zu dieser Zeit einem Prokurat untersteht, liegt die Kapitalgewalt in den Händen der Römer (vgl. 5.4.4[1]; 5.6.4[6]; 5.8.3[1]). Aber die Niederlage, die der Rat Jesus beschert, wird ihn nach eigener Aussage nicht aufhalten, sondern ihn zur Rechte Gottes erhöhen (vgl. 5.7.3[5]; 5.8.3[4]), und, wie die Römer, wird er im Zeichen der Wolken (vgl. 5.3.4[2]; 5.7.3[2]) zurückkehren, diesmal aber, um wie Vespasian zu siegen, so scheinen die Jesus in den Mund gelegten Worte zu implizieren (vgl. 5.4.4[2]; 5.5.4[5]; 5.6.4[1]; 5.6.4[6]; 5.7.3[4]; 5.8.3[3]).

　　　　„Schlag (mit Stock oder Rute)" wie hier auch „Ohrfeige." Der Begriff findet sich als *Hapax legomenon* nur hier im Text.

1060　Liddell-Scott, „κολαφίζω," *Greek-English Lexicon*, 971; Menge-Güthling, „κολαφίζω," *Langenscheidts Großwörterbuch Altgriechisch-Deutsch*, 397; Walter Bauer, „κολαφίζω," *Griechisch-deutsches Wörterbuch zum Neuen Testament*, 896–897: Das Verb meint neben „ohrfeigen" wie hier auch „(mit Fäusten) schlagen und misshandeln." Der Begriff findet sich als *Hapax legomenon* nur hier im Text.

1061　Vgl. auch Marcus, *Mark*, 1:34.

EXEGETISCHE ANALYSE DES MARKUSEVANGELIUMS 425

3.10.4 *Szene 78 (Mk 14,66–72): Petrus verleugnet Jesus (in Jerusalem) drei Mal*

(1)   Szene

Die achtundsiebzigste Szene Mk 14,66–72 handelt davon, wie Petrus Jesus (in Jerusalem) drei Mal verleugnet. Wie bereits die Szenen 06, 11, 16, 19–23, 28, 31, 38, 41, 43, 45–49, 51–53, 56, 65–70, 74 und 78 gehört somit auch diese Szene zu den jüngerbezogenen, und zwar Petrus betreffenden Szenen. Die Szene unterscheidet sich von der nachfolgenden im Blick auf Akteure, Ort, Zeit, Handlung und Thema, überliefert doch dort das Synedrium (in Jerusalem) Jesus dem Pilatus.

(2)   Text

14[66] Und als Petrus unten im Hof war, kommt eine von den Mägden des Hohepriesters, [67] und als sie Petrus sich wärmen sah, sagt sie ihn anblickend: Auch du warst mit dem Nazarener Jesus. [68] Er aber leugnete sagend: Weder weiß ich noch verstehe ich, was du sagst. Und er ging hinaus in den Vorhof. [69] Und als die Magd ihn sah, begann sie wieder zu den Dabeistehenden zu sagen: Dieser ist (einer) von ihnen. [70] Er aber leugnete wieder. Und kurz nachher sagten die Dabeistehenden zu Petrus: Wahrhaftig, du bist (einer) von ihnen, denn auch du bist Galiläer. [71] Er aber begann zu fluchen und zu schwören: Ich kenne diesen Menschen nicht, von dem ihr redet. [72] Und sogleich krähte der Hahn zum zweiten Mal. Und Petrus gedachte des Wortes, wie Jesus zu ihm gesagt hatte: Ehe der Hahn zweimal kräht, wirst du mich dreimal verleugnen. Und hineinstürzend weinte er.[1062]

(3)   Inhalt

Explizit anwesende *Akteure* dieser Szene sind einerseits „Petrus" (Mk 14,66.67. 70.72; vgl. 3.3.5[3]), der von den Anwesenden als einer „von ihnen" (Mk 14,69.70 Pl.), als „Galiläer" (Mk 14,70: Γαλιλαῖος)[1063] identifiziert wird, was vielleicht den Rückschluss erlaubt, dass alle Jünger – zumindest in der Außensicht – als Galiläer wahrgenommen werden, andererseits eine „Magd (des Hohepriesters)" (Mk 14,66.69: παιδίσκη[1064]), ferner „Dabeistehende" (Mk 14,69.70 Pz.

1062   Literarisch folgt Szene 78 einem chiastischen Schema: A: 14,66 (Petrus); B: Mk 14,67–69 (leugnen, nicht kennen, einer von ihnen); B': Mk 14,70–71 (leugnen, einer von ihnen, nicht kennen); A': Mk 14,72 (Petrus).

1063   Walter Bauer, „Γαλιλαῖος," *Griechisch-deutsches Wörterbuch zum Neuen Testament,* 302: Das Adjektiv meint „Galiläer." Der Begriff findet sich als *Hapax legomenon* nur hier im Text.

1064   Menge-Güthling, „παιδίσκη," *Langenscheidts Großwörterbuch Altgriechisch-Deutsch,*

426   3. KAPITEL

Pl.; vgl. 3.4.3[3]) und schließlich ein „Hahn" (Mk 14,72.72; vgl. 3.9.9[3]). Und erwähnte Akteure sind einerseits „Jesus" (Mk 14,67.72; vgl. 3.1.1[3]), der „Nazarener" (Mk 14,67; vgl. 3.2.2[3]), den Petrus als fremden „Menschen" (Mk 14,71; vgl. 3.2.1[3]) nicht kennen will, und andererseits die Jesus gehörenden Nachfolger (Mk 14,69.70), womit wohl die Jünger gemeint sind. Der *Ort* der Szene ist wieder der „Hof" (Mk 14,66; vgl. 3.10.2[3]) beziehungsweise der „Vorhof" (Mk 14,68: προαύλιον)[1065] des hohepriesterlichen Sitzes, und auch in *temporaler* Hinsicht ist es immer noch die Nacht des 15. Nissan, wobei kurz vor Tagesanbruch. In *rhetorischer* Hinsicht identifiziert die Magd einerseits 2mal und Dabeistehende 1mal den Petrus als zur Gruppe Jesu gehörend, was dieser andererseits und wie vorausgesagt 3mal leugnet, und sich schließlich der Worte Jesu diesbezüglich erinnert. Mit dem Thema der Verleugnung knüpft dieses Narrativ an die Szene 74 und 76 an.

Nachdem Jesus dem gesamten Synedrium seine Identität offenbart und deshalb der Lästerung für schuldig befunden, verspottet und geschlagen wurde, begibt sich hier eine der hohepriesterlichen Mägde in den Hof hinunter und beobachtet, wie Petrus sich dort mit den Leibwachen am Feuer wärmt (vgl. Mk 14,54). Ihn „anblickend" (Mk 14,67; vgl. 3.6.3[3]) und erkennend stellt sie argwöhnisch fest, dass auch er mit dem Nazarener Jesus, um dessen soeben stattgefundene Verurteilung sie vielleicht schon weiß, gewesen sei. Was die Magd allerdings zu dieser Stunde in den Hof treibt, und woher sie Petrus kennt und/oder trotz schlechter Lichtverhältnisse und einzig auf der Basis seiner äußerlichen Erscheinung wiedererkennt – denn Petrus hat noch nicht gesprochen –, verschweigt der Narrator. Aufgeschreckt entgegnet ihr Petrus „leugnend" (Mk 14,68.70: ἀρνέομαι[1066]; Mk 14,72; vgl. 3.6.5[3]) und vermutlich für

---

512; Walter Bauer, „παιδίσκη," *Griechisch-deutsches Wörterbuch zum Neuen Testament,* 1223: Das Substantiv als Diminutiv von „παῖς" meint einerseits „(junges) Mädchen," andererseits und wie hier „(junges) Mägdlein, Magd, Dienerin, Sklavin" und schließlich „Dirne Freudenmädchen." Der Begriff findet sich als 2mal und nur hier im Text.

1065   Menge-Güthling, „προαύλιον," *Langenscheidts Großwörterbuch Altgriechisch-Deutsch,* 580; Walter Bauer, „προαύλιον," *Griechisch-deutsches Wörterbuch zum Neuen Testament,* 1407: Das Kompositum meint neben „Vorhof" wie hier auch „Vorhalle." Das Substantiv findet sich als *Hapax legomenon* nur hier im Text, auch im Blick auf das gesamte Neue Testament.

1066   Liddell-Scott, „ἀρνέομαι," *Greek-English Lexicon,* 244; Menge-Güthling, „ἀρνέομαι," *Langenscheidts Großwörterbuch Altgriechisch-Deutsch,* 108; Walter Bauer, „ἀρνέομαι," *Griechisch-deutsches Wörterbuch zum Neuen Testament,* 216–217: Das Verb meint einerseits „nein sagen, verneinen, abschlagen, ablehnen, verweigern, versagen, abschwören (einer Pflicht, einem Amt)" und andererseits „(ver)leugnen, nicht kennen wollen,

EXEGETISCHE ANALYSE DES MARKUSEVANGELIUMS 427

die Leibwachen hörbar (vgl. Mk 14,54), dass er weder „wisse" (Mk 14,68.71; vgl. 3.2.2[3]) noch „verstehe" (Mk 14,68: ἐπίσταμαι)[1067], was sie sage, und begibt sich – vielleicht sicherheitshalber – vom Hof in den Vorhof des wohl beeindruckenden Palastes. Die Magd muss ihm dahin gefolgt sein, und wiederholt ihre Einsicht vor nicht identifizierten Dabeistehenden und sagt zu ihnen lauthals, dass dieser einer von ihnen sei. Wieder leugnet Petrus. Doch kurz darauf erkennen auch diese ihn, vielleicht seines Dialektes wegen, und bestätigen, dass er wahrhaftig einer „von ihnen" ist, denn er sei Galiläer. Die zunehmend gefährliche Situation korrekt einschätzend wiederholt er zum dritten Mal „fluchend" (Mk 14,71: ἀναθεματίζω)[1068] und „schwörend" (Mk 14,71; vgl. 3.5.7[3]), dass er diesen Menschen, von dem sie sprechen nicht kennt, womit er seine Identität verschleiert. Als er geendet hat, hört er den Hahn zum zweiten Mal krähen, und jetzt erinnert er sich an das „Wort" (Mk 14,72; vgl. 3.7.1[3]) Jesu (vgl. Mk 14,30). In diesem Augenblick dürfte Petrus bewusst geworden sein, dass er weit hinter seiner emphatischen Beteuerung steht, in welcher er Jesus versichert hatte, anders als die übrigen Jünger weder von ihm abzufallen noch ihn angesichts des Todes zu verleugnen (vgl. Mk 14,29.31). In der Leugnung aber, hat auch Petrus sich von Jesus „losgesagt," seinen „Dienst verweigert" – zwei Bedeutungsvarianten von „leugnen" – und sich zur Aufgabe seines Lebens für Jesus wie die anderen für nicht bereit erwiesen (vgl. Szene 41). Die Selbsterkenntnis dramatisierend dargestellt, „bricht" (Mk 14,72; vgl. 3.5.1[3]) Petrus „weinend" (Mk 14,72; vgl. 3.5.3[3]) zusammen. Von Düsterkeit ist sein narrativer Abtritt gezeichnet, was zur sich anbahnenden Finsternis des folgenden Kapitels passt.[1069]

---

nicht anerkennen, sich lossagen, verschmähen, nichts wissen wollen von, bestreiten, in Abrede stellen." Der Begriff findet sich 2mal und nur hier im Text.

1067 Menge-Güthling, „ἐπίσταμαι," *Langenscheidts Großwörterbuch Altgriechisch-Deutsch*, 275; Walter Bauer, „ἐπίσταμαι," *Griechisch-deutsches Wörterbuch zum Neuen Testament*, 607: Das Verb meint einerseits und wie hier „verstehen, kennen, bekannt sein mit, kundig, erfahren, können, vermögen," andererseits „wissen, einsehen" und schließlich „glauben, meinen." Der Begriff findet sich als *Hapax legomenon* nur hier im Text.

1068 Liddell-Scott, „ἀναθεματίζω," *Greek-English Lexicon*, 105; Menge-Güthling, „ἀναθεματίζω," *Langenscheidts Großwörterbuch Altgriechisch-Deutsch*, 53; Walter Bauer, „ἀναθεματίζω," *Griechisch-deutsches Wörterbuch zum Neuen Testament*, 106: Das Kompositum meint neben „fluchen" auch „verfluchen, unter Fluchen beteuern, sich verschwören." Das Verb findet sich als *Hapax legomenon* nur hier im Text.

1069 Vgl. auch Miller, *Women in Mark's Gospel*, 145–152.

428   3. KAPITEL

(4)   Politisch-militärisches Profil
Jesus wird in dieser Szene im Außenblick als Fremder, als „Nazarener," wie
auch Petrus als „Galiläer" und abschätzend unspezifisch als „einer von ihnen"
dargestellt (vgl. 5.6.4[3]). Offenbar ist dies ausreichend, ihn für schuldig zu
befinden (vgl. 5.8.3[1]). Petrus erkennt die von dieser Identifizierung ausgehende Gefahr und negiert zwar seine galiläische Identität nicht, wohl aber
seine Zugehörigkeit zum Stigmatisierten und dessen Gruppe. Dabei erweisen
sich seine früheren emphatischen Beteuerungen – nicht abzufallen und zu fliehen (vgl. 5.6.4[5]; 5.7.3[4]) und Jesus selbst im Angesicht des Todes nicht zu
verleugnen –, bei Rückfrage einer einfachen Magd als leere Worthülsen (vgl.
5.6.4[9]).[1070] Was er an Schwäche nicht für möglich hielt, hatte Jesus – durch
das akustische Zeichen des Hahnenschreis angekündigt – vorausgesehen (vgl.
5.7.3[2]). Lediglich einer anonymen Magd bedurfte es, um ihn zu brechen.
Die Bezeichnung „Galiläer" ist im Kontext des ersten jüdisch-römischen Krieges besonders negativ konnotiert, denn nach Josephus sollen unter den sich
rivalisierenden Gruppen in Jerusalem die unter dem Befehl von Johannes stehenden und insbesondere aus Gischala stammenden Galiläer die mit Abstand
schlimmsten gewesen sein (vgl. 5.6.3[3]).

3.10.5   *Szene 79 (Mk 15,1–5): Das Synedrium (in Jerusalem) überliefert Jesus
            dem Pilatus*
(1)   Szene
Die neunundsiebzigste Szene Mk 15,1–5 handelt davon, wie das Synedrium
(in Jerusalem) Jesus dem Pilatus überliefert. Wie bereits die Szenen 03–05,
17–18, 27, 40–43, 45, 52, 55, 59 und 71–78 gehört somit auch diese zu den
biographischen, und zwar das Leben Jesu betreffenden, und wie bereits die
Szenen 10–14, 17–18, 27, 29, 33, 37, 48, 57–62, 70 und 76–77 gehört sie ferner
auch zu den gegnerbezogenen, und zwar die Hohepriester, Schriftgelehrten,
Ältesten und Pilatus betreffenden Szenen. Die Szene unterscheidet sich von
der nachfolgenden nicht im Blick auf die Zeit, wohl aber im Blick auf Akteure,
Ort Handlung und Thema, gibt doch dort Pilatus dem Volk (im Prätorium)
Barabbas frei und überliefert Jesus zur Kreuzigung.

1070   Vgl. Marcus, nach dessen Ansicht sich in der Verleugnung des Petrus Erfahrungen
        der Leserschaft spiegeln, welche unter dem Druck der Verfolgung möglicherweise
        Jesus abschworen, um – und wie in Mk 13,6.22 angedeutet – anderen Messiassen
        Gefolgschaft zu leisten (*Mark*, 2:1025).

EXEGETISCHE ANALYSE DES MARKUSEVANGELIUMS 429

(2)   Text

15¹ Und morgens fassten die Hohepriester mit den Ältesten und Schriftgelehrten und das ganze Synedrium sogleich einen Beschluss, führten Jesus gefesselt weg und überlieferten ihn dem Pilatus. **²** Und Pilatus fragte ihn: Bist du der König der Juden? Er aber sagte ihm antwortend: Du sagst es. **³** Und die Hohepriester klagten ihn vieler Dinge an. **⁴** Pilatus aber fragte ihn wieder sagend: Antwortest du nichts? Siehe wie vieler Dinge sie dich anklagen. **⁵** Jesus aber antwortete nichts mehr, so dass Pilatus sich wunderte.[1071]

(3)   Inhalt

Explizit anwesende *Akteure* dieser Szene sind einerseits „Jesus" (Mk 15,1.5; vgl. 3.1.1[3]), der die Frage, ob er „König" (Mk 15,2; vgl. 3.5.7[3]) der „Juden" sei (Mk 15,2 Pl.; vgl. 3.5.11[3]) bejaht, andererseits die „Hohepriester" (Mk 15,1.3 Pl.; vgl. 3.3.2[3]), „Schriftgelehrten" (Mk 15,1 Pl.; vgl. 3.2.2[3]) und „Ältesten" (Mk 15,1 Pl.; vgl. 3.5.11[3]), das „ganze Synedrium" (Mk 15,1: ὅλος; Mk 15,1; vgl. 3.9.2[3]) und schließlich „Pilatus" (Mk 15,1.2.4.5: Πιλᾶτος). Mit Letzterem ist der fünfte römische und von 26/27 bis 36 d. Z. in Judäa amtierende Präfekt „Pontius Pilatus" gemeint, dessen Pränomen „Pontius" ihn von seiner Herkunft als Mitglied des samnitisch-römischen Geschlechts der Pontier identifiziert. Das Cognomen „Pilatus" könnte sich von lat. *pileus* („Hut") oder lat. *pilum* („Wurfspieß") ableiten, wobei Ersteres ihn als freigelassenen kaiserlichen Sklaven kennzeichnen würde („der mit dem *pileus* Ausgezeichnete").[1072] Abgesehen von der impliziten *Orts*angabe Jerusalem wird noch keine räumliche Präzisierung geboten, etwa, dass Jesus vom Sitz des Hohepriesters ins „Prätorium" (vgl. Mk 15,16; Mt 27,27; Joh 18,28.28.33; 19,9: πραιτώριον), dem Wohnsitz des Präfekten in Jerusalem, überführt wird, wohl aber, dass es „*frühmorgens*" (Mk 15,1; vgl. 3.2.4[3]) am 15. Nissan geschieht. In *rhetorischer* Hinsicht wendet sich einerseits Pilatus fragend an Jesus, worauf dieser andererseits antwortet, aber schließlich bei erneuter Befragung schweigt. Mit dem Thema der Überlieferung knüpft dieses Narrativ an die Passionsszenen 12, 14, 41, 43, 45, 52, 59, 70–71 und 73–77 an.

Eben war Jesus vom Synedrium für schuldig befunden und mit dem zweiten Krähen des Hahns auch von Petrus verlassen worden (vgl. Szenen 77–78), als

---

1071   Literarisch folgt Szene 79 einem chiastischen Schema: A: 15,1 (Jesus, Pilatus); B: 15,2–3 (fragen, Pilatus, antworten, anklagen); B': 15,4 (Pilatus, fragen, antworten, anklagen); A': 15,5 (Jesus, Pilatus).

1072   Alois Stimpfle, „Pontius Pilatus," *Personenlexikon zum Neuen Testament*, 250–253, 250. Das Cognomen findet sich 10mal im Text (Mk 15,1.2.4.5.9.12.14.15.43.44) und der volle Name nur 3mal im Neuen Testament (Lk 3,1; Apg 4,27; 1 Tim 6,13); mehr zu Pontius Pilatus s. u.

430   3. KAPITEL

mit Tagesanbruch die das Synedrium konstituierenden Hohepriester, Ältesten und Schriftgelehrten „sogleich" (Mk 15,1) den „Beschluss" (Mk 15,1; vgl. 3.3.3[3]) fassen, Jesus „gefesselt" (Mk 15,1; vgl. 3.3.7[3]) wegzuführen und dem Pilatus zu „überliefern" (Mk 15,1; vgl. 3.1.5[3]). Ein Grund für diesen Beschluss zur Überführung wird nicht genannt, muss aber darin angenommen werden, dass das Synedrium ab 6 d. Z. in Judäa und Jerusalem nur noch eine Jurisdiktions- und Polizeigewalt innehält, das *ius gladii* jedoch („Recht des Schwertes," Kapitalgerichtsbarkeit also) von 6–66 d. Z. bei den Römern liegt.[1073] Als Präfekt vertrat Pilatus sämtliche Aspekte römischer Autorität, neben militärischen und fiskalischen eben auch die juristischen und zumal die Todesstrafen betreffenden. Aus diesem Grund befragt er als Richter Jesus, in Mt 27,19 erscheint er deshalb auf dem Richterstuhl ($\beta\tilde{\eta}\mu\alpha$), ob er der König der Juden sei. Aus welchem Vorwissen speist sich diese Frage und wie ist sie zu verstehen? Als juristisch anklagend, als zynisch oder gar als aufrichtig? Denn ihr wohnt Brisanz inne, ist es doch nur der römische Kaiser, der diesen Titel verleihen kann (vgl. Szene 29). Auch wird sie Jesus ausgerechnet vom „Präfekten Judäas" gestellt, dessen Amtsausübung hinfällig würde, wäre dieser Titel rechtsgültig, und der Jesus deshalb der Majestätsbeleidigung für schuldig befinden müsste und als „Lästerer" im Sinne des Synedriums (vgl. Szene 77). Geradezu sachlich wirkend entgegnet Jesus: „Du sagst es," was zu keiner empörten Reaktion des Pilatus führt. Dabei fällt auf, dass anders als gegenüber dem Hohepriester, Jesus diesem nicht von seinem Sitzen zur Rechten Gottes erzählt oder mit einem Kommen auf den Wolken droht (vgl. Mk 14,62). Daraufhin das Wort ergreifend „klagen" (Mk 15,3.4; vgl. 3.3.3[3]) die Hohepriester Jesus vieler Dinge an, wobei der unspezifische Verweis auf „viele Dinge" den Anschein der Falschanklage erweckt, denn, war es nicht bloß „Lästerung" gewesen, weshalb das Synedrium ihn für des Todes schuldig befunden hatte (vgl. Mk 14,64)? Das von Pilatus eingeräumte Recht der Verteidigung nimmt Jesus wider Erwarten nicht wahr. Stattdessen schweigt er, so dass Pilatus sich „wundert" (Mk 15,5; vgl. 3.5.2[3]), was auch „bewundern" meinen kann.

Aber diese sich bereits hier abzeichnende Milde und Parteinahme für Jesus darf nicht über den historischen Pontius Pilatus hinwegtäuschen, der sowohl Juden wie auch Christen als grausamer Verfolger galt (vgl. etwa Philo, *Legat.* 302; oder Lk 13,1). Vom Stand her Ritter und von Amtes wegen, weder Prokurator noch Statthalter oder Gouverneur, sondern eher ein mit militärischer Kompetenz versehener Präfekt (Mt 27,2.14.15.21.27: ἡγεμών; Lk 3,1: ἡγεμονεύω), unterstand Pilatus zu jener Zeit dem konsularen Statthalter Syrias. Als Präfekt

---

1073   Ulrich Kellermann, „συνέδριον," *EWNT* 3:717–721, 719.

EXEGETISCHE ANALYSE DES MARKUSEVANGELIUMS 431

Judäas, kein prestigeträchtiges Amt übrigens, wohnte er in der römischen Verwaltungsstadt Cäsarea Maritima und residierte – wie in diesem Evangelium dargestellt – an hohen Festtagen in Jerusalem. Die Pilatus-Inschrift Cäsareas gibt Zeugnis davon, sie gedenkt möglicherweise der Errichtung eines Leuchtturms am Hafen, der zu Ehren des Kaisers *Tiberieum* genannt wurde. Ferner belegen auch Münzen seine Existenz wie auch literarische Zeugnisse in den Schriften des Tacitus, Josephus, Philo, als auch dem Neuen Testament. Ebenfalls zu Ehren des Kaisers ließ Pilatus im Herodespalast in Jerusalem goldene Weiheschilde mit dem Namen des Kaisers anbringen (Philo, *Legat.* 299–306) und in Jerusalem – entgegen dem Brauch römischer Truppen – heimlich Feldzeichen heranbringen und aufstellen, die das Bild des Kaisers trugen (Josephus, *Bell.* 2,169–174; *Ant.* 18,55–59). Dieses provozierte heftigen Protest seitens der jüdischen Bevölkerung, worauf er beides, und das auch nur unter innenpolitischem Druck, wieder entfernen ließ. Weniger glimpflich verlief der Bau eines Aquädukts zur Wasserversorgung Jerusalems, zu deren Errichtung er sich am Tempelschatz vergriffen hatte. Proteste seitens der Bevölkerung schlug er blutig nieder (Josephus, *Bell.* 2,175–177; *Ant.* 18,60–62). Was ihm allerdings nach langer, zehnjähriger Amtszeit seine Stellung kostete, war ein Zwischenfall mit den Samaritanern. Aufgereizt von einem Menschen, der behauptete, ihnen auf dem Berg Garizim die von Mose vergrabenen Gefäße zeigen zu können, versammelten sie sich bei Tirathaba und rückten bewaffnet auf den Berg. Nicht etwa weil sie einen Aufruhr planten, wie ihre Abgeordneten später vor Vitellius, dem Statthalter Syriens, zu Protokoll gaben, sondern weil sie sich vor Pilatus schützen wollten. Pilatus, der einen Aufruhr vermutete, überfiel sie mit Reiterei und Fußvolk, tötete ihre Anführer, schlug den Rest in die Flucht und ließ unter den Gefangenen die Vornehmsten hinrichten. Nach Anhörung der Anklagen entsandte Vitellius Marcellus nach Judäa und befahl dem Pilatus, sich nach Rom zu begeben und sich vor Tiberius – kurz vor dessen Tod – zu verantworten (*Ant.* 18,85–89). Ab da verlieren sich seine historischen Spuren endgültig. Eine reiche – wenn auch nicht immer historisch zutreffende – Wirkungsgeschichte verdankt Pilatus dem Umstand des hier und in den folgenden Szenen beschriebenen Prozesses gegen Jesus und dessen Kreuzigung, weshalb er Eingang in christliche Glaubensbekenntnisse fand (Nicaenum und Nicaeno-Constantinopolitanum), und im apokryphen Martyrium Pilati gar zum christlichen Märtyrer avancierte (die koptische Kirche gedenkt seiner jeweils am 19. Juni).[1074]

1074 Hellmut Haug, „Pilatus,"*Namen und Orte der Bibel,* 300; Alois Stimpfle, „Pontius Pilatus," *Personenlexikon zum Neuen Testament,* 250–253; Alfons Weiser, „Πιλᾶτος,"*EWNT* 3:205–

432   3. KAPITEL

(4)   Politisch-militärisches Profil

Ob er König der Juden sei (nicht etwa König des Erdreichs),[1075] fragt der Präfekt
Judäas Jesus in dieser Szene (vgl. 5.4.4[1]; 5.8.3[1]). Erstmals im Text wird der
bis anhin geheim gehaltene „Königstitel" explizit auf Jesus angewandt, ohne
offenzulegen wie er Pilatus bekannt wurde, aus dem Mund der Gerichtsmitglieder, seiner Soldaten, der Bevölkerung oder gar durch Gott selbst? Es ist die
einzige, und es ist die wesentliche Aussage, die der Narrator in der wortreichen
Begegnung der Kläger vor dem Richter und gegen den Angeklagten festhält.
Dennoch steht sie nackt im Raum, lächerlich geradezu angesichts eines macht-
losen Angeklagten ohne Anhänger, aber vielleicht soll sie Jesus als konsequent
bis ins Letzte zeigen, und die Hohepriester vom Anliegen beseelt, einer kriegerischen Auseinandersetzung mit Rom nicht nur im eigenen, sondern auch im
Interesse des Volkes vorzubeugen. Pilatus seinerseits scheint in dieser Szene
bemüht, aus Jesu Anspruch noch keine rechtlich bindende Majestätsbeleidigung ableiten zu wollen (vgl. 5.6.4[6]), obschon auch dieser Gerichtsprozess
später noch als Farce dargestellt werden wird (vgl. 5.6.4[5]; 5.7.3[4]).

3.10.6   Szene 80 (Mk 15,6–15): Pilatus gibt dem Volk (im Prätorium) Barabbas frei und überliefert Jesus zur Kreuzigung

(1)   Szene

Die achtzigste Szene Mk 15,6–15 handelt davon, wie Pilatus dem Volk (im
Prätorium) Barabbas freigibt und Jesus zur Kreuzigung überliefert. Wie bereits
die Szenen 03–05, 17–18, 27, 40–43, 45, 52, 55, 59 und 71–79 gehört somit auch
diese zu den biographischen, und zwar das Leben Jesu betreffenden Szenen,
und wie bereits die Szenen 10–14, 17–18, 27, 29, 33, 37, 48, 57–62, 70, 76–77
und 79 gehört sie ferner auch zu den gegnerbezogenen, und zwar Pilatus,
die Hohepriester und das Jerusalemer Volk betreffenden Szenen. Die Szene
unterscheidet sich von der nachfolgenden nicht im Blick auf Ort und Zeit,
wohl aber im Blick auf Akteure, Handlung und Thema, verspotten doch dort
Soldaten Jesus im Prätorium.

(2)   Text

15⁶ Jeweils zum Fest aber gab er ihnen einen Gefangenen, den sie erbaten, frei.
⁷ Es war aber einer, genannt Barabbas, mit den Aufrührern gefangen, welche in
dem Aufstand einen Mord begangen hatten. ⁸ Und hinaufkommend begann

---

207; Lea Roth und Shimon Gibson, „Pontius Pilate," *EJ* 16:369–370; Daniel R. Schwartz,
„Pontius Pilate," *ABD* 5:395–401; Werner Eck, „II.7 Pontius," *DNP* 10:141–142.

1075   Vgl. auch Marcus, *Mark*, 2:1033–1038.

EXEGETISCHE ANALYSE DES MARKUSEVANGELIUMS 433

die Volksmenge zu bitten, (dass er tue) wie er ihnen getan hatte. **9** Pilatus aber antwortete ihnen sagend: Wollt ihr, dass ich euch losgebe den König der Juden? **10** Denn er wusste, dass die Hohepriester ihn des Neides wegen überliefert hatten. **11** Die Hohepriester aber wiegelten die Volksmenge auf, dass er ihnen lieber den Barabbas losgebe. **12** Pilatus aber sagte wieder antwortend zu ihnen: Was soll ich denn mit dem König der Juden tun? **13** Sie aber schrien wieder: Kreuzige ihn. **14** Pilatus aber sagte zu ihnen: Was denn tat er Böses? Sie aber schrien umso mehr: Kreuzige ihn. **15** Pilatus aber, der Volksmenge einen Gefallen tun wollend, gab ihnen den Barabbas frei, und überlieferte Jesus nach der Geißelung, dass er gekreuzigt werde.[1076]

(3)   Inhalt

Explizit anwesende *Akteure* dieser Szene sind einerseits „Jesus" (Mk 15,15; vgl. 3.1.1[3]), der von Pilatus wiederum mit „König" (Mk 15,9.12; vgl. 3.5.7[3]) der „Juden" (Mk 15,9.12 Pl.; vgl. 3.5.11[3]) betitelt und vom Volk mit Jesus identifiziert wird, andererseits die „Hohepriester" (Mk 15,10.11 Pl.; vgl. 3.3.2[3]), ferner das „Volk" (Mk 15,8.11.15; vgl. 3.2.5[3]), dann „Barabbas" (Mk 15,7.11.15: Βαραββᾶς)[1077] und schließlich „Pilatus" (Mk 15,9.12.14.15; vgl. 3.10.5[3]). Und erwähnte Akteure sind einerseits ganz allgemein „Gefangene" (Mk 15,6: δέσμιος)[1078], und andererseits mit Barabbas gefangen gesetzte „Aufrührer" (Mk 15,7 Pl.: στασιαστής)[1079]. In *räumlicher* Hinsicht spielt sich die Szene nach wie vor im „Prätorium," dem Wohnsitz des Präfekten ab, das sich nach dem Narrator an erhöhter Stelle befindet, weil sich das Volk – am *„Festtag"* (Mk 15,6; vgl. 3.9.5[3]) des 15. Nissans –

1076   Literarisch folgt Szene 80 einem chiastischen Schema: A: 15,6–7 (freigeben, ihnen, Barabbas); B: 15,8–10 (Volk, Pilatus, König der Juden, Hohepriester); B': 15,11–14 (Hohepriester, Volk, Pilatus, König der Juden); A': 15,15 (freigeben, ihnen, Barabbas).

1077   Hellmut Haug, „Barabbas," *Namen und Orte der Bibel*, 67; Detlev Dormeyer, „Barabbas," *Personenlexikon zum Neuen Testament*, 38–39: Der patronyme und weit verbreitete Eigenname meint aram. „Sohn des Vaters." Der Begriff findet sich 3mal und nur hier im Text.

1078   Liddell-Scott, „δέσμιος," *Greek-English Lexicon*, 380; Walter Bauer, „δέσμιος," *Griechisch-deutsches Wörterbuch zum Neuen Testament*, 351–352: Das von „δέω" – „binden" – abgeleitete Substantiv meint neben „Gebundene" auch und wie hier „Gefangene." Der Begriff findet sich als *Hapax legomenon* nur hier im Text.

1079   Liddell-Scott, „στασιαστής," *Greek-English Lexicon*, 1633; Menge-Güthling, „στασιαστής/στασιώτης," *Langenscheidts Großwörterbuch Altgriechisch-Deutsch*, 634; Walter Bauer, „στασιαστής," *Griechisch-deutsches Wörterbuch zum Neuen Testament*, 1526: Das Substantiv meint einerseits und wie hier „Aufrührer, Aufwiegler, Empörer, Rotte (Pl.)" und andererseits „Parteigenosse, Anhänger, Mitverschworener." Der Begriff findet sich als *Hapax legomenon* nur hier im Text, auch im Blick auf das gesamte Neue Testament.

434   3. KAPITEL

dorthin „hinaufbegibt" (Mk 15,8). In *rhetorischer* Hinsicht ist einerseits Pilatus zu hören, der sich 3mal fragend ans Volk wendet und andererseits 2mal das Volk wie es Pilatus auffordert, Jesus zu kreuzigen. Mit dem Thema von Jesu Überlieferung zur Geißelung und anschließenden Kreuzigung knüpft dieses Narrativ an die Passionsszenen 12, 14, 41, 43, 45, 52, 59, 70–71, 73–77 und 79 an.

Nachdem Jesus von Pilatus einvernommen worden war, begibt sich am Fest die nicht genauer definierte Volksmenge – sind es nur Jerusalemer oder haben sich Pilger daruntergemischt – zum Prätorium hinauf, um Pilatus wie alljährlich um die „Freilassung" (Mk 15,6.9.11.15; vgl. 3.5.8[3]), das heißt Amnestie eines Gefangenen ihrer Wahl zu bitten – ein historisch nicht verifizierter Brauch. Ihrer spezifischen Bitte zuvorkommend, wendet sich Pilatus mit der Frage ans Volk, ob sie die Freigabe des Königs der Juden wollten. Offensichtlich scheinen sie zu wissen, wer damit gemeint ist, aber sind sie nicht überrascht, verwirrt gar, denn, dass sie um seine nächtliche Verurteilung wüssten, wurde nicht gesagt? Wohl aber „weiß" (Mk 15,10; vgl. 3.4.1[3]) Pilatus – wie der Erzähler kommentierend feststellt – um den „Neid" (Mk 15,10: φθόνος)[1080] der Hohepriester, weswegen sie Jesus „überlieferten" (Mk 15,10.15; vgl. 3.1.5[3]); und vielleicht rechnet er mit einer Unterstützung Jesu seitens des Volks. Aber angesichts dieses Schachzugs des Pilatus, „wiegeln" (Mk 15,11: ἀνασείω)[1081] die Hohepriester umgehend das Volk auf doch lieber die Freilassung des Barabbas als die des Jesus zu erbitten, einem „Gefangenen" (Mk 15,7 Med.; vgl. 3.3.7[3]), der gemeinsam mit anderen Aufrührern im Rahmen eines nicht weiter spezifizierten „Aufstandes" (Mk 15,7: στάσις)[1082] sich auch eines „Mordes" (Mk 15,7; 3.5.11[3]) schuldig

---

1080   Menge-Güthling, „φθόνος," *Langenscheidts Großwörterbuch Altgriechisch-Deutsch*, 727; Walter Bauer, „φθόνος," *Griechisch-deutsches Wörterbuch zum Neuen Testament*, 1710: Das Substantiv meint „Neid, Missgunst, Eifersucht, Hass, Groll, Ungnade, Verweigerung." Der Begriff findet sich als *Hapax legomenon* nur hier im Text.

1081   Liddell-Scott, „ἀνασείω," *Greek-English Lexicon*, 120; Menge-Güthling, „ἀνασείω," *Langenscheidts Großwörterbuch Altgriechisch-Deutsch*, 59; Walter Bauer, „ἀνασείω," *Griechisch-deutsches Wörterbuch zum Neuen Testament*, 119: Das aus „ἀνά" und „σείω" zusammengesetzte Kompositum meint einerseits „emporschütteln, -rütteln," andererseits „emporschwingen, schwenken, emporheben, -ziehen, flattern lassen" und schließlich „aufwiegeln und anstiften." Der Begriff findet sich als *Hapax legomenon* nur hier im Text.

1082   Liddell-Scott, „στάσις," *Greek-English Lexicon*, 1634; Menge-Güthling, „στάσις," *Langenscheidts Großwörterbuch Altgriechisch-Deutsch*, 634; Walter Bauer, „στάσις," *Griechisch-deutsches Wörterbuch zum Neuen Testament*, 1526: Das Substantiv meint einerseits „Stehen, Stellung, Stand, Standort," andererseits und wie hier „Aufstehen, Aufstand, Aufruhr, Empörung, Aufwiegelung, innerer Zwist, Parteikampf, Revolution, politische Umwälzung," ferner „Zwiespalt, Zwietracht, Entzweiung, Uneinigkeit, Zerwürfnis,

EXEGETISCHE ANALYSE DES MARKUSEVANGELIUMS   435

gemacht haben soll. Erneut fragend entgegnet Pilatus dem Volk in einer Position der Hilflosigkeit, was er bei Freilassung des Barabbas denn mit dem König der Juden tun soll. Die Antwort erfolgt deutlich und für Pilatus vielleicht unerwartet: ihn „kreuzigen" (Mk 15,13.14.15: σταυρόω)[1083]. Jetzt liegt die Verantwortung über Jesu Leben und Tod ganz in seinen Händen, ein Umstand, dem er – wie in Szene 29 Herodes im Blick auf Johannes den Täufer – wohl lieber entflohen wäre. Im dritten und letzten Versuch lässt der Erzähler Pilatus das Volk ein letztes Mal fragen, was Jesus denn Böses „getan" habe, und zeichnet ihn darin als einen, der Jesus für unschuldig hält. Zeigt die Wahl des Wortes „tat" an, dass er die durch das Synedrium hervorgebrachte Anschuldigung der „Lästerung," die ja nicht durch Taten sondern Worte erfolgt wäre, für nicht rechtskräftig hält? Pilatus vermag das Volk nicht zu überzeugen, zu sehr mag es von Misstrauen ihm gegenüber geprägt sein und fordert umso lauter die Kreuzigung Jesu ein. Offensichtlich will sich Pilatus an diesem wichtigen Wallfahrtsfest nicht leisten, das Volk durch eine Niederschlagung seiner Anklage (*abolitio*) weiter gegen sich aufzubringen, und sich allenfalls eine Anklage durch dieses bei seinen Vorgesetzten, dem Prokurator Syriens und seinem durch ihn verehrten Kaiser Tiberius, einzuhandeln. Dem aufgewiegelten Volk nachgebend und diesem einen „Gefallen" (Mk 15,15; vgl. 3.1.2[3]) tuend, gibt er Barabbas frei, und überliefert stattdessen Jesus nach seiner „Geißelung" (Mk 15,15: φραγελλόω)[1084] zur Kreuzigung,[1085] eine in dieser Zeit typische und während römischer Okkupation oft angewandte Maßnahme der Provinzialbehörden Judäas gegenüber „Aufrührern." Die Kreuzigung stellt neben Enthauptung und Verbrennung eine der drei schwersten Formen von Todesstrafe dar und fand ihrer Ächtung unter

---

      Streit, Zwist, Hader, Fehde, Feindschaft" und schließlich „Partei, Verbindung, Fraktion, Schar, Gruppe, Klasse, Sekte, Schule." Der Begriff findet sich als *Hapax legomenon* nur hier im Text.

1083   Liddell-Scott, „σταυρόω," *Greek-English Lexicon*, 1635; Menge-Güthling, „σταυρόω," *Langenscheidts Großwörterbuch Altgriechisch-Deutsch*, 634; Walter Bauer, „σταυρόω," *Griechisch-deutsches Wörterbuch zum Neuen Testament*, 1528: Das Verb meint einerseits „einen Pfahl oder Palisaden einschlagen" und andererseits wie hier „kreuzigen, ans Kreuz schlagen." Der Begriff findet sich 8mal im Text (Mk 15,13.14.15.20.24.25.27; 16,6).

1084   Liddell-Scott, „φραγελλόω," *Greek-English Lexicon*, 1952; Menge-Güthling, „φραγελλόω," *Langenscheidts Großwörterbuch Altgriechisch-Deutsch*, 734; Walter Bauer, „φραγελλόω," *Griechisch-deutsches Wörterbuch zum Neuen Testament*, 1725: Das Verb meint „auspeitschen, geißeln." Der Begriff findet sich als *Hapax legomenon* nur hier im Text.

1085   Daraus schließt Ebner, dass der „Königsweg" Jesu ihn nicht zu einem „politischen Reich, sondern zur Gottesherrschaft" führen soll, die weder „militärischer Aktionen noch politisch-diplomatischer Kalküle" bedürfe (*Das Markusevangelium*, 156–159, bes. 158).

436   3. KAPITEL

Römern wegen vor allem standardmäßige Anwendung auf Nichtrömer.[1086] Ist es Ironie des Schicksals oder rhetorische Kunst des Narrators, dass Jesus wie Johannes eines Staatsverbrechens wegen verurteilt wird (*crimen maiestatis*)[1087], und dass ausgerechnet dasjenige, das Pilatus hier zu vermeiden sucht, ihm in einem anderen Fall zum Verhängnis werden wird: eine Anklage des Volkes an seinen Vorgesetzten in Syrien, verbunden mit der Suspendierung von seinem Amt, genau wie im Falle des Herodes Antipas (vgl. Szenen 29 und 79)?[1088]

(4)   Politisch-militärisches Profil

So wie Johannes in Szene 29, ist auch Jesus in dieser Szene – wie übrigens Barabbas auch – ganz als Objekt, ganz als Spielball in der Hand des Pilatus und der Volksmenge[1089] dargestellt (vgl. 5.7.3[4]; 5.8.3[1]). Pilatus wird als zögerlich skizziert, dem aus seiner Sicht gerechten König der Juden eigentlich gewogen, sieht sich jedoch außer Stande, Jesus zu schützen, wie Herodes im Blick auf Johannes.[1090] Wie jener der Salome möchte dieser dem Volk einen Gefallen tun, und ist dessen Wille dann geäußert, kann er sich diesem nicht entziehen, denn der Brauch der Amnestie bindet ihn wie Herodes seine Eide. Ebenso wenig wie jener auf die Rache der Herodias hörte, achtet dieser auf die neidvollen Hohepriester, jedoch unwissend, dass das Volk diesen – wie die Tochter der Mutter – willfährig ist. Es ist das Volk, von dem es zuvor hieß, dass es ihn gerne hört (vgl. Mk 12,37). Die hohepriesterlichen Intervention über das Volk ändert nichts daran, dass Pilatus für die Hinrichtung Jesu – wie Herodes für diejenige des Johannes – verantwortlich bleibt (vgl. 5.6.4[1]; 5.6.4[6]; 5.6.4[9]). Dass er das Todesurteil hier entgegen seinem persönlichen Urteil verfügt, spielt für die Handlung keine Rolle, höchstens, dass der Narrator Pilatus in rhetorischer

---

1086   Haim Hermann Cohn und Shimon Gibson, „Crucifixion,"*EJ* 5:309–310; Gottfried Schiemann, „Kreuzigung,"*DNP* 12/2:1043; Gerald G. O'Collins, „Crucifixion,"*ABD* 1:1207–1210.

1087   Gizewski, „Maiestas," 7:710–712.

1088   Detlev Dormeyer, „Barabbas,"*Personenlexikon zum Neuen Testament*, 38–39.

1089   Zur Verantwortung des Volkes schreibt Collins, *Mark*, 721, ähnlich 748: „In any case, the contrast drawn in this verse [Mk 15,15] between the fate of Barabbas and the fate of Jesus increases the likelihood that this scene is another example of rhetorical [...] comparison in narrative form. In this case, the focus is on the choice made by the crowd. It is likely that the evangelist, who probably wrote during the fist Jewish war with Rome, created this scene to address the subject of that war in the light of the rejection of Jesus as messiah by the majority of the Jewish people. Instead of accepting Jesus, who taught the way of selfdenial and endurance of unavoidable suffering, the people chose leaders like Barabbas, who led them into a brutal and destructive war."

1090   Vgl. auch Marcus, *Mark*, 2:1037.

EXEGETISCHE ANALYSE DES MARKUSEVANGELIUMS 437

Hinsicht gegenüber den Hohepriestern entlastet, wie er bereits den Herodes gegenüber der Herodias entlastet hatte. Damit bringt er Jesus einmal mehr in die Nähe des Johannes, womit deren Schicksale nicht nur im Textanfang des Evangeliums, sondern auch an dessen Ende im Tod verbunden bleiben, denn beide werden zu einer für Aufständische üblichen Todesart überliefert.[1091]

3.10.7 Szene 81 (Mk 15,16–20): Soldaten verspotten Jesus im Prätorium

(1)   Szene

Die einundachtzigste Szene Mk 15,16–20 handelt davon, wie Soldaten Jesus im Prätorium verspotten. Wie bereits die Szenen 03–05, 17–18, 27, 40–43, 45, 52, 55, 59 und 71–80 gehört somit auch diese zu den biographischen, und zwar das Leben Jesu betreffenden Szenen, und wie bereits die Szenen 10–14, 17–18, 27, 29, 33, 37, 48, 57–62, 70, 76–77 und 79–80 gehört sie ferner auch zu den gegnerbezogenen, und zwar die Soldaten des Pilatus betreffenden Szenen. Die Szene unterscheidet sich von der nachfolgenden nicht im Blick auf die Zeit, wohl aber im Blick auf Akteure, Ort, Handlung und Thema, kreuzigen doch dort Soldaten Jesus in Golgota.

(2)   Text

15[16] Die Soldaten aber führten ihn in den Hof hinein, das ist (das) Prätorium, und rufen die ganze Kohorte zusammen. [17] Und sie legen ihm ein Purpurgewand um und setzen ihm einen mit Dornen geflochtenen Kranz auf. [18] Und sie begannen ihn zu grüssen: Sei gegrüßt, König der Juden! [19] Und sie schlugen ihm mit einem Rohr auf den Kopf und spuckten ihn an und beugten die Knie und huldigten ihm. [20] Und als sie ihn verspottet hatten, legten sie ihm das Purpurgewand ab und zogen ihm seine Kleider an. Und sie führen ihn hinaus, um ihn zu kreuzigen.[1092]

(3)   Inhalt

Explizit anwesende *Akteure* dieser Szene sind einerseits Jesus, den die Soldaten spöttisch „König" (Mk 15,18; vgl. 3.5.7[3]) der „Juden" (Mk 15,18 Pl.; vgl.

1091   Vgl. auch Detlev Dormeyer, „*Stasis*-Vorwürfe gegen Juden und Christen und Rechtsbrüche in Prozessverfahren gegen sie nach Josephus' *Bellum Judaicum* und Mk 15,1–20 parr," in *Internationales Josephus-Kolloquium Aarhus 1999* (hg. von Jürgen U. Kalms; MJSt 6; Münster: Lit, 2000).

1092   Literarisch folgt Szene 81 einem chiastischen Schema: A: Mk 15,16 (hineinführen, ihn); B: Mk 15,17 (anziehen, ihm, Purpurgewand); C: Mk 15,18 (grüßen, ihn); C': Mk 15,19 (huldigen, ihm); B': Mk 15,20a (ausziehen, ihm, Purpurgewand); A': Mk 15,20b (hinausführen, ihn).

438 3. KAPITEL

3.5.11[3]) nennen, und andererseits eine „Kohorte" (Mk 15,16: σπεῖρα)[1093] von Pilatus' „Soldaten" (Mk 15,16 Pl.: στρατιώτης)[1094]. Ob allenfalls Pilatus selbst, die Hohepriester und der Freigelassene Barabbas dieser Verspottung beiwohnen, lässt sich nicht sagen; das die Kreuzigung Jesu fordernde Volk darf allerdings ausgeschlossen werden, da sich die Szene im *Hof* oder Innenhof" (Mk 15,16; vgl. 3.10.2[3]) des „Prätoriums" (Mk 15,16: πραιτώριον)[1095] abspielt, welches über die Kohorte hinaus wohl kaum mehr Menschen zu fassen vermochte. Mit dem Prätorium ist der Wohnsitz des Präfekten gemeint, oder einer davon, und konkret, vermutlich der am Westhügel gelegene ehemalige Herodespalast. In *zeitlicher* Hinsicht ist es mittlerweile späterer Morgen des 15. Nissans. In *rhetorischer* Hinsicht sind lediglich die höhnischen Grüße der Soldaten zu vernehmen. Mit dem Thema der Verspottung knüpft dieses Narrativ an die Passionsszenen 12, 14, 41, 43, 45, 52, 59, 70–71, 73–77 und 79–80 an.

Nachdem Jesus gegeißelt und zur Kreuzigung an die Soldaten überliefert wurde, führen diese ihn von nicht genauer definiertem Ort in den Innenhof des Prätoriums und rufen die gesamte anonym bleibende Kohorte zusammen. Gewiss eine einschüchternde Zahl (vgl. 5.6.1[1]), in welchem Verhältnis diese Kohorte jedoch zu dem gesamten Pilatus verfügbaren Kontingent an (Auxiliar)Truppen der Infanterie und Kavallerie steht (vgl. Josephus, *Ant.* 18,87), lässt sich nicht näher bestimmen. Was der Sinn der folgenden Handlungen ist, liegt auf der Hand: Die Niederlage Jesu gegenüber den römischen Truppen wird vom Bezwinger in Form eines Spotttriumphes inszeniert und zelebriert.

1093   Liddell-Scott, „σπεῖρα," *Greek-English Lexicon*, 1625; Menge-Güthling, „σπεῖρα," *Langenscheidts Großwörterbuch Altgriechisch-Deutsch*, 631; Walter Bauer, „σπεῖρα," *Griechischdeutsches Wörterbuch zum Neuen Testament*, 1519–1520; Gerhard Schneider, „σπεῖρα," EWNT 3:627: Das Substantiv meint einerseits „Windung, Gewinde, Geflecht, Netz, Schlinge, Ring, Sturmtau" und andererseits wie hier „Kohorte, Manipel, Rotte oder Schar von Soldaten." Der Begriff findet sich als *Hapax legomenon* nur hier im Text.

1094   Liddell-Scott, „στρατιώτης," *Greek-English Lexicon*, 1652–1653; Menge-Güthling, „στρατιώτης," *Langenscheidts Großwörterbuch Altgriechisch-Deutsch*, 640; Walter Bauer, „στρατιώτης," *Griechisch-deutsches Wörterbuch zum Neuen Testament*, 1537: Das von „στρατιά" – „Heer" – abgeleitete Substantiv, meint neben „Soldat" wie hier auch „Krieger, Streiter, Truppen (Pl.), Söldner, Fußsoldat, Infanterist, Hoplit." Der Begriff findet sich als *Hapax legomenon* nur hier im Text.

1095   Liddell-Scott, „πραιτώριον," *Greek-English Lexicon*, 1458; Menge-Güthling, „πραιτώριον," *Langenscheidts Großwörterbuch Altgriechisch-Deutsch*, 576; Walter Bauer, „πραιτώριον," *Griechisch-deutsches Wörterbuch zum Neuen Testament*, 1397–1398; Gerhard Schneider, „πραιτώριον," EWNT 3:346–348: Das Substantiv meint einerseits und wie hier den „Palast des römischen Prokurators" und andererseits „Lager oder Kaserne der kaiserlichen Leibwache." Der Begriff findet sich als *Hapax legomenon* nur hier im Text.

EXEGETISCHE ANALYSE DES MARKUSEVANGELIUMS 439

Ein „purpurnes Gewand" (Mk 15,17.20: πορφύρα)[1096], welches den siegreichen König und Triumphator insinuieren sollte, wird ihm umgelegt, ein „Kranz" (Mk 15,17: στέφανος)[1097], der eben nicht aus Gold oder Lorbeer, sondern aus Dornen geflochten ist, wird ihm aufgesetzt, ein „Rohr oder Zepter" (Mk 15,19: κάλαμος)[1098] wird nicht in seiner Hand gelegt, sondern ihm über den „Kopf" (Mk 15,19; vgl. 3.5.7[3]) „geschlagen" (Mk 15,19: τύπτω)[1099], „Huldigungen" (Mk 15,19; vgl. 3.5.2[3]) sind von „Spucken" (Mk 15,19; vgl. 3.7.8[3]) begleitet, und die „grüßende" (Mk 15,18.18; vgl. 3.6.8[3]; 3.9.5[3]) Anrede „König der Juden" unter der „Verspottung" (Mk 15,20; vgl. 3.7.8[3]) pervertiert. Nach dieser Demütigung kleiden sie Jesus wieder in seine eigenen Kleider und führen ihn zur „Kreuzigung" (Mk 15,20; vgl. 3.10.6[3]) hinaus.[1100]

(4)   Politisch-militärisches Profil
Hatte Jesus in Szene 25 seine Spötter noch beschämt, lässt er es hier zu, dass die Soldaten seinen Selbstanspruch in einem Spotttriumph verhöhnen. Die Repräsentanten des schlagkräftigsten Militärs jener Zeit scheinen – anders als

---

1096   Menge-Güthling, „πορφύρα," *Langenscheidts Großwörterbuch Altgriechisch-Deutsch*, 573; Walter Bauer, „πορφύρα," *Griechisch-deutsches Wörterbuch zum Neuen Testament*, 1390–1391: Das Substantiv meint einerseits „Purpur(schnecke), -saft, -farbe" und andererseits und wie hier „mit Purpur gefärbte Stoffe, (königliches) Purpurgewand, -kleid, -teppich, Purpurstreif an der römischen Toga, Soldatenmantel." Der Begriff findet sich 2mal und nur hier im Text.

1097   Liddell-Scott, „στέφανος," *Greek-English Lexicon*, 1642; Menge-Güthling, „στέφανος," *Langenscheidts Großwörterbuch Altgriechisch-Deutsch*, 636–637; Walter Bauer, „στέφανος," *Griechisch-deutsches Wörterbuch zum Neuen Testament*, 1531–1532: Das Substantiv meint einerseits „Stirnband, -krone, -diadem," andererseits „Helm, Helmrand, -kranz, -krempe," ferner „Rand eines Berges, Ufers, Mauerzinne, Brustwehr" und schließlich wie hier „Kranz, Krone, Sieges- oder Ehrenkranz, Kreis, Ring, Preis, Auszeichnung, Ruhm, Sieg." Der Begriff findet sich als *Hapax legomenon* nur hier im Text.

1098   Liddell-Scott, „κάλαμος," *Greek-English Lexicon*, 865–866; Menge-Güthling, „κάλαμος," *Langenscheidts Großwörterbuch Altgriechisch-Deutsch*, 358; Walter Bauer, „κάλαμος," *Griechisch-deutsches Wörterbuch zum Neuen Testament*, 808–809; Horst Balz und Gerhard Schneider, „κάλαμος," *EWNT* 2:592: Das Substantiv meint einerseits „Halm, Rohr(stab)" und andererseits „Schreibrohr, Messrute, Zepter." Der Begriff findet sich 2mal im Text (Mk 15,19.36).

1099   Liddell-Scott, „τύπτω," *Greek-English Lexicon*, 1835–1836; Menge-Güthling, „τύπτω," *Langenscheidts Großwörterbuch Altgriechisch-Deutsch*, 698; Walter Bauer, „τύπτω," *Griechisch-deutsches Wörterbuch zum Neuen Testament*, 1655: Das Verb meint neben „schlagen" auch „stoßen, peitschen, stechen, treten, treffen, verwunden, verletzen, strafen, züchtigen." Der Begriff findet sich als *Hapax legomenon* nur hier im Text.

1100   Walter Eder, „Triumph, Triumphzug," *DNP* 12/1:836–838.

440   3. KAPITEL

Pilatus – an Jesu Schuld Rom gegenüber nicht zu zweifeln – noch nicht (vgl. 5.6.4[1]). Der messianische König endet hier eher wie die Aufständischen Jerusalems oder deren Sympathisanten, die von Titus' Truppen unter Geißelung, Folter und Verspottung in Massen vor den Toren der Stadt gekreuzigt wurden (vgl. Josephus, *Bell.* 5,446–451; vgl. 5.4.4[1]; 5.6.4[6]; 5.7.2[4]; 5.7.3[4]; 5.8.3[1]), als das römische Triumphatorenpaar Vespasian und Titus (vgl. 5.7.3[5]; 5.8.1[3]; 5.8.3[3]). Vielleicht soll Jesu Solidarität mit jenen unbeteiligten und aus Hunger in römische Hände geratenen Kriegsopfer zum Ausdruck gebracht werden, oder aber, der von Gott zugelassene Tod Jesu hat eine Funktion von viel größerem Ausmaß zu erfüllen (vgl. 6.2.3).[1101]

3.10.8   Szene 82 (Mk 15,21–39): Soldaten kreuzigen Jesus in Golgota

(1)   Szene

Die zweiundachtzigste Szene Mk 15,21–39 handelt davon, wie Soldaten Jesus in Golgota kreuzigen. Wie bereits die Szenen 03–05, 17–18, 27, 40–43, 45, 52, 55, 59 und 71–81 gehört somit auch diese zu den biographischen, und zwar das Leben Jesu betreffenden Szenen, und wie bereits die Szenen 10–14, 17–18, 27, 29, 33, 37, 48, 57–62, 70, 76–77 und 79–81 gehört sie ferner auch zu den gegnerbezogenen, und zwar die Hohepriester, Schriftgelehrten, Vorübergehende und die zwei Mitgekreuzigten betreffenden Szenen. Die Szene unterscheidet sich von der nachfolgenden im Blick auf Akteure, Ort, Zeit, Handlung und Thema, bestattet doch dort Josef von Arimatäa Jesus in einer Gruft.

(2)   Text

15 **21** Und sie zwingen einen Vorübergehenden, einen vom Feld kommenden Kyrenäer Simon, der Vater des Alexander und Rufus, dass er sein Kreuz trage. **22** Und sie bringen ihn zum Ort Golgota, was übersetzt Schädelstätte ist. **23** Und sie gaben ihm mit Myrrhe vermischten Wein, den er aber nicht nahm. **24** Und sie kreuzigen ihn und verteilen seine Kleider, ein Los über ihnen werfend, wer was bekäme. **25** Und als sie ihn kreuzigten, war es aber die dritte Stunde. **26** Und es war die Aufschrift seiner Anklage aufgeschrieben: Der König der Juden. **27** Und mit ihm kreuzigen sie zwei Räuber, einen zur Rechten und einen zu seiner Linken. **29** Und die Vorübergehenden lästerten ihn, ihre Köpfe schüttelnd und sagend: Ha, der du den Tempel abbrichst und aufbaust in drei Tagen, **30** rette dich selbst, hinuntersteigend vom Kreuz. **31** Ebenso spotteten

---

1101   Vgl. auch Ebner, „Das Markusevangelium," 178; ders., *Das Markusevangelium*, 159–162; Schmidt, *Wege des Heils*, 409–426; Heininger, „Politische Theologie," 199–204; und Allan T. Georgia, „Translating the Triumph: Reading Mark's Crucifixion Narrative against a Roman Ritual of Power," *JSNT* 36/1 (2013): 17–38.

EXEGETISCHE ANALYSE DES MARKUSEVANGELIUMS 441

auch die Hohepriester untereinander mit den Schriftgelehrten und sagten: Andere rettete er, sich selbst kann er nicht retten. [32] Der Christus, der König Israels, steige jetzt vom Kreuz, damit wir sehen und glauben. Auch die mit ihm Gekreuzigten schmähten ihn. [33] Und als die sechste Stunde kam, ward eine Finsternis über das ganze Land bis zur neunten Stunde. [34] Und in der neunten Stunde schrie Jesus mit lauter Stimme: Eloi, Eloi, lema sabachthani? was übersetzt heißt: Mein Gott, mein Gott, wozu hast du mich verlassen? [35] Und einige der Dabeistehenden sagten (es) hörend: Siehe, er ruft Elija. [36] Einer aber laufend, einen Schwamm mit Essig füllend, steckte ihn auf ein Rohr, tränkte ihn sagend: Halt, lasst uns sehen, ob Elija kommt, ihn herabzunehmen! [37] Jesus aber stieß einen lauten Schrei aus und verschied. [38] Und der Vorhang des Tempels teilte sich in zwei, von oben bis unten. [39] Als der Hauptmann, der ihm gegenüber stand, sah, wie er verschied, sagte er: Wahrhaftig, dieser Mensch war ein Sohn Gottes.[1102]

(3)   Inhalt

Explizit anwesende *Akteure* dieser Szene sind einerseits „Jesus" (Mk 15,34.37; vgl. 3.1.1[3]), der in der Anklage der Römer wiederum mit „König" (Mk 15,26.32; vgl. 3.5.7[3]) der „Juden" (Mk 15,26 Pl.; vgl. 3.5.11[3]) beziehungsweise von den spottenden Hohepriestern mit Schriftgelehrten König „Israels" (Mk 15,32; vgl. 3.8.8[3]) wie auch „Christus" (Mk 15,32; vgl. 3.1.1[3]) betitelt wird, und der als „Mensch" (Mk 15,39; vgl. 3.2.1[3]) vom römischen Hauptmann als der „Sohn Gottes" (Mk 15,39; vgl. 3.1.3[3]; 3.1.5[3]) erkannt wird, andererseits der „Vater" (Mk 15,21; vgl. 3.2.1[3]) und „Kyrenäer Simon" (Mk 15,21: Κυρηναῖος[1103]; Mk 15,21; vgl. 3.2.1[3]) und zwei mitgekreuzigte „Räuber" (Mk 15,27 Pl.; vgl. 3.8.3[3]), ferner letztmals die „Hohepriester" (Mk 15,31 Pl.; vgl. 3.3.2[3]) mit den „Schriftgelehrten" (Mk 15,31 Pl.; vgl. 3.2.2[3]), dann „Dabeistehende" (Mk 15,35 Pz. Pl.) und „Vorübergehende" (Mk 15,29 Pz. Pl.) und schließlich die zuvor genannten Soldaten mit einem „Hauptmann" (Mk 15,39: κεντυρίων)[1104]. Und erwähnte Akteure

---

1102   Literarisch folgt Szene 82 einem chiastischen Schema: A: Mk 15,21 (Vorübergehender); B: Mk 15,22–23 (Wein); C: Mk 15,24–25 (dritte Stunde); D: Mk 15,26–27 (mit ihm gekreuzigte); E: Mk 15,29–30 (lästern, sich selbst retten); E': Mk 15,31 (spotten, sich selbst retten); D': Mk 15,32–33 (mit ihm Gekreuzigte); C': Mk 15,34–35 (neunte Stunde); B': Mk 15,36 (Essig); A': Mk 15,37–39 (Dabeistehender).

1103   Walter Bauer, „Κυρηναῖος," *Griechisch-deutsches Wörterbuch zum Neuen Testament*, 930; Hellmut Haug, „Kyrene/Zyrene," *Namen und Orte der Bibel*, 233, 380: Der Beiname „Kyrenäer" meint einen Bewohner der Stadt bzw. Landschaft „Kyrene" in Nordafrika. Der Begriff findet sich als *Hapax legomenon* nur hier im Text.

1104   Liddell-Scott, „κεντυρίων," *Greek-English Lexicon*, 939; Menge-Güthling, „κεντυρίων,"

442 3. KAPITEL

sind einerseits und letztmals „Gott" (Mk 15,34.34; vgl. 3.1.5[3]), auf Aramäisch zweimal „Eloi" (Mk 15,34.34: ἐλωΐ) genannt, andererseits „Elija" (Mk 15,35.36; vgl. 3.5.7[3]) und schließlich die Söhne des Simon, „Alexander" (Mk 15,21: Ἀλέξανδρος)[1105] und „Rufus" (Mk 15,21: Ῥοῦφος)[1106]. Die Szene spielt sich am „*Ort*" (Mk 15,22.22; vgl. 3.2.4[3]) „Golgota" (Mk 15,22: Γολγοθᾶ)[1107] ab, dessen hebr. Name

---

       Langenscheidts Großwörterbuch Altgriechisch-Deutsch, 385; Walter Bauer, „κεντυρίων," *Griechisch-deutsches Wörterbuch zum Neuen Testament*, 851; Horst Balz und Gerhard Schneider, „κεντυρίων," *EWNT* 2:698–699; J. Brian Campbell, „Centurio," *DNP* 2:1068–1069: Das Substantiv meint neben „Hauptmann" auch „*centurio*." Dieser war abgesehen von den Senatoren und den *equites* der wichtigste Offizier in der röm. Armee. Im 1. Jh. v.d. Z. gab es in einer Kohorte sechs Zenturien, die jeweils eine *centuria* von 80 Mann befehligten und Titel trugen, die die alte Manipelordnung widerspiegelten: *pilus prior, pilus posterior, princeps prior, princeps posterior, hastatus prior, hastatus posterior*. Spätestens seit flavischer Zeit befanden sich nur fünf Zenturien in der ersten Kohorte, die jedoch die ranghöchsten in der Legion waren (*primi ordines*), wobei es vier Beförderungsschritte zur Position des ranghöchsten, dem *primus pilus*, gab. Es ist nicht klar, ob die Zenturien in den verbleibenden neun Kohorten sich nur durch ihr Dienstalter unterschieden oder ob ihr Rang davon abhängig war, welcher Kohorte sie angehörten. Im Prinzipat wurden hauptsächlich langgediente Soldaten der Legionen oder ehemalige Prätorianer, manchmal jedoch auch Angehörige des *ordo equester*, zum Centurio befördert. Darauf weisen die hohen Einkünfte, die im 1. Jh. etwa den fünfzehnfachen Sold eines einfachen Soldaten erhielten. Es gab auch Zenturien in den in Rom stationierten Truppen und unter den Kohorten der *auxilia*, sie trugen allerdings nicht dieselben Bezeichnungen wie die Zenturien der Legionen. Sie waren für die Verwaltung und die Disziplin ihrer *centuria* verantwortlich; als sehr erfahrene Soldaten wurden sie von höheren Offizieren durchaus um Rat gefragt, und konnten auch mit einem speziellen Auftrag das Kommando über eine begrenzte Anzahl von Truppen übernehmen. Die Beförderung bedeutete soziale Mobilität, zumal ein *primus pilus*, nachdem er ein Jahr lang in diesem Rang gedient hat, in den *ordo equester* aufgenommen werden konnte, womit weitere Aufstiegschancen gegeben waren. Mit ihrer guten Besoldung und Zukunftsaussichten konnte man von den Zenturien ein hohes Maß an Loyalität dem Prinzeps gegenüber erwarten. Der Begriff findet sich 3mal im Text (Mk 15,39.44.45), auch im Blick auf das gesamte Neue Testament.

1105   Hellmut Haug, „Alexander," *Namen und Orte der Bibel*, 35; Rainer Schwindt, „Alexander/Alexandros," *Personenlexikon zum Neuen Testament*, 22–23: Der Name meint griech. „der die Menschen schützt oder Männer abwehrend." Der Begriff findet sich als *Hapax legomenon* nur hier im Text.

1106   Hellmut Haug, „Rufus," *Namen und Orte der Bibel*, 313; Michael Ernst, „Rufus/Ruphos," *Personenlexikon zum Neuen Testament*, 259–260: Der Name meint lat. „der Rote, Rothaarige." Der Begriff findet sich als *Hapax legomenon* nur hier im Text.

1107   Walter Bauer, „Γολγοθᾶ," *Griechisch-deutsches Wörterbuch zum Neuen Testament*, 329; Hellmut Haug, „Golgota," *Namen und Orte der Bibel*, 131: Der Name meint hebr. „Schä-

griech. korrekt mit „Schädel(stätte)" (Mk 15,22: κρανίον)[1108] „übersetzt" wird (Mk 15,22.34). *Zeitlich* fährt der Narrator am morgen des 15. Nissans weiter: Jesus wird zur „dritten Stunde" (Mk 15,25.33.33.34; vgl. 3.5.8[3]) – das ist zwischen acht bis neun Uhr – gekreuzigt, eine Finsternis kommt in der „sechsten Stunde" über das Land – das ist zwischen elf und zwölf Uhr – und er stirbt schließlich in der „neunten Stunde" – das ist zwischen vierzehn und fünfzehn Uhr. In *rhetorischer* Hinsicht sind einerseits lästernde Vorübergehende und hernach die spottenden Hohepriester und Schriftgelehrten zu vernehmen, andererseits Jesu klagender Aufschrei über Gottes Abwesenheit, ferner Dabeistehende, die im Aufschrei Jesu einen Ruf nach Elija vernommen zu haben glauben, und schließlich der Hauptmann, der nach Jesu Tod seine Gottessohnschaft er- und anerkennt. Mit dem Thema der Kreuzigung knüpft dieses Narrativ an die Passionsszenen 12, 14, 41, 43, 45, 52, 59, 70–71, 73–77 und 79–81 an.

Auf dem Weg vom Prätorium nach Golgota, wo Jesus zuvor von einer Kohorte Soldaten verspottet und gegeißelt worden war, „zwingen" (Mk 15,21: ἀγγαρεύω)[1109] die Soldaten einen vom Feld (oder Land) kommenden Kyrenäer namens Simon, er ist der Vater des Alexander und Rufus, Jesu „Kreuz" (Mk 15,21.30.32; vgl. 3.6.5[3]) zu tragen, womit angedeutet wird, dass dieser nach den Misshandlungen möglicherweise dazu bereits zu schwach ist. Welchem Zweck dient diese Information, hat sie ausschmückende Funktion? Dagegen sprechen die Namensnennung, wie auch diejenige der Söhne. Ist die Wahl des Kyrenäers, gemeint ist wohl ein griechischsprechender Diasporajude, durch die Römer gezielt gewählt? Wenn ja, um den (sesshaften) „Fremden" gegenüber – wie Jesus das auch ist – ein Exempel zu statuieren, oder, damit der „Pilger" diese warnende Botschaft in die Heimat zurücktrage? Oder richtet sich hier der Narrator an die Leserschaft, denen Vater und Söhne bekannt sind, weil diese wie ihn Jesu Tod empört? In Golgota angelangt geben die Soldaten Jesus zuvor mit Myrrhe vermischten Wein, den er verweigert,[1110] „kreuzigen" (Mk 15,24.25.27;

---

delstädte" und bezeichnet einen Ort außerhalb der Stadtmauer Jerusalems. Der Begriff findet sich als *Hapax legomenon* nur hier im Text.

1108 Menge-Güthling, „κρανίον," *Langenscheidts Großwörterbuch Altgriechisch-Deutsch*, 402; Walter Bauer, „κρανίον," *Griechisch-deutsches Wörterbuch zum Neuen Testament*, 910: Das Substantiv meint „Schädel." Der Begriff findet sich als *Hapax legomenon* nur hier im Text.

1109 Menge-Güthling, „ἀγγαρεύω," *Langenscheidts Großwörterbuch Altgriechisch-Deutsch*, 4; Walter Bauer, „ἀγγαρεύω," *Griechisch-deutsches Wörterbuch zum Neuen Testament*, 11: Das Verb meint neben „zwingen" auch „(zum Frondienst oder Bodendienst) nötigen." Der Begriff findet sich als *Hapax legomenon* nur hier im Text.

1110 Ebner erinnert dieses Detail an den Triumphzug, wo an dessen Höhepunkt dem

444   3. KAPITEL

vgl. 3.10.6[3]) ihn in der dritten Stunde wohl nahezu nackt, nachdem sie über seinen Kleidern wie über Beute das Los geworfen hatten. Immerhin, getragen wurden sie vom König der Juden, was gleichzeitig der Inhalt seiner „Anklage" (Mk 15,26: αἰτία)[1111] darstellt, festgehalten in einer angebrachten „Aufschrift" (Mk 15,26; vgl. 3.8.6[3]). Zu seiner Rechten und Linken kreuzigen die Soldaten zwei Räuber, was auch mit „Guerillas" übersetzt werden kann, und diese – wenn so übersetzt – wie Jesus als politische Gefangene qualifizieren würde. Aber nicht dieser Anklage wegen „lästern" (Mk 15,29; vgl. 3.2.5[3]) ihn Vorübergehende, sondern wegen dem, was die Falschzeugen vor dem Synedrium vorgebracht hatten, nämlich, dass er den „Tempel" (Mk 15,29.38; vgl. 3.10.3[3]) abzubrechen und in drei Tagen aufzubauen gedenke (vgl. Szene 77). Gehören diese Lästerer zum Synedrium, wie etwa die Hohepriester und Schriftgelehrten, die wie Erstere darüber „spotten" (Mk 15,31; vgl. 3.7.8[3]), dass Jesus, entgegen dem, was sein Name verspricht,[1112] zwar andere „rette" (Mk 15,30.31.31; vgl. 3.3.3[3]), sich selbst jedoch nicht zu retten vermag? Der Christus, der König Israels, höhnen sie, solle vom Kreuz steigen, damit sie sähen und „glauben wie auch gehorchen" würden (Mk 15,32; vgl. 3.1.5[3]), und sehen gleichzeitig mit Genugtuung der Rehabilitierung ihre Autorität von höchster Stelle entgegen. Dem nicht genug, selbst die Mitgekreuzigten halten sich mit „Schmähungen" (Mk 15,32: ὀνειδίζω)[1113] nicht zurück, wobei der Narrator Einzelheiten vorenthält. Im Kontrast zur Heiterkeit der Spötter zieht zur sechsten Stunde eine bedrohliche „Finsternis" (Mk 15,33: σκότος)[1114] über das ganze Land, und wenn auch die Art

---

Triumphator auch Wein angeboten wurde, den dieser aber zu trinken verweigerte (Ebner, „Das Markusevangelium," 178).

1111   Menge-Güthling, „αἰτία," *Langenscheidts Großwörterbuch Altgriechisch-Deutsch*, 24; Walter Bauer, „αἰτία," *Griechisch-deutsches Wörterbuch zum Neuen Testament*, 49–50: Das Substantiv meint einerseits „Ursache, Grund, Veranlassung," andererseits und wie hier „Schuld, Be- und Anschuldigung, Vorwurf, Anklage, Beschwerde." Der Begriff findet sich als *Hapax legomenon* nur hier im Text.

1112   Vgl. auch Boris A. Paschke, „*Nomen est omen*: Warum der gekreuzigte Jesus wohl auch unter Anspielung auf seinen Namen verspottet wurde," NT 49 (2007): 313–327.

1113   Liddell-Scott, „ὀνειδίζω," *Greek-English Lexicon*, 1230; Menge-Güthling, „ὀνειδίζω," *Langenscheidts Großwörterbuch Altgriechisch-Deutsch*, 491; Walter Bauer, „ὀνειδίζω," *Griechisch-deutsches Wörterbuch zum Neuen Testament*, 1155: Das Verb meint neben „schmähen" auch „schelten, beschimpfen, Vorwürfe machen, tadeln." Der Begriff findet sich als *Hapax legomenon* nur hier im Text.

1114   Menge-Güthling, „σκότος," *Langenscheidts Großwörterbuch Altgriechisch-Deutsch*, 628; Walter Bauer, „σκότος," *Griechisch-deutsches Wörterbuch zum Neuen Testament*, 1513–1514: Das Substantiv meint einerseits und wie hier „Dunkel(heit), Finsternis, Nacht," andererseits „Blindheit, Ohnmacht, Todesdunkel, Unterwelt, Hades" und schließlich

EXEGETISCHE ANALYSE DES MARKUSEVANGELIUMS   445

dieser Finsternis im Einzelnen nicht beschrieben ist – handelt es sich um eine
Sonnenfinsternis? –, verweist sie auf eine den Tod Jesu antizipierende kosmische Begleiterscheinung, die eines Gottessohnes würdig ist. Sein Tod kommt,
doch nicht bevor er mit lauter Stimme die Frage an Gott richtet, wozu ihn dieser „verlassen oder zurückgelassen hat" (Mk 15,34: ἐγκαταλείπω)[1115]. Gott lässt
ihn am Ende eine düstere Situation erleben. Das „εἰς τί," das hier eher „wozu"
als „warum" meinen dürfte,[1116] also nicht so sehr nach dem Sinn oder Grund,
sondern dem Zweck oder der Folge des Nichteingreifens Gottes fragt, dürfte
dann auch nicht so sehr eine anklagende Funktion haben. Es ist nicht so, dass
er das Verlassenwordensein sozusagen als letztes Wort Gottes ansieht. Er fragt
nur, was der Zweck ist. Insofern spricht er wie der von ihm zitierte Beter von
Psalm 22 im Vertrauen auf Gott, nicht in Verzweiflung. Er wartet weiter auf Gottes rettendes Handeln, sieht sich also nicht endgültig im Stich gelassen. Das
Schweigen Gottes wirkt beklemmend, und Jesu Frage wird von den Dabeistehenden als Hilferuf wahrgenommen, denn sie meinen, Jesu habe nach Elija
gerufen, damit dieser ihn vom Kreuz „herunterhole" (Mk 15,36: καθαιρέω)[1117]. Ob
sich das „derjenige" (Mk 15,36), der Jesus deshalb eilig mit einem Essig gefüllten
Schwamm tränkt, insgeheim wünscht? Oder ist auch dies Hohn? Silvia Pellegrini hat eine sehr plausible exegetische Antwort auf diese Alternative erarbei-
tet.[1118] Die Wendung Jesu an Gott mit einem Wort aus Ps 22,2 wird nach ihr von

---

     „Verblendung, Geistesverwirrung, Heimlichkeit, Verborgenheit, Unklarheit." Der Be-
     griff findet sich als *Hapax legomenon* nur hier im Text.

1115   Menge-Güthling, „ἐγκαταλείπω," *Langenscheidts Großwörterbuch Altgriechisch-*
     Deutsch, 200; Walter Bauer, „ἐγκαταλείπω," *Griechisch-deutsches Wörterbuch zum Neuen*
     Testament, 435: Das Kompositum meint neben „verlassen" auch „zurücklassen, übrig-
     lassen, im Stich lassen, überlassen." Das Verb findet sich als *Hapax legomenon* nur hier
     im Text.

1116   Vgl. zuletzt Hans-Ulrich Rüegger und Annelies Hämmig, „‚Mein gott: varzuo hastu
     mich gelassen?' Philologische Annäherung an eine theologische Frage (Mk 15,34)," *ZNW*
     102 (2011): 40–58.

1117   Liddell-Scott, „καθαιρέω," *Greek-English Lexicon*, 849; Menge-Güthling, „καθαιρέω," *Lan-*
     genscheidts Großwörterbuch Altgriechisch-Deutsch, 351; Walter Bauer, „καθαιρέω," *Grie-*
     chisch-deutsches Wörterbuch zum Neuen Testament, 784: Das Kompositum meint einer-
     seits „herab-, herunternehmen, -ziehen, -holen, -lassen, abnehmen, hinwegnehmen,
     entfernen, abbrechen, verkaufen, aufheben, ergreifen," andererseits „niederreißen,
     -werfen, zerstören, töten, vertilgen, vernichten, ausrotten" und schließlich „stürzen,
     entthronen, überwältigen, besiegen, demütigen, herabsetzen, verringern, unterdrü-
     cken." Das Verb findet sich 2mal im Text (Mk 15,36.46).

1118   Vgl. dazu Silvia Pellegrini, *Elija – Wegbereiter Gottessohnes: Eine textsemiotische Unter-*
     suchung im Markusevangelium (Freiburg i. Br.: Herder 2000), 354–356.

446 · 3. KAPITEL

den Umstehenden als Hilferuf zur Sendung des im Himmel befindlichen Elija verstanden, der nach Maleachi eschatologisch wiederkommen und als Wiederhersteller des Volkes Israel dessen messianisches Heil vorbereiten soll (vgl. Mk 9,11–13). Und tatsächlich nimmt einer der Anwesenden das ernst, gibt Jesus ein erquickendes Getränk (nicht, um ihn noch zu quälen), weil er hofft, dass dieser sterbende Gerechte doch noch gerettet wird. Er verhört sich sozusagen intentional, wenn er Jesus nicht zu Gott, sondern zu Elija rufen hört. Er verspottet deshalb wohl nicht den Sterbenden, wie oft angenommen. Er hat Sympathie und er hat Hoffnung. Aber er hat einen falschen „point of view"[1119]. Jesus, der Gottessohn, muss durch diese Gottesfinsternis, um in das Gottesreich im Himmel zu gelangen. Und das ist gegebenenfalls auch der Weg seiner Nachfolger. Und der Elija *redivivus*? Der war, wie der Leser weiß, schon da in der Gestalt Johannes des Täufers, aber auch er hat das Martyrium erlitten, bevor er wieder in den Himmel zurückgekehrt ist. So gelesen ist Jesu Sterbeszene auch ein paradigmatischer Tod – der Tod eines Märtyrers, der nicht ohne Angst ist, aber doch standhaft und nicht ohne Vertrauen auf Gott. Nach einem lauten Schrei „stirbt" (Mk 15,37.39: ἐκπνέω)[1120] Jesus zur neunten Stunde nach sieben qualvollen Stunden am Kreuz, und genau zu jener Stunde, an der am Vortag die Schlachtung der Pessachopfer im Tempel eingesetzt hatten (vgl. Josephus, *Bell.* 6,423). Und gleich wie sich in der Taufszene 03 der Himmel teilte und der Geist Gottes sich auf die Erde, in Jesus, hineinergossen hatte, haucht ihn Jesus hier im Tod aus, worauf dieser sich aus der Erde, durch den „geteilten" (Mk 15,38 Pass.; vgl. 3.1.3[3]) und das Firmament symbolisierenden „Vorhang" (Mk 15,38: καταπέτασμα)[1121] wieder in den Himmel zurückzieht.[1122] Anders als dort schweigt Gott, denn er hat nicht nur Jesus, Gott hat auch den Tempel und damit das Land und ihre Menschen verlassen. Der Bund ist gebrochen und die Schleusen für die in Mk 13 angekündigte Zerstörung des Wohnhauses Gottes, begleitet von Drangsalen, geöffnet. Ohne von diesem Ereignis im Tempel zu wissen, sondern

---

1119 Pellegrini, *Elija – Wegbereiter Gottessohnes*, 365.

1120 Liddell-Scott, „ἐκπνέω," *Greek-English Lexicon*, 517; Menge-Güthling, „ἐκπνέω," *Langenscheidts Großwörterbuch Altgriechisch-Deutsch*, 221; Walter Bauer, „ἐκπνέω," *Griechischdeutsches Wörterbuch zum Neuen Testament*, 492: Das aus „ἐκ" und „πνέω" zusammengesetzte Kompositum meint einerseits „aushauchen, ausatmen" und andererseits „sterben, verscheiden." Das Verb findet sich 2mal und nur hier im Text.

1121 Menge-Güthling, „καταπέτασμα," *Langenscheidts Großwörterbuch Altgriechisch-Deutsch*, 372; Walter Bauer, „καταπέτασμα," *Griechisch-deutsches Wörterbuch zum Neuen Testament*, 845–846: Das Substantiv meint neben „Vorhang" wie hier auch „Decke." Der Begriff findet sich als *Hapax legomenon* nur hier im Text.

1122 Vgl. auch Marcus, *Mark*, 1:164.

EXEGETISCHE ANALYSE DES MARKUSEVANGELIUMS

allein aufgrund der Art wie er verbunden mit dem kosmischen Zeichen der Finsternis stirbt, lässt der Erzähler dem die Exekution leitenden Zenturio er- und bekennen, dass dieser Mensch wahrhaftig ein Sohn Gottes war, als ob dieser einflussreiche Repräsentant der militärisch schlagkräftigsten Macht auf Erden, die Dynamis dieses künftigen Gegners schlagartig und ehrfurchtsvoll, gleichzeitig aber auch warnend erkannt hat.

(4)   Politisch-militärisches Profil

Wie bereits in der vorhergehenden Szene werden hier nicht römische Soldaten, sondern die Hohepriester, Schriftgelehrten, Vorbeigehenden und Mitgekreuzigten als Verspotter von Jesu scheinbar gescheitertem Selbstanspruch dargestellt. Der zwischen Räubern gekreuzigte Aufrührer[1123] wird zwar als einer anerkannt, der anderen helfen konnte (vgl. 5.4.4[1]), nicht aber sich selbst (vgl. 5.8.3[1]). Aber die Leserschaft weiß, dass Jesus aus dem Geist Gottes gewirkt hat (vgl. Szenen 03 und 18). Und empfangen haben jene, denen er half, weil sie glaubten und nicht vorher „sehen" mussten wie diese hier (Mk 15,32). Das Drama, dass Gott, sein Vater, nicht eingreift, wird gleichwohl bemerkenswert inszeniert. Die Agonie des Gottessohnes begleitet ein kosmisches Ereignis der Finsternis. Das erinnert vor allem an die Berichte über die Begleitphänomene der Ermordung Cäsars und des Todes anderer Herrscher (vgl. etwa Vergil, *Georg.* 1,463–467; Josephus, *Ant.* 14,309). Nur scheint hier manche Auslegung mit dem eigentlichen Todeszeitpunkt das Ende der Finsternis – sie dauert von der sechsten bis zur neunten Stunde und in der neunten Stunde stirbt Jesus – konnotiert zu sein, was bedeuten könnte, dass Jesus erst stirbt, als das Licht wiederkehrt.[1124] Doch vom (Wieder-)Aufgehen der Sonne ist erst am Auferstehungstag ausdrücklich die Rede (vgl. Mk 16,2). Zuvor verlässt Gott auch noch den Tempel, wie später auch durch Josephus im Blick auf die Tempelzerstörung gesagt wird (vgl. 5.3.4[1]). Keiner der narrativen Akteure scheint den Aufschrei über Gottes Auszug mitbekommen zu haben, auch wissen sie (noch) nicht um die den Bundesbruch implizierende Teilung des Tempelvorhangs (vgl. 5.3.4[1]; 5.8.3[4]), das Spotten wäre ihnen darüber gewiss vergangen (vgl. 5.8.3[3]). Den Hohepriestern und Schriftgelehrten genügt es, Jesus verurteilt und zu seiner verdienten Todesstrafe geführt zu sehen (vgl. 5.5.4[5];

1123   Während Vespasian sich im Triumph in Rom mit seinen Söhnen als „Trio der Macht" präsentierte, würde der Narrator nach Ebner Jesus flankiert von zwei Räubern in einem „Trio der Ohnmacht" zeigen (Ebner, „Evangelium contra Evangelium," 68; ders., „Das Markusevangelium," 178).

1124   Vgl. Paul-Gerhard Klumbies, *Der Mythos bei Markus* (BZNW 108; Berlin: de Gruyter, 2001), 269.

5.6.4[6]; 5.7.3[4]; 5.7.3[5]), ihre Autorität ist wiederhergestellt, und auch Gott scheint dem – vorläufig zumindest – nicht zu widersprechen. Die Leserschaft demgegenüber dürfte mit Rückblick auf die Zerstörung des Tempels zu glauben wissen, dass Gott selbst sie bereits delegitimiert hat. Entsprechend losen die Soldaten über Jesu Kleider wie über Kriegsbeute (vgl. 5.6.4[6]); doch dass ausgerechnet ein Hauptmann (vgl. 5.6.4[1]; 5.6.4[2]), ein Repräsentant jener Macht, der die Tempeleliten verpflichtet sind, und derer sie sich zur Wiederherstellung ihrer Macht bedienten, Jesus jetzt als „Gottessohn" – was die griechische Übersetzung des offiziellen Titels des römischen Kaisers *divi filius* ist – und als ernstzunehmenden Gegner anerkennt, müsste sie beunruhigen, sehr sogar.[1125]

3.10.9 Szene 83 (Mk 15,40–47): Josef von Arimatäa bestattet Jesus in einer Gruft

(1)   Szene

Die dreiundachtzigste Szene Mk 15,40–47 handelt davon, wie Josef von Arimatäa Jesus in einer Gruft bestattet. Wie bereits die Szenen 03–05, 17–18, 27, 40–43, 45, 52, 55, 59 und 71–82 gehört somit auch diese zu den biographischen, und zwar das Leben Jesu betreffenden Szenen, und wie bereits die Szenen 06, 11, 16, 19–23, 28, 31, 38, 41–43, 45–49, 51–53, 56, 65–70, 74, 76 und 78 gehört sie ferner auch zu den jünger- und nachfolgerbezogenen, und zwar drei Frauen betreffenden Szenen. Die Szene unterscheidet sich von der nachfolgenden im Blick auf Akteure, Ort, Zeit, Handlung und Thema, offenbart doch dort ein Jüngling den entsetzten Frauen in der Gruft Jesu Auferstehung.

(2)   Text

15**40** Aber es waren auch Frauen von fern beobachtend, unter ihnen auch Maria Magdalena und Maria, Jakobus des Kleinen und Joses Mutter, und Salome, **41** die, als er in Galiläa war, ihm folgten und ihm dienten, und viele andere, welche mit ihm hinaufkamen nach Jerusalem. **42** Und als es schon Abend ward, da es Rüsttag war, das ist Vorsabbat, **43** kam Josef von Arimatäa, ein angesehener Ratsherr, der selbst auch das Königreich Gottes erwartend war, ging wagend zu Pilatus hinein und bat um den Leib Jesu. **44** Pilatus aber wunderte sich, dass er schon gestorben war, und herbeirufend den Hauptmann fragte er ihn, ob er schon lange gestorben war. **45** Und erfahrend von dem Hauptmann, überließ er

---

1125   Vgl. auch Ebner, „Evangelium contra Evangelium," 34–35; ders., „Das Markusevangelium," 175.179–180; ders., *Das Markusevangelium*, 163–165; ders., „Das Markusevangelium und der Aufstieg der Flavier," 65–67.

EXEGETISCHE ANALYSE DES MARKUSEVANGELIUMS 449

den Leichnam Josef. [46] Und kaufend Leinen wickelte er ihn hinunternehmend in die Leinen und legte ihn in eine Gruft, die gehauen war aus einem Felsen und er wälzte einen Stein vor den Eingang der Gruft. [47] Maria Magdalena aber und Maria des Joses beobachteten, wo er gelegt wurde.[1126]

(3)   Inhalt

Explizit anwesende *Akteure* dieser Szene sind einerseits der leblose „Jesus" (Mk 15,43; vgl. 3.1.1[3]), andererseits der „Ratsherr" (Mk 15,43: βουλευτής)[1127] „Josef von Arimatäa" (Mk 15,43.45: Ἰωσήφ;[1128] Mk 15,43: Ἀριμαθαία)[1129], ferner „Frauen" (Mk 15,40 Pl.; vgl. 3.5.4[3]) aus „Galiläa" (Mk 15,41; vgl. 3.1.3[3]), die Jesus nach „Jerusalem" (Mk 15,41; vgl. 3.3.4[3]) gefolgt waren, mit besonderer Erwähnung von „Maria Magdalena" (Mk 15,40.47; vgl. 3.5.5[3]; Mk 15,40.47: Μαγδαληνή)[1130], „Maria" (Mk 15,40.47; vgl. 3.5.5[3]), der „Mutter" (Mk 15,40; vgl. 3.3.6[3]) „Jakobus" (Mk 15,40; vgl. 3.2.1[3]) „des Kleinen" (Mk 15,40) und „Joses" (Mk 15,40.47; vgl. 3.5.5[3]) wie auch der „Salome" (Mk 15,40: Σαλώμη)[1131], und schließlich letztmals „Pilatus" (Mk 15,43.44; vgl. 3.10.5[3]) mit seinem „Hauptmann" (Mk 15,44.45; vgl. 3.10.8[3]). Die stets in Jerusalem handelnde Szene ereignet sich

---

1126   Literarisch folgt Szene 83 einem chiastischen Schema: A: Mk 15,40–41 (beobachten, Maria Magdalena, Maria des Joses); B: Mk 15,42–43 (Josef, Pilatus, Leib); B': Mk 15,44–46 (Pilatus, Leichnam, Josef); A': Mk 15,47 (Maria Magdalena, Maria des Joses, beobachten).

1127   Menge-Güthling, „βουλευτής," *Langenscheidts Großwörterbuch Altgriechisch-Deutsch*, 138; Walter Bauer, „βουλευτής," *Griechisch-deutsches Wörterbuch zum Neuen Testament*, 290: Das Substantiv meint neben „Ratsherr" auch „Ratsmitglied, Mitglied eines Synedriums, Senator." Der Begriff findet sich als *Hapax legomenon* nur hier im Text.

1128   Hellmut Haug, „Josef," *Namen und Orte der Bibel*, 209–210; Lothar Wehr, „Josef von Arimathäa," *Personenlexikon zum Neuen Testament*, 151, 156–159: Der Name meint hebr. „er (Gott) möge hinzufügen," das nach Gen 30,23–24 einerseits im Sinne von „(Schande) wegnehmen" und andererseits im Sinne von „hinzufügen" gedeutet wird. Der Begriff findet sich 2mal und nur hier im Text.

1129   Hellmut Haug, „Arimatäa," *Namen und Orte der Bibel*, 49; Lothar Wehr, „Josef von Arimathäa," *Personenlexikon zum Neuen Testament*, 156–159: Der Beiname ist die griech. Form von „Ramatajim," das mit der im judäischen Hügelland liegenden „Rama" identifiziert wurde. Der Begriff findet sich als *Hapax legomenon* nur hier im Text.

1130   Hellmut Haug, „Magdala," *Namen und Orte der Bibel*, 244; Wim Weren, „Maria (die Magdalenerin)," *Personenlexikon zum Neuen Testament*, 194–197: Der Beiname meint aram. „Turm" und bezeichnet einen Ort am Westufer des Sees Gennesaret unweit von Tiberias. Der Begriff findet sich 3mal im Text (Mk 15,40.47; 16,1).

1131   Siegried C.A. Fay, „Salome," *Personenlexikon zum Neuen Testament*, 261–262: Der Name leitet sich von hebr. „שָׁלוֹם," und meint u. a. „Friede, Heil, Fülle." Der Begriff findet sich 2mal im Text (Mk 15,40; 16,1), auch im Blick auf das gesamte Neue Testament.

450 3. KAPITEL

in *räumlicher* Hinsicht an verschiedenen Orten, einerseits auf Golgota, ferner im Prätorium und schließlich in einer „Gruft" (Mk 15,46.46; vgl. 3.5.2[3]) mit unbekannter Lokalisierung. *Zeitpunkt* dieser Szene ist der „Abend" (Mk 15,42; vgl. 3.2.3[3]) und somit kurz vor Übergang vom 15. zum 16. Nissan, an einem sechsten Wochentag, ein „Rüsttag" (Mk 15,42: παρασκευή)[1132] beziehungsweise „Vorsabbat" (Mk 14,42: προσάββατον)[1133] vor dem Feiertag „Sabbat." In *rhetorischer* Sicht handelt es sich um eine rein narrative Szene. Mit dem Thema des Todes knüpft dieses Narrativ an die Passionsszenen 12, 14, 41, 43, 45, 52, 59, 70–71, 73–77 und 79–82 an, und mit dem Thema der Bestattung an Szene 29.

Die Kreuzigung, die letzte Verspottung wie auch der Tod Jesu wird – wohl aus Sicherheitsgründen – von ferne von einer nicht genannten Anzahl jüdischer Frauen „beobachtet" (Mk 15,40.47), die mit vielen anderen Jesus seit Galiläa „nachgefolgt" (Mk 15,41; vgl. 3.2.1[3]; vgl. Szene 52) waren und ihm „dienten" (Mk 15,41; vgl. 3.1.4[3]). Unter ihnen werden drei besonders hervorgehoben: Die erstmals eingeführte und in den synoptischen Evangelien immer erstgenannte Maria Magdalena, die zweite Maria, die über ihre Identifizierung als Mutter des Jakobus und Joses auf die leibliche Mutter Jesu verweisen könnte (vgl. Szene 27),[1134] sowie eine ebenfalls erstmals eingeführte Salome. Wenn die Mutter Jesu unter den namentlich Genannten gemeint sein soll stellt sich die Frage, ob sie in der Zwischenzeit ihre Meinung über ihren Sohn geändert hat (vgl. Szene 17)? Und wo – so drängt sich angesichts dieser anwesenden und tapferen Nachfolgerinnen die Frage auf – sind die Jünger geblieben, deren Aufenthaltsort den Frauen mit Blick auf nachfolgende Szene bekannt sein müsste?[1135] Jesus starb

---

1132 Liddell-Scott, „παρασκευή," *Greek-English Lexicon*, 1324; Menge-Güthling, „παρασκευή," *Langenscheidts Großwörterbuch Altgriechisch-Deutsch*, 525; Walter Bauer, „παρασκευή," *Griechisch-deutsches Wörterbuch zum Neuen Testament*, 1257: Das Kompositum meint einerseits „Instandsetzung, Zu- und Vorbereitung, Zurüstung, Einrichtung, Anordnung, Veranstaltung, Vorkehrung," andererseits „Ausrüstung, Ausstattung, Kriegsrüstung, Heeres- oder Streitmacht" und schließlich „Rüsttag" auf ein Fest hin, was den Sabbat einschließt und deshalb den sechsten Wochentag meinen kann. Das Substantiv findet sich als *Hapax legomenon* nur hier im Text.

1133 Menge-Güthling, „προσάββατον," *Langenscheidts Großwörterbuch Altgriechisch-Deutsch*, 591; Walter Bauer, „προσάββατον," *Griechisch-deutsches Wörterbuch zum Neuen Testament*, 1424: Das Kompositum meint neben „Vorsabbat" auch „Freitag." Das Substantiv findet sich als *Hapax legomenon* nur hier im Text, auch im Blick auf das gesamte Neue Testament.

1134 Gegen eine Identifizierung Marias mit der Mutter Jesu optiert beispielsweise Collins, *Mark*, 774.

1135 Vgl. Monika Fander, *Die Stellung der Frau im Markusevangelium – unter besonderer*

EXEGETISCHE ANALYSE DES MARKUSEVANGELIUMS   451

zur neunten Stunde, hieß es in der vorhergehenden Szene, das war zwischen 14
und 15 Uhr. Mittlerweile ist es Abend des Vorsabbats geworden, wohl gegen 18h
also, drei Stunden, in denen Jesus tot am Holz hängt. Wie hat Josef, der ehrbare
oder vornehme Ratsherr, von Jesu Tod erfahren? War er zugegen, wurde es an
ihn herangetragen? Als einer, der ein öffentliches Amt bekleidet – welchem Rat
er angehört, wird nicht erläutert –, ist er dafür verantwortlich, dass die Gesetze
der Väter eingehalten werden, nämlich, dass ein hingerichteter Toter nicht über
Nacht am Kreuz bleiben darf (vgl. Dtn 21,22–23). Ferner wird gesagt, dass Josef
„auch" (Mk 15,43) das „Königreich Gottes" (Mk 15,43; vgl. 3.1.5[3]) erwarte. Wie
ist das gemeint, etwa in dem Sinne, dass er es wie Jesus und seine Jünger erwartet? Das könnte ihn als Sympathisanten oder gar (Krypto-)Nachfolger Jesu qualifizieren, weshalb er auf sich nimmt, was eigentlich in der Verantwortung der
Jünger läge (vgl. Szene 29). So „entschließt" er sich oder „wagt" es (Mk 15,43; vgl.
3.8.8[3]), Pilatus um den „Leib/Leichnam" (Mk 15,43; vgl. 3.5.4[3]) Jesu zu „bitten" (Mk 15,43; vgl. 3.5.7[3]). Dieser reagiert distanziert, mit „Verwunderung"
(Mk 15,44; vgl. 3.5.2[3]), als ob er nicht mit solch einem schnellen „Sterben"
(Mk 15,44: θνήσκω[1136]) gerechnet hatte. Sind sieben Stunden Todeskampf zu
kurz, oder erwartete er von einem mit derlei Selbstanspruch Übernatürliches?
Den „Tod" (Mk 15,44; vgl. 3.5.4[3]) wie die Todeszeit lässt sich Pilatus von seinem Hauptmann bestätigen und überlässt hierauf den „Leichnam" (Mk 15,45;
vgl. 3.5.7[3]) Josef. Daraufhin geht dieser „Leinen" (Mk 15,46.46; vgl. 3.10.2[3])
kaufen, persönlich oder durch beziehungsweise mit anderen, holt Jesus vom
Kreuz, wickelt ihn darin ein und legt ihn in eine – ist es seine? – aus dem Felsen
gehauene Gruft, sie dürfte sich nicht in allzu großer Entfernung von Golgota
befinden, und wälzt unter den beobachtenden Augen der Maria Magdalena
und der Maria des Joses einen Stein vor den Eingang. Was für eine Bestattung
für einen König![1137]

  Berücksichtigung kultur- und religionsgeschichtlicher Hintergründe (MThA 8; 2. Aufl.;
  Altenberge: Telos, 1990), 292. Zur Diskussion über die Bedeutung des „ihm dienten"
  vgl. 3.10.9(4).

1136 Liddell-Scott, „θνήσκω," *Greek-English Lexicon*, 802; Menge-Güthling, „θνήσκω," *Langenscheidts Großwörterbuch Altgriechisch-Deutsch*, 332; Walter Bauer, „θνήσκω," *Griechisch-
  deutsches Wörterbuch zum Neuen Testament*, 736–737: Das Verb meint neben „sterben" auch „umkommen (im Kampf), fallen, getötet werden." Der Begriff findet sich als
  Hapax legomenon nur hier im Text.

1137 Vgl. auch Hisako Kinukawa, „Women Disciples of Jesus ([Mark] 15.40–41; 15.47; 16.1)," in
  A Feminist Companion to Mark, 171–190; und Miller, *Women in Mark's Gospel*, 153–173.

452 3. KAPITEL

(4) Politisch-militärisches Profil

Der Tod Jesu ist die Voraussetzung für seine leibliche Auferstehung; doch es fragt sich, wozu es seiner Beerdigung überhaupt bedarf, abgesehen davon, dass es gesetzlich geboten ist. Hätte nicht Elija, wie zuvor erwähnt, oder Gott selbst Jesus vom Kreuz holen können und ihn in einem spektakulären Akt und unter den Augen seiner Peiniger der Apotheose zuführen können? Im Gegenteil, Jesu Erhöhung in die Herrlichkeit muss im Einklang mit dem Axiom der Geheimhaltung im Verborgenen geschehen. Und das eigentliche Wunder besteht darin, dass Gott in Abwesenheit der zuständigen Jünger dennoch einen Menschen mit Status findet, der sich erlauben kann, von Pilatus offenkundig Ungewohntes zu verlangen (vgl. 5.6.4[2]). Was wäre sonst mit dem Leichnam Jesu geschehen? Jetzt aber wird er – wie zuvor über Johannes den Täufer erzählt – den Gepflogenheiten entsprechend eingewickelt und in einer Gruft erstbestattet, was seine Auferstehung im Verbogenen überhaupt erst ermöglicht. Im Unterschied zu den unzähligen Toten Jerusalems, denen während der in Jerusalem tobenden Bürgerkriege kein Begräbnis vergönnt war, was Josephus bitter beklagt (vgl. 5.7.3[4]), wird Jesus immerhin eines Begräbnis gewürdigt. Eines aber, das mit dem Erbitten des Leichnams das Eingeständnis der Niederlage zum Ausdruck bringt (vgl. 5.8.3[1]). Eine breitere Gefolgschaft nach Jerusalem wurde erstmals in Szene 52 eingeführt, unklar jedoch bleibt, weshalb die Frauen erst hier erwähnt werden. Haben sie für den Narrator den Vorteil, dass sie als Galiläerinnen zwar stigmatisiert, jedoch noch nicht kriminalisiert sind? Sie bleiben sowohl auf Golgota als auch gegenüber Josef auf Distanz, jedoch stets auf ihre Funktion bedacht, Jesus zu dienen, das heißt für seinen Lebensunterhalt und jetzt auch für seinen würdigen Tod zu sorgen (vgl. 5.6.4[8]; 5.6.4[9]). Doch wäre es falsch, ihre Rolle nur in ihrer Nachfolge und ihrem Dienst zu orten, als Mitwisserinnen über den Verbleib der Jünger (vgl. Szene 84) sind sie auch Komplizinnen in demjenigen Kampf, den Jesus führte und führen wird (vgl. 5.6.4[3]).[1138]

1138 Dass hierbei „διακονέω" (Mk 15,41) mehr als nur Dienen im Sinne von Lebensunterhalt meinen muss, hat auch Elisabeth Schüssler Fiorenza hingewiesen. Denn die Frauen würden – anders als die Jünger – in ihrer mutigen Nachfolge bis ans Kreuz (Mk 15,41: ἀκολουθέω) wahre und die von Jesus geforderte (befreiende) Leiterschaft vorleben, die mit dem Privileg apostolischer Zeugenschaft honoriert würde (Mk 15,41: συναναβαίνω vor dem Hintergrund seiner Verwendung in Apg 13,31 gedeutet; *In Memory of Her: A Feminist Theological Reconstruction of Christian Origins* [New York: Crossroad, 1998], 316–323); vgl. auch Dewey, „The Gospel of Mark," 506–508.

EXEGETISCHE ANALYSE DES MARKUSEVANGELIUMS 453

3.10.10 Szene 84 (Mk 16,1–8): Ein Jüngling offenbart den entsetzten Frauen in der Gruft Jesu Auferstehung

(1)   Szene

Die vierundachtzigste Szene Mk 16,1–8 handelt davon, wie in der Gruft ein Jüngling den entsetzten Frauen Jesu Auferstehung offenbart. Wie bereits die Szenen 03–05, 17–18, 27, 40–43, 45, 52, 55, 59 und 71–83 gehört somit auch diese zu den biographischen, und zwar das Leben Jesu betreffenden Szenen, und wie bereits die Szenen 06, 11, 16, 19–23, 28, 31, 38, 41, 43, 45–49, 51–53, 56, 65–70, 74, 76, 78 und 83 gehört sie ferner auch zu den jünger- und nachfolgerbezogenen, und zwar drei Frauen betreffenden Szenen.

(2)   Text

16[1] Und als der Sabbat vergangen war, kauften Maria Magdalena und Maria des Jakobus und Salome Gewürze, damit sie hingehend ihn salbten. [2] Und sie kommen sehr früh am ersten Wochentag zu der Gruft, als die Sonne aufgegangen war. [3] Und sie sagten zueinander: Wer wird uns den Stein am Eingang der Gruft wegwälzen? [4] Und aufblickend sehen sie, dass der Stein weggewälzt war, denn er war sehr groß. [5] Und hineingehend in die Gruft sahen sie einen Jüngling sitzend zur Rechten, bekleidet mit einem weißen Gewand, und sie entsetzten sich. [6] Er aber sagt zu ihnen: Entsetzt euch nicht! Ihr sucht Jesus, den Nazarener, den Gekreuzigten. Er ist auferstanden, er ist nicht hier. Seht die Stelle, wo sie ihn hinlegten. [7] Aber geht hin, sagt seinen Jüngern und Petrus, dass er euch nach Galiläa vorausgeht! Dort werdet ihr ihn sehen, wie er euch sagte. [8] Und hinausgehend flohen sie von der Gruft, denn Zittern und Bestürzung hatte sie ergriffen. Und sie sagten niemandem nichts, denn sie fürchteten sich.[1139]

(3)   Inhalt

Explizit anwesende *Akteure* dieser Szene sind einerseits „Maria Magdalena" (Mk 16,1; vgl. 3.10.9[3]), andererseits „Maria" (Mk 16,1; vgl. 3.5.5[3]) des „Jakobus" (Mk 16,1; vgl. 3.2.1[3]), ferner „Salome" (Mk 16,1; vgl. 3.10.9[3]) und schließlich ein aus anderer Sphäre stammender „Jüngling" (Mk 16,5; vgl. 3.10.2[3]). Und erwähnte Akteure sind einerseits „Jesus" (Mk 16,6; vgl. 3.1.1[3]), der „Nazarener" (Mk 16,6; vgl. 3.2.2[3]) und „Gekreuzigte" (Mk 16,6; vgl. 3.10.6[3]), und andererseits „seine" (Mk 16,7) „Jünger" (Mk 16,7 Pl.; vgl. 3.2.6[3]), insbesondere „Petrus" (Mk 16,7; vgl. 3.3.5[3]). *Ort* des Geschehens ist die „Gruft" (Mk 16,2.3.5.8; vgl. 3.5.2[3]), in welcher Josef Jesus erstbestattet hatte, und zwar *„frühmorgens"*

1139   Literarisch folgt Szene 84 einem parallelen Schema: A: Mk 16,1–3 (wegwälzen, Stein); A': Mk 16,4 (wegwälzen, Stein); B: Mk 16,5 (entsetzen); B': Mk 16,6–8 (entsetzen).

454 3. KAPITEL

(Mk 16,2; vgl. 3.2.4[3]) nach Sonnenaufgang und nach „Sabbat" (Mk 16,1; Mk 16,2 Pl.), am ersten Wochentag (vgl. auch Mk 16,9), der der 17. Nissan ist. In *rhetorischer* Hinsicht sind einerseits die drei Frauen unter sich zu vernehmen und andererseits der Jüngling mit einer Botschaft an sie und alle Jünger. Mit dem Thema der Auferstehung knüpft dieses Narrativ an die Szenen 41, 43, 45, 52 und 74 an, und mit dem Thema der Salbung an Szene 71.

Nachdem Jesus von Josef am Abend des Vorsabbats begraben und dieser Vorgang von den drei Frauen beobachtet worden war, lassen dieselben den Sabbat verstreichen, offenkundig sind sie gesetzestreu, und gehen am ersten Wochentag „Gewürz(salben)" (Mk 16,1 Pl.: ἄρωμα)[1140] kaufen, um Jesus „einzusalben" (Mk 16,1; vgl. 3.5.6[3]). Frühmorgens begeben sie sich nach Sonnenaufgang zur Gruft und fragen sich auf dem Weg, wer ihnen den übergroßen Stein vom Eingang der Grabstätte wegwälzen werde. Zu ihrem Erstaunen und zur Konkretisierung ihrer Absicht unabdinglich, finden sie diesen bei ihrer Ankunft bereits weggewälzt, als würden sie – offensichtlich die einzigen neben Josef, die wissen, wo Jesu Leichnam hingelegt wurde – erwartet. Von wem sie sich Hilfestellung erhofft hatten, wird nicht gesagt, aber von ihrer Reaktion her zu schließen bestimmt nicht von demjenigen, den sie vorfinden: einem zur Rechten sitzenden und in weißem „Gewand" (Mk 16,5; vgl. 3.8.10[3]) gehüllten Jüngling. Das einzige andere Mal im Text ist in der Verklärungsszene die Rede von weißer Kleidung, und zwar derjenigen von Jesus (vgl. Szene 42). Diese Assoziation, in Verbindung mit dem Sitzen zur Rechten verweist auf die Besonderheit dieses Jünglings,[1141] der den Jüngerinnen wiederzugeben weiß, was Jesus nur zu seinen Jüngern gesagt hatte, und das im Verbund mit einer Botschaft an sie. Die drei Frauen sind einer Offenbarungsszene entsprechend „entsetzt" (Mk 16,5 Pass.; Mk 16,6 Med. Imp.; vgl. 3.6.8[3]). Das sieht dieser ihnen offensichtlich an, und entgegnet bestimmt, sie sollten sich nicht entsetzen, denn Jesus, der Nazarener, der Gekreuzigte, den sie suchten – auch das weiß er –, sei nicht hier, sondern „auferweckt worden" (Mk 16,6 Pass.; vgl. 3.2.3[3]). Zum Beweis verweist er auf die leere Stelle, Jesus war somit zwar über drei Tage tot – vgl. Mk 8,31; 9,31; 10,34, die von der Auferstehung nach drei Tagen sprechen – aber insgesamt nur etwa 38–40 Stunden. Aber sie sollten hingehen,

---

1140   Menge-Güthling, „ἄρωμα," *Langenscheidts Großwörterbuch Altgriechisch-Deutsch*, 111; Walter Bauer, „ἄρωμα," *Griechisch-deutsches Wörterbuch zum Neuen Testament*, 228: Das Substantiv meint einerseits „würziges Kraut, Gewürz" und andererseits „Spezereien, wohlriechende Öle, Salben, Räucherwerk." Der Begriff findet sich als *Hapax legomenon* nur hier im Text.

1141   Die Beschreibung von Engeln als Jünglinge in leuchtender Kleidung ist in jüdischen Texten des zweiten Tempels eine weit verbreitete Konvention (Collins, *Mark*, 795).

EXEGETISCHE ANALYSE DES MARKUSEVANGELIUMS

fährt er fort, und den Jüngern wie auch Petrus sagen – also müssen sie wissen, wo jene sich aufhalten –, dass Jesus ihnen (2 Pers. pl.) – das schließt die drei Angesprochenen ein – nach „Galiläa" (Mk 16,7; vgl. 3.1.3[3]) „vorausgehe" (Mk 16,7; vgl. 3.5.8[3]), was Jesu Vorhersage von Mk 14,28b aufnimmt. Nur steht hier statt des Futurs der Präsens, wohl im linearen Sinne von „eben gerade vorausgehen," was – wie bereits festgestellt wurde – auch „vorrücken" meinen kann. Und dort würden sie ihn alle – wie Jesus sagte – sehen. Wenn der Jüngling dies also ausdrücklich als Ansage Jesu (Mk 16,7c: „wie er euch gesagt hat") kennzeichnet, dürfte sich das „dort werdet ihr ihn sehen (Mk 16,7b)" auf die Vorhersage der Auferstehung in Mk 14,28a beziehen. Das Vorhaben der Frauen, Jesus zu salben, hat sich erübrigt, ohnehin hatte er eine solche bereits erhalten (vgl. Szene 71), und stattdessen haben sie einen Auftrag bekommen, eine Botschaft an Jesu enge Gefolgschaft sowie eine Handlungsanweisung weiterzugeben. Wozu nach Galiläa, an den Ausgangspunkt Jesu öffentlichen Auftretens?[1142] Das verschweigt der Narrator. Auch, ob die Frauen den Auftrag schließlich ausführen werden. Vielmehr berichtet er, dass sie aus der Gruft „fliehen" (Mk 16,8; vgl. 3.5.2[3]) – wie die Jünger auch schon (vgl. Szene 76) – aus „Furcht" (Mk 16,8; vgl. 3.5.1[3]) verstummt zitternd und „bestürzt" (Mk 16,8; vgl. 3.5.3[3]).[1143] Sie sagen „niemandem nichts" (Mk 16,8.8) endet der Narrator schon fast ironisch, waren doch viele Schweigegebote zuvor missachtet worden, und jetzt, wo ein Redegebot erfolgt, schweigen sie. Die Leserschaft weiß aber, dass der Frauen Schweigen der Wiedervereinigung Jesu mit den Jüngern nicht im Wege stehen wird, denn sie würden den Jüngern nichts sagen, was diese nicht schon wüssten (vgl. zum Zeitpunkt: Mk 8,31; 9,31; 10,34; vgl. zum Ort: Mk 14,28)![1144]

1142   Manche lesen dies auch als Aufforderung an den Leser, das Evangelium wieder von vorn zu lesen.

1143   Diese Szene erinnert mich ans galiläische Jotopata, wo auch Josephus bestürzt in einer Zisterne sitzt, weil in ihm die Bilder des nächtlichen und prophetischen Traumes hochsteigen, in welchem er angeblich erfährt, dass Gott die Juden in die Knie zwingen, und das Glück zu den Römern, genauer: den Flaviern übergehen wird. Wenig später wird er dieses Wissen Vespasian und Titus als ihr Gefangener kundtun (*Bell.* 3,350–354). Es ist, als ob die Frauen in der Gruft eine ähnliche, allerdings entgegengesetzte Botschaft erhalten, nämlich, dass das Glück in Jesus zu den Juden zurückkehren wird.

1144   Gelegentlich übersehen ExegetInnen, dass die Botschaft des Engels den Jüngern bereits bekannt ist, und beurteilen das Verhalten der Jüngerinnen zu Unrecht als ein das Evangelium behinderndes „Versagen," das sie z.T. mit dem Versagen der Jünger zu rechtfertigen suchen (z.B. Dewey, „The Gospel of Mark," 506–508; Martin Ebner, „Im Schatten der Großen: Kleine Erzählfiguren im Markusevangelium," *BZ* 44/1 [2000]: 56–76; ders. „Das Markusevangelium," 154, 180; ders., *Das Markusevangelium*, 43; Victoria

(4)   Politisch-militärisches Profil

Weil bislang stets eintraf, was Jesus innertextlich seinen Jüngern voraussagte, endet die Geschichte an diesem Punkt nicht, sondern Jesu Kommen mit großer Macht steht jetzt an (vgl. Mk 8,38; 13,26; 14,62). Sein siegreiches „Vorrücken" in Richtung Galiläa nach seinem „(auch kriegerischen) Erheben (vgl. Mk 13,8)" hat – wie dasjenige Vespasians – scheinbar begonnen (vgl. 5.5.4[5]; 5.6.4[6]; 5.7.3[4]; 5.8.3[3]), der Verrat und der Tod vermochten ihn nicht aufzuhalten. Wenn Jesu übernatürliches Weiterleben ihre ersten Zeuginnen, die mitwissenden Jüngerinnen, in solchen Schrecken zu versetzen weiß (vgl. 5.6.4[3]; 5.6.4[8]; 5.6.4[9]), könnte damit auch angedeutet sein, dass dies umso mehr für die Feinde gelten wird. Die Sonne[1145] ist auch im übertragenen Sinne *in* der Welt und nicht jenseits von ihr aufgegangen,[1146] nicht zuletzt auch deswegen, weil die drei Jünger, Petrus, Jakobus und Johannes, nicht länger an ihr nach der Umgestaltung auferlegtes Schweigegebot gebunden sind (vgl. Szene 43); wenn sie also Jesus nach Galiläa folgen werden, tun sie es – aus Sicht der Leserschaft – im Wissen darum, dass er nicht nur der Christus, sondern auch Gottes Sohn ist. Wird dieses Argument die Jüngerinnen überzeugen, der auch an sie ergangenen Einladung dorthin Folge zu leisten?[1147]

Phillips, „The Failure of the Women Who Followed Jesus in the Gospel of Mark," in *A Feminist Companion to Mark*, 222–234; Miller, *Women in Mark's Gospel*, 174–192).

1145   Ebner, „Evangelium contra Evangelium," 42: „Die Flavier zeigten auf ihren Münzen für den Beginn ihrer Welteroberung sich selbst mit der im Osten aufgehenden Sonne. Ist es da purer Zufall, dass der Markusevangelist die letzte Geschichte seines Evangeliums mit der auffälligen doppelten Zeitangabe beginnen lässt: ‚Ganz früh am Morgen [...] als gerade die Sonne aufging [...]' (Mk 16,2)?"

1146   Vgl. Schmidt, der Jesus nicht als Imperator sondern als *Sol oriens* triumphieren sieht (*Wege des Heils*, 455–496).

1147   Vgl. Ebner, der diese Szene als „Apotheose des Gekreuzigten" deutet („Evangelium contra Evangelium," 40–42; ders., *Das Markusevangelium*, 167–169).

TEIL 2

Systematische Präsentation und Interpretation der exegetischen Erträge und ihre intertextuell-historische Verortung

∵

4. KAPITEL

Systematische Präsentation und Interpretation der exegetischen Erträge

4.1 Episoden und die makrotextliche Struktur

4.1.1 *Episoden A und A'*

Der chronologische Verlauf der vierundachtzig Szenen ergibt unter identitäts-relevanten Aspekten auf der Makroebene zehn (lose) chiastisch angeordnete Episoden. Die Szenen 01–05 lassen sich zur Episode A gruppieren, in literarisch-formaler Hinsicht deshalb, weil sie durch das Lexem „Evangelium" (Mk 1,1.14.15) zusammengehalten werden, und in narrativ-inhaltlicher Hinsicht deshalb, weil sie vom Anfang, der Vorbereitung Jesu in Judäa, welcher der noch nicht offenbarte „Christus" (Mk 1,1) und „Sohn (Gottes)" ist (Mk 1,11), und seinem erstmaligen Auftreten in der Öffentlichkeit in Galiläa unter der Bedingung seines noch Alleinseins berichten (vgl. 3.1).

Die Szenen 75–84 lassen sich zur Episode A' gruppieren, in literarisch-formaler Hinsicht deshalb, weil sie durch das Lexem „Entsetzen" (Mk 14,33; 16,5.6) zusammengehalten werden, und in narrativ-inhaltlicher Hinsicht deshalb, weil sie vom vorläufigen Ende des Dienstes und Lebens Jesu in Judäa, genauer: Jerusalem, unter der Bedingung seines erneuten Alleinseins berichten, aber auch die machtvolle Rückkehr des nun offenbarten „Christus" (Mk 14,61; 15,32) und „Sohn des Hochgelobten beziehungsweise Gottes" (Mk 14,61–62; 15,39) und daher „König der Juden beziehungsweise Israels" (Mk 15,2.9.12.18.26.32) sowie sein Vorausziehen nach „Galiläa" (Mk 16,7) ankündigen (vgl. 3.10).

A	01.	1,1	Anfang des *Evangeliums* Jesu Christi	Ein Jüngling offenbart den *entsetzten* Frauen in der Gruft Jesu Auferstehung	16,1–8	84.	A'
	02.	1,2–8	Johannes tauft und verkündigt in der Wüste Judäa	Josef von Arimatäa bestattet Jesus in einer Gruft	15,40–47	83.	
	03.	1,9–11	Johannes tauft Jesus (in der Wüste Judäa) → Einwohnung des Geistes	Soldaten kreuzigen Jesus in Golgota Verlassen des Geistes ←	15,21–39	82.	
	04.	1,12–13	Satan versucht Jesus in der Wüste (Judäa)	Soldaten verspotten Jesus im Prätorium	15,16–20	81.	

© KONINKLIJKE BRILL NV, LEIDEN, 2016 | DOI: 10.1163/9789004309340_005

460   4. KAPITEL

(cont.)

05.	1,14–15	Jesus verkündigt das *Evangelium* in Galiläa	Pilatus gibt dem Volk (im Prätorium) Barabbas frei und überliefert Jesus zur Kreuzigung	15,6–15	80.
		→ Überlieferung des Johannes	Überlieferung Jesu ←		
			Das Synedrium (in Jerusalem) überliefert Jesus dem Pilatus	15,1–5	79.
			Petrus verleugnet Jesus (in Jerusalem) drei Mal	14,66–72	78.
			Das Synedrium verurteilt Jesus (in Jerusalem) wegen Lästerung zum Tod	14,55–65	77.
			Jesu Festnahme (in Getsemani) durch eine Menge der Hohepriester, Schriftgelehrten und Ältesten	14,43–54	76.
			Jesu *Entsetzen* und Angst in Getsemani	14,32–42	75.

4.1.2   *Episoden B und B'*

Die Szenen 06–11 lassen sich zur Episode B gruppieren, in literarisch-formaler Hinsicht deshalb, weil sie durch das Lexem „Nachfolge" (Mk 1,18; 2,14.14.15), zusammengehalten werden, und in narrativ inhaltlicher Hinsicht deshalb, weil Jesus nun in Begleitung eines gesammelten engsten Stabs, den vier erstberufenen Jüngern, in „Vollmacht" (Mk 1,22.27; 2,10) wirkt (vgl. 3.2).

Die Szenen 66–74 lassen sich zur Episode B' gruppieren, in literarisch-formaler Hinsicht deshalb, weil sie durch „Voraussagen" (Mk 13,23) Jesu an seine Jünger, vornehmlich an seinen engsten Stab der vier erstberufenen Jünger, geprägt sind, und in narrativ-inhaltlicher Hinsicht deshalb, weil Jesus diesem engsten Stab für die Zeit seiner Abwesenheit und ihrer kriegsbedingten Zerstreuung die „Vollmacht" überträgt (Mk 13,34; vgl. 3.9).

SYSTEMATISCHE PRÄSENTATION UND INTERPRETATION 461

B	06.	1,16–20	Jesus *beruft* Simon und Andreas sowie Jakobus und Johannes beim See Galiläas	Jesus *sagt* den Jüngern (auf dem Ölberg) sein Leid, ihre Zerstreuung, Abfall und Verleugnung *voraus*	14,27–31	74.	B'
	07.	1,21–29a	Jesus lehrt und befreit einen Menschen in der Synagoge Kapernaums	Jesus offenbart seinen Jüngern am Sedermahl (in Jerusalem) seinen Überlieferer	14,17–26	73.	
	08.	1,29b–34	Jesus heilt die Schwiegermutter Simons in und befreit viele vor dessen Haus	Jesus weist (in Betaniën) zwei Jünger zur Sedervorbereitung an	14,12–16	72.	
	09.	1,35–45	Jesus verkündigt und befreit in ganz Galiläa und heilt einen Aussätzigen → Aussätziger	Eine Frau salbt Jesus in Betaniën zum Begräbnis Bei Simon dem Aussätzigen ←	14,3–9	71.	
	10.	2,1–12	Jesus heilt einen Gelähmten in Kapernaum und vergibt ihm seine Sünden	Judas vereinbart (in Jerusalem) mit den Hohepriestern und Schriftgelehrten Jesu Überlieferung	14,1–2. 10–11	70.	
	11.	2,13–17	Jesus *beruft* Levi beim See und speist in dessen Haus mit Zöllnern und Sündern	Jesus mahnt (auf dem Ölberg) die Jünger zur Wachsamkeit	13,28–37	69.	
				Jesus sagt den Vieren (auf dem Ölberg) das Kommen des Menschensohns nach der Drangsal voraus	13,14–27	68.	
				Jesus sagt den Vieren (auf dem Ölberg) ihre Überlieferung voraus	13,9–13	67.	
				Jesus *sagt* Jüngern vor dem Tempel dessen Zerstörung und den Vieren den Beginn der Wehen *voraus*	13,1–8	66.	

4.1.3 *Episoden c und c'*

Die Szenen 12–18 lassen sich zur Episode c gruppieren, in literarisch-formaler Hinsicht deshalb, weil sie durch Familien- und Verwandtschaftsvokabular, „Bräutigam und Hochzeitsgäste" (Mk 2,19–20) einerseits und die „Seinen, das heißt Mutter, Brüder und Schwestern" (Mk 3,21.31–35) andererseits, zusammen-

462   4. KAPITEL

gehalten werden, und in narrativ-inhaltlicher Hinsicht deshalb, weil Jesus seine Nachfolger nach außen verteidigend zur „Familie" derer konsolidiert, die den Willen Gottes tun (Mk 3,35; vgl. 3.3).

Die Szenen 55–65 lassen sich zur Episode c' gruppieren, in literarisch-formaler Hinsicht deshalb, weil sie durch den „Tempel" (Mk 11,11.15.16.27; 12,35) als den vorwiegenden Handlungsort zusammengehalten werden, und in narrativ-inhaltlicher Hinsicht deshalb, weil Jesus anhand von Familien- und Verwandtschaftsvokabular seine Besitzansprüche auf diesen für sich und seine Jünger reklamiert, so haben er als auch seine Jünger Gott zum Vater (Mk 11,25; 12,6), weshalb er als Gottes wie auch Davids Sohn (Mk 12,35.37) der rechtmäßige Erbe Gottes ist (Mk 12,7), der in den Tempel als seines Vaters Haus einzieht und als Erbe dessen Unordnung moniert (Mk 11,17; vgl. 3.8).

c						
			Jesus lobt (im *Tempel*) die Gabe der Witwe	12,41–44	65.	c'
12.	2,18–22	Die Johannesjünger und Pharisäer befragen Jesus (in Kapernaum) zur Fastenpraxis seiner Jünger (*Bräutigam*)	Jesus warnt das Volk (im Tempel) vor den Schriftgelehrten	12,38–40	64.	
13.	2,23–28	Die Jünger Jesu pflücken am Sabbat Ähren (bei Kapernaum)	Jesus lehrt das Volk im Tempel, dass er nicht nur Davids Sohn, sondern auch sein Herr ist	12,35–37	63.	
		→ David	David ←			
14.	3,1–6	Jesus heilt am Sabbat in der Synagoge (Kapernaums) einen Menschen mit vertrockneter Hand	Ein Schriftgelehrter befragt Jesus (im Tempel) zum ersten Gebot	12,28–34	62.	
15.	3,7–12	Jesus heilt viele beim See	Die Sadduzäer befragen Jesus (im Tempel) zur Auferstehung	12,18–27	61.	
16.	3,13–19	Jesus setzt auf dem Berg die Zwölf ein	Die Pharisäer und Herodianer befragen Jesus (im Tempel) zur Kaisersteuer	12,13–17	60.	
17.	3,20–21 .31–35	Die Mutter und Brüder Jesu bezichtigen ihn (in Kapernaum) des Wahnsinns (*Familie*)	Jesus offenbart (Hohepriestern, Schriftgelehrten und Ältesten im Tempel) durch Weinberggleichnis ihre mörderischen Absichten	12,1–12	59.	

18.	3,22–30	Die Jerusalemer Schriftgelehrten bezichtigen Jesus (in Kapernaum) der Besessenheit → Vollmachtsfrage	Die Hohepriester, Schriftgelehrte und Ältesten befragen Jesus im Tempel über seine Vollmacht Vollmachtsfrage ←	11,27–33	58.
			Jesus vertreibt die Händler und Wechsler vom Tempel	11,15–19	57.
			Jesus lehrt die Jünger über Glauben anhand eines Feigenbaums in Betaniën	11,12–14 .20–25	56.
			Jesus zieht in den *Tempel* Jerusalems ein	11,1–11	55.

4.1.4 *Episoden* D *und* D'

Die Szenen 19–22 lassen sich zur Episode D gruppieren, in literarisch-formaler Hinsicht deshalb, weil sie durch das Lexem „Gleichnisrede" (Mk 4,2.10.11.13.13. 30.33.34) zusammengehalten werden, und in narrativ-inhaltlicher Hinsicht deshalb, weil Jesus insbesondere die Jünger über soziale und Leidensbereitschaft (Mk 4,17) inkludierende Prinzipien im Königreich Gottes lehrt (vgl. 3.4).

Die Szenen 45–54 lassen sich zur Episode D' gruppieren, in literarisch-formaler Hinsicht deshalb, weil sie durch die Lexeme „größte, groß" (Mk 9,34; 10,43) und „erster" (Mk 9,35; 10,44) zusammengehalten werden, und in narrativ-inhaltlicher Hinsicht deshalb, weil Jesus insbesondere die Jünger über soziale und Leidensbereitschaft (Mk 9,31; 10,30.33–34.45) inkludierende Prinzipien im Königreich Gottes lehrt (vgl. 3.7).

D	19.	4,1–20	Jesus lehrt eine Volksmenge vom See aus in *Gleichnissen*, dasjenige vom Sämann *erklärt* er den *Jüngern*	Jesus heilt bei Jericho den blinden Bartimäus	10,46–52	54.	D'
	20.	4,21–25	(Jesus lehrt vom See aus) das Gleichnis des Lichts und des Maßes	Jakobus und Johannes begehren von Jesus (bei Jericho) einen Vorrang (*groß*)	10,35–45	53.	
	21.	4,26–32	(Jesus lehrt vom See aus) das Gleichnis des einem Senfkorn gleichenden Königreich Gottes	Jesus lehrt die Jünger auf dem Weg nach Jerusalem über seine bevorstehenden Leiden, seinen Tod und seine Auferstehung	10,32–34	52.	

(cont.)

22.	4,33–34	Jesus lehrt (vom See aus) in *Gleichnissen*, die er den *Jüngern erklärt*	Jesus lehrt die Jünger (in Judäa) über die Schwierigkeiten Reicher und den Lohn der Nachfolge	10,23–31	51.
			Jesus zeigt einem Begüterten (in Judäa) auf, wie das ewige Leben zu erben sei	10,17–22	50.
			Jesus verbietet Jüngern (in Judäa) den Kindern zu wehren	10,13–16	49.
			Die Pharisäer befragen Jesus in Judäa zur Ehescheidung	10,1–12	48.
			Jesus lehrt die Jünger (in Kapernaum) denen nicht zu wehren, die nicht gegen sie sind	9,38–41	47.
			Jesus lehrt die Jünger in Kapernaum über menschliche *Größe*	9,33–37 .42–50	46.
			Jesus lehrt die Jünger in Galiläa über seine bevorstehenden Leiden, seinen Tod und seine Auferstehung	9,30–32	45.

4.1.5 *Episoden E und E'*

Die Szenen 23–36 lassen sich zur Episode E gruppieren, in literarisch-formaler Hinsicht deshalb, weil sie räumlich in der „Dekapolis" (Mk 5,20; 7,31) beginnt und endet, und in narrativ-inhaltlicher Hinsicht deshalb, weil Jesus sich durch über Heilung und Exorzismus hinausreichende, furchterregende und gleichzeitig Leben erhaltende Wunder in seiner Identität zu offenbaren sucht, insbesondere seinen Jüngern gegenüber (vgl. 3.5).

Die Szenen 37–44 lassen sich zur Episode E' gruppieren, in literarisch-formaler Hinsicht deshalb, weil sie räumlich vornehmlich um „Cäsarea Philippi" (Mk 8,27) handeln und auch, weil sie durch das Lexem „Geschlecht" (Mk 8,12.38; 9,19) zusammengehalten werden, und in narrativ-inhaltlicher Hinsicht deshalb, weil Jesus nicht dem Zeichen fordernden sondern dem glaubenswilligen Geschlecht sich zu offenbaren willens ist. Endlich erkennen die Jünger seine Identität, die Gott dem innersten Kreis der Drei gegenüber bestätigt, weshalb mir Szene 42 als das Textzentrum der insgesamt vierundachtzig Szenen gilt (vgl. 3.6).

E	23.	4,35–41	Jesus stillt einen die Jünger bedrohenden Seesturm	Jesus befreit einen besessenen Knaben (bei *Cäsarea Philippi*) (*Geschlecht*)	9,14–29	44.	E'
	24.	5,1–20	Jesus befreit einen Menschen im Land der Gerasener (*Dekapolis*)	Jesus lehrt drei Jünger auf dem Berg über Elija und seine bevorstehenden Leiden	9,9–13	43.	
	25.	5,21–24 .35–43	Jesu Auferweckung der Tochter des Synagogenvorstehers Jaïrus in dessen Haus	Jesu wird vor drei Jüngern auf einem hohen Berg umgestaltet Zentrum: bestätigte Identität ←	9,2–8	42.	
	26.	5,25–34	Jesus heilt eine blutflüssige Frau (am See)	Jesu lehrt die Jünger (bei Cäsarea Philippi) über seine bevorstehenden Leiden, seinen Tod und seine Auferstehung und ruft zur Nachfolge und Selbstverleugnung auf	8,31–9,1	41.	
	27.	6,1–6	Jesus vermisst Ehre in seiner Vaterstadt (Nazareth) → verkannte Identität	Jesus befragt die Jünger bei *Cäsarea Philippi* zu seiner Identität erkannte Identität ←	8,27–30	40.	
	28.	6,7–13 .30–32	Jesus entsendet die Zwölf in Vollmacht (um Nazareth)	Jesus heilt einen Blinden in Betsaida	8,22–26	39.	
	29.	6,14–29	Herodes lässt Johannes (bei Nazareth) enthaupten, den er in Jesus auferstanden glaubt → Herodes	Jesu warnt Jünger (auf dem See) vor dem Sauerteig der Pharisäer und des Herodes Herodes ←	8,14–21	38.	
	30.	6,33–46	Jesus speist Fünftausend an ödem Ort	Jesus verweigert dem Pharisäer*geschlecht* bei Dalmanuta ein Himmelszeichen	8,10–13	37.	
	31.	6,47–52	Jesus kommt auf dem See wandelnd den Jüngern zu Hilfe				
	32.	6,53–56	Jesus heilt bei Gennesaret alle Kranken, die ihn berühren				
	33.	7,1–23	Die Pharisäer und Schriftgelehrten befragen Jesus (in Gennesaret) zur Speise- und Reinheitspraxis seiner Jünger				
	34.	7,24–30	Jesus befreit die Tochter einer Syrophönizierin in Tyrus				

(cont.)		
35.	7,31–37	Jesus heilt einen Taubstummen in der Dekapolis
36.	8,1–9	Jesus speist Viertausend (in der *Dekapolis*)

4.1.6 *Das politisch-militärische Metathema*

Wie der Titel besagt, geht es im Markusevangelium um eine gute, das heißt um eine Siegesbotschaft, die mit dem Nahe-Kommen des messianischen Königs Jesus Christus, der gleichzeitig auch Sohn Gottes ist, in Verbindung steht. Da diese Botschaft historisch vor dem Hintergrund einer desaströsen Niederlage geäußert wird, will – so wird hier angenommen – der Narrator zeigen, dass es so wie für die Römer[1] auch für die Juden zweier „Feldzüge" bedarf, um unter dem Vorbehalt der strategischen Geheimhaltung den Sieg zu erreichen: Einem ersten, der vermeintlich in der Niederlage endet, in Wirklichkeit aber die Sünden des Krieges sühnt; und einem zweiten und außerhalb des Narrativs liegenden Feldzugs, der deshalb siegreich sein wird, weil der erste die Voraussetzungen dafür schuf.

A	1,1–15	Anfang der Siegesbotschaft: Der Zeitpunkt einer neuen politisch-militärischen Ordnung ist in Christus, dem messianischen König und Feldherrn nahe gekommen.	Der messianische König und Feldherr endet wie angekündigt durch die Hand der herrschenden Okkupationsmacht, nicht ohne dadurch die Vorraussetzungen für seine machtvolle und siegreiche Rückkehr geschaffen zu haben.	14,32–16,8	A'
B	1,16–2,17	Der messianische König und Feldherr hebt einen Offiziersstab aus und formiert sich zur politisch-militärischen Bewegung.	Der messianische König und Feldherr kündigt eine kriegsbedingte Zerstreuung seiner Bewegung an, und delegiert Autorität an seinen Offiziersstab.	13,1–14,31	B'

---

1 Vgl. 5.7.1 (4).

C	2,18–	Der messianische König und	Der messianische König und	11,1–12,44	C'
	3,35	Feldherr konsolidiert seine	Feldherr beansprucht gegenüber		
		politisch-militärische Bewegung	amtierenden Eliten für sich und		
		über die Metapher der virtuellen	seine Bewegung sein Erbe, das		
		Familie Gottes.	heißt politische Vorherrschaft.		
D	4,1–34	Der messianische König	Der messianische König	9,30–10,52	D'
		und Feldherr expliziert die	und Feldherr expliziert die		
		politisch-militärischen Prinzipien	politisch-militärischen Prinzipien		
		seines Königreichs.	seines Königreichs.		
E	4,35–8,9	Der messianische König und	Der Offiziersstab erkennt den	8,10–9,29	E'
		Feldherr sucht seinem Offiziersstab	messianischen König und		
		seine Identität zu offenbaren.	Feldherrn in seiner Identität, die		
			Gott bestätigt.		

4.2 Szenentypologie

4.2.1 *Formale*

Bei einfacher Zuordnung besteht das Markusevangelium in formaler Hinsicht insgesamt aus zweiundsiebzig (01–16, 19–24, 27, 30–45, 48–55, 58–69 und 72–84) normalen und je sechs rahmenden (17, 25, 28, 46, 56 und 70) beziehungsweise eingebetteten (18, 26, 29, 47, 57 und 71) Szenen.

4.2.2 *Inhaltliche*

Bei mehrfacher Zuordnung besteht das Markusevangelium in inhaltlicher Hinsicht aus einer titeltragenden (01), elf auf jenseitige Wesen bezogenen (03–04, 07–09, 15, 24, 28, 34, 42 und 44), dreißig auf Einzelbiographien bezogenen (02–05, 17–18, 27, 29, 40–43, 45, 52, 55, 59 und 71–84), dreiunddreißig auf Nachfolgergruppen bezogenen (06, 11, 16, 19–23, 28, 31, 38, 41–43, 45–49, 51–53, 56, 65–70, 74, 76, 78 und 83–84), zweiunddreißig auf Volksgruppen bezogenen (02, 07–11, 14–15, 17, 19–22, 24–28, 30, 32–36, 39, 41, 44, 48, 50, 54 und 63–64) und fünfundzwanzig auf Gegnergruppen bezogene Szenen (10–14, 17–18, 27, 29, 33, 37, 48, 57–62, 70, 76–77 und 79–82).

(1) Titel

Mit ihrem auf den Gesamttext bezogenen Titel bildet Szene 01 eine eigene inhaltliche Kategorie.

(2)   Jenseitige Wesen

Gott tritt 2mal und prominent zu Beginn, nämlich bei der Taufe (03), und im Zentrum, bei der Umgestaltung/Verklärung (42), in Erscheinung; beide Male bestätigt er die Gottessohnschaft Jesu. Unterstützend steht ihm der Geist Gottes (03 und 04) als auch die Engel bei (04). Satan tritt 1mal und ebenfalls zu Beginn, nämlich bei der Versuchung (04), in Erscheinung. Unreine Geister, auch Dämonen genannt, treten 8mal und nur bis knapp über die Textmitte in Erscheinung: 1mal in Tyrus (34), 5mal in Galiläa (09), nämlich vor allem in Kapernaum (07–08, 15 und 28), und 2mal in der Tetrarchie des Philippus (24 und 44). Räumlich ist somit vor allem der Norden und temporal das Land bis zur Bestätigung Jesu als Messias durch Dämonen verunreinigt; Satan wie Dämonen kämpfen allesamt gegen Jesus, unterliegen aber.

(3)   Einzelbiographien

Als Protagonisten führt das Markusevangelium zwei an: Einerseits den 3mal vor allem am Textanfang und damit früher in Erscheinung tretenden Johannes (02, 05 und 29), und andererseits den 28mal und vor allem am Textende und damit temporal später in Erscheinung tretenden Jesus (03–05, 17–18, 27, 40–43, 45, 52, 55, 59 und 71–84). Somit stellt auch im Blick auf die Hauptakteure der Narrator eine deutliche Verbindung zwischen Johannes und Jesus her; insbesondere darin, dass Ersterer Letzterem und diesen ankündigend vorausgeht.

(4)   Nachfolgergruppen

Im Markusevangelium lassen sich zwei Nachfolgergruppen unterscheiden: Einerseits eine wichtigere Gruppe von zwölf männlichen und wohl hauptsächlich aus Galiläa stammenden Jüngern (vgl. Mk 14,70); und andererseits eine scheinbar weniger wichtige aber quantitativ wohl größere, auch Frauen inkludierende und vermutlich ebenfalls aus Galiläa stammende Gruppe (vgl. Mk 15,40–41).

Aus der Gruppe der Jünger steht die Zwölfergruppe insgesamt 23mal im Zentrum: davon werden sie 1mal eingesetzt (16); 1mal entsendet (28); und 21mal belehrt (19–23, 31, 38, 41, 45–49, 51–53, 56, 65–66, 69, 74). Die Vierergruppe, bestehend aus Simon und Andreas mit Jakobus und Johannes, steht 5mal im Zentrum: davon werden sie 1mal berufen (06); und 4mal belehrt (66–69). Die Dreiergruppe, bestehend aus denselben ohne Andreas, steht 2mal im Zentrum: sie werden beide Male belehrt (42–43). Der Einzeljünger Petrus schließlich steht 1mal, nämlich bei der Verleugnung im Zentrum (78); und der Einzeljünger Judas 2mal, nämlich beim Verrat (70 und 76).

Aus der Gruppe der Nachfolger steht einerseits 1mal Levi, nämlich bei seiner Berufung im Zentrum (11); andererseits sind 1mal seine Bekannten unter den

SYSTEMATISCHE PRÄSENTATION UND INTERPRETATION   469

Zöllnern und Sündern erwähnt (11); ferner sind 2mal begleitende und sich fürchtende Nachfolger anwesend (23 und 52); und schließlich 1mal weibliche Nachfolgerinnen (83), insbesondere die 2mal im Zentrum stehenden Frauen Maria Magdalena, Maria und Salome (83–84).

(5)   Volksgruppen

Volksgruppen lassen sich im Markusevangelium insgesamt elf unterscheiden: Nach räumlichen Kriterien geordnet sind dies 1mal eine Gruppe bestehend aus Menschen von Tyrus, Sidon, Galiläa, Peräa, Judäa, Jerusalem und Idumäa, die Heilung erfahren (15); 1mal eine Gruppen bestehend aus Menschen Galiläas, die belehrt werden und Befreiung erfahren (09); 8mal eine Gruppe bestehend aus Menschen Kapernaums, die belehrt werden (07, 11, 17 und 19–22) und Befreiung wie auch Heilung erfahren (08); 1mal eine Gruppe bestehend aus Menschen Tabghas, die belehrt werden und eine Speisevermehrung erfahren (30); 2mal eine Gruppe bestehend aus Menschen Gennesarets, die belehrt werden (33) und Heilung erfahren (32); 2mal eine Gruppe bestehend aus Menschen Nazareths, die belehrt werden (27–28) und Befreiung erfahren (28) wie auch Heilung (27–28); 1mal eine Gruppe bestehend aus Menschen Peräas, die belehrt werden (48); 1mal eine Gruppe bestehend aus Menschen Cäsarea Philippis, die belehrt werden (41); 1mal eine Gruppe bestehend aus Menschen aus der Dekapolis, die eine Speisevermehrung erfahren (36); 2mal eine Gruppe bestehend aus Menschen Judäas, die belehrt (48) und getauft werden (02); und schließlich 3mal Gruppen bestehend aus Menschen Jerusalems, die belehrt (63–64) und getauft werden (02).

Zusammenfassend wendet sich Jesus in räumlicher Hinsicht insgesamt 15mal Gruppen aus Galiläa und Peräa zu; 5mal an Gruppen aus Judäa und Jerusalem; und je 1mal an Gruppen aus der Tetrarchie des Philippus, der Dekapolis und einer, die aus Menschen von fast allen Landesteilen einschließlich Tyrus und Sidon besteht. Dabei ist auffallend, dass Samaria keine Erwähnung findet.

Der Dienstart nach wendet sich Jesus (bzw. Johannes) 16mal belehrend an Gruppen (07[Kap], 09[Gal], 11[Kap], 17[Kap], 19–22[Kap], 27–28[Naz], 30[Tab], 33[Gen], 41[Cäs], 48[Jud&Per], 63–64[Jeru]); 5mal heilend (08[Kap], 15[Kap], 27–28[Naz], 32[Gen]); 3mal befreiend (08[Kap]–09[Gal], 28[Naz]); zweimal speisend (30[Tab], 36[Dek]); und 1mal taufend (02[Jud]).

Insgesamt vierzehn Einzelpersonen aus dem Volk wendet sich Jesus jeweils einmalig zu: neun Männern und vier Frauen, davon sind drei Kindern, zwei Mädchen und ein Knabe. Er heilt einen Aussätzigen in Galiläa (09); er befreit einen Besessenen in Kapernaum (07); er heilt Simons Schwiegermutter in Kapernaum (08); er heilt einen Gelähmten ebendort (10); er heilt einen Verkrüppelten ebendort (14); er auferweckt die Tochter des Jaïrus ebendort (25),

470 4. KAPITEL

er heilt die Blutflüssige ebendort (26); er befreit einen Besessenen in Gergesa (24); er heilt einen Blinden in Betsaida (39); er befreit einen Knaben in Cäsarea Philippi (44); er befreit die Tochter einer Syrophönizierin in Tyrus (34); er heilt einen Taubstummen in der Dekapolis (35); er belehrt einen Begüterten in Judäa (50); und er heilt schließlich einen Blinden in Jericho (54).

In räumlicher Hinsicht wendet sich Jesus insgesamt 7mal an Einzelne in Galiläa, insbesondere in Kapernaum; 3mal an Einzelne in der Tetrarchie des Philippus; und je 2mal an Einzelne in Tyrus und Dekapolis sowie Judäa.

Der Dienstart nach wendet sich Jesus 9mal heilend (08^{Kap}, 09^{Gal}, 10^{Kap}, 14^{Kap}, 25^{Kap}–26^{Kap}, 35^{Dek}, 39^{Bet} und 54^{Jeri}); 4mal befreiend (07^{Kap}, 24^{Ger}, 34^{Tyr} und $44^{Cäs}$); und 1mal belehrend an Einzelne (50^{Jud}).

(6)   Gegnergruppen

Jesus erwachsen im Markusevangelium – abgesehen von den jenseitigen Gegnern – insgesamt achtzehn Gegnergruppen: Die Herodianer Kapernaums erheben sich 1mal gegen ihn wegen einer Heilung am Sabbat (14); 1mal auch die Schriftgelehrten Kapernaums wegen Jesu als Lästerung erachteten Sündenvergebung (10); 4mal erheben sich die Pharisäer Kapernaums mit ihren Schriftgelehrten gegen Jesus wegen seines Speisens mit Zöllnern und Sündern (11), der Fastenpraxis seiner Jünger (12) und dem Ährenpflücken beziehungsweise Heilen am Sabbat (13–14); 1mal die Pharisäer Gennesarets wegen seiner Jünger Essenspraxis mit unreinen Händen (33); 1mal die Pharisäer Tabghas weil sie ein Himmelszeichen fordern (37); 2mal seine biologische Familie, Verwandte und Vaterstadt (17 und 27); 1mal die Pharisäer Judäas und Peräas wegen Ehescheidung (48); 1mal die Johannesjünger wegen der Jünger Fastenpraxis (12); 2mal Pilatus im Verhör und während der Amnestie (79–80); 2mal seine Soldaten bei Jesu Verspottung und Kreuzigung (81–82); 1mal die Herodianer Jerusalems wegen der Kaisersteuer (60); 9mal die Jerusalemer Hohepriester im Zusammenhang der Autoritätsfrage (57–59) und der Passion (70, 76–77, 79–80 und 82); 12mal die Jerusalemer Schriftgelehrten wegen Jesu vermeintlicher Besessenheit (18), der Essenspraxis seiner Jünger (18), seiner Autorität (57–59), dem ersten Gebot (Szene 62) und im Zusammenhang seiner Passion (70, 76–77, 79 und 82); 5mal die Jerusalemer Ältesten im Zusammenhang der Autoritätsfrage (58–59) und seiner Passion (76–77, 79); 1mal die Jerusalemer Pharisäer wegen der Kaisersteuer (60); 1mal die Sadduzäer Jerusalems wegen der Auferstehungsfrage (61); 2mal das Jerusalemer Volk im Zusammenhang seiner Passion (80 und 82); und 1mal die zwei mitgekreuzigten Räuber im Zusammenhang seiner Passion (82).

In räumlicher Hinsicht erheben sich nur Gegnergruppen in Judäa und Galiläa gegen Jesus: achtzehn in Judäa (12 und 48), insbesondere in Jerusalem (18,

SYSTEMATISCHE PRÄSENTATION UND INTERPRETATION

33, 57, 58, 59, 60, 61, 62, 70, 76, 77, 79, 79, 80, 81 und 82); und elf in Galiläa und Peräa (10, 11, 12, 13, 14, 17, 27, 29, 33, 37 und 48).

Nach Gegnertypen erheben sich 6mal Repräsentanten Roms: nämlich Pilatus mit seinen Soldaten (79[Jeru], 80[Jeru], 81[Jeru]) beziehungsweise Herodes mit Herodianern (14[Kap], 29[Naz], 60[Jeru]). 36mal mehrheitlich romfreundliche Repräsentanten der Elite: nämlich 9mal Hohepriester (57, 58, 59, 70, 76, 77, 79, 80 und 82); 12mal Jerusalemer Schriftgelehrte (10[Kap], 18, 33, 57, 58, 59, 62, 70, 76, 77, 79 und 82); 5mal Jerusalemer Älteste (58, 59, 76, 77 und 79); 8mal Pharisäer (11[Kap], 12[Kap], 13[Kap], 14[Kap], 33[Gen], 37[Dal], 48[Jud&Per] und 60[Jeru]); 1mal Sadduzäer (61[Jeru]); und 1mal Johannesjünger (12[Jud]). Und 2mal Volksrepräsentanten (80 und 82) beziehungsweise 2mal die Familie (17[Naz], 27[Naz]).

Im Blick auf die Konfliktart erwachsen Jesus 11mal Gegner wegen Lehr- und Gesetzesdisputen (10, 11, 12, 13, 14, 29, 33, 48, 60, 61 und 62): 7mal im Zusammenhang der Autoritätsfrage (17, 18, 27, 37, 57, 58 und 59); und 7mal im Zusammenhang seiner Überlieferung (70, 76, 77, 79, 80, 81 und 82).

Demgegenüber erwachsen Johannes im Markusevangelium nur zwei Gegner, nämlich Herodes und Herodias ihrer gesetzeswidrigen Ehe wegen (29).

4.2.3   *Politisch-militärisch relevante Beobachtungen*

Zusammenfassend lässt sich sagen: Das Markusevangelium handelt von vier Personengruppen: Einerseits von den heldenhaften Einzelpersonen, insbesondere Jesus, der sowohl von Gott, seinem Heiligen Geist als auch den Engeln Unterstützung erfährt, als auch Johannes, mit welchem Jesus im Leben als auch im Tod verbunden ist; andererseits handelt das Evangelium von den Nachfolgergruppen, dann von den Volksgruppen und schließlich von den Gegnergruppen.

Jesus vermag ursprünglich und wohl mehrheitlich Leute aus Galiläa zu mobilisieren. Militärisch gedeutet ist die Rolle seiner Jünger die von führenden Männern, oder Offizieren, da Jesus sie mit „Ersten" und „Grossen" vergleicht und sie mit Vollmacht ausstattet; dazu kommen die übrigen Nachfolger, lesbar als eine Art Bürgerheer.

In jeder Gegend, die Jesus begeht, wendet er sich dem Not leidenden Volk zu. Er dient ihnen am meisten lehrend, dann heilend, ferner befreiend und am wenigsten speisend. Das tut er am häufigsten im Norden.

Jesus erwachsen zwei Arten von Gegnern: Einerseits die jenseitigen, Satan und Dämonen, gegen die er vor allem im Norden kämpft, andererseits menschliche Gegner, und zwar insbesondere romfreundliche jüdische Eliten, gegen die er vor allem in Jerusalem streitet und vornehmlich über Autoritätsfragen.

472   4. KAPITEL

4.3   Namen und Titel

Die nachstehende Listung bildet ein vollständiges Inventar der im Markusevangelium vorkommenden Namen und Titel und somit der explizit genannten Personen beziehungsweise Gruppen. Namen und Titel sind hierbei den
Gruppen jenseitiger Wesen, Einzelner, Nachfolger, Volk und Gegner zugeord-
net, und innerhalb der Kategorien hierarchisch angeführt. Die einzelnen
Notate geben den Namen, die Stelle(n), die sie enthaltende(n) Episode(n)
sowie die Namensgeber.

4.3.1   *Jenseitige Wesen*
(1)   Gott
Gott trägt im Markusevangelium insgesamt neun Bezeichnungen. Von den
sechsundvierzig Erwähnungen werden am meisten, nämlich 38mal von Jesus
genannt, und zwar schwerpunktmäßig in den Episoden 07–10. Davon bezeichnet Jesus Gott ganze 4mal Vater beziehungsweise Abba, was er implizit freilich
auch da tut, wo er sich als Sohn Gottes weiß (vgl. 4.3.2[1]).

Name, Titel	Stellen	Textliche Distribution	Namensgeber
Gott (Eloi)	Mk 2,7	E02	Schriftgelehrte
	Mk 2,12	E02	Narrator
	Mk 5,7	E05	Unreiner Geist
	Mk 10,9.18.27.27; 11,22; 12,17.17.24.26.26.26.26. 27.29.30.34; 13,19; 15,34.34.34.34	E07–08, E10	Jesus = 21
	Mk 12,14	E08	Herodianer, Pharisäer
Herr	Mk 5,19; 12,9.11.29.29.30.36; 13,20	E05, E08–09	Jesus = 8
	Mk 11,9	E08	Nachfolger
Macht	Mk 14,62	E10	Jesus = 1
Stimme	Mk 1,11; 9,7	E01, E06	Narrator
Vom Himmel	Mk 11,30	E08	Jesus = 1
	Mk 11,31		Hohepriester, Schriftgelehrte, Älteste
Vater Jesu	Mk 8,38; 13,32; 14,36	E06, E09–10	Jesus = 3
Vater der Jünger	Mk 11,25	E08	Jesus = 1

SYSTEMATISCHE PRÄSENTATION UND INTERPRETATION

Name, Titel	Stellen	Textliche Distribution	Namensgeber
Abba	Mk 14,36	E10	Jesus = 1
Mensch	Mk 12,1	E08	Jesus = 1
Sender (Jesu)	Mk 9,37	E07	Jesus = 1

(2)   Heiliger Geist

Name, Titel	Stellen	Textliche Distribution	Namensgeber
Geist	Mk 1,10.12	E01	Narrator
Heiliger Geist	Mk 1,8	E01	Johannes
	Mk 3,29; 12,36; 13,11	E03, E08–09	Jesus

(3)   Engel, Jüngling

Name, Titel	Stellen	Textliche Distribution	Namensgeber
Engel	Mk 1,13	E01	Narrator
	Mk 8,38; 13,27.32	E06, E09	Jesus
Jüngling	Mk 16,5	E10	Narrator

(4) Väter: Abraham, Isaak, Jakob, Moses, David

Name, Titel	Stellen	Textliche Distribution	Namensgeber
Abraham, Isaak, Jakob	Mk 12,26	E08	Jesus
Moses	Mk 9,4	E06	Narrator
	Mk 9,5	E06	Petrus
	Mk 12,19	E08	Sadduzäer
	Mk 12,26	E08	Jesus
David	Mk 12,36.37	E08	Jesus

(5) Propheten: Jesaja, Elija

Name, Titel	Stellen	Textliche Distribution	Namensgeber
Prophet Jesaja	Mk 1,2	E01	Narrator
Elija	Mk 9,4	E06	Narrator
	Mk 9,5	E06	Petrus
	Mk 9,11	E06	Petrus, Jakobus
	Mk 9,12.13	E06	Johannes
	Mk 15,35.36	E10	Jesus Dabeistehender

(6) Satan

Name, Titel	Stellen	Textliche Distribution	Namensgeber
Satan	Mk 1,13	E01	Narrator
	Mk 3,23.23.26; 4,15	E03–04	Jesus
Beëlzebul (in Jesus)	Mk 3,22	E03	Schriftgelehrte
Oberste der Dämonen	Mk 3,22	E03	Schriftgelehrte
Unreiner Geist	Mk 3,30	E03	Narrator

SYSTEMATISCHE PRÄSENTATION UND INTERPRETATION 475

Name, Titel	Stellen	Textliche Distribution	Namensgeber
Vögel	Mk 4,4	E04	Jesus
Wurm	Mk 9,48	E07	Jesus

(7)　　　Dämonen

Name, Titel	Stellen	Textliche Distribution	Namensgeber
Dämonen	Mk 1,34.34.39; 6,13; 7,26.30	E02, E05	Narrator
	Mk 7,29	E05	Jesus
	Mk 8,38	E07	Johannes d. Z.
Unreine(r) Geist(er)	Mk 1,23.26; 3,11; 5,2.13; 6,7; 7,25; 9,25	E02–03, E05–06	Narrator
	Mk 5,8	E05	Jesus
Geist	Mk 9,20	E06	Narrator
Stummer Geist	Mk 9,17	E06	Vater
Stummer und tauber Geist	Mk 9,25	E06	Jesus
Legion	Mk 5,9	E05	Unreiner Geist
	Mk 5,15	E05	Narrator
Sturmwind	Mk 4,37.39.39.41; 6,48.51	E05	Narrator

4.3.2 *Einzelne*

(1)　　　Jesus

Jesus trägt im Markusevangelium siebenunddreißig Namen, Titel und Symbol-
namen. Ganze einundzwanzig schreibt er sich selbst zu, das heißt 46mal von
177, wovon sich neun Titel in den Zusammenhang mit messianischer Königherrschaft stellen lassen: Es sind dies Christus (nicht jedoch Jesus Christus),
Erbe Gottes, Sohn (nicht Sohn Gottes noch Heiliger Gottes), Sohn des Hochgelobten, geliebter Sohn, letzter Sohn, Sohn Davids, Menschensohn (das nur Jesus
anführt und immer auf sich bezieht), Mensch, König der Juden (nicht Israels),
Hirte, Herr, Prophet, Starker, Stein beziehungsweise Eckstein, Lehrer, Sämann,
Bräutigam, Lampe, Arzt.

Namen und Titel, die Jesus neben den bereits erwähnten nie auf sich bezieht
sind einerseits biologische und falsche, Jesus, Nazarener, Rabbi beziehungs-

weise Rabbuni, Gekreuzigter, Zimmermann, (biologischer) Sohn, Bruder, Elija, Johannes d. T., Gespenst, Räuber.

Name, Titel	Stellen	Textliche Distribution	Namensgeber
Jesus Christus	Mk 1,1	E01	Narrator
Christus	Mk 8,29	E06	Petrus
	Mk 9,41; 12,35; 14,61	E07–08, E10	Jesus
	Mk 15,32	E10	Hohepriester (spöttisch)
Jesus	Mk 1,9.14.17.25; 2,5.8.15.17.19; 3,7; 5,6.15.20.21.27.30.36; 6,4.30; 8,27; 9,2.4.5.8.23.25.27.39; 10,5.14.18.21.23.24.27.29. 32.38.39.42.47.49.50.51. 52; 11,6.7.22.29.33.33; 12,17.24.29.34.35; 13,2.5; 14,6.18.27.30.48.53.55. 60.62.72; 15,1.5.15.34.37.43	E01–03, E05–10	Narrator = 73
	Mk 1,24; 5,7	E02, E05	Dämon
	Mk 10,47	E07	Bartimäus
	Mk 14,67	E10	Magd des Hohepriesters
	Mk 16,6	E10	(engelartige) Jüngling
Nazarener	Mk 1,24	E02	Dämon
	Mk 10,47	E07	Narrator
	Mk 14,67	E10	Magd des Hohepriesters
	Mk 16,6	E10	(engelartige) Jüngling
Erbe (Gottes)	Mk 12,7	E08	Jesus
Heilige Gottes	Mk 1,24	E02	Dämon

SYSTEMATISCHE PRÄSENTATION UND INTERPRETATION

Name, Titel	Stellen	Textliche Distribution	Namensgeber
Sohn Gottes (des Höchsten)	Mk 3,11; 5,7	E03, E05	Dämonen
Sohn des Hochgelobten	Mk 15,39	E10	Hauptmann
Sohn (Gottes)	Mk 14,61	E10	Jesus
Geliebter Sohn (Gottes)	Mk 13,32	E09	Jesus
Letzter Sohn	Mk 1,11; 9,7	E01, E06	Gott
	Mk 12,6	E08	Jesus
	Mk 12,6	E08	Jesus
Sohn Davids	Mk 10,47.48	E07	Bartimäus
	Mk 12,35.37	E08	Schriftgelehrte
Menschensohn	Mk 2,10.28; 8,31.38; 9,9.12.31; 10,33.45; 13,26; 14,21.21.41.62	E02–03, E06–07, E09–10	Jesus = 14
Mensch	Mk 13,34	E09	Jesus
(Fremder) Mensch	Mk 14,71	E10	Petrus
	Mk 15,39	E10	Hauptmann
König der Juden	Mk 15,2	E10	Jesus
	Mk 15,9.12.26	E10	Pilatus
	Mk 15,18	E10	Soldaten des Pilatus
König Israels	Mk 15,32	E10	Hohepriester (spöttisch)
Hirte (= König)	Mk 6,34	E05	Narrator
	Mk 14,27	E09	Jesus
Herr	Mk 1,3	E01	Johannes
	Mk 2,28; 11,3; 12,36.37; 13,35	E03, E08–09	Jesus = 5
	Mk 7,28	E05	Syrophönizierin
Stärkerer	Mk 1,7	E01	Johannes
Starker	Mk 3,27.27	E03	Jesus
Stein	Mk 12,10	E08	Jesus
Eckstein	Mk 12,10	E08	Jesus
Bräutigam	Mk 2,19.19.20	E03	Jesus
Prophet	Mk 6,4.15.15	E05	Jesus
	Mk 8,28	E06	Menschen
Lampe	Mk 4,21	E04	Jesus
Sämann	Mk 4,3.14	E04	Jesus
Arzt	Mk 2,17	E02	Jesus

478   4. KAPITEL

(cont.)

Name, Titel	Stellen	Textliche Distribution	Namensgeber
Lehrer	Mk 5,35; 9,17; 10,17.20	E05–07	(einer aus dem) Volk
	Mk 9,38; 10,35; 13,1	E07, E09	(einzelne) Jünger
	Mk 12,14.19.31	E08	Gegner
	Mk 14,14	E09	Jesus
Rabbi	Mk 9,5; 11,21	E06, E08	Petrus
	Mk 14,45	E10	Judas I.
Rabbuni	Mk 10,51	E07	Bartimäus
Gekreuzigte	Mk 16,6	E10	(engelartige) Jüngling
Zimmermann	Mk 6,3	E05	Nazarener
(Biologischer) Sohn	Mk 6,3	E05	Nazarener
Bruder	Mk 6,3	E05	Nazarener
Elija	Mk 6,15	E05	Menschen (fälschlich)
	Mk 8,28	E06	Menschen (fälschlich)
Johannes d. T.	Mk 6,14.16	E05	Herodes (fälschlich)
	Mk 8,28	E06	Menschen (fälschlich)
Gespenst	Mk 6,49	E05	Jünger (fälschlich)
Räuber	Mk 14,48	E10	Jesus (negiert es)

(2)   Johannes d. T.

Name, Titel	Stellen	Textliche Distribution	Namensgeber
Johannes	Mk 1,4.6.9.14; 6,17.18.20; 11,32	E01, E05, E08	Narrator
	Mk 11,30	E08	Jesus
Johannes d. T.	Mk 6,24	E05	Herodias
	Mk 6,25	E05	Tochter

SYSTEMATISCHE PRÄSENTATION UND INTERPRETATION 479

Name, Titel	Stellen	Textliche Distribution	Namensgeber
Prophet	Mk 11,32	E08	Narrator
Bote	Mk 1,2	E01	Gott

4.3.3 Nachfolger
(1)   Petrus

Name, Titel	Stellen	Textliche Distribution	Namensgeber
Simon	Mk 1,16.16.29.30.36; 3,16	E02–03	Narrator
	Mk 14,37	E10	Jesus
Petrus	Mk 3,16	E03	Jesus
	Mk 5,37; 8,29.32.33; 9,2.5; 10,28; 11,21; 13,3; 14,29.33.37.54.66.67. 70.72	E05–10	Narrator
	Mk 16,7	E10	(engelartiger) Jüngling
Menschenfischer	Mk 1,16	E02	Jesus
Satan	Mk 8,33	E06	Jesus
Einer von ihnen	Mk 14,69.70	E10	Magd, Dabeistehende
Galiläer	Mk 14,70	E10	Dabeistehende

(2)   Andreas

Name, Titel	Stellen	Textliche Distribution	Namensgeber
Andreas	Mk 1,29; 3,18; 13,3	E02–03, E09	Narrator
Andreas, Bruder d.S.	Mk 1,16	E02	Narrator
Menschenfischer	Mk 1,16	E02	Jesus

480 4. KAPITEL

(3) Jakobus und Johannes

Name, Titel	Stellen	Textliche Distribution	Namensgeber
Jakobus	Mk 1,29; 3,17; 5,37.37; 9,2; 10,41; 13,3; 14,33	E02–03, E05–07, E09–10	Narrator
Jakobus d. Z.	Mk 1,19; 3,17; 10,35	E02–03, E07	Narrator
Johannes	Mk 1,29; 9,2.38; 10,41; 13,3; 14,33	E02, E06–07, E09–10	Narrator
Johannes d. Z.	Mk 10,35	E07	Narrator
Johannes, Bruder (d. J.)	Mk 1,19; 3,17; 5,37	E02–03, E05	Narrator
Donnersöhne	Mk 3,17	E03	Jesus

(4) Vier (Petrus und Andreas, Jakobus und Johannes)

Name, Titel	Stellen	Textliche Distribution	Namensgeber
Seine Jünger	Mk 2,15.16.23; 3,7.9	E02–03	Narrator
Deine Jünger	Mk 2,18	E03	Johannesjünger, Pharisäer
Hochzeitsgäste	Mk 2,19	E03	Jesus
Knechte, darunter ein	Mk 13,34	E09	Jesus
Torhüter	Mk 13,34	E09	Jesus

(5) Philippus, Bartholomäus, Matthäus, Jakobus d. A., Thaddäus, Simon d. K.

Name, Titel	Stellen	Textliche Distribution	Namensgeber
Philippus	Mk 3,18	E03	Narrator
Bartholomäus	Mk 3,18	E03	Narrator
Matthäus	Mk 3,18	E03	Narrator

SYSTEMATISCHE PRÄSENTATION UND INTERPRETATION 481

Name, Titel	Stellen	Textliche Distribution	Namensgeber
Thomas	Mk 3,18	E03	Narrator
Jakobus d. A.	Mk 3,18	E03	Narrator
Thaddäus	Mk 3,18	E03	Narrator
Simon d. K.	Mk 3,18	E03	Narrator

(6)   Judas I.

Name, Titel	Stellen	Textliche Distribution	Namensgeber
Judas	Mk 14,43	E10	Narrator
Judas I.	Mk 3,19; 14,10	E03, E09	Narrator
Einer der Zwölf	Mk 14,10.43	E09–10	Narrator
	Mk 14,20	E09	Jesus
Mensch	Mk 14,21.21	E09	Jesus

(7)   Zwölf

Name, Titel	Stellen	Textliche Distribution	Namensgeber
Seine Jünger	Mk 4,34; 5,31; 6,1.35.45; 7,2.17; 8,4.6.10.27.27.33.34; 9,28.31; 10,23.46; 11,14; 12,43; 14,12.32	E04–09	Narrator
(ohne Judas)	Mk 16,7	E10	(engelartiger) Jüngling
Deine Jünger	Mk 7,5; 9,18	E05–06	Pharisäer und Schriftgelehrte, (einer aus dem) Volk
Meine Jünger	Mk 14,14	E09	Jesus
Jünger	Mk 6,41; 8,1; 9,14; 10,10.13.24; 14,16	E05–07, E09	Narrator

482   4. KAPITEL

(cont.)

Name, Titel	Stellen	Textliche Distribution	Namensgeber
Zwölf	Mk 3,14; 4,10; 6,7; 9,35; 10,32; 11,11; 14,17	E03–05, E07–09	Narrator
Apostel	Mk 6,30	E05	Narrator
Einige	Mk 14,4	E09	Narrator
Alle	Mk 13,37; 14,27.29	E09	Jesus
	Mk 14,31.50	E09–10	Narrator
Kinder	Mk 10,24	E07	Jesus
Schafe	Mk 14,27	E09	Jesus

(8)   Zehn, zwei, einzelne Jünger

Name, Titel	Stellen	Textliche Distribution	Namensgeber
Zehn (ohne Zebedaiden)	Mk 10,41	E07	Narrator
Zwei seiner Jünger	Mk 11,1; 14,13	E08–09	Narrator
Einer seiner Jünger	Mk 13,1	E09	Narrator
Dabeistehender	Mk 14,47	E10	Narrator
Jüngling	Mk 14,51	E10	Narrator

(9)   Levi, Nachfolger

Name, Titel	Stellen	Textliche Distribution	Namensgeber
Levi d. A.	Mk 2,14	E02	Narrator
Nachfolger	Mk 10,32; 11,9	E07–08	Narrator
Die um ihn	Mk 4,10	E04	Narrator
Vorausgehende	Mk 11,9	E08	Narrator

SYSTEMATISCHE PRÄSENTATION UND INTERPRETATION

Name, Titel	Stellen	Textliche Distribution	Namensgeber
Zöllner	Mk 2,15.16	E02	Narrator
	Mk 2,16	E02	Schriftgelehrte d. P.
Schlechtes Habende	Mk 2,17	E02	Jesus
Sünder	Mk 2,15.16	E02	Narrator
	Mk 2,16	E02	Schriftgelehrte d. P.
	Mk 2,17	E02	Jesus
Frauen (aus Galiläa)	Mk 15,40.41	E10	Narrator
Maria M.	Mk 15,40.47; 16,1	E10	Narrator
Maria d. J. und J.	Mk 15,40.47; 16,1	E10	Narrator
Salome	Mk 15,40; 16,1	E10	Narrator
Ratsherr	Mk 15,43	E10	Narrator
Josef v. A.	Mk 15,43	E10	Narrator
Josef	Mk 15,45	E10	Narrator

4.3.4 *Volk*
(1)   Königreich Gottes

Name, Titel	Stellen	Textliche Distribution	Namensgeber
Königreich Gottes	Mk 1,15; 4,26.30; 9,1.47; 10,14.15.23.24.25; 12,34	E01, E04, E06–08	Jesus
Königreich Davids	Mk 11,10	E08	Nachfolger

484

4. KAPITEL

(2)   Volk

Name, Titel	Stellen	Textliche Distribution	Namensgeber
Volksmenge	Mk 2,4.13; 3,9.20.32; 4,1.1.36; 5,21.24.27.30.31; 6,34.45; 7,14.17.33; 8,1.2.6.6.34; 9,14.15.17.25; 10,1.46; 11,18.32; 12,12.37.41; 15,8.11.15	E02–08	Narrator
Menge	Mk 3,7.8	E03	Narrator
Menschen	Mk 8,24	E06	Blinder
	Mk 8,27.33.36.37	E06	Jesus
Hörende	Mk 6,2	E05	Narrator
Schafe (= Untertanen)	Mk 6,34	E05	Narrator
Einige	Mk 11,3	E08	Jesus
	Mk 11,5	E08	Narrator
Stadt (Kapernaum)	Mk 1,33	E02	Narrator
Jerusalemer	Mk 1,5	E01	Narrator
Reiche	Mk 12,41	E08	Narrator
Land Judäa	Mk 1,5	E01	Narrator
Ehebrecherisches, sündiges Geschlecht	Mk 8,38	E06	Jesus
Ungläubiges, ungehorsames Geschlecht	Mk 9,19	E06	Jesus
Meine Mutter	Mk 3,33.34.35	E03	Jesus
Meine Bruder/Brüder	Mk 3,33.34.35	E03	Jesus
Meine Schwester	Mk 3,35	E03	Jesus

(3)   Einzelne aus dem Volk

Name, Titel	Stellen	Textliche Distribution	Namensgeber
Synagogenvorsteher	Mk 5,22.35.36.38	E05	Narrator
Jaïrus	Mk 5,22	E05	Narrator
Vater	Mk 5,40	E05	Narrator

SYSTEMATISCHE PRÄSENTATION UND INTERPRETATION

Name, Titel	Stellen	Textliche Distribution	Namensgeber
Frau	Mk 7,25.26	E05	Narrator
Syrophönizierin	Mk 7,26	E05	Narrator
Hellenin	Mk 7,26	E05	Narrator
(Arme) Witwe(n)	Mk 12,42	E08	Narrator
	Mk 12,40.43	E08	Jesus
Vater	Mk 9,21.24	E06	Narrator
Jemand	Mk 9,38	E07	Johannes d. Z.
Einer	Mk 10,17	E07	Narrator
Frau	Mk 14,3	E09	Narrator
Kind(er)	Mk 9,36; 10,13	E07	Narrator
	Mk 9,37; 10,14.15	E07	Jesus

(4)   Besessene(r)

Name, Titel	Stellen	Textliche Distribution	Namensgeber
Besessene(r)	Mk 1,32; 5,15.16.18	E02, E05	Narrator
Mensch	Mk 1,23; 5,2	E02, E05	Narrator
	Mk 5,8	E05	Jesus
Töchterchen	Mk 7,25	E05	Narrator
Tochter	Mk 7,26	E05	Syrophönizierin
	Mk 7,29	E05	Jesus
Kind	Mk 7,30	E05	Narrator
Sohn	Mk 9,17	E06	Vater
Kind	Mk 9,24	E06	Narrator

(5) Kranke

Name, Titel	Stellen	Textliche Distribution	Namensgeber
Schlechtes Habende	Mk 1,32.34	E02	Narrator
Kranke	Mk 6,5.13.55.56	E05	Narrator
Aussätziger	Mk 1,40	E02	Narrator
Gelähmter	Mk 2,3.4.5.9.10	E02	Narrator
Kind	Mk 2,5	E02	Jesus
(Blutflüssige) Frau	Mk 5,25.33	E05	Narrator
Tochter	Mk 5,34	E05	Jesus
Taubstummer	Mk 7,32	E05	Narrator
Blinder	Mk 8,22.23	E06	Narrator
Bartimäus d.T.	Mk 10,46	E07	Narrator
Blinder	Mk 10,49.51	E07	Narrator
Bettler	Mk 10,46	E07	Narrator
Schwiegermutter Simons	Mk 1,30	E02	Narrator
Mensch (mit verdorrter Hand)	Mk 3,1.3.5	E03	Narrator
Töchterchen	Mk 5,23	E05	Jaïrus
Tochter	Mk 5,35	E05	Familie des Jaïrus
Kind	Mk 5,39.	E05	Jesus
Talitha	Mk 5,40.40.41	E05	Narrator
Mädchen	Mk 5,41	E05	Jesus
	Mk 5,41.42	E05	Narrator
Töchterchen	Mk 7,25	E05	Narrator
Tochter	Mk 7,26	E05	Narrator
	Mk 7,29	E05	Jesus
Kind	Mk 7,30	E05	Narrator

SYSTEMATISCHE PRÄSENTATION UND INTERPRETATION

4.3.5 *Gegner*
(1) Kaiser, Statthalter, Soldaten

Name, Titel	Stellen	Textliche Distribution	Namensgeber
Kaiser	Mk 12,14.16	E08	Pharisäer, Herodianer
	Mk 12,17.17	E08	Jesus
Statthalter	Mk 13,9	E09	Jesus
Pilatus	Mk 15,1.2.4.5.9.12.14.15.43.44	E10	Narrator
Hauptmann	Mk 15,39.44.45	E10	Narrator
Kohorte Soldaten	Mk 15,16	E10	Narrator

(2) Herodes, Herodias, Tochter, Herodianer

Name, Titel	Stellen	Textliche Distribution	Namensgeber
Königreich d. H.	Mk 6,23	E05	Herodes
König (Herodes)	Mk 6,14.22.25.26.27	E05	Narrator
Könige	Mk 13,9	E09	Jesus
Herodes	Mk 6,14.16.17.18.20.21.22	E05	Narrator
	Mk 8,15	E06	Jesus
Herodias	Mk 6,17.19.22	E05	Narrator
Frau d. H. Bruder	Mk 6,17	E05	Narrator
	Mk 6,18	E05	Johannes
Mutter	Mk 6,24.28	E05	Narrator
Tochter d. H.	Mk 6,22	E05	Narrator
Mädchen	Mk 6,22.28.28	E05	Narrator
Herodianer (Soldaten)	Mk 3,6; 12,13	E03, E08	Narrator

(3) Synedrium

Name, Titel	Stellen	Textliche Distribution	Namensgeber
Synedrium	Mk 14,55; 15,1	E10	Narrator
Falschzeugen	Mk 14,56.57	E10	Narrator

(4) Hohepriester, Magd

Name, Titel	Stellen	Textliche Distribution	Namensgeber
Hohepriester	Mk 8,31; 10,33	E06–07	Jesus
	Mk 11,18.27; 14,1.10.43.47.53.53. 54.55.60.61.63; 15,1.3.10.11.31	E08–10	Narrator
Weingärtner	Mk 12,1.2.2.7.9	E08	Jesus
Bauleute	Mk 12,10	E08	Jesus
Magd (des Hohepriesters)	Mk 14,66.69	E10	Narrator
Dabeistehende	Mk 14,69.70	E10	Narrator

(5) Schriftgelehrte(r)

Name, Titel	Stellen	Textliche Distribution	Namensgeber
Schriftgelehrte(r)	Mk 1,22; 2,6; 3,22; 7,1.5; 9,14; 11,18.27; 12,28.32; 14,1.43.53; 15,1.31	E02–03, E05–06, E08–10	Narrator
	Mk 8,31; 10,33, 12,35.38	E06–08	Jesus
	Mk 9,11	E06	Petrus, Jakobus, Johannes
Weingärtner	Mk 12,1.2.2.7.9	E08	Jesus
Bauleute	Mk 12,10	E08	Jesus
Heuchler	Mk 7,6	E05	Jesus

SYSTEMATISCHE PRÄSENTATION UND INTERPRETATION 489

(6) Älteste

Name, Titel	Stellen	Textliche Distribution	Namensgeber
Älteste	Mk 8,31	E06	Jesus
	Mk 11,27; 14,43.53; 15,1	E08, E10	Narrator
Weingärtner	Mk 12,1.2.2.7.9	E08	Jesus
Bauleute	Mk 12,10	E08	Jesus

(7) Menge der Hohepriester, Schriftgelehrten, Ältesten

Name, Titel	Stellen	Textliche Distribution	Namensgeber
Menge	Mk 14,43	E10	Narrator
Knecht des Hohepriesters	Mk 14,47	E10	Narrator
Leibwachen	Mk 14,54.65	E10	Narrator

(9) Pharisäer

Name, Titel	Stellen	Textliche Distribution	Namensgeber
Pharisäer	Mk 2,18.24; 3,6; 7,1.3.5; 8,11; 10,2; 12,13	E03, E05–08	Narrator
	Mk 8,15	E06	Jesus
Heuchler	Mk 7,6	E05	Jesus
Dieses Geschlecht	Mk 8,12.12	E06	Jesus
Schriftgelehrte der Pharisäer	Mk 2,16	E02	Narrator
Starke und Gerechte	Mk 2,17	E02	Jesus

490   4. KAPITEL

(10)   Sadduzäer

Name, Titel	Stellen	Textliche Distribution	Namensgeber
Sadduzäer	Mk 12,18	E08	Narrator

(11)   Tempelhändler, -wechsler

Name, Titel	Stellen	Textliche Distribution	Namensgeber
(Tauben)Verkäufer	Mk 11,15.15	E08	Narrator
Käufer	Mk 11,15	E08	Narrator
Geldwechsler	Mk 11,15	E08	Narrator

(12)   Johannesjünger

Name, Titel	Stellen	Textliche Distribution	Namensgeber
Jünger des Johannes	Mk 2,18.18	E03	Narrator

(13)   Jesu leibliche Familie

Name, Titel	Stellen	Textliche Distribution	Namensgeber
Seine	Mk 3,21	E03	Narrator
Verwandte	Mk 6,4	E05	Jesus
Haus	Mk 6,4	E05	Jesus

SYSTEMATISCHE PRÄSENTATION UND INTERPRETATION 491

Name, Titel	Stellen	Textliche Distribution	Namensgeber
Seine/deine Mutter	Mk 3,31	E03	Narrator
	Mk 3,32	E03	Volksmenge
Maria	Mk 6,3	E05	Nazarener
Seine/deine Brüder	Mk 3,31	E03	Narrator
	Mk 3,32	E03	Volksmenge
Jakobus, Joses, Judas, Simon	Mk 6,3	E05	Nazarener
Schwestern	Mk 6,3	E05	Nazarener

(15) Barabbas, Räuber

Name, Titel	Stellen	Textliche Distribution	Namensgeber
Barabbas	Mk 15,7.11.15	E10	Narrator
(Mitgekreuzigte) zwei Räuber	Mk 15,27	E10	Narrator

4.3.6 *Politisch-militärisch relevante Beobachtungen*

Anhand der verschiedenen Königs- und Sohnestitel, die Jesus sich selbst verleiht, wird er vom Narrator als jemanden dargestellt, der Anspruch auf ein politisches Amt erhebt, was mit Blick auf den narrativen und historischen Kontext immer auch eine militärische Machtfülle impliziert. Das trifft sowohl für den einzig namentlich genannten Herodianer, Herodes Antipas in Galiläa (mit Peräa) zu, wie auch für den einzig namentlich genannten römischen Repräsentanten, Pontius Pilatus in Judäa (mit Samaria und Idumäa). Da im ganzen Text nur einerseits Jesus (und aus Sicht des Narrators zu Recht) und andererseits Herodes Antipas (und aus Sicht des Narrators zu Unrecht) mit einem Königstitel bedacht werden, scheint dieser eine Konkurrenzsituation zwischen den Beiden herstellen zu wollen, um vielleicht zu sagen, dass Jesus eigentlich der rechtmäßige Erbe des herodianischen und künftig göttlichen Königtums sei. Dazu will auch passen, dass nur Jesus vom Königreich Gottes spricht, welches er in seiner Person nahe gekommen sieht, und als dessen Repräsentant er sich ausgibt. Entsprechend führt niemand so oft den Namen Gottes im Mund wie Jesus, 4mal sogar nennt er ihn Vater.

492   4. KAPITEL

Von Jesu näheren Nachfolgern werden alle zwölf Jünger mit einem Namen bedacht, und dabei nahezu immer als die „seinen" bezeichnet, ein rechtlicher Status, denn auch jüdische Soldaten und Söldner gehören ihrem König beziehungsweise römische Soldaten ihrem Kaiser. Von der ferneren Nachfolgerschaft sind es nur noch Levi, Maria Magdalena und Salome, die namentlich genannt werden.

Namenlos bleibt indes das bei Jesus Hilfe suchende Volk, mit Ausnahme von Jaïrus und Bartimäus.

Keiner aus der Gruppe der Gegnerschaft ist eines Namens gewürdigt, aus den jüdischen Eliten weder die Hohepriester, Schriftgelehrten und Ältesten noch die Pharisäer und Sadduzäer. Einzig seine Mutter und Brüder werden genannt.

4.4   Raum und Zeit

Die nachstehende Aufstellung listet den vollständigen explizit wie implizit (jeweils in Klammer gesetzten) erwähnten Raum, das heißt Großobjekt- wie auch Kleinobjektnamen, in welchen die jeweiligen Szenen handeln. Nicht jedoch gelistet sind die in den Szenen durch Narrator oder Sprecher erwähnten Räume. Wie auch im Blick auf die implizit erwähnten Akteure lassen sich die implizit erwähnten Räume schwieriger erfassen, sie wurden jeweils aus dem näheren und weiteren Kontext erfasst, so dass ihre Identifikation an der einen oder anderen Stelle hypothetisch bleiben muss.

Entsprechend politischer Gegebenheiten und theologischer Vorstellungen zur erzählten Zeit, wird unterschieden zwischen dem Gott unterstellten himmlischen Raum, dem Rom unterstellten Gebiet, das da ist Syria (Tyrus und Sidon) mit Judäa (Jerusalem, Jericho, Betfage, Betaniën) und der Dekapolis, die Tetrarchie des Herodes Antipas (Galiläa: Nazareth, Kapernaum, See, Tabgha, Gennesaret, Dalmanuta; Peräa) sowie die Tetrarchie seines Bruders Philippus (Cäsarea Philippi, Hermon, Betsaida, Gergesa).

In chronologischer Abfolge befindet sich Jesus zunächst im Himmel, dann in Judäa, hernach lange in Galiläa, dann kurz in der Gaulanitis und alsbald wieder in Galiläa, hernach in Syria und daraufhin in der zu Syria zählenden Dekapolis, dann wiederum in Galiläa, dann länger in der Gaulanitis, ein letztes Mal in Galiläa, in Peräa und lange in Judäa, und abschließend wird gesagt, dass er wieder im Himmel sei. Das ergibt die räumlich chiastische Bewegungslinie einerseits von Himmel-Judäa-Galiläa-Gaulanitis-Galiläa-Syria versus Syria-Galiläa-Gaulanitis-Galiläa-(Peräa) Judäa-Himmel (vgl. 5.7.3[3]).[2]

---

2 Von einer gröberen Raumeinteilung geht Ebner aus („Das Markusevangelium," 154–157;

SYSTEMATISCHE PRÄSENTATION UND INTERPRETATION 493

Im Blick auf Großobjektnamen – rahmende Szenen sind nur 1mal gezählt, obschon der leichteren Übersicht halber getrennt aufgeführt – hält sich Christus in dem Gott unterstellten Gebiet in nur einer Szene auf. Demgegenüber weilt er in dreiundvierzig Szenen im Rom unterstellten Gebiet: das heißt 40mal in Judäa, davon 26mal in Jerusalem, 3mal in Betaniën und je 1mal in Betfage und Jericho; zwei Szenen in der Dekapolis; und eine Szene in Syria. In der Tetrarchie des Herodes Antipas weilt Jesus in dreiunddreißig Szenen: das heißt 21mal in Kapernaum; je 3mal in/um Nazareth und am/auf dem See; 2mal in Gennesaret; und je 1mal in Tabgha und Dalmanuta. Und schließlich ist Jesus in der Tetrarchie des Philippus in sieben Szenen: das heißt 3mal in/um Cäsarea Philippi; 2mal auf dem, allerdings nicht namentlich genannten Hermon; und je 1mal in Betsaida und Gergesa.

Im Blick auf Kleinobjektnamen und unter der Voraussetzung von mehrfacher Zuordnung findet Jesu Wirken in der Regel in der Öffentlichkeit statt: wenn nicht in Gebäuden und wenn überhaupt explizit erwähnt, kann dies beispielsweise auf Marktplätzen; in Gehöften; unterwegs (7mal); auf Bergen (inkl. Ölberg 12mal); am Wasser (13mal); oder in der Einöde (7mal) stattfinden. Auch öffentliche Gebäude sind beliebter Schauplatz von szenischen Handlungen: Paläste etwa (des Herodes Antipas; des Hohepriesters und des Pilatus 7mal); im/um den Tempel (14mal); und in Synagogen (4mal). Öfters handeln oder enden Szenen aber auch in Privathäusern (inkl. Obersaal 17mal).

Die nachstehende Aufstellung listet auch vollständig die explizit wie implizit (jeweils in Klammer gesetzte) erwähnte Zeit, das heißt quantitative (beispielsweise Anzahl Tage) wie auch qualitative Zeitmarker (beispielsweise Feiertage),

---

vgl. auch Ebner, *Das Markusevangelium*, 10–14), der in Aufnahme von Bastiaan Martinus Franciscus van Iersels These (*Markus: Kommentar* [übers. von Alfred Suhl; Düsseldorf: Patmos, 1993], 272–292), fünf den Text gliedernde Handlungsorte annimmt, zwischen die jeweils Scharnierstücke bzw. rahmende Erzählungen in folgender Weise eingeschoben seien: (1) In der Wüste (Mk 1,1–13); Scharnier: Täufer tritt ab, Jesus tritt auf (Mk 1,14–15); (2) an beiden Ufern des Meeres von Galiläa (Mk 1,16–8,21); Blindenheilung (Mk 8,22–26); (3) auf dem Weg (Mk 8,27–10,45); Blindenheilung (Mk 10,46–52); (4) zwischen Berg und Tempel von Jerusalem (Mk 11,1–15,39); Scharnier: Frauen, die Jesus auf seinem Weg begleitet haben (Mk 15,40–41); (5) im Grabmal (Mk 15,42–16,8). In den fünf Handlungsorten erkennt er einen konzentrischen Aufbau, mit dem Mittelteil „auf dem Weg" als sein Zentrum.

Von nur drei Handlungsorten geht etwa Udo Schnelle aus: (1) Jesu Wirken innerhalb und außerhalb Galiläas (Mk 1,1–8,26); (2) Jesu Weg zur Passion (Mk 8,27–10,52); (3) Jesus in Jerusalem (Mk 11,1–16,8) (*Einleitung in das Neue Testament*, 246–247). Und ähnlich Marcus (*Mark*, 1:64): Prologue (Mk 1,1–15); (1) Jesus' Early Ministry (Mk 1,16–8,21); (2) On the Way (Mk 8,22–10,52); (3) Jerusalem Ministry (Mk 11,1–15,47); Epilogue (Mk 16,1–8).

494   4. KAPITEL

über die sich eine Szene erstrecken. Nicht jedoch gelistet sind die in den Szenen durch Narrator oder Sprecher erwähnten temporalen Referenzen.

Da die Mehrheit der temporalen Indikatoren impliziter Natur sind, steht ihre angestrebte Quantifizierung auf besonders filigranem Fundament und lässt sich als Ganzes nicht feststellen, da insbesondere die Szenen 01–02 und 09 schlicht nicht festlegbar sind. Zu beobachten ist ferner, dass meistens, wenn Jesus mit seinen Jüngern irgendwo in ein Haus einkehrt, der Erzähler zu unterstellen scheint, dass sie da übernachten. In Episode 01 lassen sich nicht alle aber dennoch etwa zweiundvierzig Tage zählen; und auch Episode 02 bleibt fraglich, immerhin umfasst sie etwa fünf Tage; die Episoden 03–04 nur einen Tag; Episode 05 zweiundzwanzig Tage; Episode 06 sechs Tage; Episode 07–09 je drei Tage; und Episode 10 zwei Tage. Zusammengezählt ergibt das etwa *vierundachtzig* Tage, das sind etwa drei Monate, und somit eine Periode, die im frühsommerlichen Monat Nissan endet und etwa Mitte des winterlichen Monats Tewet beginnt, an dessen zehntem Tag man nach biblischem Zeugnis dem Beginn der Belagerung Jerusalems im Kontext der ersten Tempelzerstörung gedachte (Sach 8,19; ferner 2Kön 25,1–2; Jer 52,4–5; Hes 24,1–2).

Im Blick auf die messbare narrative Zeit darf vorausgesetzt werden, dass etwa ein Drittel, also siebzehn Szenen, auf einen Sabbat und zwölf auf Pessach fallen.[3]

4.4.1   *Episode 01*

Szene	Räumliche Angaben			Temporale Angaben
01	–		–	Anfang
02		(Himmel)		
	Ganzes Land Judäa, alle	Wüste, Jordanfluss	(? Tage)	Johannes tauft sie
	Jerusalemer			alle

---

3   Die Bedeutung sakraler Zeit ist auch Ebner aufgefallen („Das Markusevangelium," 154.161–162), der – Ludger Schenke folgend (*Das Markusevangelium: Literarische Eigenart – Text und Kommentierung* [Stuttgart: Kohlhammer, 2005], 13–15) – im Markusevangelium eine Sabbatstruktur annimmt; sie würde das öffentliche Auftreten Jesu ab Mk 1,14 in sieben Wochen gliedere bzw. über eine Zeitspanne von genau 50 Tagen erstrecken lassen. Eine These, die mir aber angesichts folgender detaillierter Zeitanalyse unhaltbar scheint.

Szene	Räumliche Angaben		Temporale Angaben	
03	Von Nazareth, Galiläa kommend	(01 Tag)	In jenen Tagen	
	(Judäa)	(Wüste,) Jordan, Wasser Himmel(n)		
04	(Judäa)	Wüste	40 Tage	
05	Galiläa (Kapernaum?)		(01 Tag)	Erfüllte Zeit (6. Wochentag)

4.4.2 Episode 02

Szene	Räumliche Angaben		Temporale Angaben	
06	(Galiläa, bei Kapernaum)	See von Galiläa	(Derselbe Tag)	(6. Wochentag)
07	(Galiläa) Kapernaum	Synagoge	(Folgender Tag)	Sabbat
08	(Galiläa, Kapernaum) Stadt	Haus des Simon und Andreas	(Derselbe Tag)	(Sabbat)
		Vor der Tür	(Folgender Tag)	nach Sonnenuntertag (1. Wochentag)
09	(Galiläa, bei Kapernaum)	einsamer Ort	(Derselbe Tag)	Frühmorgens (1. Wochentag)
	Ganz Galiläa	Synagogen der Stadtdörfer	(? Tage)	(Verkündigung in ganz Galiläa)
	(Galiläa) bei Stadt (Kapernaum)	einsamer Orte		
10	(Galiläa) Kapernaum	Haus (des Simon und Andreas)	Nach einigen Tagen (6. Wochentag)	
11	(Galiläa, bei Kapernaum) (Kapernaum)	See Haus Levis	(Derselbe Tag)	(6. Wochentag)

4.4.3 Episode 03

Szene	Räumliche Angaben		Temporale Angaben	
12	(Galiläa, Kapernaum)	(Haus Levis)	(Derselbe Tag)	(6. Wochentag)
13	(Galiläa, bei Kapernaum)	unterwegs durch Kornfelder	(Folgender Tag)	Sabbat
14	(Galiläa, Kapernaum)	Synagoge	(Derselbe Tag)	Sabbat
15	(Galiläa, bei Kapernaum)	See	(Derselbe Tag)	Sabbat
16	(Galiläa, bei Kapernaum)	Berg	(Derselbe Tag)	Sabbat
17a	(Galiläa, Kapernaum)	Haus (des Simon und Andreas)	(Derselbe Tag)	(Sabbat)
18	(Galiläa, Kapernaum)	(Haus des Simon und Andreas)	(Derselbe Tag)	(Sabbat)
17b	(Galiläa, Kapernaum)	draußen (Haus des Simon und Andreas)	(Derselbe Tag)	(Sabbat)

4.4.4 Episode 04

Szene	Räumliche Angaben		Temporale Angaben	
19	(Galiläa, bei Kapernaum)	am/auf See, an Land	(Derselbe Tag)	(Sabbat)
20	(Galiläa, bei Kapernaum)	(auf See, an Land)	(Derselbe Tag)	(Sabbat)
21	(Galiläa, bei Kapernaum)	(auf See, an Land)	(Derselbe Tag)	(Sabbat)
22	(Galiläa, bei Kapernaum)	(auf See, an Land)	(Derselbe Tag)	(Sabbat)

SYSTEMATISCHE PRÄSENTATION UND INTERPRETATION   497

4.4.5   *Episode 05*

Szene	Räumliche Angaben		Temporale Angaben	
23	Auf See (Galiläas)	in Boot	(Folgender) Tag	abends (1. Wochentag)
24	(Tetrarchie des Philippus) Jenseitiges Ufer des Sees Gebiet der Gerasener → Gergesa	Boot Berg, Hang, Stadt, Land Boot	(Derselbe Tag)	(abends 1. Wochentag)
25a	(Galiläa) Jenseitige Ufer (bei Kapernaum)	See	(Derselbe Tag)	(abends 1. Wochentag)
26	(Galiläa, Kapernaum)		(Derselbe Tag)	(abends 1. Wochentag)
25b	(Galiläa, Kapernaum)	Haus Jaïrus	(Derselbe Tag)	(abends 1. Wochentag)
27	(Galiläa, Nazareth), Vaterstadt Umliegende Dörfer (Nazareths)	Synagoge	(Folgender Tag)→ 2.–6. Wochentag?	Sabbat (7. Wochentag)
	(Galiläa, umliegende Dörfer Nazareths)	Ort, Haus	(Folgender Tag)	(Aufbruch 1. Wochentag?)
29	(Galiläa, Sepphoris od. Tiberias?)	(Fürstenpalast?), Gefängnis	(Zwischen 2.–6. Wochentag?)	Herodes' Geburtstag
28b	(Galiläa, umliegende Dörfer Nazareths) Einsamer Ort (bei See)	Boot	(Nach ? Tagen) → 2.–6. Wochentag?	Ruhen (7. Wochentag?)
30	(Galiläa, Tabgha) (Galiläa, bei Tabgha) Jenseitig Ufer, in Richtung Betsaida	öder Ort, Gras Jesus: Berg Jünger: Boot	(Derselbe Tag) (Folgender Tag)	spät (Nachmittag, 7. Wochentag?) (abends, 1. Wochentag?)
31	(Galiläa, Tabgha) Mitten auf der See (in Richtung Betsaida) Auf See wandelnd	Jesus: Land Jünger: Boot Jesus: Boot	(Derselbe Tag) (Derselbe Tag)	abends (1. Wochentag?) vierte Nachtwache

498   4. KAPITEL

(cont.)

Szene	Räumliche Angaben		Temporale Angaben	
32	(Galiläa) Gegend Gennesaret	Boot Städte, Marktplätze, Dörfer, Gehöfte	(Derselbe Tag)	(Morgen)
33	(Galiläa, Gennesaret)	(Marktplatz)		
	(Galiläa, Gennesaret)	Haus	(Folgender Tag)	(abends, 2. Wochentag?)
34	(Syrien) Grenzgebiet Tyrus	Haus	(Folgender Tag)	(abends, 3. Wochentag?)
35	(Syrien) Von Tyrus, über Sidon, in Dekapolis	an See Galiläas	(2–3 Tage)	(3.–5. Wochentag?)
			(2 Tage)	(6.–7. Wochentag?)
36	(Syrien, Dekapolis)	öder Ort	(1 Tag) 3 Tagen	(1. Wochentag?)

4.4.6   *Episode 06*

Szene	Räumliche Angaben		Temporale Angaben	
37	(Syrien, von Dekapolis)	mit Boot	(Folgender Tag)	(2. Wochentag)
	(Galiläa) In Gegend Dalmanutas (Magdala, gr. Tarichea)			
	(Richtung) jenseitiges Ufer	(mit Boot)		
38	(See in Richtung Betsaida)	Boot	(Folgender Tag)	(3. Wochentag?)
39	(Gaulanitis) Dorf Betsaida		(Folgender Tag)	(4. Wochentag?)
40	(Gaulanitis) Dörfer Cäsarea Philippis	auf dem Weg	(Folgender Tag)	(5. Wochentag?)
41	(Gaulanitis, Dörfer Cäsarea Philippis)	(auf dem Weg)	(Folgender Tag)	(6. Wochentag?)
42	(Gaulanitis) Hoher Berg (Hermon)		Nach sechs Tagen	(7. Wochentag?)
43	(Gaulanitis) Vom Berg hinabsteigend (Hermon)		(Derselbe Tag?)	
44	(Gaulanitis, Dörfer Cäsarea Philippi)	(in Öffentlichkeit) Haus	(Derselbe Tag?)	

SYSTEMATISCHE PRÄSENTATION UND INTERPRETATION 499

4.4.7 *Episode 07*

Szene	Räumliche Angaben		Temporale Angaben
45	Galiläa		(Folgender Tag)
46	(Galiläa) Kapernaum	Haus (des Simon und Andreas)	(Derselbe Tag)
47	(Galiläa, Kapernaum)	(Haus des Simon und Andreas)	(Derselbe Tag)
48	Gebiet Judäa und Peräa	(in Öffentlichkeit) Haus	(Folgender Tag)
49	(Judäa, Peräa)	(Haus)	(Derselbe Tag)
50	(Judäa, Peräa)	auf Weg	(Folgender Tag)
51	(Judäa, Peräa)	(auf Weg)	(Derselbe Tag)
52	(Judäa)	auf Weg nach Jerusalem	(Derselbe Tag)
53	(Judäa)	(auf Weg nach Jerusalem)	(Derselbe Tag)
54	(Judäa) Jericho	am Weg	(Derselbe Tag)

4.4.8 *Episode 08*

Szene	Räumliche Angaben		Temporale Angaben	
55	(von Judäa, Jericho nach) Betfage	am Ölberg	(Folgender Tag)	(morgens) (10. Nissan)
	(Judäa) Ins Dorf Betaniën	Straße	(Erster Tag in Jerusalem)	(10. Nissan)
	(Judäa) Nach Jerusalem	Weg, Tempel	(Folgender Tag)	abends (11. Nissan)
	(Judäa) Nach Betaniën			
56a	(Judäa) Von Betaniën	Feigenbaum	Folgender (d. h. derselbe) Tag	(frühmorgens) (11. Nissan)
57	(Judäa) Jerusalem	Tempel	(Derselbe, d. h. zweite Tag in Jerusalem)	(11. Nissan)
	(Judäa) aus Stadt (Jerusalem nach Betaniën)		(Folgender Tag)	abends (12. Nissan)

500 4. KAPITEL

(cont.)

Szene	Räumliche Angaben		Temporale Angaben	
56b	(Judäa, von Betaniën)	Feigenbaum	(Derselbe Tag)	frühmorgens (12. Nissan)
58	Nach Jerusalem	Tempel	(Derselbe, d.h. dritte Tag in Jerusalem)	(12. Nissan)
59	(Judäa, Jerusalem)	(Tempel)	(Derselbe Tag)	(12. Nissan)
60	(Judäa, Jerusalem)	(Tempel)	(Derselbe Tag)	(12. Nissan)
61	(Judäa, Jerusalem)	(Tempel)	(Derselbe Tag)	(12. Nissan)
62	(Judäa, Jerusalem)	(Tempel)	(Derselbe Tag)	(12. Nissan)
63	(Judäa, Jerusalem)	Tempel	(Derselbe Tag)	(12. Nissan)
64	(Judäa, Jerusalem)	(Tempel)	(Derselbe Tag)	(12. Nissan)
65	(Judäa, Jerusalem)	(Tempel)	(Derselbe Tag)	(12. Nissan)

4.4.9 *Episode 09*

Szene	Räumliche Angaben		Temporale Angaben	
66	(Judäa, Jerusalem)	(vor) Tempel auf Ölberg, gegenüber Tempel	(Derselbe Tag)	(12. Nissan)
67	(Judäa, Jerusalem)	(auf Ölberg, gegenüber Tempel)	(Derselbe Tag)	(12. Nissan)
68	(Judäa, Jerusalem)	(auf Ölberg, gegenüber Tempel)	(Derselbe Tag)	(12. Nissan)
69	(Judäa, Jerusalem)	(auf Ölberg, gegenüber Tempel)	(Derselbe Tag)	(12. Nissan)
70a	(Judäa, Jerusalem)		(Derselbe Tag)	(12. Nissan) in zwei Tagen Pessach, Fest der ungesäuerten Brote
71	(Judäa) Betaniën	Haus S. d. A.	(Folgender Tag)	(abends, 13. Nissan)
70b	(Judäa, Jerusalem)	(Derselbe Tag)	(13. Nissan)	

SYSTEMATISCHE PRÄSENTATION UND INTERPRETATION

Szene	Räumliche Angaben		Temporale Angaben	
72	(Judäa, Betaniën)	Stadt, Obersaal	(Folgender Tag)	1. Tag der ungesäuerten Brote (14. Nissan)
	(Judäa, Jerusalem)			
73	(Judäa, Jerusalem)	(Obersaal)	(Folgender Tag)	abends (15. Nissan)
	(Judäa, Jerusalem)	Ölberg		
74	(Judäa, Jerusalem)	Ölberg	(Derselbe Tag)	nachts (15. Nissan)

4.4.10 *Episode 10*

Szene	Räumliche Angaben		Temporale Angaben	
75	(Judäa, Jerusalem)	(Ölberg) Stätte Getsemani	(Derselbe Tag)	(nachts, 15. Nissan)
76	(Judäa, Jerusalem)	(Ölberg, Getsemani) (Wohnort) des Hohepriesters: Jesus Hof des Hohepriesters: Petrus	(Derselbe Tag)	(nachts, 15. Nissan)
77	(Judäa, Jerusalem)	(Wohnort) Hohepriester	(Derselbe Tag)	(nachts, 15. Nissan)
78	(Judäa, Jerusalem)	Vor-, Hof des Hohepriester	(Derselbe Tag)	(nachts, kurz vor Tagesanbruch, 15. Nissan)
79	(Judäa, Jerusalem)	(von Wohnort des Hohepriesters) (zu Prätorium, Wohnsitz) Pilatus	(Derselbe Tag)	frühmorgens (15. Nissan)
80	(Judäa, Jerusalem)	(Prätorium, Wohnsitz) Pilatus	(Derselbe Tag)	(frühmorgens) Fest (15. Nissan)
81	(Judäa, Jerusalem)	Prätorium, Hof Pilatus	(Derselbe Tag)	(morgens, 15. Nissan)

502 4. KAPITEL

(cont.)

Szene	Räumliche Angaben		Temporale Angaben	
82	(Judäa, Jerusalem)	Ort Golgota = Schädelstätte	(Derselbe Tag)	3.–9. Stunde (6. Wochentag, 15. Nissan)
		Tempel, Vorhang		
83	(Judäa), Jerusalem	(Golgota) (Prätorium, Wohnsitz) Pilatus Gruft	(Derselbe Tag)	abends, Rüsttag, Vorsabbat (15. Nissan)
84	(Judäa, Jerusalem)	Gruft	(Folgender Tag)	Sabbat (7. Wochentag, 16. Nissan)
			(Folgender Tag)	frühmorgens, 1. Wochentag (17. Nissan)

4.4.11 *Politisch-militärisch relevante Beobachtungen*

Die räumliche Analyse scheint den narrativen Akzent auf Galiläa (insbesondere Kapernaum) und Judäa (insbesondere Jerusalem) zu bestätigen; politisch gesprochen liegt ein Akzent auf römisch beziehungsweise durch Herodes Antipas verwaltetes Gebiet vor. Jesu Weg ist dabei zirkular oder chiastisch gestaltet, auch lässt er sich mit demjenigen Vespasians und Titus' vergleichen (vgl. 5.7.3[3]). Auffallend dabei ist, dass er in jedem Gebiet auf die Machtzentren zusteuert, und aufmerken lässt auch, dass der Narrator die Nennung Samarias meidet.

Jesu Wirkungsorte sind vornehmlich in der Öffentlichkeit, in der Natur, auf öffentlichen Plätzen oder Gebäuden: er will also gesehen werden. Ein respektabler Teil der Erzählzeit ereignet sich an sakral herausragenden Tagen wie dem Sabbat, und das Narrativ mündet feierlich im Pessachfest mit seiner Freiheitsmetaphorik. Interessant ist auch, dass die Erzählzeit im Verhältnis zur erzählten Zeit in Diskrepanz zueinander stehen. Die 40 Tage in der Wüste oder der Dienst in ganz Galiläa könnten kürzer nicht sein, während die Dispute im Jerusalemer Tempel sich über mehrere Kapitel erstrecken; es fällt auf, dass Jesus die gesamte Jerusalemer Elite praktisch an einem Tag „erledigt" – wer das zu bewerkstelligen vermag, will siegen!

SYSTEMATISCHE PRÄSENTATION UND INTERPRETATION 503

4.5 Kriegsrelevante Lexeme

Die nachstehende Listung bildet ein repräsentatives Inventar der im Markusevangelium vorkommenden kriegsrelevanten Lexeme und ist somit eines der zentralen Beiträge dieser Untersuchung. Aufnahme in die Liste fanden einerseits Lexeme, die textuell als auch subtextuell tatsächlich im kriegerischen Sinne verwendet werden (mit der jeweiligen Bibelstelle im Fettdruck) und andererseits Lexeme, die in ihrem semantischen Spektrum neben anderem auch kriegerische Bedeutungsaspekte mit sich tragen. Über eine Aufnahme Letzterer entschied in der Regel eine Gegenprüfung mit dem Textkorpus des Josephus und der Vergewisserung, dass das jeweilige Lexem dort auch tatsächlich Verwendung in kriegerischem Kontext fand. Unberücksichtigt blieben dabei häufig vorkommende Verben wie beispielsweise „tun" – obschon punktuell kriegsrelevant – oder wenig relevante Nebenworte.

Die jeweiligen Einträge bieten zunächst das griechische Wort zusammen mit der Anzahl der Vorkommnisse, dann insbesondere die kriegsrelevante Übersetzung, ferner die Stellen im Markusevangelium, punktuell ergänzt um exemplarische Stellen aus *De bello Judaico*,[4] und schliesslich die das jeweilige Lexem enthaltenden Episoden.

4.5.1 *Politische Akteure, Namen und Titel (77)*

A (10)

Griechisch		Übersetzung	Stellen	Textliche Distribution
ἄγγελος	6mal	Bote, Botschafter, Gesandter,	Mk 1,2.13	E01
		Verkündiger, Engel (auch im	Mk 8,38	E06
		Sinne eines himmlischen	Mk 12,25	E08
		Heers), Apostel	Mk 13,27.32	E09

---

4 Linguistische Parallelen zwischen *De bello Judaico* und dem lukanischen Doppelwerk hat beispielsweise auch Steve Mason nachgewiesen (*Josephus and the New Testament* [2. Aufl.; Peabody: Hendrickson, 2003], 283–291).

504   4. KAPITEL

(cont.)

Griechisch		Übersetzung	Stellen	Textliche Distribution
ἀδελφός	20mal	Brüder, Genossen	Mk 1,16.19	E02
			Mk 3,17.31.32.33.34.35	E03
			Mk 5,37; 6,3.17.18	E05
			Mk 10,29.30	E07
			Mk 12,19.19.19.20	E08
			Mk 13,12.12	E09
ἀλέκτωρ	1mal	Truppentrompeter	Mk 14,30	E09
ἁμαρτωλός	6mal	Widersacher	Mk 2,15.16.16.17	E02
			Mk 8,38	E06
			Mk 14,41	E09
Ἀνδρέας	4mal	Der Männliche, Mannhafte	Mk 1,16.29	E02
			Mk 3,18	E03
			Mk 13,3	E09
ἀνήρ	4mal	Ehrenmann, Held, Krieger	Mk 6,20.44	E05
			Mk 10,2.12	E07
ἄνθρωπος	56mal	Mannschaft, Soldat, Bemannung	Mk 1,17.23; 2,10	E02
			Mk 2,27.27.28; 3,1; 3,3.5.28	E03
			Mk 4,26	E04
			Mk 5,2.8; 7,7.8.11.15.15.15. 18.20.20.21.23	E05
			Mk 8,24.27.31.33.36.37.38; 9,9.12	E06
			Mk 9,31.31; 10,7.9.27.33.45	E07
			Mk 11,2.30.32; 12,1.14	E08
			Mk 13,26.34; 14,13.21.21.21.21	E09
			Mk 14,41.62.71; 15,39	E10
ἀπόστολος	1mal	(Ab)Gesandter, Bote, Botschafter, Truppensendung, Flotte	Mk 6,30	E05

SYSTEMATISCHE PRÄSENTATION UND INTERPRETATION

Griechisch		Übersetzung	Stellen	Textliche Distribution
ἀρχιερεύς	22mal	Vorsteher des Synedriums,	Mk 2,26	E02
		Gerichts-, Polizei- und	Mk 8,31	E06
		Verwaltungsorgan des Tempels,	**Mk 10,33**	E07
		und damit Rom gegenüber	**Mk 11,18.27**	E08
		rechenschaftspflichtig	**Mk 14,1.10**	E09
			Mk 14,43.47.53.53.54.55. 60.61.63.66; 15,1.3.10.11.31	E10
ἄρχων	1mal	Anführer, Vorsteher,	**Mk 3,22**	E03
		Herrscher, Gebieter, Oberster,		
		Befehlshaber, Feldherr, König,		
		Fürst, Machthaber, Häuptling,		
		Archont, Beamter, Behörde,		
		Obrigkeit, Statthalter, Satrap		

B (04)

Griechisch		Übersetzung	Stellen	Textliche Distribution
βαπτιστής	2mal	Täufer (politisches Opfer)	**Mk 6,25**	E05
			Mk 8,28	E06
Βαραββᾶς	3mal	Mörder in einem Aufstand	Mk 15,7.11.15	E10
βασιλεύς	12mal	Kaiser, König, königliche	**Mk 6,14.22.25.26.27**	E05
		Familie, Feldherr, Obrigkeit	**Mk 13,9**	E09
			Mk 15,2.9.12.18.26.32	E10
Βεελζεβούλ	1mal	Beëlzebul	**Mk 3,22**	E03

506

4. KAPITEL

Γ (04)

Griechisch		Übersetzung	Stellen	Textliche Distribution
Γαλιλαία	12mal	Galiläa (Kriegsschauplatz)	Mk 1,9.14	E01
			Mk 1,16.28.39	E02
			Mk 3,7	E03
			Mk 6,21; 7,31	E05
			Mk 9,30	E07
			Mk 14,28	E09
			Mk 15,41; 16,7	E10
Γαλιλαῖος	1mal	Galiläer	**Mk 14,70**	E10
γέεννα	3mal	Tal des Schlachtens	Mk 9,43.45.47	E07
Γολγοθᾶ	1mal	Golgota (Schädel- und Kreuzigungsstätte)	**Mk 15,22**	E10

Δ (04)

Griechisch		Übersetzung	Stellen	Textliche Distribution
Δεκάπολις	2mal	Dekapolis (Kriegsschauplatz)	Mk 5,20; 7,31	E05
δέσμιος	1mal	Gebundene, Gefangene	**Mk 15,6**	E10
διάκονος	2mal	Diener, Gehilfe, Bote (Josephus)	Mk 9,35; 10,43	E07
			Bell. 3.354; 4.626	
δοῦλος	5mal	Sklave (Besitz des militärisch Siegreichen)	Mk 10,44	E07
			Mk 12,2.4	E08
			Mk 13,34	E09
			Mk 14,47	E10

SYSTEMATISCHE PRÄSENTATION UND INTERPRETATION

E (01)

Griechisch		Übersetzung	Stellen	Textliche Distribution
ἐχθρός	1mal	Verhasst, feindlich, Feind, Gegner, Gegenpartei	Mk 12,36	E08

H (03)

Griechisch		Übersetzung	Stellen	Textliche Distribution
ἡγεμών	1mal	Führer(in), Leiter(in), Wegweiser, Rädelsführer, Anleiter, Berater, Ratgeber, Urheber, Veranlasser, Anführer, Fürst, römischer Kaiser, (kaiserliche) Stadthalter, Prokurator, Präfekt, Landpfleger, hoher Stadtbeamter, Vorsteher, Chef, Heerführer, General, Feldherr, Befehlshaber, Offizier, Herr, Herrscher, Gebieter, Oberhaupt	Mk 13,9 *Bell.* 3,87 (General) *Bell.* 5,491	E09
Ἡρῴδης	8mal	Herodes, Heldenspross	Mk 6,14.16.17.18.20.21.22 Mk 8,15	E05 E06
Ἡρῳδιανοί	2mal	Herodianer, herodianische Soldaten	Mk 3,6 Mk 12,13	E03 E08

Θ (03)

Griechisch		Übersetzung	Stellen	Textliche Distribution
θεός	47mal	Gott (als Streiter)	Mk 1,14.15	E01
			Mk 1,24; 2,7.12	E02
			Mk 2,26; 3,11.35	E03
			Mk 4,11.26.30	E04
			Mk 5,7.7; 7,8.9.13	E05
			Mk 8,33; 9,1	E06
			Mk 9,47; 10,9.14.15.18.23. 24.25.27.27	E07
			Mk 11,22; 12,14.17.17.24.26. 26.26.26.27.29.30.34	E08
			Mk 13,19; 14,25	E09
			Mk 15,34.34.39.43	E10
θηρίον	1mal	Wildes Tier	Mk 1,13	E01
θυρωρός	1mal	Türbewachend, Türhüter	**Mk 13,34**	E09

I (10)

Griechisch		Übersetzung	Stellen	Textliche Distribution
Ἰάκωβος	15mal	Er (Gott) beschützte, betrügen, Verrat	Mk 1,19.29	E02
			Mk 3,17.17.18	E03
			Mk 5,37.37; 6,3	E05
			Mk 9,2	E06
			Mk 10,35.41	E07
			Mk 13,3	E09
			Mk 14,33; 15,40; 16,1	E10
Ἰδουμαία	1mal	Idumäa (Kriegsschauplatz)	**Mk 3,8**	E03
ἱερεύς	2mal	(Ober)Priester(schaft) (Kriegspartei)	Mk 1,44	E02
			Mk 2,26	E03
Ἰεριχώ	2mal	Jericho (Kriegsschauplatz)	**Mk 10,46.46**	E07

SYSTEMATISCHE PRÄSENTATION UND INTERPRETATION 509

Griechisch		Übersetzung	Stellen	Textliche Distribution
Ἱεροσόλυμα		Jerusalem (Kriegsschauplatz)	Mk 3,8.22	E03
			Mk 7,1	E05
			Mk 10,32.33	E07
			Mk 11,1.11.15.27	E08
			Mk 15,41	E10
Ἱεροσολυμίτης	1mal	Jerusalemer (Kriegspartei)	Mk 1,5	E01
Ἰησοῦς	81mal	Jahwe hilft/ist Rettung	**Mk 1,1.9.14**	E01
			Mk 1,17.24.25; 2,5.8.15.17	E02
			Mk 2,19; 3,7	E03
			Mk 5,6.7.15.20.21.27.30.36; 6,4.30	E05
			Mk 8,27; 9,2.4.5.8.23.25.27	E06
			Mk 9,39; 10,5.14.18.21.23. 24.27.29.32.38.39.42.47.47. 49.50.51.52	E07
			Mk 11,6.7.22.29.33.33; 12,17.24.29.34.35	E08
			Mk 13,2.5; 14,6.18.27.30	E09
			Mk 14,48.53.55.60.62. 67.72; 15,1.5.15.34.37.43; 16,6.8	E10
Ἰουδαία	4mal	Judäa (Kriegsschauplatz)	Mk 1,5	E01
			Mk 3,7	E03
			Mk 10,1	E07
			Mk 13,14	E09
Ἰουδαῖος	6mal	Jude, Judäer (Kriegspartei)	Mk 7,3	E05
			Mk 15,2.9.12.18.26	E10
Ἰσραήλ	2mal	Israel (Kriegsschauplatz)	Mk 12,29	E08
			Mk 15,32	E10

510 4. KAPITEL

K (07)

Griechisch		Übersetzung	Stellen	Textliche Distribution
Καῖσαρ	4mal	Cäsar (Nachname), Kaiser	Mk 12,14.16.17.17	E08
Καισάρεια, Φίλιππος	1mal	Cäsarea Philippi (Kriegsschauplatz)	Mk 8,27	E06
Καφαρναούμ	3mal	Kapernaum (Kriegsschauplatz)	Mk 1,21; 2,1	E02
			Mk 9,33	E07
κεντυρίων	1mal	Hauptmann, Zenturio	Mk 15,39	E10
κεφαλή	8mal	Oberhaupt	Mk 6,24.25.27.28	E06
			Mk 12,10	E08
			Mk 14,3	E09
			Mk 15,19.29	E10
κρανίον	1mal	Schädel(stätte) (Kreuzigungsort)	Mk 15,21	E10
κύριος	16mal	Besitzer, Meister, Gebieter, Herrscher, Machthaber, Souverän, Oberhaupt, Hausherr, Herr	Mk 1,3	E01
			Mk 2,28	E03
			Mk 5,19; 7,28	E05
			Mk 11,3.9;	E08
			12,9.11.29.29.30.36.36.37	E09
			Mk 13,20.35	

Λ (03)

Griechisch		Übersetzung	Stellen	Textliche Distribution
λαός	2mal	Militärisches Kriegsvolk, Herrschaft, Mannschaft, Fußvolk, Landheer	Mk 7,6	E05
			Mk 14,2	E09
λεγιών	2mal	Legion	Mk 5,9.15	E05
λῃστής	3mal	Räuber, Plünderer, Seeräuber, Pirat, Freibeuter, Freischaren, Guerillas, bewaffnete Bande, Plänkler, Streifzügler	Mk 11,17	E08
			Mk 14,48; 15,27	E10

SYSTEMATISCHE PRÄSENTATION UND INTERPRETATION

M (03)

Griechisch		Übersetzung	Stellen	Textliche Distribution
μάρτυς	1mal	Beweis, Blutzeuge, Märtyrer	Mk 14,63	E10
μεγιστάν	1mal	Edler, Vornehmer des Hofstaats, Hofbeamter	Mk 6,21	E05
μισθωτός	1mal	Söldner, Spion, Agent	Mk 1,20	E02

N (02)

Griechisch		Übersetzung	Stellen	Textliche Distribution
νεανίσκος	2mal	Jüngling, junger oder kräftiger Mann (bis 40 Jahre), junger Krieger	Mk 14,51; 16,5	E10
νεκρός	7mal	Toter, Verstorbener, Abgeschiedener, Gefallener, Leichnam, Leiche	**Mk 6,14** **Mk 9,9.10.26** Mk 12,25.26.27	E05 E06 E08

O (01)

Griechisch		Übersetzung	Stellen	Textliche Distribution
ὄχλος	38mal	Söldnerhaufe, Volksversammlung, Kriegsvolk, Tross, gemeine Soldaten	Mk 2,4.13	E02
			Mk 3,9.20.32	E03
			Mk 4,1.1.36	E04
			Mk 5,21.24.27.30.31; 6,34.45; 7,14.17.33; 8,1.2.6.6	E05
			Mk 8,34; 9,14.15.17.25	E06
			Mk 10,1.46	E07
			Mk 11,18.32; 12,12.37.41	E08
			Mk 14,43; 15,8.11.15	E10

512 4. KAPITEL

Π (06)

Griechisch		Übersetzung	Stellen	Textliche Distribution
πατήρ	18mal	Beschützer	Mk 1,20	E02
			Mk 5,40; 7,10.10.11.12	E05
			Mk 8,38; 9,21.24	E06
			Mk 10,7.19.29	E07
			Mk 11,10.25	E08
			Mk 13,12.32	E09
			Mk 14,36; 15,21	E10
πέραν	4mal	Peräa (Kriegsschauplatz)	Mk 3,8	E03
			Mk 4,35; 5,1	E05
			Mk 10,1	E07
Πιλᾶτος	10mal	Pilatus (Cognomen)	Mk 15,1.2.4.5.9.12.14.15.43.44	E10
πλῆθος	2mal	Soldaten, Truppen, Streitmacht, Heer	Mk 3,7.8	E03
ποιμήν	2mal	Hüter, Führer, Lenker, Gebieter,	Mk 6,34	E05
		Befehlshaber, König	Mk 14,27	E09
πρῶτος	15mal	Erster, Vorkämpfer,	Mk 3,27; 4,28; 6,21; 7,27	E05
		Vorhut, militärischer Titel,	Mk 9,11.12	E06
		Vornehmster, Höchster,	Mk 9,35; 10,31.31.44	E07
		Vorzüglichster, Angesehenster,	Mk 12,20.28.29	E08
		Größter, Wichtigster	Mk 13,10; 14,12	E09

Σ (07)

Griechisch		Übersetzung	Stellen	Textliche Distribution
σατανᾶς	6mal	Widersacher	Mk 1,13	E01
			Mk 3,23.23.26	E03
			Mk 4,15	E04
			Mk 8,33	E06
Σιδών	2mal	Sidon (Kriegsschauplatz)	Mk 3,8	E03
			Mk 7,31	E05

SYSTEMATISCHE PRÄSENTATION UND INTERPRETATION 513

Griechisch		Übersetzung	Stellen	Textliche Distribution
σπεῖρα	1mal	Kohorte, Manipel, Rotte, Schar von Soldaten	**Mk 15,16**	E10
σπεκουλάτωρ	1mal	Eilbote, Späher, Spion, Leibwächter, Scharfrichter	**Mk 6,27**	E05
στασιαστής	1mal	Aufrührer, Aufwiegler, Empörer, Rotte (Pl.), Parteigenosse, Anhänger, Mitverschworener	**Mk 15,7**	E10
στρατιώτης	1mal	Soldat, Krieger, Streiter, Truppen (Pl.), Söldner, Fußsoldat, Infanterist, Hoplit	**Mk 15,16**	E10
συναγωγή		Synagoge (Kriegsschauplatz)	Mk 1,21.23.29.39	E02
			Mk 3,1	E03
			Mk 6,2	E05
			Mk 12,39	E08
			Mk 13,9	E09

T (01)

Griechisch		Übersetzung	Stellen	Textliche Distribution
Τύρος	3mal	Tyrus (Kriegsschauplatz)	Mk 3,8	E03
			Mk 7,24.31	E05

Υ (02)

Griechisch		Übersetzung	Stellen	Textliche Distribution
υἱός	34mal	Regent als (Gottes)Sohn	Mk 1,11	E01
			Mk 2,10	E02
			Mk 219.28; 3,11.17.28	E03
			Mk 5,7; 6,3	E05
			Mk 8,31.38; 9,7.9.12.17	E06
			Mk 9,31; 10,33.35.45.46.47.48	E07
			Mk 12,6.6.35.37	E08
			Mk 13,26.32; 14,21.21	E09
			Mk 14,41.61.62; 15,39	E10
ὑπηρέτης	2mal	Ruderer, Ruderknecht, Matrose, Scherge, Henkersknecht, Gepäckträger, Knappe, Bursche, Adjutant, Leibwächter, Liktor	Mk 14,54.65	E10

Φ (01)

Griechisch		Übersetzung	Stellen	Textliche Distribution
Φαρισαῖος	12mal	Pharisäer (als Kriegspartei)	Mk 2,16	E02
			Mk 2,18.18.24; 3,6	E03
			Mk 7,1.3.5	E05
			Mk 8,11.15	E06
			Mk 10,2	E07
			Mk 12,13	E08

SYSTEMATISCHE PRÄSENTATION UND INTERPRETATION

X (03)

Griechisch		Übersetzung	Stellen	Textliche Distribution
χιλίαρχος	1mal	Anführer einer Tausendschaft, Befehlshaber, Oberst, höheres Militär, römischer *tribunus militum* und Befehlshaber der Kohorte	Mk 6,21	E05
χοῖρος	4mal	Eber (Legionssymbol)	Mk 5,11.12.13.16	E05
Χριστός	7mal	Gesalbter (König)	Mk 1,1	E01
			Mk 8,29	E06
			Mk 9,41	E07
			Mk 12,35	E08
			Mk 13,21	E09
			Mk 14,61; 15,32	E10

Ψ (02)

Griechisch		Übersetzung	Stellen	Textliche Distribution
ψευδοπροφήτης	1mal	Falscher Prophet	Mk 13,22	E09
			Bell. 6,285	
ψευδόχριστος	1mal	Falscher Christus	Mk 13,22	E09

516   4. KAPITEL

4.5.2 *Kriegsrelevante Substantive (123)*

A (18)

Griechisch		Übersetzung	Stellen	Textliche Distribution
ἀγορά	3mal	Heeresversammlung	Mk 6,56; 7,4	E05
			Mk 12,38	E08
αἷμα	3mal	(Opfer)Blut, Blutvergießen, gewaltsamer Tod, Ermordung, Mord, Mordwaffe	Mk 5,25.29	E05
			Mk 14,24	E09
αἰτία	1mal	Be- und Anschuldigung, Vorwurf, Anklage	Mk 15,26	E10
ἀκοή	3mal	(Kriegs)Gerücht	Mk 1,28	E02
			Mk 7,35	E05
			Mk 13,7	E09
ἄλυσις	3mal	(Panzer)Kette, Gefangenschaft	Mk 5,3.4.4	E05
ἁμάρτημα	2mal	Fehler, Vergehen, (Kriegs)Schuld, Missetat, Böses	Mk 3,28.29	E03
ἁμαρτία	6mal	(Kriegs)Schuld	Mk 1,4.5	E01
			Mk 2,5.7.9.10	E02
ἄμπελος	1mal	Weinstock, Rebe als Freiheitssymbol der Aufständischen	Mk 14,25	E09
ἀνάστασις	2mal	Aufstellen, Errichtung, Wiederaufbau, Vertreibung (aus dem Wohnsitz), Verpflanzung (der Bewohner), Räumung, Entvölkerung, Zerstörung, Vernichtung, Ruin, Abzug, Abmarsch	Mk 12,18.23	E08
ἀντάλλαγμα	1mal	Lösegeld, Tauschmittel, Gegenwert	Mk 8,37	E06
ἀπάτη	1mal	Täuschung, Betrug, Überlistung, Betörung, Verführung, Lust, Vergnügung, Ergötzlichkeit, List, Verschlagenheit, Hinterlist, Kunstgriff, Ränke (Pl.), Verlust, getäuschte Hoffnung	Mk 4,19	E04

SYSTEMATISCHE PRÄSENTATION UND INTERPRETATION

Griechisch		Übersetzung	Stellen	Textliche Distribution
ἀπιστία	2mal	Unglaube, Ungewissheit, Zweifel, Misstrauen, Argwohn, Unzuverlässigkeit, Treulosigkeit, Untreue, Unbeständigkeit, Abfall	Mk 6,6 Mk 9,24	E05 E06
ἀπώλεια	1mal	Vernichtung, Untergang, Verderben, Verlust	Mk 14,4	E09
ἄρτος	21mal	Brot, Nahrung, Speise (zu Kriegszeiten u. U. schmerzlich vermisst)	Mk 2,26; 3,20 Mk 6,8.37.38.41.41.44.52; 7,2.5.27; 8,4.5.6 Mk 8,14.14.16.17.19 Mk 14,22	E03 E05 E06 E09
ἀρχή	4mal	Anführung, Oberleitung, Oberbefehl (an Truppen), Kommando, Herrschaft, Regierung, Souveränität, Staatsamt, Obrigkeit, Behörde, Statthalterschaft, Machtgebiet, Provinz, Reich, Imperium	Mk 1,1 Mk 10,6 Mk 13,8.19	E01 E07 E09
ἀσπασμός	1mal	(Feierliche oder erzwungene) Begrüßung, Bewillkommnung, freundliche Aufnahme	Mk 12,38	E08
ἄφεσις	2mal	Abschießen eines Geschosses, Entlassung, Freilassung	Mk 1,4 Mk 3,29	E01 E03
ἀφροσύνη	1mal	Unverstand, Unvernunft, Unbesonnenheit, Torheit, Tollheit	Mk 7,22	E05

B (04)

Griechisch		Übersetzung	Stellen	Textliche Distribution
βάπτισμα	4mal	Martyrium	Mk 1,4	E01
			Mk 10,38.39	E07
			Mk 11,30	E08
βασιλεία	20mal	Königsein, Königtum,	Mk 1,15	E01
		Königsmacht, Königsherrschaft,	Mk 3,24.24	E03
		Königreich, Reich	Mk 4,11.26.30	E04
		Regierungsantritt	Mk 6,23	E05
			Mk 9,1	E06
			Mk 9,47; 10,14.15.23.24.25	E07
			Mk 11,10; 12,34	E08
			Mk 13,8.8; 14,25	E09
			Mk 15,43	E10
βδέλυγμα	1mal	Gräuel	Mk 13,14	E09
βίος	1mal	(Irdisches) Leben, (volle) Lebenskraft, -zeit, -dauer, Lebensunterhalt, -gut, Proviant, Nahrung, Habe, Vermögen, Güter, Besitz, Auskommen, lebende Menschen, Lebende	Mk 12,44	E08

Δ (06)

Griechisch		Übersetzung	Stellen	Textliche Distribution
δεσμός	1mal	Bande, Kette, Fessel, Gefängnis, Kerker, Gefangenschaft, Fesselung	Mk 7,35	E05
διωγμός	2mal	Verfolgung, (gerichtliche) Klage	Mk 4,17	E04
			Mk 10,30	E07
δόλος	2mal	Trugmittel, Falle, Hinterhalt, (Kriegs)List, Hinterlist, (Be)Trug, Tücke, Anschlag, Verrat	Mk 7,22	E05
			Mk 14,1	E09

SYSTEMATISCHE PRÄSENTATION UND INTERPRETATION 519

Griechisch		Übersetzung	Stellen	Textliche Distribution
δόξα	3mal	Ruf, Ruhm, Ansehen,	Mk 8,38	E06
		Herrlichkeit, Majestät, Glanz,	Mk 10,37	E07
		Ehre	Mk 13,26	E09
δρέπανον	1mal	Krummes Schwert, Säbel	Mk 4,29	E04
δύναμις	10mal	(Wunder)Kraft, (politische)	Mk 5,30; 6,2.5.14	E05
		Macht, Stärke, Kriegsmacht,	Mk 9,1.39	E06
		Streitkräfte, Truppen	Mk 12,24	E08
			Mk 13,25.26	E09
			Mk 14,62	E10

E (09)

Griechisch		Übersetzung	Stellen	Textliche Distribution
ἔθνος	6mal	Schar, Haufe, Schwarm, Herde,	Mk 10,33.42	E07
		Nation, Volk, Völkerschaft,	Mk 11,17	E08
		Stamm, Menschenklasse,	Mk 13,8.8.10	E09
		Berufsgenossenschaft, Sippe,		
		Geschlecht		
εἰρήνη	1mal	Friede, Ruhe, Wohlbefinden,	Mk 5,34	E05
		Heil, Segen		
ἐνταφιασμός	1mal	Bestattung, Begräbnis	Mk 14,8	E04
ἐξουσία	10mal	Vollmacht, Macht(fülle),	Mk 1,22.27; 2,10	E02
		Gewalt, Herrschaft, hohe	Mk 3,15	E03
		Stellung, Amtsgewalt,	Mk 6,7	E05
		Obrigkeit, Behörde, Herrscher,	Mk 11,28.28.29.33	E08
		Machthaber	Mk 13,34	E09
ἐπιγραφή	2mal	Anklageaufschrift	Mk 12,16	E08
			Mk 15,26	E10
ἐπιθυμία	1mal	Begierde, auch nach Beute	Mk 4,19	E04
ἔργον	2mal	Krieg, Kampf, Gefecht	Mk 13,34; 14,6	E09
ἐρήμωσις	1mal	Verwüstung	Mk 13,14	E09
			Bell. 6,288.295 (ἐρημία)	

520 4. KAPITEL

(cont.)

Griechisch		Übersetzung	Stellen	Textliche Distribution
εὐαγγέλιον	7mal	Gute Botschaft, Freuden-, Heils- oder Siegesbotschaft	Mk 1,1.14.15	E01
			Mk 8,35	E06
			Mk 10,29	E07
			Mk 13,10; 14,9	E09
			Bell. 2,420	
			Bell. 4,618.656	

Z (02)

Griechisch		Übersetzung	Stellen	Textliche Distribution
ζωή	4mal	Leben, Lebenszeit, -dauer, -weise, -art, Lebensunterhalt, Erwerb, Existenz, Lebensgut, Vermögen	Mk 9,43.45; 10,17.30	E07
ζώνη	2mal	(Soldaten)Gürtel	Mk 1,6	E01
			Mk 6,8	E05

Θ (05)

Griechisch		Übersetzung	Stellen	Textliche Distribution
θάνατος	6mal	Tod, Todschlag, Mord, Todesstrafe, Hinrichtung, Todesart, -gefahr, -opfer, zum Tode verurteilen, lebensbedrohender Prozess	Mk 7,10	E05
			Mk 9,1	E06
			Mk 10,33	E07
			Mk 13,12	E09
			Mk 14,34.64	E10
θησαυρός	1mal	Kostbare Beute	Mk 10,21	E07
θλῖψις	3mal	Drücken, Druck, Bedrückung, Bedrängnis, Drangsal, Angst, Trübsal	Mk 4,17	E04
			Mk 13,19.24	E09

SYSTEMATISCHE PRÄSENTATION UND INTERPRETATION 521

Griechisch		Übersetzung	Stellen	Textliche Distribution
θόρυβος	2mal	Bestürzung, Getümmel, Aufruhr, Tumult, Wirrwarr, Verwirrung, Unordnung, Unruhe, Störung, Lärm, Geräusch, Geschrei, Alarm	Mk 5,38 **Mk 14,2** *Bell.* 1,5	E05 E09
θύρα	6mal	Tür(flügel), (Stadt- oder Lager)Tor, Pforte	Mk 1,33; 2,2 Mk 11,4 Mk 13,29 Mk 15,46; 16,3	E02 E08 E09 E10

I (02)

Griechisch		Übersetzung	Stellen	Textliche Distribution
ἱερόν	10mal	Tempel (Kriegsschauplatz)	Mk 11,11.15.15.16.27; 12,35 Mk 13,1.3 Mk 14,49; 16,8	E08 E09 E10
ἰσχύς	2mal	Stärke, Kraft, Gewalt, (Heeres)Macht, Fertigkeit, Tüchtigkeit	Mk 12,30.33	E08

K (05)

Griechisch		Übersetzung	Stellen	Textliche Distribution
καιρός	5mal	Rechter Zeitpunkt, gute Gelegenheit, (End)Zeit, Stunde, Augenblick, Zeitumstände, Zeiten, Verhältnisse, Lage, kritischer Augenblick, Krisis, gefährliche Lage, schlimme Zeiten	Mk 1,15 Mk 10,30 Mk 11,13; 12,2 Mk 13,33	E01 E07 E08 E09

522   4. KAPITEL

(cont.)

Griechisch		Übersetzung	Stellen	Textliche Distribution
κάλαμος	2mal	Zepter	Mk 15,19.36	E10
κλοπή	1mal	Beraubung, heimliches Tun (Flucht, Besetzung), List, Trug, Betrug, Täuschung, militärischer Überraschungsschlag	Mk 7,21	E05
κόπος	1mal	Das Schlagen, Schlag, Wehklagen, Zerschlagenheit vor Anstrengung, Ermüdung, Mattigkeit, Übermüdung, Erschöpfung, Anstrengung, Arbeit, Mühe, Mühsal, Beschwerde, Unglück	Mk 14,6	E09
κράσπεδον	1mal	Heeresflügel	Mk 6,56	E05

Λ (04)

Griechisch		Übersetzung	Stellen	Textliche Distribution
λίθος	8mal	Schleuderstein, Steinwurf, Sinnbild der Härte, Gefühllosigkeit, Festigkeit	Mk 5,5 Mk 12,10 Mk 13,1.2.2 Mk 15,46; 16,3.4	E05 E08 E09 E10
λιμός	1mal	(Kriegsbedingter) Hunger, Hungersnot, Mangel an Lebensmittel	Mk 13,8 Bell. 4,137	E09

SYSTEMATISCHE PRÄSENTATION UND INTERPRETATION

Griechisch		Übersetzung	Stellen	Textliche Distribution
λόγος	23mal	Befehl, Gebot, Gesetz,	Mk 1,45; 2,2	E02
		Vorschlag, Antrag, Kunde,	Mk 4,14.15.15.16.17.18.19.	E04
		Botschaft, Nachricht, Gerücht,	20.33	
		Ruhm	Mk 5,36; 7,13.29	E05
			Mk 8,32.38; 9,10	E06
			Mk 10,22.24	E07
			Mk 11,29; 12,13	E08
			Mk 13,31	E09
			Mk 14,39	E10
λύτρον	1mal	Lösegeld	Mk 10,45	E07

M (06)

Griechisch		Übersetzung	Stellen	Textliche Distribution
μαρτυρία	3mal	Zeugnisablegung, Zeugenaussage	Mk 14,55.59.56	E10
μαρτύριον	3mal	Bezeugen, Zeugnisablegung,	Mk 1,44	E02
		Zeugenaussage, (gutes) Zeugnis,	Mk 6,11	E05
		Beweis, Ruhm	Mk 13,9	E09
μάστιξ	3mal	Geißeln, Geißelhiebe	Mk 3,10	E03
			Mk 5,29.34	E05
μάχαιρα	3mal	(Großes) Messer,	Mk 14,43.47.48	E10
		Schlachtmesser, Opfermesser,		
		kurzer Säbel, Degen, Schwert,		
		Dolch		
μετάνοια	1mal	Um- oder Abkehr	Mk 1,4	E01
μισθός	1mal	Soldatenentlohnung,	Mk 9,41	E07
		Vergeltung, Belohnung, Strafe		

N (05)

Griechisch		Übersetzung	Stellen	Textliche Distribution
ναός	3mal	Tempel, Feldherrenzelt	Mk 14,58; 15,29.38 *Bell.* 3,82	E10
νεότης	1mal	Jugend(alter), junge Mannschaft, Jugendlichkeit, jugendlicher Sinn, Leichtsinn	Mk 10,20	E07
νεφέλη	3mal	Wolken (als Leinwand für Vorzeichen)	Mk 9,7; Mk 13,26 Mk 14,62 *Bell.* 6,298 (νέφος)	E06 E09 E10
νόσος	1mal	Krankheit	Mk 1,34	E02
νύξ	4mal	Finsternis, Dunkel, Todesnacht, Blindheit, Ohnmacht, Bild des Schreckens, Unterwelt, Totenreich, Unglück	Mk 4,27 Mk 5,5; 6,48 Mk 14,30	E04 E05 E09

Ξ (01)

Griechisch		Übersetzung	Stellen	Textliche Distribution
ξύλον	2mal	Stock, Knüppel, Prügel, Stange, Speer, Marterholz, Kreuz	Mk 14,43.48	E10

SYSTEMATISCHE PRÄSENTATION UND INTERPRETATION

O (*04*)

Griechisch		Übersetzung	Stellen	Textliche Distribution
ὁδός	16mal	(Heer)Straße, Fährte, (auf dem) Marsch, Heereszug	Mk 1,2.3	E01
			Mk 2,23	E03
			Mk 4,4.15	E04
			Mk 6,8; 8,3	E05
			Mk 8,27	E06
			Mk 9,33.34; 10,17.32.46.52	E07
			Mk 11,8; 12,14	E08
ὀργή	1mal	Leidenschaft, Zorn, Wut, Erbitterung, Strafe, Ahndung	Mk 3,5	E03
ὅρκος	1mal	(Militär)Eid, Schwur, eidliches Versprechen, Gelübde, vertragliche Bestimmung	Mk 6,26	E05
ὄρος	11mal	Berg, Gebirge (Fluchtort)	Mk 3,13	E03
			Mk 5,5.11; 6,46	E05
			Mk 9,2.9	E07
			Mk 11,1.23	E08
			Mk 13,3.14; 14,26	E09

Π (*16*)

Griechisch		Übersetzung	Stellen	Textliche Distribution
παράδοσις	5mal	Übermittlung (militärischer Befehle), Übergabe, Auslieferung, Kapitulation, Vererbung	Mk 7,3.5.8.9.13	E05
παρασκευή	1mal	Ausrüstung, Ausstattung, Kriegsrüstung, Heeres- oder Streitmacht	Mk 15,42	E10
πέδη	2mal	Fußfessel, Fußschelle und -eisen, Spannstrick, Fessel, Bande, Zwang	Mk 5,4.4	E05
πειρασμός	1mal	Prüfung, Erprobung	Mk 13,38	E10

526　　　　　　　　　　　　　　　　　　　　　　　　4. KAPITEL

(cont.)

Griechisch		Übersetzung	Stellen	Textliche Distribution
πίστις	5mal	Vertrauen, Zutrauen,	Mk 2,5	E02
		Anerkennung, Ansehen,	Mk 4,40	E04
		Geltung, (Bundes)Treue,	Mk 5,34	E05
		Zuverlässigkeit, Ehrlichkeit,	Mk 10,52	E07
		Überzeugungskraft,	Mk 11,22	E08
		Beglaubigung, Sicherheit,		
		Garantie, Gewähr, Bürgschaft,		
		Versprechen, Treueschwur,		
		Bündnis, Vertrag, Geheimnis		
πλοῖον	17mal	Kriegsschiff	Mk 1,19.20	E02
			Mk 4,1.36.36.37.37	E04
			Mk 5,2.18.21; 6,32.45.47.51.54	E05
			Mk 8,10.14	E06
πόλεμος	2mal	Krieg, Schlacht, Kampf, Streit, Zwist, Zank, Hader	Mk 13,7.7	E09
πονηρία	1mal	Bosheit, Schlechtigkeit	Mk 7,22	E05
πορφύρα	2mal	(Königliches) Purpurgewand, Purpurstreif an der römischen Toga, Soldatenmantel	Mk 15,17.20	E10
ποτήριον	6mal	Gericht (inkl. Leid und Tod)	Mk 7,4	E05
			Mk 9,41; 10,38.39	E07
			Mk 14,23	E09
			Mk 14,36	E10
πούς	6mal	Sieg, Unterwerfung	Mk 5,22; 6,11; 7,25	E05
			Mk 9,45.45	E07
			Mk 12,36	E08
πραιτώριον	1mal	Palast des römischen Prokurators, Lager oder Kaserne der kaiserlichen Leibwache	Mk 15,16	E10
πτῶμα	2mal	Gefallener, Leichnam, Verderben, Unglück, Fehler, Vergehen	Mk 6,29	E05
			Mk 15,45	E10
πυγμή	1mal	Faust, (Faust)Kampf	Mk 7,3	E05
πῦρ	4mal	Feuersbrunst, als wichtiges Mittel der Zerstörung	Mk 9,22.	E06
			Mk 9,43.48.49	E07

SYSTEMATISCHE PRÄSENTATION UND INTERPRETATION 527

Griechisch		Übersetzung	Stellen	Textliche Distribution
πύργος	1mal	Festungs-, Mauer-, Wachturm, Burgmauer, Stadt-, Ringmauer, turmartiges Gebäude, Burg, Schloss, Feste, Bollwerk, Schutzwehr, Schutz, Schirm, Hort, geschlossene Kriegerschar, geordnete Schar, Kolonne	Mk 12,1 *Bell.* 1,47	E08

P (02)

Griechisch		Übersetzung	Stellen	Textliche Distribution
ῥάβδος	1mal	Richter-, Herrscherstab, Zepter	Mk 6,8	E05
ῥάπισμα	1mal	Schlag (mit Stock oder Rute), Ohrfeige	**Mk 14,65**	E10

Σ (18)

Griechisch		Übersetzung	Stellen	Textliche Distribution
σάββατον	11mal	(Für Kriegslisten geeignete) Ruhetag	Mk 1,21	E02
			Mk 2,23.24.27.27.28; 3,2.4	E03
			Mk 6,2	E05
			Mk 16,1.2	E10
σανδάλιον	1mal	(Militär)Sandale	Mk 6,9	E05
σάρξ	4mal	Fleisch(stück), Leib, Körper, Irdisches, Sterbliches, Ungöttliches, Mensch(heit), menschliche Natur, Sündhaftigkeit	Mk 10,8.8	E07
			Mk 13,20	E09
			Mk 14,38	E10

528 4. KAPITEL

(cont.)

Griechisch		Übersetzung	Stellen	Textliche Distribution
σημεῖον	5mal	Zeichen (Wahrzeichen, Anzeichen, Vorzeichen, Wunderzeichen, Wunder), Kennzeichen und Signal (Spur, militärisches Zeichen, Losung, Kommando, Warnzeichen), Merkmal, Bild, Bildnis (Siegel), Schriftzeichen, Abzeichen, Feldzeichen, Fahne, Grenzzeichen, Grabmal, Denkmal, Beweis, Beleg, Himmelszeichen, Sternbild	Mk 8,11.12.12 Mk 13,4.22 *Bell.* 4,623 *Bell.* 6,295	E05 E09
σινδών	4mal	Leinentuch, -hemd, -kleid, Fahne, Segel, Schlinge	Mk 14,51.52; 15,46.46	E10
σκεῦος	2mal	Gerät, Werkzeug, Rüstungs-, Waffenstück, Waffe, im Plural Gerätschaften, Kriegsgerät, -rüstung, Gepäck	Mk 3,27 Mk 11,16	E03 E08
σκηνή	1mal	Kriegs- und Lagerzelt, Hütte	Mk 9,5	E06
σκότος	1mal	Dunkel(heit), Finsternis, Nacht, Blindheit, Ohnmacht, Todesdunkel, Unterwelt, Hades	Mk 15,33	E10
στάσις	1mal	Aufstehen, Aufstand, Aufruhr, Empörung, Aufwiegelung, innerer Zwist, Parteikampf, Revolution, politische Umwälzung, Zwiespalt, Zwietracht, Entzweiung, Uneinigkeit, Zerwürfnis, Streit, Zwist, Hader, Fehde, Feindschaft	Mk 15,7	E10
σταυρός	4mal	Kreuz, (Marter)pfahl	Mk 8,34 Mk 15,21.30.32	E06 E10
στέγη	1mal	Lager, Gefängnis	Mk 2,4	E02

SYSTEMATISCHE PRÄSENTATION UND INTERPRETATION

Griechisch		Übersetzung	Stellen	Textliche Distribution
στέφανος	1mal	Stirnband, -krone, -diadem, Helm, Helmrand, Brustwehr, Kranz, Krone, Sieges- oder Ehrenkranz, Ruhm, Sieg	Mk 15,17	E10
στολή	2mal	Rüstung, Staatskleid	Mk 12,38	E08
			Mk 16,5	E10
συκῆ	4mal	Verdorrter Feigenbaum (Kriegssymbol)	Mk 11,13.20.21	E08
			Mk 13,28	E09
συμβούλιον	2mal	Beratung, Beschluss, Ratssitzung, Versammlung, Kollegium	Mk 3,6	E03
			Mk 15,1	E10
συνέδριον	3mal	Hohe Rat (höchstes Gericht Jerusalems), (Kriegs)Gericht(e) Bundesrat, Bundesversammlung, Kriegsrat, Gerichtshof	Mk 13,9	E09
			Mk 14,55; 15,1	E10
σύσσημον	1mal	Signal, Abzeichen, Flagge, Zeichen, Kenn-, Wahr-, Erkennungszeichen, (Reichs)Insignien	Mk 14,44	E10
σῶμα	4mal	Körper, Leib, Leichnam, Person, Körperschaft, Leibeigene, Sklaven	Mk 5,29	E05
			Mk 14,8.22	E09
			Mk 15,43	E10

T (02)

Griechisch		Übersetzung	Stellen	Textliche Distribution
τέλος	3mal	Ende, Grenze, Endpunkt, Schluss, Ausgang, Lebensende, Tod, Ziel, Vollendung, Ausführung, Erfüllung, Ergebnis, Erfolg, Kampfpreis, (Staats)Amt, Behörde, Obrigkeit, Machthaber, Herrscher, Kriegsrat	Mk 3,26	E03
			Mk 13,7.13	E09

530 4. KAPITEL

(cont.)

Griechisch		Übersetzung	Stellen	Textliche Distribution
τόπος	10mal	Ort, Stelle, Stätte, (Kampf)Platz, Gegend, Land(schaft), Gebiet, Raum, Örtlichkeit, Gelände, Lebensstellung, Stand, Rang, Amt	Mk 1,35.45 Mk 6,11.31.32.35 Mk 13,8 Mk 15,22.22; 16,6	E02 E05 E09 E10

Φ (06)

Griechisch		Übersetzung	Stellen	Textliche Distribution
φθόνος	1mal	Neid, Missgunst, Eifersucht, Hass, Groll, Ungnade, Verweigerung	Mk 15,10	E10
φόβος	1mal	Flucht, Scheu, Furcht, Befürchtung, Angst, Schrecken, Besorgnis, Ehrfurcht, Drohung, Gefahr	Mk 4,41	E05
φόνος	2mal	Mord, Tötung, Blutschuld, Blutvergießen; Mordwerkzeug, Blut, Leiche, Mordstätte	Mk 7,21 Mk 15,7	E05 E10
φραγμός	1mal	Befestigen, Wall, Verschanzung, Bollwerk, Schutzwehr	Mk 12,1	E08
φυλακή	3mal	Wache, Wächter, Bewachung, Beschützung, Wachsamkeit, Gefängnis, Nachtwache	Mk 6,17.27.48	E05
φωνή	7mal	Schall, Geräusch, (Schlacht)Ruf, Schrei	Mk 1,3.11 Mk 1,26 Mk 5,7 Mk 9,7 Mk 15,34.37	E01 E02 E05 E06 E10

SYSTEMATISCHE PRÄSENTATION UND INTERPRETATION

X (07)

Griechisch		Übersetzung	Stellen	Textliche Distribution
χαλκός	2mal	Waffe(n)	Mk 6,8	E05
			Mk 12,41	E08
χειμών	1mal	Leidensturm, Not, Drangsal, Gefahr	Mk 13,18	E09
χείρ	24mal	Hand, Faust, Arm, Seite, Nähe,	Mk 1,31.41	E02
		Nahkampf und Handgemenge	Mk 3,1.3.5.5	E03
		(Pl.), feindliche Tätigkeit, Tat,	Mk 5,23.41; 6,2.5; 7,2.3.5.32	E05
		Tapferkeit, Kraft, Stärke, Macht,	Mk 8,23.23.25; 9,27	E06
		Gewalt(tätigkeit), Grausamkeit,	**Mk 9,31.43.43; 10,16**	E07
		Haufe, Mannschaft,	**Mk 14,41.46**	E10
		Heeresmacht		
χιτών	2mal	Unterkleid, Kleider (Pl.)	Mk 6,9	E05
			Mk 14,63	E10
χρεία	4mal	Mangel, (kriegsbedingte) Not	Mk 2,17	E02
			Mk 2,25	E03
			Mk 11,3	E08
			Mk 14,63	E10
χρῆμα	1mal	(Kriegs)Beute	Mk 10,23	E07
χωρίον	1mal	Festung, Kastell, Posten, Standort, Stellung	Mk 14,32	E10

Ω (01)

Griechisch		Übersetzung	Stellen	Textliche Distribution
ὠδίν	1mal	(Kriegs)Wehen	Mk 13,8	E09

532   4. KAPITEL

4.5.3   *Kriegsrelevante Verben (206)*

A (42)

Griechisch		Übersetzung	Stellen	Textliche Distribution
ἀγανακτέω	3mal	Zornig, ärgerlich, aufgebracht, aufgeregt, erregt, unwillig oder unzufrieden sein, sich beschweren, Beschwerde führen	Mk 10,14.41 Mk 14,4	E07 E09
ἀγγαρεύω	1mal	Zwingen	Mk 15,21	E10
ἀγρεύω	1mal	Fangen, (er)jagen, ergreifen	Mk 12,13	E08
ἀγρυπνέω	1mal	Wachen, wachsam sein	Mk 13,33	E09
ἄγω	3mal	Führen, abführen, verhaften, leiten, bringen, transportieren, rauben, plündern, mitnehmen, -bringen, leiten, lenken, anführen, marschieren, ziehen, vorrücken, gehen	Mk 1,38 Mk 13,11 Mk 14,42	E02 E09 E10
ἀδημονέω	1mal	Ängstigen, unruhig, verdrießlich, betrübt, betroffen, in Unruhe sein	Mk 14,33	E10
αἴρω	19mal	Aufheben (auch Kampf), in die Höhe heben, er-, hervorheben, aufrichten (Feldzeichen), (Feldzug) unternehmen, (Sieg) davontragen, steigern, mit sich tragen, wegtragen, fortschaffen, ergreifen, (gewaltsam und deshalb widerrechtlich) wegnehmen und beseitigen	Mk 2,3.9.11.12 Mk 2,21 Mk 4,15.25 Mk 6,8.29.43; 8,8 Mk 8,19.20.34 Mk 11,23 Mk 13,15.16 Mk 15,21.24	E02 E03 E04 E05 E06 E08 E09 E10

SYSTEMATISCHE PRÄSENTATION UND INTERPRETATION

Griechisch		Übersetzung	Stellen	Textliche Distribution
ἀκολουθέω	18mal	Mitgehen, (nach)folgen, begleiten, hinterher gehen, Heeresfolge leisten, mitkommen, beitreten, sich an etwas anschließen	Mk 1,18; 2,14.14.15	E02
			Mk 3,7	E03
			Mk 5,24; 6,1	E05
			Mk 8,34.34	E06
			Mk 9,38; 10,21.28.32.52	E07
			Mk 11,9	E08
			Mk 14,13	E09
			Mk 14,54; 15,41	E10
ἀκούω	43mal	Anhören, verhören, Gehör schenken, gehorchen	Mk 2,1.17	E02
			Mk 3,8.21	E03
			Mk 4,3.9.12.15.16.18.20.23. 24.33	E04
			Mk 5,27; 6,2.11.14.16. 20.29.55; 7,14.25.37	E05
			Mk 8,18; 9,7	E06
			Mk 10,41.47	E07
			Mk 11,14.18; 12,28.29.37	E08
			Mk 13,7; 14,11	E09
			Mk 14,58.64; 15,35	E10
ἀλαλάζω	1mal	Kriegsgeschrei erheben, laut schreien, jammern, heulen	Mk 5,38	E05
ἀμφιβάλλω	1mal	Aus-, herumwerfen, anlegen (Kleider, Waffen), umringen, umzingeln, sich etwas umwerfen, sich rüsten, sich wappnen	Mk 1,16	E02
ἀναβαίνω	9mal	Hinaufsteigen, -gehen, -treten, -marschieren, -reisen, -ziehen, -führen, be- und einsteigen, einschiffen, landen, vorrücken	Mk 1,10	E01
			Mk 3,13	E03
			Mk 4,7.8.32	E04
			Mk 6,51	E05
			Mk 10,32.33	E07
			Mk 15,8	E10
ἀναγκάζω	1mal	Zwingen, nötigen, foltern, drängen, veranlassen, (ausdrücklich) auffordern, (dringend) einladen	Mk 6,45	E05

534 4. KAPITEL

(cont.)

Griechisch		Übersetzung	Stellen	Textliche Distribution
ἀναθεματίζω	1mal	(Ver)Fluchen, unter Fluchen beteuern, sich verschwören	Mk 14,71	E10
ἀνακράζω	2mal	Aufschreien	Mk 1,23	E02
			Mk 6,49	E05
ἀναπίπτω	2mal	Zurückweichen, -stoßen (von Kriegsmaschinen)	Mk 6,40; 8,6	E05
ἀνασείω	1mal	Aufwiegeln, anstiften	Mk 15,11	E10
ἀναχωρέω	1mal	Entweichen, zurückkehren, -gehen, -weichen, -ziehen, abziehen, den Rückzug antreten	Mk 3,7	E03
ἀνέχω	1mal	Hochhalten, emporhalten, ausholen, aufrecht halten, standhalten, ertragen, aushalten, dulden, sich gefallen lassen, zulassen, billigen, leiden, zurückhalten	Mk 9,19	E06
ἀνίστημι	16mal	Aufstellen, aufstehen machen, aufrichten, (wieder)erbauen, aufbrechen lassen, auftreten lassen, erscheinen, hervortreten, aufmuntern, aufreizen, vertreiben	Mk 1,35; 2,14	E02
			Mk 3,26	E03
			Mk 5,42; 7,24	E05
			Mk 8,31; 9,9.10.27	E06
			Mk 9,31; 10,1.34	E07
			Mk 12,23.25	E08
			Mk 14,58.60	E10
ἀπαγγέλλω	3mal	(Zurück)berichten (an die Staatsbehörden), melden, ansagen, verkündigen	Mk 5,14.19; 6,30	E05

SYSTEMATISCHE PRÄSENTATION UND INTERPRETATION

Griechisch		Übersetzung	Stellen	Textliche Distribution
ἀπάγω	3mal	Ab-, fort-, weg-, herbei-, zurückführen, weg-, abziehen, weggehen, weg, beiseite-, fortschaffen, verhaften, jemanden vor Gericht, ins Gefängnis oder zum Tod abführen, (Truppen) abmarschieren (lassen), abziehen, zum Abzug nötigen	Mk 14,44.53; 15,16	E10
ἀπαίρω	1mal	Zurückziehen, lichten, entreissen, (ein Heer, eine Flotte) aufbrechen oder absegeln lassen, abmarschieren	Mk 2,20	E03
ἀπαντάω	1mal	Entgegengehen, feindlich entgegengehen, -treten, -ziehen, -fahren, sich entgegenstellen, in den Weg treten, widerstreben, bewaffnet ausrücken	Mk 14,13	E09
ἀπαρνέομαι	4mal	Ableugnen, leugnen, verleugnen, ablehnen, verweigern, lossagen, abfallen, abschlagen, zurück-, abweisen, verwerfen	Mk 8,34 Mk 14,30.31 Mk 14,72	E06 E09 E10
ἀπέρχομαι	22mal	Weggehen, abziehen, sich entfernen, übergehen, überlaufen, abfallen	Mk 1,20.35.42 Mk 3,13 Mk 5,17.20.24; 6,27.32.36.37.46; 7,24.30 Mk 8,13 Mk 9,43; 10,22 Mk 11,4; 12,12 Mk 14,10.12 Mk 14,39	E02 E03 E05 E06 E07 E08 E09 E10
ἀποδίδωμι	1mal	Vergelten, hingeben, ausliefern	Mk 12,17	E08

536   4. KAPITEL

(cont.)

Griechisch		Übersetzung	Stellen	Textliche Distribution
ἀποθνῄσκω	8mal	Ver-, ab-, sterben, tot sein, getötet werden, zum Tode verurteilt, ermordet, erschlagen, hingerichtet werden	Mk 5,35.39 Mk 9,26 Mk 12,19.20.21.22 Mk 15,44	E05 E06 E08 E10
ἀποκεφαλίζω	2mal	Enthaupten, köpfen	Mk 6,16.27	E05
ἀποκόπτω	2mal	Abschlagen, abhauen, kappen, abbrechen, abschneiden, entmannen, mit Gewalt vertreiben, verdrängen	Mk 9,43.45	E07
ἀποκτείνω	11mal	Töten (lassen), erlegen, erschlagen, ermorden, zum Tode verurteilen, hinrichten (lassen)	Mk 3,4 Mk 6,19 Mk 8,31 Mk 9,31.31; 10,34 Mk 12,5.5.7.8 Mk 14,1	E03 E05 E06 E07 E08 E09
ἀπολαμβάνω	1mal	Vornehmen, absondern, sperren, trennen, (militärisch) abschneiden, -fangen, einschließen, umzingeln, zurück-, fest-, aufhalten, hemmen, hindern	Mk 7,33	E05
ἀπόλλυμι	10mal	Verderben, zugrunde richten, vernichten, umbringen, töten, ermorden, zerstören, preisgeben, verlieren, einbüssen, um etwas kommen	Mk 1,24 Mk 2,22; 3,6 Mk 4,38 Mk 8,35.35; 9,22 Mk 9,41 Mk 11,18; 12,9	E02 E03 E04 E06 E07 E08
ἀπολύω	12mal	Losmachen, trennen, befreien, von etwas loskommen, frei werden, entrissen werden, freigeben, losgeben, loslassen, entlassen, freisprechen	Mk 6,36.45; 8,3.9 Mk 10,2.4.11.12 Mk 15,6.9.11.15	E05 E07 E10

SYSTEMATISCHE PRÄSENTATION UND INTERPRETATION

Griechisch		Übersetzung	Stellen	Textliche Distribution
ἀποστέλλω	20mal	Ab-, entsenden, abordnen,	Mk 1,2	E01
		ausschicken, übersenden,	Mk 3,14.31	E03
		sich repräsentieren lassen,	Mk 4,29	E04
		vertreiben, verjagen,	Mk 5,10; 6,7.17.27	E05
		verbannen, wegschaffen,	Mk 8,26	E06
		zurücksenden, -schicken,	Mk 9,37	E07
		-drängen, entlassen	Mk 11,1.3; 12,2.3.4.5.6.13	E08
			Mk 13,27; 14,13	E09
			Bell. 4,658 (Vesp. sendet Titus)	
ἅπτω	11mal	Feindlich berühren, angreifen,	Mk 1,41	E02
		bekämpfen, jemandem	Mk 3,10	E03
		nachsetzen	Mk 5,27.28.30.31; 6,56.56; 7,33	E05
			Mk 8,22	E06
			Mk 10,13	E07
ἀρνέομαι	2mal	(Ver)leugnen, nicht kennen	Mk 14,68.70	E10
		wollen, nicht anerkennen, sich		
		lossagen, verschmähen, nichts		
		wissen wollen, bestreiten, in		
		Abrede stellen		
ἄρχω	27mal	Führer sein, voran stehen,	Mk 1,45	E02
		an der Spitze stehen,	Mk 2,23	E03
		mächtig oder überlegen sein,	Mk 4,1	E04
		anführen, den Oberbefehl	Mk 5,17.20; 6,2.7.34.55	E05
		haben, (be)herrschen,	Mk 8,11.31.32	E06
		politisch-militärischer	Mk 10,28.32.41.42.47	E07
		Herrscher	Mk 11,15; 12,1	E08
			Mk 13,5; 14,19	E09
			Mk 14,33.65.69.71; 15,8.18	E10
ἀσπάζομαι	2mal	Dem König, Kaiser bei	Mk 9,15	E06
		Ernennung huldigen,	Mk 15,18	E10
		siegreichen Feldherrn begrüßen	*Bell.* 4,498	

538 4. KAPITEL

(cont.)

Griechisch		Übersetzung	Stellen	Textliche Distribution
ἀτιμάζω	1mal	Ohne Ehre, verachten, missachten, entehren, verunehren, entwürdigen, verächtlich oder schmachvoll behandeln, zurücksetzen, beleidigen, beschimpfen, ächten, für unwürdig, für gering halten, missgönnen, entziehen	Mk 12,4	E08
αφαιρέω	1mal	Ab-, fort-, wegnehmen, entfernen, absondern, trennen, wegschaffen, -räumen, beseitigen, verbannen, abhauen, -schlagen, entreißen, -ziehen, rauben, absprechen, befreien, vermindern	Mk 14,47	E10
ἀφίημι	34mal	Ab-, weg-, fortschicken	Mk 1,18.20.31.34; 2,5.7.9.10	E02
		oder -senden, (weg)gehen	Mk 3,28.28	E03
		lassen, wegjagen, auslaufen	Mk 4,12.36	E04
		lassen (Schiffe), schleudern,	Mk 5,19.37; 7,8.12.27	E05
		werfen, abschießen, loslassen,	Mk 8,13	E06
		freilassen, entlassen, verstoßen,	Mk 10,14.28.29	E07
		freisprechen, befreien,	Mk 11,6.16.25; 12,12.19.20.22	E08
		aufgeben, überlassen,	Mk 13,2.34; 14,6	E09
		preisgeben, begnadigen	Mk 14,50; 15,36.37	E10

SYSTEMATISCHE PRÄSENTATION UND INTERPRETATION 539

B (05)

Griechisch		Übersetzung	Stellen	Textliche Distribution
βάλλω	18mal	Werfen, schleudern	Mk 2,22	E03
		(Geschosse), ab- und	Mk 4,26	E04
		beschießen (Speer), treffen,	Mk 7,27.30.33	E05
		verwunden, (gewaltsam)	**Mk 9,22**	E06
		hinwerfen, niederstürzen, fallen	**Mk 9,42.45.47**	E07
		lassen, sinken lassen, neigen,	Mk 11,23	E08
		münden, sich stürzen, rennen,	Mk 12,41.41.42.43.43.44.44	E09
		hereinbrechen	Mk 15,24	E10
βαπτίζω	12mal	Überhäufen, überschwemmen	Mk 1,4.5.8.8.7.9	E01
		(etwa eine belagerte Stadt	Mk 6,14.24; 7,4	E05
		mit angreifenden oder	**Mk 10,38.38.39.39**	E07
		schutzsuchenden Menschen),		
		ertränken, begraben		
βασανίζω	2mal	Verhören, foltern, quälen,	Mk 5,7; 6,48	E05
		peinigen, bedrängen, zwingen		
βλασφημέω	4mal	(Menschen od. Gegner)	Mk 2,7	E02
		schmähen, verleumden,	Mk 3,28.29	E03
		verunglimpflichen	**Mk 15,29**	E10
βοηθέω	2mal	Zu Hilfe eilen, zur Beschützung	Mk 9,22.24	E06
		oder Verteidigung kommen,		
		ins Feld rücken, zur Abwehr		
		ausrücken, ausziehen,		
		helfen, beistehen, schützen,		
		verteidigen, rächen		

Γ (01)

Griechisch		Übersetzung	Stellen	Textliche Distribution
γρηγορέω	6mal	Wachen, leben, (im Krieg)	Mk 13,34.35.37	E09
		wachsam sein, auf der Hut sein	Mk 14,34.37.38	E10

540 4. KAPITEL

Δ (10)

Griechisch		Übersetzung	Stellen	Textliche Distribution
δαμάζω	1mal	Bändigen, zähmen, überwältigen, bezwingen, besiegen	Mk 5,4	E05
δέρω	3mal	Prügeln, schlagen	Mk 12,3.5	E08
			Mk 13,9	E09
δέω	8mal	Binden, fest-, anbinden, fesseln (von Dingen und Personen), einkerkern, nötigen, zwingen, hindern, hemmen	Mk 3,27 Mk 5,3.4; 6,17 Mk 11,2.4 Mk 15,1.7	E03 E05 E08 E10
διακρίνω	1mal	Abfallen, sich mit jemandem messen, kämpfen, streiten, rechten	Mk 11,23	E08
διαρπάζω	2mal	Zerreißen, einreißen, (be)rauben, (aus)plündern, veruntreuen	Mk 3,27.27	E03
διασκορπίζω	1mal	Zerstreuen, verschwenden und demütigen	Mk 14,27	E09
διασπάω	1mal	Auseinanderziehen, -reißen, zerreißen, zerbrechen, trennen, zerstreuen, abbrechen (Brücke), (Verschanzungen) durchbrechen, (Soldaten) in Abteilungen auflösen, auseinander kommen, spalten, zersplittern, vernichten, (Gesetze) aufheben	Mk 5,4	E05
διαστέλλω	5mal	Auseinanderbringen, trennen, befehlen, auftragen, anordnen	Mk 5,43; 7,36.36 Mk 8,15; 9,9	E05 E06
διέρχομαι	2mal	Hindurchgehen, -kommen, -marschieren, -gehen, -ziehen, -fahren, -laufen, -bringen, sich durchschlagen, durchbrechen, überschreiten, übersteigen	Mk 4,35 Mk 10,25	E05 E07

SYSTEMATISCHE PRÄSENTATION UND INTERPRETATION 541

Griechisch		Übersetzung	Stellen	Textliche Distribution
δύναμαι	33mal	Macht oder Einfluss haben, mächtig, einflussreich, stark sein, gelten	Mk 1,40.45; 2,4.7	E02
			Mk 2,19.19; 3,20.23.24.25.26.27	E03
			Mk 4,32.33; 5,3	E04
			Mk 6,5.19; 7,15.18.24; 8,4	E05
			Mk 9,3.22.23.28.29	E06
			Mk 9,39; 10,26.38.39	E07
			Mk 14,5.7	E09
			Mk 15,31	E10

E (26)

Griechisch		Übersetzung	Stellen	Textliche Distribution
ἐγείρω	18mal	Er- und anregen, antreiben, anfeuern, anfachen, entzünden, anstacheln (zum Krieg)	Mk 1,31; 2,9.11.12	E02
			Mk 3,3	E03
			Mk 4,27.38	E04
			Mk 5,41; 6,14.16	E05
			Mk 9,27	E06
			Mk 10,49	E07
			Mk 12,26	E08
			Mk 13,8.22; 14,28	E09
			Mk 14,42; 16,6	E10
εἰρηνεύω	1mal	Frieden haben, Frieden halten, im Frieden leben	Mk 9,50	E07

542   4. KAPITEL

(cont.)

Griechisch		Übersetzung	Stellen	Textliche Distribution
ἐκβάλλω	16mal	Hinaustreiben, aus-, heraus-,	Mk 1,12	E01
		hinauswerfen, -führen,	Mk 1,34.39.43	E02
		landen oder verschlagen	Mk 3,15.22.23	E03
		(Schiff), ausschiffen	Mk 5,40; 6,13; 7,26	E05
		(Truppen), herausnehmen,	Mk 9,18.28	E06
		-ziehen, -lassen, hinaus-,	Mk 9,38.47	E07
		hinabstoßen, vertreiben,	Mk 11,15; 12,8	E08
		verjagen, verdrängen,		
		verstoßen, verbannen, von		
		Heimat fernhalten, berauben,		
		hinziehen, verzögern,		
		weg-, fortwerfen, verlieren,		
		einbüssen, verwerfen,		
		durchfallen, umstoßen		
ἐκδίδωμι	1mal	Übergeben, ausliefern,	Mk 12,1	E08
		preisgeben, verraten		
ἐκλύω	1mal	Ermatten, erlahmen, kraftlos,	Mk 8,3	E05
		schlaff, schwach, müde, mutlos,		
		träge werden, verzagen		
ἐκπνέω	2mal	Sterben	Mk 15,37.39	E10
ἐκπορεύομαι	11mal	Ausrücken, ab-,	Mk 1,5	E01
		weitermarschieren	Mk 6,11; 7,15.19.20.21.23	E05
			Mk 10,17.46	E07
			Mk 11,19	E08
			Mk 13,1	E09
ἐλαύνω	1mal	Marschieren, fortschreiten,	Mk 6,48	E05
		ausziehen, -rücken		
ἐμπαίζω	3mal	Sein Spiel mit jemand treiben,	Mk 10,34	E07
		verspotten, täuschen	Mk 15,20.31	E10
ἐμπτύω	3mal	Anspeien	Mk 10,34	E07
			Mk 14,65; 15,19	E10
ἐνεργέω	1mal	Bewirken, sich wirksam oder	Mk 6,14	E05
		kräftig erweisen (Truppen)		
ἐντέλλω	2mal	Gebieten, (be)auftragen,	Mk 10,3	E07
		befehlen	Mk 13,34	E09

SYSTEMATISCHE PRÄSENTATION UND INTERPRETATION 543

Griechisch		Übersetzung	Stellen	Textliche Distribution
ἐξέρχομαι	38mal	Hinaus-, herausgehen,	Mk 1,25.26.28.29.35.38.45;	E02
		hervor-, fort-, weggehen,	2,12.13	
		hervortreten, aus-, abziehen,	Mk 3,6.21	E03
		ausrücken, ausmarschieren,	Mk 4,3	E04
		(zum Kampf) ausziehen,	Mk 5,2.8.13.30; 6,1.10.12.24.	E05
		aufbrechen, auswandern,	34.54; 7,29.30.31	
		drankommen, vergehen,	Mk 8,11.27; 9,25.26.29	E06
		verfließen, verstreichen, sich	Mk 9,30	E07
		erfüllen, erfunden werden	Mk 11,11.12	E08
			Mk 14,16.26	E09
			Mk 14,48.68; 16,8	E10
ἔξεστιν	6mal	Das nach (göttlichem) Recht,	Mk 2,24.26; 3,4	E03
		einschliesslich Kriegsrecht	Mk 6,18	E05
		Erlaubte bzw. Verbotene	Mk 10,2	E07
			Mk 12,14	E08
ἐξουδενέω	1mal	Misshandeln	Mk 9,12	E06
ἐπαγέλλω	1mal	Befehlen	Mk 14,11	E09
ἐπανίστημι	1mal	Entgegen aufstehen, sich (revoltierend) erheben, sich empören	Mk 13,12	E09
ἐπιβάλλω	4mal	Darauf-, darüber-, daran-,	Mk 4,37	E05
		hineinwerfen oder -legen,	Mk 11,7	E08
		-setzen, -stellen, -stürzen, Hand	Mk 14,46.72	E10
		an jemanden legen, auf etwas losgehen, angreifen, beginnen, darauflegen, darüberwerfen, auf etwas stürzen, trachten		
ἐπιλαμβάνω	1mal	Ergreifen, festhalten, angreifen, bekämpfen, auf etwas treffen, stoßen	Mk 8,23	E06
ἐπιπίπτω	1mal	(Feindlich) anfallen, überfallen, angreifen, sich auf jemanden werfen, befallen, eindringen	Mk 3,10	E03

4. KAPITEL

(cont.)

Griechisch		Übersetzung	Stellen	Textliche Distribution
ἐπιστρέφω	4mal	Hinkehren, hinwenden, hinlenken, richten, anrücken lassen, an sich und mit sich fortreißen, fordern, (zur Umkehr) nötigen, umkehren, umwenden, zurückschlagen	Mk 4,12	E04
			Mk 5,30	E05
			Mk 8,33	E06
			Mk 13,16	E09
ἐπισυνάγω	2mal	Versammeln	Mk 1,33	E01
			Mk 13,27	E09
ἐπιτάσσω	4mal	Aufstellen, auftragen, anordnen, befehlen, auferlegen	Mk 1,27	E02
			Mk 6,27.39	E05
			Mk 9,25	E06
ἐπιτιμάω	9mal	Strafen, ahnden, gebieten, ernstlich zureden, schelten, tadeln, rügen, ermahnen	Mk 1,25	E02
			Mk 3,12	E03
			Mk 4,39	E04
			Mk 8,30.32.33	E06
			Mk 9,25; 10,13.48	E07
ἐπιτρέπω	2mal	Anweisen, beordern, nachgeben, unterwerfen, unterliegen	Mk 5,13	E05
			Mk 10,4	E07
ἑτοιμάζω	5mal	Bereitmachen, bereithalten, (vor)bereiten, in Bereitschaft setzen, rüsten, herbeischaffen, darbringen	Mk 1,3	E01
			Mk 10,40	E07
			Mk 14,12.15.16	E09

SYSTEMATISCHE PRÄSENTATION UND INTERPRETATION

Z (02)

Griechisch		Übersetzung	Stellen	Textliche Distribution
ζημιόω	1mal	Schaden, schädigen, Schaden erleiden, verlieren, (be)strafen, züchtigen	Mk 8,36	E06
ζητέω	10mal	Aufsuchen (zum Zweck der Gefangennahme), aufspüren, untersuchen und nachforschen	Mk 1,37	E02
			Mk 3,32	E03
			MK 8,11.12	E06
			Mk 11,18; 12,12	E08
			Mk 14,1.11	E09
			Mk 14,55; 16,6	E10

Θ (06)

Griechisch		Übersetzung	Stellen	Textliche Distribution
θαμβέω	3mal	Erschrecken, entsetzen, schaudern	Mk 1,27	E02
			Mk 10,24.32	E07
θανατόω	2mal	Töten, zum Tode verurteilen, zur Hinrichtung führen, hinrichten (lassen), umbringen	Mk 13,12	E09
			Mk 14,55	E10
θαρσέω	2mal	Mutig, kühn, zuversichtlich, hoffen	Mk 6,50	E05
			Mk 10,49	E07
θλίβω	1mal	(Er)drücken und drängen, zusammendrängen, reiben, bedrücken, bedrängen (auch in Schlacht), einengen, belästigen, schikanieren, quälen, ängstigen	Mk 3,9	E03
θνῄσκω	1mal	Sterben, umkommen (im Kampf), fallen, getötet werden	Mk 15,44	E10
θύω	1mal	Töten, morden, (ab)schlachten	Mk 14,12	E09

I (03)

Griechisch		Übersetzung	Stellen	Textliche Distribution
ἰάομαι	1mal	Wiedergutmachen, wiederherstellen, befreien, retten	Mk 5,29	E05
ἵστημι	10mal	(Auf)stellen (in Schlachtordnung), Herrscher werden, aufstehen, sich erheben, feststehen, standhalten, bestehen	**Mk 3,24.25.26** Mk 7,9 Mk 9,1 Mk 9,36; 10,49 Mk 11,5 **Mk 13,9.14**	E03 E05 E06 E07 E08 E09
ἰσχύω	4mal	Stark oder kräftig sein oder werden, Kräfte haben oder gewinnen, mächtig, gewaltig sein oder werden, Macht, Einfluss, Ansehen haben oder gewinnen, in Blüte stehen, vermögen, gelten, Starke, Machthaber	Mk 2,17 **Mk 5,4** **Mk 9,18** Mk 14,37	E02 E05 E06 E10

K (28)

Griechisch		Übersetzung	Stellen	Textliche Distribution
καθαιρέω	2mal	Niederreißen, -werfen, zerstören, töten, vertilgen, vernichten, ausrotten, stürzen, entthronen, überwältigen, besiegen, demütigen, herabsetzen, verringern, unterdrücken	Mk 15,36.46	E10
καθαρίζω	4mal	Reinigen, säubern von kultischer, ethischer, physischer Verunreinigung (nicht zuletzt durch feindliches Feuer)	Mk 1,40.41.42 Mk 7,19	E02 E05

SYSTEMATISCHE PRÄSENTATION UND INTERPRETATION

Griechisch		Übersetzung	Stellen	Textliche Distribution
κακοποιέω	1mal	Böses tun oder zufügen, schaden, (be)schädigen, Verbrechen begehen, feindlich behandeln	Mk 3,4	E03
καταβαίνω	6mal	Hinab-, herab-, hinuntergehen, -steigen, -schreiten, -kommen, -ziehen, -marschieren	Mk 1,10 Mk 3,22 Mk 9,9 Mk 13,15 Mk 15,30.32	E01 E03 E06 E09 E10
καταδιώκω	1mal	(Feindlich) nachfolgen, wegjagen, nachgehen, nacheilen	Mk 1,36	E02
κατακλάω	1mal	(Ab)brechen, zerbrechen, zerknicken, zerstampfen, erschüttern, schwächen, lähmen	Mk 6,41	E05
κατακόπτω	1mal	Schlagen, nieder- und zerschlagen, erschlagen, töten	Mk 5,5	E05
κατακρίνω	2mal	Verurteilen (in Kriegsgerichten)	Mk 10,33 Mk 14,64	E07 E10
κατακυριεύω	1mal	Herr werden, überwältigen, unterjochen, niederzwingen, Herr sein, (gewalttätig) beherrschen, gebieten	Mk 10,42	E07
καταλαμβάνω	1mal	Ergreifen, erfassen, hin-, ein-, übernehmen (Oberbefehl), in Besitz nehmen, besetzen, erobern, erreichen, treffen (Steinen), einholen, überfallen, überraschen, begegnen, heimsuchen, fest-, zurück-, aufhalten, bedrängen, hemmen, einschließen, befestigen, sichern	Mk 9,18	E06

548　　　　　　　　　　　　　　　　　　　　　　　　　　　　　4. KAPITEL

(cont.)

Griechisch		Übersetzung	Stellen	Textliche Distribution
καταλείπω	4mal	Zurück-, übrig lassen, freilassen, am Leben lassen, verlassen, aufgeben, preisgeben, überlassen, im Stich lassen, schutzlos lassen, verlieren	Mk 10,7 Mk 12,19.21 Mk 14,52	E07 E08 E10
καταλύω	3mal	Losbinden, ausspannen, auflösen, abbrechen, zerstören, vernichten, verderben, ruinieren, bezwingen, unterwerfen, demütigen, unterdrücken, beendigen, beilegen, aufheben, abschaffen, beseitigen, stürzen (Herrschaft, Herrscher), absetzen, entthronen, verdrängen (Herrschaft), entlassen, auflösen, auseinander gehen lassen, verabschieden	**Mk 13,2** **Mk 14,58; 15,29**	E09 E10
καταμαρτυρέω	1mal	Gegen jemanden zeugen, etwas Nachteiliges bezeugen	**Mk 14,58**	E10
καταράομαι	1mal	Verfluchen, verwünschen, etwas auf jemanden herabwünschen	Mk 11,21	E08
κατασκευάζω	1mal	Bereit- oder zurechtmachen, zurichten, in Bereitschaft setzen, (aus)rüsten, ausstatten	Mk 1,2	E01
καταστρέφω	1mal	Umkehren, -wenden, -werfen, umstürzen, niederreißen, zerstören, vernichten, unterwerfen, unterjochen, endigen, beschließen, sterben, abschneiden	Mk 11,15	E08
κατεξουσιάζω	1mal	Seine Macht oder (Amts)Gewalt gegen jemanden gebrauchen oder missbrauchen	Mk 10,42	E07

SYSTEMATISCHE PRÄSENTATION UND INTERPRETATION

Griechisch		Übersetzung	Stellen	Textliche Distribution
κατεσθίω	2mal	Aufessen, -fressen, verschlingen, zerfressen, verzehren, aufzehren, vergeuden, durchbringen, zugrunde richten, umbringen	Mk 4,4 Mk 12,40	E04 E08
κατηγορέω	3mal	An- und verklagen, beschuldigen, verraten	Mk 3,2 Mk 15,3.4	E03 E10
κερδαίνω	1mal	Gewinnen, Gewinn machen, Vorteil erlangen oder erzielen, sich etwas ersparen oder vermeiden	Mk 8,36	E06
κεφαλιόω	1mal	Auf den Kopf schlagen, misshandeln	Mk 12,4	E08
κηρύσσω	12mal	Ausrufen, bekanntmachen	Mk 1,4.7.14 Mk 1,38.39.45 Mk 3,14 Mk 5,20; 6,12; 7,36 Mk 13,10; 14,9	E01 E02 E03 E05 E09
κλαίω	3mal	Heulen, weinen, laut klagen, jammern	Mk 5,38.39 Mk 14,72	E05 E10
κλάω	3mal	Brechen, zer- oder abbrechen	Mk 8,6 Mk 8,19 Mk 14,22	E05 E06 E09
κολαφίζω	1mal	Ohrfeigen, (mit Fäusten) schlagen und misshandeln	Mk 14,65	E10
κράζω	10mal	Schreien, brüllen, rufen, ausrufen	Mk 3,11 Mk 5,5.7 Mk 9,24.26 Mk 10,47.48 Mk 11,9 Mk 15,13.14	E03 E05 E06 E07 E08 E10

550 4. KAPITEL

(cont.)

Griechisch		Übersetzung	Stellen	Textliche Distribution
κρατέω	15mal	Stark oder mächtig sein,	Mk 1,31	E02
		überlegen sein, beherrschen,	Mk 3,21	E03
		bezwingen, überwältigen,	Mk 5,41; 6,17; 7,3.4.8	E05
		niederkämpfen, überwinden,	Mk 9,10.27	E06
		besiegen, sich bemächtigen	Mk 12,12	E08
		(fest- und gefangennehmen),	Mk 14,1	E09
		ergreifen, fassen	Mk 14,44.46.49.51	E10
κωλύω	3mal	(Ver)wehren, (ver)hindern, hemmen, abhalten, zurückhalten, im Wege stehen, verzögern, entgegentreten, dagegen sein, Widerstand leisten, ausschließen, verbieten, versagen, verweigern, den militärischen Marsch aufhalten, die Strasse verlegen	Mk 9,38.39; 10,14	E07

Λ (03)

Griechisch		Übersetzung	Stellen	Textliche Distribution
λαμβάνω	20mal	Fassen, nehmen, ergreifen,	Mk 4,16	E04
		fangen, gefangen nehmen,	Mk 6,41; 7,27; 8,6	E05
		einnehmen, in seine Gewalt	Mk 8,14	E06
		bringen, besetzen, erobern,	Mk 9,36; 10,30	E07
		erbeuten, rauben, durch Fluch	Mk 11,24; 12,2.3.8.19.20.21.40	E08
		oder Schwur binden, gewinnen,	Mk 14,22.22.23.65; 15,23	E10
		erlangen, erhalten, bekommen, empfangen, in Besitz nehmen, sich geben lassen, wegnehmen, beseitigen, entwenden, befallen, überfallen, ertappen, überwachen		

SYSTEMATISCHE PRÄSENTATION UND INTERPRETATION 551

Griechisch		Übersetzung	Stellen	Textliche Distribution
λανθάνω	1mal	Verborgen sein oder bleiben, unbemerkt, geheim, unbekannt, unentdeckt sein oder bleiben, sich verstecken, jemandem entgehen, entfliehen	**Mk 7, 24**	E05
λύω	5mal	Losmachen, -binden, entfesseln, lockern, abspannen (Zugtiere), losgeben, -lassen, freigeben (Gefangene), befreien, freimachen, loskaufen, abbrechen, vernichten, zerstören, vertilgen, aufreiben, brechen, verletzen, umstoßen, zunichte machen, hintertreiben, vereiteln, aufgeben, zurücknehmen, beseitigen, schlichten, (Krieg, Belagerung) abbrechen, beenden	Mk 1,7 Mk 7,35 Mk 11,2.4.5	E01 E05 E08

M (07)

Griechisch		Übersetzung	Stellen	Textliche Distribution
μαστιγόω	1mal	Schlagen, peitschen, geißeln, züchtigen, strafen, plagen, quälen, misshandeln	Mk 10,34	E07
μέλλω	2mal	Vermögen, können, gedenken, beabsichtigen, wollen, (nach göttlichem Willen) sollen, bestimmt sein, Auftrag haben, müssen, scheinen zögern, zaudern, Zukunft, Zukünftige, Bevorstehende, Vorhaben	Mk 10,32 Mk 13,4	E07 E09

552 4. KAPITEL

(cont.)

Griechisch		Übersetzung	Stellen	Textliche Distribution
μένω	2mal	(Im Krieg) standhalten	Mk 6,10	E05
			Mk 14,34	E10
μερίζω	4mal	Trennen, spalten, uneins machen, entzweien, zerfallen abtrennen	Mk 3,24.25.26	E03
			Mk 6,41	E05
μετανοέω	2mal	Abkehren, -fallen	Mk 1,15	E01
			Mk 6,12	E05
μισέω	1mal	Hassen, mit Hass verfolgen, verabscheuen, verschmähen, unwillig sein, vernachlässigen, sich nicht kümmern, nicht wollen	Mk 13,13	E09
μυρίζω	1mal	Salben (u. a. Herrscher)	Mk 14,8	E09

Ο (03)

Griechisch		Übersetzung	Stellen	Textliche Distribution
οἰκοδομέω	4mal	Befestigen	Mk 12,1.10	E08
			Mk 14,58; 15,29	E10
ὀνειδίζω	1mal	Schmähen, schelten, beschimpfen, Vorwürfe machen, tadeln	Mk 15,32	E10
ὁρμάω	1mal	Antreiben, erregen, sich aufmachen, aufbrechen, (zu Waffen) greifen, ausrücken, abmarschieren, (ins Feld) ziehen, dahin-, losstürmen, (weg)eilen, sich stürzen, losbrechen, losschießen, anstürmen, eindringen, anrücken, sich getrieben fühlen	Mk 5,13	E05

SYSTEMATISCHE PRÄSENTATION UND INTERPRETATION

Π (31)

Griechisch		Übersetzung	Stellen	Textliche Distribution
παίω	1mal	Schlagen, los-, erschlagen, (ein)hauen, (nieder)stoßen, stechen, treffen, verwunden	Mk 14,47	E10
παραγέλλω	2mal	Melden, bekanntmachen, ankündigen, mitteilen, proklamieren, Aufruf erlassen, Weisung geben, auffordern, aufbieten, ermahnen, auftragen, anordnen, befehlen, (zu den Waffen) rufen, alarmieren	Mk 6,8; 8,6	E05
παραγίνομαι	1mal	Zu Hilfe kommen, beistehen (im Kampf), (feindlich) angreifen	Mk 14,43	E10
παράγω	3mal	Vorüber-, vorbeigehen, -ziehen, herankommen, marschieren, weitergehen, seitwärts vorbei-, vorüberführen, daran entlangführen, herbeiführen, vorführen, wegführen, seitwärts aufmarschieren, vorbeimarschieren lassen	Mk 1,16; 2,14 Mk 15,21	E02 E10
παραδίδωμι	20mal	Hin- und übergeben, über- und abliefern, überantworten, darbieten, sich ergeben, in jemandes Gewalt geben, preisgeben, verraten, bloßstellen	Mk 1,14 Mk 3,19 Mk 4,29 Mk 7,13 Mk 9,31; 10,33.33 Mk 13,9.11.12; 14,10.11.18.21 Mk 14, 41.42.44; 15,1.10.15	E01 E03 E04 E05 E07 E09 E10

554   4. KAPITEL

(cont.)

Griechisch		Übersetzung	Stellen	Textliche Distribution
παραλαμβάνω	6mal	Hinnehmen, zur Hand nehmen, übernehmen, annehmen, in Empfang, in seinen Schutz, in Besitz, (in die Hände) bekommen, erobern, einnehmen, besetzen, sich bemächtigen, sich aneignen, unterwerfen, in seine Gewalt bringen, vorfinden, antreffen	Mk 4,36; 5,40; 7,4 Mk 9,2; 10,32 Mk 14,33	E05 E07 E10
παρατηρέω	1mal	Bewachen, belauern, auflauern, aufpassen	Mk 3,2	E03
παρέρχομαι	5mal	Eindringen, entgehen, unbemerkt bleiben	Mk 6,48 Mk 13,30.31.31 Mk 14,35	E05 E09 E10
παρίστημι	6mal	(Zum Dienst bereit) dastehen, danebenstellen, auf-, hin-, (zum Schutz) bereitstellen, (feindlich) herantreten, dabeistehen, dastehen, beistehen, helfen	Mk 4,29 Mk 14,47.69.70; 15,35.39	E04 E10
πάσχω	3mal	(Er)leiden (Leibes- oder Todesstrafe), umkommen, sterben	Mk 5,26 Mk 8,31; 9,12	E05 E06
πατάσσω	1mal	Schlagen, stoßen, treffen, stechen, verwunden, erschlagen, niederschlagen, töten, angreifen	Mk 14,27	E09
πεινάω	2mal	Hunger und Mangel leiden, insb. in Kriegszeiten	Mk 2,25 Mk 11,12	E03 E08

SYSTEMATISCHE PRÄSENTATION UND INTERPRETATION   555

Griechisch		Übersetzung	Stellen	Textliche Distribution
πειράζω	4mal	Versuchen, sich dranmachen, sich bemühen, streben, unternehmen, wagen, etwas versuchen, erproben, auf die Probe stellen, prüfen, untersuchen, ausforschen, ausfragen, auskundschaften, sich versuchen, sein Glück versuchen, jemanden in Versuchung führen, verführen	Mk 1,13 Mk 8,11 Mk 10,2 Mk 12,15 *Bell.* 4,48	E01 E06 E07 E08
πέμπω	1mal	(Gesandte, Meldung, Befehl) schicken, senden, ab-, ent- oder zusenden, hinfahren, berufen, loslassen, werfen, schleudern	Mk 5,12	E05
περιτίθημι	3mal	Jemanden mit etwas ausrüsten	Mk 12,1 Mk 15,17.36	E08 E10
περιτρέχω	1mal	Umlaufen, befallen	Mk 6,55	E05
πιπράσκω	1mal	Verraten, preisgeben	Mk 14,5	E09
πιστεύω	10mal	Sich auf etwas verlassen, jemandem etwas zutrauen, von jemandem etwas erwarten; (folgsam) versprechen, anvertrauen, übergeben, überlassen, gehorchen	Mk 1,15 Mk 5,36 Mk 9,23.24 Mk 9,42 Mk 11,23.24.31 Mk 13,21 Mk 15,32	E01 E05 E06 E07 E08 E09 E10
πλανάω	4mal	Irreführen, verführen, täuschen, betrügen	Mk 12,24.27 Mk 13,5.6	E08 E09
πνίγω	1mal	(Er)würgen, ersticken, ersäufen, ertrinken, ängstigen, foltern	Mk 5,13	E05
προάγω	5mal	Vorwärts-, weiter- hinführen, -ziehen, -treiben, (Truppen) ausrücken, vorrücken lassen, vorwärts- oder emporbringen	Mk 6,45 Mk 10,32 Mk 11,9 Mk 14,28 Mk 16,7	E05 E07 E08 E09 E10

556 4. KAPITEL

(cont.)

Griechisch		Übersetzung	Stellen	Textliche Distribution
προβαίνω	1mal	Vor(an)schreiten, vortreten, vorwärts gehen, (feindlich) vordringen und vorrücken	Mk 1,19	E02
προλέγω	1mal	(Divinatorisch) vorher-, voraussagen, vorher ankündigen, erklären, warnen, öffentlich oder feierlich bekannt machen, laut ankündigen, gebieten, befehlen	Mk 13,23	E09
προσκαλέω	9mal	Zu sich rufen (lassen), herbeirufen, zu Hilfe oder als Zeugen rufen, kommen lassen, herbitten, auffordern und auf seine Seite bringen, vorführen, vor Gericht laden (lassen), anklagen, berufen (zu bestimmter Aufgabe)	Mk 3,13.23 Mk 6,7; 7,14; 8,1 Mk 8,34 Mk 10,42 Mk 12,43 Mk 15,44	E03 E05 E06 E07 E08 E10
προσκυνέω	2mal	Huldigen, verehren, begrüßen (u.a. siegreiche Könige, Triumphatoren)	Mk 5,6 **Mk 15,19**	E05 E10
προσλαμβάνω	1mal	Gewinnen, auf seine Seite oder in seine Gewalt bringen, sich zuziehen, ausbeuten, missbrauchen	Mk 8,32	E06
προσπίπτω	3mal	Darauf-, hinein-, hinfallen, heran-, losstürzen, (feindlich) überfallen, anfallen, einfallen, über jemanden herfallen, angreifen, einen Ausfall machen, zu jemandem übertreten, sich jemandem zugesellen, anschließen	**Mk 3,11** Mk 5,33; 7,25	E03 E05

SYSTEMATISCHE PRÄSENTATION UND INTERPRETATION

Griechisch		Übersetzung	Stellen	Textliche Distribution
προστάσσω	1mal	Dazuordnen, danebenstellen, zuteilen, zuweisen, unter jemandes Befehl stellen, in Reih und Glied stellen, aufstellen, zuweisen, ver-, anordnen, bestimmen, festsetzen, gebieten, befehlen, beauftragen	Mk 1,44	E02
προστίθημι	1mal	Sich jemandem anschließen, beitreten, angreifen	Mk 4,24	E04
προσφέρω	3mal	(Mit Krieg) überziehen	Mk 1,44; 2,4 Mk 10,13	E02 E07
πωλέω	3mal	Verraten, preisgeben	Mk 10,21 Mk 11,15.15	E07 E08

P (01)

Griechisch		Übersetzung	Stellen	Textliche Distribution
ῥήσσω	2mal	(Zer)reißen, verzerren, stampfen, stoßen, schlagen, niederschmettern, zu Boden werfen, fällen	Mk 2,22 Mk 9,18	E03 E06

558   4. KAPITEL

Σ (*18*)

Griechisch		Übersetzung	Stellen	Textliche Distribution
σβέννυμι	1mal	Erlöschen, ausgehen, übertragen sich legen, aufhören, verschwinden, verfliegen, schwach werden, nachlassen, dämpfen, unterdrücken, ersterben	Mk 9,48	E07
σιωπάω	5mal	Schweigen, verschweigen, Stillschweigen, beobachten	Mk 3,4	E03
			Mk 4,39	E04
			Mk 9,34; 10,48	E07
			Mk 14,61	E10
σκανδαλίζω	8mal	Anstoß oder Ärgernis geben, ärgern, irre machen, Abfall verursachen, zur Sünde verleiten, Anstoß nehmen, sich ärgern, unwillig sein, irre werden, abfallen, zur Sünde verleitet werden	Mk 4,17	E04
			Mk 6,3	E06
			Mk 9,42.43.45.47	E07
			Mk 14,27.29	E09
σκύλλω	1mal	Zerreißen, zerfleischen, plagen, ermüden, misshandeln, schinden, belästigen	Mk 5,35	E05
σπαράσσω	2mal	(Ver)zerren, reißen, zer- und herabreißen, zerfleischen, quälen, lästern, schmähen	Mk 1,26	E02
			Mk 9,26	E06
σπάω	1mal	(Heraus)ziehen, (Schwert) zücken, an sich reißen, nehmen, nach etwas trachten	Mk 14,47	E10
σταυρόω	8mal	Einen Pfahl oder Palisaden einschlagen, kreuzigen, ans Kreuz schlagen	Mk 15,13.14.15.20.24.25.27; 16,6	E10

SYSTEMATISCHE PRÄSENTATION UND INTERPRETATION

Griechisch		Übersetzung	Stellen	Textliche Distribution
συλλαμβάνω	1mal	Zusammennehmen, -fassen, umfassen, -schließen, mit sich nehmen, wegführen, -schaffen, -reißen, festnehmen, -halten, ergreifen, gefangennehmen, verhaften, erfassen, verstehen, mit Hand anlegen, teilnehmen, beistehen	**Mk 14,48**	E10
συμπορεύομαι	1mal	Mitreisen, -ziehen, -marschieren, -umherwandern, begleiten, zusammenkommen, sich versammeln	Mk 10,1	E07
συνάγω	5mal	(Truppen) aufbringen oder stellen	Mk 2,2	E02
			Mk 4,1	E04
			Mk 5,21; 6,30; 7,1	E05
συναποθνήσκω	1mal	Mitsterben, zugleich den Tod finden, mitfallen	**Mk 14,31**	E09
συνέρχομαι	2mal	Zu einem Feldzug zusammenkommen, einen Feldzug gemeinsam unternehmen, feindlich gegeneinanderrücken, heranrücken, aneinandergeraten, aufeinandertreffen, -stoßen, kämpfen, sich feindlich verbinden	Mk 3,20	E03
			Mk 14,53	E10
συνίημι	5mal	Zusammenschicken, zusammenbringen, (feindlich) aneinanderbringen	Mk 4,12	E04
			Mk 6,52; 7,14	E05
			Mk 8,17.21	E06
συντελέω	1mal	Errichten, abschaffen, liefern, zu einem Stand, einer Abteilung gehören, tributpflichtig, untertänig sein	Mk 13,4	E09

560   4. KAPITEL

(cont.)

Griechisch		Übersetzung	Stellen	Textliche Distribution
συντηρέω	1mal	Beschützen, im Auge behalten, besorgtsein um, behüten, mitbewahren, bewachen, im Gefängnis behalten	Mk 6,20	E05
συντρέχω	1mal	Sich stürzen, zusammenlaufen, sich vereinigen, -fließen, -strömen, -ziehen, versammeln, (feindlich) gegeneinander stürmen, aneinandergeraten, zusammenstoßen, anheimfallen	Mk 6,33	E05
συντρίβω	2mal	Zerschmettern, zerreiben, zertrümmern, zerstoßen, zerschlagen, misshandeln, aufreiben, mürbe machen	Mk 5,4 Mk 14,3	E05 E10
σῴζω	14mal	Unversehrt oder am Leben erhalten, behüten, bewachen, bewahren, sichern, retten (aus Tod und Todesnot), gerettet oder erhalten werden, sich retten oder erhalten, am Leben bleiben, fortbestehen, fortleben, sich erhalten, noch existieren	Mk 3,4 Mk 5,23.28.34; 6,56 Mk 8,35.35 Mk 10,26.52 Mk 13,13.20 Mk 15,30.31.31	E03 E05 E06 E07 E09 E10

T (05)

Griechisch		Übersetzung	Stellen	Textliche Distribution
ταράσσω	1mal	In Bestürzung, in Schrecken oder Erschütterung geraten	Mk 6,50	E05
τελευτάω	2mal	Enden, sterben, umkommen, fallen, ablaufen	Mk 7,10 Mk 9,48	E05 E07

SYSTEMATISCHE PRÄSENTATION UND INTERPRETATION

Griechisch		Übersetzung	Stellen	Textliche Distribution
τολμάω	2mal	Ertragen, (er)dulden, aushalten, ausharren, sich gefallen lassen, über sich gewinnen, sich entschließen, unternehmen, mögen, zulassen, wagen, sich erdreisten	Mk 12,34 Mk 15,43	E08 E10
τρέμω	1mal	Zittern und beben, sich fürchten und scheuen	Mk 5,33	E05
τύπτω	1mal	Schlagen, stoßen, peitschen, stechen, treten, treffen, verwunden, verletzen, strafen, züchtigen	Mk 15,19	E10

Υ (04)

Griechisch		Übersetzung	Stellen	Textliche Distribution
ὑπάγω	15mal	Darunterführen, -bringen, anschirren, anspannen, unter Anklage stellen, belangen, wegführen, heimlich wegschaffen, entführen, wegziehen, verführen, täuschen, langsam zurückziehen, (heimlich) weggehen, langsam vorrücken, nachrücken, aufbrechen, hingehen, auf den Weg machen	Mk 1,44; 2,11 Mk 5,19.34; 6,31.33.38; 7,29 Mk 8,33 Mk 10,21.52 Mk 11,2 Mk 14,13.21 Mk 16,7	E02 E05 E06 E07 E08 E09 E10
ὑπακούω	2mal	Gehorchen, Befehle einholen	Mk 1,27 Mk 4,41	E02 E04
ὑπαντάω	1mal	Entgegengehen, -treten, -rücken, -ziehen	Mk 5,2	E05

(cont.)

Griechisch		Übersetzung	Stellen	Textliche Distribution
ὑπομένω	1mal	Zurückbleiben, stehen bleiben, nicht fliehen, warten, im Lande oder zu Hause oder am Leben bleiben, verharren, ausharren, ausdauern, aushalten, ertragen, erdulden, sich gefallen lassen, (ruhig) geschehen lassen, zulassen, auf sich nehmen, übernehmen, sich unterziehen, sich getrauen, sich erdreisten, wagen, standhalten, im Kampfe bestehen, es mit jemandem aufnehmen, sich widersetzen	Mk 13,13	E09

Φ (08)

Griechisch		Übersetzung	Stellen	Textliche Distribution
φανερός	1mal	Sichtbar machen, bekannt werden, sich offenbaren, bekannt (gemacht) werden, berühmt werden, sich zeigen, erscheinen	Mk 4,22	E04
φέρω	15mal	Herbeibringen, (heran)tragen, schleppen, hervorbringen	Mk 1,32; 2,3	E02
			Mk 4,8	E04
			Mk 6,27.28; 7,32	E05
			Mk 8,22; 9,17.19.20	E06
			Mk 11,2.7; 12,15.16	E08
			Mk 15,22	E10

SYSTEMATISCHE PRÄSENTATION UND INTERPRETATION

Griechisch		Übersetzung	Stellen	Textliche Distribution
φεύγω	5mal	(Ent)fliehen, entlaufen, in die Flucht geschlagen werden, wegeilen, entschwinden, entrinnen, entkommen, entziehen, verbannt sein oder werden, in Fremde oder im Exil leben	Mk 5,14 **Mk 13,14** **Mk 14,50.52; 16,8**	E05 E09 E10
φιμόω	2mal	Zubinden, zum Schweigen bringen, verstummen machen	Mk 1,25 Mk 4,39	E01 E04
φοβέω	12mal	Scheuen, Ehrfurcht haben, in die Flucht jagen, erschrecken, gescheucht werden, fliehen, sich scheuen, erschrecken, sich fürchten, Angst haben	**Mk 4,41; 5,15.33.36; 6,20.50** Mk 9,32; 10,32 **Mk 11,18.32; 12,12** Mk 16,8	E05 E07 E08 E10
φραγελλόω	1mal	Auspeitschen, geißeln	**Mk 15,15**	E10
φυλάσσω	1mal	Bewachen, wachsam sein, verteidigen	Mk 10,20	E07
φωνέω	10mal	Stimme erheben, (Kriegs)Geschrei, tönen, erschallen, singen, jubeln, (zu)rufen, (laut) sprechen, (an)reden, befehlen, (herbei)rufen	**Mk 1,26** Mk 9,35; 10,49.49.49 Mk 14,30 Mk 14,68.72.72; 15,35	E02 E07 E09 E10

X (02)

Griechisch		Übersetzung	Stellen	Textliche Distribution
χαίρω	2mal	Begrüssung (u. a. eines siegreichen Herrschers)	Mk 14,11 **Mk 15,18**	E09 E10
χωρίζω	1mal	Einen Platz anweisen, aufstellen, postieren, entfernen, absondern, trennen, scheiden, vereinzeln	Mk 10,9	E07

564 4. KAPITEL

Ψ (01)

Griechisch		Übersetzung	Stellen	Textliche Distribution
ψευδομαρτυρέω	3mal	Falsches Zeugnis ablegen, falsch zeugen	**Mk** 10,19; **14,56.57**	E09

4.5.4 *Kriegsrelevante Adjektive, Adverbien (23)*

A (05)

Griechisch		Übersetzung	Stellen	Textliche Distribution
ἀγαθός	4mal	Gut, tüchtig (zum Krieg), tapfer, kräftig, stark, geeignet, tauglich, geschickt, nützlich, edel	**Mk** 3,4 Mk 10,17.18.18	E03 E07
ἄπιστος	1mal	Unglaubwürdig, unzuverlässig, treulos, tückisch, unglaublich, unwahrscheinlich, verdächtig, ungläubig, misstrauisch, argwöhnisch, ungehorsam	**Mk** 9,19	E06
ἀπόκρυφος	1mal	Geheim, versteckt, verborgen	Mk 4,22	E04
ἀσθενής	1mal	Schwach, kraftlos, machtlos (auch im Krieg), unbedeutend	**Mk 13,38**	E10
ἀσφαλῶς	1mal	In sicherer Gewahrsam halten, unter sicherer Bedeckung abführen	**Mk 14,44**	E10

SYSTEMATISCHE PRÄSENTATION UND INTERPRETATION

Γ (01)

Griechisch		Übersetzung	Stellen	Textliche Distribution
γυμνός	2mal	Bloß, nackt, unbekleidet, leicht oder dürftig bekleidet, ohne Obergewand, entblößt, unverhüllt, beraubt, leer, ledig, bar, ohne, unbewaffnet, leicht bewaffnet, wehrlos, unbedeckt (durch den Schild)	Mk 14,51.52	E10

Δ (03)

Griechisch		Übersetzung	Stellen	Textliche Distribution
δειλός	1mal	Furchtsam, feige, verzagt	**Mk 4,40**	E05
δεξιός	6mal	Zur Rechten, auf der Rechten Seite, rechte Hand oder Flügel, Rechte, Handschlag, Vertrag, Versprechen, Zusage, Freundschaft, Treue, glückbedeutend oder -bringend, glücklich, günstig, willkommen, geschickt, gewandt, gescheit, tüchtig, klug	Mk 10,37.40 Mk 12,36 **Mk 14,62; 15,27;** 16,5	E07 E08 E10
δυνατός		Möglich, vermögend, leistungsfähig, imstande, kräftig, stark, rüstig, arbeitsfähig, fähig, befähigt, geschickt, mächtig, einflussreich, angesehen, vornehm, reich	Mk 9,23 Mk 10,27 Mk 13,22 Mk 14,35.36	E06 E07 E09 E10

E (05)

Griechisch		Übersetzung	Stellen	Textliche Distribution
ἐναντίος	2mal	Feindlich, feindselig, widrig, zuwider, abgeneigt, widerwärtig, hinderlich, ungünstig	Mk 6,48 Mk 15,39	E05 E10
ἔνοχος	2mal	Unterworfen, ergeben, verfallen	Mk 3,29 **Mk 14,64**	E03 E10
ἔσχατος	5mal	Äußerster, letzter, hintester, oberster, untester, fernster, letzter, jüngster, spätester, äußerster, höchster, niedrigster, geringster, schlechtester, ärgster, schlimmster	Mk 9,35; 10,31.31 Mk 12,6.22	E07 E08
ἐσχάτως	1mal	Sich im äußersten Elend befinden, in den letzten Zügen liegen	Mk 5,23	E05
εὐώνυμος	2mal	Zur linken Hand, links, linker Flügel, unheilvoll, mit gutem Namen, rühmlich, ruhmvoll, geehrt, löblich	Mk 10,40 **Mk 15,27**	E07 E10

I (01)

Griechisch		Übersetzung	Stellen	Textliche Distribution
ἰσχυρός	3mal	Stark, kräftig, fest, befestigt, besetzt, jemanden schützend und stärkend, gewaltig, mächtig, entschlossen, mutig, einflussreich, gewaltsam, gewalttätig, heftig	Mk 1,7 **Mk 3,27.27**	E01 E03

SYSTEMATISCHE PRÄSENTATION UND INTERPRETATION 567

K (02)

Griechisch		Übersetzung	Stellen	Textliche Distribution
κενός	1mal	Beraubt, ermangelnd, verlassen, unbemannt, unbeladen, ungeladen (Waffe), menschenleer, kraftlos, erschöpft	Mk 12,3	E08
κρυπτός	1mal	Verborgen, versteckt, geheim, verstohlen, trügerisch	Mk 4,22	E04

L (01)

Griechisch		Übersetzung	Stellen	Textliche Distribution
ἀριστερός	1mal	Zur Linken, zur linken Seite, links, linke Hand oder Flügel, Linke, unglücksverkündend, linkisch, ungeschickt, verkehrt, unvernünftig, töricht	Mk 10,37	E07

M (01)

Griechisch		Übersetzung	Stellen	Textliche Distribution
μέγας	1mal	Bedeutend, wichtig, hervorragend, vorzüglich, ehrenvoll, stark, gewaltig, mächtig, erhaben, vermögend, reich, angesehen, berühmt, vermessen, verwegen, stolz	Mk 1,26	E02
			Mk 4,32.32.37.39.41	E04
			Mk 5,7.11.42	E05
			Mk 9,34	E06
			Mk 10,42.43	E07
			Mk 12,31	E08
			Mk 13,2; 14,15	E09
			Mk 15,34.37; 16,4	E10

568   4. KAPITEL

N (01)

Griechisch		Übersetzung	Stellen	Textliche Distribution
νῆστις	1mal	Hungrig, Hunger erregend oder verursachend	Mk 8,3	E05

Π (01)

Griechisch		Übersetzung	Stellen	Textliche Distribution
πρόθυμος	1mal	Eifrig, dienstbeflissen, strebsam, entschlossen, mutig, kampflustig	Mk 13,38	E10

T (01)

Griechisch		Übersetzung	Stellen	Textliche Distribution
τετρακισχίλιοι	2mal	4'000 (Truppen- od. Gefangeneneinheit)	Mk 8,9 Mk 8,20	E05 E06

Φ (01)

Griechisch		Übersetzung	Stellen	Textliche Distribution
φανερός	3mal	Offenbar, sichtbar, offenkundig, deutlich, kenntlich, bekannt	Mk 3,12 Mk 4,22 Mk 6,14	E03 E04 E05

SYSTEMATISCHE PRÄSENTATION UND INTERPRETATION

4.5.5 Politisch-militärisch relevante Beobachtungen

Zusammengenommen zählt das Markusevangelium insgesamt 429 Lexeme, die entweder (sub)textuell im kriegerischen Sinne verwendet werden oder in ihrem semantischen Spektrum neben anderem auch kriegerische Bedeutungsaspekte enthalten. Bei einem Lexikon von insgesamt 1'335 im Evangelium verwendeten Begriffen beträgt das knapp 32%, also fast ein Drittel.[5] Ein nicht geringer Anteil, wie mir scheint, thetisch gesprochen vielleicht sogar überdurchschnittlich viel,[6] was sich schlüssig mit den exegetischen Erträgen im 3. Kapitel vereinbaren lässt, wo zahlreiche thematische Bezüge zum ersten jüdisch-römischen Krieg und somit zu den Schriften des Josephus hergestellt werden konnten.

4.6 Politisch-militärische Profile

Die nachstehende Listung trägt die im dritten Kapitel herausgearbeiteten politisch-militärischen Profile einer jeden Szene zusammen und zeigt mit Blick auf die vorhergehende, nachstehende aber auch gegenüberliegende Szene, in welcher Weise sich jede Szene im Kontext des ersten jüdisch-römischen Krieges lesen lässt.

4.6.1 Episode A und A'

A 01.	Interpretiert man diese Szene vor dem Hintergrund der schmachvollen Niederlage am Textende, legt sie Basis zu einer Gegengeschichte, die so verstanden werden soll, dass sich Jesus in den erfolgreichen Kämpfen im Folgenden als ein messianischer König und Feldherr empfiehlt, der die gute Botschaft seines bevorstehenden politisch-militärischen Siegs bei seiner Rückkehr bestätigen wird, ein Sieg – welcher wie derjenige Vespasians – in Galiläa beginnen wird.	Nachdem Jesus auferweckt wurde, lässt er den Jüngern nochmals ausrichten, dass er ihnen nach Galiläa zum Sieg vorauszieht. 84. A'
	Galiläa →	← Galiläa

---

5 Das Evangelium enthält bei 674 Versen insgesamt 11'314 Worte.

6 Abschliessende Gewissheit freilich können nur philologische Vergleiche mit ähnlichen Texten der Antike gewähren.

(cont.)

02. Ähnlich der Rolle des Josephus für Vespasian könnte der Narrator Johannes mit der Rolle des biblischen (Vor)Boten Elija belegt haben, der dem messianischen König und Feldherrn den Weg durch Taufe bereitet. Dass er einer solchen auch alle Judäer unterzieht, könnte als notwendige und vor Kriegen übliche Entsühnung gelesen werden, die ihren Sünden geschuldet ist und im vielleicht als profaniert verstandenen Tempel als nicht mehr gewährleistet angenommen wird.

Anders als vielen Bürgerkriegsopfern, ist Jesus eine Bestattung vergönnt. 83.

03. Obschon nicht *von* Judäa, so erfährt Jesus immerhin – und wie es sich für den messianischen Nachkommen Davids gehört – *in* Judäa Einwohnung des Geistes Gottes und erhält seine Gottessohnschaft durch Gott daselbst bestätigt. Damit wird Jesus wie Vespasian trotz niederer Herkunft mit göttlicher Vaterschaft geadelt.
Geist Gottes nimmt in Jesus Wohnung →

Mit dem Tod Jesu verlässt ihn Gottes Geist wieder. Gleichzeitig verlässt Gott wie die Götter im römischen Kapitol auch den Haupttempel, dort wie da ein Vorzeichen für (Bürger)Krieg. 82.

← Geist Gottes verlässt Jesus wieder

04. Unmittelbar nach Einwohnung durch den Gottesgeist treibt dieser ihn in die Wüste, damit er sich dem obersten der Geister, Satan, stelle. Wenn Jesus diesem zu widerstehen oder diesen zu besiegen weiß, dann trifft das auch für den höchsten der Menschen zu, der römische Kaiser, für den Satan als Chiffre galt.

Obschon Jesus keineswegs wie die Triumphatoren Vespasian und Titus glänzt, teilt Jesus – der von den Soldaten des Pilatus zum Spott dazu erklärt wird – ihre Funktion, denn Triumphatoren entsühnen sich, Volk und Land von der Schuld des Krieges. Dies ist gleichsam Voraussetzung, dass Jesus mit Gottes Hilfe, der in der folgenden Szene den Tempel verlassen wird, siegreich im Kampf gegen den Satan Rom zurückkehren kann. 81.

Sieg gegen Satan Rom→

← Sieg gegen Satan Rom

SYSTEMATISCHE PRÄSENTATION UND INTERPRETATION 571

05. Nach Überlieferung des Johannes verkündigt Jesus das Evangelium der Siegesbotschaft wie Vespasian zuerst in Galiläa bzw. wird es hier zuerst unter Beweis stellen. In ihm sei das Königreich Gottes nahe gekommen, und diesem gegenüber beansprucht er von den Galiläern Treue und Loyalität.
Überlieferung Johannes →

Pilatus überliefert Jesus wie Herodes den Johannes widerwillig in einen für Aufständische üblichen Tod, so dass Jesus dem Johannes nicht nur im Anfang sondern auch in seinem Ende nahe steht. 80.

← Überlieferung Jesu

Das Synedrium überliefert Jesus dem Pilatus, der die Kapitelgewalt inne hat. Dieser bestätigt ihm seinen Selbstanspruch, König der Juden zu sein. 79.

Als Letzter der Jünger fällt auch der als Galiläer stigmatisierte Petrus von Jesus ab. 78.

Wie im Jerusalem unter den „Tyrannen" Johannes und Simon wird Jesus in einem Scheinprozess und unter Zuhilfenahme von Falschzeugen wegen Lästerung des Todes für schuldig befunden. Verständlich, dass sie sich eines Menschen zu entledigen suchen, der den Anspruch erhebt der messianische König und Feldherr zu sein, und der in Macht zurückkehren will. 77.

Wie die Soldaten des Titus desertieren die „Offiziere" Jesu, während er wegen des Verräters Judas wie ein Aufrührer, ein Räuber, gefangen gesetzt wird. 76.

Wie der Feldherr Titus wird Jesus wegen vernachlässigtem Wachen seiner Soldaten bzw. Jünger in Todesangst versetzt. 75.

4.6.2 Episode B und B'

B 06. Da ein einzelner mit messianischem Anspruch nichts ausrichten kann, hebt Jesus bei Kapernaum sozusagen einen innersten Mitstreiterstab – so etwas wie „Offiziere" – aus, wobei jene das Argument eines besseren Fangs, nämlich Menschen, zu überzeugen vermag.

Über der Voraussage, dass die Jünger – seine „Offiziere" – von ihm abfallen und kriegsbedingt zerstreut werden, evoziert wie im römischen Militäreid ihre Erklärung zur Todesbereitschaft. Ihren Tod will er aber nicht, vielmehr ihnen nach seiner Auferstehung nach Galiläa vorausziehen oder vorrücken, um dort wie Vespasian zu siegen. 74. B'

07. Im Kontext eines Synagogengottesdienstes stellt Jesus erstmals seine Vollmacht gegenüber den städtischen Eliten Kapernaums unter Beweis, insbesondere gegenüber den Schriftgelehrten, aber auch gegenüber dem Volk. Er erweist sich dabei als übermenschlich, denn der anwesende Dämon dominiert nicht wie üblich Menschen, sondern Jesus den Dämon, und auch wird er von diesem in seiner Identität erkannt, aber von Jesus dem Strategem der Geheimhaltung entsprechend zum Schweigen verpflichtet.

Trotz Jesu Offenbarung seines Verräters betont Jesus an diesem Seder die Freiheitsthematik, die in ihm, wie damals in Mose, garantiert sei und eine für den Sieg unerlässliche Bundeserneuerung eröffne. 73.

08. Seine Machtdemonstration als vollmächtiger Lehrer, Exorzist und Heiler weitet Jesus nicht nur siegreich auf die Stadtbevölkerung aus, sondern auch auf die entstehende Gruppe, genauer: die Schwiegermutter des Intimus Petrus, die sich mit einem die Gruppe konstituierenden Gemeinschaftsmahl bedankt.

Auf Anfrage der Jünger gibt Jesus ihnen geheime Anweisung zur Vorbereitung eines gemeinsamen Sedermahls. 72.

Identitätsstiftendes Mahl → ← Identitätsstiftendes Mahl

09. Nach der symbolischen „Einnahme" Kapernaums weitet Jesus – wie Vespasian nach der Einnahme Jotopatas – seinen exorzierenden und heilenden Siegeszug auf ganz Galiläa aus.

Die Zuneigung ausdrückende Handlung einer Frau deutet Jesus als Salbung seines Leibes, sie erinnert aber auch an die Salbung eines Königs, vielleicht deshalb weist er ihr in der weltweiten Verkündigung der Siegesbotschaft einen Ehrenplatz zu. 71.

SYSTEMATISCHE PRÄSENTATION UND INTERPRETATION 573

10. Einmal mehr stellt Jesus seine Vollmacht in Kapernaum unter Beweis, die ihm als Voraussetzung von Heilung allgemein und hier im Blick auf einen Gelähmten auch die Macht der Entsühnung einräumt. Dass die Anwesenden dieses Wunder auf Gott zurückführen bestätigt seinen Selbstanspruch, der Repräsentant von Gottes Königreich zu sein.

Der Absicht der Hohepriester und Schriftgelehrten kommt Judas ungefragt entgegen. Er drückt gegenüber den Häschern unaufgefordert Bereitschaft zum Verrat aus und will sie an ihr Ziel bringen, indem er ihnen Jesus zu Pessach überliefern will. Es war das Fest, an dem Titus die Belagerung Jerusalems begann. 70.

11. Die Kritik der Pharisäer, die Gruppengrenze zu weit zu ziehen, weist Jesus ab. Er will sich als Arzt verstanden wissen, der Sünder – hier Zöllner – wie Kranke behandelt, und sie – neben seinen Jüngern – durch Entsühnung als Nachfolger Gott zuführt; angesichts eines die Provinzen auspressenden Kaisers und Prokuratoren eine politische Angelegenheit. Die Pharisäer tadelt er als untätige Ärzte, die nur den Umgang mit Gesunden pflegten.

Die bevollmächtigten Vier sollen (über Jesu Eigentum) wachen und das Nahekommen des Königs anhand der Zeichen erkennen. 69.

Nach einer beispiellosen Drangsal – nicht zuletzt durch Schändung des Allerheiligsten durch Titus – wird der messianische König und Feldherr in Kraft zurückkehren und seine Entflohenen sammeln. 68.

Jesus kündigt den Vieren an, wie bei Bürgerkriegen üblich, mit einer Überlieferung durch die eigenen Leute zu rechnen. Was dann zu sagen sei, werde ihnen wie ihm durch den Heiligen Geist gegeben sein. Und wer ausharrt, soll gerettet werden. 67.

574 4. KAPITEL

(cont.)

Seinem innersten Stab der Vier offenbart 66.
Jesus, dass der Tempel – pars pro toto
für Jerusalem – zerstört werde wird. Auf
Rückfrage über Zeichen diesbezüglich lehrt
er sie, auf (Bürger)Krieg, Hungersnot und
Erdbeben aber auch Verführer zu achten,
Begleiterscheinungen auch des ersten
jüdisch-römischen Krieges, sie sind von Gott
gesetzt und würden Wehen zu etwas Neuem
hin darstellen.

4.6.3 Episode c und c'

c

Die Gabe der Witwe ist nach Jesus 65. c'
Selbsthingabe, Bereitschaft zur
Selbstaufgabe, dem die Jünger vielleicht
angesichts Bevorstehendem nachahmen
sollen, oder sich solidarisieren sollen, waren
die Kriegsopfer Jerusalems doch vor allem
Arme, und darunter bestimmt mehr Frauen
als Männer.

12. Jesus weist seinen vier Jüngern
die verwandtschaftliche Rolle von
Hochzeitsgesellen zu, und als solche sollen
sie ihm bzw. Gott die Braut Israel, was
ethnozentrisch zu verstehen ist, zuführen.
Darin dienen sie der Sache Gottes weitaus
mehr als mit regelmäßiger Fastenpraxis. Und
wenn sie in Zukunft fasten werden, soll dies
der identitätsstiftenden Erinnerung an ihren
Lehrer und nationalen Führer dienen,
denn einer solchen darf sich der deifizierte
Vespasian auch rühmen, und darin wird ihre
Kraft gründen.

Nach Jesus würden sich die Schriftgelehrten 64.
nicht nur an seinem, sondern auch am
Erbe des Volkes bereichern, insbesondere
vielleicht in Zeiten der Kriegsnot. Es soll sich
deshalb vor ihnen in Acht nehmen sollen.

SYSTEMATISCHE PRÄSENTATION UND INTERPRETATION

13. Jesus mit seinen Jüngern identifiziert sich mit David und seinen Begleitern, als er erwählt vom verworfenen Saul verfolgt wurde. Dass David in jener Not von den Schaubroten des Heiligtums aß, wurde ihm sowenig als Sabbatprofanierung angerechnet wie Gott es Jesus und seinen Jüngern gegenüber tut, da auch sie sich in Gefahr befinden. Und wie Davids unvermeidliches Königtum ihn in Kriegsnot zum Herrn über den Sabbat machte, ist dies auch bei Jesus der Fall.

   David →

63. Der Christus sei nicht nur Davids Sohn, sondern auch der siegreiche göttliche König und Feldherr, dem Gott seine Feinde zu Füßen legt.

   ← David

14. Was Jesus mit dem Strategem „Herrsein über den Sabbat" meint, stellt er unter Beweis, indem er Gutes tut. Wie Vespasian heilt er eine die Herrschaft ankündigende verkrüppelte Hand eines Menschen, und wird dafür von den Pharisäern im Verbund mit den Soldaten des Herodes als todeswürdig erklärt.

62. Dem Schriftgelehrten, der Jesus zum ersten Gebot befragt, zeigt Jesus, dass er für sich keine über das Gesetz hinaus reichende Macht beansprucht. Damit scheint sich Jesus aus der Schar der Gegner – wie einst dem Titus – ein erster Überläufer zuzukehren.

15. Der Gefahr durch die Pharisäer und Herodianer entzieht sich Jesus, indem er sich begleitet von seinen Jüngern an den See begibt. Dort erwartet ihn eine aus allen Landesteilen zusammengelaufene heilungssuchende Volksmenge, die gemeinsam mit den Dämonen, die sie in sich tragen, Jesu Messianität in einer Jesu Sicherheit gefährdenden Weise bekräftigen, weshalb Jesus sie zur Berücksichtigung des Strategems der Geheimhaltung zwingt.

61. Die Sadduzäer, mit ihrer Verneinung von Auferstehung, widerlegt und besiegt Jesus mit ihren eigenen Argumenten souverän. Sehr wohl gebe es jenseitige Existenz, und sie gehöre besonders den im Krieg herausragend Tapferen, wie auch Titus weiß.

576   4. KAPITEL

(cont.)

16. Die Zwölf, die Jesus auf sich vereidigt, repräsentieren in restaurativer Weise Israel. Durch ihre Einsetzung vollendet er die Schaffung eines symbolischen Hofstaats und verleiht seinen Jüngern die Vollmacht ihn, und damit Gott, zu repräsentieren und das Land als seine „Offiziere" von anderen Mächten zu säubern.

Im Lichte des Weinberggleichnisses bekommt Jesu Antwort auf die Steuerfrage eine subversive Note: Die Hohepriester, Schriftgelehrten und Ältesten sollen Gott (zurück)geben, was sein ist, Dann soll der Kaiser auch haben was sein ist. Dass davon sein Erbe ausgeschlossen sein wird, was den Tempel und die Tempelsteuer einschließt, versteht sich von selbst. 60.

17. Jesus distanziert sich von der Sichtweise seiner Familie, dass er von Sinnen sei. Das war Nero, seine Prokuratoren und nach Josephus auch die jüdischen Feldherren Johannes und Simon. Er hingegen richtet sich nach dem Willen Gottes, und wer sich wie er diesem „Militärgesetz" unterstellt, gehört zu seiner, zur göttlichen Familie.

Jesus spricht den Grund an, weshalb die Hohepriester, Schriftgelehrten und Ältesten mit ihm Probleme haben: es ist der Neid auf sein Erbe, die messianische Königsherrschaft. Sie werden ihn deshalb zwar umbringen, aber Gott wird ihnen sein Eigentum abnehmen und es in Zukunft, deren Grundstein Jesus sein wird, anderen geben. 59.

18. Die Quelle von Jesu Vollmacht orten die Jerusalemer Schriftgelehrten in Satan. Diese Projektion widerlegt Jesus mit dem Argument, dass wer gegen sich selbst vorgehe, dem Untergang geweiht sei – genau wie das julisch-claudische und das herodianische Haus, oder die sich rivalisierenden jüdischen Feldherren in Galiläa und Jerusalem. In ihm wirke der Heilige Geist, was ihn wie Vespasian zum unbestrittenen Oberhaupt seines Hauses mache und Einheit zur Folge habe. Aber dafür, dass die Jerusalemer Schriftgelehrten die göttliche Kraft in ihm verkennen, deklariert er sie als vor Gott auf ewig unentschuldbar.

Im Nachgang zu Jesu Vertreibung der Wechsler und Händler, stellen sich die Jerusalemer Hohepriester, Schriftgelehrten und Ältesten im Blick auf Jesu Vollmacht, zu der sie ihn befragen, aus Furcht vor dem Volk unwissend. 58.

Vollmacht →

← Vollmacht

SYSTEMATISCHE PRÄSENTATION UND INTERPRETATION 577

Symbolträchtig vertreibt Jesus diejenigen, 57.
welche die Tempelsteuer eintreiben. Für
einen Tempel, der Räubern als Kriegslager
dient, und der die Opfer der Nationen
verbietet, braucht es keinen Unterhalt mehr.
Proleptisch reklamiert er das Gotteshaus für
sich, glaubt er doch, dass Gott bei seiner
Rückkehr auf seiner Seite steht, und er dort
als Triumphator einziehen wird.

Was seinen Zweck nicht wie aufgetragen 56.
erfüllt, ist dem Untergang geweiht.
Dementsprechend ist der verdorrte
Feigenbaum nicht nur in Rom, sondern
auch hier gefürchtetes Zeichen von Krieg
und Untergang. Angesichts dessen sollen
die Jünger wie Jesus Glauben, und sollen
unter der Voraussetzung der Vergebung
empfangen.

Von seinen Anhängern als messianischer 55.
König und Feldherr akklamiert und begrüßt,
zieht Jesus in seine Stadt und in das Haus
seines Herrn, den Tempel ein.

4.6.4 *Episode D und D'*

D 19. Nach Bestimmung seiner virtuellen Familie,   Den eingeforderten Dienst des politisch 54. D'
die nach ihrem Tun des Gotteswillens   Grossen am Nächsten exemplifiziert Jesus
ausgewählt ist, erklärt Jesus, dass sie dies   hier an Bartimäus, aber auch den Dienst des
nicht nur im Aufnehmen des Gotteswortes,   Ersten, darin nämlich, dass er das militärisch
sondern vor allem im Fruchttragen   wichtige Jericho symbolisch erobert und
bestätigen müssen, auch angesichts von   sehend macht.
Drangsal und Kriegsnot. Wer den Willen
Gottes tuend Jesus dabei (er)kennt und
vertraut, kann Mitträger der strategischen
Geheimnisse werden.

578 4. KAPITEL

(cont.)

20.	Fruchtbarkeit hängt vom eigenen Bemessen anderer ab, insbesondere auch von Jesus; diese Maßstäbe und Urteile wird Jesus offenlegen und für ein ethisches Handeln, auch in Zeiten des Krieges, sorgen.	Jesus lehrt seine Jünger oder „Offiziere," dass wer unter seinen Jüngern groß sein will, d.h. politisch Macht begehrt, soll sich zum Diener seiner Untergebenen machen, und wer erster sein will, d.h. militärische Macht begehrt, soll Sklave seines Herrn sein, d.h. ergeben bis zum kriegsbedingten Tod. Genau dies werde er ihnen vorleben, und sein Leben zur Sühne vieler Kriegstoter geben.	53.
21.	Die Aufnahme des Gotteswortes bringt eine Nachkommenschaft hervor, die zu gegebener (Krisen)Zeit ihrem Erzeuger zugeführt werden wird.	Angesichts römischer Präsenz in dem vor ihnen liegenden Jerusalem beruhigt Jesus seine Anhänger, und versichert, dass seine Leiden und Tod nur eine von Gott gewollte Episode sei, und zwar bis auf die Zeit seiner machtvollen Rückkehr.	52.
22.	–	Nicht nur zu jenseitigem Lohn verpflichtet sich der Feldherr Jesus seinen Soldaten gegenüber, sondern auch zur Sicherung ihrer wirtschaftlichen Existenz im Diesseits.	51.
		Wer Jesus nachfolgt, erwirbt sich himmlische Schätze. Das stimmt in verschiedener Hinsicht, etwa durch Beute oder ewiges Leben durch herausragende Kriegsleistungen. Während man Ersteres in Kriegswirren wieder verlieren kann, bleibt Letzteres.	50.
		Wieder ermahnt Jesus seine Jünger im Blick auf zu eng gezogene Gruppengrenzziehung. Denn Kindern, die die Jünger ausgrenzen, gehöre wie ihnen das Königreich Gottes, im Aufnehmen desselben seinen die Kleinen ihnen aber voraus.	49.
		Auf verschiedenen argumentativen Ebenen propagiert Jesus den Wert der Treue, auch Gott und ihm gegenüber.	48.

SYSTEMATISCHE PRÄSENTATION UND INTERPRETATION 579

Den eines im Namen Jesu exorzierenden 47. Nachahmers wegen in Unsicherheit versetzten Jünger versichert Jesus, dass sie des Christus seien. Deswegen stehe ihnen aber nicht zu, die Expansion seines Reiches zu hindern.

Angesichts der entstandenen und von Jesus 46. geförderten Hierarchie unter den Jüngern, mahnt er diejenigen, die Erste sein wollen, Letzte und Diener aller zu sein. Ein Diener bzw. Sklave aber gehört seinem Herrn, die Einsicht, dass es immer einen Größeren gibt, soll der Einheit dienen und die Einsicht, dass es immer einen Kleineren gibt, soll sie verantwortlich gegenüber diesen machen, gerade zu Kriegszeit.

Bei seinem letzten Aufenthalt und 45. Durchreise durch Galiläa will Jesus vielleicht aus Sicherheitsgründen verborgen bleiben. Dabei belehrt er seine Jünger zum wiederholten Mal über seinem Tod, erstmals jedoch, dass dieser einem Verrat aus dem inneren Kreis geschuldet sein wird.

4.6.5 *Episode E und E'*

E 23. Vor den Gefahren in Kapernaum glauben die Jünger ihren Lehrer vorerst verschont zu haben, doch dem Sturmwind gegenüber wähnen sie sich machtlos. Er belehrt sie wie schon andere siegreiche Feldherren vor ihm eines Anderen und macht deutlich, dass die geforderte Fruchtbarkeit gegenseitiges (er)kennen voraussetzt.

Wie ein siegreicher Feldherr wird Jesus 44. E' hier begrüßt. Das steht im Kontrast zum misslungenen Exorzismus der neuen Jünger. Es ist dem Unglauben des Vaters verschuldet, welchen Jesus öffentlichkeitswirksam moniert.

580   4. KAPITEL

(cont.)

24. Was sich im Sieg gegen den Sturmwind bereits angekündigt hatte, findet hier konkreten Ausdruck, Jesus ist auch siegreicher Feldherr gegen die im Land stationierte römische Legion(en), einen ersten Grundstein dieser Machtdemonstration in der Tetrarchie des Philippus und späteren Herrschaftsgebiet des Agrippa II. hat er gelegt.	Über die Umgestaltung sollen die Jünger schweigen bis zu seiner Auferstehung, gebietet Jesus. Als ob diese Auferstehung wie auch das Gekommensein des Elija ihnen Garant sein soll, dass er die Wahrheit spricht. Ist dies einmal eingetroffen, steht seiner siegreichen Rückkehr nichts mehr im Wege. 43.
25. Mit der Auferweckung des Mädchens erweist sich Jesus auch als Herr über Tod und Leben, ein zu Kriegszeit zentrales Thema. Und mit ihrer Wiederherstellung schenkt er ihr nicht nur Leben, sondern befähigt sie zur Heirat und somit leiblichen Fruchtbarkeit.	Nachdem die Jünger Jesus in seiner königlichen Identität erkannt haben, ermöglicht ihnen Jesus nun, durch seinen Vater auch seine göttliche gezeigt zu bekommen. Dabei verpflichtet Gott die Drei auf Gehorsam dem Feldherrn gegenüber. 42.
26. Ähnlich wie im Falle des Töchterchens schenkt Jesus dieser Frau die Reproduktionsfähigkeit zurück und befähigt sie wie jene zur Fruchtbarkeit.	Das von Gott gesetzte Leid, Verfolgung und Tod bringt den Jüngern zwar Trennung, sie kann jedoch überwunden werden durch kompromisslose Nachfolge bis in den Tod, so Jesu Feldrede. Ferner ist sie auch nur zeitlich begrenzt bis zur kraftvollen und siegreichen Rückkehr des Königs und Feldherrn. 41.
27. Wie bereits seine Familie und Haus gehören die Nazarener nicht zu denen, die den Willen Gottes tun, weil sie durch ihre Verkennung und Ablehnung sozusagen von Jesus abfallen. Sie tun es vielleicht deshalb, weil sie zu Sepphoris gehörend wie dieses lieber zu Herodes und den Römern halten als zu den eigenen Landsleuten Galiläas. Entsprechend ist Jesu Dynamis gedämpft. Jesu Identität verkannt →	Endlich erkennen die Jünger in der östlich gelegenen Fremde – Cäsarea Philippi – Jesus als den Christus, d. h. als den messianischen König(priester) und siegreichen Feldherrn. Kein Zufall, dass Vespasian nach Josephus seinen *dies imperii* auch in Cäsarea (Maritima) feiert, die Erhebung des Feldherrn zum Prinzeps durch sein Heer. ← Jesu Identität erkannt 40.

SYSTEMATISCHE PRÄSENTATION UND INTERPRETATION 581

28. Im Machtzentrum der Tetrarchie lässt sich Jesus wohlweislich durch seine die Lage auskundschaftenden und zu seiner vollmächtigen Repräsentation tüchtig gewordenen Jünger vertreten. Entsprechend erstatten die „Offiziere" ihrem Feldherrn Bericht nach ihrer Rückkehr.

29. Dass der herodianische Tetrarch (und nicht König) Galiläas, Herodes Antipas, Jesus als messianischer König verkennt, entspricht voraussichtlich Gottes Plan. Es erspart Jesus einen frühzeitigen Tod und eröffnet den Weg für seine siegreiche Rückkehr, in der er diesen und folgende Herodianer beerbt haben wird.

Herodes →

30. Anders als Herodes und wie Vespasian ist Jesus in der Lage sein Volk oder Heer mit Nahrung zu versorgen.

31. Jesus mahnt der Jünger Herzenshärte an, was das Gegenteil von Glaube und Treue, auch ihm gegenüber ist. Glaube und Treue aber ist angesichts bevorstehender Seeschlachten – wie sie in Tarichea stattfanden – erforderlich.

32. In Gennesaret stellt Jesus seine Vollmacht einmal mehr unter Beweis, indem er alle Kranken in der Öffentlichkeit heilt.

33. Anders als die Pharisäer und Jerusalemer Schriftgelehrten bezichtigt Jesus sie der ethischen Unreinheit, der Sünde, und stuft dies als für gravierender ein als eine gesetzlich nicht zwingend kultische Reinheit bei profanen Mahlzeiten. Ethische Reinheit ist aber insbesondere zu Kriegszeit geboten.

39. Wie Vespasian vermag auch Jesus Blinde zu heilen, aber er will mehr, „geistiges Sehen," damit neben seinen Jüngern und „Offizieren" auch die Bewohner der Tetrarchie des Philippus ihn als den von Gott legitimierten König erkennen.

38. Jesus warnt die Jünger vor den Pharisäern als auch vor Herodes, denn von ihnen geht potentiell Lebensgefahr aus. Der Hinweis offenbart aber auch, dass die Jünger Jesus noch nicht als den Messias und Feldherrn erkannt haben.

← Herodes

37. Der Versuchung durch die Pharisäer, ihnen doch ein Zeichen zu geben, damit sie glaubten, widersteht Jesus, denn es kann auch Parole meinen.

582 4. KAPITEL

(cont.)

34. Grundsätzlich versteht sich Jesus ethnozentrisch als König seines Volkes, in Ausnahmefällen jedoch erklärt er sich bereit, über die ethnischen Grenzen zum verhassten syrischen Nachbar hinweg, wo viele Juden ermordet wurden, seinen Dienst auszuweiten.

35. So wie er im syrischen Tyrus befreite, heilt er hier in der syrischen Dekapolis vermutlich einen Juden, wo desgleichen Juden im Auftakt zum Krieg ermordet worden waren und noch lange danach in Furcht lebten.

36. Jesus ist auch Versorger seines Volks oder Heers in der Dekapolis.

5. KAPITEL

Intertextuell-historische Verortung der exegetischen Erträge

5.1 Einleitung

Nachdem ich im dritten Kapitel den Text exegetisch auf seine textuellen wie auch subtextuellen Bezüge zum ersten jüdisch-römischen Krieg untersucht und hernach diese Erträge im vierten Kapitel systematisch präsentiert und interpretiert habe, geht es mir in diesem fünften Kapitel um die intertextuell-historische Verortung meiner exegetischen Erträge; das heißt, in Umkehrung der bisherigen Vorgehensweise, um das Herantragen eines literarischen und kulturellen Wissens über den Krieg im Allgemeinen und den jüdisch-römischen Krieg im Besonderen an den markinischen Evangelientext. Dabei mag mein historischer Intertext bekannt sein, unbekannter hingegen mein das antike Kriegs- und Militärwesen in systematischer Weise reflektierender Intertext. Zusammengenommen stellen sie einen erweiterten Referenzrahmen dar, der neue hermeneutische Angebote eröffnet und die Kriegsnähe des markinischen Textes noch stärker herausstellt als ohnehin schon (vgl. 1.2).

Meinen historisch-rhetorischen[1] Intertext entnehme ich insbesondere dem literarischen Werk des Flavius Josephus (ca. 37–100 d. Z.)[2] einerseits,[3] der einen

---

1 Vgl. dazu Regula Grünenfelder, *Frauen an den Krisenherden: Eine rhetorisch-politische Deutung des* Bellum Judaicum (Exegese in unserer Zeit 10; Münster: Lit, 2003); auch Daniel R. Schwartz, *Reading the First Century: On Reading Josephus and Studying Jewish History of the First Century* (WUNT 300; Tübingen: Mohr Siebeck, 2013).

2 Josephus war Zeitgenosse der Evangelienschreiber, zur Bedeutung seines Werks für die neutestamentliche Wissenschaft vgl. Mason, *Josephus and the New Testament*; Abraham Schalit, „Josephus Flavius,“ *EJ* 11:435–442; Irina Wandrey, „4. Iosephos,“ *DNP* 5:1089–1091.

3 Und zwar in erster Linie seinem Erstlingswerk über den Krieg (ca. 79–81 d.Z.), ferner seinen Altertümern und schließlich seiner Autobiographie (gemeinsam ca. 93–94 d.Z.). Kaum Relevanz haben dabei seine Ausführungen *Über die Ursprünglichkeit des Judentums* (*Contra Apionem*).

Als gedruckte Quellenausgaben dienten mir: *De bello Judaico – Der jüdische Krieg: Griechisch und Deutsch* (3 Bde. in 4 Tln.; hg., eingel. und mit Anm. vers. von Otto Michel und Otto Bauernfeind; versch. Aufl.; Darmstadt: WBG, 1963–1982); *Jüdische Altertümer* (übers. und mit Einl. und Anm. vers. von Heinrich Clementz; 13. Aufl.; Wiesbaden: Fourier, 1998); *Aus meinem Leben* (*Vita*) (Krit. Ausg., Übers. und Komm. von Volker Siegert; Tübingen: Mohr Siebeck,

---

© KONINKLIJKE BRILL NV, LEIDEN, 2016 | DOI: 10.1163/9789004309340_006

584   5. KAPITEL

ersten Entwurf der Bücher 1–6 seines Erstlingswerks über den jüdisch-römischen Krieg noch in den letzten Regierungsjahren Vespasians verfasst (75–79 d. Z.) und Buch 7 in den ersten Regierungsjahren Domitians (81–96 d. Z.) hinzugefügt haben soll.[4] Ich entnehme den Intertext andererseits dem literarischen Werk des Tacitus (ca. 55–120 d. Z.),[5] ferner Sueton (ca. 70–120 d. Z.)[6] und schließlich Cassius Dio (ca. 164–235 d. Z.)[7]. Meinen systematischen Intertext entnehme ich – neben Josephus – den anderen antiken Militärschriftstellern,[8] nämlich Onasander (1. Jh.) einerseits,[9] Frontinus (ca. 40–104 d. Z.) andererseits,[10] ferner Polyainos (2. Jh.)[11] und schließlich Vegetius (4./5. Jh.)[12].

---

4   2001); und als elektronische Quellenausgabe diente mir: *The Complete Works (fully parsed and lemmatized): Greek (1890 Niesen) and English*: Version 2.4, in *Accordance Bible Software*: Version 10.0.3 (OakTree Software, Inc.: März 2014).

4   Mason, *Josephus and the New Testament*, 66.

5   Und zwar seinen Historien (ca. 105–109 d. Z.) wie auch Annalen (ca. 110–120 d. Z.). Als Quellenausgaben dienten mir: *Historien: Lateinisch–Deutsch* (übers. und hg. von Helmuth Vretska; Reclams Universal-Bibliothek 2721; Rev. Ausg.; Stuttgart: Reclam, 2009); *Annalen: Lateinisch-Deutsch* (hg. von Erich Heller, Einf. von Manfred Fuhrmann; Sammlung Tusculum; 5. Aufl.; Düsseldorf: Artemis & Winkler, 2005). Egon Flaig, „1. Tacitus,"*DNP* 11:1209–1214.

6   Und zwar seiner Kaiserviten (nach 120 d. Z.). Als Quellenausgabe diente mir: *Cäsarenleben* (übertr. und erläut. von Max Heinemann, mit einer Einl. von Rudolf Till; Kröners Taschenausgabe 130; 8., überarb. Aufl.; Stuttgart: Kröner, 2001). Klaus Sallmann, „2. Suetonius,"*DNP* 11:1084–1088.

7   Und zwar sein Geschichtswerk (nach 229 d. Z.). Als Quellenausgabe diente mir: *Römische Geschichte* (5 Bde.; übers. von Otto Veh und eingef. von Hans Jürgen Hillen; BAW; Düsseldorf: Artemis & Windkler, 2009). A.R. Birley, „III.1 Cassius," *DNP* 2:1014–1015: Cassius Dios vollständiger Name lautet: L.Cl(audius) C. Dio Cocceianus.

8   Yann Le Bohec, „Militärschriftsteller,"*DNP* 8:185–186.

9   Und zwar seinen Ausführungen über den Feldherrn (vor 58/59 d. Z.): „The General," in *Aeneas Tacticus, Asclepiodotus, Onasander* (LCL 156; Nachdr. 1923; Cambridge: Harvard University Press, 2001), 341–527. Helmuth Schneider, „2. Onasandros,"*DNP* 8:1202–1203.

10   Und zwar seinen Kriegslisten (ca. 84–88 d. Z.). Als Quellenausgabe diente mir: „The Stratagems," in *Stratagems, Aqueducts of Rome* (ders.; übers. von Charles E. Bennett und hg. von Mary B. McElwain; LCL 174; Cambridge: Harvard University Press, 1925), 1–335. Klaus Sallmann, „Frontinus, S. Iulius,"*DNP* 4:677–678.

11   Und zwar über seine Kriegslisten (ca. 161–166 d. Z.): *Strategems of War* (2 Bde.; hg. und übers. von Peter Krentz und Everett L. Wheeler; Chicago: Ares, 1994). Klaus Meister, „4. Polyainos,"*DNP* 10:40–41.

12   Und zwar seinem Abriss (ca. 379–395 d. Z.). Als Quellenausgabe diente mir: *Abriss des Militärwesens: Lateinisch und deutsch* (mit Einl., Erl. und Indices hg. von Friedhelm L. Müller; Stuttgart: Steiner, 1997). Hartwin Brandt, „Vegetius,"*DNP* 12/1:1155–1157: Vegetius' vollständiger Name lautet: P.V. Renatus Vegetius.

INTERTEXTUELL-HISTORISCHE VERORTUNG DER EXEGETISCHEN ERTRÄGE 585

Meine Aufmerksamkeit gilt dabei in erster Linie den Quellen selbst, die mit Ausnahme derjenigen Onasanders nur wenig jünger als das Markusevangelium sind. Sekundärliteratur zu den Quellen, dem antiken Militär als auch antiker Geschichte fand Berücksichtigung in Form von Überblicks- als auch Speziel- werken sowie zahlreichen (Lexikon)Artikeln.[13]

Mein „Herantragen" des Intertextes an den markinischen Evangelientext bedeutet zum einen, dass ich dieses umfangreiche Textkorpus nicht als umfas- send bekannt voraussetze und es daher – und wo relevant – zusammenfassend wiedergebe beziehungsweise – wo besonders trefflich – zitiere. Zum ande- ren erfolgt mein „Herantragen" nicht in spontaner, sondern in systematischer Weise, weshalb sich punktuelle Überlappungen nicht vermeiden lassen. Syste- matisch in der Gestalt, dass ich die Quellen jeweils nach bestimmten und für antike Kriege typischen Themen abfrage, nämlich: (1) was waren die Kriegs- anlässe, (2) welches die Kriege ankündigenden Divinationen, (3) wer war auf Basis welcher Gesetze zu Kriegen befugt, (4) wer waren die Feldherren, (5) welcher Art die (Bürger)Heere, (6) wie wurden Kriegshandlungen ausgeführt und schließlich (7) welches waren die jeweiligen Kriegsfolgen?[14] Diese sie- ben Hauptfragen wiederum trage ich aus unterschiedlicher Perspektive an den Intertext heran, nämlich: (1) aus allgemeiner Sicht, (2) aus Sicht Roms im Kon- text des ersten jüdisch-römischen Krieges, (3) aus Sicht Judäas im Kontext desselben Krieges und schließlich (4) aus Sicht des markinischen Narrators, ebenfalls im Kontext desselben Krieges.

5.2 Kriegsanlass

5.2.1 *Allgemein*
Kriegen lag und liegt stets ein oder mehrere Anlässe zu Grunde. Dabei versteht sich von selbst, dass sich diese je nach emischer oder etischer Sicht unterschei- den. Im Falle des ersten jüdisch-römischen Krieges lässt sich allerdings ein Phä- nomen der Wechselwirkung beobachten, indem einmal die Ereignisse Judäas

---

13 Yann Le Bohec, *Die römische Armee: Von Augustus zu Konstantin d. Gr.* (übers. von Cécile Bertrand-Dagenbach; Stuttgart: Franz Steiner, 1993); Paul Erdkamp, Hg., *A Companion to the Roman Army* (Blackwell Companions to the Ancient World; Oxford: Wiley-Blackwell, 2011); Lukas de Blois und Elio Lo Cascio, Hgg., *The Impact of the Roman Army (200 BC–AD 476): Economic, Social, Political, Religious and Cultural Aspects* (Impact of Empire 6; Leiden: Brill, 2007).

14 Mein Themenkatalog will keinen Anspruch auf Vollständigkeit erheben, versteht sich jedoch als repräsentativ.

586   5. KAPITEL

in Rom präfiguriert waren, und ein andermal sich in der Hauptstadt spiegelte, was sich in der Provinz zutrug.

5.2.2 Rom

(1)   Des Kaisers Krankheit

Der erste jüdisch-römische Krieg brach im Jahre 66 d. Z., gegen Ende von Neros (37–68 d. Z.)[15] Regierung aus (54–68 d. Z.). Josephus beschreibt das Imperium jener und auch der nachfolgenden Zeit als „krank" (*Bell.* 1,4: νόσος; vgl. auch *Bell.* 6,337), womit er nicht zuletzt Neros „Wahnsinn" meint (*Bell.* 2,250: παραφρονέω), der von seinen Zeitgenossen vielfach beschrieben und von ihm als bekannt vorausgesetzt wird. Es waren insbesondere zwei Freveltaten, die ihm die Römer nachtrugen: die Schändung und Ermordung seiner Mutter und den Brand Roms (64 d. Z.). Auch Cassius Dio zweifelte nicht an Neros Zerstörungswut, denn dem Priamus gleich, welchen Nero wiederholt als wunderbar glücklich pries, soll er stets danach getrachtet haben, sich einen lang gehegten Wunsch zu erfüllen, nämlich noch zu Lebzeiten nicht nur die ganze Stadt, sondern das ganze Reich vernichtet zu sehen (*Gesch.* 62,16,1). Was nach Cassius Dio der Stadt in diesem Zusammenhang widerfuhr, hatte – abgesehen vom Gallierbrand – seinesgleichen weder vorher noch nachher, denn der ganze Mons Palatinus, das Theater des Taurus, dazu etwa zwei Drittel der übrigen Stadt wurden ein Raub der Flammen, in denen unzählige Menschen den Tod fanden (*Gesch.* 62,18,2).

Als eine der Maßnahmen, um Schuld von sich zu weisen, schritt Nero eifrig an den Wiederaufbau der Stadt. Dazu benötigte er aber gewaltige Geldsummen, und das neben denjenigen, die der Kaiserhof seiner Exzesse und Extravaganzen wegen ohnehin bereits verschlang (Sueton, *Nero* 30–32).[16] So macht sich Nero unter dem Vorwand ihres Wiederaufbaus an die wirtschaftliche Vernichtung der Stadtbewohner, Italiens und der Provinzen. Tacitus schreibt (vgl. auch Cassius Dio, *Gesch.* 62,18,5):

> Inzwischen wurden durch das Eintreiben von Geldsummen Italien ausgeplündert und die Provinzen zugrundegerichtet, und zwar die verbündeten Völker und die sogenannten freien Staaten. Für diesen Beutezug

---

15   Werner Eck und Walter Eder, „1. Nero," *DNP* 8:851–855; Menahem Stern, „Nero," *EJ* 15:87–88.

16   Nach Sueton soll Nero seinen Onkel Gaius dafür gepriesen und bewundert haben, dass dieser die ungeheuren, von Tiberius hinterlassenen Schätze in so kurzer Zeit aufbrauchte (*Nero* 30). Offensichtlich nahm er sich diesen auch im folgenden Ausplündern der Provinzen zum Vorbild, hatte sich doch Gaius am florierenden Gallien und Iberien vergriffen (Cassius Dio, *Gesch.* 59,21,1–2).

INTERTEXTUELL-HISTORISCHE VERORTUNG DER EXEGETISCHEN ERTRÄGE   587

mussten sogar die Götter herhalten, indem man die Tempel in der Stadt ausraubte und das Gold herausholte, das bei Triumphen und bei Gelübden das römische Volk im gesamten Verlauf seiner Geschichte in glücklichen oder in besorgniserregenden Zeiten geweiht hatte. Ja, in Asia und Achaia wurden nicht nur die Weihgeschenke, sondern die Götterbilder selbst weggeschleppt, nachdem man in diese Provinzen Acratus und Secundus Carrinas geschickt hatte: jener, ein Freigelassener, war zu jeder beliebigen Schandtat bereit, [...].

> *Ann.* 15,45,1–2

(2)   Abfall, Bürgerkrieg

Es ist nicht zuletzt diese Ausplünderung der Provinzen durch Nero im Nachgang zum großen Feuer, die unter der Leitung des Gaius Iulius Vindex zur Empörung auch der Gallier gegen Rom und zur Erhebung Galbas zum Kaiser führten (68 d. Z.). Cassius Dio schreibt:

> Dieser Vindex nun versammelte die Gallier, die viel unter den zahlreichen Geldeintreibungen gelitten hatten und noch unter Nero litten. Nun bestieg er ein Tribunal und hielt eine lange, gegen Nero gerichtete Rede, in der er dafür eintrat, dass man sich von ihm lossagen und im Bunde mit ihm, dem Sprecher, gegen den Kaiser vorgehen müsse. „Denn," so sagte er, „dieser hat die gesamte römische Welt ausgeplündert, die ganze Blüte ihres Senats vernichtet, seine eigene Mutter geschändet und dann ermordet und hält nicht einmal an der Form des Herrschertums fest."
>
> *Gesch.* 63,22,2–3

> Als Vindex etwa so gesprochen hatte, stimmten ihm alle mit Beifall zu. Doch wollte er nicht für sich die Kaiserwürde gewinnen, sondern schlug den Servius Sulpicus Galba für dieses Amt vor. Dieser Mann zeichnete sich durch würdiges Auftreten und Kriegserfahrung aus, war Statthalter in Spanien und verfügte über eine beträchtliche Streitmacht. Und so wurde er denn von den Soldaten zum Kaiser ausgerufen.[17]
>
> *Gesch.* 63,23,1

Als daraufhin in Rom Nymphidius Sabinus, einer der zwei Prätorianerpräfekten, Neros erschütterte Stellung erkannte, brachte er die Prätorianer zum

---

17   Als der Senat davon gehört hatte, erließ er gegen Vindex alle die bei Empörern üblichen Beschlüsse (Cassius Dio, *Gesch.* 63,23,2).

588   5. KAPITEL

Anschluss an Galba. Daraufhin erklärte der Senat Nero zum Staatsfeind. Dieser ergriff daraufhin mit vier seiner Freigelassenen die Flucht und beging – als ihm die Umstände ausweglos erschienen – auf einem Landgut außerhalb der Stadt Selbstmord (68 d. Z.; *Bell.* 4,493).

Nach Neros Tod war, so das Urteil des Josephus, alles vollends erfüllt von „Wirren" (*Bell.* 1,5: θόρυβος). Denn viele verlockte die Gelegenheit, nach der Kaiserkrone zu greifen, und dem auf Geschenke hoffenden Heer war ein Thronwechsel allezeit willkommen. So nahm der Bürgerkrieg seinen Lauf, und es erfüllte sich eine Prophezeiung, die zur Zeit des Tiberius in aller Munde gewesen war, und an welche die Bürger Roms nach dem Brand schmerzlich erinnert waren: „Dreimal der Jahre dreihundert wenn einmal im Kreislauf sich füllen, dann wird ein innerer Zwist tilgen das römische Volk" (Cassius Dio, *Gesch.* 62,18,3).

(3)   Eintracht statt Zwist unter Flaviern

Als mit Nero der letzte Vertreter der julisch-claudischen Dynastie untergegangen und mit Vespasian der Begründer einer neuen auferstanden war, zeichnete sich früh wieder innerer Zwist ab. Er gründete darin, dass Vespasians jüngerer Sohn Domitian sich in Rom allzu viele Freiheiten herauszunehmen begann. Diesen hatte Vespasian gemeinsam mit C. Licinius Mucianus, seinem Verbündeten und Legaten Syriens (von 66–70 d. Z.), gegen Vitellius nach Italien vorausgeschickt, während er selbst sich syrischen Angelegenheiten widmete und daraufhin nach Ägypten begab (Cassius Dio, *Gesch.* 64,9,2). Was über Domitians anmaßendes Verhalten aus der Hauptstadt an den Vater herangetragen wurde, brachte diesen gegen Domitian auf. Bevor nun Vespasian nach Rom aufbrach, um dort die Herrschaft anzutreten, versuchte deshalb sein älterer Sohn Titus, dem er die Beendigung des jüdischen Aufstandes übertragen hatte, ihn im Blick auf Domitian zu besänftigen und ihn zur Eintracht zu beeinflussen. Offensichtlich mit Erfolg, denn Tacitus schreibt:

> Bevor Titus abreiste, bat er, so berichtet man, seinen Vater in einem langen Gespräch, sich nicht durch verleumderische Nachrichten grundlos erzürnen zu lassen und sich seinem Sohn gegenüber unbeeinflusst und versöhnlich zu verhalten. Nicht Legionen, nicht Flotten seien im Vergleich so starke Bollwerke der Herrschaft wie die Zahl der Kinder; denn was Freunde betreffe, so werde ihre Zahl je nach Zeit, Glück, mitunter auch durch Leidenschaften und Irrtümer kleiner, wechsle, schwinde – unauflösliches Band für jeden aber sei das eigene Blut – besonders für Herrscher, deren Glück auch andere genießen, deren Unglück nur die nächsten Angehörigen treffe. Selbst unter Brüdern könne Eintracht (*con-*

INTERTEXTUELL-HISTORISCHE VERORTUNG DER EXEGETISCHEN ERTRÄGE 589

cordia) nicht dauern, wenn nicht der Vater ein Beispiel gebe. Vespasianus, weniger wegen Domitianus besänftigt als über des Titus Bruderliebe erfreut, hieß ihn guten Mutes sein und durch Krieg und Waffen den Staat zu mehren; er selbst werde für Frieden im eigenen Haus sorgen. Dann ließ er die schnellsten Schiffe mit Getreide beladen und auf die noch stürmische See auslaufen; denn die Hauptstadt schwebte in so großer Gefahr, dass für nicht mehr als zehn Tage Getreide in den Speichern lag, als von Vespasianus Nachschub eintraf.

> *Hist.* 4,52,1–2

5.2.3 *Judäa*

(1)　　　Der Prokuratoren und der Tyrannen Krankheit

Neros Regierungsstil spiegelte sich auch in den während seiner Regierungszeit amtierenden Prokuratoren Judäas, Antonius Felix (52–60),[18] Porcius Festus (60–62 d.Z.),[19] Albinus (62–64 d.Z.),[20] aber vor allem in Gessius Florus (64–66 d.Z.)[21]. Unter ihnen, den ärgsten Repräsentanten Roms in Judäa überhaupt,[22] erodierten Gesetz und Ordnung, so dass im Prokurat des „Kriegstreibers" (*Ant.* 20,257) Florus die Juden nach Josephus unfreiwillig und noch vor den Galliern im Jahre 66 d.Z. in den Aufruhr gedrängt wurden (*Vita* 24–27).[23] Als Hauptgrund sind insbesondere ethnische Konflikte zwischen Juden und griechisch stämmigen Syrern und der falsche Umgang mit ihnen zu nennen,[24] wie auch die Beraubung und Ausplünderung Judäas, was wiederum mit den von Nero benötigten Geldsummen nach dem Brand Roms zusammenhängen dürfte.

18　Werner Eck, „II.6 Antonius," *DNP* 1:814; Lea Roth, „Felix, Antonius," *EJ* 6:749.

19　Werner Eck, „II.2 Porcius," *DNP* 10:163; Lea Roth, „Festus, Porcius," *EJ* 6:772.

20　Werner Eck, „II.1 Lucceius," *DNP* 7:459; Lea Roth, „Albinus, Lucceius," *EJ* 1:593.

21　Irina Wandrey, „Gessius Florus," *DNP* 4:1019; Lea Roth, „Gessius Florus," *EJ* 7:563–564.

22　Stern, „Nero," 15:88.

23　Die Fehlbarkeit von Legaten in Judäa ist keinesfalls singulär, denn wie folgt schildert Cassius Dio ein Gespräch zwischen Tiberius und Bato (6–9 d.Z.), einen der Anführer des pannonisch-dalmatischen Aufstandes (vgl. *Gesch.* 55,29–34; 56,11–26): „Schließlich richtete Tiberius an ihn die Frage: ‚Wie seid ihr denn dazu gekommen, von uns abzufallen und uns so lange Zeit zu bekriegen?' Bato antwortete: ‚Ihr tragt die Schuld daran; schickt ihr doch zu euren Herden als Wächter nicht Hunde und Hirten, sondern Wölfe!'" (*Gesch.* 56,16,3). Meret Strothmann, „Bato," *DNP* 2:493–494.

24　Die Spannung zwischen Syrern und Judäern ist älter als dieser Konflikt. Denn bereits König Alexander ließ sich zur Niederschlagung eines Aufstandes nicht von syrischen, sondern von pisidischen und kilikischen Söldnern helfen, weil Erstere eine „angestammte Abneigung gegen das jüdische Volk" gehabt hätten (Josephus, *Bell.* 1,89).

590 5. KAPITEL

Doch der Krankheit der Prokuratoren sollen auch die jüdischen Feldherren jener Zeit, Josephus nennt sie „Tyrannen," entsprochen haben, denn in einem resümierenden Rückblick auf seine Kriegserzählung hält er fest:

An der Spitze der Sikarier, die die Festung besetzt hielten, stand Eleazar, ein Nachkomme jenes Judas, von dem bereits weiter oben berichtet wurde, dass er zu der Zeit, als Quirinius zur Festsetzung der Steuer nach Judäa gesandt worden war, eine nicht geringe Zahl von Juden dazu verleitet hatte, sich der Schätzung zu widersetzen. Damals hatten sich nämlich die Sikarier geschlossen gegen diejenigen gestellt, die bereit waren, sich den Römern zu unterwerfen. Sie verfuhren mit ihnen ganz in der Weise, als seien sie Feinde, indem sie ihren Besitz raubten und davonschleppten und ihre Häuser in Brand steckten. Dabei behaupteten sie, dass sich diese Volksgenossen nicht von den Heiden unterschieden in der Weise, wie sie unwürdig die von den Juden so heftig umkämpfte Freiheit fahrenließen und eingestandenermaßen die Knechtschaft unter den Römern hinnehmen. Tatsächlich aber wurde solches von ihnen nur als Vorwand gesagt zur Verhüllung ihrer Grausamkeit und Habsucht; das erwiesen sie deutlich in ihren Handlungen. Denn gerade gegen diejenigen Mitbürger, die sich ihnen beim Abfall angeschlossen und sie im Kriege gegen die Römer unterstützt hatten, richteten sich von Seiten der Sikarier besonders schlimme Schandtaten. Und wiederum, wenn sie darin überführt wurden, dass der Vorwand erlogen war, behandelten sie die Volksgenossen, die ihnen um ihrer Schlechtigkeit willen nur allzu gerechte Vorwürfe machten, noch schändlicher. Überhaupt war jene Periode der jüdischen Geschichte recht reich an Bosheit aller Art, so dass kein niederträchtiges Werk ungetan blieb; niemand, selbst wenn er vorsätzlich etwas hätte anstellen wollen, würde es fertiggebracht haben, noch etwas ganz Neues ausfindig zu machen. So waren alle in einem Krankheitszustand (*Bell.* 7,260: νοσέω), der einzelne ebenso wie die Gemeinschaft. Man wetteiferte geradezu untereinander, sich gegenseitig in Beweisen der Ruchlosigkeit gegen Gott und der Ungerechtigkeit gegen die Nächsten zu überbieten. Während die Mächtigen die Volksmenge misshandelten, war die Masse ihrerseits mit Eifer darauf aus, die Mächtigen zu vernichten; die einen drängten leidenschaftlich danach, die Herrschaft in die Hand zu bekommen, die anderen, Gewalt zu brauchen und die Güter der Reichen an sich zu raffen. Als erste nun begannen die Sikarier mit Gesetzlosigkeit und Grausamkeit den Volksgenossen gegenüber; kein Wort, das der Beleidigung dienen konnte, blieb unausgesprochen, und kein Werk, das zum Verderben der Verfolgten führte, blieb unversucht.

INTERTEXTUELL-HISTORISCHE VERORTUNG DER EXEGETISCHEN ERTRÄGE   591

Indes bewies Johannes, dass sogar die Sikarier noch gemäßigter waren als etwa er selbst; denn nicht genug war es, dass er alle diejenigen, welche stets zu dem rechten und vorteilhaften Weg geraten hatten, ermordete – sie gleichsam als die ärgsten Feinde unter allen Bürgern behandelnd – sondern er stürzte darüber hinaus durch seine öffentliche Wirksamkeit das Vaterland in unendliche Leiden. Er verhielt sich in einer Weise, wie es nur ein Mensch konnte, der bereits gewagt hatte, selbst Gott entgegenzutreten. Auf den Tisch ließ er nämlich verbotene Speisen bringen und wich überhaupt in seiner Lebensführung von den väterlichen Reinheitsvorschriften ab. So konnte es nicht weiter verwundern, dass jemand, der so wahnwitzig der Ehrfurcht vor Gott zuwidergehandelt hatte, auch gegenüber den Menschen Mäßigung und rechten Umgang nicht beachtete. Und nun endlich Simon, der Sohn des Giora, welche Gräueltaten beging er nicht? Oder welcher Zügellosigkeit enthielt er sich jenen freien Menschen gegenüber, die ihn zum Machthaber bestimmt hatten? Gab es denn irgendeine Freundschaft oder Verwandtschaft, die ihn und seine Leute nicht Tag für Tag zu noch brutaleren Mordtaten trieb? Sie meinten doch, dass es nur die Leistung landläufiger Schurkerei sei, allein Fremde schändlich zu behandeln; einen besonders glänzenden Ausweis dagegen brachte nach ihrer Überzeugung die Grausamkeit gegen die nächsten. Und im Wettkampf übertraf die Raserei der Idumäer noch den Wahnsinn dieser Männer. Diese wirklich übelsten Scheusale schlachteten die Hohepriester ab, damit auch nicht der geringste Rest von Ehrfurcht gegen Gott gewahrt bliebe. Alles, was an staatlicher Ordnung übrig war, beseitigten sie gewaltsam und führten die in allen Stücken vollendete Gesetzlosigkeit ein, auf Grund derer sich die Gruppe der sogenannten Zeloten zu voller Kraft entfaltete. Die Zeloten waren Männer, die die Berechtigung ihres Beinamens in entsprechenden Handlungen erwiesen. Denn sie ahmten ausnahmslos jede Gräueltat aufs getreueste nach; nicht einmal solche, die in längst vergangener Zeit geschehen waren und nur die Erinnerung noch zu berichten wusste, übergingen sie; und so bewiesen sie auch hier ihren leidenschaftlichen Eifer. Indes legten sie sich den Beinamen zu um des erstrebten Gutes willen – sei es, dass sie es taten, um derer zu spotten, die wegen der tierischen Natur der Zeloten Unrecht erlitten hatten, sei es, dass sie tatsächlich die größten Gräuel für gute Werke hielten. Auf jeden Fall fand ein jeder von ihnen das verdiente Ende, da Gott über sie alle die gerechte Strafe verhängte. Alles nämlich, was nur immer die menschliche Natur an Züchtigungen ertragen kann, brach über sie herein, selbst bis zum letzten Augenblick ihres Sterbens, das sie unter vielfachen Qualen durchzustehen hatten. Und trotzdem könnte man sagen, dass sie im

592   5. KAPITEL

Verhältnis zu ihren Taten noch zu wenig gelitten haben; denn der Leiden
das ihnen angemessen gewesen wäre, gab es überhaupt nicht. Diejenigen
aber, die der Grausamkeit jener Zeloten zum Opfer fielen, gebührend zu
beklagen, möchte gegenwärtig nicht der geeignete Augenblick sein. Also
kehre ich wieder zu dem noch verbliebenen Teile der Erzählung zurück.

> *Bell.* 7,253–274

(2)   Abfall, Bürgerkrieg

Wie aber der ethnische Konflikt als auch die Ausplünderung Judäas unter
den letzten Prokuratoren zum Abfall und schließlich zum Krieg führte, sei im
Folgenden geschildert:

Die Brandstätte des ethnischen Konflikts war Cäsarea, die römische Verwaltungsstadt und daher Sitz des jeweiligen Prokurators. Hier brach unter Felix ein
Disput zwischen ihren jüdischen und syrischen Bewohnern über die Vorherrschaft in der Stadt aus. Der Streit entwickelte sich in eine bewaffnete Auseinandersetzung, bei der die Juden sich auf ihren Reichtum und Körperkraft, die
Syrer aber auf die dort stationierten römischen Soldaten beriefen, die größtenteils in Syrien ausgehoben worden waren. Als es den Behörden nicht gelang, die
Unruhen niederzuhalten, ließ Felix eine große Anzahl Juden töten und raubte
daraufhin ihren Besitz (*Bell.* 2,266–270; *Ant.* 20,173–178).

Nach Ankunft des nachfolgenden Prokurators Festus begab sich eine jüdische Gesandtschaft umgehend nach Rom, um Felix der in Cäsarea begangen
Morde wegen vor Nero anzuklagen. Zu Gunsten von Felix stand aber in Rom
sein Bruder Pallas ein, und über Bestechung des ehemaligen kaiserlichen Lehrers, Burrus, gelangten syrische Vermittler aus Cäsarea zu einer kaiserlichen
Urkunde, die den Juden Gleichberechtigung aberkannte und der griechisch
stämmigen Bewohnerschaft die Vorherrschaft in der Stadt sicherte. Darüber
gerieten die Juden in Aufruhr und verharrten nach Josephus darin bis zum Ausbruch des Krieges (*Bell.* 2,284; *Ant.* 20,182–184).[25]

Auf Festus folgte Albinus. Dieser, so Josephus, soll in seiner Verwaltung
keine vorstellbare Schlechtigkeit übergangen haben. Wie Nero beraubte und
plünderte er bei Ausführung seiner Amtsgeschäfte die Vermögen einzelner
Bürger und belastete das ganze Volk mit Sonderabgaben, darüber hinaus aber
betrieb er Geschäfte mit Lösegeldern, denn wer es sich leisten konnte, dem gab
er durch ihn oder seine Vorgänger inhaftierte Gefangene frei (*Bell.* 2,272–273).

---

25   Die Causa Cäsarea gewichtet Josephus im Kontext des Kriegsgrundes vielleicht auch
deshalb so prominent, weil seine erste Frau, eine Kriegsgefangene, die er mit Erlaubnis
von Vespasian geheiratet hatte, aus eben dieser Stadt stammte (*Vita* 414–415).

INTERTEXTUELL-HISTORISCHE VERORTUNG DER EXEGETISCHEN ERTRÄGE 593

Im Vergleich zu seinem Nachfolger Florus jedoch, erschien Albinus dem Josephus als ehrenwerter Mann, denn dieser habe seine Übeltaten wenigstens im Geheimen vollbracht. Florus demgegenüber brüstet sich seiner Verbrechen öffentlich und ließ keine Gelegenheit zu Raub und Misshandlung aus. Ganze Städte plündert er aus, worauf viele Bürger entgegen ihrer Sitte ob dieser Habgier Judäa verließen und in andere Provinzen auswanderten (*Bell.* 2,277–279).

Solange der zuständige Legat Syriens (von 63–66 d.Z.), Cestius Gallus, in seiner Provinz weilte, wagte niemand, sich bei ihm über Florus zu beklagen. Als er sich jedoch unmittelbar vor Pessach nach Jerusalem begab, soll ihm eine Menge von nicht weniger als drei Millionen Bürger über Florus geklagt haben. Cestius beschwichtigte, kehrte aber unverrichteter Dinge nach Antiochien zurück, denn, so Josephus (*Bell.* 2,280–281):

> Florus geleitete ihn bis Cäsarea und täuschte ihn über die wahre Lage hinweg; dabei hatte er schon den Krieg gegen das jüdische Volk ins Auge gefasst, durch den allein er seine eigenen Verbrechen zu verschleiern hoffte. Er rechnete damit, die Juden würden, falls der Friede andauerte, eines Tages als seine Ankläger vor dem Kaiser stehen; brächte er sie jedoch zum Abfall, so konnte er erwarten, durch das größere Unheil den Arm der Gerechtigkeit von der Verfolgung der kleineren Missstände abzuziehen. Er steigerte nun Tag für Tag das Elend des Volkes, damit es zum Abfall gebracht würde.
>
> *Bell.* 2,282–283

Eine willkommene Gelegenheit, das Elend des Volkes zu steigern, bot sich ihm, dem griechisch stämmigen und aus Kleinasien stammenden, in Cäsarea. Die Ereignisse entzünden sich diesmal an einem syrischen Cäsarener, der bewusst, mit seinem Grundstück an eine Synagoge grenzend, den Juden die Ausübung ihrer religiösen Pflichten erschwerte. Gegen Geld versprach Florus, dem Hellenen Einhalt zu gebieten, zog sich jedoch nach Erhalt des Geldes bewusst und unverrichteter Dinge nach Sebaste zurück, um der Eskalation freien Lauf zu ermöglichen (*Bell.* 2,285–288).

Das wussten die Hellenen auszunutzen, denn am darauffolgenden Sabbat opfern sie, mit der Absicht, den Synagogenplatz zu verunreinigen, Vögel vor dem Synagogeneingang. Daraufhin kam es zum bewaffneten Zusammenstoss, worauf die Juden sich mit ihren Gesetzesrollen ins benachbarte Dorf Narbata zurückzogen. Daraufhin entsandten sie eine Delegation von zwölf Vornehmen nach Sebaste, aber statt diesen zu helfen, ließ Florus sie unter der Beschuldigung, sie hätten die Gesetzesrollen aus Cäsarea entwendet, inhaftieren (*Bell.* 2,289–292).

594 5. KAPITEL

In Jerusalem, wo man über die Causa Cäsarea verbittert war, schürte Florus weiter, indem er unter dem Vorwand, der Kaiser benötige sie, siebzehn Talente aus dem Tempelschatz entwendete. Darüber aufgebracht klagten die einen des im Tempel zusammengelaufenen Volks lauthals, andere beschimpften und schmähten ihn, indem sie einen Korb herumreichten und für den „ach, so armen und elenden Florus" bettelten (*Bell.* 2,293–296).

Als daraufhin die Vornehmen Jerusalems nicht bereit waren, dem Florus diejenigen auf Anordnung auszuliefern, die ihn geschmäht hatten, befahl er seinen Soldaten, den oberen Markt auszuplündern und umzubringen, wer ihnen in die Hände fiel. Von eigener Beutegier getrieben plündern die Soldaten dort auch Privathäuser und töten ihre Bewohner. Zu Florus brachten sie stattdessen friedliche Bürger, die er nach Geißelungen kreuzigen ließ, darunter – was als besonders ruchlos empfunden wurde – auch Bürger von ritterlichem Stand.[26] Es sollen an diesem Tag – Frauen und Kinder eingenommen – etwa 630 Menschen gestorben sein (*Bell.* 2,301–308).

Ungeachtet der Fürbitten Berenikes, der Schwester des Königs Agrippa II., die sich aus frommen Gründen gerade in Jerusalem aufhielt, rückte Florus, um das Kriegsfeuer weiter anzuheizen, mit zwei Kohorten gegen die Stadt. Wie beabsichtigt ließ sich nach Josephus das Volk provozieren, und es kam zur gewaltsamen Konfrontation. Der Bevölkerung gelang es dabei, die Absicht des Florus, den Tempelplatz und die Burg Antonia mit dem Ziel, sich einmal mehr am Tempelschatz zu vergreifen, zu vereiteln. Aus Furcht, Florus würde seinen Angriff wiederholen und über die Antonia den Tempel in seine Gewalt zu bekommen versuchen, rissen sie die Säulenhallen ab, die diesen mit der Burg verbanden. Daraufhin zog sich Florus nach Cäsarea zurück (*Bell.* 2,309–332).

Als weiterer Versuch, den Krieg herbeizuführen, sandte Florus einen Bericht an Cestius, in welchem er die Juden des Abfalls bezichtigte. Aber auch die Stadthäupter Jerusalems und Berenike verfassen Berichte an ihn, in welchen sie über die Verbrechen des Florus gegen Jerusalem schrieben. Cestius entsandte daraufhin einen seiner Legaten, Neapolitanus, damit er die Lage der Dinge erforsche und ihm zuverlässig berichte. In Jamnia traf dieser mit König Agrippa zusammen, den er über seine Mission aufklärte (*Bell.* 2,333–335).

In Jerusalem inspizierte Neapolitanus den durch Florus verursachten Schaden, vergewisserte sich der Friedfertigkeit der Bewohner, ermahnte sie in einer öffentlichen Rede auf dem Tempelplatz zum Frieden und kehrte zu Cestius zurück. Später, nach seiner Niederlage gegen die Aufständischen, berichtete

---

26 Eine Massnahme, die einzig Kaisern gestattet war (Cassius Dio, *Gesch.* 53,17,6).

INTERTEXTUELL-HISTORISCHE VERORTUNG DER EXEGETISCHEN ERTRÄGE 595

dieser Nero – nicht zuletzt um die ihm drohende Gefahr zu mindern –, dass die Schuld am Kriege allein bei Florus gelegen habe (*Bell.* 2,336–341.558).

Nach Abreise des Legaten forderte die Volksmenge vom König und den Hohepriestern eine Gesandtschaft an Nero, denn ein solches Blutbad könne nicht stillschweigend übergangen werden, umso mehr als man in dessen Zusammenhang unter den Verdacht des Abfalls geraten sei. Dem Agrippa war es einerseits unangenehm, einen Ankläger gegen Florus zu bestimmen, andererseits wollte er nicht untätig den flackernden Kriegsflammen zusehen. So ließ er das Volk in den Xystos zusammenrufen und hielt, mit Berenike an seiner Seite, eine lange und den Frieden beschwörende Rede, indem er die unbezwingbare militärische Übermacht Roms in allen Einzelheiten darlegte (*Bell.* 2,342–400) und seine Rede mit folgenden mahnenden Worten beendete:

> Ich rufe eure heiligen Stätten, die heiligen Engel Gottes und die gemeinsame Vaterstadt zu Zeugen an, dass ich nichts, was zu eurer Rettung dient, unterlassen habe; ihr aber werdet, vorausgesetzt, dass ihr den richtigen Entschluss fasst, gemeinsam mit mir im Frieden leben; wenn ihr euch aber durch euren Zorn hinreißen lasst, ohne mich in die größte Gefahr geraten.
>
> *Bell.* 2,401

Von den Tränen Agrippas und Berenikes in ihrer Leidenschaft gedämpft, entgegnete das Volk, dass es nicht gegen Rom, sondern nur gegen Florus Krieg führen wolle. Agrippa ermahnte das Volk, dass ihre Taten aber den Eindruck erweckten, als wären sie mit Rom bereits im Kriege, denn sie hätten dem Kaiser einerseits keine Steuern bezahlt und andererseits die Hallen der Antonia abgebrochen. Um die Anklage des Aufruhrs zu entkräften, sollten sie die Hallen wieder aufbauen, denn die Burg gehöre ja nicht Florus, und dem Kaiser die Steuern entrichten. Diesem Rat leistete die Menge Folge, so dass Agrippa für diesen Augenblick der drohenden Kriegsgefahr Einhalt zu gebieten vermochte (*Bell.* 2,402–406a).

Als Agrippa jedoch versuchte, das Volk zu überreden, es möge Florus noch so lange gehorchen bis der Kaiser einen Nachfolger fände, erntete er Beschimpfung und wurde aufgefordert, die Stadt zu verlassen. Agrippa erkannte, dass die Leidenschaft der Aufständischen nicht länger zu dämpfen sei, worauf er sich in seinen Herrschaftsbereich zurückzog (*Bell.* 2,406b–407).

Derweil eroberten Aufständische Masada, und dem Tempelhauptmann Eleazar gelang es in Jerusalem, die diensttuenden Hohepriester zu überreden, von Nichtjuden keine Gaben oder Opfer mehr anzunehmen. Damit, so folgert

596 5. KAPITEL

Josephus, war der Grund zum Krieg gegen die Römer gelegt, denn so verwarfen sie das für diese und den Kaiser dargebrachte Opfer (*Bell.* 2,408–410).[27]

Um dieses Ansinnen der Opferverweigerung abzuwenden, versammelten aber die einflussreichen Bürger, die Hohepriester und bedeutenden Pharisäer in einem letzten Versuch das Volk und richteten an dieses eine Ansprache (*Bell.* 2,411):

> Zunächst zeigten sie nachdrücklich ihren Unwillen über den wahnwitzigen Versuch eines Abfalls, dass man auf diese Weise das Vaterland in einen Krieg hineinstürze, dann deckten sie die Unsinnigkeit des von den Aufrührern vorgebrachten Vorwandes auf und betonten, dass schon ihre Vorfahren den Tempel vor allem mit Hilfe von Fremden geschmückt und Weihgeschenke von Nichtjuden stets angenommen hätten. Nicht allein, dass sie niemals jemanden am Opfer gehindert hätten – das sei ja ganz und gar gottlos –, sondern sie hätten auch die Weihgaben ringsum am Tempel angebracht, so sie allgemein sichtbar seien und so lange Zeit überdauert hätten. Sie aber wollten jetzt die Kriegsmacht der Römer herausfordern und sich um den Krieg mit jenen geradezu bemühen, indem sie neue Gottesdienstregeln einführten. Abgesehen von der Gefahr bringe es die Stadt in den Ruf der Gottlosigkeit, wenn allein bei den Juden ein Fremder weder opfern noch anbeten dürfe. Wenn einer dieses Gesetz im Hinblick auf einen gewöhnlichen Bürger vorschlüge, dann würden sie unwillig werden, weil damit die Unmenschlichkeit gesetzlich verankert würde, jetzt aber, da man die Römer und den Kaiser außerhalb des Rechts stelle, gingen sie großzügig darüber hinweg. Es sei zu befürchten, dass ihnen, die jetzt die Opfer für Kaiser und Reich verwerfen, auch die Opfer für sie selbst unmöglich gemacht würden und die Stadt außerhalb des Reichsrechts gestellt würde, es sei denn, dass sie noch rechtzeitig Vernunft annähmen, die Opfer von neuem darbrächten und so den Frevel wieder gutmachten, bevor die Kunde davon den Betroffenen zu Ohren gekommen wäre.
>
> *Bell.* 2,412–416

Die Aufstandswilligen aber blieben unbeeindruckt, auch von dem Argument der Gelehrten, dass alle Vorfahren Opfer Fremdstämmiger angenommen hät-

---

27 Ein Opfer für den Kaiser soll seit Augustus regelmäßig im Tempel dargebracht worden sein, nach Philo soll es vom Kaiser (*Legat.* 291) und nach Josephus von den Juden bezahlt worden sein (*Apion.* 2,77).

INTERTEXTUELL-HISTORISCHE VERORTUNG DER EXEGETISCHEN ERTRÄGE   597

ten. Die diensttuenden Priester waren schon gar nicht erschienen. Als nun die Volksoberen einsahen, dass sie die Aufstandsbewegung nicht mehr zu unterdrücken vermochten, sandten sie je eine Gesandtschaft zu Florus und Agrippa, sie mögen mit Heeresmacht in die Stadt heraufziehen und den Aufstand niederschlagen. Für Florus, der den Aufstand herbeiwünschte, war dies eine ausgesuchte Freudenbotschaft (*Bell.* 2,420: εὐαγγέλιον), weshalb er die Gesandtschaft keiner Antwort würdigte. Agrippa hingegen sandte 2'000 Reiter gegen Jerusalem (*Bell.* 2,417–421).

Daraufhin kam es zu einer mehrtätigen Kampfhandlung, und wie in Rom gingen die ersten Gebäude, durch die Hand der Aufständischen, in Flammen auf: Das Haus des Hohepriesters, der Palast des Agrippa und der Berenike, das Archiv und auch die Antoniaburg. Nach Verhandlungen wurde den königlichen Truppen und friedliebenden Einheimischen der Abzug gewährt, nicht jedoch den zurückgebliebenen römischen Soldaten. Sie wurden vielmehr von den Leuten Eleazars ermordet. Jetzt erkannten die Juden, dass Gründe für den Krieg vorlagen, die nicht mehr rückgängig zu machen waren, vor den Römern nicht und auch vor Gott nicht, so Josephus, geschahen doch diese Morde an wehrlosen Soldaten an einem Sabbat, an dem sie, die Juden, der Frömmigkeit wegen auch die sonst erlaubten Werke unterließen (*Bell.* 2,422–456).

Wie durch eine göttliche Vorsehung, wurden am selben Tag und zur selben Stunde alle in Cäsarea wohnenden Juden, 20'000 an der Zahl, von ihren syrischen Nachbarn ermordet. In Reaktion darauf geriet das jüdische Volk in wilden Zorn, und überfiel in Kriegshaufen verteilt Dörfer der Syrer und benachbarte Städte. Auf diese Ereignisse wiederum überfielen die Bewohner Syriens die Juden in ihren Städten. Und selbst in Alexandrien wurden sie in großen Mengen umgebracht. Angesichts dieser Entwicklung glaubte nun auch Cestius, nicht länger untätig sein zu können und rüstete zum Krieg gegen Judäa (*Bell.* 2,457–499; 7,361–363).

(3)   Zwist statt Eintracht unter Judäern
Dass Judäa überhaupt in diese missliche Lage mit Rom geriet, schreibt Josephus dem zerstrittenen Hasmonäerhaus zu:

> Dadurch wurde uns die Freiheit entrissen; wir kamen unter die Botmäßigkeit der Römer und mussten das Land, welches wir den Syrern mit Waffengewalt abgenommen, denselben wieder zurückgeben. Außerdem brandschatzen uns die Römer in kurzer Zeit um mehr als zehntausend Talente und ließen die Königswürde, die früher dem hohepriesterlichen Geschlecht allein zukam, an Männer aus dem niederen Volke gelangen.
>
> *Ant.* 14,77–78

598   5. KAPITEL

Trotz niederer Herkunft beschert das Geschick dem Herodes Erfolge nach außen, die er aber im Urteil des Josephus durch viel häusliche Not büssen musste, an welcher Herodes aber seiner Grausamkeit wegen nicht unschuldig gewesen sein soll (*Bell.* 1,431–673). Den häuslichen Zwist im Palast, der zeitweise einem Bürgerkrieg glich (*Ant.* 16,189) und den Herodes vom hasmonäischen Hause erbte, gab er auch seinen Söhnen weiter; der Streit um seine Nachfolge zwischen Archelaos und Antipas war Ausdruck davon (*Bell.* 2,20–38.80–100; *Ant.* 17,224–249.304–323). Dass Archelaos nach nur zehn Jahren in die Verbannung geschickt wurde (6 d. Z.), legten die Bürger, die ihn vor dem Kaiser angeklagt hatten, seiner Grausamkeit zur Last, die er möglicherweise am Vorbild des Vaters erlernt hatte. Seine Verbannung hatte den Einzug Judäas und seine Angliederung an Syrien zu Folge, und damit die Einsetzung römischer Prokuratoren.

Noch ein weiteres Übel resultierte nach Ansicht des Josephus aus dem Versagen Archelaos': die Gründung der vierten Philosophenschule, der Zeloten. Sie formieren sich unter Judas und Zadok, weil der syrische Legat P.S. Quirinius im Auftrag des Kaisers in Syrien und damit auch im annektierten Judäa einen Zensus zur Erhebung von Steuern durchführte. Er wurde dabei vom ersten römischen Prokurator Judäas, Coponius, unterstützt (6–9 d. Z.). Unter dem Vorwand, so Josephus, die Freiheit des Volkes vor diesem Übergriff zu schützen, hätten Judas und Zadok stattdessen mit ihren Lehren den Samen für das künftige Unheil gesät, das durch den verlorenen Krieg im Niedergang des Staates endete (*Bell.* 2,117–118; *Ant.* 18,1–26), denn so folgert Josephus später: „Ich behaupte, dass der Bruderkrieg die Stadt bezwang, während die Römer den Bruderkrieg überwanden, [...]" (*Bell.* 5,257; vgl. auch 6,109–110).

5.2.4   *Judäa nach Markus*

Halten wir fest: Das Imperium wird von einem Wahnsinnigen regiert, der seine Stadt der Zerstörung preisgibt. Dies nimmt er zum Anlass, Stadt, Land und Imperium in beispielsloser Weise auszurauben. Darüber beginnen Provinzen abzufallen, rufen einen neuen Herrscher aus, wodurch das Reich in einen Bürgerkrieg gestürzt wird.

In Judäa regiert ein ebenso Zerstörungslüsterner, der die Teilprovinz in den Abfall treibt, um zu verhindern, dass er für seine Verbrechen und Plünderungen, selbst des Tempelschatzes, zur Rechenschaft gezogen wird. Besonders wirksames Mittel sind Florus, dem Griechischstämmigen, bereits länger anhaltende ethnische Spannungen in seiner Verwaltungsstadt Cäsarea. Angesichts dessen sind das Versäumnis des Steuerzahlens, der Abbruch der Säulenhalle, welche den Tempel mit der Burg Antonia verbindet, als auch die Verweigerung,

INTERTEXTUELL-HISTORISCHE VERORTUNG DER EXEGETISCHEN ERTRÄGE 599

fremdstämmige Opfer anzunehmen, nachvollziehbare Maßnahmen einer verzweifelten Bevölkerung.

(1)   Jesu Krankheit

Vor dem Hintergrund von Neros, Florus' und der „Tyrannen" Wahnsinn erhält die Anklage, Jesus sei von Sinnen (Mk 3,21: ἐξίστημι) bzw. besessen (Szenen 17–18) einen Kontext. Seinem Hörerkreis erklärt Jesus, dass er nicht zu den Wahnsinnigen des Imperiums zu zählen sei, sondern zu derjenigen Familie, die den Willen Gottes tut (Mk 3,35).

(2)   Abfall

Vor dem Hintergrund von Neros wie auch des Albinus und des Florus' Plünderungen und dem darauffolgenden Versäumnis, dem Kaiser die Steuer zu bezahlen, erhält die schlechte Stellung der Zöllner in Szene 11 als auch der Disput um die Kaisersteuer in Szene 60 einen weiteren Kontext. Den Schriftgelehrten der Pharisäer in Galiläa stimmt Jesus zu, dass Zöllner sozusagen als Handlanger Roms Sünder sind, aber um sie zu heilen, sei er gekommen. Und den Pharisäern zusammen mit den Herodianern in Jerusalem sagt er, dass zwar dem Kaiser zurückzugeben sei, was sein ist, gleichzeitig aber auch Gott, was Gottes ist, entsprechend dürfe die Tempelsteuer nicht Jupiter entrichtet werden. Aber auch die Aufständischen haben sich am Besitz ihrer Mitbürger vergriffen, und so könnte Jesu Anklage, die Schriftgelehrten würden sich am Besitz des Volkes unrechtmäßig bereichern, ein Reflex davon sein (Szenen 33 und 64).

Dass ein Herrschaftswechsel wie in Rom auch einen (Bürger)Krieg impliziert, scheint Markus in den Szenen 66 und 67 vorauszusetzen. Das muss aber nicht bedeuten, dass Judäa durch die Verweigerung fremder Opfer jenseits des Reichsgesetzes stehen soll, vielmehr soll es Bethaus für alle Nationen (Mk 11,17), einschließlich Roms, bleiben wie Szene 57 auch nahelegen kann.

(3)   Eintracht statt Zwist unter Jüngern

Auch der Vorwurf der Jerusalemer Schriftgelehrten in Szene 18, dass er besessen sei (Mk 3,22), erhält einen Kontext. Denn diesen zeigt Jesus auf, dass kein Königshaus bestehen kann, das entzweit gegen sich selbst vorgeht, weder das julisch-claudische, noch das hasmonäische oder das herodianische. Deshalb soll in seinem Haus, das heißt unter seinen Jüngern, kein Zwist wie in Szene 46, sondern wie im Hause Vespasians Vergebung (vgl. Szene 56) und Friede herrschen (Mk 9,50). Entsprechend sollen nach Szene 53 diejenigen unter ihnen, welche die Größten zu sein wünschen, auch keine Gewaltherrschaft ausüben wie jene unter den Nationen (Mk 10,42), Nero und Florus zumal.

600   5. KAPITEL

5.3   Divinationen

5.3.1   *Allgemein*

Die Divination ist aus der antiken Welt nicht wegzudenken. Einblick in das Kommunikationsmodell der römischen Wissenschaft zukünftiger Ereignisse erlaubt Ciceros *De divinatione*:[28] Darin unterschied Cicero zwischen zwei Divinationsarten, einer auf Kunstlehre (*divinatio artificiosa*) und einer auf Natur beruhenden (*divinatio naturalis*). Die Informationsquelle sei das Schicksal (*fatum*) und die positive oder negative Information der Plan (*ratio*), welcher von der Gottheit (*dei*) gesendet werde.

Informationsträger bei der auf Kunstlehre beruhenden Divination seien Zeichen und Merkmale (*signa et nota causarum*), so Cicero. Sie würden sich an Innereien etwa (*exta*), an Vorzeichen (*ostenta, portenta, monstra, miracula, prodigia*), Blitzen (*fulgura*), Himmelszeichen (*signa caelestia*), Losen (*sortes*) oder Gestirnen ablesen lassen (*astra*). Informationsträger bei der auf Natur beruhenden Divination seien demgegenüber Erregung der Seele sowie gelöste Bewegung (*concitatio animi aut solutus liberque motus*). Sie generierten Träume etwa (*somnia*), Zustände der Ekstase (*furor*), aber auch Orakel (*oracula*). Die zweite Art der Divination bedurfte deshalb zusätzlich eines Informationskanals, Ekstatiker, Träumende oder Propheten.

Die Aufgabe dieser Empfänger sei es, das jeweilige Zeichen oder die Erregung zu deuten. Sie täten es kraft ihres Amtes als etruskische Zeichendeuter etwa (*haruspices*), als Innereienschauer (*extispices*), als Deuter von Wunderzeichen (*monstra interpretantes*), als Blitzdeuter (*fulgura interpretantes*), als Auguren (*augures*) oder als Sterndeuter (*astrologi*). Hilfsmittel waren ihnen beispielsweise langes Beobachten (*observatione diuturna notare*) oder Erklärung durch improvisierte Vermutung (*subito ex tempore coniectura explicare*).

Aus der Deutung gelangten die Empfänger zu einer Zukunftswahrnehmung oder konnten gar eine Voraussage formulieren (*praesensio, praesagito, praedictio*), die für das Kollektiv oder den Einzelnen Roms bestimmt war (*populus noster; publice privatimque*).

Die Divination im engeren Sinn war nicht Bestandteil der offiziellen römischen Kultakte. Am nächsten kam einer staatlichen römischen Divination die augurale Disziplin. Im Verständnis von Cicero vermochten Auguren, zu denen auch er gehörte, durch die Beobachtung der Vögel oder anderer Zeichen nichts Zukünftiges zu sagen. Als Deuter des Iuppiter Optimus Maximus versuchten

---

28   Dominique Briquel, „VII. Divination," DNP 3:714–718; Götz Distelrath, „Prodigium," DNP 10:369–370; Veit Rosenberger, „Omen," DNP 8:1198–1199; Dominique Briquel, „Augures," DNP 2:279–281.

sie einzig zu bestimmen, ob die Götter jeweils die von Menschen gefällten Entscheidungen billigten. Die Antwort enthielt Zukünftiges insoweit, als der römische Staat Aufschluss darüber bekam, ob das entsprechende Vorhaben mit Zustimmung der Götter glücklich zu Ende geführt werden konnte oder ob es aufgegeben werden musste, um nicht den Zorn der Götter (*ira deorum*) heraufzubeschwören.

Bereits zu republikanischer Zeit hatte es das Bedürfnis und besonders in Krisenzeiten auch die Notwendigkeit gegeben, bei *prodigia* und anderen als göttlich betrachteten Zeichen – umso mehr wenn sie gehäuft auftraten –, über die Interpretationsmöglichkeiten der *augures* hinauszukommen. Vor allem eine Gefährdung des Friedens mit den Göttern (*pax deorum*), dessen Störung nach Auffassung der Römer eben durch solche (unerbetenen) Zeichen angezeigt wurde, erforderte ein angemessenes Vorgehen (*procuratio*), um möglichen Schaden für den Staat abzuwenden (*res publica*). Dazu bediente sich der Senat zweier unterschiedlicher, nicht-römischer Verfahren. Er beauftragte einerseits die Konsultation der *libri Sibyllini* durch ein spezielles Kollegium (*Quindecimviri sacris faciundis*) gemeinsam mit der Ausübung der *Etrusca disciplina* ebenfalls durch ein Kollegium (*ordo* LX *haruspicum*). Bei Auftreten eines *prodigium* analysierten es die *haruspices* und versuchten, seinen Sinn zu erkennen, um die richtige Sühnung (*procuratio*) festzulegen oder die erforderliche Handlung.

War so die *Etrusca disciplina* Teil der staatlich sanktionierten Verfahren der römischen Religion geworden, stieß ihre Anwendung im privaten Bereich auf Skepsis. Die unterschiedlichsten Formen der Divination, oft orientalischen Ursprungs, wie etwa die Astrologie, fassten jedoch mehr und mehr Fuß in den Gesellschaften des kaiserzeitlichen römischen Imperiums. Gleichzeitig bewirkte die Konzentration der Macht auf die Person des Kaisers, dass die Divination, sofern sie nicht ihn selbst betraf, seinen Argwohn weckte und ihre Anwendung als politisch motivierte Ambition gedeutet wurde, die Chancen eines neuen Thronanwärters abzuwägen. Seit Augustus und Tiberius entstand deshalb eine Gesetzgebung, die die private Divination reglementierte und einschränkte, bis sie schließlich von den christlichen Kaisern völlig verboten wurde.

Aus der Logik eines solchen divinatorischen Systems versteht sich von selbst, dass ein Krieg ohne die Mitwirkung der Götter nicht zu gewinnen war, weshalb die Römer und ihre Kaiser sich im militärischen Kontext wie zuvor schon die Griechen des himmlischen Beistands versicherten, und das mittels ständiger Divination im Verbund mit Opfern, Gebet und Schlachtgesang (*Paian*), ein ursprünglich an eine Gottheit gerichteter Hymnus (vgl. 6.2.1).[29] Entsprechend riet Onasander einem jeden Feldherrn:

---

29   Burckhardt, *Militärgeschichte der Antike*, 31.

The general should neither lead his army on a journey, nor marshal it for battle, without first making a sacrifice; in fact, official sacrificers and diviners should accompany him. It is best that the general himself be able to read the omens intelligently; it is very easy to learn in a brief time, and thereby become a good counselor to himself. He should not begin any undertaking until the omens are favorable, and he should summon all his officers to inspect the offerings, that, after seeing, they may tell the soldiers to be of good courage, since the gods command them to fight. Soldiers are far more courageous when they believe they are facing dangers with the good will of the gods; for they themselves are on the alert, every man, and they watch closely for omens of sight and of sound, and an auspicious sacrifice for the whole army encourages even those who have private misgivings. But if the omens are unfavorable, he must remain in the same place, and if he is hard pressed for time he must patiently submit to every inconvenience – for he can suffer nothing worse than what fate indicates beforehand, – since, if his condition is going to improve, he must have favorable signs in a sacrifice, and he must sacrifice several times on the same day; one hour, even one minute, ruins those who start too soon or too late. And it seems to me that the motions of the heavenly bodies, their risings and settings, and their positions – trine, square, and in opposition – are indicated by the art of extispicy, through another form of observation, and that trifling differences in these things have, in a single day, or rather in a single hour, led to power and deification, and have made both kings and captives.

ONASANDER, *Strat.* 10,25–28

Wie Onasander pointiert festhält, konnte die divinatorische Kunst dem Feldherrn in kriegerischem Kontext zur Herrschaft verhelfen, so dass dem Erfolgreichen im Kriegsglück selbst ein positives Vorzeichen, dem Unterlegenen hingegen ein weiteres Vorzeichen seines bevorstehenden Endes gegeben war. Herrschaftswechsel aber kündigten sich, nach der dargelegten Vorstellung Ciceros, durch ein gehäuftes Auftreten von Divinationen an, und das wiederum war Zeichen einer weitreichenden und das ganze Reich betreffenden Krise, die meist in einem oder parallel ausgetragenen Bürgerkriegen seinen Ausdruck fand, genauso wie auch in den Krisen- und Kriegsjahren 66–70 d. Z.[30]

---

30   Vgl. auch Jörg Rüpke, *Domi militiae: die religiöse Konstruktion des Krieges in Rom* (hg. vom Militärgeschichtlichen Forschungsamt Freiburg i. Br.; Stuttgart: Steiner, 1990), 125–151.

5.3.2 *Rom*

(1)   Vorzeichen des Krieges

Dass Neros Schreckensherrschaft Rom in den Abgrund steuern würde, kündigte sich bereits früh an, nämlich im Jahre 58 d.Z., in seinem vierten Regierungsjahr und zehn Jahre vor seinem Ende. Denn kein deutlicheres Vorzeichen hätten die Götter senden können als ein Prodigium, das am sogenannten Ruminalischen Feigenbaum (*ficus Ruminalis*) das Schicksal des Staates ankündigte. Denn als Sinnbild für Rom schlechthin, weil er 830 Jahre zuvor Remus und Romulus als Säuglinge beschattet hatte, und mitten auf dem Comitium – dem Volksversammlungsplatz des Forum Romanum – stand, starben ihm nach Tacitus die Äste ab und sein Stamm verkümmerte (*Ann.* 13,58).[31]

Mit noch gewichtigeren Vorzeichen kündigte sich im sogenannten Vierkaiserjahr 68/69 d.Z. Vitellius' Ende an, nachdem zuvor bereits Galba ermordet und Otho selbst an sich Hand angelegt hatte, denn nach dem Zeugnis des Cassius Dio soll er ähnlich wie Nero dem Luxus und der Ausschweifung ergeben und sich um nichts gekümmert haben. Er schreibt:

> Während Vitellius sich derart benahm, ereigneten sich schlimme Vorzeichen: Es erschien ein Komet, und anders als bisher schien sich der Mond zweimal zu verdunkeln; Finsternisse traten nämlich am vierten wie am siebten Tage ein. Auch sah man gleichzeitig zwei Sonnen, im Osten und im Westen; dabei war die letztere matt und bleich, die erstere hingegen glänzend und kraftvoll. Auf dem Kapitol konnte man zahlreiche große Fußspuren feststellen, vermutlich von einigen Gottheiten, welche von dort herabgestiegen waren. Und die Soldaten, die in der fraglichen Nacht dort geschlafen hatten, sagten aus, der Iuppitertempel habe sich von selbst unter gewaltigem Dröhnen geöffnet, so dass einige Wachen vor Schrecken in Ohnmacht fielen.
>
> *Gesch.* 64,8,1–2

---

31 C. Robert III. Phillips, „Rumina," *DNP* 10:1160: Namensgeberin des Feigenbaums war die römische Göttin Rumina deshalb, weil sie in der Tradition stets mit einem Romulus und Remus nährenden Feigenbaum in Verbindung stand. An der Stelle, wo die Zwillinge von der Wölfin gesäugt worden sein sollen, auf dem Palatin nahe dem Lupercal, soll neben Ruminas Heiligtum eine *ficus Ruminalis* gestanden haben. Ein zweiter wundersamer, mit Attus Navius verbundener Feigenbaum befand sich auf dem Comitium. Die antike etymologische Verbindung von Rumina mit *ruma* bzw. *rumis* (weibliche „Brust"), welche auf der brustähnlichen Form und dem milchartigen Saft der nahrhaften Feige beruht und ihr Milchopfer beschert haben soll, wird in moderner Forschung abgelehnt, und zwar zu Gunsten eines toponymischen Zusammenhangs mit etruskisch *Rum*- für „Roma."

604   5. KAPITEL

Entsprechend rückten bereits Ende Oktober 69 d. Z., nur wenige Monate also nachdem Vitellius im April 69 d. Z. durch den Senat als Kaiser anerkannt worden war, flavische Truppen unter Antonius Primus nach Oberitalien vor, besiegten Vitellius' Truppen bei Bedriacum und marschierten im Dezember auf die Hauptstadt zu.[32] Angesichts dieser Umstände versuchten einige vornehme Römer gemeinsam mit einer Fraktion von Soldaten und Vespasians Bruder, Sabinus, den Vitellius zum Rücktritt zu bewegen. Im Kaiserpalast aber wurden sie von den kaiserlichen Leibwachen angegriffen und flüchten sich unter Verlusten in den kapitolinischen Tempel. Sie schicken nach Vespasians Sohn, Domitian, und anderen Verwandten und setzen sich in Verteidigungszustand. Am nächsten Tag aber wurden sie angegriffen und als die Umgebung in Flammen aufging, gelang einigen – unter ihnen auch Domitian – die Flucht, andere aber wurden niedergemacht. Daraufhin plünderten die Soldaten des Vitellius die Weihgaben des Tempels und setzen diesen neben anderen Bauwerken am 19. Dezember 69 d. Z. in Brand (Sueton, *Vita* 16; Cassius Dio, *Gesch.* 64,17,1– 4). Nachvollziehbar ist die Vorstellung also, dass einige Gottheiten zuvor den Tempel durch die wundersam geöffneten Tore verlassen haben sollen. Vitellius wurde kurz darauf von den Truppen des Antonius Primus, der jetzt in die Stadt vorgerückt war, gefangen gesetzt und erlag am 20./21. Dezember 69 d. Z. seinen Verletzungen.[33]

(2)   Prophetie eines Herrschaftswechsels
Der im Vierkaiserjahr wütende Bürgerkrieg war schon schlimm genug, aber nichts hatte die Römer in ihrem Glauben mehr bestärkt, dass das Ende des Reichs gekommen sei, als der durch Vitellius' Soldaten verursachte Brand des Kapitols. Denn zwar war die Hauptstadt einst von den Galliern erobert worden, Jupiters Sitz aber war dabei unversehrt geblieben und das Reich bestand fort. Jetzt aber sei durch das schicksalsgesandte Feuer ein Zeichen himmlischen Zorns gegeben worden, und die Weltherrschaft sei Völkern jenseits der Alpen verheißen worden; so hätten es die Druiden verkündet, und hätte – wie Tacitus

---

32   Vespasian hatte für diesen Auftrag den syrischen Legaten Mucianus vorgesehen. Diesem aber waren Antonius Primus, der Befehlshaber der sechsten Legion in Pannonien an der Donau, gemeinsam mit dem illyrischen Statthalter Cornelius Fuscus, zuvorgekommen. Sie hatten sich nämlich auf die Seite Vespasians geschlagen und waren daraufhin – gegen den Willen Vespasians – mit nur fünf Legionen in Italien einmarschiert, um die zahlenmäßig überlegenen Truppen des Vitellius herauszufordern (Stefan Pfeiffer, *Die Zeit der Flavier: Vespasian – Titus – Domitian* [Geschichte Kompakt; Darmstadt: WBG, 2009], 10– 11).

33   Pfeiffer, *Die Zeit der Flavier*, 3.

INTERTEXTUELL-HISTORISCHE VERORTUNG DER EXEGETISCHEN ERTRÄGE 605

urteilt – lächerlichen Aberglaubens wegen zur Annahme von Roms bevorstehendem Untergang geführt (*Hist.* 4,54,2).

5.3.3   *Judäa*

(1)   Vorzeichen des Krieges

Vorzeichen, welche die Erschütterung des Staates und seines Haupttempels
ankündigten, gab es nicht nur in Rom, sondern auch in Judäa. Hier wie dort
kam es zum (Bürger)Krieg, aber nur hier zum bleibenden Niedergang des Staates und seines Tempels[34] und zum Tod unzähliger Menschen in Jerusalem.[35]
Nach Ansicht des Tacitus ist es so weit gekommen, weil diesem „dem Aberglauben ergebene und heiligen Bräuchen abholde Volk Entsühnung durch Opfer
und Gelübde nicht erlaubt war" (*Hist.* 5,13,1); nach Ansicht des Josephus aber
vornehmlich, weil die Juden sich den Aussagen falscher Propheten hingaben
und die wahren Warnrufe Gottes überhörten, so dass der Zustand der Stadt
schon vor dem Anrücken der Römer den Eindruck erweckte, als sei sie dem
Untergang geweiht (*Bell.* 2,650). Unter Belagerung seien aber „Falschpropheten" (*Bell.* 6,285: ψευδοπροφήτης) gezielt von den „Tyrannen" eingesetzt worden, damit weniger Belagerte Jerusalems zu den Römern überlaufen und mehr
Furchtlose mit falscher Hoffnung ermuntert würden (*Bell.* 6,286). Er schreibt:

> So ließ sich das elende Volk damals von Verführern und Betrügern, die
> sich fälschlich als Gesandte Gottes ausgaben, beschwatzen, den deutli-
> chen Zeichen aber, die die kommende Verwüstung im Voraus anzeigten,
> schenkten sie weder Beachtung noch Glauben, sondern als ob sie vom
> Donner gerührt wären und weder Augen noch Sinn hätten, überhörten
> sie die Warnrufe Gottes. So war es, als über der Stadt ein schwertähnliches
> Gestirn erschien und ein Komet ein ganzes Jahr lang am Himmel blieb,
> oder als vor dem Aufstand und der Bewegung, die zum Kriege führte, sich
> das Volk zum Fest der ungesäuerten Brote versammelte – es war am 8. des
> Monats Xanthikos [25. April 66 d. Z.] – und nachts zur neunten Stunde [2
> Uhr] ein so großes Licht den Altar und den Tempel umstrahlte, dass es
> schien, als wäre es heller Tag, was eine halbe Stunde anhielt.[36] Den Uner-
> fahrenen schien das zwar etwas Gutes zu bedeuten, die Gelehrten der

---

34   Denn den Haupttempel Roms ließ Vespasian alsbald wieder aufbauen (vgl. Tacitus, *Hist.*
     4,4,2; 4,53,1–4; Cassius Dio, *Gesch.* 65,10,2; 5.8.1[4]).

35   Auch die Unterwerfung anderer Gebiete hatte sich durch Omina angekündigt, etwa dasje-
     nige Ägyptens durch Augustus (vgl. Cassius Dio, *Gesch.* 51,17,4–6).

36   Nach Tacitus sah man den Tempel in plötzlichem Feuerschein der Wolken aufleuchten
     (*Hist.* 5,13,1).

heiligen Schrift aber deuteten es sofort auf das, was dann gekommen ist. Bei demselben Fest warf eine Kuh, als man sie zur Schlachtstätte führte, mitten im Tempel ein Lamm.[37]

Das Osttor des inneren Tempelbezirks, das von Erz und außerordentlich schwer war und am Abend von zwanzig Mann nur mit Mühe geschlossen werden konnte, das außerdem durch eisenbeschlagene Querbalken versperrte wurde und senkrechte Riegel hatte, die tief in die aus einem einzigen Stein bestehende Schwelle eingelassen wurden – dieses Tor sah man nachts zur 6. Stunde [23 Uhr] sich von selbst öffnen.[38] Die Tempelwächter liefen zum Tempelhauptmann; als der aber heraufkam, vermochte er kaum das Tor zu schließen. Wiederum schien das den Unkundigen ein sehr gutes Omen dafür zu sein, dass Gott ihnen das Tor zum Guten öffne. Die Einsichtigen aber glaubten, das die Sicherheit des Tempels sich von selbst auflöse und das Tor den Feinden zum Geschenk geöffnet würde, und erklärten es untereinander als offenbares Zeichen (*Bell.* 6,295: σημεῖον) der Verwüstung (*Bell.* 6,295: ἐρημία).

Nach dem Fest, gar nicht viele Tage später, am 21. des Monats Artemisios [8. Juni], zeigte sich eine unheimliche kaum glaubliche Erscheinung. Das, was ich zu berichten habe, könnte, so glaube ich, wohl als Aufschneiderei erscheinen, wenn es nicht auch durch Augenzeugen berichtet worden wäre und die nachfolgenden Leiden den Zeichen angemessen gewesen wären. Vor Sonnenaufgang nämlich zeigten sich im ganzen Lande Lufterscheinungen, Wagen und bewaffnete Heerscharen, die durch die Wolken (*Bell.* 6,298 Pl.: νέφος) stoben und die Städte umzingelten.[39]

Als an dem Fest, das Pfingsten genannt wird, die Priester nachts in den inneren Tempelbezirk kamen, um nach ihrer Gewohnheit ihren heiligen Dienst zu verrichten, hätten sie, wie sie sagen, zuerst eine Bewegung und ein Getöse wahrgenommen, danach aber einen vielfältigen Ruf: „Lasst uns von hier fortziehen!"[40] (vgl. auch *Bell.* 2,539; 5,412–413; 6,127.299; Tacitus, *Hist.* 5,13,1; 5.6.3[7]).

Furchtbarer aber als diese Dinge war folgendes: Vier Jahre vor dem Krieg, als die Stadt noch im höchsten Masse Frieden und Wohlstand genoss, kam nämlich ein gewisser Jesus, Sohn des Ananias, ein ungebildeter Mann vom Lande zu dem Fest, bei dem es Sitte ist, dass alle Gott

---

37 Vgl. mHul 4–5, das trächtige Schlachttiere verbietet.

38 Ähnlich auch Tacitus, *Hist.* 5,13,1.

39 Nach Tacitus waren am Himmel Schlachtreihen zu sehen, die aufeinander prallten, ebenso rot leuchtende Waffen (*Hist.* 5,13,1).

40 Ähnlich Tacitus, *Hist.* 5,13,1, der auch von „Göttern" im Plural spricht.

INTERTEXTUELL-HISTORISCHE VERORTUNG DER EXEGETISCHEN ERTRÄGE   607

eine Hütte bauen, in das Heiligtum und begann unvermittelt zu rufen: „Eine Stimme vom Aufgang, eine Stimme vom Niedergang, eine Stimme von den vier Winden, eine Stimme über Jerusalem und den Tempel, eine Stimme über Bräutigam und Braut, eine Stimme über das ganze Volk!" So ging er in allen Gassen umher und schrie Tag und Nacht. Einige angesehene Bürger, die sich über das Unglücksgeschrei ärgerten, nahmen ihn fest und misshandelten ihn mit vielen Schlägen. Er aber gab keinen Laut von sich, weder zu seiner Verteidigung noch eigens gegen die, die ihn schlugen, sondern stieß beharrlich weiter dieselben Rufe aus wie zuvor. Da glaubten die Obersten, was ja auch zutraf, dass den Mann eine übermenschliche Macht treibe und führten ihn zu dem Landpfleger, den die Römer damals eingesetzt hatten. Dort wurde er bis auf die Knochen durch Peitschenhiebe zerfleischt, aber er flehte nicht und weinte auch nicht, sondern mit dem jammervollsten Ton, den er seiner Stimme geben konnte, antwortete er auf jeden Schlag: „Wehe dir, Jerusalem!" Als aber Albinus – denn das war der Landpfleger – fragte, wer er sei, woher er komme und weshalb er ein solches Geschrei vollführe, antwortete er darauf nicht das geringste, sondern fuhr fort, über die Stadt zu klagen und ließ nicht ab, bis Albinus urteilte, dass er wahnsinnig sei und ihn laufenließ [sic]. In der Zeit bis zum Kriege aber näherte er sich keinem der Bürger, noch sah man ihn mit jemandem sprechen, sondern Tag für Tag rief er, als ob er ein Gebet eingelernt hätte, seine Klage: „Wehe, wehe dir Jerusalem!" Er aber fluchte keinem von denen, die ihn schlugen, obwohl es täglich vorkam, noch segnete er die, die ihm Nahrung gaben – eine einzige Antwort nur hatte er für alle, jenes unselige Rufen. Am meisten aber schrie er an den Festtagen, und das tat er sieben Jahre und fünf Monate lang ohne Unterbrechung – seine Stimme stumpfte nicht ab, noch wurde er müde, bis er zur Zeit der Belagerung von der Mauer herabgellend rief: „und noch einmal wehe der Stadt und dem Volk und dem Tempel!", da setzte er zum Schluss hinzu: „und wehe auch mir!", denn ein Stein schnellte aus der Wurfmaschine und traf ihn, so dass er auf der Stelle tot war und, noch jene Weherufe auf den Lippen, seinen Geist aufgab.

> *Bell.* 6,288–309

Dass die angekündigte Verwüstung über Judäa und insbesondere Jerusalem kam, ist dem weiteren Bericht des Josephus zu entnehmen. Wie der römische Tempel des Jupiter ging dabei auch der Jerusalemer in Flammen auf, ein halbes Jahr später, d.h. 70 d.Z., aber anders als jener sollte dieser nie wieder aufgebaut werden (vgl. 5.8.1[4]; 5.8.2[4]; 5.8.3[4]).

608   5. KAPITEL

Genauso wie die Niederlage des ersten jüdisch-römischen Krieges soll sich übrigens auch der zweite und durch Hadrian niedergeschlagene Aufstand durch Vorzeichen angekündigt haben (Cassius Dio, *Gesch.* 69,12,1–69,14,3.).

(2)   Prophetie eines Herrschaftswechsels

Wie in Rom versagte auch in Judäa im Vorfeld und während der Wirren des Bürgerkrieges die Divination zum künftigen Herrscher; denn während in Rom eine falsche Divination für richtig befunden wurde (vgl. 5.3.2[2]), wurde in Judäa die richtige falsch gedeutet. Der künftige Herrscher hier kam zwar in der Tat aus dem Osten,[41] wie die Schriftprophetie der Juden voraussagte, aber er war nicht der erhoffte jüdische (Welt)Herrscher, der Freiheit brachte, sondern der römische Weltherrscher, der seine Herrschaft der erfolgreichen Niederschlagung des jüdischen Aufstandes verdankte. Weil also die Juden in der Deutung dieser Prophetie so jämmerlich versagt hätten, seien Judäa und ihre Hauptstadt der Zerstörung anheim gefallen. Entsprechend schreibt Josephus:[42]

Was sie aber am meisten zum Krieg aufstachelte, war eine zweideutige Weissagung, die sich ebenfalls in den heiligen Schriften fand,[43] dass in jener Zeit einer aus ihrem Land über die bewohnte Erde herrschen werde.

---

41   Und nicht etwa aus dem Westen, denn einige Wahrsager hatten dem Nero für den Fall seiner Absetzung die Herrschaft über den Orient vorausgesagt, und andere namentlich das Reich von Jerusalem (Sueton, *Nero* 40).

42   Ähnlich Tacitus: „Es waren Vorzeichen geschehen; […], die Menge war überzeugt, in den alten Priesterschriften stehe geschrieben, eben zu dieser Zeit werde die Macht des Orients wachsen und Männer würden aus Judäa hinausziehen und sich der Weltherrschaft bemächtigen. Dieses Rätselwort hatte auf Vespasianus und Titus vorausgewiesen, aber die Menge deutete entsprechend menschlichem Wunschdenken die vom Schicksal verheißene Größe zu ihren Gunsten und ließ sich nicht einmal durch Rückschläge zur Wahrheit bekehren" (*Hist.* 5,13,1–2). Und auch Sueton: „Im ganzen Orient war ein alter, fest eingewurzelter Glaube verbreitet, es würden nach einem Schicksalsspruch um diese Zeit Leute, welche von Judäa kämen, die Herrschaft über die Welt erringen. Diese Weissagung, die, wie der Erfolg später lehrte, auf einen römischen Kaiser ging, bezogen die Juden auf sich und empörten sich gegen Rom. Sie ermordeten ihren Statthalter und schlugen obendrein den zur Hilfe heranrückenden konsularischen Legaten von Syrien in die Flucht, wobei ihnen ein Legionsadler in die Hände fiel" (*Vesp.* 4).

43   An welche Schriftstelle(n) Josephus hier denkt lässt sich nicht rekonstruieren, während Otto Michel und Otto Bauernfeind an die Weissagungen in Gen 49,10, Num 24,17 oder Dan 7,14 dachten (Josephus, *De bello Judaico*, 2/2:190–192), zog Hans G. Kippenberg einen Verweis auf eine in der Tora befindliche Weissagung in Zweifel. Naheliegender schien ihm, dass Josephus sich hier der Tora bediente, um ein außerhalb von ihr liegendes Orakel ethnozentrisch zu deuten, denn die Hoffnung auf einen König aus dem Osten, der die

Dies bezogen sie auf einen aus ihrem Volk, und viele Weise täuschten sich in ihrem Urteil. Der Gottesspruch zeigt vielmehr die Herrscherwürde des Vespasian an, der in Judäa zum Kaiser ausgerufen wurde. Aber es ist ja den Menschen nicht möglich, dem Verhängnis zu entrinnen, auch wenn sie es voraussehen. Die Juden aber deuteten manche Vorzeichen auf eine freudige Erfüllung ihrer Wünsche, andere missachteten sie, bis sie durch die Eroberung der Vaterstadt und ihr eigenes Verderben des Unverstandes überführt wurden.[44]

> *Bell.* 6,312–315

Josephus gibt vor zu wissen, wovon er spricht, denn nicht nur rühmte er sich der Gabe der Traumdeutung (vgl. etwa *Bell.* 3,350–354), als Priester und Abkömmling eines priesterlichen Geschlechts soll er über die in Israel so wichtige Gabe der Prophetie verfügt haben.[45] So ist es niemand geringerer als er, der dem Vespasian besagte Schriftprophetie als sein „Bote Gottes" (*Bell.* 3,400: ἄγγελος) in dieser Weise und zum Lohn seiner Rehabilitation auslegte (*Bell.* 3,399–408; 4,626–629; vgl. 5.5.2[3]).

5.3.4 *Judäa nach Markus*

(1) Vorzeichen des Krieges

Der markinische Text präsentiert Jesus nicht nur als messianischen König, sondern auch als einen der Divinationen kundigen Feldherrn, der die Zeichen des Krieges erkennt und offenkundig richtig zu deuten weiß. So erinnert Szene 56

Herrschaft von den aufstrebenden Römern zurückerobern werde, sei im Orient verbreitet gewesen, wie etwa Stellen im ägyptischen Töpferorakel und Hystaspesorakel als auch in den Sibyllinen (*Sib.* 3,652) und der Offenbarung (Offb 16,12) belegen („„Dann wird der Orient herrschen und der Okzident dienen': Zur Begründung eines gesamtvorderasiatischen Standpunktes im Kampf gegen Rom," in *Spiegel und Gleichnis: Festschrift für Jacob Taubes* [hg. von Norbert W. Bolz und Wolfgang Hübener; Würzburg: Königshausen und Neumann, 1983], 40–48); vgl. auch Ebner, „Evangelium contra Evangelium," 35–37.

44 Vgl. auch Abraham Schalit, der die messianische Weissagung in Josephus vor dem Hintergrund römischer und rabbinischer Literatur kritisch ausleuchtet, und die Rolle des Josephus mit derjenigen des Gelehrten Jochanan ben Sakkai in diesem Krieg erhellend vergleicht („Die Erhebung Vespasians nach Flavius Josephus, Talmud und Midrasch: Zur Geschichte einer messianischen Prophetie," in *Principat* [hg. von Hildegard Temporini; ANRW 2/2; Berlin: de Gruyter, 1975], 208–327).

45 Herbert Niehr, „IV. Divination," *DNP* 3:708: Neben Traumdeutung und Prophetie, waren wichtige divinatorische Praktiken Israels und Judäas auch Tempelschlaf, Losorakel, priesterliche Orakel und Nekromantie gewesen.

an den Ruminalischen Feigenbaum Roms, und sein Verdorren an den durch Krieg verursachten Untergang des judäischen Staates. Krieg, Tempelzerstörung, Verwüstung und Verfolgung sagt Jesus explizit in den Szenen 66–69 voraus, was sich in der „Gottesflucht" ankündigt (Szenen 59 und 82; Mk 12,1; 15,38), und ebenso weiß er um auftretende Falschpropheten. Explizites zu einem Wiederaufbau des Tempels sagt der markinische Jesus, anders als ihm die Falschzeugen andichten (Szenen 77 und 82; Mk 14,58; 15,29), in Übereinstimmung mit historischen Fakten nicht.

(2)   Prophetie eines Herrschaftswechsels
Von einem Herrschaftswechsel, und zwar in seiner Person, spricht der Narrator in Szene 01 und Jesus explizit in Szene 05 (Mk 1,15), und wie Vespasian hat er in Johannes einen ihn ankündigenden „Boten" (Szene 02–03 und 43; Mk 1,2), der dafür nicht Freiheit, sondern den Tod erntet (Szenen 05 und 29). Seine siegreiche Rückkehr schildert er wie in der judäischen Prophetie als sich in den Wolken abzeichnend (Szene 68 und 77; Mk 13,26; 14,62) und kündigt sich der Niedergang zu Pessach, kündigt sich sein Sieg an eben diesem Freiheit implizierenden Fest an (Szene 73).

5.4   Kriegsbefugnis

5.4.1   *Allgemein*
Zur Kriegsführung war nicht jedermann in Rom befugt, sondern zur Zeit des Prinzipats allein der Kaiser. Er war es seit Augustus auf Basis einer doppelten, das heißt nominell einer senatorisch-kaiserlichen Herrschaftsstruktur, faktisch jedoch auf der Basis einer Militärmonarchie, nicht zuletzt kraft seines Imperiumtitels, den er sich anstelle des Königtitels zusprechen ließ. Er war es auch deshalb, weil er nicht nur über den Staat herrschte, sondern auch, weil er über dem Gesetz stand, und ferner auch die Finanzen, das Militär als auch die Religion im Staat kontrollierte. Die Gebiete waren nämlich mit Augustus in kaiserliche und senatorische Provinzen aufgeteilt worden, und nur den Legaten der kaiserlichen Provinzen war stellvertretend für den Kaiser das Führen von Waffen und Befehligen von kaiserlichen Truppen gestattet und damit die Kapitalgewalt auch über Soldaten verliehen.

5.4.2   *Rom*
(1)   Herrschaftsform und Territorium
Dem Prinzeps war somit auch das Recht eingeräumt, was in republikanischer Zeit noch in der Hand des Senats gelegen hatte, nämlich dem Feind den Krieg

INTERTEXTUELL-HISTORISCHE VERORTUNG DER EXEGETISCHEN ERTRÄGE 611

zu erklären.[46] Die maßgeblichen Weichen zu diesem Verfassungswechsel erfolgten unter Augustus,[47] unter welchem nach bitterer[48] Feststellung von Cassius Dio die Römer wieder unter einer Monarchie auf Lebzeiten zu leben begonnen hatten.[49] Denn nach der Unterwerfung Ägyptens 29 v. d. Z. hatte dieser zwar die Absicht gehegt, die Waffen niederzulegen und die Leitung der Staatsgeschäfte dem Senat und dem Volk zu übertragen (Cassius Dio, *Gesch.* 52,1,1–2), optierte aber nach eingehender Beratung mit seinen Freunden Agrippa und Maecenas gegen die Demokratie (dazu hatte ihm Agrippa geraten; Cassius Dio, *Gesch.* 52,2,1–52,13,7) und für die Alleinherrschaft (dazu hatte ihm Maecenas geraten; Cassius Dio, *Gesch.* 52,14,1–52,40,2). Ausschlaggebendes Argument gegen die Sorge, dass die Rückkehr zur Monarchie den Anschein früherer „Versklavung" haben könnte, lieferte ihm Maecenas, denn Cassius Dio lässt ihn sagen:

> Bedenke dies sowie all das andere, was ich dir gesagt habe, und hör auf mich und lass deinen Händen nicht das Glück entschlüpfen, das dich aus der gesamten Menschheit auserwählte und dich an ihre Spitze gestellt hat! Denn wenn du tatsächlich der Alleinherrschaft den Vorzug gibst, die Bezeichnung Königtum aber als verflucht fürchtest, dann brauchst du ja den Titel nicht anzunehmen und kannst dein selbstherrliches Regiment unter dem Namen Caesar ausüben. Verlangst du aber noch nach weiteren Beinamen, dann wird dir das Volk den eines Imperators verleihen, wie es ihn bereits deinem Vater gegeben hat; es wird dir aber auch noch mit einer

---

46   Christian Gizewski, „II. Auctoritas," *DNP* 2:266–267.

47   Dietmar Kienast, „Augustus," *DNP* 2:302–314; Isaiah Gafni, „Augustus," *EJ* 2:659–660.

48   Cassius Dios Bitterkeit dürfte in seiner enttäuschten Hoffnung gelegen haben, dass der Gang der Geschichte nicht in einem neuen, glücklichen Zeitalter unter Septimus Severus endete, vielmehr war es in Anlehnung an den alten Mythos unter einem Commodus, Didius Julianus, Caracalla und Elagabal zu einem eisernen und rostigen Kaisertum verkommen (*Gesch.* 71,36,4; vgl. Hans Jürgen Hillens Einführung in Dio, *Römische Geschichte*, 1:1–60, bes. 19–29).

49   Walter Eder, „I.V.B Herrschaft," *DNP* 5:487–488.492–493: Obschon in der Forschung an der Herrschaft von Augustus (und der seiner Nachfolger im Prinzipat) im Sinne einer faktischen Gestaltungsmacht der Innen- und Außenpolitik kaum Zweifel bestehen, bleibt die formale Einordnung als Staatsform umstritten. Vorgeschlagen wurden Republik, Monarchie, Militärmonarchie, konstitutionelle Monokratie, Dyarchie (Zweier-Herrschaft von Senat und Prinzeps) oder Verfassung *sui generis*; vgl. auch Christoph Riedo-Emmenegger, *Prophetisch-messianische Provokateure der Pax Romana: Jesus von Nazaret und andere Störenfriede im Konflikt mit dem Römischen Reich* (NTOA 56; Fribourg: Academic Press; Göttingen Vandenhoeck & Ruprecht, 2005), 99–103.

612   5. KAPITEL

anderen Titulierung seine Verehrung zum Ausdruck bringen, so dass du
dich in vollem Masse der Wirklichkeit einer Königswürde freuen darfst,
ohne das Odium, das mit Namen König [oder Diktator] verbunden ist, auf
dich zu laden.

CASSIUS DIO, *Gesch.* 52,40,1–2

Diesen Rat setzte Cäsar noch in demselben Jahr um und legte sich neben
dem Titel *princeps*[50] *senatus* den Titel Imperator[51] zu.[52] Später wurde ihm

---

50   Loretana de Libero, „Princeps,"*DNP* 10:328–331; dies., „Prinzipat,"*DNP* 10:337–338: Prinzeps
      meint die Vorrangstellung eines Einzelnen. Und kann als Titel einerseits synonym zu
      Imperator stehen, und wurde bis ins 8. Jh. auch in der allgemeinen Bezeichnung für Kaiser
      gebraucht. Eine feste griech. Entsprechung für *princeps* existierte nicht, „ἡγεμών" fand aber
      häufige Verwendung.
         In der römischen Republik bezeichnete *princeps* (*civitatis*) im Besonderen die Zuge-
      hörigkeit zur Gruppe der einflussreichsten und vornehmsten Aristokraten in Rom. Durch
      eigene politisch-militärische Leistungen und die ihrer Familie (*gens*) im Dienste der *res
      publica* verfügten *principes* im politischen und sozialen Bereich über größte Durchset-
      zungskraft (*auctoritas*) und höchstes Ansehen (*dignitas*). Als *principes viri* galten zumeist
      Consuln oder Consulare.
         Wer in der Öffentlichkeit als *princeps* gelten wollte, musste den gesellschaftlichen Ide-
      alvorstellungen entsprechen. Als Vorbild für die Allgemeinheit verfügte der für die *res
      publica* tätige *princeps* über verschiedene Qualitäten und Eigenschaften: Tapferkeit (*vir-
      tus*), Weisheit (*sapientia*), Würde (*gravitas*), Anstand (*honestas*), Ruhmesstreben (*gloria*),
      Redegewandtheit (*eloquentia*), das Wissen um die Staatsordnung (*leges, instituta, iura,
      mores*), um die sozialen Verpflichtungen gegenüber den *clientes* (*fides*) und den rechten
      Lebensstil (*elegantia*). Vermögen war Voraussetzung, nicht jedoch Teil des „Tugendkata-
      loges." Übermäßiger Bereicherung (*avaritia*) und Luxusstreben (*luxuria*) sollte sich der
      princeps enthalten. Das Idealbild des *princeps* in Ciceros Schrift *De re publica* war republi-
      kanischer Tradition verpflichtet.
         Indem der Senat Augustus 27 v. d. Z. unterschiedliche Amtsgewalten, Privilegien und
      Teilrechte verlieh, kam es zu einem „Kompromiss zwischen Macht und Recht." Seine
      unumschränkte Gewalt wurde in Rechtsform gekleidet, die rechtlichen Grundlagen
      waren das *imperium proconsulare* und die *tribunicia potestas* (*tribunus*).
         Die aus den unterschiedlichsten Kompetenzen zusammengesetzte Herrschergewalt
      verschmolz früh zu einer einheitlichen Rechtsgewalt, die *en bloc* den Nachfolgern vom
      Senat übertragen wurde (vgl. die *Lex de imperio Vespasiani*). Dieses Arrangement zwi-
      schen Gewaltherrscher und Senat blieb für mehr als zwei Jahrhunderte konstitutiv.
         Der *princeps* verstand seine Machtstellung als *statio*. Dieser aus dem militärischen
      Bereich stammende Begriff sollte auf die Selbstverpflichtung des Machthabers verwei-
      sen, in ständiger Wachsamkeit für das Wohl aller zu sorgen (*pater patriae*). Er allein war
      Patron aller Bewohner des Reiches, und seine Fürsorge galt insbesondere „seinen" Solda-
      ten, deren Gefolgschaft das Fundament seiner Macht darstellte, aber auch der entpoliti-

INTERTEXTUELL-HISTORISCHE VERORTUNG DER EXEGETISCHEN ERTRÄGE 613

auch noch der Name Augustus hinzugefügt. Im Blick auf den Titel „Imperator"
erklärt Cassius Dio, dass damit nicht derjenige Titel gemeint ist, der nach
altem Herkommen gelegentlich siegreichen Feldherren verliehen wurde (die-

---

sierten *plebs urbana* Roms, dem launischen Publikum für kaiserliche Selbstinszenierun-
gen. Alle erwarteten von ihm die Sicherung ihrer sozialen Existenz (z. B. Sold, Getreide-,
Geldspenden, Veteranenversorgung, *pax*).

Auf seine Person wurden Treueeide geleistet. Und die Fürsorgepolitik wurde finan-
ziert durch das enorme Vermögen des *princeps* (*patrimonium, fiscus*). Seine Großzügigkeit
(*liberalitas*) war denn auch eine der vielen Tugenden (*virtutes*), die der *princeps* – gleich
den republikanischen *principes* – aufweisen sollte, darüber hinaus aber jetzt noch insbesondere herrscherliche Milde (*clementia*), pflichtgemäßes Verhalten (*pietas*) und Gerechtigkeit (*iustitia*). Einen festgelegten Kanon aber hat es nicht gegeben.

51 Loretana de Libero, „Imperator," *DNP* 5:953–955: Der Begriff „Imperator" (lat. *autokrator*;
griech. στρατηγός) unterlag in seiner Bedeutung einem Wandel, der in seiner allgemeinen
Bedeutung militärischer Oberbefehlshaber römischer oder peregriner Herkunft bedeutet.

Der Titel war zunächst kein Amts- sondern Funktionstitel, der von seinen Trägern seit
dem 2. Jh. v. d. Z. in Dekreten und Dedikationen vor allem außerhalb Roms und Italiens
anstelle der nur für Rom relevanten regulären Amts- bzw. Funktionsbezeichnung wie
(Pro-) Consul oder (Pro-) Praetor verwendet wurde. Dieser untechnische Gebrauch fand
in spätrepublikanischer Zeit auch Eingang in offizielle Verlautbarungen.

Von dem Funktionsbegriff äußerlich nicht geschieden war die Verwendung des Begriffs
als Ehrentitel. Die Ausrufung zum *imperator* durch die eigenen Soldaten nach erfolgreicher Schlacht erlaubte es dem Imperiumsträger, diese Anrede als Titel seinem Namen
nachzustellen. Literarisch ist der Brauch der imperatorischen Akklamation zuerst für
das Jahr 209 v. d. Z. bezeugt. Sichere epigraphische und numismatische Nachweise liegen für das 1. Jh. v. d. Z. vor, als es seit Sulla üblich wurde, die Imperiums-Akklamationen
zu zählen. Der Ursprung der soldatischen Ausrufung (hell. oder genuin röm.) und ihre
Bedeutung (Anerkennung, Bestätigung der feldherrlichen Qualitäten) sind nicht sicher.
Die Begrüßung als *imperator* durch die Soldaten begründete keine rechtlichen Ansprüche.

Der Senat konnte einer solchen Akklamation zustimmen und einen Triumph für den
siegreichen Feldherrn bewilligen. Es stand ihm jedoch auch frei, diese Anerkennung
zu verweigern. Seit den 60er Jahren des 1. Jh. v. d. Z. beschloss der Senat unabhängig
von der soldatischen Akklamation auch selbst den Imperatoren-Titel für erfolgreiche
Heerführer. Der Titel wurde für die Dauer des *imperium* als sichtbares Zeichen der *virtus*
getragen. Mit Überschreiten des Pomeriums wurde mit dem Verlust des *imperium* auch
der Imperatoren-Titel abgelegt. Der Triumphator durfte sich jedoch für einen Tag in Rom
imperator nennen.

Seit den 70er Jahren des 1. Jh. v. d. Z. wurde neben dem Imperium-Titel immer häufiger
die Amtsbezeichnung geführt, wobei auch gewesene Ämter in der Titulatur verzeichnet
wurden. Cäsar führt schließlich nach 49 v. d. Z. den absoluten Gebrauch ein. *Imperium*
stand nicht mehr nur für einen einmaligen Sieg, sondern für die militärische Autorität

614 5. KAPITEL

sen auf Kriegstaten beruhenden Titel erhielt er insgesamt einundzwanzigmal), sondern der Titel in seiner anderen Bedeutung, der den Besitz der obersten Gewalt ausdrückt. In diesem Sinne war er bereits seinem Vater Cäsar sowie dessen Kindern und weiteren Nachkommen zuerkannt worden (Cassius Dio, *Gesch.* 52,41,3–4).

Für die Verwirklichung der übrigen von Maecenas vorgeschlagenen Reformen ließ Augustus sich bewusst Zeit und setzte zuerst jene um, die ihm Ruhm und Lob eintrugen, etwa den Erlass, mit welchem er sämtliche während der Bürgerkriege eingeführten ungesetzlichen und ungerechten Anordnungen aufhob. Mit solchem Vorgehen wollte er Beweise seines Großmuts geben und sein Ansehen dahingehend mehren, dass das Volk ihm freiwillig die Alleinherrschaft bestätigte, ohne den Eindruck zu erwecken, diesem Gewalt angetan zu haben.

---

seines Trägers. Die Zählung fiel daher weg, der Titel wurde nun auch in Rom geführt. *Imperium* war aber wohl noch nicht zu einem Namensbestandteil, auch wenn er äußerlich die Stelle des Cognomens einnehmen konnte.

In der Triumviratszeit zeichnete sich die Titulatur der drei Machthaber Roms bis etwa 39 v.d.Z. durch eine strikte Ebenbürtigkeit aus. Mit spätestens 38 v.d.Z. wurde jedoch der Imperiums-Titel im Machtkampf der einzelnen Potentaten auf neuem Wege instrumentalisiert. C. Iulius Caesar (Octavianus) setzt nun *imperium* an die Stelle des ererbten Praenomens und fügt als neues Gentilicium das Cognomen *Caesar* hinzu. Die positiven Assoziationen, die diese beiden Namen hervorriefen, sollten allein mit seiner Person verbunden werden. Charakteristisch für die Titulatur Octavians wurde das Nebeneinander von Imperiums-Namen und Imperiums-Titel. 29 v.d.Z. sanktionierte der Senat offiziell das *praenomen imperatoris* des nunmehrigen Alleinherrschers und beschloss 27 v.d.Z. den Ehrennamen „Augustus," so dass sich Octavian gleich der republikanischen *tria nomina* „Imperator Caesar Augustus" nennen konnte. Die rein militärische Gewalt, auf die sich der Prinzeps stützte, kam nur in seinem Namen und in der gezählten Imperatur zum Ausdruck.

Während in der Triumviratszeit eine gewisse Inflation des Imperiums-Titels anzutreffen war, setzt im frühen Prinzipat allmählich eine gewollte Beschränkung auch des *titulum imperii* auf den Herrscher und seine männlichen Familienangehörigen ein. Q. Iunius Blaesus war 22 d.Z. der letzte Feldherr, der – ohne der Kaiserfamilie anzugehören – die imperatorische Akklamation seiner Soldaten annehmen durfte. In Rom selbst übte Augustus nach 27 v.d.Z. Zurückhaltung in der Verwendung des Imperium-Namens. Seine Nachfolger Tiberius, Gaius und Claudius verzichten sogar mit Blick auf die propagierte *res publica restituta* gänzlich auf das *praenomen imperatoris*. Nero führt es dagegen wieder, wenn auch nur zeitweilig. Erst mit Vespasian wurde der Titel endgültig fester Namensbestandteil. Wie einst Augustus stellte dieser Prinzeps wieder das Cognomen *Caesar* dem *praenomen imperatoris* nach. Diese Kombination setzte sich bei seinen Nachfolgern rasch durch.

52 Beginnend mit Tiberius wurde er auf Lebzeit verliehen (Sueton, *Tib.* 24).

INTERTEXTUELL-HISTORISCHE VERORTUNG DER EXEGETISCHEN ERTRÄGE 615

Nachdem er seine engsten Freunde unter den Senatoren vorbereitet hatte, betrat er im Laufe seines siebten Konsulats (27 v.d.Z.) die Kurie und verlas nach Ansicht des Cassius Dio folgende „verschlagene" Erklärung (*Gesch.* 53,1,3; 53,2,5–7; 53,16,1.6–8):

> Ich weiß wohl, ihr Väter und Beigeordnete, dass ich bei einigen von euch den Eindruck erwecken werde, eine unglaubwürdige Wahl getroffen zu haben; denn was keiner meiner Zuhörer selbst tun wollte, das will er auch nicht glauben, wenn ihm ein anderer erklärt, dies getan zu haben, besonders da doch jedermann auf jeden neidisch ist, der über ihm steht, und darum auch geneigter, Äußerungen zu misstrauen, die sein Fassungsvermögen übersteigen. Außerdem ist mir bekannt, dass diejenigen, welche anscheinend Unglaubwürdiges vorbringen, andere nicht überzeugen können, vielmehr sogar als Betrüger gelten. In der Tat, wenn es sich bei meinem Versprechen um etwas handelte, was ich nicht alsbald verwirklichen wollte, so hätte ich starke Bedenken getragen, es öffentlich bekanntzumachen, und zwar aus Furcht, ich möchte statt Dank nur kränkenden Vorwurf ernten. Nun aber, da gleich noch mit dem heutigen Tag die Ausführung dem Versprechen folgen wird, fühle ich mich ganz sicher, mir keine Schande als Lügner zuzuziehen, vielmehr die ganze Menschheit an glänzendem Ruf zu übertreffen.
>
> Ihr seht doch auch selbst, dass es bei mir liegt, lebenslang über euch zu herrschen; denn alle ehemals aufrührerischen Elemente sind ja entweder durch Anwendung der Rechtsmittel vernichtet oder haben sich dank der Begnadigung zu einer vernünftigen Denkweise bekehren lassen, während meine Helfer durch Vergeltung ihrer Freundestaten mir geneigt und durch Teilhabe an der Staatsleitung fest an mich gebunden sind. Folglich denkt niemand an Umsturz, und sollte tatsächlich etwas Derartiges Platz greifen, so ist zum mindesten die Partei, die zu mir halten wird, noch entschlossener als je zuvor. Mein Militär steht, was Ergebenheit und Stärke anlangt, auf seinem Höhepunkt, dazu verfüge ich über Geld und Verbündete, und, was das Wichtigste ist, ihr sowie das Volk nehmt mir gegenüber eine Haltung ein, dass ihr sogar dringend wünschen möchtet, mich an eurer Spitze zu sehen. Indessen, ich werde nicht mehr länger euer Führer bleiben, und kein einziger wird sagen können, dass ich meine sämtlichen bisherigen Taten nur deshalb vollbracht habe, um die unbeschränkte Macht zu erringen. Nein, ich gebe jetzt mein Amt gänzlich auf und lege euch alles und jedes in die Hände, das Heer, die Gesetzgebung, die Provinzen, und zwar nicht nur all jene, die ihr mir übertrugt, sondern auch all diejenigen, die ich späterhin für euch noch hinzuerworben habe.

Ihr sollt gerade aus diesen meinen Taten auch entnehmen, dass ich nicht einmal anfänglich auf eine Machtstellung ausging, vielmehr in Wahrheit nur meinen grausam ermordeten Vater rächen und die Stadt aus großen, immer neuen Übeln befreien wollte.

Ach, wäre ich doch niemals so weit gegangen und hätte die Leitung des Staates übernommen, das heißt, ich wünschte, dass die Stadt mich nicht zu solch einer Aufgabe gebraucht hätte und wir, die Angehörigen dieser Generation, statt dessen in Frieden und Eintracht gelebt hätten, wie es einstmals auch unseren Vätern beschieden war. Nun aber hat euch offenbar ein Schicksal in eine Notlage versetzt, dass ihr gerade mich trotz meiner damaligen Jugend brauchtet und erproben musstet. Da habe ich denn, solange die Verhältnisse im Staate meiner Hilfe bedurften, eifrig und über mein Alter hinaus alles getan und sämtliche Unternehmungen glücklich – ja sogar noch über die Grenzen meiner Kräfte hinaus – zu Ende geführt. Und nichts in der ganzen Welt vermochte mich davon abzuhalten, euch in euren Gefahren beizustehen, weder Mühe noch Furcht noch feindliche Drohungen noch Bitten der Freunde noch die Masse der Verschworenen noch die Tollheit der Gegner, nein, bis zum letzten setzte ich mich für euch in allen und jeglichen Notfällen ein, und ihr wisst gut, was ich getan und gelitten haben. Aus all dem habe ich persönlich keinerlei Nutzen gezogen, außer dass ich mein Vaterland vor dem Untergang bewahrte, ihr aber dürft in Sicherheit und Ruhe leben. Da nun Fortuna in ihrem gnädigen Walten durch meine Hand euch den Frieden ohne Trug und die Einigkeit ohne Parteiung zurückgegeben hat, so empfanget auch wieder eure Freiheit und Demokratie; übernehmt die Armee und die untertänigen Provinzen und regiert euch selbst, wie ihr gewohnt seid!

Und seid nicht erstaunt, wenn meine Gedanken in diese Richtung gehen! Ihr kennt doch meine sonstige Mäßigung, Milde und Friedensliebe und bedenkt außerdem, dass ich niemals ein ungewöhnliches Sonderrecht oder etwas anderes, was der Masse unerreichbar bleibt, entgegennahm, obwohl ihr viel dergleichen wiederholt für mich beschlossen hattet! Zeihet mich andererseits nicht der Torheit, wenn ich, obwohl imstande, euch zu regieren und eine so gewaltige Herrscherstellung über eine so weite Welt einzunehmen, dies ablehne! Denn wenn man die Sache von der rechtlichen Seite aus betrachtet, so halte ich es für die gerechteste Lösung, wenn ihr eure Angelegenheiten selbst in die Hand nehmt; vom Standpunkt der Zweckmäßigkeit aus aber gesehen, erscheint es mir als das Sinnvollste, persönlich keine Schwierigkeiten zu haben, dem Neid nicht ausgesetzt zu sein und keine Intrigen zu erleben, während ihr eine Staatsverfassung besitzt, die sich auf Freiheit, Mäßigung und

INTERTEXTUELL-HISTORISCHE VERORTUNG DER EXEGETISCHEN ERTRÄGE 617

freundschaftliche Gefühle gründet. Und denkt man endlich auch noch an Ruhm, um dessentwillen viele oftmals Krieg und Gefahr wählen, wird es mir da nicht höchste Ehre einbringen, ein so großes Reich aufzugeben, und mein Ansehen gewaltig stärken, wenn ich auf einen derart hohen Gipfel der Befehlsgewalt verzichte und freiwillig zum Privatmann werde? Sollte daher einer unter euch der Ansicht sein, dass tatsächlich niemand außer mir in Wahrheit solch ideale Gedanken hegen und ihnen Ausdruck verleihen kann, dann möge er wenigstens mir Glauben schenken! Denn obschon ich in der Lage wäre, viele große Wohltaten anzuführen, die alle ich und mein Vater auf euch häuften und derentwegen ihr uns billiger- weise mehr als sämtlichen Menschen sonst Liebe und Verehrung erwei- sen dürftet, so könnte ich doch dieser Tat gegenüber keine andere mehr hervorheben und über nichts Gefühle größeren Stolzes empfinden als darüber, dass er sich die Alleinherrschaft anzunehmen weigerte, obwohl ihr sie ihm anbotet, und ich, der ich sie innehabe, von ihr mich trenne.

Denn welche Leistung könnte man diesen unseren Taten wirklich an die Seite stellen? Die Eroberung Galliens, die Versklavung Pannoniens, die Überwältigung Mösiens oder die Unterwerfung Ägyptens? Oder Pharna- kes, Iuba, Phraates oder den Feldzug gegen die Briten und den Rhein- übergang? Das sind zwar größere und bedeutsamere Taten als selbst unsere sämtlichen Vorfahren damals in der Vergangenheit ausführten, trotzdem verdient keine davon, dem, was ich jetzt tue, verglichen zu wer- den, gar nicht zu reden von unseren Bürgerkriegen, die sich von allen bisherigen als die größten und wechselvollsten erwiesen, von uns aber ehrenvoll durchgefochten und zu einem gnädigen Ende geführt wurden; dabei besiegten wir jeden Gegner gleich einem Landesfeind, schonten aber jeden, der sich beugte, wie einen Freund. (Das war vorbildlich), und man möchte nur wünschen, dass unsere Stadt, wenn sie nach Schicksals- schluss erneut solcher Krankheit einmal verfallen sollte, etwa auf diese Weise ihre Streitigkeiten austrage; denn wenn wir im Besitze einer so rie- sigen Macht und so deutlich auf dem Gipfel von Tapferkeit und Glück ste- hend, dass wir mit oder gegen eueren Willen, eine Willkürherrschaft hät- ten aufrichten können, weder den Verstand verloren noch die Monarchie anstrebten, vielmehr mein Vater die ihm angebotene Alleinherrschaft von sich wies und ich sie nach ihrer Verleihung zurückgebe, dann über- schreitet solch ein Handeln menschliche Grenzen. Das sage ich nicht so hin in eitler Grossprecherei – ich hätte ja darüber ganz und gar kein Wort verloren, wenn ich irgendwelchen Nutzen davon ziehen wollte –, ihr sollt vielmehr wissen, dass wir, obwohl wir auf so zahlreiche und bedeutende dem Staat im allgemeinen wie auch Einzelpersonen geleistete Wohltaten ruhmredig hinweisen könnten, doch darüber den größten Stolz empfinden, dass wir das, wonach andere gieren und zur Erreichung ihres Zieles nicht einmal Gewalttat scheuen, selbst unter Zwang ablehnen.

Wie ließe sich nämlich ein Mensch finden großmütiger als ich, um nicht wieder von meinem toten Vater zu sprechen, wo einer, der der Gottheit näher käme? Ich, der – bei Iuppiter und Hercules – so viele tüchtige Soldaten, Römer sowohl wie Verbündete, die mir alle ergeben sind, zur Verfügung hat, ich, der von einigen Bereichen abgesehen über das ganze Meer innerhalb der Säulen des Hercules gebiete, ich, der auf jedem Kontinent Städte und Provinzen sein eigen nennt, zu einem Zeitpunkt, da mich kein fremdstämmiger Feind mehr bekriegt und auch zu Hause kein Gegner mit Empörung bedroht, ihr vielmehr alle in Frieden, Eintracht und Glück lebt und, was das Wichtigste ist, freiwillig Gehorsam leistet – ich trete trotz all dem aus freien Stücken und eigenem Antrieb von einer so gewaltigen Herrscherstellung zurück und gebe einen derart riesigen Besitz auf. Wenn nun schon Horatius, Mucius, Curtius, Regulus und die Decier bereit waren, um des Ruhmes einer großen und herrlichen Tat willen Gefahren zu bestehen und den Tod zu suchen, warum sollte ich daher nicht noch mehr den Wunsch verspüren, eine solche Leistung zu vollbringen, durch die ich, ohne mein Leben zu verlieren, jene Vorväter und alle anderen Menschen zugleich an Ruhm übertreffen werde? Denn wahrlich keiner von euch soll glauben, dass wohl die alten Römer noch Tugend und Ruhm anstrebten, heute hingegen aller männlicher Sinn in der Stadt erstorben ist! Und weiterhin, es soll auch niemand vermuten, dass ich euch irgendwelche schlechten Menschen preiszugeben und in die Hände zu spielen beabsichtige oder euch gar einer Pöbelherrschaft ausliefern will, aus der nie etwas Gutes hervorgeht, vielmehr zu jeder Zeit und für die gesamte Menschheit all die schrecklichsten Übel entstehen. Euch Senatoren nämlich, euch, den besten und verständigsten Männern, übertrage ich den ganzen Staat. Den anderen Weg hätte ich niemals eingeschlagen, selbst wenn ich tausendmal hätte sterben oder gar die Alleinherrschaft übernehmen müssen; dieses mein Vorgehen jedoch geschieht zu meinem eigenen Besten und zu dem der Stadt. Habe ich doch selbst viele Mühen und Schwierigkeiten auf mich genommen und fühle mich nun der Anstrengung weder seelisch noch körperlich mehr gewachsen. Außerdem sehe ich voraus den Neid und den Hass, die gewissen Existenzen selbst gegen die besten Männer innewohnen, dazu all die Anschläge, die von dort ihren Ausgang nehmen. Ich ziehe es daher vor, das Leben eines angesehenen Privatmanns zu führen als unter Gefahren den Alleinherrscher zu machen und schließlich dürfte die Leitung des staatlichen

INTERTEXTUELL-HISTORISCHE VERORTUNG DER EXEGETISCHEN ERTRÄGE 619

Gemeinwesens weit besser durch alle gemeinsam geschehen, da sie ja dann durch viele zugleich besorgt würde und nicht von einem einzigen Manne abhinge.

Daher bitte ich euch nun und flehe euch alle gleichermaßen an, gemeinschaftlich meinen Vorschlag zu billigen und mich bereitwillig zu unterstützen, eingedenk all dessen, was ich sowohl im Krieg wie im bürgerlichen Leben für euch geleistet habe, und erzeigt mir den ganzen Dank hierfür, indem ihr mir gestattet, in Ruhe endlich nun meine Tage zu verleben! Dadurch soll es euch auch klar werden, dass ich mich nicht nur darauf verstehe zu herrschen, sondern mich auch beherrschen zu lassen, und dass ich mich allen Befehlen, die ich anderen erteile, auch selbst unterwerfen kann. Ich rechne nämlich ganz und gar damit, in Sicherheit leben zu können und von niemandem in Wort oder Tat etwas Böses erfahren zu müssen; so großes Vertrauen setze ich, gestützt auf mein eigenes gutes Gewissen, tatsächlich in euere Ergebenheit. Sollte mich indessen ein Unglück treffen, wie es ja das Los vieler Menschen ist – unmöglich kann ja ein Mann überall Sympathie gewinnen, zumal wenn er in so gewaltige Kriege mit ausländischen wie einheimischen Gegnern verwickelt war und derart gewichtige Aufgaben zu erledigen hatte –, dann möchte ich ohne jedes Bedenken lieber selbst vor dem mir schicksalhaft bestimmten Tag als Privatmann enden, als im Besitz der Alleinherrschaft ewig leben. Denn gerade diese Wahl wird mir Ruhm einbringen, weil ich es nicht nur vermied, durch Mord an einem anderen dieses Amt zu erringen, sondern sogar noch mein Leben opferte, um nicht Alleinherrscher zu werden. Der Mann aber, der sich erkühnt, mich zu töten, wird ganz gewiss sowohl durch die Gottheit als auch durch euch seine Strafe empfangen, ebenso wie es auch bei meinem Vater geschehen ist; denn jener wurde in den Rang von Göttern erhoben und erhielt ewige Ehrungen, während seine Mörder als Übeltäter ein schlimmes Ende fanden. Die Unsterblichkeit können wir wohl nicht erreichen, durch ein rühmliches Leben und rühmliches Sterben gewinnen wir jedoch in gewissem Sinn selbst diese Auszeichnung. Daher übergebe ich euch – bereits im Besitz der ersten und in Erwartung der zweiten Voraussetzung – die Streitkräfte, die Provinzen, die Einkünfte und die Gesetze und füge nur noch einige mahnende Worte bei, damit ihr weder aus Angst vor der Größe oder Schwierigkeit der Verwaltungsgeschäfte den Mut verliert noch geringschätzig darüber hinweggeht, als seien sie eine leicht zu erledigende Sache.

Und nun möchte ich nicht zögern, zusammenfassend euch ans Herz zu legen, was alles in jedem der wichtigeren Verwaltungsbereiche zu tun ist. Und welche sind diese meine Ratschläge? Erstens haltet mit aller

Kraft an den geltenden Gesetzen fest und ändert keines davon! Denn was unverändert bestehen bleibt, bringt, auch wenn es weniger gut ist, mehr Nutzen als das, was fortwährend geändert wird, und mag es auch den Eindruck erwecken besser zu sein. Zweitens achtet peinlich darauf, alles zu tun, was die Gesetze euch anbefehlen, und zu meiden, was sie verbieten, und zwar nicht nur in Wort, sondern auch in der Tat, nicht allein in der Öffentlichkeit, vielmehr auch im Privatleben, damit ihr keine Strafen, nein Ehren empfangt! Was die Ämter in Krieg und Frieden anlangt, übertragt sie den besten und klügsten Männern, ohne jemandem Missgunst zu zeigen; und tretet auch in keinen Wettstreit, um die persönlichen Interessen von diesem oder jenem zu fördern, vielmehr um die Sicherheit der Stadt und ihr Wohlergehen zu wahren! Fernerhin ehret die Männer, welche solches Denken pflegen, bestraft hingegen jeden, der im politischen Leben andere Ziele verfolgt! Behandelt euer persönliches Eigentum wie allgemeinen Staatsbesitz, lasst aber die Hände von öffentlichen Geldern, wie wenn sie fremd wären! Bewahrt sorgfältig, was schon euer eigen ist, und verlangt keinesfalls, was euch nicht gebührt! Misshandelt nicht die Bundesgenossen und Untertanen und erpresst auch kein Geld von ihnen, und habt ihr mit Feinden zu tun, dann fügt ihnen weder Unrecht zu noch fürchtet sie! Habt stets euere Waffen bei der Hand, doch bedient euch ihrer ja nicht gegeneinander oder gegen friedliebende Menschen! Gewährt den Soldaten einen auskömmlichen Unterhalt, damit sie nicht aus Not nach fremdem Gute greifen wollen; haltet sie fest in der Hand und unter Zucht, so dass sie nicht übermütig werden und Schaden stiften! Doch wozu lange Worte machen und auf alles eingehen, was ihr tun sollt? Ihr könnte ja wohl mühelos aus diesen Hinweisen ersehen, wie all die übrigen Angelegenheiten zu erledigen sind. Eines freilich will ich noch erwähnen, ehe ich meine Ausführungen beschließe: Wenn ihr die Regierung in der angedeuteten Weise führt, werdet ihr euch sowohl selbst glücklich fühlen als auch mir dankbar sein, mir, der ich euch in schlimme Bürgerkriege verwickelt vorfand und euch zu dem machte, was ihr heute darstellt. Seht ihr indes euch außerstande, irgendeinen der von mir genannten Programmpunkte auszuführen, dann werdet ihr mich mit Reuegedanken erfüllen, die Stadt aber von neuem in eine Unzahl Kriege und große Gefahren stürzen.

CASSIUS DIO, *Gesch.* 53,3,1–53,10,8

In Unwissenheit über seine wahre Absicht fielen die Reaktionen der Senatoren auf des Cäsars Erklärung unterschiedlich aus. Während ein Teil seinen Ausführungen Glauben schenkte, misstraute ihm andere. Doch beide waren aus

INTERTEXTUELL-HISTORISCHE VERORTUNG DER EXEGETISCHEN ERTRÄGE 621

unterschiedlichen Gründen verwundert und gleichzeitig verärgert, die einen über seine Verschlagenheit, die anderen über seine scheinbare Gesinnungsänderung. Denn es hatte schon solche gegeben, die von der demokratischen Ordnung als Brutstätte der Revolution nichts mehr wissen wollten. Nicht nur in ihrer Verwunderung und Ärger begegneten sich die beiden Gruppen, sondern auch in ihrer ängstlichen Reaktion. Denn jene, die ihm glaubten, zeigten aus Furcht ihre Freude nicht, und jene die ihm misstrauten, wagten es nicht, seine Ehrlichkeit öffentlich in Zweifel zu ziehen. Stattdessen baten sie ihn um eine monarchische Regierung, solange bis sie ihn scheinbar dazu brachten, die Selbstherrschaft anzunehmen.[53] So bekam Augustus seine Herrscherstellung nicht nur vom Senat, sondern auch vom Volk bestätigt.[54] Unmittelbar darauf erwirkte er den Beschluss, dass seine Leibgarde doppelt so viel Sold wie die übrigen Soldaten empfangen sollten, damit er über eine zuverlässige Wache verfüge (Cassius Dio, *Gesch.* 53,11,1–53,12,1a).

Um indes als Demokrat zu erscheinen, erklärt Augustus, nicht alle Provinzen leiten zu wollen. So gab er die schwächeren von ihnen als befriedete und von keinem Krieg heimgesuchten Gebiete an den Senat zurück, behielt aber die stärkeren für sich; sie seien – dies seine Begründung – unsicher und gefährdet und hätten entweder Feinde zu Nachbarn oder könnten von sich aus einen ernsten Umsturz verursachen. Diese Regelung traf Augustus, wie er sagte, damit der Senat ungefährdet aus den besten Teilen des Reiches seinen Nutzen ziehen könne, er selbst aber die Mühen und Gefahren auf sich zu nehmen habe. In Wirklichkeit aber sollten die Senatoren unter diesem Vorwand unbewaffnet und zu keinem kriegerischen Unternehmen fähig sein, während er allein über Waffen verfügte und Soldaten unterhielt. Und so galten als Besitz von Volk

---

53 Wolfgang Will und Jörg Rüpke, „Caesar," *DNP* 2:908–923: Ohne Zweifel war sein Vater als Diktator auf Lebenszeit (seit 44 v.d.Z), und ungeachtet dessen, dass er das Diadem ablehnte, Wegbereiter auf diesem Pfad.

54 Meret Strothmann, „Dies imperii," *DNP* 12/2:941: Das Syntagma bezeichnet den Tag der Herrschaftsübernahme, also in der Regel die offizielle Anerkennung des Herrschers durch den Senat beziehungsweise das Heer (Soldatenkaiser). Eine Ausnahme war derjenige des Vespasian, der seinen auf den 1. Juli 69 d.Z. festlegte, als ihn die Soldaten zum Herrscher ausriefen, die Senatsanerkennung erfolgte aber erst am 21. Dezember 69 d.Z.

Wie im hellenistischen Vorbild war die jährlich iterierte öffentliche Feier der Herrschaftsübernahme die wichtigste nach der für den Geburtstag des Prinzeps (*dies natalis*). Der Tag war häufig indirekt durch das Datum von Weihungen und Stiftungen zu Ehren des Herrschers zu erschließen. Die *tribunicia potestas* des Herrschers wurde an diesem Tag erneuert; der tribunizische Jahresbeginn wurde mit dem *dies imperii* in Einklang gebracht, indem man den die *tribunicia potestas* verleihenden Akt auf diesen Tag zurückdatierte.

622   5. KAPITEL

und Senat: Afrika, Numidien, Asia, Griechenland samt Epirus, die Bezirke Dalmatien und Makedonien, Sizilien, Kreta samt dem kyrenäischen Teil Libyens, Bithynien mit dem angrenzenden Pontus, Sardinien, Baetica. Augustus hingegen behielt den Rest von Spanien – das heißt das Gebiet um Tarraco und Lusitanien – und ganz Gallien – nämlich Gallia Narbonensis, Gallia Lugdunensis, Aquitania und Belgica. Sodann fielen dem Kaiser das sogenannte Hohle Syrien, Phönikien, Kilikien, Zypern und Ägypten zu. Später gab er Zypern und Gallia Narbonensis ans Volk zurück und erhielt von ihm dafür Dalmatien. Alle weiteren Provinzen, die nach Augustus unter römische Herrschaft kamen, wurden denen des Kaisers angefügt, der gerade zu jener Zeit herrschte (Cassius Dio, *Gesch.* 53,12,1b–9).

Während die Statthalter der Senatsprovinzen auf Anordnung des Cäsars für ein Jahr durch Los bestimmt wurden, wählte Augustus die Statthalter seiner Provinzen selbst und für so lange, wie es ihm gut schien. Erstere sollten den Titel Prokonsul tragen, weil sie sich friedlichen Aufgaben widmeten, und seine Statthalter sollten den seit alters her mit Kriegsführung verbundenen Titel Propraetor führen (*Legati Augusti pro praetore*). Erstere durften folglich weder Schwert noch militärische Kleidung tragen, seine hingegen durften beides, was ihnen die Gerichtsbarkeit sogar über Soldaten verlieh (Cassius Dio, *Gesch.* 53,13,1–8).

Nachdem die Macht von Senat und Volk auf diese Weise auf Augustus übergegangen war, und er wie auch seine Nachfolger den Schein aufrecht zu erhalten suchten, als besäßen sie diese Macht kraft der Gesetze und nicht ihres Selbstherrschertums, zogen sie sämtliche Befugnisse der gesetzlichen Ämter, die in den Zeiten der Republik durch den freien Willen des Volkes über Macht verfügten, an sich und verwalteten das Reich nach ihrem jeweiligen Willen. Sie bekleiden daher häufig das Konsulat und wurden jederzeit, wenn sie das Pomerium verließen, als Prokonsuln bezeichnet.

Kraft der mit diesen Ämtern in Verbindung stehenden Titel, die, mit Ausnahme des Titels Censor,[55] Kaisern auf der Basis der „*Lex de imperio Vespasiani*"

---

55   Christian Gizewski, „Censores," *DNP* 2:1056–1057: Das mit dem *census* in Verbindung stehende Amt der *censores* wurde wegen Amtsmissbrauchs von Sulla beseitig, der es seiner außerordentlichen Amtskompetenz zuschlug. Nachdem es im Jahr 70 v. d. Z wieder eingeführt worden war, beseitigte Cäsar es erneut und erklärt sich statt dessen zum *praefectus morum*. Die augusteische Restauration belebte die Censur zwar wieder, und in den Kaisertitulaturen des 1.Jh. d. Z. trat sie sogar öfters als Teil der formellen kaiserlichen Amtsfunktionen in Erscheinung. Doch lagen die früher den *censores* zukommenden politische Entscheidungsbefugnisse nun zumindest in wichtigen Fällen durchweg beim Kaiser, selbst

INTERTEXTUELL-HISTORISCHE VERORTUNG DER EXEGETISCHEN ERTRÄGE 623

auf einmal und zugleich verliehen wurden,[56] nahmen sie selbstverständlich auch das Recht in Anspruch, Aushebungen zu veranstalten als auch die Soldaten zu befehligen, Krieg zu erklären und Frieden zu schließen, gleichermaßen überall und jederzeit über Fremde und Bürger zu herrschen – in einem Masse, dass sie sogar innerhalb des Pomeriums sowohl Ritter wie Senatoren hinrichten lassen konnten – und all die anderen Sonderbefugnisse ausübten, die irgendeinmal den Konsuln und sonstigen Amtsträgern mit unbeschränkter Amtsgewalt eingeräumt worden waren.

Aufgrund der Zensur war der Kaiser ferner befugt die Steuern einzuziehen, und damit auch, Bürger in den Ritter- oder Senatorenstand zu versetzen und andere aus den Listen nach Gutdünken zu tilgen.[57]

---

wenn dieser formell nicht das Amt des Censors innehatte. Es wurde deshalb spätestens seit dem 2.Jh. d. Z. unüblich; seine Aufgaben verteilen sich auf die dem *census* dienenden Verwaltungsebenen, die Provinzial- und Stadtverwaltungen oder die Gerichte, soweit sie der Kaiser nicht an sich zog (z. B. bei der Sittenaufsicht über prominente Standespersonen).

56 Hartmut Galsterer, „Lex de imperio Vespasiani," *DNP* 7:119–120.

57 Christian Gizewski, „Census," *DNP* 2:1059–1060: Aus der allgemeinen Bedeutung von *censere* (etym. von *centrum*) ergeben sich für *census* folgende Spezialbedeutungen: (1) Die Bürgerschätzung in republikanischer Zeit. Nach römischer Geschichtstradition übten zunächst die Könige, später die Konsuln die Bürgerschätzung aus, um Heeres-, andere Dienstleistungen und Steuerverpflichtungen festzulegen. Seit dem Jahre 443 v. d. Z. waren zwei Censoren für eine Amtsperiode von fünf Jahren (*lustrum*) dafür zuständig. Sie hatten die Grundsätze ihrer Amtsführung in einem Edikt bekanntzumachen und ihre Amtsgeschäfte (wohl) innerhalb von 18 Monaten abzuschließen. Dazu gehörten die Entgegennahme der Erklärung, die alle römischen Bürger (*patres familias*) über ihre Familien- und Vermögensverhältnisse abgeben mussten, die Untersuchung der in solchen Erklärungen oder anderweitig bekannt gewordenen *vitia*, auch moralischer Art, die Überprüfung der Zugehörigkeit und Neuzuweisung der Bürger zu einer der vier städtischen und 31 ländlichen *tribus* Roms, zu einer der zuletzt 193 *centuriae* der *comitia centuriata*, zur Gruppe der *equites* oder zum römischen Senat (*lectio senatus*). Im Rahmen einer Sittengerichtsbarkeit (*regimen morum*) konnten sie außer Rügen (*notae*) auch die Versetzung von Bürgern in eine weniger angesehene (d.h. städtische) Tribus oder Centurien-Klasse (*tribu amovere*), die Entfernung aus dem Ritterstande oder aus dem Senat für ein moralisches Fehlverhalten verfügen. Zum *census* gehörte auch die Überprüfung des Staatsvermögens und magistratische Finanzgebarung, gegebenenfalls ihre Neuordnung. Am Ende der censorischen Amtshandlungen stand ein Sühneopfer, von dem auch der fünfjährige Turnus des *census* seinen Namen hatte. (2) Darüber hinaus bedeutete *census* schon in republikanischer Zeit und später die Eintragung der steuerpflichtigen *subiecti* unter römische Reichshoheit – also derer, die nicht *cives Romani* waren – in die Steuerlisten, bei gleichzeitiger Schätzung ihres steuerpflichtigen Vermögens (*caput*). Dies war vor allem eine Aufgabe

624   5. KAPITEL

Darüber hinaus besaßen Kaiser die Weihe aller Priesterschaften, weshalb sie nicht nur die höchsten Entscheide der profanen, sondern auch der religiösen Dinge in ihrer Hand hielten.[58]

Die sogenannte tribunizische Gewalt verlieh ihnen ferner das Recht, jegliche Maßnahme eines anderen Beamten zu unterbinden, wenn sie damit nicht einverstanden waren, ohne verunglimpft zu werden. Und wenn sie glaubten, jemand sei ihnen durch Tat oder Wort zu nahe getreten, konnten sie den Schuldigen wie einen verruchten Frevler ohne Gerichtsverfahren töten lassen.

Und schließlich waren Kaiser seit Augustus von jeglichem Gesetzeszwang entbunden und brauchten sich an keine geschriebene Satzung zu halten, ein Recht, wie es keinem anderen je zuteil geworden war (Cassius Dio, *Gesch.* 53,17,1–53,18,5; 53,28,1–3),[59] und auch ein Recht, das – wie gezeigt wurde – von keinem mehr als von Nero missbraucht worden war.

(2)   Kriegserklärung
Trotz zahlreicher Missbräuche, hinsichtlich des Krieges wollte Rom als Militärmacht wahrgenommen werden, die sich nicht leichtfertig in den Kampf begab. Im Gegenteil, es entwickelte bereits früh Rituale, welche den Übergang vom Frieden- in den Kriegszustand und zurück markierten und unter den Schutz der Götter stellen sollten. So oblag es einem eigenen Priesterkolle-

---

der Provinzialverwaltungen und verfassten Städte, in der Spätantike auch der Praetoriumspraefekturen. (3) Schließlich bedeutet *census* auch die Steuererklärung eines Bürgers selbst, ferner die besteuerbaren Vermögenswerte, die für eine Steuerperiode festgelegte Steuerschuld und die mit der Steuererhebung verbundenen amtlichen Kataster (*libri censuales*).

58   Richard L. Gordon, „C. Pontifex, Pontifices," *DNP* 10:135–138: Das Amt des *pontifex maximus* wurde im Jahr 44 v. d. Z. durch einen Beschluss des Senats in der Familie des Iulius Caesar für erblich erklärt (Cassius Dio, *Gesch.* 44,5,3). Nach dem Tod des M. Aemilius Lepidus nahm Augustus das Amt im Jahre 12 v. d. Z. an, und bis ins 4. Jh. d. Z. blieb es ein fester Bestandteil der kaiserlichen Würden. Ein Sitz im Collegium wurde regelmäßig jüngeren Mitgliedern der kaiserlichen Familie zugesprochen. Die Ernennung anderer zum *pontifex* wurde zum Zeichen besonderer kaiserlicher Begünstigung.

59   De Libero, „Princeps," 10:328–331; Gizewski, „II. Auctoritas," 2:266–267: In der Kaiserzeit bezeichnet der Begriff die verfassungsrechtliche Souveränitätsposition des Kaisers. Sie wird ihm aufgrund der faktisch gegebenen innenpolitischen Machtverhältnisse normativ zugestanden, und räumt ihm umfassende Zuständigkeit bei Letztentscheidungen in wichtigen politischen Fragen ein (kaiserliche Souveränität). Darüber hinaus bezeichnet *auctoritas* die dem Kaiser durch Gesetz übertragene Amtszuständigkeit und konzedierten Gesetzesbefreiungen. Hier beschreibt sie sowohl die eher politische „Autorität" im heutigen Wortsinne als auch den Komplex der gesetzlich-„legitimen" Ermächtigungen.

INTERTEXTUELL-HISTORISCHE VERORTUNG DER EXEGETISCHEN ERTRÄGE 625

gium von zwanzig Priestern auf Lebenszeit, den *Fetialen*, zu garantieren, dass Krieg immer nach den auferlegten göttlichen Regeln und unter Wahrung des *ius fetiale*, dem sakralen Rechtsverkehr von Volk zu Volk, begonnen wurde. Sie hatten in der ältesten belegten Form des Fetialrechts den Gegner aufzufordern, Unrecht wieder gutzumachen (*rerum repetitio*). Blieb dieser Appell wirkungslos, hatten sie nach dreiunddreißig Tagen auf der rechtlichen Basis eines Senatsbeschlusses den Krieg zu erklären, beziehungsweise ihn formell mittels Wurf einer in Blut getauchten Lanze (*hasta*) durch den *pater patratus* zu eröffnen. In Feindesgebiet wurde die Lanze bei inneritalischen Kriegen gestoßen, und in ein das Feindesland symbolisierendes Stück Erde beim Tempel der römischen Kriegsgöttin Bellona jenseits des Pomeriums Roms bei außeritalischen Kriegen. Unter dieser Voraussetzung glaubte man, einen von den Göttern als gerecht anerkannten Krieg führen zu können (*bellum iustum*).[60]

Ein praktischer und einleuchtender Grund für die Pflicht zum gerechten Krieg ist uns in den Ausführungen Onasanders erhalten geblieben, er schreibt:

> The causes of war, I believe, should be marshaled with the greatest care; it should be evident to all that one fights on the side of justice. For then the gods also, kindly disposed, become comrades in arms to the soldiers, and men are more eager to take their stand against the foe. For with the knowledge that they are not fighting an aggressive but a defensive war, with consciences free from evil designs, they contribute a courage that is complete; while those who believe an unjust war is displeasing to heaven, because of this very opinion enter the war with fear, even if they are not about to face danger at the hands of the enemy. On this account the general must first announce, by speeches and through embassies, what he wishes to obtain and what he is not willing to concede, in order that it may appear that, because the enemy will not agree to his reasonable demands, it is of necessity, not by his own preference, that he is taking the field. He should call heaven to witness that he is entering upon war without offence, since he has not failed to consider the dangers that fall to the lot of combatants, and is not deliberately seeking, in every possible manner, to ruin the enemy.
>
> ONASANDER, *Strat.* 4.1–3

---

60   Francesca Prescendi, „Fetiales,“ *DNP* 4:496–497; Fritz Graf, „Bellona,“ *DNP* 2:556; Burckhardt, *Militärgeschichte der Antike*, 82; Rüpke, *Domi militiae*, 97–124; Riedo-Emmenegger, *Prophetisch-messianische Provokateure der Pax Romana*, 58–66; vgl. auch Georg Kreis, Hg., *Der „gerechte Krieg": Zur Geschichte einer aktuellen Denkfigur* (Basel: Schwabe, 2006).

626   5. KAPITEL

Auf Basis der beschriebenen Herrschaftsstruktur war der Legat der kaiserlichen Provinz Syriens, Cestius, gegen Judäa in den Krieg gezogen (vgl. 5.2.3[2]). Aber eines strategischen Fehlers wegen musste er das Land fluchtartig verlassen (vgl. 5.7.2[4]). Diese Nachricht ereilte Nero, während er noch auf seiner künstlerischen Tournee in Griechenland weilte, worauf er zur Niederschlagung des judäischen Aufstandes seinen Feldherren Vespasian beauftragte (Josephus, *Bell.* 1,21; vgl. 5.5.2[1]).

War Roms Feldzug gegen Judäa nun ein gerechtfertigter? Aus Sicht des Josephus war Rom unhinterfragt im Recht. Nicht nur der „eindeutigen" juristischen Lage des „Rechtsbruchs" (*Bell.* 3,133: παρανομία) und seiner Rolle als flavischer Hofhistoriker wegen, denn die „Tyrannen oder Räuber" (*Bell.* 1,11 Pl.: τύραννος; *Bell.* 1,11: λῃστρικός), womit er die „Aufständischen" (*Bell.* 1,10 Pl.: στασιαστής) betitelte, hätten die Weltmacht „gegen deren Willen zum Eingreifen genötigt" (*Bell.* 1,9–12). Und zwar durch den beschriebenen Mord von gefangenen römischen Soldaten an einem Sabbat durch die Leute Eleazars in Jerusalem (vgl. 5.2.3[2]).

Dieser vielfach von Josephus verwendete Begriff „Räuber" für die judäischen Aufständischen spiegelt dabei ein römisches Rechtsverständnis, das Feindmit Räubereinfall (griech.: λῃστεία; lat.: *latrocinium*) gleichsetzt. Entsprechend wurde Räuberei in der vom Diktator Lucius Cornelius Sulla Felix (138–178 v.d.Z.), kurz Sulla, erlassenen *lex Cornelia de sicariis et veneficis* (81 v.d.Z.) als öffentliche und wie Feindeinfall als ein mit Kapitalstrafe zu ahndendes Delikt erklärt. Was dabei als sich dem Gemeinwesen entziehend und deshalb als bedrohlich wahrgenommen wurde, war weniger das tatsächliche Ausmaß der Verwüstung einer bestimmten Bande (*factio*), als vielmehr eine sich in organisierter Machtausübung darstellende politische Gegnerschaft. Und diese konnte sogenannten „Hauptmännern" zur Kontrolle ganzer Regionen verhelfen, was Räuber als auch Piraten nicht nur von gewöhnlichen Dieben unterschied, sondern ihr Treiben in die Nähe des bewaffneten Aufruhrs brachte, dem sogenannten *crimen maiestatis* (vormals *perduellio*). Und wie auf Räuberei stand auf diesem gegen das römische Volk und seine Sicherheit gerichtete Treiben die Kapitalstrafe.[61]

Die Weltherrschaftsideologie auf Basis derer Rom seine Expansion und Kriegsführung deutete und in deren Rahmen das Imperium sich die Aufgabe

---

61   Brent D. Shaw, „Räuberbanden," *DNP* 10:758–763; Constanze Ebner, „Latrocinium," *DNP* 6:1181; Loretana de Libero, „Perduellio," *DNP* 9:538; Gizewski, „Maiestas," 7:710–712; Josephus, *De bello Judaico*, 1:XXI; Walter Eder, „I.90 Cornelius," *DNP* 3:186–190; Hengel, *Die Zeloten*, 43–48, 77–79, 411.

INTERTEXTUELL-HISTORISCHE VERORTUNG DER EXEGETISCHEN ERTRÄGE 627

einer Ordnungsmacht auf ewig zusprach, erfuhr nicht überall Wohlwollen. Kritiker setzten dieser Ideologie vielmehr den Vorwurf entgegen, Rom sei von Kriegslust und desgleichen von Räuberei getrieben.[62] Dass Judäas Aufständische sich angesichts der räuberischen Prokuratoren nicht gänzlich in rechtsfreiem Raum befanden, sollen folgende Ausführungen zeigen.

5.4.3 Judäa
(1)   Herrschaftsform und Territorium
         Königtum
Um 1000 v. d. Z. verlieh sich Israel unter äußerem Druck – und wie seit dem 4. Jt. im Alten Orient üblich – eine Herrschaftsform des Königtums und erwarb damit Eigenstaatlichkeit. Seiner Lichtgestalt, König David, und seinem Hause verhieß der Prophet Nathan ewigen Bestand (2 Sam 7,1–16). Eine Hoffnung, die nach Exilierung seines letzten Königs Zedekia im Jahre 587 v. d. Z. als messianische Idee weiterlebte.[63]

Im 2. Jh. v. d. Z. gelang es den Makkabäern – wiederum aufgrund äußeren und diesmal auch inneren Drucks – sich von der Herrschaft der Seleukiden zu befreien und unter ihren Nachkommen, nach Josephus dem Hasmonäer Aristobulos I., im Jahre 104 v. d. Z. zur Herrschaftsform des Königtums zurückzukehren (*Bell.* 1,70; *Ant.* 13,301).[64]

Aber – wie bereits vermerkt (vgl. 5.2.3[3]) – wegen Uneinigkeit seiner Mitglieder verlor das Haus den Thron, zunächst an eine durch den syrischen Legaten Gabinus eingerichtete aristokratische Regierungsform (*Ant.* 14,91), hernach an einen „Menschen von niedriger Herkunft und aus dem Stande gewöhnlicher Untertanen" (*Ant.* 14,491; vgl. auch *Bell.* 1,313.665), wie der mütterlich von hasmonäischem Hause stammende Josephus abschätzig vermerkt (*Ant.* 16,187; *Vita* 2). Damit meint er Herodes den Grossen (um 73–4 v. d. Z.), Sohn des Idumäers Antipater und der Nabatäerin Kypros, ein König von Roms Gnaden.[65] Denn das Königtum erlangte er – nachdem es ihm erstmals durch Cassius versprochen worden war (*Bell.* 1,225) – auf Empfehlung des Antonius und unter Zustimmung des Cäsar (Octavian) um 40 v. d. Z. aus der Hand des römischen Senats (Josephus, *Bell.* 1,182–185; *Ant.* 14,381–389). Er konnte es aber erst 37 v. d. Z. antreten, nachdem er seine Kontrahenten und insbesondere Antigonos

---

62   Karl-Wilhelm Welwei, „Kriegsschuldfrage," *DNP* 6:847–848.

63   Eva Cancik-Kirschbaum, „II. Herrschaft," *DNP* 5:488–489.

64   Abraham Schalit, „Aristobulus I.," *EJ* 2:457: Nach dem Zeugnis des Strabo (26,2,40) soll sein jüngerer Bruder und Nachfolger, Alexander (Jannäus), das Königtum wieder eingeführt haben.

65   Riedo-Emmenegger, *Prophetisch-messianische Provokateure der Pax Romana*, 197–204.

628   5. KAPITEL

in kriegerischen Auseinandersetzungen in Galiläa, Idumäa, Samaria und Jerusalem erfolgreich bekämpft hatte (*Bell.* 1,286–363; *Ant.* 14,393–491). Nach Cäsars Sieg gegen Antonius in Actium bestätigte ihn dieser als König Judäas wider Erwarten (*Bell.* 1,391–392; *Ant.* 15,183–201). Mehr noch, 30 v.d.Z. gab er ihm das von Kleopatra abgetrennte Land zurück (Jericho), schenkte ihm zudem noch Gadara, Hippos und Samaria mit weiteren Küstenstädten um Gaza, Anthedon, Joppe und Stratonsturm (*Bell.* 1,361.393), vermachte ihm 23 v.d.Z. die Gaulanitis und überließ ihm schließlich 20 v.d.Z. auch noch das Territorium des Zenodoros (*Ant.* 15,10). Als Dank für Herrschaft und Land erwies sich Herodes dem Augustus bis an sein Lebensende als ergebener und loyaler *„rex socius et amicus populi Romani"* (*Bell.* 1,665; *Ant.* 17,191). Obschon nur Klientelkönig, war Herodes innerhalb seines Territoriums mit vergleichbarer Machtfülle ausgestattet wie sein kaiserlicher Freund, denn nicht nur beherrschte er die Politik und Gesellschaft, auch unterlag ihm die Rechtssprechung, die Finanzen, das Militär und selbst der Tempel.[66]

Die Vererbung des Königtums an einen seiner Nachkommen misslang. Denn wegen erwähnter und ähnlicher Hofquerelen wie bei den Hasmonäern (vgl. 5.2.3[3]) hatte Herodes die Bestätigung seines Testaments, das er kurz vor seinem Tod abermals geändert hatte, durch den Kaiser verfügt. Die letzte Fassung begünstigte Archelaos als König über seine Brüder Antipas und Philippus, und zwar über die Hälfte des väterlichen Territoriums, nämlich Samaria, Judäa und Idumäa. Seine Brüder sollten ihm als Fürsten über je ein Viertel des Reichs unterstehen, daher Vierfürsten (Tetrarchen). Ersterer über Galiläa und Peräa und Letzterer über die Gaulanitis (mit Batanaea, Trachonitis und Auranitis). Also bereitete sich Archelaos nach dem Tod seines Vaters im Jahre 4 v.d.Z zur Abreise nach Rom vor. Aber die Zeichen standen ungünstig für ihn, denn es entfachte sich ein Aufruhr über zwei noch kurz vor seinem Tod durch Herodes hingerichtete „Aufständische." Auf Beschwichtigungen achtete das aufgebrachte Volk nicht, so dass Archelaos – obwohl noch nicht im Amte bestätigt und daher unrechtmäßig – zu drastischen Maßnahmen griff, die zu Pessach einen Todeszoll von 3'000 Bürgern im Tempel forderte. Dem Volk galt es als Zeichen von Archelaos' tyrannischer Natur, weshalb es eine Delegation nach Rom entsandte und den Kaiser bitten ließ, doch anstelle eines Königtums die Unterstellung Judäas unter einen römischen Landpfleger zu erwägen. Eine ähnliche Klage hatte bereits Antipas – gestützt von einem Grossteil der Verwandtschaft – vorbringen lassen. Auch sie war mit dem Wunsch nach Selbstverwaltung unter

---

66   Shimon Applebaum und Bathja Bayer, „Herod I.," *EJ* 9:31–38; Klaus Bringmann, „I. Herodes," *DNP* 5:458–460.

INTERTEXTUELL-HISTORISCHE VERORTUNG DER EXEGETISCHEN ERTRÄGE   629

einem römischen Legaten verbunden, oder sonst der Bestätigung von Antipas als König über Archelaos und Philippus, wie es in der vorletzten Version des Testaments vorgesehen war. Nach Anhörungen bestätigte Augustus das Testament seines Freundes Herodes mit dem kleinen, aber wesentlichen Unterschied, dass er Archelaos nur als Ethnarchen bestätigte und ihm den Königstitel bei Bewährung in Aussicht stellte. Aber diesen erlangte Archelaos nie, stattdessen sandte ihn Augustus im neunten Amtsjahr 6 d. Z. in die Verbannung, weil sowohl Juden als auch Samaritaner ihn einmal mehr wegen Tyrannei bei ihm angeklagt hatten. Sein Territorium zog Rom in Folge ein (Cassius Dio, *Gesch.* 55,27,6), schlug es der Provinz Syrien zu und unterstellte es einem, dem syrischen Legaten rechenschaftspflichtigen Prokurator (*Bell.* 1,646.664; 2,1–38.80–100.111–116; *Ant.* 17,188–249.304–323). Anders als Archelaos hielten sich Philippus und Antipas – nachdem sie von Tiberius bestätigt worden waren – im Amt, Philippus bis zu seinem Tod im Jahre 34 d. Z., und Antipas bis zum Jahr 39 d. Z. Doch die Amtszeit des Antipas endete nicht durch Tod, sondern wie bei Archelaos durch Verbannung. Denn er, gemeinsam mit seiner zweiten Frau Herodias, hatte sich daran gestört, dass Caligula dem Agrippa I., dem Bruder der Herodias, nicht nur das Land des Philippus im Jahr 37 d. Z.,[67] sondern dazu noch den Königstitel verliehen hatte. Ein zweites Mal also setzte er sich für den Zuspruch eines Königstitels in Rom ein. Weil er aber dort von einem Getreuen des Agrippa I. zu Unrecht des Aufruhrs bezichtigt wurde und er sich nicht zu verteidigen wusste, nahm das Schicksal für ihn die schlimmst mögliche Wendung: seine Verbannung, in die ihm Herodias angeblich freiwillig folgte, und die umgehende Hinzufügung seines Reiches an dasjenige des Agrippa I. (*Bell.* 2,167–168.181–183; *Ant.* 17,339–354; 18,240–255).[68]

Als Agrippa I. sich zur Zeit von Caligulas Ermordung in Rom aufhielt und nach Schilderung des Josephus zu denjenigen gehörte, die die Ernennung des Claudius zum Kaiser maßgeblich unterstützten, schenkte ihm dieser als Anerkennung in seinem Antrittsjahr 41.d. Z. noch Samaria, Judäa und Idumäa zu seinem bereits zugesprochenen Königtum hinzu. Darüber hinaus noch Abila und Gebiete am Libanon, so dass unter ihm die territoriale Integrität des großväterlichen Königtums wieder und zugleich ein letztes Mal hergestellt war. Dies aber währte nur kurze Zeit, denn bereits 44 d. Z. starb er in Cäsarea eines plötzlichen Todes, und das gesamte Land wurde einmal mehr dem Prokurat unterstellt, nachdem es während der Zeit von Agrippas Regierung ausgesetzt worden

---

67   Es war nach seinem Tod der Provinz Syrien zugeschlagen worden.

68   Abraham Schalit, „Archelaus," *EJ* 2:397–398; ders., „Antipas, Herod," *EJ* 2:204; Edna Elazary und Shimon Gibson, „Herod Philip I.," *EJ* 9:39–40.

630   5. KAPITEL

war. Dem Bruder des Agrippa I., Herodes II., übertrug Claudius im Jahre 41 bis
zu seinem Tod im Jahre 48 d.Z. ein auf die Stadt Chalkis beschränktes Königtum außerhalb Judäas, und nach Agrippas Tod auch noch die Aufsicht über den
Tempel, das ihm das Recht einräumte, den Hohepriester zu ernennen, ebenso
die Kontrolle über Tempeladministration und Tempelschatz (Josephus, *Bell.*
2,214–222; *Ant.* 19,236–291). Dieses Erbe – Chalkis wie Tempelaufsicht – durfte
sein Neffe und Sohn des Agrippa I., Agrippa II., antreten, seiner Jugend wegen
aber erst im Jahre 50 d.Z. Im Jahre 54 d.Z. erhielt er anstelle von Chalkis die
Tetrarchien des Philippus, Lysanias als auch des Varus, und von Nero im Jahre
61 d.Z. darüber hinaus noch vier Städte, zwei in Galiläa, Tiberias und Tarichea
(Magdala), und in Peräa Abila als auch Julias, einschließlich vierundzwanzig
Dörfer. Im Krieg kämpfte Agrippa II. – wie ausgeführt (5.2.3[2]) – auf Seiten
Roms und bekam von Vespasian dafür sein Reich nordwärts erweitert, was nach
seinem Tod aber im Jahre 92 d.Z. wieder eingezogen wurde. Mit Agrippa II.
war die herodianische Dynastie – 132 Jahre nach ihrem Beginn – endgültig zu
ihrem Ende gekommen (Josephus, *Bell.* 2,223.247.252; *Ant.* 20,15–16.104.138.159;
Cassius Dio, *Gesch.* 60,8,2).[69]

Prokurat

Die Verbannung des Archelaos im Jahre 6 d.Z. bedeutete einen empfindli-
chen Bruch in der herodianischen Dynastie und damit der messianischen Idee.
Demgegenüber fand sich das Volk Judäas von einem Tyrannen befreit und
erhielt von Augustus, was es bereits vor Archelaos' Einsetzung erbeten hatte:
ein Prokurat. Seinen Anfang allerdings dürfte es sich anders vorgestellt haben
als es kam. Denn Augustus schickte mit dem konsularen Statthalter Syriens,
Sulpicius Quirinius,[70] gleichzeitig auch den ihm unterstellten ersten Prokurator Judäas, Coponius (6–9 d.Z.).[71] Mit ihrem Amtsantritt sollten sie die Vermögen Syriens und damit auch Judäas schätzen und die Güter des Archelaus'
verkaufen. Der Zensus stieß bei den Juden zunächst auf Widerwillen, aber nach
Zureden des Hohepriesters Joazar ließen sie die Schätzung zur Festlegung der
Steuerabgaben an Rom gewähren. Anders der Galiläer Judas und der Pharisäer Zadok. Steuerabgaben an die Römer, so lehrten sie, sei ein Frevel, weil
sie auf diese Weise neben Gott einen sterblichen Gebieter auf sich nehmen
würden. Demgegenüber gelte es die Freiheit entschieden zu bewahren. Umgehend entbrannten überall kriegerische Aufstände, und selbst der Tempel ging

---

69   Edna Elazary, „Agrippa I.,"*EJ* 1:502–503; dies., „Herod II.,"*EJ* 9:38; Abraham Schalit, „Agrippa
      II.,"*EJ* 1:503; Klaus Bringmann, „8. Herodes,"*DNP* 5:461–462; ders., „II.5 Iulius,"*DNP* 6:24.

70   Werner Eck, „II.13 Sulpicius,"*DNP* 11:1105.

71   Lea Roth, „Coponius,"*EJ* 5:212–213.

INTERTEXTUELL-HISTORISCHE VERORTUNG DER EXEGETISCHEN ERTRÄGE 631

in den Tumulten in Flammen auf. Aber schlimmer als die Verwirrung im Staat –
so Josephus – hätten die Gründer der vierten Philosophenschule, die Zeloten,
durch ihre Lehren auch künftiges Unheil gesät (*Bell.* 2,117–118; *Ant.* 18,1–10.23–
25; Lk 2,1–2).

Bis zum Krieg sind neben dem Amtstitel Prokurator auch der Titel Präfekt
bezeugt, danach hingegen – als Judäa selbständige Provinz wurde – auch der
Titel Legat.[72] Die Prokuratoren Judäas amtierten als kaiserliche Repräsentanten und waren daher vom Herrscher selbst ernannt. In der Regel auf drei Jahre,
wobei Freiheiten hinsichtlich der Amtszeit seiner Vertreter sich bereits Augustus ausbedungen hatte (vgl. 5.4.2[1]). Prokuratoren übten Gerichtsbarkeit insbesondere im Zusammenhang mit Kapitalgewalt aus, was aber nicht bedeutete, dass sie nicht auch Kontrolle auf Zivilgerichte ausübten. Dies taten sie in
der Regel von ihrem offiziellen Amtssitz in Cäsarea aus, den sie für die Zeit von
Wallfahrtsfesten mit Jerusalem vertauschten. Prokuratoren kontrollierten auch
den Tempel, was ihnen die Ein- beziehungsweise Absetzung von Hohepriestern erlaubte. Dies jedoch nur von 6–41 d. Z. Danach und bis zur Zerstörung
des Tempels lag dieses Privileg – wie ausgeführt – zunächst in den Händen
von Herodes II. und danach von Agrippa II. Weitere von Augustus berufene
Prokuratoren, die über dem Fürstentum des Archelaos amteten, waren Marcus
Ambibulus (9–12 d. Z.; *Ant.* 18,31) und Rufus Tineus (12–15 d. Z.; *Ant.* 18,32).

Die von Tiberius berufenen Prokuratoren behielten ihr Amt ungewöhnlich
lange inne, Valerius Gratus (15–26 d. Z.) über das Gebiet des Archelaos zum
einen (*Ant.* 18,33.177),[73] und zum anderen ebendort der bereits eingeführte
Pontius Pilatus (26–36 d. Z.; *Bell.* 2,169; *Ant.* 18,35.177; vgl. 3.10.5; 3.10.6).[74] Nach
dem Tod des Philippus dürfte diesem von 34–36 d. Z. auch noch dessen Tetrarchie unterstellt gewesen sein. Wie auch seinem vom syrischen Statthalter Vitellius abberufenen Nachfolger Marcellus (36–37 d. Z.; *Ant.* 18,89).

Der von Caligula ernannte Marullus (37–41 d. Z.; *Ant.* 18,237) hingegen, wurde wiederum auf das Gebiet des Archelaus zurückgesetzt, da unter Caligula
die Gaulanitis an Agrippa I. ging. Da das Prokurat während seines Königtums
ausgesetzt worden war, sah Judäa erst im Jahre 44 d. Z. wieder einen Prokurator.

Wohl das ganze herodianische Gebiet – ohne die Tempelaufsicht – unterstand den durch Claudius berufenen Prokuratoren Cuspius Fadus (44–46 d. Z.;
Bell. 2,220; *Ant.* 19,363),[75] dem Neffen des Philo, Tiberius Julius Alexander (46–

---

72   Vgl. auch Pfeiffer, *Die Zeit der Flavier*, 81–82.

73   Edna Elazary, „Valerius Gratus,“ *EJ* 20:463.

74   Roth und Gibson, „Pontius Pilate,“ 16:369–370; Eck, „II.7 Pontius,“ 10:141–142.

75   Lea Roth, „Fadus, Cuspius,“ *EJ* 6:675.

48 d. Z.; *Bell.* 2,220; *Ant.* 20,100),[76] Ventidius Cumanus (48–52 d. Z.; *Bell.* 2,223; *Ant.* 20,103)[77] und zunächst auch Antonius Felix (52–60 d. Z.; *Bell.* 2,247.252; *Ant.* 20,137), dessen Gebiet aber ab 54 d. Z. um die Tetrarchie des Philippus, die an Agrippa II. ging, verringert wurde.[78]

Die drei letzten und von Nero ernannten Prokuratoren schließlich amteten über die Gebiete von Antipas und Archelaos, die bereits genannten Porcius Festus (60–62 d. Z.; *Bell.* 2,271; *Ant.* 20,182),[79] Lucceius Albinus (62–64 d. Z.; *Bell.* 2,272; *Ant.* 20,197), unter welchem der Tempel vollendet wurde (Josephus, *Ant.* 20,219),[80] und Gessius Florus (64–66 d. Z.; *Bell.* 2,277; *Ant.* 20,215).[81] Für die Zeit während des Krieges berichtet Josephus von einem Statthalter namens Marcus Antonius Julianus (*Bell.* 6,238). Das gleiche Gebiet unterstand auch den nach dem Krieg durch Vespasian eingesetzten Legaten Lucilius Bassus (um 71–72 d. Z.; Josephus, *Bell.* 7,163)[82] und Flavius Silva (um 73–74 d. Z.; *Bell.* 7,252).[83] Sie waren es, welche die letzten aufständischen Bollwerke eroberten, Ersterer die Festungen Herodium und Machärus und Letzterer Masada.[84]

Freiheitskämpfer

Räuber und Aufständische, oder positiver ausgedrückt: Freiheitskämpfer, gegen Roms Repräsentanten in Judäa gab es bereits früh. Gehäuft traten sie in Situationen des Machtvakuums und bei tyrannischen Herrschern beziehungsweise Amtsinhabern auf. Die Beweggründe für ihre unterschiedlichen und auch Menschenleben in Kauf nehmenden Aktionen, lassen sich auf zwei Ursachen zurückführen: Einerseits ein „religiös" motivierter Freiheitswille verbunden mit Ambitionen auf königliche Eigenherrschaft und andererseits berechtigte Empörung, wenn die jeweiligen Vertreter entweder Unrecht gegen das Volk nicht ahndeten oder es selbst durch Amtsmissbrauch verschuldeten.[85]

---

76   Redaktion, „Tiberius Julius Alexander," *EJ* 19:716–717.

77   Lea Roth, „Cumanus Ventidius," *EJ* 5:337.

78   Roth, „Felix, Antonius," 6:749.

79   Roth, „Festus, Porcius," 6:772.

80   Roth, „Albinus, Lucceius," 1:593.

81   Lea Roth, „Gessius Florus," *EJ* 7:563–564.

82   Werner Eck, „II.2 Lucilius," *DNP* 7:459.

83   Werner Eck, „II.44 Flavius," *DNP* 4:551.

84   Hartmut Galsterer, „Provincia," *DNP* 10:473–475; David Solomon, „Procurator," *EJ* 16:542–543; Riedo-Emmenegger, *Prophetisch-messianische Provokateure der Pax Romana*, 205–244.

85   Vgl. Riedo-Emmenegger, *Prophetisch-messianische Provokateure der Pax Romana*, 245–309.

INTERTEXTUELL-HISTORISCHE VERORTUNG DER EXEGETISCHEN ERTRÄGE 633

Dass Letzteres oft geschah, dessen war sich zumindest Tiberius bewusst, weshalb er auf seine Statthalter und Landpfleger wie gesagt nicht leicht Nachfolger entsandte. Seine Beweggründe veranschaulichte er anhand des folgenden, schauerlichen Beispiels:

> „Ein verwundeter Mensch lag am Boden und eine Menge Fliegen saßen in seinen Wunden. Ein Wanderer, der zufällig vorbeiging, hatte Mitleid mit ihm, und da er ihn für zu schwach hielt, um die Fliegen zu vertreiben, trat er hinzu und schickte sich an, dieselben zu verscheuchen. Der Verwundete aber bat ihn, das zu unterlassen, und als der andere ihn fragte, weshalb er denn von der Plage nicht befreit sein wolle, entgegnete er: Du machst mir noch mehr Schmerz, wenn du sie vertreibst. Denn sie sind schon gesättigt von meinem Blute und machen mir deshalb nicht mehr so viele Beschwerden als zuerst, sondern lassen schon etwas mit Quälen nach. Vertreibst du sie aber und kommen dann neue, hungrige heran, so werden sie mich, weil sie mich schon erschöpft antreffen, zu Tode aussaugen." Aus demselben Grunde, fuhr Tiberius fort, schicke er seinen Untertanen, die schon durch viele Plackereien hart bedrückt seien, nicht so häufig einen Beamten nach dem anderen, von denen sie dann wie die Fliegen ausgesogen würden, besonders da zu der natürlichen Habgier der Bedränger auch noch die Furcht hinzukäme eine so angenehme Art, sich zu bereichern, möchte ihnen schon so bald unmöglich gemacht werden.
>
> *Ant.* 18,174–176

Dass Tiberius sich auch im Blick auf Judäa von diesem Prinzip leiten ließ, sah Josephus darin erwiesen, dass dieser während seiner langen zweiundzwanzigjährigen Regierungszeit nur zwei Landpfleger entsandte (*Ant.* 18,177).

König Herodes' (37–4 v.d.Z.) Auseinandersetzung mit „Räubern" begann bereits früh, noch vor seinem Königtum, und begleitete ihn bis zu seinem Tode. Ezechias war der erste „Räuberhauptmann" (*Bell.* 1:204; *Ant.* 14,159: ἀρχιληστής; *Bell.* 1,199–207), den er in Galiläa beseitigte und zwar in der Funktion eines „Befehlshabers" (*Bell.* 1:203: στρατηγός) über Galiläa, zu dem ihn sein Vater, Antipater, eingesetzt hatte, nachdem dieser vom Cäsar zum Statthalter Judäas ernannt worden war. Diese Heldentat des jungen Herodes brachte ihm viel Anerkennung ein, auch seitens von Syrien, und diente ihm, seine Ambitionen gegenüber seinen Brüdern in gleicher Funktion aber andernorts früh hervorzuheben. Von seiner Ernennung zum König in Rom bis zu seinem Amtsantritt in Jerusalem vergingen wie erwähnt drei lange Jahre, in denen Herodes mit Hilfe Roms das Land gewaltsam von seinem Kontrahenten Antigonos und dessen Verbündeten befreite. Dass er in diesem Zusammenhang gegen „Räu-

634   5. KAPITEL

ber" vorging (*Bell.* 1,304 Pl.: ληστής), etwa gegen jene in den Höhlen bei Arbela, diente dazu, seinen Machtanspruch im Lande durchzusetzen (*Bell.* 1,303–313; *Ant.* 12,421). Während seiner langen Herrschaft wusste Herodes ansonsten wirkmächtig gegen Aufruhr vorzugehen. Abschreckung war sein Mittel, dadurch nämlich, dass er sein Volk mit Festungen umgab, um Unruhen ja nicht zu offenem Aufruhr anwachsen zu lassen. Anreiz dazu bot er selber offensichtlich genug, denn insbesondere die Verletzung der väterlichen Sitten trug ihm das Volk nach. Etwa durch die Schändung des Grabes Davids oder den Verkauf von Dieben außer Landes, damit sie als Sklaven bei Ausländern dienten. Vor allem aber durch die Einrichtung von Schau- und Kampfspielen und später ganzer Städte zu Ehren des Augustus, und überhaupt, dass er größere Vorliebe für Griechen als für Juden hegte, wie er freimütig gestand.[86] Beinahe wäre er dafür ermordet worden, konnte aber einen frühzeitigen Tod durch Einsatz eines Spions vereiteln (*Ant.* 15,267–298.315.328–330.365–369; 16,1–5.7; 19,329). Einen Anflug von Frömmigkeit zeigte er zwar darin, dass er aus Dankbarkeit Gott gegenüber den Tempel instand setzen und ausbauen ließ (20/19 v.d.Z.; *Bell.* 1,401; *Ant.* 15,380–387). Dennoch aber ließen die angesehenen Gesetzeslehrer Judas und Matthias die erstbeste Gelegenheit, nämlich als der betagte Monarch krank und voll des Grams über seinem häuslichen Unglück darniederlag, nicht ungenutzt, um zu verlautbaren, dass jetzt ein guter Zeitpunkt sei, tatkräftig gegen die von Herodes angebrachten und gegen die väterlichen Gesetze verstoßenden Bildwerke am Tempel vorzugehen, insbesondere gegen den goldenen Adler, ein Weihgeschenk über dem großen Tor. Sogleich wurde er niedergerissen, worauf Herodes ein letztes Mal durch Zorn gestärkt vierzig Männer verhaften und wegen Tempelraubs verurteilen, die Gelehrten gemeinsam mit den Rädelsführer verbrennen und die übrigen kurzerhand hinrichten ließ (*Bell.* 1,648–655; *Ant.* 17,149–167).[87]

Als Herodes starb (4 v.d.Z.), stellten die Aufständischen um die Gelehrten Judas und Matthias Archelaus Gesinnung sogleich auf die Probe und sannen auf Umsturz wegen derjenigen, die um der väterlichen Gesetze und den Tempel im Feuer verbrannt waren. Wie oben ausgeführt, eskalierte die Situation, und das Volk hatte zu Pessach nicht nur 3'000 Tote zu beklagen, sondern erhielt auch einen Eindruck von der tyrannischen[88] Veranlagung des

---

86   Vgl. auch Monika Bernett, *Der Kaiserkult in Judäa unter den Herodiern und Römern: Untersuchungen zur politischen und religiösen Geschichte Judäas von 30 v. bis 66 n.Chr.* (WUNT 203; Tübingen: Mohr Siebeck, 2007).

87   Eine Infragestellung des Herodes durch die Geburt Jesu, wie es das Neue Testament tradiert (Mt 2), passt zwar ins Profil, kennt bei Josephus aber keine Entsprechung.

88   Ein Echo dieses tyrannischen Wesens könnte auch in Mt 2,22 widerhallen, wo gesagt wird,

INTERTEXTUELL-HISTORISCHE VERORTUNG DER EXEGETISCHEN ERTRÄGE   635

königlichen Erben (*Bell.* 2,4–13; *Ant.* 17,206–218). Doch die Abreise des Archelaos brachte keine Erleichterung, im Gegenteil. Denn zwar hatte er vor seiner Abreise den Philippus als Hüter der Paläste und Treuhänder des Familienbesitzes eingesetzt, gleichzeitig aber traf auch Sabinus, der Schatzmeister Syriens ein, um die Vermögen des Herodes sicherzustellen. Auf Bitten des syrischen Statthalters Publius Quinctilius Varus (von 6–4 v.d.Z.) versprach dieser zwar, sich bis zum Entscheid des Kaisers zurückzuhalten. Als aber Varus nach Antiochien und Archelaos nach Rom abgereist waren, eilte er von Cäsarea nach Jerusalem und setzte sich kraft einer von Varus zurückgelassenen Legion in den Besitz der königlichen Paläste und durchwühlte die königlichen Schätze. Erbittert darüber rottete sich zu Pfingsten ein Volksheer aus Galiläa, Idumäa, Jericho, Peräa und Judäa zusammen und belagerte Sabinus in Jerusalem. Während dieser sich hilfesuchend an Varus wandte, kam es in Jerusalem bereits zu ersten Gefechten, in welchen aber die erfahreneren Römer obsiegten, und bei dieser Gelegenheit 400 Talente vom unbewachten Tempelschatz entwendeten. Auf diese Nachricht hin strömten noch mehr Juden zur Belagerung Jerusalems heran, und das Land geriet auch an anderen Stellen in Aufruhr und stachelte viele angesichts des Machtvakuums und des sich vor ihren Augen entfaltenden Unrechts dazu an, nach der Königswürde zu streben (*Bell.* 2,55). In Idumäa, etwa, kämpften 2'000 Veteranen des Herodes gegen die Königstruppen. In Sepphoris trat ein weiterer Aspirant auf die Königsherrschaft auf, Judas, vermutlich der Sohn des von Herodes überwältigten Räuberhauptmann Ezechias, der von den Truppen des Varus in die Flucht geschlagen wurde und zehn Jahre später als Gründer der Zeloten wieder auftrat. Er brach kurzerhand in die königlichen Waffenlager und bewaffnete seine Anhänger.[89] In Peräa legte sich der königliche Sklave Simon das königliche Sternband an und streifte mit Anhängern raubend durch die Lande. Und ebenso handelte auch ein Hirt namens Athrongaios, dessen und seiner vier Brüder dringlichstes Anliegen war, Römer und Königsanhänger umzubringen. Simon wie auch er wurden von Gratus, dem Anführer der königlichen Fußtruppen getötet. Eilends rückte Varus mit zwei weiteren Legionen, vier Reiterabteilungen sowie den königlich-fürstlichen Hilfstruppen heran, ließ etwa 2'000 Hauptschuldige kreuzigen, und schickte die idumäischen Rädelsführer zum Kaiser, damit sie sich vor diesem verantworteten. Augustus begnadigte die meisten, jene aus der Sippe des Herodes aber ließ er bestrafen. Nachdem Varus gewaltsam die Ruhe im Land wieder

---

  dass Joseph sich gefürchtet habe in das von Archelaus regierte Judäa, nicht aber in das von Antipas regierte Galiläa zu gehen.

89   Abraham Schalit, „Judah the Galilean," *EJ* 11:492.

636 5. KAPITEL

hergestellt hatte, Josephus sollte diesen Krieg mit denjenigen des Antiochus, Pompeius und Vespasian gegen sein Volk gleichsetzen (*Apion.* 1,34), ließ er eine Legion in Jerusalem zurück und zog wieder nach Syrien ab. Sabinus aber, der das Unheil heraufbeschworen hatte war noch vor Varus' Ankunft heimlich abgereist; dass er sich für seine Untaten hätte verantworten müssen, ist nirgends festgehalten (*Bell.* 2,14–19.39–79; *Ant.* 17,221–223.250–299; Tacitus, *Hist.* 5,9).[90] Als Ethnarch und nicht als König zurückgekehrt, behandelte Archelaos in Erinnerung an vergangene Streitigkeiten sowohl Juden als auch Samaritaner so grausam, dass sie ihn im neunten Regierungsjahr schließlich anklagten und ihn durch seine Verbannung nach Gallien auch los wurden.

An seiner statt kam der erste Prokurator Judäas, Coponius (6–9 d.Z.). Abgesehen von dem erwähnten und durch den Zensus angefachten Aufruhr der Zelotengründer Judas und Zadok,[91] im Zuge dessen und nach Zeugnis des Neuen Testaments aber nicht des Josephus Judas umgekommen sein soll, sind keine weiteren Unruhen während seines Prokurats in den erhaltenen Quellen erwähnt (*Bell.* 2,117–118; *Ant.* 18,1–10.23–25; Lk 2,1–2; Apg 5,37). Von Räubern oder Unruhen während der Prokurate der zwei folgenden von Augustus ernannten Vertreter Roms, Marcus Ambibulus (9–12 d.Z.; *Ant.* 18,31) wie auch Rufus Tineus (12–15 d.Z.; *Ant.* 18,32), berichten die Quellen nichts.

Unruhen soll es auch keine während dem Prokurat des ersten von Tiberius entsandten Vertreters, Valerius Gratus, gehabt haben (15–26 d.Z.). Gehäuft allerdings traten Probleme unter Pontius Pilatus auf (26–36 d.Z.). Da bereits an anderer Stelle eingehend dargelegt (vgl. 3.10.5; 3.10.6), soll nur kurz an die Zwischenfälle erinnert werden, deren letztes ihm schließlich auch das Amt kostete: Nach Ansicht der Juden verletzte er die väterlichen Sitten, weil er Weihschilde und Feldzeichen nach Jerusalem brachte (*Bell.* 2,169–174; *Ant.* 18,55–59), den Bau eines Aquädukts mit Geldern aus dem Tempelschatz finanzierte und Proteste diesbezüglich gewaltsam niederschlug (*Bell.* 2,175–177; *Ant.* 18,60–62), ferner den Gelehrten Jesus hinrichten ließ (*Ant.* 18,63–64; Mt 27; Lk 23; Mk 15; Joh 18–19; Apg 13,28) und schließlich, weil er eine Versammlung von Samaritanern als Aufruhr interpretierte, mit Truppen gegen dieselben zog, viele tötete und andere hinrichten ließ (*Ant.* 18,85–89). Zwischenfälle unter seinem Nachfolger Marcellus (36–37 d.Z.) sind keine bezeugt.

Aufruhr fürchtete in Galiläa und Peräa offensichtlich auch der Tetrarch Herodes Antipas (4–39 d.Z.), weswegen er den Täufer vorsorglich hinrichten ließ (*Ant.* 18,116–129; Mt 14,1–13; Mk 6,14–29; Lk 3,19–20; 9,7–9); anders als

---

90   Isaiah Gafni, „Quintilius Varus,"*EJ* 16:767.
91   Isaiah Gafni, „Zadok the Pharisee,"*EJ* 21:443.

INTERTEXTUELL-HISTORISCHE VERORTUNG DER EXEGETISCHEN ERTRÄGE   637

üblich aber büsste er Roms Gnaden nicht wegen seiner eigenen, sondern – wie erwähnt – wegen einer an ihm verübten Ungerechtigkeit durch seinen Schwager Agrippa I. ein. Demgegenüber fällt das Urteil des Historikers Josephus im Blick auf den Tetrarchen Philippus (4–34 d. Z.) positiv aus. Er soll seinen Untertanen ein „milder" und „ruhiger" Herrscher gewesen sein, stets zur Verurteilung der Schuldigen beziehungsweise der Freisprechung der Unschuldigen bereit, weshalb unter seiner Herrschaft auch keine Unruhen überliefert sind (*Ant.* 18,106–108).

Ursache des Problems während Caligulas Herrschaft war wohl mehr er selber als der von ihm entsandte Prokurator Marullus (beide 37–41 d. Z.); denn zum Aufstellen seiner Standbilder im Jerusalemer Tempel beauftrage er nicht seinen Prokurator, sondern den syrischen Statthalter Publius Petronius. Und dieser war nach Drohungen seitens der Juden gar zum Preis seines Lebens bereit, sich dem kaiserlichen Befehl zu widersetzten. Die Nachricht von Caligulas Ermordung half ohne Zweifel, ein Blutvergießen zu verhindern (*Bell.* 2,184–203).

Von Räubern und Aufständen während der kurzen Regierungszeit des Königs Agrippa I. (41–44 d. Z.) berichtet Josephus nicht, das Neue Testament aber, dass er den Apostel Jakobus, den Bruder des Johannes töten und den Petrus einkerkern ließ (Apg 12,1–23).

Unter Claudius (41–54 d. Z.) und nach dem Tod des Agrippa I. begannen die Spannungen in Judäa merklich zuzunehmen. Als sein erster von vier Prokuratoren eintraf, Cuspius Fadus (44–46 d. Z.), fand er die Bürger Peräas im Krieg mit denjenigen Philadelphias über eine Grenzstreitigkeit. Erzürnt darob, dass die Juden – statt ihm die Entscheidung anheimzugeben – zu den Waffen gegriffen hatten, ließ er ihre drei Vornehmsten gefangen setzten, den Annibas hinrichten und die übrigen zwei des Landes verweisen. Wenig später ließ er auch den Räuberhauptmann Tholomaeus fangen und hinrichten, er hatte den Idumäern und Arabern beträchtlichen Schaden zugefügt. Fadus soll tatkräftig ganz Judäa, also das gesamte herodianische Gebiet das ihm unterstand, von Räuberhorden befreit haben (*Ant.* 20,1–5). Dabei ging er auch gegen einen – Josephus nennt ihn „Betrüger" – namens Theudas vor, der dem Mose gleich Menschen an den Jordan führte mit der Behauptung er vermöge durch ein Machtwort die Fluten des Jordans zu teilen und seinem Gefolge einen bequemen Durchgang ermöglichen. Die gegen sie ausgesandte Reiterabteilung tötete viele; Theudas selbst wurde gefangen gesetzt und enthauptet (*Ant.* 20,97–99; Apg 5,36). Auf Fadus folgte Tiberius Julius Alexander (46–48 d. Z.). Von ihm, der den väterlichen Gebräuchen und Satzungen nicht treu geblieben sein soll, ist in diesem Zusammenhang nur berichtet, dass er die Söhne des Zelotengründers, Judas, Jakobus und Simon, habe kreuzigen lassen. Ansonsten soll es ihm und

Fadus gelungen sein, „in Ruhe über dem Volk zu herrschen, weil sie seine ihm eigentümlichen Sitten nicht verletzten" (*Bell.* 2,220; *Ant.* 20,100–102). Anders unter dem dritten von Claudius entsandten Prokurator, Ventidius Cumanus (48–52 d. Z.). Denn während seines Prokurats erdreistete sich ein Soldat von den Säulenhallen des Tempels herab mit entblößtem Hinterteil in Richtung des zu Pessach herangeströmten Volks zu flatulieren. Der Bitte der aufgebrachten Menge entgegnete Cumanus mit einer Absendung von Schwerbewaffneten in den Tempel. Von den dadurch aufgeschreckten und fliehenden Juden wurden nach Josephus an diesem Festtag nicht weniger als 30'000 zu Tode getrampelt (*Bell.* 2,223–227; *Ant.* 20,105–112).[92] Aus diesem Vorfall dürfte Cumanus seine Lehre gezogen haben, denn beim nächsten Vorfall, in dessen Zusammenhang ein Soldat eine Gesetzesrolle verbrannt hatte, leistete er der Forderung diesen hinzurichten, umgehend Folge. Zu dieser Situation war es gekommen, weil ein kaiserlicher Sklave überfallen worden war, und Cumanus daraufhin die Bewohner der umliegenden Dörfer mit dem Vorwurf gefangen gesetzt hatte, dass sie die Räuber nicht festgenommen hätten (*Bell.* 2,228–231; *Ant.* 20,113–117). Doch der letzte Vorfall unter Cumanus Regiment brachte seine Bestechlichkeit ans Licht und kostete ihm schließlich sein Amt. Denn im Dorf Gema war ein jüdischer Pilger aus Galiläa ermordet worden. Wieder missachtete Cumanus eine Bitte, diesmal der Galiläer, den Schuldigen zu bestrafen, und soll dem Anliegen auf Grund samaritanischer Bestechung keine Beachtung geschenkt haben. Die Juden griffen unter der Leitung des Eleazar, Sohn des Dinäus, und des Alexanders zur Selbstjustiz, zogen gegen die den Tatort umliegenden samaritanische Ortschaften, töteten ihrer Bewohner und zündeten ihre Dörfer an. Dagegen wehrten sich die Samaritaner mit einer Klage beim syrischen Statthalter Ummidius Quadratus. Aber auch die Juden nahmen dort Stellung, und führten an, dass die Samaritaner und Cumanus wegen unterlassener Bestrafung des Mörders Urheber gewesen seien. Quadratus ließ Vertreter aus beiden Gruppen hinrichten und sandte daraufhin Cumanus und zwei Gesandtschaften zu Claudius. Dieser stellte die Schuld der Samaritaner fest und schickte Cumanus in die Verbannung (*Bell.* 2,232–246; *Ant.* 20,118–136; Tacitus, *Ann.* 12,54).

Verbannung hätte eigentlich auch Cumanus Nachfolger, Antonius Felix (52–60 d. Z.), verdient. Aber dank der Fürsprache seines Bruders Pallas, einem freigelassenen Sklaven, der, durch sein Amt als kaiserlicher Schatzmeister aber noch mehr durch seine Nähe zu Claudius und anfänglich auch zu Nero großen Einfluss am Hof erlangt hatte, wurde er von Letzterem begnadigt (*Ant.* 20,182). Von Felix, dem Freigelassenen und damit nicht wie üblich einem Prokurator

---

92 Nach *Ant.* 20,112 soll sich die Opferzahl nur auf 20'000 belaufen haben.

ritterlichen Standes, urteilt Tacitus, dass er „mit aller Grausamkeit und Willkür Königsrecht in Sklavengesinnung" ausgeübt habe (Tacitus, *Hist.* 5,9). Als Felix sein Amt antrat, ging er gegen Räuber vor. Zunächst gegen den „Räuberhauptmann" (*Bell.* 2,253: ἀρχιληστής) Eleazar, demjenigen also, der unter Cumanus die Selbstjustiz gegen die Samaritaner angeführt und den er mit seinen Gefolgsleuten nach Rom entsandt hatte. Die Zahl der von ihm gekreuzigten Räuber und Einwohner, denen eine Verbindung mit diesen nachgewiesen werden konnte und die er darum bestrafte, stieg ins Ungeheure (*Bell.* 2,253; *Ant.* 20,160–161). Aber kaum war das Land gesäubert, entstand in Jerusalem eine neue Gattung von Räubern, die sogenannten Sikarier.[93] Die dadurch ihrer Ahndung entgingen, dass sie sich wie gewöhnliche Bürger kleideten, aber unter ihren Gewändern kleine Dolche trugen, die sie vorzugsweise an Festen als Mordwaffe einsetzten und nach vollbrachter Tat sich als unauffälliger Teil der aufgebrachten Menge verwandelten. Legitimation verschaffte ihnen niemand geringerer als Felix selbst, denn er soll ihren ersten Meuchelmord veranlasst haben, und zwar den Hohepriester Jonathan. Ausgerechnet derjenige, der sich für seine Ernennung beim Kaiser eingesetzt hatte und ihn nun mahnte, Judäa besser zu verwalten, damit er weniger unter den Klagen des Volkes zu leiden habe (*Bell.* 2,254–257; *Ant.* 20,162–165). Freiheitskämpfer traten auch als Propheten auf; Josephus bezeichnet sie als „Schwarmgeister und Betrüger," die unter dem Vorwand göttlicher Eingebung das Volk in die Wüste führten, wo Gott ihnen Wunderzeichen zeigen und die Freiheit ankündige. Felix interpretierte es als ersten Schritt zum Aufruhr (*Bell.* 2,260: ἀπόστασις) und entsandte deshalb Reiter und Schwerbewaffnete, die eine große Menge von ihnen tötete (*Bell.* 2,258–260; *Ant.* 20,167–168). Ähnlich hart verfuhr Felix mit einem ägyptischen Falschpropheten, der seinen 30'000 Anhängern zeigen wollte, wie er mit einem Befehl die Mauern Jerusalems zum Einsturz bringen und ihnen so Zugang zur Stadt verschaffe könne. Er zog deshalb von der Wüste auf den Ölberg, aber bevor er sich mit Hilfe bewaffneter Begleiter gewaltsam Jerusalems bemächtigen, um sich da als Herrscher über das Volk ausrufen lassen konnte, trat ihm Felix unterstützt von der Bevölkerung mit Soldaten entgegen, konnte die meisten seiner Anhänger töten, die übrigen zerstreuten sich, wobei der Ägypter mit wenigen Vertrauten zu entweichen vermochte (*Bell.* 2,261–263; *Ant.* 20,169–172; Apg 21,38). Nach dem Zeugnis des Neuen Testaments soll auch Paulus von Felix eingekerkert worden sein (Apg 23,23–24,27).

---

93   Vgl. dazu Mark Andrew Brighton, der den Begriff Sicarii bei Josephus nicht als Gruppe sondern als ein zu verurteilendes und Terroristen ähnliches Verhalten deutet (*The Sicarii in Josephus's* Judean War: *Rhetorical Analysis and Historical Observations* [SBLEJL 27; Atlanta: SBL 2008]).

640 5. KAPITEL

Aber es kam noch schlimmer, denn die Wundertäter und Räuber schlossen sich zusammen, verführten viele zum Abfall (*Bell.* 2,264: ἀπόστασις) und ermutigten sie zum Freiheitskampf; diejenigen, die der römischen Herrschaft weiterhin gehorchen wollten, drohten sie mit dem Tode und behaupteten, man müsse die, die freiwillig die Knechtschaft (*Bell.* 2,264: δουλεύω) vorziehen, mit Gewalt befreien. Sie verteilten sich in einzelnen Banden über das Land, raubten die Häuser der Vornehmen aus, töteten diese und brannten selbst Dörfer nieder, so dass von ihrem Wahnsinn ganz Judäa erfüllt wurde. Und dieser Krieg (*Bell.* 2,265: πόλεμος) soll mit jedem Tag von neuem entbrannt sein (*Bell.* 2,264–265; *Ant.* 20,172). Aber wegen des letzten Vorfalls wurde Felix schließlich nach Rom zurückbeordert. Denn unter seinem Prokurat begannen die ethnischen Spannungen in Cäsarea. Dabei hatte Felix – wie gesagt – viele Juden töten lassen und zwei Gesandtschaften aus beiden Volksgruppen zu Nero entsandt, damit sie ihren Rechtshandel dort ausfechten. In diesem Zusammenhang erfolgte seine Anklage durch die Juden, der er sich aber – wie erwähnt – dank seines Bruders entziehen konnte (vgl. 5.2.3[2]; *Bell.* 2,266–270; *Ant.* 20,173–178).

Als der erste der drei von Nero berufenen und somit letzten Prokuratoren Judäas, Porcius Festus (60–62 d. Z.), sein Amt antrat, erbte er dieselben vier Problemherde seines Vorgänger: Einerseits waren die Sikarier zu einer gewaltigen Macht angewachsen, und er ging tatkräftig gegen viele Räuber (*Bell.* 2,271 Pl.: λῃστής) vor und tötete eine große Anzahl von ihnen (*Bell.* 2,271; *Ant.* 20,185–187). Andererseits ließ er weitere Gaukler niedermachen, die der Menge allerlei Glückseligkeit und Befreiung von ihrem Elend verhießen (*Ant.* 20,188). Ferner musste er sich der Causa Pauli widmen (Apg 25–26) und schließlich wurde den Juden Cäsareas, einmal mehr durch die Fürsprache Pellas, die Gleichberechtigung mit den Syrern aberkannt, und jene verharrten – als sie es erfuhren – bis zum Krieg in Aufruhr darüber (*Ant.* 20,182–184).

Hatten sich die vorhergehenden Prokuratoren noch um Recht und Ordnung gekümmert, führten die letzten zwei von Nero berufenen Prokuratoren ihre Verwaltung wie – bereits erwähnt und nach dem Urteil des Josephus – „in ganz anderer Weise," insofern als sie selbst Täter wurden und die Untaten anderer schützten (vgl. 5.2.3[2]). Lucceius Albinus (62–64 d. Z.) nämlich beraubte und plünderte bei der Ausführung seiner Amtsgeschäfte nicht nur die Vermögen der einzelnen Bürger und belastete das ganze Volk mit Sonderabgaben, sondern er gab gegen Lösegeld die von den jeweiligen Behörden oder seinen Vorgängern wegen Raubes Eingekerkerten ihren Familien zurück. Nur wer nicht zahlen konnte, wurde als Verbrecher in den Gefängnissen zurückgehalten. Zu dieser Zeit verstärkte sich auch die Verwegenheit aller derer, die in Jerusalem auf den Umsturz bedacht waren, und die einflussreichen Leute brachten den Albinus durch Bestechung soweit auf ihre Seite, dass er es ihnen möglich

INTERTEXTUELL-HISTORISCHE VERORTUNG DER EXEGETISCHEN ERTRÄGE 641

machte, ungefährdet Aufruhr anzustiften. Jeder dieser Gesellen umgab sich mit einer eigenen Bande und ragte selbst wie ein Räuberhauptmann (*Bell.* 2,275: ἀρχιλῃστής) und „Gewaltherrscher" (*Bell.* 2,275: τύραννος) aus diesem Haufen hervor; die Bewaffneten aber brauchte man zur Ausplünderung der Anständigen. So kam es, dass die Opfer der Raubzüge, anstatt ihren Unwillen äußern zu können, schweigen mussten, jene aber, die bisher verschont geblieben waren, aus Furcht das Gleiche zu erleiden, vor solchen den Rücken krümmten, die eigentlich die Todesstrafe verdient hatten. Die Freiheit der Rede war für alle völlig unmöglich geworden, und die Gewaltherrschaft wurde von vielen ausgeübt (*Bell.* 2,272–276). Aber obschon Albinus viele Sikarier beseitigte, wurde diese Bemühung durch sein eigenes Handeln unterwandert. Denn die Sikarier waren dazu übergegangen, vornehme Bürger zu entführen, und konnten, da die Familien der Geschädigten bei Albinus für ihre entführten Angehörigen eintraten, die Freiheit ihrer Gefangenen erzwingen (*Ant.* 20,204.208–210). Das wurde noch dadurch begünstigt, dass Albinus, als er von Gessius Ernennung erfuhr, außer den todeswürdigen alle Gefangenen gegen Geld freigab, worauf sich das Land mit Banditen füllte (*Ant.* 20,215). In sein Prokurat fiel auch die Steinigung des Jesusbruders Jakobus zusammen mit anderen „Gesetzesübertretern" durch den sadduzäischen Hohepriester Ananus. Denn dieser hatte noch vor Albinus Ankunft widerrechtlich den Hohen Rat versammelt und seine Tötung verfügt (*Ant.* 20,197–203).

Die Verbrechen des Gessius Florus (64–66 d. Z.), schließlich, sollen an dieser Stelle nicht noch einmal angeführt, sondern es soll lediglich an sie erinnert werden (vgl. 5.2.3[2]). Denn unsäglich waren die Leiden, die er über die Juden brachte, so dass er sie insbesondere durch das Jerusalemmassaker und die Eskalation des ethnischen Konflikts in Cäsarea in den Krieg trieb (*Bell.* 2,277; *Ant.* 20,252–258; vgl. 5.2.3[2]).

Fazit

Die Herrschaftsform Judäas seit seiner Eroberung durch die Römer gestaltete sich – wie gezeigt wurde – als ausgesprochen komplex. Dem einerseits zusehends bröckelnden herodianischen Königshaus von Roms Gnaden erstanden der Teilprovinz andererseits zusehends ungerechte, raubgierige, gar verbrecherische Prokuratoren. Und auf der Grundlage von Gottesherrschaft beziehungsweise einer messianischen Idee provozierte beides wiederum die Erstarkung von todesbereiten Freiheitskämpfern, einer zelotisch-sikarischen Dynastie gar, mit königlichen Ambitionen. Verständlicherweise, mag man angesichts des Elends schließen. Aber auf welcher rechtlichen Basis legitimierten sie ihre Kriegserklärung gegen Rom?

642 5. KAPITEL

(2) Kriegserklärung

Rom dürfte Judäa auf der rechtlichen Basis der dargelegten *latrocinium* und *crimen maiestatis* den Krieg erklärt haben (vgl. 5.4.2[2]). Dass das Imperium mit seinen Vertretern aber – seien es Klientelherrscher oder Beamte – seinerseits in rechtlicher Hinsicht nicht unbescholten war, kann auch nach dem Zeugnis des prorömischen Josephus nicht von der Hand gewiesen werden. Offensichtlich hatte es in gravierender Weise jüdisches Rechtsverständnis verletzt, und das nicht nur über lange Zeit hinweg, sondern in zunehmender Weise und nach Ansicht fast aller Bevölkerungsschichten, vom einfachen Volk, den Schriftkundigen, den Truppen, den städtischen Aristokratien bis hin zur Jerusalemer Priesterschaft (vgl. 5.2.3; 5.4.3[1]). Diese Ansicht deckt sich mit jüngster Forschung zur jüdischen Freiheitsbewegung der Zeloten und Sikarier, denn nicht nur reichte sie in die Zeit des Herodes und Antipas zurück und vermochte mit Blick auf Ezechias eine Räuberdynastie hervorzubringen (mit seinem Sohn Judas, den Enkeln Jakob, Simon und Menahem und seinem Urenkel Eleazar ben Jair), auch erfreute sich die sogenannte vierte Philosophie viel größerer Beliebtheit als das in Josephus Darstellung ersichtlich wird, obschon ihre Schlagkraft durch die gegenseitige Konkurrenz untergraben wurde.[94]

Juristisch beziehungsweise theologisch gesehen dürften die verschiedenen Fraktionen ihren Freiheitskampf durch vier Konzepte legitimiert gesehen haben, nämlich das der Erwählung, der Bundestheologie, des Königsgesetzes als auch des Kriegsgesetzes. Die Kombination aller vier Prinzipien ist in den Ansichten des Zeloten Judas beziehungsweise des verwandten Sikariers Eleazar, Sohn des Jair, exemplarisch verbunden. Erwählt habe sie Gott zur Freiheit. Freiheit aber legitimiert zu Erbschaft, und in diesem Falle zum Landerbe. Mit dessen Herrn und König traten die Väter in einen Bund, wodurch sie sich verpflichteten, Gott zu dienen und einen von Gott erwählten einheimischen und im Sinne der Gesetzestreue vorbildlichen Gesalbten, der die Gottesherrschaft repräsentiere, einzusetzen (Dtn 17,14–20; vgl. auch 11QT). Nur ein solcher garantiere Freiheit, andere – insbesondere römische Herren und Göttlichkeit bean-

---

94 Menahem Stern und Jonathan Price, „Zealots and Sicarii," *EJ* 21:467–480, bes. 478–479; vgl. auch Hengel, der die jüdische Freiheitsbewegung zwischen 6 und 70 d. Z. als der pharisäischen Frömmigkeitsrichtung nahestehend und daher auf dem Boden einer einheitlichen Ideologie einen heiligen Krieg gegen Rom führen sah, und dies ungeachtet des Umstandes, dass sie nach 66 d. Z. in sich konkurrierende Gruppen organisiert war. Der von Hengel dafür verwendete und vielfach kritisierte Oberbegriff „Zeloten" verteidigt Roland Deines mit Verweis auf den heutigen Begriff „Islamismus" plausibel (*Die Zeloten*, 270–286, 378–448).

INTERTEXTUELL-HISTORISCHE VERORTUNG DER EXEGETISCHEN ERTRÄGE 643

spruchende Kaiser[95] – repräsentierten Knechtschaft, und dieser würden sie den Tod nach furchtlosem Kampf vorziehen (*Bell.* 7,320–406; *Ant.* 18,23–25). Im Blick auf das Kriegsgesetz hält die rabbinische Tradition die Unterscheidung von Pflichtkrieg, einem Verteidigungskrieg zum Schutze des erwählten Volkes und verheißenen Landes, und einem Wahlkrieg fest, das heißt einem Angriffs- und Expansionskrieg (Dtn 20,1–20; vgl. auch 11QT; *Ant.* 4,292–301).[96] Im Blick auf den Pflichtkrieg hatte ein König kein Hohes Gericht zu befragen, wie bei einem Wahlkrieg etwa (mSan 2,4; tSan 2,4), sondern war angehalten furchtlos – weil ja Gott auf seiner Seite kämpfte – in den Krieg zu ziehen (Dtn 3,22; 7,21). Dem Feind gegenüber sollte zunächst ein Friedensangebot gemacht werden, wenn dieser ein solches durch Angriff ablehnte, sollte gegen ihn der Bann vollzogen, das heißt, alle sollten getötet, somit Götzendienst ausgerottet und die Beute verteilt werden (Ex 17,14–16; Dtn 7,1–11; 12,2–3.29–31; 13,12–17; 20,10–19; 25,19). Die in der Tora gemachte Enthebung der Wehrpflicht für solche, die ein Haus gebaut, einen Weinberg gepflanzt und sich verlobt hatten, wurde dabei in der Mischna als auch in der Tosefta mit Hilfe von Joel 2,16 auf den Wahlkrieg beschränkt, denn bei einem gebotenen Krieg hätten selbst der Bräutigam aus seinem Zimmer und die Braut aus ihrem Brautgemach zu ziehen (Dtn 20,5–7; mSot 8,7; tSot 8,7).[97] So betrachtet verletzte Herodes mit seinem Verstoß gegen die väterlichen Sitten das Bunds- und Königsgesetz, und die Römer das Erwählungsgesetz, was bei Gefährdung des verheißenen Landes und Volkes, etwa durch den Einzug der herodianischen Territorien, das Kriegsgesetz im Sinne eines Pflichtkrieges hätte aktivieren müssen.

5.4.4 *Judäa nach Markus*

(1) Herrschaftsform und Territorium

Der markinische Text und sein Protagonist wissen um die Herrschaftsform Roms und seiner Provinzen beziehungsweise dieser Teilprovinz, denn es werden sowohl Kaiser als auch Prokuratoren thematisiert. Dieselben wissen auch um das herodianische (Königs)Haus, sowie um die Jerusalemer Tempeleliten, die zur erzählten Zeit dem Prokurat und zu Abfassungszeit dem letzten

---

95   Bernett, *Der Kaiserkult in Judäa unter den Herodiern und Römern*, 310–351; Riedo-Emmenegger, *Prophetisch-messianische Provokateure der Pax Romana*, 140–174.

96   Dass nicht immer eindeutig war, welcher Krieg welcher Kategorie zuzuordnen war, wird in bSot 42a–44b ersichtlich; Die apokalyptische Tradition kennt auch einen Endzeitkrieg (etwa 1QM), inwiefern bei den Freiheitskämpfern von einem solchen ausgegangen wurde, bedürfte weiterer Untersuchungen.

97   Johann Maier, *Kriegsrecht und Friedensordnung in jüdischer Tradition* (Theologie und Frieden 14; Stuttgart: Kohlhammer, 2000), 12–98.

644   5. KAPITEL

Herodianer Agrippa II. unterstanden. Vor diesem Hintergrund wird Jesus als derjenige portraitiert, der entsprechend den Herrschaftsformen Roms und im Kontrast zum herodianischen Judäa ein messianisches und damit unbestrittenes wie auch geeintes und ebenso gerechtes Königtum beansprucht (Christus: Szene 01, 40, 63 und 77; König: Szene 79; Königssalbung: Szene 71; Hirt: Szene 30; Gerechtigkeit: Szene 53; vgl. Titulatur 4.3.2[1]). Zwar spricht Jesus von einem Königtum der Juden, was eine Beerbung der Herodianer impliziert (Konkurrenz zu Antipas: Szene 29; Konkurrenz zu Agrippa II.: Szene 40), aber der Umstand, dass die Botschaft seiner Regierung in die Welt getragen werden soll (Szenen 67 und 71), könnte auf einen über Judäa hinausreichenden Anspruch verweisen. Wie dem auch sei, das Königtum das Jesus beansprucht, ist nicht von Roms Gnaden, vielmehr ist es Gott selbst geschuldet (Szenen 5 und 59). Sein Königtum beansprucht Jesus in der Tradition – durch seine Nähe zu Johannes – beziehungsweise Form eines Freiheitskämpfers, denn einerseits weiß Jesus – und mit ihm die Tempeleliten –, dass er provoziert (Aufruhr: Szene 70), und andererseits, dass er für seinen Selbstanspruch von den Machthabern als „Räuber" gegeißelt wird (Szenen 76 und 82). Entsprechend ist er bereit (Szenen 41, 45, 52 und 71), die für das Vergehen des *crimen maiestatis* und damit für Aufständische übliche Todesart der Kreuzigung zu sterben (Szene 82). Dass Jesus zu Pessach stirbt, unterstreicht sein Anliegen der Freiheit (Szene 73).

Jesu Anspruch auf Königsherrschaft wird im Markusevangelium damit unterstrichen, dass der Narrator Jesus unerklärt auf alle Machtzentren der herodianischen Teilfürstentümer zusteuern lässt: insbesondere Sepphoris (v. a. Szenen 27), das zwar nicht erwähnt, aber über Nazareth insinuiert ist, dann Cäsarea Philippi (v. a. Szene 40) und schliesslich Jerusalem (Szene 55). Dass Jesus König Großisraels zu sein beansprucht, impliziert der Umstand, dass ihm Menschen aus allen Landeszeilen zuströmen (Szene 15), da aber die Königsstadt Jerusalem ist, muss er zwingend dort und nicht etwa frühzeitig in Galiläa sterben wie Johannes.

(2)   Kriegserklärung

Mit dem Anspruch eines von Gott erwählten und daher gerechten Königs darf Jesus auf das Königsgesetz rekurrierend Krieg erklären, deshalb vielleicht beharrt er auf die Gottesgebote versus Menschenüberlieferung (Szene 33). Wenn auch Jesus im markinischen Text vornehmlich symbolisch kämpft, durch Exorzismen, Heilen und rhetorisch, lässt ihn der Narrator für eine Zeit jenseits des Narrativs einen Krieg erklären (Szenen 41 und 68; Mk 8,38; 13,26). Explizit gegen die Tempeleliten (Szenen 59 und 77; Mk 12,9) und in vielfacher Weise implizit auch gegen die Okkupationsmacht (z. B. Szene 60). Dass Jesu Krieg ein gerechter sein wird, ist darin garantiert, dass Gott an vorderster Front mitkämpft, ihm die Feinde unter die Füße legen wird (Szene 63) oder dass Jesus in der (Heeres)Macht Gottes kommen wird (Szene 41; Mk 8,38). Und dass Jesu Krieg ein gebotener sein wird, lässt sich vielleicht daran ableiten, dass er sich selbst als Bräutigam bezeichnet, ein Gemeinschaftsmitglied, bei welchem die Befreiung vom Kriegsdienst angesichts gerechter Kriege suspendiert werden muss (Szene 12).

5.5 Feldherren

5.5.1 *Allgemein*

(1)   Oberbefehlshaber (*legatus Augusti pro praetore, legatus legionis*)

Zur Zeit des Prinzipats war der Kaiser nicht nur „Lenker des Erdkreises," wie Josephus seinen Förderer Vespasian ehrfurchtsvoll nannte (*Bell.* 1,633), sondern auch – wie erwähnt – militärischer Oberbefehlshaber (vgl. 5.4.2). Befähigung zu diesem Amt erwarb er in der Regel im Durchlaufen des *cursus honorum*, dem Bekleiden ehrenvoller politisch-militärischer Ämter in der Abfolge: Vigintisexvirat, Militärtribunat, Quästur, Ädilität, Prätur und schließlich Konsulat.[98] Eine vorgängige Militärkarriere war damit und seit Republikanischer Zeit Voraussetzung für das Bekleiden eines hohen politischen Amtes.[99]

Aber bei weitem nicht jeder Kaiser war ein „Freund des Krieges," wie etwa Trajan (Cassius Dio, *Gesch.* 68,7,5), denn einerseits wusste er in seinen Provinzen – wie gezeigt wurde – den jeweiligen Statthalter mit dessen Truppen

---

98 Christian Gizewski, „Cursus honorum," *DNP* 3:243–244.

99 Die Verknüpfung von militärischer Karriere und darauffolgendem politischen Amt, insbesondere demjenigen des Königtums, existierte freilich schon vorher, und war nicht nur omnipräsent sondern geradezu zentral in antiken Herrscherideologien, einschließlich derjenigen der Hebräischen Bibel, wie Jacob L. Wright festhält: „But the message the ancient royal courts most often highlighted, and thus apparently regarded as primary, was the king's valor on the battlefield and his special relationship with his deity when fighting his enemies. Thanks to the military might of his divinely appointed ,shepherd,' the land enjoyed peace and prosperity during the length of his reign." Und einer der Gründe, weshalb Könige sich gerne als große Krieger darstellten war derjenige, dass „their power-bases commonly viewed victories on the battlefield as divine confirmation of the king's rule" („Military Valor and Kingship: A Book-Oriented Approach to the Study of a Major War Theme," in *Writing and Reading War: Rhetoric, Gender, and Ethics in Biblical and Modern Contexts* [hg. von Brad E. Kelle und Frank Ritchel Ames; SBLSymS 42; Leiden: Brill, 2008], 33–56, bes. 37–38).

646   5. KAPITEL

zuständig (*legatus Augusti pro praetore*; vgl. 5.4.2[1]), und andererseits hatte er Feldherren zur Hand (*legatus legionis*), die er für seine Kriege abkommandieren konnte.[100] Dass aber insbesondere in Zeiten innerer Instabilität erfolgreiche Feldherren einem jeweiligen Herrscher gefährlich werden konnten, haben die vorgängigen Ausführungen zum römischen Bürgerkrieg gezeigt. Denn innerhalb ein und desselben Jahres wurde der von seinen Truppen zum Kaiser erhobene Galba ermordet, worauf der von den Prätorianern zum Herrscher ausgerufene Otho im Kampf gegen Vitellius unterlag, und Letzterer – selbst die Kaiserwürde anstrebend – gegen die Hauptstadt marschierte (Josephus, *Bell.* 4,545–549; vgl. 5.2.2[2]).

(2)   Herkunft, Tugend, Rhetorik

Mit der Kriegsführung als Angelegenheit der Edlen, spielte die Herkunft eines jeweiligen Feldherrn eine wichtige Rolle. Im besten Falle und wie bei Augustus etwa, durfte sich dieser als adoptierter Sohn eines vergöttlichten Cäsars wähnen.[101] Fehlte jedoch eine edle Abkunft, sollte dies – anders als bei der Wahl eines Priesters – für einen tatkräftigen und erfolgversprechenden Anwärter kein Hinderungsgrund sein, im Gegenteil, nach Onasander konnte sich dies gar in sein Vorteil kehren:

> An illustrious family name we should welcome, if it be present, but if lacking it should not be demanded, nor should we judge men worthy or unworthy of commands simply by this criterion; but just as we test the pedigrees of animals in the light of the things they actually do, so we should view the pedigrees of men also. For it is dangerous to consider what fine thing a general's ancestors have done, rather than what the generals now chosen will do, as if those long dead could still protect us, and as if they would maintain us in our former possessions. As a matter of fact, is it not sheer stupidity to honor soldiers for valor, not those of famous families but those who have done some noble deed themselves, but on the other hand to select generals, even if they are incompetent, on account of their ancestors and not on account of their own worth, even if their families are unknown? Of course, if a general has birth in addition to these other qualities, he is fortunate, but even if he has a famous name without the other qualities, he is useless. It might perhaps be expected that those men who cannot take pride in their

---

100   Peter Kehne, „Legatus," *DNP* 7:5–6.
101   Kienast, „Augustus," 2:302–314.

INTERTEXTUELL-HISTORISCHE VERORTUNG DER EXEGETISCHEN ERTRÄGE   647

ancestors would become even better generals; for men who glory in their
forefathers, even if they are themselves failures, believing that the fame
of their family is theirs forever are often too careless as administrators,
whereas those who have no ancestral renown to begin with, desiring to
make up for the obscurity of their lineage by their own zeal, are more
eager to take part in dangerous enterprises. Just as the poor man, eager
to supply what fortune omitted, will endure more than the rich man in
getting a start to make his fortune, so the man who can avail himself of
no inheritance of ancestral glory determines to make his own the virtue
which he himself acquires.

ONASANDER, *Strat.* 1,21–25

Neben einer edlen Abkunft schien dem Onasander auch Vermögen keine zwingende Voraussetzung für einen Feldherrn zu sein, wie dies für Leiter von Gym-
nasien etwa der Fall war. Auf keinen Fall aber sollte er „eigentümlich oder
gefährlich" wie ein Tiberius (Cassius Dio, *Gesch.* 57,1–2), „weibisch" wie ein Nero
(Cassius Dio, *Gesch.* 62,6,3) oder „impulsiv und verschlagen" wie ein Domitian
sein (Cassius Dio, *Gesch.* 67,1,1). Vielmehr sollte er wie von *principes viri* erwartet von tugendhaftem Wesen sein (vgl. 5.4.2[1]), dass heißt „maßvoll, selbstbe-
herrscht, wachsam, sparsam, abgehärtet der Arbeit gegenüber, vorsichtig, frei
von Geiz, weder zu jung noch zu alt, in der Tat, ein Vater von Kindern wenn
möglich, ein stets bereiter Redner und ein Mann von gutem Ruf" (Onasander,
Strat. 1,1).

Dass die Redekunst in der Antike eine besonders herausragende Stellung
einnahm, zeigt sich auch darin, dass viele Autoren sich nicht scheuten, die
Leistungen der Kaiser auch anhand ihrer rhetorischen Begabung zu messen.
Anerkennung in dieser Hinsicht wurde etwa einem Cäsar, aber auch Augustus, Tiberius, Gaius, ja sogar Claudius und Trajan gezollt, nicht jedoch Nero
(Tacitus, *Ann.* 13,3,2–3; Cassius Dio, *Gesch.* 68,7,4). Als besonders wichtige Befähigung erachtete Onasander sie auch im Blick auf Feldherren, denn nur ein
begabter Redner vermochte den für den Sieg so unentbehrlichen Kampfgeist
durch eine Feldrede zu entfachen oder ihn nach einer Niederlage wiederzube-
leben:

[F]or I believe that the greatest benefit can accrue from the work of a
general only through this gift [as ready speaker]. For if a general is drawing
up his men before battle, the encouragement of his words make them
despise the danger and covet the honor; and a trumpet-call resounding
in the ears does not so effectively awaken the soul to the conflict of battle
as a speech that urges to strenuous velour rouses the martial spirit to

confront danger. Should some disaster befall the army, an encouraging speech will give the men's souls new strength; and a not unskillful address by the commander is far more useful in counteracting the despondency of an army in the hour of defeat than the physicians who attend to the wounded. For the physicians with their medicines care only for the wounded, whereas the eloquent general not only heartens the disabled but also sets the well on their feet again. Just as hidden diseases are harder to cure than those with external symptoms, so it is more difficult by a counseling speech to cure a heart of its despondency than to minister to an obvious and manifest disease of the body. No city at all will put an army in the field without generals nor choose a general who lacks the ability to make an effective speech.

ONASANDER, *Strat.* 1,13–16

(3) Akklamation, Regierung, Tod

Zeichnete sich das Ende eines Herrschers ab oder gelang es einem Feldherrn seine Truppen zum Sieg zu führen, war es innerhalb Militärmonarchien üblich, dass diese den aussichtsreichsten oder siegreichen Feldherrn zum neuen Prinzeps ausriefen (*imperatoris appellatio*) und damit politische Fakten schufen. Die Akklamation eines Herrschers bedurfte noch der Bestätigung des Senats, und mit jenem Akt galt die Herrschaftsübernahme am *dies imperii* als vollzogen.[102] War die Bindung der Truppen zu seinem Oberbefehlshaber unter Cäsar und Augustus noch stabilerer Natur, zeichnete sich bereits unter Tiberius und später wieder unter Galba ein bilateraler Eigennutz ab, bis dahin, dass einzelne Heereseinheiten käuflich wurden und versprochene, aber nicht erfüllten „Gnadenerweise" – wie etwa bei Galba – durch Machtentzug und durch die Ausrufung eines willigeren Gegenanwärters, in diesem Fall des Vitellius, beantwortet wurden (Sueton, *Tib.* 25; Cassius Dio, *Gesch.* 63,4,1–2).

War einem Feldherrn die Herrschaft beschieden, und hatte er sich in seinen Erfolgen, Wohltaten und Tugenden der ihm vorauseilenden Omina entsprechend als göttlich erwiesen, erfolgte über einen auf Antrag des nachfolgenden Kaisers gefassten Senatsbeschluss seine Divinisierung und Einrichtung eines Kults zu seinen Ehren wie etwa bei Augustus (Cassius Dio, *Gesch.* 56,41,1.9). Diese verband sich mit dem Glauben, dass die verdiente Herrscherpersönlichkeit, nachdem sie den Heroen gleich aus der Götterwelt gekommen war, nun wieder durch Auferstehung dorthin zurückkehre. Dass Augustus im diesem Zusammenhang zum Himmel emporgestiegen sein soll, will nach Sueton ein

---

102   Strothmann, „Dies imperii," 12/2:941.

INTERTEXTUELL-HISTORISCHE VERORTUNG DER EXEGETISCHEN ERTRÄGE 649

Mann im Range eines Prätors eidlich bezeugt haben (Sueton, *Aug.* 100). Hatte sich demgegenüber die göttliche Herkunft im Leben eines Herrschers nicht gezeigt, wie etwa am Falle des Domitian, wurde sie durch den Senat, zuweilen auch durch den Nachfolger in Zweifel gezogen und seine (öffentliche) Erinnerung fiel der *damnatio memoriae* anheim.[103]

5.5.2 *Rom*

(1) Vespasian als Oberbefehlshaber

Im Falle des ersten jüdisch-römischen Krieges war Neros Statthalter in Syrien, Cestius Gallus (63–67 d. Z.),[104] und von Amtes wegen war dieser mit dem Oberbefehl zur Niederschlagung des judäischen Aufstandes betraut (vgl. 5.2.3[2]; 5.4.2[2]). Weil jedoch Cestius' Bemühungen misslangen, musste sich Nero in drängender Notlage und ob eines in Bewegung geratenen Orients eilends nach einer Alternative umsehen. Nero fand sie in Vespasian (9–79 d. Z.)[105]; und er übertrug ihm den „Oberbefehl" (*Bell.* 3,7; 5,2: ἡγεμονία) über das syrische Heer, damit er die Juden bestrafe und sich gleichzeitig der Loyalität der angesteckten Nachbarvölker versichere. Nero hielt Vespasian der ungeheuren Last eines solchen Krieges für gewachsen. Er tat es deshalb, weil dieser von Jugend an Soldat gewesen und im Kriegsdienst ergraut war,[106] und auch, weil Nero die Jugendkraft seiner Söhne als potentielles Werkzeug des Vaters Klugheit erachtete. Aber nicht die Erfahrung allein war für Nero ausschlaggebend, denn im Kriegsdienst war Vespasian auch Glück und Ruhm beschieden gewesen. Dreißig Gefechte soll er überbestanden haben und er vermochte dabei im Westen die Germanen zu befrieden und wichtiger noch, er hatte mit Waffengewalt das kaum bekannte Britannien für das Reich gewinnen können. Auf diese Weise hatte er Claudius, Neros Adoptivvater, ohne dass es diesen einen einzigen Tropfen Schweiß gekostet hätte, zu einem Triumph verholfen. Zum Lohn erhielt er dafür nicht nur die Triumphalauszeichnungen und zwei Stellen in Priesterkollegien, sondern auch die Provinz Afrika. Aber was Nero noch weitaus wichtiger schien, war die Tatsache, dass Vespasian ihm seiner niederen Herkunft und seines unbekannten Namens, aber auch seiner fehlenden finanziellen Mittel wegen in keiner Weise zu Befürchtungen um seine eigene Sicherheit Anlass zu

---

103 Andreas Bendlin, „II. Vergöttlichung,"*DNP* 12/2:68–69; Christa Frateantonio, „Consecratio," *DNP* 3:127–128; Fritz Graf, „Kaiserkult," *DNP* 6:143–145; Christian Gizewski und Alexander Mlasowsky, „Damnatio memoriae,"*DNP* 3:299–300; Rüpke, *Domi militiae*, 206–208.

104 Lea Roth, „Cestius Gallus,"*EJ* 4:552–553.

105 Werner Eck, „Vespasianus,"*DNP* 12/2:125–130.

106 Vespasian begann seine senatorische Laufbahn als *tribunus militium* in Thrakien.

650 5. KAPITEL

geben schien (Josephus, *Bell.* 3,3–7; Sueton, *Vesp.* 4; Tacitus, *Hist.* 5,10; Cassius Dio, *Gesch.* 63,22,1ᵃ).[107]

Vespasian brach sogleich auf, und innerhalb zweier Sommer, nämlich der Jahre 67 und 68 d. Z., gelang es ihm mit Unterstützung seines Sohnes Titus, das ganze Land und alle Städte – mit Ausnahme Jerusalems – zu unterwerfen, was ihm großes Ansehen eintrug. Nach Neros Tod aber unterbrach Vespasian den Feldzug, da er ohne eine Weisung über die Fortsetzung des Krieges durch den Nachfolger Galba nichts unternehmen wollte. Deshalb entsandte er Titus, jenem zu huldigen (*Bell.* 4,498: ἀσπάζομαι) und bezüglich der Juden Befehle entgegen zu nehmen. Aber noch bevor jener gemeinsam mit Agrippa II. Rom erreichen konnte, war Galba mitten im Forum von seinen eigenen Soldaten ermordet und Otho zum Kaiser ausgerufen worden. Zum Vater nach Cäsarea zurückgekehrt, schenkten die beiden dem Feldzug gegen die Juden vorerst keine Beachtung mehr, da ihnen ein Angriff gegen ein fremdes Volk angesichts der Erschütterung des Vaterlandes als ungebührend erschien (Josephus, *Bell.* 4,497–502; Cassius Dio, *Gesch.* 64,8,3¹; vgl. 5.7.2[4]).

(2)   Akklamation

Aber die Nachricht von Vitellius[108] Thronbesteigung erregte Vespasians Unwillen, weil er einen Herrscher, der mit den Händen eines Irren nach dem leer stehenden Thron gegriffen hatte, für unwürdig hielt, und die Heimat dem Untergang entgegentreiben sah. Obschon er wünschte, das Schlimmste abwenden zu können, hielt die Entfernung Roms und der bevorstehende Winter seinen Zorn im Zaum. Anders seine Offiziere, die sich über die Möglichkeit eines Umsturzes bereits offen berieten. Sie riefen Vespasian in Cäsarea kurzerhand zum Kaiser aus und drängten ihn, das Reich aus seiner Gefahr zu retten. Und dem gab Vespasian, nachdem er seine Wähler nicht eines Besseren zu überzeugen vermochte, am 1. Juli 69 d. Z. nach, demjenigen Tag den er rückwirkend als seinen *dies imperii* festgelegen sollte. Der entsprechende Senatsbeschluss erfolgte am 21. Dezember desselben Jahres (Josephus, *Bell.* 4,588–604; Cassius Dio, *Gesch.* 64,8,3²–4,31).[109] Der Ort dieser Ausrufung war nach dem Zeugnis des Josephus die römische Verwaltungsstadt Cäsareas in Judäa (vgl. auch *Bell.* 6,313), ein symbolischer Ortsname, den Herodes dem ehemaligen Stratonsturm zu Ehren des Augustus verliehen hatte (Josephus, *Bell.* 1,407–408; Tacitus, *Hist.* 2,80,1–2a). Dass ihn andere Quellen nach Alexandrien verlagern, könnte mit dem Interesse

---

107 Zu Vespasians niederen Herkunft vgl. 5.5.2[5].

108 Sein Vater Lucius war unter Tiberius Statthalter Syriens gewesen, und hatte Pontius Pilatus in die Verbannung geschickt (vgl. 5.4.3[1]; Sueton, *Vit.* 2).

109 Strothmann, „Dies imperii,“ 12/2:941.

INTERTEXTUELL-HISTORISCHE VERORTUNG DER EXEGETISCHEN ERTRÄGE   651

der Flavier im Zusammenhang stehen, an das Erbe des Augustus anzuknüpfen, das mit der Inbesitznahme Alexandriens begonnen hatte (vgl. 5.8.1[4]).[110]

Daraufhin überredete ihn sein Verbündeter C. Licinius Mucianus,[111] der nachgerückte Legat Syriens, gegen Rom zu ziehen. Doch Vespasian wollte zunächst Ägypten, die unentbehrliche Kornkammer Roms, und damit auch seine beiden Legionen in die Hand bekommen. Sogleich schrieb er seinem Verwalter Tiberius Alexander, dem vormaligen Prokurator Judäas, dass er ihn als Verbündeten zu gewinnen wünsche. Tiberius Alexander kam dem Anliegen umgehend nach und bat Volk wie auch die Legionen, auf Vespasian den Treueeid zu leisten, was diese auch taten. Die „Botschaft" (*Bell.* 4,618 Pl.: εὐαγγέλιον) von einem neuen Herrscher über dem Osten verbreitete sich in Windeseile. Worauf auch die in Moesien und Pannonien stehenden Legionen auf Vespasian als ihren Oberbefehlshaber schworen. Daraufhin brach Vespasian von Cäsarea auf, begab sich nach Berytos, wo ihm Gesandtschaften aus ganz Syrien und anderen Provinzen entgegenkamen, um ihm Glückwünsche zu überbringen (Josephus, *Bell.* 4,605–621).

(3)   Vorzeichen

Nachdem sich die Lage zu Vespasians Gunsten gewendet hatte, drängte sich ihm der Gedanke auf, dass er nicht ohne göttliches Geschick den Oberbefehl habe gewinnen können (Josephus, *Bell.* 4,622; Sueton, *Vesp.* 5; Cassius Dio, *Gesch.* 64,9,1; 65,1,2). Und so erinnerte er sich an vergangene Orakel, Träume und „Vorzeichen" (*Bell.* 3;404; 4,623 Pl.: σημεῖον), die ihm vielerorts zugefallen und ihm die Führung im Staate angekündigt hatten:

Denn auf dem Landgut der Flavier trieb einst eine Eiche bei jeder Geburt der drei Kinder einen Wurzelschössling, wobei der dritte – Vespasian war das dritte Kind der Vespasia Polla und des Flavius Sabinus – in seiner Größe einem Baum gleich kam (Sueton, *Vesp.* 5).

Später war eine Zypresse von auffallender Größe auf seinen Ländereien umgestürzt, und am folgenden Tag wuchs sie an derselben Stelle empor und stand hochaufragend und kräftiger in frischem Grün da. Als bedeutsames und glückbringendes Zeichen galt dies nach allgemeinem Urteil der Opferbeschauer, und dem noch jugendlichen Vespasian wurde höchster Ruhmesglanz verheißen (Tacitus, *Hist.* 2,78,2; Sueton, *Vesp.* 5; Cassius Dio, *Gesch.* 65,1,3).

---

110   Nach dem Zeugnis des Tacitus soll es der Präfekt Ägyptens gewesen sein, Alexander Tiberius, der am 1. Juli als erster seine Legionen auf Vespasian den Treueeid hatte leisten lassen. Vespasians eigene Legionen in Judäa sollen diesen erst am 3. (*Hist.* 2,79) und nach Sueton erst am 11. Juli 69 d. Z. getan haben (*Vesp.* 6).

111   Isaiah Gafni, „Mucianus, Caius Licinius," *EJ* 14:594.

Während seiner Ädilität hatte Vespasian einst Kaiser Gaius verärgert, weil er die Strassen nicht gut genug hatte fegen lassen. Daraufhin ließ dieser ihm von dort aufgehobenen Kot in den Faltenbausch seiner Toga Prätexta füllen. Viele deuteten es dahin gehend, dass der mit Füssen getretene Staat sich bei einer Revolution in seinen Schoss begeben werde (Sueton, *Vesp.* 5).

Während Vespasian einmal beim Mittagessen war, schleppte ein fremder Hund eine Menschenhand ins Zimmer und ließ sie unter den Tisch fallen (lat. *manus*, das auch Herrschaft bedeutet; Sueton, *Vesp.* 5; Cassius Dio, *Gesch.* 65,1,2).

Und ein andermal brach bei einer Hauptmahlzeit ein Pflugstier, der sein Joch abgeworfen hatte, ins Speisezimmer ein, jagte die aufwartenden Diener in die Flucht, warf sich dann wie plötzlich ermattet Vespasian zu Füssen vor sein Lager hin und beugte vor ihm den Nacken (Sueton, *Vesp.* 5; Cassius Dio, *Gesch.* 65,1,2).

In Achaia, wohin Vespasian Nero begleitet hatte, träumte ihn, dass sein und seiner Familie Glück beginnen würde, wenn Nero ein Zahn gezogen würde. Und tatsächlich, am folgenden Tag, als er dem Kaiser seine Aufwartung machte, trat ein Arzt ins Atrium heraus und zeigte ihm einen Zahn, den er eben dem Kaiser gezogen hatte (Sueton, *Vesp.* 5; Cassius Dio, *Gesch.* 65,1,3).

Dieser mit dem Zahn in Verbindung stehende Traum stand im Zusammenhang mit dem Oberbefehl, der Vespasian von Nero in Achaia übertragen worden war. Nachdem Vespasian die Truppen gesammelt und in Galiläa eingefallen und nach langem Kampf Jotopata erobert und dabei Josephus in seine Gewalt bekommen hatte, sagte jener ihm (und Titus) als sein (deren) Bote in folgenden Worten die Weltherrschaft voraus (vgl. 5.3.3[2]):

> Du glaubst, Vespasian, in Josephus lediglich einen Kriegsgefangenen in die Hand bekommen zu haben, ich komme aber zu dir als Künder (*Bell.* 3,400: ἄγγελος) großer Ereignisse. Denn wäre ich nicht von Gott gesandt, so hätte ich gewusst, was das Gesetz der Juden bestimmt und wie es einem Feldherrn zu sterben geziemt. Zu Nero willst du mich schicken? Wozu denn? Werden denn die Nachfolger Neros bis zu deinem Regierungsantritt lange an der Herrschaft bleiben? Du, Vespasian, wirst Kaiser und Alleinherrscher, sowohl du wie dieser dein Sohn. Lass mich jetzt nur noch fester fesseln und für dich selbst aufbewahren, denn du, Caesar, wirst nicht nur mein Herr sein, sondern der über Erde und Meer und das ganze Menschengeschlecht. Ich bitte aber um eine noch schärfere Bewachung, damit du mich bestrafen kannst, wenn ich die Sache Gottes leichtfertig behandle.
>
> *Bell.* 3,400–408

INTERTEXTUELL-HISTORISCHE VERORTUNG DER EXEGETISCHEN ERTRÄGE   653

Nach Erfüllung dieser Weissagung erhielt Josephus die Freiheit und mit ihr alle bürgerlichen Rechte zurück (*Bell.* 4,623–629; Sueton, *Vesp.* 5; Cassius Dio, *Gesch.* 65,1,4).[112]

Als dann Vespasian in Judäa, am Karmel, opferte und schon heimliche Hoffnungen im Herzen bewegte, sagte zu ihm der Priester Basilides, nachdem er wiederholt die Eingeweide (des Opfertieres) geprüft hatte, dass ihm ein großer Wohnsitz, unermessliches Gebiet und eine große Zahl von Menschen gegeben werde (Tacitus, *Hist.* 2,78,3; Sueton, *Vesp.* 5).

Aus Rom erhielt Vespasian sodann die Kunde, dass Nero in seinen letzten Tagen durch ein Traumgesicht die Mahnung erhalten hatte, den Wagen des Jupiter Optimus Maximus aus seinem Heiligtum in das Haus Vespasians und von dort in den Zirkus zu führen (Sueton, *Vesp.* 5).

Als nicht lange darauf Galba die Volksversammlung zu seiner zweiten Konsulwahl betrat, soll sich die Statue des als Gott verehrten Julius Cäsar von selbst nach Osten herumgedreht haben (Sueton, *Vesp.* 5).

Ferner hätten kurz vor Beginn der Schlacht bei Betriacum zwei Adler vor aller Augen miteinander zu kämpfen begonnen. Als der eine besiegt wurde, sei ein dritter von Osten her hinzugekommen und habe den Sieger verjagt (Sueton, *Vesp.* 5).

Als Vespasian nach Annahme seiner Akklamation schließlich in Ägypten einzog, trat eine Nilüberschwemmung ein, und der Fluss stieg an einem einzigen Tag um eine Handbreite höher als sonst. Ein Ereignis, das sich nur ein einziges Mal zuvor zugetragen hätte (Cassius Dio, *Gesch.* 65,8,1).

In Alexandrien dann ergriff ihn ein tiefes Verlangen, den Tempel des Serapis allein zu betreten, um Rat über seine Herrschaftspläne einzuholen. Als er sich ganz der Gottheit zugewandt hatte, erblickte er hinter sich einen vornehmen Ägypter namens Basilides. Von ihm wusste er, dass er von Alexandrien mehrere Tagesreisen entfernt und von Krankheit festgehalten wurde. Als er daraufhin Nachforschungen anstellte, erfuhr er, dass dieser zu jenem Zeitpunkt achtzig Meilen entfernt gewesen war. Da deutete er die Erscheinung als gottgesandt und sah den Sinn des Gottesspruches im Namen Basilides (Tacitus, *Hist.* 4,82,1– 2; Sueton, *Vesp.* 7).

Während jener Zeit wurde zu Tegea in Arkadien (Achaia) auf Anregung der Wahrsager an einem geheiligten Ort Nachgrabungen angestellt, wobei Gefäße uralter Arbeit zutage gefördert wurden, auf denen sich Bildnisse dem Vespasian ähnlich befanden (Sueton, *Vesp.* 7).

---

112   Die Weltherrschaft soll Vespasian auch Jochanan b. Zakkai angekündigt haben (ARN 4; bGit 56ab; KlglR 1,5).

654 5. KAPITEL

(4)   Bewährung

Nachdem Vespasian in Berytos die Regierungsstellen verteilt hatte, begab er sich nach Antiochien. Von dort entsandte er – wie gesagt – Mucianus nach Italien, damit er mit einem starken Heer ausgestattet gegen die Truppen des Vitellius ziehe. Er selbst begab sich derweil nach Alexandrien, um, sobald der Winter vorbei wäre, mit in Ägypten eingetriebenem Geld und Getreide nach Rom zu segeln (Josephus, *Bell.* 4,630–655; Cassius Dio, *Gesch.* 64,9,2; 65,9,2ᵃ).

Nach dem Zeugnis des Sueton, soll Vespasian zu jenem Zeitpunkt – als einem, der wider Erwarten als neuer Fürst den Thron bestiegen hatte – noch Ansehen (*auctoritas*) und eine von Gott bestätigte Majestät gefehlt haben (*maiestas*). Aber auch diese wurde ihm zuteil auf Grund folgender Begebenheiten in Alexandrien, was man allgemeinhin als Zuneigung der Götter für Vespasian gedeutet und zur Legitimation seiner Herrschaft überall verbreitete hatte (Tacitus, *Hist.* 4,81,1; Sueton, *Vesp.* 7,2).

Ein Mann aus dem niederen Volk Alexandriens, der sein Augenlicht verloren hatte, warf sich vor seinen Knien nieder und flehte um Heilung seiner Blindheit; er handle so auf Weisung des Gottes Serapis. Er flehte den Prinzeps an, er möge sich herablassen, um ihm Wangen und Augenlieder mit Speichel zu bestreichen. Ein anderer, der eine verdorrte Hand hatte, bat auf Anraten desselben Gottes, der Cäsar möge mit der Fußsohle darauf treten. Vespasian lachte zunächst darüber und lehnte ab; als ihn jene aber weiter bedrängten, fürchtete er einerseits das Gerede bei einem Misserfolg, andererseits ließen ihn die beschwörenden Bitten und die Zurufe der Schmeichler doch eine gewisse Hoffnung schöpfen. Zuletzt ließ er von Ärzten ein Gutachten erstellen, ob eine solche Blindheit und ein solches Gebrechen durch menschliche Hilfe heilbar seien. Als ihm die Ärzte dies bejahten, führte er mit fröhlicher Miene unter gespannter Aufmerksamkeit der ihn umgebenden Menge das aus, was man von ihm verlangte. Sofort wurde die Hand wieder gebrauchsfähig, und dem Blinden erstrahlte wieder das Tageslicht (Tacitus, *Hist.* 4,81,1–3; Cassius Dio, *Gesch.* 65,8,1).

(5)   Delegation, Regierung, Tod

Nachdem Vespasian in dieser Weise zu Ansehen und Majestät gelangt war, erreichte ihn die Kunde aus Rom, dass das römische Volk nicht nur den Sturz des Vitellius, sondern auch seine Bestätigung im Amt feiere. Einmal mehr empfing er Glückwünsche überbringende Gesandtschaften, und diesmal aus der ganzen Welt. Nachdem also die Unterwerfung des ganzen Reiches entschieden war, regelte er vor Abreise nach Rom alle in Alexandrien vorliegenden Geschäfte und „sandte" (*Bell.* 4,658: ἀποστέλλω) seinen Sohn Titus von dort mit auserlesenen Streitkräften zur Eroberung Jerusalems ab, worauf dieser von

INTERTEXTUELL-HISTORISCHE VERORTUNG DER EXEGETISCHEN ERTRÄGE 655

Ägypten aus auf dem Landweg nach Cäsarea zurückkehrte (Josephus, *Bell.* 4,655–658; 5,1–2; Tacitus, *Hist.* 4,51; Sueton, *Tit.* 5; Cassius Dio, *Gesch.* 64,9,2; 65,9,2[a]).[113]

Nachdem der Senat Vespasian zum Kaiser bestellt und seinen beiden Söhnen Titus und Domitian den Cäsarentitel verliehen hatte, trat dieser in Rom – dorthin gelangte er erst im Oktober des Jahres 70 d. Z. – und Titus in Palästina das Konsulat an, ein Jahr und zweiundzwanzig Tage nach Neros Tod (Cassius Dio, *Gesch.* 65,1,1; 66,17,4).

In seinem Regierungsstil soll Vespasian seiner Pflicht um das Allgemeinwohl stets nachgekommen sein, soll darüber hinaus auch volksverbunden gewesen sein, erhob sich nicht über seine Untertanen, und selbst wenn diese sich über ihn belustigten, soll er es erduldet haben (Cassius Dio, *Gesch.* 65,11,1).

So wie Vespasians Aufstieg kündigte sich auch sein Ende durch Vorzeichen an, und nach einer Erkrankung an Fieber schied er im Alter von 69 Jahren 79 d. Z. aus dem Leben. Als er das Ende herannahen sah, soll er, der seine frühere geringe Stellung nie verheimlichte, vielmehr sich ihrer des öfteren rühmte (Sueton, *Vesp.* 1; 12; Cassius Dio, *Gesch.* 65,10,3[b]), spöttisch gesagt haben: „Nun werde ich schon ein Gott" (Cassius Dio, *Gesch.* 66,17,1–4).[114]

(6)   Titus' Oberbefehl, Akklamation, Regierung, Tod
Wie erwähnt, übertrug Vespasian den Oberbefehl zur Niederwerfung Jerusalems seinem Sohn Titus in Alexandrien (39–81 d. Z.),[115] welcher, nachdem er die senatorische Laufbahn eingeschlagen hatte, bereits in Germanien sowie Britannien während der Jahre 61–63 d. Z. als Militärtribun gedient hatte (Sueton, *Tit.* 4; Tacitus, *Hist.* 2,77,1).[116]

Nach Cäsarea zurückgekehrt, benötigte Titus ganze fünf Monate für die Belagerung und Eroberung Jerusalems im Jahre 70 d. Z. (Mai–September). Dabei

---

113   Nach dem Zeugnis des Sueton und Cassius Dio soll Vespasian Titus in Judäa zurückgelassen und ihm die Belagerung bereits früher übertragen haben.

114   Vgl. Pfeiffer, *Die Zeit der Flavier*, 120–125; Hubert Cancik und Konrad Hitzl, Hgg., *Die Praxis der Herrscherverehrung in Rom und seinen Provinzen* (Tübingen: Mohr Siebeck, 2003); Riedo-Emmenegger, *Prophetisch-messianische Provokateure der Pax Romana*, 142–155; Barbara Eberhardt, „Wer dient wem? Die Darstellung des flavischen Triumphzuges auf dem Titusbogen und bei Josephus," in *Josephus and Jewish History in Flavian Rome and Beyond* (hg. von Joseph Sievers und Gaia Lembi; JSJS 104; Brill, Leiden 2005), 257–277, bes. 262.

115   Roth und Rothkoff, „Titus, Flavius Vespasianus," 19:743–745; Werner Eck, „3. Titus," DNP 12/1:633–634.

116   Pfeiffer, *Die Zeit der Flavier*, 39.

656 5. KAPITEL

soll er als einer, „der stets an vorderster Front kämpfte," seinen Soldaten ein leuchtendes Beispiel gewesen sein (Josephus, *Bell.* 5,488), der sie mit seiner rhetorischer Begabung mal mahnend zu züchtigen (z. B. Josephus, *Bell.* 5,121–125), mal tröstend anzutreiben wusste (Josephus, *Bell.* 6,34–53). Auch soll er sich häufig bei Schanzarbeiten oder auf dem Marsch unter die gemeinen Soldaten gemischt haben, ohne an seiner Feldherrenwürde Schaden genommen zu haben (Tacitus, *Hist.* 5,19).

Für sein Wesen, Begabung und Kriegsglück akklamierte ihn sein Heer im Tempelbezirk Jerusalems zum Imperator (Josephus, *Bell.* 6,316). Doch die Regierung trat der Cäsar und damit legitime Nachfolger erst nach dem Tod seines Vaters im Jahre 79 d.Z. an (Cassius Dio, *Gesch.* 66,18,1ª).

Im Kaiseramt soll sich Titus als aufrechter und selbstbeherrschter Mann erwiesen haben, der darum bemüht war, das Leben der Menschen von Unsicherheit und Schmerz zu befreien (Cassius Dio, *Gesch.* 66,18,1; 66,19,3).

Titus verstarb bereits im zweiundvierzigsten Lebensjahr und nur sechsundzwanzig Monaten nach Regierungsantritt im Jahre 81 d.Z. (Sueton, *Titus*, 11; Cassius Dio, *Gesch.* 66,18,4). Was sein Tod veranlasst haben soll, wird von Zeitzeugen und Quellen unterschiedlich begründet. Nach dem Urteil einiger soll er einer Krankheit erlegen sein, und nach dem Urteil anderer soll er von seinem Bruder Domitian aus dem Weg geräumt worden sein. Der Ansicht, dass Titus ermordet wurde, schloss sich auch Cassius Dio an, nicht nur deshalb, weil dieser zuvor einen Anschlag gegen ihn unternommen hatte, sondern auch, weil Titus sterbend gesagt haben soll: „Nur einen Fehler habe ich begangen." Titus hatte nicht deutlich gemacht, worin dieser bestand, aber nach Cassius Dios Ansicht lag er darin, den Verschwörer Domitian nach seiner Entlarvung nicht getötet und damit das Reich einem so verwegenen Menschen überlassen zu haben (Cassius Dio, *Gesch.* 66,26,2–4). Nach rabbinischem Urteil, soll Titus als Strafe für die Zerstörung des Tempels von Gott frühzeitig aus dem Leben genommen worden sein (bGit 56b[117]).

Seinen verstorbenen Bruder soll Domitian daraufhin und angeblich unter vorgetäuschter Trauer divinisiert haben lassen (Cassius Dio, *Gesch.* 67,2,6).

---

117 „Hierauf ging er fort und sandte den ruchlosen Titus, und dieser sprach: Wo ist ihr Gott, der Fels, auf den sie trauten. Es ist dies der ruchlose Titus, der gegen den Höchsten schmähte und lästerte. Was tat er? Er nahm eine Hure bei der Hand, ging mit ihr in das Allerheiligste, breitete eine Torarolle aus und beging auf dieser eine Sünde. Sodann nahm er ein Schwert, und durchstach den Vorhang. Da geschah ein Wunder, und Blut drang hervor, so dass er glaubte, er [Gott] hätte sich getötet."

5.5.3 *Judäa*

(1)   Eleazar, Sohn des Ananias

Der erste jüdisch-römische Krieg brach – wie in 5.2.3(2) gezeigt wurde – in Jerusalem aus, und zwar im Zusammenhang mit den Machenschaften eines jungen Tempelhauptmanns namens Eleazar, der auch Sohn des Hohepriesters Ananias war. In diesem Amt stand er der Tempelwache, bestehend aus 200 Priestern und Leviten, vor und hatte die diensttuenden Hohepriester dazu überredet, von Nichtjuden keine Gaben und Opfer mehr anzunehmen.[118]

Im Bemühen sich vom Verdacht der Urheberschaft eines Aufstandes zu befreien, hatten nach Josephus daraufhin die Oberen des Volkes den Widerspenstigen unter Zuhilfenahme juristischer Argumente zugeredet; als sie aber unerhört blieben hatten die Hohepriester und Ratsmitglieder, denen von Florus die Aufsicht der Stadt übertragen worden war und ihnen zu diesem Zweck eine Kohorte seiner Soldaten zurückgelassen hatte (*Bell.* 2,330–332), Gesandtschaften sowohl zu Florus als auch zu Agrippa geschickt, diese möchten doch mit Heeresmacht gegen die Stadt heraufziehen und den Aufstand niederschlagen. Nur Agrippa hatte eine Reitereinheit von 2'000 gesandt, die sich mit den Aufständischen, welche sich der Unterstadt und des Heiligtums bemächtigt hatten, einen siebentägigen Kampf lieferten. Als die Aufrührer unter Eleazar Sikarier in ihre Reihen aufnahmen, gelang es ihnen, die Königlichen auch aus der Oberstadt zu verdrängen, worauf diese sich, gemeinsam mit den Oberen und den römischen Soldaten in den höher gelegenen Antonia- und Königsburgen verschanzten. Schnell bemächtigten sich die Aufrührer der Antonia, aber um die Eroberung der Königsburg entbrannt ein zäher Kampf. Unerwartet entsandten daraufhin die Belagerten Unterhändler zu Menahem[119] und den Rädelsführern, denn dieser war in der Zwischenzeit wie ein König in die Stadt zurückgekehrt und hatte die Führung (*Bell.* 2,434: ἡγεμών) des Aufstandes übernommen, und baten um freien Abzug. Dieser wurde ihnen gewährt, doch nur den königlichen Truppen und den Einheimischen, nicht jedoch den dort lagernden römischen Soldaten des Florus. Verzweifelt darüber räumten diese ihr Lager und zogen sich in die Königstürme zurück. Sofort bemächtigten sich die Männer Menahems des Lagers, entdeckten am folgenden Tag den Hohe-

---

118   Lea Roth, „Eleazar ben Ananias,"*EJ* 6:298–299; Anna Maria Schwemer, „9. Eleazaros,"*DNP* 3:965–966.

119   Menahem, Sohn des Galiläers und Zelotengründers Judas, hatte seine Freunde und andere mit Waffen aus dem herodianischen Zeughaus Masadas eingedeckt, das Aufständische den Römern bereits abgenommen hatten, um sie als seine Leibgarde einzusetzen (Josephus, *Bell.* 2,408.433–434). Lea Roth, „Menahem Son of Judah,"*EJ* 14:26–27; Irina Wandrey, „Menaḥem ben Yehuda,"*DNP* 7:1212.

priester Ananias, der sich im Wasserkanal der Königsburg versteckt hatte, und erhängten diesen gemeinsam mit seinem Bruder Ezechias. Diese zwei „Erfolge" stiegen Menahem zu Kopf, und Eleazars Männer empörten sich gegen seine zu Tage tretende Tyrannei. So trafen sie eine Vereinbarung und griffen ihn mit Unterstützung des Volkes an, als er – obschon einfacher, aber wortgewandter Mann aus dem Volk – im Schmuck königlicher Kleidung im Tempel zum Gebet schritt. Menahems Leibwachen, sofern sie zu fliehen vermochten, entkamen nach Masada, unter ihnen auch sein Verwandter Eleazar, Sohn des Jair. Menahem selbst aber wurde unter vielen Foltern getötet. Anders als das Volk aber dachten die Leute Eleazars nicht an ein Ende des Aufstandes und setzten die Belagerung der römischen Soldaten eifrig fort. Als diese, sich aber außerstande sahen, noch länger Widerstand zu leisten, übersandten sie eine Botschaft mit der Bitte, ihnen bei Abgabe von Waffen und Besitz die Schonung ihres Lebens vertraglich zuzusichern. Das wurde zugesagt, aber sobald die römischen Soldaten des Florus beim Abzug ihre Waffen abgelegt hatten, wurden sie alle mit Ausnahme ihres Befehlshabers Metilius von den Leuten Eleazars schonungslos – und das an einem Sabbat – abgeschlachtet. Dass damit, wie auch mit dem Opferverbot für Nichtjuden, unwiderrufliche Gründe für ein Krieg vorlagen, sahen sie und ihr „verwegener" Führer Eleazar, der erste jüdische Feldherr dieses Krieges, gelassen entgegen (Josephus, *Bell.* 2,408–456).

(2)   Niederlage des Cestius, Einsetzung jüdischer Feldherren

Nicht zu Unrecht, denn gleich auf dieses Ereignis hin, beschieden sie den Römern, genauer: dem für die Niederschlagung des Aufstandes zuständigen und angerückten Legaten Syriens, eine weitaus empfindlichere Niederlage als diese.

Cestius brach gezwungenermaßen auf, weil und wie erwähnt (vgl. 5.2.3[2]), zur selben Stunde, als Eleazars Leute die Soldaten des Metilius ermordeten, sämtliche 20'000 Juden Cäsareas von ihren griechisch stämmigen Mitbewohnern umgebracht worden waren. Daraufhin hatten sich die erzürnten Juden in mehreren Kriegshaufen über die benachbarten syrischen Dörfer und Städte wie Philadelphia, Esebon, Gerasa, Pella und Skytopolis verteilt und waren verwüstend über diese hergefallen. Dasselbe hatten sie auch mit Gadara, Hippos, und der Landschaft Gaulanitis, aber auch mit dem tyrischen Kadasa, Ptolemais, Gaba, Cäsarea, Sebaste, Aschkelon, Anthedon und selbst Gaza getan. Auf diese Racheakte wiederum hatten die Syrer reagiert und ermordeten ihrerseits Juden in Aschkelon, Ptolemais, Tyrus, Hippos und Gadara, aber vor allem in Skytopolis, wo 13'000 erlagen. Und nicht nur in Syrien wurden Juden als Feinde erachtet, auch in Alexandrien eskalierte ein bereits lang anhaltender ethnischer Konflikt und verlangte der jüdischen Bevölkerung den ungeheuren Opferzoll von 50'000 ab. Erst jetzt setzte sich Cestius in Bewegung, säuberte Galiläa und auch Sama-

INTERTEXTUELL-HISTORISCHE VERORTUNG DER EXEGETISCHEN ERTRÄGE 659

ria von Aufständischen, und lagerte dann mit seinen Truppen auf dem sieben Stadien von Jerusalem entfernten Skopus. Am vierten Tag führte er sein Heer gegen die Stadt und verdrängte die Aufständischen vom äußeren Stadtgebiet in die Innenstadt. Nachdem er sein Lager gegenüber dem Königspalast aufgeschlagen hatte, begann er mit der Belagerung der Stadt. Hätte Cestius etwas mehr Ausdauer gezeigt, wäre ihm – nach dem Urteil des Josephus – die Stadt in die Hand gefallen und der Krieg beendet gewesen. Stattdessen aber gab er unbegreiflicherweise die Hoffnung auf und zog von der Stadt ab, zurück ins Lager auf dem Skopus.

Über diesen Abzug wieder kühn geworden, stürzten sich die Aufständischen auf die Nachhut und töteten eine große Zahl von Reiter und Fußsoldaten. Dasselbe wiederholte sich als sie vom Skopus abzogen, so dass Cestius nur mit Verlusten Gabao und mit noch größeren Verlusten Bethhoron erreichen konnte, wo er sich mit seinen verbliebenen Truppen einmal mehr von Juden umzingelt vorfanden. Der Abzug aus dieser Zwickmühle gelang ihm nur dank einer Kriegslist, indem er nämlich vorgab an Ort und Stelle zu bleiben, stattdessen aber des Nachts heimlich abzog und sich einen ihn nur knapp rettenden Vorsprung sichern konnte um den Preis jedoch seines Materials, seiner Kriegsmaschinen, und am schmerzlichsten 5'300 seiner Fußsoldaten und 480 seiner Reiter (*Bell.* 2,457–555).

Ob des Sieges und der Beute in ihrem Kriegswillen beflügelt, brachten die Zurückgekehrten in Jerusalem die noch römisch Gesinnten auf ihre Seite und setzten in einer Volksversammlung auf dem Tempelplatz weitere Feldherren ein: Die höchste Gewalt (*Bell.* 2,563 Pl.: αὐτοκράτωρ) über Jerusalem wurde einerseits Joseph, Sohn des Gorion, und andererseits dem Hohepriester Ananos[120] übertragen. Eleazar, den Sohn des Simon aber, wollte das Volk nicht mit der Leitung der öffentlichen Angelegenheiten betrauen, obgleich er die römische Beute, die Kriegskasse des Cestius und große Teile des Staatsschatzes in seinen Besitz gebracht hatte. Es war nämlich sein tyrannisches Wesen aufgefallen, dazu kam auch, dass sich die ihm ergebenen Zeloten aufführten,[121] als seien sie seine schwerbewaffneten Leibwächter. Es dauerte jedoch nur kurze Zeit, da hatten der Geldmangel und die angebliche Verführungskunst Eleazars das Volk soweit gebracht, dass es ihm als obersten Führer der Stadt gehorchte.[122] Für

---

120   Menahem Stern, „Ananias ben Nedebeus," *EJ* 2:129.

121   Nur in *Bell.* 4,225 nennt Josephus neben Eleazar – sofern damit der Sohn des Simon gemeint ist – noch einen zweiten Zelotenführer, nämlich Zacharias, Sohn des Amphikallei.

122   Abraham Schalit, „Eleazar ben Simeon," *EJ* 6:307; Anna Maria Schwemer, „11. Eleazaros," *DNP* 3:966.

660   5. KAPITEL

Idumäa wurden die Feldherren (*Bell.* 2,566: στρατηγός) Jesus, Sohn des Sappha aus hohepriesterlichem Geschlecht, und Eleazar, Sohn des Hohepriesters Neos, von dem gemeinhin angenommen wird, dass er identisch mit dem bereits eingeführten Sohn des Ananias ist. Nach Jericho wurde Joseph, Sohn des Simon, entsandt, und nach Peräa Manasse. Nach Judäa, dem Kreise von Thamna inklusive Lydda, Joppe und Emmaus, der Essener Johannes, und in das Gebiet von Gophna und Akrabatene Johannes, Sohn des Ananias. Und schließlich nach Galiläa inklusive Gamala Josephus, Sohn des Matthias[123] (*Bell.* 2,562–568; 3,9; *Vita* 1–12.24–29).

Josephus wird im Folgenden zwischen legitimen und illegitimen Feldherren unterscheiden, das heißt solchen, deren Legitimität darin bestand, dass sie von besagter Volksversammlung auf dem Tempelplatz gewählt worden waren (*Bell.* 2,562: ἀποδείκνυμι), wie er beispielsweise, und solchen die sich ohne solche Legitimität selbst zu militärischen Führern erklärten, wie etwa Johannes und Simon, und darin zu Tyrannen mutierten (*Bell.* 4,508: τυραννιάω). Von den legitimen und in Jerusalem ernannten Feldherren spielt in seinen folgenden Ausführungen nur noch er eine Rolle. Während demgegenüber ihm in Galiläa in Johannes von Gischala ein Konkurrent erwuchs, erwuchs Ananos in Jerusalem Eleazar, Sohn des Simon, als Konkurrent. Und Eleazar mit Johannes schließlich erwuchs in Jerusalem Simon, Sohn des Giora als Konkurrent. Aus Sicht Roms waren es aber die zwei letzten, die als hauptverantwortliche Feldherren Judäas galten und nach der Niederschlagung des Aufstandes entsprechend zur Rechenschaft gezogen wurden.

(3)   Josephus in Galiläa

Nach Aufteilung des Gebietes verwaltete nun jeder Feldherr den ihm anvertrauten Bezirk entsprechend dem Maß seines Eifers oder Einsicht. Josephus, der Jerusalemer mit hohepriesterlich-königlicher Abkunft, machte sich zuerst daran, das Wohlwollen der Bevölkerung zu erwerben. Dasjenige der Einflussreichen durch Regierungsbeteiligung, nämlich durch ihre Einbindung in eine Regierung von 70, und das Volk durch die Übermittlung von Befehlen nur durch bekannte Einheimische. Nach der Regelung der rechtlichen Beziehung der Bürger untereinander wandte er sich der äußeren Sicherheit zu, wohl wissend, dass die Römer zuerst Galiläa angreifen würden. Und so ließ er Jotopata, Bersabe, Selame, Kapharekcho, Japha, Sigoph, Tarichea, Tiberius und den Berg Itabyrion befestigen. Dasselbe tat er mit den in Untergaliläa am See Genezareth gelegenen Höhlen, ebenso mit dem in Obergaliläa gelegenen Felsen Akchabaron,

---

123   Schalit, „Josephus Flavius," 11:435–442; Wandrey, „4. Iosephos," 5:1089–1091.

INTERTEXTUELL-HISTORISCHE VERORTUNG DER EXEGETISCHEN ERTRÄGE 661

sowie mit Sepph, Jamnith und Mero. In der Gaulanitis verstärkte er Seleucia, Sogane und Gamala. Nur die Befestigung Sepphoris überließ er den Bewohnern, und diejenige des obergaliläischen Gischalas übertrug er dem Johannes, Sohn des Levi. Danach hob er ein Heer von 100'000 jungen Männern aus, versah sie mit Waffen, wobei für deren Verpflegung die Städte selber aufkamen (*Bell.* 2,569–576.584).

Bei all diesen Bemühungen, erwuchs Josephus in dem aus Gischala stammenden Johannes[124] ein „hinterlistiger" Gegner, wie er es ausdrückt:

> Ein Mensch, der durch seine Heimtücke und Verschlagenheit alle übertraf, die sich durch besondere Schlechtigkeit auszeichneten. Von Hause aus arm, hatte ihn der Mangel an Vermögen lange Zeit gehindert, seine Bosheit in die Tat umzusetzen. Stets hatte er eine Lüge zur Hand und er verstand es auch bestens, seine Lügengebilde glaubhaft zu machen. Den Betrug erachtete er als Tugend, und zwar auch im Verkehr mit seinen nächsten Freunden. Er konnte Menschenfreundlichkeit heucheln, und doch schreckte er, wenn ein Gewinn zu erhoffen war, vor keinem Mord zurück. Immer jagte er hohen Zielen nach, nährte aber seine Hoffnungen durch die gemeinsten Verbrechen.
>
> *Bell.* 2,585–587

Zunächst soll Johannes raubend unterwegs gewesen sein, brachte es aber schließlich zu einer Bande von 400 Nachfolgern, meist Flüchtlingen aus dem Gebiet von Tyrus, mit denen er Galiläa brandschatzte. Schon dachte er daran Feldherr (*Bell.* 2,590: στρατηγιάω) zu werden oder noch mehr, aber der Geldmangel hatte ihn daran gehindert. So überredete Johannes den Josephus mit Erfolg, ihm den Maueraufbau von Gischala anzuvertrauen. Und dabei gelang es ihm, sich auf Kosten der Wohlhabenden erheblich zu bereichern, nämlich indem er begehrtes einheimisches, das heißt galiläisches Öl an jüdische Stammesgenossen nach Syrien verkaufte, das er um ein vielfaches günstiger erworben hatte. Für den Fall, dass er Josephus beseitigen würde, rechnete er damit, selbst den Oberbefehl (*Bell.* 2,593: ἡγέομαι) über Galiläa zu erhalten. Dem half er nach, indem er durch Plünderungen Unruhe schürte und Verleumdungen gegen Josephus streute, nämlich dass dieser die jüdische Sache an die Römer zu verraten bereit sei. Als zwei Anschläge des Johannes misslangen, sandte er heimlich nach Jerusalem und verleumdete dort Josephus bei den Vornehmen. Aus Neid gegen diesen sandten einige unter den Vornehmen dem Johan-

---

124 Lea Roth, „John of Giscala," *EJ* 11:383.

nes heimlich Geldmittel zur Anwerbung von Söldnern, damit er den Krieg gegen ihn aufnehme. Auch beschlossen sie unter sich, Josephus das Feldherrenamt abzuerkennen. Freilich waren sie nicht der Meinung, dass der Beschluss allein ausreiche, weshalb sie vier Angesehene gemeinsam mit 2'500 Bewaffneten nach Galiläa entsandten, damit diese der Beliebtheit des Josephus beim Volk entgegenwirkten. Da Josephus angesichts des geheimen Vorhabens keine Vorkehrungen treffen konnte, fielen die Städte Sepphoris, Gabara, Gischala und Tiberias ab. Josephus konnte sie jedoch rasch zurückgewinnen. Eingeschüchtert zog sich Johannes daraufhin nach Gischala zurück. Tiberias und Sepphoris fielen noch ein zweites und Erstere sogar ein drittes Mal ab, was Josephus zu rigorosen Zuchtmaßnahmen veranlasste, welche den Unruhen in Galiläa endlich ein Ende setzten (*Bell.* 2,585–647; *Vita* 30–393; vgl. 5.6.3[5]).

(4)   Ananos in Jerusalem

Auch in Jerusalem machten sich Ananos und die Vornehmen an die Instandsetzung der Mauern und bauten zahlreiche Kriegsmaschinen, schmiedeten Geschosse und Rüstungen, und die Jugend sammelte sich vorbereitend zur Körperertüchtigung. Ähnlich wie Johannes in Galiläa trat Simon, Sohn des Giora,[125] der auch erfolgreich gegen Cestius gekämpft hatte, plündernd im Kreise von Akrabatene auf. Als Ananos ein Heer gegen ihn aussandte, floh dieser auf die Festung Masada und blieb dort – zwar Idumäa brandschatzend – bis zum Tod des Ananos (*Bell.* 2,521.648–654).

(5)   Einmarsch Vespasians, Eroberung Galiläas

Nachdem Nero Vespasian den Oberbefehl über das syrische Heer erteilt hatte, sandte dieser von Achaia, wo er mit Nero zusammengekommen war, seinen Sohn Titus nach Alexandrien, er solle dort die 15. Legion in Marsch setzen, während er selbst den Hellespont überquerte und sich auf dem Landweg nach Syrien begab. Dort sammelt er die römischen Streitkräfte und zahlreiche Hilfstruppen der benachbarten Könige (Josephus, *Bell.* 3,1–8).

Vespasian ließ nun seine Streitkräfte von Antiochien aufbrechen, zog König Agrippa II., der ihn mit seinem gesamten eigenen Heer erwartete, an sich und marschierte eilends nach Ptolemais. Dort kamen ihm die Einwohner Sepphoris entgegen und bekräftigten ihm ihre zuvor schon vertraglich festgelegte Bundesgenossenschaft gegen die eigenen Stammesverwandten. Erfreut stellte ihnen Vespasian zu ihrer Sicherheit Reiterei und Fußvolk zur Verfügung (Jose-

---

125   Uriel Rappaport, „Bar Giora, Simeon," *EJ* 3:150–151: Giora steht für aram. „Proselyt"; Irina Wandrey, „9. Simon," *DNP* 11:573.

INTERTEXTUELL-HISTORISCHE VERORTUNG DER EXEGETISCHEN ERTRÄGE 663

phus, *Bell.* 3,29–34). Diese 6'000 Mann Fußvolk und 1'000 Reiter unter Anführung des Tribunen Placidus teilten sich in zwei Truppenteile und machten von Sepphoris aus zahlreiche Ausfälle ins Gebiet des Josephus und fügten diesem Schaden zu. Josephus suchte diesem Einhalt zu gebieten, indem er gegen Sepphoris zog, von wo er aber unverrichteter Dinge wieder abziehen musste, weil sich die von ihm in Auftrag gegebenen Stadtmauern als unbezwingbar erwiesen. Über diesen Angriff erzürnt, verwüsteten die Römer unter Placidus die Felder und damit die Lebensgrundlage der Galiläer, raubten das Eigentum der Landbevölkerung, töteten alle Kampffähigen und verkauften die Schwächeren in die Sklaverei. Den Bedrängten blieb einzig die Flucht in die von Josephus befestigten Städte. Und als Placidus dies beobachtete, zog er in der Hoffnung, sich vor dem anrückenden Vespasian hervor zu tun, gegen die stärkste Stadt unter den befestigten, nämlich Jotopata. Sein Anliegen misslang jedoch, und er musste sich geschlagen zurückziehen (Josephus, *Bell.* 3,59–63.110–114).

Von Ptolemais fiel Vespasian nun mit seinen Truppen in Galiläa ein, und hielt die zum Kampf drängenden Soldaten zurück. Denn er beabsichtigte durch den Anblick des Heeres den Feinden Schrecken einzujagen und ihnen für den Fall, dass sie ihre Meinung änderten, eine Frist zur Umkehr zu gewähren. Zugleich begann er auch, Vorbereitungen zur Belagerung der Festungen zu treffen. Wie beabsichtigt, bewirkte das Erscheinen des römischen Feldherrn die Abwendung vieler vom Aufstand. Die Truppen beispielsweise, die sich um Josephus gesammelt und unweit von Sepphoris bei einer Stadt namens Garis ihr Lager aufgeschlagen hatten, zerstreuten sich, sobald sie hörten, dass der Krieg näher komme und noch ehe ihnen der Feind zu Gesicht gekommen war. Auf diese Weise mit wenigen Truppen sich selbst überlassen, flüchtete Josephus nach Tiberias, während Vespasian im ersten Ansturm Gabara eroberte. In Tiberias entschloss Josephus sich, den Volksführern in Jerusalem die Lage in einem Brief wirklichkeitsgetreu darzustellen. Wollten sie Frieden schließen, so sollten sie es ihm rasch mitteilen; hatten sie aber die Absicht, mit den Römern Krieg zu führen, so sollten sie ihm ein Heer senden, das dem Kampfe gewachsen war (Josephus, *Bell.* 3,115–140; *Vita* 394–406).

Als Vespasian derweil erfahren hatte, dass viele Feinde nach Jotopata geflohen waren und die Stadt ein Stützpunkt der Aufständischen geworden war, war er fest entschlossen, Jotopata zu erobern. Umso erfreuter war er, als er hörte, dass Josephus sich von Tiberias dorthin geflüchtet hatte, und erhielt von einem Überläufer die gute Nachricht, dass wenn er diese Stadt eroberte und dabei Josephus in seine Gewalt bekäme, er ganz Judäa gewinnen würde. Tatsächlich eroberte er sie, aber Jotopata – wie zuvor auch schon Japha – fiel erst nach einer zähen Belagerung und nach einer siebenundvierzig Tage und durch Kriegslisten des Josephus verursachten Verzögerung. Mit Jotopata kam Vespasian auch der „klügste unter den Feinden" – wie Josephus sich nicht unbescheiden charakterisiert – in die Hände. Diesen beabsichtigte er Nero zu überstellen. Als Josephus dies aber erfuhr, bat er um eine Unterredung unter vier Augen. Sie wurde ihm im Beisein des Titus gewährt, worauf Josephus Vespasian, aber auch seinem Sohn, die Alleinherrschaft voraussagte (vgl. 5.5.2[3]). Vespasians anfängliche Skepsis verflog, als er sich an bereits erhaltene Vorzeichen erinnerte und als er die prophetische Gabe des Josephus testen ließ und erfuhr, dass dieser vorhergesagt hatte, Jotopata würde nach siebenundvierzig Tagen fallen und er lebendig in die Hände der Römer kommen (*Bell.* 3,141–408; *Vita* 407–414).

Nachdem Vespasian seine Legionen ins Winterlager nach Cäsarea und Skytopolis gebracht hatte und dabei auch Joppe durch Reitertruppen einnehmen ließ, weil ihre Bewohner die Seefahrt beeinträchtigt hatten, folgte er einer Einladung Agrippas nach Cäsarea Philippi, von der sich Agrippa erhoffte, durch dessen Gegenwart seinen wankenden Thron gefestigt zu bekommen. Als Vespasian an zahlreichen festlichen Gelagen bewirtet wurde und er Gott dort für seine Erfolge gedankt hatte, hörte er von der Empörung Tiberias und Taricheas. Das Herbeiholen der drei Legionen erwies sich als ausreichendes Druckmittel, so dass Tiberias sich auf Vespasians Friedensangebot einließ und ihn als Retter und Wohltäter begrüßte, nicht zuletzt, weil Vespasian die Plünderung der Stadt aus Rücksicht gegenüber Agrippa verboten hatte. Von dort rückte er in Richtung der von Josephus befestigten Stadt Tarichea und ließ diese durch Titus erobern. Nach der Eroberung Jotopatas waren die Galiläer und Untertanen Agrippas zum Gehorsam zurückgekehrt, die Ausnahme jedoch waren Gischala und der Berg Itabyrion (Tabor) in Galiläa und Gamla, Sogane und Seleuka im Gebiet Agrippas. Die letzten zwei vermochte Agrippa wieder auf seine Seite zu bringen, nicht jedoch Gamla, weil es wie Jotopata auf seine unzugängliche Lage vertraute. So waren Gamla der letzte Ort Agrippas, und der Berg Itabyrion der vorletzte Galiläas, den Vespasian bezwang (*Bell.* 3,409–4,83).

Der Widerstand in der letzten Stadt Galiläas, Gischala, hatte sich um den ambitiösen und bereits eingeführten Johannes, Sohn des Levi, formiert, den Josephus wiederum negativ als „Verführer von schillerndem Charakter, durchsetzungsfähig und den Krieg deshalb liebend, um durch ihn die Macht zu ergreifen" schildert. Vespasian ordnete Titus mit 1'000 Reitern gegen die Aufständischen ab. Und da dieser das Morden satt hatte, entschied er sich, die Stadt durch Verhandlungen zu gewinnen, statt sie im Ansturm zu nehmen. Besorgt um seine Freiheit, erbat sich Johannes mit dem Argument der Sabbatheiligung Zeit, und ergriff des Nachts mit seinen bewaffneten Anhängern, Bürgern, Frauen und Kindern die Flucht Richtung Jerusalem. Als Titus am nächsten Tag von Johannes Flucht erfuhr, schickte er eine Reiterschar ab, ihn zu fan-

INTERTEXTUELL-HISTORISCHE VERORTUNG DER EXEGETISCHEN ERTRÄGE   665

gen. 6'000 seiner Begleiter machten sie nieder, 3'000 zurückgelassene Frauen und Kinder trieben sie nach Gischala zurück, Johannes selbst aber konnten sie nicht mehr fassen, denn ihm war es gelungen, nach Jerusalem durchzukommen. Mit Gischala war nun ganz Galiläa wieder in römischer Hand (*Bell.* 4,84–120).

(6)   Bürgerkrieg: Ananos mit Volkspartei unterliegt Eleazar mit Zeloten in Jerusalem, seine Ermordung

Während Vespasian die Städte Jamnia und Azotos in Judäa unterwarf, kam es überall, wo man sich vor den Römern noch sicher fühlte zum Bürgerkrieg (*Bell.* 4,131: πόλεμος ἐμφύλιος). Zwischen denjenigen, die zum Krieg drängten und denjenigen, die nach Frieden verlangten kam es zum harten Zwist (*Bell.* 4,131: ἔρις), so dass selbst Familien- und Freundesbanden zerrissen, und sich schließlich zwei politische Lager unversöhnlich gegenüberstanden. Aufgrund ihrer Jugendkraft aber setzten sich die Kriegsbegeisterten gegenüber den Alten und Besonnenen durch. Letztere wurden ausgeplündert und zu militärischen Gruppen formiert, zogen Erstere raubend durchs Land, und ihre Rädelsführer stahlen sich schließlich nach Jerusalem.

Als diese „Räuber" sich in Jerusalem leisteten auch noch einen eigenen Hohepriester nach Los statt nach Abstammung zu bestimmen, eskalierte die Situation im „feldherrenlosen" (*Bell.* 4,136: ἀστρατήγητος) Jerusalem, nämlich zwischen der Volkspartei unter dem Hohepriester und anfänglich als Feldherrn Jerusalems eingesetzten Ananos auf der einen Seite, und seinem Kontrahenten, dem aus priesterlichem Geschlecht stammenden Eleazar, Sohn des Simon, auf der anderen Seite, unter dessen Führung die Zeloten standen. Letztere verschanzten sich im Tempel, den sie kurzerhand zur Zwingburg umfunktionierten, während sie von einem 6'000-köpfigen Volksheer belagert wurden.

Johannes von Gischala, der in dieser Situation gegenüber Ananos als scheinbar selbstloser Vermittler zwischen den zwei Parteien auftrat, betätigte sich auch als Spion im Interesse der Zeloten und log diesen vor, dass Ananos einerseits eine Gesandtschaft zu Vespasian schicken wolle und andererseits für den morgigen Tag ein Ansturm auf den Tempel vorgesehen habe, weshalb sie – so schlug er nicht uneigennützig vor – im Interesse ihres eigenen Lebens um Hilfe von außen ansuchen sollten, nämlich bei den Idumäern. So geschah es auch, und bald stand dort ein Heer von 20'000 Mann bereit und zog unter vier Anführern nach Jerusalem: Johannes und Jakobus, Söhne des Sosas, ferner Simon, Sohn des Thakeas, und schließlich Pinehas, Sohn des Klusoth. Zugang zur Stadt gewährten ihnen die Zeloten, die sich einer Unachtsamkeit ihrer Belagerer wegen aus dem Tempel befreien konnten (*Bell.* 4,121–304). Umgehend griffen diese das den Tempel belagernde Volksheer an und machten gemeinsam mit den Zeloten 8'500 von ihnen nieder, so dass der ganze Tempelvorhof mit Blut überschwemmt war. Auch den Anführer des Volksheers, den Hohepriester und ursprünglich ernannten Feldherrn Jerusalems Ananos, ermordeten sie; darauf wendeten sie sich gemeinsam gegen das Volk. Allein unter den Adligen fielen ihrem Treiben 12'000 junge Männer zum Opfer. Als die Idumäer jedoch entdeckten, dass die Nachricht eines Verrats der Hauptstadt an die Römer durch ihre Oberpriester eine Verleumdung gewesen war und sie statt die Hauptstadt zu befreien sich zum Mord an Stammesgenossen hatten hinreißen lassen, bereuten sie ihren Feldzug und ließen sich durch die Anklage eines einzelnen zum Abzug überreden. Das taten sie nicht ohne vorher 2'000 Bürger aus den Gefängnissen zu befreien, die umgehend zu Simon, Sohn des Giora flohen, und traten den Rückzug in die Heimat an. Umso eifriger richteten jetzt die Zeloten ihre Mordlust gegen tapfere und adlige Männer.

Vespasian blieb diese Zwietracht nicht verborgen, optierte aber gegen den Rat seiner Heerführer für einen schnellen Angriff, da dies die Feinde einen könnte, dieses kranke Volk – so argumentierte er – sich aber jetzt bei seinem Bürgerkrieg selbst verbrauche und ihnen, ohne Gefährdung der Feldherrenkunst, den Sieg schenken würde. Viele aus dem Volk, die in der Lage waren, sich die Flucht von den Zeloten zu erkaufen, liefen jetzt zu den Römern über (*Bell.* 4,305–388).

(7)   Johannes gegen Zeloten in Jerusalem, Vespasian erobert Peräa, Samaria und Judäa

In Jerusalem beanspruchte Johannes von Gischala mittlerweile die alleinige Führung und spaltete sich mit einer für Josephus besonders verwerflichen Gruppe von Mitstreitern vom Hauptverband der Zeloten ab, denen gegenüber er wie ein feindseliger König auftrat (*Bell.* 4,395).

Zum Übel des Krieges, der Gewaltherrschaft und des Aufruhrs gesellte sich nun noch ein viertes Unheil. Denn sowohl die Sikarier in Masada als auch anderes „Räubergesindel" Judäas wagten jetzt kühnere Raubzüge durch die Landschaft.

Als dies Vespasian von Überläufern berichtet wurde, setzte er sich in Bewegung, um das übriggebliebene Gebiet zu unterwerfen und um keinen Platz in seinem Rücken zu belassen, der ihm bei der Belagerung Jerusalems im Wege sein könnte. So zog er zunächst gegen Gadara, der befestigten Hauptstadt Peräas, und machte sich sein ganzes Gebiet, Machärus ausgenommen, entweder durch Gewalt oder freiwillig hörig.

Derweil erhielt Vespasian beunruhigende Nachrichten aus der Heimat und trieb in der Meinung, dass die Befriedung des Ostens die Besorgnis Italiens mildern könne, die Kriegsführung in Samaria, Idumäa und Judäa noch energischer

INTERTEXTUELL-HISTORISCHE VERORTUNG DER EXEGETISCHEN ERTRÄGE 667

voran, so dass – abgesehen von den Burgen Herodeion, Masada, Machärus –
den Römern jetzt nur noch Jerusalem als Ziel vor Augen stand (*Bell.* 4,389–502).

(8)   Simon, Sohn des Giora, mit Idumäer gegen Johannes mit Zeloten
         in Jerusalem

Als der aus Gerasa stammende Simon, Sohn des Giora, vom Tod des Ananos
in Jerusalem erfuhr, verließ er die Festung Masada, wohin er sich geflüchtet
hatte, als Ananos ihn von Akrabatene vertrieben hatte, und zog entschlossen
die Alleinherrschaft beanspruchend gegen Jerusalem. Josephus beschreibt ihn
als „noch jung und an Schläue dem Johannes unterlegen, diesen aber in Körperkraft und Wagemut übertreffend" (*Bell.* 4,503–504).

Simon behauptete sich vornehmlich in Idumäa, wo es ihm auch gelang eine
Truppe von 20'000 Schwerbewaffneten und einer Gefolgschaft von 40'000 aufzubauen, die ihm wie einem König gehorchten. Gegen Jerusalem rückte er, weil
die Zeloten von dort über seine Erstarkung besorgt, Ausfälle gegen ihn machten. Eine Gelegenheit, sich gegen diese zu rächen sollte ihm früher als gedacht
geboten werden. Dadurch nämlich, dass es im zelotischen Heer des Johannes zu einer Meuterei kam und alle aus Idumäa Stammenden gegen diesen
Front machte, weil man ihn um seine starke Stellung beneidete und gleichzeitig
seine Grausamkeit hasste. Als den besseren Soldaten gelang es den Idumäern, Johannes um seine Beute zu bringen und diesen gemeinsam mit seinen
zelotischen Soldaten ins Tempelgelände zu treiben. Aus Furcht vor einem Vergeltungsschlag, entschieden sie sich – nach Beratungen mit dem Oberpriester –
Simon als Zuchtmittel gegen Johannes in die Stadt aufzunehmen. Mit stolzer
Herablassung willigte Simon ein, Jerusalem von den Zeloten zu befreien, und
rückte – darauf bedacht wie er seine Vormachtstellung festigen könne – im
Frühling des Jahres 69 d.Z. in die Stadt ein. Doch die Zeloten zu vertreiben
gelang Simon nicht, vielmehr konnte Johannes durch seinen geländebedingten
Vorteil Simons Leuten, die seitens der Bürger unterstützt wurden, zahlreiche
Verluste zufügen. Im Urteil des Josephus war mit Simon ein zweiter Gewaltherrscher nach Jerusalem eingerückt, der für das Volk noch schrecklicher war
als die Römer. Schlimmer als jene beiden aber sollen die Zeloten gewesen sein.
Und diese wiederum übertrafen an verbrecherischer Gesinnung und Wagemut
die aus Galiläa stammenden Truppen (*Bell.* 3,41; 4,503–584).[126]

---

126   Auch in seinem Rückblick über die Aufständischen stuft Josephus die Zeloten als die
       schlimmsten ein, ihnen würden die Idumäer und diesen wiederum die Sikarier folgen.
       Und unter den Feldherren scheint ihm Simon der grausamere als Johannes gewesen zu
       sein (*Bell.* 7,252–274).

668 5. KAPITEL

(9) Titus zieht gegen Jerusalem, Johannes mit Zeloten gegen Simon mit Idumäer

Nachdem Vespasian von seinen Truppen in Cäsarea zum neuen Herrscher akklamiert worden war, hatte er sich – wie erwähnt – nach Syrien begeben, und von dort – wo er auch Josephus rehabilitierte – nach Alexandrien. Als er seinem Sohn das Oberkommando im Feldzug gegen die Juden übertragen hatte, und dieser im Jahre 70 d.Z. mit auserlesenen Streitkräften und auch in Begleitung von Josephus Richtung Judäa zog, kulminierte der in Jerusalem wütende Konflikt in einem Dreifrontenkrieg.

Denn Eleazar, Sohn des Simons, trennte sich von den durch Johannes angeführten Zeloten, weil er es nicht ertrug, einem später gekommenen Tyrannen gehorchen zu müssen. Die oberste Führung beanspruchend, gewann er einflussreiche Männer, denen nicht wenige Zeloten folgten, und besetzte mit dieser Gruppe den Innenbezirk des Tempels.

Da nun von oben durch Eleazar bedroht, setzte der die Unter- und Oberstadt haltende Simon dem Johannes umso stärker zu. Und in Abwehr dieser Angriffe, wurde – wie Josephus es ausdrückt – der „Volksleib in Stücke gerissen" (*Bell.* 5,27), nicht zuletzt durch Kriegsmaschinen, mit denen Johannes vom äußeren Tempelbezirk aus nicht nur Soldaten des Eleazars, sondern zahlreiche im Tempel wirkende Priester und Opfernde tödlich traf.

Als aber Eleazar zu Pessach die Tore für Gottesdienstbesucher öffnen ließ, mischte sich Johannes mit seinen Leuten unter die Gäste und trieb die abtrünnigen Zeloten in die Flucht, bot ihnen kurz darauf aber einen Waffenstillstand an, so dass die drei gespaltenen Parteien wieder auf zwei zurückgeführt wurden und Johannes sich des gesamten Tempels und seiner Vorräte einschließlich Teile seiner Umgebung bemächtigen konnte. Während Johannes über 6'000 Schwerbewaffnete und 2'400 Zeloten befehligte, unterstanden Simon 10'000 Mann und 5'000 Idumäer. Und der Zwist tobte ganz nach Wunsch der Belagerer selbst als Titus bis zwei Stadien vor die Stadt heranrückte (*Bell.* 4,585–5,105.248–257; *Vita* 415–421; Tacitus, *Hist.* 5,12,3–4).

(10) Eroberung Jerusalems, Kapitulation des Johannes und Simon

Bereits am fünfzehnten Tag nach der Belagerung gelang es den Römern, die erste Mauer zu durchbrechen, worauf Titus das Lager ins Stadtinnere verlegte. Nur fünf Tage später die zweite, und bald darauf auch die dritte. Während die Römer sich der Stadt bemächtigten und der Tempel am 10. Aw ein Raub der Flammen wurde, tauchten die „Tyrannen" unter. Da aber eine Flucht der von Titus errichteten Ringmauer um Jerusalem wegen aussichtslos war, ergaben sie sowohl Johannes als auch Simon. Letzterer gar mit purpurnem Obergewand, um vielleicht ein letztes Mal seinen messianischen Anspruch, der sich wie bei

INTERTEXTUELL-HISTORISCHE VERORTUNG DER EXEGETISCHEN ERTRÄGE 669

andern auch mit dem Anspruch auf den Oberbefehl verbunden hatte, zum Ausdruck zu bringen. Dieser Geste entsprechend wurde Simon aus römischer Sicht als der jüdische Oberbefehlshaber wahrgenommen, weshalb ihn Titus sich als Opfer für den Triumphzug in Rom vorbehielt, wo er hingerichtet wurde. Johannes demgegenüber aber nur mit lebenslänglichem Freiheitsentzug bestrafte (Josephus, *Bell.* 5,258–7,36; 7,153–155).

(11)   Masada: Eleazar, Sohn des Jair
Nach der Eroberung Jerusalems findet hinsichtlich judäischer Feldherren nur noch das Schicksal des Sikariers Eleazar, Sohn des Jair,[127] in dem Bericht des Josephus Erwähnung. Er war derjenige, der, nachdem sein Verwandter Menahem von Eleazar, Sohn des Ananias, umgebracht worden war, nach Masada geflohen war. Dort wurde er vom zweiten nach dem Krieg eingesetzten Legaten Judäas, Flavius Silva, belagert, worauf er und seine Gefolgschaft den Suizid anstelle einer römischen Gefangenschaft vorzogen (Josephus, *Bell.* 7,252–406).

(12)   Fazit
Einen jüdischen Feldherrn, der das Oberkommando über ganz Judäa und während des gesamten Krieges inne gehabt hätte, gab es nicht. Vielmehr unterstanden ihnen zeitlich begrenzt stets Teilgebiete, und in solchen, wie etwa in Galiläa oder Jerusalem, stritten sich zwei oder gar drei um das Oberkommando.

Die Feldherren dieses Krieges waren durchwegs männlich, und eine Feldherrin, wie sie die Britannier im Aufstand gegen die Römer in Buduica hatten, kannte Judäa nicht (Cassius Dio, *Gesch.* 62,1–12).[128] Die wichtigsten Feldherren aus römischer Perspektive waren offensichtlich – neben Josephus selbst – Johannes und Simon. Entsprechend erhalten sie in den Ausführungen des Josephus ungeteilte, wenn auch kritische Aufmerksamkeit. Anderen Feldherren gönnt Josephus immerhin noch einen Bericht einzelner Taten (wie etwa Eleazar, Sohn des Ananias; Essener Johannes; Eleazar, Sohn des Simon) oder ihres Endes (wie etwa Menahem; Ananos) oder von beidem (wie etwa Eleazar, Sohn des Jair). Und über wieder andere schweigt er sich neben der Erwähnung ihrer Ernennung gänzlich aus (wie etwa Joseph, Sohn des Gorion; Jesus, Sohn des Sappha; Joseph, Sohn des Simon; Manasse; Johannes, Sohn des Ananias).

---

127   Abraham Lebanon, „Eleazar ben Jair," *EJ* 6:302–303.
128   Zu Berenice vgl. 5.6.3(9).

670   5. KAPITEL

Den Oberbefehl für Galiläa erhielt Josephus von der Jerusalemer Volksversammlung, den Auftrag Vespasian und Titus die Zukunft zu künden nach seiner Auskunft von Gott. Mit dieser Voraussage kommt Josephus nicht an die Prophetengabe eines Johannes Hyrkanos heran, es soll jenem „nichts von dem Kommenden verborgen geblieben sein" (*Bell.* 1,68). Vielmehr könnte seine Vorhersage dem Umstand gedient haben, sein Fortleben zu sichern und zu legitimieren, wäre doch angesichts seiner Gefangennahme für ihn, dem Feldherrn, Suizid geboten gewesen (*Bell.* 3,355–391). Demgegenüber insinuiert Josephus, dass sowohl Johannes als auch Simon sich einen Oberbefehl selbst zugeschrieben hätten, was angesichts ihres messianischen Anspruchs die Ausgangslage möglicherweise bewusst vereinfacht und zu ihren Ungunsten verzerrt.

Anders als Johannes und Simon, die aus armen und einfachen Verhältnissen stammten, darf der Jerusalemer Josephus sich seiner priesterlich-königlichen Herkunft rühmen. Kriegstüchtigkeit kann er ihnen – wie sich selbst – jedoch nicht absprechen. Aber von einem Lob für Johannes oder Simon, wie er es für Herodes oder sich selbst bereithält, denn jener soll ein „unüberwindlicher Krieger" gewesen sein (*Bell.* 1,429–430), ist er weit entfernt.

Keinem der jüdischen Feldherren war somit Erfolg vergönnt. Schuld daran sei – wie schon bei den Hasmonäern und Herodianern – ihre innere (eigentlich: häusliche) Zwietracht (*Bell.* 1,10: στάσις; *Bell.* 1,10: οἰκεῖος), oder Bruderkrieg und ein individueller wie auch gesellschaftlicher Krankheitszustand in jener Zeit. Einen Bruderkrieg hätten zwar auch die Römer gehabt, ihn aber in den Flaviern überwunden (*Bell.* 1,10–12.24; 5,257; 7,260; vgl. 5.2.2[3]; 5.2.3[3]).

Den Sieg der Römer ortet Josephus im Willen Gottes (*Bell.* 3,350–354), die Niederlage der jüdischen Feldherren aber insbesondere in der Schuld, den Tempel profaniert und Gott durch den Opferunterbruch seines Dienstes beraubt zu haben und daher seines unerlässlichen Beistandes verlustig gegangen zu sein (*Bell.* 6,98–110; vgl. 5.7.2[5]; 6.2.2).

5.5.4   *Judäa nach Markus*

(1)   Oberbefehlshaber

Der Anspruch auf ein Königtum impliziert in einer Herrschaftsform von Militärmonarchie den Auftrag zum Krieg und damit Feldherrenschaft. Wenn Jesus demnach beansprucht König der Juden oder Israels zu sein, ist er mit Blick auf die herodianischen Könige und Fürsten zwingend auch „Feldherr."[129] Der Auf-

---

129   Vgl. dazu Hengel, der in Haltung und Botschaft Jesu trotz ausgemachten Parallelen zur jüdischen Freiheitsbewegung keine Befürwortung von Gewaltanwendung ausmachen will (*Die Zeloten*, 300–301, 425). Rein pazifistisch deutet auch Collins die Rolle Jesu im Mar-

INTERTEXTUELL-HISTORISCHE VERORTUNG DER EXEGETISCHEN ERTRÄGE   671

trag zum Krieg ist somit qua Gesetz geregelt, und der Oberbefehl für einen, der sich von Gott erwählt glaubt, von diesem selbst erteilt. Darin bestätigt und legitimiert ihn gleichzeitig das ihm zuhörende und seine Dienste beanspruchende Volk (Szene 70; Mk 14,2). Dass sich die Herodianer, gemeinsam mit den romtreuen Fraktionen des Landes in diesem Anspruch und Anerkennung seitens des Volks herausgefordert sehen, versteht sich nach der Logik des Narrativs von selbst (Szenen 14, 18, 58 und 77).

Wie die römischen Feldherren und anders als die judäischen ist Jesus einer, der über den gesamten Zeitraum „zuständig" ist für das ganze Gebiet (Szene 24). Zwar verfügt er wie die römischen und auch die judäischen Feldherren über „Offiziere," die zu ihm stehen aber nicht in konkurrenzierender Weise; sie werden möglicherweise dem Vorbild der Flavier entsprechend zur Einheit ermahnt, um nicht wie die judäischen Feldherren in den Sieg gefährdender Weise zerstritten dazustehen (Mk 15,7: στάσις) (Szenen 46 und 53; vgl. 5.2.4[3]). Wie bei Titus gehören zu Jesu Begleitern auch Frauen.

Von einer „militärischen Vorbildung" Jesu wie bei den römischen Feldherren weiß der Text nichts; dass es eine solche bei den jüdischen Feldherren gegeben haben soll, wird aber auch nirgends erwähnt. Krieg und bewaffnete Konflikte gehörten in der Antike zum Alltag; das Kriegshandwerk dürfte im Kontext von spontan einberufenen Bürgerheeren in der konkreten Praxis erlernt worden sein.

(2)   Herkunft
Weder Herodes noch Vespasian konnten sich einer edlen Herkunft oder eines Vermögens rühmen, aber – wie Onasander anführt – bedurfte es solcher Dinge auch nicht zwingend, wenngleich der Narrator Jesus als einen vorstellt, der neben einer gemeinen, irdischen Herkunft (Szenen 17 und 27) auch über eine Vorexistenz in Gottesnähe verfügt (Szene 02), so wie vergöttlichte Individuen Roms auch. Viel wichtiger als Herkunft sind ohnehin rhetorische Qualitäten, Tugenden und Tatkraft.

kusevangelium (Collins, *Mark*, 72 *et passim*): „Mark, following early Christian tradition, innovates in his portrayals of Jesus as Messiah by including the resurrection of the Messiah from the dead. In an analogous way, the authors of the Similitudes of Enoch and 4 Ezra, in large part through their appropriation of Daniel 7, transformed the expectation of a royal messiah, who would be primarily a warrior and a king, into belief in an exalted, heavenly messiah whose role would be to execute judgment and to inaugurate a new age of peace and rejoicing."

672 5. KAPITEL

(3) Bewährung, Erfolg, Akklamation

Und an solcher scheint es Jesus nicht zu mangeln, denn er „streitet" die ganze
Zeit, gegen den Höchsten der Dämonen, Satan und allenfalls Kaiserrepräsen-
tant (Szene 04), gegen Dämonen,[130] gegen romfreundliche Eliten und Klientel-
fürsten beziehungsweise -Könige als auch gegen römische Legionen (Szene 24),
und zwar durchwegs rhetorisch und/oder symbolisch, und mit Ausnahme von
Nazareth mit Erfolg; denn es wagte niemand mehr ihn zu hinterfragen (Szene
62). Gleichwohl kämpft er aber nicht ohne Bedrohungen (Szenen 14 und 38). In
all diesen Bewährungsproben vermag Jesus wie Vespasian und weit über dessen Hand- und Blindenheilung hinaus (Szenen 14, 39 und 54) seine göttliche
Natur unter Beweis zu stellen und erweist sich seinem Auftrag zweifelsohne
gewachsen (Szenen 07–10, 23–26, 32, 34–35, 44 und 58).[131]

Wie Vespasian wird Jesus in Judäa von seinen „Offizieren" zum Herrscher
akklamiert, und zwar im „Osten," nicht des römischen, sondern des jüdischen
Landes, die auch Hauptstadt des letzten herodianischen Königs ist (Szene
40). Eine „gute Nachricht," die sich eben so eilig verbreitet wie jene von der
Bestätigung Vespasians (Szene 01; Mk 1,1: εὐαγγέλιον). Nach seiner Akklamation
antwortet Jesus wie Vespasian mit einer längeren Feldrede (Szene 41).

(4) Vorzeichen

Jesus darf sich wie Vespasian und anders als die judäischen Feldherren Gottes
Beistand gewiss sein, zumindest bis Getsemani, denn anders als jene, schändet
er Gottes Tempel nicht (Szene 57), im Gegenteil; auch entzieht er ihm seine
Opfer nicht wie die jüdischen Feldherren, sondern opfert sich selbst.

Die Vorzeichen (Mk 8,11.12.12: σημεῖον) auf Jesu Göttlichkeit erweisen sich
als richtig, die Worte des Vorboten Johannes, die himmlische Stimme Gottes als auch die Umgestaltung auf dem Verklärungsberg Hermon, der weitaus
höhere Berg als der Karmel (Szenen 2, 3 und 42). Auch ist es nicht ein Priester namens Basilides, der Jesus Wohnung, Gebiet und Menschen verheißt,
sondern der himmlische König selbst bestätigt ihm seine bereits zuvor attestierte Gottessohnschaft und damit gottgewollte Herrschaft (Szenen 03 und
42).

---

130 Nach Ansicht des Josephus waren Dämonen „Geister böser Menschen, die in die Lebenden
fahren und diese töten, wenn nicht früh genug Hilfe kommt" (*Bell.* 7,185).

131 Pfeiffer, *Die Zeit der Flavier*, 114–115; vgl. auch Ebner, der die Schweigegebote im Zusammenhang von Heilungen so deutet, dass Jesus – anders als Vespasian – der Propaganda
nicht bedürfe, um sich zu legitimieren, vielmehr dienten sie dazu „die Auswirkungen der
Gottesherrschaft in Erscheinung treten zu lassen" („Das Markusevangelium," 176–177).

(5)   Delegation, Tod, Auferweckung, Rückkehr, Tod
Der zeitweilige und wie eine Niederlage anmutende Tod (Szene 82) ist Voraussetzung für seine – wie gesagt – siegreiche und jenseits des Narrativs liegende Rückkehr, auch die Römer mussten ein zweites Mal anrücken (Szenen 41, 68, 69, 74, 77 und 84), und die Rückkehr wiederum ist Voraussetzung für seinen Herrschaftsantritt. Damit teilt Jesus mit den judäischen Feldherren die Todesverachtung, tut sich aber wie Josephus, Johannes und Simon selbst keine Gewalt an. Wie für deifizierte Herrscher üblich, darf auch Jesus nach seinem Tod von der Erstehung eines Kultes um seine Person ausgehen (Szene 12).

5.6   (Bürger)Heer

5.6.1   *Allgemein*
(1)   Drei Waffengattungen: Fußsoldaten, Reiter und Flotte
        Schlagkraft des römischen Heers
Über einen Zeitraum von mehr als 500 Jahren war die römische Armee nicht nur die größte und am besten organisierte, sondern auch die schlagkräftigste Militärmacht des Mittelmeerraums. Nicht zuletzt dank seines hochentwickelten Heerwesens konnte Rom ein immenses Gebiet erobern und auf Dauer beherrschen. Militärhistorisch betrachtet gehörten die ersten zwei Jahrhunderte d. Z. zur Zeit der „stehenden Armee."

Waffengattungen
Abgesehen von den *cohortes pretoriae*,[132] *urbanae*[133] und *vigiles*,[134] teilte sich das römische Heer (*exercitus*), das nach Ansicht des Vegetius seinen Namen

---

132 J. Brian Campbell, „Praetorianer,"*DNP* 10:262–264: Was in republikanischer Zeit eine kleine militärische Einheit – mit der Funktion den Feldherrn zu eskortieren – war, wurde unter Augustus eine stehende Armee mit Elitestatus, deren primäre Aufgabe es war, dem Prinzeps und seiner Familie in der Hauptstadt aber auch unterwegs als Eskorte zu dienen. Betrug ihre Sollstärke unter Augustus neun Einheiten zu 500 Mann soll Vitellius sie während des Bürgerkrieges auf sechzehn Einheiten zu 1'000 Mann verstärkt haben.

133 Werner Eck, „Urbanae cohortes," *DNP* 12/1:1030: Diese militärisch organisierten Kohorten, derer es unter Augustus drei, unter Claudiaus neuen und unter Vespasian vier zu einer Sollstärke von 500 gegeben haben soll, versahen den Polizeidienst in Rom.

134 Sabine Panzram, „Vigiles," *DNP* 12/2:206–207: Die durch Augustus eingesetzten und meist aus Freigelassenen bestehenden Vigiles, hatten die Brandbekämpfung zur Aufgabe, und jeder der sieben Kohorten mit einer Sollstärke von 1'000 Mann hatte je zwei Stadtbezirke Roms vor Feuer zu schützen.

674   5. KAPITEL

von der Aufgabe des Exerzierens erhielt (*exercitium*), in drei Waffengattungen, einerseits der Infanterie oder Fußsoldaten (*pedites*), andererseits der Reiterei (*equites*) und schließlich der Flotte (*classes*). Sowohl von der Infanterie, welche die zerklüfteten Gegenden, Berge und Städte sicherte, als auch von der Reiterei, welche die Ebenen schützte, sowie von der Flotte, welche die Meere und Flüsse bewachte, gab es zwei Arten. Bei den Fußsoldaten einerseits die Legionen (*legiones*) und andererseits die Hilfstruppen (*auxilia*). Bei der Reiterei einerseits die Reiterflügel (*equites alae*), welche, wie der Name besagt als Flankenschutz die beiden Flügel der Schlachtreihen beschützte, und andererseits die mit der Legion in Verbindung stehenden Legionsreiter (*equites legionarii*). Und schließlich bei der Flotte einerseits die Schnellsegler (*liburnae*) und andererseits die Kreuzer. Die für den Staat nützlichste Waffengattung schien Vegetius die Infanterie, da Fußsoldaten nicht nur überall von Nutzen waren, sondern auch, weil sich bei geringerem Kostenaufwand eine größere Soldatenzahl aufstellen ließ. Entsprechend genoss die Infanterie in der Bürgerschaft das größte und die Marine das geringste Ansehen.[135]

Fußsoldaten (pedites)

Die Legion, deren Name im Zusammenhang mit dem Begriff Auswählen (*eligendo*) wie bei Musterungen üblich stammen soll, sei als Truppenverband in sich vollständig gewesen, so Vegetius, weil sie sich einerseits aus Schwerbewaffneten (*principes*, die *hastati*, die *triarii* und die *antesignani*), andererseits aus Leichtbewaffneten (*ferentarii*, *sagittarii*, *funditores* und *ballistarii*) und schließlich aus Legionsreitern zusammensetzte. Eine Legion bestand aus jeweils zehn Kohorten (*cohors*), wobei die erste die übrigen sowohl an Mannschaftsstärke als auch an Bedeutung übertraf. Am rechten Flügel postiert, suchte sie die nach Vermögen, Herkunft, Bildung, Gestalt und Tüchtigkeit hervorragendsten Männer aus. Ihr war deshalb auch der Adler anvertraut, das vorzüglichste Zeichen im römischen Heer und daher Wahrzeichen einer jeweiligen Legion. Auch war sie diejenige, welche die mitgetragenen Kaiserbildnisse verehrte. Die erste Kohorte bestand aus 1'105 Fußsoldaten und 132 gepanzerten Reiter[136] und hieß darum die Tausender-Kohorte (*cohors milaria*). Und bei ihr, dem Haupt der Legion, begann, wenn es zum Kampf kam, die Aufstellung der ersten Schlachtreihe. Die übrigen neun Kohorten bestanden jeweils aus 555 Fußsoldaten und 66 Reiter und trugen daher den Namen die

---

135   Rüpke, *Domi militiae*, 59.

136   Nach Josephus sollen zu den Legionen des Vespasian jeweils 120 Legionsreiter gehört haben (*Bell.* 3,120).

INTERTEXTUELL-HISTORISCHE VERORTUNG DER EXEGETISCHEN ERTRÄGE 675

Fünfhunderter-Kohorte (*cohors quingentaria*). Strategische Bedeutung kamen neben der ersten auch der dritten Kohorte zu, da im Zentrum der ersten Reihe aufgestellt; ferner der fünften, da am linken Flügel; der sechsten, da am rechten Flügel hinter der ersten; der achten, da im Zentrum hinter der dritten; wie auch der zehnten, da am linken Flügel hinter der fünften. Zusammengefasst bestand eine Legion zur Zeit des Prinzipats somit aus mindestens 6'100 Fußsoldaten und 730 Reitern, konnte aber an Zahl größer sein, wenn sie weitere Tausender-Kohorten zuließ. Unter Augustus soll es insgesamt dreiundzwanzig oder fünfundzwanzig mit Namen, Nummern und eigenen Feldzeichen versehene Legionen und im frühen 3. Jahrhundert gar dreiunddreißig Legionen gegeben haben (Cassius Dio, *Gesch.* 55,23,2–24,5).

Hilfstruppen (auxilia)

Die militärische Schlagkraft Roms manifestierte sich in den Legionen und weniger in den ihnen beigeordneten Hilfstruppen. Diese nämlich setzten sich nicht nur aus unterschiedlichen Aufgeboten zusammen, auch stimmten sie in ihrer Ausbildung nicht überein, weshalb sie den Legionen als Leichtbewaffnete beigeordnet waren. Häufig bestanden die Hilfstruppen aus zwangsweise aufgebotenen Provinzialen. Dieser Rückgriff auf Truppen verbündeter und unterworfener Völker war nicht nur im Blick auf die Kontrolle eines riesigen Imperiums notwendig, auch war er der Akzeptanz römischer Herrschaft zuträglich. Denn die Auxilia war ein Gefäß zur systematischen Integration fremdstämmigen Krieger und sie verstärkte nicht nur die Legionäre quantitativ sondern auch qualitativ durch Ortskenntnisse und Spezialtruppen wie etwa Bogenschützen oder Steinschleuderer, vor allem aber durch Reitertruppen.

Reiterei (equites)

Eine solche Reitertruppe setzte sich zu jener Zeit in der Regel aus 500 Mann zusammen (*ala quingenaria*). Unter den Flaviern konnten sie gar eine Sollstärke von bis zu 1'000 Mann aufweisen (*ala milliaria*). Quingenäre Einheiten waren jeweils in sechzehn und milliäre in vierundzwanzig Untereinheiten eingeteilt (*turmae*). Das Kommando über die Alen hatten – wie über alle Hilfstruppen – im Allgemeinen römische Offiziere inne. Normalerweise kamen diese wie gesagt zusammen mit Legionen zum Einsatz und dienten in einer Schlacht als Flankenschutz oder zum raschen Angriff. Dank ihrer Schnelligkeit und Mobilität, waren sie darüber hinaus als Kundschafter, Wachen auf Außenposten, Plünderer, Furiere (Lebensmittelversorger) und Meldereiter unentbehrlich.

676   5. KAPITEL

Flotte (classes)

Die am wenigsten wichtige Waffengattung, die Flotte, war es auch deshalb, weil das Meer – so erklärt Vegetius – zu jener Zeit schon länger befriedet war (vgl. z.B. *Bell.* 6,43 aus Sicht des Titus) und Rom mit den Barbarenvölkern nur noch einen Landkampf führte. So habe sich das römische Volk mehr zum Ruhm und zum Vorteil seiner Größe und nicht wegen der Not irgendeines Aufruhrs eine Flotte geleistet. Es wollte für eine allfällige Notlage gerüstet sein und in dieser Bereitschaft auch abschrecken. Je eine Legion standen also zusammen mit den Flotten bei Misenum und Ravenna, damit sie einerseits nicht allzu weit vom Schutz der Stadt entfernt waren und andererseits – falls erforderlich – unverzüglich und ohne Umweg zur See und zu allen Gegenden der Welt gelangen konnten. Denn die Flotte bei Misenum hatte Gallien, Spanien, Mauretanien, Afrika, Ägypten, Sardinien und Sizilien auf dem nächsten Weg; die Flotte von Ravenna aber erreichte Epirus, Makedonien, Achaia, die Propontis, den Pontus, den Orient, Kreta und Zypern in direkter Fahrt. Unter Augustus stand zudem je eine Flotte in Forum Iulii (Narbonensis) sowie Alexandria, und ihre Besatzung war aus peregrinen Reichsangehörigen mit nautischer Erfahrung rekrutiert worden. Dabei verfügte die Flotte einerseits über kleinere Schnellsegler, mit je einer Reihe von Ruderern, und andererseits über größere Schnellsegler, mit bis zu fünf Reihen Ruderer. Den größeren Seglern waren dabei farblich getarnte und mit zwanzig Ruderern ausgestattete Aufklärungsbote für das Auskundschaften, Überfälle oder Abfangen von gegnerischem Nachschub zugesellt.[137]

(2)   Offiziere (principia)

Legionspräfekt (praefectus legionis)

Legionen und Hilfstruppen – so wurde gesagt – unterstanden entweder dem Abgesandten (*legatus Augusti pro praetore*) oder aber dem Feldherrn des Kaisers (*legatus legionis*; vgl. 5.4.2[1]; 5.5.1[1]). Der eigentliche Disziplinarvorgesetzte der Legionen aber war sein ritterlicher Stellvertreter, der Legionspräfekt (*praefectus legionis*). Tribunen, Zenturionen wie auch Soldaten folgten seinen

---

137   Vegetius, *Mil.* 2,1–2.6; 4,31.37; Yann Le Bohec, „III. Heerwesen," DNP 5:229–232; J. Brian Campbell, „III. Reiterei," DNP 10:870–872; Yann Le Bohec, „2. Ala," DNP 1:426; Peter Herz, „Flottenwesen," DNP 4:568–572; J. Brian Campbell, „Legio," DNP 7:7–22; ders., „Auxilia," DNP 2:364–365; Hartmut Galsterer, „Socii," DNP 11:665; Burckhardt, *Militärgeschichte der Antike*, 73, 75, 110–112; Klaus Bringmann und Thomas Schäfer, *Augustus und die Begründung des römischen Kaisertums* (Studienbücher: Geschichte und Kultur der Alten Welt; Berlin: Akademie, 2002), 69–73; Riedo-Emmenegger, *Prophetisch-messianische Provokateure der Pax Romana*, 70–92.

INTERTEXTUELL-HISTORISCHE VERORTUNG DER EXEGETISCHEN ERTRÄGE   677

Anweisungen, und die Parole der Wachtruppen oder diejenige zum Abmarsch verlangte man von ihm. Zu seinem Amtsbereich gehörte nicht nur Ausbildung und Übung der Fußsoldaten als auch Legionsreiter, sondern ebenso Verpflegung, Bewaffnung und Bekleidung aller Soldaten einschließlich der Fürsorge für die Pferde. Er sollte gerecht, gewissenhaft und von sachlicher Nüchternheit sein, sollte ferner die ihm anvertraute Legion durch ständiges Arbeiten zu totaler Ergebenheit, zu allem Fleiß zu formen suchen, wohl wissend, dass die Tüchtigkeit der Untergebenen letztlich zur Mehrung seines Ruhmes gereichen würde.

Tribun (tribunus)

Vorsteher der Kohorten waren gewöhnlich „Tribunen" (*tribuni militium*), derer es sechs in jeder Legion gegeben haben soll. Der Begriff leitet sich von „Bezirk" ab (*tribus*) und verweist auf frührömische Praxis, in der ein Tribun aus einem bestimmten Bezirk ausgewählte Soldaten anführte. Unterschieden wurde zwischen dem in der Regel durch den Kaiser ernannten „Obertribunen" (*tribunus maior*) von senatorischem Rang und dem auf Grund von Leistungen beförderten „Untertribunen" (*minor tribunus*) von ritterlichem Stand. Insbesondere der ersten Kohorte hatte zwingend ein Tribun vorzustehen, der sich sowohl durch Waffenkunde und körperliche Tüchtigkeit als auch durch ehrenhaften Charakter auszeichnete. Die übrigen Kohorten konnten, je nachdem wie es der Prinzeps für richtig hielt, Tribunen, aber auch anderen Vorgesetzten unterstehen. Die sorgfältige und fleißige Tätigkeit eines Tribuns lobte man, wenn der Soldat mit sauberer Kleidung, in Waffen wohlgerüstet und blitzend, ausgebildet durch Übungspraxis und Zucht auftrat. Die Stellvertreter dieser Vorgesetzten waren die *optiones*, die mit Privilegien ausgezeichneten Offiziersanwärter, die *candidati diplares* und *simplares*.

Zenturion (centurio)

Neben dem Präfekten und den Tribunen waren die Zenturionen (*centuriones*) die drittwichtigsten Offiziere der römischen Armee. Hauptsächlich aus dem Kontingent langgedienter Legionssoldaten, manchmal auch aus denjenigen ehemaliger Prätorianer oder des Ritterstandes rekrutiert, sollen in den Legionen der Prinzipatszeit insgesamt 55 von ihnen gedient haben. Vom Zenturion einer Hundertschaft innerhalb der zweiten bis zehnten Kohorte, konnte einer durch Tüchtigkeit in die erste Kohorte aufsteigen und durch den Legionspräfekten bis zum *Centurio primipili* befördert werden. In dieser Position wachte er nicht nur über den Adler, sondern es unterstanden ihm insgesamt vier Zenturien. Mit zahlreichen Privilegien und Ehren bedacht, einem fünfzehnfachen Sold oder der Möglichkeit in den Ritterstand befördert zu werden, sollte er

678 5. KAPITEL

gemeinsam mit den anderen vier Zenturionen der ersten Kohorte die Soldaten dazu anspornen, mit aller Anstrengung und Ergebenheit nach solchen Auszeichnungen streben zu wollen. Typische Insignie seines Rangs war dabei der Weinstock (*vitis*).

Lagerpräfekt (praefectus castrorum)

Die Angelegenheiten des Lagers waren dem Lagerpräfekten unterstellt (*praefectus castrorum*). Seine Wahl setzte langen und erprobten Kriegsdienst voraus, damit er – so Vegetius – als einer der Erfahrensten den anderen beibringe, was er mit Auszeichnung vollbracht habe. Nämlich die Wahl des Lagerplatzes, sein Aufschlagen als auch seine Bewachung, nicht zuletzt durch die Inspektion von Wall und Graben. Auf seine Anordnung hin hatten sich Soldaten um ihre Zelte und Hütten zu kümmern. Und auch die Fahrzeuge und Packpferde sowie Eisengeräte und Wurfmaschinen, ja selbst Bauholz und Streu fielen in seinen Aufgabenbereich. Aber zu seinem Dienstbereich gehörten auch medizinische Belange, die kranken Kameraden, die sie versorgenden Ärzte und das Aufbringen der Kosten für solche Bemühungen.

Pionierpräfekt (praefectus fabrum)

Waffen und Technik schließlich fiel in den Zuständigkeitsbereich des Pionierpräfekten (*praefectus fabrum*). Ihm unterstanden Techniker, Zimmerleute, Maurer, Wagenbauer, Schmiede, Maler und andere Handwerker, die ausgebildet waren, um die festen Gebäude der Winterlager und die Kriegsmaschinen, Schlachttürme aus Holz und alles Übrige herzustellen, womit man Feindesstädte eroberte oder eigene verteidigte. In ihren Werkstätten wurden stets neue Ausrüstungen (wie etwa Panzer und Helme), Waffen (wie etwa Schilde, Bogen, Pfeile und Wurfgeschosse), Fahrzeuge und alle anderen Arten von Kriegsmaschinen hergestellt oder beschädigte repariert, damit im Feldlager niemals die für das Heer notwendigen Dinge fehlten.

Flottenpräfekt (praefectus classis)

Den Flotten in Misenum und Ravenna stand jeweils ein Flottenpräfekt vor (*praefectus classis*), diesen unterstanden je zehn Tribunen, welche die Kohorten befehligten, und die einzelnen Schiffe waren je mit einem Kapitän bestückt.[138]

---

138 Vegetius, *Mil.* 2,7,1–2; 2,8–12; 4,32; Werner Eck, „Praefectus," DNP 10:241–246; Thomas Franke, „4. Tribunus," DNP 12/1:796–797; Campbell, „Centurio," 2:1068–1069.

INTERTEXTUELL-HISTORISCHE VERORTUNG DER EXEGETISCHEN ERTRÄGE 679

(3) Soldaten (milites)

Im Berufsheer des frühen Prinzipats erfolgte die Aushebung (*dilectus*) von männlichen Rekruten (*miles tirones*) in der Regel auf freiwilliger Basis. Während dabei immer weniger Legionäre aus Italien selbst stammten, nahm die Zahl derjenigen aus den ländlichen Provinzen, besonders aus Spanien und der Gallia Narbonensis im Westen, aus den stärker hellenisierten Regionen Syriens und Kleinasiens im Osten, aber auch aus Afrika, stetig zu. Die ausschlaggebende Motivation der Rekruten war dabei die Aussicht, nach ihrer ehrenhaften Entlassung das römische Bürgerrecht zu erlangen. Ein Angebot, das für die meist aus niedrigen sozialen Schichten stammenden Provinzialen einen sozialen Aufstieg darstellte. Zwangsaushebungen und das in solchen Situationen zunehmende Phänomen der Kriegsdienstverweigerung blieb somit ein marginales Phänomen.

Diese statistischen Beobachtungen zur ethnischen Zusammensetzung römischer Legionen stimmen mit theoretischen Annahmen, wie sie Vegetius überliefert, überein. Denn obwohl es unter allen Ethnien sowohl Tapfere als auch Feiglinge gäbe, würden sich Völker in der Kriegskunst unterscheiden, deswegen nämlich, weil die Himmelsgegend Einfluss sowohl auf die körperlichen als auch auf die geistigen Kräfte habe:

> Die Rekruten also sollte man aus den gemäßigten Breiten aussuchen, da ihnen einerseits genügend Blut zur Verfügung ist, um Wunden und Blut zu verachten, andererseits die Klugheit nicht fehlen kann, die sowohl im Lagerdienst die notwendige Disziplin bewahrt wie im Kampf durch Umsicht sehr vorteilhaft ist.
>
> VEGETIUS, *Mil.* 1,2,5

Weiter folgert er:

> Hierin konnte doch wohl niemals ein Zweifel bestehen, dass die Landbevölkerung für die Waffen geeigneter ist, die unter freiem Himmel und in Arbeit aufwächst, Sonnehitze [*sic*] erträgt, keinen Schatten braucht, weder Luxusbäder kennt noch Vergnügungen gekostet hat, von schlichtem Geiste ist und mit wenigem zufrieden ihre Glieder zum Ertragen aller Strapazen gestählt hat, die es vom bäuerlichen Leben her gewohnt ist, Eisengeräte zu tragen, Gräben zu ziehen, Lasten zu schleppen. [...] Vom Land her muss man also offensichtlich vor allem die Kernmannschaft eines Heeres ergänzen; denn irgendwie fürchtet der den Tod weniger, der im Leben weniger Vergnügungen kennenglernt [*sic*] hat.
>
> VEGETIUS, *Mil.* 1,3,1.5

Erfordert die Not aber Städter zu den Waffen zu treiben, solle man sie möglichst in ländlichen Gegenden beschäftigen und sie von den Verlockungen der Stadt fernhalten.

Es seien Heranwachsende zur Musterung heranzuziehen. Denn nicht nur rascher, sondern auch besser präge sich das ein, was in frühem Lebensalter gelernt werde, und die militärische Behändigkeit, das Springen und Laufen sei zu üben, bevor der Körper durch Alter träge werde. Für Anwärter der Reiterabteilungen oder der ersten Kohorte war „Rekrutenmaß" gefordert, das heißt sechs Fuß oder mindestens fünf Fuß und zehn Zoll (ca. 167–178 cm). Aber wenn es die Not verlangte, sollte weniger auf die Statur als auf die Körperkräfte geachtet werden. Von Vorteil waren ferner wache Augen, ein aufrechter Nacken, ein weiter Brustkorb, eine muskulöse Schulterpartie, starke Arme, kräftige Hände, einen dürftigen Bauch, ein schwächer entwickeltes Gesäß sowie Beine und Füße in sehniger Härte gestrafft.

Weit vom Lager waren nach dem Urteil des Vegetius diejenigen zu weisen, die irgendetwas mit Frauenarbeit Zusammenhängendes getrieben hatten, wie etwa Fischhändler, Vogelfänger, Zuckerbäcker oder Leinweber. Als nützlich hingegen galten Zimmerleute, Schmiede, Stellmacher, Metzger und Jäger von Hirschen und Wildschweinen.

Kurz gesagt, nicht nur in körperlicher, sondern auch in geistiger und in charakterlicher Hinsicht sei das Vorzüglichste auszuwählen, denn niemals habe ein Heer etwas zuwege gebracht, dessen Auswahl bei der Rekruten-Musterung unkorrekt verlief. Von bedeutenden Männern also und mit großer Sorgfalt müsse der geeignete Nachwuchs ausgesucht werden, schließt Vegetius.[139]

(4)   Ausbildung, Einstellung, Vereidigung

War also die Jungmannschaft sorgfältig ausgewählt, musste sie zunächst durch Übung auf ihre Eignung geprüft werden. Und nur diejenigen, die schnell, kräftig, die Waffenkunde zu erlernen im Stande waren und über ein soldatisches Selbstbewusstsein verfügten, sollten als Rekruten eingestellt und etwa über vier Monate ausgebildet werden. Dabei verwendeten die Römer auf diese Ausbildung die größte Sorgfalt, erachteten sie diese doch für ihre militärische Schlagkraft als entscheidend. Entsprechend schrieb Vegetius:

> In jedem Kampf nun pflegen nicht so sehr die Menge und die ungestüme Tapferkeit als vielmehr das handwerkliche Können und die Übung den

---

139   Vegetius, *Mil.* 1,2–7; J. Brian Campbell, „11. Truppenrekrutierung," *DNP* 12/1:880–882; Lothar Wierschowski, „Kriegsdienstverweigerung," *DNP* 6:838–840; Burckhardt, *Militärgeschichte der Antike*, 112–113; Rüpke, *Domi militiae*, 58–70.

INTERTEXTUELL-HISTORISCHE VERORTUNG DER EXEGETISCHEN ERTRÄGE   681

Sieg zu gewährleisten. Denn durch nichts anderes hat, so erkennen wir, das römische Volk sich den Erdkreis unterworfen, als durch die Waffenübung, durch Lagerdisziplin und durch militärische Erfahrung. Denn was hätte gegen die Menge der Gallier die geringe Zahl der Römer vermocht? Was hätte gegen die hochaufgeschossenen Gestalten der Germanen unser kurzer Wuchs wagen können? Und dass erst die Spanier nicht nur ihrer Zahl nach, sondern auch durch ihre Körperkräfte den Unsrigen überlegen waren, ist offenbar; den listigen Anschlägen und dem Reichtum der Afrikaner waren wir nie gewachsen; niemand zweifelte ja daran, dass wir in Künsten und Wissenschaften den Griechen unterlegen sind. Aber gegen all dies war es vorteilhaft, den Rekruten geschickt auszuwählen, ihn sozusagen die Waffengesetze zu lehren, durch tägliches Exerzieren zu kräftigen und alles, was nur immer in Schlachtordnungen und Kampfgetümmel sich ereignen kann, in feldmäßiger Übung vorherzubedenken und gegen Drückeberger streng einzuschreiten. Denn militärisches Wissen fördert den Kampfesmut: niemand fürchtet ja das zu tun, worin er darauf vertrauen kann, dass er es richtig erlernt hat. Denn in der kriegerischen Entscheidung ist eine geringe Zahl, die wohlgeübt ist, besser geeignet, den Sieg zu erringen; eine rohe und unausgebildete Menge verfällt dagegen stets dem Gemetzel.

VEGETIUS, Mil. 1,1

Die eigentliche Organisation und Durchführung der Truppenübungen oblag Zuständigen unterer Dienstgrade, wie etwa den *discentes*, dem *campidoctor*, *doctor cohortis*, *optio* oder *magister campi* als auch dem *exercitator*; verantwortet aber wurden sie von höheren Offizieren wie Zenturionen, Tribunen oder gar dem Legaten, das heißt dem Feldherren selbst. Denn letztlich war er dafür verantwortlich, alles für den Kampf notwendige rechtzeitig und vor dem eigentlichen Feldzug bereit zu haben.

Eine solide Ausbildung umfasste sowohl für Soldaten als auch Reiter das Erlernen wie auch regelmäßige Üben des militärischen Schritts (*gradus*), des Laufschritts (*cursus*), des Springens als auch der Marschbereitschaft. Im Gleichschritt waren im Sommerhalbjahr bis zu 20 Meilen (ca. 30 km) in genau fünf Stunden zu marschieren (5 km/h), und im Eilmarsch 24 Meilen (6 km/h). Dies sollte sowohl in ebenem als in auf- oder absteigendem Gelände geübt werden, beladen wie unbeladen (bis zu 60 Pfund, ca. 40 kg), und bei Tag als auch bei Nacht, sofern es die Sicherheit erlaubte. Marschbereitschaft hingegen wurde anhand von Probealarmen erlernt.[140]

---

140   Das Üben des Probealarms nahm Julius Cäsar besonders in Feindesnähe ernst: „Denn

682   5. KAPITEL

Nach Erlernen des Schwimmens folgte sodann die eigentliche Waffenkunde: Dabei statteten die Alten ihre Rekruten mit geflochtenen Schilden und hölzernen Knütteln aus, die doppelt so schwer wie die üblichen Schilde und Schwerter waren, und brachten ihnen morgens als auch nachmittags bei, wie sie diese stechend und nicht schlagend gegen sechs Fuß hohe und den Feind symbolisierende Pfähle auf dem Exerzierplatz (*campus*) oder in der Ausbildungshalle (*basilica exercitoria*) richteten. Gegen eben diese Pfähle erlernten sie ferner schwerere Wurflanzen zu schleudern; und zwischen einem Drittel oder Viertel der Jungmannschaft sollte darüber hinaus noch lernen, gegen diese mit Holzbogen und Übungspfeilen zu schießen, und zwar sowohl zu Fuß als auch zu Pferd. Hernach lernte die gesamte Mannschaft das Werfen von Steinen, einerseits mit den Händen und andererseits in Schleudern, sowie den Umgang mit Bleigeschossen.

Nach diesen Lektionen, und jetzt mit richtigen Waffen ausgestattet, übten sie gründlich den Zweikampf und in der Reitbahn das Aufspringen aufs Pferd mit und auch ohne Waffen.

Als Letztes folgte schließlich die Einübung der Schlachtformationen, das heißt das Stehen in einer einfachen oder doppelten Linie, ferner auf Befehl das rasche Formieren von Vierecken, Dreiecken, Keilen und Kreisen. Besonderes Augenmerk war dabei auf die nicht zu weiten oder zu dichten Abstände zwischen den einzelnen Soldaten zu legen.

Erst nach Abschluss dieser Ausbildung bildete man auf Befehl und unter den Auspizien des unbesieglichsten Führers eine Legion. Mit einer entsprechenden Tätowierung versehen wurden die Rekruten nun in ein Militärverzeichnis aufgenommen und leisteten ihren Dienst-, das heißt Militäreid (vgl. 5.6.1[5]), der alljährlich entweder am *dies imperii* des Prinzeps oder zu Jahresanfang wiederholt wurde.

Das Üben hörte nach der Vereidigung aber nicht auf, vielmehr hatte es seine Fortsetzung in den regelmäßigen Exerzitien (*exercitium, exercitatio militaris, decursio*). Dies deshalb, damit im Kampfe ohne Aufregung vollbracht würde, was die Soldaten im Spiel auf dem Übungsplatz immer schon taten. Umso

---

> nicht überall und zu jeder Zeit übte er Strenge, aber stets, wenn der Feind nahe war; dann aber forderte er auch strengste Manneszucht, und zwar derart, dass er dem Heere weder Zeit noch Stunde zur Schlacht bekanntgab; vielmehr verlangte er, dass es in jedem Augenblick marschfertig und seiner Befehle gewärtig plötzlich ausrücken könnte. Oft befahl er einen Probealarm, besonders bei Regenwetter und an Feiertagen, häufig auch ermahnte er seine Soldaten, sie sollten ihn genau beobachten, und machte sich dann plötzlich am Tage oder in der Nacht davon, verlängerte wohl auch den Marsch, um die Mannschaften, die ihm zu spät nachgefolgt waren, zu ermüden" (Sueton, *Cäsar*, 65).

INTERTEXTUELL-HISTORISCHE VERORTUNG DER EXEGETISCHEN ERTRÄGE 683

wichtiger aber war es für den Soldaten, die Kampferfahrung und die Praxis des Militärwesens in ständiger Übung zu bewahren, lag doch nichts weniger als die Staatserhaltung in seinen Händen.[141]

(5)   Militärrecht

Mit dem Militäreid (*sacramentum militare*) wechselte der Rekrut vom Status eines Bürgers (*civis*) in denjenigen eines Soldaten (*miles*), indem er seiner väterlichen Gewalt entzogen und derjenigen seines militärischen Vorgesetzten unterstellt wurde. Dies erfolgte auf der Basis der *disciplina militaris*, welche anzuerkennen sich der junge Soldat im Zuge des Militäreids verpflichtete. Sie bedeutete in erster Linie Gehorsam während des gesamten Militärdienstes und hatte durchaus auch religiöse Grundlagen, indem er ausführen sollte, was ihm von den Göttern durch seinen Vorgesetzten, letztlich dem Kaiser, befohlen wurde (vgl. 5.6.1[4]). Selbstverständlich schloss dies Todesbereitschaft für die Ziele des Imperators ein, was eine enge Bindung des Prinzeps mit „seinem" Heer begünstigte.

Im Gegenzug und Idealfall durften sich die Soldaten ihrer Rechte und Privilegien gewiss sein, oblag doch beides kaiserlicher Fürsorgepflicht. Es gewährte ihnen einerseits Recht auf Verpflegung, andererseits Recht auf Eigentum (*peculium castrense*), insbesondere auf solches, das während des Militärdienstes erworben wurde (*bona castrensia*), wie Sold etwa, einmalige Sonderzuwendungen und Kriegsbeute, und schließlich das Recht, dieses Eigentum vererben zu können. Zu den gewährten Privilegien gehörte im Falle einer ehrenvollen oder gesundheitsbedingten Entlassung zudem eine grundsätzliche Steuerbefreiung, das römische Bürgerrecht für Nichtrömer sowie das Recht eine gültige Ehe zu schließen (*conubium*).

Kamen einzelne oder ganze Truppenteile jedoch ihren rechtlichen Verpflichtungen nicht nach, so unterschied das römische Militärstrafrecht zwischen Verfehlungen, die auch im zivilen Bereich geahndet wurden, wie etwa Diebstahl oder Aufruhr, und solchen im Kontext des Militärdienstes, insbesondere Befehlsverweigerung, Meuterei (*seditio militum*), unerlaubtes Entfernen von der Einheit, Desertion (*desertor*) und Verrat (*perduellio*).

Die Strafen für solche und andere Vergehen reichten vom Einfrieren des Solds und der unehrenhaften Dienstentlassung, der öffentlichen Demütigung

---

141 Onasander, *Strat.* 6,9; 10,1; Vegetius, *Mil.* 1,1,1; 1,9,3–4; 2,5; 8,1–6; 9–19; 12,3; 23–24; 26; J. Brian Campbell, „Rekrutenausbildung," *DNP* 10:875–877; Yann Le Bohec, „Truppenübungen," *DNP* 12/1:882–883; Walter Eder, „I.–III. Sacramentum," *DNP* 10:1199–1200; Burckhardt, *Militärgeschichte der Antike*, 114, 117.

684   5. KAPITEL

im Lager und dem Lagern außerhalb des Befestigungswalls, der Inhaftierung und Verstümmelung, der Legionsauflösung und Sklaverei, bis hin zur Todesstrafe bei Befehlsverweigerung und *decimatio* bei Fahnenflucht ganzer Einheiten, was in der Regel die Erschlagung jedes zehnten durch Los bestimmten Gruppenmitglieds bedeutete.

Bestrafungen erfolgten auf Veranlassung des Lagerpräfekten und wurden üblicherweise von den Zenturionen vollstreckt. Die Militärgerichtsbarkeit bei Kapitalverbrechen allerdings oblag dem Feldherrn, welcher den Oberbefehl innehatte, und letztinstanzlich beim Kaiser selbst. Doch eine zu rigide oder zu harte Durchsetzung der Disziplinargewalt brachte dem Feldherrn wie auch den vollstreckenden Zenturionen Hass ein, eine zu lockere aber Verachtung. Es galt also, so Onasander, weder anhand allzu großer Strenge die Armee durch Angst zu entfremden, noch anhand übermäßiger Gefälligkeit die Disziplin preiszugeben. Denn durch vorgelebte und verfügte Disziplin sollen sowohl Trajan als auch Hadrian dem Heer ein derart glänzendes Beispiel gegeben haben, dass der Rüstungsstand der Legionen insbesondere unter Hadrian auf fremden Völker dermaßen abschreckend gewirkt haben soll, dass dieser sich die meiste Zeit seiner Herrschaft des Friedens im gesamten Reich erfreute.[142]

(6)   Ausrüstung
         Unterschiede
Zur Zeit des Prinzipats unterschieden sich Bekleidung, Rüstung und Bewaffnung des Militärs einerseits dem Rang nach (Offiziere, Soldaten), andererseits durch die Waffengattung (Flotte, Reiterei und Infanterie), ferner durch die Einheit (Leicht- und Schwerbewaffnete, Eliteeinheit) und schließlich durch die Herkunft (Legionäre, Verbündete).

         Kleidung
Zur Bekleidung gehörten unter anderem eine bis zu den Knien oder Knöcheln reichende Hose (*braccae*), ein prachtvoll verzierter Gürtel (*cingulum militare*) als Schwert und Dolchhalter, Sandalen (*caligae*), ein Untergewand (*tunica*) sowie der Soldatenmantel (*sagum*) beziehungsweise der purpurne oder weiße Offiziersmantel (*paludamentum*).[143] Als Insignie kaiserlicher Herrschaftsge-

---

142 Vegetius, *Mil.* 2,9,4; Onasander, *Strat.* 2,2; Cassius Dio, *Gesch.* 68,7,5; 69,9,1–6; Yann Le Bohec, „Disciplina militaris,"*DNP* 3:690–692; ders., „Militärstrafrecht,"*DNP* 8:186–187; ders., „Militärrecht," *DNP* 8:183–185; ders., „Desertor," *DNP* 3:485–486; ders., „Decimatio," *DNP* 3:345–346; J. Brian Campbell, „Meuterei,"*DNP* 8:144–147; Rüpke, *Domi militiae*, 70–96.
143 Dieser konnte bei Trauer auch schwarz sein.

INTERTEXTUELL-HISTORISCHE VERORTUNG DER EXEGETISCHEN ERTRÄGE   685

walt gehörte er zur Kriegstracht des Feldherrn und Kaisers – wie auch der Gottheiten Roma, Minerva und Mars – und durfte nicht innerhalb der Stadtgrenzen
Roms getragen werden.

Rüstung

Zur Rüstung der Soldaten zu Land als auch auf See gehörten einerseits der
Infanterie- beziehungsweise Reiterhelm (*galea, cassis*), andererseits der Panzer oder Harnisch (*lorica*), meist aus Leder für Soldaten und Metall für Offiziere,[144] ferner der rechteckige Langschild für Schwerbewaffnete (*scutum*), der
Rundschild für Leichtbewaffnete, Reiter und Elitetruppen (*parma*) sowie der
ovale Schild für Hilfstruppen und schließlich Beinschienen für Schwerbewaffnete und Zenturionen (*ocrea*). Neben der Funktion des individuellen Schutzes
diente die mit Individual- oder Standardschmuck versehene Rüstung auch der
imponierenden Zurschaustellung kollektiver Macht.

Individualwaffen

Zu den Angriffswaffen der Leichtbewaffneten (*velites*) gehörten neben dem
Dolch (*pugio*) ein Wurfspieß (*iaculum*) und Bleigeschosse, zu Hand- oder
Stockschleuderern (*funditores, fundibulatores*) zudem die Steingeschosse
(*glandes*), zu den *trigula*-Schleuderern zudem Hand- oder Bogen-Ballisten und
Pfeile und zu den Bogenschützen zudem (*sagittarii*) Bogen (*sagittae* und *arcus*)
und (Brand)Pfeile. Abgesehen vom Dolch und fünf an den Schilden befestigten Bleigeschossen waren demgegenüber die Schwerbewaffneten rechts mit
dem Kurzschwert (*gladius*) und links mit zwei Wurfspießen (*hastati, principes*:
pilum; *triarii*: *hasta*) und die Reiter mit Langschwert (*spatha*), drei Wurfspießen (*hasta*) und einer Lanze (*lancea*) ausgerüstet. Die Hilfstruppen schließlich
rüsteten sich, sofern sie nicht lokaltypische Waffen trugen, mit Dolch und Langschwert. Flottensoldaten waren darüber hinaus noch mit Enterstangen und
anderen schiffsmäßigen Waffenarten ausgestattet.

Kollektivwaffen und Belagerungstechniken

Abgesehen von diesen angeführten und für den Nahkampf bestimmten Individualwaffen, verfügte jede Legion auch über Kollektivwaffen beziehungsweise
-maschinen, die für den Fernkampf als auch für die Belagerung von Städten
geeignet waren. Allen voran die Katapulte, und zwar die Pfeilkatapulte (*scor-
pio*), mit denen jede Zenturie ausgerüstet war, ferner Steinwerfer (*ballista*),

---

144   Unterschieden werden Schienen- (*lorica segmentata*), Schuppen- (*lorica squamata*),
       Ketten- (*lorica hamata*) und Netzpanzer (*lorica reticulata*).

686   5. KAPITEL

die zu jeder Kohorte gehörten, und von denen es bis zu eintalentige Ballisten mit Geschoßgewichten von 26 Kilogramm gab. Ihres Gewichtes wegen aber und der damit verbundenen Transportschwierigkeiten kamen solche Maschinen weniger auf dem Feld als bei der Poliorketik zum Einsatz. Weitere Belagerungsmittel waren etwa die mit Sichel (*falx*) oder Widder (*aries*) ausgerüstete Schildkröte (*testudo*), mit Hilfe derer entweder Steine aus der Belagerungsmauer gerissen oder Breschen in sie geschlagen wurden. Ferner die Sturmleiter (*scala*) oder der Kran (*tolenno*). Und schließlich der fahrbare und gegebenenfalls mehrstöckige Wandelturm (*turris ambulatoria*), welcher neben einem Sturmbock (*sambuca*), das heißt einem Steg, und Belagerungsbrücke (*exostra*) auch mit einem Widder (*aries*) oder einem Katapult ausgestattet sein konnte. Zu den Belagerungstechniken konnte ferner die Erstellung einer Belagerungsrampe (*agger*) mit Hilfe von Schirmdächern (*plutei*), gedeckten Laufgängen, eigentlich Weinlauben (*vineae*), oder Schüttschildkröten gehören (*testudo, musculi*), die Unterminierung der Stadtmauer durch Stollen (*cuniculi*) oder die Einschließung der Stadt durch Wall und Graben (*loricula*) beziehungsweise Ringmauer (*circumvallatio*).

Spezifische und auf Schiffen zum Einsatz gebrachte Kollektivwaffen waren insbesondere die Stossstange, die Sichel sowie die Doppelaxt. Stosstangen waren dabei lange, dünne und an beiden Enden eisenbewehrte Balken, die wie eine Rahe am Mastbaum befestigt wurden. Nahten sich feindliche Schiffe zur rechten und/oder zur linken Seite, so stieß man diese Stange wie einen Widder mit Gewalt gegen die feindlichen Schiffe, um damit nicht nur Krieger und Matrosen zu treffen, sondern das feindliche Schiff selbst zu durchbohren. Demgegenüber waren Sicheln scharfe, gekrümmte Eisen vom Aussehen einer Sichel, welche an längeren Stangen befestigt wurden, um damit das Takelwerk der feindlichen Schiffe zu zerstören, das heißt die Taue abzuschneiden, woran die Rahe hing, und durch das darauffolgende Zusammenfallen der Segel das feindliche Kriegsschiff wertlos zu machen. Doppeläxte schließlich waren Beile, welche auf beiden Seiten sehr scharfe und breite eiserne Schneiden hatte. Hiermit suchten die geschicktesten Soldaten oder Matrosen auf kleineren Booten die Taue, an denen die Steuerruder der Feinde befestigt waren, zu kappen. Gelang dies, war ein feindliches Schiff sofort erobert. Auf größeren Schiffen errichtete man auch Bollwerke und Türme, um wie von einer Mauer herab das feindliche Schiff schlagkräftiger beschießen zu können. Und war es einmal geschwächt genug, suchte man es mit Hilfe von Enterbrücken und Nahkampf gänzlich zu bezwingen.[145]

---

145   Vegetius, *Mil.* 1,20; 2,15–16.25; 4,1–30.44.46; Rolf Hurschmann, „Kleidung," DNP 6:505–513;

INTERTEXTUELL-HISTORISCHE VERORTUNG DER EXEGETISCHEN ERTRÄGE   687

(7)   Lager

Zur Zeit des stehenden Heers waren die verschiedenen Legionen in Kasernen-
anlagen an den fixen Militärstützpunkten des Reichs untergebracht. Brachen
sie jedoch zu Feldzügen auf, musste ihre Sicherheit entweder durch bestehende Befestigungsanlagen, wie etwa befestigte Städte und Stadtquartiere,
oder durch neu errichtet Lager (*castra*) gewährleistet sein, selbst wenn sie nur
für eine Nacht Halt machten. Das Erlernen der Lagerbefestigung war daher
fester Bestandteil der Rekrutenausbildung und sollte – so Vegetius – die Soldaten so sorglos leben lassen, als ob sie eine ummauerte Stadt mit sich trü-
gen.

Die Kunst des Lagerbaus begann bei der Auswahl des sicheren und richtigen Orts durch die Abmesser (*metatores*). So war darauf zu achten, dass der
ebene Platz weder neben einem höheren Berg lag, von wo einem der Feind in
Beschuss nehmen konnte, noch an einem Abgrund oder an einer unwegsamen
Stelle, die einen notwendigen Abzug erschwerte, und bei Unwetter auch nicht
durch naheliegende Gewässer überflutet wurde. Zudem war darauf zu achten,
dass der Zugang zu brauchbarem Trinkwasser, Lebensmittel, Holz und Futter
jederzeit und allenfalls durch die Errichtung von Sicherungsanlagen (*castella*)
gewährleistet war.

Was die Form des Lagers betraf, bestanden verschiedene Möglichkeiten.
Gewählt werden sollte aber diejenige Lagerform, welche die Beschaffenheit des
jeweiligen Platzes oder die spezifische Situation verlangte, sei es (halb)rund,
dreieckig, quadratisch oder wie am üblichsten rechteckig im Verhältnis zwei zu
drei. In jedem Fall aber war darauf zu achten, dass seine Größe entsprechend
der Menge der Soldaten und des Gepäcks (ca. 20–22 Hektar pro Legion) und
der jeweiligen Jahreszeit errichtet wurde (im Winter *hiberna* oder *stativa*, und
im Sommer *aestiva*). Der Exkremente wegen empfahl Onasander ferner, insbesondere Sommerlager häufiger zu wechseln.

Zur Befestigung des Lagers gehörte einerseits die Erdaufschüttung (*agger*),
andererseits die auf ihr erstellte Palisade (*vallum*) und schließlich der davor
ausgehobene Graben (*fossa*). Je nach Bedrohungsgrad konnte dabei die Erd-

---

ders., „Paludamentum," *DNP* 9:210; ders., „Sagum," *DNP* 10:1232; ders., „II. Gürtel," *DNP* 5:8–
9; Yann Le Bohec, „II. Bewaffnung," *DNP* 2:609–610; F. Mei, „VII. Waffen," *DNP* 12/2:364;
Yann Le Bohec, „Panzer," *DNP* 9:278–279; ders., „Schild," *DNP* 11:171–172; ders., „I. Schwert,"
DNP 11:294–295; ders., „Pilum," *DNP* 9:1023–1024; J. Brian Campbell, „Hasta," *DNP* 5:181–
182; Michael Maaß und Volker Pingel, „Helm," *DNP* 5:327–332; Stefan Link, „Schleuderer," *DNP* 11:186; ders., „Schleuderstock," *DNP* 11:186; Yann Le Bohec, „Pfeil und Bogen,"
DNP 9:690–692; Dietwulf Baatz, „Poliorketik," *DNP* 10:16–21; ders., „Katapult," *DNP* 6:340–
343.

688   5. KAPITEL

aufschüttung höher (3–13 Fuß hoch, bis zu 12 breit), der Graben größer und mehrfach (5–17 Fuß breit, 3–9 tief) und die Palisade fester (aus Holz und später auch Steinen) und mit Zinnen und Kampftürmen versehen sein. An der Errichtung der Befestigungsanlage hatte sich bei Ankunft am Lagerplatz der größere Teil der Infanteristen zu beteiligen, die übrigen sollten gemeinsam mit den Reitern die Schanzenden schützen.

Jedes Lager war mit vier sorgfältig befestigten und von Türmen flankierten Toren versehen. Das wichtigste davon war das sogenannte prätorische, und an der gegenüberliegenden Seite lag die *porta decumana*, aus der zu bestrafende Soldaten hinauszuführen waren.

Das Lager wurde von den Vermessern (*mensores*) mit einem rechtwinkligen Straßennetz versehen und darauf geachtet, dass zwischen der Befestigung und den Zelten ein freier Raum lag (*intervallum*), was nicht nur den Verkehr innerhalb des Lagers erleichterte, sondern im Falle eines Angriffs den feindlichen Wurfgeschossen eine leere Fläche bot. Von Osten nach Westen verlief idealerweise vorne die *via principalis* und dahinter die *via quintana*. Durch sie wurde das Lager in drei Bereiche geteilt, die *praetentura* im Süden, die *latera praetorii* im Zentrum und schließlich die *retentura* im Norden. Der Bereich der *praetentura* wurde dabei noch durch die zur *porta praetoria* führenden *via praetoria* geteilt. Das Herzstück des Lagers, *principia* genannt, lag am Schnittpunkt von *via principalis* und *via praetoria*. Hier befand sich nicht nur das Gebäude für die Feldzeichen (*aedes signorum*) – dem religiösen Zentrum des Lagers – und das Waffenlager (*armamentorium*), sondern dahinter im Bereich der *latera praetorii* die Unterkunft des Generals (*praetorium*) flankiert von der Unterkunft des Quästors (*quaestorium*) und dem Versammlungsplatz (*forum*). In der Nähe des Generals waren die Offiziere, Präfekten und Tribunen, untergebracht. Im Bereich der *praetentura* gegenüber dem General wohnten die Legionäre flankiert von den Verbündeten, und hinter ihm im Bereich der *retentura* die Hilfstruppen. Das Lager konnte zudem noch mit einem Krankenhaus (*valetudinarium*), Thermen und Latrinen, Lagerräumen insbesondere für Weizen (*horrea*), einem Weinkeller, einer Werkstatt (*fabrica*) und außerdem einem Übungsraum versehen sein (*basilica exercitatoria*).

Bewacht wurde das Lager von je vier Reitern außerhalb und vier Fußsoldaten innerhalb des Lagers. Die Nacht wurde dabei in vier Teile geteilt, so dass jedem eine dreistündige Wachzeit, zufiel, deren Beginn durch einen Trompeter und deren Ende durch einen Hornisten angekündigt wurde. Der Wachdienst sollten dabei nach Anweisung des Onasander stehend absolviert werden, da dies den Geist wach halten, das Sitzen oder Liegen demgegenüber aber zum Schlaf verführen würden (Onasander, *Strat.* 10,10–12). Wegen der Wichtigkeit dieses nächtlichen Wachdienstes wurden die Wachen periodisch durch die von den

INTERTEXTUELL-HISTORISCHE VERORTUNG DER EXEGETISCHEN ERTRÄGE   689

Tribunen beauftragten *circumitores* kontrolliert.[146] Selbst zu Friedenszeiten sollen die Soldaten tags wie auch nachts Wache gehalten haben, und zwar aus allen Zenturien im Wechsel; diejenigen die ihre Pflicht erfüllt hatten, wurden in Verzeichnissen festgehalten, um zu gewährleisten, dass sie nicht mehrfach aufgeboten wurden (Vegetius, *Mil.* 2,19,3).

Genauso wie das Lager bei Ankunft aufgebaut werden musste, war es vor Aufbruch wieder abzubauen, damit es sich der Feind auf keinen Fall zunutze machten konnte.[147]

(8)   Versorgung
         Kriegskosten

Mit dem Privileg eines stehenden und einsatzbereiten Heers verbanden sich immense Kosten. So hatte der Prinzeps nicht nur seine Soldaten zu rekrutieren, auszubilden, auszurüsten, unterzubringen und zu verpflegen, auch hatte er für ihren Lebensunterhalt während und nach der Dienstzeit aufzukommen, durch Sold, Sonderzuwendungen, Zuteilung von Kriegsbeute und der Veteranenversorgung. Aber auch die Kriege selbst sowie allfällige Werke des Friedens waren nicht umsonst zu bekommen (vgl. Cassius Dio, *Gesch.* 68,7,1). Die zufriedenstellende Versorgung des Heeres erwies sich dabei nicht nur als ein soziales, sondern auch als ein politisches Anliegen, denn ein unzufriedenes und widerrechtlich plünderndes oder meuterndes Heer konnte sowohl für das Volk als auch für den Prinzeps eine ernstzunehmende Gefahr darstellen (vgl. Cassius Dio, *Gesch.* 51,3,4). Zwar ließen sich im Falle eines Sieges Kriegskosten auf die unterworfene oder gegnerische Partei abwälzen, etwa durch den Verkauf von Beute oder Gefangenen in die Sklaverei, durch Requisitionen oder Tributerhebungen (z.B. Cassius Dio, *Gesch.* 51,17,6–8), dennoch kamen die jeweiligen Prinzipes nicht darum herum, die Kosten über Verbündete, Schenkungen und Staatssteuern wieder einzutreiben, aber vor allem, tief in die eigene Tasche zu greifen.

---

146   Auf einem solchen Rundgang in Korinth, soll der athenische General Iphikrates eine eingeschlafene Wache angesichts des anrückenden Feindes erstochen haben. Wegen seiner Brutalität gerügt soll er entgegnet haben: „Ich verließ ihn wie ich ihn vorfand" (Frontinus, *Strat.* 3,12,2).

147   Onasander, *Strat.* 9,1; Vegetius, *Mil.* 1,21–25; 2,7,6.9; 3,8; Yann Le Bohec, „Castra,"*DNP* 2:1022–1024; Rüpke, *Domi militiae*, 165–183.

690   5. KAPITEL

Heeresversorgung

Gewöhnlich gehörte die Heeresversorgung zum Aufgabenbereich der Statthalter und Prokuratoren des Prinzeps. Durch Steuereinnahmen aus den Provinzen hatten diese auf der Basis genauer Berechnungen dafür zu sorgen, dass eine mehr als ausreichende Menge der zuvor angeforderten Güter bereitstand. Und erwiesen sich Tribute und Abgaben als nicht ausreichend, war Fehlendes durch zusätzlichen Geldaufwand rechtzeitig zu beschaffen. Dies erfolgte auf der Grundlage vergangener Erfahrung und Einsicht, dass öfters Mangel ein Heer aufgerieben habe als Kampf und dass Hunger schlimmer sei als Eisen (Vegetius, *Mil.* 3,3,1). Da auch in der Prinzipatszeit Verpflegung, Unterkunft und Kleidung den Soldaten mit dem Sold verrechnet wurde, flossen Anteile dieser Ausgaben zurück. Der wichtigste Bereich der Heeresversorgung war die Nahrungsbeschaffung; es sollte weder an Wasser, Essig, Wein oder Salz und auf keinen Fall an Weizen mangeln. Denn davon soll ein Soldat pro Jahr etwa 316 Kilogramm und das gesamte Heer von insgesamt 300'000 Soldaten etwa eine Million Tonnen verbraucht haben. Die Ausgaben für die Legionen sowie die Kaufkraft der Soldaten begünstigte die Bildung von Händlersiedlungen (*canabae*), welche aber nach Abzug – wie die Lager auch – aufgegeben wurden. Nicht geringer war der Futterbedarf (inklusive Gerste) für die Pferde und Lasttiere der Armee, weswegen sich die unmittelbare Lagerumgebung (*prata legionum* und *cohortium*) als Weideland eigenen musste. Neben Nahrung und Futter waren auch Materialien wie Holz, Kalbshäute und Roheisen bereitzustellen. Von Letzterem bedurfte es zur Herstellung von Waffen bei der Erstausstattung einer Legion nicht weniger als 38 Tonnen und von Ersterem zur Herstellung von Zelten 54'000. Nicht minder wichtig war es, die bereitgestellten Güter an sichere Orte zu schaffen und zu bewachen, damit kein Feind ihrer habhaft werden konnte.

Sold

Die durch Augustus eingeführten Soldzahlungen wurden von seinen Truppen als entschieden zu gering erachtet (Cassius Dio, *Gesch.* 54,6; 55,23,1). Später, nachdem sie erhöht worden waren, ergingen im frühen Prinzipat an die Soldaten drei Soldzahlungen pro Jahr (*stipendia*): an Legionssoldaten insgesamt 225, an Reiter 262,5 und an Zenturionen 3'375 Denare. An Hilfstruppen demgegenüber und je nach Rang zwischen 187,5 und 1'312,5 Denare. Erst unter Domitian kam es zu einer Solderhöhung (Cassius Dio, *Gesch.* 67,3,5). Die Hälfte des Solds wurde dabei in je einem Sack pro Kohorte hinterlegt und durch die Buchhalter festgehalten (*librarii*), was nicht zuletzt dem Zweck diente, die Lust zu desertieren zu mindern. Und in einen elften Sack steuerte die gesamte Legion bei, woraus die Aufwendungen für die Beerdigung toter Soldaten vorgenommen wurden. Dies gründete im Glauben, dass wenn sie toten Kameraden auf diese

INTERTEXTUELL-HISTORISCHE VERORTUNG DER EXEGETISCHEN ERTRÄGE   691

Weise nicht die gebührende Reverenz zukommen lassen würden, ihnen im Falle des eigenen Hinschieds ein würdiges Begräbnis verwehrt bleiben würde (Onasander, *Strat.* 36,2; Vegetius, *Mil.* 2,20,1–6).

Sonderzuwendungen

Neben dem Sold profitierten Soldaten auch von einmaligen, in Geld ausbezahlten Sonderzuwendungen (*donativa*), welche durch den jeweiligen Prinzeps und anlässlich bedeutender Ereignisse, wie die seines Regierungsantritts, seines Geburtstags, eines von ihm verantworteten Siegs oder auch seines Todes ausbezahlt wurden. Die *donativa* stellten seit Beginn des Prinzipats einen entscheidenden Faktor bei Herrscherwechseln dar (Cassius Dio, *Gesch.* 55,23,1). Sie boten sich gerade in prekären Situationen als ein effektives Mittel an, um die Gunst bestimmter Einheiten, besonders der Prätorianer, aber auch anderer Heeresteile (so 68/69 d. Z.) zu sichern oder zu gewinnen. Im Extremfall konnte es zu einer Versteigerung der Kaiserwürde kommen, etwa wie im erwähnten Fall des Galba, wo sich eine versprochene, aber nicht ausbezahlte Zuwendung verhängnisvoll auswirkte (Sueton, *Galba* 16,2; Cassius Dio, *Gesch.* 63,4,1–2). Die Sonderzuwendungen hatten die Tendenz, mit der Zeit zu steigen, und betrugen das Mehrfache eines Jahressolds.

Kriegsbeute und Kriegsrecht

Zu einem der wichtigsten Motive der Kriegsführung, der Eroberung und der Expansionspolitik Roms gehörte die Kriegsbeute (*praeda*, *spolia* oder *manubiae*). So verbanden sich die Feldzüge des Cäsars in Gallien oder derjenige des Augustus in Ägypten zweifelsfrei mit ökonomischen Interessen. Entsprechend wussten Offiziere, dass ihnen ein Sieg neben Sold und Sonderzuwendungen Reichtümer einbringen konnte. Und darüber hinaus wussten sie auch, dass die Aussicht auf Anteil aus ihren Soldaten bessere Kämpfer machte (Vegetius, *Mil.* 3,26,30; Onasander, *Strat.* 34,5). Somit war die gängige und vom Kriegsrecht sanktionierte Praxis, Beute zu machen, in der Antike ein normaler und weithin akzeptierter Vorgang, der in der Regel auch von der Zerstörung des jeweils eroberten Gebiets und insbesondere seiner Befestigungsanlagen begleitet war. Der in der frühen Prinzipatszeit geltende und von Tacitus tradierte Grundsatz lautete dabei, dass die Kriegsbeute einer eroberten Stadt den Soldaten, diejenige einer kapitulierten Stadt hingegen den Befehlshabern gehörte (Tacitus, *Hist.* 3,19,2). Als Ehre galt es, Teile der Beute zu erhalten. Sie wurde von den geehrten Individuen oder Kollektiven sichtbar gemacht, etwa, dass ein Feldherr seine *spolia* an sein Haus anbrachte oder eine Stadt die Ruhmeszeichen auf öffentlichen Plätzen aufstellen ließ. Ein Teil der Kriegsbeute wurde den Göttern als Weihgabe dargebracht, insbesondere die Waffen und die Rüstung

692   5. KAPITEL

des gegnerischen Feldherrn (*spolia opima*),[148] oder sie wurden von Augustus aber auch Vespasian zum Erstellen von Tempeln zu Ehren der Götter verwendet.

Auszeichnungen

Um die Tapferkeit und den Mut von Offizieren, Soldaten und ganzen Einheiten zu belohnen, wurden im römischen Heer – wie in allen anderen Heeren auch – neben der Beförderung oder Erteilung von Privilegien militärische Auszeichnungen verliehen (*dona militaria*). Diese nach Dienstgrad erwiesenen Ehren hatten den Vorteil, dass sie das Gemeinwesen wenig kosteten, aber gleichzeitig das Bewusstsein soldatischer Ehre verstärkten. Sie umfassten einerseits die Ehrenlanze (*hasta pura*), andererseits die Krone (*corona*), ferner das Feldzeichen (*vexillum*), dann die *dona minora*, bestehend aus Halskette (*torques*), Armreif (*armilla*), Pferdeschmuckplatte (*phalerae*) und Opferschale (*patella*), und schließlich verschiedene andere Gegenstände wie etwa Schmucknadel (*fibula*) oder Ehrenschild (*clipeus*). Die ersten drei Auszeichnungen ergingen in der Regel nur an Offiziere, je eine Ehrenlanze, Krone und Feldzeichen an Mitglieder des ritterlichen Standes, und gleich mehrere an Mitglieder des senatorischen Standes. Zenturionen demgegenüber erhielten neben den drei *dona minora* noch eine Krone, und je nach dem mit Aussicht auf eine Ehrenlanze, und Soldaten nur die *dona minore*, und je nach dem mit Aussicht auf eine Krone.

Entlassung und Entlassungsprämie

Nach Ableistung der Regeldienstzeit von 16 (bei den Prätorianern), beziehungsweise 20 (bei den Legionen), 25 (bei der Auxilia) oder 26, später 28 Jahren (bei der Flotte) erfolgte für die römischen Soldaten die Entlassung (*missio*) aus dem Militärdienst durch den Oberbefehlshaber der jeweiligen Verbände. Im Normalfall erfolgte sie als ehrenvolle Entlassung (*honesta missio*), im Falle von

---

148   Einer der wenigen, dem die Erbeutung der Rüstung und Waffen feindlicher, in diesem Fall germanischer Heerführer als Siegespreis gelang, war Drusus, der Vater des späteren Kaisers Claudius (Sueton, *Claud.* 1,4). Julius Cäsar hingegen trug dafür Sorge, dass sein Feldherrenmantel nicht erbeutet wurde. Denn in Alexandria, als er bei einem plötzlichen Ausfall der Feinde in einen Kahn gedrängt, in dem sich auch viele seiner Leute mit hineingestürzt hatten, sprang er ins Meer und rettete sich durch Schwimmen auf das nächste zweihundert Schritt entfernte Schiff. Dabei hielt er seine Linke hoch über Wasser, um Papiere, die er bei sich hatte, nicht nass werden zu lassen, und seinen Feldherrnmantel schleppte er mit den Zähnen nach, damit er nicht als Siegeszeichen in die Hände der Feinde fiele (Sueton, *Iul.* 64).

INTERTEXTUELL-HISTORISCHE VERORTUNG DER EXEGETISCHEN ERTRÄGE 693

Invalidität als vorzeitige (*missio causaria*), und im unehrenhaften Fall und auf Grund schweren Fehlverhaltens als unehrenhafte (*missio ignominiosa*). Der feierliche und mit Kultakten verbundene Tag der Entlassung, meist in einem der Wintermonate, verband sich für die ehrenvoll oder vorzeitig entlassenen Veteranen (*veterani*) mit der Auszahlung ihres verwahrten Anteils des Solds sowie der *praemia militiae*. Sie betrug zur Zeit des Augustus 3'000 Denare pro Soldat beziehungsweise 5'000 für jeden Prätorianer (Cassius Dio, *Gesch.* 55,23,1), davor und vereinzelt danach erfolgte sie auch als Landzuweisung (*missio agraria*) und stellte eine schwere finanzielle Belastung für den jeweiligen Prinzeps dar. Aus diesem Grunde richtete Augustus ein *aerarium militare* an, welches er mit einer fünfprozentigen Erbschaftssteuer, einer einprozentigen Steuer auf Auktionen und aus eigenen Mitteln speiste (Cassius Dio, *Gesch.* 55,25). Darüber hinaus durften Veteranen je nach dem auch ein Militärdiplom entgegennehmen, das ihnen – sofern sie es noch nicht besaßen – das römische Bürgerrecht verlieh sowie das Recht des *conubium* mit einer peregrinen Frau, was bei bereits bestehender eheähnlicher Verbindung die Anerkennung von Frau und Kindern sowie deren Einbezug in die Bürgerrechtsverleihung bedeuten konnte.[149]

5.6.2 *Rom*

(1) Drei Waffengattungen: Fußsoldaten, Reiter und Flotte
Schlagkraft des römischen Heers

Um die Schlagkraft des römischen Heers wusste nach dem Zeugnis des Josephus auch der ab 50 d.Z. mit der Tempelaufsicht betraute Agrippa II. (vgl. 5.4.3[1]). Denn im Beisein des vermittelnden Gesandten des Cestius, Neapolitanus, sowie seiner Schwester Berenike trat er den durch Florus gepeinigten und verständlicherweise empörungswilligen Jerusalemern mit einer „Friedensrede" warnend entgegen (*Bell.* 2,345–401), die ihnen in einer Katene rhetorischer Fragen die Unbesiegbarkeit der Römer vor Augen führen sollte (vgl. auch *Bell.* 2,577; 3,13–28.70–109; 5,364–368). So fragte er:

Und ihr, die ihr schon das Gehorchen als Erbschaft empfangen habt, und in euren Hilfsmitteln jenen, die als erste diesen Gehorsam auf sich nah-

---

149 Vegetius, *Mil.* 2,7,7; Lothar Wierschowski, „Heeresversorgung," DNP 5:222–225; Yann Le Bohec, „Sold," DNP 11:695–697; Peter Weiß, „Donativum," DNP 3:771–772; Yann Le Bohec, „III. Kriegsbeute," DNP 6:837–838; ders., „Auszeichnungen, militärische," DNP 2:341–343; ders., „Dona militaria," DNP 3:767–769; Peter Weiß, „1. Missio," DNP 8:264–265; Oliver Stoll, „II. Veteranen," DNP 12/2:143–145; J. Brian Campbell, „Aerarium militare," DNP 12/2:880–881; Peter Weiß, „Militärdiplome," DNP 8:182–183; Rüpke, *Domi militiae*, 204–206.210–214.217–223.

694   5. KAPITEL

men, so weit unterlegen seid, ihr wollt der römischen Gesamtmacht (*Bell.* 2,357: ἡγεμονία) Widerstand leisten? [...] Tausende von anderen Völkern, erfüllt mit tiefen [*sic*] Verlangen nach Freiheit, haben sich gebeugt; ihr allein haltet es für unwürdig, denen zu dienen, denen sich die Welt untergeordnet hat. Wie sieht das Heer (*Bell.* 2,361: στρατιά) und die Bewaffnung (*Bell.* 2,361 Pl.: ὅπλον) aus, auf die ihr vertraut? Wo ist bei euch die Flotte (*Bell.* 2,361: στόλος), die die römischen Meere in Besitz nehmen soll? Wo ist ein ausreichender Kriegsschatz (*Bell.* 2,361 Pl.: θησαυρός) für eure Unternehmungen? Glaubt ihr etwa, dieser Krieg, den ihr beginnt, gehe gegen Ägypter und Araber? Habt ihr denn gar keine Vorstellung von der Macht Roms und keinen Maßstab für eure eigene Schwäche? Sind unsere Heere nicht oft auch schon den Nachbarvölkern unterlegen, während die Macht Roms auf der ganzen Erde unbesiegt blieb?[150]

> *Bell.* 2,357.361–362

Waffengattungen

Die in Judäa zu Friedens- wie auch Kriegszeiten zum Einsatz gekommenen römischen Waffengattungen waren vor allem die Infanterie als auch die Reiterei. Der Einsatz der Flotte blieb eine Randerscheinung im jüdisch-römischen Krieg; sie drängte sich für Vespasian beispielsweise bei Tarichea (*Bell.* 3,462–542) und für seinen Tribun Placidus in Peräa auf (*Bell.* 4,439),[151] wurde aber auch von Titus und seinen Truppen zum schnelleren Anmarsch aus Alexandrien Richtung Cäsarea in Anspruch genommen (*Bell.* 4,659–663).[152] Gleichwohl müssen Vespasian und Titus die Erfolge auf dem Wasser nicht gering geschätzt haben, immerhin verdankte Vespasian den Sieg in Tarichea – der militärischen Operationsbasis des Josephus – vor allem dem ersten selbständigen Einsatz seines Sohnes in diesem Feldzug, weshalb sie im Triumphzug viele Schiffe mitführten (*Bell.* 7,147). Karl Matthias Schmidt verweist in diesem Zu-

---

150 Nach Josephus soll sich auch der Jerusalemer Feldherr Ananos der Unbesiegbarkeit der Römer bewusst gewesen sein (*Bell.* 4,320).

151 Vespasian ließ mit lokal verfügbarem Holz und Handwerkern Flöße bauen (*Bell.* 3,505.522–524.526–527 Pl.: σχεδία), mittels derer er die von Tarichea aus operierenden und in Kleinbooten auf den See Gennesaret geflohenen Aufständischen verfolgen ließ, und in einer blutigen Seeschlacht (*Bell.* 3,531: ναυμαχία) vernichtend schlug. Von Placidus wird berichtet, dass er einige – wohl bereits vorhandene – Kähne (*Bell.* 4,439: σκαφος) mit Soldaten bemannen lies, um die von Peräa aus auf den Asphaltsee Geflüchteten einzufangen.

152 In Nikopolis verlud Titus sein Heer auf lange Schiffe und fuhr Nil hinauf bis zur Stadt Thmuis (*Bell.* 459 Pl.: πλοῖον).

sammenhang auch auf die Münzen mit der Aufschrift VICTORIA NAVALIS hin, die Vespasian ab dem Jahre 71 d. Z. und später Titus für sich prägen ließen.[153]

Gessius Florus, Agrippa II.

Über eine militärische Streitmacht (*Bell.* 2,332.419; *Vita* 114: δύναμις) verfügten sowohl der römische Prokurator als auch die herodianischen Fürsten und Könige, in diesem Fall Gessius Florus und König Agrippa II. Aus dem Kontext des Josephus kann geschlossen werden, dass das Heer (*Bell.* 2,296: στρατιά) des Ersteren aus einem Truppenkontingent von mindestens sechs Kohorten (*Bell.* 2,318 Pl.: σπεῖρα) Soldaten (*Bell.* 2,297 Pl.: στρατιώτης) bestanden haben, das sich einerseits aus Infanteristen (*Bell.* 2,296: πεζικός) und andererseits aus Reitern (*Bell.* 2,296: ἱππικός) sowie mindestens einer Reiterabteilung zusammensetzte (*Bell.* 2,296.318.332; 3,66).[154] Eine Kohorte war dabei stets in der Antonia stationiert, um insbesondere bei Festtagen darüber zu wachen, dass kein Aufstand ausbrach (*Bell.* 5,244). Und zum Kontingent Agrippas gehörten mindestens 3'000 Fußsoldaten sowie eine aus dem Hauran, der Batanea und Trachonitis rekrutierte Einheit, bestehend aus weniger als 2'000 Reiter (*Bell.* 2,500; 3,68[155]; 5,42). Auch seine Schwester Berenike verfügte über Truppeneinheiten, denn Josephus erwähnt Reiteroffiziere (*Bell.* 2,310 Pl.: ἵππαρχος) sowie Leibwächter (*Bell.* 2,310.312 Pl.: σωματοφύλαξ).

Cestius

Das Heer (*Bell.* 2,334: στρατιά) des für Kriegszeiten zuständigen Statthalters Cestius war freilich von einer anderen Dimension. Aus Antiochien rückte er gegen Judäa mit der zwölften Legion, namens Fulminata, und von den übrigen drei Legionen[156] mit je 2'000 ausgewählten Soldaten an, insgesamt zehn Kohorten mit etwa 12'100 Legionären. An Hilfstruppen darüber hinaus standen ihm sechs Kohorten Fußsoldaten (*Bell.* 2,500 Pl.: πεζός) und vier Abteilungen aus der

---

153 Schmidt, *Wege des Heils*, 305–306.

154 Mit Blick auf *Bell.* 3,67 könnten die von Josephus erwähnten Kohorten und in Cäsarea und Jerusalem stationierten Truppen des Prokurators demnach mindestens 4'820 bis maximal 7'000 Soldaten betragen haben. Was jenseits dieser zwei Standorte im Gebiet des Florus lagerte, lässt sich nicht rekonstruieren.

155 Gemäß der Aussage des Josephus soll Agrippa mit seiner „gesamten" Streitmacht zu Vespasian in Antiochien gestoßen sei (*Bell.* 3,29). Mit Blick auf andernorts gemachte Aussagen muss diese jedoch größer als die genannten 2'000 Bogenschützen und 1'000 Reiter gewesen sein, es sei den die Truppengröße war fluktuierend.

156 Dass in Syrien vier Legionen stationiert waren, bestätigt auch Tacitus (*Ann.* 4,5,2); Josephus, *De bello Judaico*, 1:283 Anm. 215: Nach den Herausgebern sollen dies die 3. (Gallica), 6. (Ferrata), und 10. (Fretensis) Legion gewesen sein.

696   5. KAPITEL

Reiterei (*Bell.* 2,500 Pl.: ἴλη), insgesamt 5'330, zur Verfügung. Weitere Hilfstruppen (*Bell.* 2,500 Pl.: συμμαχία), bestehend aus Infanteristen, darunter Bogenschützen (*Bell.* 2,500 Pl.: τοξότης) und Reitern (*Bell.* 2,500 Pl.: ἱππεύς), insgesamt 13'500, stellten die drei verbündeten Könige Antiochus, Agrippa II. sowie Soemos bereits. Und auch aus den – wohl syrischen – Städten gesellten sich sehr viele Hilfstruppen (*Bell.* 2,502 Pl.: ἐπίκουρος) zu Cestius, die nach Ansicht des Josephus „zwar an Kriegserfahrung hinter den Berufssoldaten zurückstanden, durch ihren Kampfeseifer und Judenhass jedoch das, was ihnen an kriegerischer Ausbildung noch mangelte ersetzten" (*Bell.* 2,502). Zusammen gerechnet rückte (*Bell.* 2,501: προέρχομαι) Cestius, begleitet vom ortskundigen und über militärische Infrastruktur verfügenden Agrippa II., mit einer Streitmacht von nahezu 31'000 Berufssoldaten und einer unbekannten Zahl von Milizionären nach Ptolemais (*Bell.* 2,499–502).

Vespasian

Nachdem Cestius gescheitert war, rückte Vespasian, begleitet von seinem Sohn Titus und wiederum König Agrippa II., mit noch größerer Streitmacht nach Ptolemais: Nämlich mit drei Legionen – der fünften (Macedonica), der zehnten (Fretensis) sowie der fünfzehnten (Apollinaris) –, insgesamt dreißig Kohorten mit etwa 20'840 Legionären. An Hilfstruppen darüber hinaus dreiundzwanzig Kohorten und sechs Reiterabteilungen mit etwa 23'680 Legionären, darunter auch Schleuderer (*Bell.* 3,151.168 Pl.: σφενδονήτης). Weitere Hilfstruppen, bestehend aus Bogenschützen und Reitern, stellten wiederum die drei verbündeten Könige bereit, unterstützt vom arabischen König Malchos, insgesamt etwa 15'000. Zusammengenommen kam Vespasian mit einer Streitmacht von nahezu 60'000 Berufssoldaten herangeeilt, begleitet von einem zahlenmäßig nicht weniger gut ausgebildeten Tross von Knechten (*Bell.* 3,69 Pl.: θεράπων; *Bell.* 3,29.64–69; vgl. auch Sueton, *Vesp.* 4).

Titus

Mit vergleichbarer oder noch größerer Streitmacht als sein Vater rückte Titus von Cäsarea gegen Jerusalem: Nämlich mit vier Legionen (*Bell.* 5,41 Pl.: τάγμα), neben den genannten drei wiederum die zwölfte, die wegen der unter Cestius erlittenen Schmach mit besonderer Begeisterung zum Vergeltungsschlag auszog, insgesamt vierzig Kohorten mit etwa 27'300 Legionären. An Hilfstruppen darüber hinaus, einschließlich derer der Bundesgenossen Agrippa II. und Soemos, zwanzig Kohorten und acht Reiterabteilungen von insgesamt etwa 16'420, sowie weitere Hilfstruppen der Könige Antiochus und Malchos. Und schließlich einer großen Zahl syrischer Helfer oder Söldner (*Bell.* 5,41–44; Tacitus, *Hist.* 5,1).

(2)   Offiziere (ἡγεμών)

Die von Vegetius angeführten militärischen Rangordnungen scheint Josephus an einschlägiger Stelle grundsätzlich zu bestätigen (vgl. 5.6.1[1]), indem er im römischen Heer die Soldaten (*Bell.* 5,502: στρατιώτης) den Dekurionen (*Bell.* 5,502: δεκαδάρχης) unterstellt sah, diese wiederum den Zenturionen (*Bell.* 3,87 Pl.; *Bell.* 5,502: ἑκατοντάρχης), diese den Tribunen (*Bell.* 3,87 Pl.; *Bell.* 5,502: χιλίαρχος),[157] diese den höheren Offizieren oder Unterfeldherren (*Bell.* 3,87 Pl.: ταξίαρχος), diese den Generälen (*Bell.* 3,87; 5,502 Pl.: ἡγεμών), womit er Legionspräfekten meinen dürfte, und diese schließlich dem Oberbefehlshaber, dem kaiserlichen Legaten also, welche in diesem Fall Vespasian unter Nero und später Titus unter seinem Vater waren. Als Oberbefehlshaber bezeichnet Josephus beispielsweise den Vespasian (*Bell.* 3,32: ἡγεμών; alternativ auch *Bell.* 3,33: στρατηγός; oder *Bell.* 3,92: πολέμαρχος); erschwerend kommt allerdings hinzu, dass er die ersten beiden Begriffe und weitere mehr (wie etwa στρατάρχης) auch für Unterfeldherren oder Legionspräfekten führt.

Gessius Florus, Agrippa II.

Im Zusammenhang der Streitkräfte der Prokuratoren finden im Blick auf Offiziere nur Zenturionen Erwähnung. Unter der Führung seines Zenturion (*Bell.* 2,298: ἑκατοντάρχης) Capito, beispielsweise, ließ Florus fünfzig Reiter gegen das Jerusalemer Volk führen. Oder wiederum unter der Führung zweier Zenturionen (*Bell.* 2,319 Pl.: ἑκατοντάρχης) ließ er zwei Kohorten über die Jerusalemer herfallen.

Vielfältiger ist es diesbezüglich im Blick auf Agrippas Streitkräfte, denn die von den Jerusalemern erbetene Streitmacht von 2'000 Reitern standen einerseits unter dem Reiterobersten Darius (*Bell.* 2,421: ἱππάρχης) und andererseits unter dem Feldherrn Philippus (*Bell.* 2,421: στρατηγός; *Bell.* 2,556; *Vita* 407: στρατοπεδάρχης), derselbe, dem später vorgeworfen wurde, die römischen Truppen in Jerusalem im Stich gelassen zu haben und zu Cestius übergelaufen zu sein (*Vita* 46, 407–409; vgl. 5.2.3[2]). Den Feldherrn Aequus Modius (*Vita* 114: στρατηγός) hatte Agrippa zur Belagerung Gamlas abbeordert, wo dieser allerdings scheiterte. Und den Befehlshaber seiner Leibgarde (*Vita* 398: ἡγεμών; *Vita* 398: σωματοφύλαξ) namens Sulla hatte er wirksam gegen Josephus in Galiläa ausrücken lassen. In Galiläa machte aber auch ein Reiteroberste (*Vita* 121: ἔπαρχος) namens Neopolitanus Josephus zu schaffen, diesem war Skytopolis anbefohlen, und von dort machte er Ausfälle ins Gebiet von Tiberias, wurde aber schließlich von Josephus daran gehindert.

---

157 An zwei Stellen unterscheidet Josephus Tribunen von Kohortenführern (*Bell.* 3,122; 5,47 Pl.: σπεῖρα; ἄπαρχος).

698   5. KAPITEL

Cestius

Nachdem Cestius angerückt war, entsandte er den Legionspräfekten oder Unterfeldherrn (*Bell.* 2,510: ἡγεμών) der zwölften Legion, Caesennius Gallus, nach Galiläa, um das Land einzunehmen, was diesem auch mit Leichtigkeit gelang. Nach Beratungen mit seinen Unterfeldherren (*Bell.* 2,334 Pl.: ἡγεμών) war Cestius bis vor die Stadtmauer Jerusalems gekommen, wo ihm aber der Lagerpräfekt Tyrannius Priscus (*Bell.* 2,531: στρατοπεδάρχης) gemeinsam mit Reiterobersten (*Bell.* 2,531 Pl.: ἵππαρχος) davon abgeraten haben soll die Jerusalemer Stadtmauer zu bezwingen. Sie sollen von Florus bestochen gewesen sein. Der darauffolgende Rückzug erwies sich als ein taktischer Fehler; denn neben vielen Soldaten verlor Cestius nicht nur den Befehlshaber der sechsten Legion, Priscus – er hatte aus seiner Legion 2'ooo beigesteuert (vgl. 5.6.2[1]) –, sondern auch den Tribunen (*Bell.* 2,544: χιλίαρχος) Linginus sowie den Reiteroberst (*Bell.* 2,544: ἔπαρχος) Aemilius Jucundus (vgl. 5.7.2[4]). Wohl nach seinem schmachvollen Rückzug beauftragte Cestius den Tribunen Placidus die um Ptolemais liegenden galiläischen Dörfer niederzubrennen, washalb es sich Josephus zur Aufgabe gemacht hatte diesen in Schach zu halten (*Vita* 214–215).

Vespasian

Wie Cestius beriet sich auch Vespasian mit seinen Feldherren (*Bell.* 3,161 Pl.: ἡγεμών), etwa im Blick darauf, was angesichts der schwer zugänglichen Festung Jotopata und dem Kampfeifer der Juden zu unternehmen sei. Auch beriet er sich mit seinen höchsten Offizieren, was mit den Gefangenen Taricheas geschehen solle (*Bell.* 3,532 Pl.: ἡγεμών; vgl. 5.6.2[5]), widersetzt sich aber ihrem Rat im Blick auf einen schnellen Angriff Jerusalems (*Bell.* 4,366 Pl.: ἡγεμών).

Vespasian erwies sich aber auch als ein Meister der Delegation, denn viele Teilaufgaben oder -kämpfe delegierte er an seinen Offizieren. So beorderte er etwa denselben und unter Cestius dienenden Tribun Placidus zum Schutz der Sepphoriter als ihr Heerführer ab (*Bell.* 3,59; *Vita* 411: στρατηγός), und im Schatten von Vespasians Heer vermochte dieser Josephus wirksamer zuzusetzen. In Verbindung mit dem Tribun Sextus Calvarius findet Placidus im Zusammenhang mit der Eroberung Jotopatas eine weitere Erwähnung (*Bell.* 3,323–324). Auch die Niederschlagung der auf dem Berg Itabyrion versammelten Aufständischen legte Vespasian in seine Hände (*Bell.* 4,54–61), ebenso die Unterwerfung Peräas, nachdem er sich der Treue ihrer Hauptstadt Gadara vergewissert hatte (*Bell.* 4,413–439).

Als sich die Belagerung Jotopatas ihrem Ende zuneigte, entsandte Vespasian den Legionspräfekten (*Bell.* 3,289: ἡγεμών) der zehnten Legion, namens Trajan, um Japha einzunehmen, was jenem mit Hilfe von Titus auch gelang (*Bell.* 3,289–306). Oder den Legionspräfekten (*Bell.* 3,310: ἔπαρχος) der fünften Legion

INTERTEXTUELL-HISTORISCHE VERORTUNG DER EXEGETISCHEN ERTRÄGE   699

namens Cerealius, um die Samaritaner zu besiegen (*Bell.* 3,307–315) als auch das obere Idumäa zu unterwerfen (*Bell.* 4,552–554), was dieser jeweils erfolgreich erfüllte. Seinen Sohn und Legaten Titus (Sueton, *Vesp.* 4) entsandte Vespasian aber auch auf selbständige Einsätze, etwa nach Tarichea und Gischala (*Bell.* 3,470; 4,87). Vespasian delegierte auch Aufgaben an Offiziere niederen Ranges. Seinem Decurion (*Vita* 115: δεκάδαρχος) Aebutius etwa übertrug er die Aufsicht der großen Ebene Megiddo; wo er dem Josephus zusetzte, indem er mit hundert Reitern, zweihundert Fußsoldaten und Hilfstruppen gegen das Grenzgebiet Galiläas zog. Später aber verlor dieser sein Leben in der verlustreichen Schlacht im Stadtinnern Gamlas (*Bell.* 4,36), nachdem zuvor bereits ein Zenturion namens Antonius in Jotopata verstorben war (*Bell.* 3,333: ἑκατοντάρχης). Vespasian entsandte ferner den Decurion Valerianus, um in seinem Auftrag Friedensverhandlungen mit Tiberias zu führen, worin dieser aber von einer aufständischen Partei zum Unmut des Vespasian gedemütigt wurde (*Bell.* 3,448–452). Und schließlich, um Gerasa (Judäa) zu unterwerfen, entsandte Vespasian einen Lucius Annius (*Bell.* 4,486–490).

Wenn auch im Tross des Vespasian keine Lagerpräfekten Erwähnung finden, so sind doch immerhin für den Straßenbau zuständige Pioniere erwähnt (*Bell.* 3,118: ὁδοποιός).

Nachdem Vespasian Kaiser geworden war, entsandte er als Legaten (*Bell.* 7,163: πρεσβευτής) Lucius Bassus nach Judäa, der gleichzeitig auch Feldherr (*Bell.* 7,200: στρατηγός) im Kampf gegen die Festungen auf dem Herodeion, Machärus und dem Wald Jardes war. Und nach dessen Tod ging die Befehlsgewalt (*Bell.* 7,252: ἡγεμονία) an seinen Nachfolger Flavius Silva über, der als Feldherr (*Bell.* 7,275.407: στρατηγός; *Bell.* 7,304: ἡγεμών) gegen die letzte sich im Widerstand befindliche Festung Masada zog.

Titus

Wie vor ihm Cestius und sein Vater beriet sich auch Titus mit seinen Generälen (*Bell.* 5,491 Pl.: ἡγεμών), als die Aufständischen Jerusalems ihm einen herben Rückschlag bereiten, indem sie die vier an die dritte Stattmauer angelegten Wälle in einer koordinierten Aktion fast zeitgleich zerstörten. Eine besondere Stellung unter diesen nahm der vormalige Prokurator Judäas und spätere Statthalter Ägyptens und jetzige General (*Bell.* 5,46: ἄρχω) Tiberius Alexander ein. Denn dem Neffen Philos wurde deshalb die Ehre zuteil, die gesamten Truppen des Titus zu befehligen und dem jüngeren als Berater (*Bell.* 5,46: σύμβουλος; *Bell.* 5,47: ἡγεμών) beizustehen, weil er einer der ersten gewesen war, der den zum neuen Herrscher erhobenen Vespasian willkommen geheißen und seine Truppen auf ihn vereidigt hatte (vgl. 5.5.2[2]). Zu einem weiteren Kriegsrat (*Bell.* 6,243: συνέδριον) berief Titus ferner sechs seiner höheren Offiziere ein (*Bell.*

700   5. KAPITEL

6,236 Pl.: ἡγεμών; *Bell.* 6,237 Pl.: κορυφαῖος), als es um die Frage ging, ob er den Tempel schützen oder preisgeben solle; es waren neben Tiberius Alexander die – wohl Legionspräfekten – der fünften (Sextus Cerealius),[158] zehnten (Larcius Lepidus) und fünfzehnten Legion (Titus Phrygius), nicht jedoch derjenige der zwölften, ferner der die Truppen aus Alexandrien anführende Lagerpräfekt (*Bell.* 6,238: στρατοπεδάρχης) Fronto Heterius sowie ein Verwalter (*Bell.* 6,238: ἐπίτροπος) Judäas namens Marcus Antonius Julianus (*Bell.* 6,237–238). Nach seinem Abzug ließ Titus zur Sicherung Jerusalems die zehnte Legion unter dem Befehl des Legionspräfekten (*Bell.* 7,31: ἡγεμών; ἄρχω) Terentius Rufus zurück (*Bell.* 7,5.17). Und wie bei seinem Vater Vespasian sind auch unter Titus' Truppen Pioniere erwähnt (*Bell.* 5,47 Pl.: ὁδοποιός).

(3)   Soldaten (στρατιώτης)
Das Thema der Rekrutierung römischer Soldaten findet im Zusammenhang des ersten jüdisch-römischen Krieges kaum explizite Erwähnung. Nur in einem Zusammenhang wird gesagt, dass der für die große Ebene um Meggido zuständige Dekurion beim Anmarsch gegen Josephus als Hilfstruppen kurzerhand die Bewohner der Stadt Gaba rekrutierte (*Vita* 115).

Ansonsten scheint die teils explizite, teils implizite Information nicht unwesentlich, dass der größte Teil der in diesem Krieg unter Cestius, Vespasian als auch Titus kämpfenden römischen Soldaten in Syrien stationiert gewesen und voraussichtlich auch dort rekrutiert worden waren (*Bell.* 3,7.29; 7,17–18; vgl. 5.6.1[3]). Das trifft – mit Ausnahme der fünften und in Armenien stationierten Legion – sowohl für die Abteilungen der dritten (Gallica) und sechsten (Ferrata) Legion zu, sowie die gesamte zehnte (Fretensis), zwölfte (Fulminata) und fünfzehnte (Apollinaris) Legion (vgl. 5.6.2[1]).[159] Die Syrer aber hatten nach einer Jahrhunderte währenden Konfliktgeschichte Ressentiments gegen ihren südlichen Nachbarn entwickelt und vice versa, was Josephus verschiedentlich zum Schluss kommen lässt, dass diesen ein angeborener Hass gegen die Juden eigen war (*Bell.* 1,88). Diese Abneigung führte in Cäsarea zur erwähnten Eskalation (vgl. 5.2.3[1]; 5.2.3[2]; 5.5.3[2]), weil die dort stationierten römischen und größtenteils in Syrien ausgehoben Soldaten aktiv Partei für die griechischstämmigen Cäsarener ergriffen und dies unter Befehl des gleichsam griechischstämmigen und damit parteiischen Prokurators Gessius Florus getan hatten (*Bell.* 2,268).

---

158   Unter das Kommando des Cerealius stellte Titus auch eine auf dem Tempelbezirk kämpfende Einheit (*Bell.* 6,131–148).

159   Campbell, „Legio,“ 7:7–22.

INTERTEXTUELL-HISTORISCHE VERORTUNG DER EXEGETISCHEN ERTRÄGE 701

Entsprechend waren auch die aus Syrien stammenden Hilfstruppen den Juden wenig gewogen, ebenso wenig die arabischen. Neben diesem durch die räumliche Nähe bedingten Hasses gesellte sich noch, dass die Aufständischen den römischen Truppen eine beschämende Niederlage unter Cestius (*Bell.* 3,133; 7,46) beziehungsweise einen beschwerlichen Kampf unter Vespasian und Titus bereitet hatten (*Bell.* 5,451; 6,263.419). Weiteren Hass zogen Juden auch mit der Nachricht auf sich, dass eine Frau aus Hunger angeblich ihr neugeborenes Kind verspiesen habe (*Bell.* 6,214). Dafür rächten sie sich wiederholt, insbesondere die Syrer und Araber, und zwar durch gesetzeswidrige Schändungen jüdischer Gefangener. Da Titus den Ruf der römischen Armee beschädigt sah, drohte er diesen mit der Todesstrafe (*Bell.* 2,502; 5,446–461; vgl. 5.6.2[5]). Und dass der Tempel schließlich doch noch ein Raub der Flammen wurde, geht im Urteil des Josephus nicht zuletzt auch zu Lasten dieses durch die Soldaten und gegen die Juden gerichteten Hasses (*Bell.* 6,260–266).

(4)   Ausbildung, Einstellung, Vereidigung
Hochachtungsvoll spricht auch Josephus von der Sorgfalt militärischer Ausbildung sowie Übung der Römer:

> Betrachtet man aber darüber hinaus ihren ganzen Heeresaufbau, so wird man erkennen, dass sie dieses gewaltige Reich ihrer Tatkraft zu verdanken haben, nicht aber einem Geschenk des Schicksals. Denn bei ihnen beginnt die Waffenausbildung nicht erst mit dem Krieg, und sie rühren ihre Hände nicht allein dann, wenn die Not drängt, nachdem sie in der Friedenszeit untätig gewesen waren; vielmehr lassen sie bei ihrer Waffenübung, gerade so, als ob sie mit den Waffen aufgewachsen seien, weder eine Unterbrechung eintreten, noch warten sie dabei erst bedrohliche Zeiten ab. Ihre militärischen Übungen zeigen eine Schlagkraft, die in keiner Weise hinter dem Ernstfall zurücksteht, sondern der einzelne Soldat übt sich jeden Tag mit ganzem Eifer, als sei er im Krieg. Darum können sie die Schlachten so erstaunlich leicht durchstehen, vermag doch weder eine Verwirrung ihre gewohnte Schlachtreihe aufzulösen, noch bringt sie Furcht aus der Fassung, auch den Anstrengungen erliegen sie nicht. Das hat zur Folge, dass sie stets mit Sicherheit über einen Gegner, der ihnen darin nicht gleichkommt, siegen. Nicht zu Unrecht könnte man sagen, ihre Übungen (*Bell.* 3,75: μελέτη) seien Schlachten ohne Blutvergießen, und ihre Schlachten blutige Übungen.
>
> *Bell.* 3,71–75

702   5. KAPITEL

Entsprechen ließ Vespasian mit Blick auf Jerusalem seine Soldaten üben (*Bell.* 4,91: προασκέω) wie Ringkämpfer vor den Spielen (*Bell.* 4,91). Um den überlegenen Ausbildungsstand römischer Soldaten gegenüber demjenigen der Juden in Erinnerung zu rufen, sah sich Titus vor Tarichea genötigt, als er sich mit einer zahlenmäßig unterlegen Reiterschwadron einer Überzahl von Aufständischen gegenüber sah. Die Rede verfehlte ihr Ziel nicht; denn über die 600 Reiter soll eine „göttliche Begeisterung" gefallen sein, welche das Kriegsglück zu Gunsten der Römer wendete (*Bell.* 3,472–485; vgl. 5.7.2[4]).

Wie andere Feldherren auch, verlangte Titus von seinen Soldaten Todesbereitschaft (vgl. 5.6.1[5]; und auch *Bell.* 6,182–184); so verband er seine aufmunternde Feldherrenrede vor dem letzten und entscheidenden Ansturm auf Jerusalems dritte Mauer gegenüber seinen Tapfersten gar mit dem Versprechen auf jenseitigen Lohn:

Kampfgenossen! Zu einer ungefährlichen Unternehmung aufzurufen ist an sich schon ein Schimpf für die Aufgerufenen, bringt gewiss aber auch dem Aufrufer den Tadel unmännlicher Gesinnung ein. Ich meine, eine Ermunterung ist allein dort an der richtigen Stelle, wo es sich um gefahrvollere Aufgaben handelt, während man die anderen Dinge ganz von sich aus tun sollte. So will ich es auch selbst offen zugeben: Die Ersteigung der [dritten] Mauer ist schwer. Davon aber, dass der Kampf unter widrigen Umständen gerade denen ansteht, die nach dem Ruhm der Tapferkeit streben, dass es gut ist, in Ehren zu sterben und wie der Heldenmut derer, die jetzt den Anfang wagen, herrliche Früchte tragen wird, – davon will ich ausführlich reden. So soll euch zunächst dies ein Ansporn sein, was einige vielleicht zurückschreckt: Die Beharrlichkeit der Juden und ihr Durchhalten in allem Unheil, das sie erleiden. Es muss doch eine Schande sein für Römer, noch dazu für meine Soldaten, die im Frieden schon im Kriegführen geübt, im Kriege aber zu siegen gewohnt sind, an Kraft oder Mut den Juden zu unterliegen, und dies, wo der Sieg fast errungen ist und Gott unsere Sache unterstützt. Denn unsere Verluste sind nur auf die Verzweiflung der Juden zurückzuführen, die Leiden jener aber werden sowohl von euren tapferen Taten als auch durch Gottes mannigfaches Einschreiten gesteigert. Denn Bürgerkrieg, Hunger, Belagerung, Einsturz der Mauer ohne Einsatz von Maschinen, was ist das alles anders als Ausdruck des Zornes Gottes gegen sie und Hilfe für uns? Nun wäre es aber doch ganz und gar nicht unsere Sache, den Schwächeren zu unterliegen und dazu noch Gottes Hilfe im Kampf von der Hand zu weisen. Ist es nicht eine Schande: die Juden, für die es nicht so sehr schimpflich ist zu unterliegen, weil sie es ohnehin gelernt haben Knechte zu sein, verachten den Tod, bloß um dies Schicksal nicht noch einmal zu erleiden, und brechen wieder und wieder mitten in unsere Scharen vor, gar nicht in der Hoffnung zu gewinnen, sondern bloß zum Erweis ihrer Tapferkeit; ihr dagegen, die ihr nahezu über die ganze Erde und über das Meer herrscht, für die selbst ein nicht vollständig errungener Sieg schon ein Schandfleck ist, werft nicht ein einziges Mal auf die Feinde, sondern erwartet den Hunger und das Schicksal gegen sie und sitzt dabei mit solch vorzüglichen Waffen müßig da? Und dies, wo ihr doch durch ein geringes Wagestück die ganze Unternehmung glücklich zu Ende bringen könntet? Ist erst einmal der Aufstieg auf die Antonia gewonnen, so haben wir die Stadt. Denn wenn es auch noch zu einem Kampf mit den Juden innerhalb der Stadt selbst kommen sollte, was ich freilich nicht annehme, so bürgt dann doch die Gipfelstellung und die Tatsache, dass wir von dort unsere Feinde nicht zum Atemholen kommen lassen, dafür, dass wir schnell zum vollständigen Sieg kommen werden. Ich will es jetzt auch lassen, ein Loblied auf das Sterben im Kriege zu singen und auf die Unsterblichkeit, die denen zuteil wird, die von kriegerischem Mut erfüllt fallen; denen, die anders denken, möchte ich aber wünschen, dass sie in Friedenszeit an einer Krankheit sterben, wobei mit dem Leibe zugleich auch die Seele zum Begräbnis verurteilt wird. Wer von den braven Männern weiß denn nicht, dass die Seelen, die in offener Feldschlacht durch den Stahl vom Fleisch gelöst worden sind, vom reinsten Element, dem Äther, aufgenommen und zu den Gestirnen versetzt werden und als gute Geister und freundliche Heroen ihren Nachfahren erscheinen; dass jene Seelen aber, die in dahin wankenden Leibern sich verzehren, mögen sie auch noch so rein von Flecken und schmutzigen Taten sein, von der unterirdischen Nacht vertilgt und von tiefem Vergessen aufgenommen werden, wobei sie zugleich mit dem Ende von Leben und Leib auch das des Andenkens hinnehmen müssen. Wenn denn nun einmal für die Menschen das unausweichliche Ende beschlossen ist und der Stahl dabei ein recht geschickter Helfer ist, was anders entspräche da unsere Würde, als zu unserem eigenen Nutzen das hinzugeben, was wir dem Schicksal auch sonst bezahlen müssen? Und dies habe ich bisher so vorgetragen, als könnten die Männer, die den Angriff wagen werden, nicht auch am Leben bleiben: es ist jedoch für diejenigen, die sich mannhaft zeigen, durchaus möglich, sich noch aus den schwierigsten Lagen zu retten. Denn zunächst sind die Trümmer leicht zu besteigen, dann ist auch all das, was noch aufgebaut worden ist, leicht zu zerstören. Wenn ihr in größerer Zahl kühn an die Sache herangeht, werdet ihr euch gegenseitig Antrieb und Hilfe sein, und den Gegnern wird euer entschlossenes Handeln schnell das Selbstvertrauen zerbrechen. Vielleicht wird euch sogar ein ganz unblutiges Gelingen zuteil, wenn ihr nur einmal richtig angefangen habt. Sie werden euch zwar wie gewöhnlich am Aufstieg zu hindern versuchen; wenn ihr aber unbemerkt herangekommen und einmal mit Gewalt vorgebrochen seid, so wird man euch wohl nicht weiter standhalten, auch wenn ihr nur mit wenigen soweit vorgestoßen seid. Der aber, der als erster voranstürmt – ich müsste mich schämen, wenn ich ihn durch Belohnung nicht zu einem beneideten Mann machte. Bleibt er am Leben, so soll er die Führung über seine jetzigen Kameraden erhalten. Aber auch den Gefallenen werden hoch zu preisende Ehrungen zuteilwerden.

> *Bell.* 6,34–53

Ein Syrer namens Sabinus, in dessen magerem Leibe die Seele eines Helden wohnte, erhob sich auf diese Rede als erster und sprach:

Für dich, Caesar, gebe ich mich willig hin. Ich steige zuerst auf die Mauer, und ich wünsche, dass dein Glück meine Stärke und Bereitschaft begleiten möge. Sollte mir aber der erfolgreiche Ausgang des Anschlages vom Schicksal missgönnt sein, so wisse, dass ich nicht gegen meine Erwartungen untergegangen bin, sondern aus eigenem Entschluss den Tod für dich gewählt habe.

> *Bell.* 6,56–57

Mit der linken Hand den Schild über dem Kopf und in der rechten das Schwert stürmte der Mann von einer übermenschlichen Macht getrieben auf die Mauer zu, gefolgt von elf weiteren. Obschon seinem Ansturm trotz harter Gegenwehr Erfolg beschieden war, starb er dennoch, denn er war gestrauchelt, als wäre – so Josephus – das Schicksal neidisch auf diese tapfere Tat gewesen. Mit ihm starben drei weitere, und die übrigen acht konnten verwundet ins Lager zurückgebracht werden (*Bell.* 6,54–67).

(5) Militärrecht

Auch Josephus weiß um den in Militärgesetzen gründenden Gehorsam der Römer; so schreibt er:

Ebenso dient die Furcht (*Bell.* 3,102: φόβος) ihrer militärischen Erziehung, denn ihre Gesetze (*Bell.* 3,103 Pl.: νόμος) bestrafen nicht nur die Fahnenflucht, sondern selbst geringe Nachlässigkeiten, wie etwa das Verlassen eines Lagerbewachungspostens, mit dem Tode. Noch mehr aber sind ihre Feldherren zu fürchten; nur durch die Ehrungen für verdiente Soldaten

INTERTEXTUELL-HISTORISCHE VERORTUNG DER EXEGETISCHEN ERTRÄGE 705

können sie den Anschein der Grausamkeit gegen die Opfer von Bestrafungen vermeiden. Dieser so strenge Gehorsam (*Bell.* 3,104: πειθήνιος) gegenüber den Feldherren hat zur Folge, dass das ganze Heer in Friedenszeiten eine glänzende Ordnung besitzt und in der Schlacht einen einzigen geschlossenen Truppenkörper bildet – [...].

> *Bell.* 3,102–104; 5,482–483

Über dieses Zitat hinausreichende Aussagen zum Militärrecht macht Josephus in seinen Schilderungen über den jüdisch-römischen Krieg weniger im Blick auf Vespasian als im Blick auf Titus. Ob die Lesart dieses Umstandes eher für die Strenge des kriegserfahrenen und bei seinen Truppen geachteten Vaters oder eher für den noch unerfahrenen Sohn spricht, von dessen Milde Josephus selbst mehr als einmal existenziell profitierte (vgl. 5.7.2[4]), diesen deswegen aber punktuell in taktische Schieflage brachte, lässt sich schwer sagen. Die angebliche Milde des Titus könnte aber auch im Zusammenhang mit seiner Liebesbeziehung zu Berenike gestanden haben (vgl. 5.5.3[12]). Vielleicht aber galt es kurz vor seiner Thronbesteigung diese zur Schau zu stellen, da er zu jenem Zeitpunkt gemeinhin als grausam, gar als zweiter Nero galt (Sueton, *Tit.* 7,1).[160]

Denn hart ging Vespasian beispielsweise in Tarichea vor. Nachdem die Stadt genommen war, setzte sich Vespasian auf den Richterstuhl und sonderte die Einheimischen vom zugelaufenen Volk aus, welches seiner Meinung nach zum Krieg angestiftet hatte. Obschon er für einen Augenblick die Begnadigung für die Aufständischen erwogen hatte, schenkte er schließlich dem Rat seiner höchsten Offiziere, sie zu beseitigen, Gehör. Dabei dem Grundsatz folgend, dass das Nützliche der Anständigkeit vorzuziehen sei, gewährte er den Gefangenen vermeintlich freien Abzug, so wollte er sicher stellen, dass die Einheimischen nicht zu den Waffen greifen würden, wies sie an, sich nach Tiberias zu begeben, nur um in der gut besetzten Stadt sein Urteil verspätet zu vollziehen: 1'200 Greise und körperlich Untaugliche wurden sofort niedergemacht, 6'000 Junge schickte er zu Nero an den Isthmus[161] und abgesehen von denjenigen, die er Agrippa schenkte, verkaufte er die übrige Menge von 30'400 in die Sklaverei (*Bell.* 3,532–542; vgl. 5.7.2[4]).

Demgegenüber soll Titus angeblich mehrfach von seinem Recht abgesehen haben, eine von ihm eingenommene Stadt der Verwüstung preiszugeben.

---

160   Vgl. auch Mason, *Josephus and the New Testament*, 88.

161   Wo Nero seinen Durchstich in Angriff genommen hatte, aber nicht mehr beenden konnte (Sueton, *Nero*, 19,2).

706   5. KAPITEL

Dies geschah beispielsweise in Gischala, der Heimatstadt des Johannes und die letzte Ortschaft Galiläas, welche von Vespasians zurückerobert worden war. Denn gegen die Stadt hatte – wie erwähnt – Vespasian den Titus mit 1'000 Reitern abgeordnet (vgl. 5.6.2[2]). Titus wäre es ein Leichtes gewesen, sie im Sturm zu erobern, aber aus Mitleid dem unbeteiligten Volk gegenüber, verzichtete er darauf und entschloss sich für Verhandlungen. Der Verhandlungsführer Johannes verschaffte sich durch eine List Zeit und entfloh mit Gefolgschaft und Angehörigen Richtung Jerusalem. Diesen ließ Titus nachjagen, aber Johannes gelang die Flucht in die Hauptstadt. Dennoch wurden 6'000 seiner Leute von den römischen Reitern erschlagen und 3'000 Frauen und Kinder in die Stadt zurückgetrieben. Das soll dem unbefriedigten Zorn des Titus eine gewisse Genugtuung verschafft haben. Feierlich begrüßt zog er daraufhin in die Stadt ein und ließ dem Brauch zufolge nur ein Stück der Mauer schleifen. Die städtischen Aufrührer ließ Titus aber nicht aussondern und bestrafen; denn er befürchtete, dass viele Unschuldige aufgrund privater Zwistigkeiten angezeigt würden. So entschied er sich stattdessen, die identifizierten und unidentifizierten Aufrührer durch Drohungen zur Ruhe zu bringen, denn es sei besser, so glaubte er, Missetäter in Furcht schweben zu lassen, als Unschuldige umzubringen (*Bell.* 4,84–120).

Auf die Verwüstung des nach Bezwingung der zweiten Mauer eingenommenen Gebiets soll Titus auch in Jerusalem verzichtet haben. So verbot er nach Einzug in den hinter der Bresche gelegenen Stadtteil, Gefangene zu töten und Feuer an die Häuser zu legen, denn es soll ihm besonders viel daran gelegen haben, sich selbst die Stadt und der Stadt den Tempel zu erhalten. Diese Menschenfreundlichkeit legte ihm die jüdische Kriegspartei angeblich als Schwäche aus und fiel sogleich über die Eindringlinge her, so dass die Belagerer wieder aus der Stadt zurückzuweichen gezwungen waren. Erst nach vier Tagen drangen sie an selbiger Stelle wieder ein, worauf Titus sogleich den ganzen nördlichen Teil der zweiten Stadtmauer niederreißen und bewachen ließ, und erst jetzt an die Erstürmung der dritten Mauer denken konnte. (*Bell.* 5,331–347).

In zwei weiteren Fällen vor Jerusalem sah Titus ferner davon ab, Kriegsrecht seinen eigenen Soldaten gegenüber geltend zu machen. Einmal zu Beginn der Belagerung, als er seinen Soldaten der Ausfälle der jüdischen Kämpfer wegen verbot, sich der Stadtmauer zu nähern. Einige Schanzende allerdings näherten sich dennoch den Toren und gerieten zur Belustigung der Belagerten in einen Hinterhalt, wobei viele getötet oder verwundet wurden. Letztere empfingen nicht nur das Drohwort ihrer Hauptleute, sondern auch den Zorn des Titus, entsprechend hob er seinen Offizieren gegenüber an:

INTERTEXTUELL-HISTORISCHE VERORTUNG DER EXEGETISCHEN ERTRÄGE 707

Die Juden, deren Feldherr allein die Verzweiflung ist, unternehmen alles mit Vorbedacht und Umsicht. Sie wenden Kriegslisten an und ihren Anschlägen folgt auch das Kriegsglück, da es ihnen an Gehorsam, guter gegenseitiger Verständigung und fester Zuversicht nicht fehlt. Die römischen Soldaten aber, denen wegen ihrer guten Ordnung und ihrer Manneszucht gegenüber den Offizieren auch das Kriegsglück stets gedient hat, erleiden nun durch die gegenteilige Haltung eine Schlappe, werden wegen ihrer ungezügelten Kampfeslust überwältigt und kämpfen daher – was bei weitem das Schlimmste ist! – ohne Befehl unter den Augen des Caesars. Schwer seufzen da [...] die Gesetze der Kriegskunst und nicht weniger mein Vater, wenn er von dieser Schlappe erfährt, hat er doch, der in Kriegszügen ergraut ist, niemals eine solche Niederlage erlitten! Immer ahnden die Gesetze selbst einen geringen Verstoß gegen die militärische Ordnung mit dem Tod, und nun mussten sie gar mit ansehen, wie eine ganze Heeresabteilung diese Ordnung verließ. Doch die übermütigen Abenteurer sollen bald merken, dass bei den Römern sogar ein Sieg, der ohne Befehl erfochten wird, in Unehre steht!

Bell. 5,121–125

Nur der Fürbitte ihrer Kameraden wegen und in Erwägung des eigenen Nutzens ließ Titus von der Todesstrafe ab. Denn er war der Ansicht, dass bei Einzelvergehen zum Strafvollzug zu schreiten sei, bei Massenvergehen aber bloße Drohungen genügen müssen (*Bell.* 5,109–129).

Aus demselben Grund schonte er auch die zuvor erwähnten Syrer und Araber (vgl. 5.6.2[3]), und mit ihnen auch einige verdächtigte Legionäre, welche, nachdem die Circumvallation errichtet und der Hunger besonders viele zum Überlaufen trieb, die Leiber von 2'000 Schutzbefohlenen auf der Suche nach verschlucktem Gold aufgeschlitzt hatten. Seine zornigen Drohungen solle aber einige nicht davon abgehalten haben, so Josephus, ihr Treiben im Verborgenen fortzuführen (*Bell.* 5,550–561; 6,345).

Doch in einem Fall verhängte Titus als abschreckende Maßnahme die Todesstrafe gegen einen seiner Soldaten. Und zwar dann, als bereits Dämme gegen den Tempelbezirk aufgeworfen wurden und seine Reiter durch Nachlässigkeit bei der Material- und Futterbeschaffung mehrfach Pferde an heraus stürmende Juden verloren hatten. So befahl er, einen der Soldaten, der sein Pferd verloren hatte, zum Tod abzuführen, eine Schreckenstat, durch die er den anderen ihre Pferde bewahrt haben soll (*Bell.* 6,152–155).

708 5. KAPITEL

(6) Ausrüstung

Unterschiede

Unterschiede in der Bewaffnung hält auch Josephus fest, weniger aber im Blick auf Rangordnung, Waffengattung oder Kampfeinheit, als vielmehr im Blick auf den Feind. Denn als Leichtbewaffnete (*Bell.* 2,512 Pl.: γυμνής) seien die galiläischen Aufrührer den schwerbewaffneten (*Bell.* 2,512 Pl.: ὁπλίτης) Truppen des Cestius im Nahkampf unterlegen gewesen. Und selbst mit ihren erbeuteten Waffen waren sie für die Soldaten des Antonius in Aschkelon leicht zu überwinden:

> [K]ämpften sie doch ohne Kriegserfahrung gegen kampfgeübte Soldaten, zu Fuß gegen Reiter, ungeordnet gegen eine geschlossene Schlachtreihe, mit zufällig zusammengerafften Waffen gegen gut ausgerüstete Schwerbewaffnete, im Kampf mehr von Leidenschaft geführt als durch Überlegung, gegen Soldaten, die gewohnt waren zu gehorchen und auf ein Zeichen hin alle Bewegungen reibungslos ausführten.
>
> *Bell.* 3,15

Und auch Titus ermutigt seine zahlenmäßig unterlegen Reiter vor Tarichea mit dem Argument, dass sie als „voll gerüstete Reiter" einem Haufen von „mangelhaft bewaffneten Fußsoldaten" gegenüber stünden (*Bell.* 3,477). Dass diese Übermacht von Gessius Florus etwa zum Schaden des Volkes verwendet wurde, der sie einsetzte, um mit Hilfe römischer Waffen (*Bell.* 2,269 Pl.: ὅπλον) in Jerusalem Geschäfte zu machen und um durch Furcht und Drohung die Stadt vollends auszuplündern, verschweigt Josephus nicht.

Kleidung und Rüstung

Kaum eine Rolle spielen bei Josephus Kleidung und Rüstung. Einzig erwähnt er, dass die Fußtruppen des Vespasian wie auch die Reiter durch Brustpanzer (*Bell.* 3,93.97 Pl.: θώραξ) und Helm (*Bell.* 3,93.97 Pl.: κράνος) geschützt seien. Während des Triumphzugs hingegen trugen die Akklamierten – Vater und Sohn – neben Lorbeerkränzen (*Bell.* 7,124: δάφνη) auch Purpurgewänder (*Bell.* 7,124 Pl.: πορφύρα; vgl. 5.8.1[3]).

Individualwaffen

Die römischen Legionäre des Florus gingen gegen das Volk mit Knüppeln (*Bell.* 2,326 Pl.: ξύλον) vor. Sie und auch die Fußsoldaten des Vespasian waren ansonsten neben einem Schild (*Bell.* 2,452 Pl.: θυρεός) auch mit einem Schwert (*Bell.* 2,452 Pl.; 3,94.95: ξίφος) zur Linken und einem Dolch zur Rechten ausgerüstet. Die gewöhnlichen Linientruppen trugen statt dem Schwert ein Speer (*Bell.*

INTERTEXTUELL-HISTORISCHE VERORTUNG DER EXEGETISCHEN ERTRÄGE 709

3,95: ξυστόν), und die den Feldherrn schützenden Elitetruppen schließlich eine Lanze (*Bell.* 3,95: λόγχη) und Rundschild (*Bell.* 3,95: ἀσπίς). Zum Marsch trugen sie zusätzlich noch Säge, Korb, Spaten, Axt, Riemen, Krummesser und Handschellen mit sich sowie Proviant für drei Tage.

Die Reiter der gewöhnlichen wie auch ausgewählten Abteilungen dagegen trugen ein großes Schwert (*Bell.* 3,96: μάχαιρα) auf der rechten Seite und in der Hand einen langen Spieß (*Bell.* 3,96: κοντός). Der Schild (*Bell.* 3,96: θυρεός) hing schräg an der Seite des Pferdes und in einem Köcher steckten drei oder mehr wurfbereite Speere (*Bell.* 3,96 Pl.: ἄκων) mit breiter Spitze und nicht kürzer als eine Stosslanze.

Kollektivwaffen, Belagerungstechniken und -taktiken

Nahezu sämtliche von Vegetius aufgezählten Kollektivwaffen oder Maschinen (*Bell.* 3,80.166.211.242.247; 5,259.281.287.296.477; *Bell.* 6,12.24.222.400 Pl.: ὄργανον; *Bell.* 3,166; 4,17.19; 5,263.286.474.476; 6,345.392 Pl.; *Bell.* 3,243: μηχανή; *Bell.* 3,121.168; 3,245; 5,48.279.280; 6,400; 7,307.308.311.314.317 Pl.: μεχάνημα), Techniken und Taktiken, die zur Sicherung des eigenen Lagers beziehungsweise zur Belagerung von Städten dienten, finden in den Ausführungen des Josephus, und zwar insbesondere im Zusammenhang mit Jotopata, Gamla, Jerusalem und Masada, Erwähnung.

Zu den Maschinen gehörten einerseits Pfeil- (*Bell.* 5,484; 7,309 Pl.: ὀξυβελής) beziehungsweise Lanzenkatapulte (*Bell.* 3,80.167.243; 5,263 Pl.: καταπέλτης; *Bell.* 4,19 Pl.: καταπέλτικος) und andererseits Steinwerfer (*Bell.* 3,80; 5,269 Pl.; 3,246: λιθοβόλον; *Bell.* 3,167; 4,19; 7,309 Pl.: πετροβόλος). Nach Josephus sollen diejenigen der zehnten Legion besonders gefährlich gewesen sein, denn nicht nur waren sie angeblich schneller, sondern auch grösser. Die dabei auf Jerusalem geschleuderten Steine sollen bis zu einem halben Zentner gewogen und zwei oder mehrere Stadien weit (mind. 370 m) geflogen sein. Ihre Wucht war nicht nur für die in der vordersten Reihe Getroffenen, sondern auch für die beträchtlich weit dahinter Befindlichen unwiderstehlich. Die Juden wussten sich anfangs vor den abgeschossenen Felsstücken zu sichern, denn sie waren weiß; sie meldeten sich also nicht nur durch das schwirrende Geräusch vorher an, sondern man konnte sie auch infolge des weißen Glanzes vorher sehen. Darum kündigten ihnen die Späher, die auf den Türmen postiert waren, die Abschüsse sowie den Anflug der Felsstücke in der Weise an, dass sie in ihrer einheimischen Sprache riefen: „Der Sohn kommt!" Diejenigen, auf die ein Fels zukam, sprangen dann auseinander und warfen sich zu Boden, und wenn sie sich so in acht nahmen, geschah es, dass das Felsstück ohne Wirkung zwischen ihnen hindurch auf die Erde flog. Um dies zu verhindern, kamen die Römer auf den Gedanken, die Felsstücke zu schwärzen, und da sie dann nicht mehr

710   5. KAPITEL

in derselben Weise vorher gesehen werden konnten, trafen die Schützen ihre Ziele und brachten mit einem einzigen Schuss viele ums Leben (*Bell.* 5,269–273).

Abgesehen von den Katapulten gehörten zu den Maschinen auch der Widder (*Bell.* 3,213; 4,20; 5,275.298.479; 6,15.28.220.394 Pl.; *Bell.* 5,282.319; 7,310: κριός),[162] feste oder wandelbare und mit leichten Wurfmaschinen ausgestattete (Belagerungs)Türme (*Bell.* 3,121; 5,275.279.281.473.479; 6,23.26.393 Pl.; *Bell.* 5,299.317.329; 6,221: ἑλέπολις; *Bell.* 3,284; 7,309; *Bell.* 5,292.296–297 Pl.: πύργος) sowie Sturmleitern (*Bell.* 3,264.301; 6,222 Pl.: κλῖμαξ).

Die am häufigsten von Vespasian, Titus und Flavius Silva (*Bell.* 7,304) zur Anwendung gebrachte Belagerungstechnik war diejenige des durch geflochtene Schirmdächer (*Bell.* 3,163.169; 5,269 Pl.: γέρρον) geschützten Rampenbaus (*Bell.* 3,171; 3,213.284; 4,13.17.52; 5,446.466.486 Pl.: χῶμα), ferner die Circumvallation (*Bell.* 5,499: περιτειχίζω; *Bell.* 7,276: τεῖχος) und schließlich die Untergrabung (*Bell.* 4,63: ὑπορύσσω) von Mauern oder Türmen.

Dazu kamen auch zahlreiche Belagerungstaktiken, wie etwa die Zurschaustellung der versammelten Heeresmacht vor der belagerten Stadt (*Bell.* 3,146–147; 5,348–355; vgl. 5.7.1[4]).

(7)   Lager
Vergleichbar mit denjenigen des Vegetius (vgl. 5.6.1[7]), sind die Ausführungen des Josephus zum Lagerbau der Römer im Kontext des ersten jüdisch-römischen Krieges. Denn wo immer sie in feindliches Gebiet marschierten und nicht auf bestehende Befestigungsanlagen von Verbündeten zurückgreifen konnten, wie etwa Cestius auf das beim Königspalast gelegene und von Florus benutzte Lager (*Bell.* 2,329.439: στρατόπεδον; *Bell.* 2,530: στρατοπεδεύω) im Stadtinnern Jerusalems (vgl. *Bell.* 2,328–329),[163] trafen sie mit Hilfe von Vermessern Vorkehrungen (*Bell.* 3,117 Pl.: μέτρον; *Bell.* 5,47 Pl.: μετρητής). Entsprechend hält er fest:

---

162   Den Widder und seine Verwendung beschreibt Josephus wie folgt: „Das ist ein außerordentlich langer Balken, mit dem Mast eines Schiffes vergleichbar, er ist mit dickem Eisen beschlagen, das an der Spitze dem Kopf eines Widders nachgebildet ist, von dem das Gerät seinen Namen hat. Er ist mit Seilen in der Mitte wie die Schale bei der Waage an einem anderen Balken aufgehängt, der selbst an beiden Seiten durch kräftige Pfähle getragen wird. Er wird von einer großen Zahl von Männern rückwärts gezogen, die ihn dann wieder kräftig nach von stoßen, dabei trifft seine eiserne Spitze mit voller Wucht die Mauer, und kein Turm ist so fest, keine Mauer so breit, dass sie, auch wenn sie die ersten Stöße des Widders ertrüge, seiner dauernden Einwirkung standhalten könnte" (*Bell.* 3,214–217).

163   Dieses beim Königspalast gelegene Lager wurde von Menahem und seinen Leuten geplün-

Denn auch durch einen plötzlichen Überfall vermag sie ein Gegner nicht leicht zu überwinden; denn wo sie auch immer in feindliches Gebiet einmarschiert sind, nehmen sie keine Schlacht an, bevor sie nicht ein befestigtes Lager (*Bell.* 3,76: στρατόπεδον) aufgeschlagen haben. Sie legen dieses nicht beliebig und in ungleichmäßiger Gestalt an, auch arbeiten daran nicht alle planlos durcheinander, sondern der Boden wird, falls er uneben sein sollte, eingeebnet und ein viereckiges Lager abgemessen. Es folgt dem Heer auch eine Menge von Handwerkern mit den nötigen Bauwerkzeugen.

> *Bell.* 3,76–78

Zur Lagerbefestigung, den Toren, den Strassen- sowie Zeltanlagen fährt er fort:

Die Innenfläche des Lagers wird nach Zeltreihen (*Bell.* 3,79 Pl.: σκηνή) eingeteilt, die äußere Umwallung (*Bell.* 3,79: κύκλος; τεῖχος) macht den Eindruck einer Mauer und ist in regelmäßigen Abständen mit Türmen versehen. Auf die Wälle zwischen den Türmen stellen sie die Schnellwurfmaschinen (*Bell.* 3,80 Pl.: καταπέλτης), Flachschleudermaschinen und schwere Steinwerfer (*Bell.* 3,80 Pl.: λιθοβόλον), überhaupt Wurfgeräte (*Bell.* 3,80: ὄργανον) jeder Art, alle schon schussbereit. Sie errichten vier Tore (*Bell.* 3,81 Pl.: πύλη), auf jeder Seite des Lagerwalles eines, diese gewähren den Lasttieren einen leichten Zugang und sind auch für Ausfälle, falls solche nötig werden, groß genug. Gleichmäßige Straßenzüge durchschneiden das Innere des Lagers, und der Mitte zu schlägt man die Zelte der höchsten Offiziere (*Bell.* 3,82 Pl.: ἡγεμών) auf; wieder genau mitten zwischen diesen befindet sich das Feldherrenzelt (*Bell.* 3,82: στρατήγιον), einem Tempel (*Bell.* 3,82: ναός) vergleichbar.[164] Es bietet sich ein Anblick,

---

dert und anschließend durch Feuer zerstört, nachdem sich die dort stationierten und nun von den Aufständischen belagerten römischen Truppen des Florus in die Königstürme zurückgezogen hatten (*Bell.* 2,438–440). Möglicherweise war auch derselbe Menahem daran beteiligt, den römischen Truppen des Florus auch die Burg (*Bell.* 2,408: φρούριον) Masada abzunehmen (*Bell.* 2,408.433–434).

164 Der Vergleich des Josephus, dass das Feldherrenzelt einem Tempel vergleichbar sei, dürfte möglicherweise historischen Begebenheiten entnommen sein. Denn im Zusammenhang seines Sieges bei Actium beispielsweise soll Augustus an jener Stelle, wo sein Lager gestanden hatte, eine Stadt mit Namen Nikopolis gegründet haben. An dem Ort aber, an dem er sein Zelt gehabt hatte, ließ er einen Sockel aus Quadersteinen errichten, schmückte ihn mit den erbeuteten Schiffsschnäbeln und baute darauf Apollo zu Ehren einen Hypäthraltempel (Cassius Dio, *Gesch.* 51,1,3).

als wäre eine Stadt wie aus dem Nichts entstanden mit einem Marktplatz, einem Viertel für Handwerker und mit Gerichtsstühlen für Hauptleute und Obersten, wo sie bei etwa entstehenden Streitigkeiten Recht sprechen können. Dank der Zahl und dem Können der schanzenden Soldaten wächst der Wall und alles, was er umschließt, ehe man es gedacht, aus dem Boden. Im Notfall wird auch auf der Außenseite ein Graben (*Bell.* 3,84: τάφρος) gezogen, der vier Ellen tief und ebenso breit ist [= 8 Fuß]. Hat man die Verschanzungen fertig gestellt, so nehmen die Soldaten abteilungsweise in Ruhe und Ordnung ihre Lagerplätze ein.

Bell. 3,79–85

Dass das römische Lager ständig von einer Abteilung Soldaten bewacht wurde, die sich von Zeit zu Zeit ablösten, berichtet auch Josephus. Auch hier wird deutlich, dass dieser Wachdienst von höchster Wichtigkeit war, denn wer seinen Posten aus irgendeinem Grunde verließ, wurde mit dem Tode bestraft (*Bell.* 5,482–483).

Vor dem Abmarsch dann, würde das Lager in Brand gesteckt, da es die Römer an selbigem Ort leicht wieder anzulegen wüssten, es so aber nie den Feinden nützen könne (*Bell.* 3,90).

(8)   Versorgung
Kriegskosten
Zu den mit dem ersten jüdisch-römischen Krieg in Verbindung stehenden Kosten äußert sich Josephus nirgends explizit, etwa auf welche Höhe sie sich beliefen, wie viel Nero dazu beigesteuert hatte und für wie viel Vespasian selbst aufkommen musste. Durch seine Ausführungen an einschlägigen Stellen vermittelt er aber den Eindruck, dass dieser Feldzug Vespasian und seinen Söhnen nicht nur einen politischen sondern auch – und in diesem Zusammenhang nicht unwesentlich – einen erheblichen ökonomischen Gewinn einfuhr, etwa durch Beute oder den Verkauf von Sklaven (vgl. 5.8.1[2]).

Heeresversorgung
Das Thema der Heeresversorgung wird von Josephus nur am Rand erwähnt. Dabei vermittelt er den Eindruck, dass die Nahrungsbeschaffung des Cestius vor Jerusalem eine eher spontane Angelegenheit war, denn seine Soldaten ließ er in die benachbarten Dörfer zur Getreidebeschaffung ausschwärmen (*Bell.* 2,528) und allenfalls konnte er auch auf die Dienste des Agrippa II. zurückgreifen (*Bell.* 2,502). Die Heeresversorgung eines Vespasian und eines Titus stellt er demgegenüber als wohlgeordnet dar. Er hält fest:

INTERTEXTUELL-HISTORISCHE VERORTUNG DER EXEGETISCHEN ERTRÄGE 713

Auch alles andere geschieht bei ihnen in straffer Zucht und mit Genauig-
keit. Das Holztragen, die Versorgung mit Lebensmitteln und das Wasser-
holen werden, so oft es nötig ist, nach einer festen Einteilung von den
dazu bestimmten Leuten ausgeführt. Es ist auch dem einzelnen nicht
freigestellt, Hauptmahlzeit oder Frühstück dann einzunehmen, wenn es
ihm gefällt; Schlafenszeit, Nachtwachen und Wecken zeigen Trompetensignale an, nichts geschieht ohne Befehl.

Bell. 3,85–86

Titus seinerseits wurde mit Getreide und anderen Lebensmitteln von Syrien
und weiteren benachbarten Provinzen beliefert. Er soll davon im Überfluss
gehabt haben, während in Jerusalem selbst Unzählige den Hungertod starben
(*Bell.* 5,520). Selbst das Quellwasser Jerusalems soll für ihn reichlicher als für
die Lokalbevölkerung geflossen sein (*Bell* 5,409).

Schwieriger gestaltete sich die Versorgungslage für den Legaten und Feldherren Flavius Silva in seinem Feldzug gegen die Festung Masada, denn den
Lagerplatz wählte er zwar an für die Belagerung geeigneter Stelle, aber im Blick
auf die Lebensmittel- und Wasserversorgung war er ungünstig. Beides musste
unter großen Schwierigkeiten durch die dazu beorderten Juden herbeigeschafft
werden (*Bell.* 7,277–278).

Sold

Die von Josephus festgehaltene Soldzahlung vor Jerusalem, die Titus als Strategem einsetzte, impliziert, dass es „festgesetzte Tage" gab, an welchen der Sold
an die Soldaten zu entrichten war (*Bell.* 5,349).

Sonderzuwendungen

Und nachdem sein Verbündeter und vormaliger Statthalter Syriens, Mucianus,
gemeinsam mit seinem jüngeren Sohn Domitian in Rom die Staatsgeschäfte
übernommen hatten, soll auch Vespasian seine Soldaten mit einer Sonderzu-
wendung von je vierhundert Sesterzen beschenkt haben (Cassius Dio, *Gesch.*
64,22,2).

Kriegsbeute und Kriegsrecht

Das Thema der Kriegsbeute spielte auch in diesem Krieg eine eminent wichtige Rolle. Selbstverständlich um sich dadurch zu bereichern, andererseits aber
auch, um die Macht des Feindes, und damit seine Mittel zum Krieg, zu mindern. Die Ausführungen unter 5.7.2.(4) halten sämtliche erwähnten Plünderungen nach Kriegsrecht (*Bell.* 5,332: νόμος; πόλεμος) oder – wo darauf verzichtet wurde – im Einzelnen fest. Was den Umgang mit der Beute aus Jerusalem

714   5. KAPITEL

betrifft, unterscheiden sich einerseits Florus, der die Stadt aus Gründen der persönlichen Bereicherung plünderte (*Bell.* 2,305: διαρπάζω; *Bell.* 2,305–306), und Titus, der aus der Siegesbeute (*Bell.* 7,15 Pl.: λάφυρα; λεία) Silber, Gold und Kleider auch an seine Soldaten verteilte und das Verbliebene daraufhin nach Rom zu seinem Vater brachte (*Bell.* 7,20).

Auszeichnungen

Nach einer Dankesrede und ohnehin in der Neigung, lieber die Tüchtigkeit der Kriegsgefährten zu ehren als ihre Verstöße zu bestrafen, bedachte Titus die verdienstvollen Soldaten nach Beendigung seines Feldzugs nicht nur mit Auszeichnungen,[165] sondern beförderte sie auch:

> Sogleich ließ er einige Beauftragte die Namen derer vorlesen, die irgend etwas Hervorragendes im Krieg geleistet hatten. Als sie nun herantraten, zeichnete er sie öffentlich aus, indem er sie beim Namen nannte, und freute sich, als ob es seine eigenen Erfolge gewesen wären. Er setzte ihnen goldene Kränze (*Bell.* 7,14 Pl.: στέφανος) auf, verlieh ihnen goldene Halsketten (*Bell.* 7,14 Pl.: περιαυχένιος), kleine goldene Speere (*Bell.* 7,14 Pl.: δόρυ), aus Silber gefertigte Feldzeichen (*Bell.* 7,14 Pl.: σημεία) und ließ jeden einen Rang (*Bell.* 7,15: τάξις) aufrücken.
>
> *Bell.* 7,13–15

Entlassung

Von einer unehrenhaften Entlassung aus dem Dienst spricht Josephus nur einmal, und zwar von einem Reiter, dem es gelungen war seiner durch die Jerusalemer Aufständischen beabsichtigten Enthauptung zu entfliehen. Titus soll es nicht über sich gebracht haben ihn zu töten, vielmehr erklärte er ihn für unwürdig, ein römischer Soldat zu sein, weil er lebendig in Gefangenschaft geraten war. So nahm er ihm die Waffen ab und verstieß ihn aus der Legion, ein Urteil, das für einen Soldaten, der sich noch zu schämen vermag, schlimmer als der Tod war (*Bell.* 6,358–362).

Nachdem Titus den Segen der Götter für das gesamte Heer erfleht, Stiere für das Siegesopfer geschlachtet, das Fleisch zum Siegesmahl verteilt hatte und mit seinen Offizieren ein dreitägiges Siegesfest durchlaufen hatte, entließ (*Bell.* 7,17: διαφίημι) er seine Truppen nicht aus dem Dienst, aber aus diesem Feldzug;

---

165 Dass Titus dabei auch diejenigen verdienstvollen Soldaten ehren wolle, die verstorben waren, hatte er in einer Feldherrenrede vor Erstürmung der dritten Mauer versprochen (*Bell.* 6,53; vgl. 5.6.2[4]).

INTERTEXTUELL-HISTORISCHE VERORTUNG DER EXEGETISCHEN ERTRÄGE   715

die fremden Truppen, wohin es ihnen beliebte, die zehnte Legion zur Bewachung Jerusalems, die zwölfte verwies er ihrer Niederlage unter Cestius wegen zur Strafe aus Syrien und nach Melitene, und der fünften und fünfzehnten gewährte er die besondere Ehre, ihn bis nach Ägypten zu geleiten (*Bell.* 7,16–19). In Alexandrien angekommen entließ er sie an ihre ursprünglichen Standorte, die fünfte nach Mösien und die fünfzehnte nach Pannonien (*Bell.* 7,117).

(9)   (Nicht) dienstleistendes Volk und Frauen
Unter der Bedingung einer stehenden Armee war Kriegsführung im Allgemeinen und während des ersten jüdisch-römischen Krieges im Besonderen keine Angelegenheit des römischen Volkes. Entsprechend ist aus den Schriften des Josephus an keiner Stelle zu entnehmen, dass nicht dienstleistende römische Bürger in diesem Krieg in Mitleidenschaft gezogen worden wären. In Mitleidenschaft gezogen wurden aber punktuell syrische Provinziale, das heißt griechisch stämmige Nachbarn der Juden und Bewohner des herodianischen Königreichs Agrippa II.,[166] die ihrerseits aber auch den Juden zusetzten. Doch diese gegenseitigen Massaker blieben auf den Kriegsbeginn beschränkt und standen im Zusammenhang mit dem durch Florus gebilligten Massenmord in Cäsarea (vgl. 5.2.3[2]; 5.5.3[2]). Wie schlimm diese gegenseitigen Pogrome gewesen sein müssen, zeigt sich auch daran, dass Josephus von Menschen beziehungsweise Frauen zu berichten weiß, die sich mutig gegen das Morden stellten, teils mit Erfolg – etwa in Antiochien, Sidon, Apamea und Gerasa – und teils ohne Erfolg – etwa in Skytopolis und Damaskus (*Bell.* 2,466–468.559–561[167]; vgl. 5.8.2[1]).

Da Frauen zum aktiven Kriegsdienst innerhalb der römischen Armee nicht zugelassen waren, – selbst das Betreten des Kriegslagers blieb ihnen verwehrt –,[168] weiß Josephus auch von keinen römischen Frauen zu berichten, die

---

166   So beispielsweise hatten sich Juden als Vergeltungsmassnahme auf den Massenmord von Cäsarea in mehrere Kriegshaufen gesammelt und die Dörfer der Syrer sowie die benachbarten Städte Philadelphia, Esebon, Gerasa, Pella und Skythopolis verwüstet. Daraufhin waren sie über Gadara, Hippos und die Landschaft Gaulanitis hergefallen und sich schließlich auch gegen das tyrische Kadasa, Ptolemais, Gaba und Cäsarea gewandt, und weder Sebaste, Aschkelon noch Anthedon und Gaza blieben verschont. Abgesehen davon, dass sie all diese Orte durch Feuer verwüstet, und eine unübersehbare Zahl von Menschen gefangen genommen oder getötet hatten, waren sie auch plündernd durch viele der zu diesen Städten oder Gebieten gehörenden Dörfer gezogen (*Bell.* 2,458–460; vgl. 5.2.3[2]; 5.5.3[2]).

167   Vgl. dazu Grünenfelder, *Frauen an den Krisenherden*, 274–276.

168   Nach Rüpke soll aber die Religion in einer Reihe von Kultformen Frauen legitime Wege eröffnet haben, sich zu äußern und selbst aktiv zu werden (*Domi militiae*, 66).

etwa in diesem Krieg involviert oder davon betroffen gewesen wären. Gleichwohl war die Beteiligung von Frauen im Krieg nicht ungewöhnlich, vor allem bei Völkern, die sich militärisch über Bürgerwehr organisierten (vgl. 5.6.3[9]). Einige dieser heroischen Leistungen hatte der makedonische Militärhistoriker, Polyainos, den Quellen entnommen und sie in seine Sammlung von 900 Kriegslisten integriert und diese beim Ausbruch des Partherkrieges im Jahre 162 den römischen Kaisern Mark Aurel und Lucius Varus als Handreichung für eine erfolgreiche Kriegsführung gewidmet. In den insgesamt vierzehn kurzen Erzählungen berichtet er von Frauen, die entweder schlichtend auftraten oder den Kampfgeist ihrer Männer stärkten, sich aber auch als Schmugglerinnen von Waffen betätigten, bis hin zur Beteiligung am eigentlichen Kriegsgeschehen, sei es durch Hilfsdienste oder aktiven Kampf durch das Führen von Waffen. In folgender Weise beispielsweise war es keltischen Frauen gelungen, einen Bürgerkrieg zu verhindern:

> The Celts had a civil war. When they were already equipped for war, their wives stood in the middle of the battlefield, arbitrated accusations, and made judgments, so that throughout the households and the cities the men became friends again and were reconciled. Hereafter, if ever the Celts deliberated about war, peace, or other matters that were common concerns for themselves or their allies, each of these issues was decided by the opinion of the women. For example, it is written in their treaties with Hannibal that when the Celts bring charges against the Carthaginians, the governors and generals of the Carthaginians are the judges; but if Carthaginians accuse Celts, the Celtic women act as judges.
>
> POLYAINOS, *Strat.* 7,50

In folgender Weise beteiligten sich argolische Frauen durch kämpferische Hilfsdienste und wendeten eine aussichtslose Lage zum Sieg:

> Pyrrhus of Epirus invaded Argos at the summons of Aristeus the Argive. The Argive men assembled in the marketplace with their arms; their wives occupied in advance the roofs and forced the Epirotes to withdraw by hurling objects at them from above, and so even Pyrrhus, the cleverest of generals, fell when a roof-tile hit him on the head. The Argolid women have won the greatest fame among the Greeks, since Pyrrhus, the most skilled in war, fell not even at the hands of men but of Argolid women.
>
> POLYAINOS, *Strat.* 8,68

INTERTEXTUELL-HISTORISCHE VERORTUNG DER EXEGETISCHEN ERTRÄGE 717

Und in folgender Weise wurde spanischen Frauen durch Waffenschmuggel und zum Teil durch eigenhändiges Führen derselben die Bewunderung des Hannibal zuteil:

> In Spain Hannibal was besieging the large city of Salmatis. He agreed to raise the siege, if he received 300 talents of silver and 300 hostages. When the Salmatians did not accept his terms, Hannibal turned his back and let loose his soldiers to sack the city. The barbarians pleaded to permit them to depart in one cloak and with their wives, and to leave behind their weapons, possessions, and slaves. The women concealed swords in the folds of their garments and came out with the men. While Hannibal's soldiers plundered the city, the women shouted to their husbands and handed them the swords. Some women even drew swords and with the men attacked the looters. And so the killed some, routed others, and in mass broke through their ranks. Hannibal, in amazement at the women's courage, gave back on their account the country and the property to their husbands.
>
> POLYAINOS, *Strat.* 7,48

5.6.3 *Judäa*

(1)   Drei Waffengattungen: Fußsoldaten, Reiter und Flotte
        Schlagkraft des jüdischen Heers

Entsprechend den rhetorischen Fragen des Agrippa an die Jerusalemer, wie denn im Vergleich zu den Römern ihr Heer und ihre Bewaffnung aussehe beziehungsweise wo denn ihre Flotte und ihr Kriegsschatz sei (vgl. 5.6.2[1]), fällt die Beurteilung der militärischen Schlagkraft der Aufständischen abträglich aus. Sie seien gar kein Heer (*Bell.* 3,475: οὐ στρατιά), sondern ein Haufen (*Bell.* 3,475: ὄχλος), spottet Titus vor seinen Soldaten bei Tarichea und Jerusalem, denen sowohl militärische Ordnung (*Bell.* 3,475 Pl.: ἀσύντακος) als auch Kriegserfahrung (*Bell.* 3,475 Pl.: ἄπειρος) fehle. Zwar seien sie tapfer (*Bell.* 6,42: ἀνδρεία) und zeigten sich ausdauernd und beharrlich (*Bell.* 6,37: μακροθυμία; καρτερικός) angesichts von Bedrängnis,[169] aber was sie leite sei kühne Verwegenheit (*Bell.* 3,479: τόλμα), Unbesonnenheit (*Bell.* 3,479: θράσος), Wahnsinn gar (*Bell.* 3,479; 5,121; 6,39: ἀπόνοια).[170] Tollkühn (*Bell.* 3,475 Pl.: τολμητής) seien sie deshalb, weil sie den Tod verachtend (*Bell.* 3,475; 6,42: θάνατος; καταφρονέω) nach

---

169   Auch Tacitus attestiert den Aufständischen Kampfesmut (Tacitus, *Hist.* 5,3).

170   Vespasian nennt es bei Gamla unvorsichtige (*Bell.* 4,45: ἀπερίσκεπτος) Kampfesweise und tolles Draufgängertum (*Bell.* 4,45: ὁρμή; μανιώδης).

718   5. KAPITEL

Freiheit (*Bell.* 3,480: ἐλευθερία) verlangten und dafür den Krieg wagten.[171] Aber gerade letztgenannter Qualitäten wegen seien die Römer während der zermürbend langen Belagerung Jerusalems zu folgender Einsicht über die Schlagkraft der Juden gelangt, so Josephus:

> Es kam tatsächlich so, dass die katastrophalen Ereignisse in der Stadt die Römer mehr entmutigten als die Belagerten; denn sie trafen auf Gegner, die ungeachtet derartiger Leiden im Kampf durchaus nicht weicher wurden, dagegen zerbrachen ihre eigenen Hoffnungen immer wieder: Bei den Wällen zogen sie den kürzeren infolge der listigen Anschläge der Juden, bei den Sturmmaschinen wegen der Festigkeit der Mauer, im Nahkampf durch den Wagemut der Männer, mit denen sie handgemein wurden. Das Schlimmste aber war die Wahrnehmung, welch unerschütterlichen Mut die Juden hatten und wie sie dadurch über Aufruhr, Hunger, Krieg und so viele andere unheilvolle Dinge überlegen waren. So kamen sie zu der Ansicht, dass die Angriffskraft dieser Männer in keinem Kampf zu überwinden und ihnen die Freudigkeit bei allen Schicksalsschlägen nicht zu nehmen sei. Denn was könnten die Juden unter einem günstigen Geschick nicht alles leisten, die selbst von Unheilsschlägen zu solcher Gegenwehr veranlasst wurden!
>
> *Bell.* 6,12–14

Waffengattungen

Anders als bei den Römern waren die Truppen der Aufständischen keine Berufs-, sondern vor allem Milizarmeen; einzig zu den Verbänden des Josephus sollen Söldner – und daher wohl erfahrenere Kämpfer – gezählt haben (*Bell.* 2,583). Und anders als die Truppen der Römer bestanden die der Aufständischen in erster Linie aus Fußsoldaten. Sowohl Reiterei als auch Flotte bleiben auf jüdischer Seite eine Randerscheinung.

Aufständische sollen sich beispielsweise in Joppe gesammelt haben, die durch Cestius über Wasser und Land zerstörte Stadt wieder aufgebaut und mit einer umfangreichen Piratenflotte (*Bell.* 3,416 Pl.: πειρατικός; *Bell.* 3,416.424 Pl.: σκάφος; *Bell.* 3,418.423 Pl.: ναῦς), wie Josephus sie abschätzig nennt, den Seeverkehr auf der Linie zwischen Syrien, Phönizien und Ägypten mit ihrer Räubereien vollends lahm gelegt haben. Vespasian kam ihnen mit Fußtruppen und Reiterei und indem er ihnen bei Sturm die Landung verwehrte schnell

---

171 Die Todesverachtung bestätigten die Aufständischen dem Titus explizit (*Bell.* 5,458) und auch Agrippa erkannte, dass ihr Motiv das Verlangen nach Freiheit war (*Bell.* 2,355).

bei (*Bell.* 3,414–431). Und obschon viele an der Zahl, seien auch diejenigen Schiffe (*Bell.* 3,466.468.499.505.523.525.526 Pl.: σκάφος; *Bell.* 3,469 Pl.: ναῦς), welche die Aufständischen bei Tarichea zur Flucht bereit gestellt und von Vespasian in eine Seeschlacht verwickelt worden waren, nur klein und zur Piraterie geeignet gewesen (*Bell.* 3,523: λῃστρικός; *Bell.* 3,462–542; vgl. 5.6.2[1]). Reitende Aufständische kommen explizit kaum vor, nur im Blick auf Josephus' Truppen werden sie erwähnt (*Bell.* 2,583). Bezeichnend daher, dass Josephus sich selbst im Kampf gegen eine königliche Streitmacht um Julias als Reiter darstellt. Weil sein Pferd aber auf sumpfigem Boden ausrutschte, fiel auch er und musste verletzt nach Kapernaum gebracht werden (*Vita* 398–406).

Die in den Ausführungen des Josephus angeführten Truppenverbände sind vornehmlich die von ihm selbst in Galiläa ausgehobenen sowie diejenigen und teilweise sich konkurrierenden in Jerusalem. Das Bild, das er von den Truppen der Aufständischen zeichnet, kann somit kaum vollständig sein.

Josephus

Josephus hob (*Bell.* 2,576: καταλέγω) in Galiläa ein Heer (*Bell.* 2,576: δύναμις) von 100'000 Rekruten aus. Davon hielt er 60'000 Fußsoldaten einsatzbereit. Dazu kamen 4'500 Söldner (*Bell.* 2,583 Pl.: μισθοφόρος), denen Josephus am meisten vertraute, eine ausgewählte Leibwache (*Bell.* 2,583 Pl.: φύλαξ; *Bell.* 2,583: σῶμα) von 600 Mann sowie 350 Reiter (*Bell.* 2,576.583).

Menahem

Mit einer Leibgarde (*Bell.* 2,434 Pl.: δορυφόρος) hatte sich auch Menahem umgeben. Sie bestand aus nächsten Freunden und weiteren Räubern, wie Josephus sie bezeichnet. Menahem hatte sich mit dieser nach Jerusalem begeben und dort bis zu seiner Ermordung die Führung übernommen. Eine genaue Zahl wird nicht genannt (*Bell.* 2,433–434).

Ananos

Ein Volksheer unbekannter Größe hatte auch der für Jerusalem erwählte Feldherr und Hohepriester Ananos ausgehoben (*Bell.* 4,196: καταλέγω). Und zwar, um es den Zeloten gegenüberzustellen, die sich erdreistet hatten nicht nur den Tempel zu besetzen, sondern die Priester durch Los statt ihrer Abkunft nach zu wählen. Um sie im Tempel zu bewachen, ließ er aus diesem Volksheer 6'000 kultisch reine Wachen im äußeren Hof aufstellen (*Bell.* 4,196–207).

Johannes

Johannes demgegenüber verfügte über ein Truppenkontingent von 6'000 Schwerbewaffneten (*Bell.* 5,250 Pl.: ὁπλίτης). Kurze Zeit gegen ihn, dann aber

720   5. KAPITEL

wieder mit ihm kämpfte auch ein Kontingent von 2'400 Zeloten. Phasenweise wurden sie gegen Ananos und sein Volksheer von 20'000 Idumäern unterstützt (*Bell.* 4,233–235; 5,250). Insgesamt waren es also 28'400 Kämpfer, aber nach Abzug der meisten Idumäer (*Bell.* 4,353–354) nur noch etwa 8'400.[172]

Simon

Über das größte Truppenkontingent (*Bell.* 4,509: σύνταγμα) aber verfügte Simon, 40'000 Schwerbewaffnete standen ihm zur Seite. Nach Jerusalem aber führte er nur 10'000 und wurde dabei von 5'000 Idumäern unterstützt (*Bell.* 4,509–513.534; 5,248–249).

Johannes und Simon

Als schließlich Johannes und Simon sich gegen die Römer vereinten (*Bell.* 5,278), stellten sie insgesamt 23'400 Mann, und waren damit gegenüber Titus' Truppen in großer Unterzahl. Anders freilich stellt dies Tacitus dar, wenn er bemerkt, dass unter den insgesamt 600'000 Belagerten alle, die dazu fähig waren, also Männer als auch Frauen, Waffen trugen und Titus erbitterten Widerstand geleistet hätten (Tacitus, *Hist.* 5,3).

(2)   Offiziere (ταξίαρχοι)
Josephus
Jeder der erwählten judäischen Feldherren verwaltete entsprechend seiner Einsicht den ihm anvertrauten Bezirk (vgl. 5.5.3[2]). Was aber Josephus betrifft, so blieb ihm die Legitimation ein wichtiges Anliegen und schickte sich deshalb an, als erstes nach seiner Ankunft in Galiläa sein rechtliches Verhältnis zu den Bürgern, wie auch dasjenige untereinander zu ordnen (vgl. 5.5.3[3]). So will er darauf bedacht gewesen sein,

> das Wohlwollen der Bevölkerung zu erwerben, wusste er doch, dass er damit das Entscheidende erreicht habe, selbst wenn seine übrigen Unternehmungen fehlschlagen sollten. Weiter erkannte er, dass er die einflussreichsten Männer dann gewänne, wenn er sie an der Regierung (*Bell.* 2,570: ἐξουσία) des Landes teilnehmen ließe, das ganze Volk aber dadurch, dass er ihm seine Befehle (*Bell.* 2,570: προστάσσω) im allgemeinen durch einheimische, bekannte Personen übermittelte. Er bestimmte also aus

---

172   Offensichtlich waren noch einige Idumäer bei Johannes geblieben, bis sie sich definitiv von ihm absetzten, und als Mittel gegen ihn in Rücksprache mit dem Oberpriester Simon und seine Truppen in die Stadt einließen (*Bell.* 4,566–576; vgl. 5.5.3[8]).

der Mitte des Volkes die 70 einsichtsreichsten Ältesten (*Bell.* 2,570: ἄρχων) als höchste Behörde für ganz Galiläa. In jeder Stadt setzte er sieben Richter (*Bell.* 2,570 Pl.: δικαστής) für die kleineren Rechtssachen ein, denn Angelegenheiten von größerer Bedeutung und Mordfälle sollten nach seiner Anordnung ihm selbst und den 70 Ältesten vorgelegt werden.

> *Bell.* 2,569–571

Nachdem er eine Milizarmee ausgehoben hatte, teilte er sein Heer, im Glauben, dass der straffe Gehorsam der römischen Soldaten von der Zahl der Offiziere (*Bell.* 2,577 Pl.: ταξίαρχος) abhänge, in mehrere Truppenverbände (*Bell.* 2,578 Pl.: τάγμα). Diese Truppenverbände von vermutlich 6'000 Mann, die vergleichbare Größe einer Legion, da er denselben Begriff verwendet, unterstellte er Unterfeldherren (*Bell.* 2,577.578 Pl.: ἡγεμών), so dass mit 60'000 Mann ein Äquivalent von insgesamt zehn Legionen bereitstand. Diesen Unterfeldherren unterstanden Tribunen (*Bell.* 2,578 Pl.: χιλίαρχος), welche jeweils 1'000, diesen Zenturionen (*Bell.* 2,578 Pl.: ἑκατοντάρχης) welche jeweils 100 und diesen wiederum Dekurionen (*Bell.* 2,578 Pl.: δεκαδάρχης), welche jeweils 10 befehligten (*Bell.* 2,577–578). Nur an einer Stelle erwähnt Josephus einen seiner Unterfeldherren namentlich (*Vita* 399: στρατηγός), nämlich Jirmeja, den er in einer Sonderoperation mit 2'000 Schwerbewaffneten gegen den Kommandanten der königlichen Leibgarde namens Sulla vor Julias entsandte (*Vita* 398–406). Dass Josephus sich allerdings mit seinen Offizieren beraten hätte, davon ist nie die Rede, nur einmal, dass, als er die Flucht aus dem sinkenden Jotopata erwog, sich mit den ersten Männern der Stadt beriet (*Bell.* 3,193).

Die Aufgaben des Lager- als auch Pionierpräfekten scheinen bei den judäischen Truppen zum Bereich des Feldherren gehört zu haben, denn Josephus beispielsweise fühlte sich nicht nur für den Schutz seiner Truppen durch Befestigungen, sondern auch für ihre Bewaffnung und ebenso für ihre Versorgung zuständig (*Bell.* 2,572–576.584). Als er allerdings in Jotopata die Belagerungsabwehr gegen Vespasian leitete, griff er für die Erhöhung der Mauer auf – wohl einheimische – Bauleute (*Bell.* 3,171 Pl.: τέκτων) zurück.

Johannes

In Jerusalem nahmen die Dinge hinsichtlich Führungsstruktur einen anderen Lauf. Denn nach einer „feldherrenlosen" (*Bell.* 4,136: ἀστρατήγητος) Zeit standen sich im Grunde zwei Koalitionen unter der Oberführung zweier „Tyrannen" gegenüber. Die 6'000 Schwerbewaffneten des Johannes unterstanden dabei 20 Anführern (*Bell.* 5,250 Pl.: ἡγεμών), und die 2'400 Zeloten dem einen Befehlshaber Eleazar (*Bell.* 5,250: ἄρχων), der dabei von Simon, dem Sohn des Arinos unterstützt wurde (*Bell.* 5,250). Und die phasenweise mit ihnen kämpfenden

722 5. KAPITEL

20'000 Idumäer unterstanden vier Anführern, (*Bell.* 4,235 Pl.: ἡγεμών), Johannes und Jakobus, Söhne des Sosas, deren Letzterer später auf die Seite Simons wechselte, ferner Simon, Sohn des Thakeas, und Pinehas, Sohn des Klusoth (*Bell.* 4,235).

Simon

Die 10'000 Mann, über die Simon unbeschränkter Herr (*Bell.* 5,248: κύριος) war, unterstanden demgegenüber fünfzig Anführern (*Bell.* 5,248 Pl.: ἡγεμών)[173] und die 5'000 verbündeten Idumäer unter zehn Anführern (*Bell.* 5,249 Pl.: ἄρχων); unter ihnen galten der bereits erwähnte Jakobus, der Sohn des Sosa, und Simon, der Sohn des Kathla, als die maßgebenden Männer (*Bell.* 4,521–528; 5,248–249.514; 6,92; 6,380). Als ausgezeichnet hinsichtlich Tapferkeit und Urteil galt auch der idumäische Anführer Johannes, der während eines Ausfalls von einem arabischen Bogenschützen tödlich getroffen wurde (*Bell.* 5,290).

Judas und Eleazar

Nach der Eroberung Jerusalems erwähnt Josephus neben Eleazar den Zeloten Judas, Sohn des Ari, dem es aus Jerusalem zu entkommen gelungen war und der eine Gruppe von 3'000 Aufständischen befehligte (*Bell.* 7,215: στρατηγός). Sie hatten sich in einem Wald namens Jardes gesammelt, wurden aber allesamt vom Legaten Judäas, Lucius Bassus, niedergemacht (*Bell.* 7,210–215).

Dass der Sikarierführer Eleazar, Sohn des Jair, der etwa 970 Personen – einschließlich Frauen und Kinder – vorstand, Offiziere gehabt hätte, wird nirgends erwähnt. Wie gesagt endeten er und seine Leute durch Selbstmord, bevor der Nachfolger des Bassus, der Legat Flavius Silva, ihrer habhaft werden konnte (Josephus, *Bell.* 7,252–406; vgl. 5.5.3[11]).

(3) Soldaten

Ein durchgängiges Merkmal der in diesem Krieg dienstleistenden Juden gibt es nach Darstellung des Josephus im Blick auf ihr Alter und Geschlecht, denn es kämpfen vornehmlich junge Männer. Unterschiedlich hingegen waren ihre geographische und soziale Herkunft als auch ihre charakterliche Disposition und Motivation.

---

173 Simon verfügte auch über Unterführer (*Bell.* 5,534 Pl.: ὕπαρχος), deren einer namentlich genannt wird: Judas, Sohn des Judas. Diesen ließ Simon mit zehn anderen töten, weil er angesichts von Simons Grausamkeit die Übergabe der Mauer an die Römer geplant hatte (*Bell.* 5,534–540; vgl. 5.6.3[5]).

INTERTEXTUELL-HISTORISCHE VERORTUNG DER EXEGETISCHEN ERTRÄGE

Josephus

Auch bei den 100'000 von Josephus in Galiläa Rekrutierten handelte es sich um junge Männer (*Bell.* 2,576 Pl.: νέος; ἀνήρ). Wenn Josephus an anderer Stelle den Galiläern zwar attestierte, dass sie zahlreich und von Jugend an kriegerisch seien (*Bell.* 3,42 Pl.: μάχιμος), implizieren die durch ihn – dem adligen Jerusalemer – geäußerten Ermahnungen ein kritisches Urteil über ihre Disposition. Denn noch vor Beginn des Kampfes erprobte Josephus ihre kriegerische Manneszucht (*Bell.* 2,581: πειθαρχία) wiederholt daran,

> ob sie von ihren gewohnten Bosheiten ablassen würden; nämlich von Diebstahl, Raub und Plünderung, vom Betrug der eigenen Landsleute und von jedem Versuch, in einer Schädigung der nächsten Blutsverwandten den eigenen Gewinn zu suchen. Denn diejenigen Kriege würden am erfolgreichsten geführt, in denen alle Streiter ein gutes Gewissen hätten; wenn aber die Krieger von vornherein verderbten Herzens wären, hätten sie nicht nur die anrückenden Feinde, sondern auch Gott selbst zum Gegner.
>
> *Bell.* 2,581–582

Johannes mit Zeloten

Etwas gezielter wählte Johannes im Blick auf Kampftüchtigkeit aus. Denn er trug Sorge, „keinen Schwächling aufzunehmen, sondern er suchte sich Männer aus, die durch kräftigen Körperbau, Entschlossenheit und Kriegserfahrung hervorstachen. So brachte er schließlich eine Bande von 400 Spießgesellen zusammen, meist Flüchtlinge aus dem Gebiet von Tyrus und den dortigen Dörfern" (*Bell.* 2,588). Diese tyrischen Juden dürften den Kern seiner Truppe gebildet haben, zu welchen er noch weitere syrische Flüchtlinge hinzunahm, zusammen 1'500 bis 2'000. Die übrigen seiner insgesamt 6'000 Mann umfassenden Armee, so lässt Josephus durchblicken, stammten aus Galiläa, möglicherweise aus seiner Heimatstadt Gischala und ihrer Umgebung, und dienten Johannes vielleicht sogar für Geld (*Bell.* 2,627 Pl.: μισθοφόρος; *Bell.* 2,625; *Vita* 372). Diese aus Galiläa stammende Truppe soll aber alle anderen in Jerusalem an verbrecherischer Gesinnung und Wagemut übertroffen haben, deshalb nämlich, weil Johannes die starke Stellung, zu welcher sie ihm verholfen hatte, ihnen darin vergalt, dass er sie tun und treiben ließ, wonach sie gelüstete (*Bell.* 4,558–559). Diese Begierden aber brachten mitunter schauerlich-bemerkenswerte Früchte hervor:

> Unersättlich war ihr Verlangen, Beute zu machen; das Durchstöbern der Häuser von Reichen, den Mord an Männern und die Schändung von

Frauen betrieben sie als Spiel. Noch blutbefleckt vertranken sie ihre Beute und gaben sich hemmungslos aus Überdruss weibischen Vergnügungen hin: sie machten sich die Haare künstlich zurecht, legten Frauenkleider an, begossen sich mit wohlriechenden Ölen und bemalten sich zur Verschönerung ihres Aussehens die Augenlider. Aber nicht nur den Putz, sondern auch die geschlechtlichen Leidenschaften der Frauen ahmten sie nach und ersannen Liebesfreuden, die das Gesetz streng verwirft: wie in einem Hurenhaus wälzten sie sich in der Stadt herum und befleckten diese gänzlich durch ihre schmutzigen Taten. Während sie aber im Gesicht wie Frauen aussehen wollten, mordeten sie mit ihrer Rechten: mit gezierten Schritten traten sie an die Menschen heran und wurden dann plötzlich zu Kriegern, indem sie unter dem purpurgefärbten Mäntelchen das Schwert hervorzogen und den Nächstbesten niederstießen.[174]

Bell. 4,560–563

Nur wenig schlimmer als die Galiläer sollen die mit Johannes verbündeten Zeloten gewesen sein, über deren Rekrutierung nichts gesagt wird (*Bell.* 4,558; vgl. auch *Bell.* 4,128–365.377–388). Und in Kriegsbegeisterung wurde die Jerusalemer Jugend (*Bell.* 2,648; 4,128 Pl.: νέος) für Josephus offenkundig durch lügenhafte Erzählungen des Johannes und seiner Leute versetzt. Dass er nämlich mit seinen Leuten aus Gischala geflohen und von den Reitern des Titus verfolgt worden war, verschwieg er. Vielmehr gab er vor, nach Jerusalem gekommen zu sein, um die Römer von sicherem Ort her zu bekämpfen. Das tat Johannes nicht, ohne die Römer als schwach darzustellen und seine Streitkraft in den Himmel zu heben (*Bell.* 4,121–128). Doch nicht nur die Stadtjugend, auch die Jugend (*Bell.* 4,133: νεότης) aller übrigen Landesteile setzte sich gegen die Friedfertigen durch und rotteten sich als Kriegsbegeisterte zu militärischen Gruppen zusammen und begaben sich nach Jerusalem (*Bell.* 4,128–134).

Idumäer
Die Rekrutierung der 20'000 mit Johannes und den Zeloten verbündeten Idumäer war – wie erwähnt – vor dem Hintergrund einer Verleumdung erfolgt,

---

174 Mit der Feminisierung der galiläischen Zeloten könnte Josephus ein klassisches Motiv bedienen, das die militärischen Verlierer mit Frauen vergleicht (vgl. dazu Bergmann, „,We Have Seen the Enemy, and He Is Only a „She,"' 129–142). Oder kann es sein, dass diese sich ihrerseits über Nero's heftig „beklagten Unsittlichkeiten" belustigten (vgl. Sueton, *Nero* 28; Cassius Dio, *Gesch.* 13,2; 28,2–3)?

wonach der für Jerusalem ernannte Feldherr Ananos Vespasian in die Hauptstadt einlassen und diese den Römern preisgeben wolle (vgl. 5.5.3[6]). Sie war also klar von der Sorge um die Hauptstadt motiviert. Der Erfinder dieser Geschichte war offenbar Johannes, der sich als Vermittler zwischen den im Streit liegenden Gruppen, der Volkspartei um Ananos und den Zeloten, ausgab, in Wirklichkeit aber die Alleinherrschaft anstrebte. Während er Ananos vorspielte, die Interessen des Volkes zu vertreten, belog er die Zeloten, dass Ananos nicht nur den Einlass der Römer, sondern auch sie am folgenden Tag anzugreifen beabsichtige. Deshalb, so folgerte er, bedürfe es der Hilfe von außen, die dann auch schriftlich geäußert wurde, und worauf nur wenige Tage später sich die Idumäer vor der Stadt einfanden (*Bell.* 4,208–233). Für diese Lüge musste Johannes gemeinsam mit den Zeloten später bezahlen, denn nicht nur vertrieben ihn die in der Stadt verbliebenen und jetzt von ihm abgefallenen Idumäer als die besseren Soldaten aus seinem Revier und erleichterten ihn um seine Beute, auch luden sie als Mittel gegen ihn – wie erwähnt – Simon und seine Truppen in die Stadt ein (*Bell.* 4,566–576).

Simon

Simon, schließlich, rekrutierte seine Truppen, indem er Sklaven Freiheit, Räubern Beute und Freien Geschenke versprach. Auf diese Weise soll er von allen Seiten her schlechte Leute um sich gesammelt haben. Ihm soll es dabei wie Johannes um die Alleinherrschaft gegangen sein. So führte er erst nach dem Tod des Ananos, der ihm zuvor noch zugesetzt hatte, seine 10'000-köpfige Armee nach Jerusalem (*Bell.* 4,503–513).

(4) Ausbildung, Einstellung, Vereidigung

Titus' Urteil über die fehlende Kriegserfahrung (*Bell.* 3,475 Pl.: ἀσύντακτος) und militärische Ordnung (*Bell.* 3,475 Pl.: ἄπειρος) der Judäer ist nur teilweise zutreffend. Zwar stimmt es, dass Josephus auf eine den Römern vergleichbare Ausbildung seiner Truppen verzichtete, weil er der Ansicht war, sie könne nur durch praktische Erfahrung gewonnen werden (*Bell.* 2,577). Auch traf es offenkundig zu, dass die Männer mit den von Cestius erbeuteten Kriegsmaschinen mehr schlecht als recht und nur dank der Expertise von Überläufern zurechtkamen (*Bell.* 5,267–268). Gleichwohl aber verzichteten sie nicht gänzlich auf Übungen; etwa unter Ananos in Vorbereitung gegen die Römer (*Bell.* 2,649: γυμνασία), oder unter Simon in Vorbereitung auf den Angriff gegen Jerusalem (*Bell.* 4,513: προγυμνάζω). Aber trotz der Übung sollen in Nahkämpfen die Männer sowohl des Johannes als auch des Simon den Römern unterlegen gewesen sein, weil sie keine vergleichbare Ausbildung durchlaufen hatten (*Bell.* 5,305).

726   5. KAPITEL

In der Überzeugung, dass die praktische Erfahrung die beste Lehrerin in kriegerischen Belangen ist, begnügt sich Josephus mit der theoretischen Unterweisung. Er lehrte seine Soldaten – neben der Weitergabe des Losungswortes, die Trompetensignale zum Angriff und Rückzug – die Ordnung der römischen Schlachtreihe, das heißt das Ausdehnen und das Zurückbiegen der Flügel, und stellte sich diese Maßnahme als erfolgreich heraus, das Zurückkehren in die ursprüngliche Schlachtordnung, um dem gefährdeten Teil der Ordnung Hilfe zu bringen und allfällige Bedrängnis gemeinsam zu tragen. Außerdem stellte er ihnen all das vor Augen, was zur seelischen Ausdauer und körperlichen Ertüchtigung beitrug (*Bell.* 2,579–580).

Wie bei den Römern, erfolgten die militärischen Übungen – so scheint es – unter Aufsicht oder Anweisung des jeweiligen Feldherrn. Unbekannt bleibt allerdings, was genau die Inhalte dieser Übungen waren, und auch, mit welchen Mitteln die jeweiligen Anführer ihre Soldaten an sich banden, denn von einem Militäreid ist nirgends die Rede. Einzig im Zusammenhang mit Simon spricht Josephus von einer Bindung zwischen Feldherr und Soldat. Denn unter den rivalisierenden Führern Jerusalems wurde ihm gegenüber offenkundig das größte Maß an Scheu und Ehrfurcht gegenüber gebracht, und so sehr soll jeder seiner Untergebenen an ihn gebunden gewesen sein, dass jeder auf dessen Befehl hin auch zum Selbstmord fähig gewesen wäre (*Bell.* 5,309).

(5)   Militärrecht
       Galiläa
Das Feldherrenamt scheint in Judäa Vollmacht sowohl über militärische als auch politische Angelegenheiten impliziert zu haben. Entsprechend kam Josephus nach Galiläa – wie erwähnt – auch als Verwalter (*Bell.* 2,569.585: διοικέω; Vgl. 5.5.3[2]; 5.5.3[3]; 5.6.3[2]). Als Nicht-Galiläer aber zog er es offenkundig vor, das Wohlwollen der Einflussreichen dadurch zu gewinnen, dass er seine Macht (*Bell.* 2,570: ἐξουσία) freiwillig mit ihnen teilte, und dasjenige des Volkes dadurch, dass er seine Befehle nur über bekannte Einheimische übermitteln ließ. So bestimmte Josephus siebzig der Umsichtigsten als Regierende (*Bell.* 2,570: ἄρχων) über ganz Galiläa und in jeder Stadt sieben Richter (*Bell.* 2,570 Pl.: δικαστής). Kleinere Angelegenheiten sollten dabei den Richtern und größere – einschließlich Totschlag – sollen ihm selbst gemeinsam mit den siebzig vorgelegt werden (*Bell.* 2,569–571). Was jedoch genau in diesen Lokal- beziehungsweise Regionalgerichten behandelt wurde, ob nur zivilrechtliche oder auch militärische Angelegenheiten, thematisiert Josephus nicht. Dass diese Gerichte für beides zuständig waren, legt sich aber vor dem Hintergrund nahe, dass es sich bei den judäischen Truppen mehrheitlich um galiläische Milizionäre und nicht um Berufssoldaten handelte und sich ein Wechsel in ihrem

INTERTEXTUELL-HISTORISCHE VERORTUNG DER EXEGETISCHEN ERTRÄGE 727

juristischen Status wie bei den römischen Soldaten somit vielleicht nicht aufdrängte. Nichtsdestoweniger vermitteln die Ausführungen des Josephus eher den Eindruck, dass militärische Vergehen wie Verrat oder Abfall ad hoc und von ihm selbst geregelt wurden.

In Gischala war Josephus ein „hinterhältiger Gegner" erwachsen; wie erwähnt war das Johannes, Sohn des Levi. Er trachtete nach dem Feldherrenamt und kalkulierte, dass, wenn es ihm gelänge Josephus zu stürzen, ihm der Oberbefehl über Galiläa übertragen würde (*Bell.* 2,585–594). Dazu dachte er sich angeblich drei Listen aus, die allesamt fehlschlugen. Und Josephus gelang es bei gleichzeitiger Milde Johannes kalt zu stellen, dies jedoch und wie gesagt nur so lange bis jenem die Flucht nach Jerusalem gelang, wo er nachholte was ihm in Galiläa verwehrt geblieben war.

Die erste Gelegenheit bot sich ihm, als einige junge Männer einen Gewaltstreich gegen ein Mitglied des Könighauses unternahmen, und dabei sein kostbares Gepäck erbeutet hatten. Da diese nicht im Geheimen über die Beute verfügen konnten, brachten sie diese zu Josephus nach Tarichea, und dieser hinterlegte sie beim prominentesten Bürger der Stadt, mit der Absicht, sie bei Gelegenheit dem „Feind" zurückzuerstatten. Erzürnt darüber, dass ihnen kein Anteil der Beute gewährt worden war, verleumdeten die jungen Männer – unter anderem unterstützt von Johannes – Josephus als Verräter. Am nächsten Morgen fand sich Josephus nach seiner Darstellung einer aufgebrachten Menge von 100'000 gegenüber. Mit einem Täuschungsmanöver, der Behauptung nämlich, dass er die Beute zur Befestigung Taricheas verwenden wolle, vermochte Josephus den größten Teil zum Abzug zu bewegen. Gegen die 2'000 Verbliebenen, die sein Haus umstellten, bediente er sich einer weiteren List. Er bot Verhandlungen mit einigen der Anführer an, worauf diese ihm gutgläubig ins Haus folgten. Dort verhandelte er aber nicht, sondern ließ sie so lange geißeln, bis ihre Eingeweide bloß lagen. Als die Menge die blutüberströmten Männer herauskommen sah, warfen sie die Waffen weg und ergriffen voll Schrecken die Flucht (*Bell.* 2,595–613; *Vita* 126–144). Für ein todeswürdiges Vergehen vieler, also, die fälschliche Bezichtigung des Verrats sowie eine Bedrohung des Feldherrn durch Waffen, bestrafte Josephus nur wenige.

Diese Vorgänge verstärkten nach Josephus den Neid des Johannes, und er ersann einen zweiten Anschlag. Unter dem Vorwand einer Krankheit bat er Josephus um einen Aufenthalt in Tiberias. Statt der warmen Bäder aber wirkte Johannes durch Lügen und Bestechung daraufhin, dass die Stadt von Josephus abfalle. Durch eine Wache darauf aufmerksam gemacht, eilte Josephus herbei und bestellte das Volk ins Stadion, damit er mit diesem über seine Absichten verhandle. Dort jedoch, suchten ihn die Truppen des Johannes anzugreifen und umzubringen, und Josephus gelang nur im letzten Augenblick die Flucht. Seinen Soldaten, die gegen den Verräter Johannes ausrücken wollten, befahl er Ruhe zu bewahren. Auch die Angriffslust der Galiläer, die sich bei Josephus versammelt hatten, um Johannes samt seiner Heimatstadt, wohin er geflohen war, dem Feuer preis zu geben, dämpfte er, wollte er die Feinde doch lieber durch Klugheit überwinden als sie umbringen. Stattdessen ließ Josephus sich die Namen derjenigen Männer geben, die sich am Abfall des Johannes beteiligt hatten. Durch Herolde ließ er deshalb die Drohung verbreiten, dass wer von diesen Männern die Verbindung zu Johannes nicht innerhalb von fünf Tagen aufgebe, dessen Besitz geplündert und ihre Häuser samt Familien verbrannt würden. Umgehend fielen 3'000 Mann von Johannes ab, begaben sich zu Josephus und legten ihre Waffen zu seinen Füssen (*Bell.* 2,614–625). Durch Drohung allein brachte Josephus danach also mehr als die Hälfte der Männer des Johannes zu sich zurück.

Beim dritten Anschlag sandte Johannes Boten nach Jerusalem. Diese verleumdeten ihn dort als Gewaltherrscher, als einen, der gewiss gegen die Hauptstadt ziehen werde. Obschon das Volk solchen Ausführungen kein Gehör schenkte, merkten die Vornehmen auf, und einige der obersten Führer beriefen Josephus aus Neid von seinem Feldherrenamt ab und sandten Geld, damit Johannes Söldner gegen Josephus anwerbe. Gleichzeitig entsandten sie auch 2'500 Bewaffnete und vier redegewandte Anführer, die der Beliebtheit des Josephus im Volk entgegenwirken sollten. Weil Josephus des geheimen Vorgehens wegen keine Vorkehrungen treffen konnte, fielen sofort vier Städte von ihm ab, Sepphoris, Gabara, Gischala und Tiberias. Die Städte allerdings brachte Josephus schnell wieder unter Kontrolle. Und der vier Anführer konnte er einmal mehr durch List habhaft werden und schickte sie samt ihrer besten Soldaten nach Jerusalem zurück. Das erzürnte Volk hätte sie samt ihren Auftraggebern am liebsten umgebracht, wären sie nicht eiligst geflohen. Von da an soll die Furcht vor Josephus den Johannes hinter den Mauern Gischalas festgehalten haben (*Bell.* 2,625–632).

Doch Tiberias fiel ein zweites Mal ab, indem es nämlich Agrippa um Hilfe angerufen hatten. Josephus entschied sich einmal mehr zu einer List. Er bot an, die Männer, die etwas zur Verteidigung vorzubringen hätten, anzuhören und sich durch sie der Treue der Stadt zu versichern. Umgehend kamen zehn führende Männer Tiberias. Diese führte er auf die See in seine bereitstehenden Kähne. Daraufhin befahl er fünfzig weiteren Ratsmitgliedern herauszukommen, wie wenn er auch von jenen ein Unterpfand ihrer Treue entgegennehmen wolle. Unter stets neuen Vorwänden lockte er in der Folge ständig weitere Personen heran, angeblich, um mit ihnen Abmachungen zu treffen. Am Ende hatte er auf diese Weise 600 Mitglieder des Stadtrates und etwa 2'000 Bürger in seine Hand gebracht. Aber mit diesen verhandelte er nicht wie vorgegeben, sondern brachte allesamt mittels seiner mitgeführten Kähne nach Tarichea ins Gefängnis. Eingeschüchtert nannten die Verbliebenen dem Josephus nun den Namen des Hauptschuldigen, Kleitus, und baten, er möge an diesem seinen Zorn auslassen. Josephus, der nach seinen Angaben keinen töten wollte, gab seinem Leibwächter daraufhin den Befehl, diesem die Hände abzuhauen. Mit leeren Kähnen und sieben Leibwächtern brachte Josephus auf diese Weise Tiberias in seine Gewalt zurück. Nur um es wenige Tage danach mit Sepphoris zusammen ein drittes Mal zu verlieren. Diesmal erlaubte er seinen Soldaten die Plünderung. Die Beute ließ er allerdings zurückbringen, denn durch die Plünderung wollte er deren Einwohnern eine Warnung erteilen, und durch die Rückgabe des Eigentums gleichzeitig ihre Zuneigung wiedergewinnen (*Bell.* 2,632–646).

Jerusalem

Während Josephus seine zwar angefochtene, aber legitime militärische Macht einerseits an untere Dienstgrade delegierte und andererseits seine politische Macht mit lokalen Führern teilte (*Bell.* 2,570: μεταδίδωμι), brüstet er sich, Strafen für militärische Vergehen dank seiner Listen mit dem geringst möglichen menschlichen Schaden und ähnlich mild wie Titus geahndet zu haben (vgl. 5.6.2[5]). Zu dem passen auch die erwähnten ethischen Maßstäbe, die Josephus für seine galiläischen Soldaten aufrichtete (vgl. 5.6.3[3]). In krassem Kontrast zu diesem Narrativ steht das düstere Bild, das Josephus von Jerusalem unter illegitimer Führung zeichnet (vgl. auch *Bell.* 7,253–274).

Das Jerusalem jener Zeit stand unter keiner einheitlichen Führung. Der die Zeloten befehligende Eleazar hatte Ananos die Führung streitig gemacht, und zu diesem gesellte sich die aus allen Landesteilen nach Jerusalem strömende kriegsbegeisterte Jugend. Ähnlich wild wie die Zeloten ließen sie gemeinsam keine Gelegenheit zu Gräueltaten aus. Dabei begnügten sie sich nicht nur mit Räuberei oder Plünderung, sondern schritten auch zu Morden, ganz offen, am helllichten Tag und bei den vornehmen Männern beginnend. Diese Gräueltaten rechtfertigten sie in der Öffentlichkeit mit der Lüge, dass diese mit den Römern über die Übergabe Jerusalems verhandelt hätten. Was aber das Fass zum überlaufen brachte war der Umstand, dass sie die Wahl der Oberpriester als ihre Aufgabe zu betrachten begannen. Dabei erklärten sie die Ansprüche der Geschlechter für ungültig, der Reihe nach die obersten Priester zu ernennen, und an deren Stelle unbedeutende Männer von niedriger Abstammung durch das Los zu bestimmen, damit sie auf diese Weise Verbündete für ihre Frevel gewönnen. Dagegen erhob sich Widerstand aus der Bevölkerung unter der Führung des einst erwählten Feldherrn für Jerusalem, Ananos. Es formierte sich ein Volksheer, das zwar den Zeloten an Zahl überlegen, in der Waffenkunst ihnen jedoch unterlegen war. Um sich vor diesem Angriff zu schützen, verwan-

730   5. KAPITEL

delten sie kurzerhand den Tempel zu einer Festung, in eine Zwingburg für sich. Dieser Schritt bedeutete für Josephus die Auflösung des besser begründeten Rechts und eine Machenschaft, um sich an der Macht zu halten, indem man die höchsten Stellen selbst besetzte (*Bell.* 4,138–223).

Durch besagtes Zutun des Johannes kam es zum Einlass der Idumäer (vgl. 5.5.3[6]; 5.6.3[3]) und damit zu einer beispiellosen Abschlachtung des unterlegenen Volksheeres im Tempelvorhof, der nicht nur durch deren Blut und Leichen verunreinigt wurde, sondern auch dadurch, dass sie nicht begraben wurden.[175] Diesen Kämpfen fiel auch Ananos zum Opfer mit der Folge, dass die Zeloten, unterstützt von den Idumäern, nun ihre hemmungslose Gewalt gegen das Volk richteten. Ihr sollen nach Josephus nicht weniger als 12'000 junge adelige Männer zum Opfer gefallen sein (*Bell.* 4,224–333).

> Schließlich war es den Zeloten verleidet, so ohne weiteres die Menschen hinzuschlachten; deshalb richteten sie zum Schein Gerichtshöfe und Prozessverfahren ein [*Bell.* 4,223: nachdem sie die legitimen Gerichtshöfe beseitigt hatten]. Dabei hatten sie sich vorgenommen, einen besonders angesehenen Mann, den Zacharias, Sohn des Bareis, zu töten. Was sie gegen diesen Mann aufbrachten, war dessen außerordentlicher Hass gegen das Gemeine und seine Liebe zur Freiheit; außerdem war er reich, so dass man nicht nur die Aussicht auf die Beschlagnahme seines Vermögens hatte, sondern auch glaubte, sich einen Mann vom Halse schaffen zu können, der sehr wohl imstande gewesen wäre, ihren eigenen Sturz herbeizuführen. So beriefen sie durch Befehl siebzig im öffentlichen Dienst stehende Männer in den Tempel, legten ihnen wie auf einer Bühne die Rolle von Richtern ohne jede Amtsgewalt bei und verklagten den Zacharias, er gebe die Sache des Volkes den Römern preis und unterhalte verräterische Beziehungen zu Vespasian. Es gab aber keine rechtliche Erhärtung und kein Beweismittel für ihre Anklagen, vielmehr behaupteten sie, sie selbst seien von diesem Sachverhalt völlig überzeugt, und forderten, man solle das als Unterpfand der Wahrheit betrachten. Zacharias war sich dessen wohl bewusst, dass es für ihn keine Hoffnung auf Rettung mehr gab, sondern dass er nicht vor einen Gerichtshof, sondern auf hinterlistige Weise in ein Gefängnis geladen worden sei; dennoch glaubte er, die Aussichtslosigkeit, lebend davonzukommen, dürfe ihm nicht den Mund

---

175   Nicht nur der Umstand, dass das Heiligtum zum Kriegslager missbraucht wurde ist hier problematisch, sondern auch, dass es vor Unreinheit wie in Dtn 23,10–15 vorgeschrieben nicht bewahrt blieb.

INTERTEXTUELL-HISTORISCHE VERORTUNG DER EXEGETISCHEN ERTRÄGE 731

verschließen. So stand er auf und verspottete die Glaubwürdigkeit der Anschuldigungen und zerstreute mit kurzen Worten die gegen ihn erhobenen Bezichtigungen. Darauf richtete er das Wort unmittelbar an seine Ankläger, zählte der Reihe nach alle ihre Verstöße gegen das Gesetz einzeln auf und beklagte in ausführlicher Rede die Zerrüttung der staatlichen Ordnung. Die Zeloten aber lärmten und ließen sich gerade noch davon abhalten, zum Schwert zu greifen, hatten sie sich doch vorgenommen, das heuchlerische Schauspiel einer Gerichtsverhandlung bis zum Ende durchzuspielen; überdies wollten sie die Richter auf die Probe stellen, ob sie sich trotz der Gefahren für ihr Leben der Rücksicht auf die Gerechtigkeit bewusst bleiben. Die Siebzig aber gaben sämtlich ihre Stimme zugunsten des Angeklagten ab und zogen es vor, eher mit ihm zu sterben als für seine Hinrichtung ihren Namen herzugeben. Auf den Freispruch hin erhob sich bei den Zeloten ein lautes Geschrei, und alle waren über die Richter aufgebracht, weil diese nicht begreifen wollten, dass ihnen ihre Vollmacht nur zum Schein gegeben war. Zwei besonders Verwegene fielen den Zacharias mitten im Tempel an, schlugen ihn nieder und riefen zum Spott, während er stürzte: „Da hast du auch von uns die Stimme und eine noch sicherere Entlassung in die Freiheit!" Darauf warfen sie ihn sogleich vom Tempel in die darunter liegende Schlucht. Die Richter aber schlug man im Übermut mit der flachen Klinge des Schwertes und trieb sie aus dem umfriedeten Tempelgelände hinaus, wobei die Zeloten deren Leben nur deshalb schonten, damit sie, über die ganze Stadt zerstreut, für alle zu Boten der Knechtschaft würden.

Bell. 4,334–344

Aber Gesetzlosigkeit gab es auch dann noch, als Titus bereits darüber nachdachte, wie er die dritte Mauer in seine Gewalt bekäme. So wurden insbesondere Angesehene und Reiche vor Johannes und Simon geschleppt, und nicht selten wurden sie dabei ermordet, weil man sie fälschlich verschwörerischer Absichten beschuldigte, andere, weil sie angeblich die Stadt den Römern übergeben wollten. Das bewährteste Verfahren soll dabei gewesen sein, einen falschen Zeugen auftreten zu lassen, der behaupten musste, sie wollten überlaufen (*Bell.* 5,439–445; vgl. auch *Bell.* 5,375–419.527–533; 7,32–34). Selbstverständlich ahndete Simon erwiesene Römerfreundschaft nicht weniger rigoros mit dem Tod als vermeintliche. Dies traf beispielsweise Judas, Sohn des Judas, und einen seiner Unterführer, der mit zehn Verbündete aus Entsetzen über Simons Grausamkeit den Römern die Mauer übergeben wollte, was Simon jedoch rechtzeitig vereitelte, indem er sie umbringen, ihre Leiber verstümmeln und vor die Mauer werfen ließ (*Bell.* 5,534–540; vgl. 5.6.3[2]).

732   5. KAPITEL

(6)   Ausrüstung
Die Ausrüstung der judäischen Kämpfer bestand nach Josephus hauptsächlich
aus erbeuteten, seltener aus alten und nur vereinzelt aus neu hergestellten
Waffen. Dass es dabei gleich zu Beginn und in drei Fällen gelang, Waffen zu
erbeuten, muss das Selbstbewusstsein und damit den Widerstandswillen der
Aufständischen gestärkt haben.

Zuerst gelang dies dem Sohn des Zelotengründers Judas, Menahem, der
auf Masada das Zeughaus (*Bell.* 2,434: ὁπλοθήκη) des Herodes aufgebrochen
hatte und aus den vorgefundenen Waffenbeständen (*Bell.* 7,299 Pl.: ὅπλον),
die für 10'000 Leute gereicht hätten, seine Landsleute – unter ihnen wohl
auch den Sikarier Eleazar – wie auch weitere Räuber bewaffnete. Mit diesen
hatte er sich wie erwähnt nach Jerusalem begeben, wo er die Führung der
Belagerung der Friedliebenden gemeinsam mit königlichen und auch römischen Truppen übernahm. Als den Einheimischen und königlichen Truppen
der Abzug gewährt wurde, verließen die von der Verzweiflung gepackten römischen Soldaten des Florus ihr Lager und zogen sich in die Königstürme zurück.
Das Gepäck der römischen Soldaten dieses Lagers ließ Menahem plündern
und dürfte dabei weitere Waffen erbeutet haben. Aber seiner Tyrannei wegen wurde er zusammen mit seiner nahezu gesamten Gefolgschaft von Eleazar und seinen Leuten ermordet. Dass ihre Waffen in der Folge Wiederver-
wendung in Jerusalem fanden, ist anzunehmen (*Bell.* 2,433–448; 7,299; vgl.
5.5.3[1]).

Als nächstem gelang dem Tempelhauptmann Eleazar und seinen Leuten die
Erbeutung von Waffen, und zwar von römischen Truppen des Florus, welche
von ihm in Jerusalem belagert worden waren. Denn mit diesen war vertraglich
festgelegt worden, dass ihnen unter Schonung ihres Lebens und unter Auslieferung ihrer Waffen wie auch des übrigen Besitzes, das heißt Schilde (*Bell.*
2,452 Pl.: θύρα) und Schwerter (*Bell.* 2,452 Pl.: ξίφος), der Abzug aus Jerusalem
gewährt werden würde. Wie erwähnt missachteten Eleazar und seine Anhänger die Abmachung, schonten ihre Leben nicht bei gleichzeitiger Inbesitznahme ihrer Waffen (*Bell.* 2,449–456; vgl. 5.2.3[2]; 5.5.3[1]). In diesem Zusammenhang gelang auch die Erbeutung der in der Antonia befindlichen Wurfmaschinen (*Bell.* 5,267).

Aber die weitaus einträglichste Erbeutung von Waffen (*Vita* 28 Pl.: ὅπλον),
nämlich die von fast einer gesamten Legion, ereignete sich im Zusammenhang
von Cestius' verfrühtem und fluchtartigem Rückzug aus Jerusalem. Nachdem
er zuvor schon Lasttiere verloren hatte (*Bell.* 2,521), mussten seine Truppen auf
ihrem Rückzug vom Lager auf dem Skopus zu demjenigen in Gabao ihren Verfolgern einen großen Teil ihres Gepäcks preisgeben. Grosse personelle Verluste
erlitten die Truppen dann zwischen Gabao und Bethhoron, aber die größten

INTERTEXTUELL-HISTORISCHE VERORTUNG DER EXEGETISCHEN ERTRÄGE 733

Materialverluste schließlich zwischen Bethhoron und der Grenze zu Syrien (*Bell.* 2,540–550; vgl. 5.5.3[2]), Josephus schreibt:

> Cestius verzweifelte an der Möglichkeit eines offenen Weitermarsches und fasste den Gedanken, heimlich zu entfliehen. Er wählte etwa 400 der tapfersten Soldaten aus und stellte sie auf die Wälle mit dem Befehl, sich die im Lager üblichen Wachrufe zuzuschreien, damit die Juden den Eindruck erhalten sollten, das ganze Heer sei noch an seinem Platze. Er selbst brach mit seinen übrigen Truppen in aller Stille auf und marschierte noch 30 Stadien weiter. Bei Anbruch der Dämmerung bemerkten die Juden, dass das römische Lager leer war; sie stürzten sich auf die 400 Mann, denen die Kriegslist so gut gelungen war, schossen sie in kurzer Zeit nieder und nahmen die Verfolgung des Cestius auf. Dieser aber hatte in der Nacht schon einen beträchtlichen Vorsprung gewonnen und beschleunigte seine Flucht bei Tagesanbruch noch mehr, so dass die Soldaten in ihrer Verwirrung und Flucht die Helepolen (*Bell.* 2,553 Pl.: ἑλέπολις), Katapulte (*Bell.* 2,553 Pl.: ὀξυβελής) und die meisten anderen Belagerungsmaschinen (*Bell.* 2,553; 5,268 Pl.: ὄργανον) zurückließen; die Juden erbeuteten sie und bedienten sich später ihrer gegen die früheren Besitzer, die sie preisgegeben hatten. Sie setzten die Verfolgung der Römer bis Antipatris fort. Als sie diese nicht einholen konnten, kehrten sie um, nahmen die Kriegsmaschinen (*Bell.* 2,554 Pl.: μηχανή) mit, plünderten die Gefallenen aus und eilten unter Siegesgesängen in die Hauptstadt zurück. Ihre eigenen Verluste waren ganz gering, von den Römern und deren Bundesgenossen hatten sie jedoch 5'300 Fußsoldaten und 480 Reiter getötet.
>
> *Bell.* 2,551–555; vgl. auch *Bell.* 3,15

Dieser erbeuteten Kriegsmaschinen (*Bell.* 5,13.22.36.39 Pl.: ὄργανον; *Bell.* 6,121 Pl.: μηχανή) bediente sich zunächst Johannes, nicht aber um sie gegen die Römer, sondern um sie gegen den Zelotenführer Eleazar zu richten. Denn dieser – für eine kurze Zeit abtrünnig geworden – beschoss ihn vom inneren und höher gelegenen Tempelbezirk, worauf Johannes mit Pfeil- (*Bell.* 5,14.359; 6,121 Pl.: ὀξυβελής) beziehungsweise Speerkatapulten (*Bell.* 5,14; 6,121 Pl.: καταπέλτης) als auch Steinwerfern (*Bell.* 5,14.359; 6,121 Pl.: λιθοβόλος) antwortete und dabei viel Kollateralschäden am Tempel und unter den Opfernden in Kauf nahm. Selbst Belagerungstürme (*Bell.* 5,37.39 Pl.; *Bell.* 6,191: πύργος) ließ er in Abwehr von Eleazar herstellen und missbrauchte hierzu Hölzer, die für das Heiligtum bestimmt waren. Derjenige aber, der dieselben Kriegsmaschinen (*Bell.* 5,267–268.359 Pl.: ὄργανον) mit Hilfe von Überläufern wenig später in Einsatz gegen die Truppen des Titus brachte, war Simon, und zwar nicht weniger als 300

734 5. KAPITEL

Pfeil- und Speerkatapulte beziehungsweise 40 Steinwerfer (Cassius Dio, *Gesch.* 65,5). Mit der Städtebelagerung tat sich insbesondere Simon hervor, der, noch bevor Titus angerückt war, das durch die Zeloten und Johannes dominierte Jerusalem zweimal belagert und mit einem Einschließungsring umgeben hatte (*Bell.* 4,538–544.556–557).

Kriegsmaschinen im Zusammenhang mit Josephus' Truppen finden demgegenüber keine Erwähnung; stattdessen stattete er seine Soldaten mit gesammelten alten Waffen (*Bell.* 2,576 Pl.: παλαιός; ὅπλον) aus, um deren Instandsetzung er sich aber selbst kümmerte (*Vita* 77). Und Ananos schließlich ließ als frisch ernannter Feldherr Jerusalems in Vorbereitung Rüstungen (*Bell.* 2,649 Pl.: πανοπλία) schmieden, Geschosse (*Bell.* 2,649 Pl.: βέλος) fertigen als auch viele Kriegsmaschinen (*Bell.* 2,648: ὄργανον) herstellen.

Dass jüdische Soldaten Rüstungen trugen, findet kaum Erwähnung, explizit wird es aber im Blick auf einen in Jerusalem kämpfenden und gefassten Jüngling (*Bell.* 6,161: καθοπλίζω) und auch im Blick auf den die Festung Machäras verteidigenden Eleazar erwähnt (*Bell.* 7,199 Pl.: ὅπλον). Ein letztes Detail verdient noch Erwähnung: Dass Simon, nachdem sich seine Fluchtpläne zerschlagen hatten, ausgerechnet an derjenigen Stelle der unterirdischen Gängen auftauchte, wo dereinst der Tempel gestanden hatte, um sich ausgerechnet in weißen Unterkleidern und purpurnem Obergewand (*Bell.* 7,29: πορφυροῦς; χλανίς) den Römern zu übergeben, erinnert an den purpurnen Feldherrenmantel (vgl. 5.5.3[10]; 5.6.1[6]; 5.6.2[6]; *Bell.* 7,26–36).

(7) Lager

Naturgemäß waren die befestigten Plätze der kriegsbereiten Judäer weniger Lager[176] als Ortschaften, bestehende Städte meistens, aber auch Berge, Felsen oder Höhlen, auch bereits zu militärischen Zwecken genutzte Festungen. Die Lage einer jeweiligen Ortschaft spielte dabei eine entscheidende Rolle, aber auch die Qualität ihrer Befestigung, das heißt Mauern, (geheime) Ausgänge oder unterirdische Fluchtwege, auch wegen ihres Versorgungspotentials. Die Ausführungen des Josephus dazu sind nicht erschöpfend, konzentrieren sich insbesondere auf die Orte seiner Augenzeugenschaft, Galiläa und Jerusalem.

---

176 Josephus Truppen etwa sollen während dem Anrücken des Vespasians an die Grenze Galiläas bei der Stadt Garis, nahe Sepphoris, gelagert haben (*Bell.* 3,129). Auch schlug ein Teil der Kämpfer um Jotopata anfangs ein Lager gegenüber demjenigen der Römer auf (*Bell.* 3,150). Ebenso Simon, Sohn des Giora, errichtete in Thekoa ein Lager während seiner Bemühungen, Idumäa zu unterwerfen (*Bell.* 4,518).

Galiläa

Um die äußere Sicherheit (*Bell.* 2,572: ἀσφάλεια) Galiläas kümmerte sich Josephus sofort, nachdem er die rechtlichen Beziehungen der Bürger untereinander geordnet hatte, und zwar noch bevor er seine Soldaten rekrutierte. Aus der Einsicht heraus, dass die Römer Galiläa zuerst angreifen würden, befestigte er (*Bell.* 2,573: τειχίζω) verhältnismäßig viele ihm dazu geeignet scheinende Plätze, nämlich Jotopata, Bersabe, Selame, dazu Kapharekcho, Japha und Sigoph, außerdem einen Berg, der Itabyrion hieß, schließlich auch Tarichea und Tiberias. Ferner baute er die am Ufer des See Genezareth und in Untergaliläa gelegenen Höhlen festungsmäßig aus, und in Obergaliläa schließlich einen Felsen mit Namen Akchabaron sowie Sepph, Jamnith und Mero. In der Gaulanitis verstärkte er Seleucia, Sogane und Gamla. Nur den Einwohnern von Sepphoris überließ er es, den Wiederaufbau der Mauer selbst in die Hand zu nehmen, da er ihre günstige Vermögenslage und dazu eine Kriegsbereitschaft sah, die keiner Aufforderung mehr bedurfte. Ähnlich war die Lage in Gischala, das Johannes, der Sohn des Levi, auf eigene Kosten befestigte (*Bell.* 2,574: ὀχυρόω), allerdings auf Befehl des Josephus. Alle übrigen Festungsbauten unterstützte und beaufsichtigte Josephus selbst (*Bell.* 2,572–575.590; *Vita* 77).

Jotopata

Jotopata, die erste von Josephus genannte Stadt profitierte in besonderer Weise von ihrer Lage. Auf einer nahezu überall steil abfallenden Höhe gelegen, wurde sie auf drei Seiten durch Schluchten abgeschlossen, welche so tief waren, dass die, die einen Blick in den Abgrund werfen wollten, vom Schwindel erfasst wurden. Nur auf der Nordseite war sie zugänglich, wo sie sich auf dem abschüssigen Ausläufer eines Berges erstreckte. Diesen hatte Josephus, als er die Stadt ummauert hatte, mit eingeschlossen, sodass die Feinde die über der Stadt gelegene Bergspitze nicht besetzen konnten. Die Stadt wurde zudem von den sie umgebenden Bergen so verborgen, dass man von ihr, bevor man sie erreicht hatte, überhaupt nichts sehen konnte. Weil sie deshalb, aber auch ihrer vielen unterirdischen Schlupfwinkel (*Bell.* 3,336 Pl.: κατάδυσις; ὑπόνομος), Höhlen (*Bell.* 3,334.336.343 Pl.: σπήλαιον) und Zisternen (*Bell.* 3,341: λάκκος) wegen als Festungsanlage (*Bell.* 3,160: ὀχυρότης) galt, die grosse Sicherheit bot (*Bell.* 3,141: ὁρμητήριον; ἰσχυρός), hatte sich nicht nur Josephus hierher begeben; sie war geradezu gefüllt von Aufständischen, denen sie ein strategischer und gut bewachter (*Bell.* 3,325.332 Pl.: φύλαξ) Stützpunkt war. Verständlich also, dass nach Josephus ein Überläufer dem Vespasian dringend zum Marsch gegen die Stadt riet, weil er mit ihrer Einnahme, falls es ihm dabei gelänge, Josephus in seine Gewalt zu bringen, gleich ganz Judäa gewinnen würde. Jotopata fiel tatsächlich, und auch Josephus wurde hier gefangen gesetzt. Dies erfolgte am

736   5. KAPITEL

siebenundvierzigsten Tag von Jotopatas Belagerung, und zwar – abgesehen von
der römischen Belagerungskunst – nicht zuletzt zweier zentralen Schwächen
wegen, denn der Stadt fehlte zum einen eine Wasserquelle, und zum anderen
erwies sich ihre Unzugänglichkeit letztlich und hinsichtlich ihrer Versorgung
als Nachteil für ihre Verteidiger (*Bell.* 3,141–339; vgl. 5.7.2[4]).

Gamla

Noch sicherer als Jotopata galt Gamla. Und weil sich ihre Festigkeit (*Bell.* 4,10:
ὀχυρότης) während einer siebenmonatigen Belagerung durch Agrippa II. be-
währt hatte, war auch sie gefüllt mit Flüchtlingen. Ein schroffer Kamm nämlich
erstreckte sich von einem hohen Berg herab und bildete in der Mitte einen
Höcker; von diesem erhöhten Mittelteil aus dehnte er sich in die Länge und
fiel dann nach vorn und nach hinten ab. So glich er in seinem Aussehen einem
Kamel, und davon hatte auch der Ort seinen Namen. An beiden Seiten und
vorne gähnten unzugängliche Schluchten, und nur nach hinten zu verringer-
ten sich die Schwierigkeiten des Geländes ein wenig, weil der Grat dort mit
dem Berg in Verbindung stand. Aber auch diese Verbindungsstelle versetzten
die Einwohner in einen schwer zugänglichen Zustand, indem sie einen Quer-
graben hindurch zogen. An der abschüssigen und fast hohlen Wand waren
die Häuser dicht aneinandergebaut und standen besorgniserregend übereinander, so dass es aussah, als ob die Stadt in der Luft hänge und wegen des
steilen Geländes jeden Augenblick in sich zusammenstürzen und herunterrol-
len könnte. Die Stadt lag nach Süden zu, und ein gleichfalls südlicher Hügel
erhob sich besonders hoch und bildete die Burg der Stadt; unterhalb davon war
der Platz unbefestigt, da er dort schroff in eine sehr steile Schlucht abfiel. Innerhalb der Mauern befand sich zudem und anders als in Jotopata eine Quelle,
allerdings lag sie am äußersten Ende der Stadt. Josephus hatte, als er diese Stadt
befestigte, sie durch Stollen und Gräben noch stärker gemacht. Aber all diese
natürliche Gunst des Geländes erwies sich als nutzlos, denn die Führer Gamlas hatten sich noch mehr als die Bewohner Jotopatas darauf verlassen und es
nach Josephus darob versäumt, Verstärkung durch waffenfähige Leute aufzunehmen (*Bell.* 4,4–53.62–83).

Tarichea

Auch auf Taricheas Festigkeit (*Bell.* 3,463: ὀχυρότης) schließlich verließen sich
die Aufständischen, und waren deshalb hierher zum dritten Stützpunkt im
Gebiet des Josephus in großer Zahl herbeigeströmt. Wie Tiberias lag die Stadt
am Fuß eines Berges und war von Josephus bis auf den Teil, der vom See bespült
war, auf allen Seiten stark befestigt worden, jedoch nicht so gut wie Tiberias.
Denn die Ringmauer um Tiberias hatte er am Anfang des Aufstandes auffüh-

INTERTEXTUELL-HISTORISCHE VERORTUNG DER EXEGETISCHEN ERTRÄGE 737

ren lassen, als das Geld und die Machtmittel noch reichlich zur Verfügung standen; Tarichea hingegen hatte nur das erhalten, was bei seinem ehrgeizigen Eifer übriggeblieben war. Dafür hatten die Einwohner eine Menge Schiffe auf dem See bereitgestellt, um mit ihnen fliehen zu können, falls sie auf dem Lande geschlagen würden. Und genau diese Befürchtung erfüllte sich; doch – wie bereits gezeigt wurde – nützten den Bewohnern Taricheas auch die bereitgestellten Schiffe nichts (*Bell.* 3,463–505.522–542; vgl. 5.6.2[1]; 5.7.2[4]).

Jerusalem

Die alle überragende natürliche „Festung" Judäas war ihre im Zentrum situierte Hauptstadt Jerusalem, welche deshalb auch den Namen „Nabel des Landes" trug. Als politisches, wirtschaftliches, aber vor allem kultisches Zentrum wurde sie eifersüchtig beschützt und war stellenweise mit einer dreifachen und mit Türmen (*Bell.* 5,156; 7,375 Pl.: πύργος) versehenen Ringmauer (*Bell.* 4,90; *Bell.* 5,136; 7,375 Pl.: τεῖχος; *Bell.* 5,136–185) wie auch Burgen (*Bell.* 7,375 Pl.: φρούριον) befestigt (*Bell.* 4,90: ὀχυρός; *Bell.* 5,136: ὀχυρόω), an denen zuletzt noch Agrippa I. gebaut hatte; in Vorbereitung auf den Krieg war diese Ringmauer ein letztes Mal unter Aufsicht des Ananos instand gesetzt worden (*Bell.* 5,147–155). Günstig für Jerusalem wirkten sich auch ihre zahlreichen und teilweise geheimen Stadtausgänge, das heißt verdeckten Tore, aus (*Bell.* 5,284), auch ein weitverzweigtes und von alters her bestehendes System von unterirdischen Gängen (*Bell.* 1,350; 2,428; 6,370.392.402.429.433; 7,26.35 Pl.: ὑπόνομος; *Bell.* 6,372 Pl.: ὑπόγειος; διωρυχή),[177] die auch als Fluchtwege dienten, sowie eine stadteigene Quelle (*Bell.* 5,140: πηγή), die reichlich Süßwasser führte (*Bell.* 2,218–219; 648; 3,52; 5,136–183.496).

Bevor es Titus gelang, mit Hilfe von vier Wällen die Mauern Jerusalems zu bezwingen, war die Stadt Schauplatz von grausamen Bürgerkriegen zwischen unterschiedlichen Parteien geworden. Wobei jede von einem bestimmten Stadtteil aus kämpfte und diesen Ort als ihre militärische Basis wie ein Lager verteidigte. Erstmals geschah dies, als Friedliebende – gemeinsam mit den königlichen und römischen Truppen – mit den Kriegswilligen unter Führung des Tempelhauptmanns Eleazar um das kaiserliche Opfer stritten. In diesem Zusammenhang war es Letzteren gelungen, sich sowohl die Unterstadt als auch das Heiligtum, und Ersteren, sich die Oberstadt zu sichern. Die Bemühungen der königlichen Truppen, den „Tempelprofanierern" (*Bell.* 2,424 Pz. Pl.: μιαίνω; *Bell.* 2,424: ναός) das Heiligtum wieder abzunehmen, misslang (*Bell.* 2,422–424). Auch der nach Jerusalem zurückgekehrte Menahem schien den

---

177 Josephus, *De bello Judaico*, 3:65 Anm. 211.

738   5. KAPITEL

Tempel als seine politische und damit auch militärische Basis zu betrachten, denn stolz und im Schmuck königlicher Kleidung schritt er nach Josephus im Tempel zum Gebet, wurde aber dort gemeinsam mit seinen Nachfolgern von Eleazar und seinen Leuten angegriffen; und dabei dürfte es erstmals auch zu Verletzten und Toten im Tempel gekommen sein. Ein Umstand, den Josephus erstmals zu der an Jer 7,11 anlehnende Vermutung veranlasste,[178] dass Gott sich dieser verbrecherischen Menschen wegen vom Heiligtum abgekehrt haben musste; diese Vermutung schlägt später in vehemente und mehrfach beklagte Gewissheit um (vgl. *Bell.* 5,412; 6,127.299; Tacitus, *Hist.* 5,13,1; vgl. 5.3.3[1]). Dass aber der Auszug Gottes theologisch als Symbol für Bundesbruch steht und dieser wiederum das Heranbranden der Feinde als logische Züchtigungsstrafe Gottes nach sich zieht, entnimmt Josephus den heiligen Schriften. Die Niederlage des Cestius, der Jerusalem und sein Tempel hätte erhalten können, trug zu dieser Einschätzung bei (*Bell.* 2,441–448.539).

Josephus will sich später dessen gewiss geworden sein, zu jenem Zeitpunkt nämlich als ein Volksheer unter Ananos gegen die Zeloten unter Eleazar (Sohn des Simon) im Streit lagen, weil Letztere sich erdreistet hatten, den Oberpriester selbst zu bestimmen. Dabei verkehrten sie den – nach Angabe von Ananos – „stärksten Platz der Stadt" (*Bell.* 4,172), den Tempel, zu einer Festung (*Bell.* 4,151.172; 6,121.240: φρούριον; *Bell.* 4,262: ὁρμητήριον), einer Zitadelle (*Bell.* 4,172: ἄκρα), welche sie gegen die Übergriffe des Volksheers schützen sollte. Ananos ließ daraufhin den Tempel von tausenden von kultisch reinen Wachen umstellen und belagern. Durch die Machenschaften des Johannes und der Hilfe der angerückten Idumäer aber gelang es den Zeloten sich zu befreien, was das Volksheer mit einem Blutzoll von 8'500 Toten bezahlte. Aber nicht nur verunreinigte ihr Blut dabei den Vorhof, die Idumäer trieben nach Josephus ihren Frevel darin auf die Spitze, dass sie die Leichen dieser Wachen nicht begruben. Mit ihrem Mord des Jerusalemer Hohepriesters und Anführers Ananos schließlich soll nach Ansicht des Josephus der Untergang des jüdischen Staates begonnen haben, denn Gott habe die Stadt dieser Befleckungen wegen zum Untergang verurteilt und wolle den Tempel durch Feuer vollständig reinigen (*Bell.* 4,147–325.388).

Ein drittes Mal wurde der Tempel Schauplatz blutiger Kämpfe in diesem Krieg. Dann nämlich, als die von Johannes abgefallenen Idumäer den Simon in die Stadt einließen, und gemeinsam Johannes mit den Zeloten vom königlichen Palast (von Grapte) vertrieben und im Tempel einsperrten. Gleichzeitig, fiel auch der Zelotenführer Eleazar mit einigen seiner Leute von Johannes

---

178   Vgl. auch Mason, *Josephus and the New Testament*, 93.

INTERTEXTUELL-HISTORISCHE VERORTUNG DER EXEGETISCHEN ERTRÄGE 739

ab und besetzte den Innenbezirk des Tempels. In dieser Konstellation nun bekriegten sich Eleazar und Johannes innerhalb des Tempelbezirks und Simon, der neben Teilen der Unterstadt auch die Oberstadt hielt, den Johannes. Währen Johannes den unter ihm lagernden Simon im Nahkampf angriff, hielt er den über ihn verschanzten Eleazar mit Kriegsmaschinen in Schach. Denn obwohl die Aufständischen um Eleazar nach Josephus in ihrer Raserei vor keinem Frevel zurückschreckten, ließen sie doch die Menschen, die ein Opfer darbringen wollten, ein. Freilich mit Äußerungen des Argwohns und unter Aufsicht die Einheimischen, während sie die Fremden genau untersuchten. Selbst wenn es ihnen an den Eingängen gelang, die Grausamkeit der Bewacher durch Bitten zu entwaffnen, wurden sie dann gerade unnötige Opfer des inneren Zwistes. Denn die von den Wurfmaschinen geschleuderten Geschosse des Johannes flogen dank ihrer Wucht bis zum Altar und zum Tempelgebäude und trafen die Priester samt den Opfernden. Von leidenschaftlichen Gefühlen übermannt endet Josephus diesen Teilbericht mit den Worten:

> Und viele, die von den Enden der Erde zu diesem weltberühmten und allen Menschen heiligen Ort herbeigeeilt waren, fielen selbst noch vor ihren Opfertieren und benetzten mit ihrem eigenen Blut den bei allen Griechen und Barbaren verehrten Altar. Mit den Leichen der Einheimischen lagen die von Fremden, mit denen von Priestern die von Laien durcheinander gemengt zusammen, und das Blut von mancherlei Erschlagenen bildete Lachen in den Vorhöfen Gottes. Hast du denn, unglücklichste aller Städte, ein solches Leid von den Römern erfahren, welche bei dir Einzug hielten, um dich durch Feuer von den Gräueln zu reinigen, mit denen die Einheimischen dich befleckt hatten? Denn du warst nicht mehr Gottes Stadt noch konntest du es länger bleiben, nachdem du zum Totenfeld deiner Hausgenossen geworden warst und den Tempel zum Massengrab der Opfer eines Bürgerkriegs gemacht hattest!
>
> *Bell.* 4,566–576; 5,5–20

Von da an nahmen die Dinge ihren verhängnisvollen Lauf. Johannes bemächtigte sich zu Pessach gewaltsam des Innenbezirks und seiner Vorräte wie auch der Weihgaben und nahm die Zeloten wieder in seine Reihen auf. Bald darauf aber, am 17. Tammus, mussten die Opfer eingestellt werden. Kurz danach bemächtigten sich die Römer des Tempels, Titus betrat das Allerheiligste, während der Tempel – wie bereits Jahrhunderte zuvor der erste – am 10. Aw ein Raub der Flammen wurde und darin den endgültigen Niedergang der Stadt präfigurierte (*Bell.* 5,98–105.250.562–566; 6,93–95.121–128.249–270).

740   5. KAPITEL

Herodeion, Machärus, Masada und Wald Jardes

Die letzten Festungen (*Bell.* 2,408; 7,163.164.192.195.252.252.276.277.285.294.300. 331.407: φρούριον), Herodeion, Machärus und Masada wie auch den Wald Jardes, brachten die Römer in den folgenden Jahren und damit wieder ganz Judäa unter ihre Kontrolle (*Bell.* 7,163–177.190–215.252–406).

(8)   Versorgung

Kriegskosten

Wie die Kriegskosten der Römer werden auch diejenigen der jüdischen Feldherren bei Josephus nicht eigens abgehandelt (vgl. 5.6.2[8]). En passant erfährt die Leserschaft allerdings, dass Josephus zu Beginn seiner Feldherrenschaft neben reichlichen Machtmitteln auch Gelder in Fülle zur Verfügung standen (*Bell.* 3,465: δαψίλεια; *Bell.* 3,465 Pl.: χρῆμα); wie er allerdings dazu kam, lässt er unerwähnt. Das bedeutete aber nicht, dass Josephus die Galiläer prinzipiell schonte, insbesondere, wenn die Vermögenslage einer bestimmten Stadt oder eines bestimmten Individuums günstig war. Dementsprechend delegierte er den Wiederaufbau der Stadtmauer von Sepphoris an deren Einwohner und diejenige von Gischala an Johannes (*Bell.* 2,574–575). Dass dieser sich in diesem Zusammenhang bereicherte, berichtet Josephus hingegen ausführlich, und er dürfte damit gleichzeitig auch erklären, weshalb dieser sein Kontrahent zu solch einer Machtstellung gelangte:

> Als er [Johannes] sah, dass Josephus an seiner Tatkraft großen Gefallen fand, überredete er ihn zuerst, ihm den Wiederaufbau der Mauer der Heimatstadt anzuvertrauen; dabei bereicherte er sich beträchtlich auf Kosten der Wohlhabenden. Darauf spielte er ein Stück von musterhafter Durchtriebenheit vor: er verschaffte sich die Erlaubnis, den in Syrien wohnenden Juden das Öl an die Grenze zu liefern, angeblich, weil sie sich alle davor schützen wollten, ein Öl zu gebrauchen, das nicht von Stammesgenossen geliefert war. Er kaufte nun zum Preise von einer tyrischen Münze, die vier attischen Drachmen entspricht, jeweils vier Amphoren Öl und verkaufte um denselben Preis eine halbe Amphore. Da Galiläa hohe Ölerträge liefert und damals eine gute Ernte gehabt hatte, er aber als einziger in der Lage war, den Bedarf in Mangelgebieten durch große Lieferungen zu decken, brachte er ungeheure Summen zusammen (*Bell.* 2,592 Pl.: χρῆμα), die er alsbald gegen jenen verwendete, der ihm diesen Gewinn verschafft hatte [Josephus].[179]
>
> *Bell.* 2,590–592

---

179   Abweichend oder ergänzend ist der Bericht in *Vita* 74–76, wonach das Öl nicht für syrische

INTERTEXTUELL-HISTORISCHE VERORTUNG DER EXEGETISCHEN ERTRÄGE 741

Johannes erschwindelte sich darüber hinaus auch noch finanzielle Unterstützung durch einige der obersten Führer Jerusalems (*Bell.* 2,627 Pl.: χρῆμα), womit er Söldner gegen Josephus anwerben sollte. Ob er diese Anweisung tatsächlich ausführte, wird nicht erwähnt.

Wie im Falle des Johannes erlangte auch in Jerusalem ein tyrannischer Feldherr gegenüber einem gemäßigten aufgrund größerer Geldmittel den Vorrang, nämlich der Zelotenführer Eleazar über Ananos, weil jener nicht nur die Kriegskasse des Cestius, sondern auch große Teile des Staatsschatzes in seinen Besitz gebracht hatte (*Bell.* 2,562–565; vgl. 5.5.3[2]).

Heeresversorgung

Die Verantwortung für die Heeresversorgung hatte sich Josephus in Galiläa offensichtlich mit der Bevölkerung geteilt. Denn jede Stadt, die Rekruten stellte, entsandte nur die Hälfte der Ausgehobenen und behielt den einen Teil zur Versorgung des Heeres mit Getreide zurück (*Bell.* 2,584 Pl.: σῖτος), während diejenigen unter Waffen als Gegenleistung für ihre Sicherheit sorgten. Darüber hinaus bezeugt Josephus jedoch auch spontanere Aktionen, etwa, dass er in Tarichea sämtliche seiner Soldaten zur Lebensmittelbeschaffung (*Bell.* 2,634: σῖτος) aussandte, oder, dass er Bet-Schearim um den königlichen Getreidevorrat erleichterte (*Vita* 118.119: σῖτος). Selbst am kaiserlichen Getreidevorrat (*Vita* 71.73: σῖτος) Obergaliläas gedachte er sich zu vergreifen, hierbei kam ihm allerdings Johannes zuvor. Trotz all dieser Vorbereitungen konnte Josephus nicht verhindern, dass ihm und den Stadtbewohnern Jotopatas, während sie von den Römern mehr als anderthalb Monate belagert wurden, die Nahrung aber, vor allem das Wasser in der Sommerhitze ausging (*Bell.* 3,176–192). Aus Wassermangel brach auch der Widerstand der unvorbereiteten Samaritaner (*Bell.* 3,307–315) oder derjenige der Aufständischen auf dem Berg Itabyrus zusammen (*Bell.* 4,54–61); und aus demselben Grund – in Verbindung mit Nahrungsmittelknappheit – litten auch die Bewohner und Flüchtlinge Gamlas, deren Verantwortliche anders als in Jerusalem entschieden, nur die Waffenfähigen zu versorgen (*Bell.* 4,17–29.49–53).

Im Unterschied zu den legitimen Feldherren, wie etwa Josephus, beschafften sich die selbsternannten außerhalb Jerusalems ihre Verpflegung durch Raubzüge, wie etwa die Sikarier Masadas von ihren Nachbarn oder Simon von den Idumäern (*Bell.* 4,400.529–537). Diejenigen innerhalb Jerusalems hatten sich darum nicht zu kümmern, denn die Stadt verfügte über Getreidevor-

---

Juden sondern für die Bewohner von Cäsarea Philippi bestimmt war, die zu jener Zeit Ausreiseverbot erhalten hatten.

742   5. KAPITEL

räte, welche die Belagerten für nicht wenige Jahre versorgt hätten. Aber trotzdem unterlag auch Jerusalem des Hungers wegen (*Bell.* 4,137; 5,26.343.348.370–371.374.418.424.429.449.512.515. 520; 6,1.13.157.193.199.205–206.215.368.369.369. 421.430: λιμός), wie Josephus mehrfach bekräftigt. Dazu hätten verschiedene Faktoren beigetragen: Zum einen, weil die Jerusalemer ein von den Verantwortlichen Gamlas befolgtes und von Vegetius tradiertes Strategem nicht beherzigt hatten, nämlich das kriegsuntüchtige Alter und Geschlecht aus der belagerten Stadt auszuschließen, damit es den Bewaffneten nicht an Verpflegung mangele (Vegetius, *Mil.* 4,7.10). Stattdessen nahm die Stadt nach althergebrachter Sitte jeden Volksgenossen ohne besondere Vorsichtsmaßnahme auf, im Glauben, alle Hereinströmenden seien Bundesgenossen und kämen aus ehrlicher Überzeugung. Auf diese Weise wurden von dem militärisch untauglichen und faulen Haufen die Lebensmittel, die für die kampffähigen Truppen hätten ausreichen können, im Voraus verbraucht (*Bell.* 4,90.136–137). Hinzu kam, dass, während Eleazar, Johannes und Simon sich ein einem Dreifrontenkrieg bekämpften, Eleazar, der den inneren Tempelbezirk hielt, sich frevelhaft mittels der heiligen Erstlingsfrüchte versorgte (*Bell.* 5,8; *Bell.* 5,21 Pl.: ἀπαρχή), Johannes und Simon aber, während ihrer Ausfälle ins Stadtgebiet, die mit Getreide (*Bell.* 5,24.25: σῖτος) und allerlei Vorräten angefüllten Gebäude bis auf einen kleinen Rest niederbrannten. Diese Schwäche wiederum wendete Titus – wie bereits zuvor Vespasian in Jotopata – zu seinem Vorteil und liess die Stadt mit einer Ringmauer versehen, um so den Versorgungsnachschub gänzlich zu unterbinden (*Bell.* 3,176–192; 5,491–511; Vegetius, *Mil.* 3,26,32; 4,7,2). Diese Massnahme verfehlte ihre Wirkung nicht und kostete nicht nur vielen das Leben, sondern steigerte die Verwegenheit[180] und Grausamkeit der Waffenträger gegenüber der Bevölkerung – neben den bereits vorhandenen Übeln – ins Unermessliche (*Bell.* 5,424–449.512–518.548–549.562.567–572; 6,1–2.193–219),[181] und dies bis hin zu einem an Klagelieder 2,20 erinnerndes Werk des Hungers,[182] wie es weder bei Griechen noch bei Barbaren je bezeugt worden sei, so versichert Josephus unter Berufung auf angeblich unzählige Zeugen (*Bell.* 6,199–200):

> Es handelt sich um eine Frau von den Bewohnern des Gebietes jenseits des Jordan mit dem Namen Maria; ihr Vater hiess Eleazar, sie stammte aus dem Dorfe Bethezuba [...] und genoss wegen ihrer Abstammung

---

180   Johannes etwa vergriff sich am heiligen und für Opfer bestimmten Wein und Öl (*Bell.* 5,565).

181   Viele Römer entschlossen sich, die Belagerten damit noch zusätzlich zu reizen, dass sie ihre Esswaren vor der Stadtmauer zur Schau stellten (*Bell.* 5,521).

182   Vgl. auch Mason, *Josephus and the New Testament*, 93.

und wegen ihres Reichtums besonderes Ansehen. Mit der übrigen Menge hatte sie sich nach Jerusalem geflüchtet und die Belagerung miterlebt. Einen Teil ihres Besitzes, soweit sie ihn hatte zusammenpacken und aus Peräa in die Stadt mitbringen können, hatten ihr die Tyrannen geraubt; die noch übriggebliebenen Kostbarkeiten und was überhaupt noch an Nahrung entdeckt wurde, nahmen die Lanzenträger ihr weg, die Tag für Tag bei ihr eindrangen. Eine furchtbare Erregung bemächtigte sich der Frau; oft genug beschimpfte und verfluchte sie die Plünderer und versuchte, sie so gegen sich aufzureizen. Aber niemand wollte, weder aus Zorn noch aus Mitleid, ihrem Leben ein Ende machen. Sie selber wurde es überdrüssig, das bisschen Nahrung nur für andere ausfindig zu machen, und tatsächlich war auch nirgends mehr etwas zu finden. Der Hunger drang ihr dabei ins Herz und Hirn, und mehr noch als der Hunger entflammte sie die Wut. Zu ihrer Not nahm sie noch den Zorn als Ratgeber hinzu und wandte sich gegen die Natur. Sie packte ihr Kind, sie hatte nämlich einen Knaben, der noch nicht entwöhnt war und rief: „Du unglückliches Kind: auf welches Schicksal hin soll ich dich noch erhalten, wo doch Krieg und Hunger und Aufruhr herrschen? Bei den Römern ist Sklaverei unser Los, wenn wir überhaupt unter ihrer Herrschaft am Leben bleiben. Doch schneller als die Knechtschaft ist der Hunger, und die Aufrührer sind noch schlimmer als beide. Auf denn, werde zu einer Speise für mich, für die Aufrührer zu einem Rachegeist, zu einer Kunde für die Lebenden, die allein noch fehlt, wenn man all das Unglück der Juden recht schildern wolle.“ Mit diesen Worten tötete sie ihren Sohn, dann briet sie ihn und ass ihn zur Hälfte auf, deckte das übrige zu und verwahrte es. Sogleich waren die Aufrührer zur Stelle, und als sie den fluchwürdigen Bratendunst rochen, drohten sie der Frau, falls sie ihnen nicht zeigte, was sie da zubereitet hätte, sie augenblicklich niederzustechen. Darauf sagte sie, sie habe ihnen noch ein gutes Stück aufbewahrt und nahm die Decke von den Resten ihres Kindes. Da packte jene doch Schauer und Entsetzen; bei diesem Anblick standen sie wie zu Eis erstarrt. Aber sie sprach: „Mein leibliches Kind ist dies, und meine Tat! Esst nur, ich habe doch auch gegessen. Seid nicht weicher als eine Frau und habt nicht noch mehr Mitgefühl als eine Mutter! Wenn ihr aber so fromm seid und vor meinem Opfer zurückschreckt, nun, dann habe ich eben schon für euch gegessen, und der Rest soll mir auch noch bleiben!“ Daraufhin verliessen jene zitternd das Haus. Dies eine Mal wurden sie doch etwas ängstlich und überliessen der Mutter diese Speise, wenn auch nur ungern. Sehr bald war die ganze Stadt voll von der Nachricht über diesen Greuel. Ein jeder zitterte, da er sich die Schreckenstat so vor Augen stellte, als hätte er sie selbst verübt. Die Hungernden hatten es jetzt eilig mit dem Sterben, und glücklich pries man die Menschen, die schon zu einem früheren Zeitpunkt dahingegangen waren: bevor sie solche schlimmen Dinge gehört und gesehen hatten.[183]

Bell. 6,201–213

Sold

Von Soldzahlungen spricht Josephus nur an einer Stelle, nämlich in *Vita* 77–78. Demgemäß habe er sich die größten Draufgänger unter den Banditen kommen lassen und eingesehen, dass er diese nicht entwaffnen, wohl aber (eidlich) verpflichten könne, sich weder mit den Römern noch mit den Nachbarvölkern anzulegen und nicht eher in ein Gebiet einzudringen, als sie gerufen würden. Als Gegenleistung zahlte er ihnen einen Sold (*Vita* 77: μισθοφορά; *Vita* 78: μισθός), der von der Bevölkerung zu erheben ihm mit dem Argument gelungen war, dass es besser sei, freiwillig Weniges zu geben als zuzusehen, wie ihre Habseligkeiten von Banditen geplündert würden. Auf wen Josephus mit „Banditen" genau verweist, bleibt unklar. Es ist jedoch anzunehmen, dass damit nicht die von den Städten gestellten Soldaten, sondern eher seine andernorts erwähnten Söldner gemeint sind (*Bell.* 2,583 Pl.: μισθοφόρος; vgl. 5.6.3[1]).[184]

Sonderzuwendungen

Von Sonderzuwendungen durch judäische Feldherren an ihre Kämpfer ist nirgends die Rede, gut möglich, dass solche über Kriegsbeute und Raubgut abgegolten wurden.

Kriegsbeute und Kriegsrecht

Auch unter den judäischen Kämpfern war die Beute ein wichtiger Aspekt kriegerischer Auseinandersetzung (vgl. 5.6.1[8]; 5.6.2[8]). Idealerweise suchte man

---

183 Nach Christina Tuor-Kurth würde sich Josephus hier eines gängigen antiken Motivs bedienen, was nicht unbedingt gegen die historische Echtheit dieser Einzelerzählung sprechen muss; im Gegenteil, sie unterstreicht, dass Frauen und Kinder in den meisten Fällen die am härtesten betroffenen Opfer von Kriegssituationen waren (*Kindesaussetzung und Moral in der Antike: Jüdische und christliche Kritik am Nichtaufziehen und Töten neugeborener Kinder* [FKDG 101; Göttingen: Vandenhoeck & Ruprecht, 2010], 342). Dazu passt, dass Josephus den als abnormal dargestellten Zorn in dieser Rede einer Frau in den Mund legt, das einzige Mal übrigens, wo Josephus in seinem Kriegsbericht einer Frau das Wort erteilt, wie Grünenfelder feststellt (*Frauen an den Krisenherden*, 121, 259–261).

184 Josephus, *Aus meinem Leben (Vita)*, 51–52 Anm. 99–100.

INTERTEXTUELL-HISTORISCHE VERORTUNG DER EXEGETISCHEN ERTRÄGE 745

dabei, den Feind – in erster Linie die Römer – um ihren tragbaren Besitz zu bringen und das Übrige in Brand zu setzten. In Jerusalem gelang dies verschiedenen Feldherren, zuerst Menahem, der das Gepäck der dort belagerten römischen Soldaten des Florus plündern (*Bell.* 2,440: διαρπάζω) und hernach das Lager in Brand stecken ließ (*Bell.* 2,440: ἐμπίπρημι; vgl. 5.6.3[6]). Daraufhin dem Tempelhauptmann Eleazar, welcher kurze Zeit später dieselben Soldaten töten und ihre Waffen einsammeln ließ (*Bell.* 2,450; vgl. 5.6.3[6]). Und schließlich auf der Küstenlinie zwischen Syrien, Phönizien und Ägypten, wo es den Seeräubern Joppes durch ihre Räuberei (*Bell.* 3,416: λῃστεύω) gelang, für eine Weile den Seeverkehr lahm zu legen (vgl. 5.6.3[1]).

Besiegte Syrer um ihre Beute (*Vita* 81 Pl.: λάφυρα) zu bringen, gelang Josephus, der Teile davon an seine Verwandten nach Jerusalem senden ließ. Als derselbe aber das erbeutete Gepäck eines Mitglieds des Könighauses Agrippas beschlagnahmte, erregte er großes Aufsehen und geriet schnell in prorömisches Licht (vgl. 5.6.3[5]).[185] Nach seiner Darstellung folgte er hierbei dem Gesetz, dass das Bestehlen von Volksgenossen verboten sei (*Vita* 128), was auch in seiner Rede an seine Soldaten mitklingt (*Bell.* 2,581; vgl. 5.6.3[3]).[186] Wenn er aber dennoch die Plünderung (*Bell.* 2,645: διαρπάζω) gegen die Bewohner Gischalas, Tiberias und Sepphoris gestattete, entschuldigte er es wegen ihres schweren Vergehens des Abfalls, was er anschließend aber dadurch abmilderte, dass er die Beute (*Bell.* 2,646: ἁρπαγή) nach Einsicht der Beraubten wieder zurückerstattete (vgl. 5.6.3[5]).

Diese Schonung der eigenen Leute missachteten nach Josephus viele Aufständische, gerade in Zeiten des Bürgerkrieges. Denn solche Juden, die bereit waren, die so heftig verteidigte Freiheit fahren zu lassen und die Knechtschaft unter den Römern hinzunehmen, unterschieden sich für sie nicht von Heiden. Wie gegen Feinde sollte deshalb mit ihrem Besitz verfahren, das heißt geplündert (*Bell.* 7,254: ἁρπάζω), und ihre Häuser in Brand gesteckt werden. Diesem Credo folgten nach Josephus nicht zuletzt auch Simon und der Sikarier Eleazar (*Bell.* 2,652–254; 4,134; 7,254–255).

Aber die harte Konkurrenz unter den Aufständischen Jerusalems ließ diese sogar das geteilte Ethos vergessen, weshalb Josephus verschiedentlich zu

---

185   Einen vergleichbaren Vorfall hatte es offensichtlich schon vorher in Tiberias gegeben (*Vita* 62–69).

186   Vgl. dazu Brian Kvasnica, „Shifts in Israelite War Ethics and Early Jewish Historiography of Plundering," in *Writing and Reading War: Rhetoric, Gender, and Ethics in Biblical and Modern Contexts* (hg. von Brad E. Kelle und Frank Ritchel Ames; SBLSymS 42; Leiden: Brill, 2008), 175–196.

746   5. KAPITEL

berichten weiß, dass Aufständische sich gegenseitig bestahlen, etwa die von
Johannes abgefallenen Idumäer, welche seinen zusammengerafften Besitz
plünderten (*Bell.* 4,568 Pl.: χρῆμα; *Bell.* 4,568: ἁρπαγή). Oder der Zelotenführer Eleazar, der zu Beginn die den Truppen des Cestius abgenommene Beute
und auch dessen Kriegskasse in seinen Besitz gebracht hatte (*Bell.* 2,564: λεία;
Bell. 2,564 Pl.: χρῆμα), sich durch seinen Standortvorteil im Tempel aber auch
gleichzeitig dort am Staatsschatz vergriff, und diesen um grosse Teile erleich-
tert haben soll (*Bell.* 2,564 Pl.: δημόσιος; θεσαυρός).

Als besonders rücksichtslos erscheint Josephus die Plünderung (*Bell.* 2,593
Pl.: ἁρπαγή) des unbeteiligten Volkes. Johannes tat es beispielsweise in Galiläa, um die Autorität des Josephus im Volk zu untergraben. Oder seine galiläischen Kämpfer beraubten die Reichen Jerusalems (*Bell.* 4,560–561). Und wieder
andere Aufständische plünderten (*Bell.* 6,358: διαρπάζω) die in den königlichen
Palast geretteten Wertgegenstände des Volkes.

Doch die bei weitem schändlichste Art der Plünderung scheint Josephus
diejenige des Tempelraubs:

> Als dann die Vorräte, die Johannes dem Volk gewaltsam weggenommen
> hatte, zu Ende gingen, verlegte er sich auf Tempelraub (*Bell.* 5,562: ἱερο-
> συλία) und ließ eine Menge von den Weihgeschenken des Tempels, aber
> auch vieles von den gottesdienstlichen Geräten, z. B. Krüge, Schüsseln
> und Tische einschmelzen; nicht einmal von den Weihgefässen, die Augu-
> stus und seine Gemahlin gesandt hatten, hielt er seine Hand zurück. Die
> römischen Kaiser hatten freilich das Heiligtum stets geehrt und seinen
> Schmuck vermehrt, doch der Jude riss damals sogar die Gaben der Frem-
> den herunter. Dabei erklärte er seinen Genossen gegenüber, dass man
> sich nicht fürchten dürfe, Gottes Eigentum zu verwenden, wenn es im
> Kampf für die Gottheit geschehe, ebenso müssten die Verteidiger des
> Tempels auch aus dem Tempel verpflegt werden. Aus diesem Grunde
> ließ er sogar den heiligen Wein und das Öl ausleeren, das die Priester in
> Verwahrung hielten, um es über die Brandopfer zu gießen; diese Vorräte
> befanden sich im Inneren des Tempelbezirks. Beides verteilte er dann
> an den Haufen seiner Leute, und diese salbten sich auch ohne Scheu
> mit mehr als einem Hin und tranken davon. Ich brauche nicht mehr an
> mich zu halten, ich muss das Wort heraus sagen, zu dem der Schmerz
> mich drängt. Wenn die Römer gezaudert hätten, gegen dieses verwor-
> fene Gesindel einzuschreiten, die Stadt hätte, davon bin ich überzeugt,
> vom Abgrund verschlungen oder durch eine Flut hinweg gespült oder
> wie Sodom vom Blitz getroffen werden müssen, denn noch viel gottloser
> als die Menschen, welche diese furchtbaren Strafen erdulden mussten,

war das Geschlecht, das unsere Stadt hervorgebracht hat. Durch dessen Wahnwitz ging dann auch das ganze Volk mit ins Verderben.

Bell. 5,562–566

Auszeichnungen und Entlassungsprämien
Als unterlegene Partei, haben die judäischen Kämpfer weder Auszeichnungen noch Entlassungsprämien erhalten, entsprechend findet dergleichen nirgends Erwähnung.

(9)   (Nicht) dienstleistendes Volk und Frauen
        Volk
Unter der Bedingung von Bürgerwehr war das Volk Judäas anders als dasjenige Roms nicht unbeteiligt im Blick auf Krieg und Kriegshandlungen, denn schnell konnte und musste es sich manchmal zu einem Volksheer formieren, um drohende Gefahr abzuwehren, konnte sich angesichts unerträglichen Unrechts zu einem Volksaufstand erheben oder den Krieg an von ihnen gewählte Feldherren und aus ihrer Mitte rekrutierte Soldaten delegieren (vgl. 5.2.3[2]; 5.6.2[9]; 5.6.3[1]; 5.6.3[2]; 5.6.3[3]). Wenn sich das Volk eines jeweiligen Ortes aber nicht a priori für Rom und gegen seine Stammesgenossen entschieden hatte (wie etwa Sepphoris *Bell.* 2,510–511; 3,30–34), wurde es aus Sicht Roms durchwegs als „Feind" betrachtet (wie etwa in Jotopata) und im Falle eines Sieges auch entsprechend behandelt (vgl. 5.8.2).[187] Komplizierter und gefährlicher jedoch wurde es, wenn Teile des Volks an einer Kapitulation interessiert waren, aber durch Kriegswillige daran gehindert wurden, denn dann eröffnete sich ihnen eine zweite Front durch die eigenen Stammesgenossen, welche Friedenswillige als potentielle Überläufer und damit als Feinde betrachteten und entsprechend behandelten. Viele solcher Fälle von Spaltungen im Volk sind in diesem Krieg durch Josephus bezeugt, sei es, dass sich ideologisch Gemäßigte und Friedenswillige ideologisch Radikalen und Kriegswilligen gegenüber sahen (wie etwa in Jerusalem *Bell.* 2,408–456), oder Vornehme Einfachen gegenüber (wie etwa in Jerusalem: *Bell.* 2,513–555[188]; Tiberias: *Bell.* 3,445–461; und Gadara: *Bell.* 4,410–418), oder Ältere Jüngeren gegenüber (wie etwa in Judäa: *Bell.* 4,131–134), oder Einheimische Auswärtigen gegenüber (wie etwa in Tarichea: *Bell.* 3,492–542), oder eine Mehrheit einer kriegsbefürwortenden Partei gegenüber (wie etwa in Gischala: *Bell.* 4,84–120) usw. Besonders tragisch war nach Josephus der Fall

---

187 Vgl. dazu Grünenfelder, *Frauen an den Krisenherden*, 271–273.
188 Wer vor diesen Kräften nicht rechtzeitig floh, wurde mit Überredung oder Gewalt auf die Seite der Kriegsbefürworter gebracht (*Bell.* 2,556.562).

748   5. KAPITEL

in Jerusalem, wo viele auswärtige Festbesucher von den anrückenden Truppen des Titus überrascht worden waren und – sofern sie sich die Freiheit nicht erkaufen konnten oder wollten (*Bell.* 5,447–448) – gemeinsam mit den Friedfertigen einen brutalen Tod starben,[189] entweder durch Seuchen, durch Hunger, durch die Hand der Tyrannen, durch eigene Hand oder durch die der Römer (*Bell.* 6,420–434; vgl. 5.7.2[4]; 5.8.2). Folgende Ausführungen des Josephus bringen die Verzweiflung des in „Stücke gerissenen Volkes" insbesondere in Jerusalem zur Anschauung:

> So wurde die Stadt in allen ihren Teilen von den hinterlistigen Feinden und deren Gesindel in Kämpfe gestürzt, und mitten darin das Volk wie ein großer Leib in Stücke gerissen. Greise und Frauen beteten in ihrer Hilflosigkeit angesichts der inneren Missstände für die Römer und erwarteten sehnlichst den Krieg mit dem äußeren Feind, damit er sie von den Missständen innerhalb der Stadt befreie. Entsetzliche Niedergeschlagenheit und Furcht befielen die echten Bürger der Stadt: es bot sich weder die Gelegenheit, über eine Änderung der Lage zu beraten, noch bestand die Hoffnung auf eine gütliche Einigung oder, falls jemand das beabsichtigte, auf Flucht. Denn alles wurde scharf bewacht; und die Rädelsführer, die sonst in jeder Hinsicht uneins waren, brachten alle, die nach einem Frieden mit den Römern trachteten oder in Verdacht standen, überlaufen zu wollen, als ihre gemeinsamen Feinde um und waren sich nur in diesem Punkte einig, die zu ermorden, die der Rettung wert gewesen wären. Unaufhörlich erscholl der Lärm der Kämpfenden bei Tag und Nacht, aber noch furchtbarer waren die voll Angst ausgestoßenen Wehklagen der Trauernden. Zu solcher Klage gaben Schicksalsschläge ständig neuen Anlass, aber den Betroffenen verschloss die große Niedergeschlagenheit die Weherufe in der Brust und weil sie ihre Leiden verschwiegen, wurden sie von halberstickten Seufzern gequält. Die eigenen Angehörigen nahmen weder Rücksicht auf die Lebenden, noch kümmerten sie sich um Bestattung der Toten. Beides war durch die gänzliche Verzweiflung verursacht, die jedermann ergriff. Denn wer sich nicht am Aufstand beteiligte, ließ überhaupt jegliche Zuversicht fahren, es war ihm zumute, als könne er jeden Augenblick völlig zugrunde gehen. Die Aufständischen schlugen sich indessen miteinander herum, wobei sie über die aufeinander gehäuften Leichen traten und sich, als ob sie die Kraft der Raserei

---

189   Zu denen auch die Familie des Josephus selbst gehörte, seine Mutter etwa, die dort von den Aufständischen eingekerkert worden war, aber auch seine Frau (*Bell.* 5,419.544–546).

INTERTEXTUELL-HISTORISCHE VERORTUNG DER EXEGETISCHEN ERTRÄGE 749

gleichsam aus den Körpern unter ihren Füssen in sich hineingezogen, um so wilder gebärdeten. Stets erfanden sie neue Mittel, sich gegenseitig zu vernichten, und da sie alles, was ihnen in den Sinn kam, rücksichtslos in die Tat umsetzten, ließen sie keine Art von Misshandlung und Grausamkeit ungenutzt.

> *Bell.* 5,27–38

Frauen

Wie dieses Zitat und die Ausführungen zu Kriegsfolgen zeigen (vgl. 5.8.2), gehörten zu den Opfern immer auch und nicht zuletzt Frauen; neben ihrer implizit erwähnten Schändung (*Bell.* 7,334)[190] stellt das Beispiel des Hungeropfers, der Teknophagin Maria aus Idumäa (*Bell.* 6,201–213; vgl. 5.6.3[8]) ein besonders krasses Beispiel dar. Zweimal jedoch wussten sich Frauen in aussichtsloser Situation und dank eines Verstecks zu retten, zwei Frauen in Gamla und zwei – gemeinsam mit fünf Kindern – in Masada (*Bell.* 4,81–82; 7,399). Als Entführungsopfer erwähnt Josephus die Frau des Simon, aber bestimmt darf von ihr wie auch von derjenigen des Johannes angenommen werden, dass sie die Taten ihrer Ehemänner ideell unterstützten, zumal sie sich nie weit weg von ihnen aufhielten, ja, sie sogar nach Jerusalem begleitet hatten (*Bell.* 4,538–544; 6,351). Und obschon Josephus die Frauen Jotopatas gemeinsam mit den Kindern im Endkampf als den „unbeschäftigten" oder „unbrauchbaren" Teil bezeichnet – er ließ sie sogar in ihre Häuser einsperren (*Bell.* 3,262–264), damit sie den Kampfgeist ihrer Männer in der verzweifelten Endschlacht nicht lähmten –, dürften sie zu anderen Zeiten kaum untätig zugesehen haben; vielmehr stelle ich sie mir ähnlich wie die von Polyainos beschriebenen Frauen Akarnaniens oder diejenigen der Kyrenaika vor (Polyainos, *Strat.* 8,69[191]; 8,70[192]),

---

190 Demgegenüber betont Josephus zweimal Frauen verschont zu haben, einerseits indem er persönlich keiner Frau zu nahe gekommen sei und andererseits, indem die Galiläerinnen unter seiner Feldherrenschaft unbehelligt geblieben seien (*Vita* 80, 259).

191 After the Aetolians, at war with the Acarnanians for a long time, finally charged into their city by treachery, the Acarnanians in unexpected danger stoutly took their places in the battle line. Their wives, racing to the roofs and hurling missiles – some, stones; others, tiles – began to kill many of the enemy. At one point the women encouraged their husbands when they were yielding and being beaten, at another time they reproached the men, and then with pleas they turned them back to face the enemy. When, though having fought nobly one again, the men were captured, the women so closely embraced their husbands, brothers, or fathers that the enemy could not drag the clinging women away and slaughtered them with their men.

192 Ptolemy was waging war with the Cyrenaeans, who summoned Lycopus from Aetolia to

750   5. KAPITEL

die die Bemühungen ihrer Männer durch aktive Hilfsdienste oder durch die
Versorgung von Verwundeten intensiv unterstützten, denn anders hätte die
Stadt kaum siebenundvierzig Tagen der Belagerung des Vespasian standhalten können (*Bell.* 3,141–408). Diese Annahme wird durch eine Randnotiz bei
Josephus untermauert, wonach die Frauen Japhas – ähnlich wie die argoli-
schen im oben zitierten Beispiel (Polyainos, *Strat.* 8,68; vgl. 5.6.2[9]) – von
ihren Häusern herab alles auf die hereinströmenden Römer geworfen haben
sollen, was ihnen gerade in die Hand kam (*Bell.* 3,289–306, bes. 3,303). Erinnert werden soll an dieser Stelle daran, dass die Belagerten Jerusalemerin-
nen auch Waffen geführt und wie die männlichen Aufständischen erbitterten
Widerstand geleistet haben sollen (Tacitus, *Hist.* 5,3; vgl. 5.6.3[1]). Aber den
mit Abstand größten Einfluss im Auftakt zum Krieg entfaltete die Schwester
des Königs Agrippa II., Königin Berenike.[193] Denn wiederholt trat sie als Ver-
mittlerin im Interesse des Volkes auf, so etwa unter Lebensgefahr vor dem
Prokurator Gessius Florus – freilich vergeblich (*Bell.* 2,309–314), später wie die
Stadthäupter Jerusalems schriftlich vor dem Statthalter Cestius, um das von
Florus dort angeklagte Volk in Schutz zu nehmen und ihrerseits über die Verbrechen des Florus zu berichten (*Bell.* 2,333–335), und schließlich, um ihren
Bruder in seiner wirksamen Ansprache an die Jerusalemer durch ihre Präsenz und wie er durch Tränen zu unterstützen (*Bell.* 2,342–407). Aber Berenike wechselte wie ihr Bruder die Seite und soll nach Tacitus (*Hist.* 2,81,2)
die politischen Ambitionen des Vespasian mit Begeisterung finanziell unterstützt haben. Darüber hinaus soll sie sich nach Tacitus (*Hist.* 2,2,1), Sueton
(*Tit.* 7,2) und auch Cassius Dio (*Gesch.* 65,15,4) mit Titus in eine Liaison eingelassen und ihn vor die Tore der belagerten Stadt Jerusalem begleitet haben.
Im Jahre 75 d.Z. soll sie ihm sogar nach Rom als seine Verlobte gefolgt sein,
nachdem Titus ihr angeblich die Ehe versprochen haben soll, sie aber nach
seiner Thronbesteigung im Jahre 79 d.Z. und wohl auf Druck römischer Eliten gegen seinen und ihren Willen wieder fortschickte. Dies wohl, weil diese
sich im Falle einer Vermählung weder Titus als König des Orients noch Bere-

---

     be their leader and entrusted him with the supervision of public affairs. In battle the
     Cyrenean males would bear the brunt of the fighting, but their wives were throwing up
     stockades, digging ditches, supplying missiles, bringing up stones, nursing the wounded,
     and preparing food. After the men had been defeated and Lycopus changed the state into
     a monarchy, the women slandered the monarchy to such an extent that he was angered
     and executed most of them. The willingly ran to their own slaughter.

193   Der ein inzestuöses Verhältnis zu ihrem Bruder nachgesagt wurde (*Ant.* 20,145), vgl. auch
     Mason, *Josephus and the New Testament*, 158.

INTERTEXTUELL-HISTORISCHE VERORTUNG DER EXEGETISCHEN ERTRÄGE   751

nike als römische Kaiserin vorstellen wollten, entstammte sie doch einem unterworfenen und darüber hinaus auch verhassten Volk (vgl. auch Juvenal 6; 5.6.2[9]).[194]

5.6.4   *Judäa nach Markus*

(1)   Drei Waffengattungen: Fußsoldaten, Reiter und Flotte

Wie der Text des Josephus, kennt das Markusevangelium Kollektive, die über militärische Macht verfügen: Einerseits den Prokurator als römischen Repräsentanten, welcher wie Florus eine von einem Zenturion (Szenen 80 und 82) angeführte Kohorte von Soldaten in Jerusalem befehligt (Szene 81). Auch fällt der Begriff der Legion (Szene 24). Andererseits Herodes Antipas und die Herodianer (Szenen 14, 29, 38 und 60), jener als einer, der wie Agrippa II. auch über Truppen verfügte und vor dem/denen Jesus vielleicht in mehrdeutiger Weise warnt (Szene 38), kämpfte er/sie doch als Verbündete(r) Roms auf der Seite der Flavier. Und schließlich ist da der mit messianischem Anspruch ausgestattete Jesus mit seinen Jüngern beziehungsweise Nachfolgern, die eher wie die judäischen Kampftruppen einem Haufen als einem römischen Heer gleichen. Jesus vermag nach Markus gleichwohl im ganzen Land große Volksmengen zu mobilisieren (Szenen 15, 19–22, 25–26, 30, 36, 44, 54 und 63) und, wie die Ausführungen in 5.4.3(1) zeigten, wurden solche sowohl von den Prokuratoren als auch den Herodianern als politisch-militärische Gefahr eingestuft, die es – bevor sie sich zu einem Bürgerheer formierten – vorbeugend zu zerschlagen galt. Dem entspricht, dass Jesus seinen Jüngern Konflikte mit Statthaltern und Königen voraussagt (Szene 67), aber auch, dass er seinem messianischen Anspruch entsprechend in großer Macht, was eben auch Heer bedeuten kann, schlagkräftig zurückzukehren beabsichtigt (Mk 9,1; 13,26: δύναμις; Szenen 41, 68 und 77), und das zu einer Nachfolgerschaft, die über die von den Römern gefürchtete Qualität der Todesbereitschaft verfügen soll. Von Waffengattungen im Blick auf Jesus und seinen Nachfolgern kann nicht die Rede sein, gleichwohl laden die Ausführungen zu den Schiffszenen zu Assoziationen mit der Seeschlacht von Taricha ein (Szenen 23 und 31).

---

194   Abraham Schalit, „Berenice," *EJ* 3:410–411; David C. Braund, „Berenice," *ABD* 1:677–678; Pfeiffer, *Die Zeit der Flavier*, 46–47. Dass sich aus diesen eher bescheidenen Ausführungen keine Frauengeschichte aus dem Kriegsbericht des Josephus rekonstruieren lässt, hat auch Grünenfelder gezeigt, wurden doch beispielsweise bestimmte Frauengruppen wie Witwen oder Jungfrauen komplett ausgeblendet (*Frauen an den Krisenherden*, 11–12, 268, 273–274, 285–286).

752   5. KAPITEL

(2)   Offiziere (principia)

Das Markusevangelium kennt im Blick auf die Nationen – abgesehen vom Kaiser – Regenten, Grosse (Szene 53) sowie Zenturionen (Szenen 82–83), wobei Grosse hier auch Offiziere meinen kann. Im Blick auf Judäa spricht Szene 29 von den Großen, Obersten, genauer: Tribunen (Mk 6,21 Pl.: χιλίαρχος) und auch den Ersten des Herodes Antipas. Sofern „Erste" nicht auf Vornehme verweist, kann es ebenfalls Personen mit militärischen Ämtern bezeichnen, was an den entsprechenden und allgemeinen lateinischen Begriff *„principia"* für Offiziere erinnert (vgl. 5.6.1[2]). Und im Blick auf die Jünger vergleicht Jesus diese mit den Großen der Nationen und gibt für diejenigen Anweisungen, die unter ihnen Große oder Erste sein wollen. Nicht nur dürfte diese auf Offiziere verweisende Nomenklatur zufällig sein, sie legt auch eine Todesbereitschaft implizierende Hierarchie innerhalb des Jüngerkreises und auch von diesem gegenüber den anderen Nachfolgern fest (Szenen 46 und 53). Nachdem sich Menschen aus allen Landesteilen bei Jesus eingefunden haben (Szene 15), „wählt er die aus, die er wollte" heißt es in Mk 3,13, ein Begriff, der über sein lateinisches Äquivalent *„eligendo"* (vgl. 5.6.1[1]) an eine „Musterung" erinnert. Und diese ausgewählte, vielleicht das Land repräsentierende Zwölferzahl setzt er ein (Szene 16; vgl. 5.5.4[1]), damit sie wie Offiziere einerseits bei ihm – dem Feldherrn – seien, aber auch, damit sie ihn mit Vollmachten ausgestattet als seine Apostel, was mit der Bedeutung Gesandte an den entsprechenden lateinischen Begriff *„legatus"* erinnert (vgl. 5.6.1[2]), repräsentieren, oder ihn bei seiner Abwesenheit vertreten (Szene 69). Die ihnen verliehene Vollmacht erproben sie – wie die Offiziere des Vespasian – praktisch und erstatten Jesus anschließend Bericht (Szene 28). Auch sonst scheinen die Jünger für ein politisch-militärisches Amt in verschiedener Hinsicht tauglich, sie sind junge Männer (Szene 76)[195], zumindest die vier von galiläischer Herkunft – und solche werden von Josephus als besonders kriegstüchtig bezeichnet – (Szene 06; vgl. 5.6.3[3]), und als Fischer entstammen dieselben auch einem für den Wehrdienst tauglichen Männerberuf (vgl. 5.6.1[3]).

(3)   Soldaten

Dass Jesus eine Gefolgschaft von Syrischstämmigen auszuschließen scheint, könnte einerseits Reminiszenzen der ethnischen Spannungen gegenüber den Syrern zum Ausdruck bringen, andererseits auch solche im Blick auf die in Syrien rekrutierte römische Soldaten im Kontext verschiedener kriegerischer

---

195   Das heißt, mindestens einer, sofern dieser „bestimmte junge Mann" (Mk 14,51: νεανίσκος; Mk 14,51: τις) tatsächlich ein Jünger ist, wie ich annehme (vgl. 3.10.2[3]).

INTERTEXTUELL-HISTORISCHE VERORTUNG DER EXEGETISCHEN ERTRÄGE 753

Auseinandersetzungen mit Rom (Szenen 34 und 35). Was jedoch konstitutiv zu Jesu weiterer Gefolgschaft gehört, sind – wie zu derjenigen des Johannes und des Simon – Frauen, nicht zuletzt auch aus Galiläa (Szenen 11, 78 und 83). Zwar werden sie – entgegen der Behauptung des Tacitus (5.6.3[1]) – ebenso wenig wie diejenigen der jüdischen Feldherren als aktiv im „Kriegsdienst" dargestellt, wohl aber leisten sie versorgende Dienste. Und das nicht etwa in gänzlich unbeteiligter Weise, denn wenn sie nicht Komplizinnen wären und wüssten, wohin die Jünger geflohen sind, hätte das Engelwesen sie im Grab nicht mit einer Botschaft für jene beauftragt. Die den Jüngern bereits bekannte und daher affirmative Botschaft, ihm nach Galiläa zu folgen, schließt auch diese drei Frauen und vielleicht noch weitere ein, was schließlich an das rabbinisches Gesetz erinnert, das Frauen für Pflichtkriege aufbietet (Szene 84; vgl. 5.4.3[2]).

Ähnlich wie Josephus seine galiläischen Rekruten belehrt Jesus seine Jünger über ein unverdorbenes oder reines Herz – im römischen Kontext Manneszucht –, damit Gott nicht gegen sie, sondern auf ihrer Seite streite (Szenen 19–22, 33; vgl. 5.6.3[3]; 6.2.3). Die in diesen Szenen vermerkten „bösen Gedanken," wie Mord, Lästerung, Bosheit, Arglist, Hochmut, Torheit, Neid, Habsucht, Begierde, Betrug des Reichtums, Diebstahl, Ausschweifung, selbst Unzucht und Ehebruch lassen sich problemlos im Kontext von (Bürger)Krieg situieren. In ähnlichem Sinn ließe sich auch die Anweisung verstehen, anderen zu vergeben, damit Gott auch ihnen vergebe (Szene 56). Dass Jesus ihnen dies nach inneren Spannungen und bevor die rhetorischen Gefechte in Jerusalem beginnen, sagt, scheint nach der Logik dieses Krieges folgerichtig.

(4) Ausbildung, Einstellung, Vereidigung

Der markinische Text handelt nicht von militärischer Ausbildung, wie sie römische Rekruten durchliefen. Aber eine solche bleibt auch im Blick auf die jüdischen Milizsoldaten unerwähnt, gleichwohl zogen sie in den Krieg und lernten, wie Josephus es für richtig befand (vgl. 5.6.3[4]), durch die Praxis. Dass die markinischen Individuen über eine solche Praxis verfügten, lässt sich zwar nicht sagen, ausgeschlossen darf es aber nicht werden, zumal Kriege und bewaffnete Auseinandersetzungen in der Antike quasi zum Alltag gehörten. Trotzdem lassen sich viele Szenen unter dem Aspekt der „Ausbildung" verstehen. Sie kommt sowohl den Jüngern, sei es dem größeren als auch dem kleineren Kreis, aber auch dem ihm zuhörenden Volk zu Gute.

Der „Ausbildner" ist wie im Falle des Josephus Jesus selbst und er allein (vgl. 5.6.3[4]). Ihn zu kennen (Szenen 19, 40, 42) statt zu fürchten (Szenen 23, 31), scheint deshalb ein nachvollziehbar wichtiges Anliegen. Aus diesem Wissen heraus sollen die Jünger sich aber auch selbst kennenlernen, nämlich als Angehörige einer neuen göttlichen Familie (Szene 17). Das setzt unter anderem ein

754   5. KAPITEL

dieser Familie entsprechendes Verhalten voraus (Szenen 19–22, 33), das heißt
Bereitschaft zur Nachfolge (Szenen 06, 11, 41, 51), was Nachtreisen einschließt
(Szene 31), bis hin zur im Militäreid angelegten Todesbereitschaft (Szenen 53,
65, 74), die Jesus mit Auferstehung (Szene 61) und jenseitigem Lohn (Szenen
50 und 51) begründet, wie Titus in seiner Feldrede vor Jerusalem (vgl. 5.6.2[4]).
Ferner ermöglicht ihnen Jesus, Erfahrungen im Umgang mit dem dämonischen
Gegner zu sammeln, die einmal gelingt und ein andermal misslingt (Szenen 28,
44). Und schließlich lehrt er die Jünger über politische Gegner (Szene 38), als
auch die Vier wachsam zu sein (Szene 69), was in Szene 75 misslingt, weil die
Drei entgegen dem guten Rat Onasanders dies sitzend und nicht stehend tun
und dabei vom Schlaf übermannt werden (vgl. 5.6.1[7]).

Folgt man der oben angeführten groben Zeitanalyse, so dauert die „Ausbildung" Jesu etwa drei Monate (vgl. 4.4), und liegt von den vier Monaten der
römischen Rekrutenausbildung nicht allzu weit entfernt (vgl. 5.6.1[4]).

(5)   Militärrecht

Auf die Ankündigung Jesu, dass alle seine Jünger „desertieren" werden, was
auch tatsächlich eintrifft (Szenen 76 und 78), legen sie ihm ein Treueverspre-
chen ab und bekunden selbst den Willen, ihm bis in den Tod folgen zu wollen
(Szene 74). Genau dies hatte Jesus in Szene 41 gefordert, und es erinnert an
den die Todesbereitschaft implizierenden Militäreid der römischen Rekruten
am Ende ihrer Ausbildung (vgl. 5.6.1[5]). Durch diesen „Treueeid" gegenüber
dem göttlichen Repräsentanten bekräftigen sie, so ließe sich argumentieren,
einen ähnlichen Statuswechsel wie die römischen Soldaten auch, denn nicht
länger unterstehen sie ihren Vätern, die sie ja verließen (Szenen 06, 51), sondern „gehören" einem neuen Vater (Jesus nennt sie in Mk 10,24 „Kinder"), der
sie gemeinsam mit dem Narrator und narrativen Figuren auch unentwegt mit
dem Possessivpronomen „meine, deine, seine" anspricht (Szene 09, aber v. a. 47,
49; vgl. 4.3.3[7]). Dieser Statuswechsel stellt sie außerhalb judäisch-römischen
Rechts, weswegen Jesus den Vieren ihre Überlieferung vor Gerichte voraussagt
(Szene 67).

Von Jesus selbst werden die Jünger, und die Vier von Gott höchst persönlich,
auf den Gehorsam, Glauben oder die Treue gegenüber Jesus beziehungsweise
Gott verpflichtet (Szenen 05, 23, 48, 56), welcher in Szene 42 damit und wie
bei den Römern theologisch legitimiert ist. Der Wille Jesu ist somit Gotteswille
oder Wort Gottes (Szene 17) und vergleichbar mit den Militärgesetzen der
Römer oder dem Vätergesetz bei Josephus (vgl. 5.6.1[5]; 5.6.2[5]; 5.6.3[5]), das
der Narrator mit den Menschenüberlieferungen kontrastiert (Szene 33). Zu
diesem Militärgesetz gehört vielleicht das Gebot, dass Kinder in Krisen- und
Kriegszeit unangetastet bleiben müssen (Szene 46).

INTERTEXTUELL-HISTORISCHE VERORTUNG DER EXEGETISCHEN ERTRÄGE   755

Trotz des todeswürdigen „Abfalls" der Jünger kündigt Jesus an, ihnen nach Galiläa vorauszuziehen (Szene 74). Ist diese ungewöhnliche Milde angesichts der Milde, die Josephus von Titus und sich selbst zeichnet, und der rechtlichen Verbrechen der Aufständischen gewollt (vgl. 5.6.2[5]; 5.6.3[5])? Zwar wird Jesus nirgends als bestrafend dargestellt, aber scheltend schon. Etwa, wenn seine Jünger gegen gesellschaftlich Schwächere – das heißt Kinder und Frauen – vorgehen (v.a. Szenen 49, 71) oder bei Herzenshärte (Szene 38). Besonders hart schilt er seinen Intimus Petrus (Szene 41) und seinem Verräter Judas wünscht er gar die Nichtexistenz, oder: den Tod (Szene 73). Auch seine Feinde richtet er (v.a. Szene 18), aber den Strafvollzug überlässt Jesus Gott (v.a. Szene 59). Dass Jesus von einem ad hoc Gerichtshof und mit Hilfe von Falschzeugen verurteilt wird, erinnert an die prekäre Rechtslage unter Johannes und Simon in Jerusalem (vgl. Szenen 77 und 79; 5.6.3[5]).

(6)   Ausrüstung

Von Ausrüstungen und Waffen ist explizit wenig die Rede im Markusevangelium. Dieses nach Friedfertigkeit anmutende Bild ändert sich allerdings, wenn die einschlägigen Aussagen auf ihren impliziten Gehalt untersucht werden. Denn alle Angaben über Gewalt von Amtsträgern, Verhaftungen, Kreuzigungen, Krieg und Hungertod implizieren Waffengewalt und fügen sich schlüssig in die Ausführungen des Josephus über diesen Krieg und seine Vorgeschichte.

Denn die Herrscher der Nationen, so wird gesagt, „beherrschen" und „üben Gewalt" gegen ihre Untergebenen aus (Szene 53). Und die angekündigten Kriege beziehungsweise Bürgerkriege wie auch der Hunger soll unzähligen Menschen das Leben kosten (Szenen 66–69).

Aber auch die „Überlieferung" und „Enthauptung" des Johannes durch den Henker des Antipas setzt Waffengewalt voraus (Szenen 05 und 29), ebenso die Absicht der Herodianer und Tempeleliten, Jesus zu beseitigen (Szenen 14, 57, 59), mit dem anschließenden Vollzug durch die Römer (Szenen 41, 45, 52, 70, 73–77, 79, 80 und 82).

Explizit von Waffen spricht der Text nur in der Szene der Festnahme Jesu, denn eine mit Schwertern (Mk 14,43.48 Pl.; Mk 14,47 Sing.: μάχαιρα) und Stöcken (Mk 14,43.48 Pl.: ξύλον) ausgestattete Menge der Hohepriester, Schriftgelehrten und Ältesten setzt Jesus gefangen (Szene 76). Ein Knüppel also, wie ihn auch die römischen Soldaten des Florus gegen das Jerusalemer Volk einsetzten, und ein Schwert, wie sie nach Josephus die römischen Reiter trugen (vgl. 5.6.2[6]). Darauf reagiert ein Dabeistehender, dieser wurde nach eingehender Personenanalyse als Jünger identifiziert, indem er mit einem gleichen Schwert einem Knecht des Hohepriesters das Ohr abhaut. Sollte meine Analyse zutreffen, dann wäre dies ein Beleg dafür, dass mindestens ein Jünger – und diesem

756 5. KAPITEL

hatte Jesus kurz davor den Auftrag erteilt, zu wachen – eine Waffe trägt. Jesus rügt den Waffeneinsatz in diesem Evangelium nicht, und dass er im Text nie zu Waffengebrauch aufruft, muss nicht zwingend bedeuten, dass Waffen von seinen Nachfolgern nicht getragen wurden. Denn selbst Essener trugen Waffen auf Reisen (*Bell.* 2,125), und wie gezeigt wurde führten sie auch politisch Andersdenkende, Schriftgelehrte und Hohepriester.

Was aber sind die „Waffen" Jesu? Der Text bleibt unspezifisch, nennt insbesondere und vielleicht chiffriert „Vollmacht" (Szene 07: ἐξουσία), anhand derer Jesus todbringende Mächte zwar nicht beseitigt, ihr Todeswerk aber verhindert (v.a. Szenen 23, 24 und 25). Der Begriff ist, wie gezeigt wurde (vgl. 3.2.2[3]), an ein Amt gebunden; und dazu passt, dass die vermeintlich siegreichen römischen Soldaten Jesus in persifliertem Triumphornat (vgl. 5.6.2[6]; 5.6.3[6]; 5.8.1[3]; 5.8.3[3]), Dornen- statt Lorbeerkranz (Mk 15,17: ἀκάνθινος; στέφανος) und purpurnen Feldherrenmantel (Mk 15,17: πορφύρα) kleiden (Szene 81) und über seine Kleider später, wie über die wertvollste Kriegsbeute, die „Rüstung" des besiegten Feldherrn (*spolia opima*; vgl. 5.6.1[8]), das Los werfen (Szene 82). Ein ähnlicher Gedanke könnte auch in Szene 76 enthalten sein, denn das Leinengewand, das der Jüngling fahren lässt, könnte seinen Verfolgern als Siegeszeichen gedient haben.

Aus Sicht des Narrators wird Jesus mit unüberwindbarer Stärke zurückkehren, obschon auch hier die Mittel unspezifisch bleiben (Szenen 41, 68–69, 74, 77 und 84).

(7)   Lager

Da Judäa sich zur erzählten Zeit nicht im Krieg befindet, ist dem Thema Kriegslager verständlicherweise kaum Aufmerksamkeit gewidmet. Der Aspekt des Tempels als Lager allerdings verdient vor dem Hintergrund seiner aufständischen Profanierer und seiner Schändung beziehungsweise Zerstörung durch Titus Erwähnung. An Ersteres erinnert nämlich Jesu Charakterisierung des Tempels als „Räuberhöhle" (vgl. 5.6.3[7]) und an Letzteres die Erwähnung, dass Jesus in Jerusalem als erstes den Tempel begeht, aber anders als Titus diesen freilich nicht schändet, wohl aber wie sein Eigentum (es gehört ja seinem Vater) beansprucht, denn als König muss ihm die beim Volk im höchsten Ansehen stehende „Königsstadt (*Bell.* 3,54; 4,89)" Jerusalem gehören (Szene 55 und 57), wie etwa Agrippa Tiberias oder Tarichea „gehörte" (*Bell.* 3,445). Und schließlich sagt er auch seine Zerstörung voraus (Szene 66).

Vielleicht dachte der Erzähler, als er Petrus auf dem Berg die Errichtung dreier Zelte in der Gegenwart von Mose und Elia vorschlagen lässt, an Feldherrenzelte (Szene 42).

INTERTEXTUELL-HISTORISCHE VERORTUNG DER EXEGETISCHEN ERTRÄGE 757

(8) Versorgung

Auch der Aspekt von Versorgung wird im Markusevangelium tangiert. Etwa darin, dass jeweils Gott zu geben beziehungsweise zurückzugeben ist, was ihm gehört (Szene 60), oder, dass die Jünger offenkundig über eine Gemeinschaftskasse verfügen, aus welcher sie sich und ihren Lehrer ernähren (Szene 30). Wer die Kasse speist, wird allerdings nicht offenbart. Die Kosten für Jesu Begräbnis werden offenkundig nicht aus dieser Gemeinschaftskasse, sondern von entfernteren Anhängern, Frauen zumal, getragen (Szenen 71, 83–84).

Doch wichtiger ist Jesu Zusicherung seinen Jüngern gegenüber, dass wer seinetwillen und des Evangeliums willen Haus, Familie und Äcker verlässt, dies nicht nur hundertfach zurückempfangen wird, in welcher Weise führt er nicht aus, sondern darüber hinaus auch noch Auferstehung (Szene 61) und ewiges Leben (Szene 51). Solches erbt auch, wer sich seines irdischen Besitzes zu Gunsten der Armen trennt (Szene 50). Wehe aber denjenigen, die sich an den existenzsichernden Gütern sozial Schwacher, wie beispielsweise Witwen, vergreifen, sie sind schon verurteilt (Szene 64).

Jesus fühlt sich darüber hinaus auch verantwortlich für seine weitere Gefolgschaft, ähnlich wie römische beziehungsweise judäische Feldherren und Könige auch, weswegen er von seiner Vollmacht Gebrauch macht, (s)eine Volksmenge von 5'000 respektive 4'000 zu verpflegen; hier nicht mit Getreide, sondern mit Brot und Fisch (Szenen 30, 36 und 38), selbst über die Grenze nach Syrien hinweg ist er bereit, auf Einladung im übertragenen Sinn zu versorgen (Szene 34).

Und dass er schließlich im Zusammenhang von Kriegsgerüchten – wie erwähnt – auch von Hungersnöten spricht, erinnert an Ausführungen von Josephus (Szenen 13 und 66).

(9) (Nicht) dienstleistendes Volk und Frauen
   Volk

Da der Aufstand gegen Rom maßgeblich und aktiv vom jüdischen Volk gestützt und getragen wurde und auch aus der Zeit vor dem ersten jüdisch-römischen Krieg (bewaffnete) Volksaufstände bekannt sind, sind die Massenaufläufe um die Person Jesu im markinischen Text politisch damit auch militärisch zu kontextualisieren. Die Fähigkeit Jesu, Volksmassen aus dem ganzen Land und fast überall, wohin er sich begibt, zu mobilisieren, setzt im Volk offenkundig seine Legitimität voraus. Darum wissen die Jerusalemer Eliten, und die Situation richtig einschätzend, wollen sie sich der Causa Jesu noch nicht annehmen, das heißt: ihn aus dem Weg schaffen, weil sie einerseits das Volk fürchten und andererseits Jesu Erhebung zu Pessach (Szenen 59 und 70; Mk 12,12; 14,2). Dass es dann doch so geschieht, verdanken sie nach der Erzählung dem Verrat des

758 5. KAPITEL

Judas. Abgesehen von seiner Nachfolgerschaft, findet Jesus seitens des Volkes am meisten in Galiläa Anerkennung (Szenen 05, 09 und 19–22); in zwei Szenen wird die Volksmenge gar quantifiziert, zunächst 5'000 (Szene 30), fast so viel wie eine Legion, und dann 4'000 (Szene 36). Die erste Gruppe lässt sich dann auch in für militärische Truppen übliche Abteilungen nieder, 50 und 100 – eine Zenturie? Mehrdeutig ist hier auch, dass sich die Zahl 5'000 auf Männer beziehen soll (Mk 6,44). Meint das ausschließlich Männer oder Männer exklusive beziehungsweise inklusive Frauen und Kinder? Nach Galiläa strömt das Volk auch aus allen Landesteilen zu Jesus, Judäa mit Jerusalem, Idumäa, Peräa und Tyrus mit Sidon (Szene 15). Gleich wie in Galiläa sind ihm teilweise auch in der Tetrarchie des Philippus (Szene 44), dem späteren Königreich des Agrippa II., Sympathien sicher und zunächst auch in Jerusalem (Szenen 55 und 57). Aber von der Gespaltenheit des Volkes ist auch die Rede, etwa in Nazareth (Szene 27), das zu Sepphoris gehörte und sowohl dem Cestius als auch dem Vespasian Loyalität zusicherte, und ansatzweise auch in dem in der Tetrarchie des Philippus gelegenen Gergesa (Szene 24). Aber wie die Bevölkerung des belagerten Jerusalem, das sich durch die Reden des Josephus zum Überlaufen bewegen ließ, sind die Jerusalemer des markinischen Textes keine verlässlichen Partner, lassen sie sich doch von den durch Neid motivierten Argumenten der Schriftgelehrten von der Loyalität Jesu gegenüber abbringen und sogar seinen Tod fordern (Szene 80).

Frauen

Das sympathisierende Volk inkludierte zweifelsohne auch Frauen, die Jesus unterstützten. Ganz praktisch, das heißt für seinen Lebensunterhalt sorgend, tun dies die Schwiegermutter des Petrus, aber auch die Frauen, die ihm folgen, sei es aus Galiläa oder von anderswoher (Szenen 08 und 83). Eine besondere Rolle spielen dabei die drei namentlich genannten Frauen Maria Magdalena, Maria – die vermutlich seine Mutter ist – sowie Salome, denn sie sind Komplizinnen der engen Gefolgschaft, wissen sie doch offensichtlich, wo sich die Jünger aufhalten, denen sie Jesu Vorausrücken nach Galiläa bestätigen sollen; die Einladung, ihm dorthin zu folgen, ergeht übrigens auch an sie (Szene 84). Aber die wichtigste Rolle kommt der anonymen Frau zu, die Jesus zum Begräbnis und proleptisch vielleicht auch zum Königtum salbt. Sie hat eine Rolle, die in den Schriften Propheten eigen war, dafür spricht Jesus ihr einen besonderen Platz in der Siegesbotschaft zu (Szene 71). Die Gespaltenheit äußert sich aber auch in Jesu Familie und erinnert an die Aussage des Josephus, dass der Bürgerkrieg Familien unversöhnlich in Kriegsbefürworter und Besonnene trennte (Szenen 17 und 27; vgl. *Bell.* 4,132). Die Bemühungen der Syrophönizierin, den ethnischen Graben zu überbrücken, erinnert an die Haltung der gottesfürchtigen Damaszenerinnen (Szene 34; vgl. 5.6.2[9]). Und Herodias wird vom Narrator zwar als politisch mächtig, aber mit Blick auf Johannes und wohl auch Jesu letztlich als von eigennützlichen Motiven geleitet dargestellt (Szene 29), ähnlich wie im Falle von Berenike, die die Ambitionen des Vespasian und die Beziehung zu Titus höher stellt als das Freiheitsbegehren ihres Volkes. Ihre Tochter demgegenüber, genauso wie die Magd des Hohepriesters, die bereitwillig zur Kriminalisierung des Petrus beisteuert (Szene 78),[196] erscheint als Obrigkeitshörig.

5.7 Kriegsführung

5.7.1 Allgemein

(1) Vorbereitende kultische Handlungen

Vor der eigentlichen Kampfführung – wie auch an ihrem Ende (vgl. 5.8.1[4]) – hatte der Feldherr nach Gesetz oder Anweisung der Wahrsager sich, seine Soldaten als auch den Staat durch Opfer kultisch zu reinigen, zu entsühnen, um die Götter im Blick auf das kriegerische Vorhaben günstig zu stimmen; entsprechend hält Onasander fest:

> Before the general leads out his army he must see that it is purified, by such rites as either the laws or soothsayers direct, and must avert whatever taint there is in the state or in any citizen, by expiatory sacrifices.
>
> ONASANDER, *Strat.* 5,1

(2) Militärische Zeichen (signa)

Nach Entsühnung von Heer und Staat erfolgte der Befehl zum Aufbruch in Form des sogenannten *signum classicum*. Für seine Übermittlung wie auch für andere den Tagesablauf, die Lagermanöver oder die eigentliche Schlacht betreffenden Anordnungen bedienten sich die Römer – wie antike Völker generell – der Signale (*signa*), das heißt taktischer Zeichen, von denen es nach Vegetius drei gab: stimmliche (*signa vocalia*), akustische (*signa semivocalia*) und optische (d. h. „stumme," *signa muta*). Die ersten zwei Arten wendeten sich hierbei ans Gehör, die dritte aber an die Augen.

---

196 Elisabeth Schüssler Fiorenza ortet die narrative Funktion dieser Magd aus feministischer Sicht darin, dass sie dem Petrus eine Chance bietet, gemäß seinen Beteuerungen Jesus gegenüber zu handeln (Szene 74; Mk 14,31), und weil er darin versagt, ihn als den entlarvt, der er ist: ein Verleugner (*In Memory of Her*, 321).

Stimmliche Zeichen waren Befehle, die mit der menschlichen Stimme gegeben wurden, etwa bei der Wache oder im Kampf. Beispielsweise: „Sieg!, Palme!, Tapfer!, Gott mit uns! Kaisers Triumph!" oder anderes, was immer auch derjenige, der im Heer die höchste Stellung innehatte, dem Paroleträger (*tesserarii*), gewöhnlich ein Soldat, angeben wollte. Diese Parole oder dieses Losungswort (*tessera*) musste täglich gewechselt werden, damit die Feinde es nicht aus der öfteren Verwendung erkennen und sich ungestraft als Spione in römischen Reihen aufhalten konnten.

Akustische Zeichen waren unverwechselbare musikalische Kommandos, die durch Trompete (*tuba*), Posaune (*bucina*) oder Horn (*cornu*) gegeben wurden. Trompete nannte man nach Vegetius das „gerade Instrument," Posaune das, „was in sich in einem Metallring gewunden war," und Horn, das, „was von wilden Stieren, in Silber gefasst, durch den kunstfertigen Atem des Bläsers geregelt, ein Geräusch losließ." Sooft die Hornisten bliesen, folgten ihrem Signal nicht die Soldaten, sondern die Feldzeichen. Und wenn die Soldaten zu irgendeiner Arbeit allein ausrücken sollten, bliesen die Trompeten. Zum Kampf aber bliesen sowohl die Trompeter wie auch die Hornisten. Das besagte *signum classicum* ließen die Posaunisten mit ihren Hörnern ertönen. Es galt als Zeichen der Oberherrschaft (*insigne imperii*), weil dieses Signal in Gegenwart des Imperators geblasen wurde oder bei der Hinrichtung eines Soldaten, weil ja diese nach der Rechtssatzung des Oberbefehlshabers geschehen musste.

Zu den optischen Zeichen, schließlich, gehörten die Feldzeichen, Fahnen sowie Abzeichen an Kleidern, Waffen oder Pferden. Das wichtigste Feldzeichen, ja, geradezu das Wahrzeichen aller Legionen, war dabei der zu Kaiserzeit aus Gold gefertigte und den Blitzstrahl Jupiters haltende Adler (*aquila*). Als der einzig mantische und daher göttliche Vogel der Antike galt er als sein Bote, Helfer und Siegverkünder, war an der Spitze einer langen Lanze angebracht und wurde von einem Adlerträger getragen (*aquilifer*; vgl. *Bell.* 3,123). Ebenfalls wichtig waren das vom *imaginifer* beziehungsweise das vom *signifer* – beides Soldaten – getragene Kaiserbildnis (*imago*) und Legionszeichen (*signum*). Letzteres bildete, neben der Legionsnummer und dem Namen sowie allenfalls einem oder mehrerer Beinamen, ein spezifisches Legionssymbol ab, in den meisten Fällen ein Tier, seltener eine (Halb)Gottheit, was gemeinsam zur Identifikation mit der eigenen Legion beitrug. Die Reiterei schließlich folgte dem von einem *vexillarius* getragenen *vexillum*. Befahl der Kriegsführer die optischen Zeichen an Kleidung, Waffen oder Pferden zu beobachten, sollte es den Soldaten helfen, den Feind von den eigenen Leuten zu unterscheiden. Auch konnte er manches mit der Hand andeuten oder nach der Art der Barbaren mit der Peitsche oder sogar durch Bewegen des Gewandes, das er trug. Ein weiteres optisches und allgemein bekanntes Zeichen war es ferner, wenn

INTERTEXTUELL-HISTORISCHE VERORTUNG DER EXEGETISCHEN ERTRÄGE   761

beim Aufbruch eines Haufens der Staub wie eine Wolke hochwirbelte und so die Ankunft der Feinde verriet. Ähnlich gab man, wenn die Truppen geteilt waren, bei Nacht durch Feuer, bei Tag durch Rauchsäulen den Verbündeten per Zeichen an, was sonst nicht gemeldet werden konnte. Manche gar hingen an Lager- oder Stadttürmen Balken auf, anhand derer sie Befehle anzeigten, indem sie nämlich diese entweder aufrichteten oder absenkten.

Die Tatsache, dass im Kampfgetöse eine Menge durch Zurufe allein nicht zu leiten war und der Situation laufend entsprechende Anordnungen erforderte, erwiesen sich durch Zeichen vermittelte Befehle als unverzichtbar, als über Leben und Tod entscheidend. Aufgrund dieser Wichtigkeit erlangten sie daher geradezu religiöse Bedeutung (vgl. etwa Tacitus, *Ann.* 1,39,4; *Bell.* 3,124), weshalb ihnen nach der Eroberung Jerusalems beispielsweise gegenüber einem der östlichen Tempeltore von den Truppen des Titus geopfert wurde (*Bell.* 6,316 Pl.: σημαία). Die von den Offizieren an die Träger der Feldzeichen erteilten Befehle mussten daher gelernt, eingeübt und unbedingt befolgt werden. Sich vom Feldzeichen zu entfernen wurde daher mit Desertierung gleichgesetzt. Und als furchtbares Unglück galt sein Verlust, insbesondere an den Feind, es wurde als schmachvolles Zeichen der Niederlage gedeutet, und als schweres kollektives Vergehen geahndet (vgl. *Bell.* 6,225–226).[197]

(3)   Aufbruch und Marschordnung

Berichte über die Phase des Aufbruchs beziehungsweise die römische Marschordnung bietet lediglich Josephus. Und demnach erfolgte Ersteres jeweils in drei durch Trompetensignale eingeleitete Etappen. Beim ersten Signal hatten die Soldaten die Zelte abzubrechen, beim zweiten die Lasttiere zu beladen und beim dritten in Reih und Glied zu stehen, um vom Herold (*Bell.* 3,92: κῆρυξ) zur Rechten des Heerführers (*Bell.* 3,92: πολέμαρχος) dreimal in Muttersprache gefragt zu werden, ob sie zum bevorstehenden Kampf bereit seien, was sie mit kräftigen und begeisterten Rufen dreimal bejahten (*Bell.* 3,89–93).

Hernach rückte Vespasian von Ptolemais in folgender „üblicher" und sicheren[198] Marschordnung Richtung Galiläa vor:

---

197 Onasander, *Strat.* 6,8; Vegetius, *Mil.* 2,7,3.5.8; 3,5; Anne Kolb und Yann Le Bohec, „Signale," *DNP* 11:539; Christian Hünemörder, „Adler," *DNP* 1:115–116; Yann Le Bohec, „Imaginiferi, Imaginifarii," *DNP* 5:948; Yann Le Bohec, „Feldzeichen," *DNP* 4:458–462; Luisa Zanoncelli, „VI. Musikinstrumente," *DNP* 8:551–552; Burckhardt, *Militärgeschichte der Antike*, 110–111; Rüpke, *Domi militiae*, 184–188.

198 Wie die Sicherheit unterwegs zu gewährleisten war, thematisiert auch Frontinus (*Strat.* 1,4–6).

762 5. KAPITEL

Die leichten Hilfstruppen und Bogenschützen sollten die Vorhut bilden, damit sie plötzliche Angriffe der Feinde zurückschlagen und verdächtige, für den Hinterhalt geeignete Wälder durchsuchen sollten. Ihnen folgte auch eine Abteilung römischer Schwerbewaffneter, und zwar beides, Fußvolk und Reiterei. Hinter diesen kamen zehn Mann von jeder Centurie, die außer ihrem eigenen Gepäck auch noch die Messinstrumente für das Lager trugen, nach ihnen die Straßenbauabteilung, die die Windungen der Heerstrasse begradigen, schwierige Strecken einebnen und hinderliches Strauchwerk abhauen sollten, damit das Heer nicht durch beschwerliche Wegverhältnisse unnötig angestrengt würde. Dann folgte auf Anweisung Vespasians hin sein eigenes Gepäck und das seiner Unterführer (*Bell.* 3,119.122 Pl.: ἡγεμών), dazu eine große Anzahl von Reitern, um es zu schützen. Nach diesen kam er selbst, begleitet von einer Abteilung ausgewählter Fußsoldaten und Reiter, dazu den Lanzenträgern. Ihm schloss sich die zu den Legionen gehörige Reiterei an; jeder Legion sind nämlich 120 Reiter zugeteilt. Hinter diesen kamen die Lasttiere, die die schweren Belagerungsmaschinen (*Bell.* 3,121 Pl.: ἑλέπολις) und die übrigen Kriegsgeräte (*Bell.* 3,121 Pl.: μηχάνημα) trugen. Ihnen folgten die Legionskommandeure, die Hauptleute der Kohorten mit den anderen höheren Offizieren, von auserlesener Mannschaft umgeben. Im Anschluss an sie wurden die Feldzeichen getragen, die den Adler umgeben, der bei den Römern an der Spitze jeder Legion steht, ist er doch König aller Vögel und Träger höchster Kraft; darum bedeutet er für die Römer auch das Wahrzeichen ihrer Herrschaft und scheint ihnen den Sieg über jeden Feind, gegen den sie ziehen, im Voraus zu verkünden. Nach den heiligen Zeichen folgten die Trompeter, und hinter ihnen marschierten die Kampftruppen auf, die dicht geschlossene Kolonne in Sechserreihen gegliedert.[199] Diese werden gewohnheitsmäßig von einem Centurio begleitet, der die Marschordnung zu überwachen hatte. Der ganze Tross jeder Legion folgte den Fußtruppen mit dem Gepäck der Soldaten, das von Maultieren und übrigen Lasttieren getragen wird. Hinter der letzten Legion marschierte die Söldnertruppe, ihr schloss sich zur Sicherung die Nachhut an, bestehend aus Fußvolk, Schwerbewaffneten und einer größeren Anzahl von Reitern.

Bell. 3,116–127

Mit nahezu identischer Marschordnung rückte Titus von Cäsarea vor Jerusalem (*Bell.* 5,47–49).

---

199   Wohl angeführt von der durch das Los bestimmten Legion (*Bell.* 3,97).

INTERTEXTUELL-HISTORISCHE VERORTUNG DER EXEGETISCHEN ERTRÄGE 763

(4)   Kriegsführung
         Kriegsrekurrenz, Kriegsregeln, Strategien, Strategeme
Nach Vegetius sollen die Römer fast alle Jahre in verschiedenen Gegenden
gegen verschiedene Feinde gekämpft haben. Entsprechend bemessen war ihre
Truppenmenge, wobei sie es für vorteilhafter ansahen, nicht so sehr große
Heere als lieber zahlreiche zu haben. Dabei beachteten sie stets die Regel,
dass niemals die Zahl der verbündeten Hilfstruppen größer war als die der
römischen Bürger (*Mil.* 3,1,12).

Die eigentliche Kriegsführung, sei es als offene Feldschlacht, Städtebelagerung oder Seeschlacht, folgte allgemeinen als auch spezifischen „Regeln" (*regu-
lae*) wie Vegetius festhält[200] und detailliert beschreibt. Die erfolgreiche Anwendung dieser und weiterer Regeln als Ganzes wurde der guten „Strategie" (griech.
στρατηγία) des einzelnen Feldherrn gutgeschrieben, das heißt seiner „Feldherrenkunst," seiner klugen „Taktik" oder seinem umsichtigen „Feldzugsplan."
Und reüssierte er in einer bestimmten Feldherrentat, so wurde das geschickte
„Strategem" (*Bell.* 3,106 Pl.: στρατήγημα) gepriesen, das heißt seine einfallsreiche „Kriegslist."[201] Dementsprechend brachte die Antike zur Unterweisung des
militärischen Nachwuchses zwei Typen von Literatur hervor, einerseits theoretische Ausführungen wie die eines Onasander oder Vegetius und andererseits
aus dem umfangreichen Textkorpus hellenistisch-römischer Literatur entnom-
mene Anekdotensammlungen von Strategemen, wie die eines Frontinus oder
Polyainos.[202] Gemeinsam boten sie Anschauungsmaterial, wie mit möglichst
geringem Aufwand ein möglichst großer Ertrag unter Wahrung der größtmöglichen Sicherheitsmassnahmen (vgl. z.B. *Bell.* 4,366–376; 5,316), erzielt werden
sollte. Wie dieses Ziel im jeweiligen Feldzug oder Kampf zu erreichen war, sollte
der Feldherr nicht alleine entscheiden, sondern mit seinen Offizieren erörtern.
Entsprechend hält Josephus im Blick auf die Römer fest:

> Im Kampf geschieht nichts ohne vorherige Beratung oder aus dem Steg-
> reif, stets geht die Überlegung der Tat voraus; was aber einmal für rich-
> tig erfunden wurde, bringt man auch zur Ausführung. Darum begehen
> sie auch selten Fehler; wenn sie aber einmal einen Rückschlag erleiden,
> können sie ihn leicht wieder gutmachen. Sie schätzen daher das Miss-
> lingen vorbedachter Unternehmungen höher ein als Erfolge, die das trü-

---

200 Vegetius, *Abriss des Militärwesens*, 174.

201 Liddell-Scott, *Greek-English Lexicon*, 1652; Menge-Güthling, *Langenscheidts Großwörter-
     buch Altgriechisch-Deutsch*, 639.

202 Vgl. auch Leonhard Burckhardt und Helmuth Schneider, „Taktik," *DNP* 11:1226–1228; Yann
     Le Bohec, „Stratagemata," *DNP* 11:1036–1037.

764   5. KAPITEL

gerische Glück schenkt, da ein unverdienter Vorteil zur Unvorsichtigkeit verführe, während die Berechnung – wenn sie auch einmal fehlgehen sollte – doch eine heilsame Vorsicht erwecke, solche Missgeschicke künftig zu vermeiden. Bei den Erfolgen, die von selbst eintreten, sich ja der Empfänger überhaupt nicht beteiligt, während bei Unglücksfällen, die trotz aller Berechnung eintreten, doch der Trost bleibe, dass man zuvor sachgemäß überlegt habe.

Bell. 3,98–101

Zu den allgemeinen und alle Formen der Kriegsführung betreffenden Regeln gehörte einerseits und zuallererst das Prinzip der Geheimhaltung der eigenen Pläne. Der Feldherr sollte sich zwar mit vielen beraten, was zu geschehen hatte, was er aber zu tun beabsichtigte, sollte er nur mit wenigen, und zwar den Zuverlässigsten austauschen oder noch lieber: allein mit sich selbst. Denn was der Feind in Erfahrung bringen konnte durch Beobachtung oder Verrat, räumte ihm die Gelegenheit ein, ein Gegenmittel zum Widerstand zu ersinnen. Erfuhr der Feldherr von einer allfälligen Preisgabe seiner Pläne, tat er gut dran, die Disposition umgehend zu ändern (Onasander, *Strat.* 10,22–24; Frontinus, *Strat.* 1,1; 3,3; Vegetius, *Mil.* 3,6,9; 3,26,5.9.28–29.33; Bsp.: Frontinus, *Strat.* 1,1,8).

Daran fügt sich andererseits das Prinzip an, dass der Feldherr mit Hilfe der Nachrichtenermittlung alles ihm möglich tun sollte, um die Pläne des Feindes in Erfahrung zu bringen. Diesem Ziel konnte offenes wie auch verborgenes – etwa durch Verkleidung getarntes – Auskundschaften und Beobachten ebenso gut dienen wie die Informationen von Verrätern und Überläufern (Onasander, *Strat.* 6,7; 10,9; Frontinus, *Strat.* 1,2; 3,16; Vegetius, *Mil.* 3,6,5.11; 3,26,7; Bsp.: Sueton, *Jul.* 58; Frontinus, *Strat.* 1,2,1).[203]

Ferner, was immer dem Feldherrn nützte, schadete dem Feind und umgekehrt, was immer dem Feind nützte, schadete ihm selbst. In diesem Sinne erfüllte das erwähnte und durch Kriegsrecht sanktionierte Plündern und Brandschatzen des besiegten Feindes auch den taktischen Zweck, seine Versorgung und finanziellen Mittel im Dienste der Kriegsführung zu mindern (vgl. 5.6.1[8]; Onasander, *Strat.* 6,11).

Darüber hinaus spielte der Zeitfaktor in verschiedener Hinsicht eine wichtige Rolle. Zunächst einmal in dem Sinn, dass Kriegszeiten universal auf die zum Krieg geeigneten Jahreszeiten beschränkt waren, das heißt vom Spätfrühjahr bis Herbst und somit in der Regel eine „saisonale" Tätigkeit zwischen April

---

203   Anne Kolb, „II. Nachrichtenwesen," DNP 8:666–672; Björn Onken und Kathrin Umbach, „Spionage," DNP 11:830.

INTERTEXTUELL-HISTORISCHE VERORTUNG DER EXEGETISCHEN ERTRÄGE 765

bis September war. Einerseits deswegen, weil sowohl winterliche Temperaturen auf dem Land als auch Winde auf dem Meer das Leben der Soldaten gefährdeten, und andererseits, weil Milizarmeen meist aus dem Bauernstand rekrutiert waren und diese auch im Interesse der Heeresversorgung in der Zeit von Aussaat und Ernte nicht abkömmlich waren. Ein Zeitpunkt für den Angriff musste ferner und aus taktischen Gründen im Verlauf eines gesamten Feldzugs stets sorgfältig gewählt sein; er durfte weder zu früh noch zu spät erfolgen. Dabei eigneten sich für Angriffe besonders Jahreszeiten, bei denen dem Feind im Blick auf seine Versorgung ein maximaler Schaden zugefügt werden konnte. Seine Felder sollten kurz vor der Ernte und doch so spät verheert werden, dass es für eine zweite Aussaat zu spät war. Für Überraschungsangriffe eigneten sich Tageszeiten, an welchen der Feind entweder durch einen Umstand (z. B. Flut), eine Tätigkeit (z. B. Körperpflege oder Schlaf) oder ein religiöses Gebot (Festzeit wie Sabbat) behindert war. Und schließlich sollten unerwartete Gelegenheiten nicht ungenutzt bleiben, denn sie verschafften öfter Vorteile als Tapferkeit (*Bell.* 2,392; Vegetius, *Mil.* 3,26,1.6; 3,38,1–5.13–17; 4,39,2–10; Bsp.: Frontinus, *Strat.* 2,1,18; Dio Cassius, *Gesch.* 65,7,2).[204]

Dann waren Schwächen, wie das Fehlen wichtiger Dinge oder Rückschläge, gegenüber dem Feind zu verbergen, etwa durch vorgetäuschten Überfluss oder durch einfallsreiche Substituierung des Fehlenden (Frontinus, *Strat.* 1,7; 2,7.10; 3,15).

Und schließlich, wenn durch irgendein Unglück das ganze Heer in der Schlacht geschlagen wurde, war das zwar eine unheilvolle Niederlage, aber dem Feldherrn blieb die Möglichkeit der Wiederherstellung. So nämlich, dass er die Überlebenden sammelte, sie durch passende Ermunterungen zum Krieg neu ermutigte, und diesen weitere, durch Aushebungen angeworbene Soldaten und Hilfstruppen hinzufügte. Dann sollte er durch Abpassen guter Gelegenheiten gegen den siegreichen Feind aus verborgenem Hinterhalt einen Angriff wagen und so die Kühnheit wiederherstellen. An günstiger Gelegenheit dazu würde es nicht fehlen, da die Menschen im Erfolg zur Unvorsicht neigten. Wenn aber einer dieses Unglück für das äußerste und letzte halten sollte, so bedenke er, schließt Vegetius, „dass die Ausgänge aller Kämpfe anfangs mehr gegen jene gestanden haben, denen schließlich doch der Sieg gehören musste" (Onasander, *Strat.* 36,3–6; Vegetius, *Mil.* 3,25).[205]

---

204 Burckhardt, *Militärgeschichte der Antike*, 10; Jörg Rüpke, *Domi militiae*, 22–28: Rüpke zeigt auch, wie sich die jahreszeitlich gebundene Aktivität des Krieges, insbesondere sein Ende im Oktober, im römischen Festkalender niederschlug.

205 Was den römischen Umgang mit Niederlagen während republikanischer Zeit betrifft, hat

Die im Folgenden angeführten spezifischen Kriegsregeln und Strategeme zur Feldschlacht, Städtebelagerung und Seeschlacht sind insbesondere Vegetius, aber auch Frontinus entnommen:

Die Feldschlacht (pugna)
Bei der Feldschlacht maß sich das römische Heer mit dem Feind auf offenem Feld. Die Wahl des Ortes war dabei für den siegreichen Ausgang der Schlacht von entscheidender Bedeutung. Wenn immer möglich, sollte nämlich der Kampfort gegenüber demjenigen des Feindes höher gelegen sein. Spezieller noch: kämpfte er mit Reitern gegen feindliche Fußsoldaten, sollte das Gelände nicht nur höher, sondern auch eben und offen sein, das heißt weder bewaldet noch sumpfig. Kämpfte er aber mit Fußsoldaten gegen feindliche Reiter, sollte er bergiges Gelände auswählen. Vor Ort hatte der Feldherr darüber hinaus noch zu beachten, dass sowohl Sonne und Staub, welche die Sicht behindern, als auch Gegenwind, welcher die eigenen Geschosse ablenkt, sich während der gesamten Kampfzeit im Rücken und nicht im Gesicht der eigenen Leute befanden (Frontinus, *Strat.* 2,2; Vegetius, *Mil.* 3,13,1–3; 3,14,1–3).

Ebenso wichtig wie die Wahl des Ortes war die Wahl des richtigen Zeitpunkts der Entscheidungsschlacht. An diesem Tag sollte der Feldherr seine Soldaten ausreichend und nicht übermäßig mit Nahrung versorgen, damit die Speise sie kühner machte und sie bei längerem Kampf nicht ermatteten. Zudem sollte er seine Soldaten und Pferde nicht durch einen zu langen Anmarsch im Voraus ermüden. Auch sollt der Feldherr an diesem Tag sorgfältig erforschen, was seine Soldaten dachten; und falls notwendig, sollte er ihre Tapferkeit und ihren Mut durch Ermahnungen und Ermunterungen im Rah-

---

Jessica H. Clark jüngst in ihrem Werk *Triumph in Defeat: Military Loss in the Roman Republic* (Oxford: Oxford University Press, 2014) einen willkommenen Beitrag, vorgelegt. So könnten besigte Generäle (*imperatores victi*) ermutigt werden, „to ‚rewrite' their losses into setbacks along the road to ultimate success (134, vgl. auch 130 und 210)." Diese Option sei in grösserem Zusammenhang gestanden, so ihre These, wonach „the primary mechanism through which the Romans processed their experience of military defeat [in historical terms] was the integration of that experience within a larger narrative of victory. Members of the Roman Senate, in particular, developed a range of strategies by which battlefield defeats could be incorporated into triumphal trajectories, replacing the effects of defeat with the idea of (at times salutary) setbacks. In a comparable historiographic sense, rather than choosing to obscure or ignore losses in the field, Roman writers also sought to contextualize those losses in such a way that they appeared integral to subsequent successes. The correlation between these two phenomena should not surprise; after all, Rome's historians during the period under study here were themselves, with few exceptions, senators (11, vgl. auch 100, 208)."

INTERTEXTUELL-HISTORISCHE VERORTUNG DER EXEGETISCHEN ERTRÄGE 767

men einer Feldherrenrede stärken. So etwa, dass er ihnen einen Schlachtplan vorlegte, der sie hoffen ließ, den Sieg leicht zu erlangen. Oder, indem er ihnen die Feigheit, Fehler oder früheren Niederlagen der Feinde darlegte. Oder, indem er Dinge anführte, durch welche die Soldaten voll des Zorns und der Empörung zum Hass gegen die Feinde gebracht wurden. Falls möglich sollte der Feldherr seinen Soldaten die Furcht vor dem Feind darin mindern, dass er ihnen Gelegenheiten eröffnete, diesen im Vorfeld zu sehen und kennenzulernen. Es war möglich, die Furcht der Soldaten, etwa aufgrund ungünstiger Omina, zu zerstreuen, dort aber, wo sie seinen Soldaten, insbesondere den geübten Kriegern, nicht zu nehmen war, sollte der Feldherr die Schlacht unbedingt verschieben. Wenn seine Soldaten aber weniger zu Mutlosigkeit als zu Faulheit und Disziplinlosigkeit neigten, sollte er ihren Ehrgeiz durch eine übertriebene Darstellung der feindlichen Stärke wecken (Onasander, *Strat.* 14,1; Frontinus, *Strat.* 1,11–12; 2,1.8; Vegetius, *Mil.* 3,11,3.7–9; 3,12,1–7).

War der richtige Ort gefunden und seine Soldaten kampfbereit, dann stellte der Feldherr sie, und das möglichst vor dem Feind, in einer Schlachtreihe wie eine Mauer auf, wozu Vegetius erklärt:

> Schlachtreihe nennt man des aufgestellten Heeres Front, die gegen die Feinde blickt. Die Schlachtreihe ist in offener Feldschlacht, wenn sie geschickt angeordnet ist, von sehr großem Vorteil, wenn ungeschickt, werden selbst die besten Krieger durch die schlechte Aufstellung geschwächt. Grundregel der Aufstellung ist es, dass im vordersten Teil die erfahrenen und alten Soldaten postiert werden, die man früher *principes* nannte,[206] dass in der zweiten Reihe die gepanzerten Pfeilschützen und die besten Soldaten mit Spießen oder Lanzen angeordnet werden, die man früher *hastati* nannte.[207] Die einzelnen Bewaffneten aber beanspruchen gewöhnlich in direkter Linie je drei Fuß Raum für sich, das heißt auf 1'000 Schritt werden 1'666 Fußsoldaten in der Reihe aufgestellt, damit die Schlachtreihe nicht zu licht wird und doch auch Raum ist, die Waffen zu führen. Zwischen Reihe und Reihe aber sollten nach hinten in die Tiefe

---

206 Die Aufstellung der ersten Schlachtreihe, der *principes*, begann dabei mit der ersten Kohorte auf dem rechten Flügel, ihr schloss sich die zweite an, im Zentrum war die dritte postiert, an sie schloss sich die vierte und den linken Flügel übernahm die fünfte (Vegetius, *Mil.* 2,15,1–3).

207 Die Aufstellung der zweiten Schlachtreihe, der *hastati*, war der ersten ähnlich. Auf dem rechten Flügel stand die sechste Kohorte, ihr schloss sich die siebte an, die achte hielt das Zentrum der Reihe, gefolgt von der neunten und den linken Flügel behauptete immer die zehnte (Vegetius, *Mil.* 2,15,8–9).

sechs Fuß Abstand sein, damit die Kämpfer Raum hätten zum Anrücken und Zurückgehen; denn mit Anlauf und Sprung werden die Geschosse kraftvoller geworfen. In diesen beiden Reihen wurden die Soldaten im besten Mannesalter aufgestellt, die auf ihre Erfahrung vertrauen und mit der schweren Rüstung geschützt sind. Sie nämlich müssen gezwungen werden, wie eine Mauer niemals zu weichen oder zu verfolgen, damit sie die Reihen nicht durcheinanderbringen, sondern sie sollen die anrückenden Feinde empfangen und durch stehenden Kampf abschlagen und in die Flucht treiben. Die dritte Reihe wird gebildet von den schnellsten Leichtbewaffneten, von jüngeren Pfeilschützen, von guten Schleuderern, die man früher *ferentarii* nannte. Die vierte Reihe aber wird ebenso aufgestellt aus den leichtesten Schildträgern, aus jüngeren Pfeilschützen und solchen, die hitzig mit Jagdspießen kämpfen oder mit *mattiobarbuli*, wie man die Bleigeschosse nennt; diese heißen die Leichte Bewaffnung. Man muss also wissen, dass die dritte und vierte Schlachtreihe, während die beiden ersten fest stehenbleiben, stets von ihrem ursprünglichen Platz, um mit ihren Geschossen und Pfeilen zu provozieren, nach vorn rücken. Wenn sie die Feinde zur Flucht wenden können, verfolgen sie selbst sie zusammen mit den Reitern; wenn sie aber von den Feinden vertrieben werden, kehren sie zur ersten und zweiten Schlachtreihe zurück und ziehen sich zwischen diesen auf ihre Plätze zurück. Die erste und die zweite Schlachtreihe aber trägt, wenn es, wie man sagt, zu Säbeln und Spießen kommt, die ganze Last des Kampfes. In der fünften Reihe wurden manchmal Wagen- und Handgeschütze, Stockschleuderer und Schleuderer aufgestellt. Stockschleuderer sind die, die mit einem Schleuderstock Steine schießen. Ein Schleuderstock ist ein vier Fuß langer Stab, an dem in der Mitte eine Schleuder aus Leder angebracht ist, und mit beiden Händen betrieben schleudert er die Steine fast wie ein „Esel." Schleuderer sind solche, die mit Schleudern aus Leinen oder aus Haaren – diese sollen nämlich besser sein – Steine schleudern, indem sie den Arm um den Kopf drehen. Die, welche keine Schilde hatten, kämpften in dieser Reihe, sei es mit handgeworfenen Steinen oder mit Wurflanzen; man nannte sie *accensi*, gleichsam als Jüngere und später Hinzugefügte. Die sechste Reihe hinter allen wurde von sehr starken und mit Schilden bewaffneten und mit jeder Art Waffen ausgerüsteten Kriegern gehalten; die Alten nannten diese *triarii*. Diese ließen sich gewöhnlich hinter der letzten Schlachtreihe nieder, um ausgeruht und unversehrt die Feinde umso heftiger anzugreifen. Wenn nämlich den ersten Reihen etwas zugestoßen war, hing an deren Kräften alle Hoffnung auf Wiederherstellung.

VEGETIUS, *Mil.* 3,14,4–17; vgl. auch 2,17,1–5

War die Schlachtreihe der Fußsoldaten aufgestellt, postierte der Feldherr die gepanzerten und mit Lanzen bewaffneten Legionsreiter auf den Flügeln der Schlachtreihe, um diese zu sichern. Die ungepanzerten und pfeilschießenden Reiter der Verbündeten aber sollten – allenfalls von leichtbewaffneten Fußsoldaten unterstützt – weit ausscheren, um die Flügel der Feinde zu umschwärmen und zu verwirren (Vegetius, *Mil.* 2,15,1; 3,16,1–5).

Die am meisten zum Sieg beitragende Methode aber war die Bereitschaft von Reserveeinheiten. Deshalb sollte der Feldherr die ausgesuchtesten Fußsoldaten und Reiter mit Stellvertretern, Gefolgschaftsführern und Tribunen, soweit diese freistanden, hinter der Schlachtreihe postieren, teils bei den Flügeln, teils im Zentrum, damit diese, wo der Feind mit Heftigkeit andrang, plötzlich, um den Durchbruch durch die Schlachtreihe zu verhindern, hervoreilen, die Stellen ausfüllen und durch ihren zusätzlichen Einsatz die Kühnheit der Feinde brechen sollten. Aus der Reserve waren auch Leute zu nehmen, die für andere als die gerade Schlachtreihe erforderlich waren (Vegetius, *Mil.* 3,17,1–3).

Der oberste Führer selbst sollte sich zwischen die Reiter und dem Fußvolk auf der rechten Seite aufstellen, damit er von hier aus ungehindert die Schlachtreihe nach seiner Absicht lenken und sowohl Reiter als auch Fußsoldaten durch sein Ansehen ermuntern konnte. Der zweite Führer stellte sich im Zentrum und der dritte auf der linken Seite auf (Vegetius, *Mil.* 3,18,1–8).

Obschon die gerade Schlachtreihe Vegetius der geeignetste Weg schien, den Feind in die Flucht zu schlagen, sollte der Feldherr sich gegen die folgenden listigen Angriff des Feindes wappnen: Erstens, wenn dieser versuchen sollte die eigenen Flügel durch Scharen (*drungi*) zu umschwärmen; dagegen würde nur helfen, die Flügel im Bogen zurückzunehmen, damit die dort kämpfenden eigenen Leute rückwärtsgewandt den Rücken ihrer Gefährten schützen konnten. Zweitens, wenn sich der Feind in einem Keil (*cuneus*) aufstellt; dieser Formation sei mit der Schere (*forfex*) zu begegnen. Drittens, wenn er durch ausscherende Haufen (*globus*) Verwirrung zu stiften suchte; solche seien mit eigenen Haufen zu bekämpfen. Und sollte es ihm schließlich gelingen, die eigenen Schlachtreihen durcheinander zu bringen, so würde viertens die Säge (*serra*), eine vor die eigene Schlachtreihe aufgestellt Linie von tüchtigen Kämpfern, ausreichend Schutz bieten, bis die Ordnung wiederhergestellt sei (Vegetius, *Mil.* 3,19,1–9).

Nach realistischer Einschätzung seiner Truppenstärke sollte der Feldherr mit viereckiger Formation den Kampf nur dann eröffnen, wenn er mehr und tapferere Krieger habe; so könne er versuchen, den Feind auf beiden Flügeln zu umgehen und ihn in der Umarmung seines Heeres einzuschließen. Mit schiefer Schlachtformation hingegen soll er kämpfen, wenn er nur über wenige tüch-

770 5. KAPITEL

tige Soldaten verfüge. Er stelle sie in den rechten Flügel auf (oder umgekehrt in den linken) und beginne dort den Kampf, und den linken Flügel soll er weit entfernt vom rechten des Gegners halten, damit er dort weder beschossen noch umschwärmt wird. Diese Formation kann er noch steigern, indem er die Schlachtreihe zusätzlich noch dehnt. Einen Überraschungseffekt kann haben, wenn der Feldherr seine beiden mit guten Kämpfern bestückten Flügel unerwartet beschleunigt und simultan die Flügel der Feinde angreifen lässt, während er das zurückgelassene Zentrum durch Leichtbewaffnete schützt. Und schließlich kann der Feldherr einer seiner Flügel auch durch einen örtlichen Vorteil schützen, indem dort ein Berg, Abgrund, Gewässer oder eine Stadt sich befindet. Der Kampfgesang (*barritus*) darf aber nicht eher erhoben werden, als bis die beiden Schlachtreihen zusammentreffen (Frontinus, *Strat.* 1,10; 2,3–4; Vegetius, *Mil.* 3,18,9–10; 3,20,1–27).

Hatte der Feldherr den Feind in Bedrängnis gebracht, sollte er ihm eine Rückzugsmöglichkeit eröffnen, so dass diesem aus Verzweiflung nicht erneut der Mut erwachse. Denn auf dem Rückzug, nachdem die Besiegten die Waffen zurückgebracht haben, sind sie ihm eine umso leichtere Beute. Ist der Feldherr aber selbst gezwungen sich zurückzuziehen, so sollte er die größte Umsicht verwenden, denn nirgends drohe größere Gefahr, weil die Niederlage das Selbstvertrauen der Seinen mindere und den Mut der Feinde zu Überfällen, Hinterhalten und Fallen mehre. Umsicht soll er einerseits so walten lassen, dass er seinen Soldaten den Rückzug verheimliche und ihn stattdessen als notwendiges taktisches Manöver ausgebe; oder er verheimliche ihn vor den Feinden, indem er ihn beispielsweise im Schutze der Nacht antrete (Frontinus, *Strat.* 2,5–6.13; Vegetius, *Mil.* 3,21–22).

Die Städtebelagerung (oppugnatio)

Bei der Städtebelagerung kämpfte das römische Heer gegen einen durch natürliche und/oder künstliche Befestigungen geschützten Feind. Obschon die Umkehrung auch vorkam, nämlich, dass Feinde Roms römische Truppen belagerten, war das in diesem Krieg praktisch nie der Fall. Das zentrale Hindernis zum Sieg des römischen Feldherrn war in dieser Form der Kampfführung die Befestigungsanlage, und gegen sie war er mit für die Poliorketik geeigneten und bereits erwähnten Maschinen ausgerüstet (vgl. 5.6.1[6]). Darüber hinaus kämpfte er gegen die Verteidiger der Mauer sowohl mit Individual- als auch Kollektivwaffen; aber dieselben Waffen standen auch dem Feind zur Verfügung, nämlich insbesondere Geschütze (*ballista*), Esel (*onager*) und Skorpione, aber auch Bogenballisten, Schleuderstöcke und Schleudern. Und schließlich konnte sich der Feldherr einer Reihe erprobter Strategeme bedienen, in welcher Hinsicht aber auch die Feinde nicht gänzlich verlegen waren.

INTERTEXTUELL-HISTORISCHE VERORTUNG DER EXEGETISCHEN ERTRÄGE 771

Im Blick auf die Befestigungsanlage konnte der Feldherr beispielsweise veranlassen, dass die vor der Mauer liegenden Gräben, sofern sie nicht geflutet waren, untergraben wurden, bis hin zur Mauer, um dort die Fundamente derselben auszuhöhlen und die Mauer an der Stelle zum Einsturz zu bringen. Eine andere Methode war das Auffüllen der Gräben mit einem Wall, der die Höhe der Mauer erreichte, um so leichten Eintritt über dieselbe zu erhalten. Dabei sollte der Feldherr besonders auf herunterrollende Rundhölzer (*taleae*) achten, mittels derer der Feind sich gegen den Bau von Wällen wehren konnte.

Während der Feldherr vor oder an der Mauer mit Bauarbeiten oder Maschinen beschäftigt war, sollte er besonders auf von den Feinden abgefeuerte Brandpfeile (*malleoli*) oder Feuerlanzen (*falaricae*) achten, denn diese konnten seine Weinlauben, Schildkröten oder Wandeltürme umgehend vernichten. Dagegen konnte er sich schützen, indem er dieselben in Leder, Felle oder Lumpen und den Wandelturm auch in Metall einhüllte. Dasselbe aber konnten auch die Feinde tun, indem sie die Schläge der Sichel oder des Widders durch Polster oder heruntergelassene Balken auffingen oder dieselben anhand von Schlingen oder Wölfen (ein mit Zähnen versehenes Eisen) hochzogen und dadurch wirkungslos machten. Auch kam vor, dass sie diese durch hinuntergeworfene Säulenbasen oder Marmorsäulen gänzlich zerstörten.

Damit der Turm seiner Funktion, die Mauer zu überwinden, gerecht wurde, war seine Höhe entscheidend; er durfte deshalb nicht zu kurz und sollte auch nicht zu hoch sein. Zwei Möglichkeiten standen dem Feldherrn zur Verfügung, seine Höhe der jeweils zu überwindenden Stadtmauer entsprechend zu konstruieren: Er ließ entweder einen Pfeil mit dünnem Faden heimlich auf die Stadtmauer schießen, oder er maß unbeobachtet den Schatten der Mauer, zudem auch den Schatten eines zehn Fuß langen Maßes und konnte so die effektive Mauerhöhe berechnen. Wurde der Feldherr beim Bau beobachtet, konnte ihm der Feind mit zweierlei Mittel zuvorkommen: entweder er untergrub den Turm an der Stelle, an der er an die Mauer herangefahren werden sollte, oder er erhöhte ebendort die Mauer um die Höhe des Turmes, wogegen der Feldherr sich wiederum dadurch wehren konnte, indem er in den Turm einen ausfahrbaren inneren Turm einbauen ließ.

War es dem Feldherr gelungen die Mauer mit Sturmleiter, Kran oder Turm zu besteigen, sollte er sich vor den Geschossen der Feinde in Acht nehmen. Dies gilt insbesondere an denjenigen Stellen, wo die Mauer nicht in gerader Linie verlief oder bei Mauer(eck)türmen, erlaubte dies doch dem Feind, die Belagerer auch von der Seite und sogar von hinten in Beschuss zu nehmen. Auch vor den mit Steinen gefüllten Holzkisten (*metallae*) zwischen den Zinnen sollte er seine Soldaten im Voraus warnen, denn sie standen dazu bereit, um über die via Sturmleitern herannahenden Soldaten gekippt zu werden.

772   5. KAPITEL

War es dem Feldherr schließlich gelungen, die Mauer zu bezwingen, lauerten innerhalb der Mauer große Gefahren: Etwa die, dass der Feind in der Zwischenzeit eine zweite Mauer aufgerichtet hatte, oder dann, wenn er hohe Gebäude oder Stellen besetzte und von dort die eindringenden Römer unter Beschuss nahm.

Zu jeder Zeit konnte sich der Feldherr auch folgender Strategeme bedienen: Etwa der Zurschaustellung der gesamten Truppenmacht vor der Mauer zur Einschüchterung des Feindes. Oder das Fingieren eines Abzugs oder von Nachlässigkeit, nur um die darauf folgende Sorglosigkeit des Feindes mit einem Überraschungsangriff zu strafen. Derselben Strategeme wusste sich aber auch der Feind zu bedienen, so etwa, dass er Nachlässigkeiten durch menschen- und materialvernichtende Ausfälle bestrafte. Dagegen wiederum sollte sich der Feldherr durch den Bau eines außerhalb der Schussweite liegenden und mit Palisaden und Türmchen versehenen Walls schützen (*loricula* oder *circumvallatio*). Und diese Maßnahme schließlich konnte dazu dienen, den Feind von jeglicher Wasser-, Nahrungs- und/oder Futterbeschaffung wie auch der Kommunikation mit Verbündeten abzuschneiden und ihn bar jeglichen Kampfes allein durch Aushungern zur Kapitulation zu zwingen. Dies konnte aber nur dann gelingen, wenn der Belagerte im Vorfeld nicht alle Nahrung in die Stadt geschafft und das Übrige verbrannt hatte, und auch nur dann, wenn der Feldherr sich im Voraus um die Verpflegung seines eigenen Heers gekümmert hatte und – sollte sich die Belagerung in die Länge ziehen – reichlich über Nachschubmöglichkeiten verfügte (Frontinus, *Strat.* 1,8; 3,1–2.4.6–7.10–11.13–14.17; Vegetius, *Mil.* 4,2.5–8.12.14–15.17–18–20.22–24.26.30).

Die Seeschlacht (bellum navale)

Bei der Seeschlacht kämpfte der Präfekt der römischen Flotte gegen feindliche Schiffe. Da die Meere aber bereits von den Römern beherrscht wurden und in diesem ersten jüdisch-römischen Krieg die Seeschlacht nur eine marginale Rolle spielte, beschränken sich die folgenden Ausführungen nur auf das Wesentliche (vgl. 5.6.1[1]; 5.6.2[1]; 5.6.3[1]; 5.6.4[1]).

Die Seefahrt und damit eine erfolgreiche Seeschlacht setzte ein großes Vorwissen über die Meere wie auch das Klima voraus. Ein Flottenpräfekt musste erstens die sicheren Schiffsfahrtszeiten kennen. Denn die Seefahrt galt nur von Mitte Mai bis Mitte September als sicher, von Mitte September bis Mitte November wie auch von Mitte März bis Mitte Mai aber als gefährlich und von Mitte November bis Mitte März gar als lebensgefährlich.

Der Flottenpräfekt musste zweitens mit der Kenntnis der Naturwissenschaft vertraut sein. Dies umfasste die genaue Kenntnis der – wie damals angenommen – zwölf Winde, wobei er erkennen sollte, welcher Wind oder welche

INTERTEXTUELL-HISTORISCHE VERORTUNG DER EXEGETISCHEN ERTRÄGE   773

Winde der Weiterfahrt dienten und welche potentiell zum Schiffbruch führten. Bestand die Gefahr für Letzteres, sollte er die Fahrt unbedingt unterbrechen. Auch sollte er die wetterbestimmenden Zeichen sowie die Strömungen der Gezeiten kennen. Selbstverständlich sollten er und seine Mannschaft darüber hinaus die Seegebiete genau kennen, um etwelchen lauernden Gefahren, wie etwa verborgene Klippen oder gefährliche Sandbänke, auszuweichen und die Häfen sicher ansegeln zu können.

Drittens war es für den Flottenpräfekt – wie für den Feldherrn auch – von größter Wichtigkeit, den Ort des Seegefechts, das heißt die Eigenheit des Meeres und des Küstenverlaufs, aber auch des Feindes selbst genau zu kennen. Diese Kenntnis ermöglichte die Planung von Hinterhalten, etwa an günstigen Engstellen, oder dort, wo der Feind mit Gegenwind oder starken Flutströmen zu kämpften hatte. Auch konnte der Feind dabei im Schlaf überrascht oder am Auslaufen aus dem Hafen gehindert werden.

Und schließlich sollte der Flottenpräfekt auf die überlegene Leistungskraft seiner Ruderer achten. Denn Seeschlachten begannen auf ruhiger See, und die Wucht der Kriegsschiffe wurde nicht durch das Wehen der Winde, sondern durch den Schlag der Ruderer erzeugt. Durch ihre Kraft wurden die Schiffsschnäbel in feindliche Schiffe gebohrt und durch ihr Geschick, gemeinsam mit demjenigen, der meisterlich das Steuer führte, war den feindlichen Schiffsschnäbeln auszuweichen. Letztere sollten auch stets darauf achten, dass sie die eigene Flotte auf dem hohen und freien Meer hielten, während sie den Gegner ans Gestade drängten, damit dieser den Anlaufschwung zum Kampf verlor (Vegetius, *Mil.* 4,38–43.45–46).

5.7.2   *Rom und Judäa*

(1)   Vorbereitende kultische Handlungen

Rom

Tacitus stellt fest, dass auf die Kampfführung vorbereitende kultische Handlungen beispielsweise der mit der Armenienfrage beauftragte Gnaeus Domitius Corbulo „in üblicher Weise tat," bevor er 63 d. Z. gegen den armenischen König Tridates I. in den Krieg zog (Tacitus, *Ann.* 15,26,3). Vergleichbares aber berichtet Josephus weder von Cestius, Vespasian noch von Titus, was nicht bedeuten muss, dass es nicht stattfand.

Judäa

Derselbe Tacitus will wissen, dass sich die Juden im Kontext des ersten jüdischrömischen Krieges gegen solche aus seiner Sicht erforderlichen Sühnehandlungen versperrten, denn abschätzig bemerkt er: „Es waren Vorzeichen geschehen; doch sie durch Opfer und Gelübde zu entsühnen, hält das dem Aberglauben

774 5. KAPITEL

ergebene, heiligen Bräuchen abholde Volk für nicht erlaubt" (Tacitus, *Hist.* 5,13,1).[208]

(2)   Militärische Zeichen (σημεῖον)
        Rom
Von stimmlichen Zeichen spricht auch Josephus, etwa, wenn er vom allmorgendlichen Appell im Lager berichtet, wo sich die Tribunen gemeinsam mit den höheren Offizieren zum Oberbefehlshaber, in diesem Fall Vespasian, begaben, um von ihm die Losung (*Bell.* 3,88: σημεῖον; *Bell.* 5,295; 6,139: σύνθημα) und dazu weitere Befehle entgegen zu nehmen, welche sie an ihre Untergebenen zu übermitteln hatten.

Im selben Kontext erwähnt er auch akustische und über Trompeten (*Bell.* 3,86.90.91 Pl.; 3,89: σάλπιγξ; *Bell.* 3,124 Pl.: σαλπιγκτής) vermittelte Signale, die den Soldaten ständig den Tagesablauf betreffende Befehle übertrugen, aber auch das Zeichen zum Angriff (*Bell.* 3,265 Pl.; *Bell.* 6,68: σαλπικτής; *Bell.* 4,20 Pl.; *Bell.* 6,69: σάλπιγξ).

Der Eroberung des Tempels wurde so Ausdruck verliehen, dass man den Feldzeichen dort opferte, und die Eroberung der Stadt so, dass man die Zeichen auf den als letztes eroberten Türmen unter Siegesgesängen einpflanzte (*Bell.* 6,3,16.403 Pl.: σημαία).

Zur Bedeutung und Hochschätzung optischer Zeichen bei den Römern, insbesondere des Adlers sowie der Feldzeichen sei auf 5.7.1(3) verwiesen. Aus den Informationen zu den in diesem Krieg unter Cestius, Vespasian und Titus involvierten Legionen lässt sich schließlich nur teilweise rekonstruieren, welche weiteren Legionssymbole eine Rolle gespielt haben dürften: Denn die unter Cestius kämpfende Abteilung der dritten Legion (Gallica) schmückte sich mit einem Stier, die unter Vespasian und Titus kämpfende fünfte (Macedonica) mit Stier und Adler, die unter Cestius, Vespasian und Titus kämpfende zehnte (Fretensis) mit Stier und Eber, die unter Cestius und Titus kämpfende zwölfte, wie der Name Fulminata sagt, mit einem Blitz und die unter Vespasian und Titus kämpfende fünfzehnte wie der Name Apollinaris sagt mit Apoll.[209]

Judäa
Dass judäische Feldherren sich der Zeichen bedienten erwähnt Josephus nur dreimal explizit. Erstens im Zusammenhang der Ausbildung seiner Soldaten,

---

208 Vgl. dazu René Bloch, *Antike Vorstellungen vom Judentum: Der Judenexkurs des Tacitus im Rahmen der griechisch-römischen Ethnographie* (Historia: Einzelschriften 160; Stuttgart: Steiner, 2002).

209 Le Bohec, „Feldzeichen," 4:458–462.

INTERTEXTUELL-HISTORISCHE VERORTUNG DER EXEGETISCHEN ERTRÄGE   775

denn ihnen soll er die Weitergabe des Losungswortes beigebracht haben (*Bell.* 2,579 Pl.: σημεῖον), sowie die zum Angriff und Rückzug geblasenen Trompetensignale (*Bell.* 2,579: σάλπιγξ). Zweitens erwähnt er Zeichen im Zusammenhang seiner eigenen Tätigkeit als Feldherr, wo er in einem seiner Konflikte mit Tiberias eine in Stellung gebrachte Abteilung 1'000 Mann anwies, auf sein Zeichen (*Vita* 322: σημεῖον) herabzukommen. Welcher Art diese Zeichen waren, ob stimmlich, akustisch oder optisch, spezifizierte er nicht. Und drittens berichtet er, dass die gegen die zehnte Legion Ausfälle unternehmenden Aufständischen Jerusalems sich über optische Zeichen verständigten, die eine Wache mittels seines Gewandes von der Mauer herab machte (*Bell.* 5,85).

Probleme bereiteten den Juden ferner die optischen Zeichen der römischen Armee, insbesondere die Kaiserbildnisse. So baten beispielsweise die vornehmsten Juden den Vitellius, als er gegen Aretas in den Krieg vorrücken wollte, nicht durch Judäa zu ziehen, da es nach ihrem Gesetz verboten sei, Bilder (*Ant.* 18,121 Pl.: εἰκών), deren sich viele auf den Feldzeichen befanden (*Ant.* 18,121 Pl.: σημαία), durch das Land zu tragen. Dem leistete er Folge und führte seine Armee stattdessen durch die große Ebene[210] (*Ant.* 18,120–122).

Geradezu einen Volksaufstand provoziert Pontius Pilatus in gleichem Zusammenhang und zu ähnlicher Zeit. Nämlich, als er mit dem Heer, das er von Cäsarea nach Jerusalem ins Winterquartier geführt hatte, mit Kaiserbildnissen (*Bell.* 2,169; *Ant.* 18,55.56.57.59 Pl.: εἰκών) versehene Feldzeichen (*Bell.* 2,169.171. 174; *Ant.* 18,55.56 Pl.: σημαία), in diesem Fall des Tiberius, heimlich in die Stadt bringen ließ. Erst nach intensiven Bitten seitens des Volkes ließ er sich umstimmen und schaffte sie zurück nach Cäsarea (*Bell.* 2,169–174; *Ant.* 18,55–59).

Einen Triumph hingegen konnten die jüdischen Aufständischen verzeichnen, als es ihnen gelang, für eine kurze Zeit Feldzeichen (*Bell.* 6,225.226 Pl.: σημαία) von den Truppen des Titus zu erobern.

(3)   Aufbruch und Marschordnung
         Rom
Zur Marschordnung der Römer während des ersten jüdisch-römischen Krieges sei auf 5.7.1(3) verwiesen und an dieser Stelle nur erwähnt, dass Agrippa II. dem Cestius unter anderem auch als Sachverständiger zur Festlegung der Marschlinie beistand (*Bell.* 2,502).

---

210   „Grosse Ebene" – so erklärt Josephus in *Bell.* 4,452–458 – sei die Landschaft zwischen den zwei das Jordantal säumenden und sich jeweils von Norden nach Süden erstreckenden Gebirgszüge. Sie beginne am See von Tiberias und ende am Asphaltsee und betrage in der Länge 1'200 Stadien und 120 in der Breite. Es ist demnach anzunehmen, dass Vitellius eine Route wählte, die ihn statt über Judäa über Samaria und Peräa führte.

776   5. KAPITEL

Judäa
Von einer den Römern vergleichbare Marschordnung der jüdischen Truppen berichtet Josephus nichts.

(4)   Kriegsführung
Im Folgenden sollen schematisch die einzelnen Kampfhandlungen dieses Krieges unter den Aspekten (1) wer kämpft (2) wann, (3) wo (4), um was, (5) wie und (6) wozu chronologisch und in erster Linie *De bello Judaico* folgend angeführt werden, wobei sich Detailtreue nach der jeweiligen Bedeutung einer Schlacht richtet. Was dabei auffällt, ist, dass zwar die judäischen Feldherren den Römern in der Kampfführung unterlegen waren, gleichwohl aber verhältnismäßig oft die Oberhand in Einzelkämpfen und Situationen gewannen. Josephus, der als Adliger die römische Kriegskunst kannte (vgl. 5.6.3[4]), scheint mit den meisten von Vegetius erwähnten Kriegslisten vertraut gewesen zu sein. Aber auch Johannes und Simon standen ihm darin nicht nach. Es legt sich somit die Vermutung nahe, dass, was für Römer aber auch Herodianer zutrifft, in gewisser Weise auch für die judäischen Feldherren stimmt, nämlich, dass der Anspruch auf ein politisches Amt zwingend militärische Erfahrung voraussetzte.

Cestius in Galiläa
Des Cestius' Feldzug im Auftrag des Kaisers Nero und gegen die abgefallenen Judäer begann in Galiläa im Jahre 66 d. Z. In nur drei verhältnismäßig kleinen Operationen gegen die beiden befestigten Städte Chabulon und Sepphoris sowie den Gebirgszug Asamon gelang es ihm, ganz Galiläa zurückzuerobern. Gleichzeitig delegierte er noch zwei Nebenoperationen in Judäa, nämlich in Joppe und Narbata. Die Operation in Galiläa aber begann so schlecht wie der ganze Feldzug endete, mit einer Niederlage in Chabulon:
   Chabulon (Untergaliläa): Nachdem Cestius mit seiner Streitmacht von nahezu 31'000 Berufssoldaten und weiteren Milizionären nach Ptolemais gerückt und dort auf Agrippa II. getroffen war (vgl. 5.6.2[1]), brach er mit einem Teil seines Heers gegen die Grenzstadt Chabulon auf. Er traf sie menschenleer an, weil die gesamte Bevölkerung in die Berge geflohen war. Daraufhin überließ er die Stadt wie auch die umliegenden Dörfer den Soldaten zur Plünderung, ließ alles niederbrennen und kehrte nach Ptolemais zurück. Als aber die Juden von seinem Abmarsch erfuhren, fassten sie neuen Mut, überfielen die noch plündernden und mehrheitlich aus Berytos stammenden Syrer und töteten 2'000 von ihnen. Die taktische Regel also, beim Rückzug alle Vorsicht walten zu lassen (vgl. 5.7.1[4]), hatte Cestius zu seinem Nachteil missachtet (*Bell.* 2,501–506).

Joppe (*Judäa*): Von Ptolemais begab sich Cestius nach Cäsarea. Und dort befahl er einem Teil seines Heers, die Kreisstadt Joppe im Süden von Cäsarea in einem Überraschungsangriff einzunehmen und dort eine Besatzung hineinzulegen. Sollte ihr Anmarsch aber zuvor bemerkt werden, sollten sie – so befahl er – ihn und die Hauptstreitmacht abwarten. Die abkommandierte Abteilung teilte sich in zwei Unterabteilungen und griff heraneilend die Stadt sowohl vom Wasser als auch vom Land her an und nahm sie ohne Mühe ein. Der Angriff traf die Stadtbewohner unvorbereitet, denn weder für Rüstung zum Kampf noch zur Flucht verblieb Zeit, so dass die Eindringlinge alle ihre Bewohner töteten, 8'400 an der Zahl, die Stadt plünderten und hernach niederbrannten (*Bell.* 2,507–509).

Narbata (*an Cäsarea angrenzender Bezirk*): Eine größere Anzahl von Reitern sandte Cestius in den an Cäsarea angrenzenden Bezirk Narbata. Diese verwüsteten das Land, brachten eine große Menge von Dorfbewohnern um, plünderten ihre Habe und steckten ihre Dörfer in Brand (*Bell.* 2,509).

Sepphoris (*Untergaliläa*): Nach Galiläa beorderte Cestius den Caesennius Gallus, den Befehlshaber der zwölften Legion, mit einer Streitmacht, die ihm im Verhältnis zur dortigen Bevölkerung ausreichend erschien. Dieser begab sich als erstes in ihre am stärksten befestigte Stadt Sepphoris, wo ihn die Bewohner unter freudigen Zurufen aufnahmen. Auf dieses Verhalten Sepphoris' hin blieben die übrigen Städte Galiläas ruhig (*Bell.* 2,510–511).

Asamon (*Gebirgszug Galiläas*): Daraufhin flohen die Aufständischen – wohl aus ganz Galiläa – auf einen Sepphoris gegenüberliegenden und Asamon genannten Gebirgszug. Gegen sie führte Gallus seine Truppen, und weil die Aufständischen zu Beginn ihr höher gelegenes Gelände behaupten konnten, töteten sie 200 Römer. Als sie aber umgangen und ihrerseits von einem höher gelegenen Gelände angegriffen wurden, konnten sie als Leichtbewaffnete weder den Schwerbewaffneten im Nahkampf noch den Reitern auf der Flucht widerstehen. Nur wenige konnten in schwer zugänglichen Gebieten untertauchen, mehr als 2'000 aber wurden getötet. Als Gallus keine Aufständischen mehr ausmachen konnte, kehrte er nach Cäsarea zurück (*Bell.* 2,511–513).

Cestius in Judäa, insbesondere Jerusalem

Nach der verhältnismäßig einfachen Einnahme Galiläas zog Cestius begleitet von Agrippa direkt gegen die Hauptstadt Judäas, Jerusalem. Auf dem Weg dorthin nahm er kampflos sowohl Antipatris als auch Lydda ein, doch bereits in Gabao und erst recht in Jerusalem schlug ihm erbitterter Widerstand der Judäer entgegen. Daraufhin trat Cestius in fälschlicher Annahme der Uneinnehmbarkeit Jerusalems im Spätherbst 66 d. Z. den Rückzug an, wurde von den

778   5. KAPITEL

Aufständischen dabei bis nach Antipatris verfolgt und verlor nicht nur Gepäck und Waffen, sondern fast ein Sechstel seiner Truppen:

Antipatris (Judäa): Nachdem Cestius sich nach der Niederlage von Chabulon nach Cäsarea begeben und von dort aus die weiteren Operationen in Galiläa und Judäa befehligt hatte, brach er nun mit seiner gesamten Streitmacht von dort auf und rückte gegen Antipatris. Als er davon hörte, dass sich dort eine beträchtliche jüdische Kampftruppe in einem Turm zusammengezogen hatte, sandte er eine Abteilung vor, um sie anzugreifen. Allein durch deren Anmarsch in Schrecken versetzt, zerstreuten sich die Juden, worauf die Römer deren Lager als auch die umliegenden Dörfer in Brand steckten (*Bell.* 2,513–514).

Lydda (Judäa): Von Antipatris marschierte Cestius auf demselben Weg ins südlich gelegene Lydda. Die Stadt aber fand er von seinen Einwohnern verlassen, denn fast die ganze Bevölkerung war des Laubhüttenfestes wegen nach Jerusalem gezogen. Die 50 Zurückgebliebenen, die sich zeigten, ließ er töten und die Stadt anzünden (*Bell.* 2,515–516).

Bethhoron, Gabao (Judäa): Von Lydda rückte Cestius weiter in südöstlicher Richtung vor und erreichte, nachdem er die Steige von Bethhoron erklommen hatte, das ca. 650 Meter höher und nur 50 Stadien (d. h. knapp 9,3 km) von Jerusalem gelegene Gabao, wo er ein Lager aufschlug. Als die Juden sahen, dass der Krieg der Hauptstadt näher kam, unterbrachen sie das Fest und eilten ungeachtet des Ruhetags zu den Waffen. Auf ihre Überzahl vertrauend stürzten sie sich ohne Ordnung und laut schreiend in den Kampf, stürmten mit solcher Wucht gegen die Römer, dass sie deren Schlachtreihen sprengten und den Tod Mitten in die Feinde trugen. Der wankenden Schlachtreihe kam die Reiterei – zusammen mit dem noch nicht erschütterten Teil des Fußvolks – in einer Umgehungsbewegung zu Hilfe und vermochte das Schlimmste zu verhindern. Dennoch verloren die Römer an diesem Tag 515 Mann, die Juden aber nur 22. Nachdem sich die Römer wieder gesammelt hatten, schlugen sie den Angriff der Juden zurück, worauf sich diese wieder der Stadt zuwandten; von hinten jedoch überfiel Simon, der Sohn des Giora und spätere Feldherr Jerusalems, die Römer, während sie im Begriff waren, nach Bethhoron hinaufzumarschieren. Er zersprengte einen großen Teil ihres Trosses und erbeutete viele Lasttiere, die er nach Jerusalem brachte. Cestius harrte drei Tage im Lager, während eine sehr große Schar von Juden die Höhen besetzten und die Anmarschwege bewachten. Es war offensichtlich, dass sie nicht untätig zusehen würden, falls die Römer zum Weitermarsch aufbrechen sollten. Angesichts dieser Zahl von Belagerern schätzte Agrippa die Lage für die Römer als gefährlich ein und entschloss sich, die Juden über Verhandlungen entweder zum Beenden des Krieges oder zumindest die Unzufriedenen zum Abfall zu bewegen. Aber weil die Aufständischen fürchteten, dass sich das Volk in der –

wohl fälschlichen – Hoffnung auf Straffreiheit auf die Seite des Agrippa stellen würde, griffen sie seine Gesandten an und trieben den darüber empörten Teil der Bevölkerung mit Steinen und Stockhieben in die Stadt zurück (*Bell.* 2,516–526).

Jerusalem (*Judäa*): Diese Verwirrung unter den Juden nützte Cestius für den Angriff aus und verfolgte die Flüchtenden mit seinem ganzen Heer bis nach Jerusalem. Auf dem Skopus, sieben Stadien (d.h. etwa 1,3 km) von der Stadt entfernt, schlug er sein Lager auf. Möglicherweise in der Hoffnung, dass die Einwohner nachgeben würden, enthielt er sich für drei Tage jeglicher Maßnahmen gegen die Stadt, am vierten Tag jedoch (dem 17. November) stellte er sein Heer in Schlachtordnung und führte es gegen die Stadt. Bestürzt über die entfaltete römische Kriegsmacht zogen sich die über die Volksmenge Gewaltherrschaft ausübenden Aufständischen von den äußeren Stadtgebieten in die Innenstadt und den Tempel zurück. Cestius drängte nach, brannte sowohl Neustadt als auch den Holzmarkt nieder und wandte sich hernach der Oberstadt zu, ein Lager gegenüber dem Königspalast aufschlagend. Zu dieser Zeit baten viele Vornehme, die von einem Ananus, Sohn des Jonathan, überredet worden waren, den Cestius in die Stadt zu kommen, worauf Cestius in seinem Zorn nicht reagierte. Als der Verrat von den Aufständischen bemerkt wurde, wurden diese von der Mauer zurück in ihre Häuser getrieben. Sie selbst verteilten sich auf die Türme, und vermochten den Ansturm der Römer durch heftigen Beschuss über fünf Tage hinweg abzuwehren. Am sechsten Tag aber griff Cestius mit einer großen Zahl ausgewählter Truppen und Bogenschützen die Nordmauer des Tempels an. Während die Schützen die Aufständischen von den Säulenhallen vertrieben, begannen die Soldaten mit ihren Schilden eine Schildkröte bildend die Mauer zu untergraben und trafen gleichzeitig Vorbereitungen, das Tempeltor anzuzünden. Erschreckt darüber ergriffen schon viele Aufständische die Flucht aus der Stadt, während das Volk ermutigt darüber schon zu den Toren eilte, um sie Cestius zu öffnen und ihn als Wohltäter zu empfangen. Doch offenbar ahnungslos über die Verzweiflung der Belagerten und die Stimmung des Volkes innerhalb der Stadt, rief Cestius – obwohl ihn kein Rückschlag getroffen hatte – unvermittelt seine Soldaten zurück und gab die Hoffnung auf. Einmal mehr in unvorsichtiger Weise zog er auf Rat von durch Florus bestochenen Offiziere von der Stadt ab. Über den unerwarteten Abmarsch erkühnt, stürzten sich die Aufständischen auf die Nachhut und töteten eine große Zahl von Reitern und Fußsoldaten (*Bell.* 2,527–555; *Vita* 24).

Gabao, Bethhoron (*Judäa*): Nach einer Nacht in dem auf dem Skopus angelegten Lager, was die Aufständischen nutzten, um in noch größerer Anzahl anzurücken, setzte Cestius am nächsten Tag und erneut von hinten und nun auch von beiden Seiten beschossen seinen Abmarsch fort. Endlich erreichte er unter Verlust zahlreicher weiterer Soldaten und diesmal auch Offizieren sowie fast des gesamten Gepäcks das frühere Lager in Gabao. Dort verharrte Cestius zwei Tage und entschloss sich, als er immer mehr Juden anrücken sah, den Rückzug in Richtung Bethhoron fortzusetzen, ließ aber vorher – um den Rückzug zu beschleunigen – alle Lasttiere töten, außer die, welche die Kriegsmaschinen trugen. Im offenem Gelände bedrängten die Juden das Heer nur wenig; Als die Römer aber beim Abstieg zusammengedrängt waren, wurden sie jetzt von allen Seiten in die Enge getrieben und beinahe wäre seine ganze Streitmacht aufgerieben worden, wäre nicht die Nacht hereingebrochen, unter deren Schutz die Römer fliehend endlich Bethhoron erreichten. Doch dort besetzten die Juden einmal mehr das ganze umliegende Gelände, weshalb sich Cestius – eine bewährte Kriegsliste verwendend – zur nächtlichen und deshalb heimlichen Flucht entschloss. Eilends wählte er 400 seiner tapfersten Soldaten aus, stellte sie auf die Wälle mit dem Befehl, sich die üblichen Wachrufe zuzuschreien, damit die Juden den Eindruck erhielten, das Heer sei noch am Platze.

Antipatris (Judäa): Er selbst aber brach mit den übrigen Truppen in aller Stille auf und marschierte 30 Stadien (d.h. etwa 5,5 km) weiter. Die List entdeckten die Juden bei Anbruch der Dämmerung und nahmen – nachdem sie die 400 Soldaten getötet hatten – die Verfolgung auf. Den beträchtlichen und über Nacht erarbeiteten Vorsprung vergrößerte Cestius durch eine beschleunigte Flucht bei Tag, wobei die Soldaten die Kriegsmaschinen zurücklassen mussten. Bis Antipatris setzten die Juden Cestius nach, als sie jene aber nicht mehr einzuholen vermochten, plünderten sie die Gefallenen und kehrten mit den Kriegsmaschinen und unter Siegesgesängen in die Hauptstadt zurück. Während ihre Verluste gering geblieben waren, sie hatten sich das höher gelegene Gelände zu Nutze gemacht, hatten die Römer und deren Bundesgenossen nahezu ein Sechstel – das sind 5'780 Soldaten – in diesem Novembermonat des 12. Regierungsjahrs Neros verloren, nicht zuletzt deshalb, weil sie ihre Marschroute vorgängig nicht gesichert hatten.

Diese Niederlage versetzte Cestius in keine gute Position gegenüber Nero, weshalb er gerne die sich ihm anbietende Gelegenheit ergriff, den aus Jerusalem geflohenen vornehmen Juden Saulus mit seinen Freunden und auf dessen Wunsch zum Kaiser nach Achaia vorzuschicken, in der Hoffnung, dass der zu erwartende Zorn die ihm selbst drohende Gefahr vermindern würde. Ihre Notlage sollten sie dem Kaiser berichten, trug Cestius ihnen auf, und auch, dass die Schuld am Krieg dem Florus zuzuschieben sei (*Bell.* 2,556–558).

INTERTEXTUELL-HISTORISCHE VERORTUNG DER EXEGETISCHEN ERTRÄGE   781

Vespasian in Ptolemais (Syria)

Über diesen Sieg gegen Cestius beflügelt, bestellte eine Volksversammlung in Jerusalem auf der einen Seite Feldherren gegen Rom, und darüber bestürzt, ernannte Nero auf der anderen Seite Vespasian zum neuen Feldherrn gegen Judäa. Während Vespasian nun seine Truppen – wohl über den Winter und Frühling 66/67 d. Z. – sammelte und in Ptolemais ordnete, wagten sowohl die Judäer als auch die Römer Angriffe gegen ihre jeweiligen Feinde, doch beide scheiterten. Auf der einen Seite die Judäer unter Führung von Niger, Silas und Johannes im südwestlich von Judäa gelegenen Aschkelon, und auf der anderen Seite der als Schutzherr über Sepphoris abbefohlene Tribun Placidus gegen Jotopata in Galiläa. Umso wirkungsvoller aber erwies sich Vespasians Anmarsch, wobei seine beabsichtigte Abschreckung nicht nur die Bevölkerung Galiläas in die von Josephus befestigten Städte trieb, sondern Josephus dadurch seiner nahezu gesamten galiläische Truppenmacht durch Flucht verlustig ging:

Kriegsvorbereitungen (Judäa): Der militärische Sieg gegen Cestius hatte den nicht römisch Gesinnten in Jerusalem Auftrieb verliehen; und nachdem diese sich entweder durch Gewalt oder Überredung gegen die römisch Gesinnten durchgesetzt hatten, wurden in einer Volksversammlung und im Tempel die weiteren Feldherren – unter ihnen auch Josephus – eingesetzt (vgl. 5.5.3[2]). Daraufhin begab sich jeder der Feldherren in sein Gebiet, Josephus seinerseits in die beiden Galiläa, dem auch Gamla, die stärkste Festung der Gegend unterstellt worden war. Nachdem er dort die rechtlichen Beziehungen der Bürger untereinander geordnet, die Plätze befestigt, ein Heer ausgehoben, ausgerüstet, ausgebildet und dessen Versorgung geregelt und schließlich die inneren Unruhen ein Ende gefunden hatten, wandte er sich, in der Einsicht, dass die Römer Galiläa zuerst angreifen würden, der Vorbereitung des Krieges gegen diese zu. In gleicher Weise bereitete sich auch Ananos in Jerusalem vor (*Bell.* 2,562–647).

Berufung Vespasians (Achaia): Derweil wurden die Vorfälle in Judäa Nero gemeldet, der sich zu jener Zeit auf Konzerttour durch Achaia befand. Auf diese Unglücksnachricht hin soll dieser nach außen hin den Überlegenen und Erzürnten gespielt haben, im Geheimen aber sollen ihn Furcht und Schrecken befallen haben. Umgehend übertrug Nero daher dem dort sich einbefundenen Vespasian den Oberbefehl (vgl. 5.5.2[1]). Eilends sandte dieser seinen Sohn Titus nach Alexandrien, damit er dort die fünfzehnte Legion in Marsch setze, während er selbst sich auf dem Landweg und den Hellespont überquerend nach Syrien begab, um umgehend die römischen Streitkräfte sowie zahlreiche Hilfstruppen der benachbarten Könige zu sammeln (*Bell.* 3,1–8).

Missglückter Angriff auf Aschkelon: Angefeuert durch ihr Waffenglück sowie dem gegenwärtigen Machtvakuum, entschlossen sich die Juden den Krieg aus-

782   5. KAPITEL

zudehnen und eine ihnen seit jeher verhasste Stadt, das 520 Stadien (ca.
96,3 km) von Jerusalem entfernte Aschkelon, anzugreifen. Unter der Leitung
dreier außerordentlich kräftiger sowie kluger Führer, nämlich Niger aus Peräa,
dem Babylonier Silas sowie dem Essener Johannes,[211] sammelten sich alle
besonders kampftüchtigen Männer und zogen gegen die zwar stark befestigte,
aber nur schwach besetzte Stadt, im Vertrauen darauf, dass die dort einzige
und von Antonius befehligte Kohorte in Verbindung mit einer Reiterabteilung ihrer Überzahl wegen kein Hindernis darstellen könne. Doch Antonius
war der bevorstehende Angriff nicht unbekannt geblieben, und er hatte vorbereitend die Reiterei ausrücken lassen. In tapferer Gegenwehr fing er nun
die ersten Angriffe der Juden auf, und trotz Unterzahl gelang es ihm, die Vorstöße gegen die Mauer zurückzuschlagen und die ersten Reihen der Juden
ihrer mangelnden Kriegserfahrung, ungeordneten Schlachtreihe und zufällig
zusammengerafften Waffen wegen zu verwirren. Als diese sich daraufhin zur
Flucht umwandten, wurden sie von den bereitstehenden Reitern und dank
des ebenen Geländes bis zum Abend verfolgt und zu Zehntausenden, einschließlich von Silas und Johannes, abgeschlachtet oder verwundet, während
auf römischer Seite keine Verluste und nur wenige Verwundete zu beklagen
waren. Ein zweiter Angriff der Juden, kaum waren ihre Wunden verheilt, blieb
ebenso erfolglos, weil Antonius ihnen im Anmarsch auf Aschkelon einen Hinterhalt gelegt hatte, dem sie ahnungslos zum Opfer fielen. Denn noch bevor
sie sich in Kampfordnung aufstellen konnten, waren sie von denselben Reitern umringt, denen weitere 8'000 zum Opfer fielen. Die Übrigen flohen vor den
nachdrängenden Römern in einen nahe gelegenen festen Turm in einem Dorf
namens Belzedek. Diesen ließ Antonius kurzerhand in Brand stecken und als
er in Flammen aufging, zogen die Römer in der Meinung, auch Niger habe den
Tod gefunden, ab. Dieser aber hatte sich in der tief im Innern der Befestigung
gelegenen Höhle in Sicherheit gebracht, und als er nach drei Tagen auftauchte,
schien es den Juden, als sei er durch Gottes Vorsehung gerettet worden, um für
die Zukunft ihr Feldherr zu sein (*Bell.* 3,9–28).

Vespasian rückt nach Ptolemais, Sepphoriten (Syria): Nachdem aber Vespasian seine Streitkräfte gesammelt hatte, zog er König Agrippa II., der ihn mit seinem eigenen Heer erwartete, an sich und marschierte von Antiochien eilends
ins an der Küste gelegene und mit seinem Umland westlich an Galiläa grenzende Ptolemais. Dort kamen ihm als einzige aus Galiläa die Einwohner von

---

211   Niger wie auch Silas stellte Josephus u. a. bereits im Angriff gegen Cestius als besonders
       tapfer heraus (*Bell.* 2,520). Niger war darüber hinaus in der Jerusalemer Volksversamm-
       lung als Unterfeldherr Idumäas erwählt und Johannes die Toparchie Thamna unterstellt
       worden (*Bell.* 2,566–567).

INTERTEXTUELL-HISTORISCHE VERORTUNG DER EXEGETISCHEN ERTRÄGE 783

Sepphoris entgegen, welche ihre eigene Rettung und die Macht der Römer wohlbedacht hatten und zweimal von Josephus abgefallen waren (vgl. 5.6.3[5]). Sie legten noch vor der Ankunft Vespasians ihre Treue Rom gegenüber vertraglich fest. Als Vespasian eintraf, begrüßten sie ihn als ihren Feldherrn herzlich und versprachen, dass sie seine Bundesgenossen gegen ihre eigenen Stammesverwandten sein wollten. Daraufhin entsandte Vespasian unter Führung des Tribunen Placidus 6'000 Fußsoldaten und 1'000 Reiter zur ihrer Sicherheit und rechtfertigte das zahlenmäßig eine Legion übertreffende Truppenkontingent damit, dass es eine Gefahr für ihn bedeuten würde, wenn er die größte Stadt Galiläas zurück an den Gegner verlöre, eignete sie sich doch durch ihre günstige Lage und als natürliche Festung besonders gut zur Überwachung des gesamten Volkes (*Bell.* 3,29–34.59).

Placidus: Von Ptolemais aufbrechend schlug Placidus auf der großen Ebene ein Lager auf und verlegte daraufhin das Fußvolk zum Schutz der Bewohner in die Stadt, während er die Reiter im Lager behielt. Beide Truppenteile ließ Placidus Ausfälle machen, womit sie Josephus und seinen Leuten großen Schaden zufügten. Versuche seitens des Josephus, die Stadt einerseits durch Überredung und andererseits durch Gewalt auf seine Seite zu bringen, scheiterten seiner Unterlegenheit wegen. Vielmehr trug dies zu einer Verschärfung des Krieges in Galiläa bei; denn erzürnt über Josephus' Angriff, zogen die Römer nun noch mehr verwüstend durch das offene Land, verbrannten die Felder, beraubten die Galiläer, töteten die Kampffähigen und verkauften die Schwächeren in die Sklaverei. Dies beließ die so Bedrängten nur noch mit der einzigen Möglichkeit, nämlich in die von Josephus besetzten Städte zu fliehen. Als Placidus aber sah, dass es den kampffähigen Leuten stets gelang, in die von Josephus befestigten Städte zu fliehen, marschierte er gegen die stärkste unter ihnen, Jotopata, in der Meinung, sie durch einen überraschenden Angriff leicht einnehmen zu können. Er tat es auch in der Hoffnung, sich bei seinen Vorgesetzten Achtung und diesen strategische Vorteile verschaffen zu können. Aber weil die Einwohner von Jotopata seinen Anmarsch bemerkt hatten, stürzten sie sich vor der Stadt in großer Zahl in einem Überraschungsangriff auf die Römer. Damit konnten sie die Römer zwar rasch in die Flucht schlagen, ihnen aber keinen großen Schaden zufügen. Denn als Leichtbewaffnete wagten sie keinen Nahkampf, beschossen die Römer deshalb auch nur aus der Ferne, worauf diese durch einen geordneten Rückzug und dank ihrer Rüstungen den Schaden auf sieben Tote und wenige Leichtverwundete zu begrenzen wussten. Daraufhin zog Placidus sich aus der Gegend zurück (*Bell.* 3,59–63.110–114).

Ankunft Titus, Aufbruch nach Galiläa: Aus Alexandrien war Titus mittlerweile rascher als man der winterlichen Witterung entsprechend erwarten konnte mit der fünfzehnten Legion in Ptolemais eingetroffen. Und nachdem

784   5. KAPITEL

Vespasian dort die Streitkräfte geordnet hatte, rückte er von Ptolemais aus an
die Grenze Galiläas, wo er ein Lager aufschlug. Die zum Kampf drängenden
Soldaten hielt er dabei zurück, denn er wollte durch den Anblick des Heeres
den Feinden Schrecken einjagen und ihnen für den Fall, dass sie ihre Meinung
änderten, eine Frist zur Umkehr gewähren (*Bell.* 3,64–69.110.115.127–128). Nüchtern und mit folgenden Worten hält Josephus die desaströsen Konsequenzen
dieses wirkungsvollen Strategems für ihn und seine Truppen fest:

> [D]ie Truppen, die sich um Josephus gesammelt und unweit von Sep-
> phoris bei einer Stadt namens Garis ihr Lager aufgeschlagen hatten, zer-
> streuten sich, sobald sie hörten, dass der Krieg näher komme, in eili-
> ger Flucht, obgleich die Römer sie noch gar nicht angegriffen hatten,
> das heißt also, nicht etwa kurz vor dem Kampf, sondern ehe ihnen die
> Feinde überhaupt zu Gesicht gekommen waren. Mit wenigen Truppen
> sich selbst überlassen, sah Josephus, dass er nicht genügend Mannschaft
> hatte, um den Feind entgegenzutreten, gleichzeitig erkannte er auch, dass
> den Juden der Mut entschwunden war, sodass, wenn die Römer ihnen
> nur Vertrauen schenkten, die Mehrzahl gern zu einem Vergleich bereit
> sein würde. Auch er wurde nun über die gesamte Kriegslage sehr besorgt
> und beschloss, sich von der Gefahr möglichst weit abzusetzen. Er nahm
> die Leute, die noch bei ihm geblieben waren, mit sich und flüchtete nach
> Tiberias.
>
> *Bell.* 3,129–131

Vespasian in Jotopata (Galiläa)

Die erste Stadt, derer sich Vespasian in Galiläa im Sommer des Jahres 67 d. Z.
kampflos bemächtigte, war Gabara und ihr Umland. Und von dort marschierte
er gegen den Stützpunkt der Aufständischen, die natürlich befestigte Stadt
Jotopata, und war beglückt darüber, dass Josephus sich von Tiberias dorthin begeben hatte. Doch unter seiner Führung bereiteten ihm die Verteidiger
einen erbitterten und ganze siebenundvierzig Tage währenden Widerstand,
der im Bericht des Josephus geradezu idealtypisch die Kunst der Städtebelagerung beziehungsweise -verteidigung darstellt. Was Josephus über seine Feldherrenkunst berichtet, könnte von seiner militärischen Ausbildung zeugen,
auch wenn sie nie thematisiert wird. Jedenfalls kennt er die Militärkunst theoretisch. Die wider Erwarten lange Belagerungszeit hatte Orte und Gebiete wie
Japha und Samaria zum Aufruhr ermutigt, welche aber Vespasian frühzeitig
und vorsorglich durch seine Legionspräfekten Trajan und Cerealius niederschlagen ließ. Wie beabsichtigt, konnte er Josephus in seine Gewalt bringen,
worauf Vespasian seinem Gefangenen, nachdem dieser ihm und seinem Sohn

INTERTEXTUELL-HISTORISCHE VERORTUNG DER EXEGETISCHEN ERTRÄGE 785

Titus die künftige Herrschaft vorhergesagt hatte, zum Lohn eine freundliche Behandlung angedeihen ließ:

Gabara und Umland (Galiläa?): Als erstes rückte Vespasian gegen die Stadt Gabara vor. Und da diese von allen kampffähigen Männern verlassen war, nahm er sie im ersten Ansturm und ließ alle erwachsenen Männer – dabei weder jung noch alt schonend – niedermachen. Darauf ließ er auch alle umliegenden Dörfer und Landstädtchen, die er gleichsam von Wehrfähigen verlassen vorfand, anzünden und verkaufte die Bevölkerung in die Sklaverei (*Bell.* 3,132–134).

Josephus Einsicht, seine Schritte: Mit seiner Flucht nach Tiberias hatte Josephus die Stadt in Furcht und Schrecken versetzt, denn ihre Bewohner hatten geschlossen, dass er nicht geflohen wäre, hätte er die Hoffnung auf eine günstige Wendung des Krieges nicht gänzlich aufgegeben. Angesichts der in Galiläa einmarschierten römischen Übermacht und unwillens, das ihm anvertraute Feldherrenamt in Schande zu bringen, entschloss sich Josephus, den Volksführern in Jerusalem die Lage wirklichkeitsgetreu und schriftlich darzustellen. Sie sollten ihm rasch mitteilen, ob sie entweder Frieden schließen, oder den Krieg mit den Römern entschlossen führen wollten, und sofern Letzteres, sollten sie ihm ein Heer senden, das dem Kampf gewachsen war. Diesen Brief ließ Josephus eiligst durch Boten nach Jerusalem überbringen (*Bell.* 3,135–141). Die spätere Information, dass sich kein Bote retten konnte, um den Jerusalemern von der Einnahme Jotopatas zu berichten, legt die Vermutung nahe, dass auch dieser Brief Jerusalem nie erreichte (*Bell.* 3,432).

Jotopata (Galiläa): Vespasian seinerseits war fest entschlossen, Jotopata zu erobern, denn er hatte – möglicherweise durch Placidus – erfahren, dass die natürlich befestigte Stadt einen starken Stützpunkt für die Aufständischen bildete und deshalb viele Feinde in sie geflohen waren (vgl. 5.6.3[7]). Als ihm aber ein Überläufer darüber hinaus noch berichtete, dass Josephus aus Tiberias eingetroffen sei – er war gekommen, um die verzagten Gemüter der Juden aufzurichten –, und dass er ganz Judäa gewänne, wenn er mit Jotopata auch Josephus in seine Gewalt brächte, betrachtete Vespasian dies als göttliche Vorsehung. Sogleich sandte er Fußvolk und Reiter voraus, dass sie den bergigen und steinigen Weg einebnen sollten, worauf diese in vier Tagen dem Heer eine breite Marschstrasse eröffneten. Darauf sandte Vespasian sofort Placidus und den Dekurion Aebutius mit 1'000 Reitern und dem Befehl ab, die Stadt einzuschließen, damit Josephus – der angeblich klügste der Feinde – nicht heimlich entkomme. Einen Tag später folgte er mit seinem gesamten Heer und kam nach einem Tagesmarsch abends vor Jotopata an. Er ließ sein Heer an der Nordseite der Stadt auf einem Hügel, sieben Stadien von ihr entfernt, das Lager aufschlagen, in der Hoffnung, von den Feinden gut gesehen zu werden, um sie dadurch

786   5. KAPITEL

zu erschrecken. Diese Absicht gelang ihm auch, und zwar in so hohem Masse, dass keiner der Juden sich mehr vor die Mauer hinauswagte. Da die Römer den ganzen Tag marschiert waren, verzichteten sie vorerst, die Stadt anzugreifen. Stattdessen umgaben sie diese mit einem doppelten Einschließungsring und stellten weiter draußen als dritte Linie die Reiterei auf. So sperrten sie den Juden alle Ausgänge. Doch gerade dies erbitterte die Juden nach Josephus aufs Äußerste, denn nichts macht im Krieg tapferer als die Not (*Bell.* 3,141–149).

Als am nächsten Tag der Angriff erfolgte, leisteten die Juden, die im freien Gelände geblieben waren und den Römern gegenüber ein Lager aufgeschlagen hatten, zunächst vor der Mauer nachdrücklich Widerstand. Als aber Vespasian ihnen nun die Bogenschützen und Schleuderer sowie die ganze Menge der mit Wurfgeschossen ausgerüsteten Soldaten gegenüberstellte und gleichzeitig selbst mit den Fußtruppen den steilen Abhang hinaufstürmte, dorthin, wo die Mauer am leichtesten einzunehmen war, fürchtete Josephus um das Schicksal der Stadt und machte zusammen mit der ganzen ihm folgenden jüdischen Mannschaft einen Ausfall. Sie stürzten sich dichtgedrängt auf die Römer und trieben sie von der Mauer zurück. So kämpften sie den ganzen Tag über und lösten sich erst in der Nacht voneinander; die Juden hatten viele Römer verwundet und 13 getötet, von ihnen selbst waren 17 gefallen 600 aber verwundet worden (*Bell.* 3,150–154).

Am nächsten Tag machten die Juden einen erneuten Ausfall und warfen sich auf die Römer; dabei kämpften sie noch viel erbitterter, denn dadurch, dass sie wider Erwarten am Vortag dem Gegner widerstanden hatten, war ihr Kampfgeist noch weiter gewachsen. Sie fanden aber auch bei den Römern gesteigerten Eifer, denn diese halten es schon für eine Niederlage, wenn der Sieg nicht rasch eintritt. Bis zum fünften Tage erneuerten die Römer ununterbrochen ihre Angriffe, aber auch die Ausfälle der Verteidiger Jotopatas sowie ihre Mauergefechte wurden immer heftiger (*Bell.* 3,155–157).

Angesichts des widrigen Orts sowie dem Kampfeifer der Juden, erkannte Vespasian, dass er die Belagerung noch nachdrücklicher betreiben müsse. So rief er die ihm unterstellten Befehlshaber zusammen und hielt mit ihnen Rat über die Weiterführung des Angriffs. Man hielt es für richtig, an der Stelle, wo die Mauer zugänglich war, einen Damm aufzuwerfen. Umgehend schickte Vespasian das ganze Heer zur Herbeischaffung von Holz, Feldsteinen und Erde aus; dieses wurden den am Damm und unter geflochtenen und über Pfählen gespannten Schirmdächern arbeitenden Kameraden ohne Unterbrechung zugeführt. Derweil schleuderten die Juden von der Mauer auf die Schutzdächer der Römer Felsbrocken und Wurfgeschosse aller Art. Und auch wenn diese nicht durchschlugen, machten sie doch einen entsetzlichen Lärm und hinderten so die arbeitenden Soldaten (*Bell.* 3,161–166).

INTERTEXTUELL-HISTORISCHE VERORTUNG DER EXEGETISCHEN ERTRÄGE 787

Als Gegenmittel ließ Vespasian ringsum seine insgesamt 160 zur Verfügung stehenden Wurfmaschinen aufstellen und gab Befehl, die Verteidiger der Mauer mit Lanzen, zentnerschweren Steinen, Feuerbränden sowie unzähligen Pfeilen zu beschießen. Das wiederum vertrieb die Juden von der Mauer als auch von den Gebieten innerhalb derselben soweit sie in Reichweite der Geschütze lagen. Daran gehindert, von höherer Stellung her zu kämpfen, verlagerten sie sich auf Ausfälle in kleinen Kampfgruppen, zogen den arbeitenden Soldaten die Schutzdächer weg und hieben auf die nunmehr Ungedeckten ein, warfen dort, wo jene zurückwichen, die aufgeschüttete Erde wieder auseinander und steckten die Pfähle samt dem Weidengeflecht in Brand. Das dauerte so lange, bis Vespasian erkannte, dass die Rückschläge ihre Ursache in den großen Abständen zwischen den Belagerungswerken hatte. Deshalb ließ er die einzelnen Schutzdächer und damit auch die darunter arbeitenden Soldaten miteinander verbinden, was die Ausfälle der Juden umgehend beendete (*Bell.* 3,166–170).

Als Josephus den Damm in die Höhe steigen sah, hielt er es für unumgänglich, zur Rettung der Stadt ein Gegenmittel zu erfinden. Schnell ließ er Bauleute zusammenkommen und gab ihnen den Befehl, die Mauer zu erhöhen, was diese unter solchem Beschuss für unmöglich hielten. Josephus ließ daraufhin Pfähle einrammen und daran frisch abgezogene Rinderhäute aufspannen, die ihrer Dehnbarkeit und Feuchtigkeit wegen die Geschosse abgleiten ließen und die Feuerbrände löschten. Unter diesem Schutz erhöhten die Bauleute nicht nur die Mauer um 20 Ellen (ca. 8,9 m), sondern errichteten viele Türme darauf und brachten auch eine starke Brustwehr an. Niedergeschlagen über diese List und Standhaftigkeit, wurden die Römer, die sich bereits in der Stadt selbst sahen, ihres ganzen Mutes beraubt (*Bell.* 3,171–175).

Vespasian seinerseits war erbost über diese Kriegslist und auch darüber, dass die Verteidiger durch den Mauerbau ermutigt nun wieder mit ihren Ausfällen begannen. Dem Heer befahl er deshalb, den Kampf einzustellen und beschloss in einer länger andauernden Belagerung die Stadt durch Hunger in seine Gewalt zu bekommen. Also gab er Befehl, alle Ausgänge der Stadt scharf zu bewachen (*Bell.* 3,176–181).

Getreide und die übrigen Lebensmittel außer Salz waren in Jotopata reichlich vorhanden, es fehlte jedoch an Wasser, da die Stadt keine Quelle besaß und man in ihr mit Regenwasser auskommen musste, welches zu Sommerzeit in dieser Gegend nur selten fiel. In der Absicht, die Belagerung der Römer möglichst in die Länge zu ziehen, entschied sich Josephus zur Rationierung des Wassers, was den Römern nicht verborgen blieb, konnten sie doch von erhöhtem Standpunkt aus die tägliche Wasserzuteilung beobachten. Die Mutlosigkeit der Einwohner, allenfalls verdursten zu müssen, wurde noch vergrößert, als die Römer den Platz der täglichen Wasserzuteilung mit Katapulten zu beschießen begannen und dabei viele töteten. Die Hoffnung des Vespasian, dass sich ihm die Stadt bald aufgrund leerer Zisternen ergebe würde, durchkreuzte Josephus nach seinem Bericht mit einer weiteren Kriegslist. Er befahl, dass eine große Anzahl ihre Kleider in Wasser tauchen und hernach an der Brustwehr herunterhängen sollten, sodass die ganze Mauer mit Wasser überströmt wurde. Bestürzt und verwirrt darüber, dass die Juden entgegen ihrer Annahme Wasser zum Verschwenden hatten, wandten sich die Römer wieder der Waffengewalt zu. Und genau dies hatte Josephus beabsichtigt, denn obschon die Juden um den bevorstehenden Untergang der Stadt wussten, wünschten sie, ihrem düsteren Schicksal kämpfend und nicht durch Hunger oder Durst sterbend entgegen zu gehen (*Bell.* 3,181–189).

Gegen die Lebensmittelknappheit ersann Josephus eine weitere Kriegslist, und ließ durch eine Schlucht auf der Westseite des Tales, die schwer zugänglich und deshalb von den Wachen vernachlässigt wurde, Boten mit Briefen ausschwärmen. Ihnen befahl er, mit Fellen bedeckt an den Wachen vorbei zu kriechen, damit diese – wenn sie etwas hörten – glaubten, es seien Hunde. Auf diese Weise erhielt er nicht nur Antworten auf seine Schreiben, sondern konnte viele Nahrungsmittel in die Stadt schmuggeln, bis die Wachen die List entdeckten und die Schlucht abriegelten (*Bell.* 3,190–192).

Jetzt erkannte Josephus, dass die Stadt nicht mehr lange Widerstand zu leisten vermochte, daher beriet er sich – insgeheim besorgt um seine eigene Sicherheit – mit den Stadtobersten über eine mögliche Flucht. Als die Einwohner sein vorgeschobenes Argument vernahmen, dass er ihnen außerhalb der Stadt dienlicher sein könne als innerhalb, bedrängten sie ihn zu bleiben, indem sie an seine Ehre appellierten, welche ihm versage sowohl vor dem Feind zu fliehen als auch die Freunde im Stich zu lassen. Josephus beschloss zu bleiben, nicht etwa, weil ihn die Argumente der Einwohner überzeugten, sondern weil er wusste, dass, wenn er sich dem Willen der Stadtbewohner fügte, es beim bloßen Bitten bleiben würde, und dass sobald er seinen Willen mit Gewalt durchsetzen würde, er wie in einem Gefängnis festgehalten würde (*Bell.* 3,193–202).

Bar jeder Hoffnung auf Rettung sammelte Josephus die Tapfersten um sich und machte über drei Tage lang Ausfälle, wobei es ihm jedes Mal gelang, die Wachen zu zersprengen, Lederdecken von den Lauben zu reißen und Feuer an das Belagerungswerk der Römer zu legen. Als Leichtbewaffnete waren die Juden darin den Schwerbewaffneten gegenüber im Vorteil und konnten jedes Mal, nachdem sie dem Feind Schaden zugefügt hatten, ohne eigene Verluste zu erleiden in die Stadt zurückfliehen. Daraufhin gab Vespasian seinen Schwerbewaffneten den Befehl, den todessüchtigen Männern auszuweichen, da die

INTERTEXTUELL-HISTORISCHE VERORTUNG DER EXEGETISCHEN ERTRÄGE 789

römische Ehre es fordere, den sicheren Weg zum Sieg zu beschreiten. Stattdessen brachte er sie mit Hilfe der arabischen Bogenschützen, der syrischen Schleuderer sowie Steinwerfer und Schleudermaschinen zum Zurückweichen (*Bell.* 3,203–212).

Angesichts der durch die Ausfälle verursachten Verluste wollte Vespasian die Stadt rasch mit Gewalt nehmen und beschloss daher, den Widder einzusetzen. Dazu brachte er die Wurfmaschinen als auch die Bogenschützen und Schleuderer näher an die Stadt; und als die Verteidiger unter dem Beschuss von der Mauer fernblieben, ließ er den mit Fellen geschützten Widder heranbringen. Schon beim ersten Stoss erbebte die Mauer unter den entsetzten Schreien der Einwohner (*Bell.* 3,213–221).

Als Josephus sah, dass der Stoss ständig dieselbe Stelle traf und die Mauer bald einzustürzen drohte, erdachte er sich ein Gegenmittel, das die Gewalt des Widders für einige Zeit dämpfen könnte. Er gab Befehl, mit Spreu gefüllte Säcke an die Stelle der Mauer herabzulassen, an die, wie man sah, der Widder ständig aufschlug, damit der Stoss vom Ziel abgelenkt werde und durch die Nachgiebigkeit der Säcke seine Wucht verliere. Dies hielt die Römer lange Zeit auf, denn wohin sie den Widder auch richteten, dorthin folgten die Juden mit den Säcken, die sie von oben den Stößen entgegenhielten, so dass deren Wucht der Mauer nicht schaden konnte. Das half solange, bis die Römer auf den Gedanken kamen, an den Spitzen langer Stangen – wie im Seekrieg üblich (vgl. 5.7.1[4]) – Sicheln zu befestigen, mit denen sie die Säcke abschnitten. Nachdem so der Mauerbrecher wieder voll wirksam wurde und die neu erbaute Mauer schon wankte, konnten die Leute des Josephus nur noch zum Feuer als dem letzten Verteidigungsmittel greifen. Sie packten, was ihnen an trockenem Holz in die Hände kam, stürmten in drei Gruppen hinaus und steckten die Kriegsmaschinen, die Weidengeflechte und die Belagerungswerke der Römer in Brand, was, zusätzlich genährt durch Erdharz, Pech und Schwefel, das aufgerichtete Werk der Römer in einer Stunde fraß. Die Römer taten nur wenig, um die Maschinen zu retten, denn die Kühnheit der Juden hatte ihnen laut Josephus die Fassung geraubt (*Bell.* 2,222–228).

Besonders hervor trat bei dieser Gelegenheit Eleazar aus Saba. Denn einen ungeheuren Stein packend warf er diesen mit solcher Gewalt auf den Sturmbock, dass dieser den Kopf des Widders abriss. Daraufhin sprang er von der Mauer hinunter, und trug den Widderkopf aus der Mitte der Feinde zur Mauer hin, wo er den ihn durchbohrenden Pfeilen erlag. Auch die galiläischen Brüder Netiras und Philippus zeichneten sich aus. Denn sie stürzten sich mit solcher Schnelligkeit und Gewalt gegen die Soldaten der zehnten Legion, dass sie deren Reihen zerrissen und alle, auf die sie eindrangen, in die Flucht schlugen. Ihnen folgten Josephus und die übrige Mannschaft, wieder mit Feuerbränden ver-

790 5. KAPITEL

sehen, und steckten die Kriegsmaschinen und Schutzdächer zusammen mit den Belagerungswerken der fünften und zehnten Legion in Brand, nachdem diese geflohen waren. Jedoch schon gegen Abend konnten sie den Widder wieder aufstellen und richteten ihn gegen dieselbe Stelle der Mauer. Dabei traf einer der Verteidiger von der Mauer aus den Vespasian mit einem Pfeil an der Fußsohle. Die Wunde war zwar leicht, da die Entfernung dem Geschoss seine Wucht genommen hatte; dennoch rief dies Ereignis bei den Römern und auch bei Titus Furcht und Schrecken hervor. Der Vater jedoch zerstreute die Besorgnis des Sohnes und die Bestürzung im Heere ohne Mühe, denn den Schmerz unterdrückend zeigte er sich so rasch wie möglich allen und verstärkte dadurch die Bereitschaft, noch erbitterter gegen die Juden zu kämpfen. Jeder wollte als Rächer des Feldherrn in vorderster Linie des Kampfes stehen. Und während sie sich mit dem Schlachtruf gegenseitig anfeuerten, stürmten sie gegen die Mauer vor (*Bell.* 3,229–239).

Die Männer um Josephus ließen sich, obwohl sie, von den Katapulten und Steinschleudern getroffen, übereinander stürzten, dennoch nicht von der Mauer vertreiben, sondern warfen Feuer, Eisen und Steinbrocken auf die Soldaten, die unter dem Weidengeflecht den Widder vorspringen ließen. Dabei richteten sie nichts oder nur ganz wenig aus, erlitten aber selbst fortwährend Verluste, denn sie wurden von den Gegnern im Schein ihrer Feuerbrände gesehen, während die Wurfmaschinen von weitem nicht auszumachen waren und man den heranfliegenden Geschossen nicht ausweichen konnte. Viele jüdische Verteidiger von Jotopata fielen nach heldenhaftem Kampf, und viele wurden verwundet. Nach unablässigen Stößen der Sturmböcke gab die Mauer während der Morgenwache nach. Bevor jedoch von den Römern die Sturmbrücken angelegt wurden, schlossen sich die Juden mit ihren Leibern und Waffen dicht zusammen und richteten gegenüber der Bresche einen neuen Wall auf (*Bell.* 3,240–252).

Gegen Morgen sammelte Vespasian das Heer zum entscheidenden Sturm auf die Stadt, nachdem er es kurze Zeit von den Anstrengungen der Nacht hatte ausruhen lassen. In der Absicht, die Verteidiger von den Mauertrümmern abzudrängen, ließ er die tapfersten Reiter absitzen und stellte sie in drei Gliedern vor der eingestürzten Mauer auf; sie waren durch ihre Rüstung völlig geschützt und hatten ihre Lanzen nach vorn gerichtet, damit sie, wenn die Sturmbrücken ausgeworfen wurden, als erste eindringen könnten. Hinter ihnen stellte er die besten Fußtruppen auf, den Rest der Reiterei verteilte er der Mauer gegenüber auf den Bergen der ganzen Umgebung, damit kein Flüchtling bei der Einnahme heimlich entkomme. Hinter dem Fußvolk ließ er die Bogenschützen, die Schleuderer und die Geschützbedienungen Aufstellung nehmen mit dem Befehl, schussbereit zu sein. Anderen erteilte er den Befehl, Sturm-

INTERTEXTUELL-HISTORISCHE VERORTUNG DER EXEGETISCHEN ERTRÄGE   791

leitern heranzubringen und sie an den noch unversehrten Teilen der Mauer anzulegen, damit die Feinde durch die Abwehr dieses Angriffsversuchs von der Verteidigung der eingestürzten Mauer abgezogen würden. Der Rest der dort Kämpfenden sollte durch den Geschosshagel gezwungen werden, vor den eindringenden Römern zurückzuweichen (*Bell.* 3,253–257).

Josephus hatte nach seinem Bericht diesen Plan durchschaut und auf dem noch unversehrten Teil der Mauer außer den Erschöpften die älteren Jahrgänge aufgestellt, da sie dort keiner Gefahr ausgesetzt waren. An der Bresche der Mauer dagegen stellte er seine tüchtigsten Leute auf, jeweils an ihrer Spitze sechs Männer, mit denen auch er selbst durch das Los bestimmt worden war. Er gab ihnen den Befehl, gegen das Sturmgeschrei der Legionen die Ohren zu verstopfen, damit sie nicht eingeschüchtert würden, und den Frauen befahl er, sich ruhig zu verhalten, damit sie durch ihr Jammergeschrei nicht den Kampfesmut ihrer Männer lähmten. Gegenüber der Menge der Geschosse sollten sie in die Knie gehen und sich durch die hochgehaltenen Schilde decken, auch kurze Zeit zurückweichen, bis die Bogenschützen ihre Köcher geleert hätten. Sobald aber die Sturmbrücken ausgeworfen würden, sollten sie vorstürmen und den Feinden auf den von diesen selbst geschaffenen Zugängen entgegentreten. Es kämpfe ja keiner mehr, um die Heimatstadt zu retten, sagte ihnen Josephus, sondern jeder wolle schon jetzt für ihren Untergang Rache nehmen. Sie sollten sich vor Augen halten, wie die Feinde die Greise hinschlachten und Kinder und Frauen umbringen würden, dann könnten sie die Erbitterung über die bevorstehenden Gräueltaten im voraus zusammenfassen und über die Häupter der Schuldigen ausschütten (*Bell.* 3,258–264).

Mit einem Mal fingen die Trompeter sämtlicher Legionen an zu blasen, auch das Heer stimmte mit einem fuchterregenden Kampfgeschrei ein, und auf ein gegebenes Zeichen hin wurden von allen Seiten die Pfeile abgeschossen. Die Männer bei Josephus hatten entsprechend seiner Anweisung ihre Ohren gegen den Schlachtruf und ihre Leiber gegen die Geschosse geschützt, und sobald die Sturmbrücken ausgeworfen wurden, stürzten sie sich darauf, noch ehe die Römer sie betreten konnten. Im Nahkampf gegen die zur Mauerhöhe Vordringenden gaben die Juden im letzten Verzweiflungskampf eine Unzahl von Beweisen für ihre Kraft und Tapferkeit, sie trennten sich daher nicht eher von den Römern, bis sie entweder selbst gefallen waren oder den Gegner getötet hatten. Allerdings hatten sie, nachdem sie durch den unterbrochenen Kampf ermattet waren, keine Ersatzmannschaft für die Kämpfer in der ersten Linie, während bei den Römern ständig frische Truppen die ermüdeten ablösten und anstelle der von den Juden zurückgeworfenen sofort jeweils neue Abteilungen zur Mauer empor eilten. Diese ermunterten sich gegenseitig durch Zurufe, schlossen sich Mann an Mann fest zusammen und bildeten so, durch die nach oben gehaltenen Schilde geschützt, eine unerschütterliche Kampfgruppe, die wie ein einziger Körper mit ihrer ganzen Front die Juden zurückdrängte; so waren die Römer schon im Begriff, die Mauer zu ersteigen. Aber angesichts dieser Not ließ Josephus Befehl geben, siedendes Öl auf die zusammengedrängten Schilde hinab zu gießen. Dieses Mittel bewirkte bei den Römern schwere Verbrennungen und riss ihre Kampfordnung auseinander. Denn in die Panzer und Helme fest eingeschnallt, konnten sich die Soldaten von der unter die Ausrüstung geflossene Glut des Öls nicht freimachen, und stürzten entweder von den Brücken herab, oder ergriffen die Flucht, wobei sie von den von hinten auf sie einschlagenden Juden überwältigt wurden. Eine zweite List anwendend, schütteten die Juden nun gekochtes griechisches Heu auf die Bretter, sodass die Römer ausglitten, hinab rutschten und dabei von jüdischen Geschossen getroffen wurden. Als der Feldherr nun sah, dass seine Soldaten beim Angriff schwere Verluste erlitten, rief er sie gegen Abend zurück. Es war aber von ihnen eine beträchtliche Anzahl gefallen, und noch mehr waren verwundet worden; von den Belagerten in Jotopata dagegen fielen sechs Mann, außerdem wurden über 300 Verwundete weggetragen (*Bell.* 3,265–283).

Vespasian wollte nun die Soldaten wegen dieser Rückschläge aufmuntern, als er aber ihren leidenschaftlichen Eifer sah und dass sie nicht Zuspruch sondern Taten forderten, gab er Befehl, die Dämme zu erhöhen und jeweils 50 Fuß hohe (ca. 14,8 m) Türme zu errichten. Diese waren ringsum mit Eisen beschlagen, damit sie durch ihr Gewicht festen Stand hätten und durch Feuer nicht zu zerstören seien. Nachdem diese Türme auf den Wällen aufgestellt worden waren, bemannte er sie mit Speerwerfern und Bogenschützen; auch leichteren Wurfmaschinen und die kräftigsten Schleuderer ließ er darin Stellung nehmen. Diese konnten nun ohne selbst gesehen zu werden, die gut sichtbaren Feinde auf der Mauer beschießen. Den Geschossen aber vermochten die Verteidiger, da sie von oben herab flogen, nicht mehr auszuweichen. Als sie daher eingesehen hatten, dass die Türme wegen ihrer Höhe mit Handgeschossen kaum zu erreichen und dazu wegen ihres Eisenbeschlages feuersicher waren, zogen sie sich von der Mauer zurück und machten nur noch Ausfälle gegen die Angriffsversuche der Römer (*Bell.* 3,283–288).

Japha (*Untergaliläa*): In jenen Tagen sandte Vespasian den Führer der zehnten Legion, Trajan, mit 1'000 Reitern und 2'000 Fußsoldaten zu der an der Grenze zu Samaria, das heißt 16 Kilometer südlich von Jotopata und 3 Kilometer südwestlich von Nazareth liegenden Stadt Japha, weil sie sich – ermutigt durch den unerwartet langen Widerstand der Verteidiger Jotopatas – im Aufstand gegen Rom befand. Diesem zogen die Einwohner der Stadt kampfbereit entgegen, aber nach nur kurzem Widerstand ergriffen sie die Flucht zur ersten

INTERTEXTUELL-HISTORISCHE VERORTUNG DER EXEGETISCHEN ERTRÄGE 793

Stadtmauer, dicht verfolgt von den Römern, und als sie auf die zweite Mauer zueilten, verschlossen ihre eigenen Landsleute in der Stadt die Tore aus Furcht, die Feinde könnten mit ihnen hereinkommen. Dicht gedrängt und zwischen die beiden Mauern eingeschlossen, fanden 12'000 – durch den Verrat der eigenen Leute in ihrer Zuversicht gebrochen – den Tod, sei es durch die Schwerter ihrer Kameraden, durch ihre eigenen Waffen oder durch die Römer. Weil Trajan die Einnahme der Stadt für den Feldherrn aufsparen wollte, ließ er Boten zu Vespasian entsenden, er möge ihm doch Titus schicken, damit dieser den Sieg vollende. Vespasian sandte seinen Sohn mit einer Heeresabteilung von 500 Reitern und 1'000 Mann Fußvolk. Rasch ließ dieser daraufhin das Heer vor der Stadt zum Kampfe aufstellen. Während er selbst den rechten Flügel übernahm, setzte er Trajan über den linken und führte die Truppen zum Sturm auf die Stadt. Als nun die Soldaten von allen Seiten Leitern gegen die Mauer herantrugen, leisteten die Galiläer von dort aus nur kurze Zeit Widerstand und verließen dann die Mauer, während die Leute des Titus über diese hinweg in die Stadt eindrangen und sich ihrer erst nach einem erbitterten und sechs Stunden währenden Kampf gegen die im Stadtinnern zusammgedrängten Juden bemächtigen konnten. Denn dort waren ihnen die streitbaren Männer in den engen Gassen entgegengestürzt, die Frauen warfen von den Häusern alles auf sie herunter, was ihnen gerade in die Hand kam. Als aber die Waffenfähigen hingerafft waren, wurde das übrige Volk unter freiem Himmel und in den Häusern abgeschlachtet, die Jungen ebenso wie die Alten. Vom männlichen Geschlecht blieb niemand am Leben als die unmündigen Kinder, welche zusammen mit den Frauen zu Sklaven gemacht wurden. Die Gesamtzahl der Erschlagenen, im Kampf in der Stadt und im Treffen vorher, betrug 15'000 Mann, gefangen gesetzt hingegen wurden 2'130 (*Bell.* 3,289–306).

Garizim (*Samaria*): Aus ähnlichem Grund wie Vespasian Trajan nach Japha entsandt hatte, beorderte er nun auch den Führer der fünften Legion, Cerealius, mit 600 Reitern und 3'000 Fußsoldaten zum Berg Garizim ab. Denn auf diesen ihnen als heilig geltenden Berg hatten sich zahlreiche Bewohner Samariens zusammengezogen und warteten auf eine Gelegenheit zum Aufruhr, welchem Vespasian aber zuvorkommen wollte. Weil nun Cerealius das Stürmen des Berges als unsicher schien, schloss er mit seiner Streitmacht den ganzen Fuß des Berges ein und behielt den Feind den ganzen Tag hindurch im Auge. Davon überrascht hatte die Menge weder im Blick auf Lebensmittel noch auf Wasser – und die Hitze brannte gerade furchtbar – Vorkehrungen treffen können, so dass noch an demselben Tag die ersten schon durch Durst umkamen. Einem solchen Ende zogen viele die Sklaverei vor und flohen zu den Römern. Als Cerealius von ihnen erfahren hatte, dass auch die Zurückgebliebenen durch ihre Leiden ganz zermürbt waren, zog er den Berg hinauf und stellte sein Heer

794 5. KAPITEL

rings um die Feinde auf. Zunächst bot er ihnen Verhandlungen an, als sie sich aber nicht überreden ließen, griff er sie an und tötete alle, 11'600 Mann (*Bell.* 3,307–315).

Fortsetzung Jotopata (*Galiläa*): Am siebenundvierzigsten Tag begannen die Wälle über die Mauer hinauszuragen. Und an eben diesem Tag lief einer zu Vespasian über und meldete, dass die Stadt durch beständiges Wachen und unaufhörliches Kämpfen erschöpft nicht mehr in der Lage sei, einem Angriff standzuhalten. Sie könnten aber auch durch List überwältigt werden, wenn jemand den Versuch dazu machte. Denn um die letzte Nachtwache lägen die Wachen im Schlaf und, so riet er, eben diese Zeit zum Angriff zu wählen. Trotz Verdachts folgte Vespasian diesem Rat und ließ das Heer zu besagter Zeit in aller Stille an die Mauer heranrücken. Als erster bestieg Titus mit dem Tribun Domitius Sabinus und einigen wenigen Soldaten der fünften und zehnten Legion die Mauer. Nachdem sie die Wachposten niedergestoßen hatten, betraten sie die Stadt; nach ihnen führten ein Tribun namens Sextus Calvarius und Placidus die ihnen unterstellten Soldaten herein. Schon war die Burg oben genommen und die Feinde streiften mitten in der Stadt herum, ja schon war es Tag geworden, gleichwohl merkten die Überfallenen nichts von der Einnahme der Stadt. Erst als das ganze Heer eingedrungen war, erhoben sie sich, und zwar nur, um das ganze Unglück wahrzunehmen. In Erinnerung an die Mühsal bei der Belagerung sollen die Römer weder Schonung noch Mitleid gekannt haben, sondern stießen das Volk in dichten Haufen von der Burg aus den Berg hinab und schlugen es dabei nieder. Denn dort raubte das schwierige Gelände auch denen, die noch kämpfen konnten, jede Möglichkeit der Gegenwehr. Diese aussichtslose Lage trieb viele auch der auserlesenen Leute um Josephus, Hand an sich zu legen. Denn als sie sahen, dass sie keinem Römer etwas anhaben konnten, zogen sie es vor, anstatt durch deren Hand zu fallen, sich am unteren Ausgang der Stadt zu sammeln und sich dort selbst niederzustoßen. Viele aber flüchteten sich in Höhlen, wobei einer von ihnen durch List dem Zenturion Antonius das Leben nahm; er war das einzige Opfer, das die Römer bei Einnahme der Stadt zu beklagen hatten (*Bell.* 3,316–335).

An den folgenden Tagen untersuchten die Römer deshalb die unterirdischen Schlupfwinkel und verfolgten die, die sich in den Gängen und Höhlen versteckt hatten. Sie verschonten dabei kein Alter, unmündige Kinder und Frauen ausgenommen, und brachten 1'200 Gefangene zusammen. Die Gesamtzahl der bei der Einnahme der Stadt und in den vorangegangenen Kämpfen Gefallenen aber betrug nach Josephus 40'000. Daraufhin ließ Vespasian die Stadt schleifen und alle ihre Befestigungswerke in Brand stecken. So fiel Jotopata am 20. Juli 67 d. Z., im dreizehnten Regierungsjahr Neros (*Bell.* 3,336–339).

INTERTEXTUELL-HISTORISCHE VERORTUNG DER EXEGETISCHEN ERTRÄGE   795

Gefangennahme des Josephus in Jotopata (*Galiläa*): Nun suchten die Römer Josephus, denn sie waren erbittert und Vespasian hielt seine Gefangensetzung für den Ausgang des Krieges als entscheidend. Josephus hatte sich aber – wie er selber sagt – unter göttlichem Beistand in eine Zisterne retten können und verweilte dort mit anderen zwei Tage, wurde aber am dritten von einer Frau, die mit ihm in der Höhle gewesen und ergriffen worden war, verraten. Sofort entsandte Vespasian die Tribunen Paulinus und Gallicanus, um ihm Sicherheit anzubieten und ihn aufzufordern heraufzukommen. Als Josephus sich aber nicht überzeugen ließ, entsandte Vespasian den dritten und Josephus seit langem bekannten Tribun Nikanor. Als Nikanor ihn beständig bat, und Josephus die Drohungen der feindlichen Menge hören musste, stieg in ihm – wie er schreibt – die Erinnerung an die nächtlichen Träume auf, durch die ihm Gott die über die Juden hereinbrechenden Schicksalsschläge und das künftige Geschick der römischen Kaiser gezeigt hatte. Josephus verstand sich nämlich auf die Deutung von Träumen und auf die Auslegung von Gottessprüchen, die zweideutig geblieben waren. Da er selbst ein Priester war und aus einem priesterlichen Geschlecht stammte, waren ihm die Weissagungen der heiligen Schriften gut bekannt. Als er nun zu derselben Stunde die furchterregenden Bilder der erst kurz zurückliegenden Träume in sich hervorholte, brachte er Gott ein Gebet dar und sprach: „Da es dir gefällt, dass das Volk der Juden, das du geschaffen hast, in die Knie sinkt, und alles Glück zu den Römern übergegangen ist, und du ferner meine Seele erwählt hast, die Zukunft anzusagen, so übergebe ich mich aus freien Stücken den Römern und bleibe am Leben. Ich rufe dich zum Zeugen an, dass ich diesen Schritt nicht als Verräter, sondern als dein Diener tue." Als Josephus nach diesem Gebet Anstalten machten, sich dem Nikanor zu ergeben, sollen die vierzig Angesehenen, mit denen Josephus sein Versteck teilte, ihn umstellt und ihm – darauf verweisend, wie viele Menschen er für die Freiheit zu sterben überredet hatte, den Suizid nahegelegt haben mit den Worten: „Wir leihen dir Arm und Schwert, stirbst du freiwillig, dann als Feldherr der Juden, stirbst du unfreiwillig, dann als Verräter!" Da Josephus ihren Angriff fürchtete und es als einen Verrat an den Aufträgen Gottes ansah, wenn er vor ihrer Verkündigung sterbe, begann er in dieser Notlage, ihnen mit philosophischen Beweisgründen zu begegnen. Doch den Ausführungen des Josephus gegenüber blieben sie taub, weshalb Josephus vorschlug das Los über Leben und Tod entscheiden zu lassen. Sie willigten ein, und wen das Los traf, bot sich freiwillig dem Schwert des nächsten an. Durch Gottes Vorsehung soll Josephus mit einem anderen übrig geblieben sein, den er zu überreden vermochte am Leben zu bleiben. Nachdem er auf diese Weise sowohl dem Krieg mit den Römern als auch den eigenen Leuten entronnen war, wurde er von Nikanor zu Vespasian geführt. Dort schlug ihm von den einen Argwohn und Hass,

796   5. KAPITEL

und von den anderen Bewunderung, aber auch Mitleid entgegen, besonders
von Titus, dessen Fürsprache beim Vater für Josephus' Rettung ausschlaggebend war (vgl. 5.6.2[5]). Als Josephus von seiner Schonung vernahm, kündigte
er Vespasian und Titus in besagter Weise die bevorstehende Herrschaft an (vgl.
5.3.2[2]); und als Vespasian seine prophetische Gabe testen ließ und sie bestätigt fand, erließ er ihm zwar nicht Bewachung noch Fesseln, behandelte ihn
aber durchaus freundlich und ehrenvoll (*Bell.* 3,340–408).

Vespasian in Tiberias und Tarichea (Galiläa)

Nachdem sich Vespasian von Jotopata nach Cäsarea Maritima begeben hatte,
folgte er einer Einladung Agrippas nach Cäsarea Philippi, wo er Gott für sein
Kriegsglück dankend opferte. Zuvor jedoch hatte er die Niederschlagung des
Aufstandes in Joppe und seinem Umland veranlasst, wo sich in Piraterie tätige
Aufständische niedergelassen hatten. In Cäsarea Philippi aber vernahm er
vom Abfall sowohl Tiberias' als auch Taricheas, worauf er sein Heer erneut
und zwar in Skytopolis versammelte, und gegen die beide Städte des Agrippa
zog. Tiberias konnte er kampflos durch Einschüchterung und dank einer frie-
denswilligen Mehrheit zurückgewinnen. Die Hauptlast des Kampfes in Tarichea trug Titus, zunächst auf dem Land mit Reiterei und Bogenschützen und
später unterstützt vom Vater zu Wasser auf Flößen. Entscheidend für den
Sieg des Titus war, dass er eine wegen Streit zwischen Kriegsbefürwortern
und -verweigerern hervorgerufene Schwäche für sich mit Hilfe eines Überraschungsangriffs zu nutzen wusste. Das am 26. September 67 d.Z. geschlagene
Tarichea blieb die einzige Seeschlacht in diesem Krieg:

Cäsarea Maritima (Judäa): Von Jotopata brach Vespasian ungefähr am 23.
Juli 67 d.Z. nach Ptolemais auf und rückte von dort nach Cäsarea, der zu
den größten zählenden und mehrheitlich durch Griechen bewohnten Verwaltungsstadt Judäas, welche an den zum Kriegsausbruch führenden Eskalationen
beteiligt gewesen war (vgl. 5.2.3[2]) und ihn nun aus Hass gegen die Unterworfenen mit lautem Lob und Segenswünschen begrüßten. Weil er die Stadt für
geeignet hielt, stationierte Vespasian hier die fünfte und zehnte Legion, damit
sie ihr Winterquartier bezögen, um sie allerdings nicht mit dem ganzen Heer
zu belasten, verlegte er die fünfzehnte nach Skytopolis (*Bell.* 3,409–413).

Joppe mit Umland (Judäa): In der Zwischenzeit hatten sich die beim Aufstand aus ihren Städten vertriebenen Juden und die aus den zerstörten Orten
Entronnenen in nicht geringer Menge zusammengetan, um Joppe, das vorher
durch Cestius verwüstet worden war (vgl. 5.7.2[4]), als Stützpunkt für sich wieder aufzubauen. Und da sie in das vom Feinde unsicher gemachte Hinterland
nicht eindringen konnten, fassten sie den Entschluss, aufs Meer zu gehen und
legten auf der Linie zwischen Syrien, Phönizien und Ägypten den Seeverkehr

INTERTEXTUELL-HISTORISCHE VERORTUNG DER EXEGETISCHEN ERTRÄGE 797

völlig lahm (vgl. 5.6.3[1]). Als Vespasian von ihrem Unternehmen erfuhr, sandte er Fußvolk und Reiterei nach Joppe, die bei Nacht in die unbesetzte Stadt eindrangen, weil sich ihre Bewohner – über den bevorstehenden Überfall informiert – auf ihre selbst gezimmerten Schiffe geflüchtet hatten, um außerhalb der Schussweite zu übernachten. Als sich aber am Morgen ein mächtiger Sturm erhob und sie wegen der eingedrungenen Römer nicht an Land konnten, zerschellten die Schiffe entweder aneinander, am steilen Küstenfels – denn Joppe verfügte über keinen Hafen – oder wurden von der Flut verschlungen. So starben 4'200 Aufständische in den Fluten oder durch eigene Hand; und wer lebend ans Ufer gespült wurde, durch die der Römer. Die ohne Kampf eroberte Stadt machten sie daraufhin dem Erdboden gleich, wobei Vespasian auf ihrer Burg einen militärischen Stützpunkt einrichtete, diesen mit wenig Fußvolk und Reiterei ausstattete und jener den Auftrag erteilte, die umliegenden Dörfer und Städte zu plündern und hernach zu zerstören (*Bell.* 3,414–431).

Cäsarea Philippi (Hauptstadt des Königreich Agrippas II.): Von Cäsarea (Maritima) rückte Vespasian nach Cäsarea Philippi, denn er wollte das Königreich des Agrippa besichtigen. In sein reich ausgestattetes Haus hatte ihn und sein Heer der König selbst eingeladen, nicht ohne den Hintergedanken, dadurch seinen gefährdeten Thron zu festigen. Dort legte Vespasian sein Heer für zwanzig Tage ins Ruhequartier, während er selbst an vielen festlichen Gelagen teilnahm und Gott für die ihm geschenkten Erfolge Dankopfer darbrachte (*Bell.* 3,443–444).

Tiberias (Galiläa und des König Agrippas II.): Als ihm aber gemeldet wurde, dass Tiberias auf Abfall sinne und Tarichea schon in offener Empörung stehe, hielt Vespasian den Zeitpunkt für einen neuen Feldzug gekommen. Auch aus Rücksicht auf Agrippa schien es ihm doch ein für die gewährte Gastfreundschaft angemessenes Entgelt, wenn er die ihm gehörenden Städte wieder zur Vernunft brächte. Darum sandte er Titus nach Cäsarea, damit es die dort stationierten Legionen nach Skytopolis, der größten Stadt der Dekapolis führe, wo er auf ihn mit einer Legion warten wollte. Von dort rückte er mit seinem ganzen Heer in das 30 Stadien (ca. 5,5 km) von Tiberias entfernte Sennabris und schlug sein Lager die gängige und bereits erprobte Kriegslist anwendend so auf, dass er von den Anführern gut gesehen werden konnte. Von dort entsandte er den Dekurion Valerianus samt 50 Reitern mit dem Auftrag, den Einwohnern Friedensangebote zu machen und sie zu Verhandlungen aufzufordern, denn es war ihm zu Ohren gekommen, dass die Bevölkerung Frieden wünsche, aber von einer Partei unterdrückt wurden, die zum Krieg drängte. Doch Valerianus wurde von den Aufrührern unter der Leitung eines Jesus, Sohn des Tupha, angegriffen, so dass er sich zur Flucht entschied. Von Furcht ergriffen flüchteten sich die Angesehenen der Stadt daraufhin ins römische Lager, gewannen den König

798 5. KAPITEL

für sich und Vespasian dazu, dass sie nur die am Aufruhr Schuldigen bestraften, das Volk aber schonen sollten. Als Jesus davon hörte, flüchtete er sich und seine Partei nach Tarichea. Der Bitte des Volks gab Vespasian nach, auch aus Rücksicht gegenüber Agrippa, ließ das Heer abrücken und begab sich vor die Stadt, wo ihm die Einwohner die Tore öffneten, ihm mit Lob und Segenswünschen entgegen gingen und ihn als Retter und Wohltäter begrüßten. Daraufhin verbot er jegliche Art von Plünderung und Gewalttätigkeit, schonte auch die Mauern und gewann so die Stadt, die unter dem Aufstand schwer gelitten hatte, wieder unter seine Botmäßigkeit zurück (*Bell.* 3,445–461).

Tarichea (*Galiläa und des Königs Agrippa II.*): Von Tiberias rückte Vespasian an einen Ort zwischen Tiberias und Tarichea vor, wo er sein Lager aufschlug und dieses besonders stark befestigte, weil er annahm, dass sich der Krieg hier länger hinziehen würde. Denn alle Aufständischen waren in Tarichea zusammengeströmt, da sie auf die Festigkeit der Stadt vertrauten, die Josephus bis auf den Teil, der vom See bespült ist, auf allen Seiten hatte befestigen lassen. Auch vertrauten sie auf den See, wo sie eine Menge auch für den Seekampf ausgerüstete Schiffe bereitgestellt hatten, auf die sie fliehen konnten, falls sie auf dem Lande geschlagen würden (vgl. 5.6.3[1]). Während nun die Römer ihr Lager ringsum befestigten, machte die Mannschaft um den aus Tiberias nach Tarichea geflohenen Jesus, ohne die geringste Furcht vor der großen Zahl noch vor der vortrefflichen Ordnung der Feinde, einen Ausfall, jagte schon beim ersten Anlauf die Wallarbeiter auseinander, riss ein kleines Stück des Baus ein und zog sich – ohne Verluste – erst dann zu den Ihrigen zurück, als sie sahen, dass die Schwerbewaffneten gegen sie antraten. Die Römer verfolgten ihre Feinde und trieben sie allesamt in die Boote; diese fuhren soweit auf den See hinaus, dass sie mit ihren Geschossen die Römer gerade noch erreichen konnten, warfen die Anker aus und schoben dabei die Schiffe zu einer Schlachtreihe dicht aneinander, um so gegen die an Land befindlichen Feinde kämpfen zu können. Vespasian hatte unterdessen erfahren, dass sich eine große Menge Juden auf der Ebene vor der Stadt versammelt hatte, und schickte darum seinen Sohn mit 600 auserlesenen Reitern gegen sie ab. Dieser traf auf Feinde, die an Zahl stark zugenommen hatten. Er schickte darum seinem Vater die Meldung, er habe Verstärkung nötig. Da er aber bemerkte, dass es einige unter seinen Reitern gab, die angesichts der Überzahl der Juden niedergeschlagen waren, stellte er sich so auf, dass man ihn überall gut hören konnte und hielt eine feurige Ansprache, in welcher er sie an ihre römische Herkunft erinnerte. Dabei soll eine göttliche Begeisterung auf die Männer gefallen sein. Als die Verstärkung eintraf, 400 Reiter unter Trajan und unter Antonius Silo 2'000 Bogenschützen, postierte Titus diese auf die der Stadt gegenüberliegenden Höhe, damit sie die Juden von der Mauer vertrieben. Titus seinerseits jagte wie in der Feldherrenrede angekündigt sein Pferd als erster auf den Feind, dem die anderen mit lautem Geschrei folgten, wobei sie sich – um zahlreicher zu erscheinen – über die ganze Ebene ausdehnten, soweit sie vom Feind besetzt war. Die Juden waren zwar über den Ansturm und die gute Ordnung der Feinde bestürzt, hielten aber doch eine Zeitlang ihren Angriffswellen stand; dann jedoch wurden sie von den Speeren niedergestochen, vom Schwung der Reiter umgerannt und unter den Hufen zertreten. Als auf dem ganzen Schlachtfeld viele niedergemetzelt wurden, stoben sie schließlich nach allen Seiten auseinander und flohen, so schnell sie es vermochten, in die Stadt zurück. Im Stadtinnern aber spaltete sich die Menge in zwei Lager, in eine den Kampf ablehnende Partei von Einwohnern und in eine den Kampf befürwortenden Partei von Fremden. Als Titus die sich in einem Getümmel äußernde Uneinigkeit vernahm, rief er seine Soldaten zum Angriff. Er schwang sich auf sein Pferd und sprengte allen voran zum See, ritt durch das Wasser und drang als erster in einem Überraschungsangriff in die Stadt ein, hinter ihm her die anderen. Erschrocken ergriffen die Aufständischen die Flucht, die Anhänger des Jesus auf dem Landweg und die anderen in Richtung See, geradewegs in die Hand der Römer, wo sie zu einem großen Teil niedergemacht wurden. In der Stadt leisteten die Fremden, denen die Flucht nicht mehr gelungen war, Gegenwehr, während die Einwohner anfangs noch kampflos fielen. Als aber die Schuldigen beseitigt waren, ließ Titus aus Mitleid das Morden gegen die Einheimischen einstellen. Daraufhin überbrachte Titus die frohe Botschaft (*Bell.* 3,503: εὐαγγελίζομαι) seinem Vater, worauf dieser sich vor die Stadt begab, diese einzuschließen und zu bewachen befahl und den Auftrag erteilte, Flöße zur Verfolgung der Entflohenen zu zimmern. Nachdem die Flöße bereitstanden, ließ Vespasian sie so stark mit Truppen besetzen, wie nach seiner Ansicht zur Bekämpfung der auf den See hinausgefahrenen Gegner ausreichend war. Die Boote der Juden aber waren klein und gegenüber den dicht besetzten Flößen nur mangelhaft bemannt, so dass sie sich fürchteten, auf die ihnen entgegenkommenden römischen Flöße zuzufahren. Dennoch aber wagten sie, die Römer mit Steinen zu beschießen, welche den gut Bewehrten aber nichts anhaben konnte. Kamen sie hingegen ihrerseits in die Reichweite römischer Geschosse, wurden sie zusammen mit ihren Schiffen sogleich versenkt, niedergeschlagen, geköpft, überfahren, umzingelt und beim Versuch zu landen mit dem Speer durchbohrt. Der ganze See war vom Blut gerötet und von aufgedunsenen und der sommerlichen Hitze wegen schnell verwesenden Leichen gefüllt. Es starben bei dieser Seeschlacht 6'700 Menschen, die vorher in der Stadt Gefallenen mit eingerechnet. Daraufhin setzte sich Vespasian in beschriebener Weise auf den Richterstuhl (vgl. 5.6.2[5]), sonderte die Einheimischen von dem zugelaufenen und seiner Meinung zum Krieg anstiftenden Volk. Erstere begnadigte er, für Letztere bediente er sich einer Kriegslist, gab

800   5. KAPITEL

vor, ihnen freien Abzug nach Tiberias zu gewähren, bestrafte sie dort aber dennoch, indem er 1'200 Greise und körperlich Versehrte töten ließ, 6'000 der Jüngeren zu Nero entsandte und abgesehen von den Leuten des Agrippa, die er ihm überließ, verkaufte er 30'400 in die Sklaverei, was sich am 26. September 67 d. Z. ereignete (*Bell.* 3,462–542).

Vespasian in Gamla und Gischala

Diejenigen Galiläer, die nach dem Fall Jotopatas von den Römern abgefallen waren, kehrten nach der Niederlage der Taricheer wieder zum Gehorsam zurück, so dass die Römer sämtliche festen Plätze und die Städte – mit Ausnahme von Gischala und dem Berg Itabyrion – wieder in Besitz nehmen konnten. Zu ihnen gesellten sich auch die zum Gebiet des Agrippa II. und in der Gaulanitis gelegenen Orte Gamla, Sogane sowie Seleukia, welche allesamt von Josephus selbst – und Gischala in seinem Auftrag – befestigt worden waren (vgl. *Bell.* 2,572–575). Die Bewohner von Sogane und Seleukia hatte Agrippa zu Beginn des Aufstandes noch auf seine Seite bringen können, Gamla allerdings hatte nicht nachgegeben, weil sie noch mehr als Jotopata auf ihre schwer zugängliche Lage vertraute (vgl. 5.6.3[7]) und darin bestätigt wurde, als sie dem Belagerungsheer des Agrippa über sieben Monate Widerstand zu leisten vermochte. In Gamla stellte sich jedoch weniger die Befestigungsmauer als das Gelände den Römern entgegen, und dieses wussten ihre Verteidiger zum verlustreichen Schaden der Römer einzusetzen, was diese ihnen darin heimzahlten, dass sie im Endkampf vom November 67 d. Z. selbst ihre Frauen und Kinder töteten. Während der einmonatigen Belagerung entsandte Vespasian den Tribun Placidus, um den Berg Itabyrion in Galiläa zu befreien. Und während er selbst nach Cäsarea zurückkehrte, entsandte er nach Gischala Titus, der zwar die Stadt zurückgewann, aber von Johannes überlistet wurde, so dass dieser nach Jerusalem entweichen konnte. Mit Gischala waren nun ganz Galiläa wie auch die Gebiete des Agrippa bezwungen. Sie hatten den Römern viel Schweiß gekostet und dienten ihnen zugleich als gute Vorübung für die Belagerung Jerusalems:

Gamla (*Gaulanitis und des Königs Agrippa II.*): Von Ammathus nahe Tiberias, wo Vespasian gelagert hatte, brach er in Begleitung des Agrippa auf und rückte vor Gamla. Da er aber die Stadt ihrer Lage wegen nicht völlig einschließen konnte, richtete er an den Punkten, wo es möglich war, Feldwachen ein und besetzte den die Stadt beherrschenden Berg. Nachdem die Legionen dort in gewohnter Weise ein festes Lager errichtet hatten, ließ er diese mit dem Errichten von Dämmen, dem Auffüllen von Gräben und Schluchten sowie dem Vorrücken auf das Zentrum beginnen. Als inmitten dieser Arbeiten ein Verhandlungsangebot seitens Agrippa an die Bewohner mit Steinbeschuss beantwortet wurde, verstärkten die Römer ihr Belagerungswerk. Während bereits die Belagerungsmaschinen herangerückt wurden, antworteten Chares und Josephus, die einflussreichsten Leute der Stadt, damit, dass sie ihre Schwerbewaffneten auf der Mauer Stellung beziehen ließen. Im Vertrauen auf ihre Lage befanden sich deutlich weniger Waffenfähige in der Stadt als in Jotopata, weshalb auf die Aufnahme von Verstärkung verzichtet worden war. Entsprechend vermochten sie das Heranfahren der Maschinen nur bis zu dem Zeitpunkt abzuwehren, als sie ihrerseits von den Katapultschützen und Steinschleuderern beschossen wurden, worauf sie sich in die Innenstadt zurückzogen. Dies erlaubte den Römern, ungehindert die Sturmböcke heranzuführen, mit Hilfe derer sie an drei Stellen eine Bresche schlugen und sogleich in die Stadt strömten. Dort aber wurden sie von den Verteidigern in ein Handgemenge verwickelt, und einen Rückzug vortäuschend, zogen sich diese in die höher gelegenen Stadtteile zurück, nur um in einer überraschenden Kehrtwendung die Feinde den steilen Abhang hinunter zu stoßen, wo sie zusammengedrängt und niedergeschlagen wurden. In Ermangelung sowohl einer Angriffsmöglichkeit wie auch eines Fluchtwegs wichen einige Römer auf die Hausdächer aus, welche aber der Belastung nicht standhielten, einstürzten und damit viele Soldaten in den Tod rissen, darunter auch den Dekurion Aebutius. Dies als göttlichen Beistand deutend, intensivierten die Juden ihren Angriff, wobei ihnen die Trümmer reichlich Wurfsteine und die erschlagenen Feinde Waffen lieferten. Unter den bedrängten Truppen befand sich auch der Feldherr Vespasian, der ob der Verluste schmerzerfüllt und ohne auf persönliche Sicherheit achtend unbemerkt bis fast auf den höchsten Punkt der Stadt vordrang, nur um sich dort mit wenigen Leuten abgeschnitten und in großer Gefahr wiederzufinden. Auch Titus stand ihm nicht zu Seite, denn dieser befand sich zu jener Zeit im Auftrag des Vaters bei Mucianus, demjenigen Statthalter Syriens, der dem verstorbenen Cestius nachgerückt war. Als erfahrener Kriegsherr die Lage richtig einschätzend, hielt er es für zu gefährlich, dem Feind den Rücken zuzukehren, weshalb er die Leiber und Rüstungen der bei ihm stehenden Soldaten sich wie zu einem Schild zusammenschließen ließ, und sich nur so dem vom Gipfel herunterwogenden Kampfgetümmel entgegenstemmen konnte. Erst als der Druck des Gegners nachließ, konnte er sich, ohne diesem den Rücken zuzuwenden, Schritt für Schritt zurückziehen, bis er endlich außerhalb der Mauer stand. Über die zahlreichen Verluste und auch über die Gefährdung des Feldherren zeigte sich das Heer anschließend äußerst niedergeschlagen und beschämt, weshalb sich Vespasian mit einer ermutigenden Rede an seine Soldaten richtete und sie dabei unter anderem auch über ihre mangelnde Vorsicht gegenüber einem von erhöhter Stellung aus kämpfenden Feind tadelte. Auf der anderen Seite währte die Zuversicht der Bewohner nur kurz, denn angesichts der zahlrei-

802   5. KAPITEL

chen Flüchtlinge breitete sich der Hunger aus, zumal, weil die Vorräte nur
an Waffenfähige verteilt wurden. Durch Mangel geschwächt ergriff daher eine
Mehrzahl der Bewohner bereits beim zweiten Ansturm der Römer die Flucht,
teils durch unwegsame Schluchten, teils durch unterirdische Gänge (*Bell.* 4,1–
48).

Berg Itabyrion (Galiläa): In einer Nebenoperation entsandte Vespasian derweil
den Placidus mit 600 Reitern zum Berg Itabyrion in Galiläa, dessen mit einer
Ringmauer versehener Gipfel von einer großen Menschenmenge besetzt war.
Weil das Gelände ein Hinaufrücken verunmöglichte, suchte er die Menge mit
Vergleichs- und Friedensangeboten hinunterzulocken. Sie willigten ein, freilich
auch ihrerseits mit hinterlistigen Absichten, und fielen – sobald sie Placidus zu
Gesicht bekamen – über ihn her. Dieser, ihre Absicht durchschauend, lockte sie
eine Flucht vortäuschend auf die Ebene, ließ dann seine Reiter plötzlich kehrt
machen und tötete dabei viele Juden, während er den übrigen den Rückweg
abschnitt. In dieser aussichtslosen Lage flohen die jüdischen Truppen nach
Jerusalem, während die Ortsansässigen sich und den Berg – denn das Wasser
war ihnen ausgegangen – dem Placidus übergaben (*Bell.* 4,54–61).

Fortsetzung Gamla (Gaulanitis und des König Agrippa II.): Zurück in Gamla hielt
die Kampftruppe der Belagerung bis zum 9. November stand. Doch an diesem
Tag versetzten drei Soldaten der fünfzehnten Legion die Bewohner in großen
Schrecken, indem sie während der Morgenwache einen von ihnen untergrabe-
nen Stadtturm zum Einsturz brachten. Der Lärm, der den so Überraschten wie
Kriegslärm schien, veranlasste viele, die Flucht zu ergreifen, wobei aber zahlreiche niedergemacht wurden, unter ihnen auch Josephus. Chares seinerseits war
kurz vorher einer Krankheit erlegen. In der Zwischenzeit war Titus aus Syrien
zurückgekehrt, und als er vom Schlag der Römer hörte, wurde er sehr zornig
und beschloss, selbst – begleitet von 200 Reitern und einigem Fußvolk – in aller
Stille in die Stadt einzurücken. Als sein Einmarsch bemerkt wurde, griffen die
Wachen eilends zu den Waffen, während die Einwohner mit ihren Kindern und
Frauen zum Gipfel hinaufflohen. Diejenigen, denen dies nicht gelang, wurden
sogleich niedergemacht. Gegen die Juden auf dem Gipfel aber führte Vespasian seine ganze Streitmacht. Gegen diese aber – so Josephus – soll sich ein
von höherer Macht gesandter Sturm erhoben haben, so dass die Römer unbeschadet den Gipfel erreichten und diese dort mit überraschender Schnelligkeit
umzingeln konnten. In dieser auswegslosen Situation verzweifelten viele an
ihrer Rettung und stürzten ihre Kinder und Frauen und danach sich selbst in
die Schlucht – insgesamt 5'000 sollen es gewesen sein. Aber in Erinnerung an
die Opfer des ersten Einbruchs noch mit Zorn erfüllt, erschlugen die Römer

INTERTEXTUELL-HISTORISCHE VERORTUNG DER EXEGETISCHEN ERTRÄGE 803

ihrerseits 4'000, wobei sie diesmal niemanden verschonten, nicht einmal die kleinen Kinder, derer sie viele den Gipfel herabschleuderten. Damit war der am 12. Oktober begonnene Aufstand, den nur zwei Frauen überlebten, am 10. November niedergeschlagen (*Bell.* 4,62–83).

Cäsarea (*Judäa*): Nach dem Sieg in Gamla kehrte Vespasian nach Cäsarea zurück. Mit sich nahm er die fünfte und fünfzehnte Legion, während er die zehnte nach Skytopolis verlegte. Er wollte dem Heer nach der fortwährenden Anstrengung eine Ruhepause geben; außerdem glaubt er, dass die wohlhabenden Städte die körperliche Leistungsfähigkeit und Kampfbereitschaft seiner Soldaten auffrischen würde. Und das würden sie benötigen, wohlwissend, dass mit der alten Königsstadt, im Blick auf ihr Gelände, ihre Befestigungsanlagen und dem Kampfesmut ihrer Verteidiger, erhebliche Anstrengungen auf sie zukommen würden.

Gischala (*Galiläa*): Nach Gischala entsandte Vespasian derweil Titus mit 1'000 Reitern; das Städtchen war hauptsächlich bewohnt von verhandlungswilligen Bauern, welche allerdings von einer aufwieglerischen Partei unter Leitung des genannten Johannes, Sohn des Levi, in Schach gehalten wurden (vgl. 5.5.3[3]; 5.6.3[5]). Weil Titus das Morden mittlerweile satt hatte und nicht wollte, dass die Mehrheit mit den Schuldigen zugrunde ginge, verzichtete er darauf, die Stadt in einem kriegerischen Anlauf zu nehmen und bot ihren Bewohnern stattdessen Friedensverhandlungen an. Johannes, der die Verhandlungsführung für sich beanspruchte, gab vor, dass ihm die Vorschläge willkommen seien, bat aber angesichts des Sabbats um Aufschub, freilich nicht der Sabbatheiligung willen, sondern weil er, bedacht auf seine eigene Rettung, auf eine nächtliche Flucht hoffte. Es müsse offensichtlich Gottes Fügung gewesen sein, schließt Josephus, die den Johannes für das Verderben Jerusalems erhalten sollte und Titus sich nicht nur vom Argument des Aufschubs überzeugen ließ, sondern auch davon, sein Lager ein beträchtliches Stück von der Stadt entfernt bei Kydyssa aufzuschlagen. Als Johannes in der Nacht keine römischen Wachtposten mehr sah, nahm er seine bewaffneten Anhänger, eine Menge von Nichtkämpfern samt deren Familien und floh in Richtung Jerusalem. Doch nach 20 Stadien bereits (ca. 3,7 km) konnten die Frauen und Kinder nicht mehr mithalten und wurden auf Befehl des Johannes zurückgelassen. Als Titus am nächsten Tag vor der Mauer erschien, um den Vertrag zu schließen, wurde er vom Volk über die Flucht des Johannes in Kenntnis gesetzt. Umgehend entsandte Titus eine ihm nachsetzende Reiterschar, denen es zwar gelang, 6'000 Geflohene zu töten und 3'000 Frauen und Kinder zurückzutreiben, Johannes selbst aber war ihnen nach Jerusalem entwischt. Unter lauten Heilrufen zog Titus danach in die Stadt, mahnte ihre Bewohner unter Verzicht auf Strafen zur Ruhe und befahl seinen Soldaten, wie nach Eroberungen üblich, ein kleines

804 5. KAPITEL

Stück der Mauer zu schleifen. Nachdem er die Stadt durch Wachen gesichert hatte, zog er ab und kehrte nach Cäsarea zurück (*Bell.* 4,84–121.130).

Vespasian in Judäa, Bürgerkrieg in Jerusalem
Der von Gischala nach Jerusalem entflohene Johannes wusste sich hier offensichtlich geschickt und zu seinem Vorteil in Position zu bringen. Denn als vermeintlicher Vermittler zwischen dem Volksheer unter Ananos und den Zeloten, lieferte er Erstere durch Verleumdung an die von den Zeloten herbeigeholten idumäischen Bundesgenossen aus. Als jene nach einer beispiellosen Abschlachterei wieder abgezogen waren, setzten die Zeloten ihre Angriffe gegen das Volk und insbesondere gegen potentielle Konkurrenten ungehalten fort. In dieser Zeit unternahm Vespasian von Cäsarea aus nur einen kurzen Feldzug, nämlich gegen die beiden in Judäa gelegenen Städte Jamnia und Azotos, und kehrte daraufhin nach Cäsarea zurück. Dort zog er es aus strategischen Gründen vor zu bleiben, und während des Winters 67/68 d. Z. vorläufig nicht und wie von seinen Offizieren gefordert gegen die durch Bürgerkrieg geschwächten Juden in Jerusalem zu ziehen:
Jamnia, Azotos, Cäsarea (*Judäa*): Während Titus von Gischala nach Cäsarea zurückkehrte, marschierte Vespasian von dort gegen zwei in Judäa gelegene Städte, Jamnia und Azotos, und nachdem er sie unterworfen und durch Besatzung gesichert hatte, kehrte er nach Cäsarea zurück (*Bell.* 4,130). Weiteres unternahm Vespasian vorläufig nicht, einerseits wegen der erwähnten Ruhepause, die er dem Heer geben wollte, andererseits, um sie auf das schwer einnehmbare Jerusalem vorzubereiten und schließlich, um den richtigen Zeitpunkt für einen Angriff abzuwarten, das heißt im Blick auf die Jahreszeit – denn es war Winter geworden (67/68 d. Z.) – wie auch im Blick auf die sich gegenseitig bekämpfenden Gegner (*Bell.* 4,87–91).
Jerusalem (*Judäa*): Je mehr aber die Juden vom Druck der Römer aufatmen konnten, desto mehr brach auf dem Land noch früher als in der Hauptstadt ein Bürgerkrieg zwischen Kriegsbefürwortern und Friedliebenden aus. Nachdem Erstere in Kampftruppen organisiert das Land raubend durchstreift hatten, sammelten sich ihre Rädelsführer in Jerusalem, welches zu jener Zeit kein einheitliches Oberkommando besaß. Und deswegen beschränkten sie sich in der Hauptstadt nicht nur auf Plünderung und Räuberei, sondern machten sich mordend an die Beseitigung möglicher Konkurrenten als auch Institutionen, die jene hätten schützen können. Das betraf einerseits die Gerichtshöfe, die sie kurzerhand abschafften, und andererseits den Tempel, dem sie ein Wahlverfahren des Hohepriesters nach Los aufzwängten und ihn auch darin schändeten, dass sie ihn kultisch verunreinigten (vgl. 5.6.3[5]). Gegen dieses Treiben begann sich das Volk aufzulehnen, und in Furcht vor einem möglichen Angriff,

INTERTEXTUELL-HISTORISCHE VERORTUNG DER EXEGETISCHEN ERTRÄGE   805

bedienten sich die Zeloten kurzerhand des Heiligtums als ihrer Zwingburg (vgl. 5.6.3[7]). Dies ging aber den angesehensten unter den Hohepriestern, Ananos, Sohn des Ananos, und Jesus, Sohn des Gamala, zu weit. In einer Volksversammlung nahm Ananos deshalb die Besetzung des Heiligtums wie auch die Morde und Beraubungen durch die Zeloten zum Anlass, das Volk in einer Feldherrenrede gegen diese aufzustacheln. Mit Erfolg, denn sogleich begehrte das Volk von ihm, gegen die Zeloten in den Kampf geführt zu werden (*Bell.* 4,128–195).

Während Ananos noch die kampffähigen Leute auslas und aufstellte, stürmten schon die Zeloten, die vom bevorstehenden Angriff erfahren hatten, voll Erbitterung aus dem Tempel hervor und schonten keinen, der ihnen in den Weg kam. Rasch wurde von Ananos das Volksheer zusammengezogen, das an Zahl überlegen war, aber in seiner Bewaffnung und militärischen Schulung den Zeloten nachstand. Auf beiden Seiten aber wog die Kampfbegier die Nachteile auf, seitens des Volksheers durch Zorn, der stärker war als alle Waffen, und seitens der Zeloten durch Kühnheit, die jede zahlenmäßige Überlegenheit ausglich. Und glaubten die einen, dass die Stadt so lange nicht mehr bewohnbar sei, als nicht die Zeloten ausgemerzt seien, waren die anderen davon überzeugt, dass ihnen im Fall der Niederlage keine auch nur erdenkliche Strafe erspart bliebe. Von Leidenschaften gelenkt, stürzte man auf einander los. Zuerst warf man von der Stadt aus und vom Tempelplatz her mit Steinen aufeinander und schoss aus größerer Entfernung mit Speeren. Wandte sich aber ein Teil zur Flucht, so griffen die Sieger zum Schwert. Auf beiden Seiten kam es zu einem großen Morden, außerdem wurden zahlreiche Leute verwundet. Die Verletzten aus dem Volksheer wurden von ihren Angehörigen in die Häuser gebracht, wenn aber ein Zelot getroffen wurde, ging er in den Tempelbezirk hinauf und besudelte durch sein Blut den geweihten Boden. Bei den einzelnen Treffen behielten die herausstürmenden Zeloten stets die Oberhand. Aber da die Kämpfer des Volksheeres erbittert waren und zahlenmäßig immer stärker wurden, kehrten sie schließlich ihre gesamte Streitmacht geschlossen gegen die Feinde. Als diese dem starken Druck nicht länger standhalten konnten, zogen sie sich Schritt für Schritt in den Tempelbezirk zurück; dabei drangen die Leute des Ananos mit ihnen zusammen ein. Tiefe Bestürzung ergriff die Zeloten, als sie die erste Tempelmauer verloren hatten. Nun flohen sie in den inneren Bezirk und schlossen rasch dessen Tore zu. Ananos glaubte, den Sturm auf die heiligen Tore nicht wagen zu dürfen, da er – abgesehen davon, dass die Gegner von oben herabschossen – es für frevelhaft hielt, auch im Falle seines Sieges die Volksmenge ohne vorausgehende Heiligung weiter hineinrücken zu lassen. Er bestimmte vielmehr aus dem ganzen Volksheer 6'000 Bewaffnete durch das Los und stellte sie als Wachen in den Hallen auf. Diese wurden von anderen abgelöst, und so war jeder verpflichtet, im Wechsel am Wachdienst

806   5. KAPITEL

teilzunehmen. viele von den Standespersonen ließen sich freilich durch die militärischen Befehlshaber davon befreien, indem sie ärmere Leute mieteten, die sie an ihrer Stelle auf den Wachdienst schickten (*Bell.* 4,196–207).

Am Verderben dieser Wachen aber war Johannes schuld. Denn vom Verlangen nach Alleinherrschaft getrieben, gab er vor, um das Wohl der Volkspartei besorgt zu sein und wich weder tags- noch nachtsüber von Ananos' Seite. Alles aber, was hätte geheim bleiben müssen, berichtete er den Zeloten, und darauf angesprochen, bestritt er jeglichen Verrat, sondern verpflichtete sich zum vermeintlichen Zeichen seiner Ergebenheit der Volkspartei gegenüber bereitwillig zu Eidesleistungen. Im blinden Eifer, den Tempel vor Befleckung zu bewahren, schenkte Ananos Johannes Glauben, ja, schickten ihn sogar als seinen Abgesandten zu den Zeloten ins Heiligtum. Dort aber stellte sich Johannes in ihre Mitte und log den Zeloten vor, dass Ananos eine Gesandtschaft an Vespasian geschickt habe, er möge so schnell wie möglich die Stadt besetzen. Außerdem sei für den nächsten Tag zum Zwecke einer Reinigungszeremonie ein Anschlag geplant. Schließlich erschreckte Johannes die Zelotenführer, Eleazar – wohl Sohn des Simon – und Zacharias – Sohn des Amphikallei –, mit der dritten Lüge, dass Ananos im Falle ihrer Gefangennahme gerade ihnen mit ausgesuchten Strafen gedroht habe, weil er für sich die höchste Macht zu gewinnen suche. Angesichts dessen – so verstieg sich Johannes – bliebe ihnen nur, entweder die Belagerer um Gnade anzuflehen oder von außen, nämlich bei den Idumäern Hilfe zu holen. In Schrecken versetzt beschlossen die Zeloten umgehend Letzteres (*Bell.* 4,208–232).

Der Zeloten Bittschreiben fand umgehend Gehör, und schon rückten 20'000 Idumäer unter der Führung des Johannes, Jakobus, Simon und Pinehas in Richtung Jerusalem. Ananos war von diesem Anmarsch rechtzeitig informiert worden, so dass er die Schließung der Tore als auch die Besetzung der Mauern mit Wachen veranlassen konnte. Und als die Idumäer vor der Stadtmauer eintrafen, stand sein Mitstreiter, der Hohepriester Jesus, bereit, um mit ihnen von der Mauer herab über die Lüge und die wahren Übeltäter zu verhandeln. Aber den Verschlägen des Jesus schenkten die Idumäer keinerlei Beachtung, vielmehr erzürnten sie sich darüber, dass ihnen der Zugang zur Stadt verwehrt wurde und verharrten an Ort und Stelle vor der Mauer. Aber während der Nacht brach ein Unwetter von unwiderstehlicher Gewalt los, so dass es nahe lag zu vermuten, folgert Josephus, dass dies die Vorzeichen eines großen Unglücks seien. Im Verlauf der Nacht, nämlich, als das Unwetter seinen Höhepunkt erreichte, soll die Macht des Schicksals die Posten auf der Säulenhalle einerseits in Schlaf versenkt und andererseits den Zeloten den Einfall gegeben haben, einige der Tempelsägen zu nehmen und die Querriegel an den Toren durchzuschneiden, wobei das Sausen der Winde sowie das ununterbrochene Krachen der Donner-

INTERTEXTUELL-HISTORISCHE VERORTUNG DER EXEGETISCHEN ERTRÄGE 807

schläge verhinderte, dass sie gehört wurden. So entkamen einige Zeloten unbemerkt aus dem Tempel und öffneten mit denselben Sägen das gegenüber den Idumäern liegende Stadttor. Von dort begaben sie sich auf Bitte derer, die sie eingelassen hatten, eilends zum Tempel, um die Zeloten von ihren Bewachern zu befreien. Als diese eindrangen, fassten sie selbst wieder Mut und rückten aus dem inneren Bezirk des Tempels vor. Sie mischten sich unter die Idumäer und fielen die Wachen an, einige der vor den Hallen eingesetzten Posten, die noch im Schlafe lagen, schlugen sie nieder. Auf das Geschrei der Aufgewachten hin sprang die ganze Schar auf, griff bestürzt zu den Waffen und schritt zur Verteidigung. Solange sie noch glaubten, die Zeloten allein seien ihre Angreifer, blieben sie unverzagt, weil sie auf ihre Überzahl vertrauten, als sie aber sahen, wie fremde Truppen von außerhalb des Tempels hereinströmten, da bemerkten sie den Einfall der Idumäer. Da warfen die meisten von ihnen mit ihrem Mut auch die Waffen weg und brachen in laute Klagen aus. Nur einige wenige von den Jüngeren schlossen sich zu einer Abwehrstellung zusammen, hielten sich wacker gegen den Ansturm der Idumäer und schützten geraume Zeit die gelähmte Haupttruppe. Diese machten durch ihr Wehgeschrei die Bewohner in der Stadt auf das Unglück aufmerksam. Doch keiner von ihnen wagte, zur Hilfe herbeizueilen, als sie erfahren hatten, die Idumäer seien eingefallen; satt dessen antworteten sie mit nutzlosem Rufen und Wehklagen, und besonders bei den Frauen, von denen jede einen ihrer Verwandten bei der Wache in Gefahr wusste, brach ein lautes Jammern los. Die Zeloten stimmten in den Schlachtruf der Idumäer ein, und das Heulen des Sturmes machte das an allen Enden erschallende Geschrei nur noch furchtbarer. Die Idumäer schon von Natur grausam und mordlustig, so Josephus, schonten niemanden, zumal sie vom Unwetter mitgenommen waren und nun ihrem Zorn gegen die, die sie ausgeschlossen hatten, freien Lauf ließen. Alle wurden gleich behandelt, ob sie nun um Erbarmen flehten oder sich wehrten, und viele wurden in dem Augenblick vom Schwert durchbohrt, als sie die Idumäer an ihre Stammverwandtschaft erinnerten und sie baten, doch dem gemeinsamen Heiligtum Ehrfurcht zu bezeugen. Für die Flucht gab es keine Möglichkeit und auch keine Hoffnung auf Rettung, so wurden sie dicht zusammengedrängt Mann für Mann erschlagen. Dabei wurde der größte Teil der Kämpfer so sehr bedrängt, dass kein Raum zum Zurückweichen mehr blieb, und da die mordlustigen Verfolger nicht nachgaben, stürzten sie sich in ihrer Hilflosigkeit kopfüber in die Stadt hinunter. Der äußere Vorhof des Tempels war völlig mit Blut überschwemmt, und das Licht des kommenden Tages legte das Bild von 8'500 Toten frei. Doch der Zorn der Idumäer war noch keineswegs gestillt, vielmehr suchten sie nach Ananos und Jesus, und nachdem sie diese gefunden und gefangen hatten, ermordeten sie diese und warfen ihre nackten Leiber – statt sie zu beerdigen – frevelnd aus der

Stadt hinaus. Jetzt fielen die Zeloten gemeinsam mit den Idumäern auch das Volk an, plünderten jedes Haus und töteten, wer immer ihnen begegnete. Aber als die Zeloten auch noch Gerichtshöfe zum Schein einrichteten, waren sie von diesen Vorgängen abgestoßen und bereuten es schon, nach Jerusalem gekommen zu sein. Als sie darüber hinaus noch von vergangenen Gesetzesverstößen der Zeloten und ihrer Täuschung durch dieselben in Kenntnis gesetzt wurden, beschlossen sie den Abzug. Die Kränkung, welche der Abzug der Bundesgenossen bei den Zeloten bewirkte, überspielten sie, und verhielten sich nach außen, als seien sie von Männern befreit worden, die sie hätten beschämen und von ihren Übertretungen abbringen können. Ja, nun gab es kein Zögern und kein langes Überlegen mehr bei ihren Freveln, und ihre Mordlust richtete sich besonders gegen adlige Männer und zwar in der Meinung, nur dann sicher zu sein, wenn keiner der Mächtigen mehr am Leben sei. Selbst Niger aus Peräa, der sich in den Kämpfen gegen die Römer sowohl in Gabao als auch Aschkelon besonders tapfer gehalten hatte, ermordeten sie (*Bell.* 4,233–365).

Cäsarea (Judäa): Angesichts der Ereignisse in Jerusalem glaubten alle Heerführer Vespasians, dass die Zwietracht im Lager der Feinde ein unverhoffter Vorteil sei und drängten ihn ungestüm zum Angriff gegen die Hauptstadt. Ihrem von potentiell schnellem Ruhm motivierten Rat widersprach der umsichtige Stratege Vespasian, insbesondere mit dem Argument der Sicherheit, welches er nach Gamla möglicherweise nicht noch einmal vernachlässigt sehen wollte, und belehrte sie wie folgt:

> Das Ziel, das jetzt angestrebt werden muss, verfehlt ihr gründlich, wenn ihr danach trachtet, wie im Theater eine Schaustellung eures persönlichen Einsatzes und eurer Waffen zu geben, die in diesem Fall nicht ungefährlich wäre; statt dessen solltet ihr das im Auge behalten, was zweckmäßig und sicher ist. Denn wenn ich sofort gegen die Stadt marschierte, so würde ich lediglich verursachen, dass sich die Feinde wieder einigen und ihre ungebrochene Kraft auf mich selbst lenken; bleib ich aber an Ort und Stelle stehen, so werde ich es mit wenigeren zu tun haben, da sie sich bei ihrem Bürgerkrieg bis dahin selbst verbrauchen. Ein besserer Feldherr als ich ist Gott, der den Römern, ohne dass sie sich zu mühen brauchten, die Juden in die Hand gibt und den Sieg ohne Gefährdung der Feldherrnkunst schenkt. Deshalb ist es unsere Aufgabe, während sich die Gegner mit eigenen Händen umbringen und unter dem größten Übel, dem Bürgerkrieg leiden, uns als Zuschauer von jeder Gefahr abseits zu halten und nicht etwa mit Menschen handgemein zu werden, die den Tod suchen und rasend aufeinander losgehen. Sollte aber jemand glauben, der Glanz eines Sieges, der ohne Schlacht errungen wird, sei halb

verblasst, der soll wissen, dass ein Erfolg, der in aller Ruhe errungen wird, vorteilhafter ist, als der eines Waffengangs, der ja immer eine unsichere Sache bleibt. Auch darf man Sieger, die durch Waffentaten glänzen, nicht für würdiger des Ruhmes halten als diejenigen, die durch Zurückhaltung und besonnene Klugheit das gleiche Ziel erreichen. Denn während die Zahl der Feinde immer geringer wird, werde ich mein eigenes Heer, das sich von den andauernden Anstrengungen inzwischen erholt hat, in umso schlagkräftigerem Zustand ins Feld führen können. Im übrigen ist es jetzt nicht die rechte Zeit für Leute, deren Streben nur darauf geht, der zu erwartende Sieg müsse besonders glanzvoll ausfallen. Denn die Juden sind ja nicht damit beschäftigt, Waffen herzustellen, Mauern zu bauen oder Hilfstruppen anzuwerben – in diesem Fall würde ein Aufschub allerdings zum Nachteil derer ausschlagen, die ihn gewähren –, sondern sie geben sich durch den Bürgerkrieg und ihre Uneinigkeit eine gefährliche Blöße und machen täglich viel jämmerlichere Leiden durch, als wir ihnen bei einem siegreichen Angriff zufügen könnten. Also: wenn man nur die Sicherheit im Auge hat, muss man die Juden, die sich gegenseitig aufreiben, sich selbst überlassen; wenn man andererseits den größeren Ruhm eines militärischen Erfolges erstrebt, darf man nicht ein innerlich krankes Volk angreifen. Denn dann heißt es mit gutem Recht, der Sieg sei nicht der Leistung der Angreifer, sondern der Uneinigkeit der Besiegten zuzuschreiben.

Bell. 4,366–376

Vespasian in Peräa und Judäa

Die langsame Strategie Vespasians schien sich zu bewähren, denn es begaben sich unzählige Überläufer sowohl vom Land Judäa als auch aus der Hauptstadt zu ihm. Und es waren ihre Berichte, die ihn schließlich wieder in Bewegung setzten. Bevor er jedoch gegen Jerusalem ziehen konnte, wollte er die übrigen Gebiete unterwerfen. Vespasian begann mit Peräa, denn aus ihrer Hauptstadt Gadara hatte sich eine Gesandtschaft zu ihm mit Übergabeangeboten begeben. So machte sich Vespasian im März 68 d.Z. dorthin auf, und nachdem er sich ihrer Treue vergewissert hatte, delegierte er die Unterwerfung des übrigen Peräas (mit Ausnahme von Machärus) an seinen Tribun Placidus, während er selbst nach Cäsarea zurückkehrte. Als er dort vom Abfall Galliens erfuhr, glaubte er, die Befriedung der Provinz vorantreiben zu müssen und machte sich im Frühling des Jahres 68 d.Z. eilends an die Unterwerfung Judäas und die vollständige Einkesselung Jerusalems. Als er sich – zurückgekehrt nach Cäsarea – auf den Angriff gegen Jerusalem vorbereitete, ereilte ihn aber die Nachricht vom Tod Neros (11. Juni 68) und bald darauf auch die vom Tod Galbas

810 5. KAPITEL

(15. Januar 69), weshalb er und Titus beschlossen, zwar die Unterwerfung Judäas zu vollenden, aber den Feldzug gegen Jerusalem vorerst aufzuschieben und die Entwicklung im Staate abzuwarten:

Jerusalem und Judäa: Die Niederlage des Volksheers hatte die Position der Zeloten und mit ihnen diejenige des Johannes gestärkt. Und als einer, der nach Gewaltherrschaft strebte, sah er seine Stunde gekommen und distanzierte sich von den Zeloten, wobei ihm seine körperliche und geistige Energie eine stattliche Anzahl von Gefolgsleuten sicherte. Im Verhältnis zueinander wetteiferte man weniger mit den Waffen gegeneinander als in der Unterdrückung des Volkes und stritt ehrgeizig darum, wer die größte Beute nach Hause bringen konnte (*Bell.* 4,389–397).

Zu allen Übeln innerhalb der Stadt fügte sich ein weiteres außerhalb hinzu. Denn durch die Untätigkeit der Römer ermutigt, wagten sich die in der Festung Masada zurückgezogenen Sikarier in tiefer gelegene Gebiete. Hatten sie bis anhin und auf der Suche nach den notwendigsten Lebensmittel ihre Streifzüge auf die in unmittelbarer Nähe gelegenen Gebiete beschränkt, überfielen sie jetzt unterstützt durch Zuläufe alle Dörfer der Umgebung und verwüsteten durch ihre kühneren Raubzüge das ganze Land. Dadurch ermutigt, taten es ihnen andere nach, und bereits gab es keine Landschaft Judäas mehr, die nicht in das Verderben der ihnen allen übergeordneten Stadt mit hineingezogen worden wäre (*Bell.* 4,389–409).

So retteten sich täglich viele Überläufer sowohl aus der Stadt als auch vom Land unter schwierigen Umständen zu Vespasian. Denjenigen aus der Stadt gewährten die Zeloten freien Abzug, aber nur solange sie in der Lage waren, ihre Flucht zu erkaufen, alle anderen galten ihnen als Verräter und wurden – sofern sie nicht unbemerkt entfliehen konnten – abgeschlachtet. Bei Vespasian angekommen, erstatteten diese ihm Bericht und drangen in ihn, er möge doch der Hauptstadt und ihrer verbliebenen romfreundlichen Bevölkerung zu Hilfe eilen, denn sie schwebe in großer Gefahr. Darüber von Mitleid bewegt, so Josephus, setzte sich Vespasian endlich in Bewegung, wollte aber vorher das übriggebliebene Gebiet unterwerfen, um keinen Platz in seinem Rücken zu belassen, der ihm bei der Belagerung Jerusalems im Wege hätte sein können (*Bell.* 4,377–379.397–413).

Peräa (Machärus ausgenommen): Also marschierte er gegen Gadara, die stark befestigte Hauptstadt Peräas, und zog am 21. März 68 d. Z. in die Stadt ein. Denn die führenden Männer dort hatten, ohne dass die aufständischen Elemente es merkten, zu Vespasian eine Gesandtschaft geschickt und aus Liebe zum Frieden und aus Sorge um den Besitz die Übergabe angeboten; in Gadara wohnten nämlich viele wohlhabenden Leute. Ihre Gegner hatten von der Gesandtschaft nichts gewusst, und erst als Vespasian schon nahe herangerückt war, erfuhren sie davon. Sie verzweifelten einerseits an der Möglichkeit, selbst die Stadt behaupten zu können, da ihnen ihre Feinde drinnen zahlenmäßig überlegen waren, und außerdem bemerkten sie, dass die Römer sich unweit von der Stadt befanden. Andererseits jedoch hielten sie es für unrühmlich, ohne Blutvergießen zu fliehen und ohne sich durch eine Züchtigung der Schuldigen schadlos zu halten. Deshalb verhafteten sie den ersten Mann der Stadt, Dolesos, der ihnen der Urheber der Gesandtschaft zu sein schien, und töteten ihn, worauf sie aus der Stadt flohen. Als nun die römische Heeresmacht heranrückte, nahmen die Bewohner von Gadara den Vespasian mit freudigem Zuruf auf, empfingen von ihm die Zusicherung seiner Treue und eine Besatzung von Reitern und Fußvolk gegen etwaige Angriffe der Geflüchteten. Sie hatten nämlich die Mauer, noch bevor die Römer es verlangten, geschleift und gaben ihm als Unterpfand ihrer Friedensliebe das eigene Unvermögen, in Zukunft einen Krieg führen zu können, selbst wenn sie ihn wollten. Zur Verfolgung der aus Gadara Geflüchteten sandte Vespasian den Placidus mit 500 Reitern und 3'000 Fußsoldaten, während er selbst nach Cäsarea zurückkehrte. Als die Flüchtlinge plötzlich die Reiter sahen, die sie verfolgten, zogen sie sich, bevor es zu einem Handgemenge kam, in dichtem Gedränge auf ein Dorf namens Bethennabris zurück. Dort fanden sie eine nicht unbeträchtliche Menge junger Leute vor, die sie in aller Eile, teils mit, teils gegen deren Willen, bewaffneten, worauf sie gemeinsam mit diesen einen Vorstoß gegen die Truppen des Placidus machten. Zurückweichend gelang es Placidus, die Juden von der Mauer wegzulocken, worauf die Römer in einer Umgehungsbewegung von hinten angriffen. Wer von den Juden die Flucht ergriff, wurden von den Reitern abgeschnitten, während das Fußvolk sich daran machte, die dichten Haufen zu zerschlagen. Aber die Juden vermochten den Römern ihrer Waffenrüstungen und Schlachtreihe wegen nichts anzuhaben, wurden ihrerseits jedoch entweder durch Fußsoldaten im Nahkampf oder durch verfolgende Reiter vernichtend geschlagen. Nur den Tapfersten unter den Juden gelang eine Flucht hinter die Mauer. Davon ließ sich Placidus nicht abhalten, griff die Mauer an, vermochte sie am Abend zu bezwingen und die Verteidiger des Dorfes zu überwältigen. Die wehrlose Menge ließ er umbringen, ihre Häuser plündern und das Dorf anzünden. Aber der kräftigeren Mannschaft war wiederum die Flucht gelungen, worauf diese die Landbevölkerung wegen der Römer in Alarmbereitschaft versetzte und nun zu einer großen Masse angeschwollen in Richtung Jericho floh. Im Vertrauen auf seine Reiterei und die vorausgegangenen Erfolge setzte ihnen Placidus nach, wobei er bis zum Jordan hin immer wieder Leute aufgriff und niedermachte. Die Hauptmasse trieb er bis zum Fluss, wo sie durch die von Regengüssen angeschwollene und darum nicht durchschreitbare Strömung abgeschnitten war, und stellte ihr gegenüber sein Heer in Schlachtordnung auf. Die Not spornte die Juden im Kampfe an, da es zur Flucht keine Möglichkeit gab. Nachdem sie sich an den Uferrändern entlang so weit als möglich auseinandergezogen hatten, stellten sie sich dem Hagel der Geschosse und den Angriffen der Reiter, die viele von ihnen verwundeten und in die Strömung hineinwarfen. 15'000 Juden fielen, und auch die Zahl derer, die sich notgedrungen auf eigene Gefahr in den Jordan stürzten, war ungeheuer. Ungefähr 2'200 wurden gefangen genommen, dazu fiel eine reiche Beute von Eseln, Schafen, Kamelen und Rindern den Römern in die Hände. Dieser Schlag, der keineswegs geringer war als die vorausgegangenen, erschien den Juden noch größer als er in Wirklichkeit war, weil nicht nur das ganze Land, durch das sie flüchteten, von Toten erfüllt und der Jordan wegen der Leichen nicht mehr passierbar war, sondern auch der Asphaltsee lag voll von Toten da, die der Fluss in großer Zahl dorthin geschwemmt hatte. Placidus nutzte sein Kriegsglück aus, griff in Eile die umliegenden kleinen Städtchen und Dörfer an, nahm dabei Abila, Julias, Besimo und alle Orte bis zum Asphaltsee ein und richtete in jedem von ihnen mit den ihm geeignet erscheinenden Überläufern eine Besatzung ein. Dann bemannte er einige Kähne mit Soldaten und ließ die auf den See Geflüchteten einfangen. So wurde das ganze Gebiet von Peräa, Machärus ausgenommen, entweder freiwillig oder durch Gewalt den Römern hörig (*Bell.* 4,413–439).

Judäa (Jerusalem, Masada und Herodeion ausgenommen): Zu dieser Zeit erreichte Vespasian die Meldung vom Aufstand in Gallien, und dass Vindex mit den maßgebenden Führern dieser Gebiete von Nero abgefallen war (vgl. 5.2.2[2]). Diese Nachricht veranlasste Vespasian, die Kriegführung energischer voranzutreiben, da er die kommenden Bürgerkriege und die Gefahr für das gesamte römische Reich jetzt schon vorhersah und glaubte, durch eine vorausgehende Befriedung der Ostgebiete die Besorgnis Italiens mildern zu können. Solange nun der Winter anhielt, sicherte er die unterworfenen Dörfer und Städtchen durch Besatzungen, wobei er in den Dörfern als Ortskommandanten Rottenführer, in den Städtchen aber Hauptleute einsetzte, außerdem baute er viele der zerstörten Orte wieder auf.

Antipatris, Toparchie Themna (Judäa): Kaum aber war der Frühling des Jahres 68 d.Z. gekommen, brach Vespasian auf, um die verbliebenen Gebiete Judäas zu unterwerfen und Jerusalem von allen Seiten einzukesseln. So rückte er an der Spitze der Hauptmacht seines Heeres von Cäsarea nach Antipatris, wo er innerhalb von zwei Tagen die Ordnung in der Stadt herstellte. Darauf marschierte er am dritten Tag weiter, indem er die umliegenden Orte verwüstete und niederbrannte. Nachdem er die Umgebung der Toparchie von Thamna unterworfen hatte, rückte er nach Lydda und Jamnia vor, wo er in den zuvor bereits unterworfenen Städten eine beträchtliche Anzahl von sich ihm ergebenen Juden ansiedelte.

INTERTEXTUELL-HISTORISCHE VERORTUNG DER EXEGETISCHEN ERTRÄGE 813

Emmaus, Bethleptepha, Betabris und Kapharoba (*Judäa*): Darauf marschierte er bis nach Emmaus, besetzte die Pässe, die zur Hauptstadt Jerusalem führten, schlug ein festes Lager auf und marschierte, nachdem er die fünfte Legion dort zurückgelassen hatte, mit dem Rest seiner Truppen in die Toparchie Bethleptepha. Diesen Bezirk wie auch den benachbarten verheerte er durch Feuer und verstärkte in der Umgebung von Idumäa die an günstigen Orten gelegenen Stützpunkte. Dann nahm er die beiden im Herzen von Idumäa gelegenen Dörfer Betabris und Kapharoba ein, brachte über 10'000 Menschen um, nahm über 1'000 gefangen, vertrieb den Rest und legte als Besatzung in dieses Gebiet eine nicht geringe Zahl seiner eigenen Truppen, die das ganze Bergland durchstreiften und verwüsteten.

Korea (*Judäa*): Vespasian aber kehrte mit dem Rest seines Heeres nach Emmaus zurück, von wo er durch Samaria und an Neapolis vorbei nach Korea hinunterzog und am 20. Juni 68 d. Z. dort ein weiteres Lager aufschlug.

Jericho, Adida (*Judäa*): Am folgenden Tag erreichte er Jericho, wo er mit Trajan, der die aus Peräa kommenden Truppen befehligte, zusammentraf. Der Hauptteil der Bevölkerung kam dem Anmarsch der Römer zuvor und konnte sich aus Jericho in das Jerusalem gegenüber liegende Bergland flüchten. Nicht wenige jedoch, die auf der Flucht zurückblieben, wurden niedergemacht, so dass die Römer eine verlassene Stadt besetzten. Ein drittes und viertes Lager baute Vespasian sowohl in Jericho als auch Adida und richtete an beiden Orten Besatzungen aus römischen und verbündeten Truppenkörpern ein. Daraufhin kehrte er nach Cäsarea zurück.

Gerasa (*Judäa*): Nach Gerasa entsandte er Lucius Annius, dem er eine Reiterschar und viele Fußsoldaten mitgab. Dieser nahm die Stadt beim ersten Angriff ein, brachte 1'000 junge Männer um, die nicht rechtzeitig vor ihm fliehen konnten, führte ihre Familien gefangen weg und überließ deren Besitz den Soldaten zur Plünderung. Dann setzte er ihre Häuser in Brand und rückte gegen die umliegenden Dörfer vor. Die Kräftigeren wandten sich zur Flucht, die Schwächeren fielen durchs Schwert; alles was sie zurückgelassen hatten, wurde ein Raub der Flammen.

Ein letztes Mal brach Vespasian am 23. Juni 68 d. Z. von Cäsarea auf und zog gegen die noch nicht unterworfenen Gebiete Judäas. Er rückte auf das Bergland hinauf, gewann dort die beiden nach Gophna und Akrabeta benannten Toparchien und im Anschluss daran die Städtchen Bethel und Ephraim, in die er eine Besatzungstruppe legte. Dann ritt er mit seinen Reitern bis vor Jerusalem, wobei er viele, die er unterwegs überraschte, umbringen ließ und zahlreiche gefangen nahm.

Außerdem verwüstete Cerealius, einer seiner Offiziere, an der Spitze einer Abteilung von Reitern und Fußsoldaten das sogenannte Obere Idumäa, nahm

814   5. KAPITEL

beim ersten Ansturm den Ort Kaphethra ein und brannte es nieder; dann
griff er einen zweiten Ort an, der Kapharabin hieß, und belagerte ihn. Die
Mauer dieser Ortschaft war sehr stark, so dass er sich schon mit dem Gedanken
vertraut gemacht hatte, dort für längere Zeit beschäftigt zu sein; dann aber
öffneten ihm die Einwohner plötzlich die Tore, kamen ihm als Bittende mit
Ölbaumzweigen entgegen und lieferten sich ihm aus. Nach ihrer Unterwerfung
rückte Cerealius vor Hebron. Als er gewaltsam durch das Tor eingedrungen war,
ließ er die gesamte waffenfähige Mannschaft der dort verbliebenen Einwohner
niedermachen und legte Feuer an die Stadt. So waren nun schon alle festen Orte
bezwungen, außer den von den Zeloten besetzten Burgen Herodeion, Masada
und Machärus.

Cäsarea (Judäa): Nachdem Vespasian die Verteidiger Jerusalems von allen
Seiten eingeschlossen hatte, war den Einwohnern von Jerusalem jeder Ausweg
gesperrt. Denn die Zeloten wachten scharf über alle, die gern überlaufen wollten; wer aber noch nicht romfreundlich gesinnt war, wurde vom Heer, das nun
die Stadt von allen Seiten einschloss, in Schach gehalten. Als Vespasian nach
Cäsarea zurückgekehrt war und sich darauf vorbereitete, mit seinem ganzen
Heer gegen Jerusalem zu marschieren, wurde ihm das gewaltsame Ende Neros
gemeldet (11. Juni 68 d. Z.), weshalb Vespasian den Feldzug gegen Jerusalem vorerst aufschob, um von seinem Nachfolger Galba Weisung über die Fortsetzung
des Krieges zu erhalten. Aus diesem Grund sandte Vespasian Titus – begleitet
von Agrippa – zu Galba, doch als diese zur Winterzeit noch unterwegs waren,
war Galba bereits ermordet worden (15. Januar 69 d. Z.) und der Oberbefehl von
Otho übernommen worden. Während Agrippa weiterreiste, kehrte Titus nach
Cäsarea zurück. Und da sowohl Vater als auch Sohn angesichts der Erschütterung des römischen Reiches voller Sorge um die Staatsgewalt waren, schenkten
sie dem Feldzug gegen die Juden zunächst keine Beachtung mehr. Denn sie
waren der Ansicht, ein Angriff gegen ein fremdes Volk sei unzeitgemäß, solange
man um das Schicksal des eigenen Vaterlandes bangen müsse (*Bell.* 4,440–
458.486–502.550–555).

Simon in Judäa und Jerusalem

Die Untätigkeit der Römer im Winter 67/68 d. Z. hatte nicht nur die Sikarier,
sondern auch Simon erkühnen lassen. Dazu trug maßgeblich auch die Beseitigung des Ananos durch die Idumäer bei. Sich eines schnellen Zulaufs erfreu-
end, vermochte sich Simon – während Vespasian und Titus nach dem Tod
Neros im Juni 68 d. Z. auf Weisung von Galba warteten – in ganz Judäa auszubreiten. Dadurch herausgefordert griffen die Zeloten Simon an, unterlagen
jedoch. Erst als dieser sich seine Vormachtstellung in Idumäa gesichert hatte
und erstarkt war, begab Simon sich – als Vespasian und Titus einmal mehr

INTERTEXTUELL-HISTORISCHE VERORTUNG DER EXEGETISCHEN ERTRÄGE   815

durch die Ermordung Galbas in Cäsarea zum Stillstand gezwungen waren –
im Frühling 69 d. Z. vor Jerusalem. Sein Anspruch auf Alleinherrschaft erhielt
dadurch Aufwind, dass sich eine idumäische Fraktion von Johannes und damit
auch von den Zeloten abspaltete und in Rücksprache mit den Volkseliten
beschloss, als Mittel gegen Johannes den Simon in die Stadt einzuladen. Sobald
er eingedrungen war, wurde Johannes mit den Zeloten ins Tempelgelände
gedrängt und beide lieferten sich aus ihren jeweiligen Positionen heraus verlustreiche Gefechte:

Simon in Judäa: Mit den Sikariern Masadas, die durch die Untätigkeit der
Römer erkühnt waren, regte sich auch Simon, Sohn des Giora. Er hatte sich
ihnen angeschlossen, nachdem Ananos, der über Jerusalem erwählte Feldherr,
ihn aus der Toparchie Akrabatene nahe seiner Heimatstadt Gerasa[212] vertrieben hatte, als er dort sein Unwesen trieb (vgl. 5.5.3[4]). Als er vom Mord an
Ananos durch die idumäischen Verbündeten der Zeloten vernommen hatte,
setzte er sich von den Sikariern ab und trug maßgeblich zum Flächenbrand in
der judäischen Landschaft bei, denn er strebte nach Alleinherrschaft. Möglicherweise tat er dies in Reaktion darauf, dass er bei der Ernennung der Feldherren nach dem Sieg gegen Cestius übergangen worden war, obschon er dort
als besonders wagemutig in Erscheinung getreten war. Seinen Wirkungskreis
weitete er schnell aus; bald schon reichte er von Idumäa über die Toparchie
Akrabatene bis an die Grenze Galiläas, wo Simon sich im Dorf Nain ein Bollwerk einrichtete und seine Truppen auf Jerusalem einübte (*Bell.* 4,503–513).

Freilich waren diese Ambitionen den Zeloten nicht verborgen geblieben. Sie
fürchteten bereits seinen heimlichen Anschlag und damit die explizite Infragestellung ihrer Vorherrschaft in Jerusalem. Dem wollten sie zuvorkommen und
forderten Simon heraus, indem sie mit ihrer Hauptmacht und in voller Bewaffnung zur Stadt hinaus zogen. Dieser Provokation stellte sich Simon, indem er
ihnen entgegenrückte, den Kampf aufnahm, viele niederschlug und die übrigen in die Stadt zurücktrieb. Weil er sich aber für einen Angriff auf die Mauer
noch nicht stark genug fühlte, trachtete er danach, zunächst Idumäa zu unterwerfen, und zog deshalb mit 20'000 Schwerbewaffneten gegen dessen Grenzen.
Die Führer Idumäas riefen rasch den kampffähigen Teil der Bevölkerung, rund
25'000 Mann, zusammen, ließen die Hauptmenge aus Angst vor den Überfällen, die von den Sikariern in Masada drohten, zum Schutz ihrer Habe zurück
und erwarteten Simon abwehrbereit an ihren Grenzen. Dort lieferte dieser

---

212   Rappaport, „Bar Giora, Simeon," 3:150: Welchem Gerasa Simon entstammt ist in der For-
      schung umstritten. Angesichts seines anfänglichen Wirkungsorts Akrabatene sowie kon-
      textueller Überlegungen optiere ich für eine Herkunft aus dem judäischen Gerasa.

ihnen ein Treffen, kämpfte einen ganzen Tag lang und trennte sich schließlich, ohne der Sieger noch der Besiegte zu sein. So kehrte er nach Nain zurück, während die Idumäer in ihre Heimat abzogen. Wenig später drang Simon mit noch stärkeren Streitkräften wiederum in ihr Land ein und schlug in einem Thekoa genannten Ort ein festes Lager auf. Die Idumäer aber, die angesichts der Stärke Simons von Furcht ergriffen waren, glaubten, vor einem etwaigen Kampf das Heer der Feinde auskundschaften zu müssen. Dazu bot sich Jakobus an, einer der vier, der die idumäischen Truppen gegen Ananos angeführt hatte (vgl. *Bell.* 4,235). Aber er tat es nicht im Interesse Idumäas, vielmehr sann er auf Verrat, weil er nach einer ehrenvollen Stellung trachtete, die er sich von Simon eidlich zusichern ließ.[213] Von Thekoa kehrte er nach Alurus zurück, wo das idumäische Heer versammelt war, und erreichte durch übertriebene Angaben über das Heer Simons und andere Manöver, dass sich seine Landsleute ihm kampflos übergaben und jeder in seinen Heimatort zurückkehrte. Auf diese Weise konnte Simon wider Erwarten und ohne jeglichen Blutzoll in Idumäa einrücken, wo er als erstes in einem Überraschungsangriff die Stadt Hebron einnahm und dabei sehr viele Früchte erbeutete. Von dort zog Simon durch ganz Idumäa, wobei er nicht nur Dörfer und Städte zerstörte, sondern auch das Land verwüstete, denn abgesehen von den Schwerbewaffneten folgten ihm 40'000 Menschen, so dass nicht einmal die notwendigsten Lebensmittel für eine solche Menge hinreichend vorhanden waren. Abgesehen von seinem mannigfachen Bedarf trugen nach Josephus außerdem seine Grausamkeit und sein Hass gegen das Volk der Idumäer dazu bei, dass ihr Land verheert wurde. Einige der Orte steckten sie in Brand, andere machten sie dem Erdboden gleich. Ja, alles, was landauf, landab angebaut war, verschwand: entweder wurde es niedergetreten oder aber für den Lebensunterhalt verbraucht. Diese Vorgänge riefen wiederum die Zeloten auf den Plan. Da sie sich fürchteten, Simon in offener Feldschlacht entgegen zu treten, raubten sie mit Hilfe eines Hinterhalts seine Frau mit vielen ihrer Bediensteten in der Hoffnung, er würde unverzüglich die Waffen niederlegen. Doch dem war nicht so; vielmehr zog er erzürnt vor die Stadtmauer, brachte viele um, die sich vor diese wagten, ließ anderen die Hände abschlagen und mit der Botschaft in die Stadt zurücksenden, dass, wenn ihm seine Frau nicht unverzüglich zurückgegeben werde, er die Mauer durchbrechen und alle Bewohner der Stadt genauso verstümmeln werde. Die Drohung verfehlte ihr Ziel nicht, weder beim Volk noch bei den Zeloten, wes-

---

213 Als sich aber die Idumäern – nachdem der Tempel bereits abgebrannt war – Titus ergeben wollten, ließ Simon, nachdem er davon erfahren hatte, ihre Führer, und unter ihnen auch Jakobus, einkerkern (*Bell.* 6,380).

INTERTEXTUELL-HISTORISCHE VERORTUNG DER EXEGETISCHEN ERTRÄGE 817

halb sie ihm seine Frau umgehend zurücksandten. Als Simon seine Frau aus den Händen der Zeloten errettet hatte, wandte er sich erneut den Trümmern Idumäas zu und zwang, indem er diese Nation nach allen Richtungen durchkämmte, eine große Menge, sich nach Jerusalem zu flüchten. Er selbst folgte ihnen bis zur Stadt, bildete wieder einen Einschließungsring um die Mauer und tötete jeden, der herauskam (*Bell.* 4,514–544.556–565).

Meuterei in Jerusalem: Im Stadtinnern kam es derweil im Heer des Johannes zu einer Meuterei gegen ihren Führer, und alles, was bei dieser Truppe idumäisch war, sonderte sich ab und machte – vielleicht ermutigt durch die Präsenz des Simon vor der Stadtmauer – gegen den Gewaltherrscher Front, da man ihn um seine starke Stellung beneidete und wegen seiner Grausamkeit hasste. Es kam zu einem Zusammenstoss, bei dem die Idumäer viele Zeloten erschlugen und den ganzen Rest in den königlichen Palast von Grapte trieben. In diesen stürmten die Idumäer gleichzeitig mit den Verfolgten hinein, drängten sie von dort hinaus in das Tempelgelände und machten sich dann an die Plünderung der von Johannes angesammelten Gelder. In diesem Palast nämlich pflegte Johannes sich aufzuhalten und hatte dort all seine Beute gespeichert. Inzwischen hatte sich die über die ganze Stadt versprengte Schar von Zeloten zu den in den Tempel Geflüchteten gesellt, und Johannes machte bereits Anstalten dazu, sie gegen das Volk und die Idumäer herunterzuführen. Als die besseren Soldaten hatten die letzteren weniger Anlass, den Angriff als vielmehr den Wahnsinn der Zeloten zu fürchten: diese könnten sich bei Nacht aus dem Tempel stehlen, ihre Gegner niedermachen und die Stadt in Asche legen. So trafen sie sich mit dem Hohepriester und beratschlagten darüber, welche Maßnahmen man ergreifen müsse, um sich gegen einen Angriff zu schützen. Sie entschlossen sich, um den Johannes zu überwältigen, den Simon aufzunehmen und einen zweiten Gewaltherrscher zu sich hereinzubitten. Dieser Beschluss wurde in die Tat umgesetzt, und der abgeordnete Hohepriester Matthias bat den viel gefürchteten Simon herein. Mit stolzer Herablassung willigte dieser ein, ihr Herrscher zu sein, und rückte in die Stadt ein, um diese von den Zeloten zu befreien; dabei umjubelte ihn das Volk als seinen Retter und Beschützer. Als Simon aber mit seiner ganzen Truppe Zutritt erlangte, trachtete er lediglich danach, wie er seine Vormachtstellung befestigen könne, und sah die Männer, die ihn eingeladen hatten, ebenso als Feinde an wie diejenigen, gegen die er aufgeboten worden war (*Bell.* 4,566–576).

Simon gegen Zeloten und Johannes in Jerusalem: So hatte nun Simon im dritten Jahr des Krieges, zwischen April und Mai 69 d. Z. und während Vespasian und Titus in Cäsarea der Entwicklungen im Staate harrten, Jerusalem in seine Hand bekommen. Für Johannes und die Zeloten waren die Ausgänge des Tempels versperrt, außerdem hatten sie ihr Hab und Gut, das sich in der Stadt befand und sofort von den Truppen Simons geraubt worden war, verloren. Ihre Rettung schien damit unmöglich geworden zu sein. Unterstützt von den Bürgern stürmte nun Simon gegen das Tempelgelände an, jedoch hatten die Verteidiger auf den Hallen und Mauerzinnen Stellung bezogen und wehrten so die Angriffe ab. In den Reihen um Simon gab es zahlreiche Verluste, und viele wurden verwundet weggetragen. Denn die Zeloten konnten von ihrer hoch gelegenen Stellung herab leicht die Gegner mit gut gezielten Schüssen eindecken. Ihren geländebedingten Vorteil wussten sie noch zu steigern, denn sie errichteten zusätzlich vier gewaltige Türme, um so aus noch größerer Höhe ihre Geschosse herabsenden zu können. Auf diese Türme stellten sie – die wohl von Cestius erbeuteten – Maschinen, die spitze Geschosse und Steine schleuderten, dazu Bogenschützen und Steinschleuderer. Von da an zögerte Simon anzugreifen, zumal die Mehrzahl seiner Leute mutlos geworden war. Dennoch konnte er sich auf Grund der zahlenmäßigen Überlegenheit seiner Truppe behaupten; allerdings verlor er durch die recht weittragenden Geschosse der Kriegsmaschinen viele seiner kampffähigen Soldaten (*Bell.* 4,577–584).

Titus vor und Dreifrontenkrieg innerhalb Jerusalems
In Reaktion auf die Machtergreifung des Vitellius akklamierten Vespasians Truppen ihren Feldherrn in Cäsarea zum Kaiser. Als sich die Dinge für ihn positiv in Ägypten und andernorts entwickelten, übertrug er daraufhin die Unterwerfung Jerusalems seinem Sohn und nunmehr Kronprinzen Titus, während dort – abgesehen von Kriegsvorbereitungen (*Bell.* 6,341) – ein Dreifrontenkrieg zwischen Eleazar, Johannes und Simon tobte. Nachdem Titus die meisten seiner Truppen in Cäsarea gesammelt hatte, rückte er anfangs Mai 70 d.Z. über Gophna zur Ortschaft Gibea Sauls, wo er sein erstes Lager aufschlug und hernach aufbrach, um Jerusalems Befestigungsanlage auszukundschaften. Dabei geriet er in einen gefährlichen Hinterhalt. Einen zweiten bedrohlichen Ausfall machten die kurzfristig vereinten Aufständischen gegen die völlig überraschte zehnte Legion, während sie auf dem Ölberg ihr Lager aufrichtete. Und einen dritten Ausfall verübten die nun wieder in zwei Parteien kämpfenden Aufständischen – denn Eleazar hatte sich Johannes untergeordnet – einmal mehr gegen schanzende Soldaten, die von Titus damit beauftragt worden waren, den dem Skopus gegenüberliegende Platz vor der Stadtmauer einzuebnen. Als sie dies ausgeführt hatten, rückte Titus mit drei Legionen näher an die Mauer heran und brachte sie dort in zwei aufgerichteten Lagern unter, während die zehnte auf dem Ölberg blieb:

Akklamation des Vespasian und Oberbefehl an Titus in Cäsarea (*Judäa*): Zu ungefähr derselben Zeit marschierte Vitellius, der Otho bei Bedriacum besiegt hatte, mit seiner ganzen Streitmacht nach Rom, und als Vespasian davon erfuhr,

INTERTEXTUELL-HISTORISCHE VERORTUNG DER EXEGETISCHEN ERTRÄGE   819

erregte diese Nachricht seinen Unwillen. Weil aber dieser Unwille von seinen Offizieren und Soldaten geteilt wurden, und sie Vespasian ohnehin als den würdigeren Herrscher betrachteten, akklamierten sie ihn kurzerhand und in beschriebener Weise am 1. Juli 69 d.Z. in Cäsarea zum neuen Herrscher (vgl. 5.5.2[2]). Doch von einem Feldzug gegen Vitellius sah Vespasian, entgegen dem Rat seines Verbündeten Mucianus – dem neuen Legaten Syriens – und seiner Offiziere, ab, vielmehr wollte er zunächst Alexandria mit seinen Vorräten und Truppen auf seine Seite bekommen. Den Verwalter Ägyptens und früheren Prokurator Judäas, Tiberius Alexander, konnte er dazu gewinnen, und schon leisteten die ersten Truppenverbände den Treueeid auf den neuen Herrscher. Also brach Vespasian von Cäsarea über Syrien in Richtung Alexandrien auf, nicht ohne vorher Josephus von seinen Fesseln befreit und an seiner statt Mucianus mit Reitern und Fußsoldaten gegen Vitellius entsandt zu haben. Als sich damit die Unterwerfung des ganzen Reiches abzeichnete, richtete Vespasian sein Augenmerk wiederum auf Judäa und übertrug die Eroberung Jerusalems seinem Sohn Titus. Begleitet von auserlesenen Streitkräften und unterstützt durch Tiberius Alexander – dem Legaten Ägyptens – brach dieser umgehend von Alexandrien in Richtung Cäsarea auf, das er als Sammelplatz für die übrigen Truppen bestimmt hatte (*Bell.* 4,545–549.588–663; 5,1).

Dreifrontenkrieg der Zeloten in Jerusalem: In der Zwischenzeit hatte sich der Bürgerkrieg innerhalb Jerusalems von einem Zweifrontenkrieg zwischen Simon und den Zeloten zu einem Dreifrontenkrieg entwickelt. Denn Eleazar, der Sohn des Simon, der schon anfangs die Zeloten von der Bürgerschaft entfremdet und in den Tempelbezirk geführt hatte, trennte sich von dieser Gruppe, weil er es angeblich nicht ertragen konnte, dem später hinzugekommenen Tyrannen gehorchen zu müssen, denn er trachtete selbst nach der obersten Führung und begehrte für sich die Gewaltherrschaft. Dazu gewann er unter den einflussreichen Männern Judas, den Sohn des Chelika, und Simon, den Sohn des Esron, außerdem den nicht unbedeutenden Ezechias, Sohn des Chobar. Jedem dieser Männer folgten nicht wenige Zeloten. Die neue Gruppe besetzte den Innenbezirk des Tempels und stellte ihre Waffen jenseits der Tempeltore auf die Vorderfront des heiligen Gebäudes. Da ihnen Lebensmittel in reichem Masse zur Verfügung standen, waren sie einerseits guten Mutes, andererseits aber waren sie auf Grund ihrer geringen Zahl um ihr Leben besorgt und blieben so die meiste Zeit untätig an Ort und Stelle. Bei Johannes hingegen wurde die zahlenmäßige Überlegenheit an Soldaten durch die ungünstigere Stellung aufgewogen. Denn da er die Feinde über seinem Kopf hatte, konnte er, ohne sich selbst zu gefährden, keinen Angriff durchführen, andererseits aber auch wegen seiner Erbitterung nicht Ruhe halten. Obwohl er stärkere Verluste erlitt als er den Männern um Eleazar zufügen konnte, ließ er nicht ab; so gab es unablässig Ausfälle und Schiessereien und überall wurde das Heiligtum einmal mehr durch Leichen befleckt. Während aber Eleazar den inneren und Johannes den äußeren Tempelbezirk besetzten, hielt Simon demgegenüber die Oberstadt und einen großen Teil der Unterstadt besetzt. Und als er sah, dass Johannes von oben her durch Eleazar bekämpft wurde, griff er diesen umso entschlossener an. Johannes aber war in einer Lage, in der er ebenso leicht Verlusten ausgesetzt war wie er sie seinen Gegnern zufügen konnte. Denn er war – wie erwähnt – durch seine tiefer gelegene Stellung den Männern um Eleazar gegenüber benachteiligt, doch glich dies der Vorteil aus, den ihm das im Verhältnis zu Simons Position höhere Gelände bot. Der von unten her erfolgenden Angriffen konnte er sich im Nahkampf erwehren, während er die von oben her aus dem Heiligtum kämpfenden Schützen mit Hilfe von selbst erbauten Türmen und Kriegsmaschinen in Schach hielt. Denn ihm standen nicht wenige Wurfmaschinen, Flachschussmaschinen und schwere Steinwerfer zur Verfügung, mit denen er aber nicht nur kriegführende Soldaten abwehrte, sondern Kollateralschäden in Kauf nehmend auch viele Opfernde tötete (*Bell.* 5,2–38).

Anmarsch des Titus: Aber noch ehe Johannes einen einzigen Mann auf seine Türme gestellt hatte, marschierte Titus, nachdem er einen Teil der Truppen an seinem Standort zusammengezogen und dem restlichen Heer den Auftrag gegeben hatte, bei Jerusalem zu ihm zu stoßen, von Cäsarea ab, und erreichte in beschriebenem Umfang (*Bell.* 5,39–46; vgl. 5.6.2[1]) und in der erwähnten Marschordnung (*Bell.* 5,47–49; vgl. 5.7.2[3]) durch Samaria ziehend Gophna, das früher von seinem Vater erobert worden war und damals eine Besatzungstruppe erhalten hatte. Nachdem er dort eine Nacht im Freien gelagert hatte, zog er bei Tagesanbruch weiter und schlug nach einem vollen Tagesmarsch in der Nähe eines Dorfes namens Gibea Sauls und etwa dreißig Stadien von Jerusalem entfernt (ca. 5,5 km) ein Lager auf.

Titus kundschaftet Jerusalem aus und gerät dabei in einen Hinterhalt: Von dort aus ritt Titus in Begleitung von etwa 600 auserlesenen Reitern nach vorne, um die Art der Festungsanlage Jerusalems auszukundschaften und die Gesinnung der Juden zu erproben: er hoffte, diese könnten sich vielleicht aus Furcht ergeben, bevor es überhaupt zu Kampfhandlungen käme. Denn er hatte erfahren, dass die Bevölkerung sich zwar unter den Aufständischen ängstlich ducke, aber im Grunde genommen nach Frieden verlangte. Solange nun Titus auf der Hauptstrasse, die bis zur Mauer hinführt, geradeaus ritt, ließ sich keiner vor den Toren blicken. Sowie er aber von diesem Weg in Richtung auf den Psephinusturm abschwenkte und dabei die Reiterei seitwärts der Mauer entlangführte, machten plötzlich zahllose Juden in der Gegend der sogenannten Frauentürme durch das den Grabdenkmälern der Helena gegenüberliegende Tor einen Ausfall. Sie stießen durch die Reiterkette hindurch, stellten sich den

INTERTEXTUELL-HISTORISCHE VERORTUNG DER EXEGETISCHEN ERTRÄGE 821

noch auf der Strasse Dahersprengenden frontal entgegen und hinderten sie daran, zu der abgeschwenkten Gruppe aufzuschließen. So schnitten sie den Titus mit nur wenigen Begleitern ab. Vorwärts konnte er nicht mehr, da das ganze Gelände an der Mauer entlang zur Anlage von Gärten mit Gräben durchzogen und außerdem durch Quermauern und viele Zäune abgeteilt war. Den Anschluss an die eigene Truppe zu gewinnen, war, wie er sah, einmal wegen der Menge der dazwischen stehenden Feinde unmöglich und zum anderen deshalb, weil seine Reiter auf der Hauptstrasse zurückgewichen waren; die meisten von ihnen bemerkten die dem Kronprinzen drohende Gefahr überhaupt nicht, sondern glaubten, er sei ebenfalls umgekehrt und machten sich deshalb davon. Als Titus sah, dass seine Rettung mit seiner persönlichen Tatkraft stehe und falle, riss er sein Pferd herum, rief seinen Begleitern zu, sie sollten ihm folgen, sprengte geradewegs auf die Feinde los und strebte mit aller Macht danach, sich zu den Seinigen einen Weg zu bahnen. Angesichts dieses Vorfalls drängt sich für Josephus besonders stark der Gedanke auf, Gott kümmere sich auch um die entscheidenden Augenblicke der Kriege und die Gefahren der Könige. Denn obwohl so viele Geschosse auf Titus abgesandt wurden, der weder Helm noch Panzer trug – er war ja, wie gesagt, nicht als Kämpfer, sondern als Beobachter nach vorn geritten –, traf doch kein einziges seinen Leib. Er aber hielt sich mit dem Schwert stets alle auf der Seite Angreifenden vom Leibe, ritt viele, die ihm von vorn in den Weg traten, nieder und setzte mit seinem Pferd über die zu Boden Stürzenden hinweg. Das tapfere Auftreten des Titus löste zwar bei den Juden Wutgeschrei aus und Rufe, auf ihn loszugehen, aber wohin er sein Pferd wandte, dort wich man haufenweise zurück und floh. Die der gleichen Gefahr ausgesetzten Begleiter schlossen sich dicht an ihn an, obwohl sie im Rücken und von der Seite mit Geschossen überschüttet wurden; denn die Hoffnung auf Rettung bestand für jeden einzig darin, mit Titus ans Ziel zu kommen, ehe man selbst völlig eingeschlossen sei. In der Tat wurde von zwei weiter weg befindlichen Reitern der eine mit samt seinem Pferd umzingelt und von Speeren durchbohrt; den anderen aber, der abgesessen war, brachten die Juden um und führten sein Pferd als Beute fort. Mit den restlichen Reitern rettete sich Titus zum Lager zurück. Die Juden aber, die im ersten Treffen die Oberhand behalten hatte, wurden von einer Hoffnung angespornt, die ihnen unbegründete Zuversicht im Blick auf die kommende Feindberührung verlieh (*Bell.* 5,50–66).

Titus rückt näher an die Stadtmauer Jerusalems: Als in der Nacht die von Emmaus kommende Legion zu ihm stieß, brach Titus am folgenden Tage von seinem Lager auf und rückte zu der an den Nordteil der Stadt angrenzenden Hochebene namens Skopus vor und ließ sieben Stadien (ca. 1,2 km) von der Stadt entfernt für seine zwei Legionen einen gemeinsamen Lagerwall aufwer-

822   5. KAPITEL

fen, für die fünfte aber drei Stadien dahinter (ca. 1,8 km). Denn er glaubte, dass die Soldaten, die von dem anstrengenden Nachtmarsch erschöpft waren, eine Deckung verdienten, damit sie umso sicherer schanzen könnten. Kaum hatten sie mit dem Lagerbau begonnen, traf auch schon die von Jericho her anrückende zehnte Legion ein, welche den Auftrag erhalten hatte, sechs Stadien (ca. 1,1 km) von Jerusalem entfernt auf dem sogenannten Ölberg ihr Lager aufzuschlagen, der im Osten der Stadt gegenüber liegt und von ihr durch eine genau in der Mitte verlaufende tiefe Schlucht namens Kidron getrennt ist (*Bell.* 5, 67–70).

Zwei lebensbedrohende Ausfälle der geeinten Aufständischen gegen die zehnte Legion auf dem Ölberg: Dass die gewaltige Heeresmacht des Titus an drei Stellen ein Lager aufgeschlagen hatte, bestürzte die im Streit liegenden Parteien innerhalb der Stadt nicht wenig, weswegen sie feierlich eine Übereinkunft schlossen und sich zum Angriff entschieden. Rasch griffen sie zu ihren Waffen, stürmten in einem plötzlichen Ausfall in Richtung auf die zehnte Legion, eilten durch die Schlucht und stürzten sich mit wildem Geschrei auf die beim Schanzen beschäftigten Feinde. Diese waren zur besseren Durchführung der Arbeit gruppenweise verteilt und hatten außerdem ihre Waffen großenteils abgelegt. Sie befürchteten nämlich keineswegs, dass die Juden einen Ausfall wagen könnten, und selbst wenn sie den Mut dazu aufbringen sollten, so meinten sie in falscher Annahme, hätte der innere Zwist ihre ganze Stosskraft schon verbraucht. So wurden sie in ihrer Ahnungslosigkeit durch den Angriff völlig überrascht. Sofort ließen sie die Arbeit im Stich, und während einige rasch zurückwichen, eilten viele zu den Wachen, wurden jedoch, noch ehe sie sich dem Feind entgegenstellen konnten, eingeholt und niedergeschlagen. Vom Erfolg der ersten Angriffswelle kühn geworden, stießen immer neue Kräfte zu den Juden, und da das Glück auf ihrer Seite stand, glaubten sie selbst wie auch ihre Gegner, sie seien weit stärker an Zahl als sie es tatsächlich waren. Als die an geschlossene Schlachtreihen, gute Ordnung sowie nach Kommando zu kämpfen gewohnten Soldaten auf diese Weise in Verwirrung gerieten, wichen sie den wiederholten Angriffen. Freilich, wo immer sie eingeholt wurden, machten sie kehrt, fingen den Ansturm der Juden auf und verwundeten die in ihrem Angriffseifer allzu wenig auf Schutz bedachten Gegner. Als sich aber stets stärkere Kräfte am Ausfall beteiligten, wurde die Verwirrung unter den Legionären vermehrt, schließlich wurden sie ganz vom Lager abgedrängt. In diesem Augenblick, so scheint es, wäre die ganze Legion dem Untergang anheimgefallen, wenn nicht Titus, dem man ihre Lage gemeldet hatte, rasch zu Hilfe geeilt wäre. Nachdem er ihre Feigheiten kräftig geschmäht hatte, ließ er die Flüchtenden kehrt machen, während er selbst mit den herangeführten auserlesenen Truppen den Juden in die Flanke fiel, viele erschlug und noch mehr verwundete, dadurch alle zum Weichen brachte und sie in die Schlucht hinabstieß. Diese hatten zwar an dem steilen Abhang schwere Verluste, schlugen sich aber auf die andere Seite durch, machten Front zum Gegner und setzten, durch die Schlucht getrennt, den Kampf mit den Römern fort. Auf diese Weise wurde bis zum Mittag gekämpft. Dann aber, als die Mittagsstunde schon ein wenig überschritten war, stellte Titus die mit ihm gekommenen und von den Kohorten abgezweigten Entlastungstruppen als Sicherung gegen weitere Ausfälle auf und sandte den Rest der Legion zur Befestigung des Lagers auf den Bergrücken zurück. Die Juden freilich sahen darin eine Flucht, und als der Beobachtungsposten, den sie auf die Mauer gestellt hatten, seinen Mantel als Signal hin und her schwenkte, brach ein noch frischer Haufen mit solchem Ungestüm hervor, dass keiner von den kampfbereit aufgestellten Truppen diesen Angriff abzuwehren vermochten, vielmehr brachen die römischen Soldaten, wie von einer Wurfmaschine getroffen, aus ihrer Kampflinie aus, machten kehrt und flohen den Berg hinauf. Titus jedoch hielt mit wenigen Begleitern mitten auf dem Berghang aus. Die Freunde, die aus Achtung vor der Person des Oberbefehlshabers, die Gefahr missachtend stehen geblieben waren, drangen mit vielen Worten in ihn, er möge sich vor den Juden, die den Tod geradezu suchten, zurückziehen und sein Leben nicht für solche in die Schanze schlagen, die zu seinem Schutze hätten stehen bleiben müssen. Er möge doch bedenken, was er bisher schon dem Kriegsglück verdanke, und nicht den Platz eines gemeinen Soldaten ausfüllen, da er doch Führer dieses Feldzugs und Herr der ganzen Welt sei; deshalb dürfe er sich keiner so zugespitzten Lage aussetzen, da mit seiner Person alles stehe und falle. Diese Warnungen schien Titus nicht einmal zu hören, vielmehr trat er den Juden, die gegen ihn den Berg heraufstürmten, entgegen, schlug im Kampf Mann gegen Mann die Herandrängenden nieder, griff dann die dicht gedrängte Hauptmasse an und stieß sie wieder den Abhang hinunter. Die Juden waren zwar von seiner Tapferkeit und kraftvollen Abwehr betroffen, flohen aber selbst jetzt nicht in die Stadt zurück, sondern bogen an Titus vorbei nach rechts und links aus und blieben den weiter nach oben Flüchtenden auf den Fersen. Daraufhin warf er sich in ihre Flanke und versuchte so, die Angriffe zu unterbinden. Inzwischen wurden auch die Legionäre, die oben das Lager befestigten, beim Anblick der weiter unten in voller Flucht befindlichen Sicherungstruppen wieder von Verwirrung und Furcht befallen. Die ganze Legion zerstreute sich, denn man glaubte, der Ausfall der Juden sei unwiderstehlich und Titus selbst habe sich in Sicherheit gebracht, da ja, solange er seine Stellung hielt, die anderen niemals fliehen würden. Wie Menschen, die ringsum von panischem Schrecken erfasst sind, stürzten sie überall hin auseinander, bis einige von ihnen den mitten in das Kampfgetümmel eingekeilten Feldherrn erblickten und in großer Furcht um seine Person dessen Gefahr mit lautem

824 5. KAPITEL

Ruf der ganzen Legion bekannt machten. Diese brachte die Scham zur Vernunft: Sie beschimpften einander, weil man den Cäsar in Stich gelassen habe, was noch schlimmer sei als die Flucht; sie setzten ihre ganze Kraft gegen die Juden ein, und nachdem es ihnen ein erstes Mal gelungen war, sie hangabwärts zu drängen, konnten sie alle in die Niederung hinabstoßen. Die Juden wichen kämpfend Schritt für Schritt zurück; die Römer aber, die den Vorzug der höheren Stellung hatten, trieben alle in die Schlucht. Titus setzte indessen seinen persönlichen Angreifern hart zu; er ließ dann die Legion wieder zum Lagerbau abrücken, während er selbst mit den gleichen Kräften wie vorher die Sicherung übernahm und die Feinde in Schach hielt. Wenn man nach Josephus, ohne aus Schmeichelei etwas hinzuzufügen oder aus Neid etwas abzuziehen, einfach die Wahrheit sagen soll, so habe der Cäsar zweimal die ganze Legion aus höchster Gefahr gerettet und es ihr ermöglicht, ungestört ihr Lager aufzuschlagen (*Bell.* 5,71–97).

Zeloten ordnen sich Johannes wieder unter in Jerusalem: Als für kurze Zeit der Kampf vor den Toren nachließ, brach der Zwist im Inneren erneut aus. Es kam nämlich der Tag der ungesäuerten Brote heran, weshalb die Anhänger des Eleazar unter Vorsichtsmassnahmen die Tore öffneten und die aus dem Volk, die am Gottesdienst teilnehmen wollten, in den inneren Tempelbezirk einließen. Johannes missbrauchte das Fest dazu, einen von ihm geplanten Anschlag heimlich durchzuführen: Er versah die weniger bekannten unter seinen Parteigängern mit versteckt gehaltenen Waffen und schmuggelte sie mit großer Sorgfalt unter den anderen Besuchern hinein, damit sie den Tempel unter ihre Kontrolle brächten. Als sie sich drinnen befanden, warfen sie ihre Obergewänder ab und standen plötzlich als schwerbewaffnete Männer da. Sofort entstand beim Tempelgebäude der denkbar größte Tumult und Lärm. Das am Aufstand unbeteiligte Volk glaubte, der Angriff sei ohne Unterschied gegen alle gerichtet; die Zeloten dagegen merkten, dass er ihnen allein galt. Diese gaben es auf, noch länger an den Toren Wache zu halten, sprangen von den Mauerzinnen herunter und flüchteten, ehe es zu einem Handgemenge kam, in die unterirdischen Gänge des Tempelgeländes. Während die Eindringlinge an den Unschuldigen viele Gräuel begingen, gewährten sie den eigentlichen Schuldigen einen Waffenstillstand und ließen sie frei ausgehen, als sie aus den unterirdischen Gängen hervorkamen. Nachdem Johannes auf diese Weise auch den inneren Tempelbezirk und alle darin befindlichen Vorräte in seine Hand bekommen hatte, konnte er der Auseinandersetzung mit Simon getrost entgegensehen. So wurde die Aufstandsbewegung, die bis dahin in drei Parteien gespalten war, auf nur zwei Gruppen zurückgeführt (*Bell.* 5,98–105).

Listiger Anschlag der Aufständischen gegen schanzende Legionäre vor Jerusalem: Weil Titus nun das Lager vom Skopus näher an die Stadt heran verle-

INTERTEXTUELL-HISTORISCHE VERORTUNG DER EXEGETISCHEN ERTRÄGE   825

gen wollte, suchte er eine ihm genügend stark erscheinende Zahl von Reitern und Fußsoldaten aus, setzte sie als Sicherung gegen etwaige Ausfälle ein und befahl dem ganzen übrigen Heer, das Gelände vom Skopus bis hin zu den in der Nähe des sogenannten Schlangenteiches gelegenen Grabendenkmäler des Herodes einzuebnen, was die Juden zu folgendem Anschlag ausnutzten: Die wagemutigsten unter den Aufständischen verließen aus den sogenannten Frauentürmen die Stadt, wobei sie so taten, als seien sie von den Anhängern der Friedenspartei hinausgeworfen worden und fürchteten das Eingreifen der Römer; sie drängten sich zusammen und kauerten sich aneinander. Andere, dem Anschein nach Vertreter des friedliebenden Volkes, hatten sich inzwischen an verschiedenen Punkten der Mauer aufgestellt und schrien: „Frieden!" Sie forderten einen Vertrag und riefen zu den Römern hinüber, wobei sie versprachen, die Tore zu öffnen. Während dieses Geschreis warfen sie nach ihren eigenen Leuten mit Steinen, als wollten sie diese von den Toren wegtreiben. Die Männer vor der Mauer ihrerseits täuschten vor, sich mit aller Kraft Eingang verschaffen und ihre Landsleute drinnen anflehen zu wollen; sie rannten beständig auf die Römer zu, zogen sich dann wieder zurück und erweckten so den Eindruck, als seien sie gänzlich außer sich geraten. Ihr listiger Anschlag verfehlte bei den Soldaten des Titus seine Wirkung nicht, vielmehr glaubten sie, ein Teil der Juden sei schon zur Entgegennahme der Bestrafung bereit und in ihrer Hand. Sie hofften vom anderen, er werde ihnen die Stadttore öffnen; so schickten sie sich an, entsprechend zu handeln. Titus dagegen betrachtete mit Argwohn das überraschende Angebot. Er hatte nämlich Tags zuvor die Juden durch Josephus aufgefordert, einen Vergleich einzugehen, ohne bei ihnen ein Zeichen der Mäßigung zu entdecken. So gab er nun den Soldaten den Befehl, an Ort und Stelle zu bleiben. Aber einige der ganz vorn zu den Schanzarbeiten eingesetzten Truppen hatten, ohne seinen Befehl abzuwarten, die Waffen ergriffen und liefen auf die Tore zu. Im ersten Augenblick wichen die anscheinend Ausgestoßenen vor ihnen zurück; als sich aber die Römer zwischen den Tortürmen befanden, schwärmten sie aus, schlossen einen Kreis und griffen von hinten an. Die anderen Juden überschütteten sie von der Mauer herab mit einem dichten Hagel von Feldsteinen und mancherlei Geschossen, so dass sie viele töten und die meisten verwunden konnten. Denn einmal war es wegen der im Rücken drängenden Juden nicht leicht, aus dem Bereich der Mauer zu flüchten, zum anderen aber gebot ihnen die Scham über ihren Fehler und die Furcht vor den Offizieren, in ihrem Unglück auszuhalten. Deshalb konnten sie erst nach einem außerordentlich heftigen und verlustreichen Speerkampf den Einschließungsring durchbrechen. Aber die Juden blieben den Zurückweichenden bis hin zu den Grabmälern auf den Fersen und beschossen sie. In angeblich unanständigem Frevel gegen das Glück verspotteten sie daraufhin die Römer, die auf ihre

826   5. KAPITEL

Täuschungsmanöver hereingefallen waren, tanzten, indem sie ihre Schilde in die Höhe schwenkten, und laut schrien vor Freude. Die römischen Soldaten aber empfing in beschriebener Weise das Drohwort ihrer Hauptleute sowie den Groll des Cäsars (vgl. 5.6.2[5]). Nachdem in vier Tagen der Zwischenraum bis zu den Mauern eingeebnet war, ließ Titus, der das Gepäck und die restlichen Truppe sicher an die Stadt heranführen wollte, die kampfstärksten Teile seines Heeres mit der Front zur Stadt nach Norden und nach Westen der Mauer entlang in Stellung gehen. Dadurch sollten etwaige Ausfälle der Juden abgefangen werden, damit die Trosstiere von drei Legionen und all das dazu gehörige Begleitpersonal sicher entlang ziehen konnten. Titus selbst schlug sein Lager ungefähr zwei Stadien (ca. 370 m) von der Mauer entfernt auf, an der Ecke, die sie dem sogenannten Psephinusturm gegenüber bildet; dort biegt der nach Norden gewandte Mauerring zur Westseite um. Der restliche Teil des Heeres verschanzte sich beim sogenannten Hippikusturm, ebenfalls zwei Stadien von der Stadt entfernt. Die zehnte Legion indessen blieb in ihrer Stellung auf dem Ölberg (*Bell.* 5,106–135).

Titus bezwingt die erste und zweite Stadtmauer

Nachdem Titus vor die Stadtmauer gerückt war, machte er sich umgehend an die Belagerungsarbeit. Dazu ließ er nach Feststellung der schwächsten Stellen in drei Gruppen Belagerungswälle errichten, führte die Belagerungsmaschinen heran und bearbeitete die Mauer an drei Stellen mit Sturmböcken. Darüber erschreckt, vereinten sich die Aufständischen einmal mehr und wehrten sich einerseits von den Mauern herab mit den erbeuteten Belagerungsmaschinen und andererseits in Ausfällen gegen die Römer und ihr Belagerungswerk. Darauf wiederum antwortete Titus mit dem Beschuss der Verteidiger aus drei Türmen heraus, und bereits am fünfzehnten Belagerungstag, Ende Mai 70 d.Z., bekam er die erste Mauer in seine Gewalt. Ins nördliche Stadtgebiet eingedrungen, verlegte er dorthin sein Lager, und machte sich schon an der zweiten Mauer zu schaffen, welche er – trotz erbitterter Gegenwehr der Juden – nur fünf Tage später in seine Gewalt bekam. Doch aus dem dahinterliegenden Stadtgebiet wurde er heraus gedrängt, eroberte es erst nach drei Tagen zurück, so dass er nach Sicherung des Gebiets bereits an die Einnahme der dritten Mauer denken konnte:

Titus bezwingt die erste Mauer Jerusalems: Nachdem die Legionen die Lager vor der Stadtmauer bezogen hatten, machte Titus mit einigen auserlesenen Reitern einen Rundritt, um diejenige Stelle auszukundschaften, an der er den Sturm auf die Mauern ansetzten könne. An allen Stellen war er in Verlegenheit, da die Stadt an den Seiten, wo die Schluchten verliefen, unzugänglich war, während an den anderen die erste Mauer für die Belagerungsmaschinen als allzu

INTERTEXTUELL-HISTORISCHE VERORTUNG DER EXEGETISCHEN ERTRÄGE 827

stark erschien. Deshalb beschloss er, beim Grabmal des Hohepriesters Johannes Hyrkanos anzugreifen. Denn an dieser Stelle war die erste Mauer niedriger und die zweite schloss nicht an sie an, da man es versäumt hatte, die nicht sehr dicht bewohnte Neustadt zu befestigen. Außerdem bot sich dort ein leichter Zugang zur dritten Mauer, durch den hindurch Titus die Oberstadt und über die Antonia das Heiligtum einzunehmen gedachte. Während er so um die Mauer ritt, wurde einer seiner Freunde, der Tribun Nikanor, an der linken Schulter von einem Pfeil getroffen, er war nämlich gemeinsam mit Josephus zu nahe heran geritten und hatte versucht, mit den auf der Mauer stehenden Juden, denen er kein unbekannter war, über einen möglichen Frieden zu verhandeln. Als der Cäsar an diesem Vorfall die Einstellung der Juden erkannte, entschied er sich voll Erbitterung zur Durchführung der Belagerungsmaßnahmen und gab sofort den Legionen das Gelände vor der Stadt zur Zerstörung frei und befahl, das Holz zusammenzutragen und Belagerungswälle zu errichten. Für diese Arbeiten gliederte Titus das Heer in drei Abteilungen: Zwischen die Wälle stellte er die Speerwerfer und die Bogenschützen und vor diese die Schnellfeurer, Katapulte und die Steinschleudermaschinen auf, um auf diese Weise sowohl Ausfälle gegen die Belagerungswerke als auch Versuche von der Mauer herab die Arbeit zu hindern, fernzuhalten. Angesichts dieser Vorbereitungen blieb Simon nicht untätig, sondern beschoss die Schanzenden einerseits mit den einst von Cestius als auch aus der Antonia erbeuteten Wurfmaschinen und unternahm andererseits gruppenweise Ausfälle gegen sie (vgl. 5.6.3[6]), während Johannes aus Furcht vor Simon untätig blieb. Gegen die Geschosse wiederum, schützten sich die Römer mittels über Verhaue gehängte Flechtwerke und gegen die Ausfälle mit besagten und die Aufständischen empfindlich schwächenden Wurfmaschinen (*Bell.* 5,258–274).

Als die Schanzarbeiten abgeschlossen waren, maßen die technischen Offiziere mit einer an einer Leine befestigten Bleikugel, die sie von den Wällen hinabwarfen, den Abstand zur Mauer; da man von oben her beschossen wurde, gab es ja keine andere Möglichkeit. Als sie feststellten, dass die Belagerungstürme hinreichen konnten, führte man sie heran. Titus ließ außerdem die Wurfmaschinen in einer kürzeren Entfernung aufstellen, damit die Verteidiger nicht von der Mauer herab die Sturmböcke gefährden könnten, und gab dann den Befehl zu stoßen. Als plötzlich von drei Seiten her ein gewaltiges Krachen die Stadt durchhallte, erhob sich bei den Einwohnern ein Geschrei, und auch die Aufständischen befiel der gleiche Schreck. Da nun die beiden Parteien erkannten, dass die Gefahr ihnen gemeinsam drohte, dachten sie einmal mehr daran, auch ihre Verteidigung gemeinsam durchzuführen, und wurden so ein „Leib." Sie verteilten sich ringsum auf der Mauer und schleuderten von ihr eine Unmenge von Feuerbränden auf die Maschinen herab, ferner beschossen sie unaufhörlich diejenigen, die diese Belagerungsmaschinen gegen die Mauer drücken mussten. Die Kühneren sprangen in Rotten nach vorn, rissen die Flechtwerke von den Maschinen herab und stürzten sich auf die Bedienungsmannschaften, wobei sie ihres Wagemuts wegen die Oberhand behielten. Immer kam Titus selbst den Bedrängten zu Hilfe und stellte an beiden Seiten der Geräte seine Reiter und seine Bogenschützen auf. Er drängte so die mit den Feuerbränden heranstürmenden Juden ab, hemmte die von den Türmen Herabschießenden und sorgte dafür, dass die Belagerungsmaschinen wirksam arbeiten konnten. Zwar vermochte der Sturmbock der fünfzehnten Legion einen Turm zu erschüttern; aber weil dieser beträchtlich weit vorstand, geriet die Mauer mit diesem nicht in Gefahr und trotzte den Stößen (*Bell.* 5,275–283).

Die Verteidiger stellten dann für kurze Zeit ihre Ausfälle ein, beobachteten aber scharf, wie sich die Römer bei den Belagerungswerken und im Bereich ihrer Lager weit zerstreuten, da sie glaubten, die Juden hätten sich aus Erschöpfung und Furcht zurückgezogen. Diese aber stürmten – die falsche Einschätzung ausnutzend – in einem Überraschungsangriff beim Hippikusturm durch ein verdecktes Tor heraus, wobei sie allesamt Feuerbrände an die Belagerungswerke herantrugen und bis zu den Schutzdämmen hin gegen die Römer vorstießen. Auf ihr Geschrei hin stellten sich die in der Nähe befindlichen Römer in aller Eile kampfbereit auf, während die weiter entfernten zusammenliefen. Jedoch gewannen die Juden mit ihrem Wagemut über die Ordnung der Römer einmal mehr die Oberhand, und nachdem sie die zuerst erreichten Soldaten erschlagen hatten, machten sie auch Front gegen die sich noch sammelnden Truppen. Ein heftiger Kampf entspann sich um die Kriegsmaschinen, die einen drängten gewaltsam danach, sie in Brand zu setzten, die anderen wollten dies mit gleicher Leidenschaft verhindern. Auf beiden Seiten erscholl ein Geschrei, aus dem keinerlei Befehl zu entnehmen war, und viele der besten Kämpfer fielen, aber die Juden blieben in ihrer Kühnheit überlegen. Das Feuer erfasste schon die Belagerungswerke, und alles mitsamt den Kriegsmaschinen stand in Gefahr, niederzubrennen, hätten nicht die meisten der aus Alexandrien stammenden auserlesenen Soldaten Widerstand geleistet und tapferer, als man es ohnehin von ihnen erwartete, ihren Mann gestellt. Denn in diesem Kampf übertrafen sie selbst die weit berühmteren Truppenteile. Schließlich führte der Cäsar die kampfkräftigsten Reiter ins Gefecht und stürzte sich mit ihnen auf die Feinde. Er selber streckte zwölf der vordersten Kämpfer zu Boden. Über ihr Schicksal erschreckt, wich der restliche Haufen zurück, worauf Titus folgte, sie alle in die Stadt zurücktrieb und so die Belagerungswerke den Flammen entreißen konnte. Bei diesem Kampf geschah es auch, dass Johannes, der Anführer der Idumäer, tödlich getroffen wurde. Einen anderen Juden, der gefangen genommen wurde, ließ Titus vor der Mauer ans Kreuz schlagen, in der Hoffnung, die anderen möchten durch diesen Anblick erschüttert nachgeben (*Bell.* 5,284–290).

Daraufhin gab Titus den Befehl, drei fünfzig Ellen (ca. 22,2 m) hohe Türme zu bauen, und als sie fertig gestellt waren, ließ er auf jedem Belagerungswall je einen aufstellen und von ihnen aus die auf der Mauer stehenden Verteidiger unter Beschuss nehmen. Die Juden, die allen sonstigen Angriffen tapfer standhielten, erlitten durch die Türme erhebliche Verluste. Denn von ihnen aus wurden sie auch mit den leichteren Wurfmaschinen beschossen, dazu von Speerwerfern, Bogenschützen und Steinschleuderern. Wegen der Höhe der Abschussstellen war es ihnen unmöglich, diese Schützen zu erreichen, auch gab es kein Mittel, die Türme selbst unschädlich zu machen, da man sie wegen ihres Gewichtes nicht leicht umstürzen noch wegen ihrer eisernen Verkleidung hätte in Brand setzen können. Da sie sich außerhalb der Schussweite aufhalten mussten, konnten sie die Stöße der Sturmböcke nicht mehr verhindern, die nun mit ununterbrochenen Schlägen langsam ihr Ziel erreichten, und schon gab die Mauer nach. In der Meinung, dass die zwei verbliebenen Mauern ihnen den nötigen Schutz bieten würden, zogen sich daraufhin die durch andauernde Kämpfe und Wachdienst ermüdeten und mürbe gewordenen Juden zur zweiten Mauer zurück. Die über die Mauer eingedrungenen Soldaten öffneten die Tore und ließen das ganze Heer herein. Auf diese Weise gewannen die Römer die erste Mauer am fünfzehnten Tag der Belagerung (25. Mai 70 d.Z.), rissen ein großes Stück davon ein und eroberten dazu das nördliche Stadtgebiet, das vorher bereits Cestius zerstört hatte (*Bell.* 5,291–302).

Titus bezwingt die zweite Mauer Jerusalems: Titus verlegte nun das Lager in das Stadtgebiet hinein, welches „Assyrerlager" genannt wird, wobei er das ganze Gelände bis zum Kidron hin besetzte, sich jedoch so weit von der zweiten Mauer entfernt hielt, dass er außerhalb der Schussweite blieb. Doch begann er sogleich mit dem Angriff. Die Juden, die sich verteilt hatten, verteidigten die Mauer hartnäckig. Dabei kämpften die Anhänger des Johannes von der Antonia und von der nördlichen Säulenhalle des Heiligtums her, dazu vor dem Grabmal ihres Königs Alexander, während die Truppen des Simon den Zugang beim Grab des Hohepriesters Johannes sicherten und sich bis hin zum Tor, durch welches das Wasser zum Hippikusturm hereingeführt wurde, verschanzten. Häufig machten die Juden aus den Toren heraus einen Ausfall und fochten Mann gegen Mann mit den Römern; wurden sie aber zurückgedrängt, so kämpften sie von der Mauer herab. Bei den Nahkämpfen waren sie unterlegen, da sie die militärische Ausbildung der Römer nicht besaßen, dagegen behielten sie in den Gefechten um die Mauer die Oberhand. Auf keiner Seite kam Müdigkeit auf, sondern Angriffe, Mauergefechte und die unablässigen Ausfälle kleiner Abteilungen gingen den ganzen Tag hindurch, und keine Art des Kampfes unterblieb. Die Nacht konnte kaum eine Unterbrechung bringen, da man doch stets schon mit dem frühen Morgen den Kampf wieder aufnahm. Sie war schlaflos für beide Seiten und noch beschwerlicher als der Tag, hier, weil man sich argwöhnisch fragte, wie lange ein Angriff auf die Mauer noch auf sich warten lassen würde, dort, weil das Lager dauernd einen Überfall der Juden befürchten musste. Jede Partei brachte also die Nacht unter den Waffen zu und stand schon beim ersten Sonnenstrahl wieder kampfbereit (*Bell.* 5,303–316).

Darauf ließ Titus den Sturmbock selbst an den mittleren Turm der Nordmauer heranführen, in welchem ein jüdischer Zauberer namens Castor mit zehn Genossen im Hinterhalt lag, während die übrigen vor den Bogenschützen geflohen waren. Diese blieben zunächst still hinter der Brustwehr hocken, als aber der Turm einzustürzen drohte, sprangen sie hoch und brachten in einer gezielten Hinhaltetaktik Titus dazu, den Angriff einzustellen, um Simon einen zeitlichen Vorsprung zur Planung einer Gegenmaßnahme zu verschaffen. Als der Cäsar diese List durchschaute, ließ er voll Zorn über solche Verhöhnung die Wucht der Widderstöße noch verstärken. Und als der Turm nachgab, zündeten ihn Castors Leute an und sprangen durch die Flammen in den unter dem Turm befindlichen geheimen Gang. An dieser Stelle bekam der Cäsar die zweite Mauer am fünften Tage nach dem Fall der ersten in seine Gewalt. Nachdem die Juden vor ihm geflohen waren, zog er mit 1'000 Schwerbewaffneten und mit einer auserlesenen Truppe, die er zu seinem Schutz bestimmt hatte, dort ein, wo sich auch die Stände der Wollhändler, die Schmiedewerkstätten und der Kleidermarkt der Neustadt befanden. Hätte er nun entweder sofort einen größeren Teil der Mauer niederreißen lassen oder nach seinem Einzug dem Kriegsrecht folgend das eingenommene Gebiet verwüstet, hätte nach der Meinung des Josephus kein Verlust diesen Sieg getrübt. Nun aber hoffte Titus, die Juden zu beschämen und sah davon ab, die Bresche für einen mühelosen Rückzug genügend zu verbreitern. Als nun die Römer einrückten, fielen die Juden umgehend über sie her, die einen stürzten sich die Gassen hinab ihnen entgegen, andere kämpften von den Häusern aus, wieder andere sprangen durch die oberen Tore in das Gebiet außerhalb der Mauer vor, so dass die Wachen, die die Mauer besetzt hielten, fassungslos von den Türmen hinabsprangen und ins Lager zurückwichen. Die Juden wurden immer zahlreicher und konnten, da sie sich in den Gassen besser auskannten, viele Gegner verwunden und im Angriff vor sich hertreiben. Die Römer konnten nicht anders, als notgedrungen Widerstand zu leisten, denn es war unmöglich, in gedrängtem Haufen durch die enge Lücke in der Mauer zu entkommen. Wie es schien, wären wohl alle getötet worden, die durch die Bresche eingedrun-

INTERTEXTUELL-HISTORISCHE VERORTUNG DER EXEGETISCHEN ERTRÄGE 831

gen waren, wenn ihnen nicht Titus Hilfe gebracht hätte. Schnell verteilte er die Bogenschützen auf die Enden der Gassen, stellte sich selbst dorthin, wo das Gedränge am dichtesten war, und trieb mit seinen Geschossen die Feinde zurück. Indem der Cäsar unaufhörlich seine Pfeile abschoss und so die Juden hinderte, näher zu kommen, harrte er aus, bis alle Soldaten abgezogen waren. So wurden die Römer, nachdem sie die zweite Mauer schon genommen hatten, wieder hinausgedrängt, während die Kriegslustigen in der ganzen Stadt von Siegesstimmung ergriffen wurden. Gleichzeitig aber verschanzten sie sich an der Mauer gegenüber den Römern und brachten deren Angriff ins Stocken, als diese erneut den Durchbruch versuchten. Mit ihren Leibern deckten sie die Bresche und widerstanden so drei Tage lang in verbissener Gegenwehr, aber am vierten Tage konnten sie den angeblich heldenmütigen Sturmangriff des Titus nicht mehr aufhalten. Sie wurden an der gleichen Stelle wie zuvor überwältigt und wichen zurück. Nachdem Titus also zum zweiten Mal die Mauer eingenommen hatte, ließ er sofort den ganzen nördlichen Teil niederreißen, auf dem nach Süden laufenden Mauerabschnitt legte er Besatzungen in die Türme und konnte dann an die Erstürmung der dritten Mauer denken (*Bell.* 5,317–347).

Titus bezwingt die dritte Mauer als auch die Antonia

Nach Eroberung der zweiten Mauer setzten die Römer die Belagerung aus, um den Juden eine Bedenkzeit einzuräumen. Als diese aber die Pause ungenutzt verstreichen ließen, begann Titus am 30. Mai 70 d.Z. mit dem Bau von vier Wällen gegen die dritte und nach Norden blickende Mauer und ließ seine Arbeit von weiteren Friedensangeboten aber auch Abschreckungsmassnahmen begleitet sein. In einer koordinierten Aktion gelang es den Juden, alle vier Wälle zu zerstören, Johannes die zwei gegenüber der Antonia liegenden durch Untergrabung und Simon die anderen zwei im Rahmen eines gefährlichen Ausfalls durch Feuer. Auf diesen herben Rückschlag hin hielt Titus mit seinem Offiziersstab Kriegsrat, worauf man die Errichtung einer Ringmauer um die Stadt beschloss, die einerseits den Nachschub und andererseits die Ausfälle unterbinden sollten. Gleichzeitig machte sich Titus an den Bau von vier neuen, alle der Antonia gegenüber liegenden Wälle, bearbeitete dort die Mauer mit Kriegsmaschinen und ließ sie untergraben. Mit Erfolg, denn an jeder Stelle, wo Johannes die ersten Wälle untergraben hatte, stürzte die Mauer ein. Daraufhin beschwor Titus seine mutigsten Soldaten in einer emphatischen Feldherrenrede und konnte sie dazu bewegen, die dritte Mauer zu ersteigen. Erst in einem zweiten Versuch gelang es am 24. Juli 70 d.Z., die Antonia zu erobern, auf welche die Römer von den sich heftig wehrenden Juden vorläufig beschränkt wurden:

832   5. KAPITEL

Titus schreckt mit dem Strategem der Soldzahlung ab bei gleichzeitigen Friedensangeboten: Bevor die Römer sich aber an der dritten Mauer zu schaffen machten, beschloss man, die Belagerung ein wenig auszusetzen, um den Aufständischen eine Bedenkzeit zu geben, und um zu sehen, ob sie auf den Abbruch der zweiten Mauer hin oder auch aus Sorge vor dem Hunger nachgeben würden. Außerdem nutzte Titus die Pause, die zur Soldzahlung versammelten Legionen als abschreckendes Strategem wirken zu lassen (vgl. 5.6.2[6]; 5.6.2[8]; 5.7.1[4]; *Bell.* 5,348–355).

Titus lässt vier Wälle an der dritten Mauer errichten: Vier Tage hatte die Austeilung des Solds an die Soldaten gedauert, und als am fünften Tag immer noch kein Friedensgesuch seitens der Juden gestellt worden war, teilte Titus die Legionen in zwei Abteilungen und begann, gegenüber der Antonia und beim Denkmal des Johannes je zwei Wälle aufzuwerfen. Sein Plan war es nämlich, an dieser Stelle die Oberstadt zu nehmen, den Tempel dagegen von der Antonia aus, denn solange dieser nicht erobert war, konnte auch die Stadt nicht ohne Gefahr besetzt werden. Den Mannschaften, die in der Nähe des Denkmals arbeiteten, versuchten nun die Idumäer und die gut bewaffnete Heerschar Simons durch plötzliche Ausfälle zuzusetzen, während den Soldaten vor der Antonia die Leute des Johannes gemeinsam mit den Zeloten in gleicher Weise zu schaffen machten. Dabei waren sie nicht nur deswegen überlegen, weil sie mit ihren Handwaffen von höherem Standort aus kämpften, sondern auch, weil sie jetzt gelernt hatten, die ihnen zur Verfügung stehenden Maschinen – es waren nicht weniger als dreihundert Katapulte und vierzig Steinschleudermaschinen – zu verwenden und damit die Arbeit der Römer an den Wällen zu behindern. Titus soll dabei – so Josephus – wohl gewusst haben, was für ihn selbst die Erhaltung wie auch der Untergang der Stadt bedeuten würde. Darum ließ er seine Belagerungsarbeiten von persönlichen Friedensvorschlägen begleitet sein, und in der Hoffnung, sie würden einem Landsmann gegenüber zugänglicher sein, entsandte er Josephus, der sie in ihrer Muttersprache ansprach. Doch die Aufständischen blieben unnachgiebig, während sich das Volk zum Überlaufen bewegen ließ, sofern es dem Hungertod und den Tyrannen zu entfliehen vermochte. Derweil schickte Titus eine Reiterabteilung mit dem Befehl aus, den vor der Stadt nach Nahrung suchenden Juden aufzulauern, da sich unter ihnen mittlerweile auch bewaffnete Aufständische befanden. Wurden sie gefasst, und das waren bis zu 500 am Tag, wurden sie entweder nach Verspottung, Geißelung und Folter gegenüber der Stadtmauer gekreuzigt oder mit abgehackten Händen in die Stadt zurückgeschickt. Maßnahmen, die Titus nicht untersagte, weil er damit die Juden zur Übergabe zu bewegen hoffte. Doch auch bei diesem Schreckensanblick änderte sich die Gesinnung der Aufständischen nicht; im Gegenteil, sie nutzten es, um die übrige Menge glauben

INTERTEXTUELL-HISTORISCHE VERORTUNG DER EXEGETISCHEN ERTRÄGE 833

zu machen, dass es sich bei den Opfern um Schutzflehende und nicht Kriegsgefangene handle, was viele Überlaufswillige von ihrem Vorhaben zurückhielt
(*Bell.* 5,356–459).

Die Römer brachten die am 30. Mai begonnenen Wallarbeiten mit Mühe am
16. Juni, nach siebzehntägiger ununterbrochener Arbeit also, zum Abschluss.
Schon führten sie die Maschinen in die vorgesehene Stellung, doch Johannes
hatte in der Zwischenzeit von innen her das Gebiet vor der Antonia bis zu
den Wällen unterhöhlt, die Gänge abgestützt und auf diese Weise das ganze
Werk auf Pfähle gestellt. Jetzt brachte er mit Pech und Asphalt bestrichenes
Holz hinein und legte Feuer, worauf die Wälle mit Donnergetöse in den Graben hinabstürzten. Zunächst stieg eine dichte Wolke von Rauch und Staub auf,
weil der Aufprall der Erdmassen das Feuer beinahe erstickte, kaum aber war
das eingebrochene Holz verbrannt, brach auch schon die helle Flamme hervor.
Die Römer standen wie vom Donner gerührt da, und als sie die List des Feindes
durchschauten, verloren sie den Mut, und gaben die ohnehin verlorenen Wälle
dem Feuer preis. Nach zwei Tagen griffen die Leute Simons auch die beiden
anderen Wälle an, denn jetzt führten die Römer an dieser Stelle die Sturmböcke herauf und begann schon, die Mauer zu erschüttern. Also sprangen drei
waghalsige und gefürchtete Männer, Tephtheus, Magassaros und Agiras mit
Fackeln in den Fäusten auf die Maschinen los, setzten sich mitten durch die Reihen der Gegner hindurch und steckten die Maschinen in Brand. Erst als bereits
die Flammen hochschlugen, liefen die Römer aus den Lagern zur Hilfe herbei,
aber die Juden versperrten ihnen von der Mauer aus den Weg und gerieten mit
den Soldaten, die zu löschen versuchten, in ein wildes Handgemenge, ohne
auch nur im geringsten Leib und Leben zu schonen. Versuchten die Römer
die Sturmböcke, über denen das Flechtwerk schon lichterloh brannte, aus dem
Feuer zu ziehen, dann packten die Juden sogar in die Flammen hinein und
umklammerten lieber das glühende Eisen, als dass sie von den Widdern ablie-
ßen. Von den Maschinen sprang das Feuer dann auch schneller auf die Wälle
über, als die Hilfstruppen es verhindern konnten. Da die Römer sich nun überall von den Flammen umgeben sahen, gaben sie die Hoffnung auf, die Werke
zu retten, und zogen sich in Richtung auf ihre Lager zurück. Die Juden aber,
zu denen aus der Stadt immer neue Verstärkungen stießen, blieben ihnen hart
auf den Fersen, denn der eben gewonnene Erfolg machte sie so kühn, dass sie
in wilden Angriffen, bei denen sie auch das Letzte hergaben, bis zu den Befestigungen des Lagers vorstürmten und sofort den Nahkampf mit den Wachen
aufnahmen. Da diese Männer den Soldatentod der Hinrichtung vorzogen, hielten sie dem Angriff stand, und viele Römer, die sich schon zur Flucht gewandt
hatten, schämten sich, als sie den verzweifelten Kampf ihrer Kameraden sahen
und kehrten sich von neuem gegen den Feind. Erst als die Soldaten die Kata-

pulte auf dem Wall verteilt hatten, konnten sie sich schließlich der Massen erwehren, die aus den Toren der Stadt hervorbrachen, und wichen daraufhin zurück. Nunmehr kam Titus von der Antonia herbei, wohin er sich entfernt hatte, um den Platz für neue Wälle auszusuchen. Zornig fuhr er die Soldaten an, ob sie jetzt, nachdem sie die Mauern der Feinde genommen hätten, noch ihre eigenen aufs Spiel setzen wollten und es sich gefallen ließen, selber die Belagerten zu sein, da sie ja die Juden geradezu aus ihrem Gefängnis auf sich losgelassen hätten. Dann ließ er seine Kerntruppe eine Schwenkung machen und fiel an ihrer Spitze in eigener Person den Feinden in die Flanke. Obwohl diese aber schon an der Front hart genug bedrängt wurden, wandten sie sich augenblicklich auch gegen ihn, ohne einen Schritt zurückzuweichen. In dem nunmehr entstehenden Schlachtgewühl war vor lauter Staub schließlich überhaupt nichts mehr zu sehen und bei dem wilden Geschrei der Kämpfenden kein Wort mehr zu verstehen. Als an diesem Punkt die Kampfeswut der Römer wieder entflammte, zogen sich die Juden durch einen schnellen Rückzug in die Stadt zurück (*Bell.* 5,466–490).

Titus hält Kriegsrat mit seinen Offizieren und entschließt sich zur Ringmauer um Jerusalem: Titus hielt darauf mit den höheren Offizieren Kriegsrat. Die heißblütigeren unter ihnen waren der Meinung, dass man jetzt das ganze Heer aufbieten müsse, um zu versuchen, die Mauer durch einen Gewaltstreich zu nehmen, denn bis jetzt habe man nur mit einzelnen Abteilungen den Kampf gegen die Juden aufgenommen, ginge man aber mit der Gesamtmacht vor, dann könnten sie nicht einmal den ersten Ansturm aushalten, denn ein Hagel von Geschossen würde sie förmlich unter sich begraben. Von den Vorsichtigeren dagegen rieten manche, neue Wälle zu bauen, andere wieder, einfach ohne Wälle die Stadt weiter zu belagern, wobei man nur die Verbindungswege nach außen und damit die Versuche einer Einfuhr von Lebensmitteln streng überwachen müsse. Man solle also die Stadt dem Hunger überlassen, ohne sich auf einen Nahkampf mit den Feinden einzulassen. Es sei fehl am Platz, den Kampf mit Verzweifelten aufzunehmen, die jede Lebenserwartung aufgegeben hätten und darum den Tod durch das Schwert geradezu wünschen müssten, weil ihnen anderenfalls nur ein noch schlimmeres Geschick übrig bleibe. Titus selbst aber hielt es einerseits für unrühmlich, mit einer solch starken Heeresmacht untätig dazusitzen, obwohl es eigentlich auch überflüssig sei, mit Gegnern zu kämpfen, die sich sowieso gegenseitig vernichten würden. Er erläuterte dann weiter, dass andererseits auch ein Neubau der Wälle wegen Holzmangel nur sehr schwer durchzuführen sei, noch schwieriger jedoch, alle geheimen Ausgänge zu bewachen, denn die Stadt mit dem Heere einzuschließen, sei schon wegen ihrer Ausdehnung und der Widerwärtigkeiten des Geländes gar nicht so einfach und bei plötzlichen Ausfällen auch gefährlich. Wenn

INTERTEXTUELL-HISTORISCHE VERORTUNG DER EXEGETISCHEN ERTRÄGE   835

aber nur die bekannten Wege unter Bewachung stünden, würden die Juden eben in der Not und bei ihrer vorzüglichen Ortskenntnis Schleichwege ausfindig machen, könnten heimlich irgendwelche Vorräte in die Stadt schmuggeln und die Belagerung in die Länge ziehen. Er fürchtete überdies, dass ihm die dauernde Verzögerung noch den Glanz des Sieges verdunkeln werde. Mit der Zeit lasse sich ja alles erreichen, der Ruhm aber setze Schnelligkeit des Handelns voraus. Es bleibe, wenn man so schnell wie sicher vorzugehen wünsche, nichts anderes übrig, als die ganze Stadt mit einer Ringmauer einzuschließen, denn nur auf diese Weise könne man alle Ausgänge versperren, so dass den Juden nur noch die Wahl bleibe, die letzte Hoffnung aufzugeben und die Stadt zu überliefern oder völlig ausgehungert ihren Gegnern ganz von selbst in die Hände zu fallen. Er selbst werde, nebenbei bemerkt, auch nicht die Hände in den Schoss legen, sondern sich um den Bau neuer Wälle kümmern, um so das Nachlassen der Störungsmaßnahmen auszunutzen. Wenn aber jemand meine, die Arbeit sei zu gewaltig und beschwerlich auszuführen, der müsse bedenken, dass es ja auch unter der Würde der Römer sei, sich mit Kleinigkeiten abzugeben, und dass ohne Mühe nicht einmal ein Gott so leicht etwas Grosses zustande bringen könne. Nachdem er mit solchen Worten die Offiziere überzeugt hatte, befahl er, den Truppen ihre Arbeit zuzuteilen, und weil es dabei wie eine göttliche Begeisterung über die Soldaten gekommen sei, war die Mauer, von 39 Stadien Länge (ca. 7,2 km) und mit 13 Kastellen versehen in nur drei Tagen errichtet. Den Juden war aber damit jede Hoffnung auf Rettung abgeschnitten, und der Hunger raffte nicht nur ganze Häuser und Sippen dahin, sondern brachte kriegerische Aktivitäten, wie etwa Ausfälle, zum Stillstand (*Bell.* 5,491–526).

Titus lässt erneut vier Wälle gegen die dritte Mauer errichten: Weil aber die Aufständischen trotz ihrer Hungerqual nicht nachgaben, machte sich Titus ein zweites Mal an den Bau von Wällen, wiewohl das Holz diesmal nur mit Mühe herbeigeschafft werden konnte, da die Stadt im Umkreis von 90 Stadien (ca. 16,6 km) völlig abgeholzt war. Nach einundzwanzig Tagen aber waren die vier gegen die Antonia errichteten Wälle fertig gestellt. Die Vollendung der Wälle gab übrigens den Römern in gleicher Weise wie den Juden Anlass zur Besorgnis. Letztere mussten nämlich für den Fall, dass sie nicht auch diese Wälle verbrennen könnten, darauf gefasst sein, dass die Stadt erobert würde. Die Römer demgegenüber konnten nicht mehr auf die Einnahme hoffen, wenn die Wälle wiederum zerstört würden, denn einesteils gab es kein Holz mehr, anderenteils waren die Soldaten körperlich den Anstrengungen nicht mehr gewachsen, und ihre seelische Kraft war durch die aufeinanderfolgenden Fehlschläge erschöpft. Aus diesen Gründen nun verstärkten die Römer die Wachposten an den Wällen (*Bell.* 6,1–14).

Titus bezwingt die dritte Mauer Jerusalems: Bevor aber die Römer die Widder aufgestellt hatten, griffen die Männer um Johannes die Belagerungswerke an. Aber bei dieser am 20. Juli stattfindenden Unternehmung gewannen sie die Oberhand nicht, sondern mussten, nachdem sie mit Fackeln bewaffnet hervorgebrochen waren, umkehren, noch ehe sie an die Wälle herangekommen waren. Denn in ihrem unkoordinierten und von furchtsamem Zaudern geprägten Ausfall, fanden sie sich entschlosseneren Römern gegenüber, die es nicht länger ertragen wollten, dass List über Tapferkeit, Tollkühnheit über Waffen, Masse über Erfahrung, Juden über Römer den Sieg davon trugen. Nach dem Rückzug der Juden suchten die Römer die Mauerbrecher heranzuführen, wurden aber von der Antonia her mit Steinbrocken, Feuerbränden, Eisen und allen möglichen Geschossen, die die Not den Juden in die Hand gab, beworfen. Denn wiewohl sie der Mauer viel zutrauten und keine Angst vor den Maschinen hatten, suchten sie doch eine weitere Annäherung der Römer zu verhindern. Diese aber verstärkten ihre entgegengesetzten Bemühungen, weil sie annahmen, der Einsatz, mit dem die Juden die Antonia vor den Stößen der Maschinen bewahren wollten, erfolge wegen der Schwäche der Mauer; sie hofften daher, die Grundlagen der Mauer seien schon mürbe. Die getroffene Stelle wollte freilich den Schlägen nicht nachgeben, und weil sie durch die Steinwürfe überall Verluste hinnehmen mussten, suchte eine andere Gruppe unter ihren Schilden als Schutzdach mit Händen und Hebeln die Fundamente zu untergraben und rüttelten in ausdauernder Arbeit sogar vier Steinblöcke heraus. Der Einbruch der Nacht ließ beide Seiten zur Ruhe kommen. Und gerade in dieser Nacht stürzte plötzlich die von den Widdern bereits erschütterte Mauer ein, genau an der Stelle, an der Johannes sie bei seinem Anschlag auf die früheren Wälle untergraben hatte. Dieses Ereignis machte auf die Kämpfer beiderseits einen verschiedenen und von niemand erwarteten Eindruck. Es zeigte sich, dass die Juden, die aller Wahrscheinlichkeit nach den Mut hätten sinken lassen müssen, weil der Einsturz wider alle Erwartung erfolgte und sie für diesen Fall keine besonderen Sicherheitsvorkehrungen getroffen hatten, dennoch zuversichtlich waren, da ja die Antonia noch stand. Die ebenfalls unerwartete Freude der Römer über den Einsturz aber wurde durch den Anblick einer weiteren Mauer gedämpft, welche die Leute um Johannes von innen her aufgebaut hatten. Der Angriff allerdings war jetzt offenbar leichter möglich als vorher, denn der Aufstieg schien jetzt wegen der herunter gebrochenen Teile der Mauer leichter zu sein, auch nahmen sie an, die Mauer sei viel schwächer als die Antonia und werde, eben als eine bloß für eine Übergangszeit geschaffene Notwehr, schnell bersten. Freilich wagte vorläufig noch keiner den Aufstieg, denn denen, die hiermit den Anfang machen würden, war das Verderben sicher (*Bell.* 6,15–32).

INTERTEXTUELL-HISTORISCHE VERORTUNG DER EXEGETISCHEN ERTRÄGE 837

Titus Soldaten ersteigen die dritte Mauer Jerusalems: Deshalb war Titus der Meinung, der Eifer der Kämpfenden könne im Blick auf die Ersteigung der dritten Mauer am besten durch eine Hoffnung erweckende Feldherrenrede entfacht werden, und Aufmunterungen und Versprechungen von jenseitigem Lohn würden oftmals die Gefahren vergessen lassen, ja manchmal sogar Todesverachtung bewirken, weshalb er die tapfersten seiner Männer am 22. Juli 70 d. Z. mit den unter 5.6.2(3) angeführten Worte auf die Probe stellte (*Bell.* 6,33–53). Auf Titus' Worte hin erhob sich als erster der Syrer Sabinus und gelobte – wie ebendort angeführt – unter der willigen Bereitschaft für Titus zu sterben, als erster die dritte Mauer zu besteigen. Sogleich, mit der linken Hand den Schild über den Kopf emporhaltend, zog er mit der rechten das Schwert und ging dann – fast um die sechste Stunde des Tages – in Richtung auf die Mauer vor. Von den anderen Soldaten folgten ihm noch elf weitere, die seiner Tapferkeit nacheifern wollten. Die feindlichen Posten schleuderten ihnen von der Mauer aus Speere entgegen, bewarfen sie von allen Seiten mit einer Unzahl von Wurfgeschossen und wälzten ungeheuer große Felsblöcke auf sie herab, die auch einige von den elf mit sich wegrissen. Aber Sabinus stemmte sich all dem mutig entgegen, was ihm zugeschleudert wurde, und hielt, obwohl von Geschossen überschüttet, nicht eher im Anlauf inne, als bis er auf die Zinne der Mauer gelangt war und die Gegner zurückgeschlagen hatte. Bestürzt über seine Kraft und Kühnheit, hatten die Juden sich zur Flucht gewandt, zumal sie auch meinten, es seien gleichzeitig noch mehr Feinde heraufgestiegen. Aber als er mit seinem Ansturm Erfolg gehabt hatte, strauchelte er, stieß gegen einen Felsen und stürzte mit lautem Krachen vornüber auf ihn. Als die Juden sich umwandten und nur ihn, noch dazu am Boden, erblickten, kamen sie wieder von allen Seiten hervor. Er richtete sich auf in eine kniende Stellung und konnte sich anfangs noch mit seinem zur Deckung vorgehaltenen Schild verteidigen. Dabei verwundete er noch viele, die ihm zu nahe kamen. Dann aber ließ er infolge seiner vielen Wunden seine Rechte sinken und war schließlich, bevor er starb, von Geschossen ganz und gar begraben. Von den anderen, die schon vor der Zinne standen, töteten die Juden noch drei durch Steinwürfe, während die übrigen acht als Verwundete fortgeschleppt und ins Lager zurückgebracht werden konnten (*Bell.* 6,54–67).

Titus bezwingt die Antonia: Nach zwei Tagen taten sich von den Posten, die auf den Wällen Wache hielten, zwanzig zusammen und gewannen auch noch den Adlerträger der fünften Legion, zwei Mann aus den Reiterschwadronen und einen Trompeter zu ihrem Vorhaben hinzu. Um die neunte Nachtstunde rückten sie in aller Stille über die Trümmer gegen die Antonia vor, stachen die vordersten Wachtposten im Schlafe nieder, bemächtigten sich darauf der Mauer und ließen den Trompeter das Signal blasen. Hierauf schnellten auch die anderen Posten plötzlich in die Höhe und ergriffen, noch ehe überhaupt einer die Zahl der Eindringlinge überblickt hatte, die Flucht, denn der Schrecken und der Trompetenstoß hatte die Vorstellung in ihnen erweckt, eine Menge Feinde sei heraufgestiegen. Als der Cäsar das Signal vernommen hatte, machte er in Eile die Heeresmacht gefechtsbereit und rückte selbst hinauf, zusammen mit den Anführern und gefolgt von einer Schar von Auserlesenen. Da die Juden in den Tempel geflüchtet waren, konnten die Römer jetzt ihrerseits durch den unterirdischen Gang, den Johannes gegen die Wälle der Römer gegraben hatten, eindringen. Aber obwohl die Aufständischen nach den beiden Abteilungen – die des Johannes und die des Simon – getrennt voneinander aufgestellt waren, suchten sie doch die Römer abzuwehren, indem sie an Kraft und an Mut das Äußerste einsetzten. Denn sie konnten sich denken, dass das Eindringen der Römer in das Heiligtum die Einnahme der Stadt besiegeln würde, so wie jene es für den Anfang des Sieges hielten. So brach um die Tore ein harter Kampf los, zwischen den einen, die mit Gewalt herzudrängten, um auch den Tempelbezirk in Besitz zu nehmen, und den anderen, den Juden, die ihre Gegner in Richtung auf die Antonia hinauszudrängen suchten. Geschosse und Speere waren hierbei für beide Parteien nicht zu gebrauchen, vielmehr ging man mit gezücktem Schwert aufeinander los; bei dem Gefecht war nicht zu beurteilen, auf welcher Seite der einzelne kämpfte, da die Männer ein einziges Durcheinander bildeten, auf dem engen Raum den Platz wechselten, das Rufen aber wegen des Lärms unverständlich war. Auf beiden Seiten gab es große Verluste. Aber die Wut der Juden behielt schließlich die Oberhand, und die Schlachtlinie der Römer gab allenthalben nach, nachdem man von der neunten Nachtstunde bis zur siebenten Stunde des Tages gekämpft hatte. Die Juden hatten ihre ganze Macht ins Treffen geführt und wurden umso tapferer, je drohender ihnen die Einnahme der Stadt vor Augen stand. Die Römer dagegen waren nur mit einem Teil des Heeres angetreten – noch waren nämlich die Legionen nicht heraufgestiegen, auf die die Kämpfenden damals ihre Hoffnung gesetzt hatten. Als aber der bithynische Zenturion Julianus, einer sowohl an Waffenerfahrung als auch an Körperkraft und Seelenstärke der Hervorragendsten, die Römer schon nachgeben sah, sprang er hinzu und trieb die schon siegreichen Juden bis zur Ecke des inneren Tempelhofes. Daraufhin floh die Menge der Juden geschlossen, denn seine Stärke und Kühnheit kamen ihnen nicht mehr menschlich vor. Aber auch ihn ereilte ein ähnliches Schicksal wie Sabinus, er trug nämlich wie jeder andere Soldat mit spitzen Nägeln dicht beschlage Schuhe, und bei seinem Lauf über das Steinpflaster glitt er aus und fiel mit laut krachender Rüstung hintenüber. Dadurch veranlasste er die Fliehenden wieder umzukehren, und wurde getötet, nicht ohne den höchsten Ruhm zu hinterlassen bei den Römern, bei Cäsar und auch bei seinen Feinden. Die Juden rissen

INTERTEXTUELL-HISTORISCHE VERORTUNG DER EXEGETISCHEN ERTRÄGE 839

den Toten mit sich fort, und es gelang ihnen, die Römer zurückzuschlagen und auf die Antonia zu beschränken. Auf ihrer Seite hatten in diesem Kampf hervorragend gefochten: Alexas und Gyphtheos von der Mannschaft des Johannes, von den Männern um Simon: Malachias und Juda, der Sohn des Merton, ferner Jakobus, der Sohn des Sosa, der Anführer der Idumäer, schließlich von den Zeloten zwei Brüder, Söhne des Ari, Simon und Judes (*Bell.* 6,68–92).

Titus erobert den Tempel Jerusalems
Nachdem Titus das Schleifen der Fundamente der Antonia in Auftrag gegeben hatte, um für die Römer einen breiten Zugang zum Tempelvorhof zu erhalten, bestellt er Josephus zu sich, damit er wegen der am 17. Tammus eingestellten Opfer mit Johannes rede und dieser sich aus dem Tempel zu dessen Rettung zurückziehe. Während viele Vornehme sich in Reaktion darauf absetzten, antworteten die Aufständischen mit Beschuss der Römer. Und als ein erneutes Zureden fehlschlug, kehrte Titus zu kriegerischen Maßnahmen zurück. Zunächst in einem nächtlichen Überraschungsangriff im äußeren Tempelbezirk; aber weil die jüdischen Nachtwachen nicht schliefen, kam es zu einem langen und ebenbürtigen Nahkampf. Derweil waren die Mauern geschliffen und der gewünschte Zugang zum äußeren Tempelbezirk geschaffen worden. Als nächstes ließ Titus unter fortwährenden Gefechten vier Dämme zur Bezwingung des inneren Tempelbezirks auftragen. Darauf antworteten die Juden damit, dass sie die Verbindung der nordwestlichen Säulenhalle zur Antonia abbrachen, worauf die Römer so reagierten, dass sie von unten her an die ganze westliche Säulenhalle Feuer legten. Darauf wiederum lockten die Juden unter vorgetäuschtem Rückzug Römer auf deren Dach, und als diese voll von ihnen war, entzündeten sie es. Auf diese verlustreiche List reagierten die Römer damit, dass sie die nördliche Säulenhalle anzündeten. Als die Dämme errichtet waren, versuchten sich die Römer einen Zugang zum inneren Tempelbezirk durch den Widder zu verschaffen. Aber sowohl die Mauer der westlichen Halle des inneren Tempelhofes als auch das nördliche Tor hielt den Stößen stand. Aus diesem Grund legten die Römer Leitern an die Hallen und wurden dabei reihenweise von den Juden getötet. Darauf antwortete Titus damit, dass er Feuer an die Tempeltore und die übrigen Tempelhallen legte, und hielt gleichzeitig mit seinen Offizieren Rat darüber, wie mit ihm zu verfahren sei. Dabei wurde seine Schonung trotz kriegerischer Angriffe entschieden, weswegen Titus Befehl gab, mit den Löscharbeiten zu beginnen. Diese wurden allerdings behindert, weil die Juden einen Ausfall unternahmen, dabei aber in die Flucht geschlagen und auf den inneren Tempelbezirk beschränkt und dort eingeschlossen wurden. Als sie abermals einen Ausfall unternahmen, schleuderte ein römischer Soldat ohne Befehl einen Brandsatz in einen den

inneren Tempelbezirk umgebenden Raum. Das wurde Cäsar gemeldet, worauf er gemeinsam mit seinen Offizieren das Tempelinnere besichtigte. Aber zu diesem Zeitpunkt war die Angriffswut der Legionen nicht mehr aufzuhalten, auch weil sie auf reiche Beute hofften, trugen sie das Feuer auch ins Tempelinnere, worauf er nicht mehr zu retten war, dies geschah am 10. Aw 70 d.Z.:

Einstellung der täglichen Opfer am Jerusalemer Tempel: Nach dem misslungenen Versuch der Römer in den Tempel einzudringen und ihrer Beschränkung auf die Antonia durch die Juden, gab Titus seinen Soldaten den Auftrag, ihre Fundamente zu schleifen, um dadurch dem ganzen Heer einen leichten Aufstieg zu ermöglichen. Daraufhin ließ Titus Josephus zu sich kommen, denn er hatte gehört, dass an diesem Tag, dem 17. Tammus, die täglichen Opfer eingestellt worden waren, und trug ihm auf dem Johannes mitzuteilen, dass er zum Streit herauskommen solle, um nicht mit der Stadt auch den Tempel ins Verderben zu ziehen und ihn weiter zu beflecken; auch stünde es in seiner Hand, die unterbrochenen Opfer wieder durchzuführen. Während die Rede des Josephus die Leute um Johannes nur noch heftiger in Erbitterung gegen die Römer geraten ließ, hatte sie viele Vornehme bewegt, worauf sie sich – den rechten Zeitpunkt abwartend – zu Titus absetzten. Dieser nahm sie nicht nur freundlich auf, sondern schickte sie nach Gophna mit dem Versprechen, ihnen nach dem Krieg ihren Besitz zurückzugeben. Und da sie hiermit nicht mehr zu sehen waren, brachten die Aufrührer abermals das Gerücht auf, die Überläufer seien von den Römern niedergemacht worden. Eine Zeitlang brachte ihnen diese List wie auch schon früher Erfolg, als aber Titus die Männer aus Gophna zurückrufen ließ und ihnen befahl, mit Josephus um die Mauer herumzugehen und sich dem Volk zu zeigen, flohen sie in großen Scharen zu den Römern. Gemeinsam standen sie nun vor den römischen Linien und flehten unter Wehklagen und Tränen die Aufrührer an, sie möchten doch – so lautete ihr erster Vorschlag – die Römer einlassen und die Vaterstadt noch einmal bewahren, oder wenn sie schon hierzu nicht bereit wären, doch wenigstens vom heiligen Bezirk abzuziehen und dadurch den Tempel zu retten. Zu vermehrtem Widerstand darüber aufgereizt antworteten die Aufständischen damit, dass sie über den heiligen Toren die Schnellwurfmaschinen, die Flachschussmaschinen und die schweren Steinwerfer aufstellten, so dass der Tempelbezirk ringsum der Unzahl von Leichen wegen einem Totenfeld und das Tempelgebäude einer Festung glich. Ein zweites Mal ließ Titus betrübt den Männern um Johannes seine Vorwürfe durch Josephus zurufen, musste aber dabei erkennen, dass die Aufständischen seine Ermahnungen nicht als Zeichen des guten Willens, sondern als Ausdruck von Feigheit auffassten, weshalb er schweren Herzens wieder zu kriegerischen Maßnahmen schritt (*Bell.* 6,93–130).

INTERTEXTUELL-HISTORISCHE VERORTUNG DER EXEGETISCHEN ERTRÄGE   841

Nächtlicher Überfall der Römer im äußeren Tempelbezirk: Nun war es ihm zwar nicht möglich, die gesamte Streitmacht zum Tempel heraufzuführen, da der Platz nicht ausgereicht hätte, weshalb Titus aus jeder Zenturie die dreißig besten Soldaten auswählte und den Obersten je 1'000 zuteilte, an deren Spitze aber stellte er den Cerealius und gab den Befehl, die jüdischen Wachmannschaften um die neunte Stunde der Nacht zu überfallen. Als er aber auch selbst in Waffen dastand und schon entschlossen war, mit ihnen hinabzugehen, da hielten ihn die Freunde und auch die Befehlshaber wegen der großen Gefahr zurück. Er werde mehr ausrichten – so sagten sie –, wenn er auf seinem Platz auf der Antonia bleibe und bei der Schlacht der Kampfrichter für die Soldaten wäre, denn alle würden unter den Augen des Cäsars tapferere Krieger sein; von diesem Argument ließ sich der Cäsar überzeugen. Zu genannter Stunde sandte er die für das Unternehmen bestimmten Leute ab, während er selbst von der Antonia aus gespannt die bevorstehenden Ereignisse erwartete. Aber die ausgesandten Kämpfer fanden die Wachen nicht wie erhofft schlafend vor, vielmehr sprangen diese mit Geschrei auf, und so wurden die Römer gleich in einen Nahkampf verwickelt, während auf das Schlachtgeschrei der Nachtwachen hin die übrigen von innen her in dichter Kolonne hervorbrachen. Die Anläufe der Vordersten fingen die Römer auf und die folgenden stießen auf ihre eigene Truppe und, weil sie diese wegen der Dunkelheit nicht sehen und des Geschreis wegen auch nicht hören konnten, schlug jeder ohne Unterschied auf jeden ein. Der Umstand, dass man einander nicht erkennen konnte, schadete aber den Römern weit weniger als den Juden, da sie ihre Schilde dicht aneinander schlossen und in wohlgeordneten Abteilungen vorstießen und auch jeder das Losungswort kannte. Die Kampfsituation entwirrte sich erst wieder mit Tagesanbruch, als man wieder sehen konnte und sich wieder in Reih und Glied gegenüberstand. Aber keine der beiden Seiten wich oder erlahmte, die Römer deswegen, weil sie sich vom Cäsar beobachtet wussten, die Juden aber aus Furcht um ihr Leben und Tempel aber auch aus Furcht vor Johannes, der die einen ermunterte, andere aber mit Geißelhieben und Drohungen antrieb. So kam es, dass die Schlacht in ein und derselben Stellung blieb, Vorstöße nur in geringem Ausmaß erfolgten, und auch schnell wieder eine entgegengesetzte Wendung nahmen, denn beide hatten weder zur Flucht noch zur Verfolgung Raum. Nach der fünften Tagesstunde trennten sich die seit der neunten Nachstunde miteinander ringenden Parteien endlich, nach langen acht Stunden also, und keine Partei hatte die andere nachhaltig zum Weichen gebracht, sondern beide hatten den Sieg unentschieden in der Schwebe lassen müssen. Von den Römern hatte eine große Zahl hervorragend gekämpft, von den Juden aus der Schar um Simon Judes, der Sohn des Mareotos, und Simon, der Sohn des Osaja, von den Idumäern Jakobus und Simon – Letzterer ein Sohn des Aktela –

842   5. KAPITEL

und wieder des Sosa Sohn, Jakobus, und von den mit Johannes Kämpfenden wieder Gephteos[214] und Alexas, von den Zeloten wieder Simon, der Sohn des Ari (*Bell.* 6,131–148).

Titus lässt vier Dämme zur Bezwingung des Tempelbezirks errichten: Inzwischen hatte der übrige Teil des römischen Heeres in sieben Tagen die Fundamente der Antonia zerstört und so einen breiten Zugang zum Tempel geschaffen. Da die Legionen nun schon bis an die erste Umfassungsmauer herangekommen waren, begannen sie mit dem Aufwerfen von vier Dämmen: der eine in Richtung auf die Ecke des inneren Tempelhofes, die nach Nordwesten ging, ein anderer auf die nördliche Halle zu, die zwischen den beiden Toren lag, außerdem noch einen gegen die westliche Säulenhalle des äußeren Tempelhofes und einen weiterer außen gegen die nördliche. Doch schritten die Arbeiten bei den Römern nur unter viel Mühsal und Beschwerde voran, zumal sie das Holz aus einem Umkreis von 100 Stadien (ca. 18,5 km) Entfernung zusammenzubringen hatten. Einen Tag nach dem Aufmarsch der Römer fanden sich die Aufständischen in großer Zahl zusammen, da ihnen die geraubten Vorräte schon ausgingen und der Hunger sie hart bedrängte, unternahmen sie um die elfte Tagesstunde einen Angriff auf die römischen Wachen am Ölberg. Sie glaubten, die Wachmannschaften seien ahnungslos und noch dazu um diese Zeit mit der Pflege ihres Körpers beschäftigt, so dass sie leicht bei ihnen durchbrechen könnten. Aber die Römer hatten ihr Anrücken schon vorher bemerkt und waren von den benachbarten Befestigungen zusammengelaufen, um sie davon abzuhalten, die Ummauerung zu überspringen und mit Gewalt zu durchstoßen. Es entstand ein hartes Gefecht, und von beiden Seiten wurde manche tüchtige Tat vollbracht. Während der Gedanke an die Ehre die einen bestimmte, so die Notlage die anderen. Denn die Juden auch nur entkommen zu lassen, wo sie sich jetzt wie in Netzen gefangen hatten, erschien den Römern als eine große Schande, und jene hatten nur in dem einen Fall Aussicht auf Rettung, wenn es ihnen gelänge, mit Gewalt die Mauer einzureißen. Die Römer obsiegten, und schlugen die Juden in die Flucht, wobei einer gefasst wurde (*Bell.* 6,149–163).

Unterdessen erlitten die Juden in den Gefechten ständig Verluste. Der Krieg näherte sich allmählich seinem Höhepunkt, und das Kampfgeschehen bewegte sich stetig auf das Tempelgebäude zu. Da schnitten die Juden, wie man es bei einem sich zersetzenden Körper tut, die schon in Mitleidenschaft gezogenen Glieder ab, um einem weiteren Umsichgreifen des Übels zuvorzukommen. Sie

---

214   Sofern mit Gephteos derselbe aber anders geschriebene Gyphtheos von *Bell.* 6,92 gemeint ist.

INTERTEXTUELL-HISTORISCHE VERORTUNG DER EXEGETISCHEN ERTRÄGE 843

legten Feuer an die Verbindung der nordwestlichen Säulenhalle mit der Antonia und rissen dann die Halle selbst noch weitere 20 Ellen ein (ca. 8,9 m). So machten sie mit eigenen Händen den Anfang mit dem Niederbrennen des Heiligtums. Nach zwei Tagen, am 12. August, steckten dann die Römer von unten her die daran anschließende Säulenhalle in Brand. Als das Feuer 15 Ellen weit gekommen war, brachen die Juden wieder das Dach ab, damit gaben sie diese Bauwerke nicht auf einmal auf und zerstörten doch deren Verbindung mit der Antonia. Aus diesem Grunde verhielten sie sich den eindringenden Flammen gegenüber ruhig, obwohl es ihnen möglich gewesen wäre, den Brandstiftern zu wehren, und gaben dem Feuer Nahrung, soweit es ihnen zunutze kam. Dabei gab es bei den Gefechten um den Tempel keine Unterbrechung, sondern es fanden fortwährend Kampfhandlungen statt, bei denen kleinere Gruppen Ausfälle gegeneinander unternahmen (*Bell.* 6,164–168).

Als Antwort auf eine List der Aufständischen legen die Römer Feuer an die äußeren Tempelhallen: Die Aufständischen im Tempelgebiet ließen indessen nicht nach, die feindlichen Soldaten auf den Dämmen in offenem Kampf Tag für Tag abzuwehren. Am 15. August aber schmiedeten sie folgenden Anschlag: In der westlichen Säulenhalle füllten sie den Raum zwischen dem Gebälk und der darunter gelegenen Decke mit trockenem Holz, dazu noch mit Asphalt und Pech. Daraufhin zogen sie sich, scheinbar vollkommen erschöpft, zurück. Dies veranlasste viele Unvorsichtige in ihrem Ungestüm und ohne Befehl den zurückweichenden Juden nachzusetzen, Leitern an die Halle zu legen und hinaufzuklettern, während die Klügeren der unerklärlichen Kehrtwendung der Juden misstrauten und zurück blieben. Immerhin wurde das Dach der Halle voll besetzt von solchen, die hinaufgeklettert waren, und in diesem Augenblick steckten die Juden den ganzen Bau von unten her in Brand. Als die Flamme nun plötzlich von allen Seiten emporschoss, erfasste die Römer außerhalb der Gefahrenzone ein Entsetzen und die Eingeschlossenen völlige Ratlosigkeit. Da sie sich von den Flammen rings umgeben sahen, stürzten sich manche von der Rückwand der Halle in die Stadt oder zu ihren Kameraden hinab, andere wieder unter die Feinde, die meisten aber ereilte das Feuer, dem einige wiederum mit ihrem eigenen Schwerte zuvorkamen. Der Cäsar war zwar aufgebracht über die Männer, die ums Leben kamen, sie waren ja ohne Befehl auf das Dach gestiegen, aber dennoch erfasste ihn Mitleid mit ihnen. Und da niemand zur Hilfe herbeikommen konnte, hatten sie wenigstens diesen einen Trost bei ihrem Untergang: ihn vom Schmerz bewegt zu sehen, für den ein jeder von ihnen das Leben ließ. Die Halle brannte nieder bis zum Turm des Johannes, den dieser im Kampf gegen Simon über den Toren errichtet hatte, und den übrigen Teil brachen die Juden ab, nachdem die hinaufgestiegenen Römer bereits den

844 5. KAPITEL

Tod gefunden hatten. Am nächsten Tage ließen die Römer ihrerseits die Nordhalle bis ganz zur Osthalle hin in Flammen aufgehen (*Bell.* 6,177–192).

Als nun die beiden Legionen die Dämme vollendet hatten, befahl Titus, die Widder gegen die westliche Halle des inneren Tempelhofes heranzuführen. Noch bevor dies geschah, hatte der stärkste Sturmbock, den die Römer besaßen, sechs Tage lang ununterbrochen gegen die Mauer gehämmert und nichts ausgerichtet, denn sie war durch ihre Mächtigkeit wie auch durch ihren gut gefügten Bau diesem sowie den anderen Sturmböcken überlegen. Indessen untergruben andere die Fundamente des nördlichen Tores und konnten endlich nach vielen mühseligen Anstrengungen die vordersten Steine heraus wälzen. Doch wurden die Fundamente noch von den weiter innen liegenden Steinen gehalten, und das Tor blieb stehen. Da gaben die Römer ihre Bemühungen mit Kriegsmaschinen und mit den Brechstangen auf und legten Leitern an die Hallen. Die Juden beeilten sich nun keineswegs, sie daran zu hindern, doch als jene erst einmal hinaufgestiegen waren, stießen sie zum Kampf gegen sie vor, trieben die einen zurück und stürzten sie rücklings hinab, andere, die sich ihnen entgegenstellten, machten sie nieder. Dazu erschlugen sie mit dem Schwert noch viele Römer, die gerade von den Leitern stiegen. Sie überfielen sie, noch ehe jene sich mit ihren Schilden decken konnten. Außerdem gelang es ihnen, einige Leitern, die mit schwer bewaffneten Römern voll besetzt waren, von oben her auf die Seite zu neigen und hinab zu werfen. Doch war auch in ihren eigenen Reihen die Zahl der Erschlagenen nicht gering. Diejenigen römischen Soldaten, die die Feldzeichen heraufgebracht hatten, kämpften um sie, da sie ihren Verlust an die Feinde als ein furchtbares Unglück ansahen, das ihnen dazu noch Schande bringen würde. Endlich aber bekamen die Juden auch die Feldzeichen in ihre Gewalt und vernichteten diejenigen, die hinaufgestiegen waren. Alle übrigen aber wichen zurück mit Schauder über das schreckliche Schicksal ihrer erschlagenen Kameraden. Von den Römern starb niemand ohne eine tapfere Tat, von den Aufständischen zeichneten sich auch diesmal diejenigen durch edle Kampfesweise aus, die schon in den früheren Schlachten kühne Taten vollbracht hatten, und außerdem noch Eleazar, der Neffe des Simon. Als Titus nun einsah, dass die Schonung fremder Heiligtümer nur Nachteil und Verderben für die eigenen Soldaten bringe, ordnete er an, Feuer an die Tore zu legen. Während zu Titus zwei Leibwächter des Simon überliefen, die er nur widerwillig entließ, schmolz das Silber an den in Brand gesteckten Toren bereits und gewährte der Flamme ein rasches Eindringen in das Holzwerk; von dort brach sie in mächtigem Stoss hervor und erfasste die Halle. Als die Juden ringsherum das Feuer wahrnahmen, entschwand ihnen mit der Körperkraft auch der Mut, und in der allgemeinen Bestürzung eilte niemand herbei, das Feuer abzuwehren oder zu löschen. Starr standen sie da und sahen zu. Doch

INTERTEXTUELL-HISTORISCHE VERORTUNG DER EXEGETISCHEN ERTRÄGE 845

wirkte sich dieser Verlust und die entstandene Entmutigung bei ihnen nicht so aus, dass sie nun wenigstens für die noch übrigen Teile des Tempels mehr Sorge getragen hätten, vielmehr steigerten sie sich in solchen Zorn gegen die Römer hinein, wie wenn das Tempelhaus selbst schon in Flammen stünde. An diesem Tag und in der darauffolgenden Nacht hatte das Feuer die Oberhand, denn die Römer mussten ein Stück nach dem anderen anzünden, da sie nicht gleichzeitig von allen Seiten Feuer an die Hallen legen konnten (*Bell.* 6,220–235).

Titus hält über den Tempel Kriegsrat, seine Schonung wird beraten, trotzdem legt ein Soldat Feuer im Tempelinneren: Am nächsten Tag, dem 9. Aw, befahl Titus einem Teil des Heeres, an die Löscharbeiten zu gehen und an den Toren einen Weg zum leichteren Aufmarsch seiner Legionen zu ebnen, während er selbst die Offiziere zu sich berief. Ihnen legte Titus nun die Frage des Tempels zur Beratung vor. Einige waren der Auffassung, dass das Kriegsrecht zur Anwendung komme solle. Denn niemals würden die Juden davon ablassen, Aufruhr zu stiften, solange der Tempel noch stehe, der ja einen Sammlungspunkt für die Juden aus aller Welt bilde. Andere rieten dazu, man solle den Tempel, falls die Juden ihn räumten, verschonen, falls sie ihn aber zum Kampf beträten, niederbrennen, er sei dann nämliche eine Festung und kein Heiligtum mehr. Daraus ergebe sich, dass sie selber dann nicht mehr für den Frevel verantwortlich zu machen seien, sondern diejenigen, die sie zu einem solchen Vorgehen gezwungen hätten. Demgegenüber erklärte Titus in den Worten des Josephus, man solle, auch wenn die Juden den Tempel bestiegen, um von dort aus zu kämpfen, sich nicht an den leblosen Dingen anstelle der Menschen rächen und niemals ein so herrliches Bauwerk den Flammen preisgeben. Denn der Schaden würde doch die Römer treffen ebenso wie der Tempel ein Schmuck ihres Reiches wäre, wenn er noch erhalten bliebe. Freudig schlossen sich dieser Meinung nun auch Fronto, Alexander und Cerealius an. Daraufhin hob Titus die Sitzung auf und wies seine Offiziere an, für die gesamten Streitkräfte eine Ruhepause eintreten zu lassen, damit er dann eine umso kampfkräftigere Truppe in die Schlacht werfen könne. Nur den für diesen Zweck von den Kohorten bestimmten Soldaten gab er den Befehl, einen Zugang durch die Trümmer zu bahnen und das Feuer zu löschen (*Bell.* 6,236–243).

An jenem Tag lähmten Ermattung und Bestürzung die Angriffskraft der Juden. Aber am folgenden, dem 10. Aw, sammelten sie ihre Streitmacht, fassten neuen Mut und machten um die zweite Stunde durch das östliche Tor einen Ausfall auf die römischen Wachen im äußeren Tempelbezirk. Jene hielten dem Vorstoß der Juden tapfer stand, indem sie sich von vorn mit ihren Schilden deckten, schlossen sie ihre Schlachtreihe so fest wie eine Mauer zusammen. Es zeigte sich jedoch, dass sie nicht über längere Zeit hätten standhalten kön-

846 5. KAPITEL

nen, da sie an Zahl und Ungestüm den Angreifern unterlegen waren. Doch kam
der Cäsar der Wende des Gefechts zuvor; er hatte nämlich von der Antonia aus
herabgeschaut und eilte jetzt mit seinen auserlesenen Reitern zur Hilfe. Diesem Ansturm konnten die Juden keinen Widerstand entgegensetzen, vielmehr
wandten sie sich, als die ersten gefallen waren, insgesamt zur Flucht. Als die
Römer sich zurückzogen, machten sie noch einmal kehrt und setzten ihnen
nach, als jene sich aber wieder umwandten, flohen auch sie wieder zurück,
bis sie schließlich um die fünfte Stunde des Tages mit aller Gewalt auf den
Umkreis des inneren Tempelbezirks zurückgedrängt und dort eingeschlossen
wurden. Titus zog indessen wieder auf die Antonia zurück und war entschlossen, sich bei Anbruch des nächsten Tages mit seiner gesamten Heeresmacht
auf die Feinde zu werfen und den Tempel ringsherum einzuschließen. Diesen hatte Gott jedoch nach Josephus schon längst zum Feuer verurteilt, und in
den Umläufen der Zeiten war jetzt der schicksalhaft bestimmte Tag herbeigekommen, nämlich der besagte 10. Aw, an welchem der Tempel schon einmal
vom König der Babylonier in Brand gesteckt worden war. Dass der Tempel
wiederum in Flammen aufging, war diesmal – so Josephus – freilich von den
Juden selbst veranlasst und verschuldet. Als Titus nämlich zurückgewichen
war und die Aufständischen ein wenig ausgeruht hatten, fielen sie wieder über
die Römer her, und es kam zu einem Gefecht zwischen den Tempelwachen und
den im inneren Tempelbezirk mit Löscharbeiten beschäftigten Römern. Dabei
schlugen diese die Juden in die Flucht und blieben ihnen bis ans Tempelgebäude auf den Fersen. Hier geschah es nun, dass einer von den Soldaten, ohne
einen Befehl abzuwarten und ohne vor solch einem Unternehmen zurückzuschrecken, ein Stück aus dem lodernden Brande ergriff, sich von einem anderen
Soldaten emporheben ließ und das Feuer zum goldenen Fenster hinein schleuderte, durch welches man von der Nordseite her in die Räume rings um das
Tempelhaus gelangen konnte. Als nun die Flamme emporschoss, erhoben die
Juden ein Geschrei, das diesem schrecklichen Unglück durchaus entsprach.
Sie liefen zusammen, um dem Feuer zu wehren, und nahmen dabei weder
Rücksicht auf ihr eigenes Leben noch sparten sie ihre Kräfte, schwand doch
jetzt gerade das dahin, wofür sie vorher all ihre Wachsamkeit aufgeboten hatten. Ein Soldat lief zu Titus und überbrachte ihm die Nachricht. Jener wollte
sich gerade in seinem Zelt vom Kampf ausruhen, sprang nun auf und lief, so
wie er war, zum Tempel, um dem Feuer zu wehren. Gleich hinter ihm folgten auch sämtliche Offiziere, und nach diesen wiederum die aufgescheuchten
Legionen. Dabei entstand ein Schreien und Lärmen, wie es eben die ungeordnete Bewegung einer solchen Truppenmasse mit sich brachte. Zwar versuchte
der Cäsar jetzt mit Rufen und Gebärden, den kämpfenden Soldaten anzuzeigen, dass sie das Feuer löschen sollten, jedoch vernahmen sie sein Rufen nicht,

weil ihre Ohren von einem noch lauteren Geschrei voll waren, und auf seine Handbewegung achteten sie nicht, da die einen vom Kämpfen, die anderen aber von ihrer Erbitterung ganz und gar eingenommen waren. Die Angriffswut der hereinbrechenden Legionen war weder durch Ermahnungen noch durch Drohungen aufzuhalten. Dabei stießen sie an den Eingängen so hart aufeinander, dass viele von ihren eigenen Leuten niedergetreten wurden, viele stürzten auch in die noch heißen und rauchenden Trümmer der Hallen und erlitten das Schicksal der unterliegenden Feinde. Die Soldaten, die in die Nähe des Tempels kamen, stellten sich so, als ob sie die Befehle des Cäsars nicht einmal hörten, und riefen noch dazu ihre Vordermänner auf, den Brand in den Tempel zu werfen. Für die Aufständischen gab es jetzt keine Möglichkeit mehr, das Unglück abzuwenden, die Juden wurden entweder niedergemetzelt oder in die Flucht geschlagen. Zum größten Teil aber waren es schwache Leute aus dem Volk, die überhaupt keine Waffen trugen, die jetzt in die Hand der Feinde gerieten und auf der Stelle abgeschlachtet wurden. In großer Menge häuften sich die Toten um den Brandopferaltar, Blut floss in Strömen von den Stufen des Tempels, gefolgt von den hinabgleitenden Leibern der weiter oberhalb Getöteten. Als aber Cäsar die Angriffswut seiner Soldaten, die von leidenschaftlicher Raserei erfüllt waren, nicht mehr zurückzuhalten imstande war, und nun auch das Feuer die Oberhand bekam, da trat er zusammen mit seinen Offizieren ins Innere, beschaute sich das Heilige des Tempels und was sich in ihm befand. Alles war noch viel erhabener als sein Ruf bei den Fremden, und stand dem nicht nach, was ihm die Einheimischen an Ruhm und Glanz zusprachen. Da nun die Flammen noch an keiner Stelle nach innen gedrungen waren, sondern erst die um das Tempelgebäude liegenden Gemächer verheerten, glaubte Titus – was ja auch der tatsächlichen Lage entsprach – man könne das Bauwerk noch vor den Flammen retten. Er eilte also nach draußen, versuchte, durch persönliche Ermahnungen die Soldaten zum Löschen des Feuers zu veranlassen, und befahl dann noch dem Liberalius, einem Zenturion von den ihn umgebenden Speerträgern, mit Stockschlägen diejenigen in Schach zu halten, die den Anordnungen des Cäsars nicht gehorchten. Aber mächtiger als die Scheu vor dem Cäsar und die Furcht vor dem Zenturion, der sich ihnen in den Weg stellte, lebte in ihnen jetzt die Wut und der Hass gegen die Juden und eine überwallende Kampfesgier. Den großen Haufen jedoch trieb die Aussicht auf Raub, waren diese Soldaten doch fest davon überzeugt, dass das Tempelinnere ganz voll sein müsse von Schätzen, da sie ihn ja schon von außen mit Goldarbeiten eingefasst sahen. Als der Cäsar gerade nach draußen geeilt war, um die Soldaten aufzuhalten, legte einer von den Römern, die schon ins Innere vorgedrungen waren, in der Dunkelheit in aller Eile Feuer an die Angeln des Tores. Als dann plötzlich vom Tempelinnern her die Flamme auf-

848   5. KAPITEL

leuchtete, mussten sich auch die Offiziere zusammen mit dem Cäsar zurückziehen; jetzt machte auch niemand mehr den Versuch, die Soldaten draußen
an der weiteren Brandstiftung zu hindern. Auf diese Weise ging das Tempelgebäude wider den Willen des Cäsars – so Josephus – in Flammen auf (*Bell.*
6,244–266).

Titus erobert die Oberstadt und damit ganz Jerusalem
Nachdem den Römern der Tempel nun offen stand, beraubten sie ihn scham-
los, töteten jeden in und um ihn und setzten diesen in Brand, während die
Aufständischen entfliehen konnten. Danach brachten sie die Feldzeichen in
den östlichen Tempelbezirk, opferten ihnen dort als Zeichen des Sieges Jupiters
über Jahwe[215] und riefen Titus zum Imperator aus. Als daraufhin die jüdischen
Feldherren Titus um eine Unterredung baten, wurden sie von diesem aufgefordert die Waffen abzulegen, und weil sie dies ablehnten, gab Titus die Stadt
zur Plünderung frei, wobei diese in die Oberstadt gedrängt wurden. Während
Titus schon Dämme an diese auftragen ließ, ergaben sich viele aus den Reihen der Aufständischen. Als aber die Mauer durchbrochen wurde, ergriffen
die Verbliebenen die Flucht und versteckten sich, nachdem das Durchbrechen
der Ringmauer gescheitert war, in unterirdischen Gängen. Die Oberstadt war
schnell eingenommen und wurde am 26. September 70 d. Z. vollends verwüstet. Daraufhin sprachen die Römer über die auf den Tempelplatz getriebenen
Gefangenen ihre Urteile aus, steckten die noch verbliebenen Teile der Stadt in
Brand und schliffen – wie das Kriegsrecht es vorsah – die Stadtmauer. Somit fiel
Jerusalem erst nach fünfmonatiger Belagerung und im zweiten Jahr der Regierung Vespasians:
*Flucht der Aufständischen, Plünderung des Tempels und Ausrufung des Titus
ebendort zum Imperator*: Während der Tempel brannte, raubten die Soldaten
alles, was ihnen gerade in die Hände fiel, und waren mit den geraubten Schätzen so beladen, dass in Syrien das Gold im Vergleich zu vorher im Handel um
die Hälfte seines Preises sank. Gleichzeitig mordeten sie alle Juden, derer sie
habhaft werden konnten, und kannten dabei kein Erbarmen mit dem Alter und
keine Scheu vor dem Heiligen, sondern Kinder und Greise, Laien und Priester
wurden ohne Unterschied umgebracht. Vor lauter Leichen war nirgends mehr
der Erdboden zu sehen, und die Soldaten mussten über Haufen von Leibern
treten, um den fliehenden Aufständischen nachzusetzen, die sich mit Mühe in
den äußeren Tempelhof durchgeschlagen und von dort entkommen waren. Da
der Tempel brannte und die Römer es nun für sinnlos hielten die um ihn lie-

---

215   Schwier, *Tempel und Tempelzerstörung*, 315.

INTERTEXTUELL-HISTORISCHE VERORTUNG DER EXEGETISCHEN ERTRÄGE   849

genden Gebäude zu schonen, setzten sie alle miteinander in Brand, sowohl die restlichen Hallen wie auch die Tore. Desgleichen zündeten sie die Schatzkammer an, in denen eine zahllose Menge Geld, Gewänder und anderer Kostbarkeiten, kurz, der ganze Reichtum der Juden aufgehäuft war. Die Römer kamen auch zu der noch übriggebliebenen Halle des äußeren Tempelbezirks, dorthin aber hatte sich allerlei Volk, an die 6'000, geflüchtet. Ehe jedoch Titus über diese Leute eine Entscheidung getroffen hatte und ehe die Offiziere Befehle ausgegeben hatten, legten die Soldaten von ihrer Raserei fortgerissen Feuer an die Halle, so dass alle zugrunde gingen. Schuld an ihrem Verderben war ein falscher Prophet gewesen, der an jenem Tag auftrat und dem Volk in der Stadt verkündet hatte, Gott befehle zu dem Heiligtum hinaufzusteigen und die Zeichen der Rettung zu erwarten. Ähnlich verfuhr aber auch Titus mit den Priestern, die sich auf die Tempelmauer geflüchtet hatten und jetzt vom Hunger gepeinigt herabstiegen; denn ihr Gnadengesuch verwehrte er mit dem Argument, dass es gegeben sei, dass Priester zusammen mit dem Tempel unterzugehen hätten, worauf er sie alle hinrichten ließ. Als die Aufständischen in die Stadt hinunter geflüchtet waren und der Tempel selbst sowie alle umliegenden Gebäude in Flammen standen, trugen die Römer ihre Feldzeichen in den heiligen Bezirk und stellten sie dem östlichen Tor gegenüber auf. An eben dieser Stelle brachten sie ihnen dann Opfer dar und riefen Titus unter begeisterten Glückwünschen zum Imperator aus (*Bell.* 6,271–287.316–322).

Verhandlungen zwischen den Aufständischen und Titus scheitern: Als die Gruppe um die aufständischen Feldherren nun im Kampf auf allen Seiten geschlagen war und wegen der Umwallung auch keine Möglichkeit hatte, durch Flucht zu entkommen, luden sie Titus zu einer Unterredung ein. Da dieser aus der ihm – wie Josephus überzeugt ist – angeborenen freundlichen Grundeinstellung gegen alle Menschen wenigstens die Stadt erhalten wollte und vermutete, die Aufständischen seien vernünftiger geworden, stelle er sich im westlichen Teil des äußeren Tempelbezirks auf. Hier befanden sich nämlich Tore oberhalb des Xystos, und eine Brücke verband die Oberstadt mit dem Tempel. Diese lag nun gerade in der Mitte zwischen den Feldherren und Cäsar. Auf jeder der beiden Seiten stand eine Menge Menschen in dichtem Gedränge: die Juden um Simon und Johannes, von der Hoffnung auf Begnadigung in banger Erwartung gespannt, die Römer um den Cäsar voller Aufmerksamkeit, das Verlangen der Juden zu hören. Titus gebot nun seinen Soldaten, ihren Zorn zurückzuhalten und keinen Schuss auf den Feind zu tun, darauf ließ er den Dolmetscher neben sich treten und nahm dann – zum Zeichen, dass er der Sieger sei – als erster das Wort. Seine lange und aus Anklagen bestehende Rede endete er mit der folgenden Aufforderung:

Mit Schandtaten über und über besudelt, kommt ihr nun und wollt mich zu einer Unterredung bitten? Gibt es denn noch etwas zu retten, das dem, was schon untergegangen ist, an die Seite zu stellen wäre? Was kann euch noch an eurer eigenen Erhaltung liegen, nachdem der Tempel gefallen ist? Ja, auch jetzt steht ihr noch mit den Waffen da, ihr Unseligen, und ändert nicht einmal in der alleräußersten Notlage eure Haltung und bittet um Schonung! Worauf vertraut ihr noch? Sind nicht eure Leute tot, ist nicht euer Tempel dahin, liegt nicht die Stadt mir zu Füssen und in meiner Hand euer Leben? Seht ihr es denn als Heldenruhm an, den Tod zu suchen? Aber ganz gewiss will ich nicht mit eurer tollen Verblendung in Wettstreit treten: wer die Waffen streckt und sich ergibt, dem schenke ich das Leben; ich mache es wie ein wohlwollender Herr in seinem Hause tut: wo es nichts zu bessern gibt, da wird ausgemerzt, aber was übrig ist, das erhalte ich mir.

Bell. 6,347–350

Die Aufständischen gaben darauf zur Antwort, dass sie sein Angebot keinesfalls annehmen könnten, denn sie hätten geschworen, niemals so zu handeln. Dagegen würden sie um freien Abzug mit Frauen und Kindern durch den Belagerungsring bitten. Sie würden sich dann in die Wüste zurückziehen und ihnen die Stadt überlassen. Titus, darüber aufgebracht, dass sie, die das Schicksal von Gefangenen zu tragen hätten, ihm, als ob sie die Sieger wären, noch Forderungen stellten, befahl, ihnen bekannt zu geben, dass sie künftig nicht überlaufen und noch auf irgendeine Abmachung mit ihm rechnen könnten, denn er werde keinen schonen. Sie sollten vielmehr mit aller ihnen zur Verfügung stehenden Macht kämpfen und sich retten, so gut sie es vermöchten, denn in allen Maßnahmen würde er von nun an nach Kriegsrecht verfahren. Den Soldaten übergab er die Stadt, sie anzuzünden und zu plündern. Diese hielten sich an jenem Tage noch zurück. Aber am folgenden steckten sie das Archiv, die Akra, das Rathaus und den sogenannten Ophel in Brand. Das Feuer drang vor bis zum Palast der Helena, der mitten im Gebiet der Akra lag. Es brannten die Straßenzüge und die Häuser, die mit den Leichen der durch Hunger Umgekommenen gefüllt waren. Entgegen seiner Ankündigung gegenüber den Aufständischen begnadigte Titus wenig später die Söhnen und Brüder des Königs Izates wie auch viele angesehene Bürger, schickte Erstere aber als Geiseln nach Rom, um in ihnen ein Unterpfand zu haben (*Bell.* 6,323–357).

Aufständische verschanzen sich in Oberstadt: Die Aufständischen demgegenüber griffen den königlichen Palast an, in den wegen seiner Festigkeit viele ihren Besitz gebracht hatten. Sie vertrieben die Römer aus ihm, ermordeten alle Angehörigen des Volkes, die hierher zusammengekommen waren, an die

INTERTEXTUELL-HISTORISCHE VERORTUNG DER EXEGETISCHEN ERTRÄGE 851

8'400 Menschen, und plünderten die Wertgegenstände. Sie nahmen dabei zwei Römer lebendig gefangen, einen Reiter und einen Fußsoldaten. Jenen töteten sie, diesem gelang es zu entfliehen, wurde aber von Titus unehrenhaft entlassen. Am nächsten Tag vertrieben die Römer die Aufständischen aus der unteren Stadt und steckten sie bis zum Siloahteich in Brand. Wenn sie auch die Freude hatten zu sehen, wie die Stadt von Flammen verzehrt wurde, so entging ihnen doch die Beute, weil die Aufständischen alles vorher ausgeräumt und in die Oberstadt gebracht hatten. Letztere kannten keine Reue über die Übeltaten, und weil sie sich ihres Eides wegen nicht ergeben, aber auch mit den Römern nicht ebenbürtig zu kämpfen vermochten, da sie schon in einem Gefängnis umschlossen waren, verteilten sie sich auf das Gelände vor der Stadt und lauerten in den Trümmern denen auf, die beabsichtigten, überzulaufen. Tatsächlich fielen ihnen viele in die Hände, und die Zeloten schlachten sie ausnahmslos ab, zumal die aus Hunger Geschwächten nicht mehr zu entfliehen vermochten. Die Aufständischen aber hegten noch eine letzte Hoffnung, nämlich auf die unterirdischen Gänge, in die sie fliehen wollten, und wo sie nach ihrer Annahme nicht aufgespürt werden konnten. Nach der gänzlichen Einnahme der Stadt und nach dem Abzug der Römer beabsichtigten sie dann hervorzukommen und zu entweichen. Das war aber freilich nur ein Traum, denn sie sollten in der Folgezeit weder vor Gott noch vor den Römern verborgen bleiben. Ohne Scheu töteten und beraubten sie diejenigen, die aus den brennenden Trümmern in die Gänge flohen, und wenn sie bei irgendjemandem Nahrung fanden, rissen sie diese an sich, nicht ohne dass ein Streit unter ihnen um die Beutestücke entstanden wäre (*Bell.* 6,358–373).

Titus erobert die Oberstadt und erlangt damit den endgültigen Sieg über Jerusalem: Da es unmöglich war, die ringsum abschüssige Oberstadt ohne Dämme einzunehmen, teilte Titus am 8. September 70 d. Z. die Streitmacht für die Arbeiten ein, wobei das Heranschaffen des Holzes abermals mühselig war. Von den vier Legionen nun wurden die Schanzwerke am westlichen Abhang der Stadt gegenüber dem Königspalast errichtet, die Hilfstruppen und die übrige Menge schütteten ihre Wälle gegen den Xystos, an der Brücke und am Simonsturm auf, den dieser sich als Bollwerk im Kampf gegen Johannes erbaut hatte. Nach diesen Tagen kamen die Führer der Idumäer heimlich zusammen und berieten über ihre eigene Übergabe, weshalb sie fünf Männer zu Titus schickten und ihn anflehten, ihnen Gnade zu gewähren. Dieser hoffte nun, auch die Feldherren würden sich ergeben, wenn sich die Idumäer von ihnen lossagten, denn diese fielen für die Kriegführung sehr ins Gewicht; nach einigem Zögern sagte er ihnen deshalb die Schonung zu und schickte die Männer zurück. Als sie sich gerade zum Abmarsch vorbereiteten, erfuhr Simon davon; die fünf Männer, die zu Titus gegangen waren, ließ er sofort hinrichten, die Führer –

unter ihnen den vornehmsten, Jakobus, Sohn des Sosa – nahm er fest und kerkerte sie ein. Die Menge der Idumäer aber, die, ihrer Führer beraubt war, ließ er nicht unbewacht und besetzte die Mauer nur mit Wachen, die besonders sorgfältig beobachteten. Die Wachen waren jedoch nicht in der Lage, dem häufigen Überlaufen Einhalt zu gebieten, denn so viele auch niedergestreckt wurden, noch mehr vermochten zu fliehen. Die Römer aber nahmen alle auf, Titus selbst aus Milde und die früheren Befehle außer Acht lassend, und die Soldaten, weil sie einerseits auf Gewinn hoffend sich zurückhielten, aber auch, weil sie des Mordens überdrüssig waren. Sie ließen die Bürger Jerusalems als einzige ungeschoren, etwa 40'000, die übrige und unermesslich große Menge verkauften sie mit Frauen und Kindern, einen jeden des großen Angebots wegen zum geringsten Preis. In diesen Tagen nun kam auch einer von den Priestern hervor, ein Sohn des Thebuti, mit Namen Jesus, dem Titus eidlich Schonung zugesichert hatte unter der Bedingung, dass er einige von den heiligen Schätzen ausliefere. Er übergab – aus der Wand des Tempels – zwei Leuchter, die denen im Tempel befindlichen ähnlich waren, dazu auch Tische, Mischgefäße und Schalen, alle ganz aus Gold und massiv gearbeitet. Zugleich übergab er die Vorhänge, die Gewänder der Hohepriester, die mit Edelsteinen besetzt waren, und viele andere zum Priesterdienst benötigten Geräte. Es wurde auch der Tempelschatzmeister Phineas gefangengenommen, dieser zeigte nun die Gewänder und Gürtel der Priester, außerdem viel Purpur und Scharlach, was zur Ausbesserung des Vorhangs benötigt und aufbewahrt wurde. Dazu lieferte er viel Zimt, Kasia und eine Menge anderer Gewürze aus, welche vermischt täglich Gott als Rauchopfer dargebracht wurden. Von ihm wurden nun noch viele andere Kostbarkeiten übergeben und nicht wenig heiliger Schmuck. Titus gewährte ihm dafür die gleiche Nachsicht wie den Überläufern, obwohl er mit Gewalt gefangen genommen worden war (*Bell.* 6,374–391).

Nachdem nun die Römer die Wälle in achtzehn Tagen, am 25. September 70 d.Z., vollendet hatten, führten sie die Belagerungsmaschinen heran. Von den Aufständischen aber gaben die einen schon die Hoffnung auf Rettung der Stadt auf und wichen von der Mauer in die Burg zurück, die anderen verkrochen sich in den unterirdischen Gängen. Viele verteilten sich dennoch auf die Stellungen und versuchten diejenigen zu hindern, die die Sturmböcke heranbrachten. Die Römer waren diesen aber an Zahl und Kraft überlegen. Als nun die Mauer an einer Stelle aufgebrochen war und manche Türme unter den Widderschlägen erzitterten, da flohen die Verteidiger sofort, denn Furcht hatte die Feldherren befallen, die heftiger war, als es die Notlage geboten hätte. So gaben sie ihre Sicherheit selbst preis und stiegen freiwillig von den Türmen herab, wo sie niemals durch Gewalt, sondern allein durch Hunger hätten bezwungen

INTERTEXTUELL-HISTORISCHE VERORTUNG DER EXEGETISCHEN ERTRÄGE 853

werden können. Die Römer, die sich bei den schwächeren Mauern so abgemüht hatten, bekamen auf diese Weise durch ein glückliches Geschick die Mauern in ihre Hände, die durch Belagerungswerkzeug uneinnehmbar waren, denn die drei Türme waren jeder für sich stärker als die Zerstörungskraft der Belagerungsmaschinen. Nachdem die Aufständischen die Türme verlassen hatten, flohen sie sofort in die Schlucht unterhalb des Siloahteiches; hier erholten sie sich ein wenig von der ersten Angst und griffen den Umfassungswall der Römer an. Allerdings brachten sie geringeren Mut auf, als ihn die Notlage erfordert hätte, denn durch die Furcht und die Missgeschicke war ihre Kraft geschwunden. So wurden sie von den Wachen zurückgeschlagen und voneinander getrennt, worauf sie – unter ihnen auch Simon mit seinen engsten Freunden – in den unterirdischen Gängen untertauchten. Nachdem nun die Römer die Mauern erobert hatten, pflanzten sie ihre Standarten auf den Türmen auf und stimmten mit viel Lärm und Freude ihre Siegesgesänge an, wobei sie das Ende des Krieges viel leichter fanden als seinen Anfang. Als sie tatsächlich ohne Blutvergießen die letzte Mauer erstiegen hatten, wollten sie es nicht glauben, und als sie keinen Gegner sahen, waren sie, gegen ihre Gewohnheit, ratlos. Dann ergossen sie sich aber schwerterschwingend in die engen Gassen und erschlugen hemmungslos alle, die sie ergriffen. Die Häuser, in die sich noch Flüchtlinge gerettet hatten, steckten sie mit allen darin befindlichen Menschen in Brand. Gegen Abend stellte man das Morden ein, in der Nacht dagegen konnte sich der Brand voll entfalten, und der 26. September 70 d.Z. brach über einem brennenden Jerusalem ab (*Bell.* 6,392–408; 7,26–28).

Des Titus Anweisungen bezüglich der Gefangenen: Nach seinem Einzug bewunderte Titus nicht nur die Festigkeit der Stadt, sondern vor allem die Türme, die die Feldherren verlassen hatten. Die Gefangenen der Aufständischen aber, die in den Verliesen der Türme vorgefunden wurden, ließ er frei. Als er später die restliche Stadt vollends zerstörte und die Mauern niederriss, ließ er diese Türme als Wahrzeichen seines Glücks stehen, mit dessen Hilfe er bezwang, was angeblich uneinnehmbar war. Da die Soldaten inzwischen des Mordens müde waren und eine Vielzahl überlebender Juden noch zum Vorschein kamen, befahl Titus, nur noch die Bewaffneten und diejenigen, die Widerstand leisteten zu töten, die restliche Menge aber lebend gefangen zu nehmen. Außer den im Befehl des Titus bezeichneten Gruppen töteten die Soldaten auch die Alten und Schwachen, diejenigen aber, die im blühenden Alter standen und noch verwendbar waren, trieb man auf den Tempelplatz und schloss sie innerhalb der Mauer des Frauenvorhofes ein. Als Wächter setzte Titus einen Freigelassenen ein, während sein Freund Fronto jedem Gefangenen das verdiente Geschick zusprechen sollte. Dieser ließ nun alle Aufständischen,

854   5. KAPITEL

die sich gegenseitig anzeigten, hinrichten, die hochgewachsenen und schönsten Jünglinge las er dagegen aus, um sie für den Triumphzug aufzusparen. Von der übrigen Menge schickte Titus die über siebzehn Jahre alten Gefangenen nach Ägypten in die Bergwerke, die meisten aber verschenkte er in die verschiedenen Provinzen, wo sie in den Theatern durch das Schwert oder wilde Tiere umkommen sollten. Die noch nicht Siebzehnjährigen wurden verkauft. Während der Tage, in denen Fronto seine Auswahl traf, starben noch 11'000 Gefangene den Hungertod, teils weil die Wächter aus Hass ihnen keine Lebensmittel verteilten, teils weil sie selbst das, was man ihnen darbot verschmähten. Zudem mangelte es auch für eine solche Menge Menschen an Getreide (*Bell.* 6,409–419).

Die Gesamtzahl aller Gefangenen, die während des ganzen Krieges gemacht wurde, belief sich auf 97'000, die Zahl derer, die bei der ganzen Belagerung umkamen, auf 1'100'000 Menschen. Die Mehrzahl derer waren zwar geborene Juden, aber nicht ortsansässige Jerusalemer. Denn aus dem ganzen Lande war das Volk zum Fest der ungesäuerten Brote zusammengeströmt und unerwartet durch den Verlauf des Krieges umzingelt worden, so dass zunächst auf Grund der räumlichen Beengtheit Seuchen sie vernichteten, später aber die noch schneller zupackende Hungersnot. Die Menge der Umgekommenen übertraf daher jede von Menschen oder vom Himmel heraufbeschworene Vernichtung. Johannes, der mit seinen Brüdern in den unterirdischen Gängen Hunger litt, bat bei den Römern um Gnade, die er so oft verachtet hatte. Und auch Simon übergab sich freiwillig zur Bestrafung, nachdem er lange mit der Not gerungen und Titus Jerusalem bereits verlassen hatte, ein Verhalten übrigens, das er bei anderen oftmals unter Falschanklage des Überlaufens mit dem Tod bestraft hatte. Beide wurden in Haft genommen: Simon, um als Schlachtopfer im Triumphzug aufgeführt zu werden, Johannes, um lebenslänglich Gefangener zu bleiben. Daraufhin steckten die Römer auch die entlegensten Teile der Stadt in Brand und erhielten von Titus den Befehl, die gesamte Stadt wie auch den Tempel zu schleifen. Die die anderen überragenden und durch Herodes errichteten Türme Phasael, Hippikus und Mariamme aber, sollten sie stehen lassen, damit sie hinfort bezeugten, wie herrlich und stark befestigt die Stadt gewesen war, die der Heldenmut der Römer überwunden hatte; ebenso die Mauer, soweit sie im Westen die Stadt umgab, damit sie der zurückgelassenen Besatzung – der zehnten Legion mit einigen Schwadronen Reiter als auch Abteilungen des Fußvolks unter der Leitung des Terentius Rufus – zur Anlage eines Lagers diene (*Bell.* 6,420–435; 7,1–5.17.26–36).

Nachdem Titus daraufhin sein Heer gelobt, besondere Leistungen ausgezeichnet und den Sieg – unter Verlust unzähliger Leben jüdischer Gefangener (vgl. 5.8.2[1]) – ausgiebig gefeiert hatte, entließ er sein Heer mit Ausnahme der

INTERTEXTUELL-HISTORISCHE VERORTUNG DER EXEGETISCHEN ERTRÄGE 855

zehnten, fünften und fünfzehnten Legion; die zehnte, um – wie gesagt – Jerusalem zu sichern, und die anderen zwei, um ihn nach Alexandrien zu begleiten (vgl. 5.6.2[8]). Bevor er allerdings dorthin zurückkehrte, bereiste er in Verbindung mit Feierlichkeiten über den Winter 70/71 d.Z. verschiedene Städte im Osten und Norden und setzte hernach von Alexandrien nach Rom über, um dort feierlich empfangen und gemeinsam mit seinem Vater gefeiert zu werden (*Bell.* 7,5.23–24.37–40.96.100–111.116–162).

Herodeion, Machärus, Jardes, Masada
Nachdem Titus nach Rom zurückgekehrt war, entsandte Vespasian zunächst den Legaten Lucius Bassus nach Judäa, welcher vermutlich in den Jahren 71–72 d.Z. die Burgen auf dem Herodeion und Machärus als auch den Wald Jardes einnahm. Und in den Jahren 73–74 d.Z. folgte ihm Flavius Silva, der die letzte Burg Masada eroberte, und damit das Land nach über achtjährigem Krieg wieder ganz den Römern unterworfen war:

Herodeion (Judäa), Machärus (Peräa), Jardes: Nach Judäa entsandte Vespasian den Legaten Lucius Bassus, worauf dieser das Heer von Cerealius Vetilianus übernahm und als erstes die Festung auf dem Herodeion (Judäa) gemeinsam mit ihrer Besatzung unterwarf (*Bell.* 7,163). Danach sammelte er die gesamte und in viele kleine Abteilungen zerstreute Streitmacht, verband sie mit der zehnten Legion und zog gegen die unter den Hasmonäern gegründete und durch Herodes ausgebaute Festung Machärus (Peräa), die er bei einer Opferzahl von 1'700 Juden einnahm und dabei Frauen und Kinder in die Sklaverei verkaufte (*Bell.* 7,164–177.190–209). Und schließlich zog Bassus noch gegen eine Gruppe von 3'000 flüchtigen Aufständischen unter der Führung des dem Titus entronnenen Zeloten Judas, Sohn des Ari (*Bell.* 6,92.402), welche sich in einem Wald namens Jardes gesammelt hatten und jetzt allesamt von Bassus niedergemacht wurden (*Bell.* 7,210–215).

Masada (Judäa): Nach dem Tod des Bassus übernahm Flavius Silva die Befehlsgewalt in Judäa. Und als er sah, dass einzig noch die durch die Hasmonäer gegründete und durch Herodes ausgebaute Festung Masada (Judäa) im Abfall beharrte, sammelte er die Streitmacht und zog gegen ihre vom Sikarier Eleazar befehligte Besatzung, einem Nachkommen des Zelotengründers Judas. Diese aber hatte sich durch Freitod einem Nahkampf als auch ihrer Gefangennahme entzogen, so dass Bassus, mit Ausnahme von sieben, nur 960 Leichen und durch Feuer zerstörte Besitztümer vorfand. Nach Einnahme Masadas ließ Flavius Silva eine Besatzung zur Sicherung der Burg zurück und begab sich mit seiner Streitmacht wieder nach Cäsarea. Erst jetzt, nach langem Krieg, war das Land unterworfen und wieder vollständig in römischer Hand (*Bell.* 7,252–406).

856   5. KAPITEL

(5)   Gott(heiten) im Kriegsgeschehen

Kriege waren nach antikem Verständnis nur mit einem (Kriegs)Gott (oder Göttern) zu gewinnen,[216] und seine (oder deren) Absenz kam einer Niederlage gleich.[217] Wer sich aber Gottes Beistand im Krieg sichern wollte, musste als Voraussetzung erstens sicherstellen, dass das bestimmte Kriegsvorhaben gerecht war (vgl. 5.4); zweitens, dass Gottes Beistand nicht durch vergangene Vergehen im Staat oder beim Einzelnen getrübt war, weshalb es der besagten kriegsvorbereitenden kultischen Handlungen – sühnender Opfer allzumal – bedurfte (vgl. 5.7.1[1]; 5.7.2[1]; 5.7.3[1]), und drittens sollte die Kriegsführung allgemeingültige und volksspezifische Kriegsgesetze nicht verletzen (vgl. 5.6.1[5]; 5.6.2[5]; 5.6.3[5]; 5.6.4[5]). Wer diese drei Voraussetzungen erfüllte und zudem unter guter Führung mit einem ausreichend großen und ausgebildeten Heer in den Krieg zog, verfügte über die besten Voraussetzungen, für sich einen glücklichen Ausgang zu erhoffen. Solch ein glücklicher Ausgang konnte sich je nach dem in Divinationen und/oder in Teilsiegen auf dem Schlachtfeld ankündigen (vgl. 5.7.2[4]). Wenn sie sich in einem großen Etappen- oder Gesamtsieg bestätigten, waren Dankesopfer angebracht, wobei Verluste angesichts dessen als verkraftbare Opfer gedeutet wurden (vgl. 5.7.1[4]). Das geglückte Kriegsvorhaben als Ganzes aber fand in Dankopfern sowie von Kriegsschuld sühnenden Opfern seinen endgültigen Abschluss, in Rom erfolgte dies – neben anderem – im Rahmen des Triumphzugs (vgl. 5.8.1[3]).[218]

Rom

Gottes grundsätzlichen Beistands war sich Rom gewiss, denn Gott, der unter den Völkern die Herrschaft von einem zum andern übergehen ließ, stehe jetzt zu Italien, argumentiert Josephus universalgeschichtlich (*Bell.* 5,367).[219] Überall habe sich das Glück (*Bell.* 2,354.373: τύχη) ihnen zugeneigt, ihnen darin öfters als durch Waffen zum Sieg verholfen; und ohne Gottes Beistand hätte unmöglich ein so großes Reich entstehen können, lässt Josephus den Agrippa vor Kriegsbeginn in Jerusalem warnend anführen (*Bell.* 2,390). Dass der Sieg

---

216   Josephus benutzt hier als jüdischer Schriftsteller durchgehend den Singular „θεός."

217   Dass dies auch für Yhwh im antiken Israel zutraf hat beispielsweise Megan Bishop Moore thematisiert („Fighting in Writing: Warfare in Histories of Ancient Israel," in *Writing and Reading War: Rhetoric, Gender, and Ethics in Biblical and Modern Contexts* [hg. von Brad E. Kelle und Frank Ritchel Ames; SBLSymS 42; Leiden: Brill, 2008], 57–66).

218   Vgl. dazu Mason, *Josephus and the New Testament*, 46–51, 69–72, 81–88; Riedo-Emmenegger, *Prophetisch-messianische Provokateure der Pax Romana*, 66–68.

219   Ekkehard W. Stegemann, „Apokalyptik und Universalgeschichte im antiken Herrschaftsdiskurs," *ThZ* 67/1 (2011): 1–24.

INTERTEXTUELL-HISTORISCHE VERORTUNG DER EXEGETISCHEN ERTRÄGE   857

nach Gottes Vorsatz auch in diesem Krieg für die Römer vorbestimmt war,[220] ist für Josephus offensichtlich, und so wird er unter impliziter Annahme, dass die drei Voraussetzungen erfüllt waren, nicht müde in zahlreichen Einzelereignissen darauf hinzuweisen.

Das begann damit, dass Nero Vespasian und nicht einen anderen als Oberbefehlshaber für diesen Feldzug berief; dies hätte Gott bereits im Blick auf Vespasians spätere Herrschaft im Voraus so geordnet (*Bell.* 3,6). Diese Herrschaft sollte ihm Josephus verkünden; und so war es nicht nur in militärischer Hinsicht ein glückverheißendes Geschenk, dass ihm dieser durch göttliche Vorsehung (*Bell.* 3,144: πρόνοια) in Jotopata freiwillig in die Falle ging. Doch bevor Josephus ihm Gottes Botschaft bekannt geben konnte, musste Vespasian die Stadt erobern und Josephus die Wirren der finalen Schlacht überstehen. So geschah es, und durch göttlichen Beistand (*Bell.* 3,341: δαιμόνιος; συνεργία) gelang es ihm, sich am Tag der Stadteinnahme mitten durch die Feinde hindurch zu stehlen und in eine Zisterne zu springen, welche seitwärts mit einer geräumigen und von oben unsichtbaren Höhle verbunden war. Aber sein Versteck wurde verraten, und als er Anstalten machte, sich zu ergeben, wurde er von den vierzig angesehenen Juden Jotopatas, die mit ihm das Versteck teilten, daran gehindert, weil sie von ihm, dem Feldherrn Galiläas, statt Auslieferung an den Feind nach üblichem Kriegsgesetz den Suizid verlangten. Im Vertrauen auf Gottes Führung setzte Josephus daraufhin (*Bell.* 3,387), da er den Auftrag Gottes nicht verraten wollte, seine Rettung durch eine List aufs Spiel und gab vor, einem kollektiven Suizid unter der Bedingung zuzustimmen, dass das Los die Reihenfolge des jeweils zu tötenden bestimmen solle. Wie durch ein Wunder, oder eben durch Gottes Vorsehung (*Bell.* 3,391: πρόνοια), blieb Josephus mit einem anderen als Letzter übrig. Und diesen vermochte er zu überreden, am Leben zu bleiben. So wurde Josephus zu Vespasian gebracht und stellte sich ihm als ein von Gott gesandter Künder vor (*Bell.* 3,400: ἄγγελος) und offenbarte ihm, dass die Herrschaft ihm und hernach seinem Sohn Titus übertragen würde. Anfängliche Zweifel an dieser Botschaft verflogen, denn Gott selbst hatte Vespasian bereits Gedanken an eine Thronbesteigung eingegeben und durch Vorzeichen die kommende Herrschaft angekündigt (*Bell.* 3,404).[221] Nachdem Vespasian das Kriegsglück so sehr geneigt war, dass es ihm

---

220   Vgl. dazu Eberhardt („Wer dient wem?," 257–277, bes. 264, 277), die den Beistand der Götter insbesondere am Bildprogramm der bekannten Reliefs im Durchgang des Titusbogens exemplifiziert.

221   Nachdem Vespasian akklamiert worden war, wurde der Weissagung des Josephus attestiert, dass sie göttlicher Herkunft gewesen sei und er als Organ der Stimme Gottes gesprochen habe (*Bell.* 4,626).

858 5. KAPITEL

gelang, ganz Galiläa, Peräa, Judäa und Idumäa mit Ausnahme von Jerusalem (mit Masada und Machärus) zu unterwerfen und er daraufhin wie angekündigt von seinen Truppen zum Cäsar akklamiert worden war, war er nach Josephus davon überzeugt, dass er nicht ohne göttliche Voraussicht (*Bell.* 4,622: πρόνοια) habe den Oberbefehl gewinnen können, sondern dass eine gerechte Entscheidung des Geschicks ihm die Weltherrschaft zugewandt habe (vgl. auch *Bell.* 5,2).

Unter solch günstigen Vorzeichen musste es dann freilich auch die Gottheit sein, die in Japha (Galiläa) die ganze streitbare Mannschaft der Stadt zum Vorteil der Römer ins Unglück stürzte, als ihr von ihren eigenen Mitbürgern der Rückzug versperrt wurde, und sie dadurch dem Tod durch die mordlustigen Feinde preisgegeben wurden (*Bell.* 3,293).

Und in Tarichea, wo sich Titus mit 600 Reitern anfänglich einer Überzahl gegenübersah, versicherte er seinen Soldaten in einer feurigen Feldherrenrede, dass er in seinem geplanten Ansturm Gott als Verbündeten wisse (*Bell.* 3,484), worauf eine göttliche Begeisterung über diese fiel (*Bell.* 3,485). Und als die Stadtbewohner mit den Fremden darüber im Streit lagen, ob zu verhandeln oder zu kämpfen sei, soll Titus dies als den rechen Augenblick für den Angriff erkannt haben, zu welchem er mit den Worten ansetzte: „Was zaudern wir, wenn uns Gott die Juden in die Hand gibt (*Bell.* 3,494)?"

Auch Vespasian erfuhr im Kampf Gottes Beistand, nämlich als er sich in Gamla mit nur wenigen Soldaten und in benachteiligter Stellung von den übrigen abgeschnitten vorfand. Dort wurde er in Erinnerung an vergangene Taten der Tapferkeit von solch einer göttlichen Begeisterung ergriffen, dass er hellsichtig die Leiber und Rüstungen der bei ihm stehenden Soldaten wie zu einem Schild zusammenschließen ließ. In dieser Formation konnte er sich – ungeachtet der gegnerischen Übermacht und deren Geschosse – dem von oben herabwogenden Kampfgetümmel mit solch einem übermenschlichen Mut entgegenstemmen, dass die Feinde im Angreifen nachließen und er sich daraufhin – ohne ihnen den Rücken zuzuwenden – Schritt für Schritt zurückziehen konnte, bis er unbeschadet außerhalb der Mauer stand (*Bell.* 4,33–35). Für diese gefährliche Situation, in welcher viele Soldaten Vespasians ihr Leben einbüssten, was er später euphemistisch als einen „kleinen Beitrag an die Götter" deutete (*Bell.* 4,41), räumte ihm Gott die Möglichkeit zur Revanche ein, und zwar während eines nächtlichen Überraschungsangriffs. Die Wachen bemerkten es zwar, und der größere Teil der Einwohner vermochte sich wieder auf den Gipfel zu retten, von wo sie durch die vorteilhafte Stellung dem eingedrungenen Feind sofort großen Schaden zufügten, selber aber für feindliche Geschosse schwer erreichbar waren. Da soll sich aber zu ihrem Verderben ein von höherer Macht gesandter Sturm (*Bell.* 4,76: θύελλα; δαιμόνιος) erhoben

INTERTEXTUELL-HISTORISCHE VERORTUNG DER EXEGETISCHEN ERTRÄGE 859

haben, der die römischen Pfeile zu ihnen trug, ihre aber das Ziel verfehlen ließ. Die Macht des Sturmes war so groß, dass sie sich weder auf die Vorsprünge stellen, noch den heranrückenden Feind sehen konnten. Auf diese Weise vermochten die Römer die Einwohner mit überraschender Schnelligkeit zu umzingeln und niederzumachen, bevor sie sich verteidigen konnten (*Bell.* 4,76–78).

Nach diesem Ereignis umso mehr auf Sicherheit bedacht, trat Vespasian seinen Heerführern, die angesichts der Zwietracht im feindlichen Lager ungestüm den Angriff gegen Jerusalem verlangten, mit den Worten entgegen: „Ein besserer Feldherr als ich ist Gott, der den Römern, ohne dass sie sich zu mühen brauchten, die Juden in die Hand gibt und den Sieg ohne Gefährdung der Feldherrnkunst schenkt" (*Bell.* 4,370).

Wie bereits sein Vater, soll nach Josephus auch Titus göttlichen Beistand erfahren haben, dann nämlich, als er ohne Helm noch Rüstung während dem Auskundschaften der Jerusalemer Befestigungsanlage und nur von wenigen Soldaten begleitet von einem gefährlichen Ausfall der Juden überrascht wurde. Von all den vielen Geschossen, die auf ihn abgesandt wurden, soll kein einziges seinen Leib gestreift haben; und als hätten die Schützen ihr Ziel absichtlich verfehlen wollen, seien sie allesamt wirkungslos an ihm vorbeigeschwirrt. Dieses erstaunliche Ereignis führt Josephus zum Schluss, dass Gott sich auch um die entscheidenden Augenblicke der Kriege und die Gefahren der Könige kümmere (*Bell.* 5,60).

Zwar beschützte Gott nicht das Leben des Sabinus, der heldenhaft die Bestürmung der dritten Mauer eröffnete. Immerhin soll er aber dabei von übermenschlicher Macht oder göttlichem Eifer (*Bell.* 6,59: ὁρμή; δαιμόνιος) getrieben gewesen sein. Für seinen Tod klagt Josephus das Schicksal an, das aus Neid den glücklichen Ausgang dieser außergewöhnlich tapferen Handlung verhindert haben soll (*Bell.* 6,63), ähnlich wie beim Zenturion Julianus, der im Kampf um den Tempelbezirk in beiden Lagern den höchsten Ruhm hinterlassen haben soll (*Bell.* 6,84).

Den Sieg über Jerusalem vervollständigte Gott für Titus in einem letzten Machterweis (*Bell.* 6,399: δύναμις). Denn als dieser die Belagerungsmaschinen an die als uneinnehmbar geltenden Türme herangefahren hatte und sich bei den schwächeren Mauern abmühte, erfasste Simon und Johannes eine Furcht, die heftiger war, als es die Notlage gebot, so dass sie freiwillig die Türme verließen beziehungsweise durch Gott von ihnen heruntergeworfen wurden (*Bell.* 6,401.411) und den Römer durch dieses glückliche Geschick (*Bell.* 6,400: τύχη) die Mauer in die Hand gaben.

Und ein letztes Mal schließlich stand Gott in diesem Krieg auch Flavius Silva bei, als dieser Masada belagerte. Denn nachdem er den Wall aufgeschüttet, die

860   5. KAPITEL

Kriegsmaschinen herangefahren und die erste Befestigungsmauer durchbrochen hatte, fand er dahinter eine zweite Mauer, gegen welche die Maschinen nichts auszurichten vermochten. Weil sie aber zu einem großen Teil aus Holz gefertigt war, führte er Feuer an sie heran. Und als das Feuer die Mauer bereits erfasst hatte, kam ein Nordwind auf und versetzte die Römer in Furcht, weil er die Flammenlohe drehte und sie gegen sie selbst und ihre Kriegsmaschinen trieb. Plötzlich aber sprang der Wind – wie aus göttlicher Vorsehung (*Bell.* 7,318: πρόνοια) – nach Süden um, und erfasste die ganze Holzwand. So konnten sich die Römer nach diesem göttlichen Beistand (*Bell.* 7,319: συμμαχία) vornehmen, die Festung am nächsten Tag zu stürmen.

Judäa

Die Niederlage und das Verderben Judäas in diesem Krieg damit zu begründen, dass Gott grundsätzlich und in universalgeschichtlicher Perspektive auf der Seite Italiens stand, ist das eine. Dies impliziert, dass Josephus – obschon er selbst als Feldherr für die Freiheit gekämpft hatte – zum Zeitpunkt seiner Abschrift den jüdischen Aufstand als illegitim betrachtete oder betrachten musste. Aber Gott soll noch aus anderen – und aus Sicht des Josephus noch viel gewichtigeren – Gründen auf der Seite Roms gekämpft haben, nämlich der wiederholten Tempelschändung – nicht zuletzt durch das Blut und die Leichen eigener Landsleute – sowie der Einstellung der Tempelopfer wegen. So schleudert er Simon und Johannes, die Gott auf ihrer Seite glauben (*Bell.* 5,19.459; 6,98), rhetorisch entgegen: „Nein, wenn schon jeder anständige Mensch ein lasterhaftes Haus flieht und dessen Bewohner verabscheut, bildet ihr euch dann ein, dass Gott, der alles Verborgene schaut und jeden verschwiegenen Gedanken hört, in einem derart verkommenen Heiligtum noch bleiben könnte (*Bell.* 5,412b)?" Und später, als die Opfer eingestellt wurden, heißt es Johannes gegenüber: „Wenn dir jemand dein täglich Brot wegnimmt, du gräulicher Frevler, dann hältst du ihn für einen Feind; ihn aber, den Gott, dem du den uralten Dienst entzogen hast, hoffst du als Mitstreiter im Kampf zu haben (*Bell.* 6,100)?" Aber die Liste der Freveltaten, die Josephus und mit ihm auch Titus den jüdischen Feldherren vorwerfen, endet hier nicht. Diebstahl, (Tempel)Raub, Anschläge, Ehebruch, Mord und sogar Brudermord hätten sie um die Wette betrieben (*Bell.* 5,402; 6,109–110). Weil daher keine der erforderlichen Voraussetzungen für einen Beistand Gottes erfüllt waren, hätte Gott die Seite gewechselt, ja, wechseln müssen, um gemeinsam mit den Römern diese Gräueltaten – insbesondere die von Simon und Johannes (*Bell.* 6;433; 7,32.271) – zu rächen und durch das Feuer den Tempel zu reinigen (*Bell.* 4;323; 5,377; 6,40.250). Vor diesem Hintergrund war der Untergang Judäas nach Ansicht des Josephus von Gott vorherbestimmt (*Bell.* 3,354; 5,559; 7,327.358–360); jegliche

INTERTEXTUELL-HISTORISCHE VERORTUNG DER EXEGETISCHEN ERTRÄGE 861

Bemühung, Divinationen oder Teilerfolge in entgegengesetzter Richtung zu deuten, hätten sich dabei einem durch ihre Übertretungen verfinsterten und zu noch größerem Unheil führenden (Un)Verstand verdankt (*Bell.* 5,343; 6,310–315).

Vor diesem Hintergrund ist es nach Josephus Gott gewesen, der dem Cestius die Ausdauer entzog und ihn verfrüht von Jerusalem habe abziehen lassen. Denn weil sich Gott bereits zu jenem Zeitpunkt von den verbrecherischen Menschen – wohl Zeloten – sowie vom Heiligtum abgekehrt hatte, sollte der Krieg an jenem Tag nicht enden (*Bell.* 2,538–539).

Dass Niger die desaströsen Angriffe Aschkelons überlebte, schien seinen Mitstreitern eine Vorsehung Gottes (*Bell.* 3,28: πρόνοια), dass er zu ihrem künftigen Feldherrn berufen sei. In Wirklichkeit aber endete er durch der Zeloten Hände, die ihn ihm einen nicht korrumpierbaren Gegner geortet hatten. Im Sterben soll er sie noch verflucht haben: Die Rache der Römer möge auf ihr Haupt kommen, und außer den Schrecken des Krieges auch noch Hunger, Pest und gegenseitiger Mord. All das hätte Gott gegen die Frevler bestätigt (*Bell.* 4,361–362).

Dass so viele Römer unter den einstürzenden Häusern Gamlas den Tod fanden, deuteten ihre Bewohner als göttlichen Beistand (*Bell.* 4,26: συνεργία). Hätten sie dazu Gelegenheit bekommen, hätten sie diese Einschätzung gewiss berichtigt, fanden sie doch – mit Ausnahme von zwei Frauen – allesamt im beschriebenen Überraschungsangriff den Tod.

Dass Johannes dem Titus aus Gischala habe entwischen können, betrachtet Josephus als Fügung oder Werk Gottes (*Bell.* 4,104: ἔργον), weil er diesen für das Verderben Jerusalems habe erhalten wollen. So kam es, dass sich Titus gutgläubig habe von dem listigen Vorwand des Aufschubs überzeugen lassen und zudem sein Lager ein beträchtliches Stück von der Stadt entfernt bei Kydyssa habe aufschlagen lassen.

Das Eindringen der Idumäer in Jerusalem soll sich durch ein Vorzeichen, ein Unwetter von unwiderstehlicher Gewalt, angekündigt haben (*Bell.* 4,287). Gott selbst habe in diesem Zusammenhang Ananos und Jesus hinweggerafft (*Bell.* 4,323), denn unter deren Feldherrenschaft wäre es entweder zu einem Vergleich mit den Römern gekommen oder sie hätten gewusst, den Sieg derselben stark zu verzögern.[222]

---

222   Nach Auffassung von Mason liegt diese Episode vom Mord des Ananos und Jesus im Zentrum des literarisch konzentrisch angelegten Kriegsberichts des Josephus. Nach Meinung einiger Forscher soll er mit der Zentralstellung des hier äusserst positiv dargestellten Hohepriesters erreicht haben wollen, die priesterliche Aristokratie, der er selber

862

5. KAPITEL

Auch der Einlass Simons in die Stadt durch die von Johannes abgefallenen Idumäer in Rücksprache mit dem Oberpriester wandte Gott zum Unheil, denn was Jerusalem hätte retten sollen, war in Person des Simons noch schlimmer als der Untergang (*Bell.* 4,573).

Die Arbeit des Johannes gegen seine Konkurrenten Eleazar und Simon verurteilte Gott zum Scheitern, indem er Titus heranführte. Er hatte nämlich das für Arbeiten am Tempel bestimmte Holz zur Fertigung von Kriegsmaschinen missbraucht (*Bell.* 5,39). Der Anmarsch der Römer sollte die Parteien zwar vereinen, aber nicht um durch Gott ewige Eintracht geschenkt zu bekommen, sondern nur, um den inneren Zwist für den gegenwärtigen Augenblick aufzuschieben (*Bell* 5,278).

Und der falsche Prophet, der während den Kämpfen im Tempelbezirk aufgetreten war und behauptet hatte, Gott gebe Befehl zum Heiligtum hinaufzusteigen und das Zeichen der Rettung zu erwarten, kostete 6'000 am Krieg unbeteiligte Menschen, darunter viele Frauen und Kinder, das Leben (*Bell.* 6,285).

Josephus Schuldzuweisung an die Aufständischen und die implizite Entlastung der Römer von jeglicher Kriegsschuld kulminiert in Eleazars erster Rede vor seinen Mitstreitern auf Masada. Ihm legt er ein Schuldgeständnis in den Mund, das auch stellvertretend für alle aufständischen Juden stehen kann und wohl auch soll[223]:

Vor Zeiten haben wir uns dafür entschieden, wackere Männer, dass wir weder den Römern noch irgendjemand anderem dienen außer Gott; denn dieser allein ist der wahre und gerechte Herr über die Menschen. Jetzt aber ist die Stunde gekommen, die uns befiehlt, diese Gesinnung in Taten zu erweisen. Angesichts dieser Stunde sollten wir uns selbst nicht Schande bereiten. Vormals wollten wir uns nicht einmal unter eine Knechtschaft beugen, die ohne jede Lebensgefahr war. Nun aber sollten wir freiwillig eine Knechtschaft hinnehmen, die von unerbitterlicher Rache sein wird, sobald wir lebend in die Gewalt der Römer geraten? Denn so wie wir als erste von allen uns gegen sie aufgelehnt haben, so kämpfen wir auch als letzte gegen sie. Ich glaube aber auch, dass uns von Gott diese Gunst geschenkt wurde, eines schönen und freien Todes sterben zu dürfen. Ist doch anderen, die wider Erwarten überwältigt wurden, solches

---

auch angehörte, von Kriegsschuld freizusprechen, ungeachtet dessen, dass Ananos in *Ant.* 20,200–203 ein weitaus kritischeres Urteil durch Josephus findet (*Josephus and the New Testament*, 67–68, 186; vgl. auch 5.4.3[1]).

223 Gefolgt von einer zweiten Rede in Form einer Klage (*Bell.* 7,341–388); zur Josephus' Klage vgl. auch Mason, *Josephus and the New Testament*, 93.

INTERTEXTUELL-HISTORISCHE VERORTUNG DER EXEGETISCHEN ERTRÄGE 863

nicht gewährt. Wir haben die für morgen bevorstehende Einnahme der Festung offen vor Augen; frei aber bleibt uns die Wahl eines edlen Todes gemeinsam mit unseren liebsten Menschen. Denn sowenig die Feinde diesen verhindern können, wenngleich sie auch inbrünstig wünschen, uns lebend in die Hände zu bekommen, sowenig können wir jene noch im Kampfe besiegen. Es wäre nämlich vielleicht sogleich von Anfang an notwendig gewesen, dass wir unser Augenmerk auf Gottes Vorhaben richteten und erkannten, dass er das von ihm einst geliebte Volk der Juden längst zum Untergang bestimmt hatte; denn von jenem Augenblick an, als wir Anspruch auf die Freiheit erheben wollten, begann alles sich schwierig für uns zu gestalten, von Seiten der Volksgenossen und schlimmer noch von Seiten der Feinde. Wäre Gott nämlich noch gnädig gesonnen oder wenigstens nur in geringem Masse gegen uns erzürnt, hätte er nicht das Verderben so vieler Menschen mit ansehen können, noch hätte er seine heilige Stadt Feuer und feindlichen Verwüstungen preisgegeben. Sollten wir tatsächlich gehofft haben, als einzige von dem ganzen jüdischen Volke übrigzubleiben und die Freiheit bewahren zu können? Etwa so, als seien wir schuldlos Gott gegenüber und hätten keinerlei Anteil an jeglichem Unrecht? Wir, die wir die anderen darin belehrt haben? Seht also ein, wie uns Gott beweist, dass wir Wahngebilde erwarteten, indem er uns nämlich in eine furchtbare Zwangslage drängte, die stärker ist als alle Hoffnung. Denn nicht einmal die Unzerstörbarkeit der Festung hatte zur Rettung beigetragen, ebenso wenig konnte es uns nützen, dass wir einen Überfluss an Nahrungsmitteln, eine Menge von Waffen und die übrige reichlich vorhandene Zurüstung besaßen. Ganz deutlich wurden wir von Gott selbst aller Hoffnungen auf Rettung beraubt. Wandte sich doch das Feuer, das zunächst zu den Feinden getragen wurde, nicht von selbst gegen die von uns errichtete Mauer. Vielmehr ist der Grund Gottes Zorn über alle Untaten, die wir in unserer Raserei sogar gegen die eigenen Stammesgenossen wagten. Die Strafen dafür wollen wir nicht von unseren erbittertsten Feinden, den Römern, erleiden, sondern von Gott, und zwar durch unsere eigene Hand. Sie werden aber erträglicher sein als die der Römer. Denn die Frauen sollen ungeschändet sterben, und die Kinder, ohne die Knechtschaft kennengelernt zu haben. Und nach ihnen wollen wir selbst uns einander den edlen Dienst erweisen, wobei wir die Freiheit als schönstes Sterbekleid bewahren werden. Doch lasst uns vorher die Schätze und die Festung mit Feuer zerstören, denn ich weiß sicher, dass sich die Römer ärgern werden, wenn sie neben der Tatsche, uns nicht lebend überwältigt zu haben, auch noch um die Beute kommen. Einzig die Lebensmittel wollen wir unversehrt lassen; denn sie sollen uns nach

864 5. KAPITEL

unserem Tode Zeuge dafür sein, dass wir nicht durch Hunger bezwungen
wurden, sondern weil wir – so wie es von Anfang an beschlossen war –
den Tod der Knechtschaft vorziehen wollten.

Bell. 7,323–336

5.7.3 *Judäa nach Markus*

(1)   Vorbereitende kultische Handlungen

Es wurde gesagt, dass ein Feldzug der Römer die kultische Reinigung, die Entsühnung sowohl des Feldherrn, der Soldaten als auch der Bürger erforderte (vgl.
5.7.1[1]). Vor dem Hintergrund von Tacitus' Vorwurf, der jüdische Aberglaube
hätte die Entsühnung von Kriegsvorzeichen nicht erlaubt (vgl. 5.7.2[1]), könnten die Szenen 02–03 – und vielleicht noch weitere dazu – als Widerlegung
dessen gelesen und des Johannes Taufe von der „ganzen" Land- und Stadtbevölkerung Judäas (Mk 1,5) – einschließlich Jesu – als kriegsvorbereitende
Entsühnungstat verstanden werden. Als kriegsvorbereitend könnte auch die in
Zukunft von Jesus geforderte Fastenpraxis gedeutet werden (Szene 12).

(2)   Militärische Zeichen (σημεῖον)

Im Vergleich mit römischen Losungsworten (vgl. 5.7.1[2]) erinnern die Aussagen von Szene 05 an die Galiläer an eine den Sieg ankündigende Parole, dessen
Verkünder Jesus das Bild seines Oberbefehlshabers – in diesem Fall Gott – nicht
wie die Römer als Bildnis – das wäre Idolatrie –, sondern als Geist in sich trägt
(Szene 03). Dieses – oder ein anderes – Zeichen (Mk 8,11.12.12: σημεῖον) den Pharisäern um Magdala (Taricheã) zu geben, verweigert Jesus in Szene 37 aus evi-
denten Gründen. Auch könnte Jesu Aussage, dass sein künftiges Heranrücken
mit unbezwingbarer Heeresmacht sich mit Wolken ankündigen wird, entsprechend den Militärhistorikern als diesen Sieg manifestierendes optisches Zeichen gedeutet werden (vgl. 5.7.1[2]; Szenen 68 und 77).[224]

Doch seine siegreiche Rückkehr setzt Zeichen der Niederlage voraus (Mk
14,4), wie dasjenige der Tempelzerstörung in Szene 66, mit Zeichen und Wundern verführende falsche Christusse und Propheten in den Szenen 66 und 68
(Mk 13,6; 14,22), aber auch Zeichen (Mk 14,44: σύσσημον) des Verrats, wie der
Judaskuss in Szene 76, oder die Verleugnung des Petrus ankündigende akustische Zeichen, wie in Szene 74 und 78, und schließlich das die Niederlage
evident machende Zeichen des Kleiderverlusts (Szene 76; Mk 14,51.52: σινδών),

---

224 Vgl. Gabriella Gelardini, „נצח *nṣḥ* (נֶצַח)," in *Theologisches Wörterbuch zu den Qumrantexten* (hg. von Heinz-Josef Fabry und Ulrich Dahmen; Stuttgart: Kohlhammer, 2013), 2:1017–
1019.

INTERTEXTUELL-HISTORISCHE VERORTUNG DER EXEGETISCHEN ERTRÄGE 865

das auch als optisches (Erkennungs)Zeichen dienen konnte und effektiv auch diente (vgl. 5.7.2[2]). Als narrative Strategie der Minderung, sowohl der jüdischen Niederlage als auch des römischen Sieges könnte die Ironisierung des römischen Legionszeichen, dem Eber, in Szene 24 gedeutet werden, was in der Forschung bereits wiederholt getan wurde.

(3) Aufbruch und Marschordnung
Zwar spricht das Markusevangelium kaum von Aufbrüchen noch von einer Marschordnung. Vergleicht man jedoch die Kampfschauplätze, -gebiete und -zeiten des Vespasian und Titus mit Aussagen über Jesus, ergeben sich interessante, bisweilen verblüffende und angesichts der Tatsache, dass der Weg Jesu im markinischen Text nie erklärt wird, möglicherweise gewollte Parallelen:[225]

Vespasian kommt von Syrien (Ptolemais) her im Frühling 67 d.Z. und konzentriert sich zunächst auf Galiläa (1), das für ihn wichtigste Kriegsgebiet, insbesondere Jotopata. Von dort begibt er sich erstmals in sein Basislager nach Cäsarea, und folgt einer Einladung des Agrippa nach Cäsarea Philippi (2) in der Gaulanitis. Von dort aus kehrt er über die Dekapolis nach Galiläa (3) zurück und unterwirft Tiberias und Tarichea. Daraufhin kehrt er in die Gaulanitis (4) zurück und unterwirft Gamla. Nachdem er in Cäsarea überwintert hat, bricht er im Frühling 68 d.Z. nach Peräa (Gadara) auf (5), und unterwirft nach einem Zwischenhalt in Cäsarea bis zum Sommer Judäa (6), einschließlich Jericho, um sich für den geplanten Angriff auf Jerusalem den Rücken frei zu machen. Der Bürgerkrieg in Italien zwingt ihn zur Ruhe für fast ein ganzes Jahr, was mit seiner Akklamation im Juli 69 d.Z. in Cäsarea endet. Mit Titus kehrt er nach Syrien zurück und überträgt diesem in Ägypten den Oberbefehl zur Unterwerfung Jerusalems (7); sie sollte die insgesamt längste Belagerung werden. Dorthin bricht Titus erst im Frühling 70 d.Z. auf, wobei der Umstand, dass er um Pessach vor die Stadt rückt, vielen pilgernden Juden den Abzug in ihre Heimatorte versperrt. Die Opfer enden am 17. Tamus, der Tempel geht am 10. Aw in den Flammen unter und die Stadt ist im September 70 d.Z. vollständig in römischen Händen.

Der Ort des ersten Auftritts Jesu zu Beginn der Erzählung ist nicht Syrien, sondern Judäa. Von dort begibt er sich wie Vespasian nach Galiläa (1), wobei sein „Basislager" dort Kapernaum ist, in das er immer wieder zurückkehrt. Vielleicht nicht unwichtig zu erwähnen ist, dass es derjenige Ort ist, wo Josephus'

---

225 Ähnlich auch Ebner, „Evangelium contra Evangelium," 30–32; ders., „Das Markusevangelium und der Aufstieg der Flavier," 67–68; und Heininger, „Politische Theologie," 193; anders hingegen Schmidt, der von der Vergleichbarkeit lediglich einzelner geographischer Eckdaten ausgeht (*Wege des Heils*, 296–302, bes. 296).

aktive militärische Operationen enden, bevor er sein Heer verlor und sich von Tiberias nach Jotopata begab, um dort den Bewohnern bei der Verteidigung ihrer Stadt beizustehen. Von Galiläa aus macht Jesus einen kurzen Abstecher in die Gaulanitis (Gergesa) (2), kehrt nach Galiläa (3) zurück und begibt sich nach Abstechern in Syrien und der Dekapolis wiederum in die Gaulanitis (4), nämlich wie Vespasian nach Cäsarea Philippi. Nach einer letzten Durchreise durch Galiläa gelangt er über Peräa (5) nach Judäa (6), inklusive Jericho, und endet wie Titus zu Pessach in Jerusalem (7), dem Ort, der zwar nicht die längste erzählte Zeit, wohl aber die längste Erzählzeit in Anspruch nimmt. Abgesehen von geographischen Übereinstimmungen, sind sowohl für die Römer als auch für Jesus Galiläa und Jerusalem die wichtigsten „Kampfplätze." Und auch in temporaler Hinsicht enden beide Erzählungen zu Pessach in Jerusalem. Während aber das flavische Narrativ mit Tischa be-Aw in eine aus jüdischer Sicht Verlustrhetorik mündet, bleibt das markinische bei Pessach stehen, vielleicht deshalb, weil es Raum für eine siegreiche und vom Feind befreite Zukunftsinterpretation eröffnet.

(4)   Kriegsführung
        Galiläa
Nach Judäa war Galiläa im ersten jüdisch-römischen Krieg das strategisch zweitwichtigste Gebiet; Judäa, weil es mit Jerusalem das politisch-kulturelle Zentrum bildete und Galiläa, weil es an die römische Provinz Syria, einem wichtigen militärischen Stützpunkt Roms, grenzte. Entsprechend wurde es sowohl von Cestius als auch von Vespasian als erstes angegriffen, weshalb sich Josephus rechtzeitig vor dem Anrücken Vespasians an die Befestigung seiner dazu geeigneten Plätze machte (vgl. 5.6.3[7]; 5.7.2[4]). Als Feldherr über Galiläa einschließlich Gamla war er von der Jerusalemer Versammlung eingesetzt worden, nachdem der dafür zuständige Prokurator Florus vertrieben und sein übergeordneter Legat Cestius geschlagen worden waren. Tiberias und Tarichea allerdings hatte Nero zuvor dem Herodianer Agrippa II. geschenkt; und zur erzählten Zeit unterstand Galiläa ja dem Herodes Antipas (vgl. 5.4.3[1]). Dass Jesus seinen Dienst mit Szene 05 in Galiläa beginnt und darüber hinaus auch flächendeckend bedient (Szene 09; Mk 1,39), könnte somit in diesem Zusammenhang interpretiert werden, abgesehen vom Umstand freilich, dass er offenkundig Galiläa entstammte.

Kapernaum: Kapernaum spielt in den Ausführungen des Josephus praktisch keine Rolle. Seine einzige Erwähnung steht allerdings im Zusammenhang seiner Verletzung im Kampf gegen Sulla, dem Kommandanten der königlichen Leibgarde, der den Nachschub zu den abtrünnigen Städten des Agrippa II., Seleuka und Gamla, zu unterbinden suchte. Mit Knochenbruch an der Hand wur-

INTERTEXTUELL-HISTORISCHE VERORTUNG DER EXEGETISCHEN ERTRÄGE 867

de er nach Kapernaum gebracht, verarztet und nach einem Tag im Fieber dort nach Tarichea, seinem militärischen Basislager gebracht (*Vita* 398–406). Da die Wahl Jesu für Kapernaum ab Szene 07 mit keinem Wort begründet wird, könnte hier ein narratives Motiv liegen. Es ist auch der Ort, wo Jesus seine „Offiziere" zu demselben Kampf und gegen dieselben Gegner einsetzt (Szene 16; Mk 3,14).

Nazareth, Sepphoris: Erst nach längerem Verbleib in Obergaliläa begibt sich Jesus in Szene 27 in das politisch gewichtigere Untergaliläa, nämlich in seine Vaterstadt Nazareth. Weder wird ihm hier Ehre gezollt, noch findet er Glauben vor, was mit der geographischen Nähe Nazareths zu Sepphoris, der größten Stadt Galiläas (Josephus, *Vita* 232), zusammenhängen könnte. Zwar nie explizit genannt, auch Tiberias nicht, aber durch Szene 29 insinuiert, wurde Sepphoris, nachdem es im Aufstand gegen Rom durch Varus vernichtet worden war, von Antipas aufgebaut, befestigt und Augustus geweiht (Josephus, *Ant.* 18,27). Vielleicht deshalb gelang es Josephus nicht, die Stadt zu halten, und er verlor sie zunächst an Cestius und anschließend an Vespasian, der sie seiner strategischen Wichtigkeit wegen unter den Schutz einer großen Besatzungstruppe stellte (vgl. 5.6.3[5]; 5.7.2[4]; Josephus, *Vita* 346–348.394.411). Jesus hält sich hier auffallend zurück und schickt in Szene 28 stattdessen seine Jünger vor. Diese sind vielleicht deshalb unauffällig gekleidet, weil sie auch auskundschaften und Jesu Auftrag unauffällig vorantreiben sollen (vgl. 5.7.1[4]). Nach Erfolgen verordnet Jesus ihnen – wie Vespasian seinen Truppen – Ruhe. Es fällt daher auf, dass Jesus nach dem Markusevangelium im Herrschaftsgebiet des Herodes Antipas und auch im zu Syria zählenden Gebiet am meisten von der für einen Feldherrn gebotenen Verschwiegenheit Gebrauch macht[226]: in den Szenen 07–08 und 15 sollen unreine Geister über seine Identität schweigen (Mk 1,25.34; 3,12), in Szene 09 ein Geheilter und in Szene 40 seine Jünger (Mk 1,44; 8,30). Zentrale Einsichten in den Szenen 19 und 22 (Mk 4,11.34) offenbart er nur seinen Jüngern beziehungsweise in Szene 25 nur den Dreien; und in den Szenen 34 und 45 will er um Tyrus und in Galiläa unerkannt bleiben (Mk 7,24; 9,30). Und über Exorzismen oder Heilungen sollen die betreffenden Subjekte und ihre Zeugen schweigen (Szene 35; Mk 7,36). Auch das Strategem der Festzeit, des Sabbats, macht sich Jesus in den Szenen 13–15 zu Nutze, vielleicht aus Gründen des Selbstschutzes, wie auch Johannes von Gischala sowie Vespasian und Titus (vgl. 5.7.1[4]; 5.7.2[4]).

Tarichea: Die eigenartige Schiffsszene 31 (aber auch Szene 23) und die darin geäußerte Furcht vor Sturmwind und dem über das Wasser wandelnden Jesus

---

226 Vgl. auch Theißen, der von einem „Schutzgeheimnis" spricht, das Jesus vor frühzeitigem Leiden schützen soll („Evangelienschreibung und Gemeindeleitung," 405).

868   5. KAPITEL

kann vielleicht im Kontext der einzigen Seeschlacht zu Tarichea gelesen werden, die sich deshalb zu Gunsten der Römer entschied, weil Titus durch das Wasser reitend als erster in die Stadt stürmte. Während die Furcht (Josephus, *Bell.* 3,523; Mk 6,50) der Juden dort ihren Tod bedeutet, weiß Jesus hier die vom Sturmwind ausgehende Lebensgefahr zu beheben.[227] Bei Tarichea – der politisch-militärischen Basis des Josephus – verweigert Jesus – wie erwähnt – den Pharisäern auch ein vielleicht als Parole zu verstehendes Zeichen (Szene 37; Mk 8,12; vgl. 5.7.3[2]).

Gaulanitis

Cäsarea Philippi, Betsaida: Als nächstes begibt sich Jesus in das nach Judäa und Galiläa drittwichtigste Gebiet, in die Gaulanitis, und dort in die Nähe des Machtzentrums Cäsarea Philippi. So wie Herodes Antipas dem Kaisers Augustus Sepphoris weihte, so ließ andererseits sein Bruder Philippus das ehemalige Paneas mit Namen Cäsarea Philippi zu Ehren des Cäsars und Betsaida mit Namen Julias zu Ehren von dessen Tochter weihen (Josephus, *Ant.* 18,28). Später erweiterte sie sein neuer Besitzer König Agrippa II. und nannte sie zu Ehren des Kaisers Neronias (Josephus, *Ant.* 20,211). Da die Stadt dem König ihre Treue hielt, erlebte sie keine kriegerischen Auseinandersetzungen, vielmehr die Ehre, sowohl von Vespasian nach der Eroberung Jotopatas, als auch von Titus nach der Eroberung Jerusalems besucht zu werden, um dort gemeinsam mit ihrem Verbündeten die Kriegserfolge zu feiern und um dafür Dankopfer darzubringen (vgl. 5.7.2[4]). Dass Jesus in Betsaida (Julias) einen Blinden heilt (Szene 39) und von den Jüngern ausgerechnet in oder bei Cäsarea Philippi, der letzten königlichen Hauptstadt eines Herodianers, von seinen Jüngern als der messianische König erkannt und akklamiert (Szene 40) beziehungsweise auf seinem Hausberg Dreien von ihnen als Gottessohn erkenntlich gemacht wird (Szene 42), kann kaum zufällig sein. Vielmehr wirkt es, als ob Jesus den letzten jüdischen König in seiner eigenen Königstadt beerben soll. Gewiss will es auch daran erinnern, dass auch Vespasian in einem Cäsarea akklamiert wurde, allerdings im anderen, dem im Westen gelegenen, und Jesus im hiesigen im Osten gelegenen. Aber genau das ist vielleicht der springende Punkt: Jesus soll nicht nur Agrippa II., sondern auch den Weltherrscher beerben. Angesichts dieses möglichen Anspruchs ist es nur verständlich, dass wie in Galiläa auch hier das Strategem der Geheimhaltung greift, denn weder sollen die Zwölf dort seine Messianität noch die Drei seine Gottessohnschaft vor der gesetzten Zeit offenbaren (Szene 43).

---

227   Vgl. auch Schmidt, *Wege des Heils*, 303–307.

Judäa, Peräa

Nachdem Jesus wie Vespasian Galiläa und hernach die Gaulanitis durchschritten hat, steuert er Richtung Jerusalem. Aber offensichtlich vermeidet er Samaria und wählt stattdessen die Route durch die in Judäa beziehungsweise Peräa gelegene Jordansenke. Ein möglicher Grund könnte darin liegen, dass Vespasian schon früh Besatzungstruppen in Samaria postierte hatte, lange bevor er sich der Unterwerfung Peräas und Judäas zugewandt hatte (Josephus, *Vita* 269). Diese beiden Gebiete aber unterwarf er einzig aus demjenigen Grund, weil er sich vor einem Feldzug gegen Jerusalem den Rücken frei halten wollte, um nicht an zwei Fronten kämpfen zu müssen. Diesem Zweck diente unter anderem auch ein Lager in Jericho. Zu groß war Vespasians Respekt vor der Hauptstadt, insbesondere ihrer Befestigungsanlage als auch ihren Verteidigern gegenüber. Nachdem Cestius gescheitert war, konnte sich Rom eine zweite Niederlage dort nicht leisten (vgl. 5.7.2[4]). Vielleicht ist dies der Grund, weshalb der Narrator Jesus in Richtung Jerusalem denselben Weg über Peräa und Judäa, Jericho eingeschlossen, gehen lässt (Szenen 48–54).

Jerusalem

Sieg im Tempel, Überläufer: Jesus kommt wie Titus kurz vor Pessach nach Jerusalem (Szene 70 und 72), und wie im jüdisch-römischen Krieg sind die „Kampfhandlungen" nirgends so ausgiebig, langwierig und entscheidend wie in der judäischen Hauptstadt oder genauer gesagt, im Tempelbezirk; so ist auch Jesu Aufenthalt dort von ähnlicher Intensität wie in den kämpferischen Auseinandersetzung! Tatsächlich ist ja auch die Tempelprofanierung nach Ansicht des Josephus ein zentraler Grund für den Auszug Gottes und damit die Preisgabe des Tempels und auch der Stadt an den Feind (vgl. 5.3.3[1]). Im Blick auf Sakraltopographie übrigens eine beispiellose Anomalie, genauso wie die Kampfhandlungen innerhalb Roms im Vierkaiserjahr 68/69 d. Z., sollte doch dort das *pomerium* alles Kriegerische von der Stadt fernhalten.[228] Wie Titus „siegt" er,

---

228 Burckhardt, *Militärgeschichte der Antike*, 81: Das *pomerium*, der sakralrechtlich definierte Stadtbann zwischen *urbs* (Stadt) und *ager* (Landgebiet), war sowohl in religiöser Hinsicht als auch militärisch von Bedeutung. Sie markierte die klare Scheidung zwischen dem zivilen Bereich (*domi*) und dem militärischen Bereich (*militiae*), wo andere Regeln galten: So durften innerhalb des *pomerium* Waffen nicht offen getragen werden; auch das Heer und die ursprünglich als Heeresversammlung aufgefassten *comitia centuriata* hatten sich außerhalb des Gebietes zu versammeln. Nur im Triumph durfte eine Armee voll gerüstet in die Stadt einziehen. Feldherren, die in den Kampf zogen, durften erst an der Grenze ihre Kriegsgewandung anlegen. Sinn dieser Regeln war, dass der Krieg außerhalb der

870   5. KAPITEL

denn nach gewonnenen rhetorischen Gefechten „wagt niemand mehr ihn zu befragen," und schon gibt es Überläufer (Szene 62), und diesem Sieg gibt er in einer Tempelbegehung und nicht wie jener in einer Tempelschändung Ausdruck (Szene 55 und 68; vgl. 5.7.2[4]), die seine Zerstörung zur Folge hat (Szene 66).

Verrat: Doch der Sieg über die Eliten impliziert eine Niederlage gegenüber der Besatzungsmacht, somit ergeht es Jesus nicht anders als den Römern, die vorerst verlieren mussten, bevor sie siegen konnten. Der Beginn dieser Niederlage setzt in den eigenen Reihen an, nämlich durch Verrat des Judas (Szenen 16, 45, 70, 73 und 76), einem auch in diesem Krieg üblichen Strategem, wenn man bedenkt, dass Johannes beispielsweise den Jerusalemer Feldherrn Ananos gegenüber den Zeloten verleumdete und an die Idumäer verriet (vgl. 5.7.2[4]). Verrat soll auch den Jüngern nicht erspart bleiben (Szene 67).

Ölberg, Flucht: Jesu Gefangensetzung geht eine Situation des Entsetzens und der Angst in dem auf dem Ölberg situierten Getsemani voraus (Mk 14,26), worauf alle seine Jünger abfallen und die Flucht ergreifen (Szene 74–76 und 78). Der Ölberg war auch für Titus und die zehnte Legion ein Ort des Schreckens geworden, und wäre da nicht Titus' Mut gewesen, hätte nach Ansicht des Josephus ein Ausfall der Juden fast die ganze in die Flucht geschlagene zehnte Legion aufgerieben (vgl. 5.7.2[4]).

Scheingericht: Ähnlich wie im Jerusalem unter den Aufständischen wird auch Jesus einem Scheingericht und Falschzeugen ausgesetzt, die seine todeswürdige Schuld feststellen (Szene 77; vgl. 5.7.2[4]) und diese mit Hilfe des Volks auch gegen die Gnade des Prokurators durchsetzen (Szenen 79–80).

Kreuzigung, Tod, Begräbnis: Nach Verspottung und Misshandlung wird Jesus neben zwei anderen „Räubern" gekreuzigt; es ist nach Josephus die erbarmungswürdigste Todesart (*Bell.* 7,203); und sie erinnert an die von Verspottung und Folter begleiteten Massenkreuzigungen des Titus vor den Stadtmauern (Szenen 81–82; vgl. 5.7.2[4]). Anders aber als den Opfern der Aufständischen in Jerusalem wird Jesus ein Begräbnis zuteil (Szene 83; vgl. 5.7.2[4]).

Ankündigungen, Todesbereitschaft: Vor seinem Tod sagt Jesus seinen vier nächsten Jüngern auf dem Ölberg Kriege und Bürgerkriege voraus (Szenen 66–69). Wie Sabinus gegenüber Titus versichern Petrus und die übrigen Jünger Jesus ihre Todesbereitschaft (Szene 74; Mk 14,31), was ihnen wie bei Titus auch nach den Worten Jesu Früchte einer jenseitigen Existenz eintragen soll (Szenen

---

Stadt bleiben sollte; konsequenterweise wurde daher auch der Tempel der Bellona, der wilden Kriegsgöttin, jenseits des *pomerium* angelegt; vgl. auch Rüpke, *Domi militiae,* 29–57.

INTERTEXTUELL-HISTORISCHE VERORTUNG DER EXEGETISCHEN ERTRÄGE   871

19, 41 und 51; vgl. 5.7.2[4]). Nach Josephus haben dies auch die Essener in diesem Krieg geglaubt und praktiziert (*Bell.* 2,152–158). Die Erwähnung von Schwangeren und Stillenden als verbreitete Metapher für Kämpfer in Extremsituation könnte dabei auf die bevorstehenden Leiden verweisen (Szene 68).

Kriegszeit, Hunger, Falschpropheten: Die Jünger sollen im Blick auf diese Kriege beten, dass sie nicht im Winter geschehen, die denkbar ungeeignetste Kriegszeit (Szene 68). Jesus kündigt ihnen auch Hungersnöte an, ein wahrlich zentrales Thema im Kontext von Jerusalems Belagerung (Szene 66; Mk 13,8). Ebenso und wie bei der Belagerung sagt er ihnen Falschpropheten (Szene 68; Mk 13,22) vorher, welche die tyrannischen Feldherren auf das Volk losließen, damit sie nicht überlaufen würden (vgl. 5.3.3[1]; 5.7.2[4]).

Glauben, Wachen, Rückkehr: Jesus mahnt die Jünger aber auch zum Berge versetzenden und für den Kampfesmut unabdingbaren Glauben (Szene 23 und 56; Mk 4,40; 11,22–23), das von Vegetius angeführte Strategem, sowie zur Wachsamkeit, denn der Schlaf seiner zum Wachdienst abbestellten Jünger erweist sich nicht nur für Jesus schwierig (Szene 75), Jotopata wurde deswegen eingenommen und Jerusalem von den Idumäern überfallen (vgl. 5.7.1[4]). Der Herr des Hauses aber werde wie auch die Römer zu geeigneter Kriegszeit im Frühsommer vor die Stadttore zurückkehren (Szene 41, 69 und 77; Mk 8,38–9,1; 13,35; 14,62), ganz so wie es das Strategem des gebotenen Neuanfangs nach einer Niederlage verlange (vgl. 5.7.1[4]), weswegen der Engel die Jünger nach Galiläa bestellt, wo Jesus seine Nachfolger sammelt und der siegreiche Feldzug zwingend von Neuem beginnen muss (Szene 74 und 84; Mk 14,28; 16,7).

(5)   Gott im Kriegsgeschehen

Mit Blick auf das Thema Gott im Kriegsgeschehen standen sich zwei, durch Josephus kausal miteinander verbundene Situationen gegenüber: Auf der einen Seite waren da der Feldherr Vespasian mit seinem Sohn Titus, deren kriegerisches Ansinnen durch Josephus als gerecht dargestellt wird und die sich während ihrer Feldzüge angeblich auch keines gröberen Vergehens schuldig gemacht haben sollen (5.6.2[5]). Ganz anders die jüdischen Feldherren. Nicht nur soll ihr Kampf um Freiheit illegitim gewesen sein, auch hätten sie sich jedes erdenklichen Vergehens schuldig gemacht, insbesondere aber gegen Gott durch Tempelschändung und Opferunterbruch (5.6.3[5]; 5.6.3[7]). Deshalb musste Gott nicht nur von ihrer Seite weichen, er musste ihre Schuld auch rächen, wofür er sich der Römer bediente, damit ihr Feuer die Stadt und den Tempel von Kriegsschuld reinigte (vgl. 5.7.2[5]). Krieg und auch Sieg und Niederlage werden hier in religiösen Kategorien, in den Kategorien von Bundestheologie gedeutet.

872   5. KAPITEL

Dass der Narrator in Antwort auf diese Ausgangslage Jesu Weg ans Kreuz als Triumphzug beschreibt, erscheint mir tiefgründig. Denn nicht nur wird er als Triumphator dargestellt, als Spottausgabe zwar (Szene 81), gleichzeitig ist er auch Triumphopfer (Szene 82). Und dieses hatte bekanntlich die kriegsbeendigende Funktion, Menschen als auch das Land von Kriegsschuld zu sühnen (vgl. 6.2). Jenseits des (befleckten und/oder zerstörten und damit von Gott verlassenen) Jerusalemer Tempels kann Sühne aber nur dort stattfinden, wohin sich Gott zurückzog, nämlich im himmlischen Heiligtum. Um aber dahin zu kommen, war der Tod zwingende Voraussetzung, etwas, was der Erzähler Jesus wiederholt betonen lässt (Szenen 41). Wenn aber Jesus mehrfach davon spricht, dass er zur Rechten Gottes sitzend wird (Szenen 63 und 77), wird damit implizit gesagt, dass seinem sühnenden Opfer väterliche Anerkennung beschieden war. Hier liegt ein Motiv vor, das üblicherweise mit dem Versöhnungstag in Zusammenhang stand, der insbesondere die Befleckung des Tempels beseitigen sollte.[229] Das Fest wurde Ende September (oder Anfang Oktober) begangen, genau zu jener Zeit als Titus den endgültigen Sieg über Jerusalem im Jahre 70 d. Z. erlangt hatte. Reinigung und Sühne aber sind Voraussetzung für Bundeserneuerung; auch davon spricht Jesus zu seinen Jüngern (Szene 73). Und Bundeserneuerung ist Voraussetzung für Gottes Rückkehr. In Absenz eines Tempels kann dies vorerst nur in kriegerischem Sinn verstanden werden, um das Land – seinen Besitz – vom Feind und seinen Helfershelfern zu befreien (Szene 59). In (Kriegs)Macht also (Szenen 41 und 68; Mk 9,1; 13,26: δύναμις) kündigt Jesu seine Rückkehr an, um einen von Gott gewollten, das heißt legitimen Krieg zu führen. Im auf diese Weise befreiten Land soll er eine Gottesherrschaft aufrichten, die nicht von Freveln gegen Mensch und Gott gekennzeichnet sein wird wie bei den jüdischen Feldherren, sondern getragen sein wird von den Geboten Gottes (Szene 33) und damit von Gerechtigkeit. Darin wird Jesus Grundstein nicht nur eines neuen Tempels sein, sondern auch einer Freiheit von Fremdherrschaft und Tyrannis. Freiheit aber ist das Kernmotiv von Pessach. Jesus stirbt nach dem Markusevangelium zur neunten Stunde am 15. Nissan; das ist genau die Stunde, zu welcher am Vortag das Schlachten und Opferungen der Pessachlämmer begann, was jeweils bis zur elften Stunde gedauert haben soll (vgl. *Bell.* 6,423). Könnte es also sein, dass der Narrator auf semantischer Tiefenstruktur einen herbeigesehnten und religiös legitimierten

---

229   Vgl. dazu Gabriella Gelardini, „The Inauguration of Yom Kippur According to the LXX and its Cessation or Perpetuation According to the Book of Hebrews: A Systematic Comparison," in *The Day of Atonement: Its Interpretations in Early Jewish and Christian Traditions* (hg. von Thomas Hieke und Tobias Nicklas; TBN 15; Leiden: Brill, 2011), 225–254.

INTERTEXTUELL-HISTORISCHE VERORTUNG DER EXEGETISCHEN ERTRÄGE 873

(Vergeltungs-)Krieg in den Text einschrieb?[230] Ein Krieg, der einerseits die Vergehen der jüdischen Feldherren sühnt, aber ihr legitimes Anliegen von Freiheit aufnimmt, und ein Krieg, der andererseits als gerechter Krieg – wie derjenige der Römer aus Sicht des Josephus – geführt wird? Wäre dem so, dann wäre dem Narrator die Quadratur des Kreises gelungen, darin nämlich, dass er mit rhetorischen und hermeneutischen Mitteln eine Niederlage in der Vergangenheit in einen in Zukunft liegenden Sieg transformiert und damit wiedergewonnenes Kriegsglück propagiert.

5.8 Kriegsfolgen

5.8.1 *Rom*

(1)   Militärischer Sieg

Die Unterwerfung des jüdischen Aufstandes im ersten jüdisch-römischen Krieg war für die Flavier ein Sieg auf der ganzen Linie, militärisch, ökonomisch, politisch wie auch kultisch, ungeachtet der tendenziösen Darstellung des Josephus, nach der Titus keinen Stolz darüber empfunden haben will, Jerusalem mit Waffengewalt eingenommen zu haben (*Bell.* 7,112–113).[231] In militärischer Hinsicht bedeutete der Feldzug einen Sieg durch die Rückeroberung des Territoriums und die damit verbundenen Ressourcen. Doch dieser Sieg hatte die Römer auch militärische Opfer gekostet, die Josephus zwar beschreibt, aber bezeichnenderweise nur für Cestius und selten für das flavische Siegerpaar beziffert (vgl. 5.7.2[4]). Von den Verwundeten abgesehen, verloren im Feldzug des Cestius mindestens 8'495 römische Soldaten ihr Leben, 2'000 in der Stadt Chabulon (Untergaliläa), 200 im Gebirge Asamon (Galiläa), 515 in Gabao (Judäa) und 5'780 auf der Flucht zwischen Jerusalem und Bethhoron (Judäa).

(2)   Ökonomischer Sieg

Weil entsprechend antikem Kriegsrecht die Güter und Gefangenen (vgl. 5.8.2[1]) der eroberten Territorien dem Sieger gehörten (5.6.1[8]; 5.6.2[8]), und

---

230   Zur religiösen Legitimation des Krieges vgl. insbesondere *Bell.* 5,362–419. Mit dieser Rede vor den Stadtmauern will Josephus zwar die jüdischen Feldherren davon überzeugen, von Waffengewalt abzulassen, implizit aber sagt er auch, dass es gottgewollte Kriege gibt und dass nur diese legitim und deshalb erfolgversprechend seien.

231   Vgl. auch Yann Le Bohec, „II. Kriegsfolgen," *DNP* 6:841–842. Martin Goodman hat sogar die verheerenden Verwüstungen durch Titus als eine gezielte Propagandaaktion im Interesse der Etablierung der Flavier gedeutet (vgl. 1.2.1).

874   5. KAPITEL

dies auch dem strategischen Ziel diente, die militärischen Ressourcen des Gegners zu mindern (vgl. 5.7.1[4]), plünderten sowohl die Truppen des Cestius als auch die des Vespasian und am einträglichsten diejenigen des Titus. Auch hier beschreibt Josephus nur, und das auch bloß punktuell, konkrete Zahlen hingegen nennt er nie (vgl. 5.7.2[4]).

Unter Cestius berichtet Josephus nur von der Stadt Chabulon (Galiläa) und ihren umliegenden Dörfern, dass sie geplündert wurden. Unter Vespasian hingegen soll das Umland von Sepphoris (Galiläa), die Städte Joppe mit Umland (Judäa) und Gerasa (Judäa) sowie das Dorf Bethennabris (Peräa) geplündert worden sein. Und unter Titus nicht zuletzt Jerusalem und dort Menschen, Häuser aber vor allem der Tempel, obschon das eigentlich auch nach römischer Ansicht eine Freveltat war (vgl. Cassius Dio, *Gesch.* 51,17,6). Ein beträchtlicher Teil der gewaltigen Reichtümer soll dabei unter Jerusalems Trümmern geborgen worden sein, und zwar aufgrund der Angaben von Gefangenen (*Bell.* 7,114–115).

Das zurückeroberte Territorium bescherte Vespasian beständige Einkünfte; denn dem Legaten Bassus und dem damaligen Schatzmeister Liberius Maximus erteilte er den schriftlichen Befehl, das Land der Juden zu verpachten. Nur bei Emmaus gab er 800 ausgeschiedenen Veteranen einen Siedlungsraum, und auf die Gründung einer eigenen Stadt soll er dort verzichtet haben (*Bell.* 7,216–217).

(3)   Politischer Sieg

Der militärische Sieg äußerte sich auch in politischem Gewinn; denn die Bürger romfreundlicher oder befreiter Ortschaften begrüßten die Feldherren als ihre Befreier und Wohltäter und huldigten ihnen unter Segenswünschen. Die Sepphoriten etwa dem Cestius und auch dem Vespasian, Letzterem ferner noch die griechischen Bewohner Cäsareas, die Bewohner von Tiberias und Gadara, und dem Titus huldigten die Bewohner Gischalas und Antiochiens.

Nachdem Vespasian zum Herrscher akklamiert worden war, durfte er ferner in Berytos und auch in Alexandrien Gesandtschaften aus allen Teilen der ihm zu eigen gewordenen Welt empfangen, welche ihm Kränze und Glückwünsche überbrachten. Und ehrenvoll schließlich wurde er auch in allen Orten auf seinem Weg von Alexandrien in die Hauptstadt empfangen, in Rom gar mit großer Begeisterung und Pracht (*Bell.* 7,63–74), wie später auch sein Sohn (*Bell.* 7,119–120).

Darauf beschloss der Senat für die akklamierten Vespasian und Titus alle bei Herrschern üblichen Ehren, wie etwa den Imperatorentitel, nicht jedoch die Bezeichnung Iudaicus oder etwa Triumphbögen und Triumphe. Den Triumphzug aber beschlossen Vater und Sohn gemeinsam im Jahre 71 d.Z. zu

INTERTEXTUELL-HISTORISCHE VERORTUNG DER EXEGETISCHEN ERTRÄGE 875

feiern. Dort wurde auch die reiche Beute gemeinsam mit den Gefangenen vor- und Simon als ihr Schlachtopfer aufgeführt (*Bell.* 7,121–157; Cassius Dio, *Gesch.* 65,12,1ª; 65,7,2).[232]

(4) Kultischer Sieg

Durch all diese Maßnahmen und nach Vollziehung des Kriegsbeendigungsrituals im Rahmen des Triumphes glaubte man nun – so Tacitus – die Entsühnung des Erdkreises nach den inneren wie äußeren Wirren vollbracht zu haben (vgl. *Hist.* 4,3,3).[233] Und tatsächlich, mit den Flaviern war wieder Friede ins gesamte Reich zurückgekehrt, so dass – unter dieser zwingenden Voraussetzung – nach langer Zeit die Tore des Janustempels wieder geschlossen werden konnten. Vespasian dankte es der Friedensgöttin und baute ihr über die Jahre 71–75 d. Z. – vielleicht auch in Erfüllung eines Gelübdes – eine Tempelanlage (*templum Pacis*), wohin er auch die goldenen Weihgeräte aus dem Jerusalemer Tempel – auf die er stolz war – bringen ließ. Die Torarolle und die purpurnen Vorhänge des Allerheiligsten hingegen ließ er in seinem eigenen Palast niederlegen und bewachen (*Bell.* 7,158–162).[234] Mit der Rückkehr des Friedens suchte Vespasian symbolisch ans goldene Zeitalter und an die Pax Romana des Augustus anzuknüpfen. Dazu hatte er mehrfachen Grund, etwa den, dass ihm die Inbesitznahme Ägyptens vom 1. Juli 69 d. Z. wie vorher jenem den Kaiserthron brachte. Dass sich die Erinnerung an Octavians Sieg über Marc Anton im Jahre 70 d. Z. zum hundertsten Mal jährte, passte zudem gut ins Konzept. Anders als Augustus aber, der den ägyptischen Kult aus Rom verbannt hatte, verlieh Vespasian ihm die höchste staatliche Anerkennung. Schließlich hatte ihm die hellenistisch-ägyptische Gottheit Serapis zu Anerkennung auch in Rom verholfen. So hatte er die Nacht vor dem Triumphzug über Judäa bewusst im Isistempel, der Kultgenossin des Serapis, verbrachte.[235] Aber unter Annahme einer sorgfältigen Inszenierung des Triumphes, soll nach Ansicht von Helmut Schwier die Übernachtung im Iseum weniger der Werbung

---

232   Eder, „Triumph, Triumphzug," 12/1:836–838; Burckhardt, *Militärgeschichte der Antike*, 82; Rüpke, *Domi militiae*, 223–234.

233   Vgl. u. a. Ernst Künzl, *Der römische Triumph: Siegesfeiern im antiken Rom* (Beck's Archäologische Bibliothek; München: Beck, 1988); Mary Beard, *The Roman Triumph* (Cambridge: The Belknap Press of Harvard University Press, 2007), bes, 332–333; Eberhardt, „Wer dient wem?," 257–277.

234   Sowohl Vespasian als auch Titus hatten der Gottheit bereits im Kriegsgebiet für ihre Erfolge mit Opfern gedankt, Vespasian in Cäsarea Philippi und Titus in Cäsarea Maritima (*Bell.* 3,444; 7,16).

235   Pfeiffer, *Die Zeit der Flavier*, ix, 19–20, 42.

876   5. KAPITEL

für Isis als der Bevollmächtigung oder Legitimation der Flavier durch Iuppiter Optimus Maximus, dessen Tempel Ziel- und Endpunkt des Triumphzuges war, gedient haben. Dieser Tempel aber war im Kampf zwischen den Vitellianern und Flaviern ein Jahr vor demjenigen Jerusalems zerstört worden und dürfte zur Zeit dieses Triumphzugs im Jahre 71 d. Z. noch nicht wieder aufgebaut gewesen sein. Es dürfte demnach das Interesse der Flavier gewesen sein, jegliche Schuld seiner Zerstörung und der damit infrage gestellten Machtgarantie Jupiters von sich zu weisen. Die „Darbringung" der kultischen Spolien aus dem Jerusalemer Tempel sollen nach Schwier daher dem Zweck gedient haben, das Gegenteil zu beweisen, Jupiter habe über Jahwe obsiegt, und weil die Flavier ihm zu diesem Sieg verholfen hatten, sollte ihnen von höchster Stelle Legitimation herkommen.[236] Dass Vespasian den Wiederaufbau dieses Tempels durch den *fiscus Judaicus* finanzierte, ist für Schwier eine Bestätigung seiner These (vgl. 5.3.2[1]; Tacitus, *Hist.* 4,4,2; 4,53,1–4; Cassius Dio, *Gesch.* 65,10,2).[237]

Aus der Beute Judäas wurde auch das Kolosseum (*amphitheatrum Flavium*) – das größte Amphitheater und auch der größte geschlossene Bau der römischen Antike – errichtet, so dass durch Spiele die Bevölkerung am Sieg teilhaben konnte. Solche hatte zuvor Titus bereits in Berytos und anderen Städten Syriens, aber auch in Cäsarea Philippi und Cäsarea Maritima veranstaltet, wo es auch eine Siegesfeier im engeren Kreise der Truppen gegeben hatte (vgl. 5.6.2[8]).

5.8.2   *Judäa*

(1)   Militärische Niederlage

Anders als für die Römer bedeutete dieser Krieg für die Juden – und keineswegs nur für diejenigen innerhalb des Stammlandes – eine Niederlage auf der ganzen Linie, militärisch, ökonomisch, politisch wie auch kultisch. Zwar spricht Josephus den jüdischen Feldherren, zu denen er selbst auch gehörte, Kriegskunst nicht ab. Aber ihre innere Uneinigkeit, mangelnde Ausbildung und Aus-

---

236   Vgl. dazu Sven Schipporeit, „Ritual und Herrschaft: Der jüdische Triumph der flavischen Kaiser," in *Standortbestimmung: Akten des 12. Österreichischen Archäologentages am Institut für Klassische Archäologie der Universität Wien 28.2.–1.3.2008 in Wien* (hg. von Marion Meyer und Verena Gassner; Wiener Forschungen zur Archäologie 13; Wien: Phoibos, 2010), 151–161.

237   Aus diesem Grund soll es – entgegen den Beteuerungen des Josephus – vielmehr die Absicht des Titus gewesen sein, den Jerusalemer Tempel zu zerstören und schleifen zu lassen (Schwier, *Tempel und Tempelzerstörung*, 1–3, 308–337; ähnlich Ebner, „Evangelium contra Evangelium," 36).

INTERTEXTUELL-HISTORISCHE VERORTUNG DER EXEGETISCHEN ERTRÄGE   877

rüstung im Verbund mit ihren Freveln gegen das eigene Volk und ihren Gott waren zuviel der Schwächen gegenüber der stärksten Truppenmacht damaliger Zeit. Entsprechend waren die Opfer auf jüdischer Seite erschütternd, einerseits hinsichtlich des Verlustes des Territoriums, andererseits an menschlichen Opfern, verursacht durch Flucht, Gefangenschaft, Verwundung und Tod. Dabei war dies der militärisch übliche Umgang mit Besiegten, die wehrfähigen Männer umzubringen und die übrigen, gemeinsam mit Frauen und Kinder in die Sklaverei zu verkaufen.[238] Von diesem Vorgehen wurde aber auch abgewichen, je nach Situation und dem als angemessen erachteten Strafmass. Denn in Umkehrung vom Üblichen konnte es vorkommen, dass Greise und körperlich Versehrte umgebracht[239] und die übrigen in die Sklaverei verkauft wurden, oder dass, wenn die Römer sich besonders indigniert fühlten wie etwa in Gamla, alle Männer, Frauen sowie Kinder dem Tod anheim gegeben wurden.

Zum Auftakt des Krieges etwa und nach dem Massaker an 20'000 Juden in Cäsarea (vgl. 5.2.3[2]; *Bell.* 2,457; 7,361–363) wurden vielerorts und gleichsam auf dem Nährboden ethnischer Spannungen viele Juden von ihren griechischstämmigen Nachbarn ermordet, insbesondere in Syrien und der Dekapolis, nämlich zwischen 10'500 bis 18'000 in Damaskus (*Bell.* 2,559–561; 7,368), 13'000 in Skytopolis (*Bell.* 2,466–468; 7,364–366), 2'500 in Aschkelon, 2'000 in Ptolemais, viele in Tyrus, weitere in Hippos, Gadara und allen übrigen Städten Syriens; einzig in Antiochien, Sidon, Apamea und Gerasa wurden sie verschont (*Bell.* 2,461–465.477–480; 7,367). Die meisten jedoch starben in Alexandrien durch der Hand des Tiberius Alexander, dem Enkel des Philo und ehemaligen Prokurator Judäas und späteren Beirat des Titus im Feldzug gegen Jerusalem, nämlich zwischen 50'000 bis 60'000.

Im Krieg selbst starben während des Feldzugs des Cestius (vgl. 5.7.2[4]) in Joppe (Judäa) alle 8'400 Bewohner, im Bezirk Narbata viele Dorfbewohner, in Lydda (Judäa) 50 Bewohner, auf dem Gebirgszug Asamon (Galiläa) fielen über 2'000 galiläische Aufständische, im Treffen von Gabao 22 und wenige bei der Verfolgung der Römer zwischen Jerusalem und Bethoron.

Während des Feldzugs des Vespasian (vgl. 5.7.2[4]) starben, sei es durch römische oder eigene Hand Männer, Frauen und auch Kinder: in Aschke-

---

238   Vgl. z. B. *Bell.* 3,63.

239   Von den nach Tiberias gebrachten Gefangenen Taricheas ließ Vespasian beispielsweise 120 „Greise und körperlich Untaugliche niedermachen" (*Bell.* 3,539). Und gegen den Befehl des Titus sollen seine Soldaten – wohl aus Hass, aber auch aus Getreideknappheit – von den Gefangenen Jerusalems alle „Alten und Schwachen niedergemacht haben" (*Bell.* 6,415).

878   5. KAPITEL

lon 18'000, im Umland Sepphoris (Galiläa) alle Kampffähigen, in Gabara alle
erwachsenen Männer, in Jotopata (Galiläa) 40'000, in Japha (Untergaliläa)
15'000, auf dem Garizim (Samaria) 11'600, in Joppe (Judäa) 4'200 Aufständische,
in Tarichea (Galiläa) 7'900, in Gamla (Gaulanitis) 9'000, in Gischala (Galiläa)
6'000, in Peräa 15'000, in Betabris und Kapharoba 10'000, wenige in Jericho, in
Gerasa (Judäa) 1'000 junge Männer, weitere in den Toparchien Gophna und
Akrabeta und in Hebron die verbliebene waffenfähige Mannschaft.

Während des Feldzugs des Titus starben durch Seuchen, Hunger, Suizid
und in kriegerischen Auseinandersetzungen – die Opfer des Bürgerkrieges
eingeschlossen – insgesamt 1'100'000 Juden, von denen die Mehrzahl nicht
aus Jerusalem stammte, aber sich des Pessach wegen dort aufgehalten hatten.
Den wenigsten von ihnen dürfte eine würdige Bestattung zuteil geworden
sein.

In den Feldzügen des Legaten Lucius Bassus fielen in Machärus 1'700 und im
Wald Jardes 3'000 Aufständische und unter Flavius Silva auf Masada (Judäa)
960 (vgl. 5.7.2[4]).

Aber selbst nach dem Krieg gerieten Juden außerhalb Judäas in Todesgefahr,
etwa in Antiochien (*Bell.* 7,41–62), oder Ägypten (*Bell.* 7,408–419) und Kyrene,
wohin Sikarier geflüchtet waren und deshalb 1'000 jüdische Männer hingerichtet wurden. Ja, selbst die Juden Roms blieben von gefährlichen Verleumdungen
nicht verschont, wie Josephus auch sich selbst betreffend zu berichten weiß
(*Bell.* 7,437–453).

Summiert man die von Josephus explizit genannten Ziffern, dann ergibt sich
für diesen Krieg ein Todeszoll von mindestens 1'369'310 Juden, unter denen
sich – wie so oft im Krieg – besonders viele Arme befunden haben sollen (vgl.
5.7.2[4]; *Bell.* 4,379; 5,567–570).

Vespasian und Titus setzten aber auch eine gewaltige Zahl von Menschen –
Männer, Frauen und Kinder – gefangen; und da Kriegsgefangene ihrer Rechte
beraubt gemeinhin als Beute galten, wurden sie auch hier mehrheitlich in die
Sklaverei verkauft.[240] Unter Vespasian traf dies im Umland von Sepphoris, in
Gabara und seinem Umland die gesamte Bevölkerung, in Japha (Untergaliläa)
2'130, in Jotopata (Galiläa) 1'200, in Tarichea (Galiläa) 36'400, in Peräa 2'200
und in Judäa 1'000. Demgegenüber traf es unter Titus in Jerusalem 97'000
Juden, wovon nicht wenige im Nachgang des Krieges und im Rahmen von
Spielen, in Cäsarea Philippi etwa (*Bell.* 7,23–24), in Cäsarea Maritima (*Bell.*
7,37–38), in Berytos (*Bell.* 7,39–40) und in allen Städten Syriens (*Bell.* 7,96) in

---

240   Johannes Renger, Leonhard Burckhardt und Yann Le Bohec, „Kriegsgefangene,“ *DNP* 6:842–
      846.

INTERTEXTUELL-HISTORISCHE VERORTUNG DER EXEGETISCHEN ERTRÄGE 879

den Tod geschickt wurden (vgl. auch *Bell.* 6,418; 7,373). Weitere 600 Sikarier wurden nach dem Krieg von den in Alexandrien wohnenden Juden an die Römer ausgeliefert (*Bell.* 7,407–419). Summiert man die von Josephus explizit genannten Gefangenenzahlen, ergibt dies eine Zahl von mindestens 140'530 Juden.

(2) Ökonomische Niederlage

Während sich die erbeuteten Güter, welche die Juden den Römern abzunehmen vermochten, auf verhältnismäßig wenige militärische Güter beschränkten (vgl. 5.6.3[6]; 5.7.2[4]), war der Verlust von Besitztümern auf jüdischer Seite und damit der ökonomische Schaden immens. Abgesehen von demjenigen Schaden, der durch die eigenen Landsleute verursacht worden war, wurden unzählige Landstriche mit ihren wirtschaftlich-gesellschaftlichen Strukturen durch die Römer zerstört, daneben zahlreiche Städte und Dörfer mit ihren Befestigungsanlagen und Häusern, aber auch der öffentliche wie private Besitz von unzähligen Ortschaften und Menschen (vgl. 5.7.2[4]). Dass Ortschaften von Plünderung verschont blieben, berichtet Josephus nur im Zusammenhang mit Tiberias; dazu habe sich Vespasian entschlossen, weil die Stadt seinem Freund Agrippa II. gehörte (vgl. 5.7.2[4]):

So ließ Cestius beispielsweise die Städte Chabulon mit Umland (Untergaliläa) und auch Joppe (Judäa) und die Dörfer des Bezirks Narbata plündern und niederbrennen, ferner die Städte Antipatris und Umland (Judäa), Lydda (Judäa) und Teile Jerusalems. Vespasian ließ das Umland der Stadt Sepphoris (Galiläa), die Städte Joppe mit Umland (Judäa) und Gerasa (Judäa) sowie das Dorf Bethennabris (Peräa) plündern und niederbrennen. Auch die Städte Gabara mit Umland (Galiläa), Jotopata (Galiläa), Gamla (Gaulanitis) und Hebron (Judäa), das Umland der Stadt Antipatris (Judäa) und der Dörfer Betabris und Kapharoba (Judäa), den Bezirk Bethleptepha wie auch seinen benachbarten und schließlich die Dörfer Kaphethra und Kapharabin (Judäa) ließ er niederbrennen und teilweise schleifen. Und Titus schließlich ließ Jerusalem nicht nur plündern, sondern auch niederbrennen und schleifen.

(3) Politische Niederlage

Die Genugtuung als „Wohltäter" und „Retter" zu gelten, war sowohl Josephus in Galiläa (*Vita* 244.259) als auch Simon in Jerusalem beschieden (*Bell.* 4,575), aber sie blieb eine flüchtige Erfahrung. Denn keinem der jüdischen Feldherren, welche den Krieg überlebten, war eine politische Zukunft vergönnt. Simon endete als Schlachtopfer im Triumph (Cassius Dio, *Gesch.* 65,7,1), Johannes in lebenslanger Haft (vgl. 5.7.2[4]), einzig Josephus war es vergönnt, in den kaiserlichen Dienst als Hofhistoriker berufen zu werden, und das auch nur seiner manti-

880   5. KAPITEL

schen Begabung wegen.[241] Aber auch sein Leben blieb nicht sorgenfrei, hatte
er sich doch wiederholt gegen Verleumdungen zu wehren (*Bell.* 7,447–450; *Vita*
423–425, 428–429).

Und auch für die Juden außerhalb Judäas hatte sich die Situation des Krieges
wegen und in beschriebener Weise verschärft (vgl. 5.8.2[1]).

Aber anders als in Rom, wo politische Stabilität eingekehrt war, gärten die
Unruhen unter der jüdischen Bevölkerung weiter und entluden sich, entgegen
den Warnungen des Josephus an die Adresse der „Empörungslustigen" (*Bell.*
3,108), in Aufständen unter Trajan (Cassius Dio, *Gesch.* 68,32,1–3) und einem
zweiten, wiederum verlustreichen Krieg unter Hadrian (Cassius Dio, *Gesch.*
69,12,1–14,3).

(4)   Kultische Niederlage
Nachdem Vespasian die Schließung auch des in Heliopolis (Ägypten) gelegenen jüdischen Tempels verfügt hatte, war den Juden kein Ort der kultischen
Gottesverehrung mehr geblieben (*Bell.* 7,420–436). Und ein Privileg, ihn wieder
aufbauen zu dürfen, wie bei den Römern, war ihnen nicht vergönnt. Schlimmer
noch, Vespasian legte jedem – also auch nicht-männlichen – Juden eine jährliche Kopfsteuer von zwei Drachmen auf, die ans römische Kapitol zu entrichten
waren, entsprechend der Steuer, die vor dem Krieg nur erwachsene männliche Juden an den Jerusalemer Tempel zu entrichten hatten (*Bell.* 7,218; Cassius
Dio, *Gesch.* 65,7,2).[242] Sie sollte wohl die Überlegenheit des römischen Gottes Jupiter über den jüdischen Gott manifestieren[243] und damit wohl auch die
von Josephus mehrfach beschworene militärische Unbesiegbarkeit der Römer
(*Bell.* 3,70–108).

---

241 Obschon mit Privilegien ausgestattet, einen Zugang zu den politischen Eliten der Haupt-
     stadt blieben Josephus verwehrt, so jüngst William den Hollander in seinem Werk *Jose-
     phus, the Emperors, and the City of Rome: From Hostage to Historian* (AJEC 86; Leiden Brill,
     2014).

242 Incigneri, *The Gospel to the Romans*, 194–202 bes. 197.

243 Dazu passt die Überführung der Heiligen Schriften und die Vorhänge des Allerheiligsten in
     den Privatpalast Vespasians, als ob damit die Verunmöglichung religiöser Praxis für Juden
     symbolisch zementiert werden wollte, denn ohne Tora konnte weder die Stimme Gottes
     vernommen und ohne Vorgang noch ein Zugang zu ihm gefunden werden. Postitiver
     bewertet diesen Akt Eberhardt („Wer dient wem?," 274–275, 277), die in Vespasin darin
     einen Bewahrer jüdischer Tradition zu erkennen glaubt.

INTERTEXTUELL-HISTORISCHE VERORTUNG DER EXEGETISCHEN ERTRÄGE   881

5.8.3   *Judäa nach Markus*

(1)   Militärische Niederlage und Sieg

Auch im Blick auf die „Kriegsfolgen" stehen sich „Sieg" und „Niederlage" ein-mal mehr kontrastreich gegenüber, denn einerseits wird der Text als „Anfang des Evangeliums Jesu Christi" bezeichnet (Szene 01; vgl. *Bell.* 4,618), das in der ganzen Welt verkündet werden wird (Szenen 67 und 71), was dann auch die Unterwerfung der Feinde unter Jesu Füße impliziert (Szene 63),[244] und ande-rerseits bittet Josef von Arimatäa den Prokurator um den Leichnam des mes-sianischen Aspiranten, in der Antike ein Eingeständnis der Niederlage (Szene 83).[245] Und so wie Jesus Gefangenschaft und Tod auferlegt wird, dem er sich übrigens wie die jüdischen Feldherren – mit Ausnahme von Eleazar – nicht durch Suizid entzieht (Szene 76–82), kündigt Jesus den Vieren Gefangenschaft und darin möglichen Tod durch Tiere oder am Kreuz an (Szene 04 und 67).

(2)   Ökonomische Niederlage und Sieg

Vor dem Hintergrund, dass die Kriegsopfer Jerusalems insbesondere aus Armen bestanden, die sich ein Überlaufen von den tyrannischen Feldherren nicht zu erkaufen vermochten, erhält die Opfergabe der armen Witwe eine weitere Tiefendimension (Szene 65). Und vor dem Hintergrund der Reichtü-mer, die ihre Besitzer vergraben hatten, die aber die Römer nach Angabe ihrer ehemaligen und nun gefangenen Eigentümer noch erbeuteten, wird Jesu Mah-nung an den reichen Jüngling neu gelesen werden können (Szene 50). Und von der Aufgabe oder dem Verlust von Gütern, die zu retten die Zeit nicht reicht, sprechen auch die Szenen 51 und 68. Mit der Rückeroberung Judäas kam das Land wieder in den Besitz des Kaisers; und darauf, dass der Narrator dieses Besitzverhältnis nicht zu akzeptieren bereit war, könnte die Identifizierung des Weinberges Israel als Gottesbesitz hinweisen (Szene 60). Dass Jesus vom Wein-

---

244   Vgl. Marcus, der darauf hinweist, dass das antike Judentum mit dem davidischen Mes-
      sias in der Regel ein politisches Amt, d.h. Königtum, und damit auch militärische Erfolge
      verband. Aus diesem Grund habe seiner Ansicht nach der Messianismus bei den Aufstän-
      dischen der beiden jüdisch-römischen Kriege eine zentrale Rolle gespielt. Die Rolle eines
      leidenden Messias, wie er für Marcus in seiner Auslegung des Markusevangeliums wichtig
      wird, sei demgegenüber eine „Mutation" und keine „Fortsetzung" des jüdischen Konzepts.
      Es verdanke sich eigentümlicher christlicher Interpretationen des Alten Testaments, ins-
      besondere der Gottesknechtstraditionen in Deuterojesaja (Jes 50,4–9; 52,13–53,12), die
      sich im Judentum aber nie mit Messiastraditionen verbanden (*Mark*, 2:1104–1107). Ähnlich
      auch Collins, *Mark*, 69: „The combination of the prophetic motifs of suffering, rejection,
      and even death with the royal messianic role, however, was very unusual."

245   Burckhardt, *Militärgeschichte der Antike*, 31.

882   5. KAPITEL

stock erst wieder im Königreich Gottes trinken will, kann als Konkretion dieses
Konzepts gedeutet werden, verweist das Motiv des Weintrinkens im biblischen
Kontext doch wiederholt auf Frieden und das Nichttrinken auf Krieg (Szene 73;
Mk 14,25).

(3)   Politischer Niederlage und Sieg
Auch Jesus erlebt Huldigungen, wie sie siegreichen Feldherren widerfuhren,
sowohl bei Cäsarea Philippi als auch in Jerusalem (Szenen 44 und 55), aber
genauso Schmach durch Spotttriumph und Tod für seinen politischen Anspruch (Szenen 81 und 82; vgl. 5.6.2[6]; 5.6.3[6]; 5.6.4[6]; 5.8.1[3]), der aber in
seiner Rückkehr Erfüllung finden soll (Szenen 41, 68–69, 74, 77, 84).

(4)   Kultische Niederlage und Sieg
Anders als die Falschzeugen spricht Jesus von keinem Tempelwiederaufbau,
sondern nur von seiner Schändung (Szene 68) und Zerstörung (Szenen 66,
77 und 82), und der Narrator von seiner Relativierung (Szene 62), vielleicht
ein Hinweis, dass er sich für die Zwischenzeit – wie die jüdischen Feldherren auch – mit dem himmlischen Tempel begnügen kann (*Bell.* 5,458). Jesus
spricht allerdings davon, dass er „zur Rechten" Gottes sitzen wird (Szenen 63
und 77), was seinen als Lösegeld verstandenen Tod voraussetzt (Szene 41 und
73), den der Narrator möglicherweise als das nach Kriegen notwendige und von
Kriegsschuld entsühnende Opfer verstanden wissen will (Szenen 53; vgl. 6.2.3).
Für die Zeit nach seinem Tod spricht Jesus verschlüsselt von einem Kult um
seine Person (Szene 12), ähnlich wie er Vespasian vom Senat gewährt wurde
(vgl. 5.5.2[5]). Mit seinem Opfer aber hat Jesus Gottes Wohlwollen, was ihn zum
„Eckstein" für eine kultische und daraus logisch folgernd politisch-militärische
Zukunft macht (Szene 59). Darauf könnte möglicherweise auch das Steuer-
thema in Szene 60 verweisen, in der Gestalt nämlich, dass die von Vespasian
auferlegte Steuer nicht Jupiter, sondern dem Gott Israels gebührt (vgl. 3.8.6[4];
5.8.2[4]). Mit dem Glauben an einen künftigen Tempel auf Erden, welcher die
Rückkehr Gottes voraussetzt, wollte der Autor möglicherweise die Hoffnung
auf Sieg und damit Freiheit bei den AdressatInnen nicht unterdrückt sehen
wie bei Josephus, sondern bekräftigt.[246] Denn dem Götterauszug im Verbund
mit Tempelzerstörung im Kontext von Krieg und Kriegsniederlage beziehungsweise seiner Umkehrung, dem Tempelneubau im Zusammenhang mit Göt-

---

246   Vielleicht „scheiterte die Appeasement-Politik" eines Josephus (vgl. z.B. Grünenfelder,
      Frauen an den Krisenherden, 122–125) gerade wegen solchen Texten wie das Markusevan-
      gelium.

INTERTEXTUELL-HISTORISCHE VERORTUNG DER EXEGETISCHEN ERTRÄGE   883

terrückkehr im Kontext von Frieden entspricht in Rom das Konzept der *pax deorum*,[247] in Judäa aber das Konzept des Bundesbruchs (Szene 82) sowie der Bundeserneuerung (Szene 73).[248]

---

247   Jerzy Linderski, „Pax deorum (deum),“ *DNP* 9:456.

248   Wie immer auch dieses die Freiheit bekräftigende Konzept aus Sicht der Verlierer gewirkt haben mag, lässt sich weder sagen noch historisch fassen. Hat es den Widerstand der Hörerschaft bekräftigt, oder wird hier bloß eine schmachvolle Niederlage verarbeitet? Aus meiner Sicht ist beides möglich, und mit Blick auf Letzteres kann ich mich den Überlegungen von Daniel L. Schmith-Christopher anschließen: „Violent rhetoric arguably describes suffering, but – and this is historically significant – it does not necessarily describe actual events or serious social, theological, or military policy. We can read such descriptions of war – including the wish for God to intervene and destroy our enemies for us when we cannot – as the psychology of grief and the rhetoric of anger. Descriptions of war need not be interpreted as expressions of mature theological reflection or actual tactics of war“ („Gideon at Thermopylae? On the Militarization of Miracle in Biblical Narrative and ‚Battle Maps,‘“ in *Writing and Reading War: Rhetoric, Gender, and Ethics in Biblical and Modern Contexts* [hg. von Brad E. Kelle und Frank Ritchel Ames; SBLSymS 42; Leiden: Brill, 2008], 197–212, bes. 211).

6. KAPITEL

Erträge und Schlussfolgerungen

6.1 Erträge

Meine Untersuchung begann mit der Darlegung des imperiumskritischen Interpretationsansatzes der neueren Markusforschung (vgl. Kapitel 1). Sie liest das Evangelium im Kontext der Erfahrung des ersten jüdisch-römischen Krieges und betrachtet das Buch als Reaktionsliteratur auf einen desaströsen Krieg. „Reaktionsliteratur" wird dabei auf die Gattung Herrscherbiographie ausgelegt und als Anti- oder Gegenevangelium (Theißen) vor dem Hintergrund des flavischen Aufstiegs gedeutet (Ebner). Entsprechend dieser Folie wird der Entstehungsort und die Entstehungszeit vermehrt in Rom im Anschluss an den Triumph des Vespasian und Titus kurz nach 71 d. Z. angenommen (Incigneri). Unterschiedlich fällt die Beurteilung von „imperiumskritisch" aus. Während die einen das Antievangelium als grundsätzlich herrschaftskritisch, als Ethos des Dienstes, verstehen (Ebner), deuten andere das Gegenevangelium zwar als antirömisch, aber nicht an sich als herrschaftskritisch (Winn). Gemeinsam ist ihnen, dass sie im Text politische „hidden transcripts (Scott)" orten.

Während ich mich im Rahmen meiner Untersuchung einer imperiumskritischen Lektüre anschloss, suchte ich diese in zweierlei Hinsicht zu ergänzen. Vor dem Hintergrund, dass Herrschaft oder Gegenherrschaft in der Antike – gerade auch im Falle Vespasians – mit Hilfe des Militärs erlangt wurde, habe ich den markinischen Text nicht nur nach politischen, sondern auch speziell nach militärischen „hidden transcripts" untersucht, und zwar auf der Basis des gesamten Evangelientextes. Dabei fand ich – politisch-militärisch gesprochen – nicht nur koloniale Ordnung kritisierende, sondern auch solche duplizierende Aspekte (Liew) oder in theologischer Nomenklatur: die Präsenz sowohl einer *theologia crucis* als auch einer *theologia gloriae*.

Der Suche von inter- oder subtextuellen Reflexen oder politisch-militärischen „hidden transcripts" diente meine Exegese des Markusevangeliums (Kapitel 3), die insbesondere der narrativen, semantischen und historischen Methodik verpflichtet ist (Kapitel 2). Sie erfolgte dabei in zwei Schritten, und zwar zunächst in einer sorgfältigen Inhaltsanalyse aller Szenen mit dem Ziel, deren politisch-militärischen Hauptaussagen feststellen zu können (vgl. die Abschnitte mit dem Titel „Inhalt"), und dann, um diese vor dem Hintergrund ihres literarisch-historischen Kontextes zu interpretieren und zu rekonstruieren (vgl. die Abschnitte mit dem Titel „politisch-militärisches Profil"). Hier

© KONINKLIJKE BRILL NV, LEIDEN, 2016 | DOI: 10.1163/9789004309340_007

ERTRÄGE UND SCHLUSSFOLGERUNGEN

war es auch, wo ich mich nicht zuletzt mit Kommentaren, Monographien und Artikeln in der Markusforschung auseinandersetzte, die ein gleiches oder ähnliches Forschungsinteresse verfolgen. Der Vergleich mit der bisherigen imperiumskritischen Forschung zeigt, dass ich einiges bestätigt fand, anderes präzisieren konnte, aber vor allem zahlreiche neue, das heißt zu jeder der vierundachtzig Szene einfache oder mehrfache Bezüge beziehungsweise Bezugsmöglichkeiten zum jüdisch-römischen Krieg herstellen konnte.

Mit dem Ziel, einen roten Faden im Blick auf die herausgearbeiteten politisch-militärischen Hauptaussagen wie auch inter- und subtextuellen Reflexe nachzuzeichnen, habe ich meine exegetischen Erträge in systematischer Weise dargestellt (Kapitel 4), nicht zuletzt auch die Früchte meiner umfangreichen semantischen Analyse (vgl. 4.5). Hernach widmete ich mich der systematischen Darlegung meiner Untersuchung des literarisch-historischen Kontextes des ersten jüdisch-römischen Krieges (Kapitel 5). Die Untersuchung hat neben den Texten der gängigen Historiker Flavius Josephus, Tacitus, Sueton und Cassius Dio erstmals auch Texte zeitgenössischer Militärhistoriker wie Onasander, Frontinus, Polyainos und Vegetius einbezogen. Dem üblichen Ablauf von Feldzügen folgend, ordnete ich die Ergebnisse meiner kontextuellen Analyse den Themen (1) Kriegsanlass, (2) Divinationen, (3) Kriegsbefugnis, (4) Feldherren, (5) (Bürger)Heer, (6) Kriegsführung und (7) Kriegsfolgen zu. Jedes dieser Themen wurde von jeweils vier (bzw. drei) verschiedenen Blickwinkeln her betrachtet, (1) aus allgemein römischer Sicht, (2) aus spezifisch römischer – das heißt diesen Krieg betreffenden – Sicht, (3) aus spezifisch judäischer und schließlich (4) aus spezifisch markinischer Sicht.

Während ich also meine politisch-militärischen „hidden transcrips" in Kapitel 3 dem jeweiligen markinischen Text zuordnete, von dem sie abgeleitet wurden, handle ich sie in Kapitel 5 – um weitere ergänzt – vor dem Hintergrund ihres jeweiligen literarisch-historischen Kontextes, und zwar thematisch ab. Angesichts der Tatsache, dass ich die Erträge meiner Suche nach politisch-militärischen „hidden transcripts" sowohl vor dem Hintergrund des markinischen Textes fortlaufend als auch vor dem Hintergrund seines literarisch-historischen Kontextes thematisch darlegte, will ich sie an dieser Stelle – auch ihres Umfangs wegen – nicht wiederholen. Stattdessen möchte ich abschließend fragen, wie der Narrator die zu Beginn eingeführte – und meiner Ansicht nach – zentrale Aussage, dass das Evangelium Anfang einer Siegesbotschaft sei, in Anbetracht der am Ende dargelegten politisch-militärischen Niederlage seines Protagonisten verstanden haben könnte. Dies will ich vor dem Hintergrund des flavischen Triumphes tun, und einmal mehr aus römischer, judäischer als auch markinischer Sicht.

886   6. KAPITEL

6.2   Schlussfolgerungen

6.2.1   Der flavische Triumph aus Sicht Roms

Meine bisherigen Untersuchung dürfen deutlich gemacht haben, dass Kriege
in Rom religiös konstruiert waren, nicht zuletzt deshalb, weil Herrschaft – und
mit ihr das Kaisertum – religiös konstruiert war.[1] Beides lässt sich exemplarisch
an diesem ersten jüdisch-römischen Krieg aufzeigen, ein siegreicher Krieg, der
für Rom offiziell im gemeinsamen Triumph – ein Kriegsbeendigungsritual[2] –
des Vespasian und Titus im Jahre 71 d. Z. endete.[3]

Ziel und Höhepunkt dieses Triumphes war stets, und nach Beschreibung
des Josephus auch im Falle dieser Triumphatoren ein vom Unsegen des Krieges reinigendes Opfer vor dem Tempel des Jupiter Capitolinus. Hier begann
üblicherweise auch der Feldzug eines jeden Feldherrn, indem er opfert und
für den Fall des Sieges weitere Opfer gelobte.[4] Hier standen Vater und Sohn,
geschmückt mit purpurner Toga (*toga purpurea*), bestickter Tunika (*tunica pal-
mata*), Lorbeerkranz (*corona triumphalis*), Elfenbeinzepter, Lorbeerzweig und
das Gesicht rot mit Mennige eingefärbt; und sie vollzogen gemeinsam mit den
vorgeschriebenen Gebeten das Opfer unter günstigen Vorzeichen, nachdem
ihnen alter Väter Sitte gemäß von einem Boten der Tod des feindlichen Feldherren gemeldet worden war. Als Vespasian und Titus sich auf diese Weise der
Gunst insbesondere des römischen Hauptgottes versichert hatten, begaben sie
sich in den Palast, wohin sie einige Festteilnehmer zur Tafel gebeten hatten,
während für alle übrigen zu Hause Festmahlzeiten zubereitet worden waren.
Denn diesen Tag feierte die Stadt Rom als Siegesfest für den Feldzug gegen die
Feinde, die Juden, und darüber hinaus als Ende ihrer inneren Wirren und als
Anfang der Hoffnung, die man auf eine glückliche Zukunft setzte.

Die Nacht vor dem Triumph hatten die Feldherren in einem Palast nahe
des Isistempels auf dem Marsfeld (*campus Martius*) zugebracht, außerhalb
der sakralen Grenze des Pomerium, welche den zivilen Raum vom militärischen trennte. Noch bei Dunkelheit war dorthin das ganze Heer in Reih und
Glied unter seinen Offizieren ausgerückt und hatte bei Morgenröte die mit
Lorbeer bekränzten und in herkömmliche Purpurgewänder gekleideten Feldherren empfangen und sie zu den Hallen der Octavia begleitet. Dort hatten
sie der Senat, die Spitzen der Behörden und die Vornehmsten aus dem ritterlichen Stand erwartet. Vespasian und Titus hatten sich auf elfenbeinerne

---

1   Rüpke, *Domi militiae*, bes. 264.
2   U. a. für Rüpke (*Domi militiae*, 223–234).
3   Eck, „Vespasianus," 12/2:125–130.
4   Reinhard Förtsch, „Capitolium," *DNP* 2:972–973.

ERTRÄGE UND SCHLUSSFOLGERUNGEN

Sessel gesetzt, die auf einer Bühne vor den Säulenhallen bereitstanden, worauf alle Soldaten sofort in jauchzenden Beifall ausgebrochen waren und ihnen – in Seidengewändern bekleidet, mit Lorbeer bekränzt und keine Waffen tragend – in vielstimmigem Chor ihr Heldentum bezeugt hatten. Als Vespasian ihre Huldigungen entgegengenommen hatte und sie immer noch nicht mit Beifall aufhören wollten, hatte er ihnen das Zeichen zu schweigen gegeben. Als eine tiefe Stille eingetreten war, hatte er sich erhoben, mit dem Überwurf seines Gewandes das Haupt fast ganz verhüllt, und die vorgeschriebenen Gebet verrichtet; gleiches hatte auch Titus getan. Nach dem Gebet hatte sich Vespasian mit einer kurzen Ansprache an die ganze Versammlung gewandt und die Soldaten hernach zu einem in herkömmlicher Weise von den Imperatoren bereitgestellten Morgenimbiss entlassen. Er selbst hatte sich zu dem Tor entfernt, durch das schon seit alten Zeiten die Triumphzüge geleitet worden waren und woher es auch seinen Namen bekommen hatte (*Porta Triumphalis*). Hier hatte er mit Titus eine Stärkung zu sich genommen, beide hatten die Gewänder des Triumphes angelegt, den Göttern geopfert, deren Standbilder neben dem Tor errichtet waren, und hatten hernach endlich Befehl zum Aufbruch des Triumphzugs gegeben (*pompa triumphalis*).

Ihnen voran waren die Senatoren, die Magistraten und die Musiker geschritten, gefolgt von Wagen und Traggestellen (*fercula*), beladen mit der überaus reichen und unter anderem dem Tempel Jerusalems entnommenen Kriegsbeute, Kriegsgefangenen und bildlichen Darstellungen der Kriegstaten (Triumphalgemälde), welche die Ereignisse denen, die sie nicht gesehen hatten, so lebendig vor Augen führen sollte, als wären sie selbst dabei gewesen. Diesen hatten sich die Triumphatoren angeschlossen, zunächst Vespasian und dann Titus, jeweils auf einem von einem Viergespann gezogenen hochrädrigen Triumphwagen (*currus triumphalis*); den Schluss hatten Soldaten gebildet, mit der Gelegenheit Spottlieder (*ioci militares*) auf die Feldherren zu singen. Der ungefähr vier Kilometer lange Weg hatte durch die Porta Triumphalis über das Forum Boarium zum Circus Maximus geführt, um der angeblich vollzähligen römischen Volksschar die Sicht zu erleichtern, und dann entlang des Palatins zum Forum Romanum hin zum Capitolium.

Die Voraussetzungen für einen Triumph hatten beide Triumphatoren erfüllt: Ein solcher stand nämlich zu jener Zeit nur dem Kaiser oder einem engen Verwandten zu. Darüber hinaus waren beidem im Besitz des vollen *imperium*, hatten einen Sieg in einem gerechten Krieg errungen (*bellum iustum*)[5] und

---

5 Siege in Sklaven- oder Bürgerkriegen zählten nicht dazu.

888   6. KAPITEL

dabei eine bestimmte Anzahl Feinde getötete.[6] Auch der Senat hatte für beide die Ehrung durch einen Triumph beschlossen,[7] wobei sich ungeachtet dessen Vater und Sohn schnell entschieden hatten, ihren Triumph gemeinsam zu feiern.

Hier auf dem Capitolium nun standen Vespasian und Titus, in einem sowohl dem römischen König als auch Jupiter ähnlichen Ornat, wobei an jenen insbesondere das rot eingefärbte Gesicht erinnerte, ganz nach dem Vorbild der im kapitolinischen Tempel beheimateten Tonstatue des Iuppiter Optimus Maximus, derjenigen Gottheit also, die wie keine andere in Verbindung mit staatlicher sowie kosmischer Ordnung gebracht wurde.[8] Doch die Statue des Hauptgottes war an diesem Triumph eine imaginierte, ebenso wie der Haupttempel; denn Vater und Sohn dürften vor einer Ruine gestanden haben, war dieser Tempel doch im Zuge des Bürgerkriegs zwei Jahre zuvor ein Raub der Flammen geworden. Erst im Jahre 75 d. Z. konnte Vespasian seinen Neubau einweihen. Deshalb wohl überging Josephus das übliche Detail der Rückgabe des Kranzes an Jupiter; dies nämlich wäre nach Protokoll der allerletzte Akt des Triumphes gewesen.[9] Ein Kriegsbeendigungsritual war dies unter anderem, in welchem Kaiser und Gott – virtuell verschmolzen, so scheint es – eines Krieges gedachten, ohne den der dem Ritterstand entstammende Vespasian nie die Herrschaft erlangt hätte (Josephus, *Bell.* 7,121–157).[10]

6.2.2 *Der flavische Triumph aus Sicht Judäas*

Vergleichbar wie in Rom waren Kriege auch in Judäa religiös konstruiert, weil auch hier wie dort Herrschaft – und mit ihr das (messianisch) Königtum – religiös konstruiert waren. Aber im jüdisch-römischen Krieg endete er für seine beiden messianischen Prätendenten,[11] Johannes ben Levi und Simon ben Giora, zwar in demselben Triumph, doch nicht als Triumphatoren sondern als Kriegsgefangene.

Den Grund ihres Gefangenenstatus führte Josephus auf die Tatsache zurück, dass sie – und anders als Vespasian und Titus – ihrem Gott Opfer vorenthal-

---

6   Nach Val. Max. 2,8,1: 5'000; bloße Vertreibung genügte nicht.

7   Dies setzte ein Verhandeln mit den Feldherren außerhalb des *pomerium* voraus, um mit Betreten der Stadt das *imperium* nicht zu verlieren.

8   Fritz Graf, „I. Iuppiter," *DNP* 6:77–82.

9   Förtsch, „Capitolium," 2:972–973.

10 Eder, „Triumph, Triumphzug," 12/1:836–838; vgl. auch Schipporeit, „Ritual und Herrschaft," 151–161.

11 Einen messianischen Anspruch schreibt Josephus den beiden etwa an folgenden Textstellen zu: *Bell* 4,395.510; 7,29.

ERTRÄGE UND SCHLUSSFOLGERUNGEN 889

ten hatten, jenes „immerwährende Opfer" am Jerusalemer Tempel nämlich, das am 17. Tammus des vorangegangenen Jahres 70 d. Z. eingestellt worden war (*Bell.* 6,94). Im Auftrag des Titus hatte sich Josephus daraufhin an Johannes gewandt, der seine Kampfstellung im Tempelbezirk inne hatte, und ihm vorgeworfen: „[I]hn aber, den Gott, dem du den uralten Dienst entzogen hast, hoffst du als Mitstreiter im Kampf zu haben" (*Bell.* 6,100)? Darauf soll dieser unter Schmähungen und Verwünschungen dem Josephus entgegnet haben, dass er die Eroberung der Stadt niemals fürchte, sei sie doch Gottes (*Bell.* 6,98). Diesem Gottvertrauen aber hielt Josephus entgegen: „Wenn dir jemand dein täglich Brot wegnimmt, du gräulicher Frevler, dann hältst du ihn für einen Feind" (*Bell.* 6,100). Als Feind würde ihn und die Übrigen nun auch Gott betrachten, folgerte er darauf, denn nicht nur das „täglich Brot" hätten sie Gott vorenthalten, vielmehr sei auch sein Haus als Kriegslager und insbesondere durch Brudermord entheiligt worden: „Wer kennt nicht die Aufzeichnungen der alten Propheten und weiß nicht, dass der Spruch, der über diese leidgeprüfte Stadt ergangen ist, jetzt eintreffen wird? Denn damals haben sie ihre Eroberung vorausgesagt für die Zeit, in der jemand den Brudermord beginnt. Sind aber die Stadt und der ganze Tempel nicht voll von Leichen eurer eigenen Leute" (*Bell.* 6,109–110)? Deshalb, fuhr er fort, „ist [es] daher meine Überzeugung, dass die Gottheit aus dem Heiligtum gewichen ist und sich auf die Seite derer gestellt hat, mit denen ihr Krieg führt. Nein, wenn schon jeder anständige Mensch ein lasterhaftes Haus flieht und dessen Bewohner verabscheut, bildet ihr euch dann ein, dass Gott, der alles Verborgene schaut und jeden verschwiegenen Gedanken hört, in einem derart verkommenen Heiligtum noch bleiben könnte" (*Bell.* 5,412–413)? Verurteilte seien sie, denn „Gott selbst führt nun zugleich mit den Römern ein Feuer zur Reinigung herbei und rafft die von unzähligen Gräueln strotzende Stadt dahin" (*Bell.* 6,110; vgl. auch *Bell.* 5,375–419; 6,93–110.392–400).

Dass Gott ihnen im römischen Feldherrn Titus als unausweichlicher Rächer entgegentreten würde, sollte sich als richtig erweisen. Denn auf die ursprünglich von Simon gehaltene Stellung der Oberstadt zurückgedrängt, hatte sie, als es den Römern gelungen war, die Mauer an einer Stelle zu durchbrechen, eine Furcht befallen, die heftiger war als die Notlage es geboten hätte, so dass sie umgehend ihre Türme verließen. Dass die Feldherren freiwillig von diesen herabgestiegen beziehungsweise „durch Gott von ihnen heruntergeworfen worden waren" (*Bell.* 6,401), „wo sie niemals durch Gewalt, sondern allein durch Hunger hätten bezwungen werden können," zeige besonders gut „die Macht Gottes über die Frevler und das Glück der Römer" (*Bell.* 6,399). Auf diese Weise bekamen sie, „die sich bei den schwächeren Mauern so abgemüht hatten," „durch ein glückliches Geschick die Mauern in ihre Hände, die durch

890   6. KAPITEL

Belagerungswerkzeug uneinnehmbar waren, denn die drei Türme" – Phasael, Hippikus und Mariamme – „waren jeder für sich stärker als die Belagerungsmaschinen" (*Bell.* 6,400). Von der Oberstadt flüchtend begaben sich Johannes und Simon sofort in die Schlucht unterhalb des Siloahteiches mit der Absicht, den Umfassungswall der Römer zu durchbrechen und auf diese Weise aus Jerusalem zu fliehen. Als dies misslang, tauchten sie in die unterirdischen Gänge ab. Obschon wenige Tage zuvor beide Feldherren ein Kapitulationsangebot des Titus mit den Worten ausgeschlagen hatten, dass sie sich geschworen hätten sich nie kampflos ergeben zu wollen, ersuchte zunächst Johannes die Römer um Gnade, weil er mit seinen Brüdern in den unterirdischen Gängen dem Hunger nicht länger standzuhalten vermochte. Und wenig später ergab sich aus denselben Gründen auch Simon mit seinen engsten Freunden freiwillig zur Bestrafung. Beide wurden in Haft genommen: Simon, um als Schlachtopfer im Triumphzug aufgeführt zu werden, Johannes aber, um lebenslänglich römischer Gefangener zu bleiben (*Bell.* 6,351.392–402.433–434; 7,25–36).

Als Gefangene also mussten Johannes und Simon denselben Weg des Triumphes durchschreiten. Und während Vespasian und Titus auf dem Tempelplatz warteten, wurde Simon jetzt, mit „eine[m] Strick um den Hals, unter ständigen Misshandlungen von seinen Henkern auf den Platz oberhalb des Forum[s] geschleift, wo nach römischem Recht die zum Tode verurteilten Verbrecher hingerichtet wurden.[12] Als nun sein Tod gemeldet wurde, brachen alle in lauten Jubel aus, und die Triumphatoren begannen mit den Opfern" (*Bell.* 7,154–155).

Das Unrecht, dessen Simon und Johannes nach römischem Recht für schuldig befunden wurden, war – im Unterschied zu Vespasian und Titus – einen ungerechten Krieg gegen Rom geführt zu haben (*Bell.* 6,329), schlimmer noch, die Schwäche Roms nach dem Tod Neros ausgenutzt zu haben. Entsprechend warf ihnen Titus nach Eroberung des Jerusalemer Tempels während einer Unterredung daselbst vor:

> Nach dem Hinscheiden des Nero habt ihr getan, was nur die allerschlimmsten Schurken tun können: ihr rechnet auf die Erschütterungen unseres Reiches, und als ich und mein Vater nach Ägypten abgereist waren, habt ihr die Lage der Dinge zu Kriegsvorbereitungen ausgenutzt. Ja, ihr schämtet euch nicht, den Männern, die jetzt zur kaiserlichen Würde gelangt sind, Unruhe zu bereiten, nachdem ihr sie als großherzige Feldherren kennengelernt hattet. Und als das Reich dann zu uns seine

---

12   Die Hinrichtung fand vermutlich im Staatsgefängnis Tullianum, Teil des Carcer Mamertinus, statt (Eder, „Triumph, Triumphzug," 12/1:836–838).

ERTRÄGE UND SCHLUSSFOLGERUNGEN

Zuflucht nahm, als es in jeder Hinsicht wieder Ruhe hatte, als die auswärtigen Völkerschaften Gesandte zu uns schickten und ihre Mitfreude bezeugten, da waren es wieder die Juden, die uns feindlich entgegentreten mussten. Eure Gesandtschaften gingen zu den Leuten jenseits des Euphrat, um Aufruhr anzuzetteln, Ringmauern wurden neu aufgebaut, Unruhen brachen aus, ehrgeizige Tyrannen stritten miteinander, und das Land stand im Bürgerkrieg – alles Vorkommnisse, die nur zu so schlechten Menschen passen.

Bell. 6,341–343

Der Ansicht, dass Simon und Johannes einen ungerechten Krieg führten, war auch Josephus. Er hatte es ihnen, als die Römer die Bezwingung der dritten Stadtmauer noch vor sich und den jüdischen Feldherren eine Bedenkzeit eingeräumt hatten, von dort aus zugerufen und theologisch begründet, indem er sie fragte: „Erinnert ihr euch nicht an die von Gott gewirkten Taten der Väter und welch starke Feinde einst dieser heilige Ort vor uns niedergeworfen hat" (*Bell.* 5,377)? Sieg sei diesen aber immer nur dann beschieden gewesen, „wenn sie ihre Sache Gott anheimstellten," und umgekehrt erlitten sie stets dann eine Niederlage, wenn sie aus eigenem Antrieb zu den Waffen griffen (*Bell.* 5,390; vgl. auch *Bell.* 5,375–419; 6,323–350).

Mit anderen Worten: wer von Gott zum Krieg legitimiert ist, argumentiert Josephus, sei von Gott beauftragt, und wer von Gott beauftragt ist, sei von ihm in ein Amt gestellt, und wer von ihm in ein Amt gestellt ist, hätte den Sieg auf sicher. Da ein solcher Simon und Johannes aber nicht beschieden war, mag man in Umkehrung des Tun-und-Ergehens-Prinzips folgern, dass nach Ansicht des Josephus der Machtanspruch der Feldherren nicht legitim war und somit die Voraussetzung zu einem politischen Amt – anders als bei Vespasian und Titus – nicht gegeben war. Eine solche Voraussetzung sah Josephus weder seitens des jüdischen Gottes gegeben, denn nicht ihnen, sondern den Flaviern hatte dieser jüdische Gott (und nicht etwa Jupiter!) die Weltherrschaft eingeräumt, wie er geschickt und ethnozentrisch argumentiert (*Bell.* 6,312–315). Weshalb in Konsequenz eine Voraussetzung zu einem politischen Amt auch nicht seitens Roms gegeben sein konnte. Mit dieser Ansicht verstieg sich Josephus gar zur Behauptung, dass Simon und Johannes nicht nur gegen die Römer, sondern auch gegen ihren eigenen Gott Krieg geführt hätten (*Bell.* 5,378). Deshalb waren sie zu diesem Triumph nach Rom geschleppt worden, damit vor aller Welt Augen ein jeder den ihm gebührende Preis für sein schändliches Tun vor Gott und Mensch bezahlten.

6.2.3 Der flavische Triumph aus Sicht des Markus

Auch das Markusevangelium endet mit einem „Triumph" (vgl. Mk 15,16–39; 3.10.7; 3.10.8)[13] und verweist damit implizit auf ein „Kriegsende," vermutlich auf das Ende jenes (ersten jüdisch-römischen) Krieges, der im Text angekündigt ist (vgl. Mk 13,7; 3.9.1) und auf den die Leserschaft zurückblickt. Doch nicht wie die flavischen Triumphatoren, sondern eher wie die jüdischen Prätendenten erscheint darin der Gefangene und in ein Spottornat gekleidete Jesus. Das sei aber noch nicht das Ende, wird in demselben Vers versichert.

Aber es muss zuvor schlimmer kommen, bevor es besser werden kann. Jesus wird wie Simon durch römische Hand als Schlachtopfer hingerichtet.[14] Dass dies jedoch zu Pessach geschieht, eröffnet zusätzliche Deutungsmöglichkeiten, denn Jesus nimmt sozusagen das durch die (jüdischen) Feldherren Gott vorenthaltene Opfer proleptisch und an demselben Festtag wieder auf. Mit Pessach aber verbindet sich auch der Auszugs- und Befreiungsgedanke, mehr noch, mit dem Triumphopfer verbindet sich das dem Hauptgott gewidmete und vom Unsegen des Krieges reinigende Opfer. Während der Opferentzug in der Deutung des Josephus dem Simon und Johannes Gottesfeindschaft und dessen, das heißt, Gottes Auszug aus dem Tempel und Zuwendung zu den Römern eintrug, soll das von vorgeschriebenen Gebeten begleitete Opfer der Triumphatoren unter günstigen Vorzeichen erfolgt sein. Das Opfer oder Blut (vgl. Mk 14,24; 3.9.8) Jesu hingegen trägt von beidem in sich, denn einerseits hat es scheinbare Gottesfeindschaft zur Folge, fragt Jesus doch: „Mein Gott, mein Gott, warum/wozu hast du mich verlassen" (Mk 15,34)? Worauf kurz danach der Tempelvorhang zerreißt (vgl. Mk 15,38; 3.10.8). Andererseits aber impliziert sein Opfer auch günstige Vorzeichen, denn dem Synedrium sagt Jesus, dass sie ihn – den Menschensohn – zur Rechten der Macht werden sitzen sehen (vgl. Mk 12,36; 14,62; 3.8.9; 3.10.3). Das ist der Ort, wo Gott thront und sich nach seinem Auszug zurückgezogen hat, das himmlische Allerheiligste, auf der himmlischen Sühneplatte (vgl. Ex 25,22). Zugang dahin erhält nach jüdischem Kultverständnis der Hohepriester und in diesem Fall Jesus nur zu Jom Kippur, der am 10. Tischri gefeiert wurde, nur wenige Tage, nachdem Titus mit der Oberstadt Jerusalem endgültig eingenommen hatte (am 26. September 70 d. Z. = Elul). Jom

---

13   Vgl. auch Ebner, „Das Markusevangelium," 178; ders., *Das Markusevangelium*, 159–162.

14   Vgl. auch Ebner, der von einem „surrelaen Rollentausch" spricht, wenn der „Triumphator" Jesus wie der feindliche Feldherr hingerichtet wird (*Das Markusevangelium*, 159–162, bes. 162). Plausibler erklärt die Verquickung der beiden Rollen im Blick auf Jesus Georgia, „Translating the Triumph," 17: „The Roman triumph paradoxically magnified triumphal victims, presented kings as ideal victims, and drew a close paralell between the victim's kingly status and the conqueror's grandeur."

ERTRÄGE UND SCHLUSSFOLGERUNGEN 893

Kippur aber impliziert gerade wie das Triumphopfer des Vespasian und Titus Entsühnung und Reinigung auch – des durch Titus geschändeten – Allerheiligsten, des Tempels, der Stadt, des Landes, seiner Menschen, in den Worten Jesu vielleicht auch ein Lösegeld für die vielen Kriegstoten (vgl. Mk 10,45; 3.7.9).[15] Und schließlich impliziert Jom Kippur auch einen neuen Bund, beziehungsweise eine in Jesus ermöglichte Bundeserneuerung, von der er seinen Jüngern beim Sedermahl erzählt (vgl. Mk 14,24; 3.9.8).

Weil das Opfer Jesu all das zu bewirken vermag, schafft es wie in Rom die entscheidende Voraussetzung für eine Gottesfreundschaft, mehr noch, Gottessohnschaft (vgl. Mk 1,11; 9,7; 15,39; 3.1.3; 3.6.6; 3.10.8), und wie in Rom die Verschmelzung der Gottheit mit dem Triumphator zur Herrschaft des Vater und Sohns. Diese Verschmelzung aber ist nicht Ziel, sondern Zweck zur Wiedergutmachung des den jüdischen Feldherren angelasteten Untergangs. In der Herrlichkeit und in der Kraft – oder Heeresmacht – seines Vaters nämlich soll Jesus als der Repräsentant des Königreichs Gottes zurückkehren (vgl. Mk 8,38–9,1; 13,35; 14,62; 3.6.5; 3.9.4; 3.10.3). Dem Beispiel des Elija beziehungsweise des Täufers folgend und in der Aussage des Herodes (vgl. Mk 6,14; 9,13; 3.1.2; 3.5.7; 3.6.7), aber auch der Auferweckung der Jaïrustochter angelegt (vgl. 3.5.3), kehrt er möglicherweise als Jesus Christus *redivivus* zurück, der nach seiner „Erhebung" (Mk 16,6: ἐγείρω) seinen Jüngern nach Galiläa „vorausgeht" (Mk 14.28; 16,7: προάγω; 3.9.9; 3.10.10); beide Lexeme haben auch militärischen Bedeutungsgehalt. Es ist der Ort, wo der siegreiche Feldzug des Vespasian begann. Ein Feldzug, der das Königreich Gottes aufrichten soll, ein Feldzug, der vielleicht Weltherrschaft impliziert, soll das Evangelium doch in der ganzen Welt verkündet werden (vgl. Mk 14,9; 3.9.6), und ein Feldzug, den Jesus wie Vespasian zum „Eckstein" eines neuen Tempels macht (vgl. Mk 12,10; 3.8.5), in den Gott – nachdem er Jesu Feinde unter seine Füße gelegt hat (vgl. Mk 12,36; 3.8.9) – wie Jupiter in den von Vespasian wieder aufgebauten kapitolinischen Tempel – als Zeichen des Siegs und künftigen Friedens zurückkehren kann.[16]

Jesu „triumphaler Opfertod" ist somit nicht nur das „notwendige" (vgl. Mk 8,31: δεῖ; Mk 10,32 Pl.: μέλλω; Mk 14,27: πατάσσω; 3.6.5; 3.7.8) und in den Schriften angekündigte (vgl. Mk 14,21.27; 3.9.8; 3.9.9) hochpolitische Ereignis, es ist mithin *das* entscheidende Ereignis, das die aus Sicht der Hörer- und Leserschaft in der Vergangenheit liegende Niederlage – nach mitunter römischem Vorblid[17] – in einen in Zukunft liegenden und proleptisch ermöglichten Sieg

---

15   Vgl. auch Marcus, *Mark*, 2:749–750, 757.
16   Vgl. auch Marcus, *Mark*, 1:149.
17   Vgl. Clark, *Triumph in Defeat*, 11, 100, 130, 134, 208, 210.

transformiert.[18] Eine Transformation die zeigt, dass auch hier Krieg ebenso wie Herrschaft religiös konstruiert sind, aber auch eine, die am Ende den Text für seine Hörer- und Leserschaft – ungeachtet des flavischen Triumphes – fürwahr zum Evangelium macht!

---

18   Vgl. auch Marcus, *Mark*, 2:757.

Literatur

Hilfsmittel

Accordance Bible Atlas: Version 2.4. In *Accordance Bible Software*: Version 10.0.3. Oak-Tree Software, Inc. März, 2014.

Aharoni, Yohanan. *Das Land der Bibel: Eine historische Geographie*. Übersetzt von Almut Loew. Neukirchen-Vluyn: Neukirchener, 1984.

Alexander, Patrick H., John F. Kutsko, James D. Ernest, Shirley A. Decker-Lucke und David L. Petersen, Hgg. *The SBL Handbook of Style: For Ancient Near Eastern, Biblical, and Early Christian Studies*. 7. Druck der 1. Auflage. Peabody: Hendrickson, 2009.

Balz, Horst und Gerhard Schneider, Hgg. *Exegetisches Wörterbuch zum Neuen Testament* (*EWNT*). 3. Bde. 2., verbesserte Auflage mit Literatur-Nachträgen. Stuttgart: Kohlhammer, 1992.

Bauer, Walter. *Griechisch-deutsches Wörterbuch zu den Schriften des Neuen Testaments und der frühchristlichen Literatur*. Im Institut für Neutestamentliche Textforschung, Münster, unter besonderer Mitwirkung von Viktor Reichmann herausgegeben von Kurt Aland und Barbara Aland. 6., völlig neu bearbeitete Auflage. Berlin: de Gruyter, 1988.

Bühlmann Walter und Karl Scherer. *Sprachliche Stilfiguren der Bibel: Von Assonanz bis Zahlenspruch – Ein Nachschlagewerk*. Monographien und Studienbücher. 2., verbesserte Auflage. Gießen: Brunnen, 1994.

Cancik, Hubert, Helmuth Schneider und Manfred Landfester, Hgg. *Der neue Pauly: Enzyklopädie der Antike* (*DNP*). Stuttgart: Metzler, 1996–2003.

Collins, Billie Jean, Bob Buller und John F. Kutsko, Hgg. *The SBL Handbook of Style: For Biblical Studies and Related Disciplines*. 2. Auflage. Atlanta: SBL, 2014.

Conzelmann, Hans und Andreas Lindemann. *Arbeitsbuch zum Neuen Testament*. UTB für Wissenschaft 52. 14. Auflage. Tübingen: Mohr Siebeck, 2004.

Egger, Wilhelm. *Methodenlehre zum Neuen Testament: Einführung in linguistische und historisch-kritische Methoden*. 5. Auflage. Freiburg: Herder, 1999.

Egger, Wilhelm und Peter Wick, unter Mitarbeit von Dominique Wagner. *Methodenlehre zum Neuen Testament: Biblische Texte selbständig auslegen*. Grundlagen Theologie. 6., völlig neu bearbeitete und erweiterte Auflage. Freiburg: Herder, 2011.

Freedman, David Noel, Gary A. Herion et al., Hgg. *The Anchor Bible Dictionary* (*ABD*). 6 Bände. New York: Doubleday, 1992.

Galling, Kurt Hgg. *Die Religion in Geschichte und Gegenwart: Handwörterbuch für Theologie und Religionswissenschaft* (*RGG3*). Ungekürzte elektronische Ausgabe der 3. Auflage. Berlin: Directmedia, 2000.

896 LITERATUR

Hainz, Josef, Martin Schmidl und Josef Sunckel, Hgg. *Personenlexikon zum Neuen Testament*. Düsseldorf: Patmos, 2004.

Haug, Hellmut, Hg. *Namen und Orte der Bibel*. Bibelwissen. Stuttgart: Deutsche Bibelgesellschaft, 2002.

Liddell, Henry George und Robert Scott, Hgg. *A Greek-English Lexicon: With a Revised Supplement*. Unter Mitarbeit von Roderick McKenzie bearbeitet und erweitert von Henry Stuart Jones. Nachdruck, 9. Auflage 1940. Oxford: Clarendon, 1996.

Menge-Güthling. *Langenscheidts Großwörterbuch: Altgriechisch-Deutsch*. Herausgegeben von Hermann Menge. 28. Auflage. Berlin: Langenscheidt, 1994.

Ökumenisches Verzeichnis der biblischen Eigennamen nach den Loccumer Richtlinien. Stuttgart: Deutsche Bibelgesellschaft, 1980.

Reicke, Bo Hgg. *Biblisch-historisches Handwörterbuch: Landeskunde, Geschichte, Religion, Kultur, Literatur (BHH)*. Berlin: Directmedia, 2004.

Schoch, Reto. *Griechischer Lehrgang zum Neuen Testament*. UTB für Wissenschaft 2140. Tübingen: Mohr Siebeck, 2000.

Schumacher, Heinz, Hg. *Die Namen der Bibel und ihre Bedeutung im Deutschen*. Nach Deutungen von Th. Burgstahler und Georg Kahn und unter Vergleich von Wörterbüchern, Konkordanzen und älteren Namensbüchern. Stuttgart: Geyer, 1958.

Schwertner, Siegfried M. *Internationales Abkürzungsverzeichnis für Theologie und Grenzgebiete: Zeitschriften, Serien, Lexika, Quellenwerke mit bibliographischen Angaben (IATG²)*. 2., überarbeitete und erweiterte Auflage. Berlin: de Gruyter, 1992.

Skolnik, Fred et al., Hgg. *Encyclopaedia Judaica (EJ)*. 22 Bände. 2. Auflage. Detroit: Thomson/Gale, 2007.

Söding, Thomas, unter Mitarbeit von Christian Münch. *Wege der Schriftauslegung: Methodenbuch zum Neuen Testament*. Freiburg i. B.: Herder, 1998.

Standop, Ewald und Matthias L.G. Meyer. *Die Form der wissenschaftlichen Arbeit: Ein unverzichtbarer Leitfaden für Studium und Beruf*. Bearbeitete und erweiterte 17. Auflage. Wiebelsheim: Quelle & Meyer, 2004.

Quellen

Der babylonische Talmud. Nach der ersten zensurfreien Ausgabe unter Berücksichtigung der neueren Ausgaben und handschriftlichen Materials ins Deutsche übersetzt durch Lazarus Goldschmidt. 12 Bände. Lizenzausgabe. Darmstadt: Wissenschaftliche Buchgesellschaft, 2002.

Der Midrasch Wajikra Rabba: Das ist die haggadische Auslegung des dritten Buches Mose. Übersetzt von August Wünsche und J. Fürst. Bibliotheca Rabbinica 5. Hildesheim: Olms, 1993.

Die Bibel in großer Schrift. Elberfelder Übersetzung: Revidierte Fassung. 4. Auflage. Gütersloh. Brockhaus: 2004.

LITERATUR   897

Dio, Cassius. *Römische Geschichte.* 5 Bände. Übersetzt von Otto Veh und eingeführt von Hans Jürgen Hillen. Bibliothek der Alten Welt. Düsseldorf: Artemis & Windkler, 2009.

Frontinus. „The Stratagems." Seiten 1–335 in *Stratagems, Aqueducts of Rome.* Derselbe. Übersetzt von Charles E. Bennett. Herausgegeben von Mary B. McElwain. Loeb Classical Library CL 174. Cambridge: Harvard University Press, 1925.

Josephus, Flavius. *The Complete Works (fully parsed and lemmatized): Greek (1890 Niesen) and English*: Version 2.4. In *Accordance Bible Software*: Version 10.0.3. OakTree Software, Inc. März 2014.

Josephus, Flavius. *De bello Judaico – Der jüdische Krieg: Griechisch und Deutsch.* 3 Bde. in 4 Tln. Herausgegeben, eingeleitet und mit Anmerkungen versehen von Otto Michel und Otto Bauernfeind. Verschiedene Auflagen. Darmstadt: WBG, 1963–1982.

Josephus, Flavius. *Jüdische Altertümer.* Übersetzt und mit Einleitung und Anmerkungen versehen von Heinrich Clementz. 13. Auflage. Wiesbaden: Fourier, 1998.

Josephus, Flavius. *Aus meinem Leben (Vita)*. Kritische Ausgabe, Übersetzung und Kommentar von Volker Siegert in Verbindung mit Heinz Schreckenberg und Manuel Vogel und dem Josephus-Arbeitskreis des Institutum Judaicum Delitzschianum, Münster. Tübingen: Mohr Siebeck, 2001.

Maimon, Moše ben. *Mishneh Torah: A New Translation with Commentaries and Notes and Diagramms.* 14 Bände. Herausgegeben von Eliyahu Touger et al. Brooklyn: Moznaim, 1989–2009.

Mischnajot: Die sechs Ordnungen der Mischna. Hebräischer Text mit Punktuation, deutscher Übersetzung und Erklärung von Moses Auerbach, Eduard Baneth, John Cohn, David Hoffmann, M. Petuchowski, Ascher Sammter, Simon Schlesinger. 6 Bände. 3. Auflage. Basel: Goldschmidt, 1986.

Nestle-Aland, *Novum Testamentum Graece.* Begründet von Eberhard und Erwin Nestle. Herausgegeben von Barbara und Kurt Aland, Johannes Karavidopoulos, Carlo M. Martini und Bruce M. Metzger. 28. revidierte Auflage herausgegeben vom Institut für Neutestamentliche Textforschung Münster/Westfalen unter der Leitung von Holger Strutwolf. Stuttgart: Deutsche Bibelgesellschaft, 2014.

Onasander. „The General." Seiten 341–527 in *Aeneas Tacticus, Asclepiodotus, Onasander.* Loeb Classical Library 156. Nachdruck 1923. Cambridge: Harvard University Press, 2001.

Polyaenus. *Strategems of War.* 2 Bände. Herausgegeben und übersetzt von Peter Krentz und Everett L. Wheeler. Chicago: Ares, 1994.

Sueton. *Cäsarenleben.* Übertragen und erläutert von Max Heinemann. Mit einer Einleitung von Rudolf Till. Kröners Taschenausgabe 130. 8., überarbeitete Auflage. Stuttgart: Kröner, 2001.

Tacitus, P. Cornelius. *Historien: Lateinisch–Deutsch.* Übersetzt und herausgegeben von Helmuth Vretska. Reclams Universal-Bibliothek 2721; Revidierte Ausgabe. Stuttgart: Reclam, 2009.

Tacitus, P. Cornelius. *Annalen: Lateinisch-Deutsch*. Herausgegeben von Erich Heller. Mit einer Einführung von Manfred Fuhrmann. Sammlung Tusculum. 5. Auflage. Düsseldorf: Artemis & Winkler, 2005.

The New Oxford Annotated Bible with the Apocryphal/Deuterocanonical Books: New Revised Standard Version. Herausgegeben von Bruce M. Metzger und Roland E. Murphy. New York: Oxford University Press, 1994.

Vegetius. *Abriss des Militärwesens: Lateinisch und deutsch*. Mit Einleitung, Erläuterungen und Indices herausgegeben von Friedhelm L. Müller. Stuttgart: Steiner, 1997.

Markusforschung

Bauer, Johannes B. „‚Wer sein Leben retten will …‘: Mk 8,35 Parr." Seiten 7–10 in *Neutestamentliche Aufsätze: Festschrift für Prof. Josef Schmid zum 70. Geburtstag*. Herausgegeben von J. Blinzler, O. Kuss und F. Mußner. Regensburg: Pustet, 1963.

Becker, Eve-Marie. *Das Markus-Evangelium im Rahmen antiker Historiographie*. Wissenschaftliche Untersuchungen zum Neuen Testament 194. Tübingen: Mohr Siebeck, 2006.

Bedenbender, Andreas. „Römer, Christen und Dämonen: Beobachtungen zur Komposition des Markusevangeliums I." *Texte und Kontexte* 67 (1995): 3–52.

———. „Der Feigenbaum und der Messias: Beobachtungen zur Komposition des Markusevangeliums II." *Texte und Kontexte* 68 (1995): 3–72.

———. „Echos, Spiegelbilder, Rätseltexte: Beobachtungen zur Komposition des Markusevangeliums III." *Texte und Kontexte* 77–78 (1998): 3–136.

———. „Orte mitten im Meer: Die geographischen Angaben des Markusevangeliums." *Texte und Kontexte* 86 (2000): 31–60.

———. „Neue Beobachtungen zum Markusevangelium." *Texte und Kontexte* 93/94 (2002): 17–98.

———. „Das Messiasgeheimnis im Markusevangelium." *Texte und Kontexte* 103–104 (2004): 1–88.

———. „Kampf der Menschen, Kampf der Götter I." *Texte und Kontexte* 108 (2005): 26–48.

———. „Topographie des Schreckens: Der Jüdische Krieg im Spiegel der Ortsangaben des Markusevangeliums." *Texte und Kontexte* 116–117 (2007–2008): 1–105.

———. *Frohe Botschaft am Abgrund: Das Markusevangelium und der Jüdische Krieg*. Studien zu Kirche und Israel: Neue Folge 5. Leipzig: Evangelische Verlagsanstalt, 2013.

Butting, Klara und Gerard Minnaard. „Endlich ein Mensch: Das Jesusbild des Markusevangeliums." *Bibel und Kirche* 66/2 (2011): 78–82.

Cancik, Hubert. „Die Gattung Evangelium: Das Evangelium des Markus im Rahmen der

LITERATUR

antiken Historiographie." Seiten 85–113 in *Markus-Philologie: Historische, literarge-schichtliche und stilistische Untersuchungen zum zweiten Evangelium*. Herausgegeben von demselben. Wissenschaftliche Untersuchungen zum Neuen Testament 33. Tübingen: Mohr, 1984.

Collins, Adela Yarbro. „Christian Messianism and the First Jewish War with Rome." Seiten 333–343 in *Biblical Traditions in Transmission: Essays in Honour of Michael A. Knibb*. Herausgegeben von Charlotte Hempel und Judith M. Lieu. Supplements to the Journal for the Study of Judaism 111. Leiden: Brill, 2006.

———. *Mark: A Commentary*. Herausgegeben von Harold W. Attridge. Hermeneia. Minneapolis: Fortress Press, 2007.

Cotter, Wendy. „Mark's Hero of the Twelfth-Year Miracles: The Healing of the Woman with the Hemorrhage and the Raising of Jairus's Daughter (Mark 5.21–43)." Seiten 54–78 in *A Feminist Companion to Mark*. Herausgegeben von Amy-Jill Levine, unter Mitarbeit von Marianne Blickenstaff. Feminist Companion to the New Testament and Early Christian Writings 2. Sheffield: Sheffield Academic Press, 2001.

Crook, Zeba A. Rezension von Brian J. Incigneri, *The Gospel to the Romans: The Setting and Rhetoric of Mark's Gospel* und Hendrika N. Roskam, *The Purpose of the Gospel of Mark in its Historical and Social Context. Journal of Biblical Literature* 124 (2005): 553–558.

De Mingo Kaminouchi, Alberto. *„But it is not so among You": Echoes of Power in Mark 10.32–45*. Journal for the Study of the New Testament Supplement Series 249. London: T&T Clark International, 2003.

Dewey, Joanna. „The Gospel of Mark." Seiten 470–509 in *Searching the Scriptures. Bd. 2: A Feminist Commentary*. Herausgegeben von Elisabeth Schüssler Fiorenza, unter Mitarbeit von Ann Brock und Shelly Matthews. New York: Crossroad, 1998.

———. „‚Let Them Renounce Themselves and Take Up Their Cross': A Feminist Reading of Mark 8.34 in Mark's Social and Narrative World." Seiten 23–36 in *A Feminist Companion to Mark*. Herausgegeben von Amy-Jill Levine, unter Mitarbeit von Marianne Blickenstaff. Feminist Companion to the New Testament and Early Christian Writings 2. Sheffield: Sheffield Academic Press, 2001.

Dormandy, Richard „The Expulsion of Legion: A Political Reading of Mark 5:1–20." *The Expository Times* 111 (1999/2000): 335–337.

Dormeyer, Detlev. *„Stasis*-Vorwürfe gegen Juden und Christen und Rechtsbrüche in Prozessverfahren gegen sie nach Josephus' *Bellum Judaicum* und Mk 15,1–20 parr." Seiten 63–78 in *Internationales Josephus-Kolloquium Aarhus 1999*. Herausgegeben von Jürgen U. Kalms. Münsteraner Judaistische Studien 6. Münster: Lit, 2000.

———. *Das Markusevangelium als Idealbiographie von Jesus Christus, dem Nazarener*. Stuttgarter biblische Beiträge 43. 2., verbesserte und erweiterte Auflage. Stuttgart: Katholisches Bibelwerk, 2002.

———. *Das Markusevangelium*. Darmstadt: WBG, 2005.

LITERATUR

————. „Der gegenwärtige Stand der Forschung zum Markus-Evangelium und die Frage nach der historischen und gegenwärtigen Kontext-Plausibilität." Seiten 309–323 in *The New Testament Interpreted: Essays in Honour of Bernard C. Lategan.* Herausgegeben von Cilliers Breytenbach, Johan C. Thom und Jeremy Punt. Supplement to Novum Testamentum 124. Leiden: Brill, 2006.

————. „Vom zweiten wieder auf den ersten Platz: Forschungsgeschichtlicher Überblick zum Markusevangelium." *Bibel und Kirche* 66/2 (2011): 109–112.

Duff, Paul Brooks. „The March of the Divine Warrior and the Advent of the Greco-Roman King: Mark's Account of Jesus' Entry into Jerusalem." *Journal of Biblical Literature* 111/1 (1992): 55–71.

Ebner, Martin. „Im Schatten der Großen: Kleine Erzählfiguren im Markusevangelium." *Biblische Zeitschrift* 44/1 (2000): 56–76.

————. „Evangelium contra Evangelium: Das Markusevangelium und der Aufstieg der Flavier." *Biblische Notizen* 116 (2003): 28–42.

————. „Das Markusevangelium." Seiten 154–183 in *Einleitung in das Neue Testament.* Herausgegeben von demselben und Stefan Schreiber. Studienbücher Theologie 6. Stuttgart: Kohlhammer, 2008.

————. *Das Markusevangelium: Neu übersetzt und kommentiert.* 2. Auflage von 2008. Stuttgart: Katholisches Bibelwerk, 2009.

————. „Das Markusevangelium und der Aufstieg der Flavier: Eine politische Lektüre des ältesten ,Evangeliums.'" *Bibel und Kirche* 66/2 (2011): 64–69.

————. „Die Rede von der ,Vollmacht' Jesu im MkEv – und die realpolitischen Implikationen." *Zeitschrift für Neues Testament: Das Neue Testament in Universität, Kirche, Schule und Gesellschaft* 16/31 (2013): 21–30.

————. „Wessen Medium willst du sein? (Die Heilung des Besessenen von Gerasa): Mk 5,1–20 (EpAp 5,9 f.)." Seiten 266–277 in *Kompendium der frühchristlichen Wundererzählungen: Band 1: Die Wunder Jesu.* Herausgegeben von Ruben Zimmermann, in Zusammenarbeit mit Detlev Dormeyer, Judith Hartenstein, Christian Münch, Enno Edzard Popkes und Uta Poplutz. Gütersloh: Gütersloher Verlagshaus, 2013.

Eve, Eric. „Spit in Your Eye: The Blind Man of Bethsaida and the Blind man of Alexandria." *New Testament Studies* 54 (2008): 1–17.

Fander, Monika. *Die Stellung der Frau im Markusevangelium – unter besonderer Berücksichtigung kultur- und religionsgeschichtlicher Hintergründe.* Münsteraner theologische Abhandlungen 8. Altenberge: Telos, 1990.

————. „Das Evangelium nach Markus: Frauen als wahre Nachfolgerinnen Jesu." Seiten 499–512 in *Kompendium Feministische Bibelauslegung.* Herausgegeben von Luise Schottroff und Marie-Theres Wacker, unter Mitarbeit von Claudia Janssen und Beate Wehn. 2., korrigierte Auflage. Gütersloh: Kaiser und Gütersloher Verlagshaus, 1999.

————. „,Mein Gott, mein Gott, warum hast du mich verlassen?' (Mk 15,34): (Kriegs-)Traumatisierung als Thema des Markusevangeliums." Seiten 116–156 in

LITERATUR 901

Christologie im Lebensbezug. Herausgegeben von Elisabeth Moltmann-Wendel und Renate Kirchhoff. Göttingen: Vandenhoeck & Ruprecht, 2005.

Fendler, Folkert. *Studien zum Markusevangelium: Zur Gattung, Chronologie, Messiasgeheimnistheorie und Überlieferung des zweiten Evangeliums.* Göttinger theologische Arbeiten 49. Göttingen: Vandenhoeck & Ruprecht, 1991.

Fredriksen, Paula. „Jesus and the Temple, Mark and the War." Seiten 293–310 in *Society of Biblical Literature: 1990 Seminar Papers.* Society of Biblical Literature Seminar Paper Series 29. Herausgegeben von David J. Lull. Atlanta: Scholars Press, 1990.

Füssel, Kuno und Eva Füssel. *Der verschwundene Körper: Neuzugänge zum Markusevangelium.* Luzern: Edition Exodus, 2001.

Gelardini, Gabriella. „The Contest for a Royal Title: Herod versus Jesus in the Gospel According to Mark (6,14–29; 15,6–15)." *Annali di storia dell' esegesi* 28/2 (2011): 93–106.

Georgia, Allan T. „Translating the Triumph: Reading Mark's Crucifixion Narrative against a Roman Ritual of Power." *Journal for the Study of the New Testament* 36/1 (2013): 17–38.

Gmünden, Petra von. „Die Verfluchung des Feigenbaums Mk 11,13 f.20 f." *Wort und Dienst* 22 (1993): 39–50.

Guttenberger, Gudrun. „Why Caesarea Philippi of all Sites? Some Reflections on the Political Background and Implications of Mark 8:27–30 for the Christology of Mark." Seiten 119–131 in *Zwischen den Reichen: Neues Testament und Römische Herrschaft: Vorträge auf der Ersten Konferenz der European Association for Biblical Studies.* Herausgegeben von Michael Labahn und Jürgen Zangenberg. Texte und Arbeiten zum neutestamentlichen Zeitalter 36. Tübingen: Francke, 2002.

―――. *Die Gottesvorstellung im Markusevangelium.* Beihefte zur Zeitschrift für die neutestamentliche Wissenschaft und die Kunde der älteren Kirche 123. Berlin de Gruyter, 2004.

Head, Ivan. „Mark as a Roman Document from the Year 69: Testing Martin Hengel's Thesis." *The Journal of Religious History* 28/3 (2004): 240–259.

Heininger, Bernhard. „‚Politische Theologie' im Markusevangelium: Der Aufstieg Vespasians zum Kaiser und der Abstieg Jesu ans Kreuz." Seiten 181–204 in *Die Inkulturation des Christentums: Aufsätze und Studien zum Neuen Testament und seiner Umwelt.* Herausgegeben von demselben. Wissenschaftliche Untersuchungen zum Neuen Testament 255. Tübingen: Mohr Siebeck, 2010.

Hengel, Martin. „Entstehungszeit und Situation des Markusevangeliums." Seiten 1–47 in *Markus-Philologie: Historische, literargeschichtliche und stilistische Untersuchungen zum zweiten Evangelium.* Herausgegeben von Hubert Cancik. Wissenschaftliche Untersuchungen zum Neuen Testament 33. Tübingen: Mohr, 1984.

Horsley, Richard A. *Hearing the Whole Story: The Politics of Plot in Mark's Gospel.* Louisville: Westminster John Knox, 2001.

Incigneri, Brian J. *The Gospel to the Romans: The Setting and Rhetoric of Mark's Gospel.* Biblical Interpretation Series 65. Leiden: Brill, 2003.

Iersel, Bastiaan Martinus Franciscus van. *Markus: Kommentar.* Übersetzt von Alfred Suhl. Düsseldorf: Patmos, 1993.

Joy, C.I. David. *Mark and its Subalterns: A Hermeneutical Paradigm for a Postcolonial Context.* London: Equinox, 2008.

Kinukawa, Hisako. „Women Disciples of Jesus ([Mark] 15.40–41; 15.47; 16.1)." Seiten 171–190 in *A Feminist Companion to Mark.* Herausgegeben von Amy-Jill Levine, unter Mitarbeit von Marianne Blickenstaff. Feminist Companion to the New Testament and Early Christian Writings 2. Sheffield: Sheffield Academic Press, 2001.

Klinghardt, Matthias. „Legionsschweine in Gerasa: Lokalkolorit und historischer Hintergrund von Mk 5,1–20." *Zeitschrift für die neutestamentliche Wissenschaft und die Kunde der älteren Kirche* 98/1 (2007): 28–48.

Klumbies, Paul-Gerhard. *Der Mythos bei Markus.* Beihefte zur Zeitschrift für die neutestamentliche Wissenschaft und die Kunde der älteren Kirche 108. Berlin: de Gruyter, 2001.

Krause, Deborah. „Simon Peter's Mother-in-Law – Disciple or Domestic Servant? Feminist Biblical Hermeneutics and the Interpretation of Mark 1.29–31." Seiten 37–53 in *A Feminist Companion to Mark.* Herausgegeben von Amy-Jill Levine, unter Mitarbeit von Marianne Blickenstaff. Feminist Companion to the New Testament and Early Christian Writings 2. Sheffield: Sheffield Academic Press, 2001.

Lau, Markus. „Die Legio X Fretensis und der Besessene von Gerasa: Anmerkungen zur Zahlenangabe ‚ungefähr Zweitausend' (Mk 5,13)." *Biblica* 88 (2007): 351–364.

Leander, Hans. „With Homi Bhabha at the Jerusalem City Gates: A Postcolonial Reading of the ‚Triumphant' Entry (Mark 11.1–11)." *Journal for the Study of the New Testament* 32/3 (2010): 309–335.

―――. *Discourses of Empire: The Gospel of Mark from a Postcolonial Perspective.* Semeia Studies 71. Atlanta: SBL, 2013.

Liew, Tat-siong Benny. *Politics of Parousia: Reading Mark Inter(con)textually.* Biblical Interpretation Series 42. Leiden: Brill, 1999.

―――. „Tyranny, Boundary, and Might: Colonial Mimicry in Mark's Gospel." *Journal for the Study of the New Testament* 73 (1999): 7–31; = Seiten 206–223 in *The Postcolonial Biblical Reader.* Herausgegeben von R.S. Sugirtharajah. Oxford: Blackwell, 2006.

Lindemann, Andreas. „Literatur zu den Synoptischen Evangelien 1992–2000 (III): Das Markusevangelium." *Theologische Rundschau* 69 (2004): 369–423.

MacDonald, Dennis R. „Renowned Far and Wide: The Women Who Anointed Odysseus and Jesus." Seiten 128–135 in *A Feminist Companion to Mark.* Herausgegeben von Amy-Jill Levine, unter Mitarbeit von Marianne Blickenstaff. Feminist Companion to the New Testament and Early Christian Writings 2. Sheffield: Sheffield Academic Press, 2001.

LITERATUR 903

Majoros-Danowski, Johannes. *Elija im Markusevangelium: Ein Buch im Kontext des Judentums*. Beiträge zur Wissenschaft vom Alten und Neuen Testament 180. Stuttgart: Kohlhammer, 2008.

Malbon, Elizabeth Struthers. „The Poor Widow in Mark and her Poor Rich Readers." Seiten 111–127 in *A Feminist Companion to Mark*. Herausgegeben von Amy-Jill Levine, unter Mitarbeit von Marianne Blickenstaff. Feminist Companion to the New Testament and Early Christian Writings 2. Sheffield: Sheffield Academic Press, 2001.

Marcus, Joel. „The Jewish War and the Sitz im Leben of Mark." *Journal of Biblical Literature* 111/3 (1992): 441–462.

———. *Mark: A New Translation with Introduction and Commentary*. 2 Bde. The Anchor (Yale) Bible 27. New York: Doubleday und New Haven: Yale University Press, 2000–2009.

Miller, Susan. *Women in Mark's Gospel*. Journal for the Study of the New Testament: Supplement Series 259. London: T&T Clark, 2004.

Moore, Stephen D. „Mark and Empire: ,Zealot' and ,Postcolonial' Readings." Seiten 193–205 in *The Postcolonial Biblical Reader*. Herausgegeben von R.S. Sugirtharajah. Oxford: Blackwell, 2006 = „,My Name Is Legion, for We Are Many': Representing Empire in Mark." Seiten 24–44 in *Empire and Apocalypse: Postcolonialism and the New Testament* (ders.; The Bible in the Modern World 12; Sheffield: Scheffield Phoenix Press, 2006).

Myers, Ched. *Binding the Strong Man: A Political Reading of Mark's Story of Jesus*. Maryknoll: Orbis, 1988.

Neirynck F., J. Verheyden, F. van Segbroeck, G. van Oyen und R. Corstjens. *The Gospel of Mark: A Cumulative Bibliography 1950–1990*. Bibliotheca Ephemeridum Theologicarum Lovaniensium 102. Leuven: Peeters, 1992.

Neyrey, Jerome H. „Loss of Wealth, Loss of Family, Loss of Honor: The Cultural Context of the Original Makarisms in Q." Seiten 87–102 in *The Social World of the New Testament: Insights and Models*. Herausgegeben von dems. und Eric C. Stewart. Peabody: Hendrickson, 2008.

Paschke, Boris A. „*Nomen est omen*: Warum der gekreuzigte Jesus wohl auch unter Anspielung auf seinen Namen verspottet wurde." *Novum Testamentum* 49 (2007): 313–327.

Pellegrini, Silvia. *Elija – Wegbereiter Gottessohnes: Eine textsemiotische Untersuchung im Markusevangelium*. Freiburg i. Br.: Herder 2000.

Peppard, Michael. „The Eagle and the Dove: Roman Imperial Sonship and the Baptism of Jesus (Mark 1.9–11)." *New Testament Studies* 56/4 (2010): 431–451.

Phillips, Victoria. „The Failure of the Women Who Followed Jesus in the Gospel of Mark." Seiten 222–234 in *A Feminist Companion to Mark*. Herausgegeben von Amy-Jill Levine, unter Mitarbeit von Marianne Blickenstaff. Feminist Companion to the New Testament and Early Christian Writings 2. Sheffield: Sheffield Academic Press, 2001.

Redaktion. „Der jüdische Krieg und das Markusevangelium." *Bibel und Kirche* 66/2 (2011): 83–84.

Rhoads, David, Joanna Dewey und Donald Michie. *Mark as Story: An Introduction to the Narrative of a Gospel*. 2. Auflage. Minneapolis: Fortress, 1999.

Ringe, Sharon H. „A Gentile Woman's Story, Revisited: Rereading Mark 7.24–31a." Seiten 79–100 in *A Feminist Companion to Mark*. Herausgegeben von Amy-Jill Levine, unter Mitarbeit von Marianne Blickenstaff. Feminist Companion to the New Testament and Early Christian Writings 2. Sheffield: Sheffield Academic Press, 2001.

Roskam, Hendrika N. *The Purpose of the Gospel of Mark in its Historical and Social Context*. Supplements to Novum Testamentum 114. Leiden: Brill, 2004.

Rüegger, Hans-Ulrich und Annelies Hämmig. „‚Mein gott: varzuo hastu mich gelassen?' Philologische Annäherung an eine theologische Frage (Mk 15,34)." *Zeitschrift für Neutestamentliche Wissenschaft* 102 (2011): 40–58.

Samuel, Simon. *A Postcolonial Reading of Mark's Story of Jesus*. Library of New Testament Studies 340. London: T&T Clark, 2007.

Schenke, Ludger. *Das Markusevangelium: Literarische Eigenart – Text und Kommentierung*. Stuttgart: Kohlhammer, 2005.

Schmidt, Karl Matthias. *Wege des Heils: Erzählstrukturen und Rezeptionskontexte des Markusevangeliums*. Novum Testamentum et Orbis Antiquus. Göttingen: Vandenhoeck & Ruprecht, 2010.

Schnelle, Udo. *Einleitung in das Neue Testament*. UTB 1830. 6., neubearbeitete Auflage. Göttingen: Vandenhoeck & Ruprecht, 2007.

Scholtissek, Klaus. „‚Grunderzählung' des Heils: Zum aktuellen Stand der Markusforschung." *Theologische Literaturzeitung* 130 (2005): 858–880.

Schreiber, Stefan. „Friede trotz Pax Romana: Politische und sozialgeschichtliche Überlegungen zum Markusevangelium." Seiten 85–104 in *Inquire Pacem: Beiträge zu einer Theologie des Friedens: Festschrift für Bischof Dr. Viktor Josef Dammertz OSB zum 75. Geburtstag*. Herausgegeben von Franz Sedlmair und Thomas Hausmanninger. Augsburg: Sankt Ulrich, 2004.

———. „Caesar oder Gott (Mk 12,17)? Zur Theoriebildung im Umgang mit politischen Texten des Neuen Testaments." *Biblische Zeitschrift* 48/1 (2004): 65–85.

———. „Die erste Lebensgeschichte Jesu: Das Markusevangelium." *Bibel und Kirche* 66/2 (2011): 70–77.

Schüssler Fiorenza, Elisabeth. *In Memory of Her: A Feminist Theological Reconstruction of Christian Origins*. New York: Crossroad, 1998.

Stegemann, Ekkehard W. „Zur Rolle von Petrus, Jakobus und Johannes im Markusevangelium." *Theologische Zeitschrift* 42 (1986): 366–374.

Seybold, Klaus. „Dalmanutha (Mk 8,10)." *Zeitschrift des Deutschen Palästina-Vereins* ZDPV 116 (2000): 42–48.

Tamez, Elsa. „The Conflict in Mark: A Reading from the Armed Conflict in Colombia."

LITERATUR

Seiten 101–125 in *Mark*. Herausgegeben von Nicole Wilkinson Duran, Teresa Okure und Daniel M. Patte. Übersetzt von Leticia Guardiola-Sáenz. Texts@contexts. Minneapolis: Fortress, 2011.

Taylor, Joan E. „‚Iskarioth‘ (Iscariot).“ *Journal of Biblical Literature* 129/2 (2010): 367–383.

Telford, William R. *Writing on the Gospel of Mark*. Guides to Advanced Biblical Research 1. Blandford Forum: Deo Publishing, 2009.

Theißen, Gerd. „Evangelienschreibung und Gemeindeleitung: Pragmatische Motive bei der Abfassung des Markusevangeliums.“ Seiten 389–414 in *Antikes Judentum und Frühes Christentum: Festschrift für Hartmut Stegemann zum 65. Geburtstag*. Herausgegeben von Bernd Kollmann, Wolfgang Reinbold, Annette Steudel. Beihefte zur Zeitschrift für die neutestamentliche Wissenschaft und die Kunde der älteren Kirche 97. Berlin: de Gruyter, 1999.

Tuor-Kurth, Christina. „Nochmals: ‚Wer eines solcher Kinder aufnimmt‘: Ein Beitrag zur sozialgeschichtlichen Auslegung von Mk 9,35–37.“ Seiten 87–99 in *Text, Ethik, Judentum und Christentum, Gesellschaft: Ekkehard W. Stegemann zum 60. Geburtstag*. Band 1 von *Kontexte der Schrift*. Herausgegeben von Gabriella Gelardini. Stuttgart: Kohlhammer, 2005.

Vielhauer, Philipp. „Erwägungen zur Christologie des Markusevangeliums.“ Seiten 199–214 in *Aufsätze zum Neuen Testament*. Herausgegeben von dems. Theologische Bücherei: Nachdrucke und Berichte aus dem 20. Jahrhundert 31. München: Kaiser, 1965.

Winn, Adam. *The Purpose of Mark's Gospel: An Early Christian Response to Roman Imperial Propaganda*. Wissenschaftliche Untersuchungen zum Neuen Testament 2:245. Tübingen: Mohr Siebeck, 2008.

Zürn, Peter. „Ein Weg mitten in der Katastrophe: ‚Markus‘ erzählt.“ *Bibel und Kirche* 66/2 (2011): 103–105.

Übrige Forschung

Abrahams, Israel. „Numbers, Typical and Important.“ Seiten 333–337 in Bd. 15 von *Encyclopaedia Judaica* (*EJ*). Herausgegeben von Fred Skolnik et al. 22 Bände. 2. Auflage. Detroit: Thomson/Gale, 2007.

Applebaum, Shimon und Bathja Bayer. „Herod I.“ Seiten 31–38 in Bd. 9 von *EJ*. Herausgegeben von Fred Skolnik et al. 22 Bände. 2. Auflage. Detroit: Thomson/Gale, 2007.

Arav, Rami. „Hermon, Mount.“ Seiten 158–160 in Bd. 3 von *The Anchor Bible Dictionary* (*ABD*). Herausgegeben von David Noel Freedman, Gary A. Herion et al. 6 Bände. New York: Doubleday, 1992.

Ashtor, Eliyahu. „Tyre.“ Seiten 218–219 in Bd. 20 von *EJ*. Herausgegeben von Fred Skolnik et al. 22 Bände. 2. Auflage. Detroit: Thomson/Gale, 2007.

Avigad, Nachman, Shimon Gibson, Efraim Orni und Shaked Gilboa. „Jericho." Seiten 724–740 in Bd. 3 von *EJ*. Herausgegeben von Fred Skolnik et al. 22 Bände. 2. Auflage. Detroit: Thomson/Gale, 2007.

Avi-Yonah, Michael, Gideon Biger und Shimon Gibson. „Banias." Seite 109 in Bd. 3 von *EJ*. Herausgegeben von Fred Skolnik et al. 22 Bände. 2. Auflage. Detroit: Thomson/Gale, 2007.

———. „Bethany." Seite 527 in Bd. 3 von *EJ*. Herausgegeben von Fred Skolnik et al. 22 Bände. 2. Auflage. Detroit: Thomson/Gale, 2007.

——— und Shimon Gibson. „Bethphag." Seite 536 in Bd. 3 von *EJ*. Herausgegeben von Fred Skolnik et al. 22 Bände. 2. Auflage. Detroit: Thomson/Gale, 2007.

——— und Shimon Gibson. „Bethsaida." Seite 536 in Bd. 3 von *EJ*. Herausgegeben von Fred Skolnik et al. 22 Bände. 2. Auflage. Detroit: Thomson/Gale, 2007.

——— und Efraim Orni. „Hermon, Mount." Seiten 30–31 in Bd. 9 von *EJ*. Herausgegeben von Fred Skolnik et al. 22 Bände. 2. Auflage. Detroit: Thomson/Gale, 2007.

———, Abraham J. Brawer, Efraim Orni und Shimon Gibson. „Tiberias." Seiten 714–716 in Bd. 19 von *EJ*. Herausgegeben von Fred Skolnik et al. 22 Bände. 2. Auflage. Detroit: Thomson/Gale, 2007.

Beard, Mary. *The Roman Triumph*. Cambridge: The Belknap Press of Harvard University Press, 2007.

Baatz, Dietwulf. „Katapult." Seiten 340–343 in Bd. 6 von *Der Neue Pauly: Enzyklopädie der Antike (DNP)*. Herausgegeben von Hubert Cancik, Helmuth Schneider und Manfred Landfester. 16 Bde. Stuttgart: Metzler, 1996–2003.

———. „Poliorketik." Seiten 16–21 in Bd. 10 von *DNP*. Herausgegeben von Hubert Cancik, Helmuth Schneider und Manfred Landfester. 16 Bde. Stuttgart: Metzler, 1996–2003.

Bhabha, Homi K. *Die Verortung der Kultur*. Stauffenburg Discussion 5. Unveränderter Nachdruck. Tübingen. Stauffenburg, 2007.

Baltzer, Klaus. *Die Biographie der Propheten*. Neukirchen-Vluyn: Neukirchner, 1975.

Bendlin, Andreas. „II. Vergöttlichung." Seiten 68–69 in Bd. 12/2 von *DNP*. Herausgegeben von Hubert Cancik, Helmuth Schneider und Manfred Landfester. 16 Bde. Stuttgart: Metzler, 1996–2003.

Bergmann, Claudia D. „We Have Seen the Enemy, and He Is Only a ‚She': The Portrayal of Warriors as Women." Seiten 129–142 in *Writing and Reading War: Rhetoric, Gender, and Ethics in Biblical and Modern Contexts*. Herausgegeben von Brad E. Kelle und Frank Ritchel Ames. Society of Biblical Literature: Symposium Series 42. Leiden: Brill, 2008.

Bernett, Monika. *Der Kaiserkult in Judäa unter den Herodiern und Römern: Untersuchungen zur politischen und religiösen Geschichte Judäas von 30 v. bis 66 n. Chr.* Wissenschaftliche Untersuchungen zum Neuen Testament 203. Tübingen: Mohr Siebeck, 2007.

LITERATUR 907

Betlyon, John W. „Coinage.“ Seiten 1076–1089 in Bd. 1 von *The Anchor Bible Dictionary* (*ABD*). Herausgegeben von David Noel Freedman, Gary A. Herion et al. 6 Bände. New York: Doubleday, 1992.

Birley, A.R. „III.1 Cassius.“ Seiten 1014–1015 in Bd. 2 von *DNP*. Herausgegeben von Hubert Cancik, Helmuth Schneider und Manfred Landfester. 16 Bde. Stuttgart: Metzler, 1996–2003.

Bloch, René. *Antike Vorstellungen vom Judentum: Der Judenexkurs des Tacitus im Rahmen der griechisch-römischen Ethnographie*. Historia: Einzelschriften 160. Stuttgart: Steiner, 2002.

Blois, Lukas de und Elio Lo Cascio, Hgg. *The Impact of the Roman Army (200 BC–AD 476): Economic, Social, Political, Religious and Cultural Aspects*. Impact of Empire 6. Leiden: Brill, 2007.

Bovini, Giuseppe. *Ravenna: Mosaiken und Monumente*. Ravenna: Longo, 2006.

Boyarin, Daniel. *The Jewish Gospels: The Story of the Jewish Christ*. New York: The New Press, 2012.

Brandt, Hartwin. „Vegetius.“ Seiten 1155–1157 in Bd. 12/1 von *DNP*. Herausgegeben von Hubert Cancik, Helmuth Schneider und Manfred Landfester. 16 Bde. Stuttgart: Metzler, 1996–2003.

Braund, David C. „Berenice.“ Seiten 677–678 in Bd. 1 von *ABD*. Herausgegeben von David Noel Freedman, Gary A. Herion et al. 6 Bände. New York: Doubleday, 1992.

Brichto, Herbert Chanan. „Blessing and Cursing.“ Seiten 750–752 in Bd. 3 von *Encyclopaedia Judaica* (*EJ*). Herausgegeben von Fred Skolnik et al. 22 Bände. 2. Auflage. Detroit: Thomson/Gale, 2007.

———. „Priestly Blessing.“ Seiten 510–511 in Bd. 16 von *EJ*. Herausgegeben von Fred Skolnik et al. 22 Bände. 2. Auflage. Detroit: Thomson/Gale, 2007.

Bringmann, Klaus. „1. Herodes.“ Seiten 458–460 in Bd. 5 von *DNP*. Herausgegeben von Hubert Cancik, Helmuth Schneider und Manfred Landfester. 16 Bde. Stuttgart: Metzler, 1996–2003.

———. „8. Herodes.“ Seiten 461–462 in Bd. 5 von *DNP*. Herausgegeben von Hubert Cancik, Helmuth Schneider und Manfred Landfester. 16 Bde. Stuttgart: Metzler, 1996–2003.

———. „II.5 Iulius.“ Seiten 24 in Bd. 6 von *DNP*. Herausgegeben von Hubert Cancik, Helmuth Schneider und Manfred Landfester. 16 Bde. Stuttgart: Metzler, 1996–2003.

——— und Thomas Schäfer. *Augustus und die Begründung des römischen Kaisertums*. Studienbücher: Geschichte und Kultur der Alten Welt. Berlin: Akademie, 2002.

Brighton, Mark Andrew. *The Sicarii in Josephus's* Judean War: *Rhetorical Analysis and Historical Observations*. Society of Biblical Literature: Early Judaism and Its Literature 27. Atlanta: SBL 2008.

Briquel, Dominique. „Augures.“ Seiten 279–281 in Bd. 2 von *DNP*. Herausgegeben von

Hubert Cancik, Helmuth Schneider und Manfred Landfester. 16 Bde. Stuttgart: Metzler, 1996–2003.

———. „VII. Divination." Seiten 714–718 in Bd. 3 von *DNP*. Herausgegeben von Hubert Cancik, Helmuth Schneider und Manfred Landfester. 16 Bde. Stuttgart: Metzler, 1996–2003.

Burckhardt, Leonhard und Helmuth Schneider. „Taktik." Seiten 1226–1228 in Bd. 11 von *DNP*. Herausgegeben von Hubert Cancik, Helmuth Schneider und Manfred Landfester. 16 Bde. Stuttgart: Metzler, 1996–2003.

———. *Militärgeschichte der Antike.* Beck'sche Reihe 2447; C.H. Beck Wissen in der Beck'schen Reihe. München: Beck, 2008.

Burridge, Richard A. *What Are the Gospels? A Comparison with Graeco-Roman Biography.* The Biblical Resource Series. 2. Auflage. Grand Rapids: Eerdmans, 2004.

Campbell, J. Brian. „Aerarium militare." Seiten 880–881 in Bd. 12/2 von *Der Neue Pauly: Enzyklopädie der Antike (DNP)*. Herausgegeben von Hubert Cancik, Helmuth Schneider und Manfred Landfester. 16 Bde. Stuttgart: Metzler, 1996–2003.

———. „Auxilia." Seiten 364–365 in Bd. 2 von *DNP*. Herausgegeben von Hubert Cancik, Helmuth Schneider und Manfred Landfester. 16 Bde. Stuttgart: Metzler, 1996–2003.

———. „Centurio." Seiten 1068–1069 in Bd. 2 von *DNP*. Herausgegeben von Hubert Cancik, Helmuth Schneider und Manfred Landfester. 16 Bde. Stuttgart: Metzler, 1996–2003.

———. „1. Hasta." Seiten 181–182 in Bd. 5 von *DNP*. Herausgegeben von Hubert Cancik, Helmuth Schneider und Manfred Landfester. 16 Bde. Stuttgart: Metzler, 1996–2003.

———. „Legio." Seiten 7–22 in Bd. 7 von *DNP*. Herausgegeben von Hubert Cancik, Helmuth Schneider und Manfred Landfester. 16 Bde. Stuttgart: Metzler, 1996–2003.

———. „Meuterei." Seiten 144–147 in Bd. 8 von *DNP*. Herausgegeben von Hubert Cancik, Helmuth Schneider und Manfred Landfester. 16 Bde. Stuttgart: Metzler, 1996–2003.

———. „Praetorianer." Seiten 262–264 in Bd. 10 von *DNP*. Herausgegeben von Hubert Cancik, Helmuth Schneider und Manfred Landfester. 16 Bde. Stuttgart: Metzler, 1996–2003.

———. „III. Reiterei." Seiten 870–872 in Bd. 10 von *DNP*. Herausgegeben von Hubert Cancik, Helmuth Schneider und Manfred Landfester. 16 Bde. Stuttgart: Metzler, 1996–2003.

———. „Rekrutenausbildung." Seiten 875–877 in Bd. 10 von *DNP*. Herausgegeben von Hubert Cancik, Helmuth Schneider und Manfred Landfester. 16 Bde. Stuttgart: Metzler, 1996–2003.

———. „II. Truppenrekrutierung." Seiten 880–882 in Bd. 12/1 von *DNP*. Herausgegeben von Hubert Cancik, Helmuth Schneider und Manfred Landfester. 16 Bde. Stuttgart: Metzler, 1996–2003.

LITERATUR 909

Cancik, Hubert und Konrad Hitzl, Hgg. *Die Praxis der Herrscherverehrung in Rom und seinen Provinzen*. Tübingen: Mohr Siebeck, 2003.

Cancik-Kirschbaum, Eva. „II. Herrschaft." Seiten 488–489 in Bd. 5 von DNP. Herausgegeben von Hubert Cancik, Helmuth Schneider und Manfred Landfester. 16 Bde. Stuttgart: Metzler, 1996–2003.

Carroll, Scott T. „Bethphage." Seite 715 in Bd. 1 von *The Anchor Bible Dictionary* (ABD). Herausgegeben von David Noel Freedman, Gary A. Herion et al. 6 Bände. New York: Doubleday, 1992.

Carter, Warren. *The Roman Empire and the New Testament: An Essential Guide*. Nashville: Abingdon, 2006.

Clark, Jessica H. *Triumph in Defeat: Military Loss in the Roman Republic*. Oxford: Oxford University Press, 2014

Cohen, Chayim, Louis Isaac Rabinowitz und Stephen G. Wald, „Right and Left." Seiten 301–302 in Bd. 17 von *Encyclopaedia Judaica* (EJ). Herausgegeben von Fred Skolnik et al. 22 Bände. 2. Auflage. Detroit: Thomson/Gale, 2007.

Cohn, Haim Hermann, und Shimon Gibson. „Crucifixion." Seiten 309–310 in Bd. 5 von EJ. Herausgegeben von Fred Skolnik et al. 22 Bände. 2. Auflage. Detroit: Thomson/Gale, 2007.

Collins, Raymond F. „Twelve." Seiten 670–671 in Bd. 6 von ABD. Herausgegeben von David Noel Freedman, Gary A. Herion et al. 6 Bände. New York: Doubleday, 1992.

Derrett, J. Duncan M. „Contributions to the Study of the Gerasene Demoniac." *Journal for the Study of the New Testament* 3 (1979): 2–17.

Dihle, Albrecht. „Die Evangelien und die biographische Tradition der Antike,"*Zeitschrift für Theologie und Kirche* 80 (1983): 33–49.

Distelrath, Götz. „Prodigium." Seiten 369–370 in Bd. 10 von *Der Neue Pauly: Enzyklopädie der Antike* (DNP). Herausgegeben von Hubert Cancik, Helmuth Schneider und Manfred Landfester. 16 Bde. Stuttgart: Metzler, 1996–2003.

Dormeyer, Detlev. *Evangelium als literarische und theologische Gattung*. Erträge der Forschung 263. Darmstadt: WBG, 1989.

Douglas, Mary. *Thinking in Circles: An Essay on Ring Composition*. The Terry Lectures. New Haven: Yale University Press, 2007.

Doyle, Michael W. *Empires*. Cornell Studies in Comparative History. Ithaka: Cornell University Press, 1986.

Drinkard, Joel F. „Right, Right Hand." Seite 724 in Bd. 5 von *The Anchor Bible Dictionary* (ABD). Herausgegeben von David Noel Freedman, Gary A. Herion et al. 6 Bände. New York: Doubleday, 1992.

Eberhardt, Barbara. „Wer dient wem? Die Darstellung des flavischen Triumphzuges auf dem Titusbogen und bei Josephus." Seiten 257–277 in *Josephus and Jewish History in Flavian Rome and Beyond*. Herausgegeben von Joseph Sievers und Gaia Lembi. Supplements to the Journal for the Study of Judaism 104. Brill, Leiden 2005.

910 LITERATUR

Ebner, Constanze. „Latrocinium." Seiten 1181 in Bd. 6 von *Der Neue Pauly: Enzyklopädie der Antike* (*DNP*). Herausgegeben von Hubert Cancik, Helmuth Schneider und Manfred Landfester. 16 Bde. Stuttgart: Metzler, 1996–2003.

Eck, Werner. „II.6 Antonius." Seiten 814 in Bd. 1 von *DNP*. Herausgegeben von Hubert Cancik, Helmuth Schneider und Manfred Landfester. 16 Bde. Stuttgart: Metzler, 1996–2003.

―――. „II.44 Flavius." Seiten 551 in Bd. 4 von *DNP*. Herausgegeben von Hubert Cancik, Helmuth Schneider und Manfred Landfester. 16 Bde. Stuttgart: Metzler, 1996–2003.

―――. „II.1 Lucceius." Seiten 459 in Bd. 7 von *DNP*. Herausgegeben von Hubert Cancik, Helmuth Schneider und Manfred Landfester. 16 Bde. Stuttgart: Metzler, 1996–2003.

―――. „II.2 Lucilius." Seite 459 in Bd. 7 von *DNP*. Herausgegeben von Hubert Cancik, Helmuth Schneider und Manfred Landfester. 16 Bde. Stuttgart: Metzler, 1996–2003.

――― und Walter Eder. „1. Nero." Seiten 851–855 in Bd. 8 von *DNP*. Herausgegeben von Hubert Cancik, Helmuth Schneider und Manfred Landfester. 16 Bde. Stuttgart: Metzler, 1996–2003.

―――. „II.7 Pontius." Seiten 141–142 in Bd. 10 von *DNP*. Herausgegeben von Hubert Cancik, Helmuth Schneider und Manfred Landfester. 16 Bde. Stuttgart: Metzler, 1996–2003.

―――. „II.2 Porcius." Seiten 163 in Bd. 10 von *DNP*. Herausgegeben von Hubert Cancik, Helmuth Schneider und Manfred Landfester. 16 Bde. Stuttgart: Metzler, 1996–2003.

―――. „Praefectus." Seiten 241–246 in Bd. 10 von *DNP*. Herausgegeben von Hubert Cancik, Helmuth Schneider und Manfred Landfester. 16 Bde. Stuttgart: Metzler, 1996–2003.

―――. „II.13 Sulpicius." Seiten 1105 in Bd. 11 von *DNP*. Herausgegeben von Hubert Cancik, Helmuth Schneider und Manfred Landfester. 16 Bde. Stuttgart: Metzler, 1996–2003.

―――. „3. Titus." Seiten 633–634 in Bd. 12/1 von *DNP*. Herausgegeben von Hubert Cancik, Helmuth Schneider und Manfred Landfester. 16 Bde. Stuttgart: Metzler, 1996–2003.

―――. „Urbanae cohortes." Seiten 1030 in Bd. 12/1 von *DNP*. Herausgegeben von Hubert Cancik, Helmuth Schneider und Manfred Landfester. 16 Bde. Stuttgart: Metzler, 1996–2003.

―――. „Vespasianus." Seiten 125–130 in Bd. 12/2 von *DNP*. Herausgegeben von Hubert Cancik, Helmuth Schneider und Manfred Landfester. 16 Bde. Stuttgart: Metzler, 1996–2003.

Eder, Walter. „I.90 Cornelius." Seiten 186–190 in Bd. 3 von *DNP*. Herausgegeben von Hubert Cancik, Helmuth Schneider und Manfred Landfester. 16 Bde. Stuttgart: Metzler, 1996–2003.

LITERATUR 911

————. „I.V.B Herrschaft." Seiten 487–488.492–493 in Bd. 5 von *DNP*. Herausgegeben von Hubert Cancik, Helmuth Schneider und Manfred Landfester. 16 Bde. Stuttgart: Metzler, 1996–2003.

————. „I.–III. Sacramentum." Seiten 1199–1200 in Bd. 10 von *DNP*. Herausgegeben von Hubert Cancik, Helmuth Schneider und Manfred Landfester. 16 Bde. Stuttgart: Metzler, 1996–2003.

————. „Triumph, Triumphzug." Seiten 836–838 in Bd. 12/1 von *DNP*. Herausgegeben von Hubert Cancik, Helmuth Schneider und Manfred Landfester. 16 Bde. Stuttgart: Metzler, 1996–2003.

Edwards, Douglas R. „Gennesaret." Seiten 963 in Bd. 2 von *The Anchor Bible Dictionary* (*ABD*). Herausgegeben von David Noel Freedman, Gary A. Herion et al. 6 Bände. New York: Doubleday, 1992.

Elazary, Edna. „Agrippa I." Seiten 502–503 Bd. 1 von *Encyclopaedia Judaica* (*EJ*). Herausgegeben von Fred Skolnik et al. 22 Bände. 2. Auflage. Detroit: Thomson/Gale, 2007.

————. „Herod II." Seite 38 in Bd. 9 von *EJ*. Herausgegeben von Fred Skolnik et al. 22 Bände. 2. Auflage. Detroit: Thomson/Gale, 2007.

———— und Shimon Gibson. „Herod Philip I." Seiten 39–40 in Bd. 9 von *EJ*. Herausgegeben von Fred Skolnik et al. 22 Bände. 2. Auflage. Detroit: Thomson/Gale, 2007.

————. „Valerius Gratus." Seite 463 in Bd. 20 von *EJ*. Herausgegeben von Fred Skolnik et al. 22 Bände. 2. Auflage. Detroit: Thomson/Gale, 2007.

Elliott, Neil. *The Arrogance of Nations: Reading Romans in the Shadow of Empire*. Paul in Critical Contexts. Minneapolis: Fortress, 2008.

Erdkamp, Paul, Hg. *A Companion to the Roman Army*. Blackwell Companions to the Ancient World. Oxford: Wiley-Blackwell, 2011.

Feliks, Jehuda. „Dog," Seite 733 in Bd. 5 von *Encyclopaedia Judaica* (*EJ*). Herausgegeben von Fred Skolnik et al. 22 Bände. 2. Auflage. Detroit: Thomson/Gale, 2007.

————. „Fig." Seite 18 in Bd. 7 von *EJ*. Herausgegeben von Fred Skolnik et al. 22 Bände. 2. Auflage. Detroit: Thomson/Gale, 2007.

Firmage, Edwin. „Zoology (Fauna)." Seiten 1109–1167 in Bd. 6 von *The Anchor Bible Dictionary* (*ABD*). Herausgegeben von David Noel Freedman, Gary A. Herion et al. 6 Bde. New York: Doubleday, 1992.

Flaig, Egon. „1. Tacitus." Seiten 1209–1214 in Bd. 11 von *Der Neue Pauly: Enzyklopädie der Antike* (*DNP*). Herausgegeben von Hubert Cancik, Helmuth Schneider und Manfred Landfester. 16 Bde. Stuttgart: Metzler, 1996–2003.

Förtsch, Reinhard. „Capitolium." Seiten 972–973 in Bd. 2 von *DNP*. Herausgegeben von Hubert Cancik, Helmuth Schneider und Manfred Landfester. 16 Bde. Stuttgart: Metzler, 1996–2003.

Fossum, Jarl. „Son of God." Seiten 128–137 in Bd. 6 von *ABD*. Herausgegeben von David Noel Freedman, Gary A. Herion et al. 6 Bde. New York: Doubleday, 1992.

Franke, Thomas. „4. Tribunus." Seiten 796–797 in Bd. 12/1 von *DNP*. Herausgegeben

912 LITERATUR

von Hubert Cancik, Helmuth Schneider und Manfred Landfester. 16 Bde. Stuttgart: Metzler, 1996–2003.

Frankemölle, Hubert. *Evangelium – Begriff und Gattung: Ein Forschungsbericht.* Stuttgarter biblische Beiträge 15. 2., aktualisierte, stark erweiterte und durchgesehene Auflage. Stuttgart: Katholisches Bibelwerk, 1994.

Frateantonio, Christa. „Consecratio." Seiten 127–128 in Bd. 3 von *DNP*. Herausgegeben von Hubert Cancik, Helmuth Schneider und Manfred Landfester. 16 Bde. Stuttgart: Metzler, 1996–2003.

Frickenschmidt, Dirk. *Evangelium als Biographie: Die vier Evangelien im Rahmen antiker Erzählkunst.* Texte und Arbeiten zum neutestamentlichen Zeitalter 22. Tübingen: Francke, 1997.

Fuchs, Harald. *Der geistige Widerstand gegen Rom.* Erweiterte Basler Antrittsrede, Juni 1933. Berlin: de Gruyter, 1938.

Furstenberg, Yair. „Defilement Penetrating the Body: A New Understanding of Contamination in Mark 7.15." *New Testament Studies* 54/2 (2008): 176–200.

Gafni, Isaiah. „Augustus." Seiten 659–660 in Bd. 2 von *Encyclopaedia Judaica (EJ)*. Herausgegeben von Fred Skolnik et al. 22 Bände. 2. Auflage. Detroit: Thomson/Gale, 2007.

———. „Mucianus, Caius Licinius." Seite 594 in Bd. 14 von von *EJ*. Herausgegeben von Fred Skolnik et al. 22 Bände. 2. Auflage. Detroit: Thomson/Gale, 2007.

———. „Quintilius Varus." Seite 767 in Bd. 16 von *EJ*. Herausgegeben von Fred Skolnik et al. 22 Bände. 2. Auflage. Detroit: Thomson/Gale, 2007.

———. „Zadok the Pharisee." Seite 443 in Bd. 21 von *EJ*. Herausgegeben von Fred Skolnik et al. 22 Bände. 2. Auflage. Detroit: Thomson/Gale, 2007.

Galsterer, Hartmut. „Lex de imperio Vespasiani." Seiten 119–120 in Bd. 7 von *Der Neue Pauly: Enzyklopädie der Antike (DNP)*. Herausgegeben von Hubert Cancik, Helmuth Schneider und Manfred Landfester. 16 Bde. Stuttgart: Metzler, 1996–2003.

———. „Provincia." Seiten 473–475 in Bd. 10 von *DNP*. Herausgegeben von Hubert Cancik, Helmuth Schneider und Manfred Landfester. 16 Bde. Stuttgart: Metzler, 1996–2003.

———. „Socii." Seiten 665 in Bd. 11 von *DNP*. Herausgegeben von Hubert Cancik, Helmuth Schneider und Manfred Landfester. 16 Bde. Stuttgart: Metzler, 1996–2003.

Gabriella Gelardini. „נצח *nṣḥ* (נָצַח)." Seiten 1017–1019 des Bd. 2 in *Theologisches Wörterbuch zu den Qumrantexten.* Herausgegeben von Heinz-Josef Fabry und Ulrich Dahmen. Stuttgart: Kohlhammer, 2013.

———. „The Inauguration of Yom Kippur According to the LXX and its Cessation or Perpetuation According to the Book of Hebrews: A Systematic Comparison." Seiten 225–254 in *The Day of Atonement: Its Interpretations in Early Jewish and Christian Traditions.* Herausgegeben von Thomas Hieke und Tobias Nicklas. Themes in Biblical Narrative 15. Leiden: Brill, 2011.

LITERATUR

Ginsberg, Harold Louis, David Flusser, Gerald J. Blidstein, Joseph Dan und Louis Jacobs. „Messiah." Seiten 110–115 in Bd. 14 von *EJ*. Herausgegeben von Fred Skolnik et al. 22 Bände. 2. Auflage. Detroit: Thomson/Gale, 2007.

Gizewski, Christian. „II. Auctoritas." Seiten 266–267 in Bd. 2 von *DNP*. Herausgegeben von Hubert Cancik, Helmuth Schneider und Manfred Landfester. 16 Bde. Stuttgart: Metzler, 1996–2003.

————. „Censores." Seiten 1056–1057 in Bd. 2 von *DNP*. Herausgegeben von Hubert Cancik, Helmuth Schneider und Manfred Landfester. 16 Bde. Stuttgart: Metzler, 1996–2003.

————. „Census." Seiten 1059–1060 in Bd. 2 von *DNP*. Herausgegeben von Hubert Cancik, Helmuth Schneider und Manfred Landfester. 16 Bde. Stuttgart: Metzler, 1996–2003.

————. „Cursus honorum." Seiten 243–244 in Bd. 3 von *DNP*. Herausgegeben von Hubert Cancik, Helmuth Schneider und Manfred Landfester. 16 Bde. Stuttgart: Metzler, 1996–2003.

———— und Alexander Mlasowsky. „Damnatio memoriae." Seiten 299–300 in Bd. 3 *DNP*. Herausgegeben von Hubert Cancik, Helmuth Schneider und Manfred Landfester. 16 Bde. Stuttgart: Metzler, 1996–2003.

————. „Maiestas" Seiten 710–712 in Bd. 7 von *DNP*. Herausgegeben von Hubert Cancik, Helmuth Schneider und Manfred Landfester. 16 Bde. Stuttgart: Metzler, 1996–2003.

Goodman, Martin. *Rome and Jerusalem: The Clash of Ancient Civilizations*. London: Lane, 2007.

Gordon, Richard L. „C. Pontifex, Pontifices." Seiten 135–138 in Bd. 10 von *DNP*. Herausgegeben von Hubert Cancik, Helmuth Schneider und Manfred Landfester. 16 Bde. Stuttgart: Metzler, 1996–2003.

Graetz Michael J., Louis Jacobs, Efraim Gottlieb und Susan Nashman Fraiman. „Sabbath." Seiten 616–622 in Bd. 17 von *EJ*. Herausgegeben von Fred Skolnik et al. 22 Bände. 2. Auflage. Detroit: Thomson/Gale, 2007.

Graf, Fritz. „Bellona." Seiten 556 in Bd. 2 von *DNP*. Herausgegeben von Hubert Cancik, Helmuth Schneider und Manfred Landfester. 16 Bde. Stuttgart: Metzler, 1996–2003.

————. „I. Iuppiter." Seiten 77–82 in Bd. 6 von *DNP*. Herausgegeben von Hubert Cancik, Helmuth Schneider und Manfred Landfester. 16 Bde. Stuttgart: Metzler, 1996–2003.

————. „Kaiserkult." Seiten 143–145 in Bd. 6 von *DNP*. Herausgegeben von Hubert Cancik, Helmuth Schneider und Manfred Landfester. 16 Bde. Stuttgart: Metzler, 1996–2003.

Greenberg, Moshe, Daniel Boyarin und Seymour Siegel, „Resurrection." Seiten 240–244 in Bd. 17 von *EJ*. Herausgegeben von Fred Skolnik et al. 22 Bände. 2. Auflage. Detroit: Thomson/Gale, 2007.

Grünenfelder, Regula. *Frauen an den Krisenherden: Eine rhetorisch-politische Deutung*

914 LITERATUR

des Bellum Judaicum. Exegese in unserer Zeit: Kontextuelle Bibelinterpretation aus lateinamerikanischer und feministischer Sicht 10. Münster: Lit, 2003.

Gutmann, Joshua. S. David Sperling, Moses Aberbach, Samuel Abba Horodezky, Dov Noy, Haïm Z'ew Hirschberg, et al. „Elijah." Seiten 331–337 in Bd. 6 von *EJ*. Herausgegeben von Fred Skolnik et al. 22 Bände. 2. Auflage. Detroit: Thomson/Gale, 2007.

Habermehl, Peter. „E. Dämonologie." Seiten 269 in Bd. 3 von *Der Neue Pauly: Enzyklopädie der Antike (DNP)*. Herausgegeben von Hubert Cancik, Helmuth Schneider und Manfred Landfester. 16 Bde. Stuttgart: Metzler, 1996–2003.

Hadas-Lebel, Mireille. *Jérusalem contre Rome.* Patrimoines: Judaïsme. Paris: Cerf, 1990.

Hayes, Christine. „Purity and Impurity, Ritual." Seiten 746–756 in Bd. 16 von *Encyclopaedia Judaica (EJ)*. Herausgegeben von Fred Skolnik et al. 22 Bände. 2. Auflage. Detroit: Thomson/Gale, 2007.

Hengel, Martin. *Die Zeloten: Untersuchungen zur jüdischen Freiheitsbewegung in der Zeit von Herodes I. bis 70 n.Chr.* Herausgegeben von Roland Deines und Claus-Jürgen Thornton. Wissenschaftliche Untersuchungen zum Neuen Testament 283. 3., durchgesehene und ergänzte Auflage. Tübingen: Mohr Siebeck, 2011.

Herion, Gary A. „Herod Philip." Seiten 160–161 in Bd. 3 von *The Anchor Bible Dictionary (ABD)*. Herausgegeben von David Noel Freedman, Gary A. Herion et al. 6 Bände. New York: Doubleday, 1992.

Herz, Peter. „Flottenwesen." Seiten 568–572 in Bd. 4 von *DNP*. Herausgegeben von Hubert Cancik, Helmuth Schneider und Manfred Landfester. 16 Bde. Stuttgart: Metzler, 1996–2003.

Hölscher, Tonio. *Klassische Archäologie: Grundwissen.* Darmstadt: WBG, 2002.

Holland, T.A. und Ehud Netzer. „Jericho (Place)." Seiten 724–740 in Bd. 3 von *ABD*. Herausgegeben von David Noel Freedman, Gary A. Herion et al. 6 Bände. New York: Doubleday, 1992.

Hollander, William den. *Josephus, the Emperors, and the City of Rome: From Hostage to Historian.* Ancient Judaism and Early Christianity 86. Leiden Brill, 2014.

Horsley, Richard A. *Jesus and Empire: The Kingdom of God and the New World Disorder.* Minneapolis: Fortress, 2003.

Hünemörder, Christian. „Adler." Seiten 115–116 in Bd. 1 von *DNP*. Herausgegeben von Hubert Cancik, Helmuth Schneider und Manfred Landfester. 16 Bde. Stuttgart: Metzler, 1996–2003.

Hurschmann, Rolf. „II. Gürtel." Seiten 8–9 in Bd. 5 von *DNP*. Herausgegeben von Hubert Cancik, Helmuth Schneider und Manfred Landfester. 16 Bde. Stuttgart: Metzler, 1996–2003.

———. „Kleidung." Seiten 505–513 in Bd. 6 von *DNP*. Herausgegeben von Hubert Cancik, Helmuth Schneider und Manfred Landfester. 16 Bde. Stuttgart: Metzler, 1996–2003.

———. „Paludamentum." Seiten 210 in Bd. 9 von *DNP*. Herausgegeben von Hubert

LITERATUR

Cancik, Helmuth Schneider und Manfred Landfester. 16 Bde. Stuttgart: Metzler, 1996–2003.

———. „Sagum." Seiten 1232 in Bd. 10 von *DNP*. Herausgegeben von Hubert Cancik, Helmuth Schneider und Manfred Landfester. 16 Bde. Stuttgart: Metzler, 1996–2003.

Johnston, Sarah Iles, „v. Dämonen." Seiten 261–264 in Bd. 3 von *Der Neue Pauly: Enzyklopädie der Antike* (*DNP*). Herausgegeben von Hubert Cancik, Helmuth Schneider und Manfred Landfester. 16 Bde. Stuttgart: Metzler, 1996–2003.

Jacob, Irene und Walter Jacob. „Fig." Seiten 803–817 in Bd. 2 von *The Anchor Bible Dictionary* (*ABD*). Herausgegeben von David Noel Freedman, Gary A. Herion et al. 6 Bände. New York: Doubleday, 1992.

Jacobs, Louis, Ernst Kutsch, Rela M. Geffen und Abram Kanof. „Passover." Seiten 678–683 in Bd. 15 von *Encyclopaedia Judaica* (*EJ*). Herausgegeben von Fred Skolnik et al. 22 Bände. 2. Auflage. Detroit: Thomson/Gale, 2007.

Jarus, Owen. „Biblical-Era Town Discovered Along Sea of Galilee." *Live Science* (September 2013). Zitiert 17. Juni 2015. Online: http://www.livescience.com/39661-biblical -era-town-discovered-sea-of-galilee.html.

Jones, Brian W. „Caesar." Seiten 797–798 in Bd. 1 von *ABD*. Herausgegeben von David Noel Freedman, Gary A. Herion et al. 6 Bände. New York: Doubleday, 1992.

Katzenstein, H.J. und Douglas R. Edwards. „Tyre." Seiten 686–692 in Bd. 6 von *The Anchor Bible Dictionary* (*ABD*). Herausgegeben von David Noel Freedman, Gary A. Herion et al. 6 Bände. New York: Doubleday, 1992.

Kehne, Peter. „Legatus." Seiten 5–6 in Bd. 7 von *Der Neue Pauly: Enzyklopädie der Antike* (*DNP*). Herausgegeben von Hubert Cancik, Helmuth Schneider und Manfred Landfester. 16 Bde. Stuttgart: Metzler, 1996–2003.

Kienast, Dietmar. „Augustus." Seiten 302–314 in Bd. 2 von *DNP*. Herausgegeben von Hubert Cancik, Helmuth Schneider und Manfred Landfester. 16 Bde. Stuttgart: Metzler, 1996–2003.

Kippenberg, Gans G. „,Dann wird der Orient herrschen und der Okzident dienen': Zur Begründung eines gesamtvorderasiatischen Standpunktes im Kampf gegen Rom." Seiten 40–48 in *Spiegel und Gleichnis: Festschrift für Jacob Taubes*. Herausgegeben von Norbert W. Bolz und Wolfgang Hübener. Würzburg: Königshausen und Neumann, 1983.

Kolb, Anne. „II. Nachrichtenwesen." Seiten 666–672 in Bd. 8 von *DNP*. Herausgegeben von Hubert Cancik, Helmuth Schneider und Manfred Landfester. 16 Bde. Stuttgart: Metzler, 1996–2003.

——— und Yann Le Bohec. „Signale." Seiten 539 in Bd. 11 von *DNP*. Herausgegeben von Hubert Cancik, Helmuth Schneider und Manfred Landfester. 16 Bde. Stuttgart: Metzler, 1996–2003.

Krauter, Stefan. *Studien zu Röm 13,1–7: Paulus und der politische Diskurs der neroni-*

916 LITERATUR

schen Zeit. Wissenschaftliche Untersuchungen zum Neuen Testament 243. Tübingen: Mohr Siebeck, 2009.

Kreis, Georg, Hg. *Der „gerechte Krieg": Zur Geschichte einer aktuellen Denkfigur.* Basel: Schwabe, 2006.

Künzl, Ernst. *Der römische Triumph: Siegesfeiern im antiken Rom.* Beck's Archäologische Bibliothek. München: Beck, 1988.

Kutsko, John. „Caesarea Philippi." Seite 803 in Bd. 1 von *ABD.* Herausgegeben von David Noel Freedman, Gary A. Herion et al. 6 Bände. New York: Doubleday, 1992.

Kvasnica, Brian. „Shifts in Israelite War Ethics and Early Jewish Historiography of Plundering." Seiten 175–196 in *Writing and Reading War: Rhetoric, Gender, and Ethics in Biblical and Modern Contexts.* Herausgegeben von Brad E. Kelle und Frank Ritchel Ames. Society of Biblical Literature: Symposium Series 42. Leiden: Brill, 2008.

Le Bohec, Yann. *Die römische Armee: Von Augustus zu Konstantin d. Gr.* Übersetzt von Cécile Bertrand-Dagenbach. Stuttgart: Franz Steiner, 1993.

―――. „2. Ala." Seiten 426 in Bd. 1 von *Der Neue Pauly: Enzyklopädie der Antike* (*DNP*). Herausgegeben von Hubert Cancik, Helmuth Schneider und Manfred Landfester. 16 Bde. Stuttgart: Metzler, 1996–2003.

―――. „Auszeichnungen, militärische." Seiten 341–343 in Bd. 2 von *DNP.* Herausgegeben von Hubert Cancik, Helmuth Schneider und Manfred Landfester. 16 Bde. Stuttgart: Metzler, 1996–2003.

―――. „II. Bewaffnung." Seiten 609–610 in Bd. 2 von *DNP.* Herausgegeben von Hubert Cancik, Helmuth Schneider und Manfred Landfester. 16 Bde. Stuttgart: Metzler, 1996–2003.

―――. „Castra." Seiten 1022–1024 in Bd. 2 von *DNP.* Herausgegeben von Hubert Cancik, Helmuth Schneider und Manfred Landfester. 16 Bde. Stuttgart: Metzler, 1996–2003.

―――. „Decimatio." Seiten 345–346 in Bd. 3 von *DNP.* Herausgegeben von Hubert Cancik, Helmuth Schneider und Manfred Landfester. 16 Bde. Stuttgart: Metzler, 1996–2003.

―――. „Desertor." Seiten 485–486 in Bd. 3 von *DNP.* Herausgegeben von Hubert Cancik, Helmuth Schneider und Manfred Landfester. 16 Bde. Stuttgart: Metzler, 1996–2003.

―――. „Disciplina militaris." Seiten 690–692 in Bd. 3 von *DNP.* Herausgegeben von Hubert Cancik, Helmuth Schneider und Manfred Landfester. 16 Bde. Stuttgart: Metzler, 1996–2003.

―――. „Dona militaria." Seiten 767–769 in Bd. 3 von *DNP.* Herausgegeben von Hubert Cancik, Helmuth Schneider und Manfred Landfester. 16 Bde. Stuttgart: Metzler, 1996–2003.

―――. „Feldzeichen." Seiten 458–462 in Bd. 4 von *DNP.* Herausgegeben von Hubert Cancik, Helmuth Schneider und Manfred Landfester. 16 Bde. Stuttgart: Metzler, 1996–2003.

LITERATUR 917

————. „III. Heerwesen." Seiten 229–232 in Bd. 5 von *DNP*. Herausgegeben von Hubert Cancik, Helmuth Schneider und Manfred Landfester. 16 Bde. Stuttgart: Metzler, 1996–2003.

————. „Imaginiferi, Imaginifarii." Seiten 948 in Bd. 5 von *DNP*. Herausgegeben von Hubert Cancik, Helmuth Schneider und Manfred Landfester. 16 Bde. Stuttgart: Metzler, 1996–2003.

————. „III. Kriegsbeute." Seiten 837–838 in Bd. 6 von *DNP*. Herausgegeben von Hubert Cancik, Helmuth Schneider und Manfred Landfester. 16 Bde. Stuttgart: Metzler, 1996–2003.

————. „II. Kriegsfolgen." Seiten 841–842 in Bd. 6 von *DNP*. Herausgegeben von Hubert Cancik, Helmuth Schneider und Manfred Landfester. 16 Bde. Stuttgart: Metzler, 1996–2003.

————. „Militärrecht." Seiten 183–185 in Bd. 8 von *DNP*. Herausgegeben von Hubert Cancik, Helmuth Schneider und Manfred Landfester. 16 Bde. Stuttgart: Metzler, 1996–2003.

————. „Militärschriftsteller." Seiten 185–186 in Bd. 8 von *DNP*. Herausgegeben von Hubert Cancik, Helmuth Schneider und Manfred Landfester. 16 Bde. Stuttgart: Metzler, 1996–2003.

————. „Militärstrafrecht." Seiten 186–187 in Bd. 8 von *DNP*. Herausgegeben von Hubert Cancik, Helmuth Schneider und Manfred Landfester. 16 Bde. Stuttgart: Metzler, 1996–2003.

————. „Panzer." Seiten 278–279 in Bd. 9 von *DNP*. Herausgegeben von Hubert Cancik, Helmuth Schneider und Manfred Landfester. 16 Bde. Stuttgart: Metzler, 1996–2003.

————. „Pfeil und Bogen." Seiten 690–692 in Bd. 9 von *DNP*. Herausgegeben von Hubert Cancik, Helmuth Schneider und Manfred Landfester. 16 Bde. Stuttgart: Metzler, 1996–2003.

————. „Pilum." Seiten 1023–1024 in Bd. 9 von *DNP*. Herausgegeben von Hubert Cancik, Helmuth Schneider und Manfred Landfester. 16 Bde. Stuttgart: Metzler, 1996–2003.

————. „Schild." Seiten 171–172 in Bd. 11 von *DNP*. Herausgegeben von Hubert Cancik, Helmuth Schneider und Manfred Landfester. 16 Bde. Stuttgart: Metzler, 1996–2003.

————. „I. Schwert." Seiten 294–295 in Bd. 11 von *DNP*. Herausgegeben von Hubert Cancik, Helmuth Schneider und Manfred Landfester. 16 Bde. Stuttgart: Metzler, 1996–2003.

————. „Sold." Seiten 695–697 in Bd. 11 von *DNP*. Herausgegeben von Hubert Cancik, Helmuth Schneider und Manfred Landfester. 16 Bde. Stuttgart: Metzler, 1996–2003.

————. „Strategemata." Seiten 1036–1037 in Bd. 11 von *DNP*. Herausgegeben von Hubert Cancik, Helmuth Schneider und Manfred Landfester. 16 Bde. Stuttgart: Metzler, 1996–2003.

918 LITERATUR

————. „Truppenübungen." Seiten 882–883 in Bd. 12/1 von DNP. Herausgegeben von Hubert Cancik, Helmuth Schneider und Manfred Landfester. 16 Bde. Stuttgart: Metzler, 1996–2003.

Lebanon, Abraham. „Eleazar ben Jair." Seiten 302–303 in Bd. 6 von *Encyclopaedia Judaica (EJ)*. Herausgegeben von Fred Skolnik et al. 22 Bände. 2. Auflage. Detroit: Thomson/Gale, 2007.

Levine, Lee I. „Jewish Identities in Antiquity: An Introductory Essay." Seiten 12–40 in *Jewish Identities in Antiquity: Studies in Memory of Menahem Stern*. Texts and Studies in Ancient Judaism 130. Tübingen: Mohr Siebeck, 2009.

Libero, Loretana de. „Imperator." Seiten 953–955 in Bd. 5 von DNP. Herausgegeben von Hubert Cancik, Helmuth Schneider und Manfred Landfester. 16 Bde. Stuttgart: Metzler, 1996–2003.

————. „Perduellio." Seiten 538 in Bd. 9 von DNP. Herausgegeben von Hubert Cancik, Helmuth Schneider und Manfred Landfester. 16 Bde. Stuttgart: Metzler, 1996–2003.

————. „Princeps." Seiten 328–331 in Bd. 10 von DNP. Herausgegeben von Hubert Cancik, Helmuth Schneider und Manfred Landfester. 16 Bde. Stuttgart: Metzler, 1996–2003.

————. „Prinzipat." Seiten 337–338 in Bd. 10 von DNP. Herausgegeben von Hubert Cancik, Helmuth Schneider und Manfred Landfester. 16 Bde. Stuttgart: Metzler, 1996–2003.

Lieber, David L., Ben-Zion Schereschewsky und Moshe Drori. „Divorce." Seiten 710–721 in Bd. 5 von EJ. Herausgegeben von Fred Skolnik et al. 22 Bände. 2. Auflage. Detroit: Thomson/Gale, 2007.

Linderski, Jerzy. „Pax deorum (deum)." Seiten 456 in Bd. 9 von DNP. Herausgegeben von Hubert Cancik, Helmuth Schneider und Manfred Landfester. 16 Bde. Stuttgart: Metzler, 1996–2003.

Link, Stefan. „Schleuderer." Seiten 186 in Bd. 11 von DNP. Herausgegeben von Hubert Cancik, Helmuth Schneider und Manfred Landfester. 16 Bde. Stuttgart: Metzler, 1996–2003.

————. „Schleuderstock." Seiten 186 in Bd. 11 von DNP. Herausgegeben von Hubert Cancik, Helmuth Schneider und Manfred Landfester. 16 Bde. Stuttgart: Metzler, 1996–2003.

Liver, Jacob, S. David Sperling, Louis Isaac Rabinowitz und Avraham Melamed, „King, Kingship" Seiten 163–169 in Bd. 12 von EJ. Herausgegeben von Fred Skolnik et al. 22 Bände. 2. Auflage. Detroit: Thomson/Gale, 2007.

Lopez, Davina C. *Apostle to the Conquered: Reimagining Paul's Mission*. Paul in Critical Contexts. Minneapolis: Fortress, 2008.

Maaß, Michael und Volker Pingel. „Helm." Seiten 327–332 in Bd. 5 von *Der Neue Pauly: Enzyklopädie der Antike (DNP)*. Herausgegeben von Hubert Cancik, Helmuth Schneider und Manfred Landfester. 16 Bde. Stuttgart: Metzler, 1996–2003.

LITERATUR   919

Mackey, Peter W. St. *Paul's Cosmic War Myth: A Military Version of the Gospel*. The Westminster College Library of Biblical Symbolism 2. New York: Lang, 1998.

Maier, Johann. *Kriegsrecht und Friedensordnung in jüdischer Tradition*. Theologie und Frieden 14. Stuttgart: Kohlhammer, 2000.

Mann, Michael. *Geschichte der Macht*. 2 Bände. Theorie und Gesellschaft 20. Frankfurt: Campus, 1994.

Mansoor, Menahem. „Sadducees." Seiten 654–655 in Bd. 17 von *Encyclopaedia Judaica* (*EJ*). Herausgegeben von Fred Skolnik et al. 22 Bände. 2. Auflage. Detroit: Thomson/Gale, 2007.

Mason, Steve. *Josephus and the New Testament*. 2. Auflage. Peabody: Hendrickson, 2003.

Matassa, Lidia Domenica. „Magdala." Seite 335 in Bd. 13 von *EJ*. Herausgegeben von Fred Skolnik et al. 22 Bände. 2. Auflage. Detroit: Thomson/Gale, 2007.

McRay, John. „Gerasenes." Seiten 291–292 in Bd. 2 von *The Anchor Bible Dictionary* (*ABD*). Herausgegeben von David Noel Freedman, Gary A. Herion et al. 6 Bände. New York: Doubleday, 1992.

Mei, F. „VII. Waffen." Seiten 364 in Bd. 12/2 von *DNP*. Herausgegeben von Hubert Cancik, Helmuth Schneider und Manfred Landfester. 16 Bde. Stuttgart: Metzler, 1996–2003.

Meier, John P. *Mentor, Message, and Miracles*. Bd. 2 von *A Marginal Jew: Rethingking the Historical Jesus*. The Anchor Bible Reference Library. New York: Doubleday, 1994.

Meister, Klaus. „4. Polyainos." Seiten 40–41 in Bd. 10 von *DNP*. Herausgegeben von Hubert Cancik, Helmuth Schneider und Manfred Landfester. 16 Bde. Stuttgart: Metzler, 1996–2003.

Meyers, Eric M. „Sepphoris." Seiten 306–307 in Bd. 18 von *EJ*. Herausgegeben von Fred Skolnik et al. 22 Bände. 2. Auflage. Detroit: Thomson/Gale, 2007.

Milgrom, Jacob. Louis Isaac Rabinowitz und Judith R. Baskin. „Blood." Seiten 771–772 in Bd. 3 von *EJ*. Herausgegeben von Fred Skolnik et al. 22 Bände. 2. Auflage. Detroit: Thomson/Gale, 2007.

———— und Moshe David Herr. „Fasting and Fast Days." Seiten 719–723 in Bd. 6 von *EJ*. Herausgegeben von Fred Skolnik et al. 22 Bände. 2. Auflage. Detroit: Thomson/Gale, 2007.

Moore, Megan Bishop. „Fighting in Writing: Warfare in Histories of Ancient Israel." Seiten 57–66 in *Writing and Reading War: Rhetoric, Gender, and Ethics in Biblical and Modern Contexts*. Herausgegeben von Brad E. Kelle und Frank Ritchel Ames. Society of Biblical Literature: Symposium Series 42. Leiden: Brill, 2008.

Morgenthaler, Robert. „*Roma – Sedes Satanae*: Rom 13,1 ff. im Lichte von Luk 4,5–8." *Theologische Zeitschrift* 12 (1956): 289–304.

Münkler, Herfried. *Imperien: Die Logik der Weltherrschaft – vom Alten Rom bis zu den Vereinigten Staaten*. Rororo 62213. Reinbek: Rowohlt, 2007.

Nickelsburg, George W.E. „Resurrection: Early Judaism and Christianity." Seiten 684–

691 in Bd. 5 von *The Anchor Bible Dictionary* (ABD). Herausgegeben von David Noel Freedman, Gary A. Herion et al. 6 Bände. New York: Doubleday, 1992.

Niditch, Susan. „Foreword." Seiten xi–xii in *Writing and Reading War: Rhetoric, Gender, and Ethics in Biblical and Modern Contexts.* Herausgegeben von Brad E. Kelle und Frank Ritchel Ames. Society of Biblical Literature: Symposium Series 42. Leiden: Brill, 2008.

Niehr, Herbert. „IV. Divination." Seiten 708 in Bd. 3 von *Der Neue Pauly: Enzyklopädie der Antike* (DNP). Herausgegeben von Hubert Cancik, Helmuth Schneider und Manfred Landfester. 16 Bde. Stuttgart: Metzler, 1996–2003.

Noethlichs, Karl Leo. *Das Judentum und der römische Staat: Minderheitenpolitik im antiken Rom.* Darmstadt: WBG, 1996.

Noffke, Eric. *Cristo contro Cesare: Come gli ebrei e i cristiani del I secolo risposero alla sfida dell'imperialismo romano.* Piccola biblioteca teologica 71. Torino: Claudiana, 2006.

Noffke, Eric. „La reazione intellettuale degli ebrei e dei cristiani nel I secolo d. C. all' ideologia imperiale romana e la sua influenza sui loro scritti: Un' esplorazione iniziale." Dissertation, Theologischen Fakultät der Universität Basel, 2002.

O'Collins, Gerald G. „Crucifixion." Seiten 1207–1210 in Bd. 1 von *The Anchor Bible Dictionary* (ABD). Herausgegeben von David Noel Freedman, Gary A. Herion et al. 6 Bände. New York: Doubleday, 1992.

Onken, Björn und Kathrin Umbach. „Spionage." Seiten 830 in Bd. 11 von *Der Neue Pauly: Enzyklopädie der Antike* (DNP). Herausgegeben von Hubert Cancik, Helmuth Schneider und Manfred Landfester. 16 Bde. Stuttgart: Metzler, 1996–2003.

Overbeck, Franz. „Über die Anfänge der patristischen Literatur." *Historische Zeitschrift* (1882): 417–472.

———. „Über die Anfänge der patristischen Literatur." Seiten 19–102 in *Schriften bis 1898 und Rezensionen.* Herausgegeben von Hubert Cancik und Hildegard Cancik-Lindemaier. Franz Overbeck: Werke und Nachlass 3. Stuttgart: Metzler 2010.

Panzram, Sabine. „Vigiles." Seiten 206–207 in Bd. 12/2 von *Der Neue Pauly: Enzyklopädie der Antike* (DNP). Herausgegeben von Hubert Cancik, Helmuth Schneider und Manfred Landfester. 16 Bde. Stuttgart: Metzler, 1996–2003.

Perkins, L.J. „Bethany." Seiten 702–703 in Bd. 1 von *The Anchor Bible Dictionary* (ABD). Herausgegeben von David Noel Freedman, Gary A. Herion et al. 6 Bände. New York: Doubleday, 1992.

Peterson, Erik. „Christus als Imperator." Seiten 75–86 in *Zeuge der Wahrheit.* Derselbe. Leipzig: Hegner, 1937.

Pfeiffer, Stefan. *Die Zeit der Flavier: Vespasian – Titus – Domitian.* Geschichte Kompakt. Darmstadt: WBG, 2009.

Phillips, C. Robert III. „Rumina." Seiten 1160 in Bd. 10 von DNP. Herausgegeben von Hubert Cancik, Helmuth Schneider und Manfred Landfester. 16 Bde. Stuttgart: Metzler, 1996–2003.

LITERATUR   921

Poplutz, Uta. *Erzählte Welt: Narratologische Studien zum Matthäusevangelium.* Biblisch-theologische Studien 100. Neukirchen-Vluyn: Neukirchener, 2008.

Portier-Young, Anathea E. *Apocalypse Against Empire: Theologies of Resistance in Early Judaism.* Grand Rapids: Eerdmans, 2011.

Posner, Raphael und Judith R. Baskin. „Ablution." Seiten 261–263 in Bd. 1 von *Encyclopaedia Judaica* (*EJ*). Herausgegeben von Fred Skolnik et al. 22 Bände. 2. Auflage. Detroit: Thomson/Gale, 2007.

Prescendi, Francesca. „Fetiales." Seiten 496–497 in Bd. 4 von *DNP*. Herausgegeben von Hubert Cancik, Helmuth Schneider und Manfred Landfester. 16 Bde. Stuttgart: Metzler, 1996–2003.

Rabinowitz, Louis Isaac. „Deaf-Mute." Seiten 508–510 in Bd. 5 von *Encyclopaedia Judaica* (*EJ*). Herausgegeben von Fred Skolnik et al. 22 Bände. 2. Auflage. Detroit: Thomson/Gale, 2007.

———. „Ḥameẓ." Seiten 301–303 in Bd. 8 von *EJ*. Herausgegeben von Fred Skolnik et al. 22 Bände. 2. Auflage. Detroit: Thomson/Gale, 2007.

———. „Salt." Seiten 708–709 in Bd. 17 von *EJ*. Herausgegeben von Fred Skolnik et al. 22 Bände. 2. Auflage. Detroit: Thomson/Gale, 2007.

Rappaport, Uriel. „Bar Giora, Simeon." Seiten 150–151 in Bd. 3 von *EJ*. Herausgegeben von Fred Skolnik et al. 22 Bände. 2. Auflage. Detroit: Thomson/Gale, 2007.

Redaktion. „Blessing of Children" Seite 752 in Bd. 3 von *EJ*. Herausgegeben von Fred Skolnik et al. 22 Bände. 2. Auflage. Detroit: Thomson/Gale, 2007.

———. „Netilat Yadayim." Seiten 112–113 in Bd. 15 von *EJ*. Herausgegeben von Fred Skolnik et al. 22 Bände. 2. Auflage. Detroit: Thomson/Gale, 2007.

———. „Pikku'aḥ Nefesh," Seiten 152–153 in Bd. 16 von *EJ*. Herausgegeben von Fred Skolnik et al. 22 Bände. 2. Auflage. Detroit: Thomson/Gale, 2007.

———. „Tiberius Julius Alexander." Seiten 716–717 in Bd. 19 von *EJ*. Herausgegeben von Fred Skolnik et al. 22 Bände. 2. Auflage. Detroit: Thomson/Gale, 2007.

Renger, Johannes, Leonhard Burckhardt und Yann Le Bohec. „Kriegsgefangene." Seiten 842–846 in Bd. 6 von *Der Neue Pauly: Enzyklopädie der Antike* (*DNP*). Herausgegeben von Hubert Cancik, Helmuth Schneider und Manfred Landfester. 16 Bde. Stuttgart: Metzler, 1996–2003.

Resseguie, James L. *Narrative Criticism of the New Testament: An Introduction.* Grand Rapids: Baker Academic, 2005.

Rhoads, David, David Esterline und Jae Won Lee, Hgg. *Luke-Acts and Empire: Essays in Honor of Robert L. Brawley.* Princeton Theological Monograph Series 15. Eugene: Pickwick Publications, 2011.

Riedo-Emmenegger, Christoph. *Prophetisch-messianische Provokateure der Pax Romana: Jesus von Nazaret und andere Störenfriede im Konflikt mit dem Römischen Reich.* Novum Testamentum et Orbis Antiquus 56. Fribourg: Academic Press; Göttingen Vandenhoeck & Ruprecht, 2005.

Rosenberger, Veit. „Omen." Seiten 1198–1199 in Bd. 8 von *DNP*. Herausgegeben von Hubert Cancik, Helmuth Schneider und Manfred Landfester. 16 Bde. Stuttgart: Metzler, 1996–2003.

Roth, Lea. „Albinus, Lucceius." Seite 593 in Bd. 1 von *EJ*. Herausgegeben von Fred Skolnik et al. 22 Bände. 2. Auflage. Detroit: Thomson/Gale, 2007.

———. „Cestius Gallus." Seiten 552–553 in Bd. 4 von *EJ*. Herausgegeben von Fred Skolnik et al. 22 Bände. 2. Auflage. Detroit: Thomson/Gale, 2007.

———. „Coponius." Seiten 212–213 in Bd. 5 von *EJ*. Herausgegeben von Fred Skolnik et al. 22 Bände. 2. Auflage. Detroit: Thomson/Gale, 2007.

———. „Cumanus Ventidius." Seite 337 in Bd. 5 von *EJ*. Herausgegeben von Fred Skolnik et al. 22 Bände. 2. Auflage. Detroit: Thomson/Gale, 2007.

———. „Eleazar ben Ananias." Seiten 298–299 in Bd. 6 von *EJ*. Herausgegeben von Fred Skolnik et al. 22 Bände. 2. Auflage. Detroit: Thomson/Gale, 2007.

———. „Fadus, Cuspius." Seite 675 Bd. 6 von *EJ*. Herausgegeben von Fred Skolnik et al. 22 Bände. 2. Auflage. Detroit: Thomson/Gale, 2007.

———. „Felix, Antonius." Seite 749 in Bd. 6 von *EJ*. Herausgegeben von Fred Skolnik et al. 22 Bände. 2. Auflage. Detroit: Thomson/Gale, 2007.

———. „Festus, Porcius." Seite 772 in Bd. 6 von *EJ*. Herausgegeben von Fred Skolnik et al. 22 Bände. 2. Auflage. Detroit: Thomson/Gale, 2007.

———. „Gessius Florus." Seiten 563–564 in Bd. 7 von *EJ*. Herausgegeben von Fred Skolnik et al. 22 Bände. 2. Auflage. Detroit: Thomson/Gale, 2007.

———. „John of Giscala." Seite 383 in Bd. 11 von *EJ*. Herausgegeben von Fred Skolnik et al. 22 Bände. 2. Auflage. Detroit: Thomson/Gale, 2007.

———. „Menahem Son of Judah." Seiten 26–27 in Bd. 14 von *EJ*. Herausgegeben von Fred Skolnik et al. 22 Bände. 2. Auflage. Detroit: Thomson/Gale, 2007.

——— und Shimon Gibson. „Pontius Pilate." Seiten 369–370 in Bd. 16 von *EJ*. Herausgegeben von Fred Skolnik et al. 22 Bände. 2. Auflage. Detroit: Thomson/Gale, 2007.

——— und Aaron Rothkoff. „Titus, Flavius Vespasianus." Seiten 743–745 in Bd. 19 von *EJ*. Herausgegeben von Fred Skolnik et al. 22 Bände. 2. Auflage. Detroit: Thomson/Gale, 2007.

Rüpke, Jörg. *Domi militiae: die religiöse Konstruktion des Krieges in Rom*. Herausgegeben vom Militärgeschichtlichen Forschungsamt Freiburg i. Br. Stuttgart: Steiner, 1990.

Sallmann, Klaus. „Frontinus, S. Iulius." Seiten 677–678 in Bd. 4 von *Der Neue Pauly: Enzyklopädie der Antike (DNP)*. Herausgegeben von Hubert Cancik, Helmuth Schneider und Manfred Landfester. 16 Bde. Stuttgart: Metzler, 1996–2003.

———. „2. Suetonius." Seiten 1084–1088 in Bd. 11 von *DNP*. Herausgegeben von Hubert Cancik, Helmuth Schneider und Manfred Landfester. 16 Bde. Stuttgart: Metzler, 1996–2003.

Schalit, Abraham. „Die Erhebung Vespasians nach Flavius Josephus, Talmud und Midrasch: Zur Geschichte einer messianischen Prophetie." Seiten 208–327 in *Principat*.

LITERATUR

Herausgegeben von Hildegard Temporini. Aufstieg und Niedergang der römischen Welt 2/2. Berlin: de Gruyter, 1975.

———. „Agrippa II." Seite 503 in Bd. 1 von *Encyclopaedia Judaica* (*EJ*). Herausgegeben von Fred Skolnik et al. 22 Bände. 2. Auflage. Detroit: Thomson/Gale, 2007.

———. „Antipas, Herod." Seite 204 in Bd. 2 von *EJ*. Herausgegeben von Fred Skolnik et al. 22 Bände. 2. Auflage. Detroit: Thomson/Gale, 2007.

———. „Archelaus." Seiten 397–398 in Bd. 2 von *EJ*. Herausgegeben von Fred Skolnik et al. 22 Bände. 2. Auflage. Detroit: Thomson/Gale, 2007.

———. „Aristobulus I." Seite 457 in Bd. 2 von *EJ*. Herausgegeben von Fred Skolnik et al. 22 Bände. 2. Auflage. Detroit: Thomson/Gale, 2007.

———. „Berenice." Seiten 410–411 in Bd. 3 von *EJ*. Herausgegeben von Fred Skolnik et al. 22 Bände. 2. Auflage. Detroit: Thomson/Gale, 2007.

———. „Eleazar ben Simeon." Seite 307 in Bd. 6 von *EJ*. Herausgegeben von Fred Skolnik et al. 22 Bände. 2. Auflage. Detroit: Thomson/Gale, 2007.

———. „Josephus Flavius." Seiten 435–442 in Bd. 11 von *EJ*. Herausgegeben von Fred Skolnik et al. 22 Bände. 2. Auflage. Detroit: Thomson/Gale, 2007.

———. „Judah the Galilean." Seite 492 in Bd. 11 von *EJ*. Herausgegeben von Fred Skolnik et al. 22 Bände. 2. Auflage. Detroit: Thomson/Gale, 2007.

Schiemann, Gottfried. „Kreuzigung." Seiten 1043 in Bd. 12/2 von *DNP*. Herausgegeben von Hubert Cancik, Helmuth Schneider und Manfred Landfester. 16 Bde. Stuttgart: Metzler, 1996–2003.

Schipporeit, Sven. „Ritual und Herrschaft: Der jüdische Triumph der flavischen Kaiser." Seiten 151–161 in *Standortbestimmung: Akten des 12. Österreichischen Archäologentages am Institut für Klassische Archäologie der Universität Wien 28.2.–1.3.2008 in Wien*. Herausgegeben von Marion Meyer und Verena Gassner. Wiener Forschungen zur Archäologie 13. Wien: Phoibos, 2010.

Schneider, Helmuth. „2. Onasandros." Seiten 1202–1203 in Bd. 8 von *DNP*. Herausgegeben von Hubert Cancik, Helmuth Schneider und Manfred Landfester. 16 Bde. Stuttgart: Metzler, 1996–2003.

Schreiber, Stefan. „Imperium Romanum und römische Gemeinden: Dimensionen politischer Sprechweise in Röm 13." Seiten 131–170 in *Die Bedeutung der Exegese für Theologie und Kirche*. Quaestiones Disputatae 215. Freiburg: Herder, 2005.

Schüssler Fiorenza, Elisabeth. *The Power of the Word: Scripture and the Rhetoric of Empire*. Minneapolis: Fortress, 2007.

Schwartz, Daniel R. „Pontius Pilate." Seiten 395–401 in Bd. 5 von *The Anchor Bible Dictionary* (*ABD*). Herausgegeben von David Noel Freedman, Gary A. Herion et al. 6 Bände. New York: Doubleday, 1992.

———. *Reading the First Century: On Reading Josephus and Studying Jewish Hisory of the First Century*. Wissenschaftliche Untersuchung zum Neuen Testament 300; Tübingen: Mohr Siebeck, 2013.

924   LITERATUR

Schwemer, Anna Maria. *Studien zu den frühjüdischen Prophetenlegenden – Vitae Prophetarum: Einleitung, Übersetzung und Kommentar.* 2 Bde. Texte und Studien zum
antiken Judentum 49 und 50. Tübingen: Mohr, 1995–1996.

―――. „9. Eleazaros." Seiten 965–966 in Bd. 3 von *DNP*. Herausgegeben von Hubert
Cancik, Helmuth Schneider und Manfred Landfester. 16 Bde. Stuttgart: Metzler,
1996–2003.

―――. „11. Eleazaros." Seiten 966 in Bd. 3 von *DNP*. Herausgegeben von Hubert Cancik,
Helmuth Schneider und Manfred Landfester. 16 Bde. Stuttgart: Metzler, 1996–2003.

Schwier, Helmut. *Tempel und Tempelzerstörung: Untersuchungen zu den theologischen
und ideologischen Faktoren im ersten jüdisch-römischen Krieg (66–74 n.Chr.).* Novum
Testamentum et Orbis Antiquus 11. Freiburg: Universitätsverlag; Göttingen: Vandenhoeck & Ruprecht, 1989.

Scott, James C. *Domination and the Arts of Resistance: Hidden Transcripts.* New Haven:
Yale University Press, 1990.

Setzer, Claudia J. „Rulers of the Synagogue." Seiten 841–842 in Bd. 5 von *ABD*. Herausgegeben von David Noel Freedman, Gary A. Herion et al. 6 Bände. New York:
Doubleday, 1992.

Shaw, Brent D. „Räuberbanden." Seiten 758–763 in Bd. 10 von *DNP*. Herausgegeben
von Hubert Cancik, Helmuth Schneider und Manfred Landfester. 16 Bde. Stuttgart:
Metzler, 1996–2003.

Smallwood, Edith Mary. *The Jews under Roman Rule: From Pompey to Diocletian.* Studies
in Judaism in Late Antiquity 20. Leiden: Brill, 1976.

Smith-Christopher, Daniel L. „Gideon at Thermopylae? On the Militarization of Miracle
in Biblical Narrative and ‚Battle Maps.‘" Seiten 197–212 in *Writing and Reading War:
Rhetoric, Gender, and Ethics in Biblical and Modern Contexts.* Herausgegeben von
Brad E. Kelle und Frank Ritchel Ames. Society of Biblical Literature: Symposium
Series 42. Leiden: Brill, 2008.

Smoak, Jeremy D. „Assyrian Siege Warfare Imagery and the Background of a Biblical
Curse." Seiten 83–91 in *Writing and Reading War: Rhetoric, Gender, and Ethics in
Biblical and Modern Contexts.* Herausgegeben von Brad E. Kelle und Frank Ritchel
Ames. Society of Biblical Literature: Symposium Series 42. Leiden: Brill, 2008.

Solomon, David. „Procurator." Seite 542–543 in Bd. 16 von *EJ*. Herausgegeben von Fred
Skolnik et al. 22 Bände. 2. Auflage. Detroit: Thomson/Gale, 2007.

Sonnabend, Holger. *Geschichte der antiken Biographie: Von Isokrates bis zur Historia
Augusta.* Stuttgart: Metzler 2002.

Sperber, Daniel. „Money Changers." Seiten 435–436 in Bd. 14 von *EJ*. Herausgegeben von
Fred Skolnik et al. 22 Bände. 2. Auflage. Detroit: Thomson/Gale, 2007.

Stegemann, Ekkehard W. „Coexistence and Transformation: Reading the Politics of
Identity in Romans in an Imperial Context." Seiten 3–23 in *Reading Paul in Context:
Explorations in Identity Formation: Essays in Honour of William S. Campbell.* Heraus-

LITERATUR 925

gegeben von Kathy Ehrensperger und J. Brian Tucker. Library of the New Testament Studies 428. London: T&T Clark, 2010.

———. „Apokalyptik und Universalgeschichte im antiken Herrschaftsdiskurs." *Theologische Zeitschrift* 67/1 (2011): 1–24.

Stegemann, Wolfgang. „Lasset die Kinder zu mir kommen: Sozialgeschichtliche Aspekte des Kinderevangelium." Seiten 114–144 in *Methodische Zugänge*. Band 1 von *Traditionen der Befreiung: Sozialgeschichtliche Bibelauslegungen*. Herausgegeben von Willy Schottroff und demselben. München: Kaiser 1980.

———. *Jesus und seine Zeit*. Biblische Enzyklopädie 10. Stuttgart: Kohlhammer, 2010.

Stemberger, Günter. *Die römische Herrschaft im Urteil der Juden*. Erträge der Forschung 195. Darmstadt: WBG, 1983.

Stephan. Eckhard. *Honoratioren, Griechen, Polisbürger: Kollektive Identitäten innerhalb der Oberschicht des kaiserzeitlichen Kleinasien*. Hypomnemata 143. Göttingen: Vandenhoeck & Ruprecht, 2002.

Stern, Menahem. „Ananias ben Nedebeus." Seite 129 in Bd. 2 von *EJ*. Herausgegeben von Fred Skolnik et al. 22 Bände. 2. Auflage. Detroit: Thomson/Gale, 2007.

———. „Nero." Seiten 87–88 in Bd. 15 von *EJ*. Herausgegeben von Fred Skolnik et al. 22 Bände. 2. Auflage. Detroit: Thomson/Gale, 2007.

——— und Jonathan Price. „Zealots and Sicarii." Seiten 467–480 in Bd. 21 von *EJ*. Herausgegeben von Fred Skolnik et al. 22 Bände. 2. Auflage. Detroit: Thomson/Gale, 2007.

Stoll, Oliver. „II. Veteranen." Seiten 143–145 in Bd. 12/2 von *DNP*. Herausgegeben von Hubert Cancik, Helmuth Schneider und Manfred Landfester. 16 Bde. Stuttgart: Metzler, 1996–2003.

Strange, James F. „Beth-Saida." Seiten 692–693 in Bd. 1 von *ABD*. Herausgegeben von David Noel Freedman, Gary A. Herion et al. 6 Bände. New York: Doubleday, 1992.

———. „Dalmanutha." Seite 4 in Bd. 2 von *ABD*. Herausgegeben von David Noel Freedman, Gary A. Herion et al. 6 Bände. New York: Doubleday, 1992.

———. „Sepphoris," Seiten 1090–1093 in Bd. 5 von *ABD*. Herausgegeben von David Noel Freedman, Gary A. Herion et al. 6 Bände. New York: Doubleday, 1992.

———. „Tiberias," Seiten 547–549 in Bd. 6 von *ABD*. Herausgegeben von David Noel Freedman, Gary A. Herion et al. 6 Bände. New York: Doubleday, 1992.

Strecker, Christian. „Taktiken der Aneignung: Politische Implikationen der paulinischen Botschaft im Kontext der römischen imperialen Wirklichkeit." Seiten 114–161 in *Neues Testament und politische Theorie: Interdisziplinäre Beiträge zur Zukunft des Politischen*. Herausgegeben von Eckart Reinmuth. ReligionsKulturen 9. Stuttgart: Kohlhammer, 2011.

Strothmann, Meret. „Bato." Seiten 493–494 in Bd. 2 von *DNP*. Herausgegeben von Hubert Cancik, Helmuth Schneider und Manfred Landfester. 16 Bde. Stuttgart: Metzler, 1996–2003.

—————. „Dies imperii." Seiten 941 in Bd. 12/2 von DNP. Herausgegeben von Hubert Cancik, Helmuth Schneider und Manfred Landfester. 16 Bde. Stuttgart: Metzler, 1996–2003.

Struthers Malbon, Elizabeth. „Narrative Criticism: How Does the Story Mean?" Seiten 29–57 in *Mark and Method: New Approaches in Biblical Studies*. Herausgegeben von Janice Capel Anderson und Stephen D. Moore. 2. Auflage. Minneapolis: Fortress, 2008.

Talbert, Charles H. „Biographies of Philosophers and Rulers as Instruments of Religious Propaganda in Mediterranean Antiquity." Seiten 1619–1651 in *Principat*. Herausgegeben von Wolfgang Haase. Aufstieg und Niedergang der römischen Welt 2/16:2. Berlin: de Gruyter, 1978.

Theißen, Gerd. *Urchristliche Wundergeschichten: Ein Beitrag zur formgeschichtlichen Erforschung der synoptischen Evangelien*. Studien zum Neuen Testament 8; Gütersloh: Mohn, 1974.

—————. *Lokalkolorit und Zeitgeschichte in den Evangelien: Ein Beitrag zur Geschichte der synoptischen Tradition*. Novum Testamentum et Orbis Antiquus 8. Freiburg: Universitätsverlag; Göttingen: Vandenhoeck & Ruprecht, 1989.

—————. *Die Entstehung des Neuen Testaments als literaturgeschichtliches Problem*. Schriften der Philosophisch-historischen Klasse der Heidelberger Akademie der Wissenschaften 40. Heidelberg. Universitätsverlag Winter, 2007.

Tuor-Kurth, Christina. *Kindesaussetzung und Moral in der Antike: Jüdische und christliche Kritik am Nichtaufziehen und Töten neugeborener Kinder*. Forschungen zur Kirchen- und Dogmengeschichte 101. Göttingen: Vandenhoeck & Ruprecht, 2010.

Vielhauer, Philipp. „Tracht und Speise Johannes des Täufers." Seiten 47–54 in *Aufsätze zum Neuen Testament*. Herausgegeben von demselben. Theologische Bücherei 31. München: Kaiser, 1965.

Wall, Robert W. „Divorce." Seiten 217–219 in Bd. 2 von *The Anchor Bible Dictionary* (ABD). Herausgegeben von David Noel Freedman, Gary A. Herion et al. 6 Bände. New York: Doubleday, 1992.

Wandrey, Irina. „Gessius Florus." Seiten 1019 in Bd. 4 von *Der Neue Pauly: Enzyklopädie der Antike* (DNP). Herausgegeben von Hubert Cancik, Helmuth Schneider und Manfred Landfester. 16 Bde. Stuttgart: Metzler, 1996–2003.

—————. „4. Iosephos." Seiten 1089–1091 in Bd. 5 von DNP. Herausgegeben von Hubert Cancik, Helmuth Schneider und Manfred Landfester. 16 Bde. Stuttgart: Metzler, 1996–2003.

—————. „Menaḥem ben Yehuda." Seiten 1212 in Bd. 7 von DNP. Herausgegeben von Hubert Cancik, Helmuth Schneider und Manfred Landfester. 16 Bde. Stuttgart: Metzler, 1996–2003.

—————. „9. Simon." Seiten 573 in Bd. 11 von DNP. Herausgegeben von Hubert Cancik, Helmuth Schneider und Manfred Landfester. 16 Bde. Stuttgart: Metzler, 1996–2003.

LITERATUR 927

Watson, Duane F. „Gehenna." Seiten 927–928 in Bd. 2 von ABD. Herausgegeben von David Noel Freedman, Gary A. Herion et al. 6 Bände. New York: Doubleday, 1992.

Weiß, Peter. „Donativum." Seiten 771–772 in Bd. 3 von DNP. Herausgegeben von Hubert Cancik, Helmuth Schneider und Manfred Landfester. 16 Bde. Stuttgart: Metzler, 1996–2003.

―――. „Militärdiplome." Seiten 182–183 in Bd. 8 von DNP. Herausgegeben von Hubert Cancik, Helmuth Schneider und Manfred Landfester. 16 Bde. Stuttgart: Metzler, 1996–2003.

―――. „1. Missio." Seiten 264–265 in Bd. 8 von DNP. Herausgegeben von Hubert Cancik, Helmuth Schneider und Manfred Landfester. 16 Bde. Stuttgart: Metzler, 1996–2003.

Welch, John W. *Chiasmus in Antiquity: Structures, Analyses, Exegesis*. Hildesheim: Gerstenberg, 1981.

Welwei, Karl-Wilhelm. „Kriegsschuldfrage." Seiten 847–848 in Bd. 6 von DNP. Herausgegeben von Hubert Cancik, Helmuth Schneider und Manfred Landfester. 16 Bde. Stuttgart: Metzler, 1996–2003.

Wengst, Klaus. *Pax Romana: Anspruch und Wirklichkeit: Erfahrungen und Wahrnehmungen des Friedens bei Jesus und im Urchristentum*. München: Kaiser, 1986.

Wierschowski, Lothar. „Heeresversorgung." Seiten 222–225 in Bd. 5 von DNP. Herausgegeben von Hubert Cancik, Helmuth Schneider und Manfred Landfester. 16 Bde. Stuttgart: Metzler, 1996–2003.

―――. „Kriegsdienstverweigerung." Seiten 838–840 in Bd. 6 von DNP. Herausgegeben von Hubert Cancik, Helmuth Schneider und Manfred Landfester. 16 Bde. Stuttgart: Metzler, 1996–2003.

Will, Wolfgang und Jörg Rüpke. „Caesar." Seiten 908–923 in Bd. 2 von DNP. Herausgegeben von Hubert Cancik, Helmuth Schneider und Manfred Landfester. 16 Bde. Stuttgart: Metzler, 1996–2003.

Wright, Jacob L. „Military Valor and Kingship: A Book-Oriented Approach to the Study of a Major War Theme." Seiten 33–56 in *Writing and Reading War: Rhetoric, Gender, and Ethics in Biblical and Modern Contexts*. Herausgegeben von Brad E. Kelle und Frank Ritchel Ames. Society of Biblical Literature: Symposium Series 42. Leiden: Brill, 2008.

Zanoncelli, Luisa. „VI. Musikinstrumente." Seiten 551–552 in Bd. 8 von *Der Neue Pauly: Enzyklopädie der Antike* (DNP). Herausgegeben von Hubert Cancik, Helmuth Schneider und Manfred Landfester. 16 Bde. Stuttgart: Metzler, 1996–2003.

Zetterholm, Magnus. *Approaches to Paul: A Student's Guide to Recent Scholarship*. Minneapolis: Fortress, 2009.

Stellenregister

Altes Testament

Genesis

1,27	297, 298
2,3	109
2,22–24	297
2,24	298
3,7	331
5,2	298
6,1–4	76n142
9,26–27	301
15	347
17,5	355n893
17,17	355n894
17,20	124n276
18,12–15	355n894
21,6	355n894
24	105
25,26	62n91
27	301
27,36	62n91
28,1–4	301
29,33	61n88
29,34	98n200
30,23–24	182n456, 449n1128
32,28–29	360n904
35,22	124n276
42,13	124n276
42,32	124n276
48,13–22	301
48,20	301
49,10	608n43
49,28	124n276

Exodus

3,1–15	358
6,6–7	400, 402
12	390
12,3–5	397
12,12–14.26–27	397
12,15	248
12,17	248
12,18	248
12,19	248
12,39	248
13,6–7	248

16,23–30	109
17,14–16	643
20,8–11	109
20,12	223
20,16	421
21,10–11	297
21,15	223
21,17	223
23,12	109
23,15	248
24,4	124n276
24,9–11	125n279
25,22	892
28,21	124n276
30,11–16	265
31,13–17	109
31,16	115
34,18	248
34,21	109

Levitikus

2,4–5	248
2,11	248
2,13	249
7,12	248
11,7–8	165
13,1–46	86
14,1–32	87
15,11	218
15,19–30	177
18	297
18,5	115, 111n231
18,16	197
18,19	177
19,3	223
19,18	361
19,30	109
20,9	223
20,21	197
21,7	296, 297
21,14	296
22,13	296
23,32	77
24,5	124n276
24,16	422
26,7–8	48

STELLENREGISTER

Numeri

1,44	124n276
6,24–26	301
7,3	124n276
9	390
11,16	421
12,10–15	89n179
13,22	123n268
15,32–36	109
15,37–41	214n559, 215
17,17	124n276
17,21	124n276
19,22	220
20,1–13	245
24,17	608n43
28,9	109
30,10	296
31,14	207n540
31,48	207n540
31,52	207n540
31,54	207n540

Deuteronomium

3,17	213
3,22	643
5,12–15	109
5,16	223
5,20	421
6,4	94
6,4–5	361
7,1–11	643
7,21	643
8,8	331
11,23–25	48
12,2–3	643
12,29–31	643
13,12–17	643
16	390
16,3	248
16,4	248
17,6	268
17,13	423
17,14–20	58, 642
19,15	268
20,1–20	643
20,5–7	643
20,10–19	643
21,18–27,16	223, 224
21,22–23	451

22,12	214n559
22,19	296
22,28–29	296
22,96	296
23,10–15	730n175
23,15	296
23,19	229n609
23,25	110
24,1	296, 297
24,1–4	296, 297
24,2	297
24,2–4	297
25,5–10	357
25,19	643
28,7	48
28,30	404
32,13	331
34,3	321
35,7	124n276

Josua

1–4	43
4,2	124n276
11,2	213
11,17	256
12,3	213
12,7	256
13,5	256
15,8	287
15,25	126
18,12	321
18,16	287
18,21	321
19,35	213

Richter

3,3	256
3,13	321
3,28	65n104
6,34	65n104
19,1–3	296
20,10	207n540

Ruth

4,11	301

1 Samuel

7,6	107
9,1	393n983

STELLENREGISTER

1 Samuel (cont.)

10,24	328n831
11,6–7	65n104
14,24–31	107
16,13	393n983
21,1–7	110
25,18	331
31,13	106

2 Samuel

1,12	105
3,3	123n268
7,1–16	38, 52
8,17	355
12,21	106
15,10	328n831
15,23	409
15,24	355
16,16	328n831
18,4	207n540

1 Könige

1,39	328n831
1,45–46	329n831
1–2	355
4	355
5,5	331
10,20	124n276
14,11	229n609
18,31	124n276
23,38	229n609

2 Könige

1,2–16	131n289
1,8	42
2,1–17	43
5	89n179
8,13	229n609
9,13	328n831
11,12	328n831
11,19	329n831
16,3	287
20,7	331
21,6	287
23,10	287
23,13–14	287
23,21–23	397
25,1–2	494

1 Chronik

5,23	256
5,27–41	355
12,29	355, 361
12,30	361
12,31	361
12,32	361
12,33	361
12,40	331
17,1–14	38, 52
20,5	170, 170n406
22,7–10	38, 52
24	355
24,4	124n276
25,31	124n276
27,1–15	124n276
28,2–7	38, 52
28,5	58

2 Chronik

13,8	58
28,3	287
28,15	321
30	397
33,6	287
35,1–19	397

Esra

6,17	124n276
6,19–22	397
7,6	67n108
8,35	124n276

Job

30,1	229n609
49,22	390

Psalmen

22,2	445
22,17	229n609
41,10	62n91
49,6	62n91
59,6–7.14–15	229n609
75,9	222n575
81,17	331
91,13	X
110,1	317, 364
113–118	401
118,22–23	346

STELLENREGISTER

118,25–26	327
134,2	218

Hohelied 105
| 2,13 | 331 |

Jesaja
5,1–2	344
27,2	344
28,4	331
29,13	222
34,4	331
38,21	331
40,3	44
50,1	296
50,4–9	881n244
52,13–53,12	881n244
56,7	338
56,11	229n609
61,10	105
62,5	105
65,21	404

Jeremia
2,21	344
3,1–5	297
3,8	296
3,20	296
5,17	331
7,11	738
7,29–34	288
7,31	287
8,13	331
16,16	65
17,13	219
19,1–15	288
19,4–5	287
24,2	331
25,15–38	222n575
29,17	331
31,5	404
32,35	287
48,24	126
48,41	126
52,4–5	494

Ezechiel
16	105
17,23	151n347
24,1–2	494
29,4–5	65
31,6	151n347
39,14–16	48
40,46	355
43,19	355
44,10–15	355
48,31–35	124n276

Daniel
4,18	151n347
7,13	90n181, 325
7,14	608n43
8,21	229n608
9,27	382
10,20	229n608
11,2	229n608
11,31	382
12,11	382

Hosea
2,14	331
2,21–22	105
6,6	361
10,1	344

Joël
| 2,16 | 643 |
| 2,22 | 331 |

Amos
2,2	126
4,2	65
5,8	240n633
5,11	404

Micha
| 4,4 | 331 |
| 7,1 | 331 |

Habakuk
1,14–17	65
2,16	222n575
3,17	331

Zefanja
| 1,13 | 404 |

Sacharja

4,7	332n842
8,19	494
9,9	325, 326
9,13	229n608
13,7	405

Maleachi

2,16	298
3,1.23–24	42, 193n489

Neues Testament

Matthäus

2	634n87
2,22	634n88
3,7–12	356
6,2	369
8,5–13	68
8,28	161
9,9	68
14,1–13	636
15,39	243
16,12	249
16,17	258
16,18	122n264
18,16	268
21,1–10	325
21,12	336, 337
22,15–22	205n530
22,23	356
25,27	337
26,53	167
27	636
27,2	430
27,14	430
27,15	430
27,19	430
27,21	430
27,27	429, 430

Markus

1,1	6, 37, 38, 38n5.6, 39, 39n7.8, 57, 459, 476, 509, 515, 520, 672
1,1–3	37n4
1,1–13	493n2
1,1–15	37–60, 37n2, 466, 493n2
1,1–8,26	493n2
1,2	41, 42, 42n13.19, 43n20, 44, 44n27.28.29, 474, 479, 503, 525, 537, 548, 610
1,2–8	37, 40–48, 459
1,3	41, 41n10, 43, 43n23, 44, 44n29, 45, 45n31.32, 477, 510, 525, 530, 544
1,4	41, 41n12, 43, 43n23, 45, 45n33.35, 46, 46n36.37.39, 48, 478, 516, 517, 518, 523, 539, 549
1,4–8	37n4
1,5	42, 42n16.17, 43, 43n24, 45, 46, 46n36.38.39, 48, 119n253, 484, 509, 516, 539, 542, 864
1,6	41, 41n12, 42, 42n14, 187n467, 478, 520
1,7	41, 41n11, 46, 46n37.39, 47n40.41, 52, 121, 134, 477, 539, 549, 551, 566
1,8	43, 43n21.22, 46, 46n39, 47, 47n42, 51, 473, 539
1,9	38n4.5, 41n12, 43n24, 46n39, 49, 49n52, 50n54, 182, 476, 478, 506, 509, 539
1,9–11	37, 38n4, 48–52, 49, 50, 459
1,10	43n21, 47n42, 49, 50, 50n53.55, 51, 51n56.57.59, 473, 533, 547
1,11	11, 37, 45n31, 49, 49n49.50, 50, 50n53, 95, 129, 270n708, 459, 472, 477, 514, 517, 530, 893
1,12	43n21.23, 53, 53n63, 473, 542
1,12–13	37, 52–55, 459
1,12–15	38n4
1,13	42n13, 43n23, 50n54, 53, 53n61, 54, 54n64.66, 473, 474, 503, 508, 512, 555
1,14	38n5, 39n8, 46n37, 49n52, 56, 56n70, 57, 57n72, 459, 476, 478, 494n3, 506, 508, 509, 520, 549, 553
1,14–15	37, 41n12, 55–60, 88, 460, 493n2

STELLENREGISTER

1,15	39n8, 56, 56n70, 57, 58, 58n74.75.77, 59, 59n80.81, 459, 508, 518, 520, 521, 552, 555, 610
1,16	49n52, 51n56, 61, 61n86–89, 62, 62n95, 63, 63n97, 479, 504, 506, 533, 553
1,16–20	60, 60–66, 461
1,16–2,17	60–102, 466
1,16–8,21	493n2
1,17	38n5, 61, 62n90, 105, 190, 476, 504, 509
1,17–18	61n86
1,18	6, 64, 64n99.100, 66n104, 460, 533, 538
1,19	41n12, 51n56, 61, 61n86.87, 62, 62n91.93, 63, 63n96, 64, 480, 504, 508, 526, 556
1,20	61n86, 62, 62n92.93, 63, 63n96, 64, 64n99, 65, 65n102, 66n104, 511, 512, 526, 535, 538
1,21	56, 63, 66, 67n105, 68, 68n109.110, 69, 69n111.112, 99, 510, 513, 527
1,21–29a	60, 66–74, 461
1,22	60, 67, 67n105, 68n108, 69, 69n112.113, 70, 70n114.115, 460, 488, 519
1,23	62n90, 67, 67n105.107, 68, 68n110, 70, 70n116, 475, 504, 513, 534
1,24	38n5, 43n22, 49, 56n70, 67, 67n105.106, 70, 70n117, 71, 71n118, 182, 476, 508, 509, 536
1,25	38n5, 67, 67n105, 71, 71n119.120, 72, 72n123, 476, 509, 543, 544, 563, 867
1,26	45n31, 67, 67n105.107, 71, 71n121, 72, 72n122.123, 285n730, 530, 543, 558, 563, 567
1,27	60, 67n105.107, 69, 69n113, 70, 70n115, 72, 72n124.125.126, 73n127, 460, 475, 519, 544, 545, 561

1,28	49n52, 68, 72, 72n123, 73, 73n128, 84, 506, 516, 543
1,28–29a	67n105
1,29a	72
1,29	41n12, 61n88.89, 62n91, 67, 68, 68n110, 72n123, 75, 76, 479, 480, 504, 508, 513, 543
1,29b–30	75n137
1,29b–34	60, 75–81, 461
1,30	61n88, 75, 77, 80, 298, 479, 486
1,31	54n66, 64n99, 75n137, 77, 77n145.146, 78, 78n147, 79, 80n152, 174, 531, 538, 541, 550
1,32	75, 75n137, 76, 76n139.141, 77, 77n144, 79, 79n150, 486, 562
1,33	75, 75n138, 76, 77n143, 79, 79n149, 521, 544
1,33–34	75n137
1,34	53n63, 64n99, 70n117, 75, 76, 76n139.142, 79, 79n151, 475, 486, 524, 538, 542, 867
1,35	43n23, 65n102, 72n123, 82, 83, 83n158.159, 84n160, 530, 534, 535, 543
1,35–38	82n153
1,35–45	60, 81–89, 461
1,36	61n88, 82, 84, 479, 547
1,36–37	209
1,37	84n162, 84, 545
1,38	46n37, 72n123, 82, 84, 84n163, 88, 88n178, 532, 543, 549
1,39	46n37, 49n52, 53n63, 68n110, 76n142, 82, 82n153, 83, 84, 475, 506, 513, 542, 549, 866
1,40	82, 82n153, 84, 85, 85n164.165, 86n168, 486, 541, 546
1,41	77n146, 84, 85, 85n165–167, 86n168, 531, 537, 546
1,41–42	82n153
1,42	65n102, 82, 83, 85, 86, 86n168, 535, 546

STELLENREGISTER

Markus (cont.)

1,43	53n63, 82n153, 84, 85, 86, 86n169, 115, 542
1,44	51n56, 82, 82n154, 85, 86, 86n171.172, 87n173, 174, 508, 523, 557, 561, 867
1,44–45	82n153
1,45	43n23, 46n37, 72n123, 75n138, 82, 83, 84, 85, 85n164, 87, 87n175, 88n176, 523, 530, 537, 541, 543, 549
2,1	50n54, 68n109, 83, 91, 92, 92n185, 104, 109, 113, 510, 533
2,1–4	90n180
2,1–12	60, 89–96, 461
2,2	77n143, 88n176, 90, 91, 92, 92n186, 99, 232, 521, 523, 559
2,3	79n150, 90, 91, 93n187, 486, 532, 562
2,4	85n164, 87n173, 90, 91, 91n182, 92, 484, 486, 511, 528, 541, 557
2,5	38n5, 46n36, 51n56, 64n99, 90, 90n180, 91, 91n183, 93, 93n188, 476, 486, 509, 516, 526, 538
2,6	68n108, 91, 93, 94, 94n189.191, 488
2,6–7	90n180
2,7	46n36, 56n70, 64n99, 85n164, 91, 94, 94n190, 472, 508, 516, 538, 539, 541
2,8	38n5, 90, 90n180, 93, 94, 94n189.191, 95, 95n194.195, 476, 509
2,9	46n36, 64n99, 78n147, 91, 92, 93, 486, 516, 532, 538, 541
2,9–10	90n180
2,10	46n36, 49n49, 60, 62n90, 64n99, 70n115.117, 90, 90n181, 91, 91n184, 93, 95, 460, 477, 486, 504, 514, 516, 519, 538
2,11	78n147, 86n172, 91, 92, 93n187, 532, 541, 561
2,11–12	90n180
2,12	51n56, 56n70, 72n123, 78n147, 91, 92, 93n187, 95, 96, 96n196, 174, 472, 508, 532, 541, 543
2,13	62n95, 69n112, 72n123, 91n182, 98, 99, 484, 511, 543
2,13–14	97n197
2,13–17	60, 96–103, 99, 461
2,14	51n56, 60, 63n97, 64n100, 83n158, 97, 98, 98n201, 99, 100, 123, 460, 482, 533, 534, 553
2,15	38n5, 60, 64n100, 97, 97n197.199, 98, 98n203, 99, 100, 101n208, 104, 109, 312, 460, 476, 480, 483, 504, 509, 533
2,16	42n14, 51n56, 68n108, 97, 97n197.199, 98, 98n203, 99n204, 101, 101n208, 480, 483, 489, 504, 514
2,17	38n5, 76n139, 92n185, 97, 97n197.198, 98, 98n203, 99, 99n205.206, 101, 102n209, 476, 477, 483, 489, 504, 509, 531, 533, 546
2,18	41n12, 97n199, 99n204, 101n208, 104, 105, 480, 514
2,18–22	103, 462
2,18–3,35	103–135, 467, 489
2,19	38n5, 49n49, 85n164, 104, 105, 476, 477, 480, 509, 514, 541
2,19–20	103, 461
2,20	50n54, 104, 105, 261, 477, 535
2,21	93n187, 178n441, 532
2,21–22	104n211
2,22	71n118, 106, 106n219.220, 536, 539, 557
2,23	44n29, 69n111, 87n175, 91, 97n199, 99, 101n208, 104, 108, 108n222, 109, 113, 480, 525, 527, 537
2,23–28	103, 107–111, 462

STELLENREGISTER

2,24	69n111, 99n204, 108, 109, 109n226, 489, 514, 527, 543	3,8–9	117n248
2,24–25	108n222	3,9	91n182, 97n199, 101n208, 118, 121, 172n416, 480, 484, 511, 545
2,25	102n209, 108, 108n223, 110, 110n230, 531, 554	3,10	79n151, 85n167, 117n248, 118, 120, 120n257, 523, 537, 543
2,26	42n14, 56n70, 108, 108n222.224, 109, 109n226, 110, 110n229, 505, 508, 517, 543	3,11	49n49.50, 56n70, 67n107, 117, 118, 120, 120n258.259, 129, 475, 477, 508, 514, 549, 556
2,27	62n90, 69n111, 109, 504, 527	3,11–12	117n248
2,27–28	108n222	3,12	71n119, 118, 120, 120n260, 544, 568, 867
2,28	41n10, 49n49, 62n90, 69n111, 90n181, 108, 109, 477, 504, 510, 514, 527	3,13	50n55, 65n102, 85n165, 125n277.278, 533, 535, 556, 752
3,1	62n90, 68n110, 77n146, 109, 112, 113, 486, 504, 513, 531	3,13–16	122n262
3,1–2	112n233	3,13–19	103, 121–127, 125, 462, 525
3,1–6	103, 112–117, 462	3,14	44n27, 46n37, 124, 125, 125n276, 167, 419, 482, 537, 549, 867
3,2	69n111, 79n151, 113, 113n236, 118, 125, 132, 138, 145, 148, 152, 527, 549, 554	3,14–15	187
3,3	62n90, 77n146, 78n147, 112, 112n233, 113, 486, 504, 531, 541	3,15	53n63, 70n115, 76n142, 124, 125, 519, 542
3,4	69n111, 109n226, 112n233, 113, 114, 114n237–239.241, 115, 115n243, 118, 125, 132, 138, 145, 148, 152, 527, 536, 543, 547, 558, 560, 564	3,16	61n88, 122, 122n263.264, 124, 479
		3,17	41n12, 49n49, 61n87, 62n91.93, 122, 122n263, 123, 480, 504, 508, 514
		3,17–19	122n262
3,5	62n90, 77n146, 94n189, 112, 112n233, 113, 115, 116, 116n245, 486, 504, 525, 531	3,18	61n88.89, 62n91, 98n201, 122, 123, 123n267, 479, 480, 481, 508
3,6	71n118, 72n123, 99n204, 111, 112, 112n233, 113n234, 115, 116, 116n246, 194, 487, 489, 507, 514, 529, 536, 543	3,19	57n72, 123, 124, 124n273, 125, 126n280, 481, 553
		3,20	42n14, 85n164, 91n182, 110n229, 128, 128n285, 131, 132, 484, 511, 517, 541, 559
3,7	38n5, 42n17, 49n52, 62n95, 64n100, 97n199, 101n208, 113, 117, 117n248, 118, 119, 476, 480, 484, 506, 509, 512, 533, 534	3,20–21	103, 127–130, 127n283, 462
		3,21	72n123, 77n145, 92n185, 96n196, 490, 533, 543, 550, 599
3,7–12	103, 117–121, 462	3,21.31–35	103, 128, 129, 461, 462
3,8	43n24, 92n185, 118, 119, 119n251–253, 484, 508, 509, 512, 513, 533	3,22	51n59, 53n63, 54, 68n108, 76n142, 119n253, 130–135, 131, 131n288, 132, 133, 488, 505, 509, 542, 547, 599
		3,22–30	103, 131, 463, 474

936 STELLENREGISTER

Markus (*cont.*)

3,23	53n61.63, 85n164, 125n278, 131n288, 132, 132n291, 133, 474, 512, 541, 542, 556
3,24	58n75, 85n164, 131n288, 132, 133, 133n293.294, 518, 541, 546, 552
3,25	85n164, 129, 133, 133n293.294, 541, 546, 552
3,25–26	131n288
3,26	53n61, 83n158, 85n164, 132, 133, 133n293.294, 134n295, 474, 512, 529, 534, 541, 546, 552
3,27	41n11, 85n164, 131, 131n288, 133, 134, 134n297.298, 192n482, 477, 512, 528, 540, 541, 566
3,28	49n49, 62n90, 64n99, 94n190, 132, 134, 135, 504, 514, 516, 538, 539
3,28–30	131n288
3,29	43n21.22, 45n35, 94n190, 131, 134, 135, 135n301.302, 473, 516, 517, 539, 566
3,30	67n107, 132, 474
3,31	44n27, 61n87, 127n283, 128, 128n284, 491, 504, 537
3,31–35	127–130
3,32	61n87, 84n162, 91n182, 127n283, 128, 128n284, 129, 484, 491, 504, 511, 545
3,33	61n87, 128, 128n284, 484, 504
3,33–34	127n283
3,33–35	143
3,34	61n87, 128, 128n284, 484, 504
3,35	56n70, 61n87, 103, 127n283, 128, 128n284, 129, 143, 462, 484, 504, 508, 599
4,1	62n95, 63n96, 69n112, 87n175, 91n182.184, 92n186, 137, 138, 145, 148, 152, 484, 511, 526, 537, 559
4,1–2	137n303

4,1–20	136–143, 463
4,1–34	136–152, 467
4,2	69n112.113, 132n291, 138, 139, 463
4,3	72n123, 92n185, 137, 137n303.304, 477, 533, 543
4,4	44n29, 137, 137n303.304, 138, 138n305, 139, 139n308, 367, 475, 525, 549
4,5	91n184, 138, 139
4,5–6	137n303, 333, 390
4,6	139, 139n309
4,7	50n55, 137n303, 138, 139, 139n310, 533
4,8	50n55, 79n150, 91n184, 138, 139, 139n310, 310, 533, 562
4,8–9	137n303
4,9	92n185, 139, 139n311, 533
4,10	125n276, 132n291, 137, 138, 143, 148, 152, 463, 482
4,10–13	137n303
4,11	56n70, 58n75, 132n291, 138, 140, 143, 145, 463, 508, 518, 867
4,11–12	250
4,12	51n56, 64n99, 92n185, 140, 140n313–315, 533, 538, 544, 559
4,13	70n117, 132n291, 138, 140, 141n316, 143, 157, 463
4,14	88n176, 137, 137n303.304, 141, 477, 523
4,15	44n29, 53n61, 88n176, 92n185, 93n187, 137, 137n303.304, 138, 139, 141, 367, 474, 512, 523, 525, 532, 533
4,16	88n176, 92n185, 137, 137n304, 138, 139, 141, 141n318, 523, 533, 550
4,16–17	137n303, 333
4,17	88n176, 139, 139n309, 141, 142, 142n319–321, 390, 463, 518, 520, 523, 558
4,18	88n176, 92n185, 137, 137n304, 138, 141, 523, 533
4,18–19	137n303

4,19	88n176, 141, 142, 516, 519, 523
4,20	88n176, 91n184, 92n185, 137, 137n303.304, 141, 310, 523, 533
4,21	144, 144n325.326, 145, 145n328, 477
4,21–25	136, 144–147, 463
4,22	120n260, 145, 146, 562, 564, 567, 568
4,22–23	144n325
4,23	92n185, 139n311, 533
4,23–24	146
4,24	92n185, 140n313, 144n325, 146, 533, 557
4,25	93n187, 144n325, 146, 532
4,26	56n70, 58n75, 62n90, 91n184, 106n220, 148, 148n335, 504, 508, 518, 539
4,26–32	136, 147–151, 463
4,27	50n54, 70n117, 78n147, 148, 148n335.337, 149, 149n338, 524, 541
4,28	91n184, 148, 149, 192n482, 512
4,28–29	148n335
4,29	44n27, 57n72, 139n310, 148, 149, 150n344, 519, 537, 553, 554
4,30	56n70, 58n75, 132n291, 148, 148n335, 463, 508, 518
4,31	91n184, 137n304, 148, 148n335, 150, 150n345, 284n726
4,32	50n53.55, 85n164, 137n304, 138n305, 148, 150, 150n346, 285n730, 533, 541, 567
4,33	85n164, 88n176, 92n185, 132n291, 151n348, 152, 463, 523, 533, 541
4,33–34	136, 144, 148, 151–152, 464
4,34	97n199, 101n208, 132n291, 151n348, 152, 152n349, 463, 481, 867
4,35	50n54, 77n144, 119n252, 154, 155, 155n355, 162, 170, 176, 512, 540
4,35–36	154n351, 209
4,35–41	152, 153–158, 465

4,35–8,9	152–241, 467
4,36	63n96, 64n99, 91n182, 144, 148, 152, 154, 155, 155n356, 171, 484, 511, 526, 538, 554
4,37	63n96, 154, 154n353, 155, 156, 156n358, 210, 285n730, 475, 526, 543, 567
4,37–38	154n351
4,38	71n118, 78n147, 148n337, 156, 156n359.360, 157, 158n365, 536, 541
4,39	62n95, 71n119.120, 115n243, 154, 154n351.353, 156, 211, 285n730, 475, 544, 558, 563, 567
4,40	93n188, 156, 179, 526, 565, 871
4,40–41	154n351, 211
4,41	62n95, 73n127, 154, 154n353, 157, 157n363, 167, 285n730, 475, 530, 561, 563, 567
5,1	42n16, 62n95, 119n252, 155, 160, 161, 512
5,1–4	159n366
5,1–9	18
5,1–13	21
5,1–20	2n6, 158–168, 465
5,2	62n90, 63n96, 67n107, 72n123, 160, 161n371, 162, 475, 504, 526, 543, 561
5,3	85n164, 134n297, 160, 162, 163, 516, 540, 541
5,4	99n205, 134n297, 160, 162, 163, 163n382, 516, 525, 540, 546, 560
5,5	50n54, 120n259, 125n277, 149n338, 160, 163, 163n383, 522, 524, 525, 547, 549
5,5–11	159n366
5,6	38n5, 51n56, 159, 164, 164n385, 476, 509, 556
5,7	38n5, 45n31, 49n49.50, 56n70, 120n259, 159, 160, 164, 164n387, 167, 285n730, 472, 476, 477, 508, 509, 514, 530, 539, 549, 567

Markus (*cont.*)

5,8	62n90, 67n107, 72n123, 160, 475, 504, 543
5,9	122n263, 160, 475, 510
5,10	44n27, 161, 165, 167, 537
5,11	42n16, 125n277, 160, 161, 285n730, 515, 525, 567
5,12	160, 165, 515, 555
5,12–14	159n366
5,13	62n95, 67n107, 72n123, 160, 161, 165, 165n390, 166, 475, 515, 543, 544, 552, 555
5,14	51n56, 75n138, 160, 161, 161n373, 166, 166n395.396, 563
5,15	38n5, 76n141, 157n363, 159, 160, 166, 475, 476, 509, 510, 563
5,15–20	159n366
5,16	51n56, 76n141, 160, 166, 167n398, 515
5,17	65n102, 87n175, 160, 160n370, 167, 535, 537
5,18	63n96, 76n141, 160, 526
5,19	41n10, 64n99, 86n172, 160, 166, 166n396, 167, 167n399, 472, 510, 538, 561
5,20	38n5, 46n37, 65n102, 87n175, 153, 159, 161, 161n372, 167, 167n400, 464, 476, 506, 509, 535, 537, 549
5,21	38n5, 62n95, 63n96, 91n182, 92n186, 169, 169n403, 170, 171, 171n411, 176, 476, 484, 511, 526
5,21–24.35–43	153, 168–175, 465, 509, 559
5,22	51n56, 122n263, 169, 169n403, 171, 171n412, 484, 526
5,23	77n146, 114n239, 169n403, 170, 170n407, 171, 171n414, 486, 531, 560, 566
5,24	64n100, 65n102, 91n182, 169, 169n403, 172, 172n416, 176, 484, 511, 533, 535
5,25	125n276, 176, 176n430, 177, 177n432, 486, 516
5,25–26	176n429
5,25–34	153, 175–180, 465
5,26	86n170, 97n198, 176, 177, 178n438.439, 554
5,27	38n5, 85n167, 91n182, 92n185, 176, 178, 178n441, 476, 484, 509, 511, 533, 537
5,27–28	176n429
5,28	85n167, 114n239, 178, 178n441, 537, 560
5,29	120n257, 141n316, 172, 176n429, 177, 177n432, 178, 178n443, 516, 523, 529, 546
5,30a	176n429
5,30	38n5, 72n123, 85n167, 91n182, 95n194, 140n315, 176, 178, 178n441, 179, 179n445, 476, 484, 509, 511, 519, 537, 543, 544
5,30b–32	176n429
5,31	85n167, 91n182, 97n199, 101n208, 140n313, 172n416, 176, 178, 179, 481, 484, 511, 537
5,32	51n56
5,33	70n117, 120n258, 157n363, 176, 176n430, 179, 179n447, 486, 556, 561, 563
5,33–34	176n429
5,34	86n172, 93n188, 114n239, 120n257, 170n408, 172, 176, 178, 179, 486, 519, 523, 526, 560, 561
5,35	156n359, 169, 169n404, 170, 170n408, 172, 172n417, 478, 484, 486, 536, 558
5,36	38n5, 59n81, 88n176, 157n363, 169, 173, 476, 484, 509, 523, 555, 563
5,36–37	169n404
5,37	41n12, 61n87, 62n91, 64n99, 122n264, 170, 479, 480, 504, 508, 538
5,38	169, 169n404, 170, 173, 173n422, 174, 174n423, 176, 484, 521, 533, 549
5,39	148n337, 169n404, 170, 170n409, 172, 172n417, 173, 174n423, 486, 536, 549

STELLENREGISTER

5,40	53n63, 62n92, 128n284, 155n356, 169n404, 170, 170n409, 174, 484, 486, 512, 542, 554
5,41	77n145.146, 78n147, 170, 170n409.410, 174, 486, 531, 541, 550
5,41–43	169n404
5,42	83n158, 96n196, 125n276, 170, 170n410, 174, 174n425, 285n730, 486, 534, 567
5,43	42n14, 86n170, 141n316, 174, 174n426, 540
6,1	49, 64n100, 72n123, 97n199, 101n208, 181, 182, 182n455, 183, 194, 481, 533, 543
6,1–2a	181n451
6,1–6	153, 180–185, 465
6,2	68n110, 69n111.112, 70n114, 77n146, 87n175, 92n185, 179n445, 181, 182, 183, 186, 203, 484, 513, 519, 527, 531, 533, 537
6,2b	181n451
6,3	49n49, 61n87.88, 62n91, 124n273, 142n321, 181, 181n451, 182, 182n455.456, 183, 478, 491, 504, 508, 514, 558
6,4	38n5, 42n19, 49, 181, 181n451, 182, 184, 476, 477, 490, 509
6,5	77n146, 79n151, 85n164, 179n445, 181, 181n451.453, 183, 486, 519, 531, 541
6,6	167n400, 181n451, 182, 183, 183n458, 184, 184n461, 517
6,7	44n27, 67n107, 70n115, 87n175, 125n276, 125n278, 186, 187, 189, 189n475, 204, 475, 482, 519, 537, 556
6,7–9	186n462
6,7–13.30–32	153, 185–190, 465
6,8	44n29, 86n170, 93n187, 110n229, 186, 187, 187n465.467, 188, 188n470, 517, 520, 525, 527, 531, 532, 553
6,9	187, 187n466, 189, 189n475, 527, 531

6,10	72n123, 186, 186n462, 188, 188n472, 543, 552
6,10–12	186
6,11	46n38, 86n171, 92n185, 171n412, 186, 186n462, 188, 188n473, 523, 526, 530, 533, 542
6,12	46n37, 59n80, 72n123, 189, 543, 549, 552
6,12–13	186n462
6,13	53n63, 76n142, 79n151, 181n453, 186, 189, 189n476, 204, 475, 486, 542
6,14	41n12, 46n39, 78n147, 92n185, 120n260, 122n263, 179n445, 192, 192n487, 193, 194, 194n494, 195, 195n495, 196, 196n501, 208, 478, 487, 505, 507, 511, 519, 533, 539, 541, 542, 568, 893
6,14–15	191n479
6,14–29	153, 190–201, 465, 533, 636
6,15	193, 193n489, 477, 478
6,16	41n12, 78n147, 92n185, 192, 194, 194n494, 196, 196n498.501, 478, 487, 507, 533, 536, 541
6,16–20	191n479
6,17	41n12, 44n27, 61n87, 77n145, 123n267, 134n297, 176n430, 191, 192, 193, 193n491, 194, 194n494, 196n501, 197, 197n52, 478, 487, 504, 507, 530, 537, 540, 550
6,18	41n12, 61n87, 109n226, 176n430, 189, 192, 193, 194, 194n494, 196n501, 197, 478, 487, 504, 507, 543
6,19	85n164.165, 114n241, 191, 197, 487, 536, 541
6,20	41n12, 43n22, 70n117, 92n185, 99n206, 157n363, 192, 192n485, 194, 194n494, 196n501, 197, 478, 487, 504, 507, 533, 560, 563

Markus (*cont.*)

6,21   49n52, 50n54, 191, 192, 192n482, 194, 194n494, 198, 199n508, 487, 506, 507, 511, 512, 515, 752

6,21–23   191n479

6,22   85n165, 170n408.410, 189, 191, 194n494, 195, 195n495, 197, 199, 199n512, 487, 505, 507

6,23   58n75, 193, 199, 199n512.514, 487, 518

6,24   41n12, 46n39, 72n123, 128n284, 191, 192, 192n486, 196n501, 199, 199n512, 478, 487, 510, 539, 543

6,24–25   191n479

6,25   41n12, 85n165, 192, 192n484.486, 195, 195n495, 196n501, 197, 199, 199n512, 200, 478, 487, 505, 510

6,26   85n165, 195, 195n495, 197, 199, 199n509, 200, 200n515.516, 487, 505, 525

6,26–28   191n479

6,27   44n27, 65n102, 72n126, 79n150, 192, 192n486, 193, 193n491, 195, 195n495, 196, 196n498, 197, 200, 487, 505, 510, 513, 530, 535, 536, 537, 544, 562

6,28   79n150, 128n284, 170n410, 191, 192, 192n486, 200, 487, 510, 562

6,29   92n185, 93n187, 161n371, 191n479, 192, 193, 193n488, 526, 532, 533

6,30   38n5, 69n112, 92n186, 166n395, 186, 189, 476, 482, 504, 509, 534, 559

6,30–31   186n463

6,30–32   153, 185–190

6,31   42n14, 43n23, 86n172, 152n349, 186, 189, 189n478, 530, 561

6,31–32   203, 204

6,32   63n96, 65n102, 152n349, 186, 186n463, 189, 526, 530, 535

6,33   51n56, 75n138, 86n172, 95n194, 202, 203, 204, 214, 560, 561

6,33–34   202n519

6,33–46   153, 201–208, 465

6,34   51n56, 69n112, 72n123, 85n166, 87n175, 91n182, 202, 202n520.521, 204, 477, 484, 511, 512, 537, 543

6,35   43n23, 97n199, 101n208, 186, 202, 203, 204n526, 209, 481, 530

6,35–37   202n519

6,36   42n14, 65n102, 161n373, 183n458, 203, 204, 205, 205n528.529, 535, 536

6,37   42n14, 65n102, 110n229, 205, 205n529.530, 350, 517, 535

6,38   51n56, 86n172, 110n229, 141n316, 189n475, 205, 517, 561

6,38–39   202n519

6,39   72n126, 202, 203, 206, 544

6,40   202, 206, 206n533, 534

6,40–41   202n519

6,41   50n53, 97n199, 101n208, 110n229, 133n293, 141n318, 189n475, 202, 205, 206, 206n534, 254n663, 481, 517, 547, 550, 552

6,42   42n14, 205, 206, 206n536

6,42–44   202n519

6,43   93n187, 125n276, 205, 206, 532

6,44   42n14, 110n229, 192n485, 203, 205, 504, 517

6,45   63n96, 91n182, 97n199, 101n208, 202, 203, 203n525, 204, 205n528, 206, 207, 207n538, 208n542, 481, 484, 511, 533, 536, 555

6,45–46   202n519

6,45–47   209, 526

6,46   65n102, 84n160, 203, 207, 525, 535

6,47   62n95, 63n96, 77n144, 91n184, 203, 208, 209, 526

STELLENREGISTER

6,47–48	208n542
6,47–52	153, 208–212, 465
6,48	51n56, 62n95, 85n165, 149n338, 154n353, 164n387, 193n491, 209, 209n544, 210, 210n546, 213, 475, 524, 530, 539, 542, 554, 566
6,49	51n56, 62n95, 70n116, 125n277, 208, 208n542, 210, 210n547, 478, 534
6,50	51n56, 157n363, 208n542, 210, 211n549, 545, 560, 563, 868
6,51	50n55, 63n96, 96n196, 154n353, 209, 211, 475, 526, 533
6,51–52	208n542
6,52	94n189, 110n229, 140n314, 211, 211n550, 250, 517, 559
6,53	91n184, 171n411, 212, 213, 214, 229
6,53–55	212n551
6,53–56	153, 212–215, 465
6,54	63n96, 72n123, 95n194, 213, 214, 526, 543
6,55	42n16, 76n139, 87n175, 92n185, 212, 213, 214, 486, 533, 537, 555
6,56	75n138, 85n167, 114n239, 161n373, 178n441, 183n458, 212, 212n551, 213, 213n556, 214, 217, 486, 516, 522, 537, 560
7,1	68n108, 92n186, 99n204, 119n253, 217, 221, 488, 489, 509, 514, 559
7,1–5	216n560
7,1–23	153, 215–227, 465
7,2	42n14, 51n56, 77n146, 97n199, 101n208, 110n229, 217, 221, 229, 234, 481, 517, 531
7,3	42n14, 77n145.146, 99n204, 217, 217n563.564, 221, 222, 489, 509, 525, 526, 531, 550
7,3–4	219, 514
7,4	42n14, 46n39, 77n145, 155n356, 213n556, 221, 222, 222n575, 516, 526, 539, 550, 554
7,5	42n14, 68n108, 77n146, 97n199, 99n204, 101n208, 110n229, 217, 217n563, 221, 229, 234, 481, 488, 489, 514, 517, 525, 531
7,6	43n20, 94n189, 217, 217n561, 222, 222n576.577, 488, 489, 510
7,6–8	216n560
7,6–13	216n560
7,7	62n90, 69n112, 217, 222, 223, 504
7,8	56n70, 62n90, 64n99, 77n145, 217, 221, 223, 223n578, 504, 508, 525, 538, 550
7,9	56n70, 133n294, 200n515, 217, 221, 223, 223n578, 508, 525, 546
7,9–13	216n560
7,10	62n92, 82n154, 128n284, 217, 222, 222n576, 223, 223n582.583, 224n584, 512, 520, 560
7,11	62n90.92, 128n284, 178n439, 217, 224, 504, 512
7,12	62n92, 64n99, 128n284, 217, 223, 512, 538
7,13	56n70, 57n72, 88n176, 217, 221, 223, 508, 523, 525, 553
7,14	91n182, 92n185, 125n278, 140n314, 217, 484, 511, 533, 556, 559
7,14–23	216n560
7,15	46n38, 62n90, 85n164, 217, 226, 504, 541, 542
7,17	91n182, 97n199, 101n208, 132n291, 217, 229, 234, 481, 484, 511
7,18	62n90, 85n164, 217, 224, 225n588, 226, 250, 504, 541
7,19	46n38, 86n168, 94n189, 222, 224, 225, 542, 546

STELLENREGISTER

Markus (*cont.*)

7,20	46n38, 62n90, 217, 226, 504, 542
7,21	46n38, 62n90, 94n189, 217, 222, 225, 225n594, 504, 522, 530, 542
7,22	135n302, 225, 226, 226n598.600, 250n654, 517, 518, 526
7,23	46n38, 62n90, 217, 226, 504, 542
7,24	65n102, 83n158, 85n164.165, 119n251, 141n316, 160n370, 228n605, 229, 230, 231, 513, 534, 535, 541, 551, 867
7,24–30	153, 228–233, 465
7,25	67n107, 92n185, 120n258, 170n407, 171n412, 176n430, 228, 229, 231, 475, 485, 486, 526, 533, 556
7,25–26	228n605
7,26	53n63, 76n142, 170n408, 176n430, 228, 229, 229n606, 231, 475, 485, 486, 542
7,27	64n99, 91n183, 100, 106n220, 110n229, 141n318, 192n482, 206n536, 228n605, 229, 231, 232, 512, 517, 538, 539, 550
7,28	41n10, 42n14, 170n409, 228, 228n605, 229, 232, 232n613, 477, 510
7,29	72n123, 76n142, 86n172, 88n176, 170n408, 228n605, 229, 475, 486, 523, 543, 561
7,30	65n102, 76n142, 106n220, 145n328, 170n409, 228n605, 229, 475, 486, 535, 539, 543
7,31	49n52, 62n95, 72n123, 119n251, 153, 160n370, 161n372, 234, 238, 464, 506, 512, 513, 543
7,31–32	233n617
7,31–37	153, 233–237, 466
7,32	77n146, 79n150, 233, 234, 234n618, 235, 486, 531, 562

7,33	85n167, 91n182, 106n220, 139n311, 152n349, 233, 234, 236, 484, 511, 536, 537, 539
7,33–34	233n617
7,34	50n53, 233, 236, 245n645, 254n663
7,35	47n40, 73n128, 233, 236, 516, 518, 551
7,35–36	233n617
7,36	46n37, 86n170, 174n426, 237, 540, 549, 867
7,37	70n114, 92n185, 233, 233n617, 234, 234n618.620, 237, 533
8,1	42n14, 50n54, 91n182, 97n199, 101n208, 125n278, 234, 238, 239, 481, 484, 511, 556
8,1–4	328n627
8,1–9	153, 238–241, 466
8,2	42n14, 50n54, 85n166, 91n182, 238, 239, 484, 511
8,3	44n29, 205n528, 239, 525, 536, 542, 568
8,4	85n164, 97n199, 101n208, 110n229, 206n536, 234, 235, 238, 240, 481, 517, 541
8,5	110n229, 240, 240n633, 517
8,5–9	328n627
8,6	91n182.184, 97n199, 101n208, 110n229, 141n318, 187n465, 206n533, 234, 238, 239, 240, 240n633.635, 241, 241n636, 249, 481, 484, 511, 517, 534, 549, 550, 553
8,7	206n534, 240, 241
8,8	42n14, 93n187, 206n536, 239, 240, 240n633, 241, 532
8,9	205n528, 238, 328n628, 536, 568
8,10	63n96, 97n199, 101n208, 234, 238, 242n637, 243, 244, 245, 247, 252, 481, 526
8,10–9,29	241–280
8,10–13	241, 242–246, 465

STELLENREGISTER

8,11	50n53, 54n64, 72n123.125, 84n162, 87n175, 99n204, 242n637, 243, 244, 245, 245n644, 489, 514, 528, 537, 543, 545, 555, 672, 864
8,12	84n162, 95n195, 242, 242n637, 243, 245, 245n644, 464, 489, 528, 545, 672, 864, 868
8,13	64n99, 65n102, 242n637, 243, 243n638, 244, 246, 252, 535, 538
8,14	63n96, 110n229, 141n318, 247, 250, 517, 526, 550
8,14–15	247n647
8,14–21	241, 247–251, 465
8,15	51n56, 99n204, 140n313, 174n426, 194n494, 247, 248, 487, 489, 507, 514, 540
8,16	94n191, 110n229, 247n647, 249, 250, 517
8,17	94n189.191, 110n229, 140n314, 141n316, 211n550, 225n588, 247n647, 249, 250, 517, 559
8,18	92n185, 139n311, 140n313, 226n600, 248, 250, 250n654, 253, 533
8,18–21	247n647
8,19	93n187, 110n229, 125n276, 241n636, 250, 517, 532, 549
8,20	93n187, 228n628, 240n633, 532, 568
8,21	140n314, 250, 559
8,22	79n150, 85n167, 203n525, 247, 251, 252, 252n657, 253, 256, 486, 537, 562
8,22–23a	251n656
8,22–26	242, 251–255, 465, 493n2
8,22–10,52	493n2
8,23	77n146, 140n313, 183n458, 251, 252, 252n657, 253, 254, 486, 531, 543
8,23b–24	251n656
8,24	51n56, 62n90, 140n313, 252, 254, 254n663, 484, 504

8,25	77n146, 116n245, 226n600, 250n654, 251n656, 253, 254, 254n665, 531
8,26	44n27, 183n458, 251n656, 252, 253, 537
8,27	38n5, 44n29, 62n90, 72n123, 97n199, 101n208, 123n267, 183n458, 242, 256, 257, 260, 267, 276, 464, 476, 481, 484, 509, 510, 525, 543
8,27–28	256n668
8,27–30	242, 255–259, 465, 504
8,27–10,45	493n2
8,27–10,52	493n2
8,28	41n12, 42n19, 192n484, 193n489, 255, 256, 477, 478, 505
8,29–30	256n668
8,29	38n6, 122n264, 256, 476, 479, 515
8,30	71n119, 86n170, 257, 544, 867
8,31	49n49, 50n54, 62n90, 68n108, 69n112, 83n158, 87n175, 90n181, 108n224, 114n241, 178n438, 217n563, 260, 260n674, 261, 261n676.677, 341, 454, 455, 477, 488, 489, 504, 505, 514, 534, 536, 537, 554, 893
8,31–9,1	242, 259–265, 465
8,32	71n119, 87n175, 88n176, 122n264, 260, 261, 479, 523, 537, 544, 556
8,32–33	260n674
8,33	51n56, 53n61, 54n65, 56n70, 62n90, 71n119, 86n172, 97n199, 101n208, 122n264, 140n315, 260, 262, 479, 481, 484, 504, 508, 512, 544, 561
8,34	64n100, 85n165, 91n182, 93n187, 97n199, 101n208, 125n278, 260, 262, 263n681.682, 481, 484, 511, 528, 532, 533, 535, 556
8,34–35	260n674

STELLENREGISTER

Markus (*cont.*)

8,35	39n8, 71n118, 85n165, 114n238.239, 263, 520, 536, 560
8,36	62n90, 114n238, 178n439, 260, 263, 263n684, 484, 504, 545, 549
8,36–37	260n674
8,37	62n90, 114n238, 260, 263, 318n804, 484, 504, 516
8,38	42n13, 43n22, 49n49, 62n90.92, 88n176, 90n181, 98n203, 100, 242, 243n638, 260, 260n674, 261, 264, 264n688, 334, 456, 464, 472, 473, 475, 477, 484, 503, 504, 512, 514, 519, 523, 645
8,38–9,1	871, 893
9,1	51n56, 56n70, 58n75, 133n294, 179n445, 223n583, 260, 260n674, 264, 268, 508, 518, 519, 520, 546, 751, 872
9,2	38n5, 41n12, 50n54, 62n91, 122n264, 125n277, 152n349, 155n356, 266, 266n693, 267, 268, 276, 476, 479, 480, 508, 509, 525, 554
9,2–8	242, 266–271, 268, 465
9,2–13	173n421
9,3	85n164, 91n184, 178n441, 266n693, 267, 268, 541
9,4	38n5, 51n56, 82n154, 193n489, 266, 266n693, 269, 474, 476, 509
9,5	38n5, 82n154, 122n264, 193n489, 266, 267, 267n694, 269, 474, 476, 478, 479, 509, 528
9,5–6	266n693
9,6	70n117, 269
9,7	11, 45n31, 49n49.50, 92n185, 266, 266n693, 270, 270n707.708, 472, 477, 514, 524, 530, 533, 893
9,8	38n5, 51n56, 266, 266n693, 269, 476, 509

9,9	49n49, 51n56.59, 62n90, 83n158, 86n170, 90n181, 125n277, 167n398, 174n426, 192n487, 272, 477, 504, 511, 514, 534, 540, 547
9,9–10	272n709
9,9–13	242, 271–274, 465, 525
9,10	72n125, 77n145, 83n158, 88n176, 192n487, 272, 511, 523, 534, 550
9,11	68n108, 192n482, 193n489, 261n676, 272, 272n709, 273, 474, 488, 512
9,11–13	261n676, 446
9,12a	272n709
9,12	49n49, 62n90, 90n181, 116n245, 178n438, 192n482, 193n489, 272, 273, 273n710, 474, 477, 504, 512, 514, 543, 554
9,12b–13	272n709
9,13	85n165, 193n489, 272, 474, 893
9,14	51n56, 68n108, 72n125, 91n182, 97n199, 101n208, 275, 276, 481, 484, 488, 511
9,14–16	275n712
9,14–29	242, 274–280, 465
9,15	51n56, 91n182, 275, 276, 277n714.715, 484, 511, 537
9,16	72n125, 276
9,17	49n49, 67n107, 79n150, 91n182, 156n359, 234n620, 275, 276, 475, 478, 484, 511, 514, 562
9,17–18	275n712
9,18	53n63, 97n199, 99n205, 101n208, 106n219, 275, 277, 481, 542, 546, 547, 557
9,19	79n150, 242, 243n638, 276, 277, 464, 484, 534, 562, 564
9,19–21	275n712
9,20	51n56, 67n107, 79n150, 91n184, 276, 277, 278, 475, 562
9,21	62n92, 278, 485, 512

STELLENREGISTER

9,22	47n42, 71n118, 85n164.166, 106n220, 278, 278n718, 526, 536, 539, 541
9,22–24	275n712
9,23	38n5, 59n81, 85n164, 275, 278, 278n720, 476, 509, 541, 555, 565
9,24	59n81, 62n92, 120n259, 170n409, 184n461, 276, 278, 279, 485, 512, 517, 539, 549, 555
9,25	38n5, 51n56, 67n107, 71n119, 72n123.126, 91n182, 234n620, 275, 276, 279, 475, 476, 484, 509, 511, 543, 544
9,25–27	275n712
9,26	71n121, 72n123, 120n259, 172n417, 192n487, 278, 279, 511, 536, 543, 549, 558
9,27	38n5, 77n145.146, 78n147, 83n158, 275, 279, 476, 509, 531, 534, 541, 550
9,28	53n63, 85n164, 97n199, 101n208, 152n349, 275, 276, 277, 278, 279, 481, 541, 542
9,28–29	275n712
9,29	72n123, 85n164, 229n606, 276, 278, 279, 279n721, 541, 543
9,30	49n52, 72n123, 85n165, 141n316, 281n722, 506, 543, 867
9,30–32	280, 281, 464
9,30–10,52	280–324, 467
9,31a	281n722
9,31	49n49, 50n54, 57n72, 62n90, 69n112, 77n146, 83n158, 90n181, 97n199, 101n208, 114n241, 281, 454, 455, 463, 477, 481, 504, 514, 531, 534, 536, 553
9,31b	281n722
9,32	157n363, 281n722, 282, 282n724, 563
9,33	44n29, 68n109, 94n191, 284, 285, 510, 525
9,33–34	283n725
9,33–37.42–50	283–290, 464
9,34	44n29, 115n243, 285, 285n730, 463, 525, 558, 567
9,35	72n122, 85n165, 125n276, 192n482, 284, 285, 286n731.732, 463, 482, 506, 512, 563, 566
9,35–37	284n725
9,36	133n294, 141n318, 170n409, 284, 286, 546, 550
9,36–37	284n727
9,37	44n27, 122n263, 170n409, 188n473, 284, 286, 473, 537
9,38	41n12, 51n56, 53n63, 64n100, 76n142, 122n263, 156n359, 273n710, 290, 290n744, 291, 291n745, 478, 480, 485, 533, 542, 550
9,38–41	290–293, 464
9,39	38n5, 85n164, 122n263, 179n445, 223n582, 290, 290n744, 291, 291n745, 292, 476, 509, 519, 541, 550
9,40	290n744, 292
9,41	38n6, 47n42, 71n118, 122n263, 222n575, 290, 291, 292, 292n746, 476, 515, 523, 526, 536
9,42	59n81, 62n95, 106n220, 142n321, 284, 284n726.727, 286, 290n744, 539, 555, 558
9,42–48	284n725
9,43	65n102, 77n146, 142n321, 189n475, 278n718, 286, 287, 287n735, 506, 520, 526, 531, 535, 536, 558
9,45	106n220, 142n321, 171n412, 189n475, 286, 287, 287n735, 506, 520, 526, 536, 539, 558
9,47	53n63, 56n70, 58n75, 106n220, 142n321, 189n475, 226n600, 250n654, 284, 286, 287, 506, 508, 518, 539, 542, 558

Markus (*cont.*)

9,48	224n584, 278n718, 284, 287, 475, 526, 558, 560
9,49	278n718, 287, 289, 526
9,49–50	284n725
9,50	288, 541, 599
10,1	42n17, 43n24, 69n112, 83n158, 91n182, 119n252, 160n370, 294, 295, 300, 484, 509, 511, 512, 534, 559
10,1–2	293n478
10,1–12	293, 464
10,2	54n64, 99n204, 109n226, 176n430, 192n485, 205n528, 294, 295, 489, 504, 514, 536, 543, 555
10,3	82n154, 294, 295, 296n753, 521, 542
10,3–5	294n748
10,4	82n154, 165n390, 205n528, 294, 295, 296, 297, 536, 544
10,5	38n5, 223n578, 294, 297, 476, 509
10,6	39n7, 294, 297, 298n758, 517
10,6–9	294n748
10,7	62n90.92, 128n284, 176n430, 294, 298, 298n760, 504, 512, 548
10,8	189n475, 298, 298n759, 527
10,9	56n70, 62n90, 294, 298, 472, 504, 508, 563
10,10	97n199, 101n208, 294, 300, 481
10,10–12	294n748
10,11	176n430, 197n52, 205n528, 294, 295, 298, 536
10,12	192n485, 197n52, 205n528, 294, 295, 298, 504, 536
10,13	71n119, 85n167, 87n173, 97n199, 101n208, 170n409, 300, 300n764, 301, 481, 537, 544, 557
10,13–16	299–307, 464
10,14	38n5, 51n56, 56n70, 58n75, 64n99, 170n409, 291n745, 300, 300n764,

	301, 301n768, 302, 476, 508, 509, 518, 532, 538, 550
10,15	56n70, 58n75, 170n409, 188n473, 300, 300n764, 301, 508, 518
10,16	77n146, 300, 300n764, 531
10,17	44n29, 46n38, 114n237, 156n359, 287n735, 303, 303n770, 478, 485, 520, 525, 542, 564
10,17–22	302–307, 464
10,18	38n5, 56n70, 114n237, 303, 303n770, 472, 476, 508, 509, 564
10,19	62n92, 70n117, 128n284, 222n576, 223n578, 303, 303n770, 304n773, 512, 564
10,20	156n359, 273n710, 303, 303n770, 478, 524, 563
10,21	38n5, 50n53, 64n100, 86n172, 254n665, 303, 303n770.771, 304n776, 305n778, 476, 509, 520, 533, 557, 561
10,22	65n102, 88n176, 303n770, 305n781, 523, 535
10,23	38n5, 56n70, 58n75, 97n199, 101n208, 303, 307, 308, 476, 481, 508, 518, 531
10,23–25	307n783
10,23–31	307–310, 464, 509, 523
10,24	38n5, 56n70, 58n75, 72n124, 88n176, 91n183, 97n199, 101n208, 303, 307, 308, 476, 481, 482, 508, 509, 518, 545
10,25	56n70, 58n75, 155n355, 308, 308n785, 508, 518, 540
10,26	70n114, 85n164, 114n239, 307n783, 308, 309, 541, 560
10,27	38n5, 56n70, 62n90, 254n665, 278n720, 307n783, 307, 308, 472, 476, 504, 508, 509, 565
10,28	64n99.100, 87n175, 122n264, 308, 309, 479, 533, 537, 538

STELLENREGISTER

10,28–31	307n783
10,29	38n5, 39n8, 61n87, 62n92, 64n99, 91n183, 128n284, 161n373, 273n710, 307, 308, 309, 476, 504, 509, 512, 520, 538
10,30	58n74, 61n87, 91n183, 128n284, 141n318, 142n320, 161n373, 287n735, 308, 309, 463, 504, 518, 520, 550
10,31	192n482, 286n731, 308, 512, 566
10,32	38n5, 44n29, 50n55, 64n100, 72n124, 87n175, 119n253, 125n276, 155n356, 157n363, 207n538, 311, 312, 313n789, 315, 321, 476, 482, 509, 525, 533, 537, 545, 551, 554, 555, 563, 893
10,32–34	311–314, 463
10,33	49n49, 50n55, 57n72, 62n90, 68n108, 90n181, 108n224, 119n253, 223n583, 223n583, 311, 311n787, 312, 313, 313n790, 477, 488, 504, 505, 509, 514, 519, 520, 533, 547, 553
10,33–34	463
10,34	50n54, 83n158, 114n241, 313, 313n791.792, 454, 455, 534, 536, 542, 551
10,35	41n12, 49n49, 62n91.93, 85n165, 156n359, 199n512, 315, 316, 478, 480, 508, 514
10,35–36	315n796
10,35–45	314, 314–319, 463
10,36	85n165, 316
10,37	264n688, 315n796, 316, 316n797, 519, 565, 567
10,38	38n5, 45n33, 46n39, 70n117, 85n164, 199n512, 222n575, 315, 315n796, 316, 317, 476, 509, 518, 526, 539, 541
10,39	38n5, 45n33, 46n39, 85n164, 222n575, 315, 315n796, 317, 476, 509, 518, 526, 539, 541
10,40	45n32, 315n796, 316, 316n797.799, 317, 544, 565, 566
10,41	41n12, 62n91, 87n175, 92n185, 301n768, 315, 317, 480, 482, 508, 532, 533, 537
10,41–45	315n796
10,42	38n5, 70n117, 87n175, 125n278, 210n547, 285n730, 311n787, 315, 317, 318, 476, 509, 519, 537, 547, 548, 556, 567, 599
10,43	85n165, 285n730, 286n732, 315, 316, 318, 463, 506, 567
10,44	85n165, 192n482, 316, 318, 318n803, 463, 506, 512
10,45	49n49, 54n66, 62n90, 80n152, 81, 90n181, 114n238, 264, 315, 318, 463, 477, 504, 514, 523, 893
10,46	44n29, 46n38, 47n41, 49n49, 91n182, 97n199, 101n208, 252n657, 320, 320n814, 321, 322, 481, 484, 486, 508, 511, 514, 525, 542
10,46–52	320–323, 463, 486, 493n2
10,47	38n5, 49, 49n49, 67n106, 87n175, 92n185, 108n223, 120n259, 167n399, 320, 322, 476, 477, 509, 514, 533, 537, 549
10,47–48	320n814
10,48	7n119, 108n223, 115n243, 120n259, 167n399, 320, 322, 364n912, 477, 514, 544, 549, 558
10,49	38n5, 72n122, 78n147, 133n294, 211n549, 252n657, 320, 320n814, 322, 476, 486, 509, 541, 545, 546, 563
10,50	38n5, 178n441, 320, 320n814, 476, 509
10,51	38n5, 85n165, 252n657, 254n663, 320, 320n814, 323, 476, 478, 486, 509

948 STELLENREGISTER

Markus (*cont.*)

10,52	38n5, 44n29, 64n100, 86n172, 93n188, 114n239, 254n663, 320, 320n814, 322, 323, 325, 476, 509, 525, 526, 533, 560, 561
11,1	44n27, 58n77, 97n199, 101n208, 119n253, 125n277, 189n475, 325, 325n82, 326, 326n822, 327, 482, 509, 525, 537
11,1–11	324, 324–329, 463
11,1–12,44	324–371, 467
11,1–15,39	493n2
11,1–15,47	493n2
11,1–16,8	493n2
11,2	47n40, 62n90, 79n150, 86n172, 134n297, 183n458, 325, 326, 504, 540, 551, 561, 562
11,2–3	325n82
11,3	41n10, 44n27, 102n209, 325, 327, 328, 329, 477, 484, 510, 531, 537
11,4	47n40, 65n102, 77n143, 134n297, 325, 327, 521, 535, 540, 551
11,4–10	325n82
11,5	47n40, 133n294, 325, 484, 546, 551
11,6	38n5, 64n99, 325, 327, 476, 509, 538
11,7	38n5, 79n150, 156n358, 178n441, 325, 327, 476, 509, 543, 562
11,8	44n29, 161n373, 178n441, 325, 327, 328, 525
11,9	41n10, 64n100, 120n259, 122n263, 206n534, 207n538, 325, 326, 327, 329, 472, 482, 510, 533, 542, 549, 555
11,10	58n75, 62n92, 108n223, 206n534, 326, 327, 483, 512, 518
11,11	72n123, 77n144, 119n253, 125n276, 204n526, 324, 325, 325n82, 326,

	326n822.824, 327, 330, 462, 482, 521, 543
11,11–12	335, 509
11,12	72n123, 110n230, 326n822, 329n834, 330, 331, 543, 554
11,12–14.20–25	324, 329–334, 463
11,13a	329n834
11,13	51n56, 58n74, 331, 331n837, 332, 332n838, 521, 529
11,13b	329n834
11,14	42n14, 86n170, 92n185, 97n199, 101n208, 139n310, 329n834, 330, 332, 481, 533
11,15a	335n846
11,15	53n63, 87n175, 119n253, 205n529, 232n613, 305n778, 324, 326n824, 330, 335, 336, 337, 462, 509, 521, 537, 542, 548, 557
11,15b–16	335n846
11,15–19	324, 334–339, 463
11,16	64n99, 134n298, 324, 326n824, 335, 338, 462, 521, 528, 538
11,17	69n112, 279n721, 311n787, 324, 329n831, 335, 335n849, 338, 462, 510, 519
11,17–18	335n846
11,18	68n108, 69n113, 70n114, 71n118, 84n162, 91n182, 92n185, 108n224, 157n363, 335, 338, 484, 488, 505, 511, 533, 536, 545, 563
11,19	46n38, 75n138, 330, 335, 335n846, 336n850, 340
11,20	51n56, 83n159, 139n309, 330, 331, 332, 332n838, 529
11,20–21	330n835
11,21	122n264, 267n694, 330, 331, 332, 332n838.840, 478, 479, 529, 548
11,22	38n5, 56n70, 93n188, 330, 332, 472, 476, 508, 509, 526
11,22–23	330n835, 871

STELLENREGISTER

11,23	59n81, 62n95, 93n187, 94n189, 106n220, 125n277, 332, 525, 532, 539, 540, 555
11,24	59n81, 84n160, 141n318, 199n512, 330n835, 332, 333, 550, 555
11,25	50n53, 62n92, 64n99, 84n160, 324, 330, 333, 462, 472, 512, 538
11,27	68n108, 108n224, 119n253, 217n563, 324, 326n824, 330, 339, 340, 462, 488, 489, 505, 509, 521
11,27–28	337n853
11,27–33	324, 339–342, 463
11,28	70n115, 72n125, 340, 519
11,29	38n5, 70n115, 88n176, 339, 340, 341, 476, 509, 519, 523
11,29–30	337n853
11,30	41n12, 45n33, 50n53, 62n90, 340, 341, 472, 478, 504, 518
11,31	50n53, 59n81, 94n191, 340, 341, 472, 555
11,31–32	337n853
11,32	41n12, 42n19, 62n90, 91n182, 157n363, 340, 341, 478, 479, 484, 504, 511, 563
11,33	38n5, 70n115.117, 337n853, 339, 340, 341, 476, 484, 509, 519
12,1	62n90, 87n175, 132n291, 343, 343n860, 343n863, 344, 344n866, 345, 488, 489, 504, 527, 530, 537, 542, 552, 555, 610
12,1–12	324, 342–348, 462, 473
12,2	44n27, 58n74, 139n310, 141n318, 318n803, 343, 344, 345, 488, 489, 506, 521, 537, 550
12,2–5	343n860
12,3	44n27, 141n318, 345, 345n870, 537, 540, 550, 567
12,4	44n27, 318n803, 343, 345, 506, 537, 538, 549
12,5	44n27, 114n241, 345, 345n870, 346, 536, 537, 540
12,6	44n27, 49n49.50, 286n731, 324, 343, 345, 346, 462, 477, 514, 537, 566
12,6–8	343n860
12,7	134, 114n241, 324, 343, 346, 462, 476, 488, 489, 536
12,8	53n63, 114n241, 141n318, 344, 345, 346, 536, 542, 550
12,9	41n10, 59, 71n118, 343, 344, 346, 472, 488, 489, 510, 536, 644
12,9–12	343n860
12,10	163n383, 192n486, 261n677, 343, 343n863, 346, 346n876, 477, 488, 489, 510, 522, 552, 893
12,11	41n10, 59, 226n600, 250n654, 343, 472, 510
12,12	64n99, 65n102, 77n145, 84n162, 91n182, 132n291, 141n316, 157n363, 343, 347, 349, 355, 360, 484, 511, 535, 538, 545, 550, 563, 757
12,13	44n27, 88n176, 99n204, 113n234, 194, 348n880, 349, 487, 489, 507, 514, 523, 532, 537
12,13–17	205n530, 324, 348–353, 462
12,14	44n28.29, 56n70, 62n90, 69n112, 70n117, 109n226, 140n313, 156n359.360, 179n447, 349n880, 349, 350, 472, 478, 487, 504, 508, 510, 525, 543
12,15	51n56, 54n64, 70n117, 79n150, 205n530, 351, 555, 562
12,15–17a	349n880
12,16	79n150, 349, 351, 487, 510, 519, 562
12,17	11, 38n5, 56n70, 349, 351n886, 352, 472, 476, 487, 508, 509, 510, 535
12,17b	349n880
12,18	354, 356, 490, 516
12,18–23	354n892
12,18–27	324, 354–359, 462

Markus (cont.)

12,19	61n87, 64n99, 82n154, 91n183, 141n318, 150n345, 156n359, 172n417, 176n430, 298n760, 354, 355, 357, 474, 478, 504, 536, 538, 548, 550
12,20	61n87, 64n99, 141n318, 150n345, 172n417, 176n430, 192n482, 240n633, 355, 357, 504, 512, 536, 538, 550
12,21	141n318, 150n345, 172n417, 298n760, 355, 357, 536, 548, 550
12,22	64n99, 150n345, 172n417, 176n430, 286n731, 355, 357, 536, 566
12,23	83n158, 176n430, 240n633, 355, 516, 534
12,24	38n5, 56n70, 70n117, 179n445, 273n710, 346n876, 354, 355, 357, 358, 358n899, 472, 476, 508, 509, 519, 555
12,24–27	354n892
12,25	42n13, 50n53, 83n158, 192n487, 197n52, 355, 358, 503, 511, 534
12,26	56n70, 78n147, 82n154, 192n487, 355, 358, 472, 474, 508, 511, 541
12,27	44n27, 55, 56n70, 171n414, 192n487, 357, 358n899, 472, 508, 511, 555
12,28	51n56, 68n108, 72n125, 92n185, 192n482, 223n578, 354, 358, 360, 360n903, 361, 363, 365, 488, 512, 533
12,28–34	324, 359–362, 462
12,29	38n5, 41n10, 56n70, 92n185, 94n192, 192n482, 360, 360n904, 472, 476, 508, 509, 510, 512, 533
12,29–31	360n903
12,30	41n10, 56n70, 94n189, 114n238, 304n776, 360, 472, 508, 510, 521
12,31	223n578, 285n730, 304n776, 360, 361, 478, 567
12,32	68n108, 156n359, 179n447, 360, 361, 363, 365, 488
12,32–33	360n903
12,33	94n189, 304n776, 360, 361, 521
12,34	38n5, 51n56, 56n70, 58n75, 360, 360n903, 362, 362n909, 472, 476, 508, 509, 518, 561
12,35	38n5.6, 49n49, 68n108, 69n112, 108n223, 324, 326n824, 363, 364, 462, 476, 477, 488, 509, 514, 515, 521
12,35–36	363n910
12,35–37	324, 362–365, 462
12,36	41n10, 43n21.22, 108n223, 171n412, 316n797, 317, 363, 364, 473, 474, 477, 507, 510, 526, 565, 892, 893
12,37	41n10, 49n49, 91n182, 92n185, 108n223, 324, 363, 363n910, 364n912, 436, 462, 474, 477, 484, 510, 511, 514, 533
12,38	68n108, 69n113, 85n165, 140n313, 213n556, 365, 366, 366n915, 488, 516, 517, 529
12,38–40	324, 3, 65–367, 462
12,39	68n110, 199n58, 366, 513
12,40	84n160, 139n308, 141n318, 365, 365n914, 366, 485, 549, 550
12,41	91n182, 106n220, 188n470, 308n785, 368, 369, 484, 511, 531, 539
12,41–42	368n919
12,41–44	18, 324, 367–371, 462
12,42	106n220, 189n475, 303n771, 365n914, 368, 369, 485, 539
12,43	97n199, 101n208, 106n220, 125n278, 303n771, 365n914, 368, 369, 481, 485, 539, 556

STELLENREGISTER 951

12,43–44	368n919	13,10–11	376n940
12,44	106n220, 369, 370, 518, 539	13,11	43n21.22, 57n72, 84n162,
13	2n6, 446		204n526, 377, 378, 379,
13,1	46n38, 97n199, 101n208,		473, 532, 553
	156n359, 163n383,	13,12	57n72, 61n87, 62n92,
	326n824, 372, 372n929,		91n183, 223n583, 376n940,
	373, 478, 482, 521, 522, 542		377, 378, 378n945, 504,
13,1–8	371, 372–376, 461		512, 520, 543, 545, 553
13,1–14,31	371–407, 466	13,13	114n239, 122n263,
13,2	38n5, 64n99, 140n313,		134n295, 376n940, 378,
	163n383, 285n730, 372,		379, 529, 552, 560, 562
	372n929, 373, 382, 385,	13,14	42n17, 51n56, 125n277,
	422, 476, 509, 522, 538,		133n294, 166n395,
	548, 567		225n588, 261n676, 381,
13,3	41n12, 61n89, 62n91,		382, 383, 509, 518, 519, 525,
	122n264, 125n277,		546, 563
	152n349, 326n824,	13,14–18	381n951
	372n929, 373, 373n930,	13,14–27	371, 380–384, 461
	374, 479, 480, 504, 508,	13,15	51n59, 93n187, 532, 547
	521, 525	13,16	93n187, 140n315, 161n373,
13,4	245n644, 313n789,		178n441, 381, 532, 544
	372n929, 374, 528, 551,	13,17	50n54, 383
	559	13,18	84n160, 383, 531
13,5	38n5, 87n175, 140n313,	13,19	39n7, 50n54, 56n70,
	358n899, 372, 372n929,		142n319, 298n758, 381,
	374, 509, 537, 555		383, 472, 508, 517, 520
13,5–6	376n938	13,19–20	381n951
13,6	122n263, 358n899,	13,20	41n10, 50n54, 114n239,
	372n929, 374, 428n1070,		298n759, 381, 383, 472,
	555, 864		510, 527, 560
13,7	73n128, 92n185, 134n295,	13,21	38n6, 59n81, 381, 381n951,
	261n676, 372n929, 374,		383, 515, 555
	516, 526, 529, 533, 892	13,22	78n147, 245n644,
13,7–8	422		278n720, 381, 428n1070,
13,8	39n7, 58n75, 78n147,		515, 528, 541, 565, 871
	311n787, 372n929, 373,	13,22–23	381n951
	374, 456, 517, 518, 519, 522,	13,23	140n313, 371, 382, 460, 556
	530, 531, 541, 871	13,24	50n54, 142n319, 383, 520
13,9	57n72, 68n110, 86n171,	13,24–26	381n951
	133n294, 140n313,	13,25	50n53, 179n445, 383, 519
	195n495, 345n870,	13,26	49n49, 51n56, 62n90,
	376n940, 377, 378,		90n181, 179n445, 264n688,
	378n943, 379, 383, 487,		270n707, 381, 383, 456,
	505, 507, 513, 523, 529,		477, 504, 514, 519, 524, 610,
	540, 546, 553		644, 872
13,9–13	371, 376–380, 461	13,27	42n13, 50n53, 79n149,
13,10	39n8, 46n37, 192n482,		91n184, 154n353, 381,
	261n676, 311n787, 377,		381n951, 383, 473, 503,
	379, 512, 519, 520, 549		537, 544

STELLENREGISTER

Markus (cont.)

13,28	132n291, 141n316, 150n346, 331, 331n837, 332n838, 385n965, 386, 529
13,28–37	371, 385–388, 461
13,29	51n56, 77n143, 141n316, 386, 387, 521
13,29–31	385n965
13,30	12, 210n546, 243n638, 386, 554
13,31	50n53, 88n176, 91n184, 210n546, 387, 523, 554
13,32	42n13, 49n49.50, 50n53.54, 62n92, 70n117, 204n526, 385, 385n965, 386, 387, 472, 473, 477, 503, 512, 514
13,33	58n74, 70n117, 140n313, 385n965, 387, 521, 532
13,34	62n90, 64n99, 70n115, 296n753, 318n803, 372, 385, 387n971, 388n972, 460, 477, 480, 504, 506, 508, 519, 538, 539, 542
13,34–35	385n965
13,35	41n10, 70n117, 83n159, 336n850, 385, 387, 388n972, 477, 510, 539, 871, 893
13,36	148n337, 387
13,36–37	385n965
13,37	385, 387, 388n972, 482, 539
13,38	525, 564, 568
14,1	50n54, 68n108, 77n145, 84n162, 108n224, 114n241, 189n475, 226n598, 389, 389n973.975, 390, 488, 505, 518, 536, 545, 550
14,1–2.10–11	371, 388–392, 461
14,2	173n422, 217n561, 389, 389n974, 390, 510, 521, 671, 757
14,3	61n88, 163n382, 176n430, 192n486, 326n822, 392, 392n980, 393, 485, 510, 560
14,3–9	19, 371, 392–395, 461
14,4	301n768, 392, 393, 482, 517, 532, 864

14,4–5	392n980
14,5	85n164, 86n169, 101n208, 205n530, 303n771, 392, 393, 394, 541, 555
14,6	38n5, 64n99, 387n971, 392, 394, 476, 509, 519, 522, 538
14,6–7	392n980
14,7	85n164.165, 303n771, 392, 541
14,8	178n443, 394, 519, 529, 552
14,8–9	392n980
14,9	39n8, 46n37, 263n684, 395, 520, 549, 893
14,10	57n72, 65n102, 108n224, 124n273, 125n276, 126n280, 389, 390, 481, 488, 505, 535, 553
14,11	57n72, 84n162, 92n185, 390, 390n976, 391, 533, 543, 545, 553, 563
14,12	42n14, 45n32, 50n54, 65n102, 85n165, 97n199, 101n208, 192n482, 389n973.975, 390, 396, 396n993, 397, 398, 481, 512, 535, 544, 545
14,12–16	371, 396–399, 461
14,13	44n27, 47n42, 62n90, 64n100, 75n138, 86n172, 97n199, 101n208, 189n475, 396, 397, 482, 504, 533, 535, 537, 561
14,13–14	396n993
14,14	42n14, 97n199, 156n359, 389n973, 396, 397, 398, 478, 481
14,15	45n32, 285n730, 396n993, 397, 398, 544, 567
14,16	45n32, 72n123, 75n138, 97n199, 101n208, 389n973, 396, 396n993, 397, 481, 543, 544
14,17	77n144, 125n276, 399n999, 400, 413, 482
14,17–26	371, 399–404, 461
14,18	38n5, 42n14, 57n72, 199n509, 400, 401, 476, 509, 553

STELLENREGISTER

14,18–21	399n999
14,19	87n175, 305n781, 401, 537
14,20	125n276, 400, 481
14,21	49n49, 57n72, 62n90, 86n172, 90n181, 400, 402, 477, 481, 504, 514, 553, 561, 893
14,22	42n14, 110n229, 141n318, 178n443, 206n534, 241n636, 400, 402, 517, 529, 549, 550, 864
14,22–25	399n999
14,23	141n318, 222n575, 240n635, 402, 526, 550
14,24	177n432, 400, 402, 516, 892, 893
14,25	14, 50n54, 56n70, 58n75, 402, 508, 516, 518
14,26	72n123, 125n277, 399n999, 400, 402, 405, 409, 525, 543, 870
14,27	38n5, 142n321, 202n520.521, 404, 405, 406, 413, 476, 477, 482, 512, 540, 554, 558, 893
14,27–28	404n1012
14,27–31	371, 404–407, 461, 509
14,28	49n52, 78n147, 207n538, 405, 406, 455, 506, 541, 555, 871, 893
14,29	122n264, 142n321, 273n710, 404, 404n1012, 405, 427, 479, 482, 558
14,30	38n5, 72n122, 149n338, 263n681, 404, 404n1012, 405, 405n1013, 406, 427, 476, 504, 509, 524, 535, 563
14,31	261n676, 263n681, 404, 404n1012, 406, 413, 427, 482, 535, 559, 759n196, 870
14,32	84n160, 97n199, 101n208, 122n263, 408, 408n1018, 409, 481, 531
14,32–16,8	407–456, 466
14,32–42	173n421, 407–412, 460
14,33	41n12, 62n91, 87n175, 122n264, 155n356,
	277n714, 408, 410, 459, 479, 480, 508, 532, 537, 554
14,33–36	408n1018
14,34	114n238, 188n472, 200n516, 223n583, 388n972, 410, 416, 520, 539, 552
14,35	84n160, 91n184, 204n526, 210n546, 278n720, 284n726, 409, 554, 565
14,36	62n92, 85n165, 222n575, 278n720, 334, 408, 410, 472, 473, 512, 526, 565
14,37	61n88, 99n205, 122n264, 148n337, 204n526, 388n972, 408, 409, 410, 479, 539, 546
14,37–41	408n1018
14,38	84n160, 298n759, 388n972, 409, 410, 411, 527, 539
14,39	65n102, 84n160, 88n176, 409, 411, 523, 535
14,40	70n117, 148n337, 226n600, 250n654, 410, 411
14,41	49n49, 57n72, 62n90, 77n146, 90n181, 98n203, 100, 148n337, 189n478, 204n526, 222n577, 408, 409, 410, 411, 477, 504, 514, 531, 553
14,42	57n72, 58n77, 78n147, 84n163, 408n1018, 409, 411, 532, 541, 553
14,43	68n108, 91n182, 108n224, 124n273, 125n276, 217n563, 368, 413, 413n1027, 414, 481, 488, 489, 505, 511, 523, 524, 553, 755
14,43–54	407, 412–419, 460
14,44	57n72, 77n145, 415, 415n1038, 529, 535, 550, 553, 564, 864
14,44–47	413n1027
14,45	267n694, 413, 415, 478
14,46	77n145.146, 156n358, 415, 416, 531, 543, 550

Markus (*cont.*)

14,47	108n224, 150n344, 318n803, 413, 414, 416, 482, 488, 489, 505, 506, 523, 538, 553, 554, 558, 755
14,48	38n5, 72n123, 335n849, 413, 414, 417, 476, 478, 509, 510, 523, 524, 543, 755
14,48–52	413n1027
14,49	50n54, 69n112, 77n145, 326n824, 346n876, 415, 416, 417, 521, 550
14,50	64n99, 166n395, 413, 417, 482, 538, 563
14,51	77n145, 413, 413n1028, 415, 417, 418n1044, 482, 511, 528, 550, 565, 752n195, 864
14,51–52	418
14,52	166n395, 298n760, 417, 418n1044, 528, 548, 563, 565, 864
14,53	38n5, 68n108, 108n224, 128n285, 217n563, 413, 415, 415n1038, 418, 420, 476, 488, 489, 505, 509, 535, 559
14,53–54	413n1027
14,54	64n100, 108n224, 122n264, 413, 413n1029, 414, 414n1030, 418, 426, 427, 479, 488, 489, 505, 514, 533
14,55	38n5, 84n162, 108n224, 313, 378n943.945, 420, 421, 476, 488, 505, 509, 523, 529, 545
14,55–59	420n1048
14,55–65	407, 419–424, 460
14,56	304n773, 420, 421, 488, 523, 564
14,57	304n773, 420, 421, 488, 564
14,58	50n54, 83n158, 92n185, 343n863, 373n930, 421, 422n1053, 524, 533, 534, 548, 552, 610

14,59	421, 523
14,60	38n5, 83n158, 108n224, 420, 422, 476, 488, 505, 509, 534
14,60–61	420n1048
14,61	38n6, 49n49.50, 108n224, 115n243, 407, 420, 422, 459, 476, 477, 488, 505, 514, 515, 558
14,61–62	407, 459
14,62	38n5, 49n49, 50n53, 51n56, 55, 62n90, 90n181, 179n445, 270n707, 316n797, 317, 420, 420n1048, 422, 430, 456, 472, 476, 477, 504, 509, 514, 519, 524, 565, 610, 871, 892, 893
14,63	102n209, 108n224, 187n466, 420, 422, 488, 505, 511, 531
14,63–65	420n1048
14,64	92n185, 135, 135n301.302, 223n583, 313n790, 422, 430, 520, 533, 547, 566
14,65	44n28, 87n175, 141n318, 313n792, 413n1029, 420, 423, 424, 489, 514, 527, 537, 542, 549, 550
14,66	108n224, 122n264, 414n1030, 425, 425n1062, 426, 479, 488, 505
14,66–72	407, 425–428, 460
14,67	38n5, 49, 51n56, 67n106, 122n264, 254n665, 425, 426, 476, 479, 509
14,67–69	425n1062
14,68	70n117, 72n122.123, 426, 427, 537, 543, 563
14,69	51n56, 87n175, 150n344, 425, 426, 479, 488, 537, 554
14,70	122n264, 150n344, 284n726, 425, 426, 468, 479, 488, 506, 537, 554
14,70–71	425n1062
14,71	62n90, 70n117, 87n175, 199n514, 426, 427, 477, 504, 534, 537

STELLENREGISTER

14,72	38n5, 72n122, 122n264, 156n358, 174n423, 263n681, 282n724, 332n840, 405n1013, 425, 425n1062, 426, 427, 476, 479, 509, 535, 543, 549, 563
15	636
15,1	38n5, 57n72, 68n108, 83n159, 108n224, 116n246, 134, 134n297, 217n563, 313, 378n943, 429, 429n1071.1072, 430, 476, 487, 488, 489, 505, 509, 512, 529, 540, 553
15,1–5	407, 428–432, 460
15,2	195n495, 217n564, 407, 429, 429n1072, 459, 477, 487, 505, 509, 512
15,2–3	429n1071
15,3	108n224, 113n236, 429, 430, 488, 505, 549
15,4	113n236, 429, 429n1071.1072, 430, 487, 512, 549
15,5	38n5, 167n400, 429, 429n1071.1072, 430, 476, 487, 509, 512
15,6	205n528, 389n974, 433, 434, 506, 536
15,6–7	433n1076
15,6–15	407, 432–437, 460
15,7	134n297, 225n594, 433, 434, 491, 505, 513, 528, 530, 540, 671
15,8	50n55, 87n175, 91n182, 199n512, 433, 434, 484, 511, 533, 537
15,8–10	433n1076
15,9	85n165, 195n495, 205n528, 217n564, 407, 429n1072, 433, 434, 459, 477, 487, 505, 509, 512, 536
15,10	57n72, 108n224, 141n316, 433, 434, 488, 505, 530, 553
15,11	91n182, 108n224, 205n528, 433, 434, 484, 488, 491, 505, 511, 534, 536
15,11–14	433n1076
15,12	85n165, 195n495, 217n564, 407, 429n1072, 433, 459, 477, 487, 505, 509, 512
15,13	120n259, 435, 435n1083, 549, 558
15,14	120n259, 429n1072, 433, 435, 435n1083, 487, 512, 534, 549, 558
15,15	38n5, 47n41, 57n72, 91n182, 205n528, 429n1072, 433, 433n1076, 434, 435, 435n1083, 476, 484, 487, 491, 505, 509, 511, 512, 536, 553, 558, 563
15,16	414n1030, 415n1038, 429, 437n1092, 438, 487, 513, 526, 535
15,16–20	407, 437–440, 459
15,16–39	892
15,17	344n866, 437n1092, 439, 526, 529, 555, 756
15,18	87n175, 195n495, 217n564, 277n715, 390n976, 407, 437, 437n1092, 439, 459, 477, 505, 509, 537, 563
15,19	164n385, 192n486, 313n792, 437n1092, 439, 439n1098, 510, 522, 534, 542, 556, 561
15,20a	437n1092
15,20	178n441, 313n791, 435n1083, 439, 526, 542, 558
15,20b	437n1092
15,21	61n88, 63n97, 62n92, 93n187, 161n373, 263n682, 441, 441n1102, 442, 443, 510, 512, 528, 532, 553
15,21–39	407, 440–448, 459
15,22	79n150, 442, 443, 506, 530, 562
15,22–23	441n1102
15,23	141n318, 550
15,24	93n187, 106n220, 178n441, 435n1083, 443, 532, 539, 558
15,24–25	441n1102

Markus (*cont.*)

15,25	204n526, 435n1083, 443, 558
15,26	195n495, 217n564, 351n886, 407, 441, 444, 459, 477, 505, 509, 516, 519
15,26–27	441n1102
15,27	189n475, 316n797.799, 335n849, 435n1083, 441, 443, 491, 510, 558, 565, 566
15,29	50n54, 94n190, 192n486, 343n863, 373n930, 422n1053, 441, 444, 510, 524, 539, 548, 552, 610
15,29–30	441n1102
15,30	51n59, 114n239, 263n682, 443, 444, 528, 547, 560
15,31	68n108, 85n164, 108n224, 114n239, 313n791, 441, 441n1102, 444, 488, 505, 541, 542, 560
15,32	38n6, 51n56.59, 59n81, 195n495, 263n682, 360n904, 407, 441, 443, 444, 447, 459, 476, 477, 505, 509, 515, 528, 547, 552, 555
15,32–33	441n1102
15,33	91n184, 204n526, 443, 444, 528
15,34	38n5, 45n31, 56n70, 204n526, 285n730, 441, 442, 443, 445, 472, 476, 508, 509, 530, 567, 892
15,34–35	441n1102
15,35	72n122, 92n185, 150n344, 193n489, 441, 442, 474, 533, 554, 563
15,36	51n56, 64n99, 193n489, 292n746, 344n866, 439n1098, 441n1102, 442, 445, 445n1117, 474, 522, 538, 546, 555
15,37	38n5, 45n31, 64n99, 285n730, 441, 446, 476, 509, 530, 538, 542, 567
15,37–39	441n1102
15,38	51n57, 189n475, 422n1053, 444, 446, 524, 610, 892

15,39	11, 40, 49n49.50, 51n56, 56n70, 62n90, 150n344, 209n544, 270n708, 407, 441, 442n1104, 446, 459, 477, 487, 504, 508, 510, 514, 542, 554, 566, 893
15,40	62n91, 128n284, 176n430, 182n455.456, 284n726, 449, 449n1130.1131, 450, 483, 508
15,40–41	449n1126, 493n2
15,40–47	407, 448–452, 459, 468
15,41	49n52, 54n66, 64n100, 80n152, 119n253, 449, 450, 452n1138, 483, 506, 509, 533
15,42	77n144, 450, 525
15,42–43	449n1126
15,42–16,8	493n2
15,43	38n5, 56n70, 58n75, 178n443, 199n512, 362n909, 429n1072, 449, 451, 476, 483, 487, 508, 509, 512, 518, 529, 561
15,44	125n278, 167n400, 172n417, 429n1072, 442n1104, 449, 451, 487, 512, 536, 545, 556
15,44–46	449n1126
15,45	141n316, 193n488, 442n1104, 449, 451, 483, 487, 526
15,46	77n143, 161n371, 163n383, 205n529, 418n1044, 445n1117, 450, 451, 521, 522, 528, 546
15,47	182n455.456, 449, 449n1126.1130, 450, 483
16,1	62n91, 69n111, 189n476, 205n529, 449n1130.1131, 453, 454, 483, 508, 527
16,1–3	453n1139
16,1–8	274, 407, 453–456, 459, 493n2
16,2	69n111, 83n159, 161n371, 447, 453, 454, 527
16,3	77n143, 161n371, 163n383, 453, 521, 522

STELLENREGISTER

16,4	163n383, 254n663, 285n730, 453n1139, 522, 567
16,5	51n56, 161n371, 277n714, 316n797, 366n915, 407, 413n1028, 453, 453n1139, 454, 459, 473, 511, 529, 565
16,6	38n5, 49, 67n106, 78n147, 84n162, 277n714, 407, 435n1083, 453, 454, 459, 476, 478, 509, 530, 541, 545, 558, 893
16,6–8	453n1139
16,7	49n52, 51n56, 57, 60, 86n172, 97n199, 101n208, 122n264, 207n538, 407, 453, 455, 459, 479, 481, 506, 555, 561, 871, 893
16,8	38n5, 72n123, 122n264, 157n363, 161n371, 166n395, 174n425, 326n824, 453, 455, 509, 521, 543, 563
16,9	454

Lukas

2,1–2	631, 636
2,41	390
3,1	429n1072, 430
3,19–20	636
4,1–13	55n68
6,15	123n272
7,1–10	68
8,26	161
8,37	161
9,7–9	636
9,10	252
12,1	249
13,1	430
18,1–8	232n614
18,12	105
20,20–26	205n530
20,27	356
22,18	356
22,64	423n1058
23	636

Johannes

1,44	252
2,14	337

2,15	337
8,20	368
12,12–19	325
14,6	X
18–19	636
18,1	409
18,28	429
18,33	429
19,9	429

Apostelgeschichte

2,5	336
4,6	108n224
4,27	429n1072
5,36	637
5,37	350, 636, 66n104
12,1–23	637
13,28	636
13,31	452n1138
21,4	119n255
21,38	639
23,8	356
23,23–24,27	639
25–26	640

1Korinther

5,7	249

2Korinther

13,1	268

Epheser

2,14	344n867

1Timotheus

5,19	268
6,13	429n1072

Hebräer

10,28	268

Offenbarung

16,12	609n43
22,15	229n609

Pseudepigraphen (des Alten Testaments)

1 Makkabäer

1,10	229n608
1,54	382
2,17–28	65n104
2,40–41	111n231
3,47	107
3,55	207n540
14,49	368

2 Esra

20,38	368
22,44	368

4 Esra

13,3	90n181
13,51–52	90n181

1 Henoch

46–48	90n181
89,12	165n391

Sibyllinen

3,652	609n43

Schriftrollen vom Toten Meer und verwandte Texte

1QM	643n96
1QM 3,13–4,5	207n540
1QS 2,21–23	207n540
1QSa 2,11–22	207n540
11QT 57,2–15	126n281, 642, 643
CD 13,1–2	207n540

Philo

Legat.

291	596n27
299–306	431
302	430

Josephus

Ant.

4,292–301	643
6,77	65n104
8,45–48	74
8,404	405n1016
12,322	382
12,421	634
13,171–173	356
13,173	356
13,288–298	356
13,298	356
13,301	627
14,77–78	597
14,91	627
14,159	633
14,309	447
14,313–322	230
14,381–389	627
14,393–491	628
14,491	627
15,10	628
15,183–201	628
15,267–298	634
15,315	634
15,328–330	634
15,360–364	256
15,380–387	634
16,1–5	634
16,7	634
16,187	627
16,189	598
17,149–167	634
17,188–249	629
17,189	256
17,191	628
17,206–218	635
17,221–223	636
17,224–249.304–323	598
17,250–299	636
17,304–323	629
17,339–354	629
18,1–5	350
18,1–10	631, 636
18,1–26	598
18,16	356
18,17	356
18,23	350
18,23–25	631, 636, 643
18,27	867
18,28	252, 256, 868
18,31	631, 636
18,32	631, 636
18,33	631

STELLENREGISTER

18,35	631
18,55	775
18,55–59	431, 636, 775
18,56	775
18,57	775
18,59	775
18,60–62	431, 636
18,63–64	636
18,85–89	431, 636
18,87	438
18,89	631
18,106–108	255, 637
18,108	252
18,116–119	200–201
18,116–129	636
18,119	56n71
18,120–122	775
18,121	775
18,174–176	633
18,177	631, 633
18,237	631
18,240–255	629
19,236–291	630
19,294	368
19,329	634
19,363	631
20,1–5	637
20,15–16	630
20,97	66n104
20,97–99	637
20,100	632
20,100–102	638
20,103	632
20,104	630
20,105–112	638
20,112	638n92
20,113–117	638
20,118 136	638
20,137	632
20,138	630
20,145	750n193
20,159	630
20,160–161	639
20,162–165	639
20,166	48
20,167	66n104
20,167–168	639
20,169–172	639
20,172	640

20,173–178	592, 640
20,182	632, 638
20,182–184	592, 640
20,185–187	640
20,188	66n104, 640
20,197	632
20,197–203	641
20,200–203	862n222
20,204	641
20,208–210	641
20,211	868
20,215	632, 641
20,219	632
20,252–258	641
20,257	589

Bell.

1,4	76n140, 586
1,5	521, 588
1,9–12	626
1,10	626, 670
1,10–12	670
1,11	626
1,21	626
1,24	670
1,47	527
1,68	670
1,70	627
1,88	700
1,89	589n24
1,154	350
1,182–185	627
1,199–207	633
1,203	633
1,204	633
1,225	627
1,283	695n156
1,286–363	628
1,303–313	634
1,304	634
1,313	627
1,350	737
1,361	628
1,391–392	628
1,393	628
1,401	634
1,404–406	256
1,407–408	650
1,429–430	670

Bell. (cont.)

1,431–673	598
1,633	645
1,646	629
1,648–655	634
1,664	629
1,665	627, 628
2,1–38	629
2,4–13	635
2,14–19	636
2,20–38	598
2,39–79	636
2,43	119n255
2,55	635
2,80–100	598, 629
2,111–116	629
2,117–118	598, 631, 636
2,118	350
2,125	756
2,129	219
2,152–158	871
2,162–163	356
2,167–168	629
2,168	252
2,169	631, 775
2,169–174	431, 636, 775
2,171	775
2,174	775
2,175–177	431, 636
2,181–183	629
2,184–203	637
2,214–222	630
2,218–219	737
2,220	631, 632, 638
2,222–228	789
2,223	630, 632
2,223–227	638
2,228–231	638
2,232–246	638
2,247	630, 632
2,250	586
2,252	630, 632
2,253	639
2,254–257	639
2,258–260	639
2,260	639
2,261–263	639
2,264	640
2,264–265	640

2,265	640
2,266–270	592, 640
2,268	700
2,269	708
2,271	632, 640
2,272	632
2,272–273	592
2,272–276	641
2,275	641
2,277	632, 641
2,277–279	593
2,280	390
2,280–281	593
2,282–283	593
2,284	592
2,285–288	593
2,289–292	593
2,293–296	594
2,296	695
2,297	695
2,298	697
2,301–308	594
2,305	714
2,305–306	714
2,309–314	750
2,309–332	594
2,310	695
2,312	695
2,318	695
2,319	697
2,326	708
2,328–329	710
2,329	710
2,330–332	657
2,332	695
2,333–335	594, 750
2,334	695, 698
2,336–341	595
2,342–400	595
2,342–407	750
2,345–401	693
2,354	856
2,355	718n171
2,357	694
2,361	694
2,373	856
2,390	856
2,392	765
2,401	595

STELLENREGISTER 961

2,402–407	595	2,515–516	778
2,403–405	350	2,516–526	779
2,408	657n119, 711n163, 740	2,520	782n211
2,408–410	596	2,521	662, 732
2,408–456	657, 747	2,527–555	779
2,411	596	2,528	712
2,412–416	596	2,530	710
2,417–421	597	2,531	698
2,419	695	2,538–539	861
2,420	520, 597	2,539	606, 738
2,421	697	2,540–550	733
2,422–424	737	2,544	698, 733
2,422–456	597	2,551–555	733
2,424	737	2,553	733
2,428	737	2,556	697, 747n188
2,433–434	711n163	2,556–558	780
2,438–440	711n163	2,558	595
2,440	745	2,559–561	715, 877
2,433	350	2,562	660, 747n188
2,433–434	657n119, 719	2,562–565	741
2,433–448	732	2,562–568	660
2,434	657, 719, 732	2,562–647	781
2,439	710	2,563	659
2,441–448	738	2,564	746
2,449–456	732	2,566	660
2,450	745	2,566–567	782n211
2,452	708, 732	2,569	726
2,457	877	2,569–571	721, 726
2,457–499	597	2,569–576	661
2,457–555	659	2,570	720, 721, 726, 729
2,458–460	715n166	2,572	735
2,461–465	877	2,572–575	735, 800
2,461–468	235	2,572–576	721
2,466–468	715, 877	2,573	735
2,477–480	325, 877	2,574–575	740
2,478	119n255, 230	2,576	719, 723, 734
2,499–502	696	2,577	693, 721, 725
2,500	695, 696	2,577–578	721
2,501	696	2,578	721
2,501–506	776	2,579	775
2,502	696, 701, 712, 775	2,579–580	726
2,507–509	777	2,581	723, 745
2,509	777	2,581–582	723
2,510	698	2,583	718, 719, 744
2,510–511	747, 777	2,584	661, 721, 741
2,511–513	777	2,585	726
2,512	708	2,585–587	661
2,513–514	778	2,585–594	727
2,513–555	747	2,585–647	662

962 STELLENREGISTER

Bell. (cont.)

2,588	723
2,590	661, 735
2,590–592	740
2,592	740
2,593	661, 746
2,595–613	727
2,614–625	728
2,625	723
2,625–632	728
2,627	723, 741
2,632–646	729
2,634	741
2,645	745
2,646	745
2,648	724, 734, 737
2,648–654	662
2,649	725, 734
2,650	605
2,652–254	745
3,1–8	662, 781
3,3–7	650
3,6	857
3,7	649, 700
3,9	660
3,9–28	782
3,13–28	693
3,15	708, 733
3,28	861
3,29	695n155, 696
3,29–34	663, 700, 783
3,30–34	747
3,32	697
3,33	697
3,38	230
3,41	667
3,42	723
3,52	737
3,54	756
3,59	698, 783
3,59–63	663, 783
3,63	877n238
3,64–69	696, 784
3,66	695
3,67	695n154
3,68	695
3,69	696
3,70–108	880
3,70–109	693
3,71–75	701
3,75	701
3,76	711
3,76–78	711
3,79	711
3,79–85	712
3,80	709, 711
3,81	711
3,82	524, 711
3,84	712
3,85–86	713
3,86	774
3,87	507, 697
3,88	774
3,89	774
3,89–93	761
3,90	712, 774
3,91	774
3,92	697, 761
3,93	708
3,94	708
3,95	708, 709
3,96	709
3,97	708, 762n199
3,98–101	764
3,102	704
3,103	704
3,104	705
3,106	763
3,108	880
3,110	784
3,110–114	663, 783
3,115	784
3,115–140	663
3,116–127	762
3,117	710
3,118	699
3,119	762
3,120	674n136
3,121	709, 710, 762
3,122	697n157, 762
3,123	760
3,124	761, 774
3,127–128	784
3,129	734n176
3,129–131	784
3,132–134	785
3,133	626, 701
3,135–141	785

STELLENREGISTER

3,141	735	3,293	858
3,141–149	786	3,301	710
4,141–339	736	3,303	750
3,141–408	664, 750	3,307–315	699, 741, 794
3,144	857	3,310	698
3,146–147	710	3,316–335	794
3,150	734n176	3,323–324	698
3,150–154	786	3,325	735
3,151	696	3,332	735
3,155–157	786	3,333	699
3,160	735	3,334	735
3,161	698	3,336	735
3,161–166	786	3,336–339	794
3,163	710	3,340–408	796
3,166	709	3,341	735, 857
3,166–170	787	3,343	735
3,167	709	3,350–354	455n1143, 609, 670
3,168	696, 709	3,352	698
3,169	710	3,354	506, 860
3,171	710, 721	3,355–391	670
3,171–175	787	3,387	857
3,176–181	787	3,391	857
3,176–192	741, 742	3,399–408	609
3,181–189	788	3,400	609, 857
3,190–192	788	3,400–408	652
3,193	721	3,404	651, 857
3,193–202	788	3,409–413	796
3,203–212	789	3,409–4,83	664
3,211	709	3,414–431	719, 797
3,213	710	3,416	718, 745
3,213–221	789	3,418	718
3,214–217	710n162	3,423	718
3,229–239	790	3,424	718
3,240–252	790	3,432	785
3,242	709	3,443–444	797
3,243	709	3,444	875n234
3,245	709	3,445	756
3,246	709	3,445–461	747, 798
3,247	709	3,448–452	699
3,253–257	791	3,462–542	694, 719, 800
3,258–264	791	3,463	736
3,262–264	749	3,463–505	737
3,264	710	3,465	740
3,265	774	3,466	719
3,265–283	792	3,468	719
3,283–288	792	3,469	719
3,284	710	3,470	699
3,289	698	3,472–485	702
3,289–306	698, 750, 793	3,475	717, 725

Bell. (cont.)

3,477	708
3,479	717
3,480	718
3,484	858
3,485	858
3,492–542	747
3,494	858
3,499	719
3,503	799
3,505	694n151, 719
3,515	252
3,522–524	694n151
3,522–542	737
3,523	719, 868
3,525	719
3,526	719
3,526–527	694n151
3,531	694n151
3,532–542	705
3,539	877n239
4,1–48	802
4,4–53	736
4,10	736
4,13	710
4,17	709, 710
4,17–29	741
4,19	709
4,20	710, 774
4,26	861
4,33–35	858
4,36	699
4,41	858
4,45	717n170
4,48	314n794, 555
4,49–53	741
4,52	710
4,54–61	698, 741, 802
4,62–83	736, 803
4,63	710
4,76	858
4,76–78	859
4,81–82	749
4,84–120	665, 706, 747
4,84–121	804
4,87	699
4,87–91	804
4,89	756
4,90	737, 742
4,91	702
4,97–111	69n111
4,104	861
4,121–128	724
4,121–304	665
4,128	724
4,128–134	724
4,128–195	805
4,128–365	724
4,130	803, 804
4,131	665
4,131–134	747
4,132	758
4,133	724
4,134	745
4,136	665, 721
4,136–137	742
4,137	522, 742
4,138–223	730
4,147–325	738
4,151	738
4,172	738
4,196	719
4,196–207	719, 806
4,208–232	806
4,208–233	725
4,223	730
4,224–333	730
4,225	659n121
4,233–235	720
4,233–365	808
4,235	722, 816
4,248–257	668
4,262	738
4,287	861
4,305–388	666
4,320	694n150
4,323	86n168, 860, 861
4,334–344	731
4,353–354	720
4,361–362	861
4,366	698
4,366–376	763, 809
4,370	859
4,377–379	810
4,377–388	724
4,379	878
4,388	738
4,389–409	810

STELLENREGISTER

4,389–502	667	4,618	520, 651, 881
4,395	666, 888n11	4,622	651, 858
4,397–413	810	4,623	528, 651
4,398–397	810	4,623–629	653
4,400	741	4,626	506, 857n221
4,410–418	747	4,626–629	606
4,413–439	698, 812	4,630–655	654
4,439	694, 694n151	4,655–658	655
4,440–458	814	4,656	520
4,452–458	775n210	4,658	537, 654
4,474	321	5,1	819
4,486–490	699	5,1–2	655
4,486–502	814	5,2	648, 858
4,493	588	5,2–38	820
4,497–502	650	5,5–20	739
4,498	537, 650	5,8	742
4,503–504	667	5,13	733
4,503–513	725, 815	5,14	733
4,503–584	667	5,19	860
4,508	660	5,21	742
4,509	720	5,22	733
4,509–513	720	5,24	742
4,510	888n11	5,25	742
4,513	725	5,26	742
4,514–544	817	5,27	668
4,518	734n176	5,27–38	749
4,521–528	722	5,36	733
4,529–537	741	5,37	733
4,534	720	5,39	733, 862
4,538–544	734, 749	5,39–46	820
4,545–549	646, 819	5,41	696
4,550–555	814	5,41–44	696
4,552–554	699	5,42	695
4,556–557	734	5,46	699
4,556–565	817	5,47	314n794, 697n157, 699,
4,558	724		700, 710
4,459	694n152	5,47–49	762, 820
4,560–561	746	5,48	709
4,560–563	724	5,50–66	821
4,566–576	720n172, 725, 739, 817	5,60	859
4,568	746	5,67–70	822
4,573	862	5,71–97	824
4,575	879	5,85	418n1045, 775
4,577–584	818	5,98–105	739, 824
4,585–5,105	668	5,106–135	826
4,588–559	723	5,109–129	707
4,588–604	650	5,121	717
4,588–663	819	5,121–115	707
4,605–621	651	5,121–125	656

STELLENREGISTER

Bell. (cont.)

5,135–185	737
5,136	737
5,136–183	737
5,140	737
5,147–155	737
5,156	737
5,200	368
5,244	695
5,248	722
5,248–249	720, 722
5,249	722
5,250	719, 720, 721, 739
5,257	598, 670
5,257–268	725
5,258–274	827
5,258–7,36	669
5,259	709
5,263	709
5,267	732
5,267–268	725, 733
5,268	733
5,269	709, 710
5,269–273	710
5,275	710
5,275–283	828
5,278	720, 862
5,279	709, 710
5,280	709
5,281	709, 710
5,282	710
5,284	737
5,284–290	829
5,286	709
5,287	709
5,290	722
5,291–302	829
5,292	710
5,295	774
5,296	709
5,296–297	710
5,298	710
5,299	710
5,303–316	830
5,305	725
5,309	726
5,316	763
5,317	710
5,317–347	831

5,319	710
5,329	710
5,331–347	706
5,332	713
5,343	742, 861
5,348	742
5,348–355	710, 832
5,349	713
5,356–459	833
5,359	733
5,362–419	873n230
5,364–368	693
5,367	856
5,370–371	742
5,374	742
5,375–419	731, 889, 891
5,377	860, 891
5,378	891
5,402	860
5,409	713
5,412	738
5,412b	860
5,412–413	606, 889
5,418	742
5,419	748n189
5,424	742
5,424–449	742
5,429	742
5,439–445	731
5,446–451	440
5,446–461	701
5,447–448	748
5,449	742
5,451	701
5,458	718n171, 882
5,459	860
5,466	710
5,466–490	834
5,473	710
5,474	709
5,476	709
5,477	709
5,479	710
5,482–483	705, 712
5,484	709
5,486	710
5,488	656
5,491	507, 699
5,491–511	742

STELLENREGISTER

5,491–526	835	6,68	774
5,496	737	6,68–92	839
5,499	710	6,69	774
5,502	697	6,84	859
5,512	742	6,92	722, 842n214, 855
5,512–518	742	6,93–95	739
5,514	722	6,93–110	889
5,515	742	6,93–130	840
5,520	713, 742	6,94	889
5,521	742n181	6,98	860, 889
5,527–533	731	6,98–110	670
5,534	722n173	6,100	860, 889
5,534–540	722n173, 731	6,109–110	598, 860, 889
5,548–549	742	6,110	889
5,550–561	707	6,121	733, 738
5,554–546	748n189	6,121–128	739
5,559	860	6,127	606, 738
5,562	742, 746	6,129	738
5,562–566	739, 747	6,131–148	700n158, 842
5,565	742n180	6,139	774
5,567–570	878	6,149–163	842
5,567–572	742	6,152–155	707
5,659–663	694	6,157	742
6,1	742	6,161	734
6,1–2	742	6,164	384
6,1–14	835	6,164–168	843
6,3	774	6,177–192	844
6,12	709	6,182–184	702
6,12–14	718	6,191	733
6,13	742	6,193	742
6,15	710	6,193–219	742
6,15–32	836	6,199	742
6,16	774	6,199–200	742
6,23	710	6,201–213	744, 749
6,24	709	6,205–206	742
6,26	710	6,214	701
6,28	710	6,215	742
6,33–53	837	6,220	710
6,34–53	656, 701–704	6,220–235	845
6,37	717	6,221	710
6,39	717	6,222	709, 710
6,40	860	6,225	775
6,42	717	6,225–226	761
6,43	676	6,226	775
6,53	714n165	6,236	700
6,54–67	704, 837	6,236–243	845
6,56–57	704	6,237–238	700
6,59	314n794, 859	6,238	632, 700
6,63	859	6,240	738

Bell. (cont.)

6,243	699
6,244–266	848
6,249–270	739
6,250	860
6,260	382
6,260–266	701
6,271–287	849
6,281–282	337
6,282	368
6,285	515, 605, 862
6,286	605
6,288	519
6,288–309	607
6,293	701
6,295	382, 519, 528, 606
6,298	524, 606
6,299	738
6,300–309	375n937
6,310–315	861
6,312–315	609, 891
6,313	650
6,316	384, 656, 761
6,316–322	849
6,323–350	891
6,323–357	850
6,329	890
6,337	586
6,341	818
6,341–343	891
6,345	707, 709
6,347–350	850
6,351	749, 890
6,358	746
6,358–362	714
6,358–373	851
6,368	742
6,369	742
6,370	737
6,372	737
6,374–391	852
6,380	722, 816n213
6,392	709, 737
6,392–400	889
6,392–402	890
6,392–408	853
6,393	710
6,394	710
6,399	859, 889

6,400	709, 859, 890
6,401	859, 889
6,402	737, 855
6,403	774
6,409–419	854
6,411	859
6,415	877n239
6,418	879
6,419	701, 714
6,420–434	748
6,420–435	854
6,421	742
6,423	397, 446, 872
6,429	737
6,430	742
6,433	737, 860
6,433–434	890
7,1–5	854
7,4–5	167
7,5	700, 855
7,14	714
7,15	714
7,16	875n234
7,16–19	715
7,17	167, 700, 714, 854
7,17–18	700
7,20	714
7,23–24	855, 878
7,25–36	890
7,26	737
7,26–28	853
7,26–36	734, 854
7,29	734, 888n11
7,31	700
7,32	860
7,32–24	731
7,35	737
7,37–38	878
7,37–40	855
7,39–40	878
7,41–62	878
7,43	230
7,46	701
7,63–74	874
7,96	855, 878
7,100–111	855
7,112–113	873
7,114–115	874
7,116–162	855

STELLENREGISTER

7,117	715	7,320–406	643
7,119–120	874	7,323–336	864
7,121–157	875, 888	7,327	860
7,124	708	7,331	740
7,147	694	7,334	749
7,153–155	669	7,341–388	862n223
7,154–155	890	7,358–360	860
7,158–162	875	7,361–363	597, 877
7,163	632, 699, 740, 855	7,364–366	877
7,163–177	740	7,364–367	235
7,164	167, 740	7,367	877
7,164–177	855	7,368	877
7,185	79, 672n130	7,373	879
7,190–209	855	7,375	737
7,190–215	740	7,399	749
7,192	740	7,407	699, 740
7,195	740	7,407–419	879
7,199	734	7,408–419	878
7,200	699	7,420–436	880
7,203	870	7,437–453	878
7,210–215	722, 855	7,447–450	880
7,215	722		
7,216–217	874	*Vita*	
7,218	880	1–12	660
7,252	632, 699, 740	2	627, 650n108
7,252–406	669, 722, 740, 855	24	779
7,253–274	592, 667n126, 729	24–27	589
7,254	745	24–29	660
7,254–255	745	30–393	662
7,260	319, 590, 670	38	336
7,271	860	46	697
7,275	699	51–52	744n184
7,276	710, 740	59	244
7,277	740	62–69	745n185
7,277–278	713	71	741
7,285	740	72	244
7,294	740	73	741
7,299	732	74–76	740–741n179
7,300	740	77	734, 735, 744
7,304	699, 710	78	744
7,307	709	80,259	749n190
7,308	709	81	745
7,309	709, 710	114	695, 697
7,310	710	115	699, 700
7,311	709	118	741
7,314	709	119	741
7,317	709	121	697
7,318	860	126–144	727
7,319	860	128	745

STELLENREGISTER

Vita (cont.)

212–213	207n540
214–215	698
232	867
235	83
244	879
259	879
269	295, 869
276–308	68n110
290	107
322	775
346–348	867
372	723
394	867
394–406	663
398	697
398–406	719, 721, 867
399	252, 721
406	252
407	697
407–409	697
407–414	664
411	698, 867
414–415	592n25
415–421	668
423–425	880
428–429	880

Apion.

	583n3
1,34	636
1,70	230
2,77	596n27

Mischna, Tosefta, Talmud

Mischna

2:2–3	109n227
2:166, 238 Anm. 9	
	401n1001
2:237 Anm. 7	400n1000
2:253 Anm. 50	401n1002
Av	
1,2	95n193
Bik	
2,1	219
BQ	
7,7	229n609
Hag	
2,5	219

Hul

4–5	606n37
Jad	
1,2	219
Jev	
13–14	236
14,1	236
112b	296
Jom	
8,6	115
Ker	
1,7	337
Men	
11,2	326
MSh	
2,9	336
Ned	224
Ohal	
1,2	220
Pes	
10	397, 401
10,1	400
10,2	401
10,3	400, 401
10,4–6	401
10,5	400, 401
10,7	401
10,8–9	401
10,9	400
San	
1,5	378n943
2,4	643
3,1–5	421
3,6	421
4,1	423
5,1–4	421
5,5	422
7	357
7,3	200
7,5	422
11,3–4	423
Shab	111n231
1,7	218
7,2	109
12,2	109
Sheq	
1,3	337
1,6	337
6,1	368

STELLENREGISTER 971

6,5	369
6,5–6	368, 369
Sot	
5,2	220
8,[1–]7	107
8,7	643
Toh	
2,3–5	220

Tosefta

AZ	
3[6],10	219
Dem	
2,2–3.20–22	219
Jad	
1,12	219
San	
2,4	643
Sheq	
2,13	336
Sot	
8,7	643

Talmud

bBer	
15a	218n565
17a	249
60b	218n565
bBQ	
2b	220
83a	229n609
bEr	
17b	218
21b	219
bGit	
9a	296
56ab	653n112
56b	656
57a	423n1057
bHag	
18b	219
jHag	
78b	219
bHul	
105a	218, 218n565
bJev	
113a–b	236

bJom	
83b	229n609
84a	229n609
84b	115
85ab	115
85b	115, 219
bKet	
11b	331
bMen	
75b	326
bNed	
12a	106
bPes	
14b, 17a	220
46a	244
64b	390
115a–116	218n565
bQid	
69a–71a	249
bSan	
74a	115
bShab	
14a–b	218
15a	219
62b	219
153a–b	235
jShab	
3d	218
jSheq	
46b	337
bSot	
4b	219
42a–44b	643n96

Midraschim, Kommentare

ARN	
4	653n112
KlglR	
1,5	653n112
LevR	
3 (zu Lev 2,1)	369, 370
Sefer Yad	
Tumat Met 5,7	220
Avot ha-Tumah 11,1–4	
	220

STELLENREGISTER

Schulchan Aruch, Orach Chajim

4,1.18	218n565
92,4	218n565
128,6	218n565
181,1	218n565
473,6	218n565

SifNum

116	219

SifDtn

306	336

Patristisches Schrifttum

Did.

8,1	105

Eusebius
Onom.

20,12	267
74,13	162

Griechisch-römisches Schrifttum

Appian
Bell. civ.

2,21,150	158n365

Cassius Dio
Gesch.

13,2	724n174
28,2–3	724n174
41,46,2–3	158
44,5,3	624n58
51,1,3	711n164
51,3,4	689
51,17,4–6	605n35
51,17,6	874
51,17,6–8	689
52,1,1–2	611
52,2,1–52,13,7	611
52,14,1–52,40,2	611
52,40,1–2	612
52,41,3–4	614
53,1,3	615
53,2,5–7	61
53,3,1–53,10,8	615–620
53,11,1–53,12,1a	621
53,12,1b–9	622
53,13,1–8	622
53,16,1	615
53,16,6–8	615
53,17,1–53,18,5	624, 689
53,17,6	594n26
53,28,1–3	624
54,6	690
55,23,1	690, 691, 693
55,23,2–24,5	675
55,25	693
55,27,6	629
55,29–34	589n23
56,11–26	589n23
56,16,3	589n23
56,41,1	648
56,41,9	648
57,1–2	647
59,21,1–2	586n16
60,8,2	630
62,1–12	669
62,6,3	647
62,16,1	586
62,18,2	586
62,18,3	588
62,18,5	586
63,4,1–2	648, 691
63,22,1	650
63,22,2–3	587
63,23,1	587
63,23,2	587n17
64,8,1–2	603
64,8,3	650
64,8,3–4,31	650
64,9,1	651
64,9,2	588, 654, 655
64,17,1–4	604
64,22,2	713
65,1,1	655
65,1,2	651, 652
65,1,3	651, 652
65,1,4	653
65,5	734
65,7,1	879
65,7,2	765, 875, 880
65,8,1	653, 654

STELLENREGISTER

65,9,2	654, 655
65,10,2	605n34, 876
65,10,3	655
65,11,1	655
65,12,1[a]	875
65,15,4	750
66,17,1–4	655
66,17,4	655
66,18,1	656
66,18,4	656
66,19,3	656
66,26,2–4	656
67,1,1	647
67,2,6	656
67,3,5	690
68,7,1	689
68,7,4	647
68,7,5	645, 684n142
68,32,1–3	880
69,9,1–6	684n142
69,12,1–14,3	608, 880
71,36,4	611n48

Cicero
Div. — 600
Manil.

16,48	158

Frontinus
Strat.

1,1	764
1,1,8	764
1,2	764
1,2,1	764
1,4–6	761n198
1,7	765
1,8	772
1,10	770
1,11–12	767
2,1	767
2,1,18	765
2,2	766
2,3–4	770
2,5–6.13	770
2,7	765
2,8	767
2,10	765
3,1–2	772
3,3	764
3,4	772
3,6–7	772
3,10–11	772
3,12,2	689n146
3,13–14	772
3,15	765
3,16	764
3,17	772

Juvenal

6	751

Lucan
Bell. civ. — 158n365

Onasander
Strat.

1,1	647
1,13–16	648
1,21–25	647
2,2	684n142
4,1–3	625
5,1	759
6,7	764
6,8	761n197
6,9	683n141
6,11	764
9,1	689n147
10,1	683n141
10,9	764
10,10–12	688
10,22–24	764
10,25–28	602
14,1	767
34,5	691
36,2	691
36,3–6	765

Plutarch
Caes.

37–38	158n365

Polyainos
Strat.

7,48	717
7,50	716
8,68	716, 750
8,69	749
8,70	749

STELLENREGISTER

Strabo
26,2,4	627n64

Sueton
Jul.
58	158n365, 764
64	692n148
65	681–682n140

Tib.
24	614n52
25	648

Claud.
1,4	692n148

Nero
19,2	705n161
28	724n174
30	586n16
30–32	586
40	608n41

Galba
16,2	691

Vit.
2	650n108
16	604

Vesp.
1	655
4	608n42, 650, 696, 699
4,5–6	52
5	651, 652, 653
5,4	117
6	651n110
7	653
7,2	255, 654
12	655

Tit.
4	655
5	655
7,1	705
7,2	750
11	656

Tacitus
Ann.
1,39,4	761
4,5,2	695n156
12,54	638
13,3,2–3	647
13,58	603

15,26,3	773
15,45,1–2	586–587

Hist.
1,75,1	113n234
2,2,1	750
2,77,1	655
2,78,2	651
2,78,3	653
2,79	651n110
2,80,1–2a	650
2,81,2	750
3,19,2	691
4,3,3	875
4,4,2	605n34, 876
4,51	655
4,53,1–4	605n34, 876
4,54,2	605
4,81	117, 255
4,81,1	654
4,81,1–3	654
4,82,1–2	653
5,1	696
5,3	717n169, 720, 750
5,9	636, 639
5,10	650
5,12,3–4	668
5,13,1	605, 605n36, 606, 606n38–40, 738, 774
5,13,1–2	608n42
5,19	656

Valerius Maximus
Facta et dicta memor.
2,8,1	888n6
9,8,2	158n365

Vegetius
Mil. 763n200
1,1	681
1,1,1	683n141
1,2–7	680n139
1,2,5	679
1,3,1	679
1,3,5	679
1,9,3–4	683n141
1,20	686n145
1,21–25	689n147
2,1–2	676n137
2,5	683n141

STELLENREGISTER

2,6	676n137
2,7,1–2	678n138
2,7,3	761n197
2,7,5	761n197
2,7,6	689n147
2,7,7	693n149
2,7,8	761n197
2,7,9	689n147
2,8–12	678n138
2,9,4	684n142
2,15–16	686n145
2,15,1	769
2,15,1–3	767n206
2,15,8–9	767n207
2,17,1–5	768
2,19,3	689
2,20,1–6	691
2,25	686n145
3,1	207
3,1,12	763
3,3	207
3,3,1	690
3,5	761n197
3,6,5	764
3,6,9	764
3,6,11	764
3,8	689n147
3,11,3	767
3,11,7–9	767
3,12,1–7	767
3,13,1–3	766
3,14,1–3	766
3,14,4–17	768
3,16,1–5	769
3,17,1–3	769
3,18,1–8	769
3,18,9–10	770
3,19,1–9	769
3,20,1–27	770
3,21–22	770
3,25	765

3,26,1	765
3,26,5	764
3,26,6	765
3,26,7	764
3,26,9	764
3,26,28–29	764
3,26,30	691
3,26,32	742
3,26,33	764
3,38,1–5	765
3,38,13–17	765
4,1–30	686n145
4,2	772
4,5–8	772
4,7	742
4,7,2	742
4,10	742
4,12	772
4,14–15	772
4,17–18	772
4,20	772
4,22–24	772
4,26	772
4,30	772
4,38–43	773
4,39,2–10	765
4,44	686n145
4,45–46	773
4,46	686n145
8,1–6	683n141
9–19	683n141
12,3	683n141
23–24	683n141
26	683n141

Vergil

Georg.

1,463–467	447

Stichwortregister

Ankündigung des Kommens des Menschen-
  sohnes   380–384
Anti-Evangelium, s.u. Markusevangelium
Auferstehung, Frage nach der   354–359
Auferweckung   78, 86n170, 153, 168–175,
  175n428, 196n499, 261, 357, 454, 673,
  893
Aussendung der Zwölf   185–190

Bartimäus   280, 314, 320–323, 321n816, 322,
  323, 325, 327, 463, 476, 477, 478, 577
Beelzebul, s.u. Markusevangelium, Akteure,
  jenseitige Wesen
Blutflüssige Frau, s.u. Wundererzählungen

Cäsarea Philippi   8, 10, 242, 255, 256,
  256n669, 259, 259n672, 261, 267, 271,
  274, 281, 285, 291, 328, 464, 465, 492, 493,
  510, 580, 644, 664, 796, 797, 882
Cassius Dio   27, 584, 586 und Stellenregister
Christus militans   10, 364–365, 459, 575, 580,
  644, 893

Dämonen, s.u. Markusevangelium, Akteure,
  jenseitige Wesen
Divination   27, 382, 556, 600–610, 600n28,
  856, 861 und Krieg

Eher geht ein Kamel durch ein Nadelöhr ...,
  s.u. Reichtum und ewiges Leben
Ehescheidung   293–299
Einzelbiographien in Mk, s.u. Markusevange-
  lium, Akteure
Elija   19, 20, 43, 47, 175, 193, 193n489, 200, 242,
  255, 256, 257, 266, 269, 271, 272, 273, 341,
  442, 446, 452, 465, 474, 478, 570, 580,
  893
  Elija redivivus   196, 273, 274, 346, 446,
    893
Elischa   89n179, 175
Episoden in Mk, s.u. Markusevangelium,
  Struktur
Erstes/wichtigstes Gebot   359–362
Essener   101, 219, 350, 355, 756, 871
Ethische/rituelle Reinheit, s.u. Reinheitsge-
  bote

Evangelium, s.u. Markusevangelium
Exorzismus   20, 70–73, 79, 83–84, 120–
  121, 158–168, 185–190, 228–233, 274–
  280

Feigenbaum, s.u. Gleichnis
Flavius Josephus   8, 27, 47, 583–584 und
  Stellenregister
Freiheitskämpfer in Judäa   632–641
Frontinus   27, 584 und Stellenregister

Gegnergruppen in Mk, s.u. Markusevange-
  lium, Akteure
Getsemani
  Festnahme Jesu   412–419
  Todesangst Jesu   407–412
Gleichnis
  Lehre in Gleichnissen   151–152
  Weinberg   324, 339, 342–348, 344n865,
    352, 353, 362, 384, 423, 462, 576
  Feigenbaum   329–334, 333n845, 340,
    385, 386
  Sämann   136–143, 309
  Licht und Maß   144–151
  Senfkorn   147–151
Gliederung Mk, s.u. Markusevangelium,
  Struktur
Gottesbezeichnungen   472–473

Händewaschen, s.u. Reinheitsgebote
Herodes Antipas   49, 59, 112, 184, 194,
  194n494, 195, 195n496, 196, 197–198,
  200, 207, 208, 248, 249, 258, 273, 378,
  436, 491, 581, 636, 751, 752, 866, 867,
  868
Herodianer   111, 112, 116, 118, 120, 128, 133,
  135, 138, 141, 194, 201, 221, 324, 342, 348,
  349, 350, 352, 353, 462, 470, 471, 472,
  487, 491, 507, 575, 599, 671, 751, 755,
  776
Herzenshärte   112, 115, 116, 211, 250, 297n757,
  581, 755
Hidden transcript   1–2, 1n3, 25, 26, 884,
  885
Hoheitstitel/Namen/Bezeichnungen Jesu,
  Übersicht   476–478

STICHWORTREGISTER   977

Jenseitige Wesen, s.u. Markusevangelium,
  Akteure
Johannes der Täufer   40, 41, 42, 47, 52, 54, 56,
    57, 59, 273, 274, 340, 341, 356, 378, 380,
    478
  Enthauptung   190–201
Jüngerinnen und Jünger, s.u. Markus-
    evangelium, Akteure, Nachfolgergrup-
    pen

Kaisersteuer   348–353
Kindersegnung   300–302
Krieg/jüdisch-Römischer Krieg   XI, 1, 2, 3, 13,
    19, 21, 22, 26, 27, 289
  Ankündigung   602
    Kriegsankündigung in Rom   603–
      604
    Kriegsankündigung in Judäa   605–
      608
    Kriegsankündigung in Judäa nach Mk
      609–610
  Anlass   585–586
    Kriegsanlass in Rom   586–589
    Kriegsanlass in Judäa   589–598
    Kriegsanlass in Judäa nach Mk   598–
      599
  Befugnis   610
    Kriegsbefugnis in Rom   610–627
    Kriegsbefugnis in Judäa   627–643
    Kriegsbefugnis in Judäa nach Mk
      643–645
  Divinationen   600–602
    Divinationen in Rom   604–605
    Divinationen in Judäa   608–609
    Divinationen in Judäa nach Mk   610
  Feldherren   645–649
    Feldherren in Rom   649–656
    Feldherren in Judäa   657–670
    Feldherren in Judäa nach Mk   670–
      673
  Frauen im Krieg   107, 289, 594, 665, 706,
    716–717, 758–759
  Heer   673–693
    Kriegslohn/Sold   310, 442n1104, 523,
      621, 683, 689, 690–693
    Waffengattungen in Rom   693–717
    Waffengattungen in Judäa   717–751
    Waffengattungen in Judäa nach Mk
      751–759

Kriegsführung   759–773
Kriegsfolgen   873–883
Kriegsrelevante Lexeme in Mk, Übersicht
    503–568, 583
  als Teil der antiken Religion/des Alltags
    XI, 23–24
Kyrios/Herr   41, 328–329, 362–365, 476 und
    Hoheitstitel Jesu

Lasst die Kinder zu mir kommen   299–307,
    301
Lehre Jesu über die menschliche Größe
    283–290, 314–319
Leidensankündigung
  I   259–266
  II   271–274
  III, Ankündigung von Tod und Auferste-
    hung I   280–282
  IV, Ankündigung von Tod und Auferste-
    hung II   311–314
  V, Zerstreuung der Jünger, Abfall, Verleug-
    nung   404–407
Licht und Maß, s.u. Gleichnis
Linguistic turn   4

Markusevangelium
  Evangelium   2, 3, 4n21.22, 5n24, 9, 10, 15,
    17, 18, 19, 21, 22, 23, 25, 26, 33, 37, 39, 52,
    55, 57, 59, 59n82, 63, 65, 88, 141, 143, 274,
    309, 310, 379, 395, 459, 757, 881, 885, 893,
    894
  Interpretation
    als Anti-Evangelium   12–13, 40
    Imperiumskritische/antiimperiale
      Interpretation   1–3, 5, 6, 8–16, 22,
      25
    Feministische Interpretation   21, 78–
      79
    Postkoloniale Interpretation   16–21
  Text   32–33
  Struktur, Szenen und Episoden
    Szenen und Episoden   31–32
    Episoden und makrotextliche Struktur
      459–467
    Szenentypologie, Übersicht   467–471
  Exegese
    Methodisches Vorgehen   31–36
    Einzelexegese   37–456
  Akteure, Namen und Titel   33–34

978 STICHWORTREGISTER

Jenseitige Wesen 48–52, 52–55, 66–74, 75–81, 81–89, 117–121, 158–168, 185–190, 228–233, 266–172, 274–280

Beelzebul 54, 131, 131n289, 133, 340, 474, 505

Dämonen/unreine Geister 70, 74, 74n132, 76, 76n141.142, 79, 80, 81, 82, 84, 88, 117, 120, 124, 132, 133, 167, 186, 194, 290, 468, 471, 474, 475, 477, 575, 672, 672n130

Satan 37, 48, 52, 53, 53n61, 54, 55, 367, 459, 468, 471, 474, 479, 512, 570, 576, 672

Einzelbiographien 40–48, 48–52, 52–55, 55–60, 127–130, 130–136, 180–185, 190–201, 255–259, 259–265, 266–271, 271–274, 280–282, 311–314, 324–329, 342–348, 392–395, 396–399, 399–404, 404–407, 407–412, 412–419, 419–424, 425–428, 428–432, 432–437, 437–440, 440–448, 448–452, 453–456

Nachfolgergruppen 60–66, 96–103, 121–127, 136–143, 144–147, 147–151, 151–152, 153–158, 185–190, 208–212, 247–251, 259–265, 266–271, 271–274, 280–282, 283–290, 290–293, 293–299, 299–302, 307–310, 311–314, 314–319, 329–334, 367–371, 372–376, 376–380, 380–384, 385–388, 388–392, 404–407, 412–419, 425–428, 448–452, 453–456

Volksgruppen 40–48, 66–74, 75–81, 81–89, 89–96, 96–103, 112–117, 117–121, 127–130, 136–143, 144–147, 147–151, 151–153, 158–168, 168–175, 175–180, 180–185, 185–190, 201–208, 212–215, 215–227, 228–233, 233–237, 238–241, 251–255, 259–265, 274–280, 293–299, 302–307, 320–323, 362–365, 365–367

Gegnergruppen 89–96, 96–103, 103–107, 107–111, 112–117, 127–130, 130–135, 180–185, 190–201, 215–227, 242–246, 293–299, 334–339, 339–342, 342, 348, 348353, 354–359, 359–362, 388–392, 412–419, 419–424, 428–432, 432–437, 437–440, 440–448

Übersicht 472–492, 503–515

Raum und Zeit
Einführung 34
Übersicht 492–502

Rhetorik 34

Leitworte 34–35 und Krieg, kriegsrelevante Lexeme

Politisch-militärische Profile
Einführung 35–36
Übersicht 466–467, 471, 491–492, 502, 569–582

Menschensohn 90, 90n181, 95, 111, 260, 261, 264, 265, 272, 313, 315, 318, 318n805, 371, 375, 381, 382, 386, 400, 401, 402, 403, 408, 420, 475, 477, 892, s.u. Hoheitstitel Jesu

Messias-Bekenntnis bei Cäsarea Philippi 255–259

Messias-Erwartung 12, 196, 881

Mose 19, 20, 82, 82n154, 86, 89, 89n179, 94n193, 207, 207n539, 217, 245, 266, 268, 269, 270, 271, 294, 297, 299, 355, 358, 403, 423, 431, 474, 572, 637, 756

Nachfolge 9, 11, 60, 101, 302–307, 460, 462, 533

Nachfolgergruppen in Mk, s.u. Markusevangelium, Akteure

Narrative Kritik 3

Nero 55, 130, 351n887, 353, 576, 586, 586n15.16, 587, 588, 595, 599, 603, 608n41, 624, 626, 647, 649, 809, 857

Netilat Yadayim, s.u. Reinheitsgebote

Ölberg 326, 327, 332, 371, 372, 373, 377, 381, 386, 400, 405, 409, 411, 461, 493, 499, 500, 639, 818, 822, 826, 842, 870

Onasander 27, 584, 584n9 und Stellenregister

Orach Chajim, s.u. Reinheitsgebote

Petrus 8, 10, 54n65, 61n88, 71n119, 122, 122n264, 126, 170, 173, 173n421, 255, 256, 257, 258, 258–259n671, 260, 261, 262, 264, 264n689, 267, 269, 285, 291, 308, 317, 327, 330, 373, 377, 404–406, 407, 409, 410, 411, 413, 414, 418, 425–428, 460, 468, 474, 476, 477, 479, 501, 571, 755, 759n196, 870

STICHWORTREGISTER

Pharisäer 97, 97n199, 98, 98–99n204, 100, 101, 102, 103, 104, 105, 107, 108, 109n226, 111, 112, 113, 115, 116, 120, 133, 135, 138, 141, 153, 211, 215, 217, 218, 219, 221, 222, 227, 242, 244, 245, 247, 248, 249, 280, 293, 295, 296, 297, 324, 348, 350, 353, 356, 366, 462, 464, 465, 470, 471, 472, 480, 487, 489, 514, 573, 575, 581, 596, 599, 642n94, 864, 868

Philo 431 und Stellenregister

Pilatus 407, 428, 429, 429n1072, 430, 431, 431–432n1074, 432, 433, 434, 435, 436, 438, 449, 451, 471, 477, 487, 491, 501, 512, 571, 631, 631n74, 636, 775

Polyainos 27, 584 und Stellenregister

Postcolonial studies, s.u. Markusevangelium, Interpretation

Propaganda 5, 6, 12, 15–16, 265

Prophet gilt nichts in der Heimat 180–185

Rabbi/Rabbuni 266, 269, 320, 321, 330, 332, 412, 413, 416, 478, s.u. Hoheitstitel Jesu

Rangstreit der Jünger, s.u. Lehre Jesu über die menschliche Größe

Reichtum und ewiges Leben 302–307, 307–310, 367–371

Reinheitsgebote 218–225
  Ethische/rituelle Reinheit 219–221, 227
  Netilat Yadayim/Händewaschen 218–219
  Orach Chajim 218, 218n565
  Reinheitspraxis Jesu/seiner Jünger 215–227, 230

Sadduzäer 101, 324, 354, 355, 356, 356n896, 357, 358, 359, 462, 471, 490, 575

Salbung von Betanien 392–396

Sämann, s.u. Gleichnis

Satan, s.u. Markusevangelium, jenseitige Wesen

Scheidebrief 296–297

Scherflein der Witwe, s.u. Reichtum und ewiges Leben

Schofarot, s.u. Tempel

Schriftgelehrte 67, 67–68n108, 69, 73, 91, 94, 95, 96, 98, 99, 101, 102, 105, 127, 131, 132, 133, 135, 138, 141, 217, 221, 224, 227, 230, 260, 272, 276, 311, 313, 334, 335, 338, 340, 343, 356, 360, 362, 364, 365, 368, 387, 389, 413, 414, 418, 420, 441, 462, 463, 470, 471, 488, 599, 755, 756, 758 und Markusevangelium, Akteure, Gegnergruppen

Schulchan Aruch/gedeckter Tisch, s.u. Reinheitsgebote

Sedermahl Jesu und der Jünger 396–399, 400–403

Seewandel Jesu 208–215 und Wundererzählungen

Senfkorn, s.u. Gleichnis

Sikarier 126, 590, 591, 639, 639n93, 640, 641, 642, 657, 666, 741, 810, 814–815, 878, 879

Speisevermehrungswunder, s.u. Wundererzählungen

Stillung des Seesturms, s.u. Wundererzählungen

Sündenvergebung 134–135

Sueton 27, 584, 584n6 und Stellenregister

Synedrium 55, 67n108, 95n193, 108n224, 313, 340, 378n943, 407, 412, 413, 419, 421, 423, 424, 428, 429, 430, 435, 444, 460, 488, 529, 571, 892

Syrophönizierin, Heilung der Tochter der 228–233

Szenen/Episoden in Mk, s.u. Markusevangelium, Struktur

Tacitus 27, 431, 584, 584n5 und Stellenregister

Tempel
  Abgaben 369
  Ankündigung der Zerstörung 18, 372–376, 383–384
  Opferkasten/Schofarot 368–369
  Vertreibung der Händler und Wechsler 324, 329, 332, 334–339, 340, 347, 463, 490

Tochter des Jaïrus 168–175, 180

Totenauferweckung, s.u. Tochter des Jaïrus

Traumatisierung 15, 21, 21n134.136–139

Tributum capitis, s.u. Kaisersteuer

Triumph 775, 854, 856, 869n228, 872, 874, 875, 875n232.233, 876, 876n236, 879, 882, 884, 885, 886–894

Tropaion X

Vegetius 27, 584, 584n12, 673, 674, 679 und Stellenregister

STICHWORTREGISTER

Verklärung Jesu 266–271, 316
Verleugnung Jesu durch Petrus 425–428
Verrat des Judas Iskariot 388–392, 399–404, 409, 410, 416
Verurteilung Jesu durch das Synedrium 419–424
Verweigerung eines Himmelszeichens 242–246
Vespasian 8, 9, 10, 11, 12, 15, 40, 47, 52, 60, 74n135, 88, 107, 143, 190, 259, 265, 323, 329, 440, 447n1123, 570, 574, 575, 580, 581, 588, 604n32, 609, 614n51, 645, 649–655, 662, 663, 664, 672, 694, 696, 698
Vita, Vitenliteratur 4–6, 24
Volksgruppen in Mk, s.u. Markusevangelium, Akteure

Wachsamkeit, Mahnung zur 376–380, 385–388
Warnung
  vor dem Sauerteig der Pharisäer/des Herodes 247–251
  vor den Schriftgelehrten 365–371
Weinberg, s.u. Gleichnis
Wer nicht gegen uns ist, ist für uns 290–293
Wundererzählungen Jesu
  Heilung eines Aussätzigen 81–89
  Heilung des Bartimäus, s.u. Bartimäus
  Heilung eines Blinden in Betsaida 251–255
  Heilung einer blutflüssigen Frau 175–180
  Heilung eines Gelähmten 89–96
  Heilung eines besessenen Knaben 274–280
  Heilung eines Menschen mit verkrüppelter Hand 112–117
  Heilung vieler Menschen (beim See) 117–121
  Heilung eines Taubstummen (Dekapolis) 233–238
  Krankenheilungen (Gennesaret) 212–215
  Stillung des Seesturms 153–158
  Seewandel Jesu 208–215
  Speisung der Viertausend 153, 238–241, 250
  Speisung der Fünftausend 153, 201–208, 250

Zeloten 101, 123n272, 353, 355, 591, 598, 626n61, 631, 641, 642, 642n94, 659, 665–666, 667, 667n126, 668, 720, 721, 723, 724, 729, 730, 731, 738, 804–805, 806, 810, 814, 817, 819, 824, 832, 839, 842, 851, 861, 870
Zwölfergruppe 103, 121–127, 128, 143, 157, 186–187, 325, 326, 388, 389, 391, 400, 405, 409, 413, 414, 462, 465, 468, 481–482, 752, 868

Namenregister

Abrahams, Israel 124n276, 240n633
Aharoni, Yohanan 43n25
Annen, Franz 160n367
Applebaum, Shimon 628n66
Arav, Rami 267n696
Ashtor, Eliyahu 230n610
Avigad, Nachman 322n817
Avi-Yonah, Michael 194n492, 253n659,
256n669, 267n696, 326n822.823

Baatz, Dietwulf 687n145
Backhaus, Knut 41n12
Baltzer, Klaus 4n21
Balz, Horst 43n22, 59n80, 68n19, 69n114,
109n226, 113n236, 119n251, 125n278,
161n84, 197n504, 240n633, 326n821,
350n883, 369n920, 398n997, 439n1098,
442n1104
Barth, Gerhard 59n81
Bauer, Alexander 123n270
Bauer, Johannes B. 265n690
Bauernfeind, Otto 608n43
Baumbach, Günther 67n108, 98n204,
356n896
Beard, Mary 875n233
Becker, Eve-Marie 3, 3n11, 5, 5n24
Bedenbender, Andreas 13–14, 13n87–91, 21,
40n9, 74n136
Beilner, Wolfgang 69n111
Bendlin, Andreas 649n103
Bergmann, Claudia D. 384n963, 724n174
Bernett, Monika 634n86, 643n95
Betlyon, John W. 337n853
Beutler, Johannes 61n87
Bhabba, Homi K. 19, 19n118
Birley, A.R. 584n7
Bishop Moore, Megan 856n217
Bloch, René 774n208
Böcher, Otto 76n142, 131n289, 288n738
Bovini, Guiseppe Xn7
Boyarin, Daniel 219n567
Brandt, Hartwin 584n12
Braund, David C. 751n194
Brichto, Herbert Chanan 302n767
Brighton, Mark Andrew 639n93
Bringmann, Klaus 628n66, 630n69, 676n137

Briquel, Dominique 600n28
Bühlmann, Walter 104n211, 284n729
Bühner, Jan-Adolf 44n27
Burckhardt, Leonhard XIn12, 24, 24n149,
601n29, 625n60, 676n137, 680n139,
683n141, 761n197, 763n202, 765n204,
869n228, 875n232, 881n245
Burridge, Richard A. 4n22, 5, 5n26
Butting, Klara 11, 11n71

Campbell, J. Brian 442n1104, 673n132,
676n137, 678n138, 680n139, 683n141,
684n142, 687n145, 693n149, 700n159
Cancik, Hubert 4n21, 655n114
Cancik-Kirschbaum, Eva 627n63
Carroll, Scott T. 326n823
Carter, Warren 7, 7n42
Clark, Jessica H. 766n205, 893n17
Cohen, Chayim 316n797
Cohn, Haim Hermann 436n1086
Collins, Adela Yarbro 2n6, 37n2, 38n4,
47n43.44, 48n47, 73n130, 125n279,
126n281, 207n540, 255n667, 319n811,
328n830, 329n832, 338n857, 348n878,
364n913, 376n938, 384n962, 418n1046,
422n1055, 423n1056.1058, 436n1089,
450n1134, 454n1141, 670–671n129,
881n244
Collins, Raymond F. 124n276
Conzelmann, Hans 60n83
Cotter, Wendy 175n428, 180n450
Crook, Zeba A. 15n93

De Blois, Lukas 585n13
De Libero, Loretana 612n50, 613n51, 624n59,
626n61
De Mingo Kaminouchi, Alberto 319n810
Derrett, J. Duncan M. 168n402
Dewey, Joanna 80n152, 178n440, 199n511,
232n614, 265n691, 370n927, 395n991,
452n1138, 455n1144
Dihle, Albrecht 6n32
Dillmann, Rainer 42n15.20, 61n88, 170n406,
193n489
Distelrath, Götz 600n28
Dormandy, Richard 168n402

NAMENREGISTER

Dormeyer, Detlev 3, 3n13.14.15.17.18, 4n20.22, 5, 5n23.29, 6n30.31, 189n475, 189n475, 433n1077, 436n1088, 437n1091
Douglas, Mary 31n2
Doyle, Michael W. 23n146
Drinkard, Joel F. 316n797
Dschulnigg, Peter 122n264
Duff, Paul Brooks 329n833, 384n960

Eberhardt, Barbara 655n114, 857n220, 875n233, 880n243
Ebner, Constanze 626n61
Ebner, Martin 2n5, 5, 5n26.28, 6n33, 8–9, 8n44–51, 9n52–60, 38n4, 40, 40n9, 42n15, 47n45.46, 54n65, 55n67, 57n73, 58n79, 59n82, 65n103, 74n134.135, 88n177, 89n179, 105n212, 106n218, 117n247, 124n275, 134n296, 141n317, 161n375, 167n401, 168n402, 255n667, 258n671, 259n672.673, 317n800, 318n805, 319n807.808.813, 324n819, 328n827, 333n845, 338n854, 347n877, 352n889, 364n912, 384n961, 395n991, 418n1047, 435n1085, 440n1101, 443n1110, 447n1123, 448n1125, 455n1144, 456n1145.1147, 492–493n1, 494n3, 609n43, 672n131, 865n225, 876n237, 892n13.14
Eck, Werner 586n15, 589n18–20, 630n70, 631n74, 632n82.83, 649n105, 655n115, 673n133, 678n138, 886n3
Eckert, Jost 123n267.268
Eder, Walter 439n1100, 611n49, 626n61, 683n141, 875n232, 888n10, 890n12
Edwards, Douglas R. 213n555
Egger, Wilhelm 26n153
Elazary, Edna 255n666, 629n68, 630n69, 631n73
Elliott, Neil 1n1, 2n4
Erdkamp, Paul 585n13
Ernst, Michael 442n1106
Eve, Eric 255n667

Fander, Monika 21, 21n133.134.136–139, 450n1135
Fay, Siegried C.A. 449n1131
Feliks, Jehuda 229n609, 332n838
Fendler, Folkert 5n25
Fiedler, Peter 98n203
Firmage, Edwin 229n609

Fitzmyer, Joseph A. 41n10
Flaig, Egon 584n5
Förtsch, Reinhard 886n4, 888n9
Fossum, Jarl 49n50
Franke, Thomas 678n138
Frankemölle, Hubert 4n22
Frateantonio, Christa 649n103
Fredriksen, Paula 2n6
Frickenschmidt, Dirk 4n22
Friedrich, Johannes H. 202n521
Fuchs, Harald 6, 6n34
Furstenberg, Yair 219n567

Gafni, Isaiah 611n47, 636n90.91, 651n111
Galling, Kurt 68n109
Galsterer, Hartmut 623n56, 632n84, 676n137
Gelardini, Gabriella 201n518, 864n224, 872n229
Georgia, Allan T. 440n1101, 892n14
Giesen, Heinz 71n119, 142n321, 182n456
Ginsberg, Harold Louis 326n821
Gizewski, Christian 198n507, 436n1087, 611n46, 622n55, 623n57, 624n59, 626n61, 645n98, 649n103
Gmünden, Petra von 333n845
Goldstein, Horst 202n520
Goodman, Martin 26, 26n150, 873n231
Gordon, Richard L. 624n58
Graetz, Michael J. 110n228, 111n231
Graf, Fritz 625n60, 649n103, 888n8
Greenberg, Moshe 357n898
Grimm, Werner 72n124.126, 79n151
Gruber, Margareta 126n280
Grünenfelder, Regula 583n1, 715n167, 744n183, 747n187, 751n194, 882n246
Gutmann, Joshua 193n489
Guttenberger, Gudrun 259n673, 267n696, 384n964

Habermehl, Peter 74n132
Hackenberg, Wolfgang 95n194, 343n862
Hadas-Lebel, Mireille 6, 6n37
Hahn, Ferdinand 38n6
Hainz, Josef 61n89, 123n271
Hartmann, Lars 124n274, 164n388
Hasitschka, Martin 82n154
Haufe, Günter 132n291
Hayes, Christine 221n570

NAMENREGISTER

Head, Ivan 2n7, 14n92
Heininger, Bernhard 10–11, 10n61.64–67,
 60n85, 66n104, 117n247, 158n365,
 168n402, 255n667, 265n692, 440n1101,
 865n225
Hengel, Martin 2n7, 123n272, 626n61,
 642n94, 670n129
Herion, Gary A. 255n666
Herz, Peter 676n137
Hillen, Hans Jürgen 611n48
Hofius, Otfried 94n190
Holland, T.A. 322n817
Hollander, William den 880n241
Hölscher, Tonio 187n466.468
Holtz, Traugott 124n276
Hoppe, Rudolf 38n5
Horsley, Richard A. 16n102, 19–21, 19n121–132,
 168n402, 403n1009
Horstmann, Axel 70n117
Huber, Konrad 108n223
Hünemörder, Christian 761n197
Hurschmann, Rolf 686–687n145

Iles Johnston, Sarah 74n132
Incigneri, Brian J. 14–15, 14n92, 15n94,
 55, 55n69, 353, 353n890, 384n960,
 880n242

Jacob, Irene und Walter 332n838
Jacobs, Louis 401n1003
Jarus, Owen 244n643
Jones, Brian W. 351n887
Joy, C.I. David 16n102

Katzenstein, H.J. 119n251, 230n610
Kehne, Peter 646n100
Kellermann, Ulrich 108n224, 112n234,
 430n1073
Kienast, Dietmar 611n47, 646n101
Kinukawa, Hisako 451n1137
Kippenberg, Hans G. 608n43
Kleine, Heribert 125n277
Klinghardt, Matthias 161n375
Klumbies, Paul-Gerhard 447n1124
Knoch, Otto 142n320
Kolb, Anne 761n197, 764n203
Kratz, Reinhard 62n95, 76n143
Krause, Deborah 80n152
Krauter, Stefan 2n5

Kreis, Georg 625n60
Kremer, Jacob 67n107
Kuhli, Horst 67n106
Kuhn, Heinz-Wolfgang 408n1019
Künzl, Ernst 875n233
Kutsko, John 256n669
Kvasnica, Brian 745n186

Lattke, Michael 76n139
Lau, Markus 166n393
Le Bohec, Yann 584n8, 585n13n13, 676n137,
 683n141, 684n142, 687n145, 689n147,
 693n149, 761n197, 763n202, 774n209,
 873n231, 878n240
Leander, Hans 17n107, 329n833
Lebanon, Abraham 669n127
Levine, Lee I. 402n1007
Lieber, David L. 297n756
Liew, Tat-siong Benny 16–17, 16n101.103.104,
 17n105.106, 17n108, 18, 19
Limbeck, Meinrad 126n280, 129n286
Lindemann, Andreas 3, 3n10
Linderski, Jerzy 883n247
Link, Stefan 687n145
Liver, Jacob 49n50, 60n84, 328n831, 393n983
Lopez, Davina C. 1n1
Lutz, Ulrich 58n75

Maaß, Michael 687n145
MacDonald, Dennis R. 395n990
Mackey, Peter W. 23n143
Maier, Johann 643n97
Maimon, Moše ben 220n568.569
Majoros-Danowski, Johannes 232n612,
 268n699, 269n704
Mann, Michael 23, 23n144.145
Mansoor, Menahem 356n896
Marcus, Joel 2, 2n6.8, 37n1.3.4, 40n9,
 65n103.104, 74n131, 88n178, 90n180,
 107n221, 111n232, 126n282, 151n347,
 165n391, 199n511, 207n539.540, 208n542,
 212n551, 227n604, 233n616.617,
 246n646, 255n667, 258n670, 260n674,
 262n680, 264n689, 265n690, 266n693,
 314n794.795, 319n812, 323n818, 328n828,
 332n842, 333n845, 338n855, 339n858,
 348n879, 353n891, 354n892, 359n902,
 363n910, 364n913, 375n937, 376n939,
 379n949, 380n950, 384n961, 384n962,

Marcus, Joel (*cont.*) 403n1010, 424n1061, 428n1070, 436n1090, 446n1122, 493n2, 881n244, 893n15.16, 894n18
Mason, Steve 503n4, 583n2, 584n3, 705n160, 738n178, 742n182, 750n193, 856n218, 861–862n222, 862n223
Matassa, Lidia Domenica 244n642
McRay, John 162n376
Mei, F. 687n145
Meier, John P. 74n133
Meister, Klaus 584n11
Melamed, Avraham 49n50
Merkel, Helmut 98n202
Merklein, Helmut 45n34
Meyers, Eric M. 194n492
Michel, Otto 608n43
Milgrom, Jacob 105n214, 106n218, 177n433
Miller, Susan 79n148, 129n287, 174n427, 180n450, 200n517, 232n615, 371n928, 395n990, 427n1069, 451n1137, 456n1144
Minnaard, Gerard 11, 11n71
Moore, Stephen D. 18–19, 18n110.112–116
Morgenthaler, Robert 55n68
Münkler, Herfried 23, 24n147
Myers, Ched 10n63

Nauck, Wolfgang 68n19
Neirynck, Frans 3, 3n16
Nepper-Christensen, Poul 97n199
Nestle-Aland 33n6, 243
Neubrand, Maria 355n893
Neyrey, Jerome H. 188, 188n471
Nickelsburg, George W.E. 357n898
Niditch, Susan XIn12
Niehr, Herbert 609n45
Noethlichs, Karl-Leo 6, 6n38
Noffke, Eric 7, 7n40

O'Collins, Gerald G. 436n1086
Oberforcher, Robert 62n91
Osten-Sacken, Peter von der 77n145, 316n797
Overbeck, Franz 4, 4n19

Panzram, Sabine 673n134
Paschke, Boris A. 444n1112
Patsch, Hermann 222n575, 389n973, 397n995
Pellegrini, Silvia 445, 445n1118, 446n1119
Peppard, Michael 52n60

Perkins, L.J. 326n822
Pesch, Rudolf 122n264
Peterson, Erik Xn8
Petzke, Gerd 94n191
Pfeiffer, Stefan 604n32.33, 631n72, 655n114.116, 672n131, 751n194, 875n235
Phillips, C. Robert III. 603n31
Phillips, Victoria 456n1144
Popkes, Wiard 54n64, 57n72, 248n648, 261n676
Poplutz, Uta 31n1
Porsch, Felix 344n865
Portier-Young, Anathea E. 7, 7n41
Posner, Raphael 219n566
Prescendi, Francesca 625n60

Rabinowitz, Louis Isaac 49n50, 236n621, 249n652, 288n740
Radl, Walter 43n23, 114n239
Rappaport, Uriel 662n125, 815n212
Redaktion 111n231, 115n242, 219n566, 632n76
Renger, Johannes 878n240
Repschinski, Boris 62n91, 98n200, 123n269
Resseguie, James L. 31n1
Rhoads, David 1n2, 31n1
Riedo-Emmenegger, Christoph 611n49, 625n60, 627n65, 632n84.85, 643n95, 655n114, 676n137, 856n218
Ringe, Sharon H. 232n615
Ritt, Hubert 87n176
Ritz, Hans-Joachim 173n419
Rosenberger, Veit 600n28
Roskam, Hendrika N. 15n93
Roth, Lea 403n1008, 432n1074, 589n18–21, 630n71, 631n74.75, 632n77–81, 649n104, 655n115, 657n118, 661n124
Rüegger, Hans-Ulrich 445n1116
Rüpke, Jörg 602n30, 621n53, 625n60, 649n103, 674n135, 680n139, 684n142, 689n147, 693n149, 715n168, 761n197, 765n204, 870n228, 875n232, 886n1.2

Sallmann, Klaus 584n6.10
Samuel, Simon 19, 19n117.119.120
Schalit, Abraham 583n2, 609n44, 627n64, 629n68, 630n69, 635n89, 659n122, 660n123, 751n194
Schenk, Wolfgang 263n681, 409n1021
Schenke, Ludger 494n3

NAMENREGISTER

Schiemann, Gottfried 436n1086
Schipporeit, Sven 876n236, 888n10
Schmidt, Karl Matthias 11–12, 11n72–74,
 12n75–77, 47n46, 60n85, 117n247,
 208n541, 258–259n671, 310n786,
 319n806, 329n832, 339n858, 348n878,
 392n979, 395n992, 412n1026, 440n1101,
 456n1146, 695n153, 865n225, 868n227
Schmith-Christopher, Daniel L. 883n248
Schneider, Gerhard 38n5, 72n127, 116n246,
 144n326, 267n694, 438n1093.1095
Schneider, Helmut 584n9
Schneider, Sebastian 193n490, 195n496,
 198n506, 321n816, 355n894
Schnelle, Udo 2n6, 493n2
Schoch, Reto 58n78, 105n213,
 106n216.217
Scholtissek, Klaus 3, 3n12
Schreiber, Stefan 2n4, 2n5, 10–11, 10n62.68,
 11n69.70, 24, 24n148, 353n891
Schumacher, Heinz 182n455, 213n554
Schüssler Fiorenza, Elisabeth 17, 17n109,
 452n1138, 759n196
Schwank, Benedikt 205n530
Schwartz, Daniel R. 432n1074, 583n1
Schwemer, Anna Maria 4n21, 657n118,
 659n122
Schwier, Helmut 384n961, 848n215, 876n237
Schwindt, Rainer 442n1105
Scott, James C. 1–2, 1n3, 7, 11
Setzer, Claudia J. 172n415
Seybold, Klaus 244n641
Shaw, Brent D. 626n61
Smallwood, Mary E. 6, 6n35
Smoak, Jeremy D. 404n1011
Söding, Thomas 26n151
Solomon, David 632n84
Sonnabend, Holger 4n22
Sperber, Daniel 337n853
Sperling, David S. 49n50
Stegemann, Ekkehard W. 1n1, 4n22, 173n421,
 268, 268n698, 302n769, 319n809,
 323n819, 328n829, 338n856, 856n219
Stemberger, Günther 6, 6n36
Stephan, Eckhard 35n9
Stern, Menahem 586n15, 589n22, 642n94,
 659n120
Stimpfle, Alois 182n456, 429n1072, 431n1074
Stoll, Oliver 693n149

Strange, James F. 194n492, 243, 244n641,
 253n659
Strecker, Christian 1n1, 2n4, 7, 7n43
Strecker, Georg 39n8
Strobel, August 53n62
Strothmann, Meret 621n54, 648n102,
 650n109
Struthers Malbon, Elizabeth 31n1, 370n928

Talbert, Charles H. 5n27
Tamez, Elsa 22, 22n140–142
Taylor, Joan E. 126n280
Telford, William R. 2, 3n9, 32n4
Theißen, Gerd 2n6, 5n24, 12–13, 12n78–85,
 13n86, 18, 18n111, 40, 40n9, 47n46, 60n85,
 117n247, 31, 232n612, 255n667, 867n226
Tuor-Kurth, Christina 290n743, 302n769,
 744n183

Untergassmair, Franz Georg 123n272

Van Iersel, Bastiaan Martinus Franciscus
 493n2
Vielhauer, Philipp 43n26, 270n708

Wall, Robert W. 297n756
Wandrey, Irina 583n2, 589n21, 657n119,
 660n123, 662n125
Wanke, Joachim 198n508, 229n608
Watson, Duane F. 288n738
Wehr, Lothar 62n93, 449n1128.1129
Weiser, Alfons 54n66, 351n887, 377n941,
 431n1074
Weiß, Konrad 39n7
Weiß, Peter 693n149
Welch, John W. 31n2
Welwei, Karl-Wilhelm 627n62
Wengst, Klaus 6, 6n39
Weren, Wim 449n1130
Wierschowski, Lothar 680n139, 693n149
Will, Wolfgang 621n53
Winn, Adam 15–16, 15n95–100
Wrege, Hans-Theo 139n310
Wright, Jacob L. 645n99

Zanoncelli, Luisa 761n197
Zetterholm, Magnus 1n1
Zmijewski, Josef 118n249, 382n957
Zürn, Peter 21n135

Printed in the United States
By Bookmasters